Anforderungsbereich III (Reflexion und Problemlösung)

Er umfasst den selbstständigen und kritischen Umgang mit neuen und umfassenden Sachverhalten – Ziele sind eigenständige Wertungen, Deutungen und Begründungen.

beurteilen, urteilen

den Stellenwert historischer Sachverhalte in einem Zusammenhang bestimmen, um ohne persönlichen Wertebezug zu einem begründeten Sachurteil zu gelangen

bewerten, Stellung nehmen

wie ▶ *beurteilen*, aber zusätzlich mit Offenlegen und ▶ *Begründen* eigener Wertmaßstäbe, die Pluralität einschließen und zu einem Werturteil führen, das auf den Wertvorstellungen des Grundgesetzes basiert

entwickeln

Analyseergebnisse und eigenes Fachwissen heranziehen, um zu einer eigenen Deutung zu gelangen

sich auseinandersetzen, diskutieren

zu einer historischen Problemstellung oder These eine Argumentation ▶ *entwickeln*, die zu einer ▶ *begründeten* Bewertung (▶ *bewerten*) führt

prüfen, überprüfen

Aussagen (Hypothesen, Behauptungen, Urteile) auf ihre Angemessenheit hin ▶ *untersuchen*

vergleichen

auf der Grundlage von Kriterien historische Sachverhalte problembezogen ▶ *gegenüberstellen*, um Gemeinsamkeiten, Unterschiede, Ähnlichkeiten, Abweichungen oder Gegensätze zu ▶ *beurteilen*

Übergeordnete Operatoren, die Leistungen in allen drei Anforderungsbereichen verlangen

interpretieren

Sinnzusammenhänge aus Materialien erschließen und eine ▶ begründete Stellungnahme abgeben, die auf einer Analyse (▶ *analysieren*), Erläuterung (▶ *erläutern*) und Bewertung (▶ *bewerten*) beruht

erörtern

eine These oder Problemstellung durch eine Kette von Für-und-Wider- bzw. Sowohl-als-Auch-Argumenten auf ihren Wert und ihre Stichhaltigkeit hin abwägend ▶ *prüfen* und auf dieser Grundlage eine eigene Stellungnahme dazu ▶ *entwickeln*; die Erörterung einer historischen Darstellung setzt deren Analyse (▶ *analysieren*) voraus

darstellen

historische Entwicklungszusammenhänge und Zustände mithilfe von Quellenkenntnissen und Deutungen ▶ *beschreiben*, ▶ *erklären* und ▶ *beurteilen*

Operatoren zusammengestellt nach: https://www.kmk.org/fileadmin/Dateien/veroeffentlichungen_beschluesse/1989/1989_12_01-EPA-Geschichte.pdf (Zugriff: 23.11.2021)

Tipps für den richtigen Umgang mit den Operatoren und den Aufgaben im Buch:

- Nützliche Erklärungen zu den einzelnen Operatoren bietet die Übersicht auf Seite 560 ff.
- Zu Aufgaben, die mit einem **H** (= Helfen) oder **F** (= Fordern) gekennzeichnet sind, finden Sie im Anhang auf Seite 568 ff. Hinweise und weitere Informationen.

BUCHNERS KOLLEG

Geschichte

Berlin / Brandenburg
Ausgabe ab 2026

C.C.Buchner Verlag

Buchners Kolleg Geschichte – Berlin/Brandenburg – Ausgabe ab 2026

Unterrichtswerk für die Oberstufe

Qualifikationsphase

Bearbeitet von Thomas Ahbe, Henrike Albrecht, Boris Barth, Dieter Brückner, Bernhard Brunner, Dennis Dornbrack, Katja Eickmans, Felix Hinz, Alexander Kalniņš, Johannes Köpcke, Stephan Kohser, Thomas Meißner, Markus Michel, Ulrich Mücke, Petra Nerreter, Thomas Ott, Bernhard Pfändtner, Reiner Schell, Benjamin Stello, Jan Weidauer und Niels Wienrich

Zu diesem Lehrwerk ist erhältlich:
- Digitales Schulbuch click & study, Einzellizenz, WEB-Bestell-Nr. 320651
- Digitales Lehrermaterial **click & teach** Einzellizenz, WEB-Bestell-Nr. 320661

Weitere Lizenzformen (Einzellizenz flex, Kollegiumslizenz) und Materialien unter www.ccbuchner.de.

1. Auflage, 1. Druck 2026
Alle Drucke dieser Auflage sind, weil untereinander unverändert, nebeneinander benutzbar.

Dieses Lehrwerk folgt den aktuellen Regelungen für Rechtschreibung und Zeichensetzung. Ausnahmen bilden Texte, bei denen künstlerische, philologische oder lizenzrechtliche Gründe einer Änderung entgegenstehen. Teile des Lehrwerks wurden mithilfe gängiger Large Language Models erstellt oder bearbeitet. Sämtliche Inhalte wurden anschließend redaktionell geprüft, überarbeitet und verantwortet. Weitere Informationen finden Sie auf www.ccbuchner.de/ki-leitlinie

Die Mediencodes enthalten ausschließlich optionale Unterrichtsmaterialien. Auf verschiedenen Seiten dieses Buches finden sich Verweise (Links) auf Internetadressen. Haftungshinweis: Trotz sorgfältiger inhaltlicher Kontrolle wird die Haftung für die Inhalte externer Seiten ausgeschlossen.

produktsicherheit@ccbuchner.de

Redaktion: Jennifer Weisenseel, Sarah Zeitler
Layout, Satz und Umschlag: mgo360 GmbH & Co. KG, Bamberg
Druck und Bindung: Mohn Media Mohndruck GmbH, Gütersloh

www.ccbuchner.de

ISBN 978-3-661-**32065**-6

1. Umbrüche, Transformationen und Krisen

2. Gesellschaftliche Kräfte und die Entwicklung von Staaten im Spannungsfeld zwischen Demokratie, Diktaturen und Krieg

3. Zeitgeschichte nach 1945

4. Geschichtskultur

Anhang

Zur Arbeit mit dem Buch

Einführungsseiten

- leiten die vier Großkapitel ein
- bieten Bilder und Texte zu den beiden Basismodulen und den Vertiefungsmodulen und
- einen Überblick über die vom Rahmenlehrplan vorgeschlagenen Kompetenzen

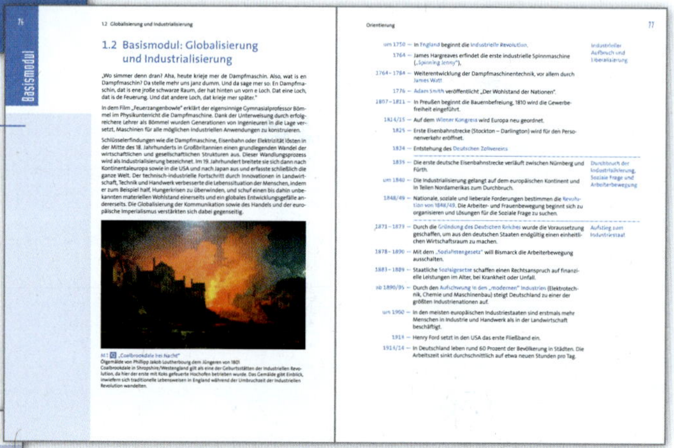

Orientierungsseiten

- stehen am Anfang jedes Basismoduls und
- umfassen einen Einleitungstext, ein Bild und eine **Chronologie**

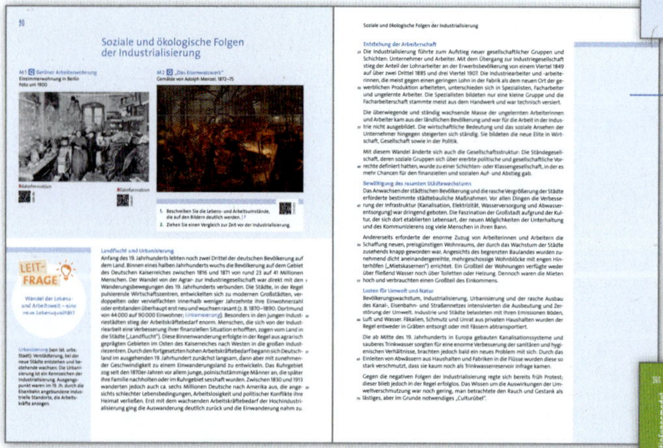

Darstellungstexte

- beginnen mit einem Einstieg, der zur **Leitfrage** hinführt
- werden von **Begriffserklärungen** und **Personeninfos** in der Randspalte begleitet

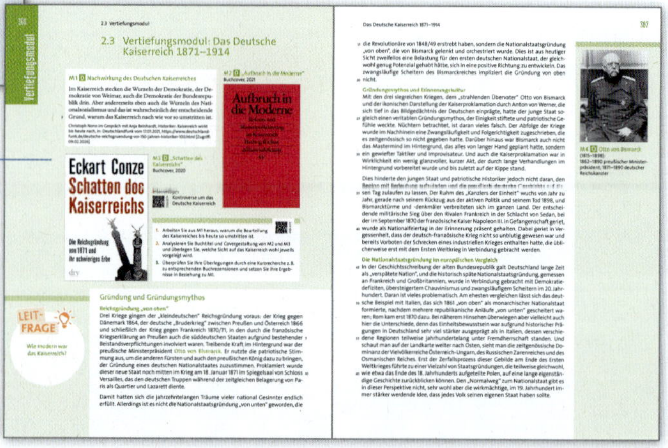

Digitale Angebote

- sind zum Beispiel **Bildinformationen**, **Internettipps** oder **Geschichte in Clips**.
- Um sie abzurufen, geben Sie im Suchfeld auf www.ccbuchner.de den genannten **Mediencode** (z. B. 32065-0000) ein oder scannen den abgedruckten QR-Code.

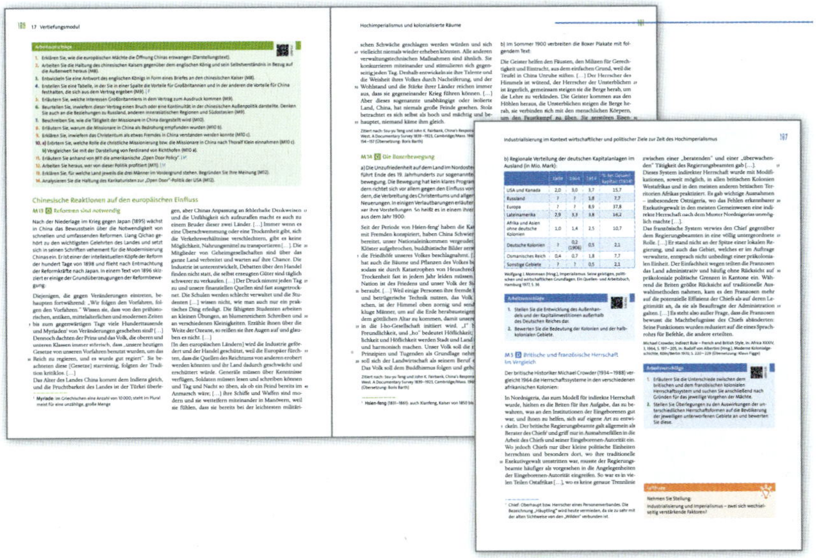

Arbeitsvorschläge im Materialteil

- sind entsprechend der **Anforderungsbereiche** farblich gekennzeichnet
- sind in den Basismodulen einem Material und in den Vertiefungsmodulen einem Unterthema zugeordnet
- sind als **digitale Aufgabenkästen** über einen Mediencode verfügbar: neben verlinkten Methoden- und Operatorenkarten, finden Sie hier auch Hilfestellungen (**H**) und Fordernaufgaben (**F**) und eine Anleitung für einen KI-Schreibcoach.

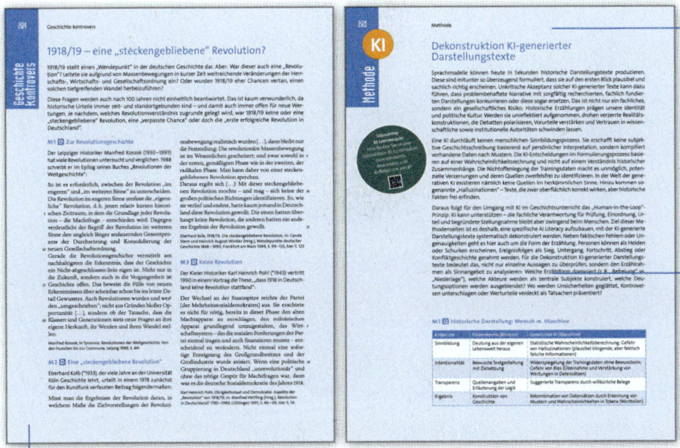

Methoden

- erklären und schulen **historische Arbeitstechniken** an einem konkreten Beispiel inkl. Musterlösungen

KI-Methoden

- werden über Methodenseiten und **Onlinemodule** geschult

Interaktive KI-Lernmodule
Hier finden Sie unsere interaktiven KI-Lernmodule zum Verstehen, Anwenden und Reflektieren von KI

Geschichte kontrovers

- will mit Perspektiven aus der Fachwissenschaft zur Diskussion anregen

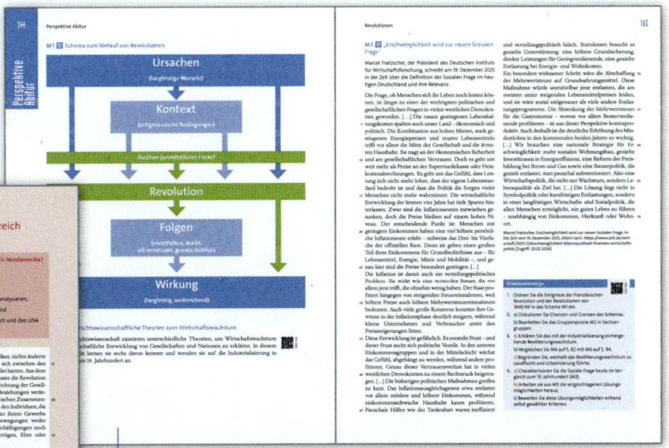

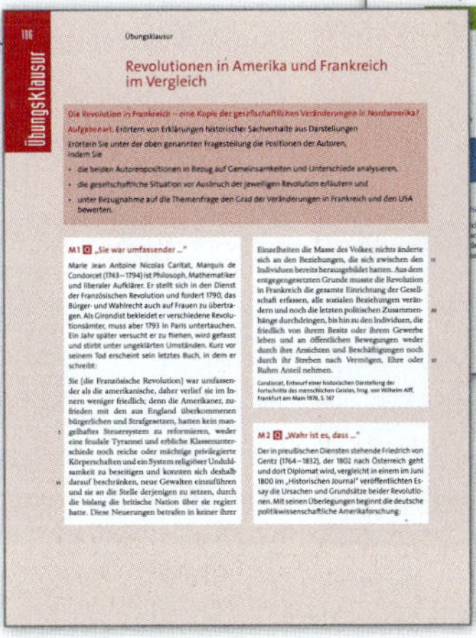

Übungsklausuren

- zu jedem Basismodul helfen bei der **Abiturvorbereitung**
- verfügen über Musterlösungen (Mediencode)
- können mithilfe der **Schritt-für-Schritt-Anleitung** im Anhang (ab S. 670) gelöst werden

Perspektive Abitur

- bietet zur Wiederholung des Großkapitels einen Arbeitsvorschlag zu jeder vorgeschlagenen Kompetenz aus dem Rahmenlehrplan

Basismodul: Revolutionen

Sklavinnen und Sklaven zünden Zuckerrohrfelder an

Bild aus einer Graphic Novel zur Haitianischen Revolution
Die Ideen der Französischen Revolution wirkten sich auch auf die französische Kolonie Saint-Domingue aus. Nach einem Aufstand der Sklavinnen und Sklaven erklärte sich der neue Staat Haiti unabhängig, der erste im atlantischen Raum, in dem die Sklaverei und rassistische Diskriminierung verboten waren.

Basismodul: Globalisierung und Industrialisierung

Modell der Lokomotive „Der Adler"

Ansichtskarte, ca. 1906–1918
Der „Adler" fuhr 1835 auf Deutschlands erster Eisenbahnstrecke zwischen Nürnberg und Fürth. Der Ausbau des Eisenbahnnetzes in den folgenden Jahrzehnten unterstützte und ermöglichte die Industrialisierung in Deutschland.

Vertiefungsmodule

- Rückgriffe auf die griechisch-römische Antike, das Mittelalter und die Aufklärung als Impulse für Umbrüche und Transformationen
- Wirtschaftsbeziehungen und -krisen
- Krankheit und Gesundheit als transformative Kräfte der Gesellschaften
- Religion als Referenz für Transformationen und Umbrüche
- Hochimperialismus und kolonialisierte Räume

„Deutsche Geschwader in China"

Farbdruck nach einem Aquarell von Willy Stöwer, 1901
Kaiser Wilhelm II. entsandte deutsche Truppen, um den Boxeraufstand in China niederzuschlagen.

1. Umbrüche, Transformationen und Krisen

Im amerikanischen Unabhängigkeitskrieg erkämpften sich die 13 Kolonien die Unabhängigkeit vom Mutterland Großbritannien, in Frankreich beseitigten die Revolutionäre die Ständeordnung. 1792 wurde die Monarchie abgeschafft und eine Republik eingeführt. Nach dem Ende der Terrorherrschaft folgte mit der Direktoratsverfassung eine Zwischenetappe, bevor Napoleon die Alleinherrschaft errang und die Revolution 1799 für beendet erklärte. „Einheit und Freiheit" lautete schließlich die Losung der deutschen Revolutionäre von 1848/49, einer Revolution, die sich von Frankreich ausgehend in ganz Europa verbreitete. Im späten 18. und beginnenden 19. Jahrhundert wurden also zentrale moderne staatliche Prinzipien entwickelt und Menschenrechte und Gewaltenteilung teils in den Verfassungen verankert. Auch die traditionelle Arbeits- und Lebenswelt der Menschen veränderte sich grundlegend. Aus Ländern, in denen die meisten Menschen von der Landwirtschaft lebten, wurden Industrienationen, in denen der überwiegende Teil der Bevölkerung in der gewerblichen Produktion tätig war und immer mehr Waren in Fabriken gefertigt wurden. Dadurch entstand eine neue Gesellschaftsschicht: die der Arbeiter. Deren Eingliederung in die Gesellschaft und die Verbesserung ihrer Lebensumstände wurden zur großen Herausforderung der Zeit. Das bereits seit dem Mittelalter bestehende Handelssystem veränderte sich durch die kolonialen Aneignungen ab dem 15. Jahrhundert stark. Mit dem Einsetzen der Industrialisierung und dem europäischen Imperialismus im 19. Jahrhundert entwickelte sich ein globales Herrschafts- und Einflussgeflecht europäischer und asiatischer Mächte.

Kompetenzen

Am Ende dieses Kapitels sollten Sie Folgendes können:

... Zusammenhänge von Revolutionen nach Anlass, Ursachen, Kontext, Wirkung und Folgen bestimmen (Sachkompetent handeln)

... geschichtswissenschaftliche Theorien zur Frage des Wirtschaftswachstums während der Industrialisierung analysieren und diskutieren (Analysieren)

... kausale Beziehungen zwischen Landflucht, Bevölkerungswachstum, Urbanisierung und Industrialisierung ermitteln und verbinden (Deuten)

... Positionen aus Vergangenheit und Gegenwart zur Sozialen Frage kriteriengeleitet und kontrovers beurteilen (Urteilen und Sich orientieren)

1.1 Basismodul: Revolutionen

Eine eindeutige und allgemein akzeptierte Definition von „Revolution“ existiert nicht und ist auch nicht möglich. Stattdessen gibt es viele unterschiedliche Theorien, die alle ihre Stärken und Schwächen haben.

Revolutionen lassen sich aber grob von Revolten, Rebellionen, Putschen oder von Reformen abgrenzen. Reformen versuchen langsame (evolutionäre) Veränderungen innerhalb des bestehenden Systems durchzuführen, ohne dass der Staat oder die Gesellschaft grundsätzlich infrage gestellt werden. Revolten, Rebellion oder auch Putsche hingegen zielen ebenfalls nicht unbedingt auf grundsätzliche Veränderungen ab: Hier versucht etwa eine bestimmte Gruppe oder ein einzelner Akteur, mit Gewalt an die Macht zu kommen oder den herrschenden Eliten bestimmte Zugeständnisse abzutrotzen. Oft sind die „Massen“ der Bevölkerung nicht an solchen Aktionen beteiligt, und die bestehende Ordnung wird nicht grundsätzlich infrage gestellt. Rebellionen und Revolten können aber, auch wenn sie zunächst scheitern, dazu beitragen, dass langsam eine revolutionäre Situation entsteht.

Revolutionen verlaufen viel radikaler als Rebellionen oder Revolten. Immer beteiligen sich zumindest Teile der Eliten an den Bewegungen, die Änderungen im System fordern. Typisch für Revolutionen ist, dass nach ihrem Beginn Dynamiken freigesetzt werden, die von den Revolutionären kaum oder gar nicht mehr kontrollierbar sind. Dafür ist u.a. die sehr hohe Beteiligung des „Volkes“ verantwortlich, das als eigenständiger Akteur auftritt. Oft spielen bei Revolutionen auch neue Ideologien und Weltanschauungen eine Rolle, mit denen das Verlangen nach Veränderungen gerechtfertigt wird. Typisch für Revolutionen ist ferner, dass diejenigen Veränderungen, die an ihrem Ende stehen, dauerhaft sind. Diese können beispielsweise darin bestehen, dass eine grundsätzlich andere Regierungs- oder Verfassungsform geschaffen wird, dass andere soziale Gruppen und Eliten an die Macht gekommen sind oder dass ein völlig anderes Wirtschaftssystem errichtet wird.

Bildinformation

31000-769

M1 Q Barrikadenkampf am Alexanderplatz in Berlin am 18. März 1848
Druckgrafik von 1848

- Analysieren Sie die Grafik. Achten Sie dabei auf die farbigen Elemente.
- Beschreiben Sie die Stimmung und den Ablauf der Revolution in Berlin, wie sie im Rundfunkbeitrag deutlich werden. Vergleichen Sie Ihr Ergebnis mit der Grafik.

Hörtipp:

32065-0313

So begann in Berlin die Märzrevolution

1776–1783 —	Dreizehn britische Kolonien in Nordamerika erkämpfen ihre **Unabhängigkeit**. Der „Frieden von Versailles" beendet den Unabhängigkeitskrieg im Jahr 1783.	**Die Amerikanische Revolution**
1776 —	Die „Virginia Bill of Rights" wird verkündet und zum Vorbild der inneramerikanischen und europäischen Verfassungsentwicklung.	
1789 —	Der Verfassungskonvent verabschiedet die Bundesverfassung der Vereinigten Staaten von Amerika. George Washington wird erster Präsident der USA.	
17.6.1789 —	Die Deputierten des Dritten Standes wandeln die Generalstände in Frankreich in eine **Nationalversammlung** um.	**Die Französische Revolution**
Sommer 1789 —	Auf dem Lande erheben sich die Bauern; die „Große Furcht" greift um sich.	
14.7.1789 —	Die städtische Volksbewegung zeigt ihre Macht; in Paris wird die Bastille erstürmt.	
4.8.1789 —	„**Augustbeschlüsse**" der Nationalversammlung; die feudalen Privilegien sollen abgeschafft werden.	
1791 —	Frankreich wird **konstitutionelle Monarchie**.	
1792 —	Die Monarchie wird abgeschafft und die **Republik** eingeführt.	
21.1.1793 —	Ludwig XVI. wird hingerichtet.	
17.9.1793 —	„Gesetz über die Verdächtigen": Höhepunkt der **Schreckensherrschaft**.	
27.7.1794 —	Robespierre und seine Anhänger werden gestürzt.	
1799 —	Nach einem Staatsstreich erklärt **Napoleon Bonaparte** die Revolution für beendet.	
1814/15 —	Napoleon muss abtreten. Auf dem **Wiener Kongress** wird Europa neu geordnet.	**Restauration und Vormärz**
1817 —	**Wartburgfest** der deutschen Burschenschaften.	
1830 —	Mit der Julirevolution und dem Amtsantritt des „Bürgerkönigs" Louis Philippe erlebt die Phase der **Restauration** in Frankreich ihren Höhepunkt.	
1832 —	Die nationale und liberale Bewegung organisiert das **Hambacher Fest**.	
1848	Die **deutsche Nationalversammlung** tritt am 18. Mai in der Paulskirche zusammen.	**Die Revolution von1848/49**
1849	Der preußische König Friedrich Wilhelm IV. lehnt die von der Nationalversammlung angebotene Kaiserwürde ab.	
ab 1850	**Zeit der Reaktion**: Politische Vereine werden verboten, 1851 hebt der Bundestag die von der Paulskirche verabschiedeten Grundrechte wieder auf.	

Die Ursprünge der Amerikanischen Revolution

M1 D Die „Gründerstaaten“. Die Karte zeigt die dreizehn Gründerstaaten, die koloniale Besitzverteilung bis 1763 sowie die Wirtschaftszweige.

32065-0314

1. Arbeiten Sie heraus, welche späteren US-Bundesstaaten zu den Kolonien im Norden, in der Mitte und im Süden zusammengefasst wurden, und ordnen Sie diesen Kolonien Wirtschaftszweige zu.
2. Setzen Sie sich kritisch mit der Darstellung auseinander und überprüfen Sie, welche Bevölkerungsgruppen und Wirtschaftszweige fehlen.

LEIT-FRAGE

Großbritannien und die Steuergesetze – eine Zumutung für die Kolonien?

Zensuswahlrecht: An den Nachweis von Besitz, Einkommen oder Steuerleistung (Zensus) gebundenes Wahlrecht.

Die rechtliche Stellung der Kolonien

Von den dreizehn Kolonien, die später ihre Unabhängigkeit von Großbritannien erklären sollten, waren zu Beginn des Konfliktes acht Kronkolonien, die direkt der Krone gehörten, mit einem Gouverneur an der Spitze. Drei weitere waren Eigentümerkolonien, die private Besitzer hatten. Zwei hatten eine königliche Charter. Hier gab es keinen Gouverneur, sondern die Kolonien regierten sich selbst. In der Praxis spielten diese Unterschiede aber nur eine geringe Rolle. Alle Kolonien hatten auch ein Kolonialparlament, das meist nach dem **Zensuswahlrecht** gewählt worden war. Der Gouverneur besaß diesen Parlamenten gegenüber ein Vetorecht. Die Parlamente hatten weitgehende finanzielle Befugnisse: Sie bestimmten, welche Steuern erhoben und wie die eingenommenen Gelder ausgegeben wurden. Obwohl das potenziell zu Spannungen mit den königlichen Institutionen hätte führen können, war dies vor der Mitte des 18. Jahrhunderts kaum der Fall. Anfangs hatte die britische Regierung den Kolonien erhebliche Freiheitsrechte eingeräumt und sich – aufgrund eigener innen- und außenpolitischer Krisen – aus den inneren Angelegenheiten der Kolonien herausgehalten, solange es keine gravierenden Probleme gab.

M 2 Q „Join, or die“
Holzschnitt nach einem Entwurf von Benjamin Franklin
Die Zeichnung erschien erstmals am 9. Mai 1754 in der „Pennsylvania Gazette“ und gilt als die erste politische Karikatur Nordamerikas. An anderer Stelle hat Franklin einmal gesagt: „Entweder wir halten zusammen oder hängen einzeln.“
Benjamin Franklin (1706 – 1790) war zunächst Buchdrucker und Zeitungsmacher, dann Schriftsteller, Erfinder, Politiker und später auch Gesandter seiner Heimat in Großbritannien und Frankreich.

- Interpretieren Sie die Karikatur. Berücksichtigen Sie dabei die Entstehungszeit und das Motto.

Die wirtschaftliche Entwicklung

Wirtschaftlich standen sich widersprüchliche Trends gegenüber. Einerseits produzierte die stetig wachsende Bevölkerung im britischen Nordamerika Rohstoffe, für die in Großbritannien Absatzmärkte existierten, und wurde gleichzeitig als Markt für britische Produkte immer wichtiger. Andererseits versuchte die britische Regierung, die ökonomischen Entwicklungen in den Kolonien zu beeinflussen. Eine große Zahl von Gesetzen und Verboten regulierte den Handel und die Güterproduktion. So war es den Kolonisten seit dem Navigation Act von 1651 verboten, Dinge herzustellen, die englischen Waren Konkurrenz machen konnten. Dazu gehörten Kleidung, Hüte und Eisen. Außerdem durften Produkte aus den Kolonien, wie z. B. Tabak oder Reis, nur in Großbritannien verkauft werden. Güter, die aus anderen Teilen Europas eingeführt wurden, mussten über England transportiert werden. Zugleich erwies es sich aber als schwierig, alle diese Vorschriften umzusetzen, weil vor Ort Kontrolleure und Truppen fehlten und zugleich der Schmuggel blühte. Auch hier waren viele Kolonisten an große Freiheiten gewöhnt.

Der „French and Indian War“

Dieser von 1754 bis 1763 andauernde Krieg zwischen Frankreich und Großbritannien hatte mehrere Ursachen. Zum einen bestand eine große Rivalität zwischen beiden Mächten, die im 18. Jahrhundert sowohl in Europa als auch in Asien (Indien) und Nordamerika militärisch ausgetragen worden war. Zum anderen hatten beide Mächte ein Interesse daran, die in das fruchtbare und strategisch wichtige Tal des Ohio vorzustoßen und dieses mit eigenen Kolonisten zu besiedeln. Der Krieg begann, als beide Seiten Forts (Befestigungsanlagen) in der Region errichteten. Zu Beginn hatten die Franzosen trotz zahlenmäßiger Unterlegenheit deutliche Vorteile, auch weil die englischen Truppen schlecht geführt wurden und fast alle indigenen Völker anfangs die Franzosen unterstützten. Der Krieg wurde häufig als Klein- und Guerillakrieg geführt: Auf beiden Seiten kam es zu Massakern an oder Vertreibungen von Zivilisten. Mit zunehmender Dauer des Konflikts gewannen die Briten die Oberhand, indem sie die Seeherrschaft erlangten und so die französischen Truppen vom Nachschub abschnitten und Landungsoperationen in Kanada durchführten. Nach vielen kleinen Gefechten und langwierigen Belagerungen von Forts oder Städten unterlagen die Franzosen 1762/63 endgültig. Auf beiden Seiten kämpften Native Americans, deren Situation sich mit dem Sieg der Engländer verschlechterte, da sie nun die beiden europäischen Mächte nicht mehr gegeneinander ausspielen konnten.

Guerillakrieg: Als Guerilla- (span. Verkleinerung von guerra: Krieg) oder Partisanenkrieg wird eine Kriegsführung bezeichnet, bei der die schwächere Seite Schlachten vermeidet. Stattdessen werden Hinterhalte gelegt und Überfälle durchgeführt. Oft beteiligen sich auch Zivilisten, d. h., sie kämpfen einige Wochen und kehren dann in ihren Heimatort zurück. Für die Gegenseite ist nur schwer zu erkennen, wer Kriegsteilnehmer und wer Zivilist ist, deshalb tendieren solche Konflikte zu extremer Grausamkeit.

Folgen des Konflikts

Mit dem Sieg über Frankreich hatte Großbritannien erhebliche Gebiete gewonnen und war zur vorherrschenden Kolonialmacht in Nordamerika geworden. Der Preis für diesen Sieg war jedoch hoch: Die Staatsverschuldung betrug über 130 Millionen Pfund, und jedes Jahr fielen Zinsen von etwa fünf Millionen Pfund an. Diese hohe Summe musste so schnell wie möglich reduziert werden, und so wurde in Großbritannien intensiv über die Neuordnung des Empire diskutiert.

Die neu eroberten Gebiete in Nordamerika wurden direkt der Krone unterstellt und die Gebirgskette der Appalachen als Grenze der Kolonien festgelegt. Das Territorium westlich davon wurde der indigenen Bevölkerung überlassen und die weitere Besiedlung des Westens verboten. Damit sollten Konflikte mit den Native Americans verhindert und die Kolonisten daran gehindert werden, nach Westen weiterzuwandern und sich damit dem britischen Zugriff zu entziehen. Zudem wurde begonnen, die bestehenden Gesetze im ökonomischen Bereich viel stärker als zuvor zu überwachen, und es wurden deutlich mehr Truppen als vor dem Krieg in den Kolonien stationiert. Unter den Siedlern, die sich an die lockere britische Herrschaft gewöhnt hatten und zudem im Krieg gegen Frankreich loyal ihre Pflicht erfüllt hatten, verbreitete sich Empörung.

M3 Q Stempelsteuermarke
Faksimile von 1765

Die neuen Steuergesetze

Ohne Rücksicht auf die Stimmung der amerikanischen Siedler zu nehmen, änderte die britische Regierung ihre Steuerpolitik. Im Sugar Act von 1764 wurden hohe Steuern auf Kaffee, Seide, Wein und weitere Waren erhoben, wenn diese nicht aus Häfen des britischen Reiches eingeführt wurden. Nach dem Stamp Act von 1765 mussten schließlich alle offiziellen Dokumente sowie alle Papierprodukte wie Zeitungen und Spielkarten mit einem Steuerstempel versehen werden. Die neuen Gesetze trafen in den Kolonien mit einer wirtschaftlichen Krise zusammen, die den Kriegsboom abgelöst hatte. Der Protest der Kolonialparlamente bewirkte nichts. Ihrer Meinung nach waren nur sie berechtigt, Steuern zu beschließen, weil keine Abgeordneten der Kolonien im Londoner Parlament vertreten waren. Die Forderung „No taxation without representation“ wurde schnell populär. Aus Protest trafen sich Vertreter von neuen Kolonialparlamenten im Oktober 1765 zum Stamp Act Congress. Sie richteten Petitionen an den König, das Oberhaus und das Unterhaus in London und legten dar, dass die nur Steuern zahlen würden, wenn ihre eigenen Abgeordneten zugestimmt hätten.

Die „Sons of Liberty“

Zugleich organisierten vor allem Kaufleute aus den großen Hafenstädten offenen Widerstand gegen die ungeliebten Gesetze. Sie riefen dazu auf, alle englischen Waren zu boykottieren. Die „Sons of Liberty“ wurden als Geheimgesellschaft gegründet. Da sich ihr sowohl viele Handwerker als auch Lehrer und Juristen anschlossen, fand hier ein regelrechter Demokratisierungsprozess statt. Viele Händler, die vorher vom Schmuggel profitiert hatten, schlossen sich der Bewegung an, weil ihre Existenz bedroht war. Die „Sons of Liberty“ waren auch zu gewalttätigen Aktionen bereit. Sie überwachten den Warenboykott und verhinderten den Verkauf von Steuermarken.

Der Boykott war erfolgreich, und bis Ende 1765 gingen die Steuereinnahmen auf 30 500 Pfund zurück. Die britische Regierung und das Parlament in London agierten in der Folge planlos. Anfang 1766 wurde das Steuermarkengesetz wieder aufgehoben. Zugleich wurde aber im sogenannten Declaratory Act erklärt, dass die Kolonien der Krone und dem britischen Parlament untergeordnet seien. Deshalb hätten die Kolonisten auch nicht das Recht, über ihre eigene Besteuerung zu bestimmen. Schon 1767 wurden mit den Townshend-Gesetzen erneut Zölle erhoben: Diesmal waren besonders Importe von Gebrauchsgegenständen wie Glas, Blei, Farben, Papier und Tee betroffen. Wahrscheinlich wäre ein Kompromiss möglich gewesen, wenn es nur um die einzelnen Steuern gegangen wäre, aber der Konflikt wurde immer mehr zu einem Prinzipienstreit.

Weitere Eskalation: das „Boston Massacre“

Wiederum entstand sehr schnell eine breite Boykottbewegung, die dazu aufrief, die Importe durch einheimische Produkte zu ersetzen. Auch eskalierte die Gewalt gegen britische Beamte und amerikanische Siedler, die sich nicht der Boykottbewegung anschlossen. Daraufhin wurden zwei zusätzliche Regimenter britischer Soldaten nach Boston verlegt. Polarisierend wirkte das sogenannte „Boston Massacre“ von

1770, auch wenn das Wort Massaker übertrieben wirkt. Eine Gruppe britischer Soldaten wurde am 5. März von einer großen Menschenmenge aggressiv bedrängt. Es kam zu Beleidigungen und Handgreiflichkeiten, woraufhin sich ein Schuss löste und die Soldaten das Feuer eröffneten. Dabei kamen drei Menschen ums Leben und acht wurden verwundet, von denen zwei später starben. Die folgende Gerichtsverhandlung vor einem amerikanischen Gericht war sehr fair und gestand den Soldaten zu, dass sie geglaubt hätten, sich in einer Notwehrsituation befunden zu haben. Nur einen Monat später wurden auch die Townshend-Gesetze wieder zurückgenommen. Dies nahm die aufgehetzte Bevölkerung aber kaum zur Kenntnis.

Der Wendepunkt: Die „Boston Tea Party"

Anfang 1773 geriet die East India Company, die vor allem in Indien tätig war, in finanzielle Schwierigkeiten. Sie war die wichtigste britische Handelskompanie. Um sie finanziell zu entlasten wurde ein Gesetz erlassen, das den Teeimport dieser Gesellschaft nach Amerika erleichterte und verbilligte. Die Regierung hoffte auf steigende Gewinne durch steigende Umsätze. Eigentlich hätte dies die Amerikaner zufriedenstellen sollen, aber es blieben die verhassten Steuern, und vor allem bestand weiterhin keine Möglichkeit, bei den Abgaben mitzubestimmen. Außerdem waren amerikanische Teehändler durch die billigen Importe nicht mehr konkurrenzfähig.

Eine weitere Aktion heizte die Stimmung an. Anfang Dezember 1773 verweigerte die Stadtverwaltung in Boston die Entladung von drei Teeschiffen. In der Nacht vom 16. auf den 17. Dezember stürmten zwischen 50 und 100 als Native Americans verkleidete Männer auf die Dartmouth im Hafen von Boston. Dieses Schiff hatte etwa 45 Tonnen Tee aus Ostindien geladen, der ca. 10 000 Pfund wert war. Unter großem Geschrei wurde dieser Tee ins Wasser geworfen. Da die Aktion mehrere Stunden dauerte, wurde eine unbekannte Zahl von Schaulustigen angelockt. Die Obrigkeit reagierte nicht: Weder Soldaten noch Sheriffs ließen sich blicken. Mit der später ironisch als „Boston Tea Party" bezeichneten Aktion war ein Wendepunkt im Konflikt zwischen Kolonien und Mutterland erreicht.

Die „Unerträglichen Gesetze"

Diesmal reagierte die britische Seite sehr hart. Nach Bekanntwerden der Nachrichten beschloss das Parlament 1774 vier Gesetze, denen jetzt auch Abgeordnete der gemäßigten Richtung zustimmten. Von den Kolonisten wurden diese Coercive Acts als „Intolerable Acts" bezeichnet. Sie bestimmten, dass der Hafen von Boston solange stillgelegt werden sollte, bis die Stadt den Tee bezahlt haben würde. Außerdem verloren die lokalen Versammlungen das Recht der Selbstregierung und die Gemeindeversammlungen in Massachusetts wurden direkt unter die Kontrolle des Königs gestellt. Bewohner der Kolonien und Beamte, die des Verrats beschuldigt wurden, sollten nicht mehr vor amerikanischen Gerichten, sondern in London oder anderen Teilen des Empires vor Gericht gestellt werden. Zudem sollten die britischen Truppen aufgestockt und bei Bedarf auch in Privathäusern einquartiert werden können. Viele Historikerinnen und Historiker sind heute der Meinung, dass bereits die „Boston Tea Party" und ihre Folgen den Beginn der Amerikanischen Revolution markiere.

East India Company: Die englische Ostindienkompanie wurde 1600 als Aktiengesellschaft gegründet. Sie bildete das Rückgrat des britischen Imperiums in Asien. Die Kompanie verfügte über eine eigene Verwaltung, hatte das Recht, selbstständig Verträge zu schließen, und stellte Söldnerarmeen und Flotten auf.

M4 Q Die Bostoner lesen den Stamp Act

Diese Abbildung stammt aus einem 1882 erschienenen Artikel von James H. Stark.

Bildinformation

31000-770

Arbeitsvorschlag

32065-0315

- Interpretieren Sie die Abbildung. Berücksichtigen Sie dabei den Zeitpunkt ihres Erscheinens, die abgebildeten Bevölkerungsgruppen sowie die dargestellte Nutzung des öffentlichen Raumes und der Gebäude. Beachten Sie auch, welche Bevölkerungsgruppen und Protestmittel fehlen.

M5 Q The Stamp Act

Am 22. März 1765 überträgt das britische Parlament die Stempelsteuer auf die Kolonien in Nordamerika:

Es sei hiermit verordnet […], dass vom [1.11.1765] an und hernach in den Kolonien in Amerika, die derzeit oder künftig der Herrschaft seiner Majestät, seiner Erben und Nachfolger unterstehen, erhoben, auferlegt, gesammelt und an seine Majestät gezahlt werden soll:
Für jedes Stück Pergament oder Blatt Papier, auf dem bei welchem Gerichtshof in den britischen Kolonien in Amerika auch immer, eine Erklärung, Prozessverteidigung, Erwiderung, Replik, Einwendung oder ein Gesuch, handschriftlich oder gedruckt, abgefasst werden wird, sowie für jede Kopie davon, eine Stempelsteuer von drei Pence. […]
Für jedes Blatt, auf welchem […] ein Seefrachtvermerk oder Seefrachtbrief […] – oder eine Tilgung oder eine im Bereich der genannten Kolonien gewährte Freigabe abgefasst ist, eine Stempelsteuer von vier Pence. […].
Und für jede Packung Spielkarten und alle Würfel, die verkauft oder benutzt werden […], folgende Stempelsteuern: Für jede Packung solcher Karten die Summe von einem Schilling. Und für jedes Paar solcher Würfel die Summe von zehn Schillingen. […]
Für ein Pamphlet und eine solche Schrift, die höchstens einen halben Bogen umfasst […], eine Stempelsteuer von einem Halfpenny pro gedruckter Kopie. […]
Für jede in einer Gazette, Zeitung oder einer anderen Schrift oder einem Pamphlet erhaltene Anzeige […] eine Steuer von zwei Schilling. […]
Für jeden Almanach oder Kalender für ein bestimmtes Jahr oder einen beliebigen Zeitraum darunter, der nur einseitig […] beschriftet oder bedruckt ist […], eine Stempelsteuer von vier Pence. […]

Zitiert nach: Angela und Willi Paul Adams (Hrsg.), Die Entstehung der Vereinigten Staaten und ihrer Verfassung. Dokumente 1754–1791, Münster 1995, S. 78 f.

Arbeitsvorschläge

32065-0316

1. Beschreiben Sie anhand der Materialien, die Sie täglich benutzen, was alles unter das Stempelsteuergesetz fallen würde.
2. Erläutern Sie die Motive der Krone für das Stempelsteuergesetz. | H
3. Überprüfen Sie, ob die Maßnahme, Würfel und Spielkarten zu besteuern, bestimmten gesellschaftlichen Vorstellungen entspricht.

M6 Q Bitte des Stempelsteuer-Kongresses von 1765

Die Vertreter von neun nordamerikanischen Kolonien wenden sich am 19. Oktober an die britische Regierung:

Die Mitglieder dieses Kongresses, [...] mit den wärmsten Gefühlen der Zuneigung und Pflicht gegenüber der Person und Regierung Seiner Majestät, [...] und mit einem Geist, der tief beeindruckt ist von dem Gefühl der Gegenwart und des bevorstehenden Unglücks der britischen Kolonien auf diesem Kontinent. Nachdem wir die Umstände der genannten Kolonien für so reif wie möglich gehalten haben, sehen wir es als unsere unabdingbare Pflicht an, die folgenden Erklärungen unserer bescheidenen Meinung abzugeben und dabei die wichtigsten Rechte und Freiheiten der Kolonisten und die Missstände zu respektieren, unter denen sie arbeiten. [...] III. Dass es ein unzertrennlicher Bestandteil der Freiheit eines Volkes und das unzweifelhafte Recht von Engländern ist, dass ihnen Steuern nur mit ihrer eigenen, persönlich oder durch ihre Vertreter erteilten Zustimmung auferlegt werden.

IV. Dass die Bevölkerung dieser Kolonien im Unterhaus von Großbritannien nicht vertreten ist und wegen der räumlichen Entfernung nicht vertreten sein kann.

V. Dass die Vertreter der Bevölkerung dieser Kolonien nur Personen sein können, die daselbst von ihr selbst gewählt wurden, und dass ihr niemals Steuern auferlegt wurden, noch verfassungsmäßig auferlegt werden können, außer durch ihre entsprechenden gesetzgebenden Körperschaften.

VI. Da alle Geldbewilligungen für die Krone freie Spenden des Volkes sind, ist es unbegründet und unvereinbar mit den Grundsätzen und dem Geist der britischen Verfassung, wenn das Volk von Großbritannien Seiner Majestät das Eigentum der Kolonisten bewilligt. [...] VIII. Dass die Stempelsteuerakte, die den Einwohnern dieser Kolonien Steuern auferlegt, und mit ihr verschiedene andere Akte [...] offenbar den Umsturz der Rechte und Freiheiten der Kolonisten erstreben.

Zitiert nach: Fritz Wagner, USA. Geburt und Aufstieg der neuen Welt. Geschichte in Zeitdokumenten 1607 – 1885, München 1947, S. 44 und 52

Arbeitsvorschläge

32065-0317

1. Erklären Sie, welche Folgen der Stamp Act für die Kolonisten hatte.
2. Erläutern Sie die Motive des britischen Parlaments und erklären Sie die Reaktion der Kolonisten. | H
3. Beurteilen Sie, inwieweit jede Konfliktpartei für eine Eskalation des Konflikts verantwortlich gemacht werden kann. Berücksichtigen Sie dabei die Rolle des britischen Königs.

M7 Q Boston Massacre

Am 5. März 1770 provozierten unzufriedene Arbeiter auf der Devonshire Street britische Besatzungssoldaten. Sie schrien, drohten mit Holzknüppeln und warfen mit Schneebällen. Im Gedränge ging ein Soldat zu Boden, schoss dabei in die Luft und rief: „Feuer!" Daraufhin wurden drei Kolonisten tödlich getroffen, weitere zwei starben in den folgenden Tagen an ihren Verletzungen.

„The Bloody Massacre ..."
Kupferstich von Paul Revere (1734–1818) vom März 1770

„Death of Crispus Attucks at the Boston Massacre"
Lithografie von John H. Bufford (1810–1870) aus dem Jahr 1856

Boston Massacre Monument
Das Monument von Adolph Robert Kraus wurde 1889 errichtet. Es ist auch bekannt als Crispus Attucks Monument oder kurz Victory.

Arbeitsvorschläge

32065-0318

1. Erklären und bewerten Sie die jeweiligen Absichten der Künstler. | H
2. Künstlerische Darstellung der Auseinandersetzungen zwischen Kolonisten und Soldaten: Fake News oder legitime Überhöhung? Nehmen Sie Stellung. | F
3. Erklären Sie, weshalb der Ort des Geschehens immer noch als Kulisse für Stadtführungen oder politische Veranstaltungen genutzt wird.

M8 Q „Das Volk sollte sich nie erheben, ohne etwas Erinnerungswürdiges zu tun …"

Nach der „Boston Tea Party" schreibt John Adams am 17. Dezember 1773 in sein Tagebuch:

Gestern Abend wurden drei Ladungen Bohea-Tee ins Meer geschüttet. Heute Morgen segelt ein Kriegsschiff los [nach England].

Dies ist die bisher großartigste Maßnahme. Dieses letzte Unternehmen der Patrioten hat eine Würde, eine Majestät, eine Erhabenheit an sich, die ich bewundere. Das Volk sollte sich nie erheben, ohne etwas Erinnerungswürdiges zu tun – etwas Beachtenswertes und Aufsehenerregendes. Die Vernichtung des Tees ist eine so kühne, entschlossene, furchtlose und kompromisslose Tat, und sie wird notwendigerweise so wichtige und dauerhafte Konsequenzen hervorrufen, dass ich sie als epochemachendes Ereignis betrachten muss.

Dies war nur ein Angriff auf Eigentum. Ähnlicher Gebrauch der Volksgewalt kann zur Vernichtung von Menschenleben führen. Viele wünschten, dass im Hafen ebenso viele Leichen wie Teekisten schwämmen – eine viel geringere Zahl von Menschenleben jedoch würde die Ursache all unseres Unglücks beseitigen.

Die bösartige Genugtuung, mit der Hutchinson, der Gouverneur […] und die Zollkommissare die schwierige Lage des Volkes bei dem Kampf um die Rücksendung des Tees nach London und zum Schluss auch die Vernichtung des Tees mit angesehen haben, ist unglaublich. Man kann sich kaum vorstellen, dass es so gewissenlose und hemmungslose Menschen gibt. Welche Maßnahmen wird das Ministerium ergreifen? Werden sie empört sein? Werden sie es wagen, empört zu sein? Werden sie uns bestrafen? Wie? Indem sie Truppen einquartieren? Die Gründungsurkunde widerrufen? Noch höhere Zölle einziehen? Unseren Handel beschränken? Sich an Einzelnen rächen? Oder wie?

Die Frage ist, ob die Vernichtung des Tees nötig war. Ich fürchte, sie war absolut notwendig. Er konnte nicht zurückgeschickt werden, weil Gouverneur, Admiral und der Zoll es nicht erlaubten. Allein in deren Macht lag es, den Tee zu retten. An der Wasserfestung und den Kriegsschiffen wären die Teeschiffe nicht vorbeigekommen. Die Alternative war daher, den Tee zu vernichten oder an Land zu bringen. Ihn an Land zu bringen hätte bedeutet, dass wir das Besteuerungsrecht des Parlaments anerkennen, gegen das der Kontinent zehn Jahre lang gekämpft hat. Es hätte bedeutet, dass wir die Arbeit von zehn Jahren zunichte machen und uns und unsere Nachkommen den ägyptischen Sklaventreibern unterwerfen.

Zitiert nach: Herbert Schambeck u. a. (Hrsg.), Dokumente zur Geschichte der Vereinigten Staaten von Amerika, Berlin 2007, S. 69 f.

Arbeitsvorschläge

32065-0319

1. Geben Sie die Autorenposition in eigenen Worten wieder.
2. Entwickeln Sie zum selben Anlass einen Tagebucheintrag aus der Sicht eines Loyalisten (Königstreuen), der die britische Politik verteidigt.

Leitfrage

Nehmen Sie Stellung:

Großbritannien und die Steuergesetze – eine Zumutung für die Kolonien?

LK Perspektiven der Konfliktparteien

M1 Q „Welche Vorteile wird die Unabhängigkeit bringen?“

Ein anonymer Zeitungsartikel vom 17. Februar 1776 liefert eine Antwort auf die Frage:

Einen freien und unbeschränkten Handel; eine große Zunahme des Wohlstandes und einen entsprechenden Anstieg des Grundstückswertes; die Einrichtung und allmähliche Entwicklung und Verbesserung der Manufakturen und der Naturwissenschaften; einen großen Andrang von Einwanderern, die, angezogen von der Milde freier, gleicher und toleranter Regierung, ihre Heimatländer verlassen und in diesen Kolonien siedeln; eine erstaunliche Vermehrung unserer derzeitigen Bevölkerung. Wo Fleiß belohnt wird; wo Freiheit und Eigentum gesichert sind; wo die Armen leicht ihren Lebensunterhalt finden, und wo die mittlere Klasse mit ihrer Arbeit ihre Familien bequem unterhalten kann, dort muss sich die Bevölkerung schnell vermehren.

Zitiert nach: Angela und Willi Paul Adams (Hrsg.), Die Entstehung der Vereinigten Staaten und ihrer Verfassung. Dokumente 1754–1791, Münster 1995, S. 185 f.

32065-0320

1. Nennen Sie die Vorteile der Unabhängigkeit, die im Text genannt werden.
2. Beurteilen Sie, inwiefern diese Vorteile alle Bevölkerungsgruppen betreffen.

Der erste Kontinentalkongress

An diesem vom 5. September bis 26. Oktober 1774 in Philadelphia tagenden Kongress nahmen 56 Vertreter von 12 nordamerikanischen Kolonien teil, nur Georgia fehlte. Beruflich war die Vertretung homogen: Unter den Delegierten waren u. a. 30 Anwälte und Richter, neun Kaufleute und vier Handwerker. Jede Delegation hatte nur eine Stimme – eine Rücksichtnahme auf die kleinen Kolonien. Dieser Kongress verstand sich als Organ, das alle Kolonien repräsentierte. Der starke Einfluss der Protestanten war daran erkennbar, dass der Kongress nebenbei Glücksspiel, Wetten, Pferderennen, Boxveranstaltungen, Hahnenkämpfe und andere Vergnügungen verbot, die als unsittlich angesehen wurden. Allerdings scheint sich fast niemand an diese Anweisungen gehalten zu haben. Vor allem war es notwendig, eine einheitliche Wirtschaftspolitik und Boykottmaßnahmen gegenüber Großbritannien zu verfolgen. Dies war, obwohl am Ende Einigkeit erreicht wurde, alles andere als einfach, weil verschiedene Kolonien unterschiedliche Interessen verfolgten. Wichtig war ferner, dass Komitees eingerichtet wurden, die die vom Kongress erweiterten Boykottmaßnahmen überwachen sollten. Damit erhielt der Kongress bürokratische und exekutive Werkzeuge, die nur ihm unterstanden. Zu diesem Zeitpunkt bestand noch die Hoffnung, dass ein Krieg gegen England vermieden werden könne. Vorsichtshalber wurden aber alle Kolonien aufgefordert, ihre Milizen zu vergrößern und kampfbereit zu machen. Die britische Marine reagierte auf die Beschlüsse des Kongresses mit einer Seeblockade, die allerdings noch Lücken aufwies. Die Kolonisten sollten wirtschaftlich in die Knie gezwungen werden.

Loyalisten und Patrioten

Die Anhänger der britischen Krone und diejenigen, die einen Konflikt mit Großbritannien vermeiden wollten, werden als Loyalisten bezeichnet. Diejenigen, die zu einer Rebellion tendierten, nannten sich oft Patrioten. Zeitgenössisch waren auch die Begriffe „Whigs“ (anti-britisch) und „Tories“ (pro-britisch) üblich. Leider wissen wir

LEIT-FRAGE

Konflikt mit Großbritannien – ist die Unabhängigkeit lohnenswert?

M2 Q Bunker Hill Monument
Foto vom Mai 2011
Der knapp 64 m hohe Granitobelisk wurde in der ersten Hälfte des 19. Jahrhunderts zum Gedenken an die Schlacht von Bunker Hill in Charlestown (Massachusetts) errichtet.

bis heute nicht, wie groß die Zahl derjenigen Menschen war, die keine Unabhängigkeit von Großbritannien wollten – zu diesen Zeiten gab es noch keine Meinungsumfragen. Viele Historikerinnen und Historiker vertreten aber die Meinung, dass die Zahl der Loyalisten lange deutlich unterschätzt worden sei. Wahrscheinlich waren mindestens 20 Prozent der Amerikaner streng königstreu. Während des Krieges stellten auch sie eigene Milizen auf, die aufseiten der Engländer kämpften. Viele weitere Amerikaner, die keine bekennenden Loyalisten waren, wollten keinen Krieg bzw. waren der Meinung, dass mit etwas gutem Willen ein Kompromiss zwischen den beiden Parteien gefunden werden könne. Andere sympathisierten zwar durchaus mit der Unabhängigkeit, hielten aber einen offenen Kampf gegen die Großmacht Großbritannien militärisch für aussichtslos. Entscheidend war, dass sich in den Monaten vor Kriegsausbruch auf beiden Seiten stets die „Hardliner" durchsetzten, die keinen Kompromiss wollten, sondern unversöhnlich den Konflikt schürten.

Die ersten Gefechte

Es ist niemals geklärt worden, wer den ersten Schuss abgegeben hat. London hatte den Generälen in Amerika die Anweisung gegeben, scharf durchzugreifen. Daraufhin wurden britische Truppen entsandt, um ein Waffendepot der Kolonisten in Concord zu beschlagnahmen, das ungefähr 30 Kilometer von Boston entfernt lag. Die Kolonisten hatten mit einer derartigen Aktion gerechnet, und durch ein gut vorbereitetes System von schnellen Reitern wurden alle Milizen der Region alarmiert. Als die Briten am 19. April 1775 auf eine kleine Miliztruppe trafen, kam es zunächst zu wüsten Beschimpfungen, dann löste sich ein Schuss, möglicherweise aus Versehen. Bei der folgenden Schießerei starben acht Kolonisten, ein Engländer wurde verwundet. In Concord war inzwischen das Waffenlager von den Siedlern fast völlig geräumt worden. Als die Briten nach Boston zurückmarschieren wollten, sahen sie sich einer Übermacht gegenüber. Der Abmarsch gestaltete sich zu einem Spießrutenlauf: Die Engländer wurden aus Gebäuden, aus Büschen und aus anderen Hinterhalten permanent beschossen und hatten erhebliche Verluste zu beklagen. Im Juni folgte das nächste große Gefecht bei Bunker Hill. Zwar mussten sich die Kolonisten hier zurückziehen, doch waren die britischen Verluste viel höher als die der Amerikaner.

Der zweite Kontinentalkongress

Dieser vom 10. Mai 1775 bis zum 1. März 1782 tagende Kongress war schon länger vorbereitet worden, doch bekam er durch die ersten Gefechte einen völlig anderen Charakter als geplant. Zunächst erhielten die Radikalen einen erheblichen Zulauf. Dennoch wollte die Mehrheit, vor allem die Kaufleute der Kolonien am Mittelatlantik und die Pflanzer im Süden, immer noch einen großen Krieg vermeiden, weil für sie ökonomisch zu viel auf dem Spiel stand. Sie suchten noch einmal nach einem Kompromiss. Faktisch stellte dieser Kongress aber die Vorform einer ersten amerikanischen Regierung dar, und die Kolonisten befanden sich bereits im Krieg, auch wenn dieser noch nicht formell erklärt worden war. Der Kongress war deshalb gezwungen, weitere Vorbereitungen zu treffen, die eskalierend wirkten. Hierzu gehörten Fragen der Geldbeschaffung, der Rüstung, die weitere Ausgestaltung des Boykotts, der Aufbau eines landesweiten Nachrichten- und Transportwesens und der Aufbau einer Armee. Am 26. Mai 1775 wurde der Verteidigungsstatus (state of defence) für alle Kolonien ausgerufen, und im Juni 1775 wurde George Washington, ein erfahrener und beliebter Offizier, zum Oberbefehlshaber ernannt. Dies war auch ein politisches Signal an den Süden, weil Washington ein sehr reicher Plantagenbesitzer aus Virginia war. Damit sollte britischen Versuchen, den Süden und den Norden auseinanderzubringen, ein Riegel vorgeschoben werden. Der letzte Schritt zur Eskalation fand durch eine Erklärung des britischen Königs statt. Er hatte sich geweigert, eine Petition, in der noch einmal ein Kompromiss angeboten wurde, zur Kenntnis zu nehmen. Außerdem hatte er die Amerikaner öffentlich pauschal zu Rebellen erklärt, gegen die hart durchzugreifen sei. Damit war der offene Krieg unausweichlich geworden.

Der zweite Kontinentalkongress entwickelte sich wie erwähnt in den folgenden Jahren faktisch zu einer Art von amerikanischer Regierung, auch wenn er wegen der militärischen Entwicklungen mehrfach den Tagungsort wechseln musste. Seine Aufgaben waren schwierig und der Kongress war ständig überfordert. Er verfügte über kein eigenes Budget, musste aber sehr hohe Geldsummen organisieren. Der Kongress hatte nicht das Recht, eigene Steuern zu erheben. Hinzu kam die Organisation der Versorgung von Washingtons Kontinentalarmee. Häufig fehlte es am Nötigsten, und oft konnte auch kein Sold an die Soldaten gezahlt werden, sodass die Moral der Truppen sank. Hinzu kam, dass der Kongress eine einheitliche Außenpolitik entwickeln musste. Auch achteten die Einzelstaaten sehr darauf, dass ihre Rechte nicht verletzt wurden, und deshalb übertrugen sie dem Kongress nur diejenigen Kompetenzen, bei denen dies unvermeidbar war. Aus diesen Gründen agierte der Kongress bei Weitem nicht so effektiv, wie dies bei einer anderen Arbeitsaufteilung möglich gewesen wäre.

Die Rolle der schwarzen Bevölkerung

Zwischen der amerikanischen Freiheitsrhetorik und der Sklaverei bestand – aus heutiger Sicht – ein erheblicher Widerspruch. Eine Debatte um die Rechtmäßigkeit der Sklaverei entwickelte sich aber nur zögernd, auch weil viele der führenden Personen aus den Südstaaten selbst Sklavenbesitzer waren. Die Engländer versuchten während des Krieges, diesen Gegensatz auszunutzen. Entlaufenen Sklaven versprachen sie Freiheit und – nach dem Ende des Krieges – ein Stück Land. Viele tausend Sklaven wurden von englischen Truppen befreit, einige sind auch entflohen. Aus diesen freien People of Color formierten die Engländer eigene Truppen, die – hoch motiviert – gegen die Amerikaner eingesetzt wurden. Besonders das von 1775 bis 1776 existierende Ethiopian Regiment hatte sich tapfer geschlagen, doch musste es hohe Verluste durch eine Pockenepidemie hinnehmen. Allerdings hielten die Engländer nach dem Ende des Krieges ihre Versprechen zunächst nicht ein. Die freien People of Color blieben mehrere Jahre im sehr kalten Nova Scotia (Kanada) und erhielten kein Land. Erst später wurden sie in die 1808 gegründete britische Kolonie Sierra Leone an der westafrikanischen Küste gebracht, die sie militärisch schützen sollten.

Auch in der amerikanischen Kontinentalarmee und bei den Milizen gab es Afroamerikaner. Ihre Zahl wird auf etwa 5000 geschätzt. In einigen Südstaaten wie Georgia oder South Carolina wurde der Einsatz von freien People of Color oder von Sklaven aber strikt abgelehnt. Es war völlig undenkbar, Waffen an Afroamerikaner zu geben. Diese Menschen wurden als Arbeiter, beim Straßenbau oder beim Bau von Befestigungen eingesetzt.

Die indigene Bevölkerung

Ziel der Native Americans war es, ihre Unabhängigkeit und ihre Territorien möglichst zu bewahren. Den meisten Völkern schienen die Briten dafür der geeignetere Verbündete zu sein, da sie bei einem Sieg der Amerikaner eine weitere Ausbreitung der Kolonien nach Westen befürchteten. Hinzu kam, dass die Briten Handelswaren wie Stoffe, Werkzeuge und Waffen liefern konnten und von vielen Völkern daher als zuverlässiger (Handels-)Partner angesehen wurden. Einige Völker versuchten jedoch auch neutral zu bleiben oder kämpften aufseiten der Amerikaner für die Unabhängigkeit der Kolonien.

M3 Q Wappen der USA
Die Vorderseite des noch heute verwendeten großen Wappens ist im Wesentlichen seit der ersten, 1782 vom Kongress verabschiedeten Fassung unverändert geblieben: Über dem Weißkopfseeadler prangen 13 Sterne und auf seiner Brust trägt er ein Schild in den amerikanischen Farben. Im Schnabel hält der Adler ein Spruchband mit dem Motto: „E Pluribus Unum“: „Aus Vielen (wird, werde oder wurde) Eines“. Mit den Krallen umfasst das Wappentier links einen Olivenzweig und rechts Pfeile.

- ▶ Analysieren Sie die Symbolik des Wappens.
- ▶ Interpretieren Sie es vor dem Hintergrund seiner Entstehungszeit.

M4 D Gut gegen Böse?

In einer Einführung über die amerikanische Geschichte schreibt der Historiker Mark Häberlein:

Die britische Politik der Jahre 1763 bis 1775 kann keineswegs als durchweg repressiv und autoritär bezeichnet werden. Ihre negative Wirkung entfalteten die Maßnahmen der Regierung vor allem deshalb, weil sie von den Amerikanern nicht isoliert, sondern als Bestandteile einer angeblichen Verschwörung gegen die Freiheiten der Kolonisten gesehen wurden. [...] Die oppositionellen Denker des 18. Jahrhunderts sahen sich im Gegensatz zu den machthabenden Politikern im damaligen England als Real Whigs, als Bewahrer der echten, unverfälschten Whig-Tradition an. Zentrale Elemente ihres Denkens waren die Gegensätze zwischen Freiheit und Macht sowie zwischen Tugend und Korruption. Persönliche Freiheit erschien ihnen als höchstes Gut, das am besten aufgehoben war bei wirtschaftlich unabhängigen, tugendhaften, um das Gemeinwohl besorgten Landbesitzern. Allerdings hielten die Real Whigs Freiheit für ein stets gefährdetes Gut. Gefahr für die Freiheit ging ihrer Ansicht nach vor allem von den Regierenden aus, da diese stets dazu neigten, ihre Macht zu vergrößern und zu missbrauchen. [...]

In Kolonien wie Virginia und South Carolina hatte das Country-Ideal des unabhängigen, um das Gemeinwohl besorgten Landbesitzers unter der Sklaven besitzenden Oberschicht eine starke Integrationskraft. Schließlich genossen die amerikanischen Kolonisten zwar faktisch große Freiheiten, doch waren diese Freiheiten nie rechtsverbindlich fixiert worden und wurden daher stets als gefährdet angesehen, zumal über die Absichten der Regierung keine Klarheit bestand.

Da Freiheit stets bedroht war und Macht immer zum Missbrauch verleitete, wurden die Maßnahmen der britischen Politik nicht isoliert angesehen, sondern als Bausteine eines umfassenden Planes, die Freiheitsrechte der Kolonisten zu beschneiden. Demnach galt es, den Anfängen zu wehren und jegliche Maßnahme zu verhindern, mittels deren die Rechte der Kolonisten unterminiert werden sollten. Es fiel den Kolonisten leicht, die politischen Initiativen Londons mit den klassischen Mechanismen der Korruption zu identifizieren, die die englische Whig-Opposition immer wieder angeprangert hatte [...].

Die puritanischen Geistlichen in Neuengland, die bereits den Kampf zwischen England und Frankreich im Siebenjährigen Krieg zu einer endzeitlichen Auseinandersetzung zwischen Gut und Böse stilisiert hatten, gaben nun auch dem Konflikt zwischen Großbritannien und den Kolonien eine apokalyptische Dimension, indem sie etwa das Quebec-Gesetz und die Strafgesetze gegen Massachusetts als Werkzeuge des Antichrist geißelten.

Philipp Gassert, Mark Häberlein und Michael Wala, Kleine Geschichte der USA, Stuttgart 2008, S. 126–129

Arbeitsvorschläge

32065-0321

1. Geben Sie die wesentlichen Aussagen des Textes stichpunktartig wieder. | F
2. Vergleichen Sie die englische und die amerikanische Perspektive auf den Konflikt.
3. Setzen Sie sich anschließend mit den beiden Positionen auseinander, und erörtern Sie die tieferen Gründe für die jeweiligen Missverständnisse.

M5 Q „Was ist ein Tory?“

Im Dezember 1776, als sich die Armee von George Washington auf dem Rückzug befindet, verfasst Thomas Paine, einer der Gründerväter der USA, der bei der Armee weilt, einen Appell an seine Landsleute:

Wie kommt es, dass der Feind die Provinzen Neuenglands verlassen und unsere mittleren zum Kriegsschauplatz gemacht hat? Die Antwort ist einfach: Neuengland ist nicht von Tories verseucht, aber wir sind es. Ich habe mich gehütet, ein Geschrei gegen sie anzustimmen, und habe zahllose Argumente gebraucht, um ihnen die Gefahr aufzuzeigen, aber es ist nicht angebracht, eine Welt entweder ihrer Torheit oder ihrer Niedrigkeit zu opfern. Die Zeit ist jetzt gekommen, in der entweder sie oder wir unsere Haltung ändern müssen, oder einer von uns oder beide gehen zugrunde. Was ist nun eigentlich ein Tory? Großer Gott! Was ist er denn? Ich würde mich nicht scheuen, mit hundert Whigs gegen tausend Tories anzugehen, sollten diese versuchen, die Waffen zu erheben. Jeder Tory ist ein Feigling; denn knechtische, sklavische und eigennützige Furcht ist die Grundlage des Torytums, und unter einem solchen Einfluss kann ein Mensch zwar grausam sein, aber niemals tapfer. [...] Ich spürte einmal den ganzen Zorn, den ein Mann gegen die niedrigen Grundsätze empfinden sollte, wie sie die Tories vertreten. Ein bekannter Tory, der eine Schenke in Amboy betreibt, stand unter seiner Tür, mit einem so hübschen Kind an der Hand, [...] und nachdem er seine Meinung so offen geäußert hatte, wie er es für klug hielt, schloss er mit diesen unväterlichen Worten: „Nun, gib mir Frieden in meinen Tagen!“ Es gibt niemand auf unserem Kontinent, der nicht fest davon überzeugt ist, dass früher oder später schließlich doch eine Trennung stattfinden muss, und ein guter Vater hätte gesagt: „Wenn es schon Unruhen geben muss, dann hoffentlich noch zu meinen Lebzeiten, damit mein Kind in Frieden leben kann"; und wenn man sich diesen einzigen Satz gut überlegt, so genügt das, um jeden an seine Pflicht zu erinnern.

Zitiert nach: Herbert Schambeck (Hrsg.), Dokumente zur Geschichte der Vereinigten Staaten von Amerika, Berlin ²2007, S. 122 f.

Arbeitsvorschläge 32065-0322

1. Charakterisieren Sie die Argumentation von Thomas Paine.
2. Arbeiten Sie heraus, wer nach Paine ein „Tory" ist.

M 6 Q Thomas Paine: Common Sense

Im Januar 1776 veröffentlicht Thomas Paine anonym die Streitschrift „Common Sense". Sie wird der erste politische Bestseller Amerikas und erreicht innerhalb von drei Monaten eine Auflage von 120 000 Exemplaren. Er schreibt:

Über die Monarchie und die Erbfolge

Da alle Menschen nach der Ordnung der Schöpfung ursprünglich gleich waren, kann diese Gleichheit nur durch spätere Ereignisse zerstört worden sein […], ohne dass man dabei auf solch harte und böse klingende Begriffe wie Unterdrückung und Habgier zurückgreifen muss. […] Aber es gibt noch eine andere und wichtigere Unterscheidung, die auf keinen wahrhaft natürlichen oder religiösen Grund zurückgeführt werden kann, nämlich die Unterscheidung der Menschen in Könige und Untertanen. Die Natur unterscheidet nur nach männlich und weiblich, der Himmel nach gut und böse […].

Kurz gesagt: Monarchie und Erbfolge (und dies nicht nur in diesem oder jenem Königreich) haben nichts anderes bewirkt, als die Welt in Schutt und Asche zu legen. Es ist eine Regierungsform, gegen die das Wort Gottes Zeugnis ablegt und die mit Blut befleckt ist. […]

Gedanken über den gegenwärtigen Stand der Sache Amerikas

Unsere Pläne zielen auf den Handel, und dieser wird, wenn er ordentlich betrieben wird, uns den Frieden und die Freundschaft mit ganz Europa sichern; denn es liegt im Interesse ganz Europas, Amerika als Freihafen zu haben. […] Da ganz Europa der Absatzmarkt für unseren Handel ist, sollten wir keine parteiische Verbindung mit einem Teil davon eingehen. Es liegt im wahren Interesse Amerikas, sich aus europäischen Streitigkeiten herauszuhalten, was es niemals tun kann, solange es durch die Abhängigkeit von Großbritannien zum Zugewicht in der Waagschale der britischen Politik wird. […]

Alles, was wahr und naturgemäß ist, spricht für die Trennung. Das Blut der Getöteten, die klagende Stimme der Natur schreien: ES IST ZEIT SICH ZU TRENNEN. […]

Um die Sache auf einen Punkt zu bringen: Ist die Macht, die eifersüchtig auf unseren Reichtum ist, geeignet, uns zu regieren? Wer auch immer auf diese Frage mit Nein antwortet, ist ein Unabhängiger [*independent*], denn Unabhängigkeit bedeutet nichts anderes, als dass entweder wir unsere eigenen Gesetze machen werden, oder der König, der größte Feind, den dieser Kontinent hat oder haben kann, uns sagen wird: Es soll keine anderen Gesetze geben als solche, die mir gefallen.

Aber wo bleibt, sagen einige, der König von Amerika? Ich sage dir, mein Freund, er regiert oben im Himmel und richtet keine Gemetzel unter der Menschheit an so wie der königliche Unmensch aus Großbritannien. […]

Eine eigene Regierung ist unser natürliches Recht; und wenn man ernsthaft über die Vergänglichkeit menschlicher Dinge nachdenkt, wird man zur Überzeugung kommen, dass es sehr viel sicherer und weiser ist, uns gelassen und überlegt eine eigene Verfassung zu schaffen, solange wir noch die Möglichkeit dazu haben, als ihre Entstehung der Zeit und dem Zufall anzuvertrauen.

Thomas Paine, Common Sense, übersetzt und herausgegeben von Lothar Meinzer, Stuttgart 1982, S. 16, 27, 36 f., 45 und 52 f.

Arbeitsvorschläge 32065-0323

1. Beschreiben Sie Paines Haltung zur Monarchie.
2. Erläutern Sie, wie Paine das Verhältnis zwischen den Kolonien und England sieht.
3. Erörtern Sie Pro und Kontra der verfassungsrechtlichen Prinzipien für ein unabhängiges Amerika. | H

Leitfrage

Nehmen Sie Stellung:

Konflikt mit Großbritannien – ist die Unabhängigkeit lohnenswert?

Unabhängigkeitserklärung und Verfassung

M1 Q Phillis Wheatley
Stich aus ihrem 1773 veröffentlichten Gedichtband

32065-0324

1. Beschreiben Sie das Leben von Phillis Wheatley. Recherchieren Sie dazu im Internet.
2. Überprüfen Sie die Behauptung, dass Sklavinnen damals doppelt unterdrückt waren.

LEIT-FRAGE

Die USA nach dem Unabhängigkeitskrieg – ein moderner Staat?

Die Unabhängigkeitserklärung

Da der Krieg bereits 1775 ausgebrochen war, arbeitete der Zweite Kontinentalkongress – wenn auch langsam – auf die Unabhängigkeit hin. Allerdings lehnten noch im November die Kolonialparlamente von Pennsylvania, New York, Delaware und Maryland eine Unabhängigkeitserklärung ab, weil sie auf eine Wiederherstellung des vorherigen Verhältnisses zu Großbritannien – allerdings zu amerikanischen Bedingungen – hofften. Erst am 2. Juli 1776 wurde festgestellt: These United Colonies are, and of right ought to be, free and independent states." Zwei Tage später, am 4. Juli, wurde die „Declaration of Independence" mit der notwendigen Einstimmigkeit angenommen. Die Delegation aus New York nahm an der Abstimmung nicht teil, weil sie noch keine Instruktionen erhalten hatte.

Die Unabhängigkeitserklärung war von einem Ausschuss unter Leitung des erst 33-jährigen Rechtsanwalts Thomas Jefferson entworfen worden. In der Präambel wurde das Recht auf Loslösung aus dem Naturrecht abgeleitet. Eine Regierung beruhe auf der Zustimmung der Regierten und wenn die Regierung ihre Aufgaben nicht erfülle, könne sie ersetzt werden. Außerdem wurden in der Erklärung die Prinzipien der Gleichheit und der Volkssouveränität hervorgehoben. Daneben konzentrierte sich die Schrift aber vor allem darauf, den König von England als einen Tyrannen darzustellen, dem die Treue aufgekündigt wurde. Nicht das britische Parlament, wo die Beschlüsse gegen die Kolonisten gefasst worden waren, sondern Georg III. war der Adressat. In einer langen Liste wurde aufgezählt, wo der König seine Befugnisse überschritten hatte. Einige dieser Vorwürfe waren frei erfunden, andere gingen gerade nicht auf den Monarchen, sondern auf das britische Parlament zurück. Die personalisierte Zuspitzung hatte aber eine starke propagandistische Wirkung.

Der Unabhängigkeitskrieg

Auf den ersten Blick sahen die Perspektiven der Amerikaner nicht gut aus. Großbritannien verfügte über eine professionelle und kampferfahrene Armee, die mit modernen Waffen ausgestattet war. Zudem hatten die Engländer eine der stärksten Flotten der Welt, die die amerikanischen Häfen blockierte und gezielte Landungsoperationen durchführte. Die Amerikaner hingegen konnten nur Milizen aufstellen. Diese waren zwar hoch motiviert, hatten aber viel weniger Erfahrung und waren schlechter bewaffnet als die Engländer. In einer großen Schlacht gegen disziplinierte Truppen oder bei komplizierten taktischen Manövern waren sie ohne Chance. George Washington und seine Generäle vermieden deshalb bewusst derartige Gefechte. Stattdessen wurde eine Doppelstrategie gewählt: Die Milizen verteidigten ihre Heimat, führten einen Guerillakrieg und standen als Hilfstruppen zur Verfügung. Daneben baute General Washington unter extremen Schwierigkeiten ein stehendes Heer, die Kontinentalarmee, auf. Er warnte vor übertriebenen Erwartungen: Ein schneller Sieg sei unmöglich und man müsse eine reine Defensivstrategie führen, die unpopulär sein würde und bei der anfangs wenig Ruhm zu erwerben sei.

Der Krieg war langwierig und verlief in mehreren Phasen. Entscheidend war, dass auch Frankreich England 1778 den Krieg erklärte, sodass die Briten auch in Europa und Asien kämpfen mussten und ihre Flotte nicht allein auf den Atlantik konzentrieren konnten. Letztendlich musste England kapitulieren und erkannte im Frieden von Paris am 3. September 1783 die Souveränität der 13 Kolonien an. Das Gebiet zwischen dem Mississippi und den Appalachen wurde abgetreten, Kanada blieb in britischer Hand. Sehr viele Loyalisten, geschätzt wird etwa 80 000 bis 100 000, wurden entweder vertrieben oder wanderten freiwillig nach England oder Kanada aus. Ihr Besitz wurde meist beschlagnahmt.

Die Amerikanische Verfassung

Fast alle Einzelstaaten hatten zwischen 1776 und 1780 bereits Verfassungen eingeführt, in denen die Macht der Gouverneure gegenüber den gewählten Kongressen stark eingeschränkt wurde. Bei diesen Verfassungen gab es sehr große Unterschiede. Da aber gleichzeitig keine handlungsfähige Zentralregierung bestand, drohte zwischen 1783 und 1787 mehrfach der Zusammenbruch des neuen Staates. Erst im Mai 1787 trafen sich in Philadelphia 55 Delegierte aus 12 Staaten, um unter Vorsitz von George Washington eine Verfassung für den gesamten Staat einzuführen.

Die „Gründerväter“ erkannten, dass eine gewisse Flexibilität notwendig war. Deshalb wurden Ergänzungen (amendments) ermöglicht, d. h. Verfassungszusätze konnten nachträglich eingefügt werden. Auch hier war die Kompromissbereitschaft hoch. Diese wurde dadurch erleichtert, dass das Gremium recht homogen zusammengesetzt war: Es handelte sich – mit wenigen Ausnahmen – um wohlhabende, gebildete Männer, die alle seit der Kolonialzeit politische Erfahrungen gesammelt hatten und die bereits Ämter als Gouverneure, Abgeordnete, Richter oder Offiziere bekleidet hatten.

M 2 Q Thomas Jefferson
(1743 – 1826):
Rechtsanwalt aus Virginia; nach der Unabhängigkeit der Vereinigten Kolonien 1785 – 1789 amerikanischer Gesandter in Frankreich, 1789 – 1794 Außenminister und 1801 – 1809 der dritte Präsident der USA

M 3 Q George Washington
(1732–1799):
Plantagenbesitzer, Offizier und Politiker, ab 1775 Befehlshaber der Kontinentalarmee im Amerikanischen Unabhängigkeitskrieg (1775–1783), 1787 Vorsitzender des Verfassungskonvents in Philadelphia und 1789–1797 erster Präsident der USA (Federalist). Er festigte die republikanische Demokratie u. a. durch Bildung eines Kabinetts und Neutralitätspolitik

We the People
Article. I

M 4 Q „We the People of the United States“
Erste Seite der amerikanischen Verfassung von 1787

„Checks and balances“

Das Prinzip der Amerikanischen Verfassung basierte auf den „Checks and balances“, der gegenseitigen Kontrolle von Exekutive, Legislative und Judikative. Den Schöpfern der Verfassung war klar, dass aus diesen miteinander verschränkten Kompetenzen Konflikte entstehen würden, aber derartige Auseinandersetzungen waren gewollt, um Machtkontrolle auszuüben. Das Menschenbild, das dahinterstand, war pessimistisch: Es würde immer Personen geben, die versuchen würden, Macht zu missbrauchen oder ihre Kompetenzen zu überschreiten. Deshalb mussten Institutionen geschaffen werden, die solche Übergriffe verhinderten. Außerdem bestand Einigkeit darüber, dass die Einzelstaaten weitgehende Rechte behalten sollten. Sie blieben zuständig für Justiz, Polizei oder Kultur, auch konnten sie intern Regelungen treffen, die sich von anderen Staaten unterschieden (z. B. später Alkoholverbot für Jugendliche oder unterschiedliche Waffengesetze). Das Wahlrecht war Angelegenheit der Einzelstaaten. Der Präsident wurde bzw. und wird noch immer indirekt durch Wahlmänner gewählt, die von den Staaten gestellt werden. Jeder Staat stimmt nach der Wahl einheitlich für den Kandidaten, der in ihm die Mehrheit gewonnen hat, die Stimmen für den Verlierer verfallen.

Das System der Gewaltenteilung in der Amerikanischen Verfassung lässt sich wie folgt erklären:

- Der Präsident stellt die Exekutive und hat eine sehr starke Stellung. Er ernennt die Regierung und hat den Oberbefehl über die Streitkräfte Allerdings darf der Kongress mit Mehrheit Maßnahmen des Präsidenten außer Kraft setzen. Auch kann der Präsident vom Kongress abgesetzt werden (impeachment).
- Der Kongress stellt die Legislative dar. Er besteht aus dem Repräsentantenhaus und dem Senat. Beide nehmen gleichberechtigt am Gesetzgebungsverfahren teil. Die Mitglieder des Repräsentantenhauses werden direkt alle zwei Jahre vom Volk gewählt, wobei hier die Größe der Bundesstaaten eine Rolle spielt. In den Senat hingegen entsenden alle Bundesstaaten jeweils zwei Abgeordnete, dies war ein Zugeständnis an die kleinen Staaten. Bis 1913 wurden sie von den jeweiligen Staatsparlamenten gewählt, seitdem findet eine direkte Wahl durch die Stimmberechtigten des Staates statt. Der Präsident kann mit seinem Veto ein Gesetz verhindern. Das Veto kann überstimmt werden, wenn beide Kammern den Entwurf mit einer Mehrheit von mindestens zwei Dritteln annehmen.
- Die Jurisdiktion liegt beim Obersten Bundesgericht (Supreme Court), in dem ursprünglich fünf, heute neun, Richter sitzen. Diese werden auf Lebenszeit vom Präsidenten ernannt, allerdings muss der Senat diesen Ernennungen zustimmen. Das Gericht kontrolliert den Präsidenten und den Kongress und kann Gesetze sowohl des Bundes als auch der Einzelstaaten außer Kraft setzen, wenn diese nicht mit der Verfassung zu vereinbaren sind.

Die meisten Staaten nahmen die Verfassung schon 1787 an. George Washington wurde zum ersten Präsidenten der USA gewählt. Allerdings weigerten sich mehrere Staaten, die Verfassung zu ratifizieren, weil sie schwerwiegende Mängel sahen: Beispielsweise fehlte ein Katalog der Grundrechte.

Bill of Rights

Die Idee, die Verfassung durch Zusätze ergänzen zu können, war eine kluge Maßnahme. Denn schon bei den Beratungen in den jeweiligen Einzelstaaten wurde deutlich, dass eine ausdrückliche „Bill of Rights“, ein Katalog von Grundrechten, notwendig war. Diese Forderung wurde 1789 erfüllt, als zehn Ergänzungsartikel in die Verfassung aufgenommen wurden. Vorbild war die „Virginia Bill of Rights“, die im Juni

1776 verabschiedet worden war. In ihr findet sich bereits die Gewaltenteilung, regelmäßige Wahl der Abgeordneten, Geschworenengerichte und ein Katalog von Menschen- und Grundrechten.

In den Zusatzartikeln zur Verfassung, die sich an der britischen Tradition orientierten, wurde ausdrücklich garantiert: Rede-, Presse- und Petitionsfreiheit, die Freiheit der öffentlichen friedlichen Versammlung, das Recht, im Interesse einer geordneten Miliz Waffen zu tragen, der Schutz vor ungerechtfertigter Verhaftung und Durchsuchung, der Schutz vor zweifacher Anklage in derselben Sache, das Recht auf einen Prozess vor einer Jury und der Schutz vor grausamen Strafen. Die Religionsfreiheit mit der Trennung von Kirche und Staat fand allerdings kein Vorbild in der britischen Tradition. Das Niveau der teilweise sehr kontroversen Diskussionen war beeindruckend hoch. Bis heute stellen diese Diskussionen eindrucksvolle Dokumente zur politischen Theorie dar. Dennoch zogen sich in einigen Staaten die Debatten hin: Erst am 29. Mai 1790 ratifizierte Rhode Island als letzter Staat die Verfassung.

Folgen der Amerikanischen Revolution

Die Verfassung und die Bill of Rights sollten die Freiheit und die Grundrechte der Amerikaner garantieren. Betrachtet man jedoch die Wirklichkeit, so zeigt sich schnell, dass sich beides zunächst vor allem auf weiße Männer bezog.

Die Sklaverei und der Umgang damit spaltete die USA von Beginn an. Während der Norden die Sklaverei schrittweise einschränkte oder abschaffte, waren die Südstaaten zu keiner Veränderung bereit. Allerdings war der Rassismus auch im Norden allgegenwärtig und kaum jemand konnte sich vorstellen, dass die African Americans nach Abschaffung der Sklaverei zu gleichberechtigten Bürgern der USA werden würden. Dasselbe galt für die Native Americans. Mit der Unabhängigkeit war ihr Territorium wieder bedroht, die von den Briten ausgesprochene Grenze der Appalachen galt nicht mehr, zudem sprach die Verfassung von der Möglichkeit weiterer Staaten im Westen. Auch die Native Americans hatten kein Wahlrecht und galten nicht als gleichberechtigte Bürger.

Obwohl die Frauen bei den Boykottmaßnahmen im Rahmen der Unabhängigkeit mitgewirkt, britische Waren durch amerikanische ersetzt und wie die Männer Zeitungen publiziert sowie während des Krieges die Aufgaben der Männer übernommen hatten, erhielten sie kein Wahlrecht. Zwar durften in New Jersey 1787 einige Frauen abstimmen, weil das Wahlrecht an Besitz gebunden war und das Gesetz nur von „Eigentümern“ sprach, ohne das Geschlecht zu definieren. Dieser „Fehler“ wurde jedoch 1807 korrigiert.

Langfristig diente die Amerikanische Revolution jedoch als Vorbild für andere Freiheitsbewegungen, insbesondere die Französische Revolution. Die Unabhängigkeit der USA schwächte das britische Empire sowohl durch die hohen Kriegskosten als auch durch den Verlust der Kolonien. Das wiederum führte zu zahlreichen innenpolitischen Debatten in Großbritannien.

M5 Q „Declaration of Independence“

Der Zweite Kontinentalkongress beschließt am 2. Juli 1776, dass die 13 Vereinigten Kolonien freie und unabhängige Staaten sind. In der am 4. Juli 1776 vom Kongress gebilligten Unabhängigkeitserklärung der „Vereinigten Staaten von Amerika“ heißt es:

Wenn es im Laufe der Menschheitsgeschichte für ein Volk notwendig wird, die politischen Bande zu lösen, die es mit einem anderen Volke verbunden haben, und unter den Mächten der Erde den selbstständigen und gleichberechtigten Rang einzunehmen, zu dem natürliches und göttliches Gesetz es berechtigen, so erfordert geziemende Achtung vor den Ansichten der Menschen, dass es die Gründe darlegt, die es zur Absonderung bewegen. Folgende Wahrheiten bedürfen für uns keines Beweises: Dass alle Menschen gleich geschaffen sind; dass sie von ihrem Schöpfer mit gewissen unveräußerlichen Rechten ausgestattet sind, dass dazu Leben, Freiheit und das Streben nach Glück gehören, dass zur Sicherung dieser Rechte Regierungen unter den Menschen eingesetzt sind, die ihre rechtmäßige Autorität aus der Zustimmung der Regierten herleiten; dass, wenn immer irgendeine Regierungsform diesen Zielen abträglich wird, das Volk berechtigt ist, sie zu ändern oder abzuschaffen und eine neue Regierung einzusetzen und diese auf solchen Prinzipien zu errichten und ihre Gewalten solchermaßen zu organisieren, wie es ihm zur Gewährleistung seiner Sicherheit und seines Glücks am ratsamsten erscheint.

Die Vernunft gebietet freilich, dass seit Langem bestehende Regierungen nicht aus geringfügigen und flüchtigen Anlässen geändert werden sollten; und dementsprechend hat alle Erfahrung gezeigt, dass die Menschen eher geneigt sind zu leiden, solange die Missstände erduldbar sind, als sich durch Beseitigung altgewohnter Formen Recht zu verschaffen. Aber wenn eine lange Reihe von Missbräuchen und Übergriffen, die ausnahmslos das gleiche Ziel verfolgen, die Absicht deutlich werden lässt, das Volk unumschränktem Despotismus zu unterwerfen, so ist es sein Recht wie auch seine Pflicht, eine solche Regierung zu beseitigen und durch neue schützende Einrichtungen für seine künftige Sicherheit Vorsorge zu treffen. [...]

Die Regierungszeit des jetzigen Königs von Großbritannien ist voll wiederholt begangenen Unrechts und ständiger Übergriffe, die alle unmittelbar auf die Errichtung einer unumschränkten Tyrannei über unsere Staaten abzielen.

[*Es folgt eine Auflistung von 18 Beschwerden; darunter:*] Er hat es abgelehnt, andere Gesetze zugunsten großer Bevölkerungskreise zu verabschieden, wenn diese Menschen nicht auf das Recht der Vertretung in der Legislative verzichten wollten, ein Recht, das ihnen unschätzbar wichtig ist und nur Tyrannen schrecken kann. [...]

Er hat wiederholt Volksvertretungen aufgelöst, weil sie mit männlicher Festigkeit seinen Eingriffen in die Rechte des Volkes entgegengetreten sind. [...]

Er hat Richter in Bezug auf ihre Amtsdauer, die Höhe und den Zahlungsmodus ihrer Gehälter von seinem Willen allein abhängig gemacht.

Er hat eine Unzahl neuer Behörden eingerichtet und Schwärme von Beamten hierher geschickt, um unser Volk zu belästigen und seine Substanz aufzuzehren. Er hat in Friedenszeiten bei uns ohne die Zustimmung der gesetzgebenden Körperschaften stehende Heere unterhalten.

Er hat danach gestrebt, das Militär von der Zivilgewalt unabhängig zu machen und es ihr überzuordnen.

Er hat sich mit anderen zusammengetan, um uns einer Form der Rechtsprechung zu unterwerfen, die unserer Verfassung fremd und von unseren Gesetzen nicht anerkannt war; und er hat seine Zustimmung zu ihren angemaßten gesetzgeberischen Handlungen erteilt [...]. Er hat seinen Herrschaftsanspruch hier aufgegeben, indem er uns als außerhalb seines Schutzes stehend erklärte und Krieg gegen uns führte.

Er hat unsere Meere geplündert, unsere Küsten verwüstet, unsere Städte niedergebrannt und unsere Mitbürger getötet.

Er schafft zum gegenwärtigen Zeitpunkt große Heere fremder Söldner heran, um das Werk des Todes, der Ver-

M6 D Die amerikanische Unabhängigkeitserklärung
Undatiertes Foto, Washington, D. C.
Besucherinnen betrachten die im Nationalarchiv der Vereinigten Staaten ausgestellte Unabhängigkeitserklärung. Daneben bewahrt das Archiv auch die Originalkopien der Verfassung der Vereinigten Staaten und der Bill of Rights auf.

wüstung und der Tyrannei zu vollenden, das er bereits mit solcher Grausamkeit und Heimtücke begonnen hat, wie sie in den barbarischsten Zeiten kaum ihresgleichen finden, und die des Oberhauptes einer zivilisierten Nation gänzlich unwürdig sind. [...]
Er hat Erhebungen in unserer Mitte angeschürt und sich bemüht, auf die Bewohner unserer Grenze zur Wildnis hin die erbarmungslosen indianischen Wilden zu hetzen, deren Kriegführung bekanntlich darin besteht, alles ohne Rücksicht auf Alter, Geschlecht oder Zustand niederzumachen. [...]
Daher tun wir, die in gemeinsamem Kongress versammelten Vertreter der Vereinigten Staaten von Amerika, unter Anrufung des obersten Weltenrichters als Zeugen für die Rechtschaffenheit unserer Absichten, im Namen und Auftrag des wohlmeinenden Volkes unserer Kolonien feierlich kund zu wissen, dass diese Vereinigten Kolonien freie und unabhängige Staaten sind und rechtens sein sollen; dass sie von jeglicher Treuepflicht gegen die britische Krone entbunden sind und dass jede politische Verbindung zwischen ihnen und dem Staate Großbritannien vollständig gelöst ist und sein soll; und dass sie als freie und unabhängige Staaten das uneingeschränkte Recht haben, Krieg zu führen, Frieden zu schließen, Bündnisse einzugehen, Handel zu treiben und alle sonstigen Handlungen vorzunehmen und Tätigkeiten auszuüben, zu denen unabhängige Staaten rechtens befugt sind.

Zitiert nach: Udo Sautter, Die Vereinigten Staaten. Daten, Fakten, Dokumente, Tübingen/Basel 2000, S. 148 und 150

Arbeitsvorschläge

32065-0325

1. Beschreiben Sie das Verhältnis zwischen dem englischen König und den Kongressteilnehmern.
2. Ordnen Sie die Unabhängigkeitserklärung in den historischen Zusammenhang ein. | H
3. Weisen Sie die Einflüsse Paines (siehe M6, S. 25) auf die Unabhängigkeitserklärung nach.
4. Beurteilen Sie, welche politische Bedeutung die Erklärung über den aktuellen Anlass hinaus hatte. | H

M7 Q Politische Rechte für Frauen?

a) An dem Widerstand gegen die Briten beteiligen sich viele Frauen. Sie organisieren sich in Geheimbünden („Töchter der Freiheit"), boykottieren britische Waren und fordern ihre Mitbürgerinnen auf, Kleider selbst herzustellen und nur amerikanische Waren zu kaufen. Einige Frauen unterstützen den politischen Kampf mit Zeitungsartikeln, andere helfen und kämpfen im Unabhängigkeitskrieg. Darüber hinaus versuchen manche, ihre Ehemänner von der Gleichberechtigung der Geschlechter zu überzeugen. Abigail Adams schreibt am 31. März 1776 ihrem Mann John Adams:

Ich sehne mich nach der Nachricht, dass Ihr die Unabhängigkeit erklärt habt. Und, nebenbei, in dem neuen Gesetzbuch, das Ihr – meiner Meinung nach – notwendig machen müsst, solltet Ihr – wie ich wünsche – an die Frauen denken und sie großzügiger und günstiger behandeln als eure Vorfahren es taten. Gebt keine solche unbegrenzte Macht mehr in die Hände der Ehemänner. Erinnert euch, dass alle Männer Tyrannen wären, wenn sie könnten. Wenn den Frauen keine besondere Sorge und Berücksichtigung zuteil wird, sind wir entschlossen, einen Aufruhr zu schüren. Wir werden uns nicht durch irgendwelche Gesetze gebunden fühlen, bei denen wir kein Stimm- oder Vertretungsrecht haben.
Dass euer Geschlecht von Natur aus tyrannisch ist, ist als Wahrheit so völlig bewiesen, dass es keine Erörterung mehr erlaubt. Aber die von euch, die glücklich sein wollen, geben freiwillig das strenge Anrecht des Herrn auf zugunsten des sanfteren und teureren als Freund. Warum dann nehmt Ihr es nicht aus der Macht der Bösen und Zügellosen, ohne Strafe mit uns grausam und entwürdigend umzugehen? Männer von Verstand verabscheuen in allen Zeiten solche Sitten, die uns nur als die Mägde eures Geschlechts behandeln. Betrachtet uns also als von der Vorsehung unter euren Schutz gestellt. Und in Nachahmung des höchsten Wesens macht von dieser Gewalt nur zu unserem Glück Gebrauch.

John Adams antwortet am 14. April 1776:

Was dein außerordentliches Gesetzbuch betrifft, da kann ich nur lachen. Man hat uns erzählt, dass unser Kampf [gegen England] die Bande der Obrigkeit überall gelockert habe, dass Kinder und Lehrlinge ungehorsam würden, dass Schulen und Universitäten aufgewühlt würden, dass Indianer ihre Wächter missachteten und Neger unverschämt gegen ihre Herren würden. Aber dein Brief war der erste Hinweis, dass noch ein anderer Klüngel – zahlreicher und mächtiger als alle anderen – zur Unzufriedenheit herangezüchtet wird. Das ist ein ziemlich grobes Kompliment, aber du bist so frech, dass ich es nicht ausstreichen werde.

Verlass dich drauf, wir wissen etwas Besseres, als unsere männlichen Einrichtungen außer Kraft zu setzen. Obwohl sie in voller Rechtskraft stehen, sind sie – wie dir bekannt – wenig mehr als Theorie. Wir wagen es nicht, unsere Gewalt auszuüben. Wir sind verpflichtet, fair und sanft vorzugehen: Und in der Praxis – du weißt es – sind wir die Untergebenen.

Zitiert nach: Gerold Niemetz (Hrsg.), Vernachlässigte Fragen der Geschichtsdidaktik, Hannover 1992, S. 96

b)

Denkmal für Abigail Adams
Bronzestatue von Abigail Adams (1744 – 1818), der ersten Frau von Präsident John Adams. Das Denkmal wurde 2003 im Boston Woman Memorial aufgestellt.

c)

Darstellung von Abigail Adams
Die amerikanische Schauspielerin Kate Campbell Stevenson erweckt anlässlich der 19. Änderung der Verfassung (Einführung des Frauenwahlrechts am 26. August 1920) Abigail Adams zum Leben. Das Foto entstand bei einer Aufführung am 22. August 2012 in Norfolk County.

Arbeitsvorschläge

32065-0326

1. Benennen Sie die äußeren Merkmale beider Briefe.
2. Beurteilen Sie die Aussagekraft beider Briefe.
3. Geben Sie die Argumentationen von Abigail Adams und John Adams in eigenen Worten wieder.
4. Bewerten Sie beide Argumentationen aus historischer und gegenwärtiger Perspektive. Berücksichtigen Sie dabei, welche Bedeutung die vorgebrachten Argumente für Ihre Lebenswelt haben.
5. Entwickeln Sie Argumente, die bei einer Fortsetzung des Disputs hilfreich sein könnten. | H
6. Beschreiben Sie die beiden Abbildungen und erklären Sie, welches Bild von Abigail Adams vermittelt wird.

M8 Q Virginia Bill of Rights

Am 15. Mai 1776 fordert der Zweite Kontinentalkongress die zur Trennung von Großbritannien bereiten Kolonien auf, sich eigene Verfassungen zu geben. Die Verfassunggebende Versammlung von Virginia stellt am 12. Juni 1776 ihrer „Constitution" eine Rechteerklärung voran, die für alle späteren Grundrechtserklärungen vorbildlich sein wird:

Abschnitt 1: Alle Menschen sind von Natur aus in gleicher Weise frei und unabhängig und besitzen bestimmte angeborene Rechte, welche sie ihrer Nachkommenschaft durch keinen Vertrag rauben oder entziehen können, wenn sie eine staatliche Verbindung eingehen, und zwar den Genuss des Lebens und der Freiheit, die Mittel zum Erwerb und Besitz von Eigentum und das Erstreben und Erlangen von Glück und Sicherheit.
Abschnitt 2: Alle Macht ruht im Volke und leitet sich folglich von ihm her; die Beamten sind nur seine Bevollmächtigten und Diener und ihm jederzeit verantwortlich.
Abschnitt 3: Eine Regierung ist oder sollte zum allgemeinen Wohle, zum Schutze und zur Sicherheit des Volkes, der Nation oder Allgemeinheit eingesetzt sein; von all den verschiedenen Arten und Formen der Regierung ist diejenige die beste, die imstande ist, den höchsten Grad von Glück und Sicherheit hervorzubringen [...]; die Mehrheit eines Gemeinwesens hat ein unzweifelhaftes, unveräußerliches und unverletzliches Recht, eine Regierung zu verändern oder abzuschaffen, wenn sie diesen Zwecken unangemessen oder entgegengesetzt befunden wird, und zwar so, wie es dem Allgemeinwohl am dienlichsten erscheint. [...]
Abschnitt 5: Die gesetzgebende und ausführende Gewalt des Staates sollen von der richterlichen getrennt und unterschieden sein [...].

Abschnitt 6: Die Wahlen der Abgeordneten, die als Volksvertreter in der Versammlung dienen, sollen frei sein; alle Männer, die ihr dauerndes Interesse und ihre Anhänglichkeit an die Allgemeinheit erwiesen haben, besitzen das Stimmrecht. Ihnen kann ihr Eigentum nicht zu öffentlichen Zwecken besteuert oder genommen werden ohne ihre eigene Einwilligung [...].

Abschnitt 8: Bei allen schweren oder kriminellen Anklagen hat jedermann ein Recht, Grund und Art seiner Anklage zu erfahren, den Anklägern und Zeugen gegenübergestellt zu werden, Entlastungszeugen herbeizurufen und eine rasche Untersuchung durch einen unparteiischen Gerichtshof von zwölf Männern seiner Nachbarschaft zu verlangen, ohne deren einmütige Zustimmung er nicht als schuldig befunden werden kann; auch kann er nicht gezwungen werden, gegen sich selbst auszusagen; niemand kann seiner Freiheit beraubt werden außer durch Landesgesetz oder das Urteil von seinesgleichen. [...]

Abschnitt 12: Die Freiheit der Presse ist eines der starken Bollwerke der Freiheit und kann nur durch despotische Regierungen beschränkt werden. [...]

Abschnitt 16: Die Religion [...] und die Art, wie wir sie erfüllen, können nur durch Vernunft und Überzeugung bestimmt sein [...]; daher sind alle Menschen gleicherweise zur freien Religionsausübung berechtigt [...].

Zitiert nach: Günther Franz (Hrsg.), Staatsverfassungen, München [3]1975, S. 7, 9 und 11

Arbeitsvorschläge 32065-0327

1. Arbeiten Sie die Grundprinzipien der Erklärung heraus. Erklären Sie, weshalb sie für eine Demokratie unverzichtbar sind. | H
2. Begründen Sie, welche Grundprinzipien für Ihre Lebenswelt die größte Bedeutung haben.
3. Erörtern Sie am Beispiel von Abschnitt 1 und 3 die politische Weitsicht der Autoren.

M9 Q Petition an die Revolutionäre zur Abschaffung der Sklaverei

Am 13. Januar 1777 erhält die Gesetzgebende Versammlung von Massachusetts folgende Bittschrift:

Diese Petition einer großen Anzahl von Schwarzen, die im Zustand der Sklaverei gehalten werden inmitten eines freien und christlichen Landes, legt in aller Demut dar, dass ihre Verfasser begreifen, dass sie mit allen anderen Menschen ein natürliches und unveräußerliches Recht auf die Freiheit gemeinsam haben, die der große Schöpfer des Weltalls der ganzen Menschheit gleichermaßen verliehen hat und auf die sie niemals durch irgendeinen Vertrag oder eine Vereinbarung verzichtet haben – sondern sie wurden unrechtmäßig durch die Handhabung grausamer Macht von ihren liebsten Freunden getrennt und einige sogar aus den Armen ihrer zärtlichen Eltern fortgerissen – aus einem volkreichen, freundlichen und fruchtbaren Land wurden sie unter Verletzung des Naturrechts und des Völkerrechts und allen zarten Gefühlen der Menschlichkeit zum Trotz hierhergebracht, um wie Lasttiere verkauft und wie diese zu lebenslanger Sklaverei verurteilt zu werden. In einem Volk, dass sich zur milden Religion Jesu bekennt, das sich den Geheimnissen des rationalen Seins nicht verschließt und dem es auch nicht an Mut fehlt, sich den ungerechten Versuchen anderer, es in einen Zustand der Knechtschaft und Unterwerfung zu zwingen, zu widersetzen, brauchen wir das hohe Haus nicht daran zu erinnern, dass ein Leben in Sklaverei wie das der Unterzeichneten, ohne alle sozialen Rechte und ohne alles, was das Leben erträglich macht, schlimmer ist als das Nichtsein.

Dem löblichen Beispiel des guten Volkes dieser Staaten folgend, haben die Verfasser dieser Petition lange und geduldig das Ergebnis einer Petition nach der anderen, die sie der Legislative dieses Staates zugeleitet haben, abgewartet, aber sie können nur bekümmert feststellen, dass sie alle einen nur zu ähnlichen Erfolg gehabt haben. Sie können nicht umhin, ihrem Erstaunen Ausdruck zu geben, dass niemals bedacht worden ist, dass alle Prinzipien, nach denen Amerika im Laufe seiner unglücklichen Differenzen mit Großbritannien gehandelt hat, stärker als tausend Argumente für die Verfasser dieser Petition sprechen. Daher flehen sie das hohe Haus in aller Demut an, dieser Petition gebührend Gewicht beizumessen und sie zu erwägen und durch die Legislative ein Gesetz zu erlassen, durch das sie wieder in den Genuss all dessen gesetzt werden, was das natürliche Recht eines jeden Menschen ist [...].

Zitiert nach: Eberhard Brüning (Hrsg.), Anspruch und Wirklichkeit. Zweihundert Jahre Kampf um Demokratie in den USA: Dokumente und Aussagen, Berlin 1976, S. 107 f.

Arbeitsvorschläge 32065-0328

1. Benennen Sie die äußeren Merkmale der Petition.
2. Arbeiten Sie die Argumente der Verfasser dieser Bittschrift gegen die Sklaverei heraus.
3. Diskutieren Sie die Erfolgsaussichten der Petition.

M10 D Die amerikanische Bundesverfassung

Schaubild der amerikanischen Bundesverfassung von 1788

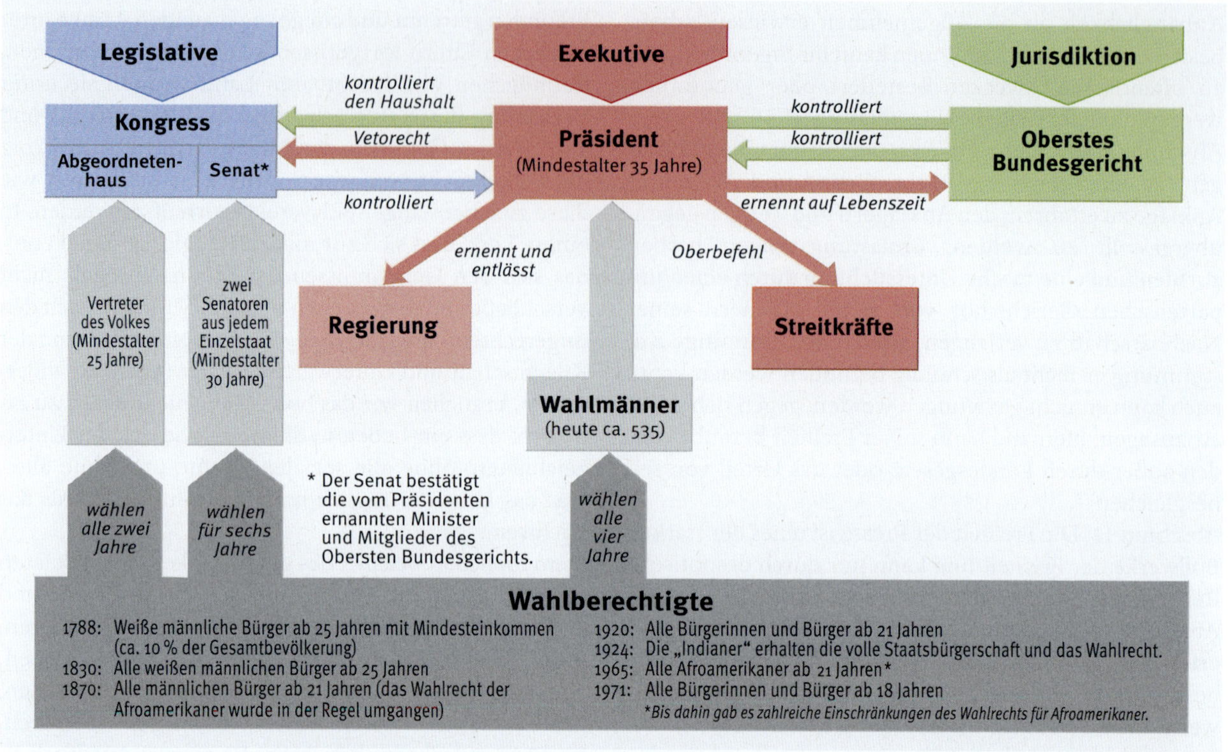

Arbeitsvorschläge

32065-0329

1. Beschreiben Sie, wie sich der Bürgerbegriff seit 1788 verändert hat.
2. Erklären Sie anhand des Verfassungsschemas den Grundsatz der „Checks and balances".
3. Bewerten Sie die Kompetenzen des Obersten Bundesgerichts. | F

M11 Q Federal Hall National Memorial

Das 2018 aufgenommene Foto zeigt den Eingang zu einer Ausstellung im Federal Hall National Memorial. Die Federal Hall befindet sich an der Wall Street in New York und diente für kurze Zeit als Kapitol. Hier erlebte George Washington seinen Amtsantritt, und dem ersten Kongress der Vereinigten Staaten wurde hier die „Bill of Rights" vorgelegt.

Arbeitsvorschläge

32065-0330

1. Beschreiben Sie die Abbildung und erklären Sie, worauf aufmerksam gemacht wird.
2. Bewerten Sie die Standortwahl für die Statue von George Washington.

M12 Q Bill of Rights

Am 25. September 1789 verabschiedet der Kongress zehn Ergänzungsartikel (amendments) der Verfassung: die „Bill of Rights“. Folgende Grundrechtsartikel treten am 15. Dezember 1791 in Kraft:

Artikel I: Der Kongress darf kein Gesetz erlassen, das die Einführung einer Staatsreligion zum Gegenstand hat, die freie Religionsausübung verbietet, die Rede- oder Pressefreiheit oder das Recht des Volkes einschränkt, sich friedlich zu versammeln und die Regierung durch Petition um Abstellung von Missständen zu ersuchen.

Artikel II: Da eine gut ausgebildete Miliz für die Sicherheit eines freien Staates erforderlich ist, darf das Recht des Volkes, Waffen zu besitzen und zu tragen, nicht beeinträchtigt werden.

Artikel III: Kein Soldat darf in Friedenszeiten ohne Zustimmung des Eigentümers in einem Hause einquartiert werden und in Kriegszeiten nur in der gesetzlich vorgeschriebenen Weise.

Artikel IV: Das Recht des Volkes auf Sicherheit der Person und der Wohnung, der Urkunden und des Eigentums, vor willkürlicher Durchsuchung, Verhaftung und Beschlagnahme darf nicht verletzt werden, und Haussuchungs- und Haftbefehle dürfen nur bei Vorliegen eines eidlich oder eidesstattlich erhärteten Rechtsgrundes ausgestellt werden und müssen die zu durchsuchende Örtlichkeit und die in Gewahrsam zu nehmenden Personen oder Gegenstände genau bezeichnen.

Artikel V: Niemand darf wegen eines Kapitalverbrechens oder eines sonstigen schimpflichen Verhaltens zur Verantwortung gezogen werden, es sei denn aufgrund eines Antrages oder einer Anklage durch ein Großes Geschworenengericht. […] Niemand darf wegen derselben Straftat zweimal durch ein Verfahren in Gefahr des Leibes und des Lebens gebracht werden. Niemand darf in einem Strafverfahren zur Aussage gegen sich selbst gezwungen noch des Lebens, der Freiheit oder des Eigentums ohne vorheriges ordentliches Gerichtsverfahren nach Recht und Gesetz beraubt werden. Privateigentum darf nicht ohne angemessene Entschädigung für öffentliche Zwecke eingezogen werden.

Artikel VI: In allen Strafverfahren hat der Angeklagte Anspruch auf einen unverzüglichen und öffentlichen Prozess vor einem unparteiischen Geschworenengericht desjenigen Staates und Bezirks, in welchem die Straftat begangen wurde, wobei der zuständige Bezirk vorher auf gesetzlichem Wege zu ermitteln ist. Er hat weiterhin Anspruch darauf, über die Art und Gründe der Anklage unterrichtet und den Belastungszeugen gegenübergestellt zu werden, sowie auf Zwangsvorladung von Entlastungszeugen und einen Rechtsbeistand zu seiner Verteidigung.

Artikel VII: In Zivilprozessen, in denen der Streitwert zwanzig Dollar übersteigt, besteht ein Anrecht auf ein Verfahren vor einem Geschworenengericht, und keine Tatsache, über die von einem derartigen Gericht befunden wurde, darf von einem Gerichtshof der Vereinigten Staaten nach anderen Regeln als denen des gemeinen Rechts erneut einer Prüfung unterzogen werden.

Artikel VIII: Übermäßige Bürgschaften dürfen nicht gefordert, übermäßige Geldstrafen nicht auferlegt und grausame oder ungewöhnliche Strafen nicht verhängt werden.

Artikel IX: Die Aufzählung bestimmter Rechte in der Verfassung darf nicht dahingehend ausgelegt werden, dass durch sie andere dem Volke vorbehaltene Rechte versagt oder eingeschränkt werden.

Artikel X: Die Machtbefugnisse, die von der Verfassung weder den Vereinigten Staaten übertragen noch den Einzelstaaten entzogen werden, bleiben den Einzelstaaten oder dem Volke vorbehalten.

Zitiert nach: Udo Sautter, Die Vereinigten Staaten. Daten, Fakten, Dokumente, Tübingen/Basel 2000, S. 195–197

Arbeitsvorschläge

32065-0331

1. Fassen Sie die in der „Bill of Rights“ genannten Grundrechte zusammen.
2. Erörtern Sie, ob die „Bill of Rights“ in die Verfassung der Vereinigten Staaten aufgenommen werden sollte.

Leitfrage

Nehmen Sie Stellung:

Die USA nach dem Unabhängigkeitskrieg – ein moderner Staat?

Historiengemälde analysieren

Historiengemälde gibt es seit der Antike. Die Gattung beschränkt sich nicht auf die Malerei, sondern umfasst auch Mosaike, Kupferstiche oder Reliefs. Besonders beliebt waren Historienbilder im 19. Jahrhundert, als sie auf bedeutende Ereignisse, Personen, Leistungen und Traditionen der Geschichte aufmerksam machten. Sie trugen so zur Identifikation der Öffentlichkeit mit dem eigenen Volk und der eigenen Nation bei.

Historienbilder sind Kunstwerke. Die Künstler bemühen sich, historische Sachverhalte darzustellen und zu deuten – die „historische Realität" bilden sie nicht ab. Das gilt unabhängig vom zeitlichen Abstand zum dargestellten Geschehen. Sie verherrlichen, rechtfertigen oder kritisieren vergangene Ereignisse. Oft sind Historienbilder öffentliche oder private Auftragsarbeiten. Sie sagen dann immer auch etwas über die Sichtweisen der Auftraggeber aus. Die Analyse und Interpretation erfordert daher nicht nur Kenntnisse über die dargestellte Zeit, sondern auch über die Entstehungszeit des Bildes, den Künstler und seinen Auftraggeber.

Arbeitsschritt	Leitfragen
1. beschreiben	• Wer ist der Künstler/die Künstlerin? • Wann und wo ist das Kunstwerk entstanden? • Wen oder was zeigt das Kunstwerk? • Welche Komposition (Bildaufbau, Figuren etc.) liegt dem Bild zugrunde? • Welche Perspektive (Vogel-, Zentralperspektive etc.) hat der Künstler gewählt? • Wie ist die Farbgebung (hell, dunkel, kontrastreich etc.) und die Lichtführung (konzentriert oder gleichmäßig)? • Welche Symbole und Sinnbilder (Allegorien) werden verwendet?
2. erklären	• Aus welchem Anlass ist das Bild entstanden? • An welches Ereignis, an welchen Sachverhalt oder an welche Person wird erinnert? • Handelt es sich um eine realistische oder allegorische (sinnbildliche) Darstellung? • Wie sind die Gestaltungsmittel und Symbole in ihrer inhaltlichen Aussage zu deuten? • Auf welche politischen, sozialen, wirtschaftlichen und kulturellen Hintergründe wird Bezug genommen? • Was ist über die Position des Künstlers und der Auftraggeber bekannt? • Welche Absichten verfolgten Künstler bzw. Auftraggeber? • An wen richtet sich das Kunstwerk?
3. beurteilen	• Welche Wirkungen erzielte das Bild bei zeitgenössischen und/oder gegenwärtigen Betrachtern? • Wie lassen sich Aussage und Wirkung des Gemäldes bewerten?

Beispiel für eine Bildanalyse

Sonnenaufgang: Zeichen für den Beginn einer neuen Zeit oder Symbol für die Aufklärung

Flagge der Vereinigten Staaten (existiert 1776 noch nicht)

Westufer des Delaware (Pennsylvania)

Drei stehende Männer im Mittelpunkt des Bildes

Weitere Boote der Armee Washingtons symbolisieren die Streitmacht

„Washington Crossing the Delaware“
Ölgemälde (378,5 x 647,7 cm) von Emanuel Gottlieb Leutze, Düsseldorf 1851

Titel des Gemäldes

Hinweis auf die Jahreszeit; Eisschollen verstärken die Dramatik

George Washington: heroische Haltung und Ruhepol im Bild verweisen auf die Position des Oberbefehlshabers

Zwölf Personen im Boot symbolisieren „Vollkommenheit“ oder die ersten Unterzeichner der Unabhängigkeitserklärung

Bootsform und Größe sind bewusst vereinfacht bzw. verkleinert

Arbeitsvorschlag

32065-0332

▶ Analysieren Sie das Gemälde mithilfe der Arbeitsschritte

Die Lösung zu dieser Seite finden Sie unter Mediencode **32065-0333**.

Ursachen der Französischen Revolution

M1 Q „Man muss hoffen, dass dieses Spiel bald vorbei ist"
Radierung eines unbekannten Künstlers von 1789 (Ausschnitt)
Das Bild fand als Flugblatt weite Verbreitung. Auf dem Taschentuch der unteren Figur steht: „Salz- und Tabaksteuer, Grundsteuer, Zehnt, Frondienst, Militärdienst", auf dem Säbel „gerötet von Blut" und auf dem Stock „mit Tränen getränkt".

Bildinformation
31000-800

M2 D Die drei Stände in Frankreich vor 1789

	Erster Stand	Zweiter Stand	Dritter Stand
	Geistlichkeit	Adel	Bürger und Bauern
Anteil an der Bevölkerung	ca. 130 000 (0,5 %)	ca. 380 000 (1,4 %)	ca. 27,5 Millionen (98 %)
Anteil am Grundeigentum	10 %	20 %	70 %
Nutznießer	hohe Geistlichkeit		Großbürgertum (1 % der Bevölkerung): 30 % Sonstige (97 % der Bevölkerung): 40 %

1. Interpretieren Sie die Abbildung M1 mithilfe von M2.

32065-0334

LEIT-FRAGE

Die Französische Revolution – Folge sozialer Missstände?

feudal: abgeleitet von lat. *foedum*: Lehnsgut

Die Ständeordnung und die Verteilung der Steuerlast

Die alte Gesellschaftsordnung hatte bereits im Verlauf des 18. Jahrhunderts begonnen, sich aufzulösen. Schon allein die Unterschiede zwischen dem Hofadel sowie dem wohlhabenden und dem verarmten Provinzadel waren erheblich. Zudem musste der Adel seine einstmals kulturelle Führungsfunktion mit dem Großbürgertum teilen. Es entstand eine neue aristokratisch-bürgerlich gemischte Bildungselite.

Eine weitere Annäherung zwischen Angehörigen beider Stände brachte der ökonomische Aufschwung Frankreichs in den ersten zwei Dritteln des 18. Jahrhunderts. Dank der Aufwertung des durch Handel und Gewerbe erlangten Reichtums konnten es Adlige nun durchaus mit ihrer Standeswürde vereinbaren, sich kommerziell zu betätigen. Sie beteiligten sich an Industrieunternehmen und wurden als Fernhändler und Reeder aktiv. Auch in der Landwirtschaft waren Adel und Großbürgertum zu Konkurrenten und Partnern geworden. Hohe Grundrenten ließen den Landbesitz zum vorrangigen Investitionsobjekt für reiche Stadtbürger werden. Die bürgerlichen und adligen Agrarunternehmer nutzten die alten **feudalen** Rechte der Grundherrschaft auf Kosten der Bauern voll aus: etwa Anspruch auf bäuerliche Fronarbeit und Feudalabgaben, das Jagd- und Fischereimonopol, die grundherrliche Gerichtsbarkeit.

Während sich die Lebensformen von Adel und Großbürgertum einander anglichen, waren die Gegensätze innerhalb des Dritten Standes besonders deutlich. In den Städten bestimmten das Großbürgertum (Bankiers, Unternehmer etc.) und die aufgeklärte Bildungselite (Künstler, Anwälte, Ärzte, Beamte etc.) die öffentliche Meinung. Die Sorgen der Arbeiter und Dienstboten, der Ladenbesitzer, Gastwirte und Handwerker fanden kaum Gehör; sie lebten oft am Rande des Existenzminimums. Und auf dem Land waren die Kleinbauern als stärkste Bevölkerungsgruppe häufig auf zusätzliche Erwerbsquellen angewiesen.

Die Ideen der Aufklärung

Die Ideen der Aufklärung waren in bürgerlichen Kreisen wie auch unter einigen Adligen verbreitet. Die neue Denkweise wurde in den Salons und Lesekabinetten diskutiert und fand mehr und mehr Anhänger. Im Mittelpunkt stand die Vernunft als Maßstab aller Dinge, Ziel war es, dem Menschen zur Mündigkeit zu verhelfen. Bisherige Autoritäten und Traditionen wurden kritisch überprüft und nicht selten infrage gestellt, so etwa der Herrschaftsanspruch der Kirche oder die Ständeordnung. Inwiefern die Ideen der Aufklärung, insbesondere die politischen Schriften von Rousseau, Locke und Montesquieu, die Revolutionäre direkt beeinflussten, ist umstritten. In jedem Fall schufen sie einen Raum, in dem die Revolution möglich war.

Teuerungskrise 1789

In den 1780er-Jahren hatte es wiederholt Preisschwankungen beim Getreide gegeben. Extrem wurde es, als auf eine Missernte 1788 ein strenger Winter folgte. Die Bauern hatten kaum Getreide übrig, um es zu verkaufen, und der Brotpreis stieg um mehr als das Doppelte, sodass sowohl die Bauern als auch die Bevölkerung in den Städten Not litten. Da die Grundherren aufgrund der Abgaben gut versorgt schienen, kam es wiederholt zu Protesten und Plünderungen.

Reformunfähigkeit der Monarchie: Absolutismus vs. polyzentrische Ordnung

Das zentrale Problem des französischen Staates war die Reformunfähigkeit des Ancien Régime. Die absolutistischen Herrscher hatten sich in Frankreich nie ganz gegen den Adel durchsetzen können. In allen Provinzen gab es neben den königlichen auch noch ständische Beamte, die ihre Legitimation aus ihrer Abstammung und Herkunft bezogen. Endgültige Entscheidungen trafen die (adligen) Parlamente. Daneben existierten noch kirchliche Verwaltungsbezirke und zahlreiche Sonderrechte für einzelne Regionen. Kompetenzen und Zuständigkeiten überschnitten sich dabei, weil zwar immer wieder neue Regelungen hinzugefügt worden waren, die alten jedoch trotzdem bestehen blieben. Eine echte Reform des Systems wurde von Klerus, Parlamenten und Hofaristokratie blockiert. Besonders deutlich wurde das beim Thema Steuern. Der französische Staat steckte in einer Finanzkrise, die sich durch die Teilnahme am Amerikanischen Unabhängigkeitskrieg noch erheblich verschärft hatte. Die Staatsverschuldung war hoch und etwa die Hälfte des Staatshaushaltes musste für Zinstilgungen verwendet werden. Gleichzeitig war eine Steuererhöhung und damit eine weitere Belastung des Dritten Standes kaum möglich. Versuche, das Steuersystem zu reformieren, scheiterten jedoch am Widerstand des Adels. Dieser sah sich durch den absolutistischen Staat von oben und von der antifeudalen Stimmung der Bauern von unten bedroht und fürchtete um seine Stellung. Er forderte die Einbeziehung der Parlamente oder die Einberufung der Generalstände, um über eine Steuerreform zu beraten. Die Versammlung war seit 1614 nicht mehr zusammengetreten und bestand aus gleich vielen Abgeordneten jedes Standes. Im Januar 1789 wurde die Wahlordnung für die Generalstände veröffentlicht. Sie verkündete, dass im Dritten Stand die gesamte männliche Bevölkerung über 25 Jahre, die in den Steuerlisten eingetragen war, wählen durfte. Zudem wurde nach entsprechenden Forderungen die Zahl der Abgeordneten des Dritten Standes auf 600 verdoppelt. Der Wahlkampf politisierte die Bevölkerung. Begriffe wie Freiheit, Gleichheit, Glück, Souveränität und Repräsentation, die schon zuvor den amerikanischen Unabhängigkeitskampf geprägt hatten, wurden zu Schlagwörtern. Die im Januar 1789 von Emmanuel Joseph veröffentlichte Flugschrift mit dem Titel „Was ist der dritte Stand?“ gibt die neuen programmatischen Vorstellungen wieder. Die Wähler der Regierung konnten nun Beschwerden und Wünsche äußern. Sie wurden in Beschwerdeheften (Cahiers de doléances) zusammengefasst. Die Monarchie stand zu diesem Zeitpunkt noch nicht zur Diskussion.

Ancien Régime: wörtlich: alte, ehemalige Regierung. Der Begriff steht für die vorrevolutionären Zustände.

Generalstände: Ständevertretung ganz Frankreichs mit je 300 Abgeordneten des Klerus, des Adels und des Dritten Standes. 1789 durften 600 Abgeordnete des Dritten Standes gewählt werden.

M3 Q Emmanuel Joseph Sieyès (1748 – 1836): Angehöriger des Klerus und Politiker. Er war einer der einflussreichsten Wortführer des Dritten Standes, wurde Abgeordneter des Nationalkonvents und unterstützte 1799 als Mitglied der Regierung den Staatsstreich Napoleons.

M4 D „Aufklärung“ – eine Begriffsdefinition

Die Historikerin Susanne Lachenicht (*1971) beschreibt die Wesenszüge der Aufklärung, auf die sich manche Revolutionäre berufen haben:

Als Aufklärung (franz. Lumières, engl. Enlightenment) wird in Europa die Epoche zwischen dem Ende des 17. Jahrhunderts und ca. 1789 verstanden, die unterschiedliche Geistesströmungen hervorbrachte. Den meisten Vertretern der Aufklärung (franz. Philosophes) gemein ist die Überzeugung, dass der Mensch durch Vernunft Wahres und Falsches unterscheiden und durch die Erkenntnis des einzig Wahren in ein Goldenes Zeitalter gelangen könne. Der Mensch sei seiner Natur nach gut und nur durch die Entfernung vom Naturzustand verderbt worden. Durch die Rückkehr zur Natur, angeleitet von Vernunft, könne der Mensch vervollkommnet und in ein freiheitliches und glückliches Dasein überführt werden. Ziel der Aufklärung war es, den Mensch von Aberglauben und Irrationalem zu befreien, Naturwissenschaften und Technik zu fördern, damit diese dem Menschen in seinem Emanzipationsprozess dienen konnten. Häufig findet sich auch ein Plädoyer für religiöse Toleranz; die Moral- und Rechtsphilosophie berief sich zunehmend auf das Naturrecht, d. h. Gesetze, die bereits vor der Gründung der Staaten vorhanden gewesen seien, wie sie dann in den Menschen- und Bürgerrechten von 1789 formuliert werden sollten. Forderungen der Aufklärung schlossen Pressefreiheit, Freiheitsrechte des Einzelnen (Schutz vor willkürlicher Verhaftung, Schutz des Eigentums, Redefreiheit) und eine neue Pädagogik zur Herausbildung des vernünftigen Menschen mit ein. Fortschrittsglaube und Optimismus, dass die Menschheit durch Aufklärung und Vernunft im Diesseits (und nicht mehr im Sinne christlicher Traditionen im Jenseits) in ein neues Arkadien, ein Goldenes Zeitalter geführt werden könne (Perfektibilitätsglaube), ist fast allen Aufklärungsphilosophen eigen. Zu den wichtigsten Aufklärern zählen in Frankreich Voltaire (eigentlich François Marie Arouet, 1694–1778), Charles de Secondat, Baron de Montesquieu (get. 1689–1755), Jean-Jacques Rousseau (1712–1778) und Denis Diderot (1713–1784), in England John Locke (1632–1704) und David Hume (1711–1776), in Deutschland Christian Wolff (1679–1754), Gotthold Ephraim Lessing (1729–1781) und Immanuel Kant (1724–1804). [...] Viele Aufklärer verwarfen mit dieser säkularen Heilsgeschichte die religiöse Offenbarung, waren nicht nur antiklerikal, sondern bekämpften Religion generell als Aberglauben und Vorurteil; beide müssten für immer beseitigt werden. An die Stelle des Dogmatismus der katholischen Kirche trat der Dogmatismus der Aufklärung, der radikale Glaube an Vernunft, Wissenschaft, Technik und den ewigen Fortschritt der Menschheit. Wichtigstes Werk der Aufklärung war die zwischen 1751 und 1785 von Diderot und Jean-Baptiste de Rond d'Alembert (1717–1783) herausgegebene Encyclopédie, die sämtliche Philosophes und ihre wichtigsten Thesen umfassen sollte.

Susanne Lachenicht, Die Französische Revolution, Darmstadt [2]2016, S. 38

Arbeitsvorschläge

32065-0335

1. Fassen Sie in wenigen Stichpunkten zusammen, was laut Susanne Lachenicht unter „Aufklärung“ zu verstehen ist. | F
2. Das Naturrecht definiert den Menschen als ein von Natur aus mit Rechten ausgestattetes Wesen. Erklären Sie die Folgen dieser These für die von der Aufklärung angestoßene Entwicklung.
3. Arbeiten Sie heraus, inwieweit die Ideen der Aufklärung in Gegensatz zu den überkommenen Regierungs- und Gesellschaftsvorstellungen geraten mussten.

M5 Q „Was ist der Dritte Stand?“

Der katholische Geistliche Emmanuel Joseph Sieyès, genannt Abbé Sieyès, verfasst Ende 1788 die Schrift „Qu'estce que le tiers état?“. Sie wird im Januar 1789 anonym veröffentlicht, erreicht eine Auflage von über 30 000 Exemplaren und wird damit zur maßgeblichen „Kampfschrift“ des Dritten Standes:

Der Plan dieser Schrift ist ganz einfach. Wir haben uns drei Fragen vorzulegen.

1. Was ist der Dritte Stand? ALLES.
2. Was ist er bis jetzt in der politischen Ordnung gewesen?
   NICHTS.
3. Was verlangt er? ETWAS ZU SEIN. [...]

Also, was ist der Dritte Stand? Alles, aber ein gefesseltes und unterdrücktes Alles. Was wäre er ohne den privilegierten Stand? Alles, aber ein freies und blühendes Alles. Nichts kann ohne ihn gehen; alles ginge unendlich besser ohne die anderen. [...]

Was ist eine Nation? Eine Körperschaft von Gesellschaftern, die unter einem gemeinschaftlichen Gesetz leben und durch dieselbe gesetzgebende Versammlung repräsentiert werden usw. [...]

Der Dritte Stand umfasst also alles, was zur Nation gehört; und alles, was nicht der Dritte Stand ist, kann sich nicht als Bestandteil der Nation ansehen. Was also ist der Dritte Stand? ALLES. [...]

Unter dem Dritten Stand muss man die Gesamtheit der Bürger verstehen, die dem Stand der gewöhnlichen Leute (l'ordre commun) angehören. Alles, was durch das

Gesetz privilegiert ist, einerlei auf welche Weise, tritt aus der gemeinschaftlichen Ordnung heraus, macht eine Ausnahme für das gemeinschaftliche Gesetz und gehört folglich nicht zum Dritten Stand. [...]

Der Dritte Stand hat bis zur Stunde keine wahren Vertreter auf den Generalständen gehabt. Er hat also keinerlei politische Rechte. [...]

Was verlangt der Dritte Stand? Etwas zu werden. [...] Man kann die wirklichen Forderungen des Dritten Standes nur nach den authentischen Beschwerden beurteilen, welche die großen Stadtgemeinden (municipalités) des Königreiches an die Regierung gerichtet haben. Was sieht man da? Dass das Volk etwas sein will, und zwar nur das Wenigste, was es sein kann. [...] Es will haben 1. echte Vertreter auf den Generalständen, das heißt Abgeordnete, die aus seinem Stand kommen und die fähig sind, die Interpreten seines Willens und die Verteidiger seiner Interessen zu sein. Was nützt es ihm, an den Generalständen teilzunehmen, wenn das dem seinen entgegengesetzte Interesse dort dominiert? [...] Es verlangt weiter 2. eine Zahl von Vertretern, die derjenigen ebenbürtig ist, welche die beiden anderen Stände zusammen besitzen. Diese Gleichheit der Vertretung wäre indessen völlig illusorisch, wenn jede Kammer eine eigene Stimme besäße. Der Dritte Stand verlangt deshalb 3., dass die Stimmen nach Köpfen und nicht nach Ständen gezählt werden. [...]

Ich bitte zu beachten, welch gewaltiger Unterschied zwischen der Versammlung des Dritten Standes und den Versammlungen der beiden anderen Stände besteht. Ersterer vertritt fünfundzwanzig Millionen Menschen und berät über die Interessen der Nation. Die beiden letzteren haben, sollten sie zusammentreten, nur die Vollmacht von ungefähr zweihunderttausend Einzelpersonen und denken nur an ihre Vorrechte. Man wird sagen, der Dritte Stand allein könne keine „Generalstände“ bilden. Nun, umso besser, dann wird er eben eine „Nationalversammlung“ bilden!

Zitiert nach: Eberhard Schmitt und Rolf Reichardt (Hrsg.), Emmanuel Joseph Sieyès. Politische Schriften 1788–1790, München/Wien [2]1981, S. 119, 123–125, 127, 130 f. und 180

Arbeitsvorschläge

32065-0336

1. Erklären Sie, was die Ausführungen von Sieyès zu einer revolutionären „Kampfschrift“ macht.
2. Arbeiten Sie Sieyès’ Argumente dafür heraus, dass nur ein Stand die Nation vertreten könne.
3. Entwickeln Sie aus dem Beitrag eine Definition des Begriffes „Nation“.

Leitfrage

Nehmen Sie Stellung:

Die Französische Revolution – Folge sozialer Missstände?

Phasen der Revolution und ihre Träger

M1 Q Freiheit, Gleichheit, Brüderlichkeit?
Druck vom 10. August 1792
Auf dem Schild in der Mitte steht:
Einigkeit
Unteilbarkeit
der Republik
Freiheit
Gleichheit
Brüderlichkeit
oder der Tod

1. Beschreiben Sie das Plakat.
2. Ordnen Sie den Text in einen zeitlichen Zusammenhang ein.

32065-0461

LEIT-FRAGE

Die Französische Revolution – Freiheit, Gleichheit, Brüderlichkeit?

Die Revolution der Abgeordneten

Die Aufbruchstimmung des Wahlkampfes zu den Generalständen wurde schnell gedämpft. Obwohl der König am 5. Mai 1789 die Sitzung der Generalstände feierlich eröffnete, wurde rasch deutlich, dass an den Prinzipien des Ancien Régime festgehalten werden sollte, indem die Stände getrennt zusammenkommen sollten. Da dies die Reformarbeit beträchtlich erschwerte, regte der Abgeordnete Abbé Sieyès, der zum Klerus gehörte, eine ständeübergreifende Zusammenarbeit an. Am 17. Juni 1789 erklärten sich daraufhin 491 der 581 Abgeordneten aller Stände zur Nationalversammlung und damit zu Vertretern der ganzen Nation. Dabei beriefen sie sich auf die Volkssouveränität und das Allgemeinwohl nach dem Philosophen Jean-Jacques Rousseau.

Obwohl Ludwig XVI. daraufhin die Sitzung beendete, ließ sich diese Solidarisierung der Stände nicht mehr aufhalten. Die Reformer fanden sich stattdessen in einer Sporthalle ein, in der sie sich am 20. Juni dem Ballhausschwur verschrieben. Dieser besagte, dass sie sich erst trennen würden, wenn eine Verfassung für Frankreich ausgearbeitet sei. Nun musste sich der König aufgrund der Entschlossenheit der Deputierten geschlagen geben. Am 9. Juli 1789 erklärte sich die Mehrheit der Abgeordneten zur Verfassunggebenden Nationalversammlung. Damit war die Bildungselite des Dritten Standes erwacht und hatte politische Mitbestimmung erlangt.

Internettipp:
32065-0338 Verlauf der Französischen Revolution digital

Die städtische Volksrevolution

Während Ludwig XVI. Truppen mobilisierte, setzten sich die städtischen Bürgerinnen und Bürger in Paris zur Wehr. Mit der Forderung nach Brot und auf der Suche nach Waffen zerstörten sie am 14. Juli 1789 Zollstationen und stürmten schließlich die verhasste Bastille. Diese war ein Pulverlager, aber auch ein Gefängnis, das als Symbol der Willkür und absolutistischer Unterdrückung galt. Der Sturm auf die Bastille hatte eine gewaltige symbolische Wirkung und verschaffte der städtischen Bevölkerung großes Selbstbewusstsein. In ganz Europa breitete sich die Nachricht dieses revolutionären Aufstandes aus. Bis heute ist der 14. Juli als Feiertag fest im nationalen Erinnern der Französinnen und Franzosen verankert. Neben dem gewaltvollen Aufstand ging die Machtübernahme durch das Bürgertum in Paris weiter. Die Nationalgarde, eine Bürgerwehr, wurde gegründet. Zudem übernahm ein Ständiger Ausschuss, bestehend aus wohlhabenden Bürgern, die Stadtverwaltung.

Die Grande Peur auf dem Land

Auch die ländliche Bevölkerung erhob sich, indem sie sich gegen ihre Grundherren wendete. Neben der Verweigerung von Abgaben wurden Klöster und Herrensitze gestürmt, um Urkunden zu vernichten, die die Abhängigkeit der Bauern von ihren Grundherren bezeugten. Gleichzeitig breitete sich auf dem Land eine „Große Furcht“ (Grande Peur) vor plündernden Räuberbanden und Rachetaten der Adligen aus, die sich im Nachhinein oft als unbegründet herausstellte.

Von der Ständegesellschaft zu Gleichheit und Menschenrechten

Zunächst befasste sich die Verfassunggebende Nationalversammlung mit der sozialen Ordnung. Am 4. August 1789 wurden alle feudalen Privilegien von Adel und Klerus in den sogenannten Augustbeschlüssen abgeschafft. Dies bedeutete das Ende der Ständeordnung und damit die rechtliche und steuerliche Gleichheit aller. Zudem wurde am 26. August 1789 die Erklärung der Menschen- und Bürgerrechte veröffentlicht.

Der König gibt sich geschlagen

Nachdem Ludwig XVI. den Verfassungsentwurf der Nationalversammlung nicht annahm, stockte dort die politische Arbeit. Währenddessen litt die städtische Bevölkerung in Paris weiter an Hunger. Am 5. Oktober 1789 zogen 6000 Frauen, gefolgt von 20 000 Nationalgardisten, nach Versailles, um vor dem König gegen die Not zu protestieren. Unter dem Eindruck des Protestes nahm Ludwig XVI. schließlich doch die Verfassung an. Zudem erreichte man, dass der König nach Paris zog, sodass er besser kontrolliert werden konnte. Indem auch die Abgeordneten nach Paris folgten, verlagerte sich das Machtzentrum in Frankreich von Versailles nach Paris.

Die Politik organisiert sich

In der französischen Öffentlichkeit schien die Revolution allgegenwärtig – in Form von Zeitungen, Plakaten, Dichtung, Musik und sogenannter Revolutionsfeiern. Politisch interessierte Bürger sowie Abgeordnete begannen sich in Paris in Klubs zu organisieren. Diese dienten der politischen Debatte sowie der Planung von Petitionen und Demonstrationen. Zwischen 1789 und 1795 entstanden 6000 politische Klubs in Frankreich, die 1794 zwischen 500 000 und 600 000 Mitglieder zählten. Die prominentesten Klubs waren der Jakobinerklub, dem das Bildungs- und Besitzbürgertum angehörte, sowie der Club des Cordeliers, zu dem die kleinbürgerliche städtische Volksbewegung der Sansculotten gehörte.

Frankreich wird zur konstitutionellen Monarchie

Der scheinbare Frieden zwischen Krone und Revolution zerbrach jäh, als der König am 20. Juni 1791 bei einem Fluchtversuch gefasst wurde. Sowohl beim Volk als auch bei den Abgeordneten büßte der König Ansehen und Vertrauen ein. Zudem spaltete der Flucht-

M 2 D Kokarde
Bandschleife in Form einer Rosette, die in der Regel am Hut getragen wurde
Am 21. Oktober 1789 führte der Militärausschuss der Stadt Paris eine Kokarde ein, die aus einem weißen mit blauer und roter Borte eingefassten Band bestand. Damit verknüpfte man die Farben der Stadt (rot und blau) mit denen der Monarchie (weiß).

Menschenrechte: Wo immer Menschen heute Freiheit und Gerechtigkeit fordern, berufen sie sich direkt oder indirekt auf die „Erklärung der Menschen- und Bürgerrechte“ von 1789. Das Vorbild lieferte die Virginia Bill of Rights von 1776, mit der sich die von der britischen Krone abtrünnige Kolonie Virginia eine eigene Verfassung gab. Im 19. Jahrhundert wurden die Menschenrechte zunächst Gegenstand nationaler Verfassungen und im 20. Jahrhundert schließlich sogar Bestandteil internationaler Abkommen.

Jakobinerklub: benannt nach dem Dominikanerkloster Saint-Jacques, in dessen Räumen sich die Mitglieder versammelten

Club des Cordeliers: so benannt nach seinem ersten Tagungsort, einer Kirche der Franziskaner, die im Volksmund „cordeliers“ genannt wurden

Sansculotten (franz. sans-culotte: ohne Kniebundhosen): revolutionäre Stadtbewohner, die von ihrer körperlichen Arbeit lebten. Äußere Kennzeichen der Sansculotten waren die rote Mütze, die Pike und das brüderliche Du.

versuch den Jakobinerklub. Während der monarchisch orientierte Teil des Klubs sich zum Club des Feuillants erklärte, machte der verbleibende Teil des Jakobinerklubs es sich zur Aufgabe, die „Reinhaltung" der revolutionären Prinzipien zu sichern.

Als Ludwig XVI. am 14. September 1791 schließlich doch den Eid auf die Verfassung ablegte, wurde Frankreich offiziell eine konstitutionelle Monarchie. Der König war nun an die Verfassung gebunden. Durch das Prinzip der Gewaltenteilung wurde seine Macht begrenzt. So war beispielsweise die Nationalversammlung nun für die Gesetzgebung zuständig. Im Zensus- und Männerwahlrecht wurden die Grenzen der Revolution deutlich: Hier war es den Abgeordneten nicht gelungen, das Prinzip der Gleichheit umzusetzen. Ebenso wenig erlangte die jüdische Bevölkerung zunächst keine rechtliche Gleichheit und auch die Sklaverei in den Kolonien wurde nicht abgeschafft.

Die zweite Revolution beginnt

Die neue Gesetzgebende Nationalversammlung (Assemblée Nationale Législative) trat am 1. Oktober 1791 zusammen. Von den 745 Deputierten bildeten 345 die Mitte. Sie besaßen keine direkten Bindungen zu bestimmten Klubs. 264 Abgeordnete gehörten zur Rechten. Sie waren oder wurden Mitglieder im Club des Feuillants und wollten die Revolution beenden. Die zahlenmäßig kleinste Abgeordnetengruppe stellten die 136 Abgeordneten der Linken. Sie hatten sich in den Klubs der Jakobiner, Cordeliers und anderer Gesellschaften organisiert, forderten ein allgemeines Wahlrecht und waren gegen das Vetorecht des Königs. Die Jakobiner gliederten sich noch auf in **Girondisten**, die ihren Rückhalt im mittleren und gehobenen Provinzbürgertum hatten, und **Montagnards** („Bergpartei"), die ihren Aufstieg den Arbeitern und einfachen Bürgern verdankten.

Girondisten: benannt nach ihrer Herkunft aus dem Département Gironde im Südwesten Frankreichs

Montagnards: politische Gegner der Girondisten, die radikal-demokratische Interessen vertraten und ihre Sitze in den oberen Reihen des Nationalkonvents hatten. Prominente Vertreter waren Maximilien de Robespierre und Jean-Paul Marat.

Bis 1791 waren 40 000 Franzosen emigriert – darunter nicht nur Adlige und Geistliche, sondern auch Angehörige des Dritten Standes. Die Emigranten, unter anderem die beiden Brüder des Königs, versuchten im Ausland Verbündete im Kampf gegen die Revolution zu finden. Nachdem Österreich und Preußen verkündeten, Ludwig XVI. militärisch zu unterstützen, eröffnete Frankreich den Krieg, indem es die österreichischen Niederlande (Belgien) angriff. Die Nationalversammlung erklärte den „nationalen Notstand" aufgrund der Bedrohung durch die „inneren und äußeren Feinde". Nach ersten Niederlagen auf französischer Seite sowie aus Furcht vor einer Gegenrevolution übernahm die „Kommune des Aufstandes" die Stadtverwaltung in Paris. Am 10. August 1792 stürmten Sansculotten und Soldaten das königliche Schloss, um die Absetzung des Königs zu fordern. Die Abgeordneten beugten sich den Forderungen der Straße, indem sie den König seines Amtes enthoben und die königliche Familie festnahmen. Die konstitutionelle Monarchie in Frankreich war damit abgeschafft.

Radikalisierung der Revolution

Die Monarchie wurde zum Feindbild der Revolution erklärt und königstreue Politiker wurden verfolgt, indem sie verhaftet oder teilweise gar hingerichtet wurden. Zwischen dem 2. und 6. September 1792 erreichte die Gewalt ihren Höhepunkt, indem Revolutionäre Gefängnisse stürmten und willkürlich Gefangene töteten (Septembermorde). In Paris allein betrug die Zahl der Opfer bereits ungefähr 1 500 Menschen.

Gleichzeitig fanden die Wahlen zur Nationalversammlung statt. Obwohl nun das allgemeine Wahlrecht galt, sodass jeder Mann über 21 Jahren wahlberechtigt war, machten nur sechs Prozent von ihrem Recht Gebrauch. Am 21. September 1792 wurde die erste Sitzung des neu gewählten Nationalkonvents eröffnet. Die Republik wurde proklamiert und die Abgeordneten setzten sich zum Ziel, eine neue Verfassung auszuarbeiten.

Die Verurteilung des Königs

Im Dezember 1792 musste sich Ludwig XVI. in einem Prozess vor dem Nationalkonvent verantworten. Einen Monat zuvor hatte man Dokumente gefunden, die Kooperationspläne des ehemaligen Königs mit dem Ausland gegen die Revolution aufdeckten. Aufgrund dieser belastenden Beweise sprachen ihn über 90 Prozent der Abgeordneten schuldig, gegen die Freiheit und nationale Sicherheit konspiriert zu haben. Bezüglich des Strafmaßes herrschte jedoch zunächst kein klarer Konsens. Am 21. Januar 1793 wurde Ludwig XVI. schließlich auf der Place de la Révolution öffentlich hingerichtet.

Die Revolution in der Krise

Im Winter 1792/93 spitzte sich die Krise in Frankreich sowohl außenpolitisch als auch innenpolitisch zu. Nach ersten Niederlagen zu Beginn des Krieges, konnte Frankreich zunächst ab September 1792 militärische Erfolge verzeichnen, indem es beispielsweise das Emigrantenheer in der Schlacht von Valmy vertrieb, was die junge Republik stärkte. 1793 griff die Koalition der europäischen Mächte jedoch von allen Seiten an.

Zudem kam es auf dem Land zu einem Bürgerkrieg und in den Städten zu erneuten Aufständen aufgrund der großen Not der Menschen. Um der Krise effektiv und zentralistisch begegnen zu können, wurden ein außerordentliches Gericht sowie ein Überwachungsausschuss, genannt Wohlfahrtsausschuss, eingeführt. Letzterer übernahm fortan die exekutive Gewalt.

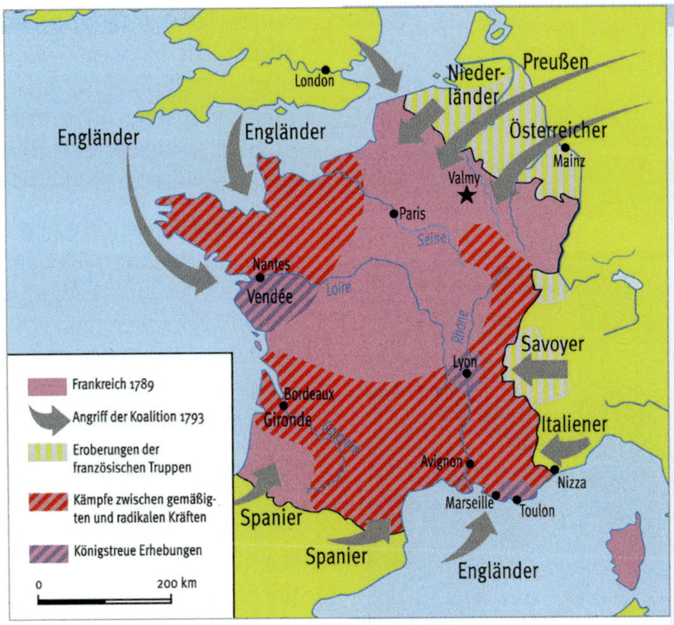

M 3 D Die belagerte Republik im Sommer 1793
Auseinandersetzungen zwischen den Regierungstruppen und ausländischen Armeen oder gegen revolutionären Gruppen
In diesen Kämpfen fielen hunderttausende Menschen. Allein der Bürgerkrieg zwischen der königlich-katholisch gesinnten Landbevölkerung und den republikanischen Revolutionstruppen in der Vendée von 1793 bis 1796 führte in einigen Gemeinden zu einem Bevölkerungsverlust von 25 bis 35 Prozent.

- ▶ Benennen Sie Interessengruppen, die die Französische Revolution bekämpften.
- ▶ Beschreiben Sie die Lage der umkämpften Gebiete.

Die Schreckensherrschaft der Jakobiner

Die Krise wurde den gemäßigteren Girondisten zugeschrieben, weshalb 80 000 Bürger und Nationalgardisten einem Aufruf der Sansculotten folgten und vor dem Konvent die Auslieferung der Girondisten forderten. Deren Posten übernahmen die Jakobiner – die Jakobinerherrschaft hatte begonnen.

Da sich die innenpolitische Krise nicht verbesserte, forderten die Sansculotten am 5. September 1793 vor dem Nationalkonvent: „Gesetzgeber! Setzt den Terror auf die Tagesordnung!“ Damit begann die Schreckensherrschaft (franz: „La Terreur“) in Frankreich. Der Wohlfahrtsausschuss und der Sicherheitsausschuss des Nationalkonvents übernahmen die Macht. Auf Grundlage des „Gesetzes über die Verdächtigen“ griffen die Jakobiner zu radikalen Maßnahmen.

Politische Klubs wurden verboten, Hausdurchsuchungen durchgeführt und circa 500 000 Menschen aufgrund mangelnder Republiktreue verhaftet. Ungefähr 50 000 Menschen fielen dem Symbol der Schreckensherrschaft zum Opfer: der Guillotine. Die Mehrheit der Hingerichteten gehörte dem Dritten Stand an. Schließlich wurden **Maximilien de Robespierre**, der Leiter des Wohlfahrtsausschusses, sowie seine Anhänger selbst durch die Guillotine hingerichtet, nachdem sie im Parlament am 27. Juli 1794 gestürzt worden waren.

M 4 Q Maximilien de Robespierre
(1758–1794, hingerichtet): Rechtsanwalt; Mitglied des Jakobinerklubs, Abgeordneter des Nationalkonvents und seit Juli 1793 im Wohlfahrtsausschuss tätig

Ein Neuanfang? – das Direktorium

Nach dem Sturz der Jakobiner setzten sich die gemäßigten Abgeordneten im Nationalkonvent durch. Sie befreiten Gefangene und verboten die Jakobinerklubs. Zudem wurde 1795 eine neue Verfassung eingeführt. Diese griff auf das Zensuswahlrecht zurück. Die Exekutive bildete ein Direktorium aus fünf Personen. Doch die Republik blieb instabil, da die verheerende wirtschaftliche Lage sich nicht beruhigte. Um die innenpolitische Krise durch außenpolitische Erfolge zu stabilisieren, unternahm Frankreich eine Kriegsoffensive und gewann 1797 den Ersten Koalitionskrieg. Im Zuge dessen eroberte es auch die deutschen Gebiete links des Rheins.

Napoleon Bonaparte und das Ende der Revolution

In seiner Funktion als Oberbefehlshaber der Armee hatte **Napoleon Bonaparte** ein großes Maß an Prestige und Macht erlangt. Als die innenpolitische Krise aufgrund von militärischen Rückschlägen abermals zu eskalieren drohte, sah er am 9. November 1799 seine Chance, einen Staatsstreich durchzuführen. Napoleon leitete von nun an als erster Konsul die neue Regierung, die aus einem Kollegium von drei Konsuln bestand. Die Revolution erklärte er für beendet.

1804 – zwölf Jahre nach der Entmachtung Ludwigs XVI. – krönte sich Napoleon schließlich zum Kaiser der Franzosen, was er durch einen Volksentscheid bestätigen ließ. Zu den wichtigsten Maßnahmen Napoleons gehörten die Zentralisierung der Politik und die Aussöhnung mit der Kirche. Zudem wurde ein bürgerliches Gesetzbuch, der **Code civil**, veröffentlicht, das die persönliche Freiheit zusicherte. Die politische Freiheit garantierte es jedoch nicht. Das Wahlrecht verlor in der Monarchie seine Bedeutung, die Presse wurde strikt zensiert und die Versammlungsfreiheit wurde eingeschränkt. Sogar Bespitzelung und politisch motivierte Morde nahmen wieder zu.

Auswirkungen der napoleonischen Herrschaft

Außenpolitisch verfolgte Napoleon das Ziel der Hegemonie in Europa. Er nahm bedeutende territoriale Veränderungen vor und löste z. B. das Heilige Römische Reich Deutscher Nation (1806) auf. Zudem wurde der Code civil und mit ihm die Ideen und Errungenschaften der Französischen Revolution in Europa verbreitet. Nach zunächst großen militärischen Erfolgen wurde Napoleon jedoch 1813 und schließlich 1815 durch eine Koalition europäischer Fürsten endgültig besiegt und auf die Insel St. Helena verbannt.

Ergebnisse und Bedeutung der Französischen Revolution

In der Geschichtsschreibung galt die Französische Revolution lange nicht nur als die Grundlage für den Durchbruch der modernen demokratischen Staats- und Gesellschaftsordnung in Europa, sondern auch als Epochengrenze. In der aktuellen Forschung wird ihre Bedeutung jedoch kritischer diskutiert. So stellt sich die Frage, ob die Französische Revolution die Gesellschaft tatsächlich so stark veränderte, ob sie einen rasanten sozialen Wandel verursachte oder ob man der Kontinuität zwischen dem vor- und nachrevolutionären Frankreich mehr Gewicht beimessen sollte. Für eine Kontinuität spräche beispielsweise, dass Elemente der feudalen Gesellschaft bereits vor der Revolution an Bedeutung verloren hatten. Die Revolution stellt in diesem Bereich also nicht unbedingt einen klaren Bruch dar. Andererseits verursachte die Französische Revolution im politischen Bereich einen radikalen Wandel: Erstmalig wurden Menschenrechte und Elemente repräsentativer Demokratie in einer europäischen Verfassung verankert.

M5 Q Napoleon Bonaparte (1769 –1821):
Er kämpfte als Offizier zunächst gegen die Royalisten, später im Auftrag des Direktoriums in Italien. Er kam 1799 durch einen Staatsstreich an die Regierung, krönte sich 1804 selbst zum Kaiser der Franzosen und nannte sich fortan Napoleon I.
Er starb in Verbannung auf der Atlantikinsel St. Helena.

Code civil (auch Code Napoléon): Er regelte seit 1804 als bürgerliches Gesetzbuch das Zivilrecht in Frankreich und legte die Bürgerrechte fest. Er trennte zudem Verwaltung und Justiz, was die Gewaltenteilung förderte. Der Code civil gilt bis heute als Vorbild der französischen sowie vieler europäischer Rechtsordnungen.

Internettipp:
32065-0339 Informationen zu Napoleon

M6 Q Menschenrechte für alle?

Die „Erklärung der Menschen- und Bürgerrechte" wird am 26. August 1789 von der Verfassunggebenden Versammlung (Konstituante) verkündet und der Verfassung von 1791 vorangestellt:

Erklärung von 1789

Da die Vertreter des französischen Volkes, als Nationalversammlung eingesetzt, erwogen haben, dass die Unkenntnis, das Vergessen oder die Verachtung der Menschenrechte die einzigen Ursachen des öffentlichen Unglücks und der Verderbtheit der Regierungen sind, haben sie beschlossen, die natürlichen und unveräußerlichen und heiligen Rechte der Menschen in einer feierlichen Erklärung darzulegen, damit diese Erklärung allen Mitgliedern der Gesellschaft beständig vor Augen ist und sie unablässig an ihre Rechte und Pflichten erinnert; damit die Handlungen der Gesetzgebenden wie der Ausübenden Gewalt in jedem Augenblick mit dem Endzweck jeder politischen Einrichtung verglichen werden können und dadurch mehr geachtet werden; damit die Ansprüche der Bürger, fortan auf einfache und unbestreitbare Grundsätze begründet, sich immer auf die Erhaltung der Verfassung und das Allgemeinwohl richten mögen. Infolgedessen erkennt und erklärt die Nationalversammlung in Gegenwart und unter dem Schutze des Allerhöchsten folgende Menschen- und Bürgerrechte:

Artikel 1

Die Menschen sind und bleiben von Geburt frei und gleich an Rechten. Soziale Unterschiede dürfen nur im gemeinen Nutzen begründet sein.

Artikel 2

Das Ziel jeder politischen Vereinigung ist die Erhaltung der natürlichen und unveräußerlichen Menschenrechte. Diese Rechte sind Freiheit, Eigentum, Sicherheit und Widerstand gegen Unterdrückung. [...]

Artikel 4

Die Freiheit besteht darin, alles tun zu können, was einem anderen nicht schadet. So hat die Ausübung der natürlichen Rechte eines jeden Menschen nur die Grenzen, die den anderen Gliedern der Gesellschaft den Genuss der gleichen Rechte sichern. Diese Grenzen können allein durch Gesetz festgelegt werden. [...]

Artikel 6

Das Gesetz ist der Ausdruck des allgemeinen Willens. Alle Bürger haben das Recht, persönlich oder durch ihre Vertreter an seiner Formung mitzuwirken. Es soll für alle gleich sein, mag es beschützen, mag es bestrafen. Da alle Bürger in seinen Augen gleich sind, sind sie gleicherweise zu allen Würden, Stellungen und Beamtungen nach ihrer Fähigkeit zugelassen ohne einen anderen Unterschied als den ihrer Tugenden und ihrer Talente.

Artikel 7

Jeder Mensch kann nur in den durch das Gesetz bestimmten Fällen und in den Formen, die es vorschreibt, angeklagt, verhaftet und gefangen gehalten werden. [...]

Artikel 10

Niemand soll wegen seiner Meinung, selbst religiöser Art, beunruhigt werden, solange ihre Äußerungen nicht die durch das Gesetz festgelegte öffentliche Ordnung stören.

Artikel 11

Die freie Mitteilung der Gedanken und Meinungen ist eines der kostbarsten Menschenrechte. Jeder Bürger kann also frei schreiben, reden, drucken unter Vorbehalt der Verantwortlichkeit für den Missbrauch dieser Freiheit in den durch Gesetz bestimmten Fällen. [...]

Artikel 17

Da das Eigentum ein unverletzliches und heiliges Recht ist, kann es niemandem genommen werden, wenn es nicht die gesetzlich festgelegte, öffentliche Notwendigkeit augenscheinlich erfordert und unter der Bedingung einer gerechten und vorherigen Entschädigung.

Zitiert nach: Ute Gerhard, Menschenrechte – Frauenrechte 1789, in: Viktoria Schmidt-Linsenhoff (Hrsg.), Sklavin oder Bürgerin? Französische Revolution und Neue Weiblichkeit 1760–1830, Frankfurt am Main 1989, S. 68–72

Arbeitsvorschläge

32065-0340

1. Erläutern Sie die Funktion der Präambel.
2. Benennen Sie konkrete Rechte, die in der Erklärung festgehalten wurden.
3. Bewerten Sie die Ziele und die Bedeutung der Erklärung. Achten Sie dabei auf Passagen, in denen die bestehende Gesellschaftsordnung überwunden werden sollte. | F
4. Prüfen Sie anhand des Textes, inwiefern die Gedanken der Aufklärung die „Erklärung der Menschen- und Bürgerrechte" beeinflussten.

M7 D Die Verfassung von 1791

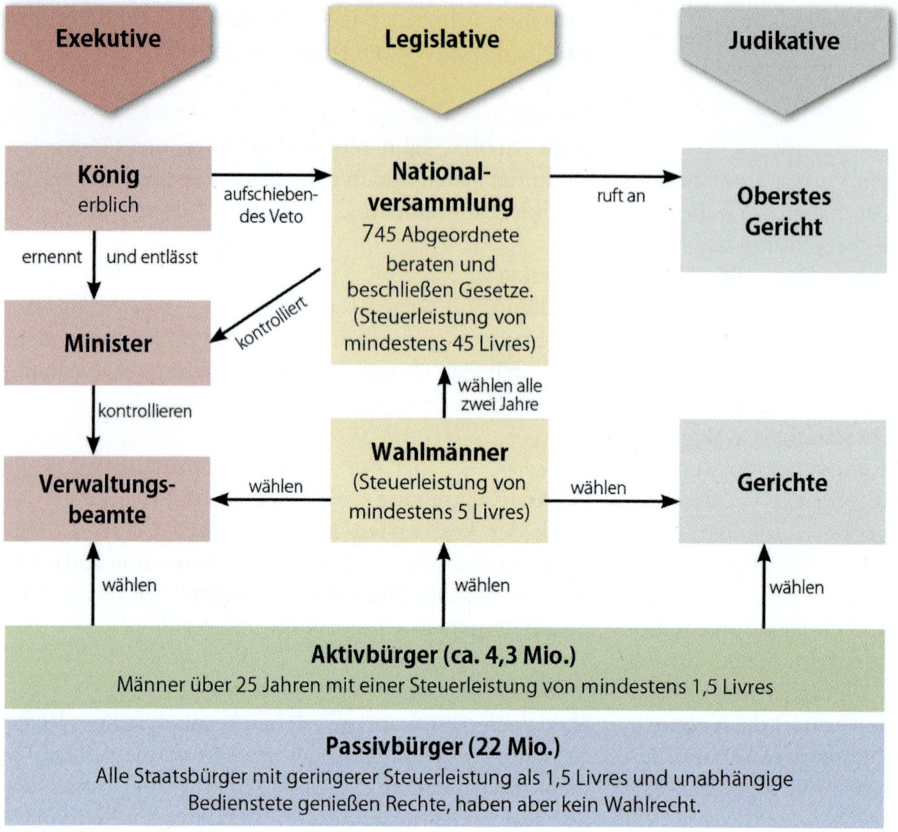

Arbeitsvorschläge 32065-0341

1. Beschreiben Sie den staatlichen Aufbau Frankreichs anhand des Schaubildes.
2. Stellen Sie die Macht des Königs und der Nationalversammlung gegenüber.
3. Prüfen Sie, inwiefern Ideen der Aufklärung in der Verfassung verwirklicht wurden.

M8 Q Terror als legitimes Mittel zum Zweck?

Maximilien de Robespierre spricht am 5. Februar 1794 vor dem Nationalkonvent:

Welches Ziel streben wir an? Wir wollen den friedlichen Genuss der Freiheit und der Gleichheit. […] Wir wollen die Dinge so ordnen, dass alle niedrigen und grausamen Leidenschaften in Zaum gehalten und alle wohltätigen und edlen Leidenschaften durch die Gesetze geweckt werden; wir wollen eine Ordnung schaffen, in der sich der Ehrgeiz auf den Wunsch beschränkt, Ruhm zu erwerben und dem Vaterland zu dienen; in der Vornehmheit nur aus der Gleichheit entsteht; wo der Bürger dem Magistrat[1], der Magistrat dem Volke und das Volk der Gerechtigkeit unterworfen ist; eine Ordnung, in der das Vaterland das Wohlergehen eines jeden Einzelnen sichert und jeder Einzelne stolz das Gedeihen und den Ruhm des Vaterlandes genießt […]. Wir wollen in unserem Lande die Moral gegen den Egoismus, die Rechtschaffenheit gegen die Ehre, […] ein großherziges, mächtiges und glückliches Volk gegen ein bloß liebenswürdiges leichtfertiges und beklagenswertes Volk eintauschen, das heißt, alle Tugenden und alle Wunder der Republik gegen alle Laster und alle Lächerlichkeiten der Monarchie. Mit einem Wort: Wir wollen den Willen der Natur erfüllen, das Schicksal der Menschheit vollenden, das Versprechen der Philosophie halten und die Vorsehung von der langen Herrschaft des Verbrechens und der Tyrannei befreien […].
Welche Regierungsform kann diese Wunder vollbringen? Nur die demokratische oder republikanische Regierung! Denn diese beiden Wörter sind synonym, trotz aller Missbräuche der volkstümlichen Sprache. Die Aristokratie ist ebenso wenig republikanisch wie die Monarchie. […]
Die Demokratie ist ein Staat, in dem das souveräne Volk sich nach Gesetzen richtet, die sein eigenes Werk sind, indem es von selbst alles tut, was es tun kann, und indem es durch seine Abgeordneten tun lässt, was es nicht selbst tun kann. […]

[1] Magistrat: politischer Amtsträger

Von außen werden wir von allen Tyrannen umzingelt; im Innern konspirieren[2] alle Freunde der Tyrannen gegen uns: Sie werden solange konspirieren, bis dem Verbrechen jede Hoffnung genommen ist. Man muss die inneren und äußeren Feinde der Republik beseitigen oder mit ihr untergehen. Deshalb sei in der gegenwärtigen Lage der erste Grundsatz eurer Politik, das Volk durch Vernunft und die Volksfeinde durch Terror zu lenken. Wenn in friedlichen Zeiten der Kraftquell der Volksregierung die Tugend ist, so sind es in Zeiten der Revolution Tugend und Terror zusammen. Ohne die Tugend ist der Terror verhängnisvoll, ohne den Terror ist die Tugend machtlos. Der Terror ist nichts anderes als die unmittelbare, strenge und unbeugsame Gerechtigkeit: Er ist also eine Emanation[3] der Tugend; er ist nicht so sehr ein besonderer Grundsatz als vielmehr die Folge des allgemeinen Grundsatzes der Demokratie: angewandt auf die dringenden Bedürfnisse des Vaterlandes.

Maximilien Robespierre, Ausgewählte Texte Hamburg [2]1989, S. 582 ff. (Übersetzung: Manfred Unruh)

Arbeitsvorschläge

32065-0342

1. Arbeiten Sie die Vision und die Ziele der Jakobiner heraus.
2. Erläutern Sie das Verhältnis von Terror und Tugend nach Robbespierre.
3. Bewerten Sie die in der Rede verfolgten Motive.

M9 Q Brief eines Zeitgenossen

Am 21. Oktober 1793 schreibt der Pfarrer und Schriftsteller Johann Caspar Lavater aus Zürich einen Brief an den Konventsabgeordneten Marie-Jean Hérault de Séchelles (1794 hingerichtet):

Seitdem Ihr Euren guten König umgebracht und ermordet habet auf eine unerhörte Weise und auf die despotistischste Art; seitdem Ihr die Unverletzbarkeit verletzt habt, die Ihr ihm versichert hattet; seitdem Ihr auf seine Verteidigung keine Achtung mehr schluget; seitdem Ihr […], den Dolch in der Hand, zur Freiheit zwanget; seitdem Ihr die bewegliche Köpfmaschine an die Stelle der zerstörten Bastille setztet; seitdem man nichts mehr sagen oder schreiben darf, was man unter den despotischsten Königen sagen und schreiben durfte, seitdem zittre ich, wenn ich Euch von Freiheit reden höre. Monarchie oder Republik, das ist mir gleichgültig; aber Freiheit! Nicht das Wort jedoch, nicht die Ausrufungen, nicht die Marktschreierei gehaltener Reden werden Frankreich diese Freiheit geben. Erlaubet mir, über diesen Gegenstand Eurer (unbeschadet der Beredsamkeit) armseliger Reden frei zu sein: Wo ist die Freiheit, wo ist die Sicherheit der Ehre, des Eigentums, des Lebens? Glauben Sie mich nicht schwach genug, die Partei der Prinzen und der Royalisten von Frankreich zu nehmen; keineswegs. Ich habe nichts zu sagen als eine klare, einfache und niederschlagende Sache.
Alle Eure Könige und alle Könige der Erde gaben nie so viele Beispiele des abscheulichen Despotismus, wie Ihr seit drei Jahren gebet. In Wahrheit, Ihr treibet Spott mit uns andern, mit dem Universum und mit den künftigen Jahrhunderten. Ich erwähne nicht einmal der groben Unmenschlichkeiten eines verwilderten Pöbels. Ich bemerke die öffentlichen Akte, die Dekrete des Nationalkonvents, die unterstützten und privilegierten Grausamkeiten der größten sogenannten Antidespoten.
Im Namen der Menschlichkeit beschwöre ich Sie auf den Knien, spottet nicht mehr dem Universum und den künftigen Jahrhunderten! Sprecht nie mehr das Wort Freiheit aus, indem ihr den allerunerträglichsten Despotismus ausübt.

Zitiert nach: Gustav Landauer, Briefe aus der Französischen Revolution, Bd. 2, Berlin (Ost) [3]1985, S. 104 ff.

Arbeitsvorschläge

32065-0343

1. Ordnen Sie die Quelle in ihren historischen Kontext ein.
2. Arbeiten Sie die Kritik und Argumentation des Autors heraus.
3. Diskutieren Sie anhand von M8 und M9, inwiefern Terror ein legitimes Mittel zum Zweck sein kann. Nehmen Sie auch selbst Stellung.

M10 Q Aus dem „Code civil“ (Code Napoléon)

Auszüge aus dem „Code civil“ in der deutschen Fassung für das Großherzogtum Berg (1810):

1. Die Freiheit
Der Staatsbürger hat mit seiner Großjährigkeit die Freiheit, über seine Person zu verfügen. Er kann daher seinen Wohnsitz wählen, wo es ihm gut dünkt. […]
Wir bezeichnen es als Naturrecht, dass wir den Menschen als moralisches Wesen behandeln, d. h. als ein vernunftbegabtes und freies Wesen, das dazu bestimmt ist, mit anderen vernunftbegabten und freien Wesen zusammenzuleben.

---

[2] konspirieren: sich gegen etwas verschwören
[3] von emanare (lat.): hervorgehen, herausfließen

2. Die Rechtsgleichheit

Nachdem unsere Verfassung die Rechtsgleichheit eingeführt hat, muss jeder, der sie wieder abschwört und die abgeschafften Vorrechte der Geburt wieder einführen will, als Frevler gegen unseren Gesellschaftsvertrag gelten und kann nicht Franzose bleiben. [...]

3. Vom Eigentum

Eigentum ist das Recht, eine Sache auf die unbeschränkte Weise zu benutzen und darüber zu verfügen, vorausgesetzt, dass man davon keinen durch die Gesetze oder Verordnungen untersagten Gebrauch mache. Niemand kann gezwungen werden, sein Eigentum abzutreten, wenn es nicht des öffentlichen Wohls wegen und gegen eine angemessene und vorgängige Entschädigung geschieht.

Code Napoléon. Einzige offizielle Ausgabe für das Großherzogtum Berg, Düsseldorf 1810

Arbeitsvorschläge

32065-0344

1. Fassen Sie die Artikel des „Code civil" zusammen.
2. Untersuchen Sie den „Code civil" auf Einflüsse der Aufklärung und der Menschenrechtserklärung von 1791. | F

M11 D Die Bedeutung der Revolution

a) Der Jakobinerforscher Axel Kuhn kommt 1999 zu folgender Einschätzung:

Worin liegt die Bedeutung der Französischen Revolution von 1789? Aus ihr entwickelten sich trotz aller menschlichen Unzulänglichkeiten und politischen Rückschläge die Grundlagen der bürgerlichen Gesellschaft. Sie war der furiose Aufbruch in die moderne Demokratie, für die es, trotz aller Kritik an ihr, keine echte Alternative, sondern nur deren Weiterentwicklung gibt.
Die Bedeutung der Französischen Revolution besteht aber auch darin, dass in ihr ein Teil des Bürgertums bereit war, als Regierungspartei bis an die Schwelle einer antikapitalistischen Revolution zu gehen. In den meisten Revolutionen des 19. Jahrhunderts zogen sich die Revolutionäre der ersten Stunde (aus dem Studium der Ereignisse von 1789 bis 1799 angeblich klug geworden) bereits in der Anfangsphase zurück, suchten einen Kompromiss mit König und Adel, sodass es zu einer radikalen Herrschaftsphase nicht mehr kam.
In der gemäßigten ersten und in der radikalen zweiten Phase der großen Französischen Revolution entwickelten sich deshalb verschiedene Demokratiemodelle – Modelle, die auch heute noch miteinander konkurrieren. In diesem Sinne ist die Französische Revolution noch nicht beendet.

Axel Kuhn, Die Französische Revolution, Stuttgart 1999, S. 14 f.

b) In einem 2000 veröffentlichten Beitrag über die Französische Revolution schreibt der 1955 geborene Historiker Michael Wagner:

Die Französische Revolution, so lässt sich zusammenfassend festhalten, zerstörte in Frankreich das Rechtssystem der ständisch-korporativen Privilegiengesellschaft und setzte an ihre Stelle eine Gesellschaft juristisch formal gleichberechtigter Individuen. An den tatsächlichen gesellschaftlichen Strukturen des Landes änderte sie jedoch nur wenig. Die Errichtung einer stabilen konstitutionellen Ordnung [...] misslang. Die durch die Revolution ausgelöste politische Dynamik, die Legitimierung politischer Macht durch die formalisierte Zustimmung der Bevölkerung und die politischen Mitbestimmungsforderungen der Bürger ließen sich auf die Dauer jedoch nicht mehr rückgängig machen.
Die Entwicklung Frankreichs zu einem demokratischen Staatswesen wurde allerdings nachhaltig behindert durch das negative Erbe der Revolution: Der Mangel an Kompromissbereitschaft und die extremistische Rhetorik vieler Revolutionäre, das terroristische Herrschaftssystem der Jahre 1792–1794 mit seinen zahlreichen Opfern in allen Schichten der Bevölkerung, der immer mehr eskalierende Konflikt der Revolutionäre mit der katholischen Kirche sowie die vielen durch den Verlauf der Revolution enttäuschten Erwartungen und Hoffnungen sorgten dafür, dass die Ereignisse seit 1789 für viele Franzosen kein inspirierendes Vorbild, sondern ein abstoßendes Schreckbild waren.

Michael Wagner, Die Französische Revolution, in: Peter Wende (Hrsg.), Große Revolutionen der Geschichte. Von der Frühzeit bis zur Gegenwart, München 2000, S. 136 f.

Arbeitsvorschläge

32065-0345

1. Stellen Sie die Position sowie die Argumente der beiden Historiker gegenüber.
2. Nehmen Sie auf Grundlage Ihres Wissens Stellung zu den Historikerurteilen.

Leitfrage

Nehmen Sie Stellung:

Die Französische Revolution – Freiheit, Gleichheit, Brüderlichkeit?

LK Die Haitianische Revolution

M1 Q „The Slave Revolution that gave birth to Haiti“
Graphic Novel zur Haitianischen Revolution von 2018

Internettipp:
32065-0347 Vollständige Graphic Novel

32065-0346

1. Betrachten Sie die vollständige Graphic Novel mithilfe des Mediencodes und fassen Sie die dargestellten Ereignisse zusammen.
2. Beurteilen Sie, inwiefern die Graphic Novel den Ereignissen gerecht wird.

Die Ausgangslage

Die Insel Hispaniola, wie sie damals hieß, war zunächst eine spanische Kolonie. Erst ab 1697 wurde der westliche Teil als Saint-Domingue französisch. Mit seinen Kaffee-, Zucker- und Baumwollplantagen war es eine der reichsten Kolonien der damaligen Zeit. Diese Plantagenwirtschaft war nur möglich, weil hunderttausende afrikanische Sklavinnen und Sklaven gewaltsam auf die Karibikinsel verschifft wurden. Die Bevölkerung der Kolonie lässt sich 1789 in vier Gruppen aufteilen: die „grand blancs“, weiße Franzosen, die reiche Plantagenbesitzer waren; „gens de couleur“, eine farbige Mittelschicht, die den Franzosen formell gleichgestellt, tatsächlich aber von politischen Entscheidungen ausgeschlossen war, einige davon waren ebenfalls wohlhabende Plantagenbesitzer; „petits blancs“, die weiße Mittel- und Unterschicht; und schließlich die Sklavinnen und Sklaven. Mit etwa einer halben Million Menschen waren sie die größte Gruppe, neben etwa 40 000 weißen Franzosen („grand blancs“ und „petits blancs“) und 30 000 „gens de couleurs“.

Sklavenaufstände

Als die Nationalversammlung in Paris die Menschen- und Bürgerrechte formulierte, wurde rasch deutlich, dass diese Rechte nicht für die freien oder versklavten Schwarzen in den Kolonien gelten sollten. Auch die Sklaverei wurde zunächst nicht abgeschafft. Dieser Widerspruch zwischen universellem Anspruch und rassistischer Wirklichkeit der revolutionären Ideale von „Freiheit, Gleichheit, Brüderlichkeit“ führte besonders unter den „gens de couleurs“ zu Unruhen, die nach Gleichberechtigung

LEIT-FRAGE

Die Haitianische Revolution – Freiheit, Gleichheit und Brüderlichkeit für alle?

verlangten. Eine erste bewaffnete Erhebung farbiger Plantagenbesitzer im Juni 1790 unter Victor Ogé schlug jedoch fehl, die Aufständischen wurden hingerichtet.

In der Nacht zum 23. August 1791 kam es schließlich zu einer Rebellion von Sklavinnen und Sklaven auf einer Plantage im Norden der Kolonie. Rasch eroberten die Aufständischen große Gebiete im nördlichen Landesteil, sodass aus den anfangs knapp zweitausend Beteiligten nach drei Monaten über 80 000 geworden waren. Aus dem anfänglichen Aufstand war ein kolonialer Bürgerkrieg geworden, in den auch die Kolonialmächte Großbritannien und Spanien eingriffen.

Die Bevölkerung der Kolonie war gespalten. Die weiße Oberschicht, die „grand blancs", bestand größtenteils aus Adligen, die schon die Französische Revolution ablehnten; hier konnten die Aufständischen keine Sympathien erwarten. Die „petits blancs" unterstützten zwar größtenteils die Ideen der Französischen Revolution, waren aber nicht bereit, mit den Sklavinnen und Sklaven zusammenzuarbeiten. Die „gens de couleurs" hofften einerseits auf Gleichberechtigung, hatten aber andererseits Angst, ihren Besitz und ihren Lebensstandard zu verlieren.

Die Ausrufung Haitis

An die Spitze der Sklavenbewegung setzte sich der Haitianer **François-Dominique Toussaint Louverture**, selbst ein freigelassener Sklave, der durch taktisches Geschick nach und nach die Kontrolle über die Kolonie erlangte, aber noch nicht den offenen Bruch mit Frankreich einging. 1794 schaffte die Nationalversammlung in Paris die Sklaverei zwar ab, dennoch waren die Sklavinnen und Sklaven dem Rest der Bevölkerung damit noch nicht gleichgestellt.

M2 Q François-Dominique Toussaint Louverture
(174 –1803):
ehemaliger haitianischer Sklave und General, gilt heute als Nationalheld Haitis

Toussaint Louverture strebte eine koloniale Modellrepublik an, die von einer Plantagenwirtschaft mit freier Lohnarbeit geprägt sein sollte. Diese Idee ließ er in einer am 4. Februar 1801 verabschiedeten Verfassung für Saint-Domingue festhalten. Darin rief er sich auch zum Gouverneur auf Lebenszeit aus. In Frankreich hatte mittlerweile Napoleon die Macht übernommen, dem das autonome Handeln Toussaint Louvertures ein Dorn im Auge war – auch da er die Wiedereinführung der Sklaverei plante. Er schickte eine Invasionsarmee los, die Toussaint Louverture verhaften und die Kolonie befrieden sollte. Die Verhaftung gelang im Juni 1802. Toussaint Louverture wurde nach Frankreich geschickt, wo er im April 1803 infolge der harten Haftbedingungen starb. Die französischen Truppen auf Saint-Domingue wurde jedoch im November 1803 vernichtend geschlagen. Der Nachfolger Toussaint Louvertures, der ehemalige Sklave Jean-Jacques Dessalines, erklärte daraufhin am 1. Januar 1804 die Unabhängigkeit der Kolonie, die ab nun Haiti heißen sollte, und rief sich selbst zum Kaiser aus. Damit war Haiti nicht nur der erste moderne und unabhängige Staat mit mehrheitlich schwarzer Bevölkerung sowie die erste Kolonie Lateinamerikas, die ihre Unabhängigkeit erreichte, sondern auch das erste Land im atlantischen Raum, in dem die Rechtsform der Sklaverei und rassistische Diskriminierung dauerhaft verboten wurden.

Wenngleich Haiti in der Folge mühelos Abnehmer für seinen Kaffee und seine Baumwolle fand, blieb es politisch weitgehend isoliert. Die sklavenhaltenden Staaten sahen die Gefahr, dass die Freiheitsbewegung auf angrenzende Kolonien übergreifen könnte. Ebenso förderten die im 19. Jahrhundert weit verbreiteten Rassenideologien die Geringschätzung der jungen afrokaribischen Republik. Frankreich gab seinen Besitzanspruch auf Haiti erst 1825 auf. In diesem Jahr konnte der haitianische Präsident Jean-Pierre Boyer die Anerkennung seines Landes durch Frankreich mit hohen Entschädigungszahlungen an den ehemaligen Kolonialherrn erkaufen. Die dadurch begründete Auslandsverschuldung schwächte die wirtschaftliche Entwicklung Haitis erheblich.

Internettipp:
32065-0348 Weitere Informationen zur Geschichte Haitis

M3 D „Haiti musste unhörbar gemacht werden“

Die Literaturwissenschaftlerin Johanna Nuber beschäftigt sich vor allem mit Literatur aus der Karibik. Sie schreibt über die Wahrnehmung Haitis:

Katastrophen essen Alltag auf. Zweifelsohne bestreiten weite Teile der haitianischen Bevölkerung ihren Alltag vor, während und nach dem historischen Erdbeben im Januar 2010 unter hochgradig prekären Bedingungen. Dennoch, so schreibt der haitianischen Historiker Michel-Rolph Trouillot, leben die meisten seiner Landsleute ein ganz normales Leben, essen für ihre Breitengrade übliches Essen und sterben leider allzu gewöhnliche Tode, deren Tragik gerade in der Normalität der Unfälle, Krankheiten und Gewaltverbrechen liegt, die sie verursachen. Die unablässig bemühte „einfache Erzählung“ von Dauerkrise und permanentem Ausnahmezustand lässt hingegen keinen Platz für eine Alltäglichkeit, die sich noch in der größten Extremsituation findet. Trouillot und vielen anderen zufolge hat diese allzu einfache Erzählung über Haiti vor allem eine Funktion: der Bevölkerung das Recht auf Normalität abzusprechen und somit bestehende Macht- und Überlegenheitsverhältnisse zu zementieren.
Zum Alltag in Haiti gehören jedoch nicht nur farbenfrohe Schuluniformen, sondern auch eine lebendige kulturelle Szene, die sich weder um die vorgegebenen Spurrillen künstlerischer Genres schert noch um institutionelles Prestige. Von dieser blühenden Kulturproduktion des Karibikstaats und seiner Diaspora dringt kaum etwas an die Oberflächen der westlichen Öffentlichkeit. Sie verschwindet hinter den Horrorszenarien, den Bildern von nackter Armut und hinter der gewissenhaft beteuerten „höchsten Analphabetenrate der Welt“, einem der unzähligen Negativsuperlative, die Haiti anhaften. [...]

In einer Hinsicht entpuppt sich Haiti allerdings tatsächlich als einzigartig: Es ist das Paradebeispiel dafür, wie Mechanismen des machtvollen Verschweigens in der Geschichtsschreibung funktionieren. Denn anders als bei anderen Regionen des globalen Südens wurde die Erinnerung an Haitis weltgeschichtliche Rolle nicht nur beiläufig missachtet, sondern aggressiv ausgelöscht. Haiti musste mundtot gemacht werden, nachdem dort Ende des 18. Jahrhunderts der erste Gegenangriff auf das Sklavereisystem und eine durch den Kolonialismus in der ganzen Welt verbreitete White Supremacy gelang. Ein fast 15 Jahre andauernder, blutiger Befreiungskrieg, gemeinsam von Versklavten und ins Hinterland geflüchteten Marrons initiiert, beschleunigte eine schon lange schwelende soziale Revolution, führte zur Zersetzung des kolonialen Plantagensystems und am 1. Januar des Jahres 1804 zur Ausrufung der freien Republik Haiti. Die erste Verfassung verbot schlagartig die Sklaverei und garantierte der gesamten Bevölkerung, die in einem poetisch-politischen Akt unabhängig von Aussehen und Hautfarbe als Schwarz definiert wurde, das Recht auf politische Mitbestimmung. In einer einzigen Nacht brachte die Haitianische Revolution so das gesamte kolonialrassistische europäische Denkgebäude ins Wanken. Es war ein unerhörtes Ereignis – und so musste Haiti unhörbar gemacht werden.
[...] Haiti ist nicht nur die erste auf einen Befreiungskampf von Sklaven gegründete Schwarze Republik der Welt. Haiti ist auch die erste und einzige Nation, die Entschädigungszahlungen an ihre ehemalige Kolonialmacht leisten muss: 150 Millionen Goldfranken, umgerechnet mehr als 20 Milliarden Dollar, leistet das Land bis Mitte des 20. Jahrhunderts an Reparationszahlungen und Reparationskrediten. Unter dem immensen Schulderbe leidet es bis heute.
Das ist der verstörendste Superlativ über Haiti – aber auch derjenige, der in Medienberichten mit Vorliebe ausgespart wird. Die doppelte Selbstbefreiung der Haitianer*innen von Sklaverei und Kolonialismus wurde vom Westen systematisch bestraft. Und eine entmündigende internationale Politik, die auf punktuelle Wohltätigkeitsinitiativen und Blauhelm-Einsätze setzt statt auf strukturelle Hilfen und Förderung zivilgesellschaftlichen Engagements, führt diese Bestrafung bis heute fort.

Johanna Nuber, Nicht das Land selbst ist sonderbar, in: Zeit Online vom 30.03.2021; https://www.zeit.de/kultur/2021-03/haiti-karibik-insel-kolonialismus-alltag-katastrophen-kultur-geschichte [Zugriff: 08.04.2026]

Arbeitsvorschläge

32065-0349

1. Erklären Sie, weshalb Haiti nach Johanna Nubers Argumentation „mundtot gemacht werden“ musste (Z. 39). | F
2. Nehmen Sie Stellung zur Aussage des Historikers Michel-Rolph Trouillot, dass die „allzu einfache Erzählung“ vor allem dazu diene, bestehende Macht und Überlegenheitsverhältnisse zu zementieren (Z. 16 ff.).
3. Erörtern Sie die These der Autorin, dass die Unabhängigkeit Haitis „vom Westen systematisch bestraft“ wurde (Z. 71).

Leitfrage

Nehmen Sie Stellung:

Die Haitianische Revolution – Freiheit, Gleichheit und Brüderlichkeit für alle?

Der Vormärz in europäischem Kontext

M1 **Q** **„Der Congress“**
Radierung 1814/15

M2 **Q** **„Das Polizey-Haus zu Dresden am 10ten September 1830“**
Federlithografie, 1831

1. Beschreiben Sie beide Bilder.
2. Vergleichen Sie die Aussage beider Abbildungen.

32065-0350

LEIT-FRAGE

Der Vormärz – Restauration oder Revolution in Europa?

Der Wiener Kongress

Die Großmächte – insbesondere Österreich-Ungarn, Russland, Preußen und Großbritannien – wollten nach den Napoleonischen Kriegen die Stabilität wiederherstellen. Unter Führung des österreichischen Staatskanzlers Klemens von Metternich setzte sich auf dem Wiener Kongress das Programm der Restauration durch: Die alten Dynastien sollten soweit möglich zurückkehren, die Herrschaft der Fürsten galt als „legitim“, und man verpflichtete sich zur gemeinsamen Abwehr revolutionärer Bewegungen. Nationale Selbstbestimmung spielte in dieser Ordnung kaum eine Rolle. Das zeigte sich besonders im neu gegründeten Deutschen Bund, einem Zusammenschluss von zu Beginn 34 Fürstentümern und vier freien Städten unter österreichischem Vorsitz, der vor allem ein Schutzbund der Fürsten war.

Nationale und liberale Bewegungen

Gleichzeitig hatten die Jahre seit 1789 das politische Denken in Europa stark verändert. Die Französische Revolution und Napoleons Reformpolitik hatten Gleichheit vor dem Gesetz, bürgerliche Freiheitsrechte und Verfassungen als Leitideen verbreitet. Viele Deutsche, Italiener, Polen und andere Völker hofften nach 1815 auf nationale Einheit und politische Mitbestimmung. Stattdessen wurden vielerorts alte Herrschaftsformen wiederhergestellt. In den deutschen Staaten etwa entstanden Verfassungen nur zögerlich und meist mit stark eingeschränkten Rechten. Gerade unter Studenten, gebildeten Bürgern und Teilen der Beamtenschaft wuchs die Enttäuschung. Neue Formen politischer Öffentlichkeit entstanden: Burschenschaften an den Universitäten, politische Feste, patriotische Vereine und eine vorsichtig kritische Presse. Das Wartburgfest von 1817, bei dem Studenten nationale Einheit und Freiheit forderten, wurde von Konservativen bereits als bedrohliches Signal gewertet.

Karlsbader Beschlüsse

Diese Spannungen gipfelten 1819 im Mord des Studenten Karl Ludwig Sand an dem Schriftsteller und russischen Staatsrat August von Kotzebue. **Metternich** deutete die Tat als Ausdruck einer umfassenden „demagogischen" Verschwörung radikaler Liberaler, Professoren und Studenten. Auf einer Konferenz in Karlsbad setzten die führenden Regierungen des Deutschen Bundes daraufhin scharfe Maßnahmen durch, die als Karlsbader Beschlüsse bekannt wurden. Sie wurden noch im selben Jahr vom Bundestag in Frankfurt angenommen und prägten die politische Kultur des Deutschen Bundes bis weit in die 1840er-Jahre.

Die Karlsbader Beschlüsse zielten auf die Ausschaltung jeder oppositionellen Öffentlichkeit. Universitäten wurden unter staatliche Aufsicht gestellt; missliebige Professoren konnten entlassen, Studenten exmatrikuliert und Burschenschaften verboten werden. Die Presse unterlag einer präventiven Zensur: Besonders Zeitungen und kleinere politische Schriften mussten vor ihrer Veröffentlichung geprüft werden. Eine Zentraluntersuchungskommission in Mainz koordinierte die Verfolgung vermeintlicher Verschwörer im ganzen Bund. Auf diese Weise entstand ein System umfassender Überwachung oppositioneller Bewegungen.

M 3 Q „Die Pressfreiheit"
Karikatur von Johann Michael Voltz, 1819

▶ Interpretieren Sie die Karikatur.

Bildinformation

31000-771

Veränderungen durch die Frühindustrialisierung

Doch unter der Oberfläche veränderte sich Europa tiefgreifend. In vielen Regionen wuchs die Bevölkerung stark an, was in ländlichen Gebieten zu Landknappheit, steigender Armut und zur Aufsplitterung bäuerlicher Besitzungen führte. Zugleich setzte in England, Belgien, Frankreich und allmählich auch im Rheinland und in Sachsen die Frühindustrialisierung ein. Der Aufbau von Fabriken und der Einsatz von Maschinen verdrängten traditionelle Handwerks- und Heimarbeitsformen. Viele Menschen wanderten in die Städte ab, wo sie oft unter schlechten Wohn- und Arbeitsbedingungen lebten. Die soziale Ungleichheit verschärfte sich: Eine kleine Schicht von Unternehmern und Großgrundbesitzern profitierte, während Arbeiter und Kleinbauern unter starker wirtschaftlicher Unsicherheit litten. Erste Arbeiterproteste gegen niedrige Löhne und lange Arbeitszeiten sowie frühe Formen sozialistischer und kommunistischer Kritik entstanden in diesem Umfeld.

Julirevolution in Frankreich

Vor diesem Hintergrund und aufgrund aufgestauter Unzufriedenheit mit dem seit 1824 regierenden französischen König Karl X. lösten dessen Maßnahmen 1830 eine neue Revolution aus. Der Monarch verfolgte eine konservative Politik und versuchte, die Errungenschaften der Revolutionszeit zurückzudrängen. Als er im Juli 1830 das Parlament auflöste, die Pressefreiheit massiv einschränkte und das Wahlrecht zugunsten des Adels veränderte, kam es in Paris zu einem Aufstand. In den „drei glorreichen Tagen" errichteten Aufständische Barrikaden, es kam zu schweren Straßenkämpfen, und Karl X. musste abdanken. Mit Louis-Philippe, dem „Bürgerkönig", trat ein Monarch an die Spitze, der sich auf das wohlhabende Bürgertum stützte und eine konstitutionelle Monarchie akzeptierte. Die Julirevolution zeigte, dass eine vereinte Opposition einen Herrscher zur Abdankung zwingen konnte. Sie wirkte wie ein Signal für liberale und nationale Bewegungen in vielen Ländern.

M4 Q Klemens von Metternich
(1773 – 1813):
Fürst, Diplomat und Politiker; Außenminister und leitender Minister des Kaisertums Österreich.

Unabhängigkeit Belgiens

Noch im selben Jahr griff die revolutionäre Bewegung auf Belgien über. Die Vereinigung der südlichen, katholisch geprägten und stark industrialisierten Provinzen mit den nördlichen, protestantischen und stärker agrarisch geprägten Niederlanden hatte seit 1815 zu Spannungen geführt. Religiöse und sprachliche Unterschiede, wirtschaftliche Interessen und das Gefühl politischer Benachteiligung der Belgier mündeten 1830 in einen Aufstand in Brüssel. Nach heftigen Kämpfen erlangte Belgien seine Unabhängigkeit und wurde 1831 als konstitutionelle Monarchie anerkannt. Der erfolgreiche Aufstand wurde in Europa als Beispiel für nationale Selbstbestimmung wahrgenommen.

Aufstände in Polen und Italien

Beim Novemberaufstand von 1830/31 in Polen erhoben sich Offiziere und Studenten gegen die Herrschaft des russischen Zaren. Der Aufstand wurde zwar militärisch niedergeschlagen, doch die polnische Nationalbewegung gewann internationalen Symbolcharakter und viele polnische Intellektuelle trugen ihre Forderungen ins Exil nach Westeuropa.

In mehreren italienischen Staaten richteten sich Aufstandsversuche von Geheimgesellschaften wie den Carbonari gegen restaurative Herrscher und die Hegemonie Österreichs. Auch sie scheiterten militärisch, hielten aber die Idee eines geeinten, freien Italiens wach.

Proteste und Unruhen in deutschen Staaten

In den deutschen Staaten lösten die Ereignisse von 1830 Proteste und Unruhen aus, die teilweise zu Verfassungszugeständnissen führten. In Sachsen, Hessen-Kassel, Braunschweig oder Hannover wurden Ständeversammlungen gestärkt oder neue Verfassungen eingeführt. Gleichzeitig reagierten Metternich und andere konservative Politiker mit verschärfter Kontrolle. So entstand ein Spannungsfeld aus begrenzten Reformen und anhaltender Repression. Ein politisch aktives Bürgertum nutzte die bestehenden Mitspracherechte, um weitere Reformen zu fordern, während radikalere Gruppen, etwa Frühsozialisten und Demokraten, die bestehende Gesellschaftsordnung grundsätzlicher kritisierten.

Hungerkrisen

Die politische Spannung wurde durch wiederkehrende Hungerkrisen verschärft. Mehrfach führten Missernten zu drastischen Preissteigerungen. 1816/17, im „Jahr ohne Sommer", verursachte ein Vulkanausbruch in Indonesien Klimaveränderungen und Ernteausfälle auch in Europa. Ähnliche Krisen traten in den 1820er-Jahren auf. Besonders einschneidend waren die Agrarkrisen Mitte der 1840er-Jahre. Die Kartoffelfäule vernichtete in mehreren aufeinanderfolgenden Jahren große Teile der Ernte. In Irland führte dies zur Großen Hungersnot mit Hunderttausenden Toten und massenhafter Auswanderung. Aber auch in Mitteleuropa verschärften Kartoffel- und Getreideknappheit die ohnehin angespannte Lage. Die Brotpreise stiegen, während Löhne stagnierten, und in vielen Regionen kam es zu Hungerunruhen, Plünderungen und verstärkter Landflucht. Die Erfahrung, dass die bestehenden staatlichen Strukturen nicht in der Lage waren, die elementare Versorgung zu sichern, steigerte die Kritik an der politischen Ordnung erheblich. Hunger und Armut ließen soziale Forderungen zunehmend mit politischen und nationalen Anliegen verschmelzen.

Die Schweiz: vom Staatenbund zum Bundesstaat

Eine besondere Rolle im Vormärz spielte die Schweiz. Sie war kein Zentralstaat, sondern eine Eidgenossenschaft souveräner Kantone, die sich 1815 in einem Bundesvertrag zu einem Staatenbund zusammengeschlossen hatten. Die gemeinsame Tagsatzung hatte nur begrenzte Kompetenzen, viele Kantone wurden von konservativen Eliten regiert. Gleichzeitig wirkten die liberalen und nationalen Ideen der Zeit auch hier. In den 1830er-Jahren kam es in mehreren Kantonen zu liberalen Erhebungen, die neue, demokratischere Verfassungen durchsetzten. Radikal-liberale Kräfte forderten stärkere Volksrechte, Trennung von Kirche und Staat und eine Stärkung der Bundesorgane. Konservative, meist katholische Kreise verteidigten dagegen die kantonale Souveränität und den Einfluss der Kirche.

Die Gegensätze eskalierten, als sich 1845 sieben katholisch-konservative Kantone – Luzern, Uri, Schwyz, Unterwalden, Zug, Freiburg und Wallis – zu einem Sonderbund zusammenschlossen, um sich gegen radikale Umgestaltungen zu schützen. Die liberalen Kantone sahen darin einen Verstoß gegen den Bundesvertrag, der geheime Bündnisse untersagte, und forderten die Auflösung. Als Verhandlungen scheiterten, beschloss die Tagsatzung 1847 militärisches Vorgehen gegen den Sonderbund. Unter General Guillaume-Henri Dufour mobilisierten die liberalen Kantone ihre Truppen. In einem kurzen Krieg wurden die Sonderbundskantone besiegt. Die europäischen Großmächte beobachteten den Konflikt aufmerksam, griffen jedoch nicht mit eigenen Truppen ein.

Der Sieg der liberalen Kräfte ermöglichte 1848 eine neue Bundesverfassung. Die Schweiz wurde zu einem modernen Bundesstaat mit Parlament, Bundesrat, Bundesgericht und klar geregelten Bundeskompetenzen in Außenpolitik, Militärwesen, Wirtschaft und Grundrechten. Presse- und Niederlassungsfreiheit wurden verankert, ein einheitlicher Wirtschaftsraum geschaffen. Während in vielen anderen Ländern 1848 Revolutionen ausbrachen und teilweise scheiterten, gelang der Schweiz der Übergang zu einer stabilen liberalen Ordnung bereits am Ende des Vormärz.

Zusammenfassung

Insgesamt zeigt der Vormärz, wie eng politische, nationale und soziale Konflikte in Europa miteinander verwoben waren. Die Karlsbader Beschlüsse stehen für den Versuch, durch Repression jede oppositionelle Bewegung zu ersticken. Die Revolutionen um 1830, die belgische Unabhängigkeit, der polnische Aufstand und italienische Erhebungen demonstrierten, wie stark nationale und liberale Kräfte waren. Hungerkrisen und soziale Not verschärften die Spannungen und machten deutlich, dass es nicht nur um Verfassungen und Parlamente, sondern auch um elementare Lebensbedingungen ging. Die Schweiz wiederum verdeutlicht, dass sich der Übergang zu einer liberalen Ordnung sowohl über Revolutionen als auch – nach einem kurzen Bürgerkrieg – über verfassunggebende Kompromisse vollziehen konnte.

M5 Q Die Karlsbader Beschlüsse

Die Ministerkonferenz in Karlsbad fasste vom 6. bis zum 31. August 1819 die folgenden Beschlüsse:

Provisorische Exekutionsordnung in Bezug auf den 2. Artikel der Bundesakte

Artikel 1. Bis zur Abfassung einer definitiven, in allen ihren Teilen vollendeten Exekutionsordnung, soll die Bundesversammlung durch gegenwärtige provisorische Einrichtung befugt und angewiesen sein, allen ihren Beschlüssen, die sie zur Erhaltung der inneren Sicherheit, der öffentlichen Ordnung und zum Schutz des Besitzstandes (bis zum betretenen rechtlichen oder gerichtlichen Wege) zu fassen sich für hinlänglich veranlasst und berechtigt hält, die gehörige Folgeleistung und Vollziehung auf nachstehende Weise zu sichern. [...]

Artikel 7. Geht die Nichtvollziehung der Beschlüsse in einem einzelnen Bundesstaate aus einer Widersetzlichkeit der Staatsangehörigen und Untertanen hervor, welche die betreffende Landesverwaltung nicht zu heben im Stande ist, so beschließt die Bundesversammlung, wenn die Kommission zuvor sich über die vorliegenden Verhältnisse mit den betreffenden Bundestagsgesandten in Einverständnis gesetzt haben wird, nach vorhergegangenem Kommissions-Vortrage, der Lage der Sache angemessene Desortatorien, auf welche sodann, wenn sie in dem zu bestimmenden Termine unbeachtet blieben, oder insoweit die von dem betreffenden Bundesstaate selbst angewendeten Mittel nicht zureichend sind, die militärische Assistenz durch in das Gebiet des Staates einrückende Bundestruppen erfolgt. [...] Der Rückmarsch der Truppen geschieht nach erfolgter und gehörig versicherter Vollziehung der Bundesbeschlüsse.

Artikel 8. Liegt der Grund der Nichtvollziehung der Bundesschlüsse in einer Weigerung der betreffenden Bundesstaatsregierung, [...] so erfolgen Defortatorien und wirkliche militärische Vollziehung, auf die, in dem vorhergehenden Artikel bezeichnete Art [...]

Provisorischer Beschluss über die in Ansehung der Universitäten zu ergreifenden Maßregeln

§. 1. Es soll bei jeder Universität ein mit zweckmäßigen Instruktionen und ausgedehnten Befugnissen versehener, am Orte der Universität residierender, außerordentlicher landesherrlicher Bevollmächtigter [...] angestellt werden.

Das Amt dieses Bevollmächtigten soll sein, über die strengste Vollziehung der bestehenden Gesetze und Disziplinarvorschriften zu wachen, den Geist, in welchem die akademischen Lehrer bei ihren öffentlichen und Privatvorträgen verfahren, sorgfältig zu beobachten, und demselben, jedoch ohne unmittelbare Einmischung in das Wissenschaftliche und die Lehrmethoden, eine heilsame, auf die künftige Bestimmung der studierenden Jugend berechnete Richtung zu geben, endlich allem, was zur Beförderung der Sittlichkeit, der guten Ordnung und des äußern Anstandes unter den Studierenden dienen kann, seine unausgesetzte Aufmerksamkeit zu widmen. [...]

§. 2. Die Bundesregierungen verpflichten sich gegeneinander, Universitäts- und andere öffentliche Lehrer, die durch erweisliche Abweichung von ihrer Pflicht oder Überschreitung der Grenzen ihres Berufes, durch Missbrauch ihres rechtmäßigen Einflusses auf die Gemüter der Jugend, durch Verbreitung verderblicher, der öffentlichen Ordnung und Ruhe feindseliger oder die Grundlagen der bestehenden Staatseinrichtungen untergrabender Lehren, ihre Unfähigkeit zu Verwaltung des ihnen anvertrauten wichtigen Amtes unverkennbar an den Tag gelegt haben, von den Universitäten und sonstigen Lehranstalten zu entfernen [...]. Jedoch soll eine Maßregel dieser Art nie anders, als auf den vollständig motivierten Antrag des der Universität vorgesetzten Regierungsbevollmächtigten oder von demselben vorher eingeforderten Bericht beschlossen werden.

Ein auf solche Weise ausgeschlossener Lehrer darf in keinem andern Bundesstaate bei irgendeinem öffentlichen Lehrinstitute wieder angestellt werden.

§. 3. Die seit langer Zeit bestehenden Gesetze gegen geheime oder nicht autorisierte Verbindungen auf den Universitäten sollen in ihrer ganzen Kraft und Strenge aufrechterhalten, und insbesondere auf den seit einigen Jahren gestifteten, unter dem Namen der allgemeinen Burschenschaft bekannten Verein umso bestimmter ausgedehnt werden, als diesem Verein die schlechterdings unzulässige Voraussetzung einer fortdauernden Gemeinschaft und Korrespondenz zwischen den verschiedenen Universitäten zum Grunde liegt. Den Regierungs-Bevollmächtigten soll in Ansehung dieses Punktes eine vorzügliche Wachsamkeit zur Pflicht gemacht werden.

Die Regierungen vereinigen sich darüber, dass Individuen, die nach Bekanntmachung des gegenwärtigen Beschlusses erweislich in geheimen oder nicht autorisierten Verbindungen geblieben oder in solche getreten sind, bei keinem öffentlichen Amte zugelassen werden sollen.

§. 4. Kein Studierender, der durch einen von dem Regierungsbevollmächtigten bestätigten oder auf dessen Antrag erfolgten Beschluss eines akademischen Senats von einer Universität verwiesen worden ist, oder der, um einem solchen Beschlusse zu entgehen, sich von der Universität entfernt hat, soll auf einer andern Universität zugelassen, auch überhaupt kein Studierender ohne ein befriedigendes Zeugnis seines Wohlverhaltens auf der von ihm verlassenen Universität von irgendeiner andern Universität aufgenommen werden.

Pressgesetz

§. 1. So lange als der gegenwärtige Beschluss in Kraft bleiben wird, dürfen Schriften, die in der Form täglicher Blätter oder heftweise erscheinen, desgleichen solche, die nicht über 20 Bogen im Druck stark sind, in keinem deutschen Bundesstaate ohne Vorwissen und vorgängige Genehmhaltung der Landesbehörden zum Druck befördert werden.

Schriften, die nicht in eine der hier namhaft gemachten Klassen gehören, werden fernerhin nach den in den einzelnen Bundesstaaten erlassenen oder noch zu erlassenden Gesetzen behandelt. Wenn dergleichen Schriften aber irgendeinem Bundesstaate Anlass zur Klage geben, so soll diese Klage im Namen der Regierung, an welche sie gerichtet ist, nach den in den einzelnen Bundesstaaten bestehenden Formen, gegen die Verfasser oder Verleger der dadurch betroffenen Schrift erledigt werden. […]

§. 4. Jeder Bundesstaat ist für die unter seiner Oberaufsicht erscheinenden, mithin für sämtliche unter der Hauptbestimmung des § 1 begriffenen Druckschriften, insofern dadurch die Würde oder Sicherheit anderer Bundesstaaten verletzt, die Verfassung oder Verwaltung derselben angegriffen wird, nicht nur den unmittelbaren Beleidigten, sondern auch der Gesamtheit des Bundes verantwortlich.

§. 6. […] Die Bundesversammlung soll außerdem befugt sein, die zu ihrer Kenntnis gelangenden, unter der Hauptbestimmung des § 1 begriffenen Schriften, in welchem deutschen Staate sie auch erscheinen mögen, wenn solche, nach dem Gutachten einer von ihr ernannten Kommission, der Würde des Bundes, der Sicherheit einzelner Bundesstaaten oder der Erhaltung des Friedens und der Ruhe in Deutschland zuwiderlaufen, ohne vorhergegangene Aufforderung, aus eigener Autorität, durch einen Ausspruch, von welchem keine Appellation stattfindet, zu unterdrücken, und die betreffenden Regierungen sind verpflichtet, diesen Ausspruch zu vollziehen.

§. 7. Wenn eine Zeitung oder Zeitschrift durch einen Ausspruch der Bundesversammlung unterdrückt worden ist, so darf der Redakteur derselben binnen fünf Jahren in keinem Bundesstaate bei der Redaktion einer ähnlichen Schrift zugelassen werden.

Die Verfasser, Herausgeber und Verleger der unter der Hauptbestimmung des § 1 begriffenen Schriften bleiben übrigens, wenn sie den Vorschriften dieses Beschlusses gemäß gehandelt haben, von aller weiteren Verantwortung frei, und die im § 6 erwähnten Aussprüche der Bundesversammlung werden ausschließend gegen die Schriften, nie gegen die Personen, gerichtet. […]

§. 9. Alle in Deutschland erscheinenden Druckschriften, sie mögen unter den Bestimmungen dieses Beschlusses begriffen sein oder nicht, müssen mit dem Namen des Verlegers und, insofern sie zur Klasse der Zeitungen oder Zeitschriften gehören, auch mit dem Namen des Redakteurs versehen sein. Druckschriften, bei welchen diese Vorschrift nicht beobachtet ist, dürfen in keinem Bundesstaate in Umlauf gesetzt und müssen, wenn solches heimlicherweise geschieht, gleich bei ihrer Erscheinung in Beschlag genommen, auch die Verbreiter derselben, nach Beschaffenheit der Umstände, zu angemessener Geld- oder Gefängnisstrafe verurteilt werden.

Protokoll der Deutschen Bundesversammlung Jahrgang 1819, zitiert nach: https://www.verfassungen.de/de06-66/karlsbad19.htm [Zugriff: 08.04.2026]

Arbeitsvorschläge

32065-0351

1. Arbeiten Sie die Ziele der Beschlüsse heraus.
2. Begründen Sie, weshalb die Beschlüsse auch gegen den Willen der Regierung eines Bundesstaates durchgesetzt werden sollten (Art. 7 und 8).
3. Beurteilen Sie, inwiefern die Beschlüsse geeignet waren, die Verbreitung liberaler und nationaler Ideen zu verhindern.

M 6 D Revolution, Erinnerung und politische Öffentlichkeit

Die Historikerin Julia Schmidt-Funke beschäftigt sich mit dem Symbolcharakter der Julirevolution 1830 in Frankreich und mit deren Ausbreitung in Europa. Sie schreibt:

Die Bedeutung, die den Geschehnissen überall zugemessen wurde, beruhte wesentlich auf den Krisen-, Umbruchs- und Kriegserfahrungen, welche die Menschen in den vorangegangenen vier Jahrzehnten gemacht hatten. Die Erinnerung an 1789 war überall präsent, sodass angesichts der neuerlichen Pariser Revolution weder die Regierungen noch die politisierte Öffentlichkeit noch die Masse der Bevölkerung gleichgültig bleiben konnten. Vielen erschienen die Trois Glorieuses als Wiederkehr der ersten französischen Revolution. Sie gingen daher davon aus, dass sich die Unruhen im entfernten Paris in der einen oder anderen Weise auf ihren Alltag auswirken würden. Diese Überzeugung verstärkte sich noch, als im August 1830 der belgische Aufstand losbrach, mit dem sich die Revolution von West nach Ost auszubreiten begann. Verbunden damit war eine verbreitete Kriegsfurcht, die ihren Höhepunkt in der ersten Hälfte des Jahres 1831 erreichte und bis zum Jahresende 1832 immer wieder aufflammte.

Revolutionsgegner wie -befürworter innerhalb und außerhalb Frankreichs begriffen die französische Nation als Impulsgeber Europas, als einen Staat, so Metternich, „dessen Schicksale so tief in das europäische Leben eingreifen".

[...] Victor Hugo (1802–1885) beschwor am 19. August 1830 im Pariser Journal Le Globe die Erinnerung an das revolutionäre und napoleonische Frankreich und bekräftigte die Vorreiterrolle seines Landes. [...]

Mit der Julirevolution wurde nicht nur die Erinnerung an 1789 und Napoleon wachgerufen, sondern auch das Symbolsystem reaktiviert, das nach der ersten französischen Revolution entwickelt und in ganz Europa bekannt gemacht worden war. Dazu gehörte zuvörderst, dass die Trikolore erneut zum französischen Staatswappen erhoben wurde. Wie schon nach 1789 schmückten sich Revolutionsbefürworter auch jetzt wieder mit blau-weiß-roten Kokarden, so etwa die französischen Handelskuriere, die Anfang August in der Bundesfestung Mainz eintrafen, wo sie diese jedoch auf Geheiß der Obrigkeit sogleich wieder ablegen mussten, oder die vornehme Irin, die im September 1830 auf einer Versammlung in Dublin mit entsprechendem Kopfputz erschien. [...]

Das Ausbringen von Vivat-Rufen auf Lafayette und Napoleon I. (1769–1821), das Singen der Marseillaise und der Parisienne des französischen Dichters Casimir Delavigne (1793–1843) oder das Nachspielen revolutionärer Szenen auf der Theaterbühne waren weitere Möglichkeiten, die Verbundenheit mit den französischen Revolutionären zum Ausdruck zu bringen. Verbreitet war auch das Aufpflanzen von Freiheitsbäumen, etwa in Pfalzbayern, wo es allerdings zu durchaus eigensinnigen Bedeutungsaufladungen dieses Symbols kam.

[...] Ergänzt wurde das revolutionäre Symbolsystem durch Bekundungen internationaler Solidarität in Form von Geldsammlungen, Adressen und Banketten. So gingen schon bald nach den Juliereignissen bei der Municipalité de Paris oder bei der Nationalgarde Geldspenden für die Hinterbliebenen der während der Straßenkämpfe zu Tode Gekommenen bzw. für Verletzte ein. [...]

Überall in Europa zogen die Anhänger der Revolution einen Großteil ihrer Kraft aus der Erinnerung an die Revolution von 1789 und das Empire. Viele standen dabei aber vor dem Problem, dass die von ihnen befürworteten universalen Prinzipien von Freiheit, Gleichheit und Brüderlichkeit eng verbunden waren mit einer Verherrlichung der französischen Nation, die sie nicht teilen wollten, da sie ihrem eigenen Nationalstolz zuwiderlief. Insofern trübte es die Freude über die Julirevolution, dass sich mit ihr die französische Vorreiterrolle in Europa abermals zu bestätigen schien.

[...] Am Beispiel der Trikolore wird deutlich, wie die revolutionären Symbole eine nationale Anverwandlung erfuhren: Zunächst an die Seite, dann aber zunehmend an die Stelle des blau-weiß-roten Banners traten in Belgien die Farben Brabants und im Deutschen Bund die des Lützower Freicorps – schwarz, rot, gold. In Italien war die grün-weiß-rote Trikolore bereits seit den Tagen der Republiken der 1790er-Jahre etabliert, während die aufständischen Polen sich an den Farben des königlich-polnischen Wappens orientierten und eine weiß-rote Flagge benutzten.

Unter diesen Bedingungen entstand eine „Internationale der Nationalisten", die den gewünschten politischen Wandel durch die Schaffung freiheitlicher Nationalstaaten zu erreichen hoffte und dabei der jeweils eigenen Nation eine Vorreiterrolle zuwies. Die Vertreter dieser Bewegung bedienten sich einer breiten Palette politischer Aktionsformen, die von öffentlichen Aufrufen in der periodischen Presse und in Flugschriften, Vereinsgründungen und Festen bis hin zu Geheimbünden, Attentaten und freischärlerischen Aktivitäten reichte. Die von Johann Georg August Wirth in den Jahren 1831 bis 1832 herausgegebene Deutsche Tribüne, die damit im Zusammenhang stehende Gründung des Preß- und Vaterlandsvereins in Pfalzbayern und das im Mai 1832 ausgerichtete Hambacher Fest gehören ebenso in diesen Kontext wie die von Giuseppe Mazzini (1805–1872) in den Jahren nach der Julirevolution initiierten Geheimbünde, die sich 1834 zur Giovine Europa (Junges Europa) zusammenschlossen.

In den Geschehnissen der Jahre 1830/1831 waren politischer Protest und Medien aufs Engste miteinander verbunden. Der bestehende europäische Kommunikationsraum ermöglichte zunächst einen ebenso schnellen wie intensiven Nachrichten- und Ideentransfer. In einer Vielzahl von Publikationen wurden die Geschehnisse narrativiert, kommentiert und diskutiert. Neben die gedruckten Medien traten dabei verschiedene Spielarten einer politischen Öffentlichkeit, die teils auf bereits erprobte Symbole und Aktionen zurückgriff, teils neue Ausdrucksformen schuf.

Die gesamteuropäische Erinnerung an die Revolution von 1789 führte dazu, dass die Zeitgenossen den Juliereignissen und ihren Folgen eine große Bedeutung zumaßen. Zugleich befähigte diese sie, das Geschehen nicht nur mit Erschütterung oder Überraschung wahrzunehmen, sondern es nach Maßgabe bereits bestehender Wertegefüge zu beurteilen. Europa selbst wurde dabei für Revolutionsgegner wie -befürworter zur „appellativen Instanz" und zum politischen Argument. Die Revolutionen der Jahre 1830/1831 stellen daher fraglos ein transnationales Medienereignis dar, das dazu beitrug,

Europa als einen Kommunikations-, Erinnerungs- und Handlungsraum zu konstituieren.

Julia A. Schmidt-Funke, Die 1830er Revolution als europäisches Medienereignis, in: Europäische Geschichte Online (EGO), hrsg. vom Institut für Europäische Geschichte (IEG) Mainz, 23.02.2011, https://ieg-ego.eu/de/threads/europaeische-medien/europaeische-medienereignisse/1830er-revolution/julia-schmidt-funke-die-1830er-revolution-als-europaeisches-medienereignis [Zugriff: 08.04.2026]

Arbeitsvorschläge

32065-0352

1. Fassen Sie die Medien, Symbole und Reaktionen zusammen, die zur Verbreitung der Ereignisse in Frankreich beitrugen.
2. Arbeiten Sie heraus, weshalb die Ereignisse in Frankreich als bedeutend wahrgenommen wurden.
3. Bewerten Sie, inwiefern die Revolutionen 1830/31 ein „transnationales Medienereignis“ (Z. 123) waren. | H

M7 Q Die Schweizer Bundesverfassung von 1848

Die Schweizer Eidgenossenschaft schloss sich 1848 mit der folgenden Verfassung zu einem Bundesstaat zusammen:

Im Namen Gottes des Allmächtigen!
Die schweizerische Eidgenossenschaft,
in der Absicht, den Bund der Eidgenossen zu befestigen, die Einheit, Kraft und Ehre der schweizerischen Nation zu erhalten und zu fördern, hat nachstehende Bundesverfassung angenommen:

Art. 1. Die durch gegenwärtigen Bund vereinigten Völkerschaften der zwei und zwanzig souveränen Kantone, als: Zürich, Bern, Luzern, Uri, Schwyz, Unterwalden (ob und nid dem Wald), Glarus, Zug, Freiburg, Solothurn, Basel (Stadt und Land), Schaffhausen, Appenzell (beider Rhoden), St. Gallen, Graubünden, Aargau, Thurgau, Tessin, Waadt, Wallis, Neuenburg und Genf bilden in ihrer Gesamtheit die schweizerische Eidgenossenschaft.

Art. 2. Der Bund hat zum Zweck: Behauptung der Unabhängigkeit des Vaterlandes gegen außen, Handhabung von Ruhe und Ordnung im Innern, Schutz der Freiheit und der Rechte der Eidgenossen und Beförderung ihrer gemeinsamen Wohlfahrt.

Art. 3. Die Kantone sind souverän, soweit ihre Souveränität nicht durch die Bundesverfassung beschränkt ist, und üben als solche alle Rechte aus, welche nicht der Bundesgewalt übertragen sind.

Art. 4. Alle Schweizer sind vor dem Gesetze gleich. Es gibt in der Schweiz keine Untertanenverhältnisse, keine Vorrechte des Orts, der Geburt, der Familien oder Personen.

Art. 5. Der Bund gewährleistet den Kantonen ihr Gebiet, ihre Souveränität inner den Schranken des Artikels 3, ihre Verfassungen, die Freiheit, die Rechte des Volkes und die verfassungsmäßigen Rechte der Bürger gleich den Rechten und Befugnissen, welche das Volk den Behörden übertragen hat. [...]

Art. 7. Besondere Bündnisse und Verträge politischen Inhalts zwischen den Kantonen sind untersagt. [...]

Art. 8. Dem Bunde allein steht das Recht zu, Krieg zu erklären und Frieden zu schließen, Bündnisse und Staatsverträge, namentlich Zoll- und Handelsverträge mit dem Auslande einzugehen. [...]

Art. 14. Die Kantone sind verpflichtet, wenn Streitigkeiten unter ihnen vorfallen, sich jeder Selbsthilfe, sowie jeder Bewaffnung zu enthalten und sich der bundesmäßigen Entscheidung zu unterziehen. [...]

Art. 21. Dem Bunde steht das Recht zu, im Interesse der Eidgenossenschaft oder eines großen Teiles derselben, auf Kosten der Eidgenossenschaft öffentliche Werke zu errichten oder die Errichtung derselben zu unterstützen. [...]

Art. 36. Dem Bunde steht die Ausübung aller im Münzregale begriffenen Rechte zu. Die Münzprägung [...] geht einzig vom Bunde aus. [...]

Art. 37. Der Bund wird auf die Grundlagen des bestehenden eidgenössischen Konkordats für die ganze Eidgenossenschaft gleiches Maß und Gewicht einführen.

Art. 38. Fabrikation und Verkauf des Schießpulvers im Umfange der Eidgenossenschaft stehen ausschließlich dem Bunde zu.

Art. 39. Die Ausgaben des Bundes werden bestritten:
a. aus den Zinsen der eidgenössischen Kriegsfonds;
b. aus dem Ertrag der schweizerischen Grenzzölle;
c. aus dem Ertrag der Postverwaltung;
d. aus dem Ertrag der Pulververwaltung;
e. aus Beiträgen der Kantone, welche jedoch nur in Folge von Beschlüssen der Bundesversammlung erhoben werden können. [...]

Art. 45. Die Pressefreiheit ist gewährleistet. [...]

Art. 47. Das Petitionsrecht ist gewährleistet.

Schweizer Bundesverfassung von 1848, zitiert nach: https://www.verfassungen.ch/verf48-i.htm [Zugriff: 08.04.2026]

Arbeitsvorschläge

32065-0353

1. Fassen Sie die Rechte zusammen, die den Schweizer Bürgern garantiert werden.
2. Arbeiten Sie heraus, welche Elemente den Übergang zu einem Bundesstaat kennzeichnen.
3. Beurteilen Sie, inwiefern die Schweizer Bundesverfassung einen liberalen und modernen Staat kennzeichnet.

Leitfrage

Nehmen Sie Stellung:
Der Vormärz – Restauration oder Revolution in Europa?

Die Revolution von 1848/49

M1 Q „Wat heulst'n kleener Hampelmann?"
Lithografie von Ferdinand Schröder, April 1849 (beschnitten)

Bildinformation
31000-64

32065-0354

1. Beschreiben Sie die Zeichnung.
2. Analysieren Sie die Zeichnung mithilfe des Mediencodes.

LEIT-FRAGE

1848/49 – eine gescheiterte Revolution?

Oppositionsbestrebungen, liberale Ideen und Hambacher Fest

Nach 1815 hatten sich Studenten an den Hochschulen zu Burschenschaften zusammengeschlossen. Diese Vereinigungen wollten neben studentischen Interessen die Einheit und Freiheit Deutschlands fördern. Sie organisierten 1817 auf der Wartburg bei Eisenach ein Fest, bei dem über fünfhundert Studenten erschienen (Wartburgfest) – Anlass waren der 300. Jahrestag der Reformation sowie der vierte Jahrestag der Völkerschlacht bei Leipzig. Reden benannten die Enttäuschung über die politischen Zustände und liberale Forderungen, abends landeten Symbole des verhassten Obrigkeitsstaates im Feuer. Erstmals wurden einer breiten Öffentlichkeit die deutschen Farben Schwarz-Rot-Gold gezeigt, die auf das Wappen des Heiligen Römischen Reiches und die Befreiungskriege zurückgingen.

Die größte Kundgebung der Restaurationsjahre war das Hambacher Fest (1832) in der bayerischen Pfalz, zu dem **Philipp Jakob Siebenpfeiffer** und **Georg August Wirth** eingeladen hatten. 30 000 Menschen versammelten sich – eine gewaltige Zahl: Das Fest war ein Höhepunkt frühbürgerlicher liberaler Opposition. Konkrete Vorschläge, wie Einheit und Freiheit zu erreichen waren, hatten die Redner nicht. Liberale und nationale Gedanken hatten noch nicht die Mehrheit der Bevölkerung erreicht, waren aber bereits so stark, dass sie nicht mehr vollständig unterdrückt werden konnten.

Soziale Unruhen und politische Orientierungen

Politische Brisanz erhielt die liberale und nationale Bewegung durch die zunehmenden sozialen Probleme der 1840er-Jahre. Das Bevölkerungswachstum hatte zu Beschäftigungs- und Ernährungskrisen sowie zu verbreitetem Massenelend geführt. Die Berichterstattung über den Aufstand der schlesischen Weber von 1844 machte die Not der armen Bevölkerung erstmals allgemein bekannt. Unternehmer und Staat fanden sich auf der Anklagebank. Die Agrar- und Gewerbekrise von 1846/47 ließ die Zahl der sozialen und politischen Unruhen steigen und verunsicherte die Regierungen.

Ende der 1840er-Jahre schlossen sich immer mehr Menschen trotz Zensur und Versammlungsverboten politisch zusammen, zum Teil über die Landesgrenzen hinweg. Dabei entwickelten sich vier politische Ausrichtungen: Konservatismus, Liberalismus, demokratischer Radikalismus und Sozialismus. Abgesehen von den konservativen Kräften war allen ein Anliegen gemeinsam: die nationale Einheit. In anderen Fragen gingen die Meinungen schon vor 1848 weit auseinander. Während die Liberalen beispielsweise zwischen konstitutioneller Monarchie und Republik schwankten und das Wahlrecht vom Vermögen abhängig machen wollten, plädierten die radikalen Demokraten und Sozialisten für eine Republik mit einem allgemeinen und gleichen Wahlrecht.

Die Märzrevolution

Zwischen März 1848 und Juli 1849 kam es im Deutschen Bund zu revolutionären Aufständen. Der Funke für die Märzrevolution sprang aus Frankreich auf Europa über. Der ehemals liberale französische Bürgerkönig Louis-Philippe von Orleans, der 1830–1848 der „Julimonarchie“ vorstand, hatte sich der Heiligen Allianz, einem konservativen Bündnis zwischen Österreich, Preußen und Russland, angeschlossen. Er wurde in der bürgerlich-demokratischen Februarrevolution am 24. Februar 1848 gestürzt. Ergebnis war die Zweite Französische Republik, Ziel waren demokratische und soziale Reformen.

Bereits am 27. Februar wurden auf einer Volksversammlung in Mannheim liberale Forderungen vorgebracht (Mannheimer Forderungen). Überall in Deutschland fanden Proteste und Demonstrationen statt. In Staaten, in denen es bereits Parlamente gab, unterstützten diese die Forderungen nach politischer Freiheit und nationaler Einheit. Die meisten Fürsten gaben nach einigem Zögern nach, setzten die alten konservativen Regierungen ab und beriefen liberale „Märzministerien“. Zu Unruhen unter Handwerkern, Bauern und Arbeitern hatte nicht zuletzt eine Hungersnot 1846/47 beigetragen. Der Wut der armen Unterschichten und ihren Protesten und Revolten lag sozialer Konfliktstoff zugrunde – es ging um die Beseitigung konkreter Missstände, nicht aber um die Verwirklichung von Einheit und Freiheit.

Eskalation der Ereignisse

Tatsächlich entscheidend für das Schicksal der Revolution war eine Eskalation der Ereignisse in Österreich und Preußen: Bei einer Demonstration in Wien am 13. März 1848, auf der Bürger das Ständehaus stürmten, gaben Soldaten Schüsse ab. Gewaltsame Zusammenstöße zwischen dem Militär und der Menge waren die Folge. Staatskanzler Klemens von Metternich, der für die Demonstrierenden das System der Unterdrückung symbolisierte, trat zurück und floh nach London. Trotz Zugeständnissen des Kaisers blieb die Situation den Herbst über angespannt.

In Berlin ging König **Friedrich Wilhelm IV.** zunächst auf liberale Forderungen ein (Ende der Zensur, Einberufung des Landtages). Als sich am 18. März eine große Menschenmenge beim Stadtschloss sammelte, um dem König zu danken, räumten die könig-

M 2 Q Philipp Jakob Siebenpfeiffer
(1789 – 1845):
Beamter und liberaler Publizist

M 3 Q Georg August Wirth
(1798–1848):
deutscher Jurist, Schriftsteller und Politiker im „Vormärz“

Hörtipp:
Mannheimer Forderungen
32065-0355

M5 Q Friedrich Wilhelm IV. (1795–1861): preußischer König aus der Dynastie der Hohenzollern, der 1849 die Kaiserkrone ablehnte, da sie ihm durch die Nationalversammlung angeboten wurde, er sich aber als Herrscher von Gottes Gnaden verstand

M6 Q Johann von Habsburg (1782–1859): Erzherzog von Österreich. Das Paulskirchenparlament bestimmte ihn 1848 zum „Reichsverweser“ (Verwalter).

lichen Truppen den Platz. Eine Schießerei mit unklaren Hintergründen führte zu schweren Straßen- und Barrikadenkämpfen. Es starben 200 Menschen, hauptsächlich Handwerker. Am Morgen des 19. März befahl Friedrich Wilhelm den Truppen den Rückzug. Die Menschenmenge zwang den König, die „Märzgefallenen“, die auf dem Schlosshof aufgebahrt waren, durch Abnahme des Hutes zu ehren. Angesichts der massiven Proteste lenkte Friedrich Wilhelm ein, berief in Berlin eine neue Regierung und setzte Wahlen zu einer verfassunggebenden Versammlung für Preußen an. Einheit und Freiheit Deutschlands erklärte er zu seiner persönlichen Aufgabe. Sein Zugeständnis war jedoch mehr Schein als Sein. Insgeheim war er entschlossen, einer erfolgreichen Revolution mit einer Gegenrevolution zu begegnen.

Die Paulskirche

Ein „Vorparlament“, eine Versammlung aus 574 Vertretern – Liberale und Demokraten aus allen deutschen Staaten – traf sich in Frankfurt am Main und setzte Wahlen zu einer Nationalversammlung an. Dieses Parlament sollte eine Verfassung ausarbeiten. Frankfurt war als Versammlungsort nicht nur gewählt worden, weil die Stadt zentral lag, sondern galt auch seit Friedrich Barbarossa als „richtige“ Wahl und Krönungsort für die Kaiser des Heiligen Römischen Reiches. Für die Wahlen sollte ein gleiches und geheimes Mehrheitswahlrecht gelten. Es schloss jedoch nur selbstständige Männer ab 25 Jahren ein. Ein Frauenwahlrecht stand noch nicht einmal zur Diskussion. Es wurde erst siebzig Jahre später eingeführt.

Ein Abgeordneter sollte 50 000 Einwohner vertreten, in einigen Bundesstaaten galt ein indirektes Wahlrecht mittels Wahlmännern. Im Mai 1848 fand eine Persönlichkeitswahl statt – Parteiorganisationen bestanden noch nicht. Das Wahlgebiet umfasste den Deutschen Bund, die östlichen preußischen Gebiete und Schleswig: Es erstreckte sich von der Memel bis nach Aachen und von Trient bis Flensburg, organisatorisch eine anspruchsvolle Aufgabe. Die Wahlbeteiligung war unterschiedlich hoch.

Am 18. Mai 1848 versammelten sich die Abgeordneten in der Frankfurter Paulskirche, die ausreichend Platz für Parlament und Zuschauer bot. Die Nationalversammlung richtete eine vorläufige deutsche Regierung ein (provisorische Zentralgewalt) und bestimmte Erzherzog Johann von Habsburg zum Staatsoberhaupt. Er hatte jedoch keine tatsächliche Macht, weder über Verwaltung noch Militär.

Die Nationalversammlung beriet über eine neue Reichsverfassung und fand sich der politischen Orientierung nach zu Gruppen zusammen: Konservative, Liberale und Demokraten. Die heute übliche Ausdrucksweise Rechte, Mitte/Zentrum oder Linke bürgerte sich den Sitzplätzen der Abgeordneten entsprechend ein. Bis März 1849 arbeiteten die Abgeordneten Grundrechte aus, die individuelle Freiheitsrechte der Bürger, Gleichheit vor dem Gesetz und Recht auf Eigentum festlegten.

Entscheidend war jedoch vor allem die Machtverteilung: Wie sollten die Stellung des Staatsoberhauptes, die Rechte der Volksvertretung, das Verhältnis der Einzelstaaten zum Bund, das Wahlrecht und nicht zuletzt die territorialen Grenzen geregelt sein? Es herrschte überwiegend Einigkeit, dass ein Kaiser an der Spitze des neuen Reiches stehen sollte, offen war aber die Frage, ob in Erb- oder Wahlmonarchie. Die Volksvertretung sollte das Gesetzgebungsrecht haben, ungeklärt war hingegen, ob das Staatsoberhaupt ein Vetorecht haben sollte. Auch zum Wahlrecht gingen die Meinungen auseinander: Konservative Kreise plädierten für ein eingeschränktes Zensuswahlrecht, weiter links wurde für das allgemeine Männerwahlrecht plädiert.

Großdeutsch oder kleindeutsch?

Die Frage, wie Österreich einzubeziehen sei, stellte ein Problem dar, denn die Habsburgermonarchie vereinte neben den Deutschen viele andere Völker (Ungarn, Tschechen, Kroaten, Polen ...) in einem Reich. Drei Modelle waren im Gespräch:

- „Großdeutsche Lösung“: Einbezug der überwiegend deutschsprachigen Teile Österreichs entlang der Grenze des Deutschen Bundes. Folge: eine Aufspaltung des Habsburgerreiches – politisch gegenüber Österreich nicht durchsetzbar.
- „Großösterreichische Lösung“: ein Staat einschließlich Österreichs mit den nicht-deutschen Völkern. Dieses Modell sollte eine Aufspaltung vermeiden, hätte aber ein multinationales Gebilde geschaffen, keinen deutschen Nationalstaat.
- „Kleindeutsche Lösung“: Auf die Schwierigkeiten, die die beiden ersten Modelle mit sich brachten, folgte die Einsicht, dass nur die kleindeutsche Lösung realistisch sei – ohne Österreich, aber diesem eng verbunden. Somit rückte Preußen in den Mittelpunkt der nationalen Erwartungen.

Am 27. März 1849 nahm die Nationalversammlung die Verfassung an. Monatelange Beratungen hatten einen Kompromiss notwendig gemacht: Die liberale Mitte hatte den gemäßigten Demokraten das allgemeine Wahlrecht zugesagt. Der Kaiser erhielt kein absolutes, nur ein suspensives (aufschiebendes) Vetorecht.

Die Paulskirche scheitert

Einen Tag später wählte die Versammlung den preußischen König Friedrich Wilhelm IV. zum „Kaiser der Deutschen“. Eine Abordnung der Paulskirche (Kaiserdeputation) unter Leitung des Präsidenten **Eduard Simson** bot Friedrich Wilhelm in Berlin im Namen des Volkes die deutsche Kaiserkrone an. Der Monarch lehnte ab. Gegenüber einem Vertrauten begründete er dies mit dem Ausscheiden Österreichs, das ein Wiederaufleben des Heiligen Römischen Reiches endgültig zunichtemachte. Zudem verstand er sich als Herrscher von Gottes Gnaden, der keine Krone annehmen konnte, die das Volk vergab. Sie trug in seinen Augen den „Ludergeruch der Revolution“.

Der Versuch, einen deutschen Nationalstaat im Bunde mit den Fürsten zu schaffen, war gescheitert. Die Nationalversammlung zerfiel. Zurück blieb in Stuttgart ein Rumpfparlament aus ungefähr hundert Abgeordneten, das das württembergische Militär gewaltsam auflöste. Dies wurde nicht überall in Deutschland widerstandslos hingenommen: Es folgte eine letzte revolutionäre Welle, die „Reichsverfassungskam-

M 8 Q Eduard Simson (1810–1899): eigentlich Martin Eduard Sigismund Simson; deutscher Richter, Hochschullehrer und Parlamentarier im Königreich Preußen. Er stand 1849 und 1870 an der Spitze der Kaiserdeputationen.

Animierte Karte: Revolution von 1848 32065-0356

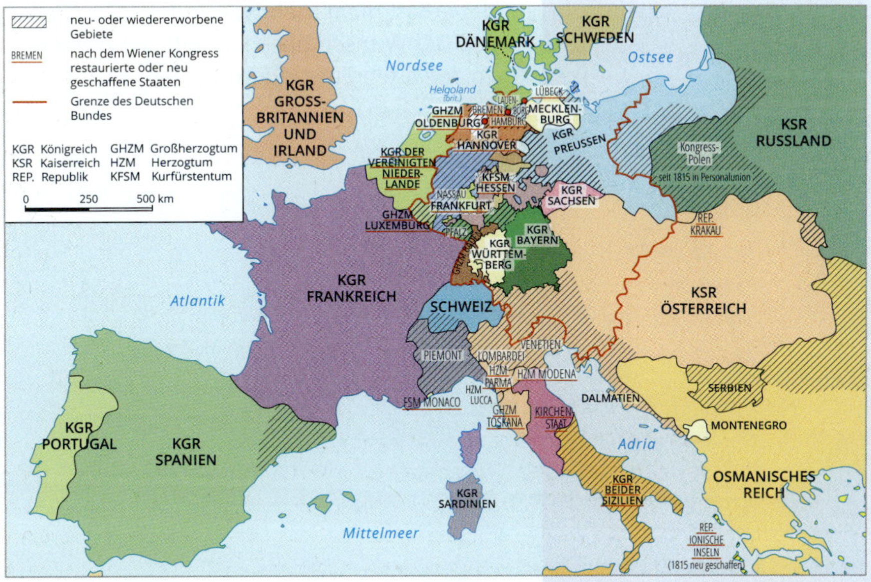

M 7 Q Europa um 1815
Die Karte zeigt auch die Grenzen des Deutschen Bundes.

▶ Analysieren Sie, in welchem Maße die europäischen Grenzen durch die Beschlüsse des Wiener Kongresses verändert wurden.

▶ Stellen Sie dar, welche wichtigen Staaten der Deutsche Bund mit einschloss und welche Sprachgruppen eine großdeutsche oder großösterreichische Lösung mit in das neue Reich integriert hätte.

pagne“ – gewaltsame Aufstände in Baden, Sachsen und der Rheinpfalz. Auch diese schlug das Militär gewaltsam nieder.

Woran ist die Revolution gescheitert?

Die unterschiedlichsten Gründe werden aufgezählt, warum die Revolution scheiterte: Eine zu lange Beratungszeit für die Erarbeitung der Verfassung, sodass die Fürsten wieder erstarkten; eine zu umfassende Diskussion der Grundrechte; keine Nutzung des anfänglichen revolutionären Schwunges; zu viele Revolutionsschauplätze; zu unerfahrene Abgeordnete; Mangel an Machtmitteln; eine zerfallene Bewegung und zu unterschiedliche politische Strömungen. Entscheidend war, dass die Fürsten weiterhin die Macht besaßen. Beamtenapparat und Militär blieben ihnen ergeben. Die Gegenrevolution siegte letztlich schon im Herbst 1848 in Preußen und Österreich.

Die Liberalen fürchteten eine gewaltsame soziale Umwälzung, sollte die Machtfrage auf dem Weg der Revolution gelöst werden. Sie wollten die freiheitlich-konstitutionelle Staatsordnung mithilfe der Fürsten verwirklichen. Deshalb war deren Haltung maßgeblich für das Gelingen der Paulskirche. Große Teile des Besitzbürgertums, aber auch des Kleinbürgertums und der Bauern fürchteten angesichts des Terrors der Französischen Revolution, „linksgerichtete“ Aufstände in den deutschen Kleinstaaten könnten ebenso zu Radikalisierung führen. Unkontrollierte soziale Gewaltausbrüche radikalisierter Unterschichten wollten sie vermeiden.

Die Paulskirche wirkt fort

Wenn auch der Versuch scheiterte, Einheit und Freiheit zu erreichen, blieb er nicht folgenlos. Die Revolution der Jahre 1848/49 wirkte fort: Die Paulskirchenverfassung setzte Maßstäbe für einen späteren Gesamtstaat, das allgemeine Wahlrecht und die Grundrechte der heutigen Bundesrepublik. Auch die Struktur des Parlaments als Zweikammersystem mit einer Volksvertretung (heute: Bundestag) und einer Vertretung der Länder (heute: Bundesrat) wurde beibehalten. Die Erfahrungen der Paulskirche erleichterten die Bildung neuer politischer Bewegungen. Konservatismus, Liberalismus und ein demokratischer, linksgerichteter Flügel hatten sich bereits formiert. Später kamen die Sozialdemokratie und im Kaiserreich der politisch organisierte Katholizismus hinzu. Die Revolution verhalf in Preußen auch dem Verfassungsstaat zum Durchbruch. Die Mitwirkung des Volkes war darin verankert und ließ sich dauerhaft nicht mehr verhindern. Die Menschen waren nach 1848/49 politisch aktiver. Der Wunsch nach Einheit und Freiheit blieb präsent. Eine langfristige Rückkehr zu den alten Zuständen war ausgeschlossen.

M9 D Kleindeutsche, großdeutsche oder großösterreichische Lösung

Kleindeutsche Lösung

Großdeutsche Lösung

Großösterreichische Lösung

Arbeitsvorschläge

32065-0357

1. Untersuchen Sie die Karten und beschreiben Sie die Lösungen. | F
2. Beschreiben Sie das territoriale Gebiet des Kaisertums Österreich und erklären Sie, welche Schwierigkeiten sich für Deutschland im Falle einer großösterreichischen Lösung ergeben hätten.

M10 Q Aus dem Schreiben des preußischen Innenministers Gustav Adolf von Rochow (1792–1847) an die Bürger von Elbing

Die ostpreußischen Einwohner setzen sich 1837 für den Staatsrechtler Wilhelm Eduard Albrecht ein, dem der König seinen Lehrstuhl in Göttingen entzogen hat:

Ich gebe Ihnen auf die Eingabe vom 30. v. M., mit welcher Sie mir die von mehreren Bürgern Elbings Unterzeichnete Addresse an den Hofrath und Professor Albrecht überreicht haben, hiedurch zu erkennen, dass mich dieselbe mit unwilligem Befremden erfüllt hat. Wenn ich auch annehmen will, dass es nur Gewissenszweifel gewesen, welche den Prof. Albrecht bewogen haben, die ihm angesonnene Erklärung des Albrecht und seiner Göttinger Amtsgenossen ausgesprochene Beurtheilung des Verfahrens Sr. Maj. des Königs von Hannover dadurch gerechtfertigt oder auch nur entschuldigt zu finden, dass ich solche vielmehr für eine eben so unbesonnene als tadelnswerthe und nach diesseitigen Landesgesetzen selbst strafbare Anmaassung halte. Die Unterzeichner der Addresse laden daher mit Recht denselben Vorwurf auf sich, indem sie jene Erklärung billigen und loben, und dadurch die Gründe desselben zu den ihrigen machen. – Es ziemt sich dem Unterthanen, seinem Könige und Landesherrn schuldigen Gehorsam zu leisten und sich bei Befolgung der an ihn gehenden Befehle mit der Verantwortlichkeit zu beruhigen, welche die von Gott eingesetzte Obrigkeit übernimmt, und es ziemt ihm nicht die Handlungen des Staatsoberhauptes an den Maasstab seiner beschränkten Einsicht anzulegen, und sich in dünkelhaftem Uebermuthe ein öffentliches Urtheil über die Rechtmässigkeit desselben anzumaassen. – Deshalb muss ich es eine recht bedauerliche Verirrung nennen, wenn die Unterzeichner der Addresse in dem Benehmen der Göttinger Professoren eine Verteidigung der gesetzmässigen Ordnung, einen Widerstand gegen die Willkür zu erkennen geglaubt haben, während sie darin ein unziemendes Auflehnen, ein vermessenes Unternehmen hätten wahrnehmen sollen. – Eines noch beklagenswertheren Irrthumes haben Sie sich eben schuldig gemacht, wenn sie wähnen, dass solche Gesinnungen und Ansichten von allen guten Bürgern und loyalen Preussen getheilt würden, dies ist – Gottlob! – so wenig der Fall, dass ich überzeugt sein darf, selbst die grosse Mehrzahl werde Ihre Schritte ernstlich missbilligen und beklagen, dass durch den Irrthum der unberufenen Urheber der Addresse die gute und patriotische Gesinnung der Stadt Elbing verdächtig worden ist. – Ich überlasse Ihnen, diese meine Eröffnung den Unterzeichnern der Addresse bekannt zu machen.

Der Minister des Innern und der Polizey

Zitiert nach: Politisches Journal. Sammlung von Staatssachen nebst geschichtlichen und staatswissenschaftlichen Verhandlungen, 39/1, 1838, S. 82–83

Arbeitsvorschläge

32065-0358

1. Fassen Sie den Inhalt in einem Satz zusammen und bestimmen Sie den politischen Standpunkt des Ministers.
2. Erörtern Sie, ob dessen Haltung zeittypisch ist.

M 11 Q Schreiben einer Volksversammlung

Brief an Herzog Joseph von Sachsen-Altenburg:

Durchlauchtigster Herzog,
Gnädigster Herzog und Herr!
Das deutsche Volk hat sich [...] erhoben. Angesichts der großen Ereignisse, welche Frankreich erschüttern, verlangt es diejenigen Institutionen, welche dem Vaterlande allein Kraft und Einheit im Innern, Würde und Stärke nach Außen geben können, die Institutionen, welche zugleich allein eines freien und gebildeten Volkes würdig sind, und worauf sich das deutsche Volk durch sein Opfer in den Zeiten der Gefahr ein heiliges Recht erworben hat. Es verlangt Entfesselung des freien Wortes in Rede und Schrift durch Gewährung unbedingter Preßfreiheit, und des unbeschränkten Vereinigungsrechts. Es verlangt einen gesicherten Rechtszustand und eine volksthümliche Rechtspflege mit Öffentlichkeit, Mündlichkeit und Geschworenengerichten; es verlangt eine Wahlreform; und zwar direkte Wahlen mit unbeschränkter Wahlfreiheit und Wählbarkeit für alle Staatsbürger, statt der bisherigen Wahlgesetze, welche durch ihre Beschränkungen dem größten Teile der Staatsbürger das Wahlrecht rauben oder verkümmern; Öffentlichkeit der landständischen und Gemeindeverhandlungen und Initiative der Kammer bei Gesetzesvorschlägen, der wahre Lebensodem des konstitutionellen Prinzips ist hiermit untrennbar verbunden. Es verlangt ferner die Einschränkung der teuern Landesverwaltung und deren Vereinfachung und zu diesem Zwecke Überweisung des Kammervermögens und der Domänen an den Staat, insbesondere aber auch Änderung der bisherigen Militärverfassung und Verpflichtung des Militärs auf das Grundgesetz; an Stelle dieser Militärverfassung trete eine Volksbewaffnung, welche allein in den Zeiten der Not das Vaterland gerettet hat und retten wird.
Ein deutsches Parlament endlich wird die durch den deutschen Bund vergebens erstrebte Einheit Deutschlands schaffen und ihm die Macht und Größe wiedergeben, welche dasselbe im Mittelalter zum Gesetzgeber Europas machte. [...] Einer besondern Begründung dieser Forderungen bedarf es nicht; denn sie finden dieselbe in den drängenden Ereignissen und in der gewaltigen Stimme des Volkes.
[...] Sachsens Fürsten [...] werden sicher nicht zurückbleiben, wenn es dem politischen Fortschritt und der nationalen Größe Deutschlands gilt.
In tiefster Untertänigkeit unterzeichnen
[Unterschriften]
Altenburg, den 9. März 1848.

Zitiert nach: Jürgen John (Hrsg.), Quellen zur Geschichte Thüringens, Bd. 2: Von der Reformation bis 1918, Erfurt 1997, S.167 f. (gekürzt)

Arbeitsvorschläge 32065-0359

1. Nennen Sie die Forderungen der Altenburger Bevölkerung.
2. Zeigen Sie deren ideengeschichtlichen Ursprung auf.
3. Charakterisieren Sie den Stil des Schreibens.

M 12 Q Die Ablehnung der Kaiserkrone

Friedrich Wilhelm IV. schreibt im Dezember 1848 an den preußischen Gesandten in London, Freiherrn von Bunsen:

Ich will weder der Fürsten Zustimmung zu der Wahl noch die Krone. [...] Die Krone, die ein Hohenzoller nehmen dürfte, wenn die Umstände es möglich machen könnten, ist keine, die eine, wenn auch mit fürstlicher Zustimmung eingesetzte, aber in die revolutionäre Saat geschossene Versammlung macht, [...] sondern eine, die den Stempel Gottes trägt, die den, dem sie aufgesetzt wird, nach der heiligen Ölung „von Gottes Gnaden" macht, weil und wie sie mehr denn 34 Fürsten zu Königen der Deutschen von Gottes Gnaden gemacht und den letzten immer der alten Reihe gesellt. Die Krone, die die Ottonen, die Hohenstaufen, die Habsburger getragen, kann natürlich ein Hohenzoller tragen; sie ehrt ihn überschwänglich mit tausendjährigem Glanze. Die aber, die Sie – leider – meinen, verunehrt überschwänglich mit ihrem Ludergeruch der Revolution von 1848, der albernsten, dümmsten, schlechtesten, wenn auch gottlob nicht der bösesten dieses Jahrhunderts. Einen solchen imaginären Reif, aus Dreck und Letten gebacken, soll ein legitimer König von Gottes Gnaden, und nun gar der König von Preußen sich geben lassen, der den Segen hat, wenn auch nicht die älteste, doch die edelste Krone, die Niemand gestohlen worden ist, zu tragen. [...] Ich sage es Ihnen rund heraus: Soll die tausendjährige Krone deutscher Nation, die 42 Jahre geruht hat, wieder einmal vergeben werden, so bin ich es und meinesgleichen, die sie vergeben werden; und wehe dem, der sich anmaßt, was ihm nicht zukommt.

Zitiert nach: Ernst Rudolf Huber (Hrsg.), Dokumente zur deutschen Verfassungsgeschichte, Bd. 1, Stuttgart [3]1978, S. 402 f. (gekürzt)

Arbeitsvorschläge 32065-0360

1. Geben Sie die Argumentation des Königs wieder.
2. Erläutern Sie die Haltung des Königs. | H

Leitfrage

Nehmen Sie Stellung:
1848/49 – eine gescheiterte Revolution?

M13 D Fraktionen und Meinungsspektrum in der Nationalversammlung 1848/49

1848 gab es noch keine festen Parteien mit politischen Programmen, sondern eher Gesinnungslager mit gemeinsamen Überzeugungen.

	Radikale Demokraten Linke	linksnationale	rechtsnationale	Konservative
		Liberale		
Verhältnis Einzelstaaten/Reich	Zentralstaat in nationalstaatlich gegliedertem Europa	Zentralstaat in nationalstaatlich gegliedertem Europa		föderaler Staat
Stellung des Monarchen	Repräsentant mit wenig Einfluss oder Beseitigung der Monarchie	parlamentarische Monarchie	konstitutionelle Monarchie	konstitutionelle Monarchie
Wahlrecht/Grundrechte	allgemeines, freies und gleiches Wahlrecht	allgemeines, freies und gleiches Wahlrecht	Zensuswahlrecht	Zensuswahlrecht mit höherem Zensus
Grenzen	tendenziell deutschnationale Lösung (kleindeutsch)	tendenziell deutschnationale Lösung (kleindeutsch)		tendenziell großdeutsche Lösung

Arbeitsvorschlag

32065-0361

▸ Erklären Sie, warum die politischen Richtungen den jeweiligen Standpunkt einnehmen.

M14 D Die geplante Reichsverfassung der Paulskirche

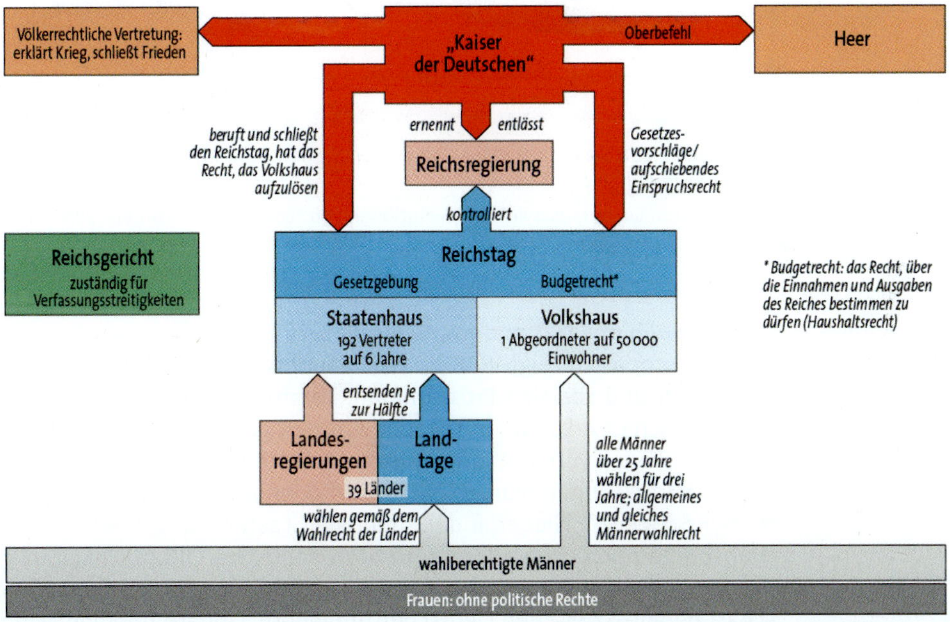

Arbeitsvorschläge

32065-0362

1. Skizzieren Sie die Einflussmöglichkeiten von Kaiser, Parlament und Volk.
2. Erläutern Sie, welche politischen Kräfte der Paulskirche sich in welchen Bestimmungen durchgesetzt haben.

LK Revolutionen und Gegenrevolutionen in anderen Teilen Europas

Bildinformation
31000-212

M1 Q Europa 1849
Karikatur von Ferdinand Schröder, 1848

32065-0363

1. Beschreiben Sie die Karikatur und ordnen Sie den Figuren(gruppen) die jeweiligen Ereignisse zu.
2. Arbeiten Sie heraus, wie die Revolutionen von 1848/49 bewertet werden.

LEIT-FRAGE

1848/49 – eine europäische Revolution?

Revolutionen und Nationalitätenkonflikte in Europa

Gesamteuropäisch zeigt 1848/49 ein Spannungsfeld aus liberalen, demokratischen, nationalen und sozialen Programmen. Kurzfristig obsiegten vielerorts Armee und monarchische Exekutive: Barrikaden wurden geräumt, Parlamente aufgelöst, führende Aktivisten verbannt oder inhaftiert. Doch blieben zentrale Anliegen nicht folgenlos. Verfassungen wurden eingeführt oder revidiert (Frankreich, Piemont, Dänemark, Schweiz, Niederlande), feudale Lasten abgebaut oder abgeschafft (Habsburgerreich, Donaufürstentümer), politische Öffentlichkeiten gefestigt und Verwaltungs- sowie Justizreformen angestoßen. Zugleich traten Nationalkonflikte scharf hervor – zwischen Deutschen, Italienern, Ungarn und den Minderheiten des Habsburgerreiches –, deren ungelöste Spannungen die Politik bis zur Einigung Italiens und Deutschlands in den 1850er-/60er-Jahren prägten. 1848/49 war damit weniger Endpunkt als Labor europäischer Moderne: Es schärfte den Gegensatz zwischen liberaler Ordnung und demokratisch-sozialen Forderungen, beschleunigte den Übergang vom Ständestaat zum Verfassungsstaat und formte eine Generation, die die großen Veränderungen der zweiten Jahrhunderthälfte trug.

Februarrevolution und Juniaufstand 1848 in Frankreich

In Frankreich stürzte die Februarrevolution 1848 den „Bürgerkönig" Louis-Philippe, mit dem Bürgertum und Arbeiterschaft zunehmend unzufrieden gewesen waren.

Eine Revolutionsregierung rief die Zweite Republik aus und führte einige Reformen durch. Eine davon, die Nationalwerkstätten, gedacht als Beschäftigungsmöglichkeit für Arbeitslose, überforderte jedoch bald die Staatsfinanzen und wurde geschlossen. Die darauffolgenden Junikämpfe in Paris offenbarten den Klassengegensatz zwischen Arbeitern und bürgerlich-liberalen Kräften. Sie wurden vom Militär blutig niedergeschlagen. Zwar wurde im folgenden November eine Verfassung verabschiedet und im Dezember 1848 Louis-Napoleon Bonaparte zum Präsident gewählt, die Republik war jedoch nur von kurzer Dauer: Im Dezember 1851 beendete ein Staatsstreich des Präsidenten die Republik und führte 1852 zum Zweiten Kaiserreich.

M 2 Q „Barrikadenkampf in der Rue Soufflot in Paris am 25. Juni 1848"
Gemälde von Horace Vernet, 1848/50

► Interpretieren Sie das Gemälde.

Bildinformation
31000-772

Revolutionen im Habsburgerreich

Im Habsburgerreich brachte der Märzaufstand in Wien Klemens von Metternich zu Fall. In Prag verbanden sich tschechisch-slawische Autonomieansprüche mit liberalen Reformforderungen; der Aufstand wurde im Juni 1848 von Feldmarschall Alfred I. zu Windisch-Graetz niedergeschlagen. In Wien eskalierte die Lage im Oktober, die Armee eroberte die Stadt zurück; Kaiser Ferdinand dankte ab, Franz Joseph bestieg den Thron. In Ungarn trieben Lajos Kossuth und das Parlament die Loslösung von Wien voran (Aprilgesetze, später Unabhängigkeitserklärung 1849). Der Konflikt wurde auch zu einem Nationalitätenkrieg, in dem Kroaten unter Ban Jelačić, Rumänen in Siebenbürgen und Serben in der Vojvodina eigene Ziele verfolgten. 1849 griff das Zarenreich zugunsten Österreichs ein; die ungarische Armee kapitulierte bei Világos. Trotz der Niederlage blieb die Aufhebung der Leibeigenschaft in den österreichischen Erblanden und in Ungarn eine dauerhafte Errungenschaft; zugleich leitete das Regime den neoabsolutistischen „Bach-Staat" ein.

Auf der italienischen Halbinsel richteten sich die Erhebungen gegen die österreichische Vorherrschaft in Lombardo-Venetien und gegen restaurative Mächte. In Mailand und Venedig vertrieben Aufständische zunächst die österreichischen Truppen, Venedig rief die Republik San Marco aus. Das Königreich Sardinien-Piemont trat in den Krieg gegen Österreich ein, erlitt jedoch Niederlagen bei Custoza (1848) und Novara (1849). Rom erlebte 1849 die Ausrufung einer Republik unter Führung von Mazzini; französische Truppen stellten den Papst jedoch wieder her. Dauerhaft blieb das Statuto Albertino, die 1848 eingeführte Verfassung Piemonts, die später zur Grundlage des geeinten Italien wurde.

In den Donaufürstentümern (Walachei und Moldau) verbanden sich 1848 liberale Reformprogramme mit nationalen Einheitsbestrebungen. Die walachische Revolution proklamierte die Gleichheit vor dem Gesetz und die Abschaffung feudaler Lasten, wurde jedoch durch osmanisch-russische Intervention erstickt. Auch in Galizien und in polnischen Gebieten kam es zu Unruhen, die teils national, teils sozial motiviert waren, ohne die Ordnung der Großmächte zu erschüttern.

M3 D „Europa im Sturm der Revolutionen"

Der Journalist Hannes Schrader schreibt 2021 im Magazin GEO Epoche über die Revolutionen von 1848/49 in Europa:

Eine trügerische Ruhe liegt in den ersten Tagen des Jahres 1848 über Europa. […] Doch schon bald wird ein Sturm über Europa hereinbrechen, der kaum einen Staat des Kontinents unberührt lässt. Franzosen und Deutsche, Italiener, Tschechen und andere werden aufbegehren gegen Tyrannei und Unterdrückung – und für eine bessere, freiere Zukunft. […]

22. Februar 1848, Paris: […] Um 9 Uhr versammeln sich rund 5000 Unzufriedene an mehreren Orten der Stadt zu Demonstrationen […]. Die unteren Schichten leiden besonders unter der Wirtschaftskrise, die gerade viele Länder Europas plagt. Frankreich hat zwar ein Parlament, doch es repräsentiert allein die Elite: Wahlberechtigt sind […] nicht einmal ein Prozent der Bevölkerung. […] Zweieinhalb Tage lang erschüttern blutige Kämpfe die Stadt. Viele Nationalgardisten laufen zu den Aufständischen über oder weigern sich, gegen sie zu kämpfen. […] [Am] Mittag des 24. Februar erscheint König Louis-Philippe die Lage aussichtslos. Er verfasst eine Abdankungserklärung […]. Dann flieht der Monarch nach England ins Exil. In den frühen Morgenstunden betritt Alphonse de Lamartine, ein führender Gegner der Monarchie, den Balkon des Pariser Rathauses. Unter dem Jubel der Menge verkündet er: Das Land sei von nun an eine Republik. Und mit der Geschwindigkeit von Eisenbahn und Telegrafen verbreitet sich die Nachricht von Frankreichs Revolution in Europa.

27. Februar, Mannheim: Gustav Struve zögert nicht, als er die Neuigkeiten erfährt. Sogleich organisiert der Anwalt und überzeugte Republikaner im Herzogtum Baden eine Versammlung, zu der rund 1000 Menschen kommen. Sie schreiben eine Petition, fordern darin Pressefreiheit und andere Rechte […] Die Behörden können nicht verhindern, dass auch anderswo Aktivisten die Mannheimer Schrift nachdrucken und als Flugblatt verteilen. […]

2. März, Brüssel: Nach Aufständen von Arbeitern beschließt die belgische Regierung, das Wahlrecht und die Armenhilfe auszuweiten. So gelingt es ihr, den Unmut zu beschwichtigen.

13. März, Wien: „Verfassung, Verfassung!" rufen Tausende Demonstranten in der österreichischen Kapitale. Und: „Nieder mit Metternich!" […] Demonstranten werfen Steine auf Soldaten, die für Ruhe sorgen sollen. Die Truppen eröffnen das Feuer, mindestens fünf Menschen sterben. Daraufhin errichten Arbeiter in der ganzen Stadt Barrikaden […]. In der Wiener Hofburg treffen sich Metternich und die kaiserliche Familie zu einem Krisengespräch. Fast 40 Jahre lang war Metternich einer der einflussreichsten Staatsmänner Europas. Doch nun lässt ihn die Kaiserfamilie fallen, um sich selbst zu retten. […]

15. März, Prag: […] [N]achdem die Nachrichten aus Wien eingetroffen sind, erhebt das Gremium [ein von Tschechen dominierter Bürgerausschuss] eine drastischere Forderung: ein eigenes Parlament für Böhmen, Mähren und Österreichisch-Schlesien – jene Region, in der viele Tschechen leben. […] Auch in Budapest, Zagreb und Krakau […] tragen [Demonstranten] ähnliche Forderungen vor.

18. März, Mailand: Eine Menschenmenge stürmt das Rathaus und nimmt den Statthalter der Habsburger als Geisel. […] Binnen Stunden schlagen die 13 000 in der Stadt stationierten habsburgischen Soldaten zurück. […] Noch während die Gefechte andauern, setzen die Revolutionäre eine provisorische Regierung ein. Nach fünf Tagen zieht sich die Armee zurück. Und am 23. März gelingt es auch den Bewohnern Venedigs, die österreichische Besatzungsmacht zu vertreiben und eine Republik auszurufen.

18. März, Berlin: Die Revolution erfasst nun auch die preußische Hauptstadt […]. Die Truppen werden der Lage nicht Herr, und am folgenden Vormittag beordert Preußens König Friedrich Wilhelm IV. sie zurück in die Kasernen. […] Am 21. März erklärt er sich vor versammeltem Volk demütig selbst zu einem Verfechter der deutschen Einheit. […]

21. März, Kopenhagen: Nach Demonstrationen entlässt der König von Dänemark die konservative Regierung und weitet das Wahlrecht stark aus. […]

27. März, Sankt Petersburg: Zar Nikolaus I. verbietet die Veröffentlichung jeglicher Nachrichten über Revolutionen in anderen Staaten. Bereits einige Tage zuvor hat er die Westgrenze Russlands weitgehend schließen und von zusätzlichen Truppen bewachen lassen. Statt auf Zugeständnisse setzt der Monarch auf Härte – mit Erfolg: Das Zarenreich bleibt von Umstürzen verschont.

10. April, London: An Großbritannien geht das Feuer der Revolution ebenfalls vorüber. In der Hauptstadt demonstrieren zwar rund 200 000 Menschen für ein allgemeines Männerwahlrecht. Doch obwohl die Forderung nicht erfüllt wird, bleiben die Proteste friedlich.

18. Mai, Frankfurt: Die Nationalversammlung tritt zusammen.

12. Juni, Prag: Die Habsburger haben Zugeständnisse machen müssen – doch nun schlagen sie zurück. […] Nach fünf Tagen ist Prag wieder in der Hand der Habsburger; viele Nationalisten werden verhaftet.

23. Juni, Paris: […] Nun begehren die Arbeiter gegen die neue republikanische Regierung auf, die vom Besitzbürgertum dominiert ist und kaum Interesse zeigt, die Not der unteren Schichten zu beheben. […] Doch die Regierung reagiert mit brutaler Härte, schickt ihnen die Nationalgarde mit Kanonen entgegen.

22. Juli, Wien: Erstmals tritt der österreichische Reichstag zusammen, gewählt von einem Großteil der Männer des

Kaiserreiches. Zwei Tage später stellt der Abgeordnete Hans Kudlich, ein 24-jähriger Bauernsohn, den Antrag, die Leibeigenschaft sowie die Fronarbeit abzuschaffen [...]. Im September wird das Parlament zustimmen. Ähnliche Entlastungen beschließen in diesem Jahr auch die Regierungen oder Abgeordnetenhäuser in einigen deutschen Staaten, Ungarn, Galizien und Dänemark.

7. August, Mailand: Der österreichische General Josef Graf Radetzky erobert die Stadt in der Po-Ebene zurück. Schlacht für Schlacht stellt er die kaiserliche Herrschaft in den italienischen Provinzen wieder her. [...]

17. September, Frankfurt: Die deutsche Revolutionsbewegung entzweit sich. Viele Nationalisten wenden sich gegen die eigene Nationalversammlung, der sie vorwerfen, das umkämpfte Schleswig an Dänemark preisgegeben zu haben. [...] Wütende Demonstranten geißeln die Parlamentarier als Verräter, versuchen die Paulskirche zu stürmen. [...] Preußische und österreichische Truppen folgen dem Hilferuf der Nationalversammlung – und schlagen den Aufstand nieder. Das Parlament ist zwar gerettet, aber diskreditiert [...].

6. Oktober, Wien: Radikale Demonstranten begehren gegen die gemäßigte Regierung auf [...]. Als eine Menschenmenge den Kriegsminister lyncht, flüchten viele Politiker und die Kaiserfamilie aus Wien. Doch nur wenige Wochen bleibt die Stadt in der Hand der Revolutionäre: Bis zum 30. Oktober erobern 70 000 kaiserliche Soldaten die Kapitele zurück – und behandeln sie wie Feindesland. Die Truppen plündern, vergewaltigen und morden. [...] Bald darauf marschiert eine Armee von 52 000 Mann nach Ungarn. [...]

12. November, Berlin: Ermutigt von den Ereignissen in Wien, gibt nun auch der Preußenkönig Friedrich Wilhelm IV. seine Kompromisshaltung auf. [...]

10. Dezember, Paris: Die Franzosen stimmen für einen neuen Präsidenten – Louis-Napoleon Bonaparte, den Neffen des ehemaligen Herrschers. [...] Sein Sieg ist eine fatale Niederlage für die Republik. [...] So bricht Bonaparte die Macht der Massen, die ihm ins Amt verholfen haben – 1852 wird er sich sogar zum Kaiser krönen lassen.

7. März, Wien: Ministerpräsident Felix Schwarzenberg löst das Parlament auf und diktiert eine neue Verfassung: Nahezu alle Macht soll beim Kaiser liegen, kein Volk im Reich der Habsburger einen eigenen Staat erhalten.

27. März, Frankfurt: Die Nationalversammlung verabschiedet die „Verfassung des Deutschen Reiches". [...] Doch im April lehnt der Monarch die Kaiserkrone ab. [...] Der preußische König setzt sich nun an die Spitze der Gegenrevolution und lässt seine Truppen überall dort einmarschieren, wo noch Demokraten im Amt sind oder Widerstand leisten, im Rheinland etwa, in Sachsen und der Rheinpfalz.

12. April, Budapest: Der Revolutionsführer Lajos Kossuth verkündet Ungarns Unabhängigkeit von der Herrschaft der Habsburger. [...] In den Wochen zuvor haben die Freiheitskämpfer den österreichischen Truppen schwere Niederlagen zugefügt. [...] Die Habsburger sehen nur noch einen Ausweg – und bitten Nikolaus I. um Waffenhilfe. [...]

23. Juli, Rastatt: Seit Wochen schon hält in der badischen Stadt das letzte Aufgebot deutscher Revolutionäre den Truppen Preußens stand. [...] Wohl auch in der Hoffnung auf Gnade ergeben sich die Aufständischen. Doch der preußische Oberbefehlshaber lässt sie zu Hunderten erschießen; viele andere kommen ins Gefängnis.

13. August, Világos: An zwei Fronten haben die Ungarn gekämpft und erbitterten Widerstand geleistet – doch die russisch-österreichische Übermacht ist zu groß. [...] 13 Generäle und der zeitweilige Premierminister des freien Ungarn werden später von den Habsburgern hingerichtet. [...]

Mit dem Scheitern des ungarischen Aufstands sind die Revolutionäre nun überall geschlagen. Nach anderthalb Jahren herrscht wieder Ruhe auf dem Kontinent – eine blutig erzwungene Ruhe. Der Traum von einem freieren Europa, dessen Verwirklichung so nah schien, ist im Pulverdampf verblasst. Zu groß waren die Unterschiede zwischen bürgerlichen Eliten und hungernden Arbeitern, zwischen Liberalen und Radikalen, als dass ein starkes Bündnis hätte entstehen können. Zudem lag die militärische Macht stets in den Händen der Fürsten. [...] 1848/49 haben die Fürsten noch einmal gesiegt. Aber klar wie niemals zuvor hat der Sturm der Revolutionen offenbart, dass sich ihre Zeit dem Ende neigt.

Hannes Schrader, Das Jahr 1848: Europa im Sturm der Revolutionen, in: GEO Epoche 110 (2021), S. 96–105

Arbeitsvorschläge 32065-0366

1. Untersuchen Sie, inwieweit sich die Ereignisse in Europa gegenseitig beeinflussten. | H
2. Beurteilen Sie die Schlussfolgerung Schraders zum Scheitern der Revolutionen (Z. 182–186).
3. Stellen Sie Vermutungen an, weshalb die Revolution in einigen Staaten nicht ausbricht.

M4 D Der Anfang vom Ende des Habsburgerreiches? – die Revolution in Österreich

Der Historiker Günter Wollstein schreibt 2010 über die Revolution von 1848/49 in Österreich:

So spannend und richtungweisend der machtpolitische Sturz der „Zaunkönige" von Mittel- und Kleinstaaten auch sein mochte, das Schicksal der Revolution entschied sich in Preußen und vor allem in Österreich. Letzteres

bestand aus höchst unterschiedlichen Landesteilen mit vielfach ständestaatlichen Einrichtungen; nirgends gab es Repräsentativverfassungen. Nicht zum Deutschen Bund gehörten die Habsburger Königreiche Galizien und Ungarn im Osten sowie das Lombardisch-Venetianische Königreich im Süden. In allen Regionen lebten verschiedene Nationalitäten nebeneinander, wobei die kroatische Minderheit in Ungarn und die deutsche Minderheit im zum Deutschen Bund gehörenden Königreich Böhmen-Mähren für 1848 besonders wichtig waren.
Dieser für eine Umgestaltung Europas im Sinne von nationalen Verfassungsstaaten denkbar ungeeignete Vielvölkerstaat wurde durch die Dynastie der Habsburger zusammengehalten. [...] Eine „Staatskonferenz" traf alle wichtigen Entscheidungen. Dieser gehörten Erzherzöge des Hauses Habsburg und hohe Regierungsvertreter an, wobei Metternich, obwohl seit 40 Jahren Staatskanzler, längst keine Integrationsfigur mehr darstellte. Die dem ganzen Deutschen Bund verordnete Politik der Unterdrückung fortschrittlicher Kräfte funktionierte selbst in der Hauptstadt Wien nur noch unvollkommen. Verlass war höchstens noch auf das Militär und die Bürokratie, während zur Erhaltung des Status quo Nationen, Parteien und Klassen geschickt gegeneinander ausgespielt wurden.
Für den Offenbarungseid des Systems Metternich sorgte 1848 das Nationalitätenproblem des Vielvölkerstaates. Gewaltsam erstritt in Italien schon Anfang Februar das Risorgimento für Neapel-Sizilien eine Verfassung, während fast zeitgleich und für die italienische Geschichte richtungweisend auch der neue König Karl Albert in Sardinien-Piemont eine Konstitution erließ. Daneben stellte die italienische Nationalbewegung die österreichische Herrschaft in der Lombardei und in Venetien grundlegend infrage, was nach Metternichs Auffassung eine militärische Intervention nötig machte. Das von massiven wirtschaftlichen und sozialen Nöten betroffene Österreich war hierzu vor allem finanziell nicht in der Lage, ein Staatsbankrott und eine Staatskrise drohten. [...]
Über Böhmen und vor allem Ungarn, wo der Revolutionsführer Lajos Kossuth am 3. März in der „Taufrede" der Revolution konstitutionelle Regierungen für alle Länder Österreichs und weitgehende Selbstständigkeit für das eigene Land forderte, drang die revolutionäre Welle in das ohnehin handlungsunfähige Österreich ein.
Am 13. März traten die niederösterreichischen Stände mit dem Ziel zusammen, eine Eingabe an die Regierung zu erstellen. Um dem Anliegen der Stände mehr Nachdruck zu verleihen, förderten die „Reformer" aus den alten Eliten Demonstrationen, an denen sich Handwerker, Arbeiter und Studenten beteiligten.
Als sich die Ständeversammlung aber die nun auch in Wien erhobenen Märzforderungen zu eigen machte, kam es prompt zu denselben Turbulenzen wie in den deutschen Mittel- und Kleinstaaten. [...] Die bürgerlichen Kräfte [...] waren in Wien relativ schwach und konnten sich nicht wie in den deutschen Mittel- und Kleinstaaten an die Spitze der Bewegung stellen. Die Stoßkraft der Aufstandsbewegung resultierte folglich aus dem Bankrott der alten Führungskräfte sowie massiven Demonstrationen von Handwerkern und Arbeitern, die durch Studentenproteste wirksam ergänzt wurden. Der Wiener Aufstand schuf den Mythos von einer Achse zwischen Arbeitern und Studenten.
Überstürzt wurde Metternich am 13. März entlassen, als er einen massiven Einsatz des Heeres forderte. Dieses sollte jedoch, da es für äußere Kriege wie in Italien gebraucht wurde, nicht in einem inneren Konflikt aufgerieben werden. Nach der in ganz Europa Aufsehen erregenden Flucht Metternichs sah sich die Staatskonferenz Zug um Zug zu weiteren Teilkapitulationen vor der Volksbewegung gezwungen, bis sie schließlich am 15. März ein konstitutionelles Regime zusicherte, womit die Unruhen zunächst ein Ende fanden.
In der Habsburgermonarchie konnte eine solche Zusicherung zunächst nicht mehr als die Verwendung einer beschwichtigenden magischen Zauberformel bedeuten. Die Nationalitätenprobleme, allen voran Unabhängigkeitsbestrebungen in Italien, Ungarn und Böhmen, entwickelten erhebliche Sprengkraft innerhalb des bislang dynastischen Staates. Dem allzu schwachen liberalen Bürgertum, das allein als Träger einer Verfassungspolitik infrage kam, war es nicht gelungen, die Macht zu erobern. [...] Doch das stärkte die den Problemen nicht gewachsene und von keiner Seite gestützte Regierung nicht dauerhaft. Die Habsburgermonarchie schien als Führungsmacht am Ende zu sein, ihre Konsolidierung lag im Ungewissen.

Günter Wollstein, Märzrevolution und Liberalisierung, in: Informationen zur politischen Bildung vom 21.01.2010, https://www.bpb.de/shop/zeitschriften/izpb/revolution-von-1848-265/9875/maerzrevolution-und-liberalisierung/ [Zugriff: 08.04.2026]

Arbeitsvorschläge

32065-0364

1. Fassen Sie die Problemlage im Habsburgerreich zusammen. | F
2. Erklären Sie, weshalb Metternich eine militärische Intervention in Italien für notwendig hielt.
3. Nehmen Sie Stellung zu der Aussage, dass sich das Schicksal der Revolution in Preußen und vor allem in Österreich entschieden habe (vgl. Z. 3 f.).

M5 D Eine europäische Revolution?

Der Historiker Mike Rapport sieht die Revolutionen von 1848/49 als europäisches Ereignis. 2023 schreibt er darüber:

1848 und 1849 erschütterten Revolutionen und Proteste ganz Europa, von Paris bis Krakau, von Kopenhagen bis Palermo. So gut wie alle Länder waren betroffen: Selbst in Staaten, in denen keine Revolution ausbrach, wie etwa in Großbritannien, Schweden und Norwegen, wurde bei Demonstrationen und Protesten auf politische Veränderungen gedrängt. Die Revolutionäre waren meist Liberale, die eine repräsentative Regierung forderten und für Bürgerrechte, nationale Unabhängigkeit und Einheit eintraten. Ende 1849 waren die Revolutionen überall niedergeschlagen, in den meisten Ländern hatten die ursprünglichen Herrscher ihre vorübergehend verlorene Macht wiedererlangt. Doch in der Folgezeit erhielten viele europäische Gesellschaften eine liberalere, sogar demokratische Ordnung, nationale Einheit und Unabhängigkeit sowie bessere Lebensbedingungen für Arbeiter und Bauern.

Dass in einem so kurzen Zeitraum so viele Länder in fast jedem Winkel des Kontinents betroffen waren, wirft die Frage auf, inwieweit man 1848/49 weniger als Häufung nationaler Revolutionen betrachten sollte, sondern vielmehr als eine europäische Revolution. Dies führt wiederum zu der noch größeren Frage, ob die europäische Vergangenheit eine gemeinsame, geteilte Erfahrung ist oder ob jedes Land seine eigene Geschichte hat, eine nationale Vergangenheit mit einzigartigen Erfahrungen. Unabhängig davon, wie man die Ereignisse betrachtet, bleibt die Tatsache, dass 1848 eine Reihe miteinander verbundener Revolutionen stattfand, die – wie sich anhand ihrer Entstehung und ihres Verlaufs zeigt – ganz ähnlichen Mustern folgten. Damit bildet diese Kaskade von Revolutionen ein Vermächtnis, das für Europa auch heute noch Lehren bereithält.

Unabhängig von ihren jeweils eigenen Merkmalen lassen sich bei den Revolutionen von 1848 in ganz Europa die gleichen lang- und kurzfristigen Ursachen erkennen. Zu ersteren gehörten die Einschränkungen, die die konservative Ordnung in Europa mit sich brachte, das wachsende Selbstbewusstsein der Zivilgesellschaft, das Erstarken der politischen Opposition sowie soziale und wirtschaftliche Veränderungen. […]

Trotz der individuellen Entwicklung in den einzelnen Ländern kamen die Revolutionen von 1848/49 unter ähnlichen Umständen zustande und bildeten aufgrund ihrer Verbindungen untereinander eine revolutionäre Kaskade. Sie erfolgten in einem relativ kurzen Zeitraum und nahmen einen weitgehend ähnlichen Verlauf: Auf die Entwicklung revolutionärer Situationen folgten Liberalisierung, dann Polarisierung, dann Reaktion und nach einem radikalen Wiederaufleben schließlich die endgültige Niederlage. […]

Es gab jedoch auch ein europäisches Vermächtnis, das an Giuseppe Mazzinis Vision von Europa als einer friedlichen Bruderschaft freier Völker erinnerte. Die revolutionäre Kaskade von 1848/49 schien zu zeigen, dass alle europäischen Liberalen die gleichen Ziele verfolgten. Revolutionäre im einen Land sprachen Revolutionären in anderen Ländern ihre Unterstützung aus oder baten einander um Hilfe. Doch in der Praxis brachten die Revolutionen auch eine andere, negative Eigenschaft ans Licht: Zwischen den Liberalen verschiedener Länder kam es immer wieder zu Konflikten wegen umstrittener Gebiete. In einigen Ländern brachen im Kampf um die Rechte nationaler Minderheiten Bürgerkriege aus. Daher ist das wahre europäische Vermächtnis der Revolutionen von 1848/49 vielleicht weniger in der „Bruderschaft der Völker" zu suchen, sondern gleich in dreifacher Hinsicht als Warnung der Geschichte zu verstehen. Erstens zeigt sich darin, wie selbst die lobenswertesten liberalen Ziele scheitern können, wenn sie mit einem kompromisslosen Nationalismus verbunden sind, der den Bestrebungen anderer Völker wenig Raum lässt. Zweitens kann man daraus schließen, dass in Demokratien, die mit akuten Krisen konfrontiert sind, Menschen aus Angst vor sozialen Umwälzungen dazu verleitet werden können, Zuflucht in autoritären Lösungen zu suchen. Und drittens erinnert 1848/49 an die Herausforderung, eine europäische Ordnung zu schaffen, die zum einen den Ambitionen und Hoffnungen der verschiedenen Völker gerecht wird und zum anderen in der Lage ist, Streitigkeiten zwischen ihnen friedlich beizulegen – und dabei Demokratie und Rechtsstaatlichkeit zu wahren.

Mike Rapport, 1848/49. Ursachen, Entwicklung und Erbe einer europäischen Revolution, in: Aus Politik und Zeitgeschichte vom 10.02.2023, übersetzt von Heike Schlatterer, zitiert nach: https://www.bpb.de/shop/zeitschriften/apuz/1848-49-2023/518138/1848-49/ (14.01.2026)

Arbeitsvorschläge

32065-0365

1. 1848/49 als eine europäische Revolution (vgl. Z. 20 ff.)? Nehmen Sie Stellung.
2. Bewerten Sie die These des Autors, dass die Revolutionen von 1848/49 als „Warnung der Geschichte" (Z. 68) zu verstehen seien.

Leitfrage

Nehmen Sie Stellung:
1848 – eine europäische Revolution?

1.2 Basismodul: Globalisierung und Industrialisierung

„Wo simmer denn dran? Aha, heute krieje mer de Dampfmaschin. Also, wat is en Dampfmaschin? Da stelle mehr uns janz dumm. Und da sage mer so: En Dampfmaschin, dat is ene joße schwarze Raum, der hat hinten un vorn e Loch. Dat eine Loch, dat is de Feuerung. Und dat andere Loch, dat krieje mer später."

In dem Film „Feuerzangenbowle" erklärt der eigensinnige Gymnasialprofessor Bömmel im Physikunterricht die Dampfmaschine. Dank der Unterweisung durch erfolgreichere Lehrer als Bömmel wurden Generationen von Ingenieuren in die Lage versetzt, Maschinen für alle möglichen industriellen Anwendungen zu konstruieren.

Schlüsselerfindungen wie die Dampfmaschine, Eisenbahn oder Elektrizität lösten in der Mitte des 18. Jahrhunderts in Großbritannien einen grundlegenden Wandel der wirtschaftlichen und gesellschaftlichen Strukturen aus. Dieser Wandlungsprozess wird als Industrialisierung bezeichnet. Im 19. Jahrhundert breitete sie sich dann nach Kontinentaleuropa sowie in die USA und nach Japan aus und erfasste schließlich die ganze Welt. Der technisch-industrielle Fortschritt durch Innovationen in Landwirtschaft, Technik und Handwerk verbesserte die Lebenssituation der Menschen, indem er zum Beispiel half, Hungerkrisen zu überwinden, und schuf einen bis dahin unbekannten materiellen Wohlstand einerseits und ein globales Entwicklungsgefälle andererseits. Die Globalisierung der Kommunikation sowie des Handels und der europäische Imperialismus verstärkten sich dabei gegenseitig.

M1 Q „Coalbrookdale bei Nacht"
Ölgemälde von Phillipp Jakob Loutherbourg dem Jüngeren von 1801
Coalbrookdale in Shropshire/Westengland gilt als eine der Geburtsstätten der Industriellen Revolution, da hier der erste mit Koks gefeuerte Hochofen betrieben wurde. Das Gemälde gibt Einblick, inwiefern sich traditionelle Lebensweisen in England während der Umbruchzeit der Industriellen Revolution wandelten.

Industrieller Aufbruch und Liberalisierung

- **um 1750** — In **England** beginnt die **Industrielle Revolution**.
- **1764** — James Hargreaves erfindet die erste industrielle Spinnmaschine („**Spinning Jenny**").
- **1764–1784** — Weiterentwicklung der Dampfmaschinentechnik, vor allem durch **James Watt**
- **1776** — **Adam Smith** veröffentlicht „Der Wohlstand der Nationen".
- **1807–1811** — In Preußen beginnt die Bauernbefreiung, 1810 wird die Gewerbefreiheit eingeführt.
- **1814/15** — Auf dem **Wiener Kongress** wird Europa neu geordnet.
- **1825** — Erste Eisenbahnstrecke (Stockton – Darlington) wird für den Personenverkehr eröffnet.
- **1834** — Entstehung des **Deutschen Zollvereins**

Durchbruch der Industrialisierung, Soziale Frage und Arbeiterbewegung

- **1835** — Die erste deutsche Eisenbahnstrecke verläuft zwischen Nürnberg und Fürth.
- **um 1840** — Die Industrialisierung gelangt auf dem europäischen Kontinent und in Teilen Nordamerikas zum Durchbruch.
- **1848/49** — Nationale, soziale und lieberale Forderungen bestimmen die **Revolution von 1848/49**. Die Arbeiter- und Frauenbewegung beginnt sich zu organisieren und Lösungen für die Soziale Frage zu suchen.

Aufstieg zum Industriestaat

- **1871–1873** — Durch die **Gründung des Deutschen Reiches** wurde die Voraussetzung geschaffen, um aus den deutschen Staaten endgültig einen einheitlichen Wirtschaftsraum zu machen.
- **1878–1890** — Mit dem **„Sozialistengesetz"** will Bismarck die Arbeiterbewegung ausschalten.
- **1883–1889** — Staatliche **Sozialgesetze** schaffen einen Rechtsanspruch auf finanzielle Leistungen im Alter, bei Krankheit oder Unfall.
- **ab 1890/95** — Durch den **Aufschwung in den „modernen" Industrien** (Elektrotechnik, Chemie und Maschinenbau) steigt Deutschland zu einer der größten Industrienationen auf.
- **um 1900** — In den meisten europäischen Industriestaaten sind erstmals mehr Menschen in Industrie und Handwerk als in der Landwirtschaft beschäftigt.
- **1913** — Henry Ford setzt in den USA das erste Fließband ein.
- **1913/14** — In Deutschland leben rund 60 Prozent der Bevölkerung in Städten. Die Arbeitszeit sinkt durchschnittlich auf etwa neuen Stunden pro Tag.

Innovationen und Inventionen in Landwirtschaft und Produktion

M1 Q Die Eisenbahn als Bauernschreck
Kolorierte Lithografie von August Schöll, 1858.

Bildinformation

31000-773

32065-0217

1. Analysieren Sie die Bildquelle und gehen Sie dabei auf die dargestellte Verbindung vorindustrieller und industrieller Merkmale ein.
2. Untersuchen Sie die Haltung des Künstlers gegenüber den technischen Neuerungen seiner Zeit.

LEIT-FRAGE

Industrieller Aufbruch und technischer Fortschritt – Chance oder Risiko?

Industrialisierung: durch technische Erfindungen, den Einsatz von Maschinen, neue Verkehrs- und Transportmittel und den Handel bewirkter Wandel, der zwischen Mitte des 18. und Anfang des 20. Jh. in Europa Industriegesellschaften entstehen ließ und von einem raschen Bevölkerungsanstieg, einer Verstädterung (Urbanisierung) sowie neuen politischen und sozialen Herausforderungen (Soziale Frage) begleitet wurde

Vorreiter Großbritannien

England wird in der historischen Forschung als das Land betrachtet, in dem die Industrialisierung ihren Ursprung hatte. Voraussetzung der Industriellen Revolution in Großbritannien sind vor allem Errungenschaften in Politik, Wirtschaft und Gesellschaft sowie technische und demografische Veränderungen.

Schon seit dem 17. Jahrhundert war England aufgrund seiner Vormacht zur See und seiner Kolonien, aus denen es günstig Rohstoffe bezog und zugleich über Absatzmärkte für seine Fertigprodukte verfügte, die größte Handelsmacht Europas. Wegen dieser dominierenden Stellung konnte sich in Großbritannien ein relativer Wohlstand entwickeln und Kapital ansammeln. Unterstützt wurde dies durch eine relativ liberale Staats- und Gesellschaftsordnung, durch die Unternehmer zu Innovationen und Investitionen ermutigt wurden, die Profit versprachen, zumal es der Staat entsprechend der Lehre des Wirtschaftsliberalismus nicht als seine Aufgabe sah, regulierend in die Wirtschaft einzugreifen, sondern lediglich günstige Rahmenbedingungen zu schaffen.

England wies vorteilhafte geografische und geologische Bedingungen auf wie kurze Verkehrswege im Inland sowie vorhandene Bodenschätze wie Kohle oder Eisenerz, die zur Herstellung von Eisen und Stahl benötigt wurden.

Sowohl durch eine fortschrittliche Landwirtschaft, die mittels Einsatzes neuer Technik die Erträge steigern konnte, als auch durch die Verbesserung der Hygiene wuchs die Bevölkerung stetig (zwischen 1700 und 1800 von ca. 6,7 Mio. auf ca. 10,2 Mio.). Dadurch erhöhte sich auch das Angebot an Arbeitskräften, die vom Land in die industriellen Zentren wanderten, um dort vornehmlich in der Textilindustrie, im Bergbau, der Stahlindustrie oder im Transportwesen zu arbeiten.

Wissen und technischer Fortschritt

Eine hohe Alphabetisierung der Bevölkerung durch ein gut strukturiertes Bildungssystem lieferte einen Entwicklungsschub, sodass britische Wissenschaftler und Konstrukteure Erfindungen machen konnten, die die Möglichkeiten für die Wirtschaft revolutionierten. Dazu gehörten Spinnmaschinen wie die um 1765 von James Hargreaves (um 1720–1778) entwickelte „Spinning Jenny“ und ihre verbesserten Nachfolgemodelle, die das einfache Spinnrad ablösten und Textilfasern auf einer Vielzahl von Spindeln gleichzeitig aufzogen. Edmund Cartwright (1743–1823) stellte 1761 den ersten mechanischen Webstuhl vor, der nach und nach die Handarbeit bei der Herstellung von Tuchen ersetzte. Im Bereich der Energiegewinnung gelang zwischen 1765 und 1782 James Watt (1736–1819) die Konstruktion einer Dampfmaschine. Durch Dampfdruck mittels Verbrennung stand nun ein Antrieb zur Verfügung, der sich unabhängig von Zugtieren, Wind- oder Wasserkraft einsetzen ließ.

M 2 D Watt'sche Dampfmaschine
Mit der Erfindung der Dampfmaschine war der Antrieb von Geräten nicht mehr von natürlichen Energiequellen oder dem Einsatz von Mensch und Tier abhängig.

► Beschreiben Sie die Funktionsweise einer Dampfmaschine.

Internettipp:
32065-0218 Virtueller Rundgang durch das Deutsche Museum (Bereich „Kraftmaschinen“)

Vom Manufaktur- zum Fabrikwesen

Diese neuen Technologien gaben in der zweiten Hälfte des 18. Jahrhunderts den Weg frei für die Produktion von Gütern in bisher nicht gekanntem Umfang. Massenproduktion, Massenbeschäftigung und der Einsatz von Maschinen an einem Betriebsort (Fabrik) wurden zu Kennzeichen der neuen Wirtschaftsform, die man als „industriell“ bezeichnete. Die neue Produktionsweise löste die Fertigung im häuslichen Umfeld ab und veränderte das Arbeitsleben grundlegend. Massengüter wurden arbeitsteilig und – im Gegensatz zur Manufaktur – mechanisiert hergestellt. Die Tätigkeit der Angestellten reduzierte sich auf einfache, monotone Handgriffe, die auch von ungelernten Kräften ausgeführt werden konnten. Gearbeitet wurde nun im Maschinentakt. Um die Arbeiterinnen und Arbeiter an die neuen Strukturen zu gewöhnen, gab es vonseiten der Unternehmer oft rigide Fabrikordnungen.

Als erster Gewerbebereich wurde zwischen etwa 1780 und 1800 die Textilherstellung industrialisiert, die so zur ersten Schrittmacherindustrie des neuen Zeitalters in England wurde. Nachdem im 18. Jahrhundert der Bergbau intensiviert und technisch verbessert worden war, entfaltete sich seit Anfang des 19. Jahrhunderts die industrielle Produktion von Eisen und Stahl (Schwerindustrie). Aufgrund des wachsenden Bedarfs an Maschinen wurde auch der Maschinenbau zu einem eigenen Industriezweig.

Industrielle Entwicklung auf dem europäischen Kontinent

Im Verlauf des 19. Jahrhunderts folgten immer mehr Staaten des Kontinents dem in Großbritannien eingeschlagenen Wachstumspfad, zunächst in Belgien, danach in Frankreich, der Schweiz und den Staaten des Deutschen Bundes. Deren jeweilige Ausgangslage unterschied sich jedoch in vielerlei Hinsicht vom Pionierland Großbritannien. Dies zeigt nicht zuletzt der Blick auf die ungünstigeren deutschen Verhältnisse um 1800.

Die geografische Lage in der Mitte Europas sowie die politische Zersplitterung mit seinen mehr als 300 territorialen Einheiten wirkten sich äußerst hemmend auf die wirtschaftliche Entwicklung aus. Das Gebiet war immer wieder Schauplatz von Kriegen gewesen, die schwere Verwüstungen hervorgerufen hatten. Das ständige Kriegsrisiko behinderte ebenso wie die Vielzahl an Zollschranken und die unterschiedlichen Maß-, Münz- und Gewichtssysteme die Entwicklung des Handels. Auch das Verkehrswesen war im deutschen Raum sehr viel schlechter erschlossen. Zudem hatte Deutschland zunächst keinen, gegen Ende des 19. Jahrhunderts nur einen sehr be-

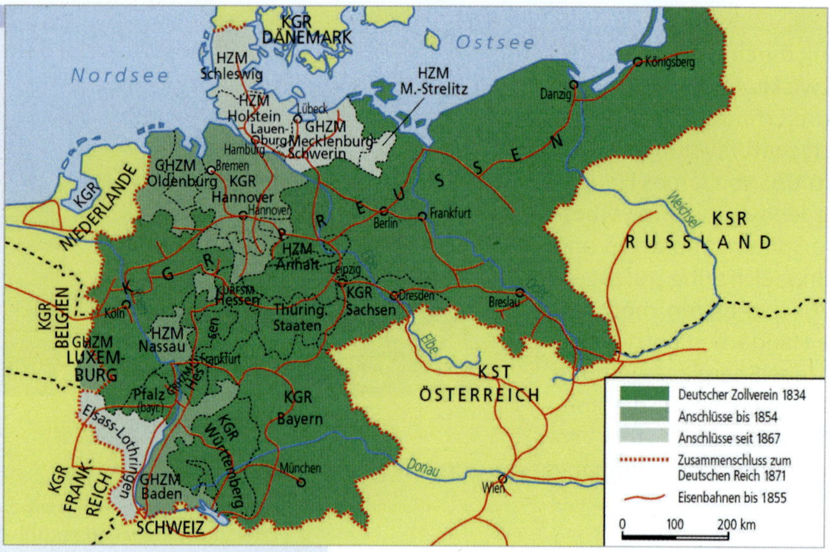

M3 D Entwicklung des Deutschen Zollvereins seit 1834

- Die deutsche Einigung im 19. Jahrhundert – eine wirtschaftliche Notwendigkeit? Nehmen Sie Stellung.

Deutscher Zollverein: wirtschaftlicher Zusammenschluss deutscher Staaten von 1834, der auf eine Idee des Volkswirtschaftlers Friedrich List zurückging. Er schuf einen einheitlichen Binnenmarkt ohne Zollgrenzen und erleichterte den Absatz von Gütern aus gewerblicher Massenproduktion. Er bereitete den deutschen Nationalstaat vor.

Leitsektor: Teil der Industrie, der die industrielle Entwicklung vorantreibt und Rückkopplungseffekte auf weitere Wirtschaftsbereiche wie etwa Zuliefererindustrien auslöst

scheidenen Anteil an der überseeischen Kolonial- und Handelsexpansion gehabt. Darüber hinaus arbeiteten zwischen zwei Drittel und drei Viertel der Bevölkerung überwiegend im primären Sektor (Landwirtschaft) mit kleinen Betrieben, die überwiegend der Selbstversorgung dienten. Eine zunächst fehlende Gewerbefreiheit verhinderte Betriebsgründungen.

Einen ersten wichtigen Schritt für den deutschen Industrialisierungsprozess stellte die Gründung des **Deutschen Zollvereins** 1834 dar. Die Zolleinigung beseitigte zahlreiche Störungen im deutschen Wirtschaftsleben und schuf erstmals seit vielen Jahren stabile handelspolitische Verhältnisse. Er gab auch größere Sicherheiten beim Absatz von gewerblichen Massenprodukten, verbesserte das Investitionsklima und begünstigte damit den Aufbau neuer Industriezweige.

Mitte der 1840er-Jahre entwickelte sich der Eisenbahnbau zur treibenden Kraft der Industrialisierung in Deutschland. Nachdem 1835 die erste Eisenbahnlinie von Nürnberg nach Fürth in Betrieb genommen worden war, beschleunigte sich in den folgenden Jahrzehnten der Ausbau des Streckennetzes (bis 1840: 579km; um 1850: 7123km). Mit dem Eisenbahnbau gingen vielfältige Begleiteffekte einher: Sinken der Transportkosten, rasantes Wachstum der Schwerindustrie, der Steinkohleförderung und des Maschinenbaus und ein hoher Bedarf an Arbeitskräften. Der schwerindustrielle **Leitsektor** erwies sich daher ab ca. 1850 als der eigentliche Motor der deutschen Industriellen Revolution. Der Bahnbau beschleunigte außerdem die bereits begonnene Herausbildung industrieller Führungsregionen wie zum Beispiel des Ruhrgebiets oder des Saarlandes, also von Gegenden mit Kohlebergbau.

„Zweite Industrialisierung"

Nach der Gründung des Deutschen Kaiserreiches 1871 entwickelte sich ein ungeahntes Wirtschaftswachstum, dessen Hauptmerkmal die Gründung zahlreicher Firmen war. Deshalb heißen die Jahre 1871 bis 1873 „Gründerjahre". Der Aufschwung wurde maßgeblich dadurch beeinflusst, dass Frankreich eine hohe Kriegsentschädigung zahlen musste. Zudem erleichterte der nun neu entstandene, geschlossene Wirtschaftsraum ganz erheblich den Handel der zahlreichen neu gegründeten Firmen, insbesondere der Aktiengesellschaften (1871 bis 1873: 928 Neugründungen).

Neue Führungssektoren, vor allem die Chemie und die Elektrotechnik, lösten die Schwerindustrie zunehmend ab. Durch die neuen und eigenständigen Entwicklungen und Verfahrenstechniken, die diesen Aufstieg begünstigten, nahm Deutschland erstmals die Rolle eines industriellen Pioniers und führenden Technologieexporteurs ein. Besonders die chemische Industrie begann im letzten Drittel des 19. Jahrhunderts vom steigenden Bedarf an Kunstdünger zu profitieren. Auch die Arzneimittelherstellung gewann schon vor 1900 an Bedeutung. Die Entdeckung des elektrodynamischen Prinzips durch die Firma Siemens 1866 ließ durch Elektrifizierung ganz neue Wirtschaftszweige entstehen. Vor allem der Maschinenbau nutzte diese neue Chance und blieb damit ein wichtiger Leitsektor der neuen Industrialisierungsphase.

M4 D Industrialisierung in Zahlen

a) Roheisenproduktion je Einwohner in verschiedenen Ländern

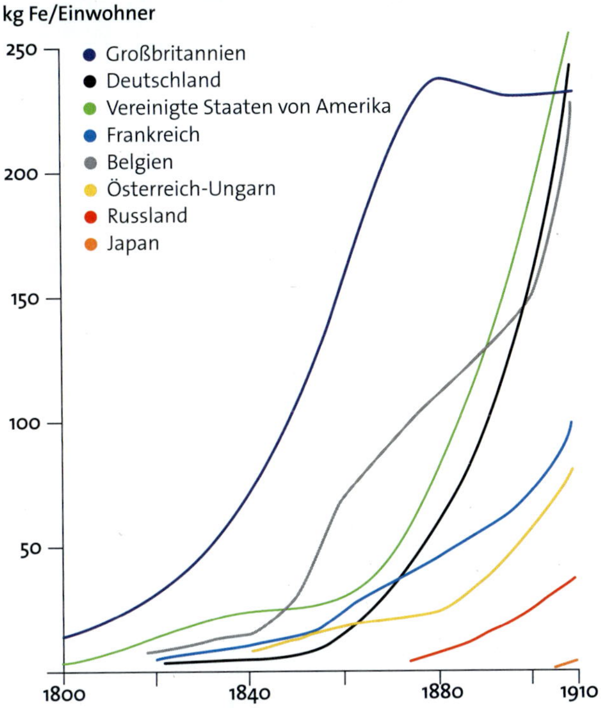

Friedrich Wilhelm Hennig, Die Industrialisierung in Deutschland 1800–1914, Paderborn [8]1993, S. 153

b) Erwerbstätige in Deutschland nach Wirtschaftssektoren 1800 bis 1914

	Sektoren aller Beschäftigten (in Prozent)			Beschäftigte insgesamt (in Mio.)
	primärer Sektor	sekundärer S.	tertiärer Sektor	
1780	65	19	16	10,0
1800	62	21	17	10,5
1825	59	22	19	12,6
1850	55	24	21	15,8
1875	49	30	21	18,6
1900	38	37	25	25,5
1914	34	38	28	31,3

Friedrich Wilhelm Henning, Die Industrialisierung in Deutschland 1800 bis 1914, Paderborn 1976, S. 20

c) Anteil einiger ausgewählter Länder an der Weltindustrieproduktion 1830 bis 1913

	1830	1860	1880	1900	1913
Großbritannien	9,5	19,9	22,9	18,5	13,6
Deutschland	3,5	4,9	8,5	13,2	14,8
Frankreich	5,2	7,9	7,8	6,8	6,1
USA	2,4	7,2	14,7	23,6	32,0

Wolfram Fischer u. a. (Hrsg.), Handbuch der europäischen Wirtschafts- und Sozialgeschichte, Bd. 5, Stuttgart 1985, S. 15

Arbeitsvorschläge

32065-0219

1. Arbeiten Sie die Grundzüge der wirtschaftlichen Entwicklung anhand der Tabelle c) und des Diagramms a) heraus. Vergleichen Sie die Unterschiede zwischen den dargestellten Ländern.
2. Analysieren Sie die strukturellen Veränderungen, die in der Statistik b) dargestellt sind.
3. Fassen Sie die Grundzüge der industriellen Entwicklung zusammen und leiten Sie davon Veränderungen für das Leben der Menschen ab. | H

M5 Q Die Begründung der Marktwirtschaft

Der schottische Ökonom Adam Smith begründet 1776 in seinem Buch „An Inquiry into the Nature and Causes of the Wealth of Nations" (dt.: „Der Wohlstand der Nationen") eine neue Wirtschaftsordnung:

Der Einzelne ist stets darauf bedacht, herauszufinden, wo er sein Kapital, über das er verfügen kann, so vorteilhaft wie nur irgend möglich einsetzen kann. Und tatsächlich hat er dabei den eigenen Vorteil im Auge und nicht etwa den der Volkswirtschaft. Aber gerade das Streben nach seinem eigenen Vorteil ist es, das ihn ganz von selbst oder vielmehr notwendigerweise dazu führt, sein Kapital dort einzusetzen, wo es auch dem ganzen Land den größten Nutzen bringt. […]

Gibt man daher alle Systeme der Begünstigung und Beschränkung auf, so stellt sich ganz von selbst das einsichtige und einfache System der natürlichen Freiheit her. Solange der Einzelne nicht die Gesetze verletzt, lässt man ihm völlige Freiheit, damit er das eigene Interesse auf seine Weise verfolgen kann und seinen Erwerbsfleiß und sein Kapital im Wettbewerb mit jedem anderen oder einem anderen Stand entwickeln oder einsetzen kann. Der Herrscher wird dadurch vollständig von einer Pflicht entbunden, bei deren Ausübung […] und zu deren Erfüllung keine menschliche Weisheit oder Kenntnis jemals ausreichen könnte, nämlich der Pflicht oder Aufgabe, den Erwerb privater Leute zu überwachen und ihn in Wirtschaftszweige zu lenken, die für das Land am nützlichsten sind. Im System der natürlichen Freiheit hat der

Souverän lediglich drei Aufgaben zu erfüllen […]: Erstens die Pflicht, das Land gegen Gewalttätigkeit und Angriff anderer unabhängiger Staaten zu schützen, zweitens die Aufgabe, jedes Mitglied der Gesellschaft so weit wie möglich vor Ungerechtigkeit oder Unterdrückung durch einen Mitbürger in Schutz zu nehmen oder ein zuverlässiges Justizwesen einzurichten, und drittens die Pflicht, bestimmte öffentliche Anstalten und Einrichtungen zu gründen und zu unterhalten, die ein Einzelner oder eine kleine Gruppe aus eigenem Interesse nicht betreiben kann, weil der Gewinn ihre Kosten niemals decken könnte, obwohl er häufig höher sein mag als die Kosten für das ganze Gemeinwesen.

Adam Smith, Der Wohlstand der Nationen. Eine Untersuchung seiner Natur und seiner Ursachen, München 1990, S. 369 f. und 582 (Übersetzung: Horst C. Recktenwald)

Arbeitsvorschläge

32065-0283

1. Arbeiten Sie die zentralen Aussagen aus dem Auszug heraus.
2. Erläutern Sie, was Smith unter dem „System der natürlichen Freiheit“ (Z. 24) versteht. | H
3. Diskutieren Sie, welche Folgen die Gedanken haben könnten, die Adam Smith äußert.

M6 D Regionale Entwicklung

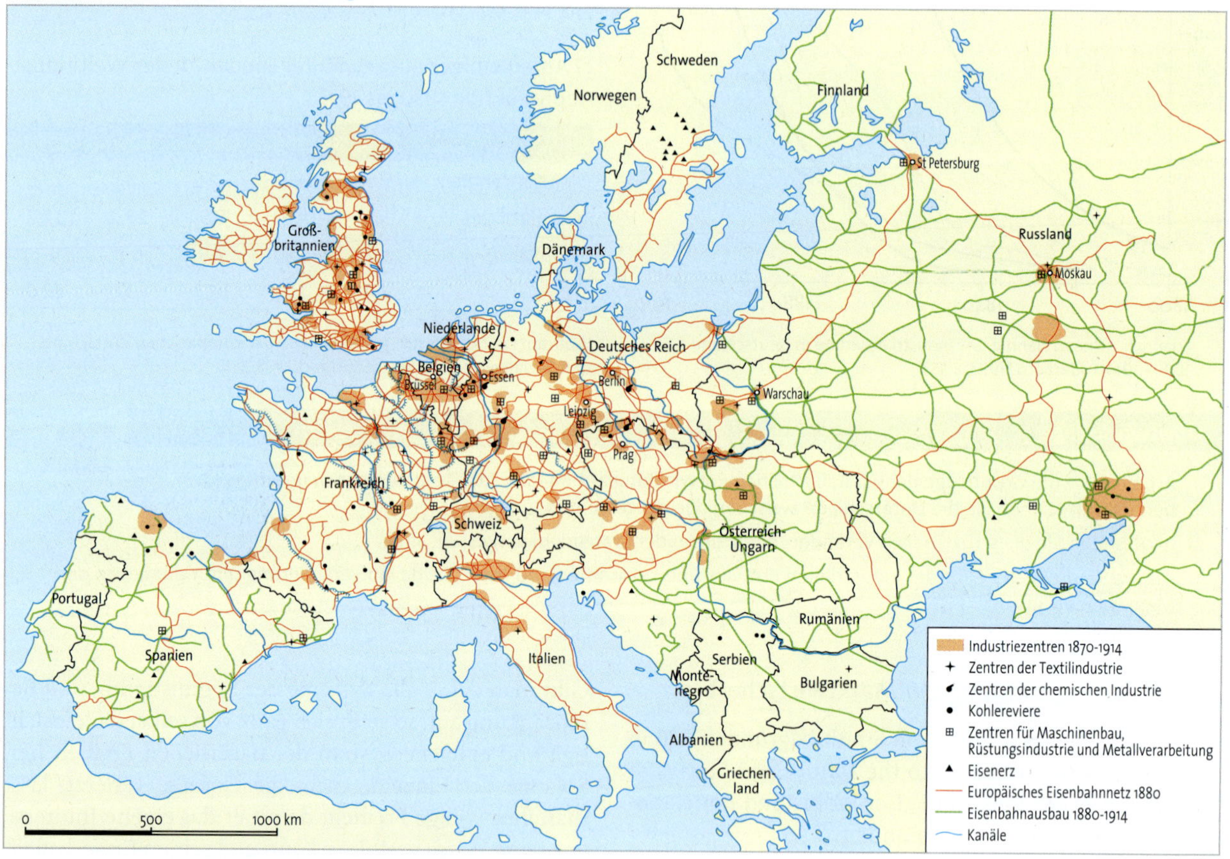

Arbeitsvorschläge

32065-0221

1. Nennen Sie Gründe für die Entwicklung der Industrie in den eingezeichneten Zentren.
2. Erläutern Sie den Zusammenhang zwischen Eisenbahn und Industriezentren.

Leitfrage

Nehmen Sie Stellung:

Industrieller Aufbruch und technischer Fortschritt – Chance oder Risiko?

Wirtschaftliche Folgen der Industrialisierung

M1 Q Eine Blumenmanufaktur

Abbildung aus der Enzyklopädie Diderots, 18. Jahrhundert

Bildinformation

31000-774

M2 Q Rationalisierte Fabrikarbeit

Foto der Montagehalle der Berliner Kleinmotorenfabrik der AEG, um 1900

Bildinformation

31000-775

32065-0222

1. Beschreiben Sie die Bilder und erklären Sie, auf welche Art die Produktion stattfindet.
2. Vergleichen Sie die Bilder anschließend hinsichtlich der Arbeitsbedingungen.

Weitreichende Veränderungen

Durch seine enormen industriellen Produktionssteigerungen holte das Deutsche Kaiserreich gegenüber England auf, das im Industrialisierungsprozess einen jahrzehntelangen Vorsprung hatte. Das Ergebnis war ein Industriewachstum, das die Agrar- in eine Industriegesellschaft verwandelte.

Als Folge der Hochindustrialisierung, der Ausweitung der Technisierung und Maschinisierung der Produktion der 1870er-Jahre, übertraf während der 1880er-Jahre die Industrie- und Handwerksproduktion (sekundärer Sektor) die Landwirtschaft (primärer Sektor). Bis 1900 betrug der Anteil der Erwerbstätigen im primären Sektor nur mehr ca. 40%. Für den Hauptteil der Bevölkerung wurde damit die Fabrik zum Arbeitsplatz.

LEIT-FRAGE

Durchbruch der Industrialisierung– alleiniger Verdienst des Staates?

Kapital (von lat. caput: Haupt, Kopf; ital. capitale: Kopfzahl, Vermögen): Sammelbegriff für Mittel, die zur Produktion von Gütern oder Dienstleistungen zur Verfügung gestellt werden, etwa Bargeld, Kredite oder Wertpapiere, Grundbesitz, Maschinen und Geräte, Betriebsstätten usw.

Zu den besonderen Kennzeichen deutscher Hochindustrialisierung gehörte der Trend zum Großbetrieb. Während der Anteil der Kleinbetriebe an der Gewerbeproduktion im letzten Drittel des 19. Jahrhunderts stetig sank, entwickelten sich in den wachstumsintensiven Industriebranchen (Bergbau, Stahlindustrie, elektrotechnische und chemische Industrie) Großunternehmen mit über 1000 Beschäftigten. Die bevorzugte Organisationsform der Großunternehmen war die Aktiengesellschaft. Damit war es möglich, **Kapital** für Investitionen zu beschaffen, das einzelne Unternehmer nicht allein mobilisieren konnten. Banken schlossen sich zu Großbanken zusammen, um die kurz- und langfristige Finanzierung von Industrie- und Verkehrsunternehmen zu ermöglichen.

Vom Gründerboom zur „Gründerkrise“

Seit der Reichsgründung 1871 hatte Deutschland ein einheitliches liberales Wirtschaftssystem mit einem homogenen nationalen Wirtschaftsraum, einer einheitliche Wirtschaftsgesetzgebung und einem vom Wirtschaftsbürgertum getragenen Industriekapitalismus. Die von Frankreich gezahlte Kriegsentschädigung in Höhe von fünf Milliarden Goldfrancs bescherte der Schwer- und Bauindustrie viele Aufträge und erhöhte den Geldumlauf enorm. Im ganzen Reich herrschte Hochkonjunktur.

Durch die internationale Verflechtung von Banken und Handelspartnern blieben Krisen jedoch nicht mehr auf einzelne Staaten beschränkt. Nach der überhitzten Konjunktur des Jahres 1872 kam es 1873 zum „großen Krach“: Die Aktienkurse fielen. Nachdem im Mai die Wiener Börse geschlossen worden war, wurde im September auch die New Yorker Börse geschlossen. Eine Weltwirtschaftskrise kündigte sich an. Im Oktober brachen auch die Kurse an der Berliner Börse ein: Bis 1876 waren 61 Banken, vier Eisenbahngesellschaften und 115 Industrieunternehmen zusammengebrochen. Allerdings waren vom Gründerkrach vor allem unsolide Firmen betroffen. Andere, wie die Schering AG und die Allgemeine Elektrizitätsgesellschaft (AEG), konnten sich behaupten.

Der Börsencrash von 1873 leitete eine Phase der stärkeren Schwankungen bei den Wachstumsraten ein, bevor Mitte der 1890er-Jahre wieder eine neue Boomphase ausbrach. Die Grenzen ungehinderten Wachstums wurden offensichtlich, sodass die Entwicklungen der 1870er-Jahre zu einem Umdenken unter Ökonomen, Politikern und Interessenvertretern führten. Einerseits vernetzte sich die Wirtschaft immer weiter, nicht nur über nationale Grenzen, sondern auch über Kontinente hinaus. Andererseits wurde diese Entwicklung zunehmend als Bedrohung gesehen und es wurden protektionistische Maßnahmen ergriffen oder zumindest angedacht. In der Folge engagierten sich viele Staaten aktiver in der Wirtschaftspolitik. Reichskanzler Otto von Bismarck verfolgte beispielsweise seit 1875 das Ziel der Förderung der nationalen Produktion und strebte deshalb Schutzzölle an, die 1879 vom Reichstag verabschiedet wurden. Die Einfuhrzölle auf Getreide und Vieh erhöhten für die Mehrheit der Bevölkerung die Lebenshaltungskosten, bis Handelsverträge der 1890er-Jahre Erleichterung brachten. Weil andere europäische Länder dem Beispiel Bismarcks folgten, war mit Ausnahme der Schwerindustrie die Exportwirtschaft beeinträchtigt. Durch den Protektionismus war die liberale Freihandelsphase der frühen Industrialisierung beendet und es herrschte bis zum Beginn des Ersten Weltkrieges eine Zeitspanne niedrigeren Wachstums.

Rationalisierung

Eine weitere Folge der „Gründerkrise“ war das Bestreben der Unternehmer, konkurrenzfähiger zu werden. Das sollte durch eine Rationalisierung ihrer Betriebe und eine effizientere Gestaltung der Produktionsabläufe mithilfe neuer Techniken erreicht werden. Wer Beschäftigung in einem Industriebetrieb fand, musste sich auf Maßregeln und Arbeitsbedingungen einstellen, die in Landwirtschaft und Handwerk traditionell nicht üblich waren. Massengüter wurden rationell und unter Einsatz von Maschinen hergestellt, die möglichst gut ausgelastet werden mussten. Stechuhren und stichprobenartige Kontrollen von Vorarbeitern verzeichneten jeden Verstoß gegen die strengen Fabrikordnungen und das kalkulierte Arbeitssoll. Die Tätigkeit in den Fabriken verlangte von den vielen Beschäftigten vor allem Gehorsam und Ausdauer. Wie „Rädchen im Getriebe" sollten sie ihre eng definierte betriebliche Rolle erfüllen.

Die industrielle Arbeitsteilung wurde dabei immer weiter perfektioniert. Die Fertigung sollte möglichst ohne Unterbrechung ablaufen, wobei die Beschäftigten wenige, stets gleiche Handgriffe ausführten. Dadurch ließen sich noch mehr als bislang un- oder angelernte Arbeitskräfte einsetzen, was den Einzelnen umso austauschbarer erscheinen ließ. Erschwert wurde das hohe Arbeitspensum in Fabriken durch Lärm, Hitze, Schmutz und Gestank sowie Licht- und Luftmangel. Fehlende Sicherheitsvorkehrungen an den Maschinen verursachten immer wieder schwere Unfälle. Bei Arbeitsunfähigkeit oder Verlust des Arbeitsplatzes drohte den Familien der Ruin, denn Unfall- und Krankenversicherungen, Kündigungsschutz oder Arbeitslosenhilfe wurden erst gegen Ende des 19. und zu Beginn des 20. Jahrhunderts eingeführt.

Die industriellen Arbeitsbedingungen strahlten langfristig auf andere Wirtschaftsbereiche ab. Um dem Konkurrenzdruck der neuen Industrien standhalten zu können, griffen auch die kleineren Gewerbe- und Handwerksbetriebe zu Maßnahmen der Rationalisierung.

Kartelle und Syndikate

Eine weitere Maßnahme zur Steigerung der Konkurrenzfähigkeit der Unternehmen war die Bildung von Kartellen und Syndikaten, die vor allem nach der „Gründerkrise" einsetzte. Ein Eingreifen des Staates, der sich die Beseitigung „überspannter Konkurrenz" erhoffte, gab es nicht.

In einem Kartell schlossen sich unabhängige Unternehmen einer bestimmten Branche zwecks interner Preis- und Mengenabsprache zusammen, was der Wettbewerbsbeschränkung oder gar der Monopolbildung, das heißt der völligen Beherrschung des Marktes, dienen sollte. In einem Syndikat wurde darüber hinaus der Vertrieb über ein gemeinsames Büro abgewickelt. Das 1893 gegründete Rheinisch-Westfälische Kohlesyndikat kontrollierte auf diese Weise mehr als 80 Prozent der Fördermenge in Deutschland. Der gemeinsame Vertrieb stellte zusätzlich die absolute Preiskontrolle sicher. 1904 gründeten Hoechst, die Farbwerke Cassella und die Chemische Fabrik Kalle den „Dreiverband", und auch die Teerfarbenfabriken Bayer, BASF und die Aktiengesellschaft für Anilinfabrikation (Agfa) schlossen sich zusammen.

In ihrer Gesamtheit führten die im Deutschen Reich ergriffenen Maßnahmen dazu, dass die Wirtschaft rasch an Schwung gewann, als die Konjunktur in den 1880er-Jahren wieder anzog. Alle diese staatlichen und unternehmerischen Maßnahmen können in je unterschiedlicher Mischung auch in den USA und in den anderen europäischen Industriestaaten beobachtet werden.

M3 Q „Fünf gegen Einen"
Zeitschriftenwerbung für Linotype-Setzmaschinen der Mergenthaler Setzmaschinen-Fabrik Berlin von 1908/09

► Interpretieren Sie die Werbeanzeige und erläutern Sie das Prinzip der Rationalisierung.

M4 Q Großbetriebe und ihre Folgen

Der Nationalökonom Gustav Schmoller, der sich als Mitbegründer des „Vereins für Socialpolitik“ auch sozialpolitisch engagiert, weist 1892 auf die strukturellen Veränderungen hin, die aus der wirtschaftlichen Entwicklung zu industriellen Großbetrieben resultieren:

Die Großbetriebe sind heute mehr oder weniger selbstständige Anstalten für die Produktion, den Handel, den Verkehr, welche vom Haushalt der Mitarbeitenden ganz, auch mehr und mehr von den Lebensschicksalen der Beteiligten losgelöst, ihre eigentümliche Verfassung, ihr eigenes, dauerndes, durch die Generationen hindurch fortdauerndes Leben haben. Der intime, rein private Charakter der alten kleinen Geschäfte ist schon deshalb verschwunden, weil an den Großbetrieben die wirtschaftliche Existenz ganzer Gruppen verschiedener Familien hängt. Da sind die leitenden Persönlichkeiten, dann die Aktionäre, stillen Teilhaber, sonstigen Kapitalinteressenten und Gläubiger, endlich die Werkmeister und Arbeiter; aber nicht bloß sie kennen den Betrieb und haben ein Interesse an ihm; nein, da sind noch Hunderte und Tausende von Kunden, die von nah und fern das Geschäft verfolgen, dann zahlreiche Händler und Lieferanten, Konkurrenten, endlich die Nachbarn, die ganze Stadt, der Kreis, die Provinz, welche ein Interesse an dem Auf- und Niedergang des großen Betriebes haben. Die Lage, die baulichen Einrichtungen, die guten oder schlechten Verkehrsbedingungen jedes Großbetriebs werden ebenso zu einer Gemeinde- und Bezirksangelegenheit wie die Rückwirkung auf Schulwesen, Steuerkraft, Bevölkerungszu- oder -abnahme, Wohlstand und Verarmung der ganzen Gegend, Art der Siedlung und Grundeigentumsverteilung die weitesten Kreise berührt. So ist es wahr, dass die Großbetriebe die Volkswirtschaft immer mehr in einen gesellschaftlichen Prozess verwandeln, wobei private und allgemeine Interessen immer komplizierter verbunden und ineinander verschlungen werden. Der einzelne Großbetrieb wird, welche rechtliche Verfassung er auch im Einzelnen haben mag, zu einem Mittelding zwischen einem privaten und einem öffentlichen Haushalt; auch wo der Privatunternehmer an der Spitze desselben bleibt, kann er nicht mehr dieselbe Stellung haben wie in seiner Familienwirtschaft; es schieben sich allgemein Interessen, Elemente der öffentlichen Organisation in den Großbetrieb ein. [...]

Zunächst ist nun zu erwähnen, dass die enorme Wichtigkeit, die notwendige lokale Ausbreitung bestimmter Betriebe über ganze Gemeinden und Länder, der Zusammenhang einzelner Geschäfte mit dem öffentlichen Dienste und den nationalen sowie den idealen Interessen oder auch die Monopolstellung einzelner Geschäfte dazu geführt hat, bestimmte Unternehmungen in die Hände des Staates oder der Gemeinden zu bringen. Die Eisenbahnen und andere Verkehrsmittel, einzelne Teile des Kreditgeschäfts und der Versicherungsgewerbe, ein Teil der Forsten, der Bergwerke, der Hütten, militärische Werkstätten, lokale Gas-, Wasser-, elektrische Werke sind so in öffentliche Verwaltung übergegangen [...].

Wohl aber hat sich im Zusammenhang mit dieser großen Änderung zugleich eine tief greifende Verschiebung der Stellung des Kapitals vollzogen. Je größer die Betriebe sind, desto mehr arbeitet fremdes Kapital von Gläubigern darin, das mehr als Verzinsung nicht erhält. Auch das Aktien-, Genossenschafts-, das Kapital stiller Teilhaber erwartet eigentlich nicht mehr als Verzinsung. Das Kapital rückt so mehr und mehr aus der herrschenden Stellung hinaus; es wird das, was es von Natur sein soll, ein dienendes Glied; die Kapitalisten leiten das Geschäft nicht mehr, sondern die geschäftlichen Intelligenzen; der Unternehmergewinn wird mehr und mehr Bezahlung hochqualifizierter Arbeit, und soweit er dem Kapital bleibt, zerteilt er sich in viele Hände, die Aktien und Genossenschaftsanteile besitzen; teilweise geht er, nämlich bei gewissen Genossenschaften, zugleich mit in die Hände der Kunden; teilweise fließt er als Tantieme, Gewinnbeteiligung, Prämien in die Taschen der Angestellten und Arbeiter.

Zitiert nach: Walter Steitz (Hrsg.), Quellen zur deutschen Wirtschafts- und Sozialgeschichte von der Reichsgründung bis zum Ersten Weltkrieg, Darmstadt 1985, S. 160–163

Arbeitsvorschläge

32065-0223

1. Erläutern Sie die strukturellen Unterschiede zwischen einem Großbetrieb und einem kleinen Familienunternehmen.
2. Nehmen Sie Stellung zu Schmollers Aussage, die Großbetriebe würden die Volkswirtschaft immer mehr in einen gesellschaftlichen Prozess verwandeln. Wie steht er persönlich zu den Veränderungen?

M5 Q Ursachen und Folgen des „Gründerkrachs“

a) Im Dezember 1871 warnt die „Leipziger Illustrierte Zeitung“ vor dem beginnenden Gründerboom:

Anders stellen sich die Verhältnisse bei den industriellen Gründungen, welche alle Tage wie die Pilze aus der Erde schießen und ihr Entstehen teils den jungen Banken, teils Privatspekulanten verdanken. Bisher hat es sich fast nur um die Umwandlung von Privatunternehmungen in Aktiengesellschaften gehandelt. – Ein Consortium tritt zusammen, verkündet, dass es ein Fabrikunternehmen für so und so viel erstanden habe, und fordert zur Aktienzeichnung auf. Es versteht sich von selbst, dass kein Besitzer eines rentablen und angesehenen Fabrikunternehmens dasselbe ohne bedeutenden Gewinn an eine Spekulationsgesellschaft abtreten wird, deren einzige Absicht ist, aus dieser Abtretung wiederum Kapital zu schlagen. [...] Je größer der Ruf eines solchen Privatunternehmens war, desto höhere Preise glauben die Gründer dem Publikum anrechnen zu können, und traurige Erfahrungen haben gezeigt, wie gerade dergleichen große Fabrikindustrien, man könnte geneigt sein zu glauben, sobald sie in den Besitz von Aktiengesellschaften gelangten, dem schmählichsten Ruin verfielen. [...] Man könnte geneigt sein zu glauben, dass durch die Umwandlung der Aktiengesellschaften viele Privatunternehmungen erhöhte Produktionskraft zu gewinnen vermöchten [...]. Dies mag in einzelnen Fällen auch wirklich zutreffen; indes muss man sich hüten, im Allgemeinen diesem Wahn sich hinzugeben. Die Triebfeder des ganzen Gründungstreibens auch im Industriefach ist eben bloß der Gründerprofit, die Gier, durch die Ausbeutung der allgemeinen Sucht nach mühelosem Gewinn sich selbst im Großen zu bereichern.

Zitiert nach: Ulrike Laufer und Hans Ottomeyer (Hrsg.), Gründerzeit 1848–1871. Industrie & Lebensträume zwischen Vormärz und Kaiserreich, Ausstellungskatalog, Berlin 2008, S. 471 f.

b) Der Wirtschaftswissenschaftler Alphons Thun berichtet 1879 über die Verhältnisse in Aachen:

Die Krisis hat fürchterlich unter dem Arbeiterstande gewütet. Alle wohlgesinnten Männer, welcher Partei sie auch angehören mögen, können ihr Erstaunen darüber nicht bemeistern, dass die Arbeiter noch überhaupt existieren können, und sie grübeln, wie dieselben es wohl anstellen mögen, sich durchs Leben zu schlagen. Mir scheint das Rätsel unschwer zu lösen: Die Ausgaben sind auf das rein physische Minimum reduziert; nur ein schützendes Dach und ein gewisses Quantum an Nahrung [...] müssen beschafft werden; alle übrigen Bedürfnisse bleiben unberücksichtigt. Die in guten Zeiten angeschafften Kleider, Wäsche, Möbel wandern in eines der florierenden Pfandhäuser, und nur eine dürftige Hülle, bestehend in Hemd, Hose und schäbigem Rock, deckt die abgemagerten Glieder; im Winter wird gefroren und abends im Dunkeln oder auf der Armensünderbank in der Kneipe gesessen, wo es hell und warm ist; die Kinder kommen in die Freischule[1], und die Steuern müssen erlassen werden; denn wo nichts ist, haben Kaiser und Oberbürgermeister ihr Recht verloren.

Zitiert nach: Beate Althammer, Das Bismarckreich 1871–1890, Paderborn 2009, S. 118 f.

Arbeitsvorschläge

32065-0503

1. Fassen Sie die genannten Ursachen für die wirtschaftliche Entwicklung zusammen.
2. Skizzieren Sie die hier beschriebenen Folgen der Wirtschaftskrise.
3. a) Charakterisieren Sie das Stimmungsbild.
   b) Diskutieren Sie, inwiefern sich Schlussfolgerungen auf die daraufhin getroffenen wirtschaftlichen und politischen Maßnahmen ziehen lassen.

M 6 Q Stechuhr

Holzstich aus der „Illustrirten Zeitung“ vom 18. Mai 1889

Arbeitsvorschlag

32065-0224

► Interpretieren Sie die Darstellung.

[1] Armenschule

Leitfrage

Nehmen Sie Stellung:
Durchbruch der Industrialisierung – alleiniger Verdienst des Staates?

Statistiken auswerten

Statistiken stellen eine systematische Sammlung von Informationen in Form von Zahlen dar. Ablesen lassen sich aus ihren Daten Zustände, Entwicklungen und Zusammenhänge für den betrachteten Zeitraum. Statistisches Material begegnet uns in Tabellen oder Diagrammen. Statistiken können dabei absolute Zahlen (genaue oder gerundete) oder relative Werte wie Prozentangaben enthalten. Die Qualität einer Statistik hängt von der Erhebung der Daten und deren mathematischer Umsetzung ab. Diese Faktoren machen bereits deutlich, dass es für viele historische Aussagen schwierig oder gar unmöglich ist, verwertbare Statistiken zu erzeugen. Daher: Kritisch bleiben! – Statistiken zeigen nur das Ergebnis und nicht dessen Zustandekommen.

Statistiken werden häufig in Diagrammen veranschaulicht. Dabei werden oftmals folgende Diagrammarten genutzt:

Liniendiagramm

Säulendiagramm

Kreisdiagramm

Arbeitsschritt	Leitfragen
1. beschreiben	• Um welche Art von Statistik handelt es sich? • Wer hat die Statistik erstellt/in Auftrag gegeben und wo wurde sie veröffentlicht? • Wann und zu welchem Anlass ist sie entstanden?
2. erklären	• Welche Leitfrage stelle ich an die Statistik? • Worüber informiert die Statistik? (Thema, Raum, Messgrößen) • Welche Daten sind für die Aufgabenstellung relevant? • Woher stammt das Material? Inwiefern sind Rückschlüsse auf die Zuverlässigkeit der zugrunde liegenden Daten möglich? • Welche Zustände oder Entwicklungen werden wiedergegeben? • Auf welche Personen/Anlässe wird Bezug genommen? • Welche Fachbegriffe kommen ggf. vor und müssen diese geklärt werden?
3. beurteilen	• Auf welchen historischen Zeitraum/welches Ereignis bezieht sich die Statistik? ------ Ende Sachurteil / Beginn Werturteil ------ • Welche Aussageabsicht lässt sich der Statistik entnehmen? • Gibt es alternative oder ergänzende Quellen, anhand derer sich die Aussage überprüfen und der Quellenwert bestimmen lässt? • Welche Meinung vertreten Sie bzgl. der Aussage des Materials?

Beispiel für eine Statistik

Achtung! Die zeitlichen Abstände können variieren.

Hier wird der untersuchte Zeitraum dargestellt.

+ 50 | + 30 | + 30 | + 20 | + 20

	1750	1800	1830	1860	1880	1900
Großbritannien	1,9	4,3	9,5	19,9	22,9	18,5
Habsburger Reich	2,9	3,2	3,2	4,2	4,4	4,7
Frankreich	4,0	4,2	5,2	7,9	7,8	6,8
Deutsche Staaten/Deutschland	2,9	3,5	3,5	4,9	8,5	13,2
Italienische Staaten/Italien	2,4	2,5	2,3	2,5	2,5	2,5
Russland	5,0	5,6	5,6	7,0	7,6	8,8
USA	0,1	0,8	2,4	7,2	14,7	23,6
Japan	3,8	3,5	2,8	2,6	2,4	2,4
China	32,8	33,3	29,8	19,7	12,5	6,2
Indien/Pakistan	24,5	19,7	17,6	8,6	2,8	1,7

Fokus auf: Entwicklung eines Landes über den gesamten Zeitraum

Relative Anteile an der Weltindustrieproduktion (in Prozent)
Nach: Paul Kennedy, Aufstieg und Fall der großen Mächte, Frankfurt am Main [5]2005, S. 237 (gekürzt)

Thema

Hier werden die untersuchten Nationen aufgeführt. (Vorauswahl!)

Fokus auf: Status quo (aller Länder) zu einem bestimmten Zeitpunkt

Dies ist die relevante Information, um die Quelle benennen und einschätzen zu können.

Die Lösung zu dieser Seite finden Sie unter Mediencode **32065-0457**.

Arbeitsvorschlag

32065-0458

▶ Analysieren Sie die Statistik anhand der Leitfrage: „England – Pionierland der Industrialisierung?" | **H**

Soziale und ökologische Folgen der Industrialisierung

M1 Q Berliner Arbeiterwohnung
Einzimmerwohnung in Berlin
Foto um 1900

Bildinformation

31000-886

M2 Q „Das Eisenwalzwerk"
Gemälde von Adolph Menzel, 1872–75

Bildinformation

31000-887

32065-0226

1. Beschreiben Sie die Lebens- und Arbeitsumstände, die auf den Bildern deutlich werden. | F
2. Ziehen Sie einen Vergleich zur Zeit vor der Industrialisierung.

LEIT-FRAGE

Wandel der Lebens- und Arbeitswelt – eine neue Lebensqualität?

Urbanisierung (von lat. urbs: Stadt): Verstädterung, bei der neue Städte entstehen und bestehende wachsen. Die Urbanisierung ist ein Kennzeichen der Industrialisierung. Ausgangspunkt waren im 19. Jh. durch die Eisenbahn angebundene industrielle Standorte, die Arbeitskräfte anzogen.

Landflucht und Urbanisierung

Anfang des 19. Jahrhunderts lebten noch zwei Drittel der deutschen Bevölkerung auf dem Land. Binnen eines halben Jahrhunderts wuchs die Bevölkerung auf dem Gebiet des Deutschen Kaiserreiches zwischen 1816 und 1871 von rund 23 auf 41 Millionen Menschen. Der Wandel von der Agrar- zur Industriegesellschaft war direkt mit den Wanderungsbewegungen des 19. Jahrhunderts verbunden. Die Städte, in der Regel pulsierende Wirtschaftszentren, entwickelten sich zu modernen Großstädten, verdoppelten oder vervielfachten innerhalb weniger Jahrzehnte ihre Einwohnerzahl oder entstanden überhaupt erst neu und wuchsen rasant (z. B. 1870–1890: Dortmund von 44 000 auf 90 000 Einwohner; **Urbanisierung**). Besonders in den jungen Industriestädten stieg der Arbeitskräftebedarf enorm. Menschen, die sich von der Industriearbeit eine Verbesserung ihrer finanziellen Situation erhofften, zogen vom Land in die Städte („Landflucht"). Diese Binnenwanderung erfolgte in der Regel aus agrarisch geprägten Gebieten im Osten des Kaiserreiches nach Westen in die großen Industriezentren. Durch den fortgesetzten hohen Arbeitskräftebedarf begann sich Deutschland im ausgehenden 19. Jahrhundert zunächst langsam, dann aber mit zunehmender Geschwindigkeit zu einem Einwanderungsland zu entwickeln. Das Ruhrgebiet zog seit den 1870er-Jahren vor allem junge, polnischstämmige Männer an, die später ihre Familie nachholten oder im Ruhrgebiet sesshaft wurden. Zwischen 1830 und 1913 wanderten jedoch auch ca. sechs Millionen Deutsche nach Amerika aus, die angesichts schlechter Lebensbedingungen, Arbeitslosigkeit und politischer Konflikte ihre Heimat verließen. Erst mit dem wachsenden Arbeitskräftebedarf der Hochindustrialisierung ging die Auswanderung deutlich zurück und die Einwanderung nahm zu.

Entstehung der Arbeiterschaft

Die Industrialisierung führte zum Aufstieg neuer gesellschaftlicher Gruppen und Schichten: Unternehmer und Arbeiter. Mit dem Übergang zur Industriegesellschaft stieg der Anteil der Lohnarbeiter an der Erwerbsbevölkerung von einem Viertel 1849 auf über zwei Drittel 1885 und drei Viertel 1907. Die Industriearbeiter und -arbeiterinnen, die meist gegen einen geringen Lohn in der Fabrik als dem neuen Ort der gewerblichen Produktion arbeiteten, unterschieden sich in Spezialisten, Facharbeiter und ungelernte Arbeiter. Die Spezialisten bildeten nur eine kleine Gruppe und die Facharbeiterschaft stammte meist aus dem Handwerk und war technisch versiert.

Die überwiegende und ständig wachsende Masse der ungelernten Arbeiterinnen und Arbeiter kam aus der ländlichen Bevölkerung und war für die Arbeit in der Industrie nicht ausgebildet. Die wirtschaftliche Bedeutung und das soziale Ansehen der Unternehmer hingegen steigerten sich ständig. Sie bildeten die neue Elite in Wirtschaft, Gesellschaft sowie in der Politik.

Mit diesem Wandel änderte sich auch die Gesellschaftsstruktur: Die Ständegesellschaft, deren soziale Gruppen sich über ererbte politische und gesellschaftliche Vorrechte definiert hatten, wurde zu einer Schichten- oder Klassengesellschaft, in der es mehr Chancen für den finanziellen und sozialen Auf- und Abstieg gab.

Bewältigung des rasanten Städtewachstums

Das Anwachsen der städtischen Bevölkerung und die rasche Vergrößerung der Städte erforderte bestimmte städtebauliche Maßnahmen. Vor allen Dingen die Verbesserung der Infrastruktur (Kanalisation, Elektrizität, Wasserversorgung und Abwasserentsorgung) war dringend geboten. Die Faszination der Großstadt aufgrund der Kultur, der sich dort etablierten Lebensart, der neuen Möglichkeiten der Unterhaltung und des Kommunizierens zog viele Menschen in ihren Bann.

Andererseits erforderte der enorme Zuzug von Arbeiterinnen und Arbeitern die Schaffung neuen, preisgünstigen Wohnraums, der durch das Wachstum der Städte zusehends knapp geworden war. Angesichts des begrenzten Baulandes wurden zunehmend dicht aneinandergereihte, mehrgeschossige Wohnblöcke mit engen Hinterhöfen („Mietskasernen“) errichtet. Ein Großteil der Wohnungen verfügte weder über fließend Wasser noch über Toiletten oder Heizung. Dennoch waren die Mieten hoch und verbrauchten einen Großteil des Einkommens.

Lasten für Umwelt und Natur

Bevölkerungswachstum, Industrialisierung, Urbanisierung und der rasche Ausbau des Kanal-, Eisenbahn- und Straßennetzes intensivierten die Ausbeutung und Zerstörung der Umwelt. Industrie und Städte belasteten mit ihren Emissionen Böden, Luft und Wasser. Fäkalien, Schmutz und Unrat aus privaten Haushalten wurden der Regel entweder in Gräben entsorgt oder mit Fässern abtransportiert.

Die ab Mitte des 19. Jahrhunderts in Europa gebauten Kanalisationssysteme und sauberes Trinkwasser sorgten für eine enorme Verbesserung der sanitären und hygienischen Verhältnisse, brachten jedoch bald ein neues Problem mit sich: Durch das Einleiten von Abwässern aus Haushalten und Fabriken in die Flüsse wurden diese so stark verschmutzt, dass sie kaum noch als Trinkwasserreservoir infrage kamen.

Gegen die negativen Folgen der Industrialisierung regte sich bereits früh Protest; dieser blieb jedoch in der Regel erfolglos. Das Wissen um die Auswirkungen der Umweltverschmutzung war noch gering, man betrachtete den Rauch und Gestank als lästiges, aber im Grunde notwendiges „Culturübel“.

Die Soziale Frage

Die Industrialisierung veränderte die Arbeitswelt so, dass einerseits ein hoher Bedarf an Arbeitskräften entstand, die Arbeitenden aber andererseits ein hohes Risiko von Armut hatten. Schon zu Beginn des 19. Jahrhunderts existierte eine weitverbreitete Massenarmut (Pauperismus). Da die Industriearbeiter wegen ihrer Eigentumslosigkeit, das heißt wegen eines fehlenden existenzsichernden Vermögens, darauf angewiesen waren, ihre Arbeitskraft zu einem zu vereinbarenden Preis anzubieten, war diese dem Prinzip von Angebot und Nachfrage unterworfen. Unternehmer konnten die Löhne quasi frei festlegen.

Obwohl die Arbeiterschaft seit dem Ende des 19. Jahrhunderts zur größten sozialen Gruppe wurde, blieben die Lebens- und Arbeitsbedingungen katastrophal sowie die politischen Mitwirkungsmöglichkeiten gering. Für sie bürgerte sich der Begriff Proletariat ein. Das Elend und die Rechtlosigkeit der Arbeiterinnen und Arbeiter verschärften die Diskussion um den Pauperismus zur „Sozialen Frage". Zu ihrer Lösung verfolgten verschiedene Akteure wie Kirchen, Unternehmer, Intellektuelle, Arbeitervereinigungen sowie der Staat im 19. sowie im frühen 20. Jahrhundert unterschiedliche Angebote und Ansätze, um die Situation der Arbeiterinnen und Arbeiter zu verbessern – nicht zuletzt, um Hungeraufstände und Revolutionen zu vermeiden.

Ansätze zur Lösung der Sozialen Frage

Der Umgang des Staates mit der Arbeiterbewegung ist differenziert zu betrachten. Die wachsende Zahl an sozialistischen Arbeitern sowie die Wahlerfolge der Sozialisten verstärkten die Sorge vor einer etwaigen revolutionären Gefahr, die von ihnen ausgehen könnte. Dazu trugen nicht zuletzt radikale Ideen bei, die die bestehende politische und gesellschaftliche Ordnung umstürzen wollten. So reagierte der deutsche Staat mit der Unterdrückung der Arbeiterbewegung und dem Kampf gegen die Sozialdemokratie (Sozialistengesetz 1878). Andererseits begann der Staat – namentlich Reichskanzler Otto von Bismarck – durch die Einführung einer Krankenversicherung (1883) und Unfallversicherung (1884) die beiden wichtigsten Risiken, die im bestehenden Arbeitsleben unmittelbar zur Verarmung führen konnten, abzufedern. Mit der Alters- und Invalidensicherung (1889) wurde auch eine Absicherung für die Zeit nach dem Arbeitsleben eingeleitet. Bismarcks Zielsetzung war dabei auch, der Sozialdemokratie den Boden für politische Agitation zu entziehen, indem der Staat wesentliche Forderungen der Arbeiterschaft erfüllte, und so die Staats- und Gesellschaftsordnung zu stabilisieren. Einmal eingeführt, waren soziale Sicherungssysteme nicht mehr aus der Industriegesellschaft wegzudenken. Der Auf- und Ausbau eines Sozialstaates wurde zu einem Hauptanliegen von Regierung und Parlament, im Deutschen Reich wie in anderen Industrieländern. In den 1920er-Jahren wurde eine Arbeitslosenversicherung eingeführt, nach dem Zweiten Weltkrieg traten weitere Sozialleistungen hinzu. Indem die Arbeiter in Selbstorganisationen politisch aktiv wurden, zwangen sie den Staat, allgemeine soziale Einrichtungen zu schaffen, die maßgeblich zur Verbesserung ihrer sozialen Lage beitrugen – und bis heute beitragen.

Gewerkschaften: Nach dem Vorbild der britischen trade unions gegründete Arbeitervereinigungen, die die Interessen der Beschäftigten gegenüber Arbeitgebern und Regierung vertreten

Streik: von den Gewerkschaften organisierte gemeinsame vorübergehende Arbeitsniederlegung der Arbeitnehmer im Kampf um Lohnerhöhungen und Arbeitszeitverkürzungen, aber auch um die generelle Verbesserung der Arbeitsbedingungen

Die Kirchen sahen im Elend der Arbeiterschaft lange keinen Anlass für ein Engagement. Um die Lage der Fabrikarbeiterinnen und -arbeiter zu verbessern, begann man, zunächst auf Initiative Einzelner, sich der Kinder aus Arbeiterfamilien anzunehmen. So gründete der evangelische Pastor Johann Hinrich Wichern 1833 das „Rauhe Haus" in Hamburg zur handwerklichen Ausbildung verwahrloster Kinder. Darüber hinaus regte er die Gründung der „inneren Mission" an, die überall in Deutschland Einrichtungen für eine evangelische Sozialarbeit schuf. Auf katholischer Seite gründete Adolph Kolping den ersten „Katholischen Gesellenverein", der wandernde Handwerksgesellen betreute. Aus diesen Vereinen ging das bis heute existierende Kolpingwerk hervor, das Bestandteil der katholischen Sozialarbeit ist. Der Erzbischof Wilhelm Emmanuel Freiherr von Ketteler trat für **Gewerkschaften** und **Streikrecht** ein. In seiner Sozialenzyklika „Rerum Novarum“ nahm Papst Leo XIII. 1891 Gedanken Kettelers auf und rief die europäischen Regierungen zu einer aktiven Sozialpolitik auf, um Arbeitsschutz und gerechte Löhne zu regeln. Die Enzyklika sah auch ein Streikrecht für die Arbeiter sowie ein Koalitionsrecht (Bildung von Gewerkschaften, Genossenschaften) vor.

Nur wenige Unternehmer entschieden sich, die soziale Lage ihrer Beschäftigten zu verbessern. Großunternehmer wie Alfred Krupp (1812–1887) oder Friedrich Harkort (1793–1880) gründeten in ihren Betrieben im Ruhrgebiet ab 1836 erste Betriebskrankenkassen, ließen Werkswohnungen errichten oder ordneten Hygiene- und Sicherheitsvorschriften am Arbeitsplatz an. Daneben sorgten betriebliche Konsumvereine für einen günstigen Einkauf von Lebensmitteln. Die unternehmerische Fürsorge war vor allem reichen Unternehmern möglich, sie war nicht verpflichtend und konnte in Krisenzeiten relativ schnell abgebaut werden. Für ihr soziales Engagement erwarteten die Unternehmer zudem, dass die Beschäftigten gehorsam waren, nicht streikten und sich von politischer Betätigung fernhielten.

Besonders für die Arbeiterschaft zeigte sich rasch, dass individuelle Bemühungen gegen unternehmerische Interessen kaum Wirkung zeigten. Erst durch kollektives Handeln konnten sie öffentliche Aufmerksamkeit erzielen und ihre Anliegen mit größerem Nachdruck vertreten. Ein zentrales Mittel war dabei der zeitlich begrenzte Arbeitsausstand – der Streik –, welcher sich als wirkungsvolles Druckmittel erwies.

Im Zuge dieser Bewegung kam es ab den 1840er-Jahren zur Bildung erster Zusammenschlüsse, die sich das Ziel setzten, die politische Schlagkraft der Arbeiter zu bündeln. Die Gründung der „Allgemeinen Deutschen Arbeiterverbrüderung“ im Jahr 1848 markierte einen wichtigen Schritt in Richtung organisierter Selbsthilfe. Ab den 1860er-Jahren folgten weitere Zusammenschlüsse wie der „Allgemeine Deutsche Arbeiterverein“ (1863) unter Ferdinand Lassalle und später die von August Bebel und Wilhelm Liebknecht initiierte „Sozialdemokratische Arbeiterpartei“ (SDAP), die sich 1875 mit der „Sozialistischen Arbeiterpartei“ vereinigte und schließlich 1890 in SPD (Sozialdemokratische Partei Deutschlands) umbenannt wurde.

Parallel dazu formierten sich Gewerkschaften, um den Forderungen der Arbeiter durch kollektive Verhandlungsmacht und soziale Absicherung Nachdruck zu verleihen. Während zunächst berufsbezogene Zusammenschlüsse dominierend waren, entstand unter Carl Legien 1890 die zentrale Organisation der Freien Gewerkschaften. Diese sozialistischen Gewerkschaften unterschieden sich klar von den liberalen und später christlichen Varianten, da sie sozialen Schutz am Arbeitsplatz über politische Ziele stellten. Der Sozialismus verstand sich als Gegenmodell zur bürgerlich-kapitalistischen Gesellschaft. Anstelle von Konkurrenz und Privateigentum sollte eine solidarische Gemeinschaft mit kollektiven Eigentumsformen treten.

Karl Marx und Friedrich Engels entwickelten im 19. Jahrhundert den wissenschaftlichen Sozialismus, den Marxismus. Sie sahen die Geschichte durch wirtschaftliche Verhältnisse geprägt, insbesondere durch den Konflikt zwischen Besitzenden (Bourgeoisie) und Besitzlosen (Proletariat). Der Kapitalismus führe zu Ausbeutung und Verelendung, da Arbeiter mehr leisten, als sie bezahlt bekommen – der sogenannte Mehrwert gehe an die Unternehmer. In ihrer Schrift „Manifest der Kommunistischen Partei“ riefen sie 1848 zur Vereinigung der Arbeiter auf und forderten den Umsturz der bestehenden Eigentumsverhältnisse. Ziel sei eine klassenlose Gesellschaft ohne Ausbeutung – der **Kommunismus**. Dort solle die Arbeit menschlich gestaltet sein und ein „neuer Mensch“ in Freiheit und Gleichheit leben.

Internettipp:
32065-0227
Informationen zur SPD im Kaiserreich und zum Sozialistengesetz

M3 Q Karl Marx
(1818 – 1883): Journalist, Philosoph und Begründer des Marxismus aus Trier, emigrierte 1843 nach Paris und Brüssel, 1849 ins Exil nach London

Kommunismus (lat. communis: allgemein, allen gemeinsam): eine politische, soziale und wirtschaftliche Weltanschauung, die von einem gemeinsamen Eigentum an den Produktionsmitteln wie Boden, Kapital, Fabriken und Maschinen ausgeht, in der es keine Ausbeutung der Arbeiter mehr gibt und Frieden und Gerechtigkeit herrschen. Gegenteil des Kommunismus ist der Kapitalismus. Nach Marx und Engels ist der Kommunismus das anzustrebende Endstadium der gesellschaftlichen Entwicklung (Marxismus). Ihm geht ein sozialistischer Staat (Sozialismus) voraus.

M4 D Binnenwanderung in Deutschland während des 19. Jahrhunderts

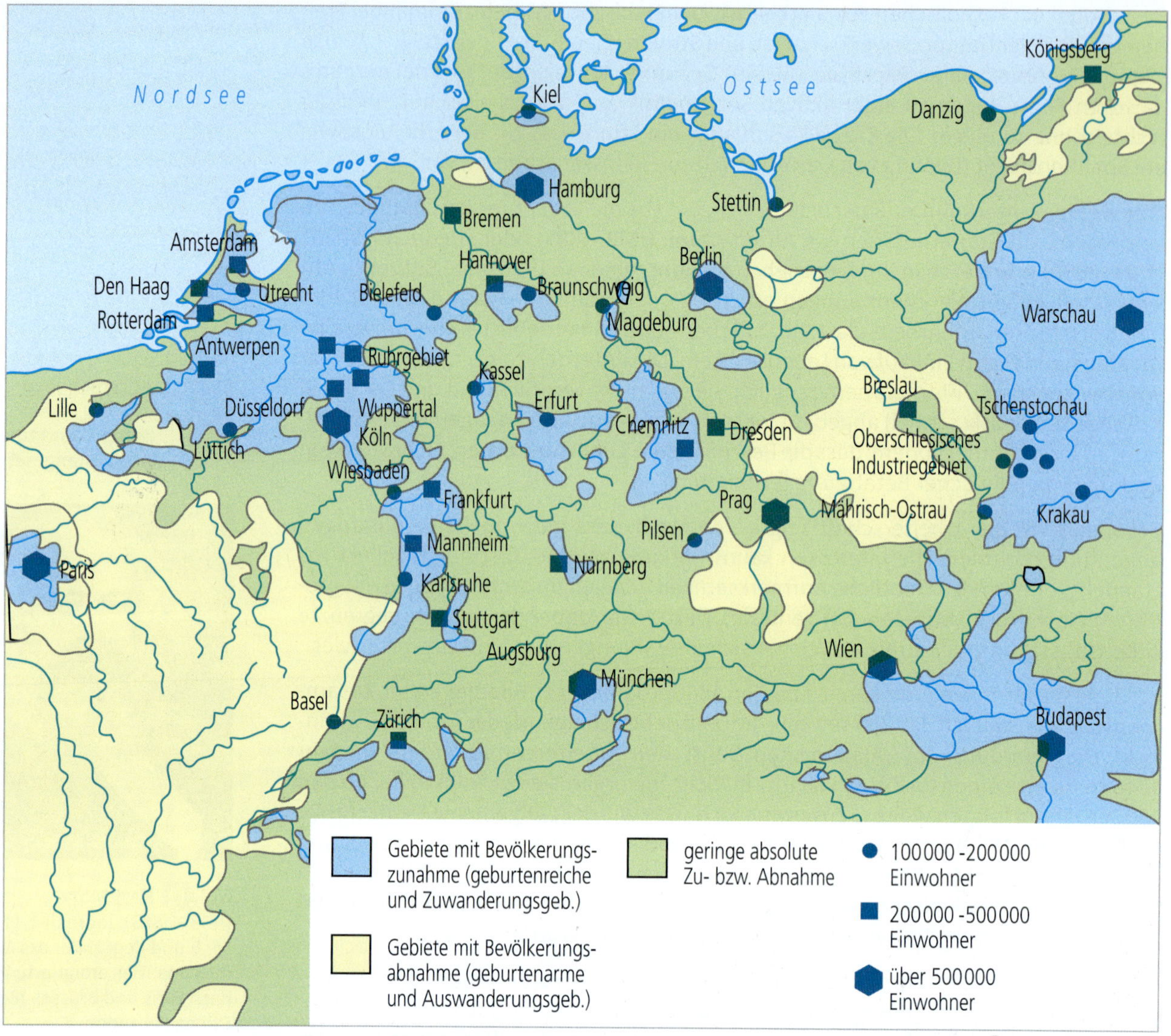

Arbeitsvorschläge

32065-0228

1. Beschreiben Sie die dargestellte Binnenmigration.
2. Entwickeln Sie Hypothesen, um die Bevölkerungsveränderungen zu erklären.

M5 D Einwohnerzahl der größten Städte Europas (in Tausend)

Stadt	um 1850	1913
London	2380	7300
Paris	1053	4820
St. Petersburg	524	2400
Moskau	448	1900
Berlin	437	4000
Wien	431	2150

Arbeitsvorschlag

32065-0229

► Erklären Sie anhand der Tabelle den Begriff „Urbanisierung".

M6 Q Wohnungen in Berlin

a) Berliner Mietskasernen

Die Berliner Mietskasernen waren berüchtigt für ihre Blockbebauung, bei der meist drei oder vier Höfe aufeinanderfolgten. Dort fiel kaum Tageslicht hinein, weil die Höfe nach Polizeivorschrift nur 5,30m² groß sein mussten, damit die pferdebespannten Spritzenwagen der Feuerwehr gerade noch darin wenden konnten.

b) Blick in ein Berliner Hinterhofzimmer (Foto von 1903)

Der sieben Quadratmeter große Raum diente der ganzen Arbeiterfamilie als Wohn- und Schlafstube zugleich. In Berlin wurden um 1900 rund 2000 Haushalte gezählt, die nur aus einem Raum bestanden.

c) Berliner „Beletage" um 1910

Salon einer großbürgerlichen Wohnung. In der sogenannten „schönen Etage", dem ersten Stockwerk der Vorderhäuser mit hohen und freien Räumen, lebten gutbürgerliche und wohlhabende Unternehmer.

Arbeitsvorschläge

32065-0230

1. Beschreiben Sie die Wohnsituation in den Berliner Mietskasernen. | F
2. Beschreiben Sie die Abbildungen b) und c) und benennen Sie die Unterschiede im Leben der Menschen, die sich in den Bildern zeigen.
3. Diskutieren Sie, inwieweit sich heutige von damaligen Vorstellungen von „besser" und „schlechter" wohnen unterscheiden bzw. ähneln.

M7 Q Wohnverhältnisse

Der Journalist und spätere SPD-Reichstagsabgeordnete Albert Südekum (1871–1944) schildert Mitte der 1890er-Jahre seine Eindrücke von einer Mietskaserne:

Ein heißer, schwüler Augustnachmittag. [...]
Die stagnierende Luft des engen Hofes lag bleischwer auf dem unsauberen Pflaster, die Wände des Hauses strömten eine brütende Hitze aus, nachdem schon tagelang die Sonne ihre Glutpfeile unbarmherzig auf die Stein- und Asphaltwüste der staubigen Großstadt herniedergesandt hatte. Ein Gefühl der Beklemmung legte sich mir auf die Brust, als wir durch die enge Tür zum Treppenhaus traten und die Stiegen emporklommen. Fast jede Stufe knarrte und ächzte laut unter unserem Tritt, und obschon wir beide nur leichtes Schuhwerk trugen, vollzog sich der Aufstieg nicht ohne beträchtliches Geräusch. Wie es erst in einem solchen Hause kracht und dröhnt, wenn ein müder, schwerer Mann mit derben Nagelstiefeln die Stufen hinaufstapft, davon macht sich der „herrschaftlich" Wohnende keine Vorstellung. Auf jeden Treppenpodest gingen drei Türen, die meisten mit mehreren Schildern oder Karten behängt. In diesem

Quergebäude gab es fast nur zweiräumige Wohnungen, aus Stube und Küche bestehend. Viele Mieter teilten ihre Räume noch mit Schlafburschen oder Logiermädchen. Die Patientin meines Freundes, die Frau eines Gelegenheitsarbeiters, hatte der furchtbaren Hitze wegen die Tür der Küche, in der sie lag, und die Tür nach dem Treppenhause hin offen gelassen. […] Die Atmosphäre in dem Raum war fürchterlich, denn wegen des Lärms der spielenden Kinder konnte die Kranke das Fenster den ganzen Tag nicht öffnen. […]
Nur wenig ärmlicher Hausrat fand sich in dem unwohnlichen Raum. Auf der kleinen eisernen Kochmaschine standen ein paar Töpfe, die nach dem letzten Gebrauch noch nicht gereinigt waren; den einzigen Tisch bedeckten ein paar Teller und Gläser, Zeitungsblätter, Kamm, Bürste und Seifenschale, eine Schachtel mit Salbe zum Einreiben, Teller mit Speiseresten und andere Gegenstände. Der geringe Kleidervorrat der Familie hing an den Wänden; ein paar halbverblasste Familienbilder und ungerahmte Holzschnitte aus einer illustrierten Zeitung bildeten den einzigen Schmuck. Außer der Frau und ihrem Manne lebten in dieser Küche noch drei Kinder, von denen das älteste, ein Mädchen, 14 Jahre, die beiden Knaben etwa 7 und 4 Jahr alt waren. Das Bett der Kranken, die einzige sichtbare Schlafgelegenheit, war etwas quer geschoben, sodass sie von ihm aus, ohne sich zu erheben, den Wasserzapfhahn erreichen konnte; hinter dem Bett eine Kommode; in der Ecke ein Korblehnstuhl, sonst nur zwei hölzerne Schemel ohne Lehne. […]
Ich fragte die Frau nach ihren „Wohnschicksalen" in der Großstadt. Zuerst hatte sie in Lichtenberg, damals noch ein ziemlich unansehnliches Dorf, Unterkunft gefunden, wo ein Bruder des Mannes bereits wohnte. Dann waren sie nach Pankow gezogen, wo der Mann zwei Jahre bei Straßenbauten gute Arbeit gehabt hatte. Endlich kamen sie in die Stadt. Die Kranke wusste nicht mehr alle Straßen zusammenzufinden, in denen sie gehaust hatten, tatsächlich nicht einmal anzugeben, in welchen Wohnungen ihre letzten beiden lebenden Kinder geboren waren; sie konnten nur schätzungsweise sagen, dass sie durchschnittlich alle sechs Monate das Domizil gewechselt, also wohl damals schon 15 verschiedene Wohnungen innegehabt hatten. Meistens hatten sie nur einen Raum ermieten können, seit sie in Berlin selbst wohnten; nur etwa zwei Jahre lang im Ganzen, bei etwas höherem Verdienst und regelmäßiger Arbeit des Mannes, konnten sie in besser ausgestatteten Zweizimmerwohnungen weilen. Jedesmal, wenn es schien, als ob es ihnen dauernd etwas besser gehe, waren sie durch eine Krankheit oder durch ein, manchmal verfrühtes, Wochenbett – die Frau hatte im Ganzen deren sechs durchgemacht – oder einen Todesfall wieder zurückgeworfen worden. Armenunterstützung hatten sie noch nicht in Anspruch genommen, waren dagegen wiederholt gelegentlich beschenkt worden, nachdem die Kranke einst in der Frau eines rasch zu Vermögen gelangten ehemaligen Maurerpoliers eine Jugendfreundin entdeckt hatte. […]
Wie die Familie schlief? Mann und Frau in einem einzigen Bett. Die Kinder wurden auf ausgebreiteten Kleidungsstücken untergebracht und durften erst dann ins Bett kriechen, wenn Vater und Mutter – gewöhnlich vor 5 Uhr morgens – aufgestanden waren. Die kleinsten Kinder waren jeweils in einem Korbe, gelegentlich auch, wenn die Frau zu irgendeinem Gange das Zimmer verlassen musste, in einem halbaufgezogenen Schub der Kommode gebettet gewesen.

Zitiert nach: Jens Flemming, Klaus Saul und Peter-Christian Witt, Quellen zur Alltagsgeschichte der Deutschen 1871–1914, Darmstadt 1997, S. 237 f.

Arbeitsvorschlag

32065-0231

- Arbeiten Sie aus der Beschreibung Südekums die Hauptprobleme der Wohnsituation in Mietskasernen heraus.

M8 Q Der Streik

Ölgemälde des deutsch-amerikanischen Künstlers Robert Koehler, 1886

Das Gemälde wurde zu einem Wahrzeichen der Arbeiterbewegung in vielen Ländern, etwa in den USA, wo Anfang Mai 1886 Massenstreiks stattfanden, gegen die die Polizei teils mit brutaler Gewalt einschritt.

Bildinformation

31000-195

Arbeitsvorschläge

32065-0232

1. Interpretieren Sie das Gemälde.
2. Diskutieren Sie mögliche Lösungen des Konflikts.

M9 D Urbanisierung

Die Verteilung von Stadt- und Landbevölkerung im Deutschen Reich:

	Prozentualer Anteil an der Gesamtbevölkerung in Gemeinden				
	mit weniger als 2000 Einwohnern	2000 bis 5000 Einwohner	5000 bis 20000 Einwohner	20000 bis 100000 Einwohner	100000 und mehr Einwohner
1871	63,9	12,4	11,2	7,7	4,8
1880	58,6	12,7	12,6	8,9	7,2
1890	53,0	12,0	13,1	9,8	12,1
1900	45,6	12,1	13,5	12,6	16,2
1905	42,6	11,8	13,7	12,9	19,0
1910	40,0	11,2	14,1	13,4	21,3

Nach: Gerd Hohorst u. a. (Hrsg.), Sozialgeschichtliches Arbeitsbuch, Bd. II: Materialien zur Statistik des Kaiserreichs 1870–1914, München ²1975, S. 52

Arbeitsvorschläge

32065-0233

1. Setzen Sie die Tabelle in eine geeignete Diagrammform um, die das Verhältnis von Stadt- und Landbevölkerung anzeigt. Erläutern Sie die Entwicklung. | H
2. Finden Sie heraus, welche Bevölkerungsentwicklung in Ihrem Heimatraum im 19. Jahrhundert und später stattfand. Lassen sich für die Zeit des Kaiserreiches Belege für Städtewachstum und Veränderungen der Infrastruktur finden?

M10 D Bedeutung und Entwicklung der Industriezweige in Deutschland

Die industrielle Entwicklung in Deutschland von 1875 bis 1913:

Industriegruppe	Anteil an gewerblich Beschäftigten (in %)		Wachstumsraten (in % pro Jahr)	
	1875	1911/13	Produktion 1870–1913	Arbeitsproduktivität 1875–1913
1. Steine und Erden	6,5	7,2	3,7	1,2
2. Metallerzeugung	2,9	4,0	5,7	2,4
3. Metallverarbeitung	11,7	16,9	5,3	2,2
4. Chemische Industrie	1,3	2,5	6,2	2,3
5. Textilindustrie	18,0	10,3	2,7	2,1
6. Ledererzeugung	0,9	0,5	2,8	2,2
7. Bekleidungsindustrie	20,9	14,4	2,5	1,6
8. Holzverarbeitung	10,1	8,7	3,1	1,6
9. Papiererzeugung und -verarbeitung	1,6	2,6	6,9	3,5
10. Nahrungs- und Genussmittel	13,1	12,7	2,7	0,9
11. Gas, Wasser, Elektrizität	0,3	0,9	9,7	3,6
12. Baugewerbe	10,3	15,6	3,1	–0,5

Nach: Thomas Nipperdey, Deutsche Geschichte 1866–1918, Bd. 1: Arbeitswelt und Bürgergeist, München ³1990, S. 239

Arbeitsvorschläge

32065-0234

1. Analysieren Sie anhand der Tabelle die Entwicklung der Beschäftigungsstruktur in den unterschiedlichen Industriezweigen. | F
2. Arbeiten Sie die Relation von Beschäftigungsanteil zu den jährlichen Wachstumsraten für die einzelnen Branchen heraus. Welche Faktoren müssen berücksichtigt werden bzw. welche könnten für ein rasches Wachstum eine Rolle spielen?

M 11 Q Karikatur aus der satirischen Zeitschrift „Der wahre Jakob", 1891

Arbeitsvorschläge

32065-0235

1. Interpretieren Sie die Karikatur.
2. Nehmen Sie Stellung zur Aussage der Karikatur.

M 12 Q Gründe und Ziele staatlicher Sozialpolitik

Reichskanzler Otto von Bismarck in der Beratung des ersten Unfallversicherungsgesetzes im Reichstag am 2. April 1881:

Seit fünfzig Jahren sprechen wir von einer Sozialen Frage. […] Ich halte es für meinen Beruf, diese Fragen ohne Parteileidenschaft […] in Angriff zu nehmen, weil ich nicht weiß, wer sie mit Erfolg in Angriff nehmen soll, wenn es die Reichsregierung nicht tut. […]
Ich bin der Meinung, dass das „laisser faire, laisser aller"[1], „das reine Manchestertum[2] in der Politik", „Jeder sehe, wie er's treibe, jeder sehe, wo er bleibe", „Wer nicht stark genug ist zu stehen, wird niedergerannt und zu Boden getreten", „Wer da hat, dem wird gegeben, wer nicht hat, dem wird genommen", dass das im Staat, namentlich in dem monarchischen, landesväterlich regierten Staat Anwendung finden könne. […]
Aber umsonst ist der Tod! Wenn Sie nicht in die Tasche greifen wollen und in die Staatskasse, dann werden Sie nichts fertig bekommen. Die ganze Sache der Industrie aufzubürden – das weiß ich nicht, ob sie das ertragen kann. Schwerlich geht es bei allen Industrien. Bei einigen ginge es allerdings; es sind das diejenigen Industriezweige, bei welchen der Arbeitslohn nur ein minimaler Betrag der Gesamtproduktionskosten ist. […] Ob man den Beitrag auf die Arbeiter oder auf die Unternehmer legt, das halte ich für ganz gleichgültig. Die Industrie hat ihn in beiden Fällen zu tragen, und was der Arbeiter beiträgt, das ist doch notwendig schließlich zulasten des ganzen Geschäfts. Es wird allgemein geklagt, dass der Lohn der Arbeiter im Ganzen keinen Überschuss und keine Ersparnis gestatte. Will man also dem Arbeiter zu dem eben noch ausreichenden Lohn noch eine Last auferlegen, ja, dann muss der Unternehmer diese Mittel zulegen, damit der Arbeiter die Last tragen kann.

Zitiert nach: Alfred Milatz (Hrsg.), Otto von Bismarck. Werke in Auswahl, Bd. 6, Darmstadt 1973, S. 515–521

[1] laisser faire, laisser aller (franz.): tun, gehen lassen; hier etwa: Treibenlassen aller Dinge

[2] Manchestertum: Bezeichnung für einen extremen Wirtschaftsliberalismus ohne staatliche Eingriffe, benannt nach dem britischen Manchester, dem damaligen Zentrum der Textilindustrie

Arbeitsvorschläge

32065-0236

1. Überprüfen Sie Bismarcks Behauptung, dass die Soziale Frage bereits seit 50 Jahren bestünde (Z. 1 f.).
2. Fassen Sie Bismarcks Argumente für die Einführung der Arbeiterunfallversicherung zusammen.
3. Arbeiten Sie Bismarcks Position zur Rolle des Staates bei der Lösung der Sozialen Frage heraus.

M 13 D Auswirkungen der Sozialgesetzgebung Bismarcks

Die Historiker Gerhard A. Ritter und Klaus Tenfelde haben die lang- und kurzfristigen Wirkungen in der deutschen Sozialversicherung untersucht:

Die Sozialversicherung wurde in Deutschland vergleichsweise früh und umfassend eingeführt. Das hatte zunächst einmal allgemeine Ursachen, die in ähnlicher Weise auch in anderen Ländern auftraten. Nur schlagwortartig benannt werden sollen die Auflösung der ständischen Gesellschaft und der Zunftverfassung sowie der Funktionsverlust der Familie in ihren Vorsorgeaufgaben infolge der Industrialisierung, Verstädterung und Binnenwanderung. Durch diese Entwicklungen wurde die Gefahr von Konjunktur, Arbeitslosigkeit, Altersarmut und Erwerbsunfähigkeit bei Betriebsunfällen erhöht. Unverkennbar war auch überall die traditionelle Armenfürsorge unter den gesellschaftlichen Bedingungen der Industrialisierung in eine Krise geraten. Speziell in Deutschland haben politische Motive eine zunächst entscheidende Rolle für die Einführung der Sozialversicherung gespielt. Bismarck versuchte mit dieser Gesetzgebung eine Antwort auf die Erfolge der Sozialdemokratie in der politischen Mobilisierung der Arbeiter. Die Sozialversicherung sollte die Politik der Repression durch das Sozialistengesetz mittels positiver Maßnahmen zu Gunsten der Arbeiter ergänzen, um der Arbeiterbewegung das Wasser abzugraben und die Arbeiter an den bestehenden Staat zu binden. So wurde der erste Entwurf des Unfallversicherungsgesetzes vom 8. März 1881 ausdrücklich damit begründet, dass es nicht bloß „Pflicht der Humanität und des Christentums [...], sondern auch eine Aufgabe der staatserhaltenden Politik" sei, auch den „besitzlosen Klassen der Bevölkerung, welche zugleich die zahlreichsten und am wenigsten unterrichteten sind", durch „erkennbare direkte Vorteile" zu zeigen, dass „ der Staat nicht nur eine notwendige" oder „lediglich zum Schutz der besser situierten Klassen der Gesellschaft erfundene", sondern auch eine wohltätige, „ihren [der besitzlosen Klassen] Bedürfnissen und interessendienende Institution" sei. [...]

Man muss zwischen den kurz- und den langfristigen Wirkungen der Sozialpolitik unterscheiden. Nicht in Erfüllung gingen die Hoffnungen und Erwartungen Bismarcks und Wilhelms II., dass sich die Arbeiter aufgrund der in der Sozialversicherung und der Gesetzgebung des „Neuen Kurses" bewiesenen Fürsorge des Staates von den sozialistischen Organisationen und ihren Führern abwenden würden. Langfristig hat die staatliche und kommunale Sozialpolitik Massenloyalität auch zum Staat, und sei es in verdeckter Weise, geschaffen und damit die Integration der Arbeiter in Staat und Gesellschaft wesentlich gefördert. Das bezog sich auch auf die gewerkschaftlichen und politischen Organisationen der Arbeiter, denen sich durch die Mitarbeit in den Einrichtungen der Sozialversicherung, im Gewerbegericht, Einigungsämtern und kommunalen Arbeitsnachweisen ein neues, stets auf Reform des Bestehenden gerichtetes Arbeitsfeld eröffnete. Die dadurch geschaffenen Kontakte mit Vertretern der Arbeitgeber und vor allem den unteren Ebenen der staatlichen und kommunalen Bürokratie haben zum Abbau der Klassenspannungen und der politischen und gesellschaftlichen Isolation der Arbeiter beigetragen. Allerdings gab es darin erhebliche regionale Unterschiede. Man kann deshalb sagen, dass, langfristig gesehen, in einigen wichtigen Ansätzen, das ursprüngliche Integrationsziel der Sozialpolitik sehr wohl erreicht wurde – freilich nicht gegen, sondern gerade über die Organisationen der Arbeiterbewegung.

Gerhard A. Ritter und Klaus Tenfelde, Arbeiter im Deutschen Kaiserreich 1871 bis 1914, Bonn 1992, S. 696 und 715

Arbeitsvorschläge

32065-0237

1. Erläutern Sie Ursachen und Motive für die Einführung der Sozialversicherung in Deutschland. | H
2. Erörtern Sie die kurz- und langfristig Folgen der Sozialpolitik.
3. Nehmen Sie Stellung zum Erfolg der Einführung der Sozialversicherung. Berücksichtigen Sie dabei auch die zeitgenössische Karikatur (M11).

M14 Q „Ein Wort an die Angehörigen meiner gewerblichen Anlagen"

Die sogenannte „Große Depression" führt ab 1874 zu Firmenzusammenbrüchen und einer bislang nicht gekannten Streikwelle. Der Unternehmer Alfred Krupp richtet 1877 folgenden Aufruf an seine Arbeiter:

Trotz wiederholter Warnung scheint sich unter einem Teile von Euch der Geist der Sozialdemokratie einschleichen zu wollen. Dieser Geist aber ist verderblich, und jeder Verständige muss ihn bekämpfen, der Arbeiter so gut wie der Arbeitgeber. [...] Um die Lage meiner Arbeiter zu verbessern, war ich von jeher zunächst darauf bedacht, ihnen ein möglichst sorgenfreies Dasein für die Zeiten zu verschaffen, in denen sie selbst nicht mehr arbeiten könnten. Ihr selbst wisst es am besten, wie es mit Kranken, Invaliden und ausgedienten Arbeitern bei uns gehalten wird. Dann habe ich den Arbeitern Wohnungen gebaut, worin bereits 20 000 Seelen untergebracht sind, habe Schulen gegründet, Schenkungen verliehen und Einrichtungen getroffen zur billigen Beschaffung von allem Lebens- und Hausbedarf. Ich habe mich dadurch in eine Schuldenlast gesetzt, die abgetragen werden muss. Damit dies geschehen kann, muss jeder seine Schuldigkeit tun in Frieden und Eintracht und in Übereinstimmung mit unseren Vorschriften. [...] Unter den schwierigsten Umständen habe ich den Mut gehabt, für meine Leute einzutreten, und behalte ihn auch in der jetzigen schweren Zeit. Ich hoffe, dass wir sie überwinden werden, dass wir Arbeit behalten werden. Alle Kräfte werden dafür nach allen Seiten aufgewandt. Das sollten die Arbeiter dankbar erkennen [...]. Ich gebe Euch nun diesen Rat: Lasst Euch nicht blenden durch schöne Worte und erwartet das Heil nicht von solchen, die einen neuen mühelosen Weg zur Volksbeglückung gefunden haben wollen. Die Angelegenheiten des ganzen Vaterlandes sollen jedem wichtig und teuer sein, aber dazu hilft gar nichts [...] das Schwatzen über politische Angelegenheiten, das ist nur den Aufwieglern willkommen und stört die Pflichterfüllung. Eine ernste Beschäftigung mit der Landespolitik erfordert mehr Zeit und tiefere

Einsicht in schwierige Verhältnisse, als Euch zu Gebote steht. Das Politisieren in der Kneipe ist nebenbei sehr teuer, dafür kann man im Hause Besseres haben. Nach getaner Arbeit verbleibt im Kreise der Eurigen, bei den Eltern, bei der Frau und den Kindern. Da sucht Eure Erholung, sinnt über den Haushalt und die Erziehung. Das und Eure Arbeit sei zunächst und vor allem Eure Politik. Dabei werdet Ihr frohe Stunden haben.

Zitiert nach: Gerhard Adelmann u. a. (Hrsg.), Quellensammlung zur Geschichte der sozialen Betriebsverfassung, Bd. 2, Bonn 1965, S. 295 (gekürzt)

Arbeitsvorschläge

32065-0238

1. Nennen Sie die Sozialmaßnahmen, die Alfred Krupp ergriffen hat.
2. Erläutern Sie, welche Stellung Krupp dem Unternehmertum und der Arbeiterschaft zuweist.

M15 Q Manifest der Kommunistischen Partei

Karl Marx und Friedrich Engels unterhalten im Londoner Exil Beziehungen mit dem „Bund der Kommunisten", einem Geheimbund, der das private Eigentum an den „Produktivkräften" (Fabriken, Maschinen usw.) abschaffen will. In dessen Auftrag veröffentlichen sie im Februar 1848 das „Manifest der Kommunistischen Partei":

Ein Gespenst geht um in Europa – das Gespenst des Kommunismus. [...] Die Geschichte aller bisherigen Gesellschaft ist die Geschichte von Klassenkämpfen, Freier und Sklave, Patrizier und Plebejer, Baron und Leibeigener, Zunftbürger und Gesell, kurz, Unterdrücker und Unterdrückter standen in stetem Gegensatz zueinander, führten einen ununterbrochenen, bald versteckten, bald offenen Kampf, einen Kampf, der jedes Mal mit einer revolutionären Umgestaltung der ganzen Gesellschaft endete oder mit dem gemeinsamen Untergang der kämpfenden Klassen. [...]

Unsere Epoche, die Epoche der Bourgeoisie, zeichnet sich jedoch dadurch aus, dass sie die Klassengegensätze vereinfacht hat. Die ganze Gesellschaft spaltet sich mehr und mehr in zwei große feindliche Lager, in zwei große, einander direkt gegenüberstehende Klassen: Bourgeoisie und Proletariat. [...] Im Anfang kämpfen die einzelnen Arbeiter, dann die Arbeiter einer Fabrik, dann die Arbeiter eines Arbeitszweiges an einem Ort gegen den einzelnen Bourgeois, der sie direkt ausbeutet. Sie richten ihre Angriffe nicht nur gegen die bürgerlichen Produktionsverhältnisse, sie richten sie gegen die Produktionsinstrumente selbst; sie vernichten die fremden konkurrierenden Waren, sie zerschlagen die Maschinen, sie stecken die Fabriken in Brand [...].

Auf dieser Stufe bilden die Arbeiter eine über das ganze Land zerstreute und durch ihre Konkurrenz zersplitterte Masse [...]. Aber mit der Entwicklung der Industrie vermehrt sich nicht nur das Proletariat; es wird in größeren Massen zusammengedrängt, seine Kraft wächst, und es fühlt sie mehr.

Es werden ferner [...] durch den Fortschritt der Industrie ganze Bestandteile der herrschenden Klasse ins Proletariat hinabgeworfen oder wenigstens in ihren Lebensbedingungen bedroht. Auch sie führen dem Proletariat eine Masse Bildungselemente zu.

In Zeiten endlich, wo sich der Klassenkampf der Entscheidung nähert, nimmt der Auflösungsprozess innerhalb der herrschenden Klasse, innerhalb der ganzen alten Gesellschaft, einen so heftigen, so grellen Charakter an, dass ein kleiner Teil der herrschenden Klasse sich von ihr lossagt und sich der revolutionären Klasse anschließt [...]. Wenn das Proletariat im Kampf gegen die Bourgeoisie sich notwendig zur Klasse vereinigt, durch eine Revolution sich zur herrschenden Klasse macht und als herrschende Klasse gewaltsam die alten Produktionsverhältnisse aufhebt, so hebt es mit diesen Produktionsverhältnissen die Existenzbedingungen des Klassengegensatzes, die Klassen überhaupt und damit seine eigene Herrschaft als Klasse auf.

An die Stelle der bürgerlichen Gesellschaft mit ihren Klassen und Klassengegensätzen tritt eine Assoziation, worin die freie Entwicklung eines jeden die Bedingung für die freie Entwicklung aller ist. [...]

Mögen die herrschenden Klassen vor einer kommunistischen Revolution zittern. Die Proletarier haben nichts zu verlieren als ihre Ketten, sie haben eine Welt zu gewinnen, Proletarier aller Länder, vereinigt euch!

Karl Marx, Die Frühschriften, hrsg. von Siegfried Landshut, Stuttgart 2004, S. 594–596 (gekürzt)

Arbeitsvorschläge

32065-0239

1. Fassen Sie die Thesen und die Argumentation von Karl Marx zusammen.
2. Überprüfen Sie die Aussage, in der bürgerlichen Wirtschaftsgesellschaft habe sich der Klassengegensatz auf die Konfrontation Bourgeoisie – Proletarier vereinfacht (Z. 12–17).
3. Erklären Sie, worin sich die proletarische Revolution von allen früheren Revolutionen in der Geschichte unterscheiden soll.

Leitfrage

Nehmen Sie Stellung:

Wandel der Lebens- und Arbeitswelt – eine neue Lebensqualität?

Industrialisierung im Kontext wirtschaftlicher und politischer Ziele zur Zeit des Hochimperialismus

M1 D Kolonialreiche um 1914

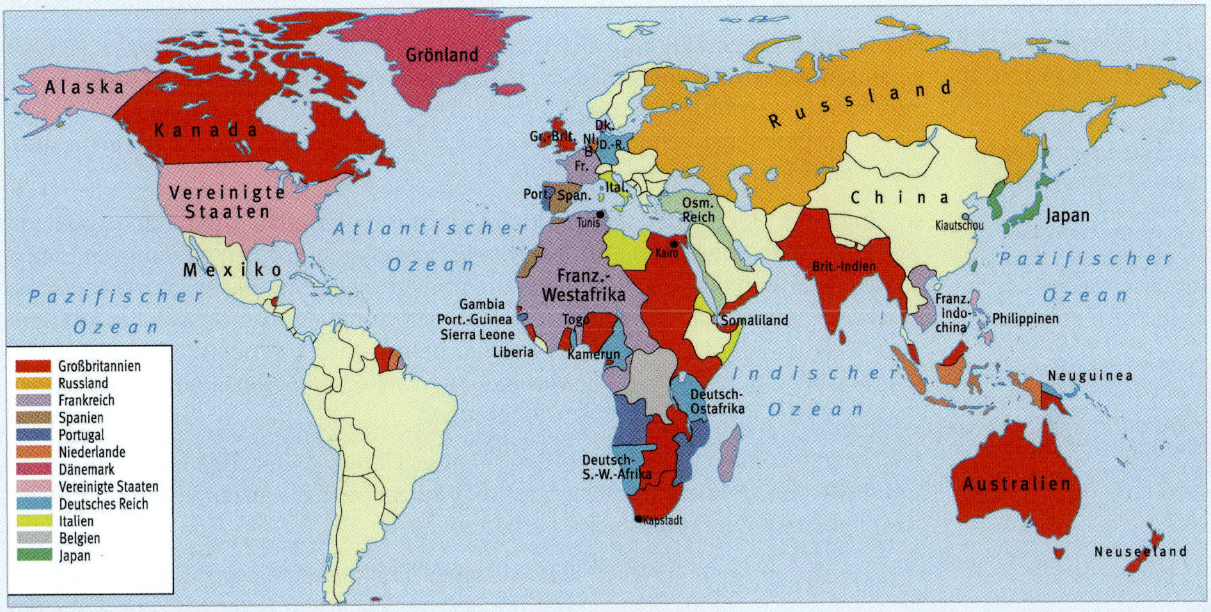

32065-0240

1. Beschreiben Sie die Ausdehnung der einzelnen Kolonialreiche um 1914 und benennen Sie die bedeutendsten Kolonialmächte.
2. Diskutieren Sie, ob sich der Karte ein Zusammenhang zwischen Industrialisierung und Kolonialismus entnehmen lässt.

Vom Kolonialismus zum Imperialismus

Der Anspruch europäischer Mächte, die Welt unter sich aufzuteilen, wird häufig mit dem Hochimperialismus des späten 19. Jahrhunderts assoziiert. Tatsächlich reicht diese Haltung jedoch wesentlich weiter in die Geschichte zurück.

Schon im ausgehenden 15. Jahrhundert setzten Spanien und Portugal einen markanten Ausgangspunkt für die europäische Expansion, indem sie im Vertrag von Tordesillas (1494) die Welt entlang einer imaginären Linie etwa auf Höhe des 46. Längengrads aufteilten. Ab dem 17. Jahrhundert traten auch England, Frankreich und die Niederlande als koloniale Akteure in Erscheinung und begannen, eigene Herrschaftsgebiete zu etablieren.

Im 18. und frühen 19. Jahrhundert erlangte Großbritannien eine Vormachtstellung und entwickelte sich zur globalen Supermacht. Bis etwa 1770 hatten europäische Mächte ein weitreichendes Kolonialreich geschaffen – unter anderem in Nord- und Südamerika, Indien, Südostasien, Südafrika sowie Australien und Neuseeland.

Mit der Eroberung Algeriens durch Frankreich im Jahr 1830 begann die intensive Durchdringung des afrikanischen Kontinents, die maßgeblich das Zeitalter des Hochimperialismus im späten 19. Jahrhundert prägte.

LEIT-FRAGE

Industrialisierung und Imperialismus – zwei sich wechselseitig verstärkende Faktoren?

Vom lateinischen Wort „Imperium“ abgeleitet, bedeutet der Begriff „Herrschaft“ oder „Großreichspolitik“. So verstanden kann er auf alle Epochen angewandt werden, in denen sich Großreiche ausbreiteten. Als „klassisches Zeitalter des Imperialismus“ oder als Periode des Hochimperialismus gelten jedoch die Jahre zwischen 1880 und 1914, in denen die gesamte nichteuropäische Welt von der europäischen Zivilisation sowie dem westlich-industriellen System durchdrungen wurde. Das europäische Gleichgewicht der Mächte wich einem allgemeinen Prestige- und Rüstungswettlauf.

Kolonialismus: Herrschaft eines Staates über abhängige Kolonien. Der Begriff ist abgeleitet von Kolonie, d. h. abhängiges Land. Kolonien stehen in der Abhängigkeit einer Kolonialmacht, die direkt durch Statthalter oder indirekt politisch-wirtschaftlich ihren Einfluss geltend macht. Der Herrschaftsanspruch der Kolonialmacht beruht allein auf ihrem Ausdehnungsstreben, das aufgrund politischer, militärischer oder wirtschaftlich-technischer Überlegenheit möglich wird. Den Prozess der Landnahme bezeichnet man als Kolonisation.

In dieser Epoche etablierten sich auch die USA als imperialistische Großmacht. Im Spanisch-Amerikanischen Krieg von 1898 sicherten sich die Vereinigten Staaten mehrere Kolonien – darunter Kuba, Puerto Rico, die Philippinen und Guam – und traten damit als global agierender Machtfaktor auf. Seither prägen die USA die internationale Politik in entscheidender Weise.

Im Zuge des Hochimperialismus intensivierten die europäischen **Kolonialmächte** ihre Einflussnahmen auf die außereuropäischen Regionen durch großangelegte Systeme von Eisenbahnen und Straßen, medizinische Eingriffe gegen tropische Krankheiten und nicht zuletzt Bildungsmaßnahmen durch den Schulbau. Diese Bauten und Maßnahmen dienten keineswegs nur dem Komfort, sondern ihrerseits der Sicherheit der Kolonialherren. Die Verbindungen zwischen Europa und der außereuropäischen Welt intensivierten sich zunehmend.

Ein besonders markantes Beispiel dieser Entwicklung war der sogenannte „Wettlauf um Afrika“, bei dem europäische Mächte in kürzester Zeit nahezu den gesamten afrikanischen Kontinent unter sich aufteilten.

Ein wichtiges Ereignis in diesem Zusammenhang war die Berliner Kongo-Konferenz von 1884/85. Am letzten Tag der Konferenz unterzeichneten die Delegierten der europäischen Staaten und der USA die sogenannte Kongoakte. Darin erklärten sie das Kongobecken zur Freihandelszone – ein Schritt, mit dem sie sich nicht nur ökonomisch, sondern auch politisch und völkerrechtlich in Afrika positionierten.

Die Kongo-Konferenz markierte einen Wendepunkt in der europäischen Kolonialpolitik, indem sie das Fundament des sogenannten Hochimperialismus legte. Entgegen weit verbreiteter Annahmen wurde Afrika dabei nicht formell unter den Kolonialmächten aufgeteilt. Vielmehr einigten sich die Teilnehmer auf Prinzipien, die künftige koloniale Besitzergreifungen als völkerrechtlich legitim erscheinen lassen sollten. Eine solche Inbesitznahme musste fortan „effektiv“ erfolgen – also mit sichtbarer staatlicher Präsenz und mindestens rudimentären Verwaltungsstrukturen innerhalb der beanspruchten Gebiete.

M 2 Q „The Rhodes Colossus. Striding from Cape Town to Cairo“
Karikatur aus der englischen Satirezeitschrift „Punch“ vom 10. Dezember 1892

▶ Recherchieren Sie, welche Rolle der britische Unternehmer und Kolonialist Cecil Rhodes bei der Kolonialisierung Afrikas spielte, und beschreiben Sie anschließend, wie der Karikaturist ihn hier darstellt.

Kapitel VI der Kongoakte schrieb darüber hinaus vor, dass europäische Mächte bei der Errichtung neuer Besitzansprüche oder „Schutzherrschaften" die übrigen Staaten zu informieren hatten. Gleichzeitig wurde die Verpflichtung verankert, die Handels- und Durchgangsfreiheit sowie bestehende Rechte zu wahren.

Da die nicht kolonialisierten Gebiete der Erde begrenzt waren, entwickelte sich ein internationales Ringen um Vergrößerung der eigenen Territorien und Abrundung der Einflussgebiete. Die Konkurrenzsituation beschleunigte den Prozess der Landnahme. Innerhalb weniger Jahrzehnte teilten die Kolonialmächte die Welt unter sich auf und unterwarfen die unterlegenen Länder und Völker. Vor dem Ersten Weltkrieg stand die Hälfte der Erde und damit mehr als 600 Millionen Menschen unter kolonialer Herrschaft.

Ursachen und Legitimationsversuche

Die europäischen Expansionen nach Afrika, die in den 1880er-Jahren an Dynamik gewannen, gründeten auf langfristig gewachsenen wirtschaftlichen Interessen. Bereits seit dem 17. Jahrhundert hatten zahlreiche europäische Staaten Expeditionen an die westafrikanische Küste unternommen, in der Hoffnung, dort Gold oder andere wertvolle Handelsgüter zu finden. Die entlang der Küste entstandenen Niederlassungen dienten primär als Handelsposten, weniger als Kolonien im klassischen Sinne.

Neben wirtschaftlichen Erwägungen spielten auch ideelle und religiöse Beweggründe eine zentrale Rolle. Ab dem späten 18. Jahrhundert gewannen christliche Missionsgesellschaften – zunächst vor allem aus Großbritannien, später auch aus anderen europäischen Ländern – an Bedeutung. Diese Gruppen sahen es als ihre religiöse Pflicht, das Christentum in die vermeintlich „unzivilisierte Welt" zu tragen. Die Missionare agierten oftmals unabhängig, sahen sich aber zunehmend als Teil eines umfassenderen zivilisatorischen Projekts, in dem sich Europa als erzieherische Kraft gegenüber Afrika verstand. Die Missionsarbeit verschmolz im Verlauf des 19. Jahrhunderts immer stärker mit kolonialer Politik. Sie stabilisierte diese ideologisch und organisatorisch. Die Missionsbewegung wurde zum ideellen Vorposten und zur kulturellen Vorhut imperialer Herrschaft, deren Fundament nicht nur in zivilisatorischer Überlegenheit, sondern auch in rassistischer Abwertung der lokalen Bevölkerungen und letztlich in der Bereitschaft zur Gewaltanwendung gründete. Die Entwicklung der Rassentheorie nahm ab dem letzten Drittel des Jahrhunderts deutlich an Einfluss zu. Einer der frühesten und einflussreichsten Vertreter dieser Lehre war der französische Schriftsteller und Orientalist Joseph Arthur de Gobineau. In seinem mehrbändigen Werk Essai sur l'inégalité des races humaines (1853–1855), das später ins Deutsche übersetzt wurde, formulierte er die Theorie einer hierarchischen Ordnung der „Rassen". Gobineau warnte vor einem kulturellen Niedergang durch die „Vermischung" mit angeblich minderwertigen Rassen und erklärte die „germanische" bzw. „arische" Rasse zur kulturell höchsten und daher erhaltenswerten. Der Sozialdarwinismus – also die Übertragung der Darwin'schen Evolutionslehre auf soziale und kulturelle Zusammenhänge – verschmolz mit der Rassentheorie zu einem zentralen Bestandteil des sich verschärfenden sogenannten Neuen Nationalismus. Dieser verband rassistische, antisemitische und militaristische Elemente zu einem radikalisierten nationalistischen Weltbild, das die eigene ethnisch verstandene Nation zum höchsten Wert erhob. Neben einzelnen Politikern, Kaufleuten, Forschern und Militärs traten auch einflussreiche Verbände für eine expansive Außenpolitik ein und übten entsprechenden Druck auf die Regierungen aus. Diese wiederum hofften, durch die Befriedigung der nationalen Wünsche von innenpolitischen Missständen und Konflikten ablenken zu können und so den gesellschaftlichen Frieden zu sichern. Potenzielles Wirtschaftswachstum und Wohlstand durch Kolonien sollten die Arbeiterschaft beruhigen (Sozialimperialismus). Dies war jedoch sicherlich nur eine nachrangige Begleiterscheinung.

Formen imperialer Herrschaft

Hinsichtlich des Kolonialismus erweist sich die Unterscheidung zwischen formeller und informeller Herrschaft als umfassendes Differenzierungsschema, das insbesondere in der Phase des Hochimperialismus ab den 1880er-Jahren relevant wurde. Während der formelle Imperialismus („direct rule“) auf eine offene politische und militärische Kontrolle ausgerichtet war, zielte der informelle Imperialismus auf eine wirtschaftliche und diplomatische Durchdringung eines Gebietes ab, ohne den Anspruch politischer Vorherrschaft zu erheben. Diese Form des Imperialismus wurde vielfältig realisiert – durch Freihandels- oder Schutzverträge sowie durch Freundschaftsabkommen.

Die wirksamste Methode indirekter Herrschaft fand sich allerdings darin, auswärtige Länder durch ökonomische und finanzielle Verflechtung in Abhängigkeit zu bringen, wie es etwa in China oder im Osmanischen Reich praktiziert wurde. Eine wichtige Rolle spielten dabei insbesondere die Vergabe von Anleihen, die häufig mit bestimmten politischen oder ökonomischen Bedingungen verknüpft waren. Auch die Schaffung von Infrastruktureinrichtungen wie Transportnetzen führte nicht selten in problematische Abhängigkeitsverhältnisse. Entsprechende Anlagen förderten Ungleichgewichte und brachten im Falle eines Bankrotts des Gebers die Gefahr der längerfristigen Zugehörigkeit zu europäischen Technologien und Kapital mit sich. Diese Politik konnte – obgleich sie ohne unmittelbare politische Kapitulation auskam – dennoch den Gebrauch diplomatischer und militärischer Mittel, um etwaige fällige Geldbeträge einzufordern, nicht ausschließen.

„Indirect Rule“, also eine Form indirekter Herrschaft, bei der sowohl eine formelle Aneignung des politischen Raumes erfolgte, die Ausübung der Macht aber de facto an in den Kolonien residierende Eliten delegiert wurde, ist vom informellen Imperialismus abzugrenzen. Diese Form der imperialen Herrschaft machte sich vor allem die britische Kolonialpolitik zu eigen. Theoretisch ausgearbeitet wurde sie von Frederick Lugard, einem britischen Kolonialbeamten und Generalgouverneur von Nigeria. Bereits vor dem Ersten Weltkrieg fand diese Herrschaftsform jedoch auch Anwendung in mehreren deutschen Kolonien.

Die Lage der Kolonialvölker

Schon im 19. Jahrhundert unternahmen europäische Staaten oder Unternehmen in erheblichem Umfang koloniale Aktivitäten. Zunächst stand dabei nicht die formale Besitzergreifung im Mittelpunkt der europäischen Expansion, vielmehr waren die Bestrebungen von ökonomischen Interessen geleitet. Mit Freihandelsabkommen versuchten Regierungen und die Unternehmen, neue Märkte für die eigenen Geschäfte zu öffnen. Die kolonialisierten Gesellschaften waren nicht immer nur Opfer, sondern handelten auch aktiv – zum Teil aus strategischem Kalkül. Ihre Haltung gegenüber den europäischen Mächten war keineswegs einheitlich: Einige Gruppen suchten bewusst die Zusammenarbeit mit den Kolonialherren. Besonders die indirekte Herrschaft europäischer Kolonialmächte in Asien und Afrika basierte wesentlich auf der Kooperation lokaler Eliten, da die zahlenmäßig weit unterlegenen Europäer ohne diese Unterstützung ihre Herrschaft kaum hätten aufrechterhalten können.

Die europäische Expansion im Zuge des Kolonialismus und Hochimperialismus hatte tiefgreifende und nachhaltige Auswirkungen auf die kolonisierten Gesellschaften in Afrika, Asien und Ozeanien. Die politischen Strukturen vieler Regionen wurden durch die europäischen Eroberungen gewaltsam zerschlagen. Traditionelle Herrschaftssysteme wurden entmachtet, indigene Eliten marginalisiert oder in abhängige Funktionen innerhalb der Kolonialverwaltungen gezwungen. Die Menschen verloren ihre politische Selbstbestimmung, da die europäischen Mächte autoritär und meist ohne Beteiligung der lokalen Bevölkerung regierten.

Die Errichtung und Aufrechterhaltung kolonialer Herrschaft war nahezu immer mit Gewalt verbunden. Widerstand gegen die Invasoren wurde brutal niedergeschlagen. Diese Gewalt richtete sich nicht nur gegen bewaffnete Gegner, sondern häufig auch gezielt gegen Zivilisten – Frauen, Kinder und Alte – etwa durch Vertreibungen oder das bewusste Herbeiführen von Hungersnöten. Besonders drastisch zeigte sich diese Gewalt etwa im Völkermord an den Herero und Nama in Deutsch-Südwestafrika, wo zwischen 1905 und 1908 zehntausende Menschen ermordet wurden.

Auch wirtschaftlich führte die Kolonialherrschaft zu massiven Einschnitten. Die Kolonien wurden zu Rohstofflieferanten für die europäische Industrie umfunktioniert, ohne dass die lokale Bevölkerung davon profitierte. Landwirtschaftliche Flächen wurden für Exportprodukte wie Baumwolle oder Kautschuk verwendet, traditionelle Wirtschaftsformen verdrängt. Infrastrukturen wie Eisenbahnen oder Häfen dienten vor allem dem Abtransport von Gütern. Die einseitige Ausrichtung auf europäische Bedürfnisse machte viele Regionen wirtschaftlich abhängig und anfällig für Krisen.

Die Kolonialpolitik wirkte darüber hinaus tief in die sozialen Strukturen der Gesellschaften hinein. Ethnische und religiöse Gruppen wurden gegeneinander ausgespielt, bestehende Hierarchien manipuliert oder neu geschaffen, um die koloniale Kontrolle zu sichern. Auch kulturell hinterließ die Kolonialherrschaft tiefe Spuren. Europäische Sprachen, Religionen und Lebensweisen wurden etabliert, während indigene Traditionen, Weltbilder und Identitäten systematisch entwertet oder unterdrückt wurden.

Ökonomischer Nutzen des Kolonialismus

Sowohl von Zeitgenossen als auch von der modernen Forschung wurde auf die enge Verbindung zwischen dem industriell-kapitalistischen Wirtschaftssystem und der imperialistischen Politik hingewiesen. Kolonien fungierten primär als Lieferanten von Rohstoffen und als Absatzmärkte für die industriellen Zentren Europas. Dieser ökonomische Nutzen galt als entscheidender Antrieb für die expansive Außenpolitik der Großmächte. Tatsächlich jedoch fiel die gesamtwirtschaftliche Bilanz der Kolonialmächte ambivalent aus. Während einzelne Unternehmen oder Interessengruppen zum Teil erhebliche Gewinne aus dem kolonialen Zugriff zogen, blieb der wirtschaftliche Nutzen auf staatlicher Ebene begrenzt. Der Export industrieller Fertigwaren in die Kolonien war gering, da sich bis zum Ausbruch des Ersten Weltkrieges der Welthandel stark auf die Industriestaaten konzentrierte. Mehr als zwei Drittel des globalen Handelsvolumens entfielen auf diese Nationen, während der verbleibende Anteil überwiegend in wirtschaftlich weniger entwickelten Regionen zirkulierte. Die tatsächliche wirtschaftliche Bedeutung der Kolonien für das Wachstum der imperialen Zentren wird daher von der Forschung zunehmend differenziert bewertet.

Mit dem technischen Vorsprung der Industrieländer verstärkte sich seit der Industrialisierung ihre Dominanz über weniger entwickelte Gesellschaften. Diese Überlegenheit ermöglichte die Durchsetzung westlich-industrieller Systeme weltweit. Kolonialmächte erzwangen die Öffnung überseeischer Märkte, sicherten sich Monopole und Konzessionen und dominierten als Kapitalgeber die wirtschaftlichen Strukturen der abhängigen Regionen. Diese wirtschaftliche Einflussnahme war oftmals nachhaltiger als direkte politische Kontrolle, da sie langfristige Abhängigkeiten und Ungleichheiten schuf, die über das Ende der kolonialen Herrschaft hinauswirkten.

Die Folgen kolonialer Ausbeutung und wirtschaftlicher Dominanz sind bis heute sichtbar: Das Nord-Süd-Gefälle von ökonomischer Macht und Wohlstand ist ein direktes Erbe des Imperialismus. Der daraus resultierende globale Strukturunterschied bleibt im Zuge der fortschreitenden Globalisierung weiterhin wirksam, auch wenn sich die Formen internationaler Abhängigkeiten gewandelt haben.

M3 Q Kolonien als Wirtschaftsfaktor

1906 wird Bernhard Dernburg (1865–1937), Direktor der Bank für Handel und Industrie, zum stellvertretenden Direktor der Kolonialabteilung des Auswärtigen Amtes ernannt. Am 11. Januar 1907 hält er vor dem Deutschen Handelstag einen Vortrag:

Die Entwicklung unseres deutschen Kolonialbesitzes ist, vom handelspolitischen Standpunkt aus gesehen, nach folgenden vier Richtungen zu beurteilen:

1. Sie sichert der stetig wachsenden Bevölkerung unseres Vaterlandes, die mit Rücksicht auf das zur Verfügung stehende limitierte innerdeutsche Areal mehr und mehr sich der Industrie zuwenden muss und auf den Export angewiesen bleibt, zunächst große und sich steigernde Aufträge, also: Arbeit. Daneben ermöglicht sie eine bessere Lebenshaltung dieser unserer deutschen Bevölkerung durch billige Produktion von Nahrungsstoffen der verschiedensten Art und ermöglicht es, diese Ernährung unabhängiger zu gestalten vom Ausland.

2. Kolonien, die richtig und zielbewusst geleitet sind, sichern der deutschen Produktion einen großen Teil derjenigen Rohstoffe, welche zum eigenen Verbrauch innerhalb der Nation und zum Zwecke der Veredelung des Arbeitsmaterials vieler Millionen deutscher Arbeiter dienen.

3. Sie sichert dem deutschen Fabrikanten, dem deutschen Arbeiter einen Einfluss auf die Preisgestaltung dieser Rohmaterialien gegenüber monopolistischen Tendenzen des Auslandes, sei es in der Zoll- und Steuerpolitik der Staaten, sei es in den Kombinationen einzelner Individuen. Sie sind deshalb, da sich der Preis einer Ware auf dem Weltmarkt regelt, der Arbeitslohn aber niemals mehr als Weltmarktpreis minus Kosten des Rohmaterials betragen kann, ein wichtiger Regulator für den Preis unserer nationalen Arbeit.

4. [...] Schließlich bildet sie ein kräftiges strategisches und taktisches Mittel in all denjenigen Fällen, wo für die deutsche nationale Wirtschaft Verträge oder Vereinbarungen mit anderen Weltnationen geschlossen werden müssen zur Sicherung des gegenseitigen Absatzes und Austausches von Roh- und Fertigprodukten. Das ist die Bedeutung einer deutschen kolonialen Wirtschaft im Lichte der gegenwärtigen handelspolitischen Weltlage. Ihre Ausführung bedeutet demnach nicht mehr und nicht weniger als die Frage der Zukunft der nationalen Arbeit, die Frage des Brotes vieler Millionen Industriearbeiter, die Frage der Beschäftigung der heimischen Kapitalien im Handel, im Gewerbe, in der Schifffahrt. Es wäre demnach nichts weniger als ein großes Vergehen an Deutschland und seiner industriellen Zukunft, wenn nicht alle ernsthaften kaufmännisch gebildeten Deutschen dieser Frage ihr allergrößtes Interesse zuwenden würden, wenn sie nicht mit aller Intensität einer Regierung ihre Unterstützung leihen würden, welche diese Gesichtspunkte fest im Auge hat, die Kolonien einer sachgemäßen Entwicklung im Laufe der Zeiten zuzuführen strebt.

Zitiert nach: Walter Steitz (Hrsg.), Quellen zur deutschen Wirtschafts- und Sozialgeschichte von der Reichsgründung bis zum Ersten Weltkrieg, Darmstadt 1985, S. 445 ff.

Arbeitsvorschläge

32065-0241

1. Erläutern Sie die Bedeutung der Kolonien für die Volkswirtschaft aus der Sicht Dernburgs.
2. Prüfen Sie die Argumente auf ihr sachliches Gewicht und auf ihre taktische Richtung. | F
3. Diskutieren Sie den Vortrag Dernburgs unter Berücksichtigung der Herkunft des Redners und des Kontextes, in dem die Ausführungen gemacht wurden.

M4 D Die Bedeutung der Kolonien im deutschen Außenhandel

a) Die Struktur des deutschen Außenhandels 1910/13 (in Mio. Mark):

Land	Exporte nach	Anteil am Gesamt-export	Import aus	Anteil am Gesamt-import
Deutsche Kolonien[1]	51,9	0,6	49,8	0,5
Halbkoloniale Gebiete Deutschlands[2]	357,1	4,1	323,9	3,1
Übriges Europa	6 269,0	72,4	5 495,7	54,8
USA	670,8	7,8	1 457,0	14,5
Argentinien, Chile, Brasilien	507,0	5,9	887,3	8,9
Übriges Afrika	136,3	1,6	398,8	4,0
Asien (ohne China)	328,0	3,8	823,7	8,2
Britisch-Indien	111,9	1,3	479,9	4,8
Japan	108,8	1,3	41,0	0,4
Australien, Neuseeland	88,4	1,0	280,0	2,8

Zusammengestellt nach: Peter Hampe, Die „ökonomische Imperialismustheorie". Kritische Untersuchungen, Münchener Studien zur Politik, Bd. 24, München 1976, S. 179

[1] Deutsch-Ostafrika, Deutsch-Südwestafrika, Kamerun, Togo, Kiautschou, Deutsch-Neuguinea, Samoa

[2] Bulgarien, Rumänien, Serbien, Türkei, Marokko, China (einschließlich Hongkong)

b) Regionale Verteilung der deutschen Kapitalanlagen im Ausland (in Mio. Mark):

	1898	1904	1914	% des Gesamtkapitals (1914)
USA und Kanada	2,0	3,0	3,7	15,7
Russland	?	?	1,8	7,7
Europa	?	?	8,9	37,8
Lateinamerika	2,9	3,3	3,8	16,2
Afrika und Asien ohne deutsche Kolonien	1,0	1,4	2,5	10,7
Deutsche Kolonien	?	0,2 (1906)	0,5	2,1
Osmanisches Reich	0,4	0,7	1,8	7,7
Sonstige Gebiete	?	?	0,5	2,1

Wolfgang J. Mommsen (Hrsg.), Imperialismus. Seine geistigen, politischen und wirtschaftlichen Grundlagen. Ein Quellen- und Arbeitsbuch, Hamburg 1977, S. 36

Arbeitsvorschläge

32065-0242

1. Stellen Sie die Entwicklung des Außenhandels und der Kapitalinvestitionen außerhalb des Deutschen Reiches dar.
2. Bewerten Sie die Bedeutung der Kolonien und der halbkolonialen Gebiete.

M5 D Britische und französische Herrschaft im Vergleich

Der britische Historiker Michael Crowder (1934–1988) vergleicht 1964 die Herrschaftssysteme in den verschiedenen afrikanischen Kolonien:

In Nordnigeria, das zum Modell für indirekte Herrschaft wurde, hielten es die Briten für ihre Aufgabe, das zu bewahren, was an den Institutionen der Eingeborenen gut war, und ihnen zu helfen, sich auf eigene Art zu entwickeln. Der britische Regierungsbeamte galt allgemein als Berater des Chiefs[1] und griff nur in Ausnahmefällen in die Arbeit des Chiefs und seiner Eingeborenen-Autorität ein. Wo jedoch Chiefs nur über kleine politische Einheiten herrschten und besonders dort, wo ihre traditionelle Exekutivgewalt umstritten war, musste der Regierungsbeamte häufiger als vorgesehen in die Angelegenheiten der Eingeborenen-Autorität eingreifen. So war es in vielen Teilen Ostafrikas […], wo es keine genaue Trennlinie zwischen einer „beratenden" und einer „überwachenden" Tätigkeit des Regierungsbeamten gab […].

Dieses System indirekter Herrschaft wurde mit Modifikationen, soweit möglich, in allen britischen Kolonien Westafrikas und in den meisten anderen britischen Territorien Afrikas praktiziert. Es gab wichtige Ausnahmen – insbesondere Ostnigeria, wo das Fehlen erkennbarer Exekutivgewalt in den meisten Gemeinwesen eine indirekte Herrschaft nach dem Muster Nordnigerias unmöglich machte […].

Das französische System verwies den Chief gegenüber dem Regierungsbeamten in eine völlig untergeordnete Rolle. […] Er stand nicht an der Spitze einer lokalen Regierung, und auch das Gebiet, welches er im Auftrage verwaltete, entsprach nicht unbedingt einer präkolonialen Einheit. Der Einfachheit wegen teilten die Franzosen das Land administrativ und häufig ohne Rücksicht auf präkoloniale politische Grenzen in Kantone ein. Während die Briten größte Rücksicht auf traditionelle Auswahlmethoden nahmen, kam es den Franzosen mehr auf die potenzielle Effizienz der Chiefs als auf deren Legitimität an, da sie als Beauftragte der Administration galten. […] Es steht also außer Frage, dass die Franzosen bewusst die Machtbefugnisse des Chiefs abänderten: Seine Funktionen wurden reduziert auf die eines Sprachrohrs für Befehle, die andere erteilten.

Michael Crowder, Indirect Rule – French and British Style, in: Africa XXXIV, 3, 1964, S. 197–205, in: Rudolf von Albertini (Hrsg.), Moderne Kolonialgeschichte, Köln/Berlin 1970, S. 220–229 (Übersetzung: Klaus Figge)

[1] Chief: Oberhaupt bzw. Herrscher eines Personenverbandes. Die Bezeichnung „Häuptling" wird heute vermieden, da sie zu sehr mit der alten Sichtweise von den „Wilden" verbunden ist.

Arbeitsvorschläge

32065-0284

1. Erläutern Sie die Unterschiede zwischen dem britischen und dem französischen kolonialen Herrschaftssystem und suchen Sie anschließend nach Gründen für das jeweilige Vorgehen der Mächte.
2. Stellen Sie Überlegungen zu den Auswirkungen der unterschiedlichen Herrschaftsformen auf die Bevölkerung der jeweiligen unterworfenen Gebiete an und bewerten Sie diese.

Leitfrage

Nehmen Sie Stellung:

Industrialisierung und Imperialismus – zwei sich wechselseitig verstärkende Faktoren?

LK Kolonialistische Aneignungen in Afrika, Asien bzw. Lateinamerika in vormodernen Handelsnetzwerken im 15. und 16. Jahrhundert

M1 D Entdeckungen und koloniale Eroberungen im 15. und 16. Jahrhundert

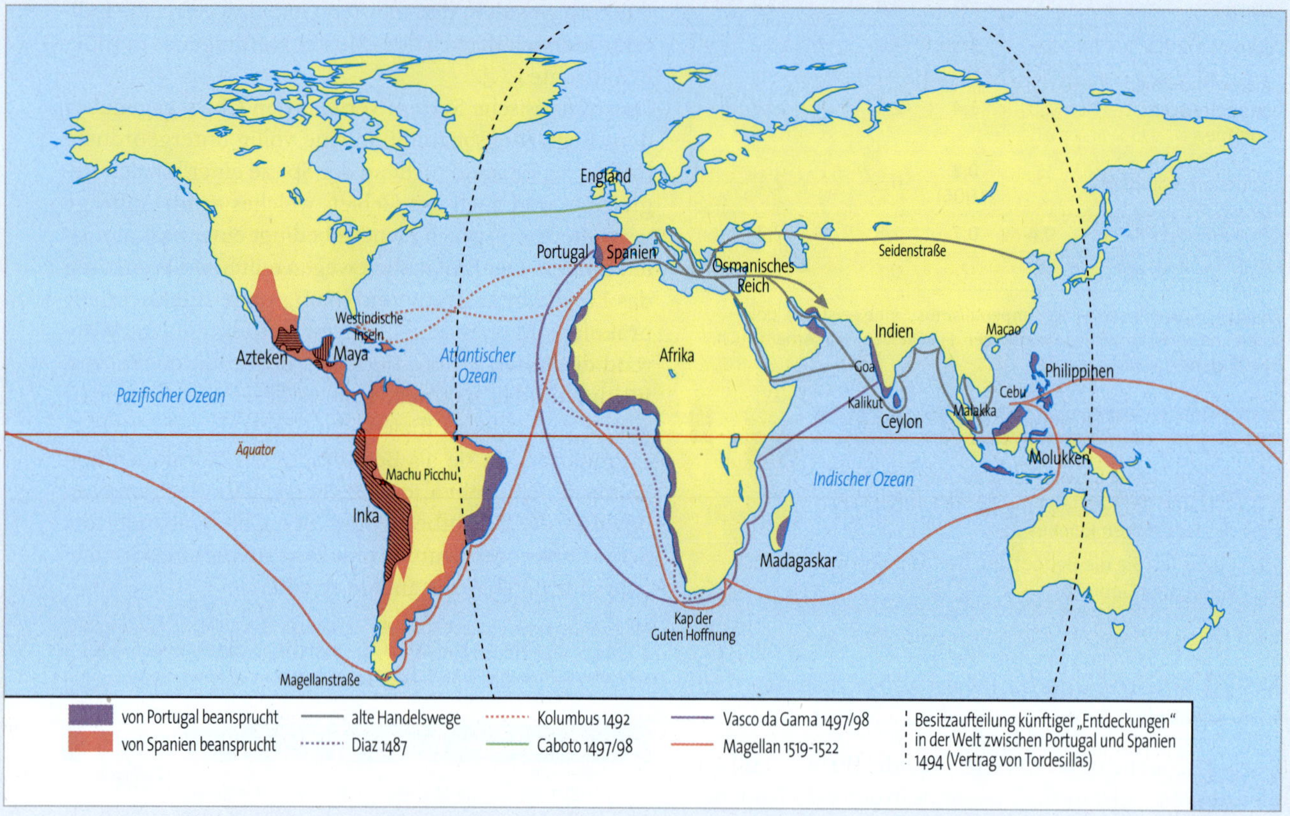

32065-0243

1. Nennen Sie die Gebiete, die von den Entdeckungsfahrten des 15. und 16. Jahrhunderts betroffen waren. | F
2. Diskutieren Sie, welche Merkmale erfüllt sein müssten, um den spanischen und portugiesischen Kolonialismus in der Frühen Neuzeit als Muster des Imperialismus zu bezeichnen.

LEIT-FRAGE

Spanischer und portugiesischer Kolonialismus als Muster des Imperialismus im 19. Jahrhundert?

Von der Alten in die Neue Welt

Im 15. Jahrhundert bewegte die Aussicht auf seltene Gewürze, Gold und Luxusgüter wie Seide oder Elfenbein Portugiesen und Spanier dazu, die Grenzen der Alten Welt zu überschreiten und sich auf die wagemutige Fahrt zu den Quellen dieser Reichtümer zu begeben. Auch die Hoffnung, auf einen intensiveren Sklavenhandel und auf neue Anbauflächen für Zuckerrohr halfen, entsprechende Unternehmungen zu finanzieren, zu organisieren und durchzuführen. Auch weitere Motive wie Ruhm, Seelenheil oder Bündnispartner im Rücken der islamischen Mächte zu finden und für das Christentum zu gewinnen, spielten eine Rolle. Mit diesen Schritten begann ein Prozess, der als eine frühe Form der Globalisierung bezeichnet werden kann.

Der Aufbruch ins Ungewisse erfolgte zunächst nach Asien, auch wenn der afrikanische Kontinent bereits Gold, Sklaven, Elfenbein und Anbauflächen für Zuckerrohr bot. Der Weg nach Asien führte um Afrika und deshalb begann die europäische Expansion mit einem langsamen Vortasten entlang der Westküste Afrikas in Richtung Süden. Als 1487 der Portugiese Bartolomeu Dias die Südspitze Afrikas umsegelte, war der Zugang zum Indischen Ozean gefunden. Vor dem Hintergrund der Realität zwischen Portugal und Spanien, erhielt 1492 **Christoph Kolumbus** den Auftrag, auf einer Westroute nach Asien zu segeln. Obwohl Kolumbus davon ausging, dass die Erde eine Kugel sei, berechnete er den Umfang der Erde falsch und unterschätzte ihn, während er gleichzeitig die Größe Asiens überschätzte. Am 12. Oktober 1492 wurde das heutige San Salvador entdeckt und damit der Weg in die Neue Welt geöffnet, ohne gesucht worden zu sein. Erst der Italiener Amerigo Vespucci erkannte, dass Kolumbus nicht in Indien gelandet war, sondern einen neuen Erdteil entdeckt hatte.

Die neu entdeckten Inseln im Westen befeuerten die Rivalität zwischen Spanien und Portugal erneut und es war eine Abgrenzung der Interessensphären notwendig. 1494 wurde im Vertrag von Tordesillas unter Vermittlung des Papstes eine Linie vereinbart, die den Westen der Welt Spanien und den Osten Portugal zusprach.

1498 umsegelte der Portugiese Vasco da Gama Afrika und errichtete damit ein Handelsnetz, das die Küsten des Indischen Ozeans verband. Im Herbst 1519 brach **Fernando de Magellan** Richtung Westen auf, um den westlichen Seeweg nach Indien zu finden. Auf den Philippinen, die er für Spanien in Besitz nahm, kam Magellan ums Leben. Erst 1522 kehrten wenige Männer zurück, die erstmals die Welt umsegelt hatten.

Die Kolonialreiche Spaniens und Portugals

1580 entstand durch die Vereinigung der portugiesischen mit der spanischen Krone und König Philipp II. das erste weltumspannende Imperium der Geschichte. Fortan sollte ökonomischer Nutzen aus den Überseebesitzungen gezogen werden.

Das Herzstück des portugiesischen Überseereiches war bis Mitte des 17. Jahrhunderts der „Estado da India", der von Afrika bis Japan reichte. Er bestand aus einem Netz von Handelsniederlassung und befestigten Stützpunkten, die strategisch und handelspolitisch günstig gewählt waren. Die Kooperation mit einheimischen Partnern führte dazu, dass Portugal zahlreiche Niederlassungen in Asien errichten konnte. Dreh- und Angelpunkt des Estado da India war Goa, von wo aus eine Vielzahl von Seewegen Richtung Ostafrika, den Persischen Golf oder bis nach Japan ausgingen. Der Estado da India basierte auf Handel, d. h. dem Austausch von Waren innerhalb asiatischer Großregion, auf dem Import von Gütern in das Mutterland und auf dem Weiterverkauf auf die Märkte Europas sowie Amerikas, insbesondere von Gewürzen wie Pfeffer, Zimt, Muskat und Ingwer oder Farbstoffen. Ab dem späten 16. Jahrhundert trugen Angriffe der Niederländer und Engländer, aber auch Schmuggel und Bestechung zum Niedergang des portugiesischen Handelsreiches in Asien bei. Der asiatische Handelskreislauf des Estado da India schuf transkontinentale Vernetzungen: Mit Gold aus Afrika konnte man Waren in Asien kaufen, Gewürze und Textilien fanden Absatz in Brasilien und Pflanzen aus der Neuen Welt wie Ananas wurden nach Asien eingeführt. Der Handel mit afrikanischen Sklaven, die in die Neue Welt verkauft wurden, entwickelte sich zu einem der wichtigsten transatlantischen Geschäftszweige.

Anders als in Asien fanden die Europäer in Amerika keine Handelsgüter, sodass nach der Plünderung der Edelmetallschätze der Indígenas ein anderes Konzept der kolonialen Durchdringung erforderlich war als das Stützpunktsystem nach portugiesischem Muster. Nun ging es vor allem darum, die Herrschaft über Land und Menschen zum leitenden Prinzip spanischer Kolonialpolitik zu entwickeln. In rascher Folge

M 2 Q **Christoph Kolumbus**
(1451–1506):
italientischer Seefahrer und Entdecker in den Diensten von Isabella von Kastilien. 1492 landete er auf der Suche nach einem westlichen Seeweg nach Indien auf einer Insel der Bahamas, was als Entdeckung Amerikas gilt.

M 3 Q **Fernando de Magellan**
(vor 1485–1521):
portugiesischer Seefahrer, der für die spanische Krone eine Westroute über den Pazifik finden sollte. Magellan selbst starb nach der erfolgreichen Überquerung des Pazifiks auf den Philippinen, ein Schiff seiner Expedition vollendete jedoch die erste Weltumsegelung.

M4 Q Kolumbus' Ankunft auf der Insel Guanahani in der Karibik am 12. Oktober 1492
Kupferstich von Theodor de Bry, 1590

Bildinformation

setzte sich eine Handvoll Spanier gegen Azteken, Inka und andere altamerikanische Völker durch – dank einheimischer Bundesgenossen, aber auch wegen eingeschleppter Krankheiten (Grippe, Masern, Mumps, Pocken usw.), gegen die die Indigenen keine Abwehrkräfte besaßen. Die Eroberung Mexikos gelang beispielsweise auch deshalb rasch, weil die Azteken wegen einer Prophezeiung die Spanier als die „weißen Götter" wähnten und die Spanier wiederum diese tief verwurzelten Vorstellungen zu ihrem Vorteil nutzten. Ähnlich verlief die Eroberung Perus, da es den Inka dort nicht gelang, eine geschlossene Front gegen die Spanier zu bilden. Mit rücksichtsloser Entschlossenheit, Habgier und Menschenverachtung gingen Francisco Pizarro und seine Truppe vor, und die Reiche der Azteken und Inka brachen in der Folge schnell zusammen, nachdem sie ihrer Führungsspitze beraubt waren. Die Spanier sahen die Indigénas als Sklaven und nahmen deshalb keine Rücksicht auf lokale rechtliche Gepflogenheiten. Stück für Stück bauten sie eine intensive, territoriale Herrschaft auf. Die Portugiesen wollten vorrangig Handel treiben. Territorien oder Menschen in großem Maßstab konnten oder wollten sie nicht kontrollieren. Selbstredend sind auch Ausnahmen zu beobachten wie zum Beispiel in Afrika. Ansätze zu territorialer Herrschaft, Besiedlung und landwirtschaftlicher Nutzung entwickelten sich ganz besonders in Brasilien. Zunächst stellte es nur eine Zwischenstation auf dem Weg nach Asien dar. 1532 entschlossen sich die Portugiesen – nachdem die Franzosen als Konkurrenten auftraten – Brasilien systematischer zu erschließen, zu besiedeln und seine natürlichen Ressourcen zu nutzen. Der Anbau von Zuckerrohr mittels Sklaven, die von der afrikanischen Westküste nach Brasilien gebracht worden waren, entwickelte sich zu einem gewinnbringenden Wirtschaftszweig.

M5 Q Kolumbus' Ankunft in Amerika

Das Bordbuch, das Kolumbus nicht für sich selbst, sondern für die spanischen Herrscher führt, soll seine Entdeckung „Indiens“ beweisen. Die Urschrift des Bordbuchs ist nicht erhalten geblieben. Es ist nur eine Kopie überliefert:

Bald sahen sie nackte Leute und der Admiral fuhr mit dem Boot unter Waffen an Land, dazu Martín Alonso Pinzón und sein Bruder Vicente Anes, der Kapitän auf der Niña war. Der Admiral entfaltete das königliche Banner und die Kapitäne zwei Flaggen mit dem grünen Kreuz, die der Admiral zur Kennzeichnung auf allen Schiffen mit sich führte, mit einem „F“ und einem „Y“ und über jedem Buchstaben eine Krone, eine auf der einen Seite des Kreuzes und die andere auf der anderen. Als sie so an Land gingen, sahen sie sehr grüne Bäume und viele Seen und Früchte verschiedener Art. Der Admiral rief die beiden Kapitäne zu sich und die anderen, die an Land gesprungen waren, und auch Rodrigo Descobedo, den escrivano [der „Schreiber“ in der Funktion des Buchhalters – A. V.] der ganzen Flotte, und außerdem Rodrigo Sánchez de Segovia. Er sagte, dass sie in Anwesenheit aller bezeugen sollten, dass er für den König und die Königin, seine Herren, von der besagten Insel Besitz nehmen würde, was er tatsächlich auch tat, wozu er die erforderlichen Erklärungen abgab, die ausführlicher in den dort schriftlich angefertigten Zeugnissen enthalten sind. Bald versammelten sich dort viele Leute der Insel. Was nun folgt, sind die wörtlichen Äußerungen des Admirals in seinem Buch über seine erste Reise nach diesen Indien und ihre Entdeckung. Er schreibt: Weil sie uns viel Freundschaft erwiesen und weil ich erkannte, dass sie Leute waren, die sich besser erretten und zu unserem Heiligen Glauben eher durch Liebe als durch Gewalt bekehren würden, gab ich einigen von ihnen rote Mützen und auch Glasperlen, die sie sich an die Brust hängten, und viele andere Dinge von geringem Wert, an denen sie großes Vergnügen fanden. Sie wurden so sehr unsere Freunde, dass es ein Wunder war. Später kamen sie zu den Booten der Schiffe geschwommen, wo wir waren, und brachten uns Papageien, Knäuel von Baumwollfäden und Speere und viele andere Dinge; und sie tauschten sie mit uns gegen andere Dinge, die wir ihnen gaben, wie kleine Glasperlen und Glöckchen. Kurz, sie nahmen alles an und sie gaben von allem, was sie hatten, sehr gern. Aber mir schien, dass es Leute waren, die an allem sehr arm waren. Alle gehen so nackt umher, wie ihre Mütter sie geboren haben, auch die Frauen, obwohl ich nicht mehr als eine sehr junge sah. Und alle, die ich sah, waren junge Leute, denn ich sah keinen, der älter als 30 Jahre gewesen wäre. Sie sind alle sehr gut gebaut, von sehr schöner Gestalt und mit sehr feinen Gesichtszügen. Ihr Haar ist dicht, fast wie das von Pferdeschwänzen, und kurz. Sie lassen es nur bis zu den Augenbrauen wachsen, außer einem Stück hinten, das sie lang tragen und nie schneiden. Manche von ihnen malen sich mit Schwarz an und sie haben die Farbe der Kanarier, weder schwarz noch weiß; und einige von ihnen malen sich mit Weiß an und einige mit Rot und einige mit dem, was sie gerade finden. Und einige von ihnen malen sich das Gesicht an und einige von ihnen den ganzen Körper und einige von ihnen nur die Nase. Sie tragen keine Waffen und kennen sie auch nicht, denn ich zeigte ihnen Schwerter und sie fassten sie an der Schneide an und schnitten sich aus Unwissenheit. Sie besitzen kein Eisen. Ihre Speere sind Stöcke ohne Eisen; einige davon haben am Ende einen Fischzahn, andere haben andere Dinge. Allgemein haben sie alle eine gute und große Statur und gute Gesten und sind gut gebaut. Ich sah einige, die Wundmale am Körper hatten, und ich machte ihnen Zeichen, woher diese stammten; und sie zeigten mir, wie andere Leute von anderen Inseln dorthin kämen und sie mitnehmen wollten und wie sie sich verteidigten; und ich glaubte und glaube, dass diese vom Festland dorthin kommen, um sie gefangen zu nehmen. Sie müssen gute Diener und begabt sein, weil ich sehe, dass sie alles sehr schnell wiederholen, was wir ihnen vorsprechen. Ich glaube, dass sie schnell Christen würden, weil mir scheint, dass sie keiner Sekte angehören. Wenn es unserem Herrn gefällt, werde ich bei meiner Abfahrt sechs von ihnen für Eure Hoheiten mitnehmen, damit sie sprechen lernen. Ich sah auf dieser Insel kein Tier irgendeiner Art, außer Papageien. All dies sind die Worte des Admirals.

Die „Entdeckung“ Amerikas, https://www.andreas-venzke.de/offentliches/dies-und-das/article/die-entdeckung-amerikas [Zugriff: 02.02.2026] (Übersetzung: Andreas Venzke)

Arbeitsvorschläge

32065-0256

1. Erläutern Sie, wie die indigenen Einwohner beschrieben werden.
2. Vergleichen Sie, in welchen Punkten die Abbildung M4 und M5 Übereinstimmungen und Unterschiede aufweisen.

M 6 Q Hernán Cortés' Briefe an Kaiser Karl V.

Hernán Cortés schreibt Kaiser Karl V. im Oktober 1520 einen Bericht über das Zusammentreffen mit dem Aztekenherrscher Moctezuma:

Nachdem wir über die Brücke marschiert waren, kam mir der großmächtige Montezuma entgegen, mich zu empfangen, und mit ihm zweihundert Hof- und Edelleute, allesamt barfuß und in noch reicherer, aber wiederum gleicher Hoftracht. […]

Montezuma ging in der Mitte der Straße, rechts und links von ihm sein Bruder und sein Neffe […]. Alle drei trugen gleichförmige Tracht, nur dass Montezuma Schuhe anhatte, während die anderen barfuß gingen, obwohl es sonst hier allgemein gebräuchlich ist, Schuhe zu tragen. Seine beiden Begleiter stützten ihn zu beiden Seiten an den Armen. Ich näherte mich ihm zu Pferde. Dicht vor ihm saß ich ab und schritt ihm zu Fuß entgegen, um ihn zu umarmen. Aber die beiden Herren neben ihm winkten mir, ich solle dies nicht tun und ihn nicht anrühren. Montezuma sowohl wie seine zwei Begleiter verrichteten den schon beschriebenen feierlichen Gruß. Darauf befahl er seinem Bruder, an meine Seite zu treten und mir den Arm zu stützen. Während einer kurzen Ansprache kamen auch die zweihundert anderen Herren heran und begrüßten mich, jeder einzeln in der landesüblichen Weise. Als ich Montezuma ansprach, zog ich ein Halsband von den besten Glasdiamanten ab, das ich umgelegt hatte, und tat es ihm um seinen Hals. Als wir dann zusammen ein Stück in die Stadt schritten, kam ein Diener und brachte zwei Halsketten aus roten Korallen, die man hier sehr hoch schätzt. An jedem Halsband hingen acht Hummern aus Gold, wunderbar fein gearbeitet, jeder eine kleine Hand groß. Montezuma nahm sie und hängte sie mir um. Sodann gingen wir weiter, bis wir zu einem prächtigen Palast kamen, der zu unserem Quartier bestimmt und schön eingerichtet war. Hier nahm mich Montezuma bei der Hand und führte mich in einen weiten Saal […]. Drinnen ließ er mich auf einem reich verzierten Sessel niedersetzen und bat mich, eine Weile zu warten. Kurze Zeit später ist er wieder zu mir gekommen und hat mir eine Menge kostbarer Gastgeschenke gebracht, aus Gold, Silber und seltsamem Federwerk, dazu fünftausend Stück baumwollene Stoffe, in der verschiedensten Art gefertigt und bestickt. Danach hat er sich niedergesetzt auf einen Sessel, der ihm rasch hingestellt wurde, nicht weit von dem meinen, und hat zu mir gesprochen:

„Wie wir aus alten Schriften und Geschichten wissen, haben meine Vorfahren und die jetzigen Bewohner dieser Stadt ihren Ursprung nicht in diesem Land, sondern wir sind Fremdlinge, aus weiter Ferne vor geraumer Zeit hier eingewandert. Auch ist uns überliefert, dass ein großer Herrscher unsere Ahnen hergeführt und uns hiergelassen hat, selbst aber wieder heimgekehrt ist. […] Aber bis auf den heutigen Tag glauben wir alle, dass ein Nachkomme von ihm wiederkehren wird, um dies Land zu unterwerfen und sich gehorsam zu machen. Wenn wir bedenken, dass Ihr uns aus der Richtung der aufgehenden Sonne genaht seid, und je mehr wir von Eurem gewaltigen und mächtigen Herrn und Kaiser hören, der Euch hierhergesandt hat, so können wir nicht mehr zweifeln, dass er unser rechter Herr ist, besonders da Ihr sagt, dass er schon lange Zeit von uns Kunde gehabt habe. Seid darum des gewiss, dass wir Euch gehorsam sein wollen und Euch an Stelle Eures großen Kaisers als Herrn und Gebieter anerkennen. Lug und Trug aber soll uns fernbleiben. Ihr mögt über mein ganzes Reich nach Gefallen verfügen. Es soll Euch jedermann Dienste leisten, und alles, was wir besitzen, soll Euer Eigentum sein. Da ihr hier also wie in Eurer Heimat und Eurem eigenen Haus seid, so soll Euch bei uns wohl zumute sein, und Ihr sollt Euch nun der Ruhe erfreuen, denn ich weiß, dass Ihr viel Mühseligkeiten erlitten habt auf dem Marsch und in allerlei Kämpfen. […]"

Ich erwiderte seine Rede mit wenigen Worten, wobei ich insbesondere darauf einging, was er von der alten Sage erzählt hatte, nämlich, dass Eure Kaiserliche Majestät der längst erwartete große Herr sei.

Daraufhin empfahl er sich, und man brachte uns Brot, Hühner und allerlei Früchte. So vergingen sechs Tage, an denen viele vornehme Herren zu mir kamen und freundlich mit mir redeten.

Hernán Cortés, Die Eroberung Mexikos. Eigenhändige Berichte an Kaiser Karl V. 1520-1524, hrsg. von Hermann Homann, Tübingen/Basel 1978, S. 120–124

Arbeitsvorschläge

32065-0244

1. Stellen Sie dar, wie Cortés die Begrüßung mit Moctezuma beschreibt.
2. Untersuchen Sie, was Cortés über Moctezuma und die Azteken erfährt, und analysieren Sie, wie Cortés auf Moctezuma reagiert. | F

M 7 Q Bericht des Bernardino de Sahagún

Der Franziskanermönch Fray Bernardino de Sahagún (1499–1590) kommt acht Jahre nach dem Zusammentreffen Moctezumas und Cortés' nach Mexiko. Er lernt die Sprache der Azteken und schreibt die Erinnerungen der älteren Indigenen auf:

Und nachdem das so ist, nachdem die Spanier […] angekommen, nachdem nunmehr dort das Schicksal sich vollendet, nunmehr dort die Sache zum Äußersten gekommen ist, rüstet sich Moctezuma, schickt sich an, den Fremdlingen entgegenzugehen, er und die anderen großen Fürsten, die Prinzen von königlichem Geblüt, seine Fürsten, seine Edlen. Darauf gehen sie, die Fremden zu empfangen.

In große bemalte Kürbisschalen legten sie schöne und wohlriechende Blumen, Sonnenblumen, Herzblumen, in ihre Mitte: [...] gelbe Tabakblumen, Kakaoblumen, in Kränzen, in Schultergirlanden aufgereiht; auch goldene Halsketten bringen sie, Halsketten mit goldenen Anhängern, mattenartige Halsketten. Und nachdem Moctezuma an dem Kanal [...] die Fremden getroffen hatte, beschenkte er den Kapitän, den Anführer der Soldaten, er gab ihm Blumen, legte ihm eine Halskette um, eine Halskette aus Blumen, legte ihm Blumengewinde um die Schultern, setzte ihm einen Blumenkranz auf. Danach legte er das goldene Halsband vor ihm nieder, die gesamten Begrüßungsgeschenke. Nachdem er zu Ende war, die einzelnen mit Halsketten geschmückt hatte, sprach Cortés zu Moctezuma: „Du bist es doch, nicht? Bist denn du Moctezuma?" Moctezuma sprach: „Ja, ich bin es!"

Darauf richtet sich Moctezuma auf, stellt sich dem Cortés gegenüber auf, neigt sich vor ihm zur Erde, geht ganz dicht an ihn heran, stellt sich fest vor ihn hin, hält ihm die folgende Rede: „O unser Herr[2]! Mit Mühsal, mit Ermüdung hast du es erlangt, dass du hier in dem Lande angekommen bist, dass du nahe an deine Stadt Mexiko herangekommen bist, dass du auf deiner Matte, deinem Stuhle zu sitzen gekommen bist, den ich nur eine kleine Weile für dich gehütet habe. Denn dahingegangen sind deine Untertanen: die Könige Itzcouatl, der alte Moctezuma, Axayacatl, Tiçocic, Auitzotl, die nur eine kleine Weile den Stuhl für dich gehütet haben, die Stadt Mexiko beherrscht haben, unter deren Schutz sich dein Volk hier gestellt hat. Vielleicht können sie einmal ihre Hinterbliebenen besuchen kommen? Möchten doch die Vorfahren sehen, staunend sehen, was jetzt über mich gekommen ist, was ich nunmehr sehe, ich, den unsere Herren zurückgelassen haben; denn ich träume nicht, ich fahre nicht aus dem Schlafe auf, ich sehe es nicht im Traume, ich träume es nicht, dass ich dich gesehen, dir ins Antlitz geschaut habe. Denn ich war bekümmert fünf, zehn Tage und schaute nach dem unbekannten Lande, aus dem du gekommen bist, aus den Wolken heraus, aus den Nebeln heraus. Denn das haben uns die Könige gesagt, dass du kommen wirst, deine Stadt zu besuchen, dass du dich auf deine Matte, deinen Stuhl setzen wirst, dass du wiederkommen wirst. Und jetzt ist es wahr geworden, du bist zurückgekehrt, mit Mühe, mit Ermüdung hast du es erreicht. Sei nun angelangt im Lande, ruhe dich aus, besuche deinen Palast, ruhe deinen Leib aus, unsere Herren seien angelangt in ihrer Heimat."

Und nachdem Moctezuma seine Rede beendet hatte, die er an Cortés gerichtet hatte, erklärte Malintzin es ihm, übersetzte es ihm.

Aus der Welt der Azteken. Die Chronik des Fray Bernardino de Sahagún. Frankfurt am Main 1989, S. 263-265

[2] Die Indigenen nannten die Spanier „teules". Das Wort kann sowohl „Herren", im Sinne von Fürsten, als auch „Götter" bedeuten. Was die Spanier bei ihrer Ankunft für die Indigenen darstellten, ist also aufgrund mehrere Übersetzungsmöglichkeiten nicht eindeutig festzustellen.

Arbeitsvorschläge 32065-0245

1. Beschreiben Sie, wie sich Cortés und Moctezuma begrüßen.
2. Untersuchen Sie, was Moctezuma in Cortés sieht, was er von Cortés zu wissen glaubt und wie er sich das Zusammentreffen erklärt.
3. Vergleichen Sie mit Ihrem Partner oder Ihrer Partnerin M6 und M7. Notieren Sie, in welchen Punkten die Quellen übereinstimmen und in welchen sie sich widersprechen. | H

M8 D Edelmetalleinfuhr nach Spanien 1503–1605

Bei den Angaben handelt es sich um grobe Schätzungen. Nur ein kleiner Teil des geförderten Silbers gelangte an die spanische Krone, der Großteil („Privat") diente der Deckung der erheblichen Transportkosten, verschwand in dunklen Kanälen, auch bei Piraten, oder wurde in Lateinamerika oder Spanien illegal „abgezweigt":

Zeitraum	An die spanische Krone	Privat (auch illegal)
1503–1505	97 000	274 000
1511–1515	313 000	882 000
1521–1525	35 000	99 000
1536–1540	1 351 000	2 587 000
1546–1550	1 593 000	3 916 000
1551–1555	3 629 000	6 237 000
1576–1580	6 297 000	10 122 000
1591–1595	9 310 000	18 126 000
1601–1605	6 520 000	17 883 000

Rechenpesos zu 450 Maravedis, einer spanischen Münze (gerundet)
Nach: Wolfgang Reinhard, Geschichte der europäischen Expansion, Bd. 2: Die Neue Welt, Stuttgart / Berlin / Köln 1985, S. 103

Arbeitsvorschlag 32065-0246

1. Stellen Sie die Entwicklung des Silberimports in einem Kurvendiagramm dar und fassen Sie dies in wenigen Sätzen zusammen.

M9 D Folgen des Silberexports

a) Globale Handelsvernetzungen

Die Historiker Jürgen Osterhammel und Niels Petersson zur globalen Handelsvernetzung:

Die erste wahrhaft erdumspannende Handelsvernetzung erfolgte über das in Spanisch-Amerika gewonnene Silber. Es floss zunächst in spanische Kassen und von dort aus an alle, Europäer wie Orientalen, mit denen Spanien Geschäftsbeziehungen unterhielt. Ein zweiter Weg führte mittels der selten, aber einigermaßen regelmäßig verkehrenden, Manila-Galleone von Mexiko und Peru zu den spanisch kolonisierten Philippinen. Von dort aus wurden Seideneinkäufe in China getätigt. Die Silberzuflüsse in die ansonsten nach außen wenig durchlässige chinesische Wirtschaft waren vor allem im 18. Jahrhundert so umfangreich, dass sie eine lang anhaltende Monetarisierung, Kommerzialisierung und allgemeine Belebung im chinesischen Reich förderten. Edelmetallströme waren die ersten „flows", die den Globus umzirkelten.

Zitiert nach: Jürgen Osterhammel und Niels Petersson, Geschichte der Globalisierung. Dimensionen, Prozesse, Epochen, München 2007, S. 41

b) Spanien und das Silber aus Potosí

Der Historiker Hartmann Wunderer beschreibt, wie das Silber aus Lateinamerika verwendet wurde:

Obgleich sich im 16. und 17. Jahrhundert zunächst ein gewaltiger Strom aus Gold, dann aus Silber über Spanien ergoss, floss das Geld letztlich in andere Hände. Die spanische Krone war infolge ihrer zahlreichen Religionskriege völlig überschuldet, die Silbereinfuhren dienten zunächst dazu, die Schulden und Zinsen zu bedienen. Die Edelmetalle wurden ferner dazu eingesetzt, um die Exporte von nichtspanischen Waren aus Spanien nach Amerika zu finanzieren, die spanische Industrie profitierte also nicht vom Handel mit Lateinamerika. Das Silber floss außerdem in den privaten Luxus der spanischen Adligen: Sie investierten in Paläste, während spanische Manufakturen wegen fehlenden Kapitals kaum den eigenen Markt versorgen konnten. Die Zahl der spanischen Webstühle sank und die spanische Landwirtschaft verkümmerte. Während die spanische Bevölkerung deutlich schrumpfte, wuchs die Schicht der ökonomisch unproduktiven und von der Steuer befreiten Adligen. Die Großmacht Spanien rückte im Laufe des 17. Jahrhunderts ökonomisch und politisch immer mehr an die europäische Peripherie.

Hartmann Wunderer, Das Silber von Potosí. Globale Vernetzung im Zeichen des beginnenden Kapitalismus, in: Geschichte lernen Nr. 162/2014, S. 40-45, hier S. 45

c) Ökonomische Folge der Silberschwemme

Der Journalist, Peter Huber zur ersten Inflation der Weltgeschichte:

Es schien, als hätte Spanien die Lösung für all seine wirtschaftlichen Probleme gefunden. Durch die Plünderung südamerikanischer Bodenschätze im 16. und 17. Jahrhundert strömten Gold und Silber in umfangreichen Mengen nach Europa. Importierte etwa Spanien zwischen 1521 und 1530 rund 149 kg Silber nach Europa, waren es im letzten Jahrzehnt (1591–1600) bereits 2708 t. Auch der Goldimport aus der Neuen Welt verachtfachte sich innerhalb eines halben Jahrhunderts. Mehr als die Hälfte des geförderten Silbers stammte aus einem einzigen Berg, dem Cerro Rico („Reicher Berg") […] Doch der plötzliche Reichtum war ein trügerischer […]. Waren des täglichen Gebrauchs wurden empfindlich teurer, ihr Preis stieg um das Drei- bis Vierfache. […] Tatsächlich zeigte sich ein ökonomisches Phänomen, das damals noch weitgehend unbekannt war: Inflation. „Denn dank der Bergwerke in Südamerika ist auf einmal mehr Geld in der Welt. Es gibt aber deshalb nicht mehr Weizen, mehr Rinder oder mehr Bäume. Mit den in Potosí geprägten Münzen verhält es sich wie mit fast allen anderen Dingen auf der Erde: Je mehr es von ihnen gibt, desto weniger, sind sie wert. Also sinkt die Kaufkraft der neuen Münzen" [so der Historiker Wolfgang Uchatius]. Dabei schien alles so perfekt. Es war die Zeit vor den Papierwährungen. Der Import von Gold und Silber kam daher der Einfuhr frischen Geldes gleich. Das veranlasste Spanien auch dazu, eine Münzpresse in Potosí zu errichten. Die Idee: „So können die Schiffe gleich die fertigen Reales [geprägte Münzen] über das Meer schaffen. Der ‚reiche Berg' ist nichts anderes als eine frühe Form der Gelddruckmaschine", schreibt Uchatius.

Peter Huber, Die erste Inflation der Weltgeschichte, 07.06.2011, in: Die Presse, https://www.diepresse.com/641144/die-erste-inflation-der-weltgeschichte [Zugriff: 29.01.2026]

Arbeitsvorschläge

32065-0247

1. Fassen Sie die Informationen in einem kurzen Text zu den globalen Auswirkungen des Silberexports zusammen.
2. Nennen Sie Gründe dafür, dass die Silbereinfuhr nach Spanien das Land kaum reicher gemacht hat (b).
3. Erklären Sie, warum der Reichtum durch die Silberlieferungen ein „trügerischer" war (c). | F

Leitfrage

Nehmen Sie Stellung:

Spanischer und portugiesischer Kolonialismus als Muster des Imperialismus im 19. Jahrhundert?

Transatlantische Beziehungen seit dem 17. Jahrhundert im Überblick

Bildinformation
31000-945

M1 Q Der englische Handel lässt Federn, Karikatur um 1778
Die transatlantischen Beziehungen entwickelten sich seit dem 17. Jahrhundert zu einem zentralen Pfeiler globaler Politik-, Wirtschafts- und Kulturgeschichte. In ihrer frühen Ausprägung waren sie maßgeblich gezeichnet von Kolonialismus, Sklavenhandel, wirtschaftlicher Ausbeutung sowie politischen Umbrüchen, die auf beiden Seiten des Atlantiks wechselseitige Dynamiken auslösten.

32065-0248

1. Analysieren Sie die Karikatur.
2. Ordnen Sie die Karikatur in den zeitlichen Zusammenhang ein und ziehen Sie Rückschlüsse auf die transatlantischen Beziehungen Ende des 18. Jahrhunderts.

Frühe koloniale Verflechtungen (17.–18. Jahrhundert)

Mit der europäischen Expansion in die Neue Welt im 17. Jahrhundert wurde der Atlantik zur Hauptachse eines imperialen Weltwirtschaftssystems. Europäische Mächte wie Spanien, Portugal, Großbritannien, Frankreich und die Niederlande errichteten Kolonialreiche in Nord-, Mittel- und Südamerika sowie in der Karibik.

Im Laufe des 17. Jahrhunderts gründeten englische Auswanderer zahlreiche Siedlungen entlang der nordostamerikanischen Atlantikküste. Dabei spielte eine zu erwartende religiöse Freiheit (z. B. für die Puritaner, die sich von der anglikanischen Kirche abgewandt hatten, auch Quäker oder Hugenotten) in den neuen Siedlungsgebieten eine ebenso bedeutende Rolle wie auch die Hoffnung auf eine ökonomisch gesicherte Existenz. Besonders die Produktion von Tabak, Baumwolle, Zucker oder Indigo für den europäischen Markt wurden wichtig. Sowohl der Dreißigjährige Krieg (1618–1648) als auch der Spanische Erbfolgekrieg (1701–1714) boten insbesondere England die Chance, sich in der Karibik und später auch an den karibischen Küsten des zentralamerikanischen Festlandes zu etablieren, sodass es zur dominierenden Kolonialmacht Nordamerikas aufsteigen konnte.

Die wirtschaftliche Grundlage dieser kolonialen Expansion bildete vor allem der transatlantische Handel: Europäische Fertigwaren wurden nach Afrika und in die

LEIT-FRAGE

Transatlantische Beziehungen seit dem 17. Jahrhundert – eine Beziehung auf Augenhöhe?

Karibik verschifft. Zudem wurden versklavte Menschen von Afrika nach Amerika gebracht. Die Enge, spärliche Ernährung, Krankheiten und körperliche Gewalt während des Transports (engl. middle passage) setzten den Gefangenen stark zu. Sie wurden in Plantagenökonomien zur Produktion von Zucker, Baumwolle, Tabak und Kaffee eingesetzt – Rohstoffe, die wiederum zurück nach Europa gelangten. Diese brutale ökonomische Zirkulation führte zu einem systematischen Machtungleichgewicht und zu tiefgreifenden sozialen und kulturellen Transformationen auf allen drei Kontinenten. Dabei dominierten die ökonomischen und militärischen Interessen Europas. Die Küsten Westafrikas wurden durch Forts und Handelsstützpunkte in das Netzwerk eingebunden, während sich die indigene Bevölkerung Amerikas Zwangsarbeit, Missionierung und Gewalt ausgesetzt sah.

Amerikanische Unabhängigkeit und politische Nachwirkungen

Ein Wendepunkt in den transatlantischen Beziehungen stellte das späte 18. Jahrhundert dar. Die Unzufriedenheit der Kolonialisten mit den wirtschaftlichen Beschränkungen durch das englische Mutterland, der fehlenden politischen Mitbestimmungsmöglichkeit bei Gesetzen im englischen Parlament sowie Zöllen für Einfuhren in die Kolonien und weitere Abgaben wuchs. Symbolisch kam diese Auflehnung mit der „Boston Tea Party“ (1773) zum Ausdruck, als eine große Teeladung im Hafen von Boston versenkt wurde. Obwohl die Abspaltung von England anfangs noch nicht das Ziel war, formierte sich schon bald die Einstellung der Aufständischen, gegen die als Willkür und Gewalt empfundenen Ansprüche des englischen Königs kämpfen zu müssen und Unabhängigkeit erreichen zu wollen. Die Amerikanische Revolution (1776) war nicht nur Ausdruck einer Emanzipationsbewegung der nordamerikanischen Kolonisten vom britischen Mutterland, sondern auch ein transnationaler Impuls für Freiheits- und Gleichheitsforderungen. In der Unabhängigkeitserklärung artikulierten sich erstmals modern-republikanische Ideale wie die Menschenrechte, Gewaltenteilung oder regelmäßige Wahlen, die bald auch in Europa Widerhall fanden – insbesondere in der Französischen Revolution (1789). Zwischen beiden Ereignissen bestand ein enger ideengeschichtlicher und personeller Austausch. Die atlantische Revolutionsära brachte eine neue politische Öffentlichkeit, Mobilisierungsformen und Verfassungsdiskurse hervor, die die Beziehungen zwischen „alter“ und „neuer“ Welt tiefgreifend veränderten.

Zugleich entwickelten sich neue wirtschaftliche Vernetzungen: Nordamerika wurde seit Ende des 18. Jahrhunderts zunehmend zu einem Wirtschaftspartner europäischer Mächte, ohne dass das britische Empire als politischer Gegenspieler nach dem Verlust der USA an Bedeutung verloren hätte. In Lateinamerika jedenfalls wirkte der amerikanische Vorbildcharakter vielfach weiter und diente insbesondere in den Unabhängigkeitsbewegungen des frühen 19. Jahrhunderts als Leitbild.

Lateinamerikanische Unabhängigkeit und neue Handelsbeziehungen

In der ersten Hälfte des 19. Jahrhunderts zerbrachen die Kolonialreiche Spaniens und Portugals in Amerika. 1821 löste sich Brasilien von Portugal und erklärte sich zum unabhängigen Kaiserreich. Bis 1822 verlor Spanien die meisten seiner Kolonien – lediglich Kuba, Puerto Rico und die Philippinen verblieben beim Mutterland. In den neu entstandenen Nationalstaaten kam es zu einem tiefgreifenden institutionellen, sozialen und wirtschaftlichen Wandel, der jedoch nicht notwendigerweise zu echter Unabhängigkeit führte. Lediglich vom „formal empire“ befreite sich Südamerika. Vielmehr entwickelten sich neue Formen ökonomischer Abhängigkeit von europäischen Mächten (zunächst von Großbritannien, das sich Kredite für den Befreiungskrieg Spanisch-Amerikas mit der Einführung des Freihandels vergelten ließ) und – zunehmend – auch von den USA. Diese nutzten ihre geografische Nähe, um ihren Einfluss auf die westliche Hemisphäre auszudehnen, etwa durch die Monroe-Doktrin von 1823, die eine Einmischung europäischer Staaten in amerikanische Angelegenheiten kategorisch ablehnte. Im Zuge dieser Veränderungen wurden transatlantische Beziehungen stärker durch wirtschaftliche Dynamiken geprägt. Großbritannien wurde zum dominanten Handelspartner vieler südamerikanischer Staaten, was sich auch in der Exportstruktur widerspiegelte: Rohstoffe und landwirtschaftliche Produkte wurden gegen Industriewaren eingetauscht. Dies stabilisierte die Abhängigkeit der südamerikanischen Staaten von den ökonomischen Zentren Europas.

Die transatlantische Migration und technologischer Fortschritt

Eine weitere prägende Erscheinung des 19. Jahrhunderts war die Massenauswanderung aus Europa nach Amerika. Zwischen 1830 und 1914 emigrierten rund 50 Millionen Europäerinnen und Europäer – der Großteil von ihnen in die Vereinigten Staaten. Diese Migration war durch Armut, politische Verfolgung, religiöse Diskriminierung oder ökonomische Notlagen motiviert, aber auch durch die Hoffnung auf sozialen Aufstieg und wirtschaftliche Teilhabe. Diese Wanderungsbewegungen führten nicht nur zu tiefgreifenden demografischen Veränderungen auf beiden Seiten des Atlantiks, sondern auch zu kultureller Vermischung. Sprachliche, religiöse und soziale Einflüsse überquerten den Atlantik und verbanden die „alte" mit der „neuen" Welt auf bislang ungeahnte Weise.

Die von Europa, insbesondere von Großbritannien, getragene Industrielle Revolution eröffnete die Möglichkeit neuer Formen transkontinentaler Vernetzung. Das Dampfschiff, die Telegrafie und später die transatlantischen Kabelverbindungen verkürzten die Zeit der Kommunikation und begünstigten den Austausch von Waren. Die transatlantischen Beziehungen verwandelten sich allmählich in ein infrastrukturell gestütztes System der globalen Vernetzung. In militärischer, aber auch strategischer Hinsicht setzten sich solche Tendenzen beispielsweise im britischen Seeimperium oder im fortschreitenden Ausbau der amerikanischen Flotte fort. Ansätze zu eigenständigem strategischen Handeln auf der geostrategischen Weltbühne durch die Vereinigten Staaten kündigten sich an und standen im Einklang mit einer – wenn auch relativ beschränkten – Tradition militärischer Einsätze. Dies fand seinen vorläufigen Höhepunkt im Spanisch-Amerikanischen Krieg von 1898, durch den die Vereinigten Staaten die Kontrolle über Kuba, Puerto Rico und die Philippinen übernahmen – ein deutlich sichtbares Signal imperialer Ambitionen und eine Grundlage für politische und militärische Ausweitungen.

Ökonomische Rivalitäten

Am Ende des 19. Jahrhunderts standen die transatlantischen Beziehungen im Kontext einer sich entwickelnden wirtschaftlichen wechselseitigen Abhängigkeit, aber auch in einem Spannungsverhältnis zwischen ökonomischer Integration und politischer Rivalität. Die USA hatten sich mittlerweile zur wirtschaftlich ernst zu nehmenden Großmacht entwickelt, die europäische Märkte sowohl herausforderte als auch mitgestaltete. Gleichzeitig erhöhte sich der Wettbewerbsdruck, den die verschiedenen imperialistischen Staaten, zum Beispiel mit ihrem Wettlauf um Kolonien in Afrika, Asien oder der Karibik, aufeinander ausübten. Diese Ungleichverteilung verstetigte ein System ökonomischer Abhängigkeit.

M2 D Transatlantischer Sklavenhandel 1501–1867

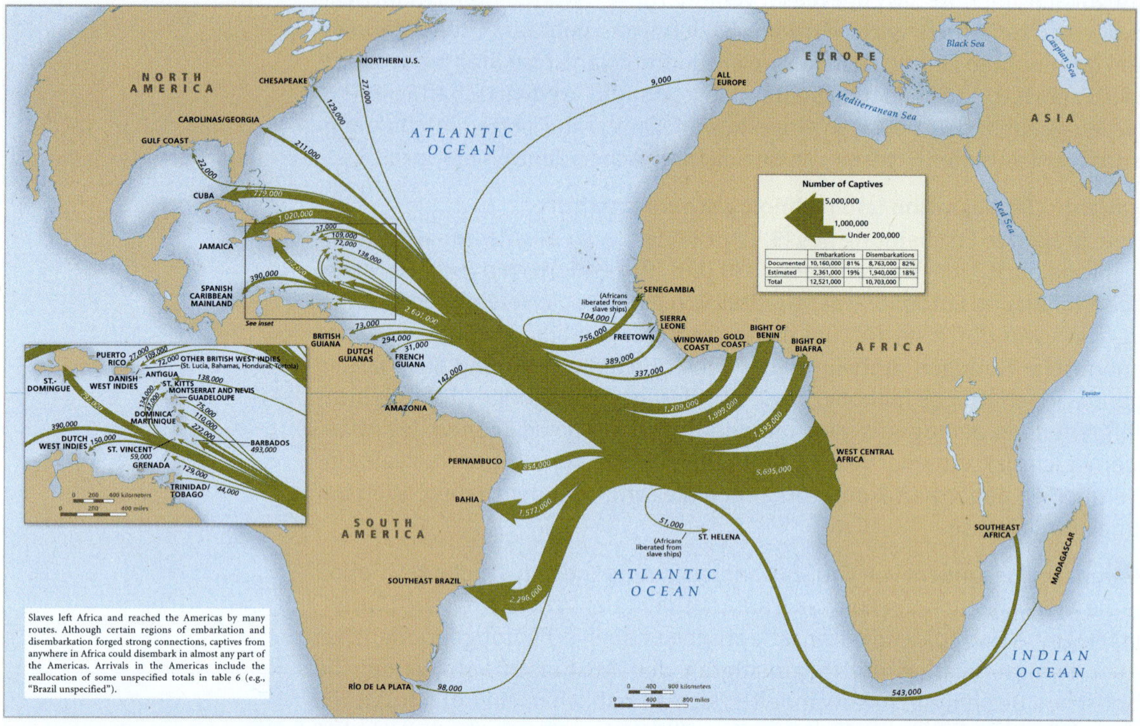

Arbeitsvorschläge

32065-0249

1. Untersuchen Sie die Karte und erklären Sie davon ausgehend die Bedeutung des Sklavenhandels für die transatlantischen Beziehungen. | F
2. Recherchieren Sie zum Modell des Dreieckshandels und erläutern Sie, weshalb es inzwischen kritisiert wird.

M3 Q Die Monroe-Doktrin

In einer Rede vor dem Kongress am 2. Dezember 1823, später „Monroe-Doktrin" genannt, formuliert amerikanische Präsident James Monroe die Ziele der amerikanischen Außenpolitik:

Es ist ein Grundsatz, in welchem die Rechte und Interessen, der Vereinigten Staaten inbegriffen sind: dass die amerikanischen Kontinente infolge des freien und unabhängigen Standes, den sie angenommen haben und behaupten, hinfort nicht als Gegenstände für die künftige Kolonisation durch irgendwelche europäischen Mächte zu betrachten sind […]. Wir haben niemals an den Kriegen der europäischen Mächte teilgenommen, soweit sie diese allein angingen, und es verträgt sich nicht mit unserer Politik, daran teilzunehmen […]. Wir sind deshalb den freundlichen Beziehungen, die zwischen den Vereinigten Staaten und jenen Mächten bestehen, die aufrichtige Erklärung schuldig, dass wir irgendwelche Versuchen von ihrer Seite, ihr System auf irgendeinen Teil dieser Halbkugel auszudehnen, als gefährlich für unseren Frieden und unsere Sicherheit betrachten würden. In die bestehenden Kolonien oder Dependenzen irgendwelcher europäischen Macht haben wir nicht eingegriffen und werden wir nicht eingreifen, aber bei den Regierungen, die ihre Unabhängigkeit erklärt und behauptet und deren Unabhängigkeit wir nach vieler Überzeugungen aus gerechten Gründen anerkannt haben, könnten wir irgendwelche Dazwischenkunft, um sie zu unterdrücken oder sonst ihr Schicksal zu bestimmen, vonseiten irgendeiner europäischen Macht in keinem anderen Licht sehen, als in dem der Bekundung unfreundlicher Gesinnung gegen die Vereinigten Staaten.

Zitiert nach: Fritz Wagner, USA. Geburt und Aufstieg der neuen Welt. Geschichte in Zeitdokumenten 1607–1865, München 1947, S. 176

Arbeitsvorschläge

32065-0250

1. Charakterisieren Sie das Verhältnis der USA gegenüber den europäischen Mächten. Arbeiten Sie dabei auch die „Rechte und Interessen" heraus.
2. Analysieren Sie, welche Strategien der amerikanischen Außenpolitik erkennbar sind.

M4 D Relative Anteile der Weltindustrieproduktion (in Prozent)

	1750	1800	1830	1860	1880	1900
Europa als Ganzes	23,2	28,1	34,2	53,2	61,3	62,0
Großbritannien	1,9	4,3	9,5	19,9	22,9	18,5
Habsburger Reich	2,9	3,2	3,2	4,2	4,4	4,7
Frankreich	4,0	4,2	5,2	7,9	7,8	6,8
Deutsche Staaten/Deutschland	2,9	3,5	3,5	4,9	8,5	13,2
Italienische Staaten/Italien	2,4	2,5	2,3	2,5	2,5	2,5
Russland	5,0	5,6	5,6	7,0	7,6	8,8
USA	0,1	0,8	2,4	7,2	14,7	23,6
Japan	3,8	3,5	2,8	2,6	2,4	2,4
China	32,8	33,3	29,8	19,7	12,5	6,2
Indien/Pakistan	24,5	19,7	17,6	8,6	2,8	1,7

* Unter Industrieproduktion wird vor allem die gewerbliche Gewinnung sowie die Be- und Verarbeitung von Rohstoffen (Kohle, Erz, Baumwolc u.a.m.) verstanden.

Nach: Paul Kennedy, Aufstieg und Fall der großen Mächte. Ökonomischer Wandel und militärischer Konflikt von 1500 und 2000, Frankfurt am Main [5]2005, S. 237

Arbeitsvorschläge

32065-0288

1. Untersuchen Sie die Statistik und arbeiten Sie dabei insbesondere markante Veränderungen heraus.
2. Vergleichen Sie die Industrieproduktion der USA mit der Europas als Ganzem sowie einzelner europäischer Staaten.
3. Bewerten Sie ausgehend von Ihren Ergebnissen, wie sich das transatlantische Verhältnis verändert.

Leitfrage

Nehmen Sie Stellung:

Transatlantische Beziehungen seit dem 17. Jahrhundert – eine Beziehung auf Augenhöhe?

LK Europa am Rand asiatischer Handels- und Kulturnetzwerke seit dem 13. Jahrhundert im Überblick

M1 D Die alte Seidenstraße

Bereits lange vor der europäischen Expansion gab es einen intensiven Austausch von Waren, Menschen und Ideen auf globaler Ebene. Sein Zentrum bildeten seit dem 13. Jahrhundert Asien, der indische Ozean und die arabische Welt, während Europa nur am Rand von diesen Handels- und Kulturnetzwerken berührt wurde.

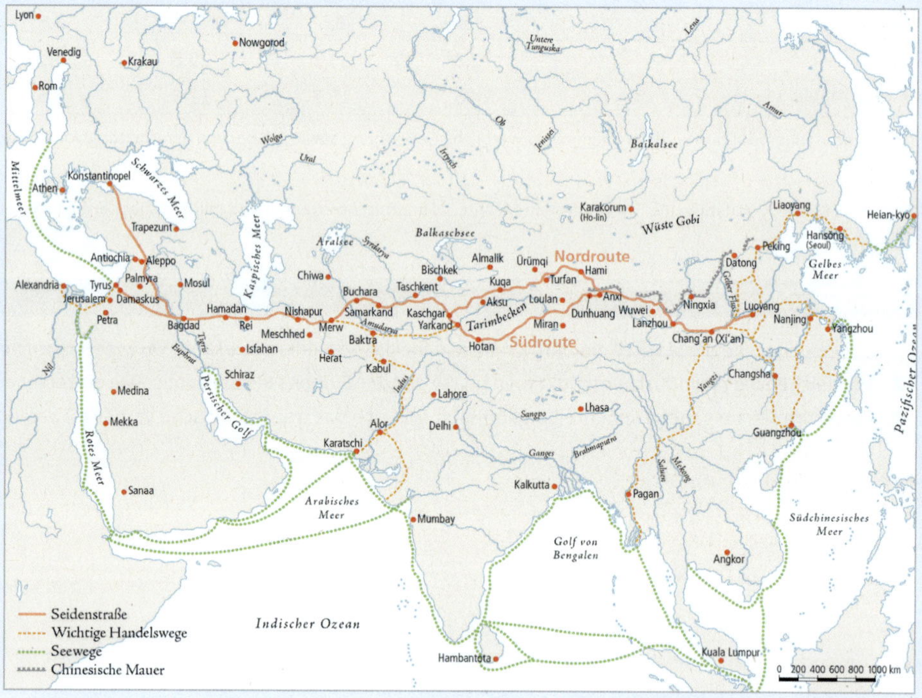

▶ Beschreiben Sie den Verlauf der Seidenstraße und recherchieren Sie die ungefähre Reisezeit im 13. und 14. Jahrhundert.

32065-0252

LEIT-FRAGE

Die Seidenstraße – kulturelle und wirtschaftliche Verbindung von Europa und Asien?

Das Mongolenreich Dschinghis Khans

In der ersten Hälfte des 13. Jahrhunderts unterwarfen die kriegerischen Nomaden (Mongolen) unter ihrem Anführer Dschinghis Khan einen Großteil Zentralasiens bis zur heutigen Ukraine und errichteten ein über zwei Jahrhunderte existierendes Großreich. Die Siege der Mongolen waren aufgrund ihrer Kriegstechnik möglich: leichte Reiterei und hohe Mobilität. Zu einer militärischen Auseinandersetzung mit den Mächten Mitteleuropas kam es nicht. Der „Mongolensturm" endete in Schlesien und Ungarn. 1242 zogen die Mongolen ab. In der zweiten Hälfte des 13. Jahrhunderts erreichte das mongolische Großreich den Gipfel seiner Macht. Es erstreckte sich vom ostchinesischen Meer bis nach Polen und vom Himalaya nach Sibirien und war damit das größte Reich der bisherigen Weltgeschichte. Der Vorstoß bis nach Ungarn ließ

Europa immer deutlicher die Existenz der neuen Großmacht im Osten erkennen. Von der Mitte des 13. Jahrhunderts an schickten Päpste, Könige und Kreuzfahrer Gesandte zu den Mongolen.

Aufgrund seiner Ausdehnung wurde es zusehends unregierbar. Von einem Ende des Imperiums zum anderen benötigen Nachrichten Monate, eine zentrale Verwaltungstätigkeit war nicht mehr möglich. Im 14. Jahrhundert begannen in China Volksaufstände gegen die mongolische Fremdherrschaft. Im Jahr 1368 wurden die letzten Mongolenkaiser vertrieben und die rein chinesische Ming-Dynastie gegründet. Der Zerfall in zum Teil auch rivalisierende Teilreiche konnte nicht mehr aufgehalten werden.

Das Mongolenreich im 13. und 14. Jahrhundert förderte zeitweise die Stabilität der Handelswege quer durch Asien (Pax mongolica) und ermöglichte Reisen wie die des Venezianers Marco Polo, der Eindrücke aus China nach Europa brachte. Diese Berichte beflügelten die Vorstellung von Asien als einer Region großer Reichtümer. Die Ost-West-Kontakte des 13. Jahrhunderts gehörten sicher zu den frühesten geistigen Anregungen, die schließlich zur Renaissance des 14. und 15. Jahrhunderts führten. Die Seereisen der Portugiesen und Spanier im 15. Jahrhundert wurden von der Kenntnis des Fernen Ostens angeregt.

Handel, Kultur- und Wissenstransfer

Seit dem 13. Jahrhundert war Europa in wachsendem Maße in ein weitgespanntes Netz von Handels- und Kulturkontakten eingebunden, dessen Zentrum jedoch nicht in Europa, sondern in Asien lag. Über die berühmte Seidenstraße und die Seewege des Indischen Ozeans gelangten Waren, Ideen und Technologien aus China, Indien und dem Vorderen Orient nach Europa. Die Mongolen verschonten nicht selten jene Handwerker und Künstler, die sie an ihre Höfe holten, und auf diese Weise entstanden neue Impulse in Textilien, Luxuswaren sowie in Kunst und Architektur. Es verschmolzen chinesisch-mongolische mit persischen Einflüssen, und in Zentralasien erfuhren umgekehrt Moderne und Geschmack der Mongolen-Eroberer eine Prägung durch die Iraner. Die materielle Kultur verband islamische, chinesische und zentraleuropäische Traditionen.

Vor allem Luxusartikel wie Seide, Porzellan, Gewürze und Edelsteine erfreuten sich großer Beliebtheit. Über Zwischenhändler – insbesondere arabische und venezianische Kaufleute – gelangten sie in den Mittelmeerraum. Für Europa bedeutete dies, dass der Kontinent weniger als gestaltende Kraft, sondern vielmehr als Randgebiet dieser Netzwerke zu betrachten war: Europa war in erster Linie Verbraucher und auf asiatische Produzenten und Handelsvermittler angewiesen.

Neben Waren gelangten auch Wissen und technische Innovationen nach Europa. Papier und der Buchdruck, Schießpulver und der Kompass sind Beispiele für Entwicklungen, die ursprünglich aus China stammten und über Umwege nach Europa kamen. Auch medizinisches Wissen und mathematische Erkenntnisse wurden durch Kontakte mit der islamischen Welt weitergegeben, während derartige Austauschbeziehungen mit Europa auf technologische Kenntnisse beschränkt blieben.

Mit dem Vordringen der Osmanen im 15. Jahrhundert und dem damit verbundenen Kontrollverlust Europas über traditionelle Handelswege wuchs die Motivation, nach eigenen Seewegen nach Asien zu suchen. Dies war ein entscheidender Anstoß für die europäische Expansion über den Atlantik und nach Afrika, die ab dem späten 15. Jahrhundert begann.

M 2 D Die Neue Seidenstraße

Arbeitsvorschläge

1. Vergleichen Sie M2 mit M1. Erläutern Sie, welche geopolitische Bedeutung die Neue Seidenstraße im 21. Jahrhundert hat. Recherchieren Sie im Internet, welche aktuellen Projekte in Umsetzung sind und welche bereits abgeschlossen wurden.
2. Diskutieren Sie, ob während der Herrschaft des Mongolenreiches die drei Kontinente Afrika, Europa und Asien näher miteinander verwuchsen und ggf. von einer frühen Form der Globalisierung gesprochen werden kann.

M 3 Q Der Reisebericht des Marco Polo

a) Über Peking (Canbaluc) schreibt Marco Polo Folgendes:

In Canbaluc hat es unvorstellbar viele Menschen und Häuser, es ist unmöglich, sie zu zählen, denn auch die Vorstädte sind dicht besiedelt. Außerhalb eines jeden der zwölf Stadttore wurden neue Wohngebiete gebaut. In den Vororten steigen die Kaufleute ab und Reisende, die in der Stadt etwas zu besorgen haben oder die beim Khan vorsprechen möchten. In den Herbergen ist ständig ein lebhafter Betrieb, da die Stadt ein Forum ist sowohl für den Handel als auch andere Geschäfte. [...] Nirgends auf der Welt werden dermaßen viele seltene, erlesene Waren gehandelt wie in Canbaluc. Ich werde euch einige nennen: Aus Indien stammen die teuersten Dinge, Edelsteine, Perlen und andere Kostbarkeiten. Das Wertvollste, das es in China und in den übrigen Provinzen gibt, wird nach Canbaluc gebracht. Alles findet Absatz, denn hier residiert der Oberste Herrscher, hier wohnen die reichen Frauen, die Fürsten und viele andere Menschen. Aus diesen Gründen ist Canbaluc so großartig und mit keiner anderen Stadt zu vergleichen. Stellt euch vor: Jeden Tag kommen mehr als 1000 Wagen an, voll beladen mit Seide. In diesen Gegenden werden Stoffe aus Gold und Seide gewoben. Zum Einzugsgebiet der Stadt gehören etwa 200 Städte.

b) Beim Aufenthalt in der persischen Stadt Tabriz berichtet Marco Polo:

Man weiß, dass die Einwohner von Tabriz von Handel und Gewerbe leben, ihre Gold- und Seidenstoffe sind berühmt. Die Stadt ist sehr günstig gelegen, hier kommen alle Waren zusammen, aus Indien, Bagdad, Afghanistan und anderswo. Auch italienische Händler verkehren hier, sie kaufen fremdländische Waren. Hier erwerben sie auch Edelsteine, die Auswahl ist groß. In dieser Stadt treiben die reisenden Kaufleute gewinnbringenden Handel. Die Bewohner sind ein Völkergemisch. Die Stadt ist umgeben von schönen, schattenspendenden Gärten, voll von herrlichen Früchten.

Beide Texte: Marco Polo, Il Milione. Die Wunder der Welt. Zürich 1989, S. 41 f. (Übersetzung:Elise Guignard)

Arbeitsvorschläge

1. Stellen Sie dar, wie Marco Polo seine Reise beschreibt. | H
2. Erörtern Sie kurz, welche Wirkung seine Schilderungen gehabt haben können.

M 4 D Das alte China und die Seidenstraße

Der Sinologe und Ethnologe Thomas Höllmann schreibt 2022 über China und die Seidenstraße:

Der Begriff „Seidenstraße" ist relativ jungen Datums. Er wird häufig dem Geografen Ferdinand von Richthofen zugeschrieben, der ihn 1877 bei einer vielbeachteten Vortragsveranstaltung in Berlin verwendete. Die Wortschöpfung muss jedoch schon einige Jahrzehnte früher stattgefunden haben: spätestens 1838, als Carl Ritter in seiner vielbändigen „Erdkunde" davon Gebrauch machte. Immerhin kommt aber Richthofen das Verdienst zu, das Konzept eines kohärenten Verkehrsnetzes damit zu verbinden, das zwei Kontinente umfasste und auf große Resonanz in der Öffentlichkeit stieß.
Unabhängig von den jeweiligen Machtverhältnissen lässt sich der wichtigste Strang der Landrouten in mehrere aufeinanderfolgende Sektoren untergliedern. Von

Ost nach West waren das: das Tal des Wei; der Hexi Korridor; die Wüsten Gobi und Taklamakan; die im Pamirknoten zusammenlaufenden Gebirgszüge; die Turanische Niederung; das iranische Hochland; das Zweistromland; die Syrische Wüste mit Zugängen zum Mittelmeer. Der Ausgangpunkt war häufig Chang'an, über viele Jahrhunderte hinweg die Hauptstadt des chinesischen Kaiserreiches, der Endpunkt, zumindest zeitweilig, Rom. Zur See wurde der Rhythmus der Fernreisen im Wesentlichen durch die Windverhältnisse bestimmt: In den Wintermonaten segelte man von den chinesischen Hafenstädten, begünstigt durch den Nordostmonsun, nach Süden und Westen, bis man schließlich den Persischen Golf und die afrikanische Küste erreichte. Im Sommer fuhr man mit dem Südwestmonsun im Rücken in die umgekehrte Richtung. […]

Papier und Druckkunst

Erleichtert wurde der kulturelle Austausch durch die Gründung des mongolischen Weltreiches im 13. Jahrhundert. Dessen Herrschaftsanspruch reichte zeitweilig vom Chinesischen Meer bis zur Ostsee und erlaubte den Händlern, Missionaren und Diplomaten eine bis dahin unbekannte Mobilität. Das hatte – zumindest indirekt – Auswirkungen auf die Verbreitung von Erfindungen, die im „Reich der Mitte“ schon lange zuvor ihren Ursprung hatten. […] Vermutlich über Sizilien erreichte das Papier Süditalien, wo unter den weltoffenen Staufern so manche Errungenschaft aus der arabischen Welt genutzt wurde […].

Nach Westen wurde die Schwarze Kunst in großem Stil erst unter der Mongolenherrschaft vermittelt […] Die Mehrzahl der in Zentralasien verbreiteten Drucke hatte zunächst vor allem buddhistische Inhalte und war in sogdischer Schrift verfasst.

In Westasien und Nordafrika sollten hingegen noch Jahrhunderte vergehen, bis umfangreiche und komplexe Texte wie der Koran in großen Auflagen hergestellt wurden. Das mag damit zusammenhängen, dass man das unmittelbare Wort Gottes nicht mithilfe eines profanen Mediums verbreiten wollte, doch sollte man die besondere Bedeutung der mündlichen Überlieferung, die starke Position der Schreiber und Rezitatoren sowie den Wunsch nach Exklusivität nicht unterschätzen.

Ganz anders verlief die Entwicklung in Mitteleuropa, wo der Buchdruck, angefangen mit der Veröffentlichung einer lateinischen Ausgabe der Bibel im Jahre 1454, mit rasender Geschwindigkeit um sich griff. Dabei waren die Voraussetzungen – die Verwendung von Stempeln und beschnitzten Holzplatten bei der Gestaltung von Einzelblättern und Textilien – durchaus ähnlich. War es folglich ein einsamer Geniestreich, als Johannes Gensfleisch, genannt Gutenberg, damit begann, ganze Bücher mithilfe beweglicher Lettern zu produzieren? […]

Wechselwirkungen

Die richtungweisende Eigenschaft des Magneteisensteins war in China bereits seit vorchristlicher Zeit bekannt, sie wurde zunächst wohl nur von Geomanten verwendet, um geeignete Plätze für die Anlage von Gräbern zu bestimmen. Erst im 11. Jahrhundert ist mit einiger Sicherheit die Verwendung eines davon abgeleiteten Instruments zur Orientierung auf See anzusetzen. […]

Für die Navigation wurde damals wahrscheinlich bereits eine durch das Thermoremanenzverfahren magnetisierte Metallnadel eingesetzt, die – durch Kork oder Holz an der Oberfläche gehalten – auf einer Flüssigkeit schwamm. Von China aus gelangte das Instrument im Verlauf des 12. und 13. Jahrhunderts in die arabisch-persische Welt und in das Abendland. In Europa wurde die Erfindung rasch weiterentwickelt, und mit der Kombination von Magnetnadel und Windrose entstand die Bussole: ein Trockenkompass, der schließlich durch die westlichen Seemächte in der Gegenrichtung verbreitet wurde und um die Mitte des 16. Jahrhunderts als Neuerung im Reich der Mitte auftauchte.

Nach dem Zerfall der mongolischen Herrschaft im 14. Jahrhundert waren die Landrouten zwischen Orient und Okzident zunehmend unattraktiv geworden: vor allem wegen des rapide ansteigenden Sicherheitsrisikos, vielleicht auch wegen der Pest, die sich entlang der Verkehrswege ausbreitete. Zudem sorgte die Einrichtung regelmäßiger Schifffahrtsverbindungen zwischen den Häfen Europas und Asiens für eine räumliche Verlagerung des Fernhandels und der damit verbundenen Kontakte.

Thomas O. Höllmann, Das alte China und die Seidenstraße, in: Aus Politik und Zeitgeschichte 43-45/2022, S. 25-32

Arbeitsvorschläge 32065-0255

1. Erklären Sie den Begriff „Seidenstraße“. | F
2. Diskutieren Sie, wie Thomas Höllmann den Einfluss Asiens auf Europa und Afrika bewertet. | F

Leitfrage

Nehmen Sie Stellung:

Die Seidenstraße – kulturelle und wirtschaftliche Verbindung von Europa und Asien?

1.3 Vertiefungsmodul: Rückgriffe auf die griechisch-römische Antike, das Mittelalter und die Aufklärung als Impulse für Umbrüche und Transformationen

M1 Q Titelbild des Leviathan von Thomas Hobbes
Englische Erstausgabe von 1651

Bildinformation
31000-59

32065-0211

1. Analysieren Sie die einzelnen Bildelemente und recherchieren Sie die Bedeutung des Begriffes „Leviathan". Schließen Sie aus beidem auf die mögliche „Botschaft" der Schrift.
2. Stellen Sie Vermutungen an, welche heutigen politischen Errungenschaften wann in der Geschichte ihren Ursprung haben.

LEIT-FRAGE

Staatstheorien in der Geschichte – ein Impuls für Umbruch und Transformation?

Umbruch und Transformation – Einleitung und Begriffsbestimmungen

Umbrüche und Transformationen in der Geschichte

Umbrüche und Transformationen sind wesentliche Elemente der Geschichtsschreibung, da sie tiefgreifende Veränderungen in der Gesellschaft, der Politik und der Kultur hervorrufen. Solche Veränderungen können durch verschiedene Faktoren ausgelöst werden, darunter soziale Unruhen, wirtschaftliche Krisen oder das Aufeinandertreffen unterschiedlicher Ideologien. Sie führen oft zu einem Umdenken in den bestehenden Strukturen und Werten einer Gesellschaft.

Ein Beispiel für Auslöser eines solchen Umbruchs sind die Revolutionen des 18. und 19. Jahrhunderts. Dabei wurden antike Ideen auf die politische Struktur der Neuzeit übertragen und entsprechend verändert bzw. „umgewandelt". Diese Transformationen sind nicht nur von historischem Interesse, sondern auch von großer Relevanz für das Verständnis der heutigen politischen Systeme. Indem wir die Wurzeln dieser Veränderungen erkunden, können wir die Entwicklung von Konzepten wie Demokratie, individuellem Recht und Staatsverantwortung besser nachvollziehen und reflektieren, wie diese Prinzipien in der modernen Gesellschaft verankert sind.

Umbruch

Das Wort „Umbruch“ bedeutet so viel wie „Umwälzung“ oder „Umkehr“. In der deutschen Sprache hat sich der Begriff im Laufe der Jahrhunderte weiterentwickelt und wird heute verwendet, um einen tiefgreifenden Wandel oder eine grundlegende Veränderung in einem bestimmten Bereich zu beschreiben. Historisch betrachtet wird der Begriff oft in Verbindung mit sozialen, politischen oder wirtschaftlichen Veränderungen verwendet. Ein Umbruch kann das Ende eines bestehenden Systems oder Zustands und den Beginn eines neuen markieren. Beispiele hierfür sind die Französische Revolution, die als Umbruch in der politischen Ordnung und den gesellschaftlichen Verhältnissen des 18. Jahrhunderts gilt, oder die Industrielle Revolution, die tiefgreifende Veränderungen in der Wirtschaft und der Lebensweise der Menschen mit sich brachte. Ein Umbruch ist häufig mit Unsicherheit, Konflikten und Herausforderungen verbunden, da er bestehende Strukturen infrage stellt und neue Perspektiven eröffnet. Der Ausgang eines Umbruchs ist oft ungewiss und kann sowohl positive als auch negative Folgen haben. In der Geschichtswissenschaft wird der Begriff verwendet, um die Dynamik von Veränderungen zu analysieren und die damit verbundenen sozialen und politischen Prozesse zu verstehen.

Transformation

Der Begriff „Transformation“ hat seinen Ursprung im lateinischen „transformare“, was „verändern“ oder „umwandeln“ bedeutet. In der deutschen Sprache wird der Begriff verwendet, um einen tiefgreifenden Wandel oder eine Umwandlung zu beschreiben, die oft in einem umfassenden Kontext stattfindet. In der Geschichtswissenschaft wird „Transformation“ häufig verwendet, um Prozesse zu kennzeichnen, die über einfache Veränderungen hinausgehen und die grundlegende Struktur oder das Wesen eines Systems betreffen. Ein Beispiel für eine Transformation ist der Übergang von der Feudalgesellschaft zur bürgerlichen Gesellschaft im Laufe der Neuzeit, der nicht nur wirtschaftliche, sondern auch soziale und kulturelle Dimensionen umfasste. Transformationen können in verschiedenen Bereichen stattfinden, darunter Politik, Gesellschaft, Kultur und Technologie. Sie sind oft das Ergebnis komplexer Wechselwirkungen und können sowohl geplant als auch ungeplant sein. Während eine Transformation in der Regel einen langfristigen Prozess darstellt, der tiefgreifende Veränderungen mit sich bringt, ist der Ausgang oft von verschiedenen Faktoren abhängig und kann sowohl positive als auch negative Auswirkungen auf die betroffenen Systeme haben. In der heutigen Zeit wird der Begriff häufig in Diskussionen über gesellschaftliche Veränderungen, technologische Innovationen und ökologische Herausforderungen verwendet, wobei die Notwendigkeit einer Transformation oft als dringende Antwort auf bestehende Probleme angesehen wird. Deswegen ist es besonders wichtig, Veränderungen und deren Auswirkungen auf die Gesellschaft kritisch zu reflektieren.

Von der Polis zur modernen Gewaltenteilung – eine Geschichte der Entwicklung der Staatsformen

Die Anfänge der politischen Theorie im antiken Griechenland

Die Wurzeln der europäischen Staatsformentheorie liegen im Griechenland des 5. und 4. Jahrhunderts v. Chr. Die griechischen Stadtstaaten (Poleis) entwickelten unterschiedliche Regierungsformen von Monarchien über Aristokratien bis zu frühen Demokratien. Insbesondere die Entwicklungen in Athen spielen dabei eine bedeutende Rolle für Vordenker heutiger demokratischer Prinzipien.

Aristoteles (384–322 v. Chr.) gilt als einer der ersten systematischen Staatstheoretiker. Er verglich dafür unterschiedliche Verfassungen der damaligen Zeit miteinander

M 2 Q Aristoteles (384–322 v. Chr.): griechischer Philosoph, Wissenschaftler und Schüler Platons. Nach dessen Tod ging Aristoteles ins Ausland und wurde in Makedonien Erzieher Alexanders des Großen. Rund zehn Jahre später kehrte er zurück und gründete in Athen eine Schule. Zu seinen wichtigsten Werken gehört seine „Politik", mit der im Mittelalter die Vor- und Nachteile der Monarchie erörtert worden sind.

und entwickelte daraus eine Staatsformenlehre. In seinem bekannten Werk „Politik" ordnet er die verschiedenen Staatsformen nach ihrer Ausrichtung am Gemeinwohl des Volkes oder am Eigennutz für die jeweiligen Herrscher. Es werden den drei „guten" Verfassungen, die alle auf das Wohl der Allgemeinheit ausgerichtet seien (Monarchie, Aristokratie und Politie, der Herrschaft der Vernünftigen), die drei „entarteten" Verfassungen gegenüberstellt, die nur dem Eigennutz der herrschenden Einzelnen oder Gruppen dienen (Tyrannis, Oligarchie und Demokratie). Unter dem Begriff der Demokratie versteht Aristoteles im antiken und negativen Sinne eine Herrschaft der Masse ohne Begrenzung. Das zentrale Anliegen von Aristoteles war eine Mischverfassung – eine Kombination verschiedener Elemente, um Macht auszugleichen und Missbrauch zu verhindern. Aristoteles' entscheidende Neuerung bestand darin, dass er aus der politischen Praxis erstmals eine Theorie der Politik ableitete und diese begründete.

Der Athener Solon legte um 600 v. Chr. mit seinen politischen, sozialen und rechtlichen Reformen die Grundlagen für eine Demokratie und schaffte einen deutlichen Umbruch in der Polis. Er machte zwar die politischen Rechte der Bürger vom Einkommen abhängig (Timokratie), übergab jedoch einen Teil der Rechtsprechung an Volksgerichte, in die Bürger unabhängig von der Herkunft und dem Vermögen berufen werden konnten. Insbesondere soziale Spannungen zwischen adligen Grundeigentümern und der verarmten bäuerlichen Mittelschicht hatten die Polis Athen zuvor an den Rand eines Bürgerkrieges gebracht. Solon erhielt besondere Vollmachten, strich die Schulden der Bauern, verbot die Versklavung der einheimischen Bevölkerung und erließ neue Gesetze. Nach den Reformen Solons war Athen keine Aristokratie mehr, sondern eine Timokratie. Es folgten weitere Wechsel der Staatsformen und verschiedene Reformen in Athen bis **Perikles** 462/61 v. Chr. die Polis in eine radikale Demokratie umwandelte. Zwar war die Athener Demokratie nicht von Dauer, es bleibt aber die Frage: War das antike Athen die Wiege der Demokratie?

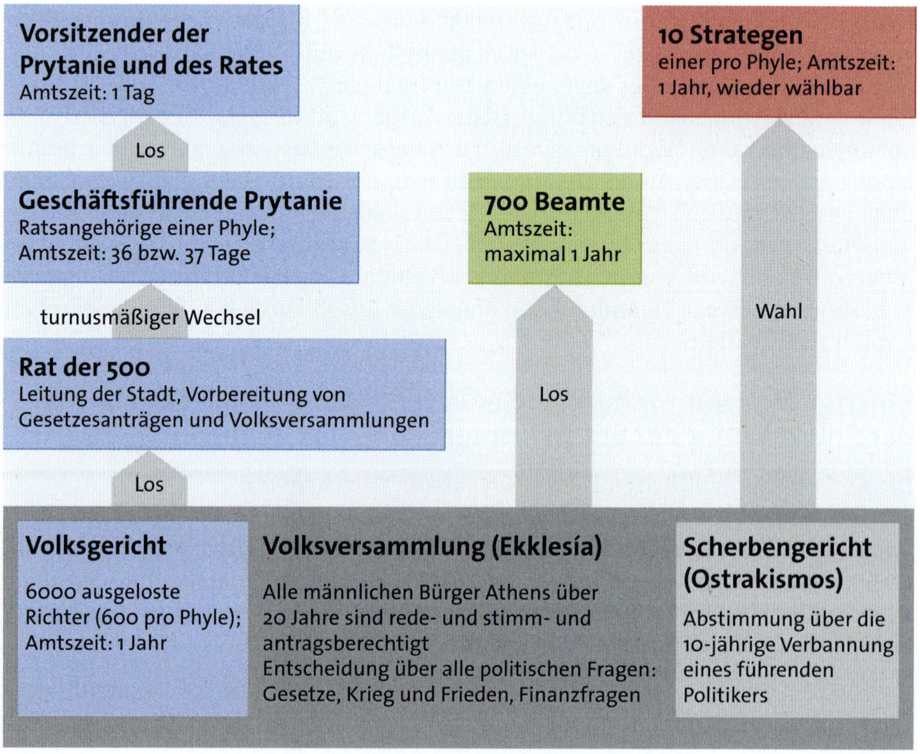

M 3 D Verfassung der attischen Demokratie ab 462 v. Chr.

- Vergleichen Sie die Verfassung mit den Reformen Solons und erläutern Sie die Veränderungen.
- Erörtern Sie Vor- und Nachteile der Verfassung.

In allen großen politischen Umbrüchen der Neuzeit wie der „Glorious Revolution" in England 1688/89, der Amerikanischen Revolution 1776, der Französischen Revolution 1789 und der Oktoberrevolution 1917 in Russland erinnerten die Akteure an Athen als freiheitlichen Staat oder an die direkte Beteiligung der Bürger. Noch heute wird die „direkte" Versammlungsdemokratie der Athener unserer „indirekten" parlamentarischen Demokratie als Maßstab gegenübergestellt. Der historische Vergleich macht die Unterschiede jedoch deutlich. Bemerkenswert ist aber, dass wir bis heute Begriffe wie „Freiheit" und „Gleichheit" untersuchen, indem wir von griechischen Denkern wie Aristoteles ausgehen.

Die Römische Republik – Mischverfassung in der Praxis

In der Römischen Republik (509–27 v. Chr.) wurden viele der Gedanken Aristoteles' zu einer Mischverfassung praktisch umgesetzt.

Die römische Gesellschaft setzte sich zusammen aus einer kleinen grundbesitzenden Elite, den Patriziern (lat. patres: die Väter), und einer wesentlich größeren Gruppe römischer Bürger, den Plebejern (lat. plebs: die Menge). Das Patriziat bestand aus den Oberhäuptern der reichen grundbesitzenden Familien, den Patres familias. Zur römischen „familia" gehörten nicht nur Eltern und Kinder, sondern alle Generationen einer Familie mit Sklaven und Freigelassenen. Die Plebejer waren persönlich frei. Sie besaßen zwar anfangs keine politischen Mitbestimmungsrechte, aber später waren sie zur Volksversammlung zugelassen. Sklaven gehörten nicht zu den römischen Bürgern.

Um 500 v. Chr. vertrieb das Patriziat den letzten etruskischen König und errichtete eine Adelsrepublik. Zwar verband Patrizier und Plebejer eine feste soziale Treuebeziehung, das **Klientelwesen**, doch der Herrschaft des Patriziats drohten zwei Gefahren. So wollte die Plebs eine Machtbeteiligung und eine Demokratisierung erreichen. Gefährlicher waren jedoch die Bestrebungen einzelner Patrizier, sich an die Spitze des Gemeinwesens zu stellen. Denn die grundbesitzende Aristokratie insgesamt wollte ihre Herrschaft bewahren. Sie konnte aber die Staatsgewalt und die unterschiedlichen Regierungsgeschäfte nicht als Gruppe ausüben. Die Aristokraten mussten die Macht also delegieren, ihren Missbrauch jedoch zugleich verhindern.

Die Aristokratie übertrug die Staatsgewalt demgemäß einer vierstufigen Beamtenhierarchie, der Magistratur. An deren Spitze standen zwei Konsuln. Sie waren mit dem Imperium, der fast unumschränkten zivilen und militärischen Höchstgewalt, ausgestattet. Auch beriefen und leiteten sie Volksversammlungen und Senatssitzungen und führten das Heer. Den anderen Beamten gegenüber besaßen sie ein Weisungs-, dem Amtskollegen gegenüber ein Blockaderecht. Dies sowie die Beschränkung der Amtszeit auf ein Jahr (Annuität) setzten ihrer Macht Grenzen. Die Prätoren waren für die Rechtsprechung zuständig. Die nachgeordneten Ädilen kümmerten sich um Märkte, Tempel und öffentliche Ordnung; die Quästoren verwalteten die Staatskasse. Die hohen Staatsämter konnten nur in einer bestimmten Reihenfolge (cursus honorum) und mit einem festgesetzten Mindestalter übernommen werden.

Rechtlich bildete der Senat in der Republik nicht mehr als eine Versammlung von ca. 300 ehemaligen Amtsträgern. Faktisch war er jedoch jahrhundertelang das unumstrittene Machtzentrum der Republik. Seine Entscheidungen repräsentierten die versammelte Autorität aller Adelsgeschlechter sowie die politische Erfahrung aller jemals politisch Verantwortlichen.

Der Senat besetzte beispielsweise die Geschworenengerichte und er bestimmte die Steuersätze für die Bürger und die Bewohner der dauerhaft unterworfenen Gebiete (Provinzen).

M4 Q Perikles
(um 500–429 v. Chr.): athenischer Staatsmann. Er war von vornehmer Herkunft und leitete seit 443 als jährlich wiedergewählter Politiker die Geschicke der athenischen Demokratie. Seine Zeit gilt als Glanzzeit Athens. 431 begann er den Peloponnesischen Krieg um die Vorherrschaft Athens in Griechenland. Ein Jahr später wurde er abgesetzt.

Klientelwesen: Mittellose römische Bauern und Handwerker, aber auch freigelassene Sklaven unterstellten sich als Klienten (lat. clientes: Schutzbefohlene) dem Schutz eines gesellschaftlich höhergestellten und materiell bessergestellten Patrons (lat. patronus: Schutzherr). Unter dem Klientelwesen verstand man ein Treueverhältnis auf Gegenseitigkeit. Der Patron schützte seine Klienten vor sozialer Not, vertrat sie vor Gericht und in der Politik. Dagegen verpflichteten sich die Klienten, den Patron bei seinen Geschäften zu unterstützen.

M5 D Verfassung der Römischen Republik ab 250 v. Chr.

▶ Begründen Sie, dass es sich um eine Mischverfassung handelt.

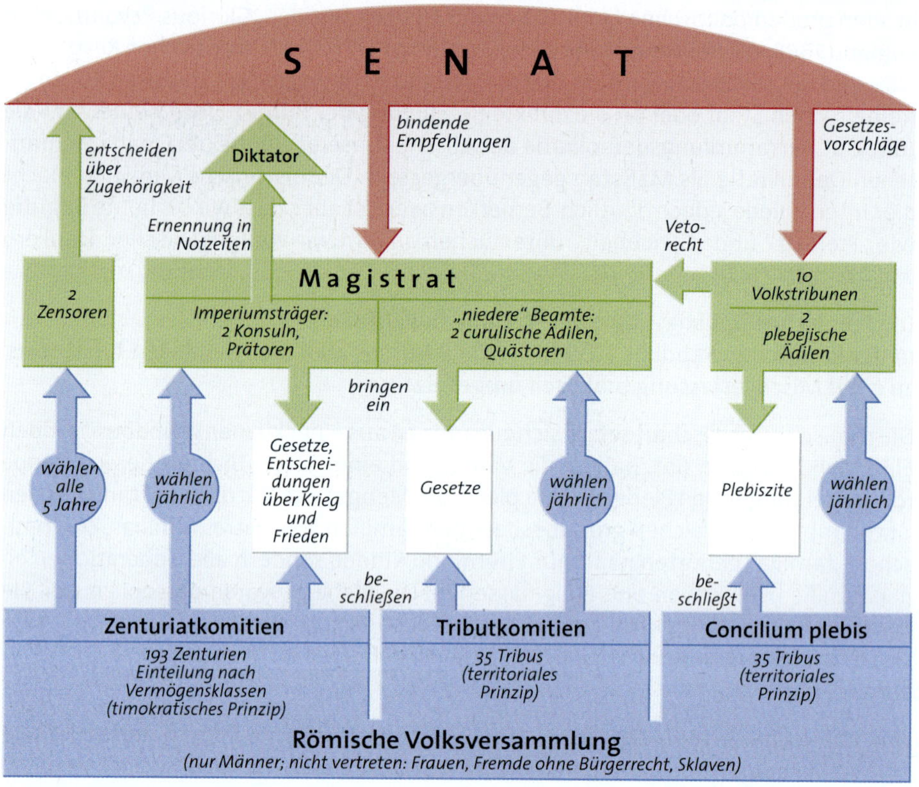

Formal bildeten Volk und Volksversammlungen ein starkes Gegengewicht gegen die adligen Senatoren und Magistrate, indem sie über Krieg und Frieden, die Gesetze und Magistratswahlen entschieden. Tatsächlich kontrollierte der Senat über die Magistrate aber auch die Volksversammlungen. Abstimmungen erfolgten ohne Diskussion. Missfiel dem Magistrat das sich abzeichnende Abstimmungsergebnis, konnte er die Versammlung ohne Ergebnis auflösen. In der Praxis drohte das allerdings selten. In der wichtigsten Versammlung, den aus der alten Heeresversammlung hervorgegangenen Zenturiatkomitien, von denen unter anderem Zensoren, Konsuln und Prätoren gewählt wurden, stellte eine kleine Minderheit aus Adligen und vermögenden Plebejern 98 von 193 Stimmabteilungen.

Polybios (ca. 200–120 v. Chr.), ein griechischer Historiker, lobte in seinen „Historien" die römische Mischverfassung: Sie vereine monarchische (Konsuln), aristokratische (Senat) und demokratische Elemente (Volksversammlung) und verhindere so, dass eine Gruppe zu mächtig werde. Die Besonderheit bei der Staatsform besteht in der Zeit der Römischen Republik insbesondere im Wandel eines zuvor theoretischen Modells zu einer – zumindest zeitweise – stabilen, institutionell abgesicherten Mischverfassung mit klaren Gewaltenteilungsmechanismen (Kollegialprinzip, Vetorechte, Amtszeitbegrenzung). Die kurzfristigen Veränderungen (z. B. die Vertreibung der Könige und Einführung der Republik) können dabei als Umbruch angesehen werden, wogegen die dauerhafte Anpassung (z. B. Etablierung der Mischverfassung mit Gewaltenteilung nach der Monarchie) als Transformation gewertet werden kann. Aristoteles' Forderungen zeigen sich somit auch in den Vorstellungen von Polybios.

Mittelalterliche Weiterentwicklung: Stadtrepubliken

Im Mittelalter gab es keinen einheitlichen Staat im modernen Sinne, sondern ein Nebeneinander verschiedener Herrschaftsformen.

Italienische Stadtstaaten wie Venedig oder Florenz entwickelten zwischen dem 11. und 15. Jahrhundert komplexe republikanische Systeme mit Räten, Ämterrotation und oft indirekten Wahlen. So verhinderte in Venedig ein kompliziertes Wahlverfahren, dass Einzelpersonen zu viel Einfluss gewannen. Hier zeigt sich eine Orientierung an der Mischverfassung Roms.

Die Städte im Heiligen Römischen Reich stellten keinen herrschaftsfreien Raum dar, sondern unterstanden zunächst einem Stadtherrn. Es ist davon auszugehen, dass die meisten Bewohnerinnen und Bewohner einer Stadt zunächst Unfreie aus der Umgebung waren oder andernorts gezielt angeworben wurden. Der berühmte Satz „Stadtluft macht frei“ ist in dieser Form nicht aus dem Mittelalter überliefert, sondern wurde in moderner Zeit geprägt. Tatsächlich hieß es in einigen Stadtrechten wie in Freiburg ab Ende des 12. Jahrhunderts, dass ein ehemals Höriger frei sein solle, wenn sich sein Herr nicht nach einem Jahr und einem Tag gemeldet habe. Trotzdem gab es Bürger – und natürlich Knechte oder Mägde – die weiterhin Merkmale von Unfreiheit besaßen. Um in das Bürgerrecht aufgenommen zu werden, musste der einzelne Mann einen Bürgereid ablegen, Grundeigentum in der Stadt erwerben und/oder ein Aufnahmegeld zahlen. Frauen waren in der Regel vom Bürgerrecht ausgeschlossen. Wer jeweils als Bürger anerkannt war, variierte von Stadt zu Stadt.

Stadtherr konnte der König, ein Bischof oder ein weltlicher Landesherr wie ein Herzog oder **Markgraf** sein, die Stadtbewohner waren deren Untertanen. Die zunehmende Ausweitung des Handels und des Geldwesens stärkte die Wirtschaftskraft der Städte und das Selbstbewusstsein ihrer Bürger, sodass sie sich bemühten, ihre Rechtsstellung gegenüber ihrem Stadtherrn zu verbessern. Nur selten ließen sich die Stadtherren Rechte abkaufen, daher entstanden vielerorts Konflikte, die mitunter auch gewaltsam ausgetragen wurden, wie das Beispiel Köln zeigt. Im Jahr 1074 erhoben die Bürger Kölns ihre Waffen gegen den Stadtherrn Erzbischof Anno II. (1056–1075). Sie wollten sich Herrschaftsfreiheit und Selbstbestimmung erkämpfen. Das erlangten sie jedoch erst sehr viel später, nach vielen Kämpfen und weiteren Auseinandersetzungen im Jahr 1475: Kaiser Friedrich III. (1440–1493) erklärte in einem Privileg, dass die Stadt Köln nur dem Kaiser und dem Reich unmittelbar zugehörig sei. Keinem Erzbischof solle es mehr erlaubt sein, Köln als „seine Stadt“ zu bezeichnen oder ihre Bewohner als „seine Bürger und Getreuen“ anzusprechen. Köln hatte den Höhepunkt seiner Autonomie erreicht, es war nun **Freie Reichsstadt**.

Markgraf: Graf in einem Grenzbezirk (einer Mark) mit größeren militärischen Befugnissen

Freie Reichsstadt: reichsunmittelbare, nur dem König als oberstem Stadtherrn direkt unterstellte Stadt

Zur Regelung der innerstädtischen Angelegenheiten gab es einen Rat, der die Bürgergemeinde repräsentierte. Zunächst waren nur die Angehörigen des Patriziats ratsfähig. Zahlenmäßig bestanden die Räte meist aus zwölf, aber auch aus 24, 32 oder 36 Männern, die jährlich gewählt wurden. Eine Wiederwahl war meist verboten. Die Ratsherren entschieden gemeinsam über Steuern, Polizei, Verteidigung, Zoll, Gericht, Markt etc. Nach und nach differenzierten sich einzelne Ämter heraus, wobei das Amt des Bürgermeisters besonders wichtig wurde. Auch hier zeigen sich Unterschiede zwischen den Städten: In Lübeck gab es zunächst zwei, dann vier gleichzeitig amtierende Bürgermeister auf Lebenszeit, die mit vielen Kompetenzen ausgestattet waren. In Nürnberg hingegen beschränkte sich dieses Amt auf die Leitung der Ratssitzungen und alle 26 Ratsherren teilten sich diese Aufgabe, indem immer zwei von ihnen für 28 Tage amtierten. Neben dem Bürgermeisteramt gab es weitere Ratsämter, die unbezahlt ausgeübt wurden, wie die Rechnungsführung, die Aufsicht über Brücken, Brunnen und Straßen, die Gewerbeaufsicht und die Verwaltung von städtischen Kirchen und Hospitälern. Mit der Zunahme dieser Verwaltungsaufgaben und -ämter steigerte sich auch die Verschriftlichung von Entscheidungen.

Auch im Mittelalter gab es bei der Staatsform eine Transformation. Insbesondere die Herrschaft wurde durch komplexe Institutionen und Wahlen legitimiert. Zeitgleich sorgte die Machtbegrenzung in Anlehnung an die Römische Republik für eine Umwandlung im Sinne der Regierung innerhalb der mittelalterlichen Städte. Konkrete Umbrüche waren dabei die Kämpfe in Köln oder Braunschweig.

Frühe Neuzeit: Revolutionen und die Wiederentdeckung der Gewaltenteilung
Die Frühe Neuzeit brachte Umbrüche, die das Verhältnis zwischen Herrscher und Beherrschten neu definierten. In England führten Bürgerkrieg und „Glorious Revolution" (1688/89) zur „Bill of Rights" (1689), die die Macht des Königs einschränkte und das Parlament stärkte.

Unter dem Einfluss von politischen, religiösen und ökonomischen Konflikten stand auch das Leben von Thomas Hobbes (1588–1679). Die verschiedenen Konflikte entluden sich in einem Bürgerkrieg zwischen 1642 und 1649 der mit der Enthauptung des Königs Karl I. endete und damit zwischenzeitlich die Monarchie beendete. Im „Leviathan" forderte Hobbes einen absolutistischen Staat, der den Untertanen ein sicheres Leben ermöglichen sollte. Hobbes betrachtete die Überantwortung der Freiheitsrechte des Einzelnen an den Herrscher als ein Instrument, das den Kampf aller gegen allerzu unterbinden vermochte und jedem den ihm zustehenden Spielraum zuteilte.

John Locke (1632–1704) argumentierte im „Two Treastises of Government" (Zwei Abhandlungen über die Regierung) im Jahr 1690 beruhe und eine Teilung der Macht in gesetzgebende (legislative) und ausführende (exekutive) Gewalt notwendig sei. Den Gewalten seien durch das natürliche Recht jedes Menschen auf Freiheit seiner Person und Unversehrtheit seines Eigentums Schranken gesetzt. Seine damals anonym veröffentlichen Ansichten sollten den Standpunkt der göttlich legitimierten absoluten Monarchie widerlegen und die Position des Parlaments stärken.

Die deutliche Transformation der Zeit bestand demnach in einer rechtlich fixierten Begrenzung der königlichen Macht. Zudem wurde der Gedanke der Gewaltenteilung wieder stärker hervorgehoben.

Aufklärung und Moderne: Montesquieu und Rousseau
Der Franzose Charles de Montesquieu (1689–1755) informierte sich eingehend über die englische Regierungspraxis. Seine Erfahrungen legte er seinem 1748 erschienenen Werk „De l'esprit des loix" zugrunde. Unter dem „Geist" der Gesetze verstand Montesquieu die gemeinschaftliche Mentalität eines Volkes oder einer Nation, welche von Umweltfaktoren wie Landesnatur, Klima und sozialen Faktoren wie Sitten, Religion, Stellung der Frau etc. geprägt sei und auf die Gesetze einwirke. Die Gesetze eines Landes müssten also der Mentalität eines Volkes angepasst sein. Übergreifendes Ideal der Gesetzgebung sei die politische Freiheit.

Mit Blick auf England, wo Freiheit als Verfassungszweck galt, und in freier Weiterführung von Locke entwickelte Montesquieu das Postulat der Gewaltenteilung. Die drei im Staat bestehenden fundamentalen Gewalten Legislative, Exekutive und Judikative seien auf drei unabhängig voneinander handelnde Träger zu verteilen. Nur diese Trennung verhindere missbräuchliche Machtausübung.

Als Angehöriger des französischen Hochadels blieb Montesquieu den Fähigkeiten und Möglichkeiten des Volkes gegenüber misstrauisch. Seine Beteiligung an der Legislative hielt er zwar für richtig, jedoch nur in Form eines Repräsentativsystems, d. h. durch Abgeordnete. Gemeinsam mit Locke formulierte Montesquieu damit die Grundsätze des modernen Verfassungsstaates.

Glorious Revolution: In England scheiterte das Streben der Könige nach einer absolutistischen Herrschaft am Widerstand des Parlaments, das seit dem 14. Jh. bestand. Nach der Hinrichtung König Karls I. 1649 entstand für kurze Zeit eine Republik. Am Ende der Revolution von 1688/89, der „Glorious Revolution", legte 1689 die „Bill of Rights" Rechte und Pflichten des Parlaments und der Könige fest. Sie machte England zu einer konstitutionellen Monarchie.

M 6 Q Thomas Hobbes (1588–1679): englischer Mathematiker, Staatstheoretiker und Philosoph. In seinem 1651 veröffentlichten Hauptwerk „Leviathan" entwickelte er seine Staatstheorie, nach der sich der Einzelne zu Schutzzwecken der absoluten Gewalt des Staates unterwirft.

Der aus Genf stammende **Jean-Jacques Rousseau** ging noch weiter. Auch er legte den vorgeschichtlichen Naturzustand des Menschen zugrunde. Sobald der Mensch in ihm nicht länger verharren könne, müsse eine Gesellschaftsform gefunden werden, die den Einzelnen schütze, durch die jedoch jeder „frei bliebe wie zuvor".

Durch einen Gesellschaftsvertrag entstehe der Staat, dessen Zweck die Wahrung des Gemeinwohls sei. Mit Abschluss des Vertrages verlören die Menschen zwar ihre natürlichen Freiheiten, doch sie gewinnen dafür die Freiheit von Staatsbürgern und behielten ihre Souveränität. Diese sei nicht übertragbar und auch nicht teilbar. Daher kennt der Staat nach Rousseau keine Gewaltenteilung und keine parlamentarische Repräsentation. Er forderte nach dem Vorbild der antiken demokratischen Polis, dass alle staatliche Gewalt uneingeschränkt und direkt beim Volk liegen müsse. Gemäß seinem Grundsatz der Volkssouveränität war Herrschaft nur mit Zustimmung der Bürger rechtmäßig. Dieser Übergang des Menschen aus dem vorbürgerlichen in den bürgerlichen Zustand bedeutete für ihn eine sittliche Erhöhung. Vernunft und Gesetz treten an die Stelle von Instinkt und Begierde. Der Mensch kann auf höherer Stufe zur Tugend und in den Idealzustand des vorgeschichtlichen Naturzustandes zurückkehren.

Rousseau hat die Frage nach der Legitimierung von Herrschaft mit letzter Konsequenz beantwortet und die antimonarchischen und antiständischen Denkmodelle zwingend zu Ende gedacht. Die Wirkung seiner Staatstheorie war revolutionär und entfaltete erstmals in der Französischen Revolution ihre ganze Sprengkraft. Seine, Lockes und Montesquieus Theorien beeinflussten die politische Entwicklung in Europa und Nordamerika und trugen wesentlich zur Entstehung von Verfassungen und Menschenrechtserklärungen seit dem 18. Jahrhundert bei. In der amerikanischen Verfassung (1787) wurde beispielsweise eine umfassende Umsetzung der Gewaltenteilung schriftlich fixiert.

Die Transformation dieser Zeit erfolgte von einer Mischung historisch gewachsener Institutionen hin zu bewusst konstruierten, schriftlich festgelegten Verfassungen mit klaren Gewaltenteilungsprinzipien. Dabei sorgten die verschiedenen bürgerlichen Revolutionen für die Umbrüche, in deren Folgen die Verfassungen als Transformationen gesehen werden können.

M7 Q John Locke
(1632–1704):
englischer Wissenschaftler und Staatsmann. Er lehrte in Oxford und verfasste naturwissenschaftliche, medizinische, philosophische und politische Schriften.

M8 Q Jean-Jacques Rousseau
(1712–1778):
Schriftsteller, Philosoph und Pädagoge aus Genf, der in Paris lebte und arbeitete. In seinen politischen Schriften berief er sich auf die Demokratie der griechischen Polis und das Naturrecht. Er ging von dem Grundsatz der Volkssouveränität aus und machte die „volonté générale", den allgemeinen Willen, zur Richtschnur des politischen Handelns.

M9 Q Aristoteles – Politik

Der 384 v. Chr. in Stageira geborene Aristoteles kommt mit 17 Jahren nach Athen und tritt als Schüler in die Akademie Platons ein. Nach einigen Jahren außerhalb Athens kehrt er zurück und gründet seine eigene Schule, das Lykeion. Er untersucht die Verfassungen zahlreicher griechischer Poleis und verfasst sein staatsphilosophisches Hauptwerk, die „Politik“. Darin entwickelt er eine systematische Darstellung verschiedener Staatsformen:

(1) An diese Feststellungen schließt sich nun unmittelbar jene Betrachtung selber an, wie viele Verfassungen es gibt und welches dieselben sind. Und zwar beginnen wir dabei mit den richtigen Verfassungen, denn sind diese erst festgestellt, so müssen sich daraus auch ihre Abarten ergeben. Da nun Staatsverfassung (*politeía*) und Staatsregierung (*políteuma*) ein und dasselbe bedeuten, die Staatsregierung aber die oberste Gewalt (*kýrion*) der Staaten (*pólis*) ist, so muss diese Gewalt entweder von einem oder von wenigen oder von der Mehrzahl des Volkes repräsentiert werden. Wenn dieser eine oder diese wenigen oder die Mehrzahl des Volkes bei ihrer Regierung das allgemeine Wohl im Auge haben, so ergeben sich in allen drei Fällen richtige Verfassungen, wenn aber nur den eigenen Nutzen des einen oder der wenigen oder der großen Mehrzahl, dann bloße Abarten, denn entweder verdienen die Teilnehmer gar nicht den Namen von Staatsbürgern (*polítēs*), oder aber sie müssen auch alle Anteil an den Vorteilen haben. Diejenige Art von Alleinherrschaft nun aber, welche auf das Gemeinwohl ihr Augenmerk richtet, pflegen wir Königtum (*basileía*) zu nennen, die Herrschaft von wenigen, aber doch immer von mehr als einem, Aristokratie, sei es nun, dass dies heißen soll Herrschaft der Besten oder dass es bedeutet, ihr Zweck sei das Beste des Staates und der Gemeinschaft; wenn endlich die Mehrzahl des Volkes den Staat mit Rücksicht auf das Gemeinwohl verwaltet, so wird dies mit dem gemeinsamen Namen aller Verfassungen, nämlich Politeia benannt. Dies mit Recht: denn dass ein Einzelner oder eine Minderzahl sich durch besondere Tugend (*aretḗ*) auszeichnet, kann leicht vorkommen, dass aber eine größere Zahl es zu jeder Art von Tugend im strengen Sinne bringt, ist schon eine schwierige Sache, und am ehesten ist dies noch möglich in Bezug auf die kriegerische Tüchtigkeit, denn das ist eine Tugend der Massen. Daher ist aufgrund dieser Verfassung die oberste Staatsgewalt bei der wehrhaften Bevölkerung, und diejenigen, welche an den Staatsrechten teilhaben, sind hier die Waffentragenden[1].

(2) Die Abarten der genannten Verfassungen sind nun aber: vom Königtum die Tyrannis, von der Aristokratie die Oligarchie und von der Politeia die Demokratie. Denn die Tyrannis ist eine solche Art von Alleinherrschaft, welche lediglich zum Vorteil des Monarchen, Oligarchie eine solche Herrschaft, welche zu dem der Reichen, und Demokratie eine solche, welche zu dem der Armen geführt wird, und auf das, was dem ganzen Gemeinwesen frommt[2], sieht keine von ihnen.

Aristoteles, Politik III, 1279a-1279b, hrsg. von Ursula Wolf, Reinbek 1994, S. 141–142 (Übersetzung: Franz Susemihl, Bearbeitung: Nelly Tsouyopoulos und Ernesto Grassi, Rechtschreibung angepasst)

M10 D Antike athenische und moderne Demokratie – Historiker Jochen Bleicken

Der Historiker Jochen Bleicken stellt antike und moderne Demokratie einander gegenüber:

Die athenische Demokratie ist von der Vorstellung beherrscht, dass die Regierung durch möglichst viele, der Idee nach durch alle, ausgeübt werden soll. Jährlich sind ca. 1200 Bürger (500 Ratsherren, 700 Beamte) in dem Bereich tätig, den wir „Regierung“ bzw. „Exekutive“ nennen würden. Sowohl die Masse der Funktionäre als auch die Unselbstständigkeit aller Behörden, die von dieser Masse gebildet werden, reflektieren den Eindruck von institutionalisierter Machtlosigkeit: Den Beamtenkollegien fehlen aufgrund ihrer geringen Zuständigkeiten und der scharfen Kontrolle, der sie unterstehen, das institutionelle Gewicht und die Amtsautorität, […] alle Funktionäre, Ratsherren wie Beamte, erfüllen eher die Aufgaben von Helfern, Vermittlern und Zuträgern als von echten Verwaltungsträgern.
Die Idee, dass in Athen die Regierungsgewalt von allen Bürgern ausgeübt werden soll, ist von der Philosophie in dem Satz von der Identität des Herrschens und Beherrschtwerdens verdichtet worden; in der Praxis des demokratischen Lebens tritt diese radikale Idee aber hinter dem Gedanken zurück, dass die Regierung schwach sein soll und kontrolliert werden muss. Entsprechende Vorstellungen sind auch der modernen Demokratie nicht fremd. Doch abgesehen davon, dass die Vertreter solcher Gedanken heute nicht von dem Perfektionismus der Athener besessen sind […], haben sie, soweit ich sehe, kaum je die Idee vertreten, dass die machtlose die ideale Regierung sei. Sie haben öfter umgekehrt, […] wie in den Vereinigten Staaten, die starke Regierung geradezu erstrebt (oder in Kauf genommen) und dem demokratischen Prinzip, wonach dem Volk die maßgebende Rolle

---

[1] Zu der Zeit waren das diejenigen, die sich eine Ausrüstung als Schwerbewaffnete leisten konnten und auch den Wohlstand, die Zeit und Muße besaßen, die sportliche Ausbildung für die Vorbereitung auf den Militärdienst durchzuführen.

[2] Gemeint ist hier, zum Zweck bzw. im Sinne des Gemeinwesens zu regieren.

im Staatsganzen zukommt, dadurch Geltung zu verschaffen gesucht, dass sie die Regierung wirksam kontrollieren und / oder ihre sachliche Zuständigkeit begrenzen wollten. […]
In einer gegenüber der modernen Zeit eigentümlichen Weise haben die Athener auch über die Gleichheit und das Verhältnis von Freiheit und Gleichheit gedacht. Gleichheit ist in Athen politische Gleichheit; über soziale Gleichheit haben nur die Philosophen spekuliert […]. Die Freiheit ist für die Athener in dem Gleichheitsbegriff enthalten bzw. eine Konsequenz desselben: Sie bedeutet die Abwesenheit von Herrschaft und assoziiert folglich Vorstellungen wie „Ausübung der politischen Funktionen durch alle", „Kontrolle und Schwächung der Regierung" und „Rederecht für alle". „Demokratie" als die Herrschaft aller politisch Berechtigten ist darum mit Freiheit identisch. […] „Gleichheit" konstituiert die Demokratie. „Freiheit" hat gegenüber „Gleichheit" keine eigene, auf sich beschränkte Funktion. Kaum etwas anderes kennzeichnet klarer den Abstand zur Moderne. „Freiheit" steht in der Französischen Revolution gleichrangig neben „Gleichheit", sie ist die Absage an das Ancien Régime, und die Freiheitsrechte bedeuten die Sicherheitsgarantie gegen die Staatsgewalt. Die Freiheit hat hier Eigenwert, und sie tritt mit dem Erlebnis der Massendemokratie dann als eigenständige Größe zunehmend in einen Gegensatz zur Gleichheit […].

Jochen Bleicken, Die athenische Demokratie, München [4]1995, S. 429 ff.

M 11 Q Polybios – die „gemischte Verfassung"

Der griechische Geschichtsschreiber Polybios (um 200–um 120 v. Chr.), der mit etwa 30 Jahren nach Rom verschleppt worden ist, beschreibt die Verfassung der Römischen Republik so:

So gerecht und angemessen aber […] waren die Rollen verteilt und wurden in diesem Zusammenspiel die politischen Aufgaben gelöst, dass auch von den Einheimischen niemand mit Bestimmtheit hätte sagen können, ob das Gemeinwesen aristokratisch, demokratisch oder monarchisch war. […] Denn wenn man seinen Blick auf die Amtsgewalt der Konsuln richtete, erschien das Gemeinwesen vollkommen monarchisch und königlich, wenn auf die des Senats, wiederum aristokratisch, und wenn man auf die Machtfülle der Menge sah, schien sie unzweifelhaft demokratisch. […]
Obwohl jeder der drei Teile solche Macht hat, einander zu schaden oder zu helfen, so besitzen sie doch in allen kritischen Situationen eine solche Übereinstimmung, dass man unmöglich ein besseres politisches System finden kann. Denn wenn eine von außen her sie alle gemeinsam bedrohende Gefahr zum gemeinsamen Handeln und zur Zusammenarbeit zwingt, dann entfaltet dieses Gemeinwesen eine solche Kraft, dass weder eine notwendige Maßnahme versäumt wird, denn alle wetteifern miteinander, Mittel zu ersinnen und das Unheil abzuwehren, noch die Ausführung eines Beschlusses zu spät kommt, da alle zusammen und jeder Einzelne Hand anlegt, um das Beabsichtigte durchzuführen. Daher ist dieses Gemeinwesen dank seiner eigentümlichen Verfassung unwiderstehlich, und es erreicht alles, was es sich vorgesetzt hat. Wenn sie dann aber nach Abwendung der äußeren Gefahren im Genuss des Reichtums […] im Überfluss leben und, von Schmeichlern oder durch eigene Sorglosigkeit verführt, […] da kann man erst richtig erkennen, wie diese Verfassung durch sich selbst ein Heilmittel dagegen findet. Denn wenn einer der drei Teile die ihm gezogenen Grenzen überschreitet und sich eine größere Macht anmaßt, als ihm zusteht, dann erweist sich der Vorteil dessen, dass keiner der Teile für sich besteht, sondern von den anderen zurückgehalten und in seinen Plänen gehindert werden kann und ein Gegengewicht hat; keiner der Teile kann in seiner Macht zu sehr wachsen, keiner kann die anderen Teile verachten. Alle bleiben in dem gewohnten Zustand, und jedes aggressive Vorgehen wird gehindert, und von Beginn an fürchtet der eine den Widerstand der anderen.

Polybios, Historien 6, 11 ff., zitiert nach: Hans-Joachim Gehrke und Helmuth Schneider (Hrsg.), Geschichte in der Antike. Quellenband, Stuttgart 2007, S. 215 f. und 218 (Übersetzung: Hans Drexler)

M 12 D Der „Große Schied"

Vereinbarung zwischen Erzbischof Konrad von Hochstaden und der Stadt Köln von 1258:

Unmissverständlich stützte sich Konrad von Hochstaden auf seine Stadtherrschaft, so wie er sie verstand, dass nämlich „in der Stadt Köln, in der er der höchste Richter in geistlichen wie weltlichen Angelegenheiten ist, alle Rechtsgewalt in geistlichen wie weltlichen Angelegenheiten von ihm abhängt; dass in der Stadt Köln sich niemand rechtens eine Rechtsgewalt aneignen kann, wenn er sie nicht vom Erzbischof hat". In den 53 Artikeln seiner Vorlage bekräftigte er noch dreimal seinen Herrschaftsanspruch vom „höchsten Richter und Herrn": in der Steuer- und Geleitshoheit sowie in der Erteilung der Befugnis, Schulden aufzunehmen.
Die Schiedsrichter […] bestätigten ihm dann auch, „dass es freilich wahr ist, dass die Fülle der Gewalt und Befugnisse in geistlichen wie weltlichen Angelegenheiten der Erzbischof besitzt". Doch unmittelbar fortfahrend anerkannten sie im selben Atemzug das genossenschaftliche Eigenrecht der Bürger, selbstständige Verwaltungsor-

gane mit Satzungsbefugnis zu bestellen: „Es gibt sowohl unter ihm Richter, die von ihm Richtergewalt besitzen, wie auch Amtspersonen, die Bürgermeister heißen, welche nach seit alters beobachtetem Brauch von der Richerzeche gewählt werden und schwören, gewisse Satzungen zu erlassen und zu beachten laut Inhalt einer darüber angefertigten Urkunde. Wenn sie dies tun und nach dem Wortlaut ihres Amtseinführungseides beachten, dann, so bestimmen wir, bedeutet dies viel für die Bewahrung der Stadt." Dem ausschließlichen, umfassenden, einheitlichen, in allem überlegenen Herrschafts- und Hoheitsbegriff Konrads von Hochstaden [...] stellten die Schiedsleute gleichwertig zur Seite das durch Herkommen beglaubigte und für die Existenz der Stadt als unerlässliches Erfordernis erachtete gemeindliche Eigenrecht. Folgerichtig lehnten sie des Erzbischofs Ansprüche auf Rechte, die er innerhalb seines Territoriums auszuüben gewohnt war, für den Bereich der Stadt Köln ab: Die Bürger durften seine Edelleute, Ritter und Bedienstete auch gegen sein Friedegebot in ihren Mauern festnehmen und anklagen, Schulden in eigener Verantwortung machen, Bündnisse mit auswärtigen Mächten schließen, einen nicht auf den Erzbischof, sondern auf das Gemeinwohl vereidigten Rat bestellen, Satzungen ohne Mit- und Einsprache des Stadtherrn erlassen, alles selbstverständlich ohne Schaden und Nachteil für den Erzbischof und die Kölner Kirche. Die Schiedsrichter wahrten also den Bürgern nicht nur die eigenständige gemeindlich-genossenschaftliche Rechtsgrundlage, sie schoben vielmehr darüber hinaus die vom Stadtherrn beanspruchte und in der Qualität allen übrigen Befugnissen überlegene Einzigartigkeit seines Herrschaftsrechts beiseite. [...]

Nicht in der unmittelbaren Regierung und Verwaltung der Stadt sahen also die Schiedsrichter die Herrscheraufgabe des Stadtherrn, sondern als Richter über unterlassenes oder missbräuchliches Regierungs- und Verwaltungshandeln der ansonsten in eigener Verantwortung in der Stadt tätigen Amtsträger sowie als Schutzherrn der Benachteiligten, Überforderten und ungerecht Bestraften. Der berühmte Große Schied von 1258, mittels dessen Konrad versuchte, den Rechtsgrund der städtischen Verfassung und Regierungsorgane allein und ausschließlich aus seiner mit höchstem Herrschaftsrecht beschriebenen Gewaltenfülle abzuleiten und so die Stadt rechtlich als Teil seines Territoriums zu erweisen, wurde ein Schlag ins Wasser. Der Erzbischof musste erfahren, dass Stadtherr und Territorialherr zweierlei Dinge waren. Die Schiedsrichter [...] erkannten ihm zwar bei Notständen Eingriffsrechte, aber kein direktes Regiment, vor allem nicht die Rechte zu, die er unbeschränkt in seinen Territorien auszuüben gewohnt war. Für die Stadt indessen bedeutete der Große Schied eine Magna Charta der Unabhängigkeit und Freiheit.

Hugo Stehkämper, „Köln contra Köln". Erzbischöfe und Bürger im Ringen um die Kölner Stadtautonomie, in: Stadt und Kirche, hrsg. von Franz-Heinz Hye, Linz/Donau 1995, S. 53-82, hier S. 62-64

M 13 Q Thomas Hobbes – „Leviathan"

Thomas Hobbes (1588–1679) wächst in einer Zeit tiefgreifender Unsicherheiten in England auf. Er erlebt den Ausbruch des Englischen Bürgerkrieges (1642–1649), der das Land stark spaltet und die Frage nach Legitimität der Herrschaft aufwirft. Hobbes, geprägt von den Schrecken des Bürgerkrieges, sucht nach einer Theorie, wie Ordnung und Frieden dauerhaft gesichert werden können. 1651 veröffentlicht er sein Hauptwerk „Leviathan oder von der Materie, Form und Gewalt des kirchlichen und bürgerlichen Staates", in dem er eine Antwort gibt:

Die Natur hat die Menschen hinsichtlich ihrer körperlichen und geistigen Fähigkeiten so gleich geschaffen, dass trotz der Tatsache, dass bisweilen der eine einen offensichtlich stärkeren Körper oder gewandteren Geist als der andere besitzt, der Unterschied zwischen den Menschen alles in allem doch nicht so beträchtlich ist, als dass der eine aufgrund dessen einen Vorteil beanspruchen könnte, den ein anderer nicht ebenso gut für sich verlangen dürfte. Denn was die Körperstärke betrifft, so ist der schwächste stark genug, den Stärksten zu töten [...].
Aus dieser Gleichheit der Fähigkeiten entsteht eine Gleichheit der Hoffnung, unsere Absichten erreichen zu können. Und wenn daher zwei Menschen nach demselben Gegenstand streben, den sie jedoch nicht zusammen genießen können, so werden sie Feinde und sind in Verfolgung ihrer Absicht, die grundsätzlich Selbsterhaltung und bisweilen nur Genuss ist, bestrebt, sich gegenseitig zu vernichten oder zu unterwerfen. [...] Daraus ergibt sich klar, dass die Menschen während der Zeit, in der sie ohne eine allgemeine, sie alle im Zaum haltende Macht leben, sich in einem Zustand befinden, der Krieg genannt wird, und zwar in einem Krieg eines jeden gegen jeden. Denn Krieg besteht nicht nur in Schlachten oder Kampfhandlungen, sondern in einem Zeitraum, in dem der Wille zum Kampf genügend bekannt ist. [...]
Der alleinige Weg zur Errichtung einer solchen allgemeinen Gewalt, die in der Lage ist, die Menschen vor dem Angriff Fremder und vor gegenseitigen Übergriffen zu schützen und ihnen dadurch eine solche Sicherheit zu verschaffen, dass sie sich durch eigenen Fleiß und von den Früchten der Erde ernähren und zufrieden leben können, liegt in der Übertragung ihrer gesamten Macht und Stärke auf einen Menschen oder eine Versammlung von Menschen, die ihre Einzelwillen durch Stimmen-

mehrheit auf einen Willen reduzieren können. [...] Dies ist mehr als Zustimmung oder Übereinstimmung: Es ist eine wirkliche Einheit aller in ein und derselben Person, die durch Vertrag eines jeden mit jedem zustande kam, als hätte jeder zu jedem gesagt: *Ich autorisiere diesen Menschen oder diese Versammlung von Menschen und übertrage ihnen mein Recht, mich zu regieren, unter der Bedingung, dass du ihnen ebenso dein Recht überträgst und alle ihre Handlungen autorisierst.* Ist dies geschehen, so nennt man diese zu einer Person vereinte Menge Staat. [...]

Dies ist die Erzeugung jenes großen *Leviathan* oder besser, um es ehrerbietiger auszudrücken, jenes sterblichen Gottes, dem wir unter dem unsterblichen Gott unseren Frieden und Schutz verdanken. [...] Hierin liegt das Wesen des Staates, der, um eine Definition zu geben, *eine Person ist, bei der sich jeder Einzelne einer großen Menge durch gegenseitigen Vertrag eines jeden mit jedem zum Autor ihrer Handlungen gemacht hat, zu dem Zweck, dass sie die Stärke und Hilfsmittel aller so, wie sie es für zweckmäßig hält, für den Frieden und die gemeinsame Verteidigung einsetzt.* [...]

Der Unterschied zwischen den Staaten liegt in der Verschiedenheit des Souveräns oder der Person, die alle und jeden Einzelnen der Menge vertritt. Und da die Souveränität entweder bei einem Menschen oder einer Versammlung von mehr als einem Menschen liegt, [...] so ist es offensichtlich, dass es nur drei Arten von Staaten geben kann. [...] Besteht die Vertretung aus einer Person, so ist der Staat eine Monarchie, ist sie die Versammlung aller, die zusammenkommen, so ist er eine Demokratie oder Volksstaat, und besteht die Versammlung nur aus einem Teil, so wird er Aristokratie genannt. Andere Staaten kann es nicht geben, denn es besitzen entweder einer, mehrere oder alle die gesamte souveräne Gewalt, die, wie ich gezeigt habe, unteilbar ist. [...]

Der Unterschied zwischen diesen drei Staatsformen liegt nicht in der Verschiedenheit der Gewalt, sondern in der unterschiedlichen Angemessenheit oder Eignung für den Frieden und die Sicherheit des Volkes, dem Zweck, zu dem sie eingesetzt worden sind. [...]

Thomas Hobbes (1651), Leviathan oder Stoff, Form und Gewalt eines kirchlichen und bürgerlichen Staates, hrsg. von Iring Fetscher, Frankfurt am Main [4]1991, S. 94-96, 134-135 und 145-146 (Übersetzung: Walter Euchner, Hervorhebungen im Original, Rechtschreibung angepasst)

M 14 Q John Locke – Über die Regierung

Der 1632 geborene John Locke erlebt als Jugendlicher den englischen Bürgerkrieg, später die Republik und schließlich die Restauration der Monarchie. Als Anhänger des Parlaments flieht er 1683 nach Amsterdam. Nach der „Glorious Revolution" kehrt er 1689 nach England zurück. Ein Jahr später veröffentlicht er seine Schrift „Two Treatises of Government", die einen großen Einfluss auf die späteren Staatstheorien haben sollte:

Das große Ziel, mit welchem die Menschen in eine Gesellschaft eintreten, ist der Genuss ihres Eigentums in Frieden und Sicherheit, und das große Werkzeug und Mittel dazu sind die Gesetze, die in dieser Gesellschaft erlassen worden sind. Das erste und grundlegende positive Gesetz aller Staaten ist daher die Begründung der legislativen Gewalt – so wie das erste und grundlegende natürliche Gesetz, welches selbst über der legislativen Gewalt gelten muss, die Erhaltung der Gesellschaft und (soweit es vereinbar ist mit dem öffentlichen Wohl) jeder einzelnen Person in ihr ist. Diese legislative Gewalt ist nicht nur die höchste Gewalt des Staates, sondern sie liegt auch geheiligt und unabänderlich in jenen Händen, in die die Gemeinschaft sie einmal gelegt hat. [...]

Bei der Schwäche der menschlichen Natur, die stets bereit ist, nach der Macht zu greifen, dürfte es jedoch eine zu große Versuchung darstellen, wenn dieselben Personen, die die Macht haben, Gesetze zu geben, auch die Macht in den Händen hätten, sie zu vollstrecken, wobei sie sich selbst von dem Gehorsam gegen die Gesetze, die sie erlassen, ausschließen und das Gesetz in seiner Gestaltung wie auch in der Vollstreckung auf ihren eigenen persönlichen Vorteil ausrichten könnten und damit schließlich von den übrigen Gliedern der Gemeinschaft gesonderte Interessen verfolgten, die dem Ziel von Gesellschaft und Regierung zuwiderlaufen. In wohlgeordneten Staatswesen, in denen nach Gebühr das Wohl des Ganzen berücksichtigt wird, wird deshalb die legislative Gewalt in die Hände mehrerer Personen gelegt, welche nach ordnungsgemäßer Versammlung selbst oder mit anderen gemeinsam die Macht haben, Gesetze zu geben, sobald dies aber geschehen ist, wieder auseinandergehen und selbst jenen Gesetzen unterworfen sind, die sie geschaffen haben. [...]

Wann immer deshalb die Gesetzgeber danach trachten, dem Volk sein Eigentum zu nehmen oder zu zerstören oder es als Sklaven in ihre willkürliche Gewalt zu bringen, versetzen sie sich dem Volk gegenüber in den Kriegszustand. Dadurch ist es jeden weiteren Gehorsams entbunden und der gemeinsamen Zuflucht überlassen, die Gott für alle Menschen gegen Macht und Gewalt vorgesehen hat. Wann immer daher die Legislative dieses grundlegende Gesetz der Gesellschaft überschreiten und aus Ehrsucht, Furcht, Torheit oder Verderbtheit den Versuch unternehmen sollte, entweder selbst absolute Gewalt über Leben, Freiheit und Besitz des Volkes an sich zu reißen oder sie in die Hände eines anderen zu legen, verwirkt sie durch einen solchen Vertrauensbruch jene Macht, die das Volk mit weit anderen Zielen in ihre

Hände gegeben hatte, und die Macht fällt zurück an das Volk, das dann ein Recht hat, zu seiner ursprünglichen Freiheit zurückzukehren und durch die Errichtung einer neuen Legislative (wie sie ihm selbst am geeignetsten erscheint) für seine eigene Sicherheit und seinen Schutz zu sorgen – denn zu diesem Ziel befinden sie sich in der Gesellschaft.

Was ich hier über die Legislative im Allgemeinen gesagt habe, gilt auch von dem höchsten Träger der Exekutive. Da man in ihn ein zweifaches Vertrauen gesetzt hat, einmal als Teil der Legislative und zum anderen durch die höchste Vollziehung der Gesetze, handelt er beidem zuwider, wenn er sich unterfängt, den eigenen Willen nach Belieben zum Gesetz der Gesellschaft zu erheben.

John Locke, Über die Regierung, hrsg. von Peter Cornelius Mayer-Tasch, Stuttgart 1983, S. 101 ff., 111 und 167 (Übersetzung: Dorothee Tidow)

M 15 Q Montesquieu – „Vom Geist der Gesetze“

Der Jurist und Schriftsteller Charles-Louis Baron de Secondat de Montesquieu unternimmt von 1729 bis 1731 eine Reise nach England, informiert sich über die dortige Politik und liest John Locke (M14). Das Ergebnis seiner Studien fasst er 1748 in seiner Schrift „De l'esprit des loix“ zusammen. Sie erscheint anonym in Genf und wird drei Jahre später in Frankreich verboten:

Es gibt in jedem Staat drei Arten von Vollmacht: die legislative Befugnis, die exekutive Befugnis in Sachen, die vom Völkerrecht abhängen, und die exekutive Befugnis in Sachen, die vom Zivilrecht abhängen. Aufgrund der Ersteren schafft der Herrscher oder Magistrat Gesetze auf Zeit oder für die Dauer, ändert geltende Gesetze oder schafft sie ab. Aufgrund der zweiten stiftet er Frieden oder Krieg, sendet oder empfängt Botschaften, stellt die Sicherheit her, sorgt gegen Einfälle vor. Aufgrund der dritten bestraft er Verbrechen oder sitzt zu Gericht über die Streitfälle der Einzelpersonen. Diese letzte soll richterliche Befugnis heißen, und die andere schlechtweg exekutive Befugnis des Staates. […]

Sobald in ein und derselben Person oder derselben Beamtenschaft die legislative Befugnis mit der exekutiven verbunden ist, gibt es keine Freiheit. Es wäre nämlich zu befürchten, dass derselbe Monarch oder derselbe Senat tyrannische Gesetze erließe und dann tyrannisch durchführte. Freiheit gibt es auch nicht, wenn die richterliche Befugnis nicht von der legislativen oder der exekutiven Befugnis geschieden wird. Die Macht über Leben und Freiheit der Bürger würde unumschränkt sein, wenn jene mit der legislativen Befugnis gekoppelt wäre, denn der Richter wäre Gesetzgeber. Der Richter hätte die Zwangsgewalt eines Unterdrückers, wenn jene mit der exekutiven Gewalt gekoppelt wäre.

Alles wäre verloren, wenn ein und derselbe Mann beziehungsweise die gleiche Körperschaft entweder der Mächtigsten oder der Adligen oder des Volkes folgende drei Machtvollkommenheiten ausübte: Gesetze erlassen, öffentliche Beschlüsse in die Tat umsetzen, Verbrechen und private Streitfälle aburteilen. […]

In einem freien Staat soll jeder Mensch, dem man eine freie Seele zugesteht, durch sich selbst regiert werden: Daher müsste das Volk als Gesamtkörper die legislative Befugnis innehaben. Da dies in den großen Staaten unmöglich ist und in den kleinen Staaten vielen Nachteilen unterliegt, ist das Volk genötigt, all das, was es selbst nicht machen kann, durch seine Repräsentanten machen zu lassen. […]

Die exekutive Befugnis muss in den Händen eines Monarchen liegen, weil in diesem Zweig der Regierung fast durchweg unverzügliches Handeln vonnöten ist, das besser von einem als von mehreren besorgt wird. Was hingegen von der legislativen Befugnis abhängt, wird oft besser von mehreren angeordnet als von einem.

Es gäbe keine Freiheit mehr, wenn es keinen Monarchen gäbe und die exekutive Befugnis einer bestimmten, aus der legislativen Körperschaft ausgesuchten Personenzahl anvertraut wäre, denn die beiden Befugnisse wären somit vereint. Dieselben Personen hätten an der einen und der anderen manchmal teil – und somit könnten sie immer daran teilhaben. Es gäbe keine Freiheit mehr, wenn die legislative Körperschaft eine beachtliche Zeitspanne nicht zusammenberufen worden wäre.

Montesquieu, Vom Geist der Gesetze, Stuttgart 1984, S. 212 ff., 215 f. und 218 f. (Übersetzung: Kurt Weigand)

M 16 Q Rousseau – Herrschaft und allgemeiner Wille

Einer der einflussreichsten Schriftsteller der Aufklärung ist Jean-Jacques Rousseau. Er veröffentlicht 1762 in Amsterdam sein politisches Hauptwerk „Du contrat social ou principes du droit politique“ („Vom Gesellschaftsvertrag oder Prinzipien des Staatsrechts“). Diese Schrift über die vertragstheoretische Grundlegung der Gesellschaft beginnt mit der Feststellung: „Der Mensch ist frei geboren, und überall liegt er in Ketten.“ Um ihn daraus zu befreien, schlägt Rousseau vor:

„Finde eine Form des Zusammenschlusses, die mit ihrer ganzen gemeinsamen Kraft die Person und das Vermögen jedes einzelnen Mitglieds verteidigt und schützt und durch die doch jeder, indem er sich mit allen vereinigt, nur sich selbst gehorcht und genauso frei bleibt wie zuvor.“

Das ist das grundlegende Problem, dessen Lösung der Gesellschaftsvertrag darstellt. […]

Wenn man also beim Gesellschaftsvertrag von allem absieht, was nicht zu seinem Wesen gehört, wird man finden, dass er sich auf Folgendes beschränkt: Gemeinsam stellen wir alle, jeder von uns, seine Person und seine ganz Kraft unter die oberste Richtschnur des Gemeinwillens; und wir nehmen, als Körper, jedes Glied als untrennbaren Teil des Ganzen auf.

Dieser Akt des Zusammenschlusses schafft augenblicklich anstelle der Einzelperson jedes Vertragspartners eine sittliche Gesamtkörperschaft, die aus ebenso vielen Gliedern besteht, wie die Versammlung Stimmen hat, und die durch ebendiesen Akt ihre Einheit, ihr gemeinschaftliches Ich, ihr Leben und ihren Willen erhält. Diese öffentliche Person, die so aus dem Zusammenschluss aller zustande kommt, trug früher den Namen Polis, heute trägt sie den der Republik oder der staatlichen Körperschaft, die von ihren Gliedern Staat genannt wird, wenn sie passiv, Souverän, wenn sie aktiv ist, und Macht im Vergleich mit ihresgleichen. Was die Mitglieder betrifft, so tragen sie als Gesamtheit den Namen Volk, als Einzelne nennen sie sich Bürger, sofern sie Teilhaber der Souveränität, und Untertanen, sofern sie den Gesetzen des Staates unterworfen sind. [...] Damit nun aber der Gesellschaftsvertrag keine Leerformel sei, schließt er stillschweigend jene Übereinkunft ein, die allein die anderen ermächtigt, dass, wer immer sich weigert, dem Gemeinwillen zu folgen, von der gesamten Körperschaft dazu gezwungen wird, was nichts anderes heißt, als dass man ihn zwingt, frei zu sein [...].

Aus dem Vorhergehenden folgt, dass der Gemeinwille immer auf [...] das öffentliche Wohl abzielt: woraus allerdings nicht folgt, dass die Beschlüsse des Volkes immer gleiche Richtigkeit haben. Zwar will man immer sein Bestes, aber man sieht es nicht immer. Verdorben wird das Volk niemals, aber oft wird es irregeführt, und nur dann scheint es das Schlechte zu wollen.

Es gibt oft einen beträchtlichen Unterschied zwischen dem Gesamtwillen und dem Gemeinwillen; dieser sieht nur auf das Gemeininteresse, jener auf das Privatinteresse und ist nichts anderes als eine Summe von Sonderwillen: Aber nimm von ebendiesen das Mehr und das Weniger weg, das sich gegenseitig aufhebt, so bleibt als Summe der Unterschiede der Gemeinwille. [...] Um wirklich die Aussage des Gemeinwillens zu bekommen, ist es deshalb wichtig, dass es im Staat keine Teilgesellschaften gibt und dass jeder Bürger nur seine eigene Meinung vertritt.

Jean-Jacques Rousseau, Vom Gesellschaftsvertrag, neu übersetzt und herausgegeben von Hans Brockard, Stuttgart 1977, S. 10, 21 und 30 ff.

Arbeitsvorschläge

32065-0212

1. Erstellen Sie eine Zeitleiste, in der Sie die Entwicklungslinie der Geschichte der Staatsformen zusammenfassen (Darstellungstext).
2. Erläutern Sie anhand von Kriterien Aristoteles' Unterscheidung nach guten und schlechten Verfassungen. Erklären Sie anschließend seine damalige Ablehnung der Demokratie (M9).
3. Arbeiten Sie heraus, worin Bleicken die Hauptprinzipien der athenischen Demokratie und die wesentlichen Unterschiede zur modernen Demokratie sieht (M10).
4. Polybios bezeichnet die politische Ordnung Roms als „gemischte Verfassung". Erklären Sie diese Aussage (M11).
5. Diskutieren Sie, welche Stärken und Schwächen der modernen Demokratie beim Vergleich mit dem Aufbau der Systeme in Athen und Rom deutlich werden (Darstellungstext, M9-M11).
6. a. Erläutern Sie, welche Rechte und Funktionen der Schiedsspruch dem Erzbischof und welche er der Stadt zuspricht (M12).
   b. Gewinner, Verlierer oder Kompromiss? Wie sieht es der Autor, wie beurteilen Sie es?
7. Analysieren Sie arbeitsteilig Gemeinsamkeiten und Unterschiede der Theorien von Hobbes, Locke, Montesquieu und Rousseau mithilfe der folgenden Aufträge:
   a. Erläutern Sie die Entstehung des Staates bei Hobbes und erklären Sie in diesem Zusammenhang die Überwindung des „Kampfes aller gegen aller" im Naturzustand (M13).
   b. Erläutern Sie, welche Grenzen Locke den staatlichen Gewalten setzt. Erarbeiten Sie, wie das Recht des Volkes auf politische Neuordnung im Einzelnen begründet wird (M14).
   c. Erklären Sie, worin nach Montesquieu das Ziel der Staatsverfassung liegen sollte, und beschreiben Sie, welchen Weg er vorschlägt, um dieses Ziel zu erreichen (M15).
   d. Prüfen Sie, welchen Nutzen der Gesellschaftsvertrag laut Rousseau dem Einzelnen wie der Gesamtheit aller Bürger bringen soll (M16).
8. Rousseau vertritt die direkte Demokratie und auch in Athen wurden viele Elemente daraus umgesetzt. Diskutieren Sie, ob und mit welchen Mitteln dieser Ansatz in einem bevölkerungsreichen Staat durchsetzbar ist (Darstellungstext, M9, M10, M16). | F
9. Prüfen Sie im Grundgesetz, in welchen Artikeln sich Ideen der verschiedenen Staatstheorien konkret nachweisen lassen.

Leitfrage

Nehmen Sie Stellung:

Staatstheorien in der Geschichte - ein Impuls für Umbruch und Transformationen?

1.4 Vertiefungsmodul: Wirtschaftsbeziehungen und Wirtschaftskrisen

M1 D Handel verringert Armut

32065-0386

1. Analysieren Sie die Grafik.
2. Diskutieren Sie, welche Folgen handelsbedingtes Wachstum für die Bevölkerung eines Landes haben kann.
3. Diskutieren Sie die Konsequenzen von Zöllen im weltweiten Warenverkehr.

LEIT-FRAGE

Veränderungen im Wirtschaftsleben – eine Fortschrittsgeschichte?

Frühe Handelsbeziehungen: das Beispiel China und römisch-byzantinisches Imperium

Handel entsteht

Im eiszeitlichen Europa hatten die umherziehenden Jäger- und Sammlergruppen in Ost und West untereinander bereits zahlreiche Kontakte, dabei wurden auch Waren getauscht. Dies änderte sich, als etwa zwischen 26 000 und 10 000 vor Christus die Temperaturen merklich absanken. Erst als nach einer Erwärmung des Klimas Gletscher schmolzen und die Vegetation wieder aufblühte, nahmen die zuvor stark reduzierten, isoliert lebenden Gemeinschaften erneut an Zahl zu. In Vorderasien wurden Menschen erstmals sesshaft und bildeten seit dem 7. Jahrtausend im Gebiet der heutigen Türkei ein Netz von Handelswegen aus. In den folgenden Jahrtausenden entwickelte sich neben dem Transport zu Lande im östlichen Mittelmeerraum ein reger Seehandel, die ersten Häfen wurden angelegt. Im 4. Jahrhundert vor Christus entstanden nach den Eroberungszügen des Makedonenkönigs Alexander des Großen[1] unter seinen Nachfolgern (Diadochen) fünf voneinander unabhängige Monarchien. Von nun an überlagerten griechische Lebensformen die vorgefundenen einheimischen Kulturen und setzten sich von hier aus überall im Mittelmeerraum durch (Epoche des Hellenismus[2]). Im 2. Jahrhundert vor Christus drang vom Westen das Römische Imperium immer weiter vor und eroberte schließlich den größten Teil der hellenistischen Staatenwelt. Für die Römer galt das Mittelmeer von nun an als „mare nostrum"[3].

---

[1] Alexander der Große (336–323 v. Chr.): König eines nordgriechischen Stammes, eroberte an der Spitze eines griechischen Kriegsbündnisses Vorderasien, Persien und Ägypten
[2] Hellenismus: die Ausbreitung griechischer Sprache und Kultur
[3] dt.: unser Meer

Handel auf Distanz

In Rom, und daneben überall im Reich, standen an der Spitze Eliten mit einem gesteigerten Repräsentationsbedürfnis: Kaiser (seit 31 v. Chr.), höfisches Umfeld, Großgrundbesitzer, Handelsherren. Sie verlangten nach teuren oder seltenen Waren aus fernen Regionen: Edelmetalle und -steine, Bernstein, blondes Frauenhaar aus Germanien, Kosmetikartikel, Elfenbein, Purpur, Gewürze und Seide. Vor allem Seide stand in der römischen Oberschicht hoch im Kurs. Diese wurde in chinesischen Manufakturen in großem Stil für die höheren Stände hergestellt.

China war eine der ersten Hochkulturen der Geschichte. An Fläche und Bevölkerungszahl war es dem Imperium Romanum vergleichbar. Den bis dahin unkontrollierten Handel mit Seide reglementierten die chinesischen Kaiser etwa ab 200 v. Chr. Sie normierten Maße, Gewichte und Verpackung, zusätzlich mussten beispielsweise Angaben zu Qualität und zum Wert der Stoffe gemacht werden. Später ließ die Regierung zur Förderung des Warenverkehrs sogar Straßen und Gebirgsübergänge ausbauen und die Wege mit hohen Lehmmauern umgeben, damit sie nicht versandeten. Ackerkolonien wurden gegründet mit Herbergen, Warenlagern und Ställen. Das riesige Netzwerk an Straßen umfasste schließlich 10 000 Kilometer in Ost-West-Richtung und 4500 Kilometer von Nord nach Süd.

Die Römer ihrerseits lieferten unter anderem Wein, Oliven, Glas und goldbestickte Teppiche nach China. Import- und Exportwaren wurden ungemein verteuert, da sie über zahllose Zwischenstationen transportiert werden mussten. Sowohl auf dem Landweg über die „Seidenstraße" als auch auf dem Seeweg über Indien verdienten Zwischenhändler an dem Luxusstreben der Eliten kräftig mit. Direkte Kontakte zwischen den beiden antiken Supermächten durch Gesandtschaften fanden nur äußerst selten statt. Die Entfernung zwischen den Grenzen der beiden Reiche betrug immerhin rund 5500 Kilometer. Überhaupt sollte man die Handelsbeziehungen im Auftrag der Oberschichten nicht überschätzen. Von einer im modernen Sinn verflochtenen globalen Weltwirtschaft konnte noch keine Rede sein.

Handel auf den Seidenstraßen

Während das chinesische Kaiserreich weiter existierte, wurde das Römische Imperium 395 geteilt. Den letzten weströmischen Kaiser setzten Germanen 476 ab. Hingegen bauten die oströmischen Kaiser Konstantinopel (heute Istanbul) zum „neuen Rom" aus. Ihr Byzantinisches Reich, an der Schwelle zwischen Europa und Asien gelegen, profitierte vom Fernhandel und behauptete sich als Vormacht im östlichen Mittelmeerraum.

552 gelang es zwei Wandermönchen, Eier der Seidenraupe aus Fernost ins Oströmische Reich zu schmuggeln. Damit war zwar das Seidenmonopol der Chinesen gebrochen, aber die Qualität der chinesischen Seide blieb unerreicht.

Neben Seide exportierte China weiterhin Luxuswaren nach Westen wie Gewürze, Pelze, Tinte oder Tee. Es profitierte dabei von einem beträchtlichen Handelsüberschuss.

M 2 D Verlauf der alten Seidenstraße

▶ Informieren Sie sich über den Verlauf der neuen Seidenstraße (siehe S. 122) und vergleichen Sie ihn mit dem Verlauf der alten Seidenstraße.

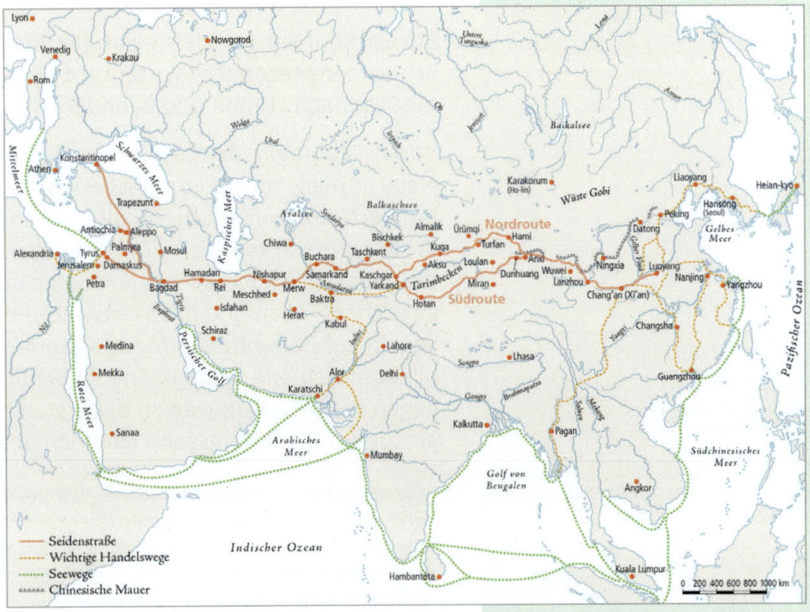

Gefährdet waren die Handelsbeziehungen zwischen Europa und Asien aber stets durch kriegerische Auseinandersetzungen, vor allem seit die muslimischen Araber ab dem 8. Jahrhundert in Asien immer weiter vordrangen und den Handel an sich zogen. Frieden kehrte erst ein, als die ursprünglichen Nomadenvölker der Mongolen im 13. Jahrhundert zeitweise ein Großreich vom Chinesischen Meer bis zum Schwarzen Meer eroberten. Unter den Mongolenkaisern genoss die islamische Kultur hohes Ansehen, westasiatische Handwerker und Künstler wurden in großer Zahl nach China abgeworben. Erstmals ging der Kulturaustausch zwischen Europa, Vorderem Orient und China über den reinen Warenaustausch hinaus.

Byzantiner waren an diesem Aufschwung weniger beteiligt, sie konzentrierten sich bis zur Eroberung Konstantinopels durch die Türken im Jahr 1453 vorwiegend auf den Binnenhandel. Der zwar risikoreiche, aber besonders lukrative Fernhandel war in Europa vor allem den Kaufleuten aus italienischen Seestädten wie Venedig und Genua vorbehalten. Der Weg über die Seidenstraßen nach Peking dauerte ein Dreivierteljahr, dafür entschädigten Gewinnspannen von rund 100 %. Nach der Vertreibung des letzten mongolischen Kaisers (1368) wurde China erst unter der nachfolgenden Ming-Dynastie[4] im Verlauf des 16. Jahrhunderts wieder verstärkt in die weltweiten Handelsbeziehungen eingebunden.

Der portugiesische Indienhandel im ausgehenden Mittelalter

Ein erstes „Welthandelssystem"

Schon in der Zeit von 1250 bis 1350 hatte sich zwischen Asien, Europa und Afrika ein „Welthandelssystem" herausgebildet. In dessen Mittelpunkt standen China und Indien. Dies waren die wirtschaftlich stärksten Länder mit geschätzt 25 beziehungsweise 24,5 % des weltweiten Bruttosozialprodukts. Ganz Europa zusammen kam auch nur auf etwa 24 %. Das „Reich der Mitte" exportierte neben Seide vor allem Papier und Porzellan, aus Indien kamen Gewürze, Perlen, Edelsteine und Stoffe. Europa war der „ferne Westen Eurasiens". Es verfügte kaum über begehrte Produkte auf dem „Weltmarkt" und es konnte die asiatischen Waren vor allem über islamische und jüdische Händler im Mittleren Osten beziehen. Diese entwickelten schon früh Geschäfts- und Handelsbräuche, die später im 15. Jahrhundert über italienische Kaufleute Einzug in Europa hielten.

Ein Großteil des Handels gelangte über die Seidenstraße zwischen China und dem Schwarzen Meer nach Westen. Auf diesem Weg kam Mitte des 14. Jahrhunderts auch die Pest nach Europa und beendete die erste transkontinentale Handelsblüte.

Voraussetzungen der portugiesischen Expansion

Neue Impulse für die eurasischen Wirtschaftsbeziehungen gingen seit dem 14. Jahrhundert von der Iberischen Halbinsel und insbesondere vom Königreich Portugal aus. Warum gerade von hier? Für portugiesische Seefahrer spielte der Atlantik aufgrund der geografischen Lage seit jeher eine besondere Rolle. Die ersten Seekarten wurden gezeichnet, nach und nach entwickelten sich immer weitergehende Techniken zum Segeln auf dem offenen Meer, astronomische Fähigkeiten zur Orientierung auf See bildeten sich aus und dank neuer Schiffstypen konnten Segelschiffe nunmehr auch gegen den Wind kreuzen. In der ersten Hälfte des 15. Jahrhunderts versammelte der portugiesische Königssohn Heinrich der Seefahrer[5] jüdische, arabische und christli-

[4] Die Ming-Dynastie (1368–1644) wurde von einem Rebellenführer gegen die Mongolenherrschaft gegründet. In dieser Phase der chinesischen Geschichte bildete sich ein absolutistischer Staatsapparat heraus, der sich vor allem nach innen orientierte.

[5] Heinrich der Seefahrer (1394–1460) fuhr selbst zwar nicht zur See, war aber als Prinz Wegbereiter der portugiesischen Entdeckungsfahrten.

che Gelehrte um sich, mit dem gemeinsamen Ziel, die Kenntnisse der Zeit der künftigen Seefahrt nutzbar zu machen.

So war das Königreich Portugal in der Lage, in Nordafrika einzelne marokkanische Städte zu erobern. 1420 nahm es Madeira in Besitz, später folgten die Azoren. Langsam arbeiteten sich portugiesische Seefahrer und Handelsherren an der afrikanischen Westküste vor, immer auf der Suche nach Gold und Sklaven. Doch es dauerte noch bis 1488, ehe Bartolomeu Dias[6] mit der Umfahrung des Kaps der Guten Hoffnung die Verbindung zwischen Atlantik und Pazifik nachweisen konnte. 1498 war Vasco da Gama[6] der Erste, der auf dem Seeweg nach Indien gelangte. Von nun an war die alleinige Herrschaft der Muslime über den Indischen Ozean gebrochen. Schon einige Jahre zuvor hatte Christoph Kolumbus[7] auf der Suche nach einer kürzeren Indien-Route im Auftrag der spanischen Krone Amerika entdeckt (1492). Ebenfalls im spanischen Auftrag war es der Portugiese Ferdinand Magellan[6], der von 1519 bis 1521 als Erster die Welt umsegelte (er selbst kam dabei ums Leben) und damit dafür sorgte, dass seither ein wesentlich exakteres Bild von der Gestalt unserer Erde existiert.

M3 Q Portugiesen in Indien
Illustration aus dem Codex Casanatense 1889, ca. 1540
Ein portugiesischer Kaufmann wird von seinem indischen Haushalt begrüßt.

► Beschreiben Sie die Illustration.

Das System der Stützpunkte

Im Rahmen ihrer Entdeckungen an der westafrikanischen Küste errichtete die portugiesische Krone zusammen mit risikobereiten Kaufleuten zahlreiche Handelsstützpunkte. Während die spanischen Eroberer in Südamerika ganze Länder in Besitz nahmen, wäre das bevölkerungsarme Portugal zu einer solch groß angelegten territorialen Expansion gar nicht in der Lage gewesen. Das schloss aber den Einsatz militärischer Gewalt nicht aus: Arabische Konkurrenzschiffe wurden gekapert oder mussten Schutzgebühren entrichten, Hafenstädte beschoss die Flotte von See aus. 1510 eroberten portugiesische Soldaten die westindische Provinz Goa. Von hier aus verwaltete ein Generalgouverneur bis 1961 alle Besitzungen in Indien und Ostafrika.

Vorherrschaft im Indienhandel

Mit der Kontrolle der Kap-Route nach Indien veränderten die Portugiesen die eingefahrenen Handelsströme. Ein italienischer Zeitgenosse klagte, der Gewürzhandel werde Venedig fehlen wie „einem Säugling die Muttermilch“. Schon 1518 sorgte vor allem der Import von Pfeffer für fast 40 % der Einkünfte des portugiesischen Königs. Portugal in Asien und Spanien in Südamerika wurden zu den Pionieren der europäischen Handelsmächte. Ermöglicht wurde ihr Aufstieg durch die Ausbeutung von Bodenschätzen in Südamerika. Dank Silber verfügten die Europäer mit einem Mal über ein begehrtes Zahlungsmittel. In Asien sorgten die Portugiesen gemeinsam mit einheimischen Partnern so für prosperierende Wirtschaftsbeziehungen. Zudem profitierten sie vom gleichzeitigen Niedergang der chinesischen Volkswirtschaft. Der „Fall des Ostens“ ging dem „Aufstieg des Westens“ voraus. Am Ende des 16. Jahrhunderts dominierten die europäischen Nationen den Welthandel.

---

[6] Bartolomeu Dias (1450–1500) Vasco da Gama (1469–1524) und Ferdinand Magellan (1480-1521) sorgten für die Vorherrschaft der Portugiesen auf den Weltmeeren. Sie starben alle auf den von ihnen bereisten Kontinenten.

[7] Christoph Kolumbus (1451–1506), stammte aus Genua und wurde nach seinen Eroberungsreisen Vizekönig der spanischen Krone in den Las Indias genannten Gebieten. Zeit seines Lebens ging er davon aus, den Seeweg nach Indien gefunden zu haben. Erst der Italiener Amerigo Vespucci erkannte, dass Kolumbus einen bis dahin in Europa unbekannten Kontinent entdeckt hatte: Amerika.

17. Jahrhundert: das Goldene Zeitalter der Niederlande

Aufstieg zur See- und Handelsmacht

Anders als in Portugal und anderen Königreichen Europas war in der Republik der Vereinigten Niederlande ein föderales Regierungssystem entstanden. Die Souveränität lag bei den sieben Provinzen, den Generalstaaten. In diesen hatten die regionalen Eliten, insbesondere das städtische Großbürgertum, das Sagen. Seit dem 16. Jahrhundert stieg das kleine Land mit weniger als zwei Millionen Einwohnern zur führenden Wirtschaftsmacht auf. Dank der billigen Getreideimporte aus dem Ostseeraum konnte die Mehrheit der Bevölkerung bereits in den „modernen“ Gewerbe- und Dienstleistungsberufen tätig werden. Die Textilindustrie besaß die Vorherrschaft auf dem Weltmarkt, ebenso führend war die riesige Schiffbauindustrie. Hinzu kam, dass sich durch den Amerikahandel der ökonomische Fortschritt ohnehin vom Mittelmeer an den Atlantik verlagert hatte.

Dies war die Ausgangssituation, als 1595 vier Handelsschiffe nach Ostasien segelten, um Gewürze einzukaufen. Obwohl die Seeleute zwei Jahre unterwegs waren und auf der Insel Java viele Einheimische töteten, war damit der Start zu weiteren Expeditionen erfolgt. Finanziert wurden die Fahrten von reichen Bürgern. Nach Rückkehr wurden sowohl die Fracht als auch die Schiffe selbst verkauft und der Gewinn unter den Finanziers verteilt. Vor allem auf Betreiben der Generalstaaten wurde 1602 die Vereenigde Oostindische Compagnie (VOC) gegründet. Die Handelstätigkeit sollte auf Dauer angelegt werden. Die Verlustrisiken wurden damit auf viele Fahrten verteilt, die Gewinne nur zum Teil ausgeschüttet, der Rest wurde im Unternehmen belassen und diente für den Ausbau der Flotte, für Forts und Waffen in Fernost. Neu war, dass die Anteilscheine in Aktien ausgegeben wurden. Auf diese Weise konnten Investoren auch mit kleineren Summen in den Asienhandel einsteigen, und die Aktien ließen sich jederzeit an der Amsterdamer Börse wieder veräußern. Im Ergebnis verdrängten die Niederländer die bis dahin das Gewürzgeschäft dominierenden Portugiesen. Sie hatten die besseren Schiffe und sie waren den Portugiesen militärisch überlegen. Vor allem hatten sie das nachhaltigere Geschäftsmodell.

Handelsbeziehungen im asiatischen Raum

Rechtlich abgesichert war die VOC durch ein Handelsmonopol, das die Generalstaaten der Gesellschaft für den Handel östlich des Kaps der guten Hoffnung verliehen hatten. Dafür zahlte die Compagnie 1602 25 000 Gulden, 1647 waren es bereits 1,5 Millionen Gulden. Im Gegenzug durfte sie staatliche Rechte in Asien wahrnehmen. In dieser hybriden Rolle sowohl als Handels- als auch als Staatsunternehmen konnte sie Verträge mit den lokalen Herrschern abschließen, Niederlassungen gründen oder militärische Feldzüge durchführen. Um ein Monopol für das Gewürz Muskat durchzusetzen, ließ ein niederländischer Gouverneur fast alle Einwohner einer indonesischen Inselgruppe töten – 15 000 Menschen starben. In einem anderen Fall wurden auf einzelnen Inseln alle Nelkenbäume zerstört, um erst gar keine Konkurrenz aufkommen zu lassen.

Was den Erfolg der VOC zusätzlich begünstigte, war ab Mitte des 17. Jahrhunderts ihre Rolle im innerasiatischen Handel. Zwischen Indien, China und Japan waren ihre Schiffe unterwegs und fuhren trotz der asiatischen

M4 Q Handelsposten der VOC in Hooghly (Indien)
Ölgemälde von Hendrik van Schuylenburgh, 1665.

- Beschreiben Sie das Gemälde.
- Diskutieren Sie, welchen Einfluss die Aktivitäten der VOC auf die Handelsregionen im asiatischen Raum hatten.

und britischen Konkurrenz hohe Gewinne ein. Aber während die Companie auf den ostasiatischen Inseln meist als Besatzungsmacht auftrat, konnte sie in China und Japan nur im Rahmen der von den Regierungen erlassenen Vorschriften Handel treiben. Die Güter, die im 17. und 18. Jahrhundert nach Europa transportiert wurden, wechselten. Waren es anfangs vor allem Gewürze, insbesondere Pfeffer, so kamen später Textilien dazu und Plantagenprodukte wie Tee und Kaffee. Für die Menschen, die im Dienste der VOC nach Ostasien segelten, war dies häufig eine Reise ohne Rückkehr. Man schätzt, dass nur etwa ein Drittel die Strapazen auf den Schiffen und in tropischer Umgebung überlebten. Auf Dauer konnten die Niederlande dem aggressiven Druck Englands und Frankreichs in Europa jedoch nicht standhalten. Dem konnte sich die Ostindische Kompanie letztlich nicht entziehen. Im Jahr 1798 wurde sie aufgelöst.

Die Tulpenkrise

Schon Anfang des 17. Jahrhunderts waren die Anteile der VOC als Aktien an der Amsterdamer Börse gehandelt worden. Doch die ersten Börsen seit dem 15. Jahrhundert hatten noch andere Aufgaben. Die Obrigkeiten in den zahllosen europäischen Territorien prägten jeweils ihre eigenen Münzen. Für den grenzüberschreitenden Warenverkehr war es daher notwendig, die unterschiedlichen Währungen zu bewerten und zu tauschen sowie bargeldlose Zahlungen zu ermöglichen. Amsterdam war im 17. Jahrhundert die bedeutendste Börse in Europa. Gehandelt wurden zunächst landwirtschaftliche Produkte, wobei die Preise je nach Angebot und Nachfrage rasch steigen oder fallen konnten. Das Auf und Ab der Preise zog Spekulanten an, die an den Waren gar nicht interessiert waren, sich von der erwarteten Preisentwicklung aber Gewinne versprachen.

Als erste Spekulationsblase gilt die sogenannte „Tulpenmanie". Tulpen waren im Laufe des 16. Jahrhunderts aus der Türkei nach Europa importiert worden und erfreuten sich beim Adel und im Bürgertum großer Beliebtheit. Die Preise für Tulpenzwiebeln stiegen in den Niederlanden ungebremst. Der Wert von drei Zwiebeln einer besonders seltenen Tulpenart entsprach kurzzeitig dem Wert eines Hauses in Amsterdam. Erfolgreiche Spekulanten scheffelten ein Vermögen. Als im Februar 1637 bei einer der üblichen Wirtshausversteigerungen keine Tulpe den erwarteten Preis erzielte, brach der Markt schlagartig zusammen. Nach panischen Verkäufen fielen die Preise wieder auf das Niveau der frühen Dreißigerjahre zurück. Wer nicht rechtzeitig aus dem allgemeinen Hype ausgestiegen war, blieb verarmt zurück, so wie der berühmte Maler Rembrandt van Rijn[8]. Dennoch ging der wirtschaftliche Aufschwung der Niederlande nach der Tulpenkrise unvermindert weiter.

M5 Q „Satire op de Tulpomania"

Ölgemälde von Jan Brueghel d. J., ca. 1640.
Das Gemälde greift den Tulpenwahn in den Niederlanden satirisch auf.

► Analysieren Sie das Gemälde vor dem Hintergrund der Tulpenkrise in den Niederlanden.

[8] Rembrandt van Rijn (1606-1669), einer der bedeutendsten Maler des Goldenen Zeitalters der Niederlande

Organisation des Handels im Mittelalter: die Hanse als Wirtschaftsfaktor

Entstehung und Einfluss der Hanse

In der Antike trug ein reger Handelsverkehr über das Mittelmeer zum Wohlstand in Rom und den Provinzen des Imperium Romanum bei. Ganz anders im Norden Europas: Nord- und Ostsee dienten skandinavischen Seefahrern in erster Linie zu oft blutigen Plünderfahrten, ehe sie erst etwa ab dem 10. Jahrhundert begannen, Handel mit England und dem Kontinent bis hinunter zum Schwarzen Meer zu betreiben. 100 Jahre später begannen auch Kaufleute aus dem niederdeutschen Raum, Niederlassungen im nördlichen Europa zu gründen: von London über Brügge in Flandern, Bergen in Norwegen bis Nowgorod in Nordwestrussland. Bei ihren weiten Reisen zwang die ständige Gefahr von Überfällen die Fernkaufleute dazu, sich bewaffnet zusammenzuschließen. Eine solche Fahrtgemeinschaft wurde als Hanse bezeichnet.

Angekommen in ihren Niederlassungen in fremden Herrschaftsgebieten, wählten die Händler einen gemeinsamen Vorsteher, verpflichteten sich zu gegenseitiger Hilfe und verhängten sogar Strafen bei Verstößen gegen gemeinsam gefasste Beschlüsse. Durch ihr geschlossenes Auftreten konnten die Kaufleute Verträge mit den Herrschern vor Ort schließen. Sonderrechte schützten sie vor Verhaftungen oder überzogenen Gebühren und Zöllen. So senkten die Hansemitglieder ihr Geschäftsrisiko und sicherten sich Vorteile gegenüber der Konkurrenz.

Zwischen dem 11. und 13. Jahrhundert wuchs die Bevölkerung Europas sprunghaft von etwa 46 Millionen auf 73 Millionen. Begünstigt durch Fortschritte in der Landwirtschaft entstanden überall neue Städte. Dies beflügelte den Handel an Nord- und Ostsee. Gleichzeitig veränderte sich die Rolle des Kaufmanns: Er steuerte die Geschäfte vom heimischen Kontor aus, während Fuhrbetriebe und Seeleute den Transport der Waren übernahmen. Zu Reichtum gekommen, bestimmte die kleine Gruppe der Fernhändler von nun an die politischen Geschicke ihrer Heimatstädte. Als Mitte des 13. Jahrhunderts die Monarchien im Ostseeraum in eine Krise gerieten, ging die Sicherheit des Seehandels verloren. Unter dem Einfluss ihrer Ratsherren schlossen sich deshalb einzelne Städte zusammen, um Piraten und Räuber zu bekämpfen. Aus dem losen Zusammenschluss von Kaufleuten war ein organisierter Städtebund geworden, der unter maßgeblichem Einfluss der Seestädte stand. Die „Deutsche Hanse", wie sie jetzt im Ausland genannt wurde, scheute auch vor militärischen Auseinandersetzungen nicht zurück. Ein Sieg über das Königreich Dänemark im Jahr 1370 zeigte sie auf dem Höhepunkt ihrer Macht. An der Spitze stand die Stadt Lübeck. Die wichtigsten Entscheidungen wurden auf den dort stattfindenden Hansetagen getroffen. Zeitweise gehörten der Hanse 70 aktive und 100 mittelbare Städte an.

M 6 Q Holstenhafen in Lübeck

Die Hansestadt Lübeck nahm im Mittelalter eine zentrale Stellung in der Hanse ein und avancierte als „Königin der Hanse" zur führenden Handelsmacht in der Ostsee. Sowohl der erste Hansetag im Jahr 1356 als auch der letzte im Jahr 1669 fanden in Lübeck statt.

- Informieren Sie sich über den Holstenhafen und erläutern Sie seine Bedeutung für den Handel der Hansestadt Lübeck im Mittelalter.

Niedergang der Hanse

Die große Leistung der Hanse bestand in der Schaffung eines relativ geschlossenen Wirtschaftsraums mit dem Austausch von Massengütern wie Getreide, Holz und Fisch aus dem Norden und Osten sowie im Gegenzug die Lieferung von Handwerksprodukten und Salz aus Westeuropa. Im Laufe des 15. Jahrhunderts begann der Stern der zur nordischen Großmacht emporgewachsenen Hanse zu sinken. Innere Auseinandersetzungen schwächten die Städte, manche Städte verloren gar un-

M7 D Die Handelswege der Hanse

▶ Beschreiben Sie den Wirkungsraum der Hanse.

ter dem Druck der erstarkenden Territorialfürsten[9] ihre Unabhängigkeit. Auch im Ausland wollten die Staaten die Vorrechte der Hanse nicht länger dulden und schlossen ihre Niederlassungen, zuerst in Brügge und Nowgorod. Ein weiterer schwerer Schlag war es, als etwa ab 1470 die Holländer im Transit zwischen Ost- und Nordsee die Vorherrschaft der Hanse brachen. Das holländische Exportgewerbe war den nur als Zwischenhändlern fungierenden Hansekaufleuten überlegen. Der hansische Wirtschaftsraum geriet vollends in den Windschatten, als der Überseehandel nach Amerika mehr Gewinn versprach. Der letzte, nur noch von sechs Städten besuchte Hansetag fand 1669 statt.

1789: Wirtschafts- und Finanzkrise in Frankreich und ihre Folgen

Vor der Revolution

Ende der 80er-Jahre des 18. Jahrhunderts fielen nach einer langen Phase des Wirtschaftswachstums Absatzprobleme im industriell-gewerblichen Bereich mit Missernten in der Landwirtschaft zusammen. Die Lebenshaltungskosten stiegen drastisch, während Aufträge ausblieben und das Lohnniveau fiel. Öffentliche Hilfsprogramme, wie zum Beispiel der Bau von Chausseen, reichten nicht aus, die Notleidenden zu versorgen. Die Folgen waren eine vagabundierende Landbevölkerung, Zunahme der Stadtbevölkerung, Proteste, Plünderungen und Räubereien in ganz Frankreich. Außenpoliti-

[9] Die Landesherren setzten seit dem Mittelalter in ihren Herrschaftsgebieten nach innen immer mehr Rechte durch. Nach außen versuchten sie häufig, ihr Territorium zu vergrößern und ihre Macht dadurch zu erweitern.

M 8 D Frankreichs Regierungsbudget 1788

Einnahmen 503 Millionen Livres	Defizit 126 Millionen (=20% der Ausgaben)	Ausgaben 629 Millionen Livres
Ausgabenverteilung des Haushalts:		
Zivile Ausgaben	145 Mio.	23 %
Öffentliche Bildung und Fürsorge	12 Mio.	unter 2 %
Hof und Privilegierte	36 Mio.	6 %
Militärausgaben	165 Mio.	26 %
Zinsen für die Staatsschulden	318 Mio.	über 50 %

▶ Beurteilen Sie, inwiefern die Ausgabenpolitik Frankreichs im Jahr 1788 als eine Ursache für die Französische Revolution gesehen werden kann.

sche Misserfolge und eine ungebremst weiterwachsende Staatsverschuldung heizten die allgemeine Krisenstimmung an.

Nach der Revolution

1815, am Ende von 26 Jahren innenpolitischer Wirren und nahezu ununterbrochener Kriegsführung, war die französische Wirtschaft deformiert, nicht modernisiert. Der Überseehandel als profitabelster Sektor litt unter der britischen Überlegenheit. Und auch in der Industrialisierung, die 1789 der britischen noch fast ebenbürtig war, waren die Briten jetzt unaufhaltsam davongezogen. Ebenso gegenüber Deutschland, den westeuropäischen und skandinavischen Staaten, später auch gegenüber den USA, hatte Frankreich an Wettbewerbsfähigkeit verloren.

Innerhalb Frankreichs hatte der Klerus seine Privilegien eingebüßt. Adel und Großbürgertum standen weiterhin an der Spitze der Vermögenspyramide. Immerhin wurden die Kleinbauern durch die Abschaffung der Feudalabgaben gestärkt.

Folgen in den Kolonien am Beispiel Hispaniola

Die wirtschaftlichen Probleme machten auch vor den französischen Kolonien nicht Halt. Die 1492 von Kolumbus in der Karibik entdeckte Insel Hispaniola war 1698 zwischen Spanien und Frankreich geteilt worden. Die Spanier behielten den östlichen Teil (heute: Dominikanische Republik), während die Franzosen den Westen der Insel übernahmen (heute: Haiti). Die weiße Herrenschicht lebte vorwiegend von Plantagen, auf denen schwarze Sklaven skrupellos ausgebeutet wurden.

Auf der Insel, die zeitweise die reichste Kolonie Frankreichs war, lebten Ende des 18. Jahrhunderts rund 450 000 Menschen, davon knapp 30 000 Weiße. Fast die Hälfte des weltweit produzierten Zuckers kam aus Hispaniola, daneben vor allem Kaffee und Baumwolle. Dies trug dazu bei, dass koloniale Erzeugnisse einen wesentlichen Bestandteil der Ausfuhren des französischen Mutterlandes ausmachten. Im Gefolge der Französischen Revolution brachen wiederholt blutige Aufstände aus, bei denen etwa 200 000 Menschen umgekommen sein sollen. Eine schwarze Sklavenarmee fügte 1803 Napoleons Truppen die erste Niederlage zu. Ihr General krönte sich – wie der Herrscher im fernen Frankreich – zum Kaiser. 1804 wurde Haiti gegründet und die Weißen mussten die Insel verlassen.

M 9 Q Vom Handwerker zur Fabrik
Mechanische Webstühle lösten die Handwerksberufe des Webers und Spinners ab. Englische Tuchfabrik, Stich um 1830

- Charakterisieren Sie die dargestellten Arbeitsbedingungen.

1845–1848: Ernährungskrise und Pauperismus

Strukturelle Massenarmut

Im Laufe der ersten Hälfte des 19. Jahrhunderts zeigte sich eine historisch neuartige Erscheinung von Massenarmut, die weit über die bis dahin bekannte Armut hinausging. Was waren die Gründe?

Seit etwa 1750 begann die Bevölkerung in ganz Europa in einem sich ständig beschleunigenden Maße zu wachsen. Diese Entwicklung wurde gestützt durch höhere Erträge in einer modernisierten Landwirtschaft und den Ausbau des Verlagswesens. Dabei streckte der Verleger seinen Arbeitern Handwerkszeug und Rohstoffe vor, damit diese in ihren Wohnungen die gewünschten Produkte anfertigen konnten. Ab den 1830er-Jahren überstieg die Bevölkerungsexplosion jedoch deutlich das wirtschaftliche Wachstum. Das Überangebot an Arbeitskräften führte zu Unterbeschäftigung und ungenügendem Einkommen. Frauen und Kinder mussten durch Mitarbeit oder Nebenerwerb zum Lebensunterhalt der Familien beitragen.

In der öffentlichen Diskussion wurde vielfach das Elend der schlesischen Weber oder der westfälischen Garnspinner auf das ruinöse Eindringen des Maschinenwesens zurückgeführt. Im Juni 1844 protestierten im Verlagswesen tätige Weber in zwei schlesischen Gemeinden gegen Lohnkürzungen und verwüsteten Privathäuser von besonders verhassten Fabrikanten. Preußisches Militär griff ein, elf Personen wurden getötet, weitere 24 verletzt. Die Richter übten Nachsicht mit den Aufständischen, betonten die „drückende Not“ der Weber und berücksichtigten diese im Strafmaß. Die Verwaltungen der Länder des Deutschen Bundes[10] blieben jedoch gegenüber den Verelendungserscheinungen breiter Bevölkerungsschichten weitgehend untätig. Es gab lediglich eine öffentliche Armenfürsorge. In einzelnen Städten waren davon zwischen 20 und 30 % der Bevölkerung abhängig (Düsseldorf, Köln), in Preußen insgesamt 5 %.

Die Industrialisierung steckte im Deutschland der 1840er-Jahre noch in den Kinderschuhen. Erst in der zweiten Hälfte des Jahrhunderts löste sie jenes wirtschaftliche Wachstum aus, das den Pauperismus[11] verdrängte. Die soziale Lage der neuen Schicht von Fabrikarbeitern blieb aber noch lange prekär.

[10] Deutscher Bund: 1815 gegründeter lockerer Staatenbund von 35 deutschen Fürstentümern und vier Reichsstädten. Eine Vormachtstellung nahmen Preußen und Österreich ein. 1866 wurde der Bund nach einem Krieg zwischen den beiden Großmächten aufgelöst.

[11] von lat. pauper: arm

Frühe Handelsbeziehungen

M 10 Q Das Geschäft mit der Seide

In den „Naturalis historia“ (dt. Naturforschung oder auch Naturgeschichte), einer Enzyklopädie aus dem 1. Jahrhundert n. Chr., schildert der römische Autor Plinius der Ältere den Seidenhandel zwischen Rom und China wie folgt:

[Das erste Volk, das hier bekannt ist, sind] die Serer[1], die so berühmt für die Wolle sind, die man in ihren Wäldern findet. Nachdem sie sie in Wasser eingeweicht haben, kämmen sie einen weißen Flaum ab, der an den Blättern haftet; darauf haben unsere Frauen die doppelte Aufgabe, die Fäden zu entwirren und sie dann neu zu weben. So kompliziertes Handwerk, so entlegene Weltregionen scheut man nicht, nur damit verheiratete Frauen ihre Reize öffentlich zur Schau stellen können. Die Serer sind friedfertig, aber da sie eine starke Ähnlichkeit mit allen wilden Völkern haben, meiden sie jeglichen Verkehr mit dem Rest der Menschheit und warten auf die Annäherungen derer, die mit ihnen verkehren wollen [Handel treiben wollen].

Plinius, Naturalis historia 6, 54 (Übersetzung: Bernd Weber).

Arbeitsvorschläge

32065-0387

1. Beschreiben Sie, wie der wirtschaftliche Austausch zwischen China und Rom dargestellt wird.
2. Arbeiten Sie heraus, welche Haltung der Autor hinsichtlich des Handels mit Seide vertritt. | F

Der portugiesische Indienhandel im ausgehenden Mittelalter

M 11 Q Handelsrouten im asiatischen Raum

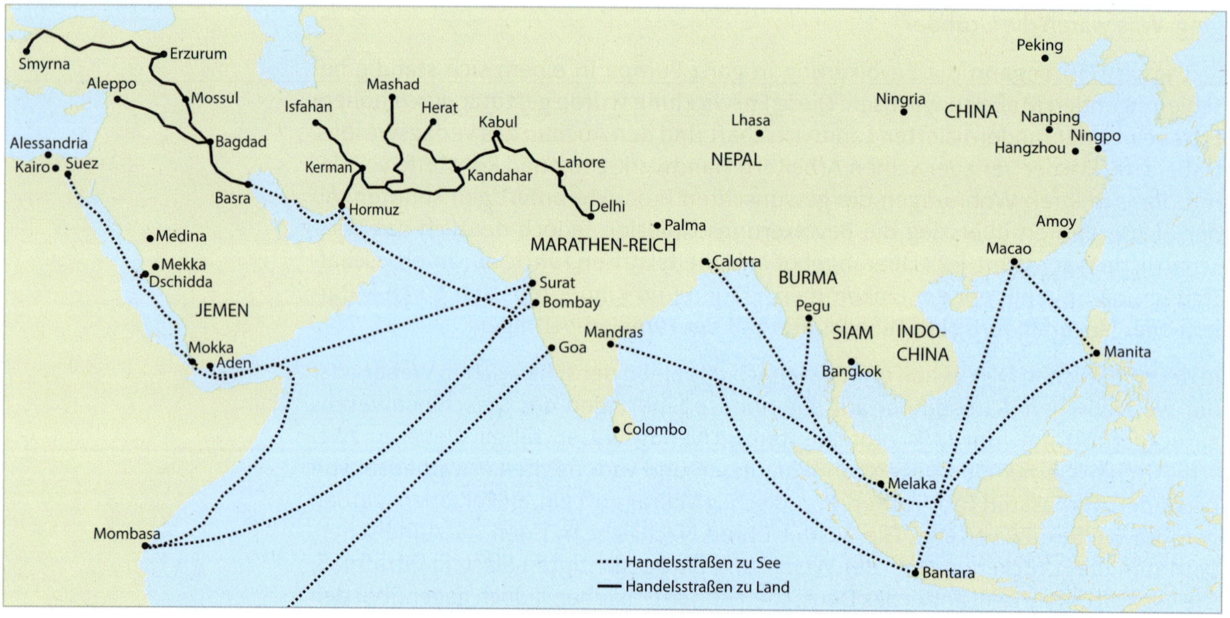

M 12 Q Die Entdeckungsfahrten der Portugiesen aus arabischer Sicht

Der arabische Chronist Kutb-al-din al Nahrawali (ca. 1511–1582) beschreibt die Expedition des Vasco da Gama.

Zu den erstaunlichen und außerordentlichen Ereignissen […] zählt auch die Landung der verfluchten Portugiesen in Indien. Sie sind eine Nation der verfluchten Franken. […] Bevor sie die Westküste Indiens erreicht hatten und sich noch an der afrikanischen Ostküste befanden, versuchten sie noch, Informationen über dieses Meer [den Indischen Ozean] zu erlangen. Dies bis zu dem Zeitpunkt, als sie einen erfahrenen Seemann namens Ahmad Ibn Majid als Lotsen benutzten. Der Anführer der Franken, der Almilandi genannt wurde, hatte ihn kennengelernt, und der portugiesische Admiral hatte ihn verhext.
Dieser Seemann – er war betrunken – offenbarte die Route dem Admiral, indem er zu den Portugiesen sagte: Fahrt hier nicht an der Küste entlang, sondern versucht,

[1] Die Römer nannten die Chinesen Seidenleute oder Serer, was die außergewöhnliche Bedeutung dieser Handelsware belegt.

die offene See zu gewinnen. Dann versucht, die [indische] Küste zu erreichen, und ihr werdet von den Wellen verschont bleiben. Als sie diesem Rat folgten, entging eine große Zahl von portugiesischen Fahrzeugen dem Schiffbruch, und zahlreiche Schiffe erreichten das Seegebiet westlich von Indien.

In Gowwa (Goa), wie ein Ort an der Küste des Dekan heißt – und diese Stadt ist gegenwärtig in der Hand der Franken –, bauten sie ein Fort, das sie Kuta nannten. Daraufhin nahmen sie Ormuz ein und verschanzten sich dort.

Ohne Verzögerung kam Nachschub aus Portugal; sie begannen, gegen die Muselmanen zu kreuzen, machten Gefangene und plünderten. Sie nahmen jedes Schiff mit Gewalt und fügten dabei den Muselmanen, aber auch allen anderen Seeleuten große Verluste zu.

Hagen Schulze und Ina Ulrike Paul, Europäische Geschichte. Quellen und Materialien, München 1994, Seite 1001 f.

Arbeitsvorschläge

1. Beschreiben Sie mithilfe der Karte M11 die wichtigsten Handelsrouten der Portugiesen im asiatischen Raum.
2. Analysieren Sie, auf welche Weise die Kontrolle von Seewegen zur Sicherung der portugiesischen Vormachtstellung im asiatischen Handel beitrug (M11, Verfassertext).
3. Beschreiben Sie die Einstellung des Schreibers zu den portugiesischen Seefahrern (M12).
4. Diskutieren Sie, aus welchen Gründen sich das weitere Zusammenleben zwischen Indern und Portugiesen weitgehend friedlich gestaltete. Beziehen Sie auch den Verfassertext in Ihre Überlegungen mit ein.

32065-0388

17. Jahrhundert: das Goldene Zeitalter der Niederlande

M13 D Verlauf einer Spekulationskrise

Werner Plumpe, emeritierter Professor in Frankfurt, gilt als führender Wirtschaftshistoriker. Er nimmt den Verlauf der Tulpenkrise zum Anlass, die gesetzmäßigen Abläufe von übersteigerten Spekulationen zu beschreiben.

Diese Spekulationskrisen liefen nach einem gewissen Schema ab, das bis heute verbreitet ist. Die Preissteigerung eines Gutes bzw. positive Gewinnerwartungen bezüglich bestimmter Geschäfte oder in bestimmten Regionen der Welt, möglicherweise damit verbundene Handelsmonopole oder -privilegien, steigerten das spekulative Engagement zunächst wohlhabender Menschen, dann auch breiterer Kreise der Bevölkerung, was seinerseits wiederum preistreibend wirkte. Die Preise der betroffenen Güter bzw. die Börsenkurse des einschlägig tätigen Unternehmens schossen nach oben, was einen in der Regel kreditfinanzierten weiteren Spekulationsschub auslöste, da nun in großem Maße auch sogenannte Arbitrageure, also Spekulanten, die nur an den Kursveränderungen, nicht aber an den Gütern oder den Unternehmen selbst interessiert waren, auf die Märkte drängten. Je leichter Kredite zu bekommen waren, umso mehr lohnte sich das Geschäft der Arbitrageure, die den Markt häufig auch durch andere Maßnahmen, wie Gerüchte, Insider-Informationen und dergleichen, unter Dampf hielten. Die Preise und Kurse stiegen weiter; eine Spekulationsblase entstand, an der sich in zunehmendem Maße auch „einfache Menschen" beteiligten. Irgendein mehr oder weniger zufälliges Ereignis brachte diese Blase zum Platzen, die Erwartungen der Spekulanten und anderen Marktteilnehmer drehten sich unvermittelt ins Negative, eine Verkaufswelle setzte ein und Kredite wurden fällig, die bei sinkenden Preisen und Kursen nicht mehr bedient werden konnten, sodass auch Banken und Handelshäuser in den Strudel gerieten. Jeder suchte sich zu retten und sein Geld zu sichern; infolgedessen trockneten die Kreditmärkte aus, was auch nicht an der Spekulation beteiligte Kaufleute betraf. Die gesamte Geschäftstätigkeit ging zurück, bis der Preisverfall langsam an Fahrt verlor und über kurz oder lang ein erneuter Aufschwung einsetzte. Aus dem Platzen der Spekulationsblase folgten mithin zunächst Konkurse und dann eine allgemeine Kreditverknappung. Die Zinsen stiegen entsprechend an, die Geschäftswelt erlahmte.

Werner Plumpe, Wirtschaftskrisen, München [5]2017, S. 35 f.

Arbeitsvorschläge

1. Geben Sie ausgehend von Plumpes Darstellung den Verlauf einer Spekulationskrise in eigenen Worten wieder.
2. Informieren Sie sich über die Weltfinanzkrise in den Jahren 2007 und 2008 und vergleichen Sie diese mit der Tulpenkrise. Stimmen die Verläufe dieser beiden Krisen mit der theoretischen Beschreibung Plumpes überein? | H

32065-0389

1845–1848: Ernährungskrise und Pauperismus

M 14 Q Krise zwischen agrarischem Zeitalter und früher Industrialisierung

Der Schriftsteller Ludwig Bechstein ist heute vor allem durch eine von ihm herausgegebene Sammlung von Volksmärchen bekannt. 1838 zeichnete er in seinen „Wanderungen durch Thüringen" ein Bild von den Lebensbedingungen einfacher Unterschichten:

Alles Wohl und alles Weh, das im Gefolge zahlreicher Fabriken geht, findet sich auch hier; ein armes Volk, auf die Kartoffel als Nahrungsmittel fast einzig hingewiesen, in Missjahren und harten Wintern oft bitterm Mangel preisgegeben, neben reichen und glücklichen Brotherren. Hier arbeitet alles, Kinder von zartester Jugend an und Greise und Mütterchen sind noch mannigfach tätig. [...] Der mindere Wohlstand lässt uns Scharen von kleinen Kindern selbst bei rauer Temperatur in völliger Nacktheit wie junge Wilde erblicken, in der sie sich jedoch besser ausnehmen als in Lumpen; dabei ist bei aller Armut des Volkes ein reicher Kindersegen bemerkbar: eine Ausgleichung des Himmels für manches andere entbehrte Glück, denn je mehr Hände zur Arbeit, umso besser, es kommen doch in der Regel erst zwei Hände auf einen Mund. Aus diesem Hochlande, sowohl aus dem Meiningischen als noch mehr aus dem Coburgischen Anteile, sind in der neuesten Zeit viele Leute nach Amerika ausgewandert, begüterte und unbegüterte, und es ist zu hoffen, dass es diesem einfachen, tätigen Volke, das gewohnt ist, der Natur ihre Gaben durch Fleiß und Ausdauer abzutrotzen, in der neuen Heimat wohlergehen werde.

Ludwig Bechstein, Wanderungen durch Thüringen, Leipzig 1838, S. 96 f.

M 15 D Krisen in der Vormoderne und im modernen Kapitalismus

Werner Plumpe beschreibt den Verlauf von Wirtschaftskrisen in der agrarischen Welt und im Kapitalismus.

Wirtschaftskrisen sind, auch wenn es allgemein akzeptierte Definitionen von ihnen bis heute nicht gibt, ein zentrales Moment des ökonomischen Strukturwandels. Sie prägten das ökonomische Geschehen schon lange vor der Durchsetzung des modernen Kapitalismus im 19. Jahrhundert und sind seither zu festen Begleiterscheinungen seiner Entwicklung geworden. Wirtschaftskrisen bestimmen in gewisser Hinsicht auch unsere Vorstellung von der modernen Wirtschaft, die wir als krisenanfällig und moralisch anstößig begreifen, während wir ihre Vorzüge zumeist stillschweigend als geradezu selbstverständlich hinnehmen. Dabei zeigt ein Blick auf die Krisengeschichte der vergangenen Jahrhunderte ein gänzlich anderes Bild: Die Krisen der Vormoderne waren für die Menschen existenziell unmittelbar bedrohlich. Schlechte Ernten konnten die Preise nach oben treiben und Hunger und Elend, Arbeitslosigkeit und Not zur Folge haben – Erfahrungen, die wir heute mit Wirtschaftskrisen nicht mehr verbinden. Im Gegenteil: Zwar gibt es seit dem 19. Jahrhundert zyklische Schwankungen der wirtschaftlichen Entwicklung, die sich mitunter zu tiefgreifenden Wirtschaftskrisen mit schweren sozialen Folgen ausweiten konnten, doch ist dies gerade nicht der Normalfall einer modernen Wirtschaftskrise. Konjunkturschwankungen sind vielmehr Teil und Moment eines Entwicklungsprozesses, in dem sich die wirtschaftliche Leistungsfähigkeit dauerhaft gesteigert hat, in dem das Wohlstandsniveau auch für ärmere Menschen auf ein Niveau gestiegen ist, von dem sich ältere Zeiten bestenfalls in Utopien Vorstellungen machen konnten. [...] Die Übernutzung der wenigen agrarischen Ressourcen und eine z.T. unbarmherzige Nahrungskonkurrenz waren daher in den älteren Krisen an der Tagesordnung.

Derartige Krisenerscheinungen verschwanden mit der Durchsetzung des modernen Kapitalismus. Zwar gab es eine lange Übergangszeit, die erst mit der noch einmal apokalyptischen Krisenerfahrung der 1840er-Jahre langsam zu Ende ging; aber danach waren die Krisen des „type ancien" Geschichte und auch der Hunger verschwand, um im 20. Jahrhundert nur in und nach den Kriegen noch einmal zurückzukehren. [...] Zwar war und blieb der Kapitalismus schwankungs- und krisenanfällig, doch drehte sich die Entwicklungsspirale keineswegs nach unten. Vielmehr nahm die wirtschaftliche Leistungsfähigkeit sukzessive zu; die Konjunkturschwankungen waren offensichtlich die Form, in der sich die wirtschaftliche Dynamik des Kapitalismus realisierte und nicht irgendetwas, das man vermeiden sollte oder konnte. Die Hoffnungen auf ein immerwährendes Gleichgewicht, die die klassische Ökonomie der merkantilistischen Realität ihrer Zeit als Ideal einer modernen Marktwirtschaft entgegengehalten hatte, blieben zwar einflussreich und bestimmten das Denken der Wirtschaftswissenschaft bis in die Gegenwart, doch im Grunde lernte man seit den 1850er-Jahren, mit den wiederkehrenden Krisen zu leben, die in aller Regel eben keine apokalyptischen Zusammenbrüche waren, sondern sich eher als Reinigungskrisen angesichts expansionsbedingter Übertreibungen begreifen ließen.

Werner Plumpe, Wirtschaftskrisen, München [5]2017, S. 116 f.

M16 D 30 Jahre Welthandelsorganisation (WTO)

Ralph Ossa, Chefvolkswirt der World Trade Organization, beschreibt 2024 die Auswirkungen des intensivierten Handels auf der Welt in der Gegenwart.

In den letzten 30 Jahren hat sich das Einkommensgefälle zwischen den Volkswirtschaften deutlich verringert. Seit 1995 hat sich das Pro-Kopf-Einkommen in Ländern mit niedrigem und mittlerem Einkommen fast verdreifacht, während das weltweite Pro-Kopf-Einkommen um 65 Prozent stieg. […]

Dieses handelsbedingte Wachstum hat das Leben von Hunderten Millionen Menschen verbessert. Seit 1995 ist der Anteil der in extremer Armut lebenden Menschen in Ländern mit niedrigem und mittlerem Einkommen von 40 auf etwa 11 Prozent gesunken, während sich der Handelsanteil am Bruttoinlandsprodukt von 16 auf 32 Prozent verdoppelt hat. Dies hat dazu beigetragen, Unterernährung und Kindersterblichkeit zu verringern sowie den Zugang zu Bildung, Gesundheitsversorgung und Elektrizität zu verbessern. Entgegen einer weit verbreiteten Meinung hat die Einkommensungleichheit innerhalb von Volkswirtschaften in den letzten 30 Jahren im weltweiten Durchschnitt nicht zugenommen. Der Gini-Index[2], ein Maß für Ungleichheit, ist sogar leicht gesunken. […]

Ein wichtiger Vorteil des Handels sind niedrigere Preise und eine größere Produktvielfalt für Verbraucher. Diese Vorteile kommen vor allem einkommensschwachen Haushalten zugute, die einen unverhältnismäßig großen Teil ihres Einkommens für Handelsgüter ausgeben. Allerdings erreichen diese Vorteile nicht immer alle Verbraucher. […]

Eines ist jedoch klar: Protektionismus ist das falsche Mittel zum Schutz von Arbeitsplätzen, da er oft unbeabsichtigte Folgen hat. Höhere Zölle können zwar Arbeitsplätze in importkonkurrierenden Sektoren schützen, gefährden aber Arbeitsplätze in Sektoren, die auf Vorleistungen oder Exporte angewiesen sind.

Was eine gerechte Verteilung der Handelsgewinne wirklich behindert, sind Hindernisse, die Arbeitnehmern den Zugang zu neuen Möglichkeiten verwehren. Studien zeigen, dass die Kosten eines Branchen- oder Berufswechsels nach Handelsschocks oft ein Vielfaches des Jahreslohns betragen. In Entwicklungsländern sind die Kosten besonders hoch und liegen durchschnittlich 33 Prozent über denen in Ländern mit hohem Einkommen. Der Bericht betont, dass die meisten dieser Hindernisse in der nationalen Wirtschaftspolitik und nicht in der Handelspolitik begründet sind. Wichtige Hindernisse sind begrenzter Bildungszugang, unterentwickelte Kapitalmärkte, starre Arbeitsvorschriften und Marktmacht auf Arbeits- und Produktmärkten. Besonders betroffen sind Frauen, kleine und mittlere Unternehmen, ungelernte Arbeitskräfte und Menschen in ländlichen oder abgelegenen Gebieten. Um diese Lücke zu schließen, bedarf es einer umfassenden Strategie.

Ralph Ossa, Der Irrweg des Protektionismus, in: Frankfurter Allgemeine Zeitung vom 07.10.2024, S. 16

Arbeitsvorschläge

32065-0390

1. Ludwig Bechstein zählt die gesellschaftlichen Erscheinungen des Pauperismus auf (M14). Arbeiten Sie diese im Zusammenhang mit der Darstellung auf S. 147 heraus. | F
2. Arbeiten Sie die Unterschiede von Krisen in der Vormoderne und im kapitalistischen Zeitalter heraus (M14, M15).
3. Werner Plumpe betrachtet konjunkturelle Schwankungen im Kapitalismus als etwas Gesetzmäßiges. Diskutieren Sie diese These (M15).
4. Im Laufe der Jahrhunderte gelang es immer besser, eine wachsende Weltbevölkerung zu ernähren. Trotzdem kostete der wirtschaftliche Aufschwung auch seinen Preis. Erläutern Sie die zentralen Aspekte dieser Entwicklung. Welche bis heute spürbaren Auswirkungen werden nicht angesprochen? Versuchen Sie eine Kosten-Nutzen-Abwägung (M16).
5. Diskutieren Sie eine künftige „Weltwirtschaftspolitik“ im Spannungsfeld zwischen allgemeinem Wohlstand und der Gefährdung unserer Umwelt.

Leitfrage

Nehmen Sie Stellung:

Veränderungen im Wirtschaftsleben – eine Fortschrittsgeschichte?

[2] Im Falle der vollständigen Gleichverteilung von Einkommen ergibt sich ein Gini-Koeffizient von 0, bei Konzentration des gesamten Einkommens auf nur eine Person ein Wert von 1. In Deutschland betrug der Wert im Jahr 2025 0,3.

1.5 Vertiefungsmodul: Krankheit und Gesundheit als transformative Kräfte der Gesellschaften

Bildinformation
31000-213

M1 Q „Die Kuhpocken-Tragödie"
Karikatur von George Cruikshank, 1812

32065-0439

1. Beschreiben Sie die einzelnen Bildelemente mithilfe der Bildinformation.
2. Wählen Sie eine der Szenen aus und erklären Sie die Darstellung.
3. Vergleichen Sie die dargestellten Szenen mit den Argumenten heutiger Impfgegner, z. B. während der Corona-Pandemie.

LEIT-FRAGE

Die Pocken – Motor gesellschaftlicher und medizinischer Veränderungen?

Die Pocken gehören zu den folgenreichsten Infektionskrankheiten der Geschichte. Über Jahrhunderte hinweg prägten sie Bevölkerungsentwicklung, Politik, Wirtschaft, Religion und Alltagsleben. Ihr Verlauf war oft tödlich, Überlebende trugen lebenslange Narben oder erblindeten. Zugleich ist die Geschichte der Pocken ein Beispiel dafür, wie wissenschaftlicher Fortschritt, staatliche Gesundheitspolitik und internationale Zusammenarbeit eine tödliche Krankheit schließlich global zurückdrängen und ausrotten konnten.

Pocken (Variola major) sind eine durch Viren verursachte, hoch ansteckende Krankheit. Sie verbreiten sich vor allem durch Tröpfcheninfektion, also über Husten, Niesen oder Sprechen, aber auch über kontaminierte Gegenstände. Nach einer Inkubationszeit von etwa zehn bis vierzehn Tagen entwickelten Erkrankte Fieber, Gliederschmerzen und später charakteristische, eitergefüllte Pusteln am ganzen Körper. Die Sterblichkeit konnte, je nach Form und Gesundheitszustand, zwischen etwa 10 und über 30 Prozent liegen, in nicht immunen Bevölkerungen auch deutlich höher. Nach einer überstandenen Pockenerkrankung baute sich in der Regel eine lebenslange Immunität auf. Gerade deshalb galt die Pockenseuche als „unvermeidliche“ Kinderkrankheit, der kaum jemand entging, solange das Virus in der Bevölkerung zirkulierte.

Bis ins 18. Jahrhundert waren die Ursachen von Infektionskrankheiten unbekannt. Religiöse Erklärungen dominierten: In Europa galten Pocken häufig als Strafe Gottes für Sünden oder als Prüfung des Glaubens. Diese Deutung konnte sowohl Resignation als auch religiöse Bußbewegungen fördern. Parallel dazu waren die Miasmentheorie und die Humoralpathologie verbreitet. Nach der Miasmentheorie entstünden Krankheiten durch „schlechte Luft“, Fäulnis und Ausdünstungen. Nach der Lehre von den vier Säften verstand man Pocken als Ausdruck eines Übermaßes oder einer Verderbnis bestimmter Körpersäfte, die der Organismus über die Haut ausscheide.

Europa war bereits seit dem Mittelalter regelmäßig von Pockenepidemien betroffen. Sie verbreiteten sich besonders rasch in dichten Stadtgebieten mit schlechten hygienischen Bedingungen, in Heeren und während Kriegen sowie in Handelszentren und entlang von Fernhandelswegen. Im 18. Jahrhundert waren Pocken in Europa eine der häufigsten Todesursachen bei Kindern. Schätzungen gehen davon aus, dass in manchen Regionen bis zu zehn Prozent aller Kinder an Pocken starben. In zahlreichen Familien verlor man mehrere Kinder an die Krankheit; auch Herrscherhäuser blieben nicht verschont.

Die Pocken spielten jedoch nicht nur in Europa, sondern auch im Zusammenhang mit der europäischen Expansion eine Rolle. Die Ankunft der Europäer in Amerika ab dem späten 15. Jahrhundert löste einen beispiellosen Austausch von Pflanzen, Tieren, Gütern und Krankheitserregern aus. Für die indigene Bevölkerung waren vor allem Pocken, Masern, Grippe und Typhus katastrophal. Da diese Krankheiten in Amerika zuvor unbekannt waren, hatten die Einheimischen keine Immunität dagegen aufgebaut. In vielen Regionen Amerikas brachen massiv tödliche Epidemien aus. In Teilen Mittel- und Südamerikas wird geschätzt, dass innerhalb eines Jahrhunderts nach der Eroberung durch die Spanier bis zu 80 oder sogar 90 Prozent der indigenen Bevölkerung starben, ein Großteil davon an Infektionen wie Pocken. Pocken spielten damit eine Rolle beim Zusammenbruch großer Reiche wie der Azteken und Inka, indem sie Herrscher, Krieger und Arbeitskräfte hinwegrafften und soziale Strukturen destabilisierten.

Ähnliches galt für Australien, wo mit der europäischen Besiedlung Ende des 18. Jahrhunderts Pocken und andere Krankheiten eingeschleppt wurden. Bereits kurz nach der Gründung der Sträflingskolonie New South Wales kam es zu schweren Pockenepidemien unter den Aborigines. In manchen Regionen verloren Aborigines den Großteil ihrer Bevölkerung, soziale Strukturen, kulturelle Traditionen und ökonomische Lebensweisen wurden zerstört oder stark geschwächt.

Bevor die moderne Pockenschutzimpfung entwickelt wurde, existierte in verschiedenen Weltregionen eine riskante, aber oft wirksame Methode zur Immunisierung: die Variolation oder Inokulation. In China und Teilen Indiens wurden bereits seit Jahrhunderten Verfahren angewandt, bei denen Menschen bewusst mit abgeschwächtem Pockenmaterial infiziert wurden, etwa durch Einblasen von getrockneten Pockenkrusten in die Nase oder durch Einritzen der Haut mit Eiter leichter Pockenfälle. Ziel war es, eine mildere Erkrankung hervorzurufen, die danach Immunität verlieh. Im frühen 18. Jahrhundert berichteten europäische Reisende und Diplomaten, darunter Lady Mary Wortley Montagu, Ehefrau des britischen Botschafters in Konstantinopel, von der Variolation im Osmanischen Reich. Durch sie und andere wurde die Methode in Großbritannien und später in ganz Europa bekannt.

Die Variolation senkte die Sterblichkeit im Vergleich zur natürlichen Infektion deutlich, von bis zu 20 oder 30 Prozent auf vielleicht ein bis zwei Prozent. Dennoch war das Verfahren gefährlich. Geimpfte konnten selbst an Pocken erkranken und sterben und waren zudem für andere hoch ansteckend, wodurch Variolation auch neue Epidemien auslösen konnte. Trotzdem setzten einige europäische Fürstenhöfe die Variolation ein, insbesondere um Thronfolger und Angehörige des Adels zu schützen. Auch in den nordamerikanischen Kolonien kam das Verfahren im 18. Jahrhundert zum Einsatz.

Einen entscheidenden Wendepunkt markierte die Arbeit des englischen Landarztes Edward Jenner. Jenner hörte wiederholt die Behauptung, Melkerinnen, die an Kuhpocken, einer eher harmlosen, beim Rind vorkommenden Pockenart, erkrankt waren, bekämen anschließend keine Menschenpocken mehr. Auf Basis dieser populären Beobachtung stellte er die Hypothese auf, dass eine Infektion mit Kuhpocken vor den gefährlichen Pocken schütze. 1796 führte Jenner sein berühmtes Experiment durch: Er übertrug Material aus einer Kuhpockenpustel einer Melkerin auf den achtjährigen Jungen James Phipps. Der Junge erkrankte leicht und erholte sich. Später setzte Jenner ihn dem Menschenpockenerreger aus – James erkrankte nicht. Jenner schloss daraus, dass Kuhpocken vor Pocken schützten, und veröffentlichte 1798 seine Ergebnisse. Er nannte das Verfahren „Vaccination“, nach dem lateinischen Wort „vacca“ für Kuh.

Jenners Ansatz unterschied sich grundlegend von der bisherigen Variolation. Statt Menschenpockenmaterial verwendete er Kuhpockenmaterial. Die Erkrankung war in der Regel mild, die Sterblichkeit extrem niedrig, und die Geimpften waren deutlich weniger ansteckend als variolierte Personen. Obwohl Jenner nicht wusste, dass es sich um ein Virus handelte – die Keimtheorie entwickelte sich erst später –, war seine Methode sehr erfolgreich und verbreitete sich rasch in Europa, Nordamerika und später weltweit. Zeitgenossen reagierten allerdings gemischt. Viele Ärzte und Regierungen begrüßten die neue Methode, da sie sicherer als die Variolation war. Andere warnten vor unbekannten Nebenwirkungen und stellten die Wirksamkeit infrage. In der Öffentlichkeit kursierten Karikaturen, in denen Geimpften angeblich „Kuhhörner“ wuchsen – Ausdruck irrationaler Ängste vor einer „Verunreinigung“ des Körpers. Auch religiöse Einwände spielten eine Rolle. Manche Geistliche sahen in der Impfung einen unzulässigen Eingriff in den göttlichen Plan und warnten davor, eine „natürliche“ Krankheit künstlich zu verhindern. Andere Kirchenvertreter unterstützten die Impfung, weil sie das menschliche Leben als schützenswert betrachteten und medizinischen Fortschritt mit göttlicher Fürsorge in Einklang brachten.

Mit zunehmender Verfügbarkeit der Impfung erkannten viele europäische Staaten ihren Nutzen, insbesondere für Militär und Bevölkerungspolitik. Geimpfte Soldaten waren weniger anfällig für Pockenepidemien in Kasernen und Feldlagern, und durch die Senkung der Kindersterblichkeit sollte das Bevölkerungswachstum gefördert werden. Daraus resultierten im 19. Jahrhundert erste Impfgesetze. In einigen deutschen Staaten sowie in Preußen wurden Impfpflichten eingeführt, oft in Verbindung mit Schulbesuch oder Wehrpflicht. In Großbritannien trat 1853 ein Gesetz in Kraft, das eine Pflichtimpfung von Säuglingen vorsah; spätere Ergänzungen sahen sogar Geldstrafen für Verweigerer vor.

M2 Q „Besser nicht impfen als mit unreinem Virus impfen“
Karikatur von Joseph Keppler aus dem englischen Magazin „Puck“, 16. Juni 1880

- Analysieren Sie, wie in der Karikatur die Impfung und ihre Folgen dargestellt werden.
- Erklären Sie, welche Ängste und Vorurteile gegen die Pockenimpfung zum Ausdruck kommen.

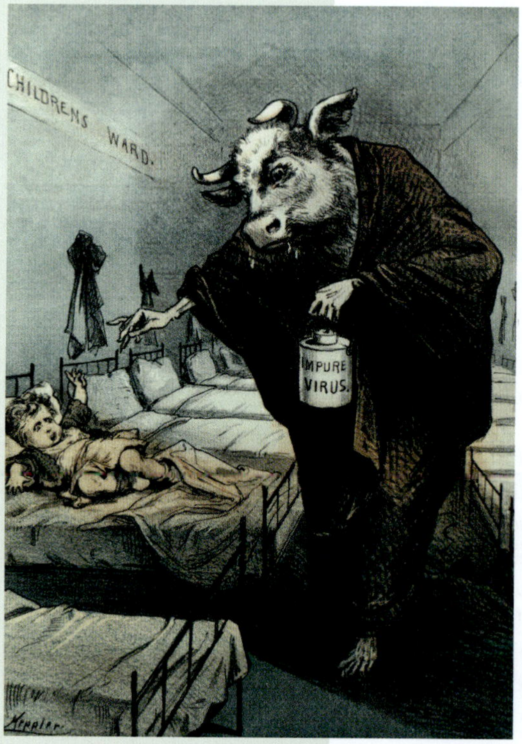

Zur Durchsetzung der Impfung nutzten Staaten unterschiedliche Strategien. Es entstanden Impfregister und Impfbescheinigungen, die etwa beim Schulbesuch oder bei der Heirat vorgelegt werden mussten. Gleichzeitig betrieben Behörden Aufklärung und Propaganda, durch Plakate, Predigten, Informationsbroschüren sowie durch die Einbindung von Geistlichen, Lehrern und lokalen Autoritäten. In manchen Ländern kamen auch Zwang und Sanktionen zum Einsatz, von Geldstrafen über soziale Nachteile bis hin zu direkten Zwangsmaßnahmen.

M3 Q Impfung französischer Soldaten
Gemälde von Alfred Touchemolin (1829–1907)

- Analysieren Sie, welches Bild von Medizin und staatlicher Kontrolle in dieser Darstellung vermittelt wird.
- Vergleichen Sie Ihre Ergebnisse mit der Karikatur M2.

Trotz der Impfpflicht in vielen europäischen Ländern blieben Pocken bis ins 20. Jahrhundert weltweit verbreitet, vor allem in Teilen Asiens, Afrikas und Südamerikas. Koloniale Machtverhältnisse spielten dabei eine doppelte Rolle. Einerseits setzten Kolonialverwaltungen Impfungen teils rigoros durch, häufig ohne Rücksicht auf lokale Traditionen und Mitsprache, was Widerstand hervorrief. Andererseits wurden koloniale Gebiete gesundheitspolitisch oft vernachlässigt, solange keine unmittelbare Gefahr für die koloniale Elite gesehen wurde. Die Pocken blieben so eine Krankheit, die vor allem ärmere, marginalisierte und kolonialisierte Bevölkerungen betraf.

Nach dem Zweiten Weltkrieg gründeten die Vereinten Nationen die Weltgesundheitsorganisation (WHO). Sie setzte sich ab den 1960er-Jahren das ehrgeizige Ziel, die Pocken weltweit auszurotten. Die Strategie beruhte zunächst auf Massenimpfungen: In vielen Ländern wurden groß angelegte Kampagnen gestartet, mobile Teams reisten in abgelegene Dörfer, impften möglichst alle Menschen und dokumentierten die Maßnahmen. Zunehmend setzte man aber auf Überwachung und sogenannte Ringimpfung. Verdachtsfälle sollten systematisch gemeldet werden; Erkrankte wurden isoliert und alle Kontaktpersonen sowie deren Umfeld rasch geimpft, um einen „Impfring" um den Ausbruch zu legen. Diese Strategie erwies sich als effizienter, besonders in ressourcenarmen Regionen. Ost und West arbeiteten trotz des Kalten Krieges in diesem Bereich zusammen. Impfstoffe, Kühlketten, Ausbildung von Personal und Finanzierung wurden international koordiniert. Vor Ort versuchte man, lokale Autoritäten, Stammesführer und religiöse Führer einzubeziehen, um Vertrauen zu schaffen. Aufklärung in lokalen Sprachen und die Berücksichtigung kultureller Praktiken sollten die Akzeptanz der Impfungen erhöhen.

Dank dieser Maßnahmen gingen die Fallzahlen weltweit stark zurück. 1975 wurde der letzte gemeldete Fall von Variola major in Bangladesch registriert, 1977 der letzte natürliche Fall von Variola minor in Somalia. 1980 erklärte die WHO die Pocken offiziell für ausgerottet. Damit waren die Pocken die erste Infektionskrankheit des Menschen, die vollständig aus der Natur verschwunden ist – ein historischer Meilenstein in der Medizingeschichte. Nur wenige Laborbestände in Hochsicherheitslaboren, etwa in den USA und Russland, existieren noch; ihre Vernichtung oder ihr Erhalt ist bis heute politisch umstritten.

M4 D „Mit einer Nussschale gegen die Pocken"

Der Journalist Arne Molfenter schreibt 2021 über die Einführung der Variolation durch Lady Mary Wortley Montagu in Europa:

1717 nahm Lady Marys Leben eine plötzliche Wendung, als ihr Ehemann Botschafter am Osmanischen Hof wurde, um einen Friedensvertrag zwischen Österreichern und Osmanen auszuhandeln. In Konstantinopel widmete sich Lady Mary weiter der Schriftstellerei und beschrieb als eine der Ersten, wie Frauen in der Türkei lebten. So schuf sie auch ein neues Genre der Reiseliteratur. [...] Bei ihren Recherchen machte sie eine bedeutsame Entdeckung: In türkischen Bädern beobachtete sie, dass nur sehr wenige Frauen Pockennarben hatten. Ihre Neugier war geweckt.
Wegen ihrer Rolle als Botschaftergattin war Lady Mary die erste westliche Frau, die allein zu Essen mit den Ehefrauen der türkischen Oberschicht eingeladen wurde. Ihre Gastgeberinnen versicherten ihr, dass die Variolationen sehr sicher seien. Diese Direktübertragung lebender Pockenviren war ein sehr populäres Volksmittel, das meist Frauen aus Griechenland oder Armenien anboten. Sie gingen zu den Kranken und riskierten, sich zu infizieren, falls sie nicht selbst schon von den Pocken genesen waren. Den Kranken entnahmen sie Eiter aus den Pusteln und verabreichten ihn den Gesunden. Nach etwa zehn Tagen begannen die Behandelten, meist milde Symptome zu entwickeln, blieben lebenslang immun und trugen kaum Narben davon. Das Verfahren wurde längst auch in China und Afrika genutzt, war aber in der westlichen Welt unbekannt geblieben.
Verblüfft schrieb Lady Mary in einem Brief am 1. April 1717: „Die Menschen hier veranstalten Feste, und wenn sie sich treffen, meist so 15 oder 16 insgesamt, kommt eine alte Frau mit der besten Art von Pocken und öffnet ihnen mit einer Nadel die Venen." Als ihr Ehemann auf Dienstreise war, wagte sie das Experiment an ihrem Sohn. [...] Zurück in England erlebte Mary, wie dort im April 1721 die Pocken wüteten, und wollte um jeden Preis, dass sich ihre Erkenntnisse auch in der Heimat durchsetzen. Doch Pocken durch Pocken zu kurieren, wirkte auf viele Zeitgenossen wie unverantwortliche Quacksalberei. [...] Sie musste als ungelernte, „weibliche Medizinexpertin" auftreten – in einer Zeit, als Frauen in Fragen der Wissenschaft nicht ernst genommen wurden. Unbeirrt verfolgte Lady Mary ihren Weg. Wieder war ihr Ehemann auf Reisen, wieder rief sie Doktor Maitland und ließ im April 1721 ihre damals dreijährige Tochter behandeln. [...] Nach zehn Tagen entwickelte das Mädchen Fieber, ließ sich aber bereitwillig untersuchen, als Lady Mary einige adlige Frauen und Hofärzte einlud. [...] Die Nachricht vom Behandlungserfolg erreichte auch die Königsfamilie. [...] König Georg I. erteilte rasch die Erlaubnis, die Variolation an sechs Sträflingen auszuprobieren. Der Schutz funktionierte, zum Lohn erhielten sie die Freiheit. Kurz darauf wurden elf Waisenkinder infiziert, auch sie überstanden alles. [...] Das Interesse bei Hof wuchs, zwei Enkelinnen des Königs wurden der Prozedur ausgesetzt – die männliche Erblinie sollte vorerst nicht riskiert werden. Der prominente Arzt William Wagstaffe beklagte öffentlich, die Praktik im königlichen Palast werde von „einigen ignoranten Frauen" angewandt, und meinte damit vor allem Lady Mary. Dennoch wurde die Variolation beim Adel immer populärer.

Arne Molfenter, Mit einer Nussschale gegen die Pocken, in: Der Spiegel vom 14.06.2021, https://www.spiegel.de/geschichte/lady-mary-wortley-montagu-wie-die-fruehe-impfpionierin-die-pocken-bekaempfte-a-aaf-5c7ef-4157-4c70-9173-0e36d77fea1a [Zugriff: 16.03.2026]

M5 Q Einführung der Impfpflicht

Im Königlich Bayerischen Regierungsblatt von 1807 wird die Einführung der Impfpflicht gegen Pocken wie folgt verfügt:

Wir, Maximilian Joseph, von Gottes Gnaden König von Bayern.
Wir haben bisher mit besonderem Wohlgefallen die ausgezeichneten Fortschritte der Schutzpockenimpfung in Unseren Staaten, sowie die rühmliche Bereitwilligkeit eines großen Teiles Unserer Untertanen zu der Annahme dieses durch die Erfahrung der Ärzte als unfehlbar erwiesenen Schutzmittels gegen die Verheerungen der Kindsblattern wahrgenommen.
Die aus den verschiedenen Provinzen Unseres Reiches darüber vorgelegten Berichte haben Uns aber auch in Kenntnis gesetzt, wie viele Menschen noch aus Vorurteil oder Indolenz auf diese große Wohltat verzichten, und dadurch sowohl sich, als auch andere in Gefahr setzen.
Es ist unserer Aufmerksamkeit ferner nicht entgangen, dass durch die bisher zu weit ausgedehnte Befugnis der Richtärzte zum Impfungsgeschäfte, welche mit den Kennzeichen der wahren Schutzpocken nicht immer gehörig vertraut, in der nötigen Untersuchung des Erfolges der Impfung selten genau genug, überhaupt bei diesem wichtigen Geschäfte nicht in Pflichten, mithin auch nicht verantwortlich waren, sehr oft die sogenannten falschen Kuhpocken statt der wahren verbreitet, die damit geimpften Individuen vor der nachkommenden Kindsblattern-Krankheit nicht gesichert und auf diese Art häufige und schädliche Zweifel gegen die unfehlbare Schutzkraft der echten Vakzine erregt wurden.
Wir finden uns dadurch bewogen, die Kindsblattern-Seuche für die Zukunft durch eine allgemeine und gesetzli-

che Einführung der Schutzpocken-Impfung gänzlich aus unseren Staaten zu verbannen […].

In dieser Hinsicht, und aus vollkommener Überzeugung, das physische Wohl der Bewohner Unserer Staaten dadurch ganz vorzüglich zu befördern, verordnen Wir:

§1 Alle diejenigen Unserer Untertanen, welche das dritte Jahr bereits zurückgelegt haben, weder die Kindsblattern gehabt, noch mit Schutzpocken geimpft wurden, müssen mit letzteren des ersten Tag des Monats Juli im künftigen Jahr 1808 geimpft sein.

§2 Ebenso müssen in Zukunft alle Kinder, welche den ersten Juli eines jeden Jahres das dritte Jahr vollzählig erreicht haben, mit den Schutzpocken geimpft sein.

§3 Zum genauen Vollzuge dieser Unserer allerhöchsten Verordnung muss das Alter der impfungsfähigen Kinder aus den pfarrlichen Taufbüchern erhoben, […] und […] zur Führung eigener Geburtslisten nächstens zu erteilenden Vorschriften und Tabellen kontrolliert werden.

§4 Um der gegenwärtigen Verordnung den gehörigen Nachdruck zu geben, finden Wir notwendig, die saumseligen und widersetzlichen mit angemessener Geldstrafe zur Annahme des Guten zu bestimmen, und befehlen daher:

a. Dass von einem jeden Kinde, welches mit dem ersten Juli eines jeden Jahres schon volle drei Jahre alt geworden, ohne bis dahin mit den Schutzpocken geimpft zu sein, eine den Vermögensumständen angemessene Geldstrafe […] erhoben werden soll.

b. Dass nach Verlaufe eines Jahres […] die vorige Geldstrafe um die Hälfte erhöht, und, wenn die Impfung immer unterlassen wird, jährlich damit bis zum sechsten, dann zweijährig bis zum achten, zehnten und zwölften Jahre fortgefahren werden müsse […].

Königlich-Baierisches Regierungsblatt, München 1807, Spalte 1426–1437, zitiert nach: https://www.digitale-sammlungen.de/de/view/bsb10345219?page=762,763 [Zugriff: 16.03.2026]

M 6 D Als Bayern drakonische Strafen gegen Impfgegner verhängte

Der Autor und Journalist Hans Kratzer schreibt während der Corona-Pandemie 2021 über die Pflicht zur Pockenschutzimpfung in Bayern 200 Jahre zuvor und stellt fest, dass „sich die Argumente der Impfgegner kaum geändert haben“:

Es wäre interessant, diesen Mann mit seiner klaren Haltung einmal in den Talkshows von Lanz, Maischberger und Illner zu erleben. Die Rede ist von dem Arzt Martin Schmid, den die Impfverweigerer in seiner bayerischen Heimat sehr verdrießen und der dazu eine klare Meinung vertritt. Er nennt viele Gründe, warum sich die Menschen nicht impfen lassen. Etwa die traditionelle Abneigung in der Bevölkerung gegen alles, was neu ist. Dazu geselle sich die Besorgnis der Eltern, die geimpften Kinder könnten in der Folge eine andere Krankheit erleiden. Nicht zuletzt führt Schmid die schwache Impfquote auf die Bosheit übelgesinnter Menschen zurück, die die abgeschmacktesten Berichte über das Impfen und etwaige Unglücksfälle ausstreuten. Mit Verwunderung verweist er auch noch auf die irrigen Ansichten mancher Ärzte über die negativen Folgen einer Schutzimpfung.

So spannend ein Treffen mit Schmid auch wäre: Leider kann man mit ihm kein Gespräch mehr führen. Denn er ist schon lange tot, seine modern klingenden Thesen hat er bereits vor mehr als 200 Jahren veröffentlicht, im Jahr 1816. Schmid verfasste damals einen Bericht über die Pockenschutzimpfung im Bezirk Rosenheim. Er ist heute noch lesenswert und aufschlussreich, weil er belegt, dass sich die Skepsis vieler Menschen über neu eingeführte Impfstoffe kaum geändert hat. […]

Den ersten wirksamen Impfstoff hatte 1796 der englische Arzt Edward Jenner entdeckt. Seine Erkenntnis, dass Kuhpocken auch gegen die richtigen Pocken immunisieren, ebnete den Weg zur modernen Präventivmedizin. Sie entzündete aber auch die bis heute andauernde Widerständigkeit in der Bevölkerung. Als das Königreich Bayern 1807 als erstes Land der Welt die Pockenschutzimpfung einführte, zog diese Entscheidung sofort Probleme nach sich. In manchen Teilen Bayerns wurde die Kuhpockenimpfung schon einige Jahre vorher auf freiwilliger Basis verabreicht. Aber nur wenige Menschen nützten diese Möglichkeit, trotz ständiger Aufforderung der Obrigkeit, sich impfen zu lassen. „Es fehlte nicht an Gegnern“, schreibt der Arzt Schmid in seinem Bericht, denn das Volk glaubte, der Vorteil der Impfung werde vom Nachteil, der sich daraus ergebe, verschlungen. Überdies kursierten Horrorgeschichten, wonach Kinder nach der Impfung angeblich wie die Kühe brüllten.

Der Staat reagierte auf die Bockigkeit der Impfgegner mit Härte. König Max I. Joseph ließ verlautbaren, er bedauere, dass so viele Menschen wegen Vorurteilen und Gleichgültigkeit „auf diese große Wohlthat verzichten“ und dadurch sowohl sich als auch andere in Gefahr setzten. Am 26. August 1807 ordnete er an, dass sich alle Bewohner des Königreiches, die noch nicht von den Blattern heimgesucht wurden, einer kostenlosen Impfung unterziehen mussten. Verweigerern begegnete man mit empfindlichen Sanktionen: „Um der gegenwärtigen Verordnung den gehörigen Nachdruck zu geben, finden Wir nothwendig, die Saumseligen und Widersezlichen mit angemessener Geldstrafe zur Annahme des Guten zu bestimmen.“

Dieser Schritt scheint gewirkt zu haben. Dazu kam die tägliche Erfahrung. In den Jahren vor 1806 hatten die Blattern viele Kinder getötet. Die bereits mit Erfolg Geimpften blieben sichtbar verschont. „Dies blieb nicht unbemerkt", schreibt Schmid. Die Pockenschutzimpfung „fing nun an, sich einige Liebe zu gewinnen", wie er es ausdrückt. Schmid resümierte: „Das Gemüth erhob sich, und man freute sich, ein leichtes Mittel gegen ein großes Übel gefunden zu haben. Indeß war der Impuls auf das Landvolk gegeben, viele scheuten keine Mühe, dasselbe zu belehren, und zu überzeugen, und die Impfung gieng zwar anfangs langsam, doch sichern Schrittes vorwärts."

Hans Kratzer, Als Bayern drakonische Strafen für Impfgegner verhängte, in: Süddeutsche Zeitung vom 26.11.2021, https://www.sueddeutsche.de/bayern/impfpflicht-pocken-impfung-geschichte-widerstand-1.5472406 [Zugriff: 16.03.2026]

M7 D Weshalb die Ausrottung der Pocken gelang

Der Mediziner Hans Gelderblom fasst 1996 zusammen, weshalb die weltweite Ausrottung der Pocken möglich gewesen ist:

- Der Erreger hat nur den Menschen zum Wirt; es gibt weder ein tierisches Reservoir (wie bei der Tollwut) noch einen tierischen Zwischenwirt (wie beim Gelbfieber die Gelbfiebermücke). Das Variolavirus kann sich folglich nur von einem Infizierten auf nicht-immune, empfängliche Kontaktpersonen ausbreiten. Eine dauerhafte Unterbrechung der Infektkette musste die Seuche zum Erlöschen bringen.
- Nach einer überstandenen Pockeninfektion, die klinisch meist leicht erkennbar ist, besteht lebenslanger Schutz, und der Erreger verschwindet aus dem Körper. Es gibt keine latent oder chronisch werdenden Pocken und damit auch keine chronischen Virus-Ausscheider, die – klinisch möglicherweise unerkannt – über lange Zeiten die Bevölkerung hätten gefährden können.
- Die Einführung der Elektronenmikroskopie hatte die Labordiagnostik der Infektion erheblich beschleunigt. Der Zeitgewinn von ein bis drei Tagen gegenüber dem herkömmlichen Virusnachweis durch Züchtung in Zellkultur oder auf der Embryonalmembran bebrüteter Hühnereier ermöglichte rechtzeitige Quarantänemaßnahmen und Abriegelungsimpfungen.
- Nicht zuletzt stand mit der Massen- und Abriegelungsvakzinierung ein wirksamer Impfschutz zur Verfügung. Allerdings – ohne die koordinierten, über die Grenzen der im Kalten Krieg befangenen Macht- und Ideologieblöcke hinweg wirksamen Anstrengungen der WHO wären die notwendigen Impf- und Überwachungsprogramme nicht vorstellbar gewesen.

Hans Gelderblom, Die Ausrottung der Pocken, in: Spektrum der Wissenschaft vom 01.06. 1996, https://www.spektrum.de/magazin/die-ausrottung-der-pocken/823065 [Zugriff: 16.03.2026]

M8 D Sollen die letzten Pockenviren vernichtet werden?

Der Mediziner Hans Gelderblom führt 1996 in einem Artikel Argumente an, weshalb die letzten Pockenviren, die noch in Hochsicherheitslabors existieren, vernichtet werden sollten:

Mit dem Ausrotten der Seuche war das Variolavirus selbst noch nicht von der Erde verschwunden. Es existierte zur Erforschung pathogener Mechanismen in zahlreichen größeren Laboratorien weiter – als Virusvorrat (tiefgefroren in flüssigem Stickstoff), als konserviertes klinisches Material von Pockenfällen und mehr und mehr in Form klonierter Teile seines Erbguts. Die Virusvorräte dienten zunächst auch noch zur Kontrolle in der Diagnostik bei Verdacht auf Pocken.
Außerdem galt während des Kalten Krieges in Ost und West das Variolavirus, trotz seiner nicht unmittelbar einsetzenden biologischen Wirkung, noch als poteztielles Kampfmittel. Die Streitkräfte betrieben gut ausgerüstete infektiologische Laboratorien – zum Schutz vor den Gefahren einer biologischen Kriegsführung vakzinieren die weiterhin sehr vorsichtigen Russen und US-Amerikaner ihre Armeeangehörigen noch heute. Das schreckliche Krankheitsbild der Pocken, die relativ einfache Gewinnung hochinfektiöser Virusvorräte und die relativ große Stabilität der Viren, wenn als Aerosol versprüht, ließen den Erreger als Kampfmittel geeignet erscheinen. Erst mit dem Abbau der Ost-West-Konfrontation verlor dieses Gruselszenario seine Schrecken.
Aus Besorgnis über mögliche Unfälle in den Hochsicherheitslabors, aber auch über einen vorstellbaren Missbrauch bei terroristischen Aktionen forderte die WHO darum schon im Juni 1991, die Zahl der Pockenvirus-Vorräte erheblich zu vermindern. Weltweit gibt es nun nur noch Depots bei den zwei von der WHO autorisierten Institutionen: bei der amerikanischen Seuchenbehörde, also den Centers for Disease Control and Prevention in Atlanta (Georgia), und am Staatlich-Russischen Forschungszentrum für Virologie und Biotechnologie in Kolzowo bei Nowosibirsk.
In Fachkreisen ist über die Zukunft dieser Vorräte ein erbitterter, häufig die Prinzipien des jeweiligen Weltverständnisses widerspiegelnder Streit ausgebrochen. Für den weiteren Erhalt sprechen sich unter anderem engagierte Wissenschaftler aus, die um ihr Forschungsobjekt

fürchten. Daneben gibt es Stimmen, die sich um die Erhaltung der Artenvielfalt der Erde sorgen und grundsätzlich fragen, ob dem Menschen denn überhaupt das Recht zur bewussten Auslöschung einer Spezies gleich welcher Entwicklungshöhe zukomme.

Dieses konservative Argument erscheint im Falle eines hochgefährlichen Erregers als wenig realistisches Verfechten eines an sich achtenswerten Prinzips. Die Pocken, jahrhundertelang eine Ursache von Entstellung, Blindheit, Hirnschäden und vorzeitigem Tod, sind gerade erst vor 200 Jahren – dank Jenners riskantem Experiment und seiner wissenschaftlichen Weitsicht – bekämpfbar geworden; und seit dem Ende dieser natürlichen Bedrohung sind kaum zwei Dekaden vergangen. Nunmehr das verursachende Variolavirus der Erde erhalten zu wollen, entspringt einem unreflektierten Mystizismus: Seine versehentliche oder bewusste Freisetzung käme die immer weniger geschützte Weltbevölkerung teuer zu stehen.

Nicht minder grundsätzlich ließe sich auch fragen, ob mit der Vernichtung der letzten Pockenvirus-Vorräte wirklich Leben ausgemerzt werde. Das krankmachende Agens braucht, wie alle anderen Viren, den biochemischen Apparat einer Wirtszelle zur Vermehrung: Viruspartikel wachsen nicht, teilen sich nicht und haben keinen eigenen Energiestoffwechsel – mithin fehlen ihnen per Definition wesentliche Merkmale des Lebendigen.

Pragmatiker in der Virologie, Infektiologie und Epidemiologie befürworten einhellig die schnelle Vernichtung der letzten Virusvorräte – aus mehreren Gründen. Mit der endgültigen Ausrottung der endemischen Pocken braucht man den Erreger nicht mehr als Kontrollmaterial im Labor, um Verdachtsfälle abzuklären [...]. Die letzten Vorräte stellen stattdessen [...] eine zunehmende Gefahr dar. Auch bei sachkundig angemessenem Umgang mit dem Variolavirus ist menschliches oder technisches Versagen nie gänzlich auszuschließen. Selbst nachdem die endemischen Pocken weltweit ausgerottet waren, starb im August 1978 in Birmingham die ungeimpfte Fotografin eines mikrobiologischen Instituts, nachdem dort der Erreger beim Training für den Pockenalarmfall versehentlich in die Luft freigesetzt worden war. [...]

Wegen der Gefahren beim Umgang wird das Virus in die Risikogruppe 4, die höchste, eingeordnet [...]. Nur in Hochsicherheitslaboratorien der Klasse L4 [...] darf damit gearbeitet werden. Dennoch sind auch unter L4-Bedingungen – bei grob fahrlässigem Umgang – zunächst unerkannte Infektionen vorstellbar. Während der klinisch wenig charakteristischen Inkubationszeit von etwa zwölf Tagen vermehren sich eingeatmete Variolaviren anfangs lokal [...] im Nasenrachenraum und können durch Husten als Tröpfcheninfektion weitergegeben werden. In einer Bevölkerung ohne Impfschutz würden sich die Pocken dann wie ein Flächenbrand ausbreiten.

Auch das Argument, die letzten Virusvorräte müssten zur weiteren Aufklärung von spezifischen Pathogenitätsmechanismen konserviert werden, hat an Gewicht verloren. Dank der Gentechnik ist inzwischen das gesamte Erbgut verschiedener Variolavirus-Isolate bekannt; für die Forschung an einzelnen Virusproteinen sind die codierenden Abschnitte kloniert verfügbar. Mit der Vernichtung der Partikel ginge somit dem Genpool der Erde nichts Wesentliches verloren.

Hans Gelderblom, Die Ausrottung der Pocken, in: Spektrum der Wissenschaft vom 01.06.1996, https://www.spektrum.de/magazin/die-ausrottung-der-pocken/823065 [Zugriff: 16.03.2026]

Arbeitsvorschläge

32065-0440

1. Arbeiten Sie die Rolle Lady Mary Montagus bei der Verbreitung der Variolation heraus (M4).
2. Nehmen Sie kritisch Stellung zum Vorgehen König Georges, die Variolation zunächst an Sträflingen und Waisenkindern zu erproben (M4).
3. Fassen Sie die wichtigsten Inhalte der königlichen Verordnung zusammen (M5). | H
4. Erklären Sie, inwiefern das Dekret von 1807 als Ausdruck eines modernen Staatsverständnisses interpretiert werden kann (M5).
5. Vergleichen Sie die Argumente der Impfgegner von damals mit heutigen Formen von Impfskepsis (M6).
6. Diskutieren Sie, ob der Zwang zur Impfung aus heutiger Sicht gerechtfertigt war. Berücksichtigen Sie dabei den historischen Kontext (M5, M6).
7. Begründen Sie, weshalb die Ausrottung der Pocken gelang und weshalb das Ergebnis nicht ohne Weiteres auf andere Krankheiten übertragbar ist (M7).
8. Diskutieren Sie, ob die noch existierenden Pockenviren vernichtet werden sollten (M8). | H

Leitfrage

Nehmen Sie Stellung:

Die Pocken – Motor gesellschaftlicher und medizinischer Veränderungen?

1.6 Vertiefungsmodul: Religion als Referenz für Transformation und Umbrüche

M1 Q „Habemus papam“ – „Wir haben einen Papst“
Am 8. Mai 2025 wurde der US-Amerikaner Robert Francis Prevost zum Papst gewählt. Der Erzbischof aus Chicago entschied sich für den Papstnamen Leo XIV. Das Bild zeigt ihn nur wenige Tage nach der Wahl bei der Audienz für Mitglieder der internationalen Medien im Vatikan.

32065-0377

1. Erläutern Sie die Bedeutung der Papstwahl als weltweites Medienereignis.
2. Informieren Sie sich über die Rolle und Funktion des Papstes und diskutieren Sie die politische Relevanz des Papsttums heute.

LEITFRAGE

Religiöse Bewegungen – Triebkräfte für politischen und kulturellen Wandel?

Ausbreitung der islamischen Herrschaft

Erfolgsrezept religiöse Toleranz?

Die islamische Expansion ging mit einer Geschwindigkeit vonstatten, die noch heute erstaunt. Nach dem Tod des Religionsstifters Mohammed im Jahr 632 dauerte es nur zehn Jahre, bis die Araber das Persische Reich erobert hatten. 643 erreichten arabische Heere in Dagestan erstmals heute zu Europa zählendes Gebiet, 674 Konstantinopel und 711 die Iberische Halbinsel. Dabei stießen sie u. a. auf Juden, Christen und Menschen anderer Religionen. Diese Menschen bekehrten sich keineswegs alle zum Islam. Muslime bildeten außerhalb der Arabischen Halbinsel auch in vielen islamisch beherrschten Ländern lediglich die Oberschicht. Bisweilen blieben sie numerisch noch Jahrzehnte oder gar Jahrhunderte in der Minderheit, wobei allerdings genaue Zahlen (z. B. für das bevölkerungsreiche Ägypten) nicht vorliegen.

Wie ist es zu erklären, dass die neue Religion bei den Völkern und Kulturen nicht auf stärkeren Widerstand stieß? Der Hauptgrund ist darin zu suchen, dass Muslime keine Zwangsbekehrungen verlangten und insbesondere Christen und Juden die eingeschränkte Ausübung ihrer Religion erlaubten. Allerdings hatte diese Duldung auch ihren Preis: Sie galten Muslimen nicht als gleichwertig und durften beispielsweise oft nicht reiten oder Waffen tragen und hatten ihre Kleidung mit Hinweisen auf ihre Religion zu kennzeichnen. Zudem mussten sie der islamischen Herrenschicht Abgaben zahlen.

Spaltungen und Neuordnungsversuche in der lateinischen Christenheit – das konfessionelle Zeitalter

Die Römische Kirche – alleinige Schlüsselverwalterin des Himmels?

Seit dem Bündnis mit dem neu errichteten Kaisertum unter Karl dem Großen im Jahr 800 erlangte die Römische Kirche in weiten Teilen Europas große politische und gesellschaftliche Macht. Diese blieb jedoch nie unangefochten. Immer wieder prangerten Einzelne oder auch ganze Gruppen unter Verweis auf Christus den weltlichen Machtanspruch der Kirche, ihren wachsenden Reichtum und die teilweise luxuriöse Lebensführung der Kirchenführung an.

Den stärksten christlichen Widerspruch erfuhr die Römische Kirche durch die vom 12. bis zum 14. Jahrhundert in Südfrankreich weit verbreiteten Katharer, aber auch durch Personen wie den oberitalienischen Prediger Fra Dolcino (1250–1307), der den sogenannten „Apostelbrüdern“ angehörte, sowie durch den englischen Theologen John Wyclif (ca. 1330–1384) und seine „Lollarden“ genannten Anhänger. Der böhmische Theologe Jan Hus (ca. 1370–1415) und die „Hussiten“, die seiner Lehre folgten, sowie der in Florenz wirkende Bußprediger Girolamo Savonarola (1452–1498) zählten ebenfalls zu bekannten Kritikern der Kirche. Die „Apostelbrüder“ lehnten den Reichtum der Kirche ab und verschrieben sich einem Leben in Armut. Ähnlich sozialrevolutionär argumentierte später Savonarola. Die Katharer hingegen erkannten die Priester der römischen Kirche nicht an, Wyclif wiederum nicht den politischen Machtanspruch des Papsttums. Hierin stimmte ihm Jan Hus zu, der zudem für Glaubensfragen allein die Bibel als maßgeblich anerkannte.

Derartige Kritik wurde von der Kirche insbesondere dann als „Ketzerei“ verfolgt, wenn sie mit Glaubensgrundsätzen verbunden war, die von der offiziellen Lehre abwichen. Gegen die Katharer und die „Apostelbrüder“ ließ die römische Kirche daher regelrechte Kreuzzüge führen und die genannten Prediger wurden (bis auf Wyclif, der vom englischen König geschützt wurde) öffentlich verbrannt.

Die Spaltung der Kirche

Der deutsche Augustiner-Eremitenmönch **Martin Luther** war also 1517 keineswegs der Erste, der öffentlich die Missstände der Römischen Amtskirche beklagte. Zu seiner Zeit ließen die Lateinkenntnisse unter den Geistlichen deutlich nach. Viele von ihnen verstanden die Bibel oder sogar den Sinn der Gebete nicht mehr. Zudem missachteten nicht wenige den Zölibat, d. h. das Gebot, in Ehelosigkeit zu leben. Statt sich als Seelsorger zu verstehen, galt ihre Hauptsorge ihren Einkünften, die sie aus den Abgaben der Bauern erhielten. Manche Klöster schienen nur noch dem Wohlleben der Mönche oder Nonnen zu dienen.

Vor diesen Hintergründen kam Luther zu dem Schluss, dass der gläubige Mensch der Kirche für seine Seligkeit gar nicht bedürfe. Maßgeblich für den Glauben sollte stattdessen allein das Evangelium sein, daher wurde die neue Bewegung „evangelisch“ genannt. Zur Erlösung sei nur die Gnade Gottes erforderlich. Die Römische Kirche hingegen vertrat die Position, dass neben den Evangelien auch ihre umfangreichen theologischen Schriften Grundlagen des Glaubens und für die Erlösung fromme Taten notwendig seien. Da Luthers Ansichten mit der Lehre der Römischen Kirche nicht zu vereinbaren waren und die Kirche keine Reformen gemäß seinen Vorstellungen

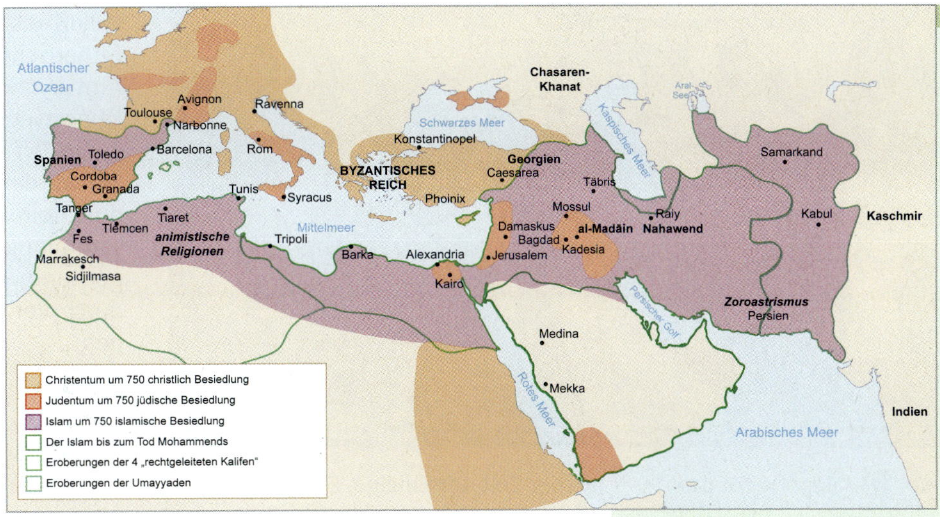

M2 D Karte der arabischen Expansion

► Beschreiben Sie die Ausbreitung des Islam.

M3 Q Martin Luther
Gemälde von Lucas Cranach d. Ä., 1528
(1483–1546): Theologe und Reformator aus Eisleben in Thüringen, ab 1506 Mitglied des Ordens der Augustiner-Eremiten, um 1511 Reise nach Rom und zunehmende Kritik an der Kirche, 1517 Veröffentlichung der 95 Thesen, 1521 Ächtung durch den Kaiser im Rahmen des Wormser Reichstages, 1521–1522 Aufenthalt auf der Wartburg und Übersetzung der Bibel ins Deutsche

M4 Q Allegorie auf das Mönchtum
Holzschnitt von Hans Sebald Beham, 1521
In der Mitte sind ein Mönch und ein Bauer dargestellt. Bei dem Buch handelt es sich um die Bibel. Die vier Frauenfiguren sind mit den lateinischen Begriffen „superbia“ (Hochmut), „luxuria“ (Überfluss), „avaritia“ (Habsucht) und „paupertas“ (Armut) beschrieben.

► Arbeiten Sie die dargestellte Kritik am Mönchtum heraus.

zuließ, distanzierten sich die Anhänger der lutherischen Lehre von der Römischen Amtskirche. Diese Abspaltung war zunächst keineswegs endgültig gemeint, denn für lange Zeit blieb die Hoffnung bestehen, die Einheit der westeuropäischen Christenheit durch ein Konzil, d. h. eine allgemeine Versammlung höchster kirchlicher Würdenträger und einflussreicher Theologen, und durch Reformen wiederherstellen zu können.

Protestantische Strömungen: Calvinismus

Genauso wenig wie Luther der Erste war, der eine Kirchenreform forderte, war er zu seiner Zeit der Einzige. Einerseits hatte er wichtige Mitstreiter, andererseits aber auch Konkurrenten, sodass die protestantische Bewegung sich bald in verschiedene Glaubensrichtungen aufteilte. Zur wichtigsten protestantischen Strömung neben dem Luthertum wurde der nach dem in Genf wirkenden Prediger Jean Calvin benannte **Calvinismus**. Calvin wirkte vor allem in der Schweiz und im französisch- und englischsprachigen Raum.

Zwar konnten damals nur wenig mehr als fünf Prozent der Bevölkerung lesen, aber dafür herrschte eine tiefe Volksfrömmigkeit vor. Diese machte die Menschen für die neue Lehre empfänglich, die ihnen von zahlreichen Predigern nahegebracht wurde. Luther und andere Reformatoren ermutigten sie, sich selbst über den Inhalt der Evangelien Gedanken zu machen, und das taten sie anhand der von Luther 1534 publizierten Bibelübersetzung in die deutsche Volkssprache.

Religion als Legitimation für eine gesellschaftliche Revolution: Täufer …

So entstand beispielsweise eine Bewegung, die die Kindertaufe ablehnte und daher „Täufer“ genannt wird. Sie argumentierte, dass die Taufe, die die Aufnahme eines Menschen in die christliche Gemeinde bedeutet, eine bewusste Entscheidung sein sollte. Die gängige Meinung unter westeuropäischen Christen war jedoch, dass ungetauften Menschen die Hölle sicher sei, sodass sie angesichts einer hohen Kindersterblichkeit ihre Kinder oft so früh wie möglich taufen ließen. Unter den „Täufern“ gab es in den 1530er-Jahren eine besonders radikale Gruppe, die in der Stadt Münster ein tyrannisches Stadtregiment mit ihrem Anführer Jan van Leiden als „König“ errichtete – das „Täuferreich von Münster“, einen christlich-fundamentalistischen Gottesstaat. Seine Anhänger strebten dort ein Leben an, das dem entsprechen sollte, wie sie sich das Leben zu biblischen Zeiten vorstellten. Dies beinhaltete beispielsweise, dass es kein Recht mehr auf Privateigentum gab und Männer sich mehrere Frauen nehmen konnten.

… und Bauernkriege

Eine andere gewaltbereite Bewegung ging von der einfachen Bevölkerung insbesondere des südlichen deutschsprachigen Raumes aus. Hier waren viele Menschen der Meinung, dass das bestehende Herrschaftssystem nicht mit den Evangelien vereinbar sei. Dies führte zu verschiedenen bewaffneten Aufständen, die heute vereinfachend unter dem Begriff „Bauernkriege“ zusammengefasst werden. Ähnlich wie die radikalen Täufer von Münster strebten die Aufständischen der „Bauernkriege“ eine neue Gesellschaftsordnung an, die einerseits ihre wirtschaftliche Lage verbessern sollte und die sie andererseits als christlicher ansahen, da sie sich ihrer Meinung nach aus der Bibel herleiten ließ. Derartige Bewegungen gab es in mehreren Regionen.

Calvinismus: religiöse Bewegung und Lehre innerhalb des Protestantismus, die auf den Reformator Jean Calvin zurückgeht. Der Calvinismus knüpft an die Lehre Luthers an, betont aber die Bedeutung von Gottes Geboten und Sittenstrenge als Richtschnur zu einem gottgefälligen Leben. Ein weiteres Merkmal der Theologie Calvins ist die Prädestinationslehre, die besagt, dass bei jedem Menschen vorherbestimmt sei, ob er in den Himmel oder in die Hölle kommen wird.

Verbot und Dialog

Als Luthers Lehre noch jung war, glaubte Kaiser **Karl V.** (1500–1558), sie mit Strenge unterdrücken zu können. Er lud Martin Luther 1521 auf den Reichstag nach Worms, wo er seine Lehre und Schriften widerrufen sollte. Doch Luther widerrief zur großen Verärgerung des Kaisers nicht. Karl V. erließ daraufhin eine Verfügung, das „Wormser Edikt“, in dem er die protestantische Lehre verbot. Doch er unterschätzte die Hilfe, die Luther seitens einiger mächtiger Fürsten erhalten würde. Kurfürst Friedrich III. von Sachsen („der Weise“) gewährte Luther in den für ihn gefährlichen Anfangsjahren Schutz, damit er nicht gefangengenommen oder getötet werden konnte.

1530 versuchte der Kaiser eine gütliche Einigung. Für den Augsburger Reichstag sollten die Anhänger Luthers ihre Lehre kurz und knapp zusammenfassen, damit man anschließend darüber verhandeln könne. Es entstand das „Augsburger Bekenntnis“, das fortan als Richtschnur der neu entstehenden evangelischen Kirchen diente und bis heute eine wichtige Rolle spielt. Eine Einigung in der Religionsfrage kam jedoch nicht zustande.

M5 Q Belagerung der Stadt Frankenhausen

„Conterfei etlicher Krigshandlung vom 1523. bis 1527. jar“, um 1527

Das Bild zeigt die Schlacht bei Frankenhausen am 15. Mai 1525. Landgraf Philipp von Hessen erstürmte mit seiner Fürstenarmee die Stadt und drängte die aufständischen Bauern zurück.

- Erläutern Sie das dargestellte Machtverhältnis zwischen den Bauern und dem Fürstenheer.

Der neue Glaube in Europa

Nicht zuletzt wegen der von den Reformatoren unermüdlich produzierten Schriften, die mittels der von Johannes Gutenberg entwickelten Druckmaschinen in ganz Europa Verbreitung fanden, griffen reformatorische Ideen immer weiter um sich. 1531 erklärte sich die Englische Kirche als vom Römischen Papst unabhängig und festigte sich als protestantisch. 1536 nahm auch der dänische König das lutherische Bekenntnis an. Zum Protestantismus überzugehen hatte für Herrscher und Fürsten den Vorteil, dass sie die umfangreichen kirchlichen Besitztümer enteignen und sich damit selbst bereichern konnten.

Ende der religiösen Spaltung?

Innerhalb des Reiches taten sich ab 1531 protestantische Fürsten in Schmalkalden zu einem Bündnis gegen den Kaiser zusammen, da sie fürchteten, dass dieser letztlich doch versuchen würde, die Reformation durch einen großen Krieg zu beenden. Da sie damit eigentlich Hochverrat begingen, lieferten sie dem Kaiser damit einen Vorwand für diesen Krieg. 1547 besiegte Karl V. den Schmalkaldischen Bund und nahm die wichtigsten protestantischen Fürsten gefangen. Gleichzeitig wurden im Zuge einer „Gegenreformation“ umfangreiche Maßnahmen ergriffen, um den Protestantismus wieder zurückzudrängen.

Doch obwohl der Katholizismus in einigen Gebieten wiederhergestellt wurde, blieb etwas mehr als die Hälfte der Bevölkerung und Fürsten des Reiches protestantisch. Da sie darauf hoffen konnten, im äußersten Notfall nun auch von Evangelischen außerhalb des Reiches unterstützt zu werden, wagten die Katholiken es nicht mehr, den Protestantismus abschaffen zu wollen. Mit dem Augsburger Religionsfrieden sollte 1555 ein Ausgleich für die anhaltenden konfessionellen Differenzen sowie die damit einhergehenden politischen Spannungen und Rivalitäten im Reich gefunden werden. Das Friedensabkommen legte zwar die Bedingungen für ein gewaltfreies, rechtlich geordnetes Zusammenleben zwischen den Religionen fest, hob die religiösen Spannungen aber nicht auf.

M6 Q Karl V.

Gemälde von Lucas Cranach d. Ä., 1533

(1500–1558): Herrscher aus der Familie der Habsburger

Die spanische Eroberung Amerikas

Ein heiliges Unternehmen?

Als Christoph Kolumbus am 15. März 1493 nach seiner ersten Reise wieder in Spanien anlegte, brachte er neues geografisches Wissen über große Inseln jenseits des Atlantiks nach Europa. In Spanien war gerade die christliche Rückeroberung des Landes („Reconquista") beendet, sodass viele, die bisher vom Krieg gelebt hatten, sich nach einer neuen Erwerbsquelle umsehen mussten. Diese „Glücksritter", die sogenannten Konquistadoren, nahmen die Nachrichten des Kolumbus mit großem Interesse auf und begannen sofort mit der weiteren Erkundung und Eroberung dieser neuen Länder. Doch wie rechtfertigten sie die Unterwerfung der dortigen Menschen unter die Herrschaft Spaniens?

Die Könige Spaniens begründeten die Besitznahme der Länder jenseits des Atlantiks mit der Aufgabe, das Christentum zu verbreiten. Sie beriefen sich dabei auf ein Schreiben von 1493, in dem ihnen der Papst unter dieser Bedingung die Herrschaft über weite Gebiete Amerikas zusprach. Die Konquistadoren selbst aber waren vor allem an Reichtum interessiert und verübten in ihrer Goldgier zahlreiche Gewalttaten gegen die indigene Bevölkerung. Für sie galt nur das Recht des Stärkeren.

Schließlich beherrschte Spanien in Amerika ein Gebiet von Feuerland bis Kalifornien und Florida. Prinzipiell beanspruchte es den gesamten Kontinent – eine Ausnahme stellten die portugiesischen Besitzungen dar, aus denen das spätere Brasilien entstand.

Entmachtung der Azteken

Die Azteken kontrollierten im frühen 16. Jahrhundert weite Gebiete des heutigen Mexikos, ohne jedoch eine direkte Herrschaft über die unterworfenen Städte und Regionen auszuüben. Diese hatten den Azteken lediglich Tribute zu entrichten, durften sich ansonsten aber weiterhin selbst regieren.

Als der Spanier Hernán Cortés 1519 in Mexiko eintraf, fand er dort eine zersplitterte politische Landschaft ohne geschlossene Abwehr vor. Viele der Stadtstaaten entschieden sich wegen der drückenden Tribute, die sie den Azteken zu entrichten hatten, dafür, Cortés bei seinem Versuch zu unterstützen, die aztekische Vorherrschaft zu beenden. Nach anfänglichen Kämpfen verbündete sich das mächtige Tlaxcala mit Cortés, um gemeinsam gegen Tenochtitlán, die Hauptstadt der Azteken, vorzugehen.

Nach einem anfänglich freundlichen Empfang durch den aztekischen Herrscher Moctezuma II. kam es schließlich zum offenen Krieg. Nun zeigte sich, dass die Azteken unter ihren Nachbarstaaten wenige Freunde, dafür aber zahlreiche Feinde hatten. 1521 fiel die Stadt nach monatelanger Belagerung. In der Folge verschob sich das spanisch-tlaxcaltekische Machtverhältnis zugunsten der Spanier: Die von den Europäern eingeschleppten Krankheiten schwächten die indigene Bevölkerung, die Tlaxcalteken verloren an Einfluss und die Spanier übernahmen die Herrschaft.

M7 Q Die aztekische Hauptstadt Tenochtitlán

Moderne Konstruktion der aztekischen Doppelstadt Tlatelolco (links) und Tenochtitlán (rechts) um 1519 inmitten des großen Texcoco-Sees. Zur Zeit der spanischen Eroberung 1521 lebten etwa 150 000 Einwohner in Tenochtitlán.

► Charakterisieren Sie die Stadtanlage.

Ausbreitung der islamischen Herrschaft

M8 D Eroberung der Iberischen Halbinsel

Im Folgenden schildert der deutsche Arabist und Orientalist Eberhard Serauky, wie es zur fast mühelosen Eroberung der Iberischen Halbinsel durch muslimische Berber im Jahr 711 kommen konnte:

Am 19. Juli 711 fand eine Schlacht bei dem Wadi Bekka zwischen dem hastig zusammengerufenen Heer der Westgoten und der zahlenmäßig weit unterlegenen Schar der Muslime statt. [Der westgotische König] Roderich wurde während der Konfrontation von wichtigen Truppenteilen im Stich gelassen; er fiel in der Schlacht, die einen vollen Sieg der Muslims einbrachte. Dieser Erfolg beflügelte sie zu einem weiteren Vormarsch, wobei ihnen die Unzufriedenheit breiter Bevölkerungsteile zugute kam. Die unterdrückte Landbevölkerung war nicht bereit, für ihre bisherigen Herren zur Waffe zu greifen. Die bisher schonungslos unterdrückten Juden erwiesen sich als ortskundige Helfer und Führer. Als [der muslimische Heerführer] Ṭāriq bei seinem Vorrücken die Armee teilte, gelang einem Armeeverband im Oktober 711 die Eroberung von Cordoba. Der Militärführer ließ nach dem Sieg diese Stadt in der Obhut der Juden, woraus die enge Zusammenarbeit ersichtlich wird.

Eberhard Serauky, Geschichte des Islam. Entstehung, Entwicklung und Wirkung von den Anfängen bis zur Mitte des 20. Jahrhunderts, Berlin 2003, S. 228

M9 Q Der Kapitulationsvertrag Jerusalems

Seit 64 v. Chr. herrscht Rom – und später in dessen Nachfolge Byzanz (Ost-Rom) – über Jerusalem. Doch die byzantinische Herrschaft ist wegen hoher Steuern nicht durchgehend beliebt. 637 wird Jerusalem von einem arabischen Heer erobert. Der Kapitulationsvertrag weist die typischen Merkmale ähnlicher Verträge auf und zeigt, weshalb die arabische Herrschaft für die dort lebenden Christen akzeptabel ist:

Im Namen Gottes, des barmherzigen Erbarmers! Das Folgende hat der Knecht Gottes, ʿUmar, der Befehlshaber [und Kalif] der Gläubigen, den Einwohnern von Aelia [Jerusalem] als Sicherheitsgarantie gewährt. Er hat ihnen eine Garantie für ihr Leben, ihr Hab und Gut, ihre Kirchen und Kreuze, die Kranken und Gesunden sowie die ganze Einwohnerschaft [der Stadt] gewährt. Ihre Kirchen sollen weder als Wohnungen benutzt noch zerstört werden; weder die [Kirchen] selbst noch der dazugehörige Besitz soll Schaden leiden; auch nicht ihre Kreuze oder anderweitiges Eigentum. In ihrer Religion sollen sie nicht beeinträchtigt werden, und niemand soll Schaden leiden. [Auch künftig] soll kein Jude bei ihnen in Aelia wohnen dürfen. Die Bewohner von Aelia müssen in gleicher Weise Tribut entrichten wie die anderen Städte [...]. Diejenigen Bewohner von Aelia, die sich mit ihrer Habe entfernen, mit den Byzantinern abreisen und ihre Kirchen und Kreuze aufgeben wollen, sollen freies Geleit haben für sich, ihre Kirchen und Kreuze, bis sie in Sicherheit sind. [...]

Zitiert nach: Heinz Halm, Der Islam. Geschichte und Gegenwart, München 2007, S. 27

M10 Q Schutzbrief des muslimischen Feldherrn Suwaid ibn Muqarrin

Kurz nach der Eroberung Jerusalems erreichen die arabischen Armeen bereits das Kaspische Meer. Spätestens jetzt kann man von einem Arabischen Reich sprechen. Im Folgenden wird ein Schreiben wiedergegeben, in dem der arabische Feldherr Suwaid ibn Muqarrin 639 der Bevölkerung im nördlichen Persien Schutzgarantien zusichert:

Ihr erhaltet Schutz, und wir verpflichten uns, euch zu verteidigen, unter der Bedingung, dass ihr jedes Jahr für jeden erwachsenen Mann eine bestimmte Steuer [dschizya] gemäß eurer Möglichkeit entrichtet. Wenn wir irgendeinen von euch um Hilfe ersuchen, so gilt diese Hilfe anstelle der Bezahlung der dschizya. Die Bewohner erhalten Sicherheit für sich, ihren Besitz, ihre Religion und ihre Gesetze. Alles wird beibehalten wie bisher, solange sie ihre Abgaben leisten, den Reisenden führen, guten Willen zeigen, den Muslimen Quartier geben und weder Spionage betreiben noch Verrat üben. Jeder, der bei ihnen wohnt, untersteht denselben Bestimmungen, und jeder, der fortgeht, erhält freies Geleit, bis er in Sicherheit ist, jedoch nur unter der Bedingung, dass jeder, der einen Muslim beleidigt, streng bestraft wird, und jeder, der einen Muslim erschlägt, vogelfrei[1] ist.

Zitiert nach: Bernard Lewis, Der Islam von den Anfängen bis zur Eroberung von Konstantinopel, Bd. 1, Zürich/München 1981, S. 329 (Übersetzung: Hartmut Fähndrich)

Arbeitsvorschläge

32065-0378

1. Nennen Sie Gründe für die schnelle Eroberung der Iberischen Halbinsel (M8).
2. Arbeiten Sie heraus, wie die arabischen Eroberer Nichtmuslime behandelten (M9, M10).
3. Diskutieren Sie Gründe für die jeweils unterschiedliche Behandlung von Juden und Christen in verschiedenen Reichsteilen (M8–M10, Darstellungstext).
4. Beurteilen Sie, inwiefern religiöse Toleranz als Erfolgsrezept der islamischen Expansion gelten kann.

[1] vogelfrei: ein völlig rechtloser Zustand, in dem man von niemandem beschützt, aber von jedem getötet werden durfte

Spaltungen und Neuordnungsversuche in der lateinischen Christenheit – das konfessionelle Zeitalter

M 11 Q „Von der Freyheyt eyniß Christen menschen"

1520 legt Martin Luther in seiner Schrift „Von der Freyheyt eyniß Christen menschen" seine Freiheitslehre dar, in der er auf den Wert „guter Werke" für das Seelenheil eingeht:

Zum 4. [… Es hilft] der Seele nicht, wenn der Leib heilige Kleider anlegt, wie die Priester und Geistlichen tun, auch nicht, wenn er in der Kirche und in heiligen Stätten ist; auch nicht, wenn er mit heiligen Dingen umgeht; auch nicht, wenn er leiblich bete, faste, Wallfahrten machte […]. Es muss noch etwas ganz anderes sein, das der Seele bringe und gebe Güte und Freiheit. Denn alle diese obengenannten Stücke, Werke und Weisen kann auch an sich haben und ausüben ein böser Mensch […] und Heuchler.
Zum 5. […] So müssen wir nun gewiss sein, dass die Seele bis auf das Wort Gottes [in der Bibel] alle Dinge entbehren kann, und ohne das Wort Gottes ist ihr mit keinem Ding geholfen. Wo sie aber das Wort hat, da bedarf sie auch keines anderen Dinges mehr, sondern sie hat in dem Wort Genüge: Speise, Freude, Frieden, Licht, Können, Gerechtigkeit, Wahrheit, Weisheit, Freiheit und alle Güter überschwänglich. […]
Zum 8. […] Hier ist fleißig zu merken und mit Ernst zu behalten, dass allein der Glaube ohne alle Werke gut, frei und selig macht […].
Zum 29. […] Welches Werk nicht darauf ausgerichtet ist, dem anderen zu dienen oder seinen Willen zu erleiden […], das ist kein gutes, christliches Werk. Daher kommt es, dass ich mich sorge, dass wenige Stiftskirchen, Klöster, Altäre, Messen, Testamente christlich sind, dazu auch das Fasten und Gebet zu einigen Heiligen für sich getan. Denn ich befürchte, dass in all dem ein jeder nur das Seine sucht, in der Annahme, damit seine Sünde zu büßen und selig zu werden. Dies alles kommt aus Unwissenheit des Glaubens und christlicher Freiheit und aufgrund einiger blinder Prälaten, die die Leute dahin treiben und solches Wesen preisen, mit Ablass schmücken und den Glauben nicht mehr lehren. Ich rate dir aber, willst du etwas stiften, beten, fasten, so tue es nicht in der Meinung, dass du dir wollest etwas Gutes tun, sondern gib es dahin frei, dass andere Leute es genießen mögen und tue es ihnen zugute – so bist du ein rechter Christ. […]

Transkription des Erstdruckes von Martin Luthers Traktat „Von der Freyheyt eyniß Christen menschen", Wittenberg 1520, bei Johann Rhau-Grunenberg erschienen

M 12 Q „Wider die räuberischen und mörderischen Rotten der Bauern"

Als die Bauern sich in ihren Gewalttaten immer weiter radikalisieren und Luthers Gegner ihm vorwerfen, dass er an diesen Aufständen mitschuldig sei, bezieht dieser im Mai 1525 klar Stellung:

[…] Dreierlei greuliche Sünden wider Gott und Menschen laden diese Bauern auf sich, daran sie den Tod verdienet haben an Leib und Seele mannigfaltiglich.
Zum ersten, daß sie ihrer Obrigkeit Treu […] geschworen haben […].
Zum andern, daß sie Aufruhr anrichten, rauben und plündern mit Frevel Klöster und Schlösser, die nicht ihr sind, womit sie, als die öffentlichen Straßenräuber und Mörder, alleine wohl zwiefältig den Tod an Leib und Seele verschulden. […]
Zum dritten, daß sie solche schreckliche, greuliche Sünde mit dem Evangelio decken […].
Drum, liebe Herren, löset hie, rettet hie, erbarmet euch der armen Leute, steche, schlage, würge hie, wer da kann. Bleibst du darüber tot, wohl dir, seglichern Tod kannst du nimmermehr überkommen. Denn du stirbst im Gehorsam göttlichen Wortes […] und im Dienst der Liebe, deinen Nächsten zu erretten aus der Hölle und Teufelsbanden. […]

Zitiert nach: Fritz Dickmann (Hrsg.), Renaissance, Glaubenskämpfe, Absolutismus (Geschichte in Quellen, Bd. III), München 1966, S. 154 f.

M 13 Q Das Wormser Edikt

Am 12. Mai 1521 unterzeichnet Karl V. das Wormser Edikt, in dem er die Reichsacht über Luther und seine Anhänger verhängt:

Am ersten zu Lob dem Allmächtigen und Beschirmung des christlichen Glaubens […] haben wir [Karl V.] […] den […] Martin Luther, zu einem von Gottes Kirchen abgesondertem Glied und einen verstockten Spalter und offenbaren Ketzer – von unseretwegen und Euch allen und jedem insonderheit – […] erklärt, und tun das wissentlich in Kraft dieses Briefs. Und gebieten darauf Euch allen und jedem besonders bei den Pflichten, […] dass ihr […] den erwähnten Martin Luther nicht übernachten lasst, empfangt, zu essen oder zu trinken gebt, noch ihm mit Worten oder Werken heimlich oder öffentlich Hilfe, Unterstützung, Beistand noch Vorschub leistet. Vielmehr sollt Ihr, wo Ihr ihn trefft, erkennt und seiner Person mächtig werdet, ihn gefangen nehmen und uns unversehrt zuschicken oder […] uns verständigen und ihn

mittlerweile gefangen halten, bis Euch von uns Bescheid gegeben, was Ihr weiter nach Ordnung der Recht gegen ihn unternehmen sollt. […]
[Ebenso gebieten wir, dass von Euch keiner Luthers] Ansicht beipflichte, diese auch nicht halte, predige oder verteidige […]. Dann wie die allerbeste Speise, die mit einem kleinen Tropfen Gift vermischt ist, von allen Menschen gemieden wird, umso mehr sollen solche Schriften und Bücher, mit denen so manches Gift für die Seelen und Verdammung verbunden ist, von uns allen nicht allein vermieden, sondern auch aus dem Gedächtnis aller Menschen gelöscht und ausgetilgt werden, damit sie niemand schaden oder ewig töten.

Zitiert nach: https://www.worms-erleben.de/erleben-wAssets/docs/Geschichte/2120_Wormser-Edikt_Stadtarchiv-Worms.pdf [Zugriff: 06.02.2026, sprachlich modernisiert]

M 14 D Der Augsburger Religionsfrieden

Die Historikerin Luise Schorn-Schütte ordnet die neue Regelung, die auf dem Augsburger Reichstag 1555 beschlossen worden ist, wie folgt ein:

Das wichtigste Ergebnis des Friedensschlusses war die im Reichsrecht festgeschriebene Anerkennung des evangelischen Bekenntnisses und seiner Kirchenorganisation. Zwei Konfessionen standen seitdem unter dem Schutz des Landfriedens. Mit diesem Ergebnis von 1555 war der Abschluss der Reformation als Bewegung erreicht. Sein Kompromisscharakter zeigte sich in verschiedenen Aspekten. Zum ersten war der Friedensschluss kein Ende der Glaubenskämpfe. Diese wurden weitergeführt; der andere Wahrheiten ausschließende Absolutheitsanspruch beider Konfessionen verstärkte sich sogar noch in den Jahren nach 1555. […]
Zum zweiten erstreckte sich der Frieden lediglich auf zwei Konfessionen: Die Zwinglianer wurden ausdrücklich ausgeschlossen. Insofern war der Weg zur religiösen Neutralität weltlicher Herrschaft noch recht weit […].
Das Recht der Bekenntniswahl zum dritten wurde nur den weltlichen Reichsständen, nicht den Individuen zugesichert. […]
Die Regelung, die politisch die weitreichendsten Folgen hatte, zum vierten, war das Recht der weltlichen Reichsstände zur Festlegung des Bekenntnisses auch für ihre Untertanen (ius reformandi). *Cuius regio eius religio*[2], so lautete die durch die Reichsjuristen geprägte Formel.

Luise Schorn-Schütte, Die Reformation. Vorgeschichte, Verlauf, Wirkung, München 2011, S. 88-90

---

[2] Die deutsche Übersetzung dieser Formel, die 1612 geprägt wurde, lautet: „Wessen das Land, dessen die Religion".

M 15 Q Die Pastorenfamilie

Ölgemälde von Gustav Adolph Spangenberg, 1866

Martin Luther war auch im 19. Jahrhundert noch gesellschaftlich ein Vorbild für den Protestantismus. Hier sieht man ihn mit seinen Kindern und seiner Frau Katharina Luther, geborene von Bora, einer ehemaligen Nonne. Hinten am Tisch sitzt der evangelische Theologe Philipp Melanchthon. Im Haus der Luthers wohnten zudem elf verwaiste Kinder aus der Verwandtschaft sowie Studenten und einige Gäste.

Arbeitsvorschläge

32065-0379

1. Arbeiten Sie heraus, was Martin Luthers Lehre für die Macht der römischen Kirche bedeutete (M11, Darstellungstext).
2. Beurteilen Sie, inwiefern man Luthers Vorwürfen gegen die Amtskirche damals zustimmen konnte und ob dies die konfessionelle Spaltung wert war.
3. Die Anführer des Bauernkrieges fühlten sich 1525 nach Luthers Äußerungen über sie von ihm verraten und nannten ihn einen „Fürstenknecht". Diskutieren Sie, was es politisch und für die Reformation bedeutet hätte, wenn Luther die Aufständischen unterstützt hätte (M12).
4. Erläutern Sie, weshalb die Meinung Martin Luthers – eines einzelnen Mönchs – in den Augen Kaiser Karls V. von so großer politischer Bedeutung war, dass er sie auf einem der seltenen Reichstage verhandeln ließ (M13).
5. Die Historikerin Luise Schorn-Schütte beschreibt den Augsburger Religionsfrieden als „Religionskompromiss im Reich". Erläutern Sie diese Aussage (M14).
6. Katholische Pfarrer sind dem Zölibat (Ehelosigkeit) verpflichtet. Diskutieren Sie anhand des Gemäldes, was es für die protestantische Gesellschaft, aber auch für die Verbreitung und Festigung des Protestantismus bedeutete, dass der Zwang zur Ehelosigkeit für protestantische Pastoren nicht galt (M15). | F

Die spanische Eroberung Amerikas

M16 Q Der „Requerimiento“

Um die Machtansprüche Spaniens in Amerika zu legitimieren, erstellt der königliche Jurist López de Palacios Rubios 1513 den „Requerimiento“ (span. Aufforderung, Ermahnung). Dieses spanischsprachige Schriftstück sollen die Konquistadoren fortan stets bei sich führen und in den Orten, auf die sie in Amerika stoßen, öffentlich verlesen lassen:

Im Namen [Seiner Majestät], Don [Name des aktuellen spanischen Königs], des Königs von Kastilien etc., gebe ich, [Name des jeweiligen Konquistadoren-Anführers], sein Diener, Bote und Hauptmann, euch, so gut ich vermag, kund und zu wissen, was folgt: Gott, unser Herr [...], schuf Himmel und Erde, einen Mann und eine Frau, von denen wir und ihr, alle Menschen auf der Welt abstammen, wie auch alle, die künftig nach uns kommen werden. Aber wegen der Menge der Völker und Stämme, die aus ihnen seit Erschaffung der Welt vor 5000 und mehr Jahren hervorgingen, mussten sich die einen hier – die anderen dorthin wenden und in viele Reiche und Provinzen verteilen, da sie in einem Lande sich nicht alle ernähren und erhalten konnten. Unter allen diesen Menschen beauftragte Gott unser Herr einen, den heiligen Petrus, dass er über alle Menschen auf Erden Herr und Meister sei, dem alle zu gehorchen hätten, und machte ihn zum Oberhaupt des ganzen menschlichen Geschlechts, wo immer Menschen leben und wohnen, welchem Gesetz, welcher Sekte und welchem Glauben sie auch angehören. Und er gab ihm die ganze Erde als sein Reich und Herrschaftsgebiet und befahl ihm, seinen Sitz in Rom aufzuschlagen als einem Ort, der besonders geeignet ist, die Welt zu beherrschen, stellte es ihm aber auch frei, seinen Sitz an jedem anderen Ort der Erde zu nehmen und alle Völker zu lenken und zu richten, Christen, Mauren, Juden, Heiden und Angehörige jeglicher Sekten oder Glaubensbekenntnisse. [...] Einer der letzten Päpste, die an seiner Stelle zu dieser Würde und auf diesen Thron gekommen sind, hat kraft seiner Herrschaft über die Welt diese Insel und dieses ozeanische Festland den Katholischen Königen von Spanien [...] zum Geschenk gegeben, wie es in gewissen, darüber ausgestellten Urkunden geschrieben steht, die ihr einsehen könnt, so ihr wollt.[1]

[...] Deshalb bitten und ersuchen wir euch nach bestem Vermögen, dass ihr auf unsere Reden hört und eine angemessene Weile darüber beratet, dass ihr die Kirche als Oberherrn der ganzen Welt und in ihrem Namen den Hohepriester, Papst genannt, sowie an seiner statt Seine Majestät als Herrn und König dieser Inseln und dieses Festlandes kraft der erwähnten Schenkung anerkennt und euch einverstanden erklärt, dass die hier anwesenden Ordensbrüder euch das Gesagte erklären und verkünden.

Handelt ihr danach, dann tut ihr recht und erfüllt eure Pflicht; dann werden Seine Majestät und ich in Ihrem Namen euch mit Liebe und Güte behandeln [...].

Wenn ihr das aber nicht tut und böswillig zögert, dann werde ich, das versichern wir euch, mit Gottes Hilfe gewaltsam gegen euch vorgehen, euch überall und auf alle nur mögliche Art mit Krieg überziehen, euch unter das Joch und unter den Gehorsam der Kirche und Seiner Majestät beugen, eure Frauen und Kinder zu Sklaven machen, sie verkaufen und über sie nach dem Befehl Seiner Majestät verfügen. Wir werden euch euer Eigentum nehmen, euch schädigen und euch Übles antun, so viel wir nur können, und euch als Vasallen behandeln, die ihrem Herrn nicht gehorsam und ergeben, sondern widerspenstig und aufsässig sind. [...]

Zitiert nach: Matthias Meyn (Hrsg.), Der Aufbau der Kolonialreiche (Dokumente zur europäischen Expansion, Bd. 3), München 1987, S. 472-474

[1] 1494 legte Papst Alexander VI. im Vertrag von Tordesillas eine Trennung des spanischen und des portugiesischen Einflussbereichs im Atlantik und in Amerika fest.

M17 Q Politik und Religion bei der Eroberung Mexikos

Der „Lienzo de Tlaxcala“ ist eine Bilderhandschrift der Tlaxcalteken im heutigen Mexiko. Er wurde zwischen 1550 und 1564 gezeichnet, um dem spanischen König von den Verdiensten der Tlaxcalteken für die spanische Eroberung Mexikos zu berichten. Das Bild zeigt, wie die Fürsten Tlaxcalas (kniend) sich im September 1519 mit dem spanischen Konquistadoren Hernán Cortés (sitzend) verbünden. Links stehen drei spanische Offiziere, vor ihnen drei tlaxcaltekische adlige Frauen, mit denen sie (obwohl die Spanier zum Teil schon verheiratet waren) vermählt werden. Der Priester Juan Díaz in der Mitte hält eine runde Oblate in der Hand. Die Beschriftung lautet „yemoquayatequique tlatoque", was übersetzt heißt: „Die Fürsten wurden schon getauft."

M18 D Die „Rechtstiteldebatte"

Mit welchem Recht herrscht Spanien über Amerika und die dort lebenden Indigenen? Diese Frage beschäftigt bereits die Zeitgenossen außer- und innerhalb Spaniens. Bemerkenswerterweise diskutiert der Dominikanermönch Francisco de Vitoria diese Frage, indem er von seinem eigenen christlichen Glauben absieht. Durch diesen Perspektivwechsel gilt er als einer der Begründer des heutigen Völkerrechts. Folgende Rechtstitel, also Begründungen für die Rechtmäßigkeit spanischer Herrschaft in Amerika, lässt Francisco de Vitoria in zwei Universitätsvorlesungen von 1538 und 1539 nicht gelten:

Die Spanier besäßen das Recht der Eroberung und Beherrschung Amerikas, weil …

1. der Kaiser der Herr der Welt sei.
2. der Papst der Herr der Welt sei.
3. sie das Land entdeckt hätten.
4. die Indigenen Amerikas die Bekehrung verweigern würden.
5. die Indigenen Amerikas durch ihre Sünden wie Kannibalismus etc. Gott beleidigen würden.
6. die Indigenen Amerikas sich angeblich freiwillig unterworfen hätten.
7. Gott angeblich beschlossen habe, die „Ungläubigen" zu vernichten.

Unsicher ist sich Vitoria allerdings in Bezug auf die Frage, ob die Indigenen Amerikas Europäern geistig gleichwertig seien. Er selbst kannte keine und wollte sich hierzu kein Urteil erlauben. Sollten sie tatsächlich in Bezug auf ihre Vernunft wie europäische Kinder einzustufen sein, dann wäre dies, so Vitoria, möglicherweise eine Tatsache, die die spanische Herrschaft in Amerika legitimieren könnte.

Zusammengefasst von Felix Hinz nach: Francisco de Vitoria, Relectio de Indis o libertad de los indios, hrsg. von Luciano Pereña und José Manuel Pérez Prendez, Madrid 1967, S. 36–75 und 97 f.

Arbeitsvorschläge

32065-0380

1. Stellen Sie nachfolgende Szene in einem kurzen Rollenspiel nach: Eine Gruppe spielt einen indigenen Herrscher Amerikas mit seinen Beratern und Priestern, die andere Gruppe einen Konquistadoren-Anführer mit seinen Offizieren, einem christlichen Priester und einem Notar. Die Gruppe der Spanier verliest der Gruppe der Indigenen den Text M16, auf den diese wiederum eine Entgegnung vorbringen soll. Diskutieren Sie anschließend gemeinsam, wie Sie die Situation in Ihren jeweiligen Rollen empfunden haben.
2. Der spanische Dominikanermönch Fray Bartolomé de Las Casas, der sich sehr für die Rechte der amerikanischen Urbevölkerung einsetzte, meinte zum „Requerimiento", er wisse dabei nicht, ob er lachen oder weinen solle. Prüfen Sie, wie stichhaltig die dort vorgebrachten Argumente auf Sie wirken, und stellen Sie Vermutungen darüber an, was Las Casas mit seiner Aussage meinte (M16).
3. Erläutern Sie, welche Rolle die christliche Religion bei dem politisch-militärischen Bündnis zwischen den Tlaxcalteken und den Spaniern spielte (M17).
4. Stellen Sie sich vor, dass sich zwei hohe Geistliche im Vatikan über Francisco de Vitorias Thesen unterhalten. Erörtern Sie in einem Streitgespräch, welche Argumente für und welche Argumente gegen Vitorias Thesen sprechen (M18).

Leitfrage

Nehmen Sie Stellung:

Religiöse Bewegungen – Triebkräfte für politischen und kulturellen Wandel?

1.7 Vertiefungsmodul: Hochimperialismus und kolonialisierte Räume

M1 D Kolonialismus

Der Historiker Jürgen Osterhammel (*1952) definiert den Begriff „Kolonialismus“ wie folgt:

Kolonialismus ist eine Herrschaftsbeziehung zwischen Kollektiven, bei welcher die fundamentalen Entscheidungen über die Lebensführung der Kolonisierten durch eine kulturell andersartige und kaum anpassungswillige Minderheit von Kolonialherren unter vorrangiger Berücksichtigung externer Interessen getroffen und tatsächlich durchgesetzt werden. Damit verbinden sich in der Neuzeit in der Regel sendungsideologische Rechtfertigungsdoktrinen, die auf der Überzeugung der Kolonialherren von ihrer eigenen kulturellen Höherwertigkeit beruhen.

Jürgen Osterhammel, Kolonialismus. Geschichte – Formen – Folgen, München [2]1997, S. 21

32065-0263

1. Geben Sie die Definition in eigenen Worten wieder.
2. Entwickeln Sie eine Checkliste, anhand derer Sie entscheiden können, ob es sich bei der Beziehung zwischen China und den europäischen Mächten um Kolonialismus handelt. | F

LEIT-FRAGE

China und die imperialistischen Mächte – eine Kolonialisierung durch die Hintertür?

Han: Die Han sind eine von vielen ethnischen Gruppen in China. Ihr Anteil an der chinesischen Bevölkerung ist in den letzten Jahrhunderten immer größer geworden. Heute stellen sie über 90% der Bevölkerung Chinas.

Die Ausgangslage: China und Europa

Das chinesische Kaiserreich

China war bis zum Beginn des 20. Jahrhunderts ein Kaiserreich, und um 1800 war die Fläche der Gebiete, die dem chinesischen Kaiser direkt oder indirekt unterstanden, größer als Europa. Das Reich war in Provinzen und Landkreise unterteilt, die der Kaiser mithilfe zahlreicher Beamter regierte und verwaltete. Die zugrundeliegende Weltanschauung war der Konfuzianismus (**Konfuzius**), der zwischenmenschliche Beziehungen und das Verhalten der Bürger in einem idealen Staat thematisiert.

Seit 1644 waren Kaiser der Qing-Dynastie an der Macht. Obwohl sie eigentlich aus dem Norden des Vielvölkerstaates stammten, übernahmen sie schnell alle Elemente der zentralchinesischen **Han**-Kultur, die so immer bedeutsamer wurde und alle anderen Kulturen zurückdrängte.

Auch wenn die Mehrheit der Bevölkerung in der Landwirtschaft tätig war, war China nicht ausschließlich agrarisch geprägt. Beijing (Peking) war bis Anfang des 19. Jahrhunderts mit ca. einer Million Einwohnern die größte Stadt der Welt. Der Handel, insbesondere mit den Produkten der Textil- und Porzellanmanufakturen, spielte eine wichtige Rolle. Im asiatischen Raum entstand ein weit verzweigtes Handelsnetz, über das Waren bis nach Europa gelangten. Trotzdem verstärkte sich ein Selbstverständnis, nach dem China sich selbst genug sei, weil alles, was benötigt wurde, im Land selbst hergestellt werde.

Die Kaiser der Qing-Dynastie förderten einerseits Bildung und Wissenschaft, kontrollierten aber andererseits strikt das verbreitete Wissen. So gab es ein offizielles

Geschichtswerk wie auch ein 3400 Schriften umfassendes Gesamtwissen Chinas, das verbreitet wurde. Die Herrschaft der Qing hatte im 18. Jahrhundert zunächst mit relativem Wohlstand begonnen. Eine prosperierende Landwirtschaft versorgte die wachsende Bevölkerung, und zusammen mit den Porzellanmanufakturen für Handelsgüter, die Silber ins Land brachten, wurde so viel erwirtschaftet, dass die jährliche Steuererhebung mehrmals ausgesetzt werden konnte. Gegen Ende des 18. Jahrhunderts mehrten sich jedoch die Anzeichen für eine Krise. Zu einer zunehmend korrupten Beamtenschaft und Rebellionen, die mit viel Aufwand niedergeschlagen wurden, kamen Flut- und Dürrekatastrophen. All dies destabilisierte das Kaiserreich merklich.

Die europäischen Mächte

Das Europa des 15. Jahrhunderts bestand aus zahlreichen Königreichen und Fürstentümern, von denen einige begonnen hatten, Expeditionen in die „Neue Welt" zu unternehmen. Sie gründeten Kolonien auf dem amerikanischen Doppelkontinent und in der Karibik, die sie wirtschaftlich ausbeuteten und denen sie ihre Sprache, Religion und Kultur aufzwangen. Spätestens seit dem 18. Jahrhundert kann man in Europa vom Zeitalter der Aufklärung sprechen. Im Zentrum stand der Mensch, der mithilfe seiner Vernunft die Realität erkennen und gestalten konnte.

Ende des 18. bis Mitte des 19. Jahrhunderts führten zwei entscheidende Prozesse zu einer Veränderung in Europa, deren Ergebnis unter anderem die Zeit des Hochimperialismus war. Zum einen entstanden Nationalstaaten und mit ihnen ein völlig neues Staatsverständnis. Zum anderen ermöglichte die Industrialisierung die Produktion von Waren in bisher unvorstellbarem Umfang. Die Nationalstaaten wiederum waren ideal, um diesen Reichtum in politische und militärische Macht zu verwandeln.

M 2 Q **Konfuzius**
(ca. 551 v. Chr. – ca. 479 v. Chr.): bedeutendster chinesischer Philosoph, auch wenn von ihm selbst keine Schriften überliefert sind. Etwa 100 Jahre nach seinem Tod begannen seine Schüler, seine Lehren aufzuschreiben. Konfuzius' Vorstellungen vom richtigen Leben hatten unter den Qing und im 20. Jahrhundert große Bedeutung für Geschichte, Gesellschaft und Politik Chinas.

Europäische Interventionen in China

Das Kanton-System

1557 pachtete Portugal das am südchinesischen Meer liegende Macau von China und betrieb von dort aus regen Handel mit China und Ostasien. Diese grundsätzliche Offenheit des Handels mit Europa änderte sich erst, als Kaiser Qianlong im 18. Jahrhundert zunehmend misstrauisch gegenüber europäischen Aktivitäten wurde. Er hatte bei der britischen Ostindienkompanie in Indien beobachtet, wie Handelsbeziehungen vermehrt zu Herrschaftsbeziehungen geworden waren, und befürchtete für China Ähnliches. In der Folge legte er fest, dass der Handel Europas mit China nur noch über den Hafen Guangzhou (nahe Macau) und nur mit vom Kaiser bestimmten Firmen abgewickelt werden dürfe. Dieses sogenannte Kanton-System sicherte die Eigenständigkeit Chinas, ermöglichte den Handel und erleichterte zudem die Erhebung von Zöllen. Aufgrund dieser Vorteile war China an einer Änderung nicht interessiert und wies entsprechende diplomatische Missionen der Briten 1793 (Macartney-Mission) und 1816 ab.

Erster Opiumkrieg (1839–1842)

Da es in Großbritannien eine große Nachfrage nach Tee, Seide und Porzellan gab, die gegen Silber aus China importiert wurden, andererseits aber keine Möglichkeit bestand, britische Waren in China zu verkaufen, fiel die britische Handelsbilanz deutlich negativ aus. Die Briten begannen daraufhin, Opium aus Britisch-Indien in immer größerem Umfang nach China zu schmuggeln. Dies machte nicht nur Zehntausende Chinesen zu Drogenabhängigen, sondern schadete auch der chinesischen Wirtschaft massiv: Nun kam kein Silber mehr ins Land, stattdessen floss es zur Bezahlung des Opiums aus China ab. Durch den so entstehenden Silbermangel wurde außerdem das im Alltag gebräuchliche Kupfergeld entwertet. Kaiser Daoguang entschloss sich, gegen den Drogenhandel vorzugehen. Tausende chinesische Opiumhändler wurden hingerichtet, ihre Boote beschlagnahmt und zerstört. Für die Verhandlungen mit den Briten war der kaiserliche Beauftragte Lin Zexu zuständig. Er setzte Hunderte Ausländer fest und ließ die Opiumbestände in der Provinz Guangzhou zerstören.

Da China damit gegen britische Bürger vorgegangen war, schickte Großbritannien eine Kriegsflotte, mit dem Ziel, dieses Vorgehen zu rächen und die Handelsmöglichkeiten in China grundsätzlich zu verbessern. Die Briten gewannen diesen sogenannten Ersten Opiumkrieg mit einer verhältnismäßig kleinen Flotte und sehr wenigen Verlusten. Ihre dampfgetriebenen und gepanzerten Schiffe sowie ihre präzisen Waffen mit großer Reichweite waren den chinesischen bei Weitem überlegen. Eine Eroberung Chinas war nicht notwendig. Mithilfe ihrer Flotte besetzten und blockierten sie wichtige Küstenstädte, sodass der vom eigenen Militär über das wahre Ausmaß der Niederlagen im Unklaren gelassene Kaiser schließlich gezwungen war, einem Friedensvertrag zuzustimmen. Mit dem Vertrag von Nanjing trat China Hongkong an Großbritannien ab und legte fünf Vertragshäfen für den Handel fest, die von britischen Staatsangehörigen kontrolliert wurden. Zudem wurden hohe Reparationen festgeschrieben und die Zolleinnahmen beschränkt. 1844 schlossen die USA und Frankreich Verträge mit ähnlichen Bedingungen ab.

Zweiter Opiumkrieg (1856-1860)

Ausgangspunkt des Zweiten Opiumkrieges waren Konflikte der Briten mit der Bevölkerung von Guangzhou, die sich immer weiter aufschaukelten, bis britische Kriegsschiffe schließlich Guangzhou beschossen und dann zum weiter nördlich gelegenen Tianjin fuhren, um dort Festungen anzugreifen. Diese konnten der britischen Übermacht keinen ernsthaften Widerstand leisten, sodass 1858 der Vertrag von Tianjin zwischen Großbritannien und China aufgesetzt wurde, dem sich Frankreich, Russland und die USA anschlossen. Danach sollten zehn weitere Häfen für den Handel freigegeben werden, ausländische Diplomaten sich in Beijing aufhalten und christliche Geistliche und ausländische Händler sich frei bewegen dürfen. Außerdem sollten Ausländer nicht mehr dem chinesischen Recht unterstehen (Extraterritorialität). Noch bevor der Vertrag unterzeichnet werden konnte, kam es jedoch erneut zu Streitigkeiten zwischen den Vertragsparteien. Als die Briten ihren Forderungen Nachdruck

Bildinformation

31000-946

M3 Q Briten greifen 1842 die chinesische Stadt Nanjing an
Chinesische Darstellung, um 1842

- Beschreiben Sie die dargestellte Szene.
- Begründen Sie, warum die Briten den Chinesen im Kampf überlegen waren.
- Erklären Sie, inwiefern die Zeichnung einen „Krieg" darstellt.

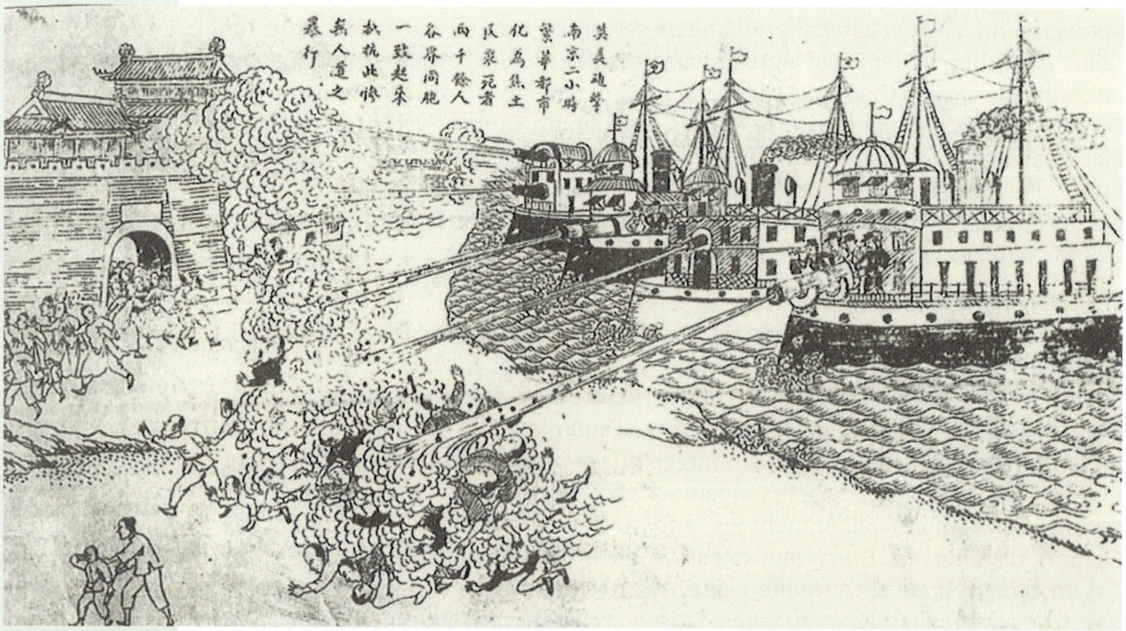

verleihen wollten und die Festungen bei Tianjin angriffen, trafen sie auf gut vorbereitete chinesische Truppen und erlitten ihre erste Niederlage in China. Daraufhin schickten Großbritannien und Frankreich eine enorme Kriegsflotte, die ein Exempel statuieren sollte. Anders als im Ersten Opiumkrieg, waren diesmal auch Bodentruppen mit an Bord, mit denen die Europäer im Oktober 1860 Beijing erreichten und die kaiserliche Palastanlage plünderten und zerstörten. In der Folge wurde der Vertrag von Tianjin unterzeichnet. Hinzu kamen weitere Reparationszahlungen, Gebietsabtretungen an Russland und Großbritannien und die sogenannte Meistbegünstigungsklausel: Alle Rechte, die China zukünftig einer anderen Macht gewähren würde, sollten auch für die vertragsschließenden Staaten gelten.

Folgen der Opiumkriege

In der zweiten Hälfte des 19. Jahrhunderts entstand ein komplexes Geflecht von europäischen Niederlassungen und Aktivitäten in China. Bis 1914 wurden 92 Städte zu Vertragshäfen, in denen Ausländer lebten, die nicht dem chinesischen Recht unterstanden und die dort handelten, missionierten oder produzierten. Geschützt wurden sie von Repräsentanten ausländischer Staaten und deren Streitkräften. Bis auf Hongkong (Großbritannien) und Macau (Portugal) gab es keine Kolonien auf chinesischem Gebiet, allerdings schloss die chinesische Regierung Pachtverträge für bestimmte Gebiete mit ausländischen Mächten ab. Zudem entstanden ausländische Siedlungen mit eigenem rechtlichen Status. Die Opiumkriege schufen die Voraussetzung dafür, dass europäische Länder (sowie die USA und später Japan) in China ihre Interessen verfolgten, Handel trieben, in unterschiedliche Geschäfte investierten und sich nicht zuletzt niederließen. Zudem brachten christliche Missionare zunehmend europäische Vorstellungen nach China und veröffentlichten Schriften, deren Inhalt nicht vom Kaiserhaus kontrolliert werden konnte. Neben religiösen Themen betraf das auch Bücher über Wirtschaft, Politik, Gesellschaft und Kultur.

Open Door Policy

Um die eigene Position zu verbessern, ließen sich Japan, Frankreich, Großbritannien und das Deutsche Reich sogenannte „Interessensphären" im China Ende des 19. Jahrhunderts zuteilen, die ohne ihr Einverständnis nicht an andere Länder vergeben werden konnten. Dabei ging es nicht allein um den Verkauf eigener Waren, sondern vor allem um die Kontrolle der chinesischen Wirtschaft und die Ausbeutung der Rohstoffe. Alles schien darauf hinzudeuten, dass China von den imperialistischen Mächten in Kolonien geteilt werden würde. Gegen diese Entwicklung protestierten allerdings die USA. In Washington versprach man sich von einer für alle interessierten Mächte „offenen Tür" in China („Open Door Policy") einen größeren Nutzen für die heimischen Wirtschaftsinteressen und bestand deshalb darauf, dass China als – zumindest auf dem Papier – selbstständiger Staat erhalten blieb. So rettete letztlich die Konkurrenz unter den imperialistischen Ländern die staatliche Einheit Chinas.

Chinesische Reaktionen auf den europäischen Einfluss

Die Selbststärkungsbewegung

Aufstände im Innern, bessere Kenntnis europäischer und US-amerikanischer Gesellschaften mit ihrer Kultur, Politik und Wirtschaft sowie das Beispiel Japans, das innerhalb weniger Jahrzehnte zu einem modernen Industriestaat geworden war, beeinflussten die chinesische Elite zunehmend. Es entstand eine Reformbewegung, die Selbststärkungsbewegung, die zu zahlreichen Veränderungen in Wirtschaft, Politik und Gesellschaft führte. Selbststärkung war ein altes chinesisches Konzept, das von der Idee ausging, dass man von seinen Feinden lernen müsse, um selbst stark zu werden.

In den 1860er-Jahren nahm China daher eine große Zahl von Reformen in Angriff. Mit dem Außenamt wurde eine Art Außenministerium geschaffen, ein von Ausländern geleitetes Seezollamt zog die im internationalen Handel fälligen Zölle ein, und Handelsbevollmächtigte überwachten die Handelsbeziehungen zum Ausland. Auch in der Bildung gab es Neuerungen. So wurden Sprachschulen gegründet. Technische Oberschulen und Militärakademien entstanden, die die Waffenproduktion und die Kenntnisse in der Kriegsführung verbessern sollten. Gezielt wurden Missionen ins Ausland geschickt und ausländische Experten in die Reformen in China eingebunden. Die Waffenproduktion wurde innerhalb weniger Jahrzehnte völlig neu geordnet, daneben wurden Textilfabriken und eine Schwerindustrie, verknüpft mit der Modernisierung des Bergbaus, aufgebaut.

Der chinesisch-französische und der chinesisch-japanische Krieg Ende des 19. Jahrhunderts zeigten jedoch, dass die Reformanstrengungen, anders als in Japan, das durch ähnliche Maßnahmen zur asiatischen Supermacht aufgestiegen war, sehr viel weniger Erfolg hatten. Zum einen hatte China durch die Aufstände und die beiden Opiumkriege viele Todesopfer und hohe finanzielle Verluste zu beklagen. Zudem hatte der Kaiser viel von seinem Einfluss verloren, sodass eine starke Zentralmacht fehlte, die einheitliche Reformen hätte durchsetzen können. Und schließlich war der Reformwille der chinesischen Eliten nicht so radikal wie in Japan. China sollte nicht grundlegend verändert, nicht westlich werden, sondern vielmehr die ausländische Technik zur Abwehr tiefgreifender Veränderungen nutzen.

Bildinformation

31000-947

M4 Q „Das Schwein erschießen und die Schafe köpfen!"
Chinesisches antichristliches Plakat, um 1900
Das Schwein ganz links steht für Jesus Christus, die Schafe am unteren Bildrand sollen Ausländer versinnbildlichen.

- Charakterisieren Sie die dargestellten Personen.
- Arbeiten Sie heraus, an welchen Adressatenkreis sich die Darstellung richtet.
- Interpretieren Sie die „Botschaft" des Plakats.

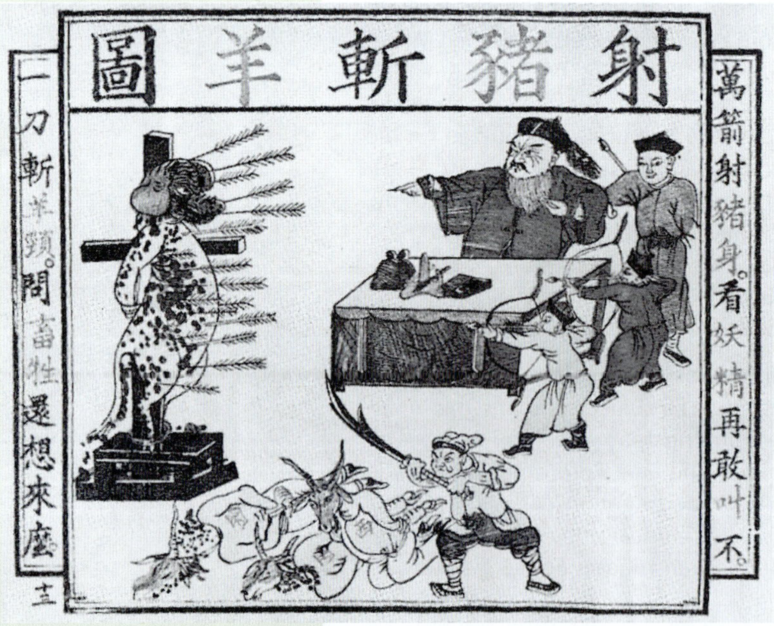

Der Boxerkrieg

Der Boxerkrieg entwickelte sich aus einem ländlichen Aufstand im Nordosten Chinas, der sich ursprünglich vor allem gegen chinesische Christen, die kaiserliche Regierung und allgemein gegen Neuerungen gerichtet hatte, da viele Bauern in ihnen die Ursache für die schleichende Verarmung auf dem Land sahen. Aufgrund ihrer Kampfkunst und der Selbstbezeichnung als „Fäuste der Gerechtigkeit und Harmonie" wurden die Aufständischen als Boxer bezeichnet. Sie zogen mordend und brandschatzend durch das Land und entwickelten sich von einem Aufstand gegen die Regierung zu einer Rebellion gegen die Ausländer und die ausländischen Mächte. Als die Boxer Beijing erreichten, töteten sie den japanischen Diplomaten Sugiyama Akira (+1900) und den Gesandten des Deutschen Reiches Clemens von Ketteler (1853–1900). Die ausländischen Bewohner Beijings verschanzten sich zusammen mit einigen Tausend Chinesen und mehreren Hundert Soldaten im Gesandtschaftsviertel, das von den Boxern belagert wurde. Gleichzeitig rief die Regierung zum Krieg gegen die Ausländer auf. Ein sofort in China aufgestelltes Expeditionskorps erwies sich als zu klein, um die Eingeschlossenen zu befreien. Dies gelang jedoch den Truppen, die Großbritannien, Frankreich, das Deutsche Reich, Italien, Österreich-Ungarn, Russland, die USA und Japan in Asien zusammenzogen und die Beijing nach der Eroberung drei Tage plünderten. In den folgenden Monaten eroberten sie nach und nach die Gebiete der Boxer und gingen dabei weiterhin brutal gegen die Zivilbevölkerung vor.

Nach der Niederlage der Boxer musste China 1901 einen Vertrag mit den acht ausländischen Mächten unterschreiben, das sogenannte Boxerprotokoll. China verpflichtete sich, bis 1940 die astronomische Summe von 450 Millionen chinesischen Silberunzen an die acht Sieger zu zahlen, und gewährte diesen weitgehende Privilegien in China. Die Regierung musste sich für das Vorgehen gegen Ausländer entschuldigen und alle Aktivitäten gegen Ausländer unter Strafe stellen und unterbinden. Auch wenn die kaiserliche Regierung durch den Boxerkrieg nicht gestürzt wurde, hatte sie doch jede Macht verloren und funktionierte nur noch als Erfüllungsgehilfe der Ausländer.

Die letzten Reformen des Kaiserreiches

1898 hatten konservative Kreise in Beijing eine tiefgreifende Reform verhindert. Nach dem Boxerkrieg war jedoch klar, dass sich China grundlegend verändern musste. 1901 startete die Regierung daher eine sogenannte Neue Politik, die den Staat vor allem ab 1905 modernisierte. Es wurde ein landesweites Schul- und Universitätswesen aufgebaut, auch Mädchenbildung wurde einbezogen. Gezielt wurden Japaner nach China eingeladen, um die neuesten Erkenntnisse in Technik und Bildung weiterzugeben. Parallel zum Bildungssystem wurde das politische System reformiert und neue Ministerien wurden geschaffen. Die Provinzen erhielten Parlamente und 1908 wurde ein Verfassungsentwurf vorgestellt. Schließlich betrafen die Reformen auch die Armee, die professionalisiert wurde und nun nicht mehr einzelnen Provinzgouverneuren, sondern dem chinesischen Staat unterstand.

Die Entstehung der Republik

Die Reformen kamen jedoch zu spät, um die Herrschaft der Qing-Dynastie zu retten. Vermutlich beschleunigten sie sogar das Ende des Kaiserreiches, da die neuen Bildungseinrichtungen und die Professionalisierung des Militärs immer mehr Chinesen überzeugten, dass die alte Ordnung nicht mehr zeitgemäß war. Immer mehr Menschen sahen im Kaisertum den Grund für Chinas Unfähigkeit, ein modernes, geeintes und starkes Land zu werden, und forderten die Umwandlung Chinas in einen republikanischen Nationalstaat.

Der wichtigste Denker beim Übergang von der Monarchie zur Republik war **Sun Yat-sen**, der eine Theorie für die neue Staatsform schuf, die eine Brücke zwischen alten und neuen Vorstellungen baute. Seine Forderungen werden als „Drei Prinzipien" oder „Drei Doktrinen" bezeichnet. Er forderte, dass sich die Chinesen erstens als eine Nation verstehen, in der zweitens alle vor dem Gesetz gleich sind und in der sich drittens der Staat um das Wohlergehen aller Chinesen sorgt (Einheit, Rechte, Absicherung). Diese Vorstellungen entsprachen den europäischen und amerikanischen Vorstellungen eines Nationalstaates, die er in das chinesische Denken integrierte und in China verbreitete.

Das Ende des Kaiserreiches wurde auch durch den Tod der mächtigen Kaiserinwitwe Cixi und ihres (entmachteten) Neffen Guangxu begünstigt. Nachfolger auf dem Thron war mit Kaiser Puyi ein Kleinkind, das keinerlei politischen Einfluss nehmen konnte. Mitte 1911 wurde eine ziemlich kleine revolutionäre Gruppe in Wuhan entdeckt, die wie viele andere Gruppen auch einen Aufstand plante. Nach ihrer Entdeckung blieb ihr nichts anderes übrig als loszuschlagen. Nun brach die politische Ordnung wie ein Kartenhaus zusammen: Eine Provinz nach der anderen erklärte nun ihre Solidarität mit der Revolution. Auf einem Treffen der aufständischen Provinzen wurde Sun Yat-sen zum Provisorischen Präsidenten der Republik China gewählt. Im Februar 1912 trat der gerade sechs Jahre alt gewordene Kaiser Puyi zurück. Damit endete nicht nur die Herrschaft der Qing-Dynastie. Auch das chinesische Kaiserreich, das seit 211 vor Christus existiert hatte, war damit an sein Ende gekommen.

M5 Q Sun Yat-sen (1866–1925): Staatsmann und Vordenker des republikanischen China. Sun Yat-sen lebte schon als Jugendlicher auf Hawaii, studierte in China Medizin und ging nach einem gescheiterten Aufstand 1895 für 16 Jahre ins Exil, das er in Japan, Nordamerika und Europa verbrachte. Als erster Staatspräsident der Republik China und Begründer der sogenannten „Drei Prinzipien" ist er einer der bedeutendsten chinesischen Politiker des 20. Jahrhunderts.

Die Ausgangslage: China und Europa

M6 D Über den Begriff „Reich der Mitte"

Der Sinologe und Publizist Marcus Hernig (*1968) schreibt:

Ursprünglich war der Begriff „Reich der Mitte" ein Plural und bezeichnete die geografische Lage kleiner Fürstentümer am Gelben Fluss, die als „Staaten der Mitte" den Kern des heutigen Chinas bildeten. Im Laufe der Jahrhunderte entstanden weitere Staaten um diese geografischen Kerne herum. Sie wurden schließlich vom Potentaten Qin Shi Huang (259–210 v. Chr.), der sich als „erster Kaiser von Qin" bezeichnete, im Jahr 221 v. Chr. geeint. So wurden die „Länder in der Mitte" zum „Reich der Mitte".

Der geografische Begriff „Reich der Mitte" wurde sehr bald zu einem kulturellen: Das, was in der Mitte lag und ein geeintes Reich bildete, galt als höherstehender und entwickelter als die meist nomadisierenden „Barbarenländer" an der Peripherie. Wer „in der Mitte" lebte, der war gewiss, in einer Region zu leben, die laut Selbstwahrnehmung als politisches und kulturelles Zentrum der Welt galt, ohne dass diese Region viel von der „Außenwelt", besonders jener in Europa, wusste.

Marcus Hernig, „Großartiges Reich der Mitte": Zur Aktualität chinesischer Mythen, in: Aus Politik und Zeitgeschichte vom 22.09.2010, https://www.bpb.de/shop/zeitschriften/apuz/32505/grossartiges-reich-der-mitte-zur-aktualitaet-chinesischer-mythen/ [Zugriff: 09.02.2026]

M7 D Der Konfuzianismus

Als Konfuzianismus bezeichnet man die Lehren, die sich auf den chinesischen Philosophen Konfuzius (vermutlich 551–479 v. Chr.) berufen. Der Historiker Thoralf Klein (*1967) beschreibt Grundelemente des Konfuzianismus und erläutert dessen Bedeutung:

Vom Beginn des 2. vorchristlichen Jahrhunderts bis zum Aufkommen moderner Ideologien stellte das philosophische System des Konfuzianismus, wenn auch mit gewissen Unterbrechungen, die weltanschauliche Grundlage des chinesischen politischen Systems bereit. Wie bei allen großen Weltanschauungen handelte es sich um ein widersprüchlich überliefertes und heterogenes Gedankengebäude, das internen Richtungsstreitigkeiten ausgesetzt und überdies einem zeitlichen Wandel unterworfen war. Zwar stand die Autorität der insgesamt 13 klassischen Texte […] außer Frage. Doch wurden sie immer wieder neu ausgelegt und kommentiert, wobei sie auch Einflüsse anderer Lehren (wie etwa Buddhismus und Daoismus) aufnahmen. Dies gilt insbesondere für den Neokonfuzianismus, der in der Song-Zeit (960–1279) seine höchste Blüte erreichte. Zwar ist es eine unzulässige Vereinfachung, den Konfuzianismus mit der chinesischen Tradition gleichzusetzen und zur einzigen Grundlage der chinesischen Kultur zu erheben. Als offiziell vom Staat propagierter Weltanschauung und geistigem Fundament der Beamtenschaft sowie der Literaten – mithin der politischen und kulturellen Elite Chinas – kam dieser Lehre jedoch während der gesamten Kaiserzeit eine fundamentale Bedeutung für die Stabilität des Reiches zu.

In seiner ursprünglichen Gestalt im chinesischen Altertum war der Konfuzianismus eine Mischung aus individueller Moralphilosophie und politischer Theorie, die sich vorrangig auf die Stellung des Menschen innerhalb der Gesellschaft konzentrierte. Schon die klassischen Texte erblickten einen engen Zusammenhang zwischen der moralischen Selbstkultivierung des Einzelnen und der Herstellung politisch und sozial stabiler Verhältnisse. Ethisch richtiges Handeln fand seinen Ausdruck in der korrekten Einhaltung von grundsätzlich hierarchisch gedachten sozialen Beziehungen. Dass unter den Fünf Grundbeziehungen (Wu lun) des Konfuzianismus nach derjenigen zwischen Vater und Sohn an zweiter Stelle die zwischen Herrscher und Untertan folgt, ist Ausdruck dafür, dass der Konfuzianismus […] den Staat analog zur Familie konstruierte. Die Monarchie war demzufolge die naturgegebene Staatsform, der Herrscher die höchste Autorität und Garant der kosmischen und damit auch der sozialen Stabilität und Harmonie.

Die monarchische Ausrichtung des Konfuzianismus und seine Akzeptanz sozialer Hierarchien fanden jedoch ein Gegengewicht in der Betonung moralischen Regierens. Das Handeln der politisch Verantwortlichen war keineswegs Selbstzweck, sondern hatte dem Wohl des Volkes zu dienen. An eine geregelte politische Partizipation breiter Bevölkerungskreise war damit keineswegs gedacht, doch beinhaltete die Lehre von der Legitimierung der herrschenden Dynastie durch das himmlische Mandat […] ein Widerstandsrecht des Volkes gegen einen unmoralischen oder unfähigen Monarchen. Oberstes gesellschaftspolitisches Ziel des Konfuzianismus blieb die Herstellung einer hierarchisch strukturierten und zugleich von Harmonie und gegenseitigem Nutzen geprägten Gesellschaft.

Da die Konfuzianer annahmen, dass dieses Ziel mit den geeigneten Mitteln grundsätzlich erreichbar sei, mussten sie zu seiner Erreichung keine transzendenten Kräfte bemühen. Die Utopie des Konfuzius war ganz von dieser Welt; sie lag in der vollkommenen Herrschaft des weisen Monarchen der Vorzeit. Die Weisen hatten den Beweis erbracht, dass eine soziale Stabilität durch wohlwollende, tugendhafte Regierung tatsächlich hergestellt werden konnte. Die immer wieder gemachte Beobachtung, dass die politische und soziale Realität diesem Ideal keineswegs entsprach und insbesondere Belohnungen und Strafen nicht in moralisch einwandfreier und gerechter Weise verteilt wurden, stand für die konfuzianischen Gelehrten nicht in grundsätzlichem Widerspruch zur Praktikabilität der Ziele. Die mit diesen Überzeugungen einhergehende Hochschätzung, ja Verklärung der Vergangenheit verlieh dem konfuzianischen Denken, bei aller intellektuellen Flexibilität seiner Vertreter, einen gewissen konservativen Grundzug. Diese waren sich auch mit Ausnahme weniger Außenseiter darüber einig, dass die konfuzianischen Grundprinzipien die höchste moralische und intellektuelle Autorität darstellten. […] Diese Grundprinzipien des Konfuzianismus waren auch in der Qing-Zeit noch gültig und verliehen dem politischen Konfuzianismus seine politische Wirkung. Die Qing-Herrscher förderten aus wohlverstandenem Eigeninteresse vor allem die konfuzianische Morallehre.

Thoralf Klein, Geschichte Chinas. Von 1800 bis zur Gegenwart, Paderborn [2]2009, S. 65–67

Arbeitsvorschläge

32065-0264

1. Beschreiben Sie ausgehend vom Text, was unter „Reich der Mitte" verstanden wurde (M6).
2. Erläutern Sie, warum man begann, mit „Reich der Mitte" eine höherwertige Gesellschaft zu bezeichnen (M6).
3. Geben Sie die Kernaussagen des Textes wieder (M7).
4. Arbeiten Sie heraus, warum der Konfuzianismus von der Qing-Dynastie als politische Legitimation ihrer Herrschaft verstanden werden konnte.
5. Diskutieren Sie, welche Vorstellungen des Konfuzianismus heutigen Vorstellungen von Demokratie entsprechen und welche ihnen widersprechen.

Europäische Interventionen in China

M8 Q „Diese Bitte […] kann nicht in Erwägung gezogen werden"

Großbritannien ist im 18. Jahrhundert der größte Abnehmer chinesischer Exportwaren wie Tee oder Seide. Da es jedoch im Gegenzug seine eigenen Produkte nicht in China absetzen kann, zudem mit Silber bezahlen muss und somit ein großes Handelsdefizit mit China entsteht, schickt der englische König Georg III. (1738–1820) den Lord George Macartney (1737–1806) mit einer Handels- und Militärflotte nach China, um den chinesischen Kaiser davon zu überzeugen, die Märkte Chinas für englische Produkte zu öffnen. Kaiser Qianlong empfängt Lord Macartney 1793 und lehnt den vorgeschlagenen Handels- und Freundschaftsvertrag sowie die Einrichtung einer ständigen diplomatischen Vertretung ab. In seiner Antwort heißt es:

Was Euer dringendes Gesuch angeht, einen Eurer Untertanen abzuordnen, dass er an meinem Himmlischen Hof akkreditiert werde und die Kontrolle über den Handel Eures Landes mit China ausüben soll, so steht diese Bitte im Gegensatz zu den Gewohnheiten meiner Dynastie und kann nicht in Erwägung gezogen werden […]. Wenn Ihr versichert, dass Eure Hochachtung für Unsere Himmlische Dynastie Euch mit dem Wunsch nach unserer Kultur erfüllt, muss doch darauf hingewiesen werden, dass unsere Gebräuche und Gesetzgebung sich so vollständig von den Euren unterscheiden, dass, selbst wenn Euer Gesandter in der Lage wäre, die Ansätze unserer Kultur aufzunehmen, unsere Gewohnheiten und Sitten unmöglich in Euern fremden Boden verpflanzt werden könnten. Daher würde durch die Bestellung eines Botschafters nichts gewonnen werden, wie geschickt er auch sein würde. Meine Herrschaft über die weite Welt hat das eine Ziel, vollkommen zu regieren und die Staatspflichten zu erfüllen: Fremde und kostspielige Gegenstände interessieren mich nicht. […] Der hervorragende Ruf unserer Dynastie ist in jedes Land unter dem Himmel gelangt, und Herrscher aller Völker haben ihre Tributabgabe auf dem Land- und Seeweg überbracht. Wie Euer Gesandter mit eigenen Augen sehen kann, besitzen wir alles. Ich lege keinen Wert auf fremde Gegenstände, die fremdländisch oder geschickt erfunden sind, und ich habe keine Verwendung für die Produktion Eures Landes. […] Es schickt sich, o König, meinen Willen zu achten und mir in Zukunft noch größere Verehrung und Loyalität zu erweisen, sodass Ihr durch ständige Unterwerfung unter unseren Thron Frieden und Wohlwollen für Euer Land sichert.

Zitiert nach: Günter Schönbrunn (Bearb.), Das bürgerliche Zeitalter 1815–1914 (Geschichte in Quellen, Bd. 5) München 1980, S. 531 f.

M9 Q Der Vertrag von Nanjing (1842)

Nach den militärischen Erfolgen der Briten in China wird ein Friedens- und Freundschaftsvertrag zwischen Großbritannien und China unterzeichnet. Im Folgenden sind sechs der insgesamt 13 Artikel ganz oder teilweise wiedergegeben:

Art. 1 Es sollen fortan Friede und Freundschaft zwischen Ihrer Majestät der Königin des Vereinigten Königreiches von Großbritannien und Irland und Seiner Majestät dem Kaiser von China sowie ihren jeweiligen Untertanen herrschen. [...]

Art. 2 Seine Majestät der Kaiser von China stimmt zu, dass es britischen Untertanen mit ihren Familien und Einrichtungen erlaubt sein soll, zum Zweck der Verfolgung ihrer kaufmännischen Ziele, ohne Belästigung oder Einschränkung in den Städten Kanton, Amoy, Fuzhou, Nigbo und Shanghai zu wohnen. [...] Und Ihre Majestät die Königin von Großbritannien usw. wird Superintendenten oder Konsularbeamte ernennen, die in jeder der oben genannten Städte residieren, um als Mittel zur Kommunikation zwischen den chinesischen Behörden und den besagten Kaufleuten zu fungieren. [...]

Art. 3 Da es offensichtlich notwendig und wünschenswert ist, dass britische Untertanen einen Hafen haben, wo sie, wenn nötig, ihre Schiffe kielholen und ausbessern und zu diesem Zweck Vorratslager anlegen können, tritt Seine Majestät der Kaiser von China Ihrer Majestät der Königin von Großbritannien usw. die Insel Hongkong ab. Diese soll für immerdar im Besitz Ihrer Majestät sowie ihrer Erben und Nachfolger verbleiben und durch solche Gesetze regiert werden, wie Ihre Majestät die Königin von Großbritannien usw. sie zu verfügen gedenkt.

Art. 4 Der Kaiser von China willigt ein, die Summe von 6 000 000 Dollar zu zahlen, als Gegenwert für das Opium, das als Lösegeld für das Leben des britischen Superintendenten und britischer Untertanen [...] im März 1839 in Kanton abgeliefert wurde.

Art. 5 Nachdem die chinesische Regierung die in Kanton handelnden britischen Kaufleute gezwungen hat, Geschäfte ausschließlich mit bestimmten chinesischen Kaufleuten abzuschließen, die Hong-Kaufleute (oder Co-Hong) genannt werden und denen die chinesische Regierung zu diesem Zweck eine Lizenz ausgestellt hat, verpflichtet sich der Kaiser von China, diese Praxis in Zukunft in allen Häfen abzuschaffen, wo britische Kaufleute residieren, und diesen zu gestatten, ihre kaufmännischen Transaktionen mit jeder beliebigen Person abzuschließen, mit der sie dies zu tun wünschen. Seine Kaiserliche Majestät willigt weiterhin ein, der britischen Regierung die Summe von 3 000 000 Dollar zu zahlen, wegen der britischen Untertanen zustehenden Schulden seitens einiger Hong-Kaufleute oder Co-Hong, die zahlungsunfähig geworden und Untertanen Ihrer Britannischen Majestät hohe Geldsummen schuldig sind.

Art. 6 Da die britische Regierung verpflichtet gewesen ist, eine Expedition zu entsenden, um Wiedergutmachung für das gewalttätige und ungerechte Vorgehen der Hohen Chinesischen Behörden gegen Beamte und Untertanen Ihrer Britannischen Majestät zu fordern und zu erhalten, willigt der Kaiser von China ein, die Summe von 12 000 000 Dollar für die getätigten Ausgaben zu zahlen.

Zitiert nach: Dokumente zur Geschichte der europäischen Expansion, Bd. 8: Das Ende des alten Kolonialsystems, hrsg. von Christian Büschges und Stefan Rinke, Wiesbaden 2019, S. 463–465

M 10 Q Missionierung in China

a) Der deutsche Geograf und Forscher Ferdinand von Richthofen (1833–1905) reist mehrere Jahre durch Asien und versucht, sich als Chinaexperte zu profilieren. Auch um als Wissenschaftler in einem besseren Licht zu erscheinen, verfasst er scharfe Kritiken an anderen in China lebenden Europäern. 1898 berichtet er über Missionare des Franziskaner-Ordens in der Provinz Shandong an der Ostküste Chinas:

Die Geografie von China war den Missionaren unbekannt, und selbst in ihrer eigenen Provinz kannten sie wenig mehr als die Namen und annähernde Lage der Missionsstationen. [...] Es setzte mich besonders in Verwunderung, dass die meisten die chinesische Sprache nicht beherrschten und sich um die Erlernung der Schriftzeichen nicht kümmerten. Überhaupt hatten sie, mit Ausnahme der Förmlichkeiten, von allem, was chinesisch ist, unvollkommene Vorstellungen und hielten es nicht für der Mühe wert, in dessen Geist einzudringen. [...] Hier [in Jinan], wie anderwärts, hörte ich die Klage, dass die meisten der neuen Christen sich nur taufen ließen, um den fremden Schutz zu erhalten.

b) Der seit 1895 als österreichischer Botschafter in China tätige Arthur von Rosthorn (1862–1945) schreibt über die christlichen Missionen:

Die religiöse Propaganda – China durch den Frieden von Nanking [Nanjing] im Jahre 1842 aufgezwungen – war dem Volke und der Regierung schon lange ein Dorn im Auge. Nicht als ob die Chinesen in religiöser Hinsicht fanatisch oder auch nur intolerant wären; allein die christlichen Kirchen verboten den Ahnenkult, der die Grundlage der Familienordnung ist, und die Konvertiten lösten sich naturgemäß aus der Familiengemeinschaft los, was zu allerlei Streitigkeiten und Störungen des sozialen Gleichgewichts führte. Dazu kam, dass die katholische Geistlichkeit ihre Proselyten vielfach durch persönliche Intervention bei den Behörden begünstigte, was bisweilen Rechtsbeugungen zur Folge hatte und böses Blut machte. Dem abergläubischen Volke war leicht einzureden, dass die Missionen, welche in selbstloser

Weise Spitäler und Orphelinate unterhielten, diese Institute kommerziell ausbeuteten.

c) Der Historiker Thoralf Klein geht auf positive Folgen der christlichen Missionierung ein:

Der positive Aspekt, das Engagement der Mission für die Modernisierung Chinas, machte sich denn auch vor allem in den beiden Jahrzehnten nach 1900 bemerkbar. Begonnen hatte es jedoch weitaus früher. Schon in den 1860er-Jahren hatten einige Missionare der Selbststärkungsbewegung vor allem mit Übersetzungen wissenschaftlicher Werke zugearbeitet, andere gründeten Krankenhäuser, Schulen und Universitäten. Sie setzten sich auch für gesellschaftliche Reformen ein, etwa für die Abschaffung des Füßebindens bei Frauen oder die Bekämpfung des Opiumkonsums. Mit diesen Maßnahmen unterstützten sie den chinesischen Staat in seinen Modernisierungsbestrebungen und machten sich dort unentbehrlich, wo dessen Kapazitäten nicht ausreichten. Insgesamt gingen die Protestanten mit größerem Einsatz zu Werke als die Katholiken, wobei die führende Rolle wiederum den Amerikanern zufiel. Viele von diesen stützten sich auf die Idee des „Social Gospel", der zufolge die Christianisierung nicht mehr durch direkte Evangelisierung, sondern mittels sozialer Projekte erfolgen sollte. Diese Impulse wirkten sich auch auf die chinesischen Christen aus: In den Großstädten wurden sie infolge ihrer modernen Ausbildung Teil der neuen professionellen Mittelklasse; auf dem Land galt dies hingegen nur für diejenigen, die den Sprung in die Städte schafften.
Infolgedessen galt das Christentum in China bis in die 1920er-Jahre als genuin moderne Religion.

a) und b) zitiert nach: Sabine Dabringhaus, Der Boxer-Aufstand in China (1898–1900). Studienbrief der FernUniversität Hagen. Grundkurs Neuzeitliches Asien, Kurseinheit 7, 1992, S. 28 f.; c) Thoralf Klein, Geschichte Chinas. Von 1800 bis zur Gegenwart, Paderborn ^{2}2009, S. 280

M 11 Q Die USA verkünden eine Politik der „offenen Tür"

Der amerikanische Außenminister John Hay (1838–1905) richtet am 6. November 1899 ein Rundschreiben an die Regierungen von Deutschland, Großbritannien, Frankreich, Russland und Japan:

Die Vereinigten Staaten haben das ernste Bestreben, allen Grund für Spannungen zu beseitigen, und wünschen zugleich, dem Handel aller Nationen die unbezweifelbaren Vorteile zu sichern, welche aus einer formellen Anerkennung der dort „Interessensphären" beanspruchenden Mächte entstehen würden. Sie wünschen, dass alle Nationen vollständige Gleichheit bei der Behandlung ihres Handels und ihrer Schifffahrt innerhalb solcher Sphären genießen sollen. Deshalb würde es die Regierung der Vereinigten Staaten begrüßen, wenn die Regierung Ihrer Majestät formelle Zusicherungen gäbe und dazu mithülfe, ähnliche Zusicherungen von den anderen interessierten Mächten (über die folgenden Punkte) zu erlangen. Erstens soll in keiner Weise in irgendwelchen Vertragshäfen und überkommenen Privilegien innerhalb Chinas interveniert werden. Zweitens soll der derzeitige chinesische Vertragszoll auf alle Güter innerhalb der genannten „Interessensphären" erhoben werden (außer in den „freien Häfen"), und zwar unabhängig davon, von welcher Nation diese Güter stammen. Die so erhobenen Zölle sollen von der chinesischen Regierung eingezogen werden. Drittens soll eine solche Macht keine höheren Hafengebühren für Schiffe fremder Nationalität in einem Hafen innerhalb einer solchen Sphäre erheben, und für keine Güter sollen von irgendeiner Nation höhere Eisenbahnfrachtraten verlangt werden, als sie für ähnliche Güter von den eigenen Bürgern über gleiche Transportentfernungen erhoben werden.

Zitiert nach: Günter Schönbrunn (Bearb.), Das bürgerliche Zeitalter 1815–1914 (Geschichte in Quellen, Bd. 5), München 1980, S. 599

Bildinformation
31000-948

M 12 Q Open Door Policy

Arbeitsvorschläge

32065-0265

1. Erklären Sie, wie die europäischen Mächte die Öffnung Chinas erzwangen (Darstellungstext).
2. Arbeiten Sie die Haltung des chinesischen Kaisers gegenüber dem englischen König und sein Selbstverständnis in Bezug auf die Außenwelt heraus (M8).
3. Entwickeln Sie eine Antwort des englischen Königs in Form eines Briefes an den chinesischen Kaiser (M8).
4. Erstellen Sie eine Tabelle, in der Sie in einer Spalte die Vorteile für Großbritannien und in der anderen die Vorteile für China festhalten, die sich aus dem Vertrag ergeben (M9). | F
5. Erläutern Sie, welche Interessen Großbritanniens in dem Vertrag zum Ausdruck kommen (M9).
6. Beurteilen Sie, inwiefern dieser Vertrag einen Bruch oder eine Kontinuität in der chinesischen Außenpolitik darstellte. Denken Sie auch an die Beziehungen zu Russland, anderen innerasiatischen Regionen und Südostasien (M9).
7. Beschreiben Sie, wie die Tätigkeit der Missionare in China dargestellt wird (M10).
8. Erläutern Sie, warum die Missionare in China als Bedrohung empfunden wurden (M10 b).
9. Erklären Sie, inwiefern das Christentum als etwas Fremdes in China verstanden werden konnte (M10 c).
10. a) Erörtern Sie, welche Rolle die christliche Missionierung bzw. die Missionare in China nach Thoralf Klein einnahmen (M10 c).
    b) Vergleichen Sie mit der Darstellung von Ferdinand von Richthofen (M10 a).
11. Erläutern Sie anhand von M11 die amerikanische „Open Door Policy". | H
12. Arbeiten Sie heraus, wer von dieser Politik profitiert (M11). | H
13. Erklären Sie, für welche Land jeweils die drei Männer im Vordergrund stehen. Begründen Sie Ihre Meinung (M12).
14. Analysieren Sie die Haltung des Karikaturisten zur „Open Door"-Politik der USA (M12).

Chinesische Reaktionen auf den europäischen Einfluss

M 13 Q Reformen sind notwendig

Nach der Niederlage im Krieg gegen Japan (1895) wächst in China das Bewusstsein über die Notwendigkeit von schnellen und umfassenden Reformen. Liang Qichao gehört zu den wichtigsten Gelehrten des Landes und setzt sich in seinen Schriften vehement für die Modernisierung Chinas ein. Er ist einer der intellektuellen Köpfe der Reform der hundert Tage von 1898 und flieht nach Entmachtung der Reformkräfte nach Japan. In einem Text von 1896 skizziert er einige der Grundüberzeugungen der Reformbewegung:

Diejenigen, die gegen Veränderungen eintreten, behaupten fortwährend: „Wir folgen den Vorfahren, folgen den Vorfahren." Wissen sie, dass von den prähistorischen, antiken, mittelalterlichen und modernen Zeiten bis zum gegenwärtigen Tage viele Hunderttausende und Myriaden[1] von Veränderungen geschehen sind? […] Dennoch dachten der Prinz und das Volk, die oberen und unteren Klassen immer störrisch, dass „unsere heutigen Gesetze von unseren Vorfahren benutzt wurden, um das Reich zu regieren, und es wurde gut regiert". Sie beachteten diese [Gesetze] starrsinnig, folgten der Tradition kritiklos. […]
Das Alter des Landes China kommt dem Indiens gleich, und die Fruchtbarkeit des Landes ist der Türkei überlegen, aber Chinas Anpassung an fehlerhafte Denkweisen und die Unfähigkeit sich aufzuraffen macht es auch zu einem Bruder dieser zwei Länder. […] Immer wenn es eine Überschwemmung oder eine Trockenheit gibt, sich die Verkehrsverhältnisse verschlechtern, gibt es keine Möglichkeit, Nahrungsmittel zu transportieren […]. Die Mitglieder von Geheimgesellschaften sind über das ganze Land verbreitet und warten auf ihre Chance. Die Industrie ist unterentwickelt, Debatten über den Handel finden nicht statt, die selbst erzeugten Güter sind täglich schwerer zu verkaufen. […] Der Druck nimmt jeden Tag zu und unsere finanziellen Quellen sind fast ausgetrocknet. Die Schulen werden schlecht verwaltet und die Studenten […] wissen nicht, wie man auch nur ein praktisches Ding erledigt. Die fähigsten Studenten arbeiten an kleinen Übungen, an blumenreichem Schreiben und an verschiedenen Kleinigkeiten. Erzähle ihnen über die Weite der Ozeane, so reißen sie ihre Augen auf und glauben es nicht. […]
[In den europäischen Ländern] wird die Industrie gefördert und der Handel geschützt, weil die Europäer fürchten, dass die Quellen des Reichtums von anderen erobert werden könnten und ihr Land dadurch geschwächt und erschüttert würde. Generäle müssen über Kenntnisse verfügen, Soldaten müssen lesen und schreiben können und Tag und Nacht so üben, als ob ein Feind bereits im Anmarsch wäre; […] ihre Schiffe und Waffen sind modern und sie wetteifern miteinander in Manövern, weil sie fühlen, dass sie bereits bei der leichtesten militäri-

[1] **Myriade**: im Griechischen eine Anzahl von 10 000; steht im Plural meist für eine unzählige, große Menge

schen Schwäche geschlagen werden würden und sich vielleicht niemals wieder erheben könnten. Alle anderen verwaltungstechnischen Maßnahmen sind ähnlich. Sie konkurrieren miteinander und stimulieren sich gegenseitig jeden Tag. Deshalb entwickeln sie ihre Talente und die Weisheit ihres Volkes durch Nacheiferung, und der Wohlstand und die Stärke ihrer Länder reichen immer aus, dass sie gegeneinander Krieg führen können. [...] Aber dieses sogenannte unabhängige oder isolierte Land, China, hat niemals große Feinde gesehen. Stolz betrachtet es sich selbst als hoch und mächtig und behauptet, niemand käme ihm gleich.

Zitiert nach: Ssu-yu Teng und John K. Fairbank, China's Response to the West. A Documentary Survey 1839–1923, Cambridge/Mass. 1965, S. 154–157 (Übersetzung: Boris Barth)

M 14 Q Die Boxerbewegung

a) Die Unzufriedenheit auf dem Land im Nordosten Chinas führt Ende des 19. Jahrhunderts zur sogenannten Boxerbewegung. Die Bewegung hat kein klares Programm, sondern richtet sich vor allem gegen den Einfluss von Ausländern, die Verbreitung des Christentums und allgemein alle Neuerungen. In einigen Verlautbarungen erläutern die Boxer ihre Vorstellungen. So heißt es in einem ihrer Aufrufe aus dem Jahr 1900:

Seit der Periode von Hsien-feng[1] haben die Katholiken mit Fremden konspiriert, haben China Schwierigkeiten bereitet, unser Nationaleinkommen vergeudet, unsere Klöster aufgebrochen, buddhistische Bilder zerstört und die Friedhöfe unseres Volkes beschlagnahmt. [...] Dies hat auch die Bäume und Pflanzen des Volkes betroffen, sodass sie durch Katastrophen von Heuschrecken und Trockenheit fast in jedem Jahr leiden müssen. Unsere Nation ist des Friedens und unser Volk der Sicherheit beraubt. [...] Weil einige Personen ihre fremde Religion und betrügerische Technik nutzen, das Volk zu täuschen, ist der Himmel oben zornig und sendet viele kluge Männer, um auf die Erde herabzusteigen und zu dem göttlichen Altar zu kommen, damit unsere Jugend in die I-ho-Gesellschaft initiiert wird. „I" bedeutet Freundlichkeit, und „ho" bedeutet Höflichkeit; Freundlichkeit und Höflichkeit werden Stadt und Land friedlich und harmonisch machen. Unser Volk soll die richtigen Prinzipien und Tugenden als Grundlage nehmen und soll sich der Landwirtschaft als seinem Beruf ergeben. Das Volk soll dem Buddhismus folgen und gehorchen.

Zitiert nach: Ssu-yu Teng und John K. Fairbank, China's Response to the West. A Documentary Survey 1839–1923, Cambridge/Mass. 1965, S. 189 (Übersetzung: Boris Barth)

b) Im Sommer 1900 verbreiten die Boxer Plakate mit folgendem Text:

Die Geister helfen den Fäusten, den Milizen für Gerechtigkeit und Eintracht, aus dem einfachen Grund, weil die Teufel in China Unruhe stiften. [...] Der Herrscher des Himmels ist wütend, der Herrscher der Unsterblichen ist ärgerlich, gemeinsam steigen sie die Berge herab, um die Lehre zu verkünden. Die Geister kommen aus den Höhlen heraus, die Unsterblichen steigen die Berge herab, sie verbinden sich mit den menschlichen Körpern, um den Faustkampf zu üben. Sie zerstören Eisenbahngleise, sie reißen Telegrafendrähte herunter und brennen wütend Dampfschiffe nieder. Die großen französischen Teufel sind in ihren Herzen von gewaltiger Angst ergriffen, die Engländer, Amerikaner, Deutschen und Russen sind alle in einer unangenehmen Lage. Die ausländischen Teufel werden alle vollkommen vernichtet. Die große Qing beruhigt das Land völlig.

Zitiert nach: Sabine Dabringhaus, Der Boxeraufstand in China (1900/1901). Die Militarisierung des kulturellen Konflikts, in: Eva Maria Auch und Stig Förster (Hrsg.), „Barbaren" und „Weiße Teufel". Kulturkonflikte und Imperialismus in Asien vom 18. bis zum 20. Jahrhundert, Paderborn 1997, S. 123–144, hier S. 123

M 15 Q „Pardon wird nicht gegeben"

Kaiser Wilhelm II. (1859–1941) sieht in der Niederschlagung des Boxeraufstands eine gute Gelegenheit, die Macht des Deutschen Reiches im fernen Osten zu demonstrieren und zu vergrößern. Deutschland gehört zu den acht Nationen, die den Boxeraufstand niederwerfen, auch wenn nur ganz wenige deutsche Soldaten in dem ca. 20 000 Mann starken Expeditionskorps kämpfen. Dieses Korps besteht aus Einheiten, die sich bereits in Asien befinden. Es marschiert Anfang August los und hat Beijing schon am 14. August 1900 eingenommen. Es ist daher von vornherein klar, dass der große deutsche Verband von etwa 17 000 Soldaten, der am 2. August 1900 Bremerhaven verlässt, bei der Niederschlagung des Aufstands selbst nicht benötigt werden wird. Kaiser Wilhelm II. hält bei der Verabschiedung des Korps am 27. Juli eine Rede, bei der er auf die Ermordung des deutschen Gesandten Clemens von Ketteler und die Belagerung des Gesandtschaftsviertels durch die Boxer Bezug nimmt. Obwohl die Reichsbehörden gegenüber der Presse auf eine teilweise Streichung der Rede bestehen, wird sie am folgenden Tag vollständig in der Nordwestdeutschen Zeitung publiziert und als „Hunnenrede" Wilhelms II. weltbekannt:

Zum ersten Mal, seit das Deutsche Reich wiedererstanden ist, tritt an Sie eine große überseeische Aufgabe heran. Dieselben sind früher in größerer Ausdehnung an uns herangetreten, als die meisten Meiner

[1] **Hsien-feng** (1831–1861): auch Xianfeng, Kaiser von 1850 bis 1861

Landsleute erwartet haben. Sie sind die Folgen davon, dass das Deutsche Reich wiedererstanden ist und damit die Verpflichtung hat, für seine im Ausland lebenden Brüder einzustehen im Momente der Gefahr. [...]

Die Aufgabe, zu der Ich Euch hinaussende, ist eine große. Ihr sollt schweres Unrecht sühnen. Ein Volk, das, wie die Chinesen, es wagt, tausendjährige alte Völkerrechte umzuwerfen und der Heiligkeit der Gesandten und der Heiligkeit des Gastrechts in abscheulicher Weise hohnspricht, das ist ein Vorfall, wie er in der Weltgeschichte noch nicht vorgekommen ist und dazu von einem Volke, welches stolz ist auf eine vieltausendjährige Kultur. Aber Ihr könnt daraus ersehen, wohin eine Kultur kommt, die nicht auf dem Christentum aufgebaut ist: Jede heidnische Kultur, mag sie noch so schön und herrlich sein, geht zugrunde, wenn große Aufgaben an sie herantreten. So sende ich Euch aus, dass Ihr bewähren sollt einmal Eure alte deutsche Tüchtigkeit, zum zweiten die Hingebung, die Tapferkeit und das freudige Ertragen jedweden Ungemachs und zum dritten Ehre und Ruhm unserer Waffen und Fahnen. Ihr sollt Beispiele abgeben von der Manneszucht und Disziplin, aber auch der Überwindung und Selbstbeherrschung. Ihr sollt fechten gegen eine gut bewaffnete Macht, aber Ihr sollt auch rächen, nicht nur den Tod des Gesandten, sondern auch vieler Deutscher und Europäer. Kommt ihr an den Feind, so wird er geschlagen, Pardon wird nicht gegeben; Gefangene nicht gemacht. Wer Euch in die Hände fällt, sei in Eurer Hand. Wie vor tausend Jahren die Hunnen unter König Etzel sich einen Namen gemacht, der sie noch jetzt in der Überlieferung gewaltig erscheinen lässt, so möge der Name Deutschland in China in einer solchen Weise bekannt werden, dass niemals wieder ein Chinese es wagt, einen Deutschen auch nur scheel anzusehen. [...] Gebt, wo es auch sei, Beweise Eures Mutes, und der Segen Gottes wird sich an Eure Fahnen heften und es Euch geben, dass das Christentum in jenem Lande seinen Eingang finde. Dafür steht Ihr Mir mit Eurem Fahneneid, und nun glückliche Reise. Adieu Kameraden.

Zitiert nach: Bernd Sösemann, Die sogenannte Hunnenrede Wilhelms II. Textkritische und interpretatorische Bemerkungen zur Ansprache des Kaisers vom 27. Juli 1900 in Bremerhaven, in: Historische Zeitschrift 222 (1976), S. 349 f.

Kaiser Wilhelm II. bei der Verabschiedung des deutschen Expeditionskorps.
Fotografie vom 27. Juli 1900.
Der Kaiser ist auf dem Foto vorne links auf der Empore zu sehen.

M16 D Der kurzlebige demokratische Aufbruch

Der Sinologe Kai Vogelsang beschreibt die Schwächen der nach dem Ende des Kaiserreiches gegründeten Republik und ihr schnelles Ende:

Die chinesische Revolution war nicht vom gemeinen Volk ausgegangen, das unter der Last der Steuern ächzte, sondern von Kaufleuten, Intellektuellen, Offizieren, Beamten, Landbesitzern – höchstens 5 Prozent des Volks. Das Dilemma der Revolution: Der Aufstand der Eliten garantierte ihren Erfolg und setzte diesem Erfolg zugleich Grenzen. Was diese Eliten vereinte, waren zudem nur zwei Ziele: der Sturz der Manju-Herrschaft[1] und die Schaffung einer Republik. Als die Ziele erreicht waren, wurde alles viel komplizierter.

Die Republik, der die Gründer „10 000 Jahre" gewünscht hatten, war politisch eine Totgeburt. Bereits nach sechs Wochen musste Sun Yat sen als Präsident zurücktreten und das Amt [...] an Yuan Shikai abgeben. Der „Vater der Republik" zog sich zurück, und ein erzkonservativer Haudegen usurpierte die Revolution. Zwar gab es einen Verfassungsentwurf, der alle Macht dem Volk zusprach, eine Übergangsregierung und ein vorläufiges Parlament, in dem etwa ein Dutzend neugegründete Parteien vertreten waren. Song Jiaoren[2] hatte den „Schwurbund" 1912 zur „Nationalen Volkspartei" (Guomindang, kurz GMD) umgewandelt, im selben Jahr wurde eine sozialistische Partei gegründet, eine anarchistische Partei war schon 1906 in Paris entstanden, Liang Qichao[3] hatte eine „Demokratische Partei" (Minzhu dang) ins Leben gerufen. Diese Gruppierungen traten im Sommer 1912 zu den ersten Parlamentswahlen an. Wahlberechtigt waren Männer – keine Frauen – ab 21 Jahren, die über Schulbildung und ein gewisses Vermögen verfügten, etwa 5 Prozent der Bevölkerung: die ersten halbwegs demokratischen Wahlen eines nationalen Parlaments in der chinesischen Geschichte – und bis heute die letzten. Die Guomindang ging als Sieger hervor, doch das demokratische Experiment wurde schnell zunichtegemacht. Im März 1913 wurde Song Jiaoren, der Kopf der Guomindang, auf dem Bahnhof von Shanghai erschossen, wahrscheinlich im Auftrag von Yuan Shikai. Kurz darauf setzte Yuan drei Gouverneure der Guomindang ab, woraufhin sieben Provinzen sich von ihm lossagten: eine „zweite Revolution", die Yuans Truppen jedoch schnell niederschlugen. Jetzt herrschte Kriegsrecht. Sun Yat-sen musste abermals nach Japan fliehen, im Januar 1914 löste Yuan Shikai das Parlament auf. Der Präsident war zum Diktator geworden.

Kai Vogelsang, Geschichte Chinas, Ditzingen [5]2013, S. 500f.

[1] **Manju-Herrschaft**: Herrschaft der Qing-Dynastie, die aus der Mandschurei stammte

[2] **Song Jiaoren** (1882–1913): Mitbegründer und Vorsitzender der Guomindang

Arbeitsvorschläge

32065-0266

1. Fassen Sie zusammen, warum Liang Qichao Reformen des chinesischen Staates für notwendig hält (M13).
2. Erklären Sie die Ursachen, auf die Liang Qiacho die Lage seines Landes zurückführt (M13).
3. Analysieren Sie Liangs Bild von Europa (M13).
4. Entwickeln Sie aus den Ausführungen von Liang Qiacho ein konkretes Reformprogramm (M13).
5. Arbeiten Sie aus den Quellen die Motive der Boxerbewegung heraus. Welche kulturellen und gesellschaftlichen Vorstellungen werden hier deutlich (M14)?
6. Vergleichen Sie in tabellarischer Form Beweggründe und Ziele der Boxerbewegung mit jenen des Reformers Liang Qichao. Bestimmen Sie jeweils das Verhältnis zur Regierung und überlegen Sie, welche Schlüsse sich auf Herkunft und Stellung der Boxerbewegung und des Reformers ziehen lassen (M13, M14).
7. Nehmen Sie zu der Art und Weise Stellung, mit der die Boxerbewegung ihre Ziele erreichen will (M14).
8. Geben Sie die wesentlichen Inhalte der Ansprache Kaiser Wilhelms II. wieder (M15).
9. a) Analysieren Sie Stil und Wortwahl der Ansprache (M15).
   b) Charakterisieren Sie die Sichtweise des Kaisers gegenüber China (M15).
10. Erläutern Sie, warum die Reichsbehörden eine Veröffentlichung der vollständigen Rede zu verhindern suchten (M15).
11. Diskutieren Sie, warum das Deutsche Reich Truppen nach China schickte, obwohl diese Truppen innerhalb der Acht-Nationen-Allianz für die Niederschlagung des Aufstands nicht nötig waren (M15).
12. Geben Sie M16 in eigenen Worten wieder.
13. Erläutern Sie, warum Kai Vogelsang die Republik für eine „Totgeburt" (Z. 12) hält (M16).
14. Beurteilen Sie, ob man die Republik zwischen 1912 und 1914 als Demokratie bezeichnen kann.

Leitfrage

Nehmen Sie Stellung:

China und die imperialistischen Mächte - eine Kolonialisierung durch die Hintertür?

M1 D Schema zum Verlauf von Revolutionen

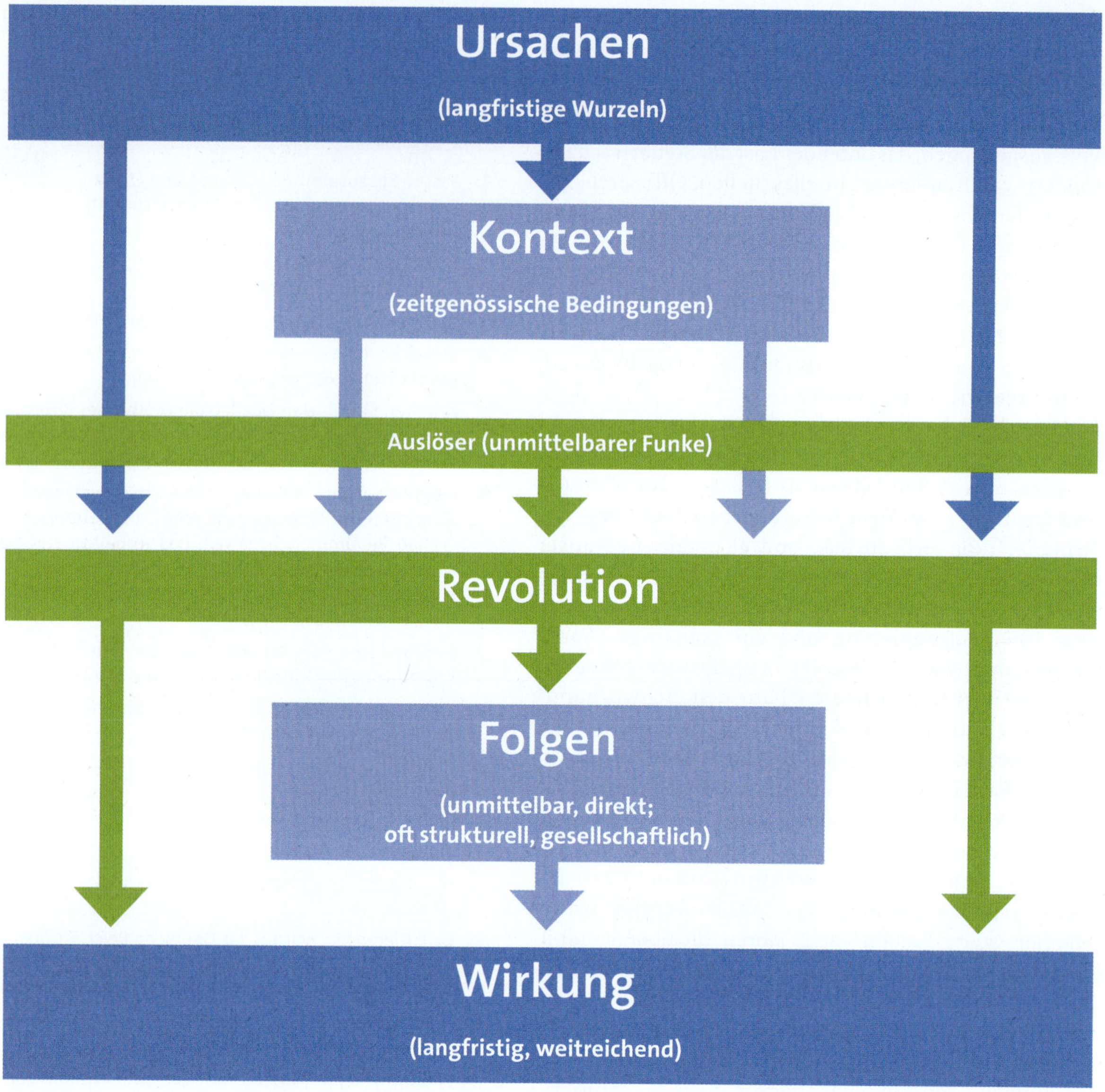

M2 D Geschichtswissenschaftliche Theorien zum Wirtschaftswachstum

In der Geschichtswissenschaft existieren unterschiedliche Theorien, um Wirtschaftswachstum bzw. die wirtschaftliche Entwicklung von Gesellschaften und Nationen zu erklären. In diesem Gruppenpuzzle lernen sie sechs davon kennen und wenden sie auf die Industrialisierung in Deutschland im 19. Jahrhundert an.

32065-0400

M3 D „Erschwinglichkeit wird zur neuen Sozialen Frage“

Marcel Fratzscher, der Präsident des Deutschen Instituts für Wirtschaftsforschung, schreibt am 19. Dezember 2025 in der Zeit über die Definition der Sozialen Frage im heutigen Deutschland und ihre Relevanz:

Die Frage, ob Menschen sich ihr Leben noch leisten können, ist längst zu einer der wichtigsten politischen und gesellschaftlichen Fragen in vielen westlichen Demokratien geworden. […] Die rasant gestiegenen Lebenshaltungskosten spalten auch unser Land – ökonomisch und politisch. Die Kombination aus hohen Mieten, stark gestiegenen Energiepreisen und teuren Lebensmitteln trifft vor allem die Mitte der Gesellschaft und die ärmeren Haushalte. Sie nagt an der ökonomischen Sicherheit und am gesellschaftlichen Vertrauen. Doch es geht um weit mehr als Preise an der Supermarktkasse oder Heizkostenabrechnungen. Es geht um das Gefühl, dass Leistung sich nicht mehr lohnt, dass der eigene Lebensstandard bedroht ist und dass die Politik die Sorgen vieler Menschen nicht mehr wahrnimmt. Die wirtschaftliche Entwicklung der letzten vier Jahre hat tiefe Spuren hinterlassen. Zwar sind die Inflationsraten inzwischen gesunken, doch die Preise bleiben auf einem hohen Niveau. Der entscheidende Punkt ist: Menschen mit geringem Einkommen haben eine viel höhere persönliche Inflationsrate erlebt – teilweise das Drei- bis Vierfache der offiziellen Rate. Denn sie geben einen großen Teil ihres Einkommens für Grundbedürfnisse aus – für Lebensmittel, Energie, Miete und Mobilität –, und genau hier sind die Preise besonders gestiegen. […]

Die Inflation ist damit auch ein verteilungspolitisches Problem. Sie wirkt wie eine versteckte Steuer, die vor allem jene trifft, die ohnehin wenig haben. Der Staat profitiert hingegen von steigenden Steuereinnahmen, weil höhere Preise auch höhere Mehrwertsteuereinnahmen bedeuten. Auch viele große Konzerne konnten ihre Gewinne in der Inflationsphase deutlich steigern, während kleine Unternehmen und Verbraucher unter den Preissteigerungen litten.

Diese Entwicklung ist gefährlich. Es entsteht Frust – und dieser Frust sucht sich politische Ventile. In den unteren Einkommensgruppen und in der Mittelschicht wächst das Gefühl, abgehängt zu werden, während andere profitieren. Genau dieser Vertrauensverlust hat in vielen westlichen Demokratien zu einem Rechtsruck beigetragen. […] Die bisherigen politischen Maßnahmen greifen zu kurz. Das Inflationsausgleichsgesetz etwa entlastet vor allem mittlere und höhere Einkommen, während einkommensschwache Haushalte kaum profitieren. Pauschale Hilfen wie der Tankrabatt waren ineffizient und verteilungspolitisch falsch. Stattdessen braucht es gezielte Unterstützung: eine höhere Grundsicherung, direkte Leistungen für Geringverdienende, eine gezielte Entlastung bei Energie- und Wohnkosten.

Ein besonders wirksamer Schritt wäre die Abschaffung der Mehrwertsteuer auf Grundnahrungsmittel. Diese Maßnahme würde unmittelbar jene entlasten, die am meisten unter steigenden Lebensmittelpreisen leiden, und sie wäre sozial zielgenauer als viele andere Entlastungsprogramme. Die Absenkung der Mehrwertsteuer für die Gastronomie – wovon vor allem Besserverdienende profitieren – ist aus dieser Perspektive kontraproduktiv. Auch deshalb ist die deutliche Erhöhung des Mindestlohns in den kommenden beiden Jahren so wichtig. […] Wir brauchen eine nationale Strategie für Erschwinglichkeit: mehr sozialen Wohnungsbau, gezielte Investitionen in Energieeffizienz, eine Reform der Preisbildung bei Strom und Gas sowie eine Steuerpolitik, die gezielt entlastet, statt pauschal subventioniert. Also eine Wirtschaftspolitik, die nicht nur Wachstum, sondern Lebensqualität als Ziel hat. […] Die Lösung liegt nicht in Symbolpolitik oder kurzfristigen Entlastungen, sondern in einer langfristigen Wirtschafts- und Sozialpolitik, die allen Menschen ermöglicht, ein gutes Leben zu führen – unabhängig von Einkommen, Herkunft oder Wohnort.

Marcel Fratzscher, Erschwinglichkeit wird zur neuen Sozialen Frage, in: Die Zeit vom 19. Dezember 2025, zitiert nach: https://www.zeit.de/wirtschaft/2025-12/erschwinglichkeit-lebensqualitaet-finanzen-wirtschaftspolitik [Zugriff: 20.02.2026]

Arbeitsvorschläge

32065-0459

1. Ordnen Sie die Ereignisse der Französischen Revolution und der Revolutionen von 1848/49 in das Schema M1 ein.
2. a) Diskutieren Sie Chancen und Grenzen des Schemas.
   b) Bearbeiten Sie das Gruppenpuzzle M2 in Sechsergruppen.
3. a) Erklären Sie das mit der Industrialisierung einhergehende Bevölkerungswachstum.
   b) Vergleichen Sie M6 auf S. 82 mit M6 auf S. 94.
   c) Begründen Sie, weshalb das Bevölkerungswachstum zu Landflucht und Urbanisierung führte.
4. a) Charakterisieren Sie die Soziale Frage heute im Vergleich zum 19. Jahrhundert (M3).
   b) Arbeiten sie aus M3 die vorgeschlagenen Lösungsmöglichkeiten heraus.
   c) Bewerten Sie diese Lösungsmöglichkeiten anhand selbst gewählter Kriterien.

Revolutionen in Amerika und Frankreich im Vergleich

Die Revolution in Frankreich – eine Kopie der gesellschaftlichen Veränderungen in Nordamerika?

Aufgabenart: Erörtern von Erklärungen historischer Sachverhalte aus Darstellungen

Erörtern Sie unter der oben genannten Fragestellung die Positionen der Autoren, indem Sie

- die beiden Autorenpositionen in Bezug auf Gemeinsamkeiten und Unterschiede analysieren,
- die gesellschaftliche Situation vor Ausbruch der jeweiligen Revolution erläutern und
- unter Bezugnahme auf die Themenfrage den Grad der Veränderungen in Frankreich und den USA bewerten.

M1 Q „Sie war umfassender ..."

Marie Jean Antoine Nicolas Caritat, Marquis de Condorcet (1743–1794) ist Philosoph, Mathematiker und liberaler Aufklärer. Er stellt sich in den Dienst der Französischen Revolution und fordert 1790, das Bürger- und Wahlrecht auch auf Frauen zu übertragen. Als Girondist bekleidet er verschiedene Revolutionsämter, muss aber 1793 in Paris untertauchen. Ein Jahr später versucht er zu fliehen, wird gefasst und stirbt unter ungeklärten Umständen. Kurz vor seinem Tod erscheint sein letztes Buch, in dem er schreibt:

Sie [die Französische Revolution] war umfassender als die amerikanische, daher verlief sie im Innern weniger friedlich; denn die Amerikaner, zufrieden mit den aus England überkommenen bürgerlichen und Strafgesetzen, hatten kein mangelhaftes Steuersystem zu reformieren, weder eine feudale Tyrannei und erbliche Klassenunterschiede noch reiche oder mächtige privilegierte Körperschaften und ein System religiöser Unduldsamkeit zu beseitigen und konnten sich deshalb darauf beschränken, neue Gewalten einzuführen und sie an die Stelle derjenigen zu setzen, durch die bislang die britische Nation über sie regiert hatte. Diese Neuerungen betrafen in keiner ihrer Einzelheiten die Masse des Volkes; nichts änderte sich an den Beziehungen, die sich zwischen den Individuen bereits herausgebildet hatten. Aus dem entgegengesetzten Grunde musste die Revolution in Frankreich die gesamte Einrichtung der Gesellschaft erfassen, alle sozialen Beziehungen verändern und noch die letzten politischen Zusammenhänge durchdringen, bis hin zu den Individuen, die friedlich von ihrem Besitz oder ihrem Gewerbe leben und an öffentlichen Bewegungen weder durch ihre Ansichten und Beschäftigungen noch durch ihr Streben nach Vermögen, Ehre oder Ruhm Anteil nehmen.

Condorcet, Entwurf einer historischen Darstellung der Fortschritte des menschlichen Geistes, hrsg. von Wilhelm Alff, Frankfurt am Main 1976, S. 167

M2 Q „Wahr ist es, dass ..."

Der in preußischen Diensten stehende Friedrich von Gentz (1764–1832), der 1802 nach Österreich geht und dort Diplomat wird, vergleicht in einem im Juni 1800 im „Historischen Journal" veröffentlichten Essay die Ursachen und Grundsätze beider Revolutionen. Mit seinen Überlegungen beginnt die deutsche politikwissenschaftliche Amerikaforschung:

Wahr ist es, daß die Unabhängigkeits-Erklärung, die der Congreß im Nahmen der Colonien von sich gab, mit einem Eingange anhob, worin „die natürlichen und unveräußerlichen Rechte des Menschen“ als das Fundament aller Staats-Verfassungen betrachtet werden; daß auf diese unbestimmte und den größten Mißdeutungen ausgesetzte Formel einige nicht weniger unbestimmte, nicht weniger zum Mißbrauch geschickte Grundsätze folgten, aus denen man das uneingeschränkte Recht des Volkes, seine Regierungsform zu ändern, und das, was man in der neuern Revoluzions-Sprache seine Souveränität genannt hat, herleiten konnte; und daß selbst die meisten Constituzions-Urkunden der einzelnen Amerikanischen Staaten jene müßigen und in ihrer Anwendung so gefährlichen Deklarationen der Rechte an ihrer Spitze trugen, aus denen späterhin so viel Unglück über Frankreich und die ganze civilisirte Welt geflossen ist. […] Nie sind im ganzen Laufe der Amerikanischen Revoluzion die Menschen-Rechte ausgerufen worden, um die Rechte der Bürger zu zerstören: nie hat man die Souveränität des Volkes zum Vorwande gebraucht, um das Ansehen der Gesetze oder die Fundamente der gesellschaftlichen Sicherheit zu untergraben: nie hat man zugegeben, daß ein Individuum, oder auch eine ganze Classe von Individuen, oder selbst die Repräsentanten dieses oder jenes einzelnen Staates, sich auf die Deklaration der Rechte bezögen, um positiven Verbindlichkeiten zu entgehen, oder dem gemeinschaftlichen Souverän den Gehorsam aufzusagen: nie ist es endlich einem Gesetzgeber oder Staatsmann in Amerika in den Sinn gekommen, die Rechtmäßigkeit fremder Staats-Verfassungen anzufechten, und die Amerikanische Revoluzion, als Modell für irgendein andres Volk, oder als eine neue Epoche in den allgemeinen Verhältnissen der bürgerlichen Gesellschaft darzustellen. […] Die Amerikanischen Colonien waren schon vor der Revoluzion zu einem hohen Grade von Selbständigkeit gelangt, und die Herrschaft der brittischen Regierung in Amerika war weniger das Verhältniß eines unmittelbaren Souveräns, als eines obersten Schutzherrn. Die Amerikanische Revoluzion hatte von jeher mehr das Ansehen eines auswärtigen als eines bürgerlichen Krieges. […] Es gab im Innern der Colonien keine Art von Personal- oder Real-Prärogativen, und keine andere Rangordnung, als die, welche sich auf die Ausübung öffentlicher Funkzionen gründete. Das Eigenthum war, wie es die Neuheit der bürgerlichen Gesellschaft in diesem Lande mit sich brachte, viel gleichförmiger, als es in alten Staaten der Fall seyn kann, vertheilt, und die Verhältnisse zwischen der besitzenden und arbeitenden Classe waren einfacher und eben deshalb wohlthätiger. Da die Revoluzion in der innern Organisazion der Colonien wenig änderte, da sie bloß eine auswärtige Verbindung auflöste, welche die Amerikaner immer mehr wie eine Bürde, als wie einen Vortheil betrachten mußten, so war außer den wenigen, die an der obersten Landes-Administration Theil nahmen, niemand bei der Aufrechterhaltung der alten Form unmittelbar und wesentlich interessirt. Was diese Form gutes und gefälliges gehabt hatte, blieb unberührt: die Revoluzion hob nur das auf, worin sie drückend gewesen war.

Zitiert nach: Ernst Fraenkel, Amerika im Spiegel des deutschen politischen Denkens. Äußerungen deutscher Staatsmänner und Staatsdenker über Staat und Gesellschaft in den Vereinigten Staaten von Amerika, Köln/Opladen 1959, S. 79–81

Tipps zur Bearbeitung

- Die gesellschaftliche Situation vor Ausbruch der Französischen Revolution finden Sie auf S. 38 ff.
- Die gesellschaftliche Situation vor Ausbruch der Amerikanischen Revolution finden Sie auf S. 14 ff.
- Arbeiten Sie die Positionen der beiden Autoren heraus: Welche Aussagen treffen die Autoren in Bezug auf die Amerikanische Revolution, welche in Bezug auf die Französische Revolution? Wo bestehen Gemeinsamkeiten, wo Unterschiede?
- Die Veränderungen in Frankreich finden Sie auf S. 42 ff.
- Die Veränderungen in den USA finden Sie auf S. 26 ff.
- Beantworten Sie die Themenfrage unter Berücksichtigung Ihrer bisherigen Ergebnisse.

Die Lösung zu dieser Übungsklausur finden Sie unter Mediencode **32065-0460**.

Industrialisierung und Soziale Frage

Die Betriebspolitik Alfred Krupps – (k)ein Ausdruck sozialer Verantwortung?

Aufgabenart: Interpretieren von Quellen

Interpretieren Sie die Quelle unter der oben genannten Fragestellung, indem Sie

- zentrale wirtschaftliche, soziale und gesellschaftliche Entwicklungen der Industrialisierung im 19. Jahrhundert in Deutschland beschreiben,
- die Position des Autors bezüglich der Leitfrage analysieren,
- zur Leitfrage ein begründetes Urteil formulieren.

M1 Q Rede Alfred Krupps vor seiner Belegschaft

Im Zuge der Industrialisierung sind im 19. Jahrhundert große Industrieunternehmen entstanden, vor allem in der Stahlindustrie mit mehreren zehntausenden Mitarbeitern. Führende Unternehmer wie Alfred Krupp (1812–1887) haben dabei eine zentrale Rolle in der Organisation von Arbeit, Produktion und sozialer Fürsorge gespielt. In einer Rede vor der Belegschaft äußert er sich im Jahr 1877:

Ich habe Kräfte gebraucht und solche engagiert, ich habe ihnen den geforderten Lohn gezahlt, meistens ihre Stellung verbessert und, nach gesetzlichen Bestimmungen, den Kontrakt verlängert oder sie entlassen. Mancher hat die Fabrik verlassen, um anderswo sich zu verbessern, der eine ist gegangen, und ein anderer hat die Stelle wiederbesetzt, und wo ursprünglich drei Mann beschäftigt waren, standen später 15 000. Im Laufe der Zeit haben mehr als 100 000 Mann solchen Wechsel auf meinen Werken durchgemacht. Jeder hat sich nach seiner Kraft und nach seiner Fähigkeit seinen Lohn verdient, und anstatt eines jeden konnte in den meisten Fällen auch ein anderer hingestellt werden, denn die Arbeiter haben nicht das Verdienst der Erfindung und überall finden sich geschickte Arbeiter zum Ersatz. Es kann also keine Rede davon sein, dass irgendjemand einen besonderen Anspruch behalte außer solchem, der selbstverständlich ist, der in Steigerung des Lohnes und des Gehaltes besteht und immer Folge einer höheren Leistung ist. Die Apostel der Sozialdemokraten suchen aber den bescheidensten Leuten durch ihre verführerischen Reden den Kopf zu verdrehen und sie werden das Unglück von manchem Arbeiter verschulden, der ihnen Gehör schenkt und deshalb entlassen wird. […] Ich habe den Mut gehabt, für die Verbesserung der Lage der Arbeiter Wohnungen zu bauen, worin bereits 20 000 Seelen untergebracht sind, ihnen Schulen zu gründen und Einrichtungen zu treffen zur billigeren Beschaffung von allem Bedarf. Ich habe mich dadurch in eine Schuldenlast gesetzt, die abgetragen werden muss. Damit es geschehen kann, muss jeder seine Schuldigkeit tun in Friede und Eintracht und in Übereinstimmung mit unseren Vorschriften. […] Genießet, was euch beschieden ist. Nach getaner Arbeit verbleibt im Kreise der Eurigen, bei den Eltern, bei der Frau und den Kindern und sinnt über Haushalt und Erziehung. Das sei eure Politik, dabei werdet ihr frohe Stunden erleben. Aber für die große Landespolitik erspart euch die Aufregung. Höhere Politik treiben erfordert mehr freie Zeit und Einblick in die Verhältnisse, als dem Arbeiter verliehen ist. Ihr tut eure Schuldigkeit, wenn ihr durch Vertrauenspersonen empfohlene Leute erwählt. Ihr erreicht aber sicher nichts als Schaden, wenn ihr eingreifen wollt in das Ruder der gesetzlichen Ordnung. Das Politisieren in der Kneipe ist nebenbei sehr teuer, dafür kann man im Hause Besseres haben.

Wilhelm Berdrow (Hrsg.), Alfred Krupps Briefe 1826 - 1887, Berlin 1928, S. 343 ff.

Tipps zur Bearbeitung

- Nutzen Sie den Darstellungstext (ab S. 90), um zentrale wirtschaftliche, soziale und gesellschaftliche Entwicklungen der Industrialisierung in Deutschland überblicksartig zu beschreiben.
- Führen Sie zunächst eine äußere Quellenkritik durch.
- Arbeiten Sie heraus, ob sich Alfred Krupp eher als fürsorglicher Unternehmer oder als strenger Arbeitgeber darstellt, und erläutern Sie, welche Interessen und Wertvorstellungen hinter seinen Aussagen stehen.
- Vergleichen Sie Krupps Aussagen mit Ihrem Wissen über die Lebens- und Arbeitsbedingungen der Industriearbeiter im 19. Jahrhundert, und wägen Sie ab, inwiefern seine Maßnahmen echte soziale Verantwortung oder vor allem wirtschaftliche und machtpolitische Interessen widerspiegeln. Formulieren Sie anschließend ein ausgewogenes Sachurteil, das sowohl positive Ansätze als auch kritische Aspekte berücksichtigt.

Die Lösung zu dieser Übungsklausur finden Sie unter Mediencode 32065-0452.

Basismodul: Staat und Gesellschaft der Weimarer Republik 1918–1933

Zum ersten Mal dürfen die Frauen in Deutschland zur Wahl gehen
Foto vom 19. Januar 1919

Basismodul: Nationalsozialistische Gewaltherrschaft

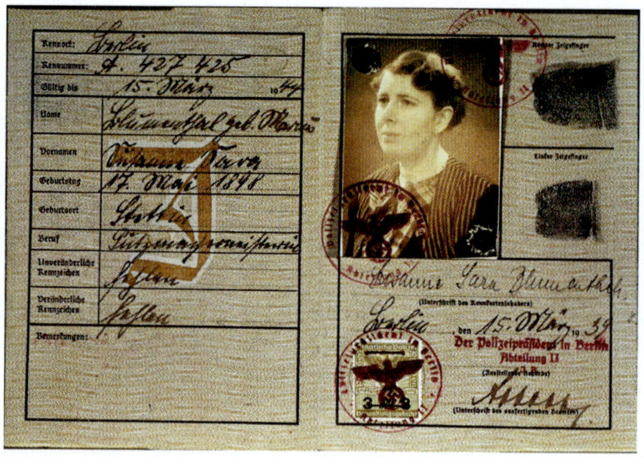

Ausweis von Susanne Blumenthal (*1898 in Stettin) aus Berlin
Ab dem 1. Januar 1939 mussten Jüdinnen und Juden die Zwangsnamen „Sara" bzw. „Israel" als zweite Vornamen führen. Susanne Blumenthal wurde am 4. Mai 1944, zwei Wochen vor ihrem 46. Geburtstag nach Auschwitz deportiert.

Vertiefungsmodule

- Das Deutsche Kaiserreich 1871–1914
- Gesellschaftliche Entwicklungen in Kunst und Kultur, Erziehung und Bildung
- Gesellschaftliche Emanzipationsbewegungen des 19. Jahrhunderts bis in die Weimarer Republik
- Kommunistische Diktatur in der Sowjetunion
- Europäische Staaten in der Zwischenkriegszeit – im Spannungsfeld zwischen Demokratie und Diktatur
- Globale Dimensionen der Weltkriege

„Großstadt"
Mittelteil des Gemäldes von Otto Dix, entstanden 1927/28 in Dresden

2. Gesellschaftliche Kräfte und die Entwicklung von Staaten im Spannungsfeld zwischen Demokratie, Diktaturen und Krieg

Als 1919 die Pariser Friedenskonferenzen begannen, hatte sich fast überall in Europa die demokratische Staatsform durchgesetzt. Nur 20 Jahre später waren parlamentarische Systeme in Europa selten geworden. Die Gründe, warum in den 1920er- und 30er-Jahren so viele autoritäre Systeme in Europa entstanden, sind vielfältig. Einige Gemeinsamkeiten lassen sich aber bestimmen. Die Kriegs- und auch die Nachkriegszeit hatten zu einer erheblichen Verrohung innerhalb der Gesellschaften geführt. Hinzu kam häufig eine ökonomische Nachkriegskrise. Auch die erste deutsche Demokratie, die Weimarer Republik, scheiterte letztendlich an diesen Faktoren sowie an mangelnder Unterstützung durch weite Teile der Gesellschaft. In der nationalsozialistischen Diktatur unter Adolf Hitler wurden ab 1933 Grundrechte abgeschafft und oppositionelle Parteien und Zeitungen verboten. Ziel war eine „Volksgemeinschaft" unter einem „Führer". Ein radikaler Antisemitismus bestimmte den Nationalsozialismus, der im Massenmord des Holocaust sein schreckliches Ende fand.

Kompetenzen

Am Ende dieses Kapitels sollten Sie Folgendes können:

... Kontroversen zur Frage individueller und kollektiver Verantwortung in der NS-Diktatur wiedergeben (Sachkompetent handeln)

... Argumente zur Deutung der Novemberrevolution in Quellen und Darstellungen unter Heranziehung vertieften Fachwissens untersuchen (Analysieren)

... zeitgenössische Handlungsspielräume von Menschen in der NS-Diktatur herausarbeiten (Deuten)

... in Quellen zur NS-Erziehung zum Ausdruck kommende ethische und normative Werte bewerten (Urteilen und Sich orientieren).

2.1 Basismodul: Staat und Gesellschaft der Weimarer Republik 1918–1933

Der Blick auf die Weimarer Republik war sehr lange von den Erfahrungen mit der Diktatur des Nationalsozialismus und der SED-Diktatur in der DDR geprägt. Bei der Auseinandersetzung mit der Revolution von 1918 und dem Beginn der jungen Demokratie stand der Konflikt zwischen Parlamentarismus und Rätesystem im Vordergrund. Vor allem aber wurden die Gründe für das Scheitern der Weimarer Republik zwischen 1930 und 1933 und den Aufstieg des Nationalsozialismus diskutiert. Die Thematisierung der Weimarer Republik stand also lange im Schatten von zwei Diktaturen und den damit verbundenen Gefahren für die parlamentarische Demokratie. Die Bundesrepublik sollte aus den Erfahrungen von Weimar lernen und nicht so werden wie sie.

Erfolge und Errungenschaften des demokratischen Aufbruchs ab 1918 finden heute mehr Beachtung. Dazu gehören die Grundrechte, das Frauenwahlrecht (noch vor Frankreich, England und den USA), die erfolgreiche Bewältigung der Kriegsfolgen, der deutsch-französische Ausgleich, die Arbeitervertretung, der Acht-Stunden-Arbeitstag, die Arbeitslosenversicherung und anderes. Viele politische Entscheidungen aus dieser Zeit waren wegweisend für heute. Auch das Grundgesetz der Bundesrepublik fußt auf der Weimarer Verfassung und diese knüpft an die Verfassung der Paulskirche von 1848/49 an. Diese Kontinuität findet inzwischen mehr Beachtung.

Bildinformation
31000-949

M1 Q „Arbeiter, Bürger, Bauern, Soldaten aller Stämme Deutschlands, vereinigt Euch zur Nationalversammlung“
Plakat von César Klein (1876–1954) aus dem Jahr 1919, Auftraggeber: Werbedienst der deutschen Republik

Entstehung der Republik

1918 — Die Revolution am 9. November stürzt die Monarchie; Deutschland wird Republik.

Der **Erste Weltkrieg** endet am 11. November.

1919 — Der **„Spartakus-Aufstand“** in Berlin wird im Januar niedergeschlagen.

Frauen und Männer wählen am 19. Januar die **Verfassunggebende Nationalversammlung**. Die SPD geht als stärkste Partei aus den Wahlen hervor.

Der **Versailler Vertrag** regelt die Nachkriegsordnung für Deutschland.

Die Reichsverfassung tritt am 11. August in Kraft.

1920 — Der **Kapp-Lüttwitz-Putsch** vom 13. bis 17. März schlägt fehl.

Krisenjahre

1921/22 — **Attentate** auf die „Erfüllungspolitiker“ häufen sich.

1923 — Wegen unerfüllter Reparationszahlungen kommt es zu Ruhrbesetzung und **„Ruhrkampf“**.

Der **Hitler-Putsch** in München am 8./9. November scheitert.

Gefährdete Stabilität

1925 — Nach dem Tod Friedrich Eberts wird Hindenburg am 26. April neuer Reichspräsident.

1927 — Die Arbeitslosenversicherung tritt in Kraft.

1929 — Der Zusammenbruch der New Yorker Börse löst eine **Weltwirtschaftskrise** aus.

Verfall der Demokratie

1930 — Die Große Koalition aus SPD, Zentrum und bürgerlich-liberalen Parteien zerbricht als letzte Regierung mit einer Mehrheit im Parlament.

Ab 29. März regiert Heinrich Brüning als Kanzler des ersten **Präsidialkabinetts** dauerhaft mit Notverordnungen.

1932 — Mit 6,128 Millionen erreicht die Zahl der Arbeitslosen ihren Höchststand.

Bei den Reichstagswahlen vom 31. Juli wird die NSDAP stärkste Partei.

Bei den Reichstagswahlen am 6. November muss die NSDAP Verluste hinnehmen, bleibt aber stärkste Partei.

1933 — Kurt von Schleicher tritt am 28. Januar als Reichskanzler zurück, nachdem Reichspräsident Hindenburg ihm das Vertrauen entzogen hat.

Am 30. Januar ernennt Reichspräsident Hindenburg **Adolf Hitler** zum **Reichskanzler**.

Vom Obrigkeitsstaat zur Republik

M1 Q „November 1918“

Titelblatt der Zeitschrift „Simplicissimus“ vom 3. Dezember 1918.

M2 Q „Wem hamse de Krone jeklaut“

Spottlied eines anonymen Verfassers, November 1918

Wem hamse de Krone jeklaut?
Dem Wilhelm dem doofen
dem Oberjanoven
dem hamse de Krone jeklaut.

Wat machen jetzt Wilhelm und Sohn?
Der Wilhelm und sein Sohn
die gehn jetzt als Clown
weil se nischt mehr verdien'n aufm Thron […]

Anonym, Wem hamse de Krone jeklaut?, zitiert nach: Deutsche Lieder. Bamberger Anthologie, https://deutschelieder.wordpress.com/2017/04/24/wem-hamse-de-krone-jeklaut/ [Zugriff: 08.04.2026]

32065-0278

1. Beschreiben Sie das Bild.
2. Erläutern Sie, welche Rückschlüsse sich auf die Art des Systemwechsels ziehen lassen. Beziehen Sie in Ihre Überlegungen auch M2 mit ein.
3. Diskutieren Sie, welche Probleme bei einem Systemwechsel von der Monarchie zur Republik entstehen können. | H

LEIT-FRAGE

Vom Obrigkeitsstaat zur Republik – ein einvernehmlicher Systemwechsel?

Das Ende der Monarchie

Angestachelt durch Nationalismus und eine Flut kriegsverherrlichender Literatur hatten Teile der Bevölkerung, vor allem das Bildungsbürgertum, Studenten und Gymnasiasten, im Jahr 1914 enthusiastisch auf die Nachricht vom Ausbruch des Krieges reagiert. Für andere Gruppen wie die der Arbeiter, Bauern oder Kleinbürger verbanden sich damit eher Befürchtungen und Ängste. Die Berichte von den grauenvollen Kämpfen an der Front, mehr noch die ersten Gefallenen aus dem Kreis der Familie oder Freunde, ließen die anfängliche Begeisterung auch unter den Befürwortern des Krieges schnell verfliegen. Die sozialen Spannungen entluden sich bereits seit Ende des Jahres 1915 in Unruhen, Protesten und Arbeitsniederlegungen. In den letzten beiden Kriegsjahren kam es dann zu Massenprotesten, die Ausdruck einer weitverbreiteten Antikriegsstimmung waren. Zu Beginn des Jahres 1918 beteiligten sich in Berlin und anderen Großstädten eine Million Arbeiterinnen und Arbeiter an Streiks, bei denen die Forderungen nach innenpolitischen Reformen und nach Beendigung des Krieges immer lauter wurden.

Verhandlungen über einen Waffenstillstand

Doch erst nach dem Scheitern der letzten großen Offensive (März bis August 1918) gab die Oberste Heeresleitung (OHL) die Hoffnung auf einen Sieg auf und drängte die Regierung Ende September zum Abschluss eines sofortigen Waffenstillstandes. Das Eingeständnis der Niederlage kam für die Mehrzahl der Politiker und die Öffentlichkeit völlig überraschend. Die Chefs der OHL, die Generäle Erich Ludendorff und Paul von Hindenburg, entschiedene Gegner jeglicher demokratischer Reformen, forderten jetzt die Bildung einer vom Parlament getragenen Regierung. Diese sollte die Waffenstillstandsverhandlungen führen und damit auch die Verantwortung für den Zusammenbruch übernehmen, um so die militärische Führung vom Makel der Niederlage freizuhalten. Anfang Oktober 1918 bildete Reichskanzler Prinz Max von Baden eine neue Regierung. Sie bestand aus Vertretern der SPD, des Zentrums und der liberalen Fortschrittspartei. Dass die Militärs sich damit ihrer Verantwortung entziehen konnten, belastete die Republik von Anfang an schwer, denn viele Deutsche sahen den Zusammenbruch nicht als das Ergebnis einer militärischen Niederlage, sondern als das Resultat der von den „Linken" verantworteten Revolution.

Streik der Matrosen in Kiel

Als Ende Oktober 1918 Matrosen den Befehl der Seekriegsleitung verweigerten, für eine inzwischen militärisch sinnlose Schlacht gegen die Briten auszulaufen, wurden sie festgenommen und in Kiel inhaftiert. Um die Freilassung der Kameraden zu erzwingen, bildeten sich Soldatenräte, die zu Massendemonstrationen aufriefen. Obwohl die Aktionen kriegsmüder Truppenteile nicht von langer Hand vorbereitet waren, breitete sich die revolutionäre Bewegung sehr schnell aus. Spontan nun auch in Ortschaften gewählte Arbeiter- und Soldatenräte beanspruchten die politische Führung, amtierende Politiker und Beamte gaben nach. So wurde der gewaltlose Sturz der Monarchien in allen Bundesstaaten in kurzer Zeit vollzogen.

Die „Abdankung" des Kaisers

Am 9. November forderten Hunderttausende in Berlin die sofortige Beendigung des Krieges und die Abdankung des Kaisers Wilhelms II., der in ihren Augen das Haupthindernis für einen schnellen Friedensschluss war. Da er sich bis zuletzt weigerte, gab Reichskanzler Max von Baden noch am gleichen Tag auf eigene Verantwortung die Abdankung des Kaisers bekannt.

Der Rat der Volksbeauftragten

Ebenfalls am 9. November 1918 übergab Max von Baden ohne verfassungsrechtliche Legitimation das Amt des Reichskanzlers an Friedrich Ebert, den Vorsitzenden der SPD, die im Reichstag die stärkste Fraktion stellte. Während Ebert die Entscheidung über die künftige Staatsform einer gewählten Nationalversammlung überlassen wollte, rief sein Parteifreund Philipp Scheidemann die „Deutsche Republik" aus. Er kam damit dem Spartakusführer Karl Liebknecht zuvor, der zwei Stunden später die „Sozialistische Republik Deutschland" verkündete. Um der sich abzeichnenden Bildung einer sozialistischen Räterepublik zu begegnen, bemühte sich Ebert um eine Verständigung mit der USPD. Die beiden Parteien besetzten auf paritätischer Grundlage mit je drei Vertretern den Rat der Volksbeauftragten als provisorische deutsche Regierung. Er wurde zunächst nur durch die Arbeiter- und Soldatenräte legitimiert, die sich wie auch in anderen Städten im Zuge der Revolution spontan, ohne festes politisches Konzept und ohne überregionale Organisation gebildet hatten. Häufig wurden dabei Mitglieder der örtlichen Parteivorstände der SPD und des rechten Flügels der USPD gewählt. Die meisten Arbeiterräte orientierten sich nicht an der Theorie des Rätesystems. Im Vordergrund standen nach dem Zusammenbruch die praktischen Aufgaben, die Lebensmittelversorgung und die öffentliche Ordnung. Die Arbeiterräte traten aber allgemein für die Demokratisierung von Militär, Verwaltung und Wirtschaft ein.

Regierungsgewalt

Der vom 16. bis 20. Dezember 1918 in Berlin tagende Reichskongress der Arbeiter- und Soldatenräte beließ die gesetzgebende und vollziehende Gewalt bis zur Einberufung der Nationalversammlung beim Rat der Volksbeauftragten. Der Antrag der radikalen Linken, am Rätesystem als Grundlage der Verfassung für eine sozialistische Republik festzuhalten, wurde dabei mit großer Mehrheit abgelehnt.

M3 Q Paul von Hindenburg (1847–1934):
1914–1916 Oberbefehlshaber der Truppen an der Ostfront,
1916–1918 Chef des Generalstabs,
1925–1934 Reichspräsident

2. Extraausgabe Sonnabend, den 9. November 1918.

Vorwärts

Berliner Volksblatt.

Zentralorgan der sozialdemokratischen Partei Deutschlands.

Der Kaiser hat abgedankt!

Der Reichskanzler hat folgenden Erlaß herausgegeben:

Seine Majestät der Kaiser und König haben sich entschlossen, dem Throne zu entsagen.

Der Reichskanzler bleibt noch so lange im Amte, bis die mit der Abdankung Seiner Majestät, dem Thronverzichte Seiner Kaiserlichen und Königlichen Hoheit des Kronprinzen des Deutschen Reichs und von Preußen und der Einsetzung der Regentschaft verbundenen Fragen geregelt sind. Er beabsichtigt, dem Regenten die Ernennung des Abgeordneten Ebert zum Reichskanzler und die Vorlage eines Gesetzentwurfs wegen der Ausschreibung allgemeiner Wahlen für eine verfassungsgebende deutsche Nationalversammlung vorzuschlagen, der es obliegen würde, die künftige Staatsform des deutschen Volk, einschließlich der Volksteile, die ihren Eintritt in die Reichsgrenzen wünschen sollten, endgültig festzustellen.

Berlin, den 9. November 1918. Der Reichskanzler.
Prinz Max von Baden.

Es wird nicht geschossen!

Der Reichskanzler hat angeordnet, daß seitens des Militärs von der Waffe kein Gebrauch gemacht werde.

Parteigenossen! Arbeiter! Soldaten!

Soeben sind das Alexanderregiment und die vierten Jäger geschlossen zum Volke übergegangen. Der sozialdemokratische Reichstagsabgeordnete Wels u. a. haben zu den Truppen gesprochen. Offiziere haben sich den Soldaten angeschlossen.

Der sozialdemokratische Arbeiter- und Soldatenrat.

M4 Q „Der Kaiser hat abgedankt!"
Titelseite der „2. Extraausgabe" der sozialdemokratischen Zeitschrift „Vorwärts" am 9. November 1918

- Erklären Sie die Wahl der Schlagzeile, obwohl diese nicht den Tatsachen entspricht. Welche symbolische Wirkung entsteht dadurch?

M 5 Q Friedrich Ebert
(1871–1925):
1919–1925 erster Reichspräsident der Weimarer Republik

M 6 Q Wilhelm Groener
(1867–1939):
seit 1816 Generalleutnant und Chef des Kriegsamtes und Anhänger der Monarchie

Neue Regierung, alte Eliten

Der Rat der Volksbeauftragten war mit einer Reihe von Aufgaben konfrontiert, die sich nach dem Ende des Krieges ergaben. Mit Demonstrationen und Straßenkämpfen versuchten vor allem die Spartakisten weiterhin, ein parlamentarisches System zu verhindern und die Bevölkerung für die Räterepublik zu gewinnen. Um die innere Sicherheit zu gewährleisten, entschloss sich Ebert zu einer Vereinbarung mit Reichswehrgeneral **Wilhelm Groener**, der den Rückzug der deutschen Truppen leitete. Im Namen der Obersten Heeresleitung (OHL) bekundete Groener seine Loyalität gegenüber der Regierung und versprach militärische Unterstützung bei Unruhen. Als Gegenleistung erwartete er den gemeinsamen „Kampf gegen den Radikalismus und Bolschewismus". Zudem unterstützte der Rat der Volksbeauftragten die Bildung sogenannter Freikorps. Gegen die Unruhen, die nach dem Reichskongress der Arbeiter- und Soldatenräte ausgebrochen waren, rief Ebert erstmals die OHL zu Hilfe. Nach einer blutigen Straßenschlacht traten die Mitglieder der USPD aus dem Rat der Volksbeauftragten aus. Die tiefere Ursache für diesen Bruch lag in der grundsätzlichen Differenz zwischen SPD und USPD über das Ebert-Groener-Abkommen. Die Regierung Ebert scheute auch deshalb davor zurück, die militärischen Kommandostrukturen anzutasten, weil die OHL die Aufgabe hatte, nach Abschluss des Waffenstillstands am 11. November 1918 innerhalb von 35 Tagen die deutschen Soldaten zurückzuführen. Dies konnte nur gelingen, wenn die revolutionäre Stimmung nicht die Disziplin in der Armee untergrub.

Unternehmer und Gewerkschaften

Versorgungsnöte und Revolutionsgefahr veranlassten auch Unternehmer und Gewerkschaften zur Zusammenarbeit. Am 15. November 1918 unterzeichneten sie das Stinnes-Legien-Abkommen, benannt nach dem Großindustriellen Hugo Stinnes und dem Vorsitzenden der Generalkommission der Freien Gewerkschaften, Carl Legien. Die Arbeitgeberseite erkannte die Gewerkschaften als Vertreter der Arbeiterschaft an und gestand den Acht-Stunden-Tag bei vollem Lohnausgleich zu; üblich war noch die Sechs-Tage-Woche. Die Gewerkschaften verzichteten dafür auf die Sozialisierung von Privatbetrieben.

Spartakus-Aufstand

Die Regierung Ebert hatte noch bis unmittelbar vor den Wahlen zur Nationalversammlung mit revolutionären Unruhen fertig zu werden. Vom 5. bis 12. Januar 1919 stand Berlin im Zeichen des „Spartakus-Aufstandes". Tausende Anhänger des Spartakusbundes um Karl Liebknecht und Rosa Luxemburg lieferten sich Straßenschlachten mit Regierungstruppen und Freikorps. Die Aufständischen wollten die Wahlen verhindern und den Arbeiter- und Soldatenräten zur Regierungsgewalt verhelfen. Der Aufstand wurde blutig niedergeschlagen, Rosa Luxemburg und Karl Liebknecht nach ihrer Verhaftung von Offizieren ermordet. Daraufhin kam es auch in anderen Städten zu Streiks und bewaffneten Aufständen. Sie dauerten noch bis Mai 1919 an.

Die Nationalversammlung

Aus der Wahl zur verfassunggebenden Nationalversammlung am 19. Januar 1919 ging die SPD als stärkste Partei hervor. Sie gewann jedoch nicht die erhoffte absolute Mehrheit. Ein Bündnis der sozialistischen Parteien scheiterte am schwachen Abschneiden der USPD; beide zusammen brachten es lediglich auf 45,5 Prozent der

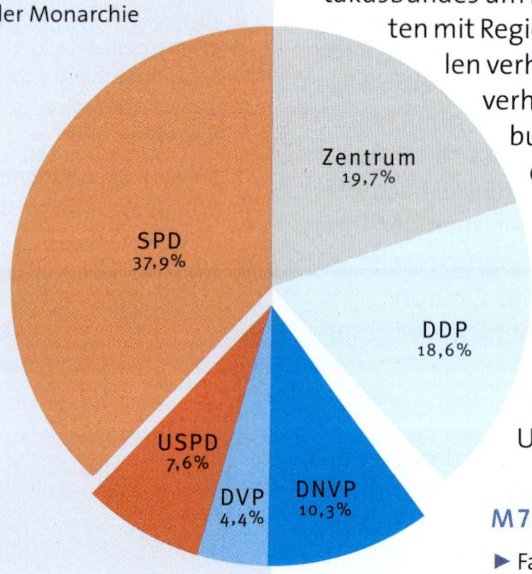

M 7 D Ergebnisse der Wahlen zur Nationalversammlung 1919

► Fassen Sie das Wahlergebnis zusammen.

Stimmen. Die deutschen Wähler hatten sich damit eindeutig gegen das Rätesystem ausgesprochen, aber auch gegen eine Rückkehr zur Monarchie. Angesichts der Wahlergebnisse ergab sich die Zusammenarbeit der drei größten Fraktionen, die schon während des Krieges im Reichstag kooperiert hatten: SPD, Zentrum und Deutsche Demokratische Partei (DDP). Sie bildeten die sogenannte „Weimarer Koalition", die mit 76,1 Prozent der Stimmen eine deutliche Mehrheit des Volkes repräsentierte (331 von insgesamt 423 Mandaten). Die Opposition war gespalten: Links stand die radikal-sozialistische USPD und rechts die national-bürgerlich ausgerichtete Deutsche Volkspartei (DVP) sowie die völkische, konservativ-monarchistische Deutschnationale Volkspartei (DNVP).

M 8 Q **„Der Streichholzhändler"**
Gemälde von Otto Dix (1891–1969), Öl auf Leinwand partiell Collagen, 1920

▶ Untersuchen Sie, wie das Gemälde die Folgen des Krieges anprangert.

Die Folgen des Ersten Weltkrieges

Der Erste Weltkrieg wurde von der Bevölkerung aller beteiligten europäischen Staaten als Katastrophe und tiefe Zäsur empfunden.

- Zahllose Familien hatten Angehörige verloren, nicht selten den Familienvater und damit den Ernährer. Viele Soldaten blieben berufsunfähig, entweder durch schwere Verwundungen oder durch im Krieg ausgelöste Traumata. Sie waren von der Brutalität des Krieges geprägt und fanden oft nicht die Möglichkeit, sich in der Gesellschaft eine gesicherte Existenz aufzubauen.
- Die vom Krieg und seinen Folgen geschwächten Länder waren auf die große Zahl der zu versorgenden Invaliden, Witwen und Waisen nicht vorbereitet, die Sozialsysteme waren überlastet.
- Arbeitslosigkeit, Hunger und Elend bestimmten den Alltag der Mittel- und Unterschicht in den ersten Jahren nach dem Krieg. Das Wirtschaftsleben kam nur allmählich wieder in Gang; die Umstellung von Kriegs- auf Friedenswirtschaft vollzog sich dabei nur langsam. In Deutschland lag die Industrieproduktion 1922 erst bei 70 Prozent des Vorkriegsniveaus. Hinzu kam die große Belastung der europäischen Währungen durch Kriegsschulden und Inflation. Deutschland hatte zusätzlich noch die im Versailler Vertrag festgelegten hohen Reparationszahlungen zu leisten. Zunächst hoffte die deutsche Regierung, diese durch die Inflation unterlaufen zu können. Später ging sie jedoch zu einer kooperativen Politik über und konnte in Verhandlungen einige Entlastungen erreichen.
- Der Erste Weltkrieg hatte nicht nur Auswirkungen auf die wirtschaftliche, sondern auch auf die politische Entwicklung in Europa. Einige Länder erlangten ihre Unabhängigkeit wieder (wie Polen), daneben entstanden viele völlig neue Staaten, vor allem auf dem Balkan und im Baltikum. Gerade diese Länder mussten oftmals um ihre politische Akzeptanz in der Bevölkerung kämpfen, was durch die politische und wirtschaftliche Instabilität erschwert wurde. In vielen europäischen Staaten gelangten in den folgenden Jahren diktatorische, militaristische oder autoritäre Regierungen an die Macht, so etwa in Ungarn (1920), Italien (1922), Spanien (1923) und Polen (1926). In Russland gab es bereits seit der Oktoberrevolution 1917 ein kommunistisches Regime, das von allen übrigen Staaten geächtet wurde.

M 9 Q Wer trägt die Schuld an der Niederlage?

a) Major Erich Freiherr von dem Bussche, Vertreter der Obersten Heeresleitung, unterrichtet die Abgeordneten in einer Rede im Reichstag am 2.10.1918 über die militärische Lage und den tatsächlichen Kriegsverlauf:

Unsere Truppen haben sich in überwiegender Zahl vortrefflich geschlagen und Übermenschliches geleistet. Der alte Heldensinn ist nicht verloren gegangen. Die feindliche Übermacht hat die Truppe nicht erschreckt. Offiziere und Mannschaften wetteifern miteinander. Trotzdem musste die Oberste Heeresleitung den ungeheuer schweren Entschluss fassen, zu erklären, dass nach menschlichem Ermessen keine Aussicht besteht, dem Feind den Frieden aufzuzwingen. Entscheidend für diesen Ausgang sind vor allem zwei Tatsachen: die Tanks. Der Gegner setzte sie in unerwartet großen Mengen ein. Wo sie, noch dazu nach sehr ausgiebiger Vernebelung unserer Stellungen, überraschend auftraten, waren ihnen häufig die Nerven unserer Leute nicht mehr gewachsen. [...] Dem Feind gleiche Waffe deutscher Tanks entgegenzustellen, waren wir nicht in der Lage. Sie herzustellen, ging über die Kräfte unserer aufs Äußerste angespannten Industrie [...]. Restlos entscheidend ist die Ersatzlage geworden. Das Heer ist in die große Schlacht mit schwachen Beständen gegangen. Trotz aller Maßnahmen sanken die Stärken unserer Bataillonen von rund 800 im April auf rund 540 Ende September. [...] Der Feind [hingegen] ist durch die amerikanische Hilfe in der Lage, seine Verluste zu ersetzen. Greift der Gegner weiter an, so kann es die Lage fordern, dass wir auf großen Frontstrecken kämpfend ausweichen. Wir können auf diese Art den Krieg noch auf absehbare Zeit weiterführen, dem Gegner schwere Verluste beibringen, verwüstetes Land hinterlassen, gewinnen können wir damit nicht mehr. Diese Erkenntnis und Ereignisse ließen in dem Herrn Generalfeldmarschall und General Ludendorff den Entschluss reifen, Seiner Majestät dem Kaiser vorzuschlagen, zu versuchen, den Kampf abzubrechen, um dem deutschen Volk und seinen Verbündeten weitere Opfer zu ersparen.

Zitiert nach: Reichsministerium der Reichskanzlei, Vorgeschichte des Waffenstillstands, Berlin 1919, S. 53–55

b) Generalfeldmarschall Paul von Hindenburg äußert sich am 18. November 1919 zum Ende des Ersten Weltkrieges:

Trotz der ungeheuren Ansprüche an Truppen und Führung, trotz der zahlenmäßigen Überlegenheit des Feindes, konnten wir den ungleichen Kampf zu einem günstigen Ende führen, wenn die geschlossene und einheitliche Zusammenwirkung von Heer und Heimat eingetreten wäre.
[...] Doch was geschah nun? Während sich beim Feinde trotz seiner Überlegenheit an lebendem und totem Material alle Parteien, alle Schichten der Bevölkerung in dem Willen zum Siege zusammenschlossen, und zwar um so mehr, je schwieriger ihre Lage wurde, machten sich bei uns, wo dieser Zusammenschluss bei unserer Unterlegenheit viel notwendiger war, Parteiinteressen breit, und diese Umstände führten sehr bald zu einer Spaltung und Lockerung des Siegeswillens. [...] Ich wollte kraftvolle und freudige Mitarbeit, ich bekam Versagen und Schwäche. Die Sorge, ob die Heimat fest genug bliebe, bis der Krieg gewonnen sei, hat uns von diesem Augenblick an nie mehr verlassen. Wir erhoben noch unsere warnende Stimme bei der Reichsregierung. In dieser Zeit setzte die heimliche planmäßige Zersetzung von Flotte und Heer als Fortsetzung ähnlicher Erscheinungen im Frieden ein. Die Wirkungen dieser Bestrebungen waren der Obersten Heeresleitung während des letzten Kriegsjahres nicht verborgen geblieben. Die braven Truppen, die sich von der revolutionären Zermürbung freihielten, hatten unter dem pflichtwidrigen Verhalten der revolutionären Kameraden schwer zu leiden; sie mussten die ganze Last des Kampfes tragen. Die Absichten der Führung konnten nicht mehr zur Ausführung gebracht werden. [...] So mussten unsere Operationen misslingen, es musste der Zusammenbruch kommen; die Revolution bildete nur den Schlussstein. Ein englischer General sagte mit Recht: „Die deutsche Armee ist von hinten erdolcht worden." Den guten Kern des Heeres trifft keine Schuld. Seine Leistung ist ebenso bewunderungswürdig wie die des Offizierskorps. Wo die Schuld liegt, ist klar erwiesen.

Zitiert nach: Herbert Michaelis und Ernst Schraepler (Hrsg.), Ursachen und Folgen. Vom deutschen Zusammenbruch 1918 und 1945 bis zur staatlichen Neuordnung Deutschlands in der Gegenwart, Bd. 4: Die Weimarer Republik. Vertragserfüllung und innere Bedrohung 1919/1922, Berlin 1960, S. 7 f.

Arbeitsvorschläge

32065-0279

1. Untersuchen Sie die Quellen im Hinblick auf die Gründe, die jeweils für die Niederlage des Deutschen Reiches angeführt werden.
2. Vergleichen Sie die Quellenaussagen und halten Sie Gemeinsamkeiten und Unterschiede fest.
3. Erläutern Sie, welche Auswirkungen die Schuldzuweisungen Hindenburgs auf die junge Republik und ihre Regierung hatten. | F
4. Setzen Sie sich quellenkritisch mit den vorliegenden Ausführungen Bussches und Hindenburgs im Hinblick auf ihre Aussagekraft auseinander und nehmen Sie Stellung zu den Schuldzuweisungen Hindenburgs.

M 10 Q Der 9. November in Berlin

Der Berliner Unternehmer und Kunsthistoriker Oskar Münsterberg (1865–1920) ist Zeitzeuge und notiert zum 9. November 1918 in seinem Tagebuch:

Als ich um 10 ins Büro gehe, stehen einzelne Gruppen interessiert auf der Straße, aber sonst ist überall ein ruhiges Bild wie gewöhnlich. Um ½ 2 kommt die erste Ausgabe der B.Z. [Berliner Tageszeitung]. „Der Kaiser hat noch nicht abgedankt, die sozialistischen Minister sind aus dem Ministerium ausgetreten."
[...] Endlich neue Zeitungen; die Menschen stürzen sich auf die Zeitungsträger und reißen und prügeln sich um die Blätter: „Der Kaiser hat abgedankt."
Alle atmen auf. Endlich! Schade, dass das nicht vor Wochen mit der Geste des großen Patrioten als freiwilliger Verzicht erfolgt ist. Jetzt ist er erzwungen und niemand hat Sympathie. [...]
Als ich die Wilhelmstraße nach der Leipzigerstraße hinuntergehe, sehe ich schwarze Menschenreihen stehen. Alle reden und gestikulieren. Eine bewegte Massenszene. Man erzählt aufgeregt, dass Schüsse beim Kriegsministerium gefallen seien, aus den Fenstern sei geschossen, die Türen seien verrammelt. Von der Straße aus sei das Schießen erwidert. Automobile kommen herangesaust rote Fahnenfetzen flattern. Soldaten und Zivilisten mit und ohne Gewehr kleben wie Bienen innen und außen auf den Automobilen und schreien: Es lebe die Republik. [...]
Die Abendzeitungen bringen die ersten Berichte. Prinz Max von Baden hat abgedankt und den Führer der sozialistischen Partei, den Genossen Ebert, zum Nachfolger vorgeschlagen. Unter Führung der Matrosen haben Arbeiter und Soldaten Räte gebildet. Die Regimenter haben sich ohne Weiteres angeschlossen. Auf den Kasernen weht die rote Flagge. Nirgends ernsthafter Widerstand, keine Kämpfe und nur wenige Opfer, die mehr dem Zufall als der politischen Notwendigkeit zum Opfer gefallen sind. Generalstreik wird für den nächsten Tag verkündet. Blutvergießen soll wenn möglich verhindert werden. Aus dem Reiche kommen gleiche Nachrichten.
Am Vormittag des 9. November ist die Revolution siegreich durchgeführt und die Republik begründet. Was wird sich aus dem Wirrwarr gestalten, wie wird die weitere Entwicklung? [...]

Zitiert nach: Deutsches Historisches Museum, Inventar-Nummer: Do 52/2119, https://www.dhm.de/lemo/zeitzeugen/muensterberg-novemberrevolution-1918 [Zugriff: 06.02.2026]

Arbeitsvorschläge 32065-0280

1. Analysieren Sie, wie der Verfasser die Ereignisse des 9. November bewertet und welche politische Gesinnung durch seine Ausführungen deutlich wird. | H
2. Beurteilen Sie auf der Grundlage der Quelle und mithilfe des Darstellungstextes die Bedeutung des Volkswillens bei der Entstehung der Republik.

M 11 Q Verständigung zwischen Groener und Ebert

General Wilhelm Groener und Friedrich Ebert (SPD) treffen am 10. November 1918 eine Vereinbarung. In seiner 1957 erschienenen Autobiografie schreibt Groener hierzu:

Die Aufgabe der Heeresleitung musste es jetzt sein, den Rest des Heeres rechtzeitig und in Ordnung, aber vor allem innerlich gesund in die Heimat zu bringen [...]. Der Sturz des Kaisertums entzog den Offizieren den Boden ihres Daseins, ihren Sammel- und Ausrichtepunkt. Es musste ihm ein Ziel gewiesen werden, das des Einsatzes wert war und ihm die innere Sicherheit wiedergab. [...] Am Abend rief ich die Reichskanzlei an und teilte Ebert mit, dass das Heer sich seiner Regierung zur Verfügung stelle, dass dafür der Feldmarschall und das Offizierskorps von der Regierung Unterstützung erwarten bei der Aufrechterhaltung der Ordnung und Disziplin im Heer. Das Offizierskorps verlange von der Regierung die Bekämpfung des Bolschewismus und sei dafür zum Einsatz bereit. Ebert ging auf meinen Bündnisvorschlag ein. Von da ab besprachen wir uns täglich abends auf einer geheimen Leitung zwischen der Reichskanzlei und der Heeresleitung über die notwendigen Maßnahmen. Das Bündnis hat sich bewährt.

Zitiert nach: Heinz Hürten, Weimarer Republik und Drittes Reich 1918–1945 (Deutsche Geschichte in Quellen und Darstellungen, Bd. 9), Stuttgart 2000, S. 35

Arbeitsvorschläge 32065-0281

1. Fassen Sie die wechselseitigen Vorzüge des Ebert-Groener-Abkommens zusammen.
2. Bewerten Sie, ob das Verhalten Eberts mit demokratischen Grundsätzen zu vereinbaren ist.

Leitfrage

Nehmen Sie Stellung:
Vom Obrigkeitsstaat zur Republik – ein einvernehmlicher Systemwechsel?

Dekonstruktion KI-generierter Darstellungstexte

Sprachmodelle können heute in Sekunden historische Darstellungstexte produzieren. Diese sind mitunter so überzeugend formuliert, dass sie auf den ersten Blick plausibel und sachlich richtig erscheinen. Unkritische Akzeptanz solcher KI-generierter Texte kann dazu führen, dass problembehaftete Narrative mit sorgfältig recherchierten, fachlich fundierten Darstellungen konkurrieren oder diese sogar ersetzen. Das ist nicht nur ein fachliches, sondern ein gesellschaftliches Risiko: Historische Erzählungen prägen unsere Identität und politische Kultur. Werden sie unreflektiert aufgenommen, drohen verzerrte Realitätskonstruktionen, die Debatten polarisieren, Vorurteile verstärken und Vertrauen in wissenschaftliche sowie institutionelle Autoritäten schwinden lassen.

Interaktive KI-Lernmodule
Hier finden Sie unsere interaktiven KI-Lernmodule zum Verstehen, Anwenden und Reflektieren von KI

Eine KI durchläuft keinen menschlichen Sinnbildungsprozess. Sie erschafft keine subjektive Geschichtsschreibung basierend auf persönlicher Interpretation, sondern kompiliert vorhandene Daten nach Mustern. Die KI-Entscheidungen im Formulierungsprozess basieren auf einer Wahrscheinlichkeitsrechnung und nicht auf einem Verständnis historischer Zusammenhänge. Die Nichtoffenlegung der Trainingsdaten macht es unmöglich, potenzielle Verzerrungen und deren Quellen zweifelsfrei zu identifizieren. In der Welt der generativen KI existieren nämlich keine Quellen im herkömmlichen Sinne. Hinzu kommen sogenannte „Halluzinationen" – Texte, die zwar oberflächlich korrekt wirken, aber historische Fakten frei erfinden.

Daraus folgt für den Umgang mit KI im Geschichtsunterricht das „Human-in-the-Loop"-Prinzip: KI kann unterstützen – die fachliche Verantwortung für Prüfung, Einordnung, Urteil und begründete Stellungnahme bleibt aber zwingend beim Menschen. Ziel dieser Methodenseiten ist es deshalb, eine spezifische AI Literacy aufzubauen, mit der KI-generierte Darstellungstexte systematisch dekonstruiert werden. Neben faktischen Fehlern oder Ungenauigkeiten geht es hier auch um die Form der Erzählung. Personen können als Helden oder Schurken erscheinen, Ereignisfolgen als Sieg, Untergang, Fortschritt, Abstieg oder Konfliktgeschichte gerahmt werden. Für die Dekonstruktion KI-generierter Darstellungstexte bedeutet das, nicht nur einzelne Aussagen zu überprüfen, sondern den Erzählrahmen als Sinnangebot zu analysieren: Welche Erzählform dominiert (z. B. „Befreiung" vs. „Niederlage"), welche Akteure werden als zentrale Subjekte konstruiert, welche Deutungsoptionen werden ausgeblendet? Wo werden Unsicherheiten geglättet, Kontroversen unterschlagen oder Werturteile verdeckt als Tatsachen präsentiert?

M1 Q Historische Darstellung: Mensch vs. Maschine

Kriterium	Historiker/in (Mensch)	Generative KI (Maschine)
Sinnbildung	Deutung aus der eigenen Lebenswelt heraus	Statistische Wahrscheinlichkeitsberechnung; Gefahr von Halluzinationen (plausibel klingende, aber faktisch falsche Informationen)
Intentionalität	Bewusste Textgestaltung mit Zielsetzung	Widerspiegelung der Trainingsdaten ohne Bewusstsein; Gefahr von Bias (Übernahme und Verstärkung von Wertungen in Datensätzen)
Transparenz	Quellenangaben und Erläuterung der Logik	Suggerierte Transparenz durch willkürliche Belege
Ergebnis	Konstruktion von Geschichte	Rekombination von Datensätzen durch Erkennung von Mustern und Wahrscheinlichkeiten in Tokens (Wortteilen)

Leitfaden

Schritt 1: Der Oberflächen- und Faktencheck (Prüfung auf Halluzinationen)

Da eine KI auf statistischen Wahrscheinlichkeiten basiert und keine echten historischen Zusammenhänge versteht, können Fakten frei erfunden sein.

- **Check der Kerndaten:** Stimmen Jahreszahlen, Namen und Orte mit Ihrem Schulbuch oder verlässlichen Quellen überein?
- **Identifikation von Halluzinationen:** Wirkt der Text zwar flüssig und plausibel, nennt aber Details, die in keiner anderen Quelle auftauchen?
- **Logik-Prüfung:** Ergeben die genannten Kausalzusammenhänge (Ursache-Wirkung) historisch Sinn oder werden hier lediglich Begriffe aneinandergereiht?

Schritt 2: Der Transparenz-Check (Belege hinterfragen)

Eine KI nutzt keine „Quellen" im klassischen Sinne, sondern rekombiniert Daten aus ihrem Trainingskorpus.

- **Quellen-Verifizierung:** Wenn die KI Belege oder Zitate nennt: Existieren diese Texte wirklich? (Vorsicht: KIs erfinden oft täuschend echte Literaturangaben!)
- **Logik der Belege:** Erklärt die KI, warum sie eine bestimmte Information als gesichert ansieht, oder werden Belege willkürlich eingestreut, um Autorität zu suggerieren?

Schritt 3: Analyse des Erzählrahmens (Narrative Dekonstruktion)

Hier untersuchen Sie, wie die KI Geschichte „verpackt". Geschichte ist nie neutral, sondern immer eine Konstruktion.

- **Framing (Deutungsrahmen):** Welches Grundmuster dominiert die Erzählung? Wird ein Ereignis z. B. als „glanzvoller Sieg", als „unvermeidbare Niederlage" oder als „Befreiung" gerahmt?
- **Rollenverteilung:** Werden historische Personen als „Helden", „Schurken" oder „Opfer" dargestellt? Wer wird zum zentralen Akteur (Subjekt) gemacht?
- **Teleologie (Zielgerichtetheit):** Suggeriert der Text, dass die Geschichte zwangsläufig so ablaufen musste (z. B. als stetiger „Fortschritt"), oder werden Alternativen und Brüche benannt?

Schritt 4: Die Suche nach dem „Bias" (Voreingenommenheit)

KIs spiegeln die Wertungen ihrer Trainingsdaten wider, ohne diese kritisch zu reflektieren.

- **Perspektivität:** Wessen Sichtweise nimmt der Text ein (z. B. eurozentrisch, männlich geprägt, Sicht der Gewinner)?
- **Auslassungen:** Welche Akteure oder Deutungsmöglichkeiten werden komplett ausgeblendet? Werden Kontroversen und wissenschaftliche Debatten unterschlagen?
- **Werturteile:** Wo werden Wertungen (z. B. „grausam", „notwendig", „erfolgreich") als objektive Tatsachen präsentiert, ohne sie als Interpretation zu kennzeichnen?

M2 Q Zwei KI-generierte Darstellungen

Genutztes Sprachmodell: Chat-GPT 5.2, Dezember 2025

Thema: Der Ausbruch des Ersten Weltkrieges

a) Absichtliche Eskalation

Der Ausbruch des Ersten Weltkrieges im Sommer 1914 ist in erheblichem Maße auf Entscheidungen der politischen Führung des Kaiserreichs zurückzuführen. Eine zentrale Rolle spielte Wilhelm II., unter dessen Regentschaft sich seit den 1890er-Jahren eine zunehmend konfrontative Außenpolitik entwickelte. Dies belegen unter anderem seine programmatische Hunnenrede von 1900 sowie zahlreiche Randbemerkungen des Kaisers in diplomatischen Akten, in denen militärische Gewalt wiederholt als legitimes Mittel der Politik dargestellt wurde. Die Abkehr von der defensiv ausgerichteten Bündnispolitik der Bismarck-Ära zugunsten einer machtpolitisch ambitionierten Weltpolitik trug erheblich zur Verschärfung internationaler Spannungen bei.
Besonders deutlich wird diese Eskalationsbereitschaft während der Julikrise 1914. Am 5. Juli 1914 sicherte die politische Führung in Berlin der österreichisch-ungarischen Regierung uneingeschränkte Unterstützung zu, selbst für den Fall eines militärischen Konflikts mit Russland. Dieser sogenannte Blankoscheck ist durch diplomatische Berichte des österreichischen Gesandten Hoyos sowie durch Akten des Auswärtigen Amtes eindeutig belegt. Reichskanzler Theobald von Bethmann Hollweg nahm dabei bewusst das Risiko eines gesamteuropäischen Krieges in Kauf, wie seine spätere Rechtfertigung des Vertragsbruchs gegenüber Belgien als „Notwendigkeit“ in der Reichstagsrede vom 4. August 1914 zeigt.
Auch die militärischen Vorbereitungen sprechen gegen eine rein defensive Interpretation des Handelns. Der seit Jahren ausgearbeitete Schlieffen-Plan setzte zwingend einen schnellen Angriff im Westen voraus und ließ kaum Raum für diplomatische Verzögerungen oder politische Kurskorrekturen. Interne Memoranden führender Militärs, etwa von Helmuth von Moltke d. J., belegen die Überzeugung, dass ein Krieg unvermeidlich sei und möglichst früh geführt werden müsse. Die politische Führung akzeptierte diese militärische Logik weitgehend und ordnete ihr zivile Vermittlungsoptionen unter.
Zusammengenommen belegen diplomatische Akten, militärische Planungen sowie zeitgenössische Äußerungen führender Entscheidungsträger, dass der Kriegsausbruch nicht allein als Reaktion auf externe Zwänge zu erklären ist. Vielmehr nutzte die politische und militärische Führung des Kaiserreichs bestehende Handlungsspielräume nicht zur Deeskalation, sondern traf Entscheidungen, die die Eskalation systematisch begünstigten. Durch die bewusste politische Rückendeckung für ein militärisches Vorgehen, die Priorisierung offensiver Kriegsplanungen und die Inkaufnahme eines gesamteuropäischen Konflikts trug sie maßgeblich dazu bei, einen regional begrenzten Krisenherd in einen Weltkrieg zu transformieren.

b) Struktureller Zwang

Der Ausbruch des Ersten Weltkrieges ist weniger als Ergebnis gezielter Aggressionsentscheidungen einzelner Akteure zu interpretieren, sondern vielmehr als Folge einer langfristigen strukturellen Zuspitzung der internationalen Ordnung. Seit dem späten 19. Jahrhundert war das europäische Staatensystem durch konkurrierende Bündnisse, einen beschleunigten Rüstungswettlauf und eine zunehmende Militarisierung der Politik geprägt. Diese Entwicklungen schufen ein sicherheitspolitisches Umfeld, in dem Konflikte nicht mehr als begrenzbar galten, sondern frühzeitig mit der Perspektive eines gesamteuropäischen Krieges gedacht wurden.
Die Ereignisse des Sommers 1914 verdeutlichen die Wirksamkeit dieser strukturellen Zwänge. Die politischen Entscheidungsträger agierten unter dem Druck starrer Mobilisierungspläne, deren technische und logistische Komplexität kaum Raum für politische Korrekturen ließ. Kabinettsprotokolle und militärische Akten aus mehreren Hauptstädten belegen, dass eine einmal eingeleitete Mobilmachung als irreversibel galt. Besonders deutlich wird dies in den russischen Beratungen vom 29. und 30. Juli 1914, in denen wiederholt auf die Unmöglichkeit eines Abbruchs hingewiesen wurde. Vergleichbare Einschätzungen finden sich auch in französischen, österreichisch-ungarischen und deutschen Quellen, was auf einen gesamteuropäischen Systemzwang verweist.
Auch die Eskalation der Julikrise selbst folgte weniger individuellen Eskalationsabsichten als etablierten sicherheitspolitischen Routinen. Das Attentat von Sarajevo wirkte als Katalysator innerhalb eines bereits hochgradig instabilen Systems. Diplomatische Vermittlungsversuche, etwa durch den britischen Außenminister Edward Grey, scheiterten nicht primär an fehlendem politischem Willen, sondern an militärischen Zeitlogiken und der Verpflichtung gegenüber Bündnispartnern. Zeitgenössische Tagebücher und politische Selbstzeugnisse dokumentieren dabei ein verbreitetes Gefühl des Kontrollverlustes gegenüber der Eigendynamik militärischer Prozesse.
Zusammengenommen legen diplomatische Akten, militärische Planungen und zeitgenössische Selbstzeugnisse nahe, dass der Kriegsausbruch weniger das Resultat bewusster Aggression als vielmehr Ausdruck einer historisch gewachsenen Konstellation war. Nationale Öffentlichkeiten, strategische Bedrohungswahrnehmungen und automatisierte Bündnismechanismen erzeugten eine Eskalationsdynamik, der sich kaum ein Staat dauerhaft entziehen konnte. In dieser Perspektive erscheint der Erste Weltkrieg als Produkt struktureller Unvermeidlichkeit, bei dem politische Akteure zwar handelten, jedoch zunehmend innerhalb eines Systems, das die Möglichkeit friedlicher Konfliktlösung bereits erheblich eingeschränkt hatte.

Arbeitsvorschläge

32065-0504

1. Vergleichen Sie beide Texte mithilfe des Handlungsleitfadens zur Dekonstruktion KI-generierter Darstellungstexte.
2. Entwickeln Sie einen Prompt, um ein überzeugenderes Sachurteil zum Ausbruch des Ersten Weltkrieges mit generativer KI zu erzeugen.
3. Überprüfen Sie auch diesen Text mithilfe des Handlungsleitfadens.
4. Diskutieren Sie abschließend die Stärken und Schwächen der KI bei der Erzeugung historischer Darstellungstexte.

Die Lösung zu dieser Seite finden Sie unter Mediencode **32065-0505**.

1918/19 – eine „steckengebliebene" Revolution?

1918/19 stellt einen „Wendepunkt" in der deutschen Geschichte dar. Aber: War dieser auch eine „Revolution"? Leitete sie aufgrund von Massenbewegungen in kurzer Zeit weitreichende Veränderungen der Herrschafts-, Wirtschafts- und Gesellschaftsordnung ein? Oder wurden 1918/19 eher Chancen vertan, einen solchen tiefgreifenden Wandel herbeizuführen?

Diese Fragen werden auch nach 100 Jahren nicht einheitlich beantwortet. Das ist kaum verwunderlich, da historische Urteile immer zeit- und standortgebunden sind – und damit auch immer offen für neue Wertungen. Je nachdem, welches Revolutionsverständnis zugrunde gelegt wird, war 1918/19 keine oder eine „steckengebliebene" Revolution, eine „verpasste Chance" oder doch die „erste erfolgreiche Revolution in Deutschland".

M1 D Zur Revolutionsgeschichte

Der Leipziger Historiker Manfred Kossok (1930–1993) hat viele Revolutionen untersucht und verglichen. 1988 schreibt er im Epilog seines Buches „Revolutionen der Weltgeschichte":

So ist es erforderlich, zwischen der Revolution „im engeren" und „im weiteren Sinne" zu unterscheiden. Die Revolution im engeren Sinne umfasst die „eigentliche" Revolution, d. h. jenen relativ kurzen historischen Zeitraum, in dem die Grundlage jeder Revolution – die Machtfrage – entschieden wird. Dagegen verdeutlicht der Begriff der Revolution im weiteren Sinne den ungleich länger andauernden Gesamtprozess der Durchsetzung und Konsolidierung der neuen Gesellschaftsordnung.
Gerade die Revolutionsgeschichte vermittelt am nachhaltigsten die Erkenntnis, dass der Geschichte ein Nicht-abgeschlossen-Sein eigen ist. Nicht nur in die Zukunft, sondern auch in die Vergangenheit ist Geschichte offen. Das beweist die Fülle von neuen Erkenntnissen über scheinbar schon bis ins letzte Detail Gewusstes. Auch Revolutionen wurden und werden „umgeschrieben"; nicht aus Gründen bloßer Opportunität […], sondern ob der Tatsache, dass die Klassen und Generationen stets neue Fragen an ihre eigene Herkunft, ihr Werden und ihren Wandel stellen.

Manfred Kossok, In Tyrannos. Revolutionen der Weltgeschichte. Von den Hussiten bis zur Commune, Leipzig 1989, S. 441

M2 D Eine „steckengebliebene Revolution"

Eberhard Kolb (*1933), der viele Jahre an der Universität Köln Geschichte lehrt, urteilt in einem 1978 zunächst für den Rundfunk verfassten Beitrag folgendermaßen:

Misst man die Ergebnisse der Revolution daran, in welchem Maße die Zielvorstellungen der Revolutionsbewegung realistisch wurden […], dann bleibt nur die Feststellung: Die revolutionäre Massenbewegung ist im Wesentlichen gescheitert; und zwar sowohl in der ersten, gemäßigten Phase wie in der zweiten, der radikalen Phase. Man kann daher von einer steckengebliebenen Revolution sprechen.
Daraus ergibt sich […]: Mit dieser steckengebliebenen Revolution mochte – und mag – sich keine der großen politischen Richtungen identifizieren. So, wie sie verlief und endete, hatte kaum jemand in Deutschland diese Revolution gewollt. Die einen hatten überhaupt keine Revolution, die anderen hatten ein anderes Ergebnis der Revolution gewollt.

Eberhard Kolb, 1918/19: Die steckengebliebene Revolution, in: Carola Stern und Heinrich August Winkler (Hrsg.), Wendepunkte deutscher Geschichte 1848–1990, Frankfurt am Main 1994, S. 99–125, hier S. 123

M3 D Keine Revolution

Der Kieler Historiker Karl Heinrich Pohl (*1943) vertritt 1990 in einem Vortrag die These, „dass 1918 in Deutschland keine Revolution stattfand":

Der Wechsel an der Staatsspitze reichte der Partei [der Mehrheitssozialdemokraten] aus. Sie erachtete es nicht für nötig, bereits in dieser Phase den alten Machtapparat zu zerschlagen, den militärischen Apparat grundlegend umzugestalten, das Wirtschaftssystem – das die sozialen Forderungen der Partei einmal tragen und auch finanzieren musste – entscheidend zu verändern. Nicht einmal eine sofortige Enteignung des Großgrundbesitzes und der Großindustrie wurde avisiert. Wenn eine politische Gruppierung in Deutschland „unrevolutionär" und ohne das nötige Gespür für Machtfragen war, dann war es die deutsche Sozialdemokratie des Jahres 1918.

Karl Heinrich Pohl, Obrigkeitsstaat und Demokratie. Aspekte der „Revolution" von 1918/19, in: Manfred Hettling (Hrsg.), Revolution in Deutschland? 1789–1989, Göttingen 1991, S. 46–69, hier S. 56

M4 D Eine verpasste Chance

Der in Berlin lehrende Historiker Heinrich August Winkler (*1938) schreibt 1996:

Die Revolution von 1918/19, aus der Weimar hervorgegangen ist, gehört zu den umstrittensten Ereignissen der deutschen Geschichte. Manche Historiker meinen, dass die erste deutsche Demokratie vielleicht nicht untergegangen und dann auch Hitler nicht an die Macht gekommen wäre, hätte es damals einen gründlichen Bruch mit der obrigkeitsstaatlichen Vergangenheit gegeben. Tatsächlich war der Handlungsspielraum der regierenden Mehrheitssozialdemokraten [...] in den entscheidenden Wochen zwischen dem Sturz der Monarchie am 9. November 1918 und der Wahl der Verfassunggebenden Deutschen Nationalversammlung am 19. Januar 1919 größer, als die Akteure mit Friedrich Ebert, dem Vorsitzenden des Rates der Volksbeauftragten, an der Spitze selbst meinten. Sie hätten weniger bewahren müssen und mehr verändern können. Es wäre, mit anderen Worten, möglich gewesen, in der revolutionären Übergangszeit erste Schritte zu tun auf dem Weg zu einer Demokratisierung der Verwaltung, der Schaffung eines republikloyalen Militärwesens, der öffentlichen Kontrolle der Macht – unter Umständen bis hin zu einer Vergesellschaftung des Bergbaus, einer Forderung, die nach der Jahreswende 1918/19 zu einer zündenden Streikparole wurde. [...]

Gegen eine Mehrheit Politik zu machen, war für die Sozialdemokraten unvorstellbar. Es hätte auch dem bisherigen Gang der Verfassungsgeschichte widersprochen. [...]

Deutschland war auch zu industrialisiert für einen völligen Umsturz der gesellschaftlichen Verhältnisse. [...] Beide Faktoren, der Grad der Demokratisierung und der Grad der Industrialisierung, wirkten objektiv revolutionshemmend.

Heinrich August Winkler, Weimar: Ein deutsches Menetekel, in: Ders. und Alexander Cammann (Hrsg.), Weimar. Ein Lesebuch zur deutschen Geschichte 1918–1933, München[3] 1999, S. 13–42, hier S. 15 f. und 17 f.

M5 D Die erste erfolgreiche Revolution in Deutschland

Die Historikerin Ulla Plener (*1933) fasst das Ergebnis einer Tagung von 2008 wie folgt zusammen:

Der herausragende Platz der Revolution 1918/1919 in der deutschen Geschichte erweist sich [...] mindestens in dreierlei Hinsicht:

1. Ihr *Hauptergebnis*: Sie beendete den Ersten Weltkrieg, brachte Deutschland den Frieden, stürzte das Kaisertum und etablierte die Republik mit allgemeinem Wahlrecht, auch für Frauen, der Trennung von Staat und Kirche u. a. demokratischen Maßnahmen sowie einigen nach jahrzehntelangem Kampf endlich gewährten sozialen Rechten für die Lohnarbeitenden.
2. Das erfolgte nicht aufgrund eines Parlamentsbeschlusses, sondern war das Resultat breiter, in erster Linie von der Arbeiterbewegung getragener *spontaner Massenaktionen.*
3. Deshalb war der demokratischen Revolution ein ausgeprägter sozialer und basisdemokratischer Grundzug eigen, was sich besonders in der Bildung und dem anfänglichen Wirken der Arbeiter- und Soldatenräte und in der Forderung nach Sozialisierung niedergeschlagen hatte.

Insgesamt ging es also um Frieden, demokratische Republik, individuelle staatsbürgerliche Freiheiten – und um die Lösung der Sozialen Frage, um kollektive soziale Rechte aller, die Eigentumsfrage eingeschlossen.

Mit der Annahme der Verfassung in Weimar im August 1919 wurde die bürgerlich-demokratische Staatsordnung in Deutschland etabliert, und sie bedeutete auch den Durchbruch zur Anerkennung wesentlicher Rechte der Lohnarbeitenden. Insofern war die Revolution 1918/1919 die *erste erfolgreiche Revolution in Deutschland* – und das wurde *maßgeblich von der Arbeiterbewegung erreicht.*

Ulla Plener, Zum Geleit, in: Dies. (Hrsg.), Die Novemberrevolution 1918/1919 in Deutschland für bürgerliche und sozialistische Demokratie, Berlin 2009, S. 7–10, hier S. 8 (Hervorhebungen im Original)

Arbeitsvorschläge

32065-0282

1. Erläutern Sie Kossoks These, dass auch Revolutionen „umgeschrieben" werden müssen (M1).
2. Vergleichen Sie die Urteile über 1918/19 von Kolb, Pohl und Plener (M2, M3 und M5). Wie begründen die Autoren ihre Auffassung, dass 1918/19 „keine", eine „steckengebliebene" oder doch eine „erfolgreiche" Revolution stattgefunden habe?
3. Winkler relativiert den Begriff „Revolution". Erörtern Sie seine Einschätzung (M4).

Die Weimarer Verfassung

Bildinformation

31000-950

M1 Q „Frédéric le Gros"
Die Karikatur erschien im September 1919 in der Zeitschrift „Kladderadatsch" und karikiert den Sozialdemokraten Friedrich Ebert, der zwischen 1919 und 1925 das Amt des ersten deutschen Reichspräsidenten bekleidete.

32065-0466

1. Beschreiben Sie die Karikatur.
2. Erläutern Sie, welche Rückschlüsse sich aufgrund der Darstellung im Hinblick auf Ebert und seine Funktion als Reichspräsident ziehen lassen. Welche Intention des Karikaturisten wird deutlich?

LEIT-FRAGE

Die Weimarer Verfassung – moderne Demokratie oder obrigkeitsstaatliches Erbe?

Weimar

Die „Republik von Weimar" erhielt ihren Namen, weil die Verfassunggebende Versammlung vor den Unruhen in Berlin auswich und im Februar 1919 in der Tat in Thüringen zusammentrat. Weimar sollte auch auf Goethe, Schiller und die deutsche Klassik verweisen.

Die Wähler als Souverän

Männer und Frauen über 20 Jahre erhielten das Recht, in allgemeinen, geheimen und unmittelbaren Wahlen alle vier Jahre die Abgeordneten des Reichstages und alle sieben Jahre den Reichspräsidenten zu wählen.

Verhältniswahlrecht

Mit dem Verhältniswahlrecht sollte jede Stimme gleich gewichtet sein: Jede Partei erhielt für 60 000 gültige Stimmen ein Mandat. Eine Sperrklausel, die den kleinen Parteien den Zutritt zum Reichstag hätte verwehren können, gab es nicht. Anders als beim Mehrheitswahlrecht des Kaiserreiches gingen so kaum Stimmen verloren, was zu dieser Zeit als besonders gerecht und demokratisch galt. Das wesentliche Ziel, regierungsfähige Mehrheiten im Parlament zu bilden, wurde durch die Parteienvielfalt im Parlament jedoch erschwert. Hinzu kam, dass die Parteien kaum Bereitschaft zu Kompromissen zeigten, die eigenen Interessen dem Gemeinwohl vorzogen und damit die Regierung schwächten.

Plebiszite

Als Elemente der direkten Demokratie wurden Volksbegehren und Volksentscheid eingeführt. Die Staatsbürger sollten sich durch die Plebiszite direkt an der staatlichen Willensbildung beteiligen. Jedoch konnte die plebiszitäre Komponente der Verfassung ihre Aufgabe, ein „Gegengewicht zum Parteienstaat“ zu bilden, in der Praxis nicht erfüllen. Vielmehr versuchten republikfeindliche Parteien, Volksabstimmungen zur Manipulation der Massen einzusetzen. Solche Bestrebungen scheiterten aber bis 1933 an den fehlenden Mehrheiten.

Die Verfassungsorgane

Dem Reichstag oblag neben dem Recht auf Gesetzgebung auch die Kontrolle der Regierung, d. h., Kanzler und Minister benötigten zu ihrer Amtsführung das Vertrauen der Parlamentsmehrheit. Jedes einzelne Regierungsmitglied konnte durch ein Misstrauensvotum zum Rücktritt gezwungen werden. Allerdings bestand keine Pflicht, bei der Abwahl des Kanzlers einen neuen Regierungschef zu wählen und damit wiederum für eine handlungsfähige Regierung zu sorgen. Für den Reichsrat, die Vertretung der Länder, war mit einem aufschiebenden Veto gegen Beschlüsse des Reichstages nur geringer Einfluss vorgesehen.

Rolle des Reichspräsidenten

Der Reichspräsident war mit besonderen Vollmachten ausgestattet. Er allein ernannte und entließ den Kanzler und konnte den Reichstag auflösen. Außerdem war er Oberbefehlshaber über die Reichswehr. Bei Gefahr für die öffentliche Sicherheit und Ordnung im Reich konnte der Reichspräsident auf der Grundlage des Artikels 48 die zu ihrer Wiederherstellung nötigen Maßnahmen treffen und notfalls die Reichswehr einsetzen. Im Laufe der Jahre wurde der Artikel häufig von Reichspräsident und Reichskanzler unter Umgehung des Parlaments herangezogen, um wirtschaftliche und soziale Probleme zu lösen. Die starke Stellung des Reichspräsidenten wurde nach dem Ende der Weimarer Republik immer wieder hinterfragt und diskutiert. Die Väter der Weimarer Verfassung hatten jedoch noch keine demokratische Erfahrung und wollten der noch jungen Republik angesichts ihrer anfänglichen Unruhen ein starkes Gegengewicht bieten, das in Notsituationen für Sicherheit und Ordnung sorgen könnte. Die Weimarer Republik entstand in einer Zeit extremer gesellschaftlicher und politischer Spannungen wie etwa den Nachwirkungen des Ersten Weltkrieges, der Novemberrevolution oder wirtschaftlichen Unsicherheiten. Der vom Volk gewählte und dadurch legitimierte Reichspräsident sollte die Republik als „Hüter der Verfassung“ in instabilen Zeiten schützen. Dabei wurde jedoch unterschätzt, dass die Machtfülle auch missbraucht werden könnte.

Die Grundrechte

Der Katalog der Grundrechte und Grundpflichten, den die Weimarer Verfassung als zweiten Hauptteil aufführte (Art. 109–165), erfüllte eine alte Forderung des deutschen Liberalismus. Hugo Preuß, der im Auftrag Eberts einen Verfassungsentwurf ausarbeitete, bezeichnete die Aufnahme der Grundrechte als einen Akt der Pietät gegenüber den Abgeordneten der Paulskirche (1848/49). Diese hatten in den Grundrechten ein Kernstück jeder Verfassung gesehen: Rechtsgleichheit, Freizügigkeit, Recht der freien Meinungsäußerung, Freiheit der Person sowie Glaubens- und Gewissensfreiheit.

Notverordnungen

Die wichtige Aufgabe der Kontrolle der Staatsmacht erfüllte dieser Katalog jedoch nicht uneingeschränkt, da viele Grundrechte in Krisenzeiten durch Notverordnungen gemäß Artikel 48 außer Kraft gesetzt werden konnten. Dass dies nicht nur zur Sicherung, sondern auch zur Zerstörung der demokratischen Ordnung geschehen konnte,

M 2 Q „Der Reichstag wird eingesargt.“
Collage des Grafikers und Bühnenbildners John Heartfield für die „Arbeiter Illustrierte Zeitung“, 30. August 1932

► Interpretieren Sie die Karikatur im Hinblick auf die möglichen Auswirkungen der starken Stellung des Reichspräsidenten für die Demokratie.

vermochten sich die Verfassungsgeber nicht vorzustellen. Sie gaben der Republik eine wertneutrale Verfassung ohne normative Einschränkung, die den Gegnern der Demokratie von links und rechts die Möglichkeit bot, den Staat massiv zu bekämpfen. Die verantwortlichen Politiker sahen das Wesen der Demokratie ausschließlich in der Mehrheitsentscheidung, unabhängig davon, in welche Richtung sie ging. Außerdem bestand für die Bürger keine Möglichkeit, die Verletzung der Grundrechte durch die Staatsgewalt vor Gericht einzuklagen. Einen Verfassungskern, der ausdrücklich nicht von der Parlamentsmehrheit angetastet werden durfte, gab es nicht.

Gleichstellung der Frau in der Verfassung

Zu den demokratischen Errungenschaften der Weimarer Republik gehört die verfassungsrechtliche Gleichberechtigung der Geschlechter. Seit den 1890er-Jahren forderten Frauen für sich das Wahlrecht. 1902 gründete Anita Augspurg den Deutschen Verein für Frauenstimmrecht. Während der Kriegsjahre waren vor allem Frauen aus der Arbeiterbewegung politisch aktiv gewesen, hatten sich an der Organisation von Streiks und Demonstrationen beteiligt und in der Frauenbewegung für ihre Rechte gekämpft. Aber auch bürgerliche Frauen engagierten sich und forderten gleiche politische Rechte. Im November 1918 erfüllte der Rat der Volksbeauftragten eine sozialdemokratische Forderung: das aktive und passive Wahlrecht für Frauen. Mit einer Wahlbeteiligung von fast 90 Prozent machten die Frauen 1919 von ihrem Stimmrecht Gebrauch, 41 von 310 Kandidatinnen zogen in die Weimarer Nationalversammlung ein.

Fehlende Gleichberechtigung im Alltag

Dass die Lebenswirklichkeit von den Vorgaben der Grundrechte abwich, verdeutlicht die Situation der Frauen in der Weimarer Republik. Nach der Reichsverfassung hatten Frauen und Männer nur „grundsätzlich dieselben staatsbürgerlichen Rechte und Pflichten" (Art. 109). Aber weder auf dem Arbeitsmarkt, wo Frauen für die gleiche Arbeit weniger Lohn erhielten, noch im Familienrecht galt der Gleichberechtigungsgrundsatz. Für Tätigkeiten, die über die Hausarbeit hinausgingen, brauchten Frauen die Erlaubnis des Ehemannes. So bestimmte es das Bürgerliche Gesetzbuch noch bis 1977. Das Frauenwahlrecht und die steigende Zahl weiblicher Mitglieder in Parteien und Gewerkschaften änderten nichts daran, dass führende Positionen der Politik weiterhin nur von Männern besetzt blieben.

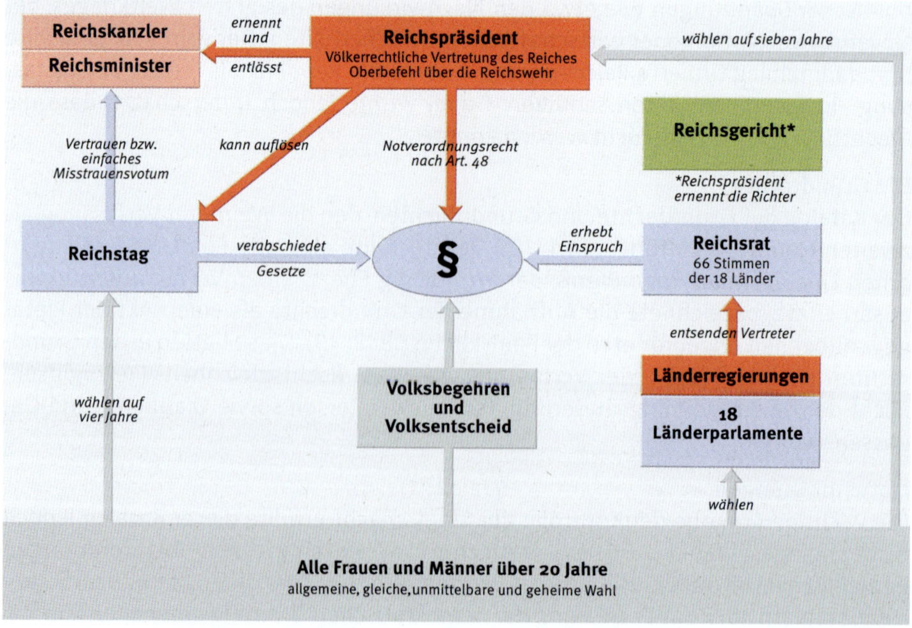

M3 D Verfassungsschema der Weimarer Republik

- Beschreiben Sie anhand des Verfassungsschaubildes Aufbau und Funktionsweise der Weimarer Verfassung.
- Erörtern Sie, inwiefern das Prinzip der Gewaltenteilung in der Weimarer Verfassung umgesetzt wurde.

M4 Q Die Weimarer Verfassung

Folgende Grundsätze finden sich in der Weimarer Verfassung:

Das Deutsche Volk, einig in seinen Stämmen und von dem Willen beseelt, sein Reich in Freiheit und Gerechtigkeit zu erneuern und zu festigen, dem inneren und dem äußeren Frieden zu dienen und den gesellschaftlichen Fortschritt zu fördern, hat sich diese Verfassung gegeben.

I. Hauptteil: Aufbau und Aufgaben des Reiches

Art.1: Das Deutsche Reich ist eine Republik. Die Staatsgewalt geht vom Volke aus. [...]

Art. 20: Der Reichstag besteht aus den Abgeordneten des deutschen Volkes.

Art. 21: Die Abgeordneten sind Vertreter des ganzen Volkes. Sie sind nur ihrem Gewissen unterworfen und an Aufträge nicht gebunden.

Art. 22: Die Abgeordneten werden in allgemeiner, gleicher, unmittelbarer und geheimer Wahl von den über zwanzig Jahre alten Männern und Frauen nach den Grundsätzen der Verhältniswahl gewählt. [...]

Art. 25: Der Reichspräsident kann den Reichstag auflösen, jedoch nur einmal aus dem gleichen Anlass. Die Neuwahl findet spätestens am sechzigsten Tage nach der Auflösung statt. [...]

Art. 48: Wenn ein Land die ihm nach der Reichsverfassung oder den Reichsgesetzen obliegenden Pflichten nicht erfüllt, kann der Reichspräsident es dazu mithilfe der bewaffneten Macht anhalten. Der Reichspräsident kann, wenn im Deutschen Reiche die öffentliche Sicherheit und Ordnung erheblich gestört oder gefährdet wird, die zur Wiederherstellung der öffentlichen Sicherheit und Ordnung nötigen Maßnahmen treffen, erforderlichenfalls mithilfe der bewaffneten Macht einschreiten. Zu diesem Zwecke darf er vorübergehend die in den Artikeln 114, 115, 117, 118, 123, 124 und 153 festgesetzten Grundrechte ganz oder zum Teil außer Kraft setzen. [...]

Art. 53: Der Reichskanzler und auf seinen Vorschlag die Reichsminister werden vom Reichspräsidenten ernannt und entlassen.

Art. 54: Der Reichskanzler und die Reichsminister bedürfen zu ihrer Amtsführung des Vertrauens des Reichstages. Jeder von ihnen muss zurücktreten, wenn ihm der Reichstag durch ausdrücklichen Beschluss sein Vertrauen entzieht. [...]

II. Hauptteil: Grundrechte und Grundpflichten der Deutschen

Art. 109: Alle Deutschen sind vor dem Gesetze gleich. Männer und Frauen haben grundsätzlich dieselben staatsbürgerlichen Rechte und Pflichten. Öffentlich-rechtliche Vorrechte oder Nachteile der Geburt oder des Standes sind aufzuheben.

Art. 114: Die Freiheit der Person ist unverletzlich. Eine Beeinträchtigung oder Entziehung der persönlichen Freiheit durch die öffentliche Gewalt ist nur aufgrund von Gesetzen zulässig.

Art. 115: Die Wohnung jedes Deutschen ist für ihn eine Freistätte und unverletzlich. Ausnahmen sind nur aufgrund von Gesetzen zulässig. [...]

Art. 118: Jeder Deutsche hat das Recht, innerhalb der Schranken der allgemeinen Gesetze seine Meinung durch Wort, Schrift, Druck, Bild oder in sonstiger Weise frei zu äußern. [...] Eine Zensur findet nicht statt [...].

Art. 119: Die Ehe steht als Grundlage des Familienlebens und der Erhaltung und Vermehrung der Nation unter dem besonderen Schutz der Verfassung. Sie beruht auf der Gleichberechtigung der beiden Geschlechter. [...]

Art. 123: Alle Deutschen haben das Recht, sich ohne Anmeldung oder besondere Erlaubnis friedlich und unbewaffnet zu versammeln. [...]

Art. 128: Alle Staatsbürger ohne Unterschied sind nach Maßgabe der Gesetze und entsprechend ihrer Befähigung und ihren Leistungen zu den öffentlichen Ämtern zuzulassen. Alle Ausnahmebestimmungen gegen weibliche Beamte werden beseitigt. [...]

Art. 135: Alle Bewohner des Reiches genießen volle Glaubens- und Gewissensfreiheit. Die ungestörte Religionsausübung wird durch die Verfassung gewährleistet und steht unter staatlichem Schutz. [...]

Art. 142: Die Kunst, die Wissenschaft und ihre Lehre sind frei. Der Staat gewährt ihnen Schutz und nimmt an ihrer Pflege teil.

Art. 157: Die Arbeitskraft steht unter dem besonderen Schutz des Reiches. Das Reich schafft ein einheitliches Arbeitsrecht. [...]

Art. 161: Zur Erhaltung der Gesundheit und Arbeitsfähigkeit, zum Schutz der Mutterschaft und zur Vorsorge gegen die wirtschaftlichen Folgen von Alter, Schwäche und Wechselfällen des Lebens schafft das Reich ein umfassendes Versicherungswesen unter maßgebender Mitwirkung der Versicherten.

Art. 163: [...] Jedem Deutschen soll die Möglichkeit gegeben werden, durch wirtschaftliche Arbeit seinen Unterhalt zu erwerben. Soweit ihm angemessene Arbeitsangelegenheit nicht nachgewiesen werden kann, wird für seinen notwendigen Unterhalt gesorgt.

Art. 165: Die Arbeiter und Angestellten sind dazu berufen, gleichberechtigt in Gemeinschaft mit den Unternehmern an der Regelung der Lohn- und Arbeitsbedingungen sowie der gesamten wirtschaftlichen Entwicklung der produktiven Kräfte mitzuwirken. Die beiderseitigen Organisationen und ihre Vereinbarungen werden anerkannt.

Zitiert nach: Günther Franz (Hrsg.), Staatsverfassungen, München 1964, S. 192–222

Arbeitsvorschläge

32065-0285

1. Charakterisieren Sie mithilfe desDarstellungstextes und der Quelle die grundlegenden Prinzipien und Ziele der neuen Republik. | H
2. Erklären Sie, inwiefern die Weimarer Verfassung einen sozialen Ausgleich innerhalb der Gesellschaft schaffen sollte. | H
3. Im Hinblick auf die Stellung des Reichspräsidenten in der Weimarer Verfassung wird häufig von einem „Ersatzkaiser" gesprochen. Erläutern Sie, was Anlass zu dieser Aussage geben kann. | H
4. Überprüfen Sie mithilfe des Mediencodes, inwiefern das Grundgesetz der BRD im Hinblick auf die Grundrechte der Weimarer Verfassung Konsequenzen gezogen hat. 32065-0286
5. Stellen Sie Stärken und Schwächen der Weimarer Verfassung gegenüber.
6. Beurteilen Sie, ob und inwiefern die Weimarer Verfassung als Fehlkonstruktion bezeichnet werden kann.

M5 Q Die Stellung des Reichspräsidenten

Der Verfassungsexperte der SPD, der Jurist Max Quarck, schreibt 1919 über die Stellung des Reichspräsidenten in der neuen Verfassung:

Was der Abg. Haase im Einzelnen gegen den Reichspräsidenten angeführt hat, das hält einer ernsthaften Prüfung nicht stand. Er hat von einer unnützen dekorativen Einrichtung gesprochen [...]. Ernster ist vielleicht der Einwand zu nehmen, dass die Einrichtung eines Reichspräsidenten uns wieder in die alte Obrigkeitsherrschaft, in die alte Autoritätsherrschaft zurückführen könnte. [...] Das unabhängige Mitglied im Verfassungsausschuss, Abg. Dr. Cohn, muss wohl doch bezeugen, dass wir von den Mehrheitssozialisten sorgfältig und eifrig bemüht gewesen sind, in dieser Verfassung jede Spur von Machtbefugnissen für den Präsidenten zu tilgen, die etwa an die alte Monarchie und den alten Despotismus erinnern würden, unter dem wir so lange gelitten haben.

Die Hauptfunktion für den neuen Präsidenten wird sein die Zusammenstellung des Ministerkollegiums. Dazu braucht die neue Republik im Reichspräsidenten eine Persönlichkeit, die nicht direkt gebunden ist an Parteizusammenhänge, die einen Überblick hat über die politischen Köpfe des ganzen Reiches, die die Einigung dieser Köpfe zu Ministerämtern unabhängig von Parteikoterien geltend machen kann. Ich denke, dass diese Funktion in der Geschichte unseres Landes noch eine entscheidende Rolle spielen wird.

Die Vertretung eines großen Wirtschaftsstaates, der hoffentlich bald wieder in engen Beziehungen zu den verschiedenen Ländern der Welt stehen wird, durch eine ausgeprägte Person ist weiter durchaus wünschenswert. [...] Nun wird dieser Reichspräsident genau wie das Parlament aus der Volksabstimmung hervorgehen. Er wird also von vorneherein kraft seiner politischen Geburt den Zusammenhang mit denselben Kräften haben, die das Parlament in sich verkörpert. So wird ein Dualismus zwischen Präsident und Parlament von Anfang an so gut wie ausgeschlossen; die Gleichheit der Herkunft wird die Gleichheit der Ziele und Zwecke bestimmen.

Max Quarck, Der Geist der neuen Reichsverfassung, Berlin 1919, S. 13 f.

Arbeitsvorschläge

32065-0287

1. Arbeiten Sie die Interessen der Gegner und Befürworter des Reichspräsidentenamtes heraus.
2. Vergleichen Sie Quarcks Ausführungen mit den tatsächlichen Möglichkeiten, die die Weimarer Verfassung dem Reichspräsidenten eröffnet. | F
3. Bewerten Sie, ob die Zeitgenossen im Hinblick auf die Stellung des Reichspräsidenten zu naiv waren. Berücksichtigen Sie bei Ihrer Bewertung sowohl die genannten Gründe für die starke Stellung des Reichspräsidenten als auch die Schwachstellen der Verfassung.

Leitfrage

Nehmen Sie Stellung:

Die Weimarer Verfassung – moderne Demokratie oder obrigkeitsstaatliches Erbe?

Belastungen und Herausforderungen für die junge Republik

M1 Q „Die ewige Kanzlerkrise“
Titelblatt der Satirezeitschrift „Simplicissimus“, 17. Dezember 1923
Bildunterschrift: „Denk ich an Deutschland in der Nacht, dann bin ich um den Schlaf gebracht ...“ – Der Reichspräsident Friedrich Ebert schlaflos im Bett.
Die Bildunterschrift ist eine Anspielung auf das Gedicht „Nachtgedanken“ von Heinrich Heine, das dieser 1843 im Exil verfasste. Im Gedicht setzt sich Heine mit dem reaktionären Deutschland auseinander, in dem Forderungen nach nationaler Einheit, Freiheit und Demokratie durch staatliche Zensur unterdrückt wurden. Nur fünf Jahre später kam es zur Revolution von 1848/49.

32065-0289

1. Beschreiben Sie die Karikatur.
2. Interpretieren Sie die Karikatur im Hinblick auf den Zustand, in dem sich die Weimarer Republik in den Augen des Zeichners im Jahr 1923 befindet.
3. Welche Rückschlüsse auf die staatlichen Bewältigungsstrategien legt die Karikatur nahe? Begründen Sie!

Der Versailler Vertrag und seine Folgen

Von Anfang an belastete der in Versailles bei Paris geschlossene Friedensvertrag die Republik schwer. Ohne Beteiligung der Besiegten tagte die Friedenskonferenz, auf der die Nachkriegsordnung Europas festgelegt werden sollte. Die wichtigsten Entscheidungen wurden vom Rat der Vier getroffen. Seine Mitglieder waren die Regierungschefs von Großbritannien (David Lloyd George), Frankreich (Georges Clemenceau) und Italien (Vittorio Orlando) sowie der US-amerikanische Präsident Woodrow Wilson. Letzterer sah sich in der Rolle des Vermittlers zwischen Siegern und Besiegten. Sein Hauptanliegen war die Gründung des Völkerbundes als Garant einer dauerhaften Friedensordnung. Am 7. Mai 1919 wurde das fertige Vertragswerk mit seinen insgesamt 440 Artikeln vorgelegt. Die deutschen Vertreter durften sich innerhalb von 14 Tagen schriftlich dazu äußern, erreichten im Ergebnis aber keine Verbesserung der Auflagen. Ende Juli billigte der Reichstag den Vertrag, wenige Tage später wurde er im Spiegelsaal von Versailles unterzeichnet, im Jahr 1920 trat er in Kraft.

- Deutschland verlor 13 % seines Staatsgebiets und 10 % seiner Bevölkerung sowie sämtliche Kolonien. Das kohlenreiche Saarland wurde für 15 Jahre unter die Verwaltung des Völkerbundes gestellt, ehe eine Volksabstimmung über die künftige Staatszugehörigkeit entscheiden sollte. In Oberschlesien, das ursprünglich ganz an Polen fallen sollte, wurde 1921 eine Volksabstimmung durchgeführt. Obwohl knapp 60 Prozent der Bevölkerung für den Verbleib bei Deutschland stimmten, teilte der Völkerbund das Gebiet und sprach den territorial kleineren, aber indus-

LEIT-FRAGE

Die frühen Krisen der Weimarer Republik – der Anfang vom Ende?

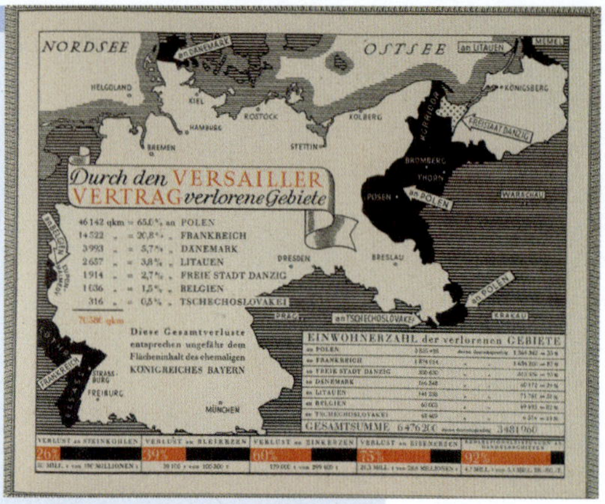

M2 Q Die Gebietsverluste nach dem Versailler Vertrag
Anonymer Künstler, 1934

▶ Diskutieren Sie, warum die Gebietsverluste für die deutsche Bevölkerung besonders schwer zu akzeptieren waren. Nutzen Sie dazu auch den Darstellungstext.

Bildinformation

31000-65

M3 Q „Wählt deutschnational!“
Wahlplakat zur Reichstagswahl 1924.

▶ Erläutern Sie Wirkung und Ziele des Plakats.

triell bedeutenderen Teil Polen zu. Das Rheinland sollte bis zum Jahr 1935 von alliierten Truppen besetzt gehalten werden.

- Deutschland wurde zur militärischen Abrüstung verpflichtet. Das gesamte Kriegsmaterial musste zerstört oder ausgeliefert werden. Der Besitz schwerer Waffen wurde verboten, ebenso die allgemeine Wehrpflicht. Deutschland musste sein Berufsheer mit 100 000 Mann auf ein Viertel der Stärke des Jahres 1919 und die Zahl der Marinesoldaten auf 15 000 reduzieren.
- Hart umstritten war auch die Regelung der Reparationsfrage. Da sich die Alliierten 1919 nicht über die Leistungsfähigkeit der deutschen Wirtschaft einigen konnten, setzten sie eine Kommission ein, die bis Mai 1921 die Höhe der Wiedergutmachung festlegen sollte.

Deutsche Reaktionen auf den Versailler Vertrag

Die Bestimmungen des Friedensvertrages lösten in der deutschen Öffentlichkeit, in der man auf einen milden „Wilson-Frieden“ gehofft hatte, Empörung und Proteststürme aus. Vor allem der Artikel 231 des Vertrages, der sogenannte Kriegsschuldartikel, wurde in Deutschland als moralische Ächtung des ganzen Volkes empfunden. Reichskanzler Scheidemann bezeichnete den Vertrag als unannehmbar. Als die deutschen Einsprüche erfolglos blieben, trat die Regierung Scheidemann zurück. Unter dem Druck eines alliierten Ultimatums wurde schließlich die neue Regierung von der Nationalversammlung beauftragt, den Vertrag zu unterschreiben. Wie schon bei der Unterzeichnung des Waffenstillstandes im November 1918 übernahmen Vertreter der Republik Verantwortung für das Versagen der politischen und militärischen Führung während des Ersten Weltkrieges. Den Politikern, die sich unter dem Druck der Verhältnisse dazu bereiterklärt hatten, gestanden anfänglich alle Parteien ehrenhafte Motive zu. Doch schon bald wurde der Versailler Vertrag von den äußersten Rechten bis hin zur Sozialdemokratie wegen des Kriegsschuldartikels und der umfangreichen Reparationen als ein „Diktat-“ und „Schandfriede“ abgelehnt. Republikfeindliche Kräfte nutzten die Vorbehalte der Bevölkerung aus, um mit Kampfparolen wie „Heerlos! Wehrlos! Ehrlos!“ gegen die Republik zu hetzen. „Versailles“ wurde zur Diffamierungsparole schlechthin. Der Vorwurf der „Erfüllungspolitik“ wurde von National-Konservativen und Rechtsradikalen in den folgenden Jahren gegen alle Schritte der Regierung erhoben, die auf die Einhaltung oder Anerkennung der Versailler Bestimmungen zielten.

„Dolchstoßlegende“

Neben dem von der Nationalversammlung widerwillig angenommenen Versailler Vertrag radikalisierte die „Dolchstoßlegende“ die Bevölkerung der Nachkriegszeit. Schon im November 1918 verbreiteten rechtsradikale Zeitungen die angebliche Bemerkung eines britischen Generals, die deutsche Armee sei „von hinten erdolcht“ worden. Streiks und politische Unruhen in der Heimat hätten sie zur Kapitulation gezwungen. Die beiden Generäle Erich Ludendorff und Paul von Hindenburg machten sich diese Version zu eigen und verbreiteten Ende 1919 eine Verschwörungstheorie, mit der sie die eigene Schuld an der militärischen Niederlage von sich ablenken und vor allem auf die Sozialdemokraten abwälzen wollten. Durch sein großes Ansehen, das er als General und Feldmarschall im Ersten Weltkrieg erworben hatte, vermochte es der spätere Reichspräsident Hindenburg, dieser Lüge besonderes Gewicht zu verschaffen. Ein Großteil der Bevölkerung glaubte dieser Verfälschung der Tatsachen, zumal die Öffentlichkeit an einer vorurteilsfreien Auseinandersetzung mit dem Geschehen im Ersten Weltkrieg kaum interessiert war. Zudem unterschätzten vor allem die Sozialdemokraten, welche Gefahren von der „Dolchstoßlegende“ ausgingen. Diese Legende vergiftete das politische Klima und diente deutschnationalen, völkischen und andere rechtsextremen Gruppen und Parteien zur Propaganda gegen die republiktreuen Parteien, die bei Kriegsende Verantwortung übernommen und den Versailler Vertrag akzeptiert hatten.

Republikaner ohne Mehrheit?

Von den zahlreichen Parteien bekannten sich nur drei ausdrücklich zur parlamentarisch-demokratischen Republik: die SPD, die DDP und das Zentrum.

- Die SPD ging bei den Wahlen zur Nationalversammlung und bei den Reichstagswahlen bis 1930 jeweils als stärkste Kraft hervor, erreichte jedoch nie die absolute Mehrheit. Bis zum Ende der Republik war sie auf Reichsebene mit wenigen Ausnahmen in der Opposition. Beim Werben um die Gunst der Arbeiter konkurrierte sie mit KPD und USPD. Als Milieupartei der Arbeiterschaft gelang es ihr nicht, auch für andere Gesellschaftsschichten attraktiv zu werden.
- Die linksliberale DDP vertrat vor allem das Bildungsbürgertum, Kaufleute, Beamte und Angestellte. Mit Walther Rathenau stellte die DDP 1922 den Außenminister. Schon ab 1920 verlor sie jedoch in großem Maß Stimmen und sank zur Splitterpartei ab.
- Das Zentrum war die Partei des politischen Katholizismus. Ihr kam eine bedeutende Stellung zu, da sie sich für alle sozialen Schichten einsetzte und mit fast allen Parteien koalitionsfähig war. Von 1919 bis 1932 war sie in nahezu jeder Reichsregierung vertreten. 1920 entstand mit der Bayerischen Volkspartei (BVP) die bayerische Variante des Zentrums.
- Die Deutsche Volkspartei (DVP), der sich mehrheitlich national-liberales Bürgertum und Großindustrie anschlossen, war in den Anfangsjahren noch monarchistisch und republikfeindlich geprägt. Gustav Stresemann brachte sie auf einen demokratischen und republikanischen Kurs, stieß dabei aber stets auf Widerstand in seiner Partei. Nach Stresemanns Tod tendierte die DVP immer stärker nach rechts, blieb jedoch im Vergleich zu DNVP und NSDAP gemäßigt und sank 1932 zur Bedeutungslosigkeit herab.

Antidemokratische Kräfte

Obrigkeitsstaatliche Vorstellungen, die sich gegen einen Meinungspluralismus wandten, waren in der Bevölkerung weit verbreitet. Die republikfeindlichen rechts- und linksradikalen Kräfte setzten sich seit Beginn der Weimarer Republik gewaltsam für ihre Ziele ein. Die 1919 gegründete Kommunistische Partei Deutschlands (KPD) und die USPD lehnten den Parlamentarismus ab und betrachteten alle Gegner des Rätesystems als „Handlanger des Kapitalismus“. Die USPD schloss sich zwar 1922 wieder der SPD an. Da ihre radikalen Mitglieder jedoch der KPD beitraten, entwickelte sich diese zu einer ernst zu nehmenden Kraft.

Die Deutschnationale Volkspartei (DNVP) war ein Sammelbecken völkisch-nationalistischer, konservativer Kreise. Ihr gehörten vor allem die alten Eliten aus Adel, Militär, Großgrundbesitz und Großbürgertum an. Nach 1928 rückte die Partei weit nach rechts und kooperierte mit der NSDAP, an die sie seit 1930 viele Wähler verlor. Als verbindendes Element für die unterschiedlichen Interessen ihrer Wählerschaft diente der DNVP bereits früh der Antisemitismus.

M4 Q „Sie tragen die Buchstaben der Firma – aber wer trägt den Geist?“
Karikatur von Thomas Theodor Heine (1867–1948) aus dem „Simplicissimus“ 21. März 1927

▶ Diskutieren Sie, ob eine Republik nur bestehen kann, wenn ihre Bürger ihren „Geist“ (die Ideen und Werte der Demokratie) unterstützen.

Bildinformation
31000-951

M5 Q „Hochverrat vor dem Reichsgericht"
Karikatur von Gerhard Holler aus: „Ulk" Wochenschrift des Berliner Tageblatts vom 4. März 1927
Bildtext unten links: „Ich werde die Republik vor Ihnen zu schützen wissen!
Bildtext unten rechts: „Ich werde Sie vor der Republik zu schützen wissen!"

► Untersuchen Sie, welche Einstellung gegenüber der Republik deutlich wird.

Bildinformation
31000-952

„Auf dem rechten Auge blind"

Nach der Unterzeichnung des Versailler Vertrages und dem Beginn der Reparationszahlungen häuften sich politisch motivierte Attentate, die besonders oft von der radikalen Rechten verübt wurden. Mord wurde zum Mittel der politischen Auseinandersetzung. Die Attentate, die seit Ende 1920 einsetzten, richteten sich besonders gegen führende Repräsentanten der Demokratie und die sogenannten „Erfüllungspolitiker", die darum bemüht waren, die Bestimmungen des Versailler Vertrages umzusetzen. Mit dem Gesetz zum Schutz der Republik sollte dem Treiben der Terrorgruppen wirksamer begegnet werden. Die erhoffte Wirkung blieb jedoch weitgehend aus, da die Justizbehörden Terroranschläge von links bzw. rechts nicht gleichermaßen verfolgten. In Justiz und Verwaltung blieb mit den alten Amtsträgern vielfach auch der Geist des Kaiserreiches erhalten. Die Reichswehr blieb ein „Staat im Staate". Während sie gegen Putschversuche von links konsequent vorging, hielt sie sich bei Angriffen von rechts weitgehend zurück. Dies zeigte sich beim rechtsextremistischen Kapp-Lüttwitz-Putsch 1920. General Ludendorff und der Gründer der Deutschen Vaterlandspartei, Wolfgang Kapp, sammelten unzufriedene Soldaten hinter sich. Außerdem widersetzte sich General Walther von Lüttwitz dem Befehl, eine 5000 Mann starke Marinebrigade aufzulösen. Die Truppe besetzte das Regierungsviertel in Berlin. Fast alle Offiziere der Reichswehr weigerten sich, die Armee einzusetzen. Der Putsch scheiterte indes, weil sich die Ministerialbürokratie den Anordnungen des selbst ernannten „Reichskanzlers" Kapp widersetzte.

Umsturzversuche von links

Der Kapp-Lüttwitz-Putsch hatte in der Arbeiterschaft eine ungeheure Erregung hervorgerufen, die sich vielerorts in Streiks und der Bildung von bewaffneten Selbstschutzeinheiten niederschlug. Vor allem die KPD wollte die Gunst der Stunde nutzen, um ihre eigenen Umsturzpläne voranzutreiben. Im Ruhrgebiet formierte sie dazu gemeinsam mit der USPD eine „Rote Armee" von 50 000 Mann, die den eingesetzten Regierungstruppen wochenlange blutige Kämpfe lieferte. Leidtragend war die Bevölkerung, die sich „rotem" und „weißem" Terror hilflos ausgeliefert sah. Erst Anfang Mai wurden die Aufstände im Ruhrgebiet und im damaligen Mitteldeutschland niedergeschlagen.

Eine deutsche Oktoberrevolution?

In Sachsen und Thüringen traten im Oktober 1923 kommunistische Minister in die SPD-Landesregierungen ein. Auf Weisung der sowjetischen Regierung in Moskau rüstete die KPD ihren Kampfbund, die „Proletarischen Hundertschaften", militärisch auf und bereitete ihn auf eine deutsche Oktoberrevolution vor. Die Reichsregierung forderte die Regierungen von Sachsen und Thüringen ultimativ auf, diese „Proletarischen Hundertschaften" aufzulösen und die kommunistischen Minister zu entlassen, da sie zum bewaffneten Aufruhr aufgerufen hatten. Als sich der sächsische Ministerpräsident Erich Zeigner weigerte, verhängte Berlin unter Anwendung des Artikels 48 die Reichsexekution und ließ Reichswehreinheiten einmarschieren. Zeigner wurde seines Amtes enthoben. In Thüringen traten daraufhin die kommunistischen Minister zurück.

Die Lage in Bayern

Einzelne Länder betrieben also eine gegen das Reich gerichtete Politik. Diese Stoßrichtung war in Bayern besonders ausgeprägt. Das Land hatte in der Republik einige Sonderrechte verloren. Nach den Revolutionswirren um die Räterepublik im Frühjahr 1919, die zur Ermordung des Ministerpräsidenten Kurt Eisner geführt hatten, wurde das Land zu einem Sammelbecken rechter radikaler Gruppen. Ehemalige Freikorpsführer und Rechtsradikale wie Ludendorff und weitere Akteure des Kapp-Lüttwitz-Putsches fanden dort Raum für ihre politische Betätigung. Das 1922 mit dem „Republikschutzgesetz" erlassene Freikorps-Verbot wurde nicht oder nur nachlässig umgesetzt. Die noch unbedeutende NSDAP unter ihrem Vorsitz Adolf Hitler wurde geduldet, während sie in anderen Ländern verboten wurde.

Hitler-Putsch

1919 war **Adolf Hitler** der kurz zuvor in München gegründeten Deutschen Arbeiterpartei (DAP) beigetreten, die sich 1920 in NSDAP umbenannte. Mit gehässigen Reden gegen die Republik und maßloser Hetze gegen die Juden machte Hitler die Partei bald zum Tagesgespräch in München. Im Herbst 1923 wollte er nach dem Vorbild des italienischen Faschisten Benito Mussolini einen „Marsch auf Berlin" durchführen. Am 8. November 1923 erklärte er auf einer republikfeindlichen Veranstaltung im Münchener Bürgerbräukeller den Ausbruch der „nationalen Revolution" und die Absetzung der Reichsregierung. Am folgenden Tag unternahm er mit General Ludendorff einen Demonstrationszug zur Feldherrnhalle (Hitler-Putsch). Doch die Landespolizei stoppte den Zug mit Waffengewalt. Zwanzig Polizisten und Putschisten wurden getötet, die Anführer verhaftet.

Milde Strafen

Obwohl Hitler als österreichischer Staatsbürger hätte ausgewiesen werden können, erhielt er für fünf Jahre Festungshaft in Landsberg am Lech, wurde jedoch bereits nach neun Monaten wieder entlassen. Ludendorff wurde freigesprochen. In den milden Strafen zeigte sich die Sympathie, die die Putschisten in den führenden Justiz- und Regierungskreisen genossen. Putsch und Prozess hatten die Popularität Hitlers und seiner Partei vergrößert. Nach seiner Haftzeit änderte er nicht sein Ziel, sondern nur die Taktik: 1925 gründete er die NSDAP unter seiner uneingeschränkten Führerschaft neu und versuchte nun, durch die Schaffung einer Massenbasis die Regierung auf legalem Wege zu übernehmen.

Inflation

Zusätzlich zu den innerpolitischen Kämpfen war das Reich mit finanziellen Problemen belastet. Der Weltkrieg hatte das Deutsche Reich gewaltige Summen gekostet, die aus dem Staatshaushalt nicht aufgebracht werden konnten. Steuererhöhungen wollte die Regierung während des Krieges nicht vornehmen. Deshalb finanzierte sie die Militärausgaben durch verzinste Anleihen bei der Bevölkerung und eine enorme Papiergeldvermehrung. Allerdings hielt die Güterproduktion mit der Geldmengenvermehrung nicht Schritt. Das Ergebnis war ein rasches Ansteigen der Preise und ein Wertverlust der Mark, also eine Inflation. Als Folge dieser Wirtschaftspolitik musste die junge Republik eine völlig zerrüttete Währung mit 154 Milliarden Mark Staatsschulden übernehmen. Obwohl die Währung nur durch drastische Maßnahmen zu sanieren gewesen wäre, führten die Weimarer Regierungen nach dem Krieg die Inflationspolitik fort und glichen bis 1923 das Haushaltsdefizit aus, indem sie ständig mehr Papiergeld in Umlauf brachten. Neuere Untersuchungen bezeichnen diese Politik als das „kleinere Übel" im Vergleich zu möglichen Auswirkungen einer deflationären Haushaltspolitik. Ein anderer Grund für die Zurückhaltung der Reichsregierung bei der Bekämpfung der Inflation war, dass man die Forderung der Alliierten unterlaufen wollte. Im Zusammenhang mit dem „Ruhrkampf" erreichte die Staatsverschuldung eine neue Rekordhöhe. Im November 1923 notierte man 4,2 Billionen Mark für einen Dollar. In einer Währungsreform im Oktober 1923 wurde der Wechselkurs zwischen Mark und Dollar neu festgelegt und statt durch Goldreserven der Reichsbank durch eine Hypothek auf Grundbesitz und industrielle Sachwerte gedeckt.

M 6 Q Adolf Hitler
(1889–1945): stammte aus Braunau (Inn), kam 1913 nach München, wo er sich erfolglos als Künstler durchschlug; 1914 freiwillige Teilnahme am Ersten Weltkrieg, Verwundung; 1919 Propagandist der DAP, seit 1920 NSDAP; ab 1921 Vorsitzender der Partei. 1923 Hitler-Putsch und Festungshaft, 1925 Neugründung der NSDAP und Aufstieg zur Massenpartei, 1933 Ernennung zum Reichskanzler, ab 1934 „Führer und Reichskanzler".

M7 Q Der Versailler Vertrag – ein annehmbarer Friedensschluss?

a) Reichsministerpräsident Philipp Scheidemann äußert sich zum Versailler Vertrag am 12. Mai 1919 wie folgt:

Die deutsche Nationalversammlung ist heute zusammengetreten, um am Wendepunkt im Dasein unseres Volkes gemeinsam mit der Reichsregierung Stellung zu nehmen zu dem, was unsere Gegner Friedensbedingungen nennen. Heute, wo jeder die erdrosselnde Hand an der Gurgel fühlt, lassen Sie mich ganz ohne taktisches Erwägen reden: Was unseren Beratungen zugrunde liegt, ist dies dicke Buch, in dem 100 Absätze beginnen: Deutschland verzichtet, verzichtet, verzichtet! Dieser schauerliche und mörderische Hexenhammer, mit dem einem großen Volke das Bekenntnis der eigenen Unwürdigkeit die Zustimmung zur erbarmungslosen Zerstückelung abgepresst werden soll, dies Buch darf nicht zum Gesetzbuch der Zukunft werden. […]
Seit ich die Forderungen in ihrer Gesamtheit kenne, käme es mir wie eine Lästerung vor, das Wilsonprogramm, diese Grundlagen des ersten Waffenstillstandsvertrages, mit ihnen auch nur vergleichen zu wollen! Aber eine Bemerkung kann ich nicht unterdrücken: Die Welt ist wieder einmal um eine Illusion ärmer geworden. Die Völker haben in dieser an Idealen armen Zeit wieder einmal den Glauben verloren.
Ich frage Sie: Wer kann als ehrlicher Mann – ich will gar nicht sagen als Deutscher – nur als ehrlicher, vertragstreuer Mann solche Bedingungen eingehen? Welche Hand müsste nicht verdorren, die sich und uns in solche Fesseln lege? Und dabei sollen wir die Hände regen, sollen arbeiten, die Sklavenschichten für das internationale Kapital schieben, Frondienste für die ganze Welt leisten! Den Handel im Auslande, die einstige Quelle unseres Wohlstandes, zerschlägt man und macht man uns unmöglich. Dieser Vertrag ist nach Auffassung der Reichsregierung unannehmbar.

Zitiert nach: Johannes Hohlfeld (Hrsg.), Dokumente der deutschen Politik und Geschichte von 1848 bis zur Gegenwart, Bd. 3: Die Weimarer Republik 1919–1933, Berlin 1951, S. 30 f.

b) Nach dem Rücktritt der Regierung Scheidemanns wird Gustav Bauer mit der Bildung eines neuen Kabinetts beauftragt. In einer Erklärung positioniert Bauer sich im Namen der Reichsregierung am 22. Juni 1919 ebenfalls zum Versailler Vertrag:

Die Reichsregierung kann es nur zu gut verstehen, wenn angesichts der Friedensbedingungen unserer Gegner eine helle Empörung den Einzelnen wie die Gesamtheit fortreißt […].
Wer sich ernsthaft, mit ganzem Herzen mit der Prüfung der Frage beschäftigt hat, ob zu unterschreiben sei oder nicht, der weiß, wie ungeheuer schwer diese Entscheidung ist. Auf beiden Seiten stehen eine Menge gewichtiger Gründe, die kein verantwortungsvoller Mensch überhören kann. Heute nun ist der Tag der Entscheidung, heute müssen sich die Wege zum einen oder zum anderen Ziele voneinander trennen.
Am Montagabend, ihr Frauen und Mädchen, soll der Krieg aufs Neue beginnen, wenn nicht unser Ja in Versailles ist […].
Die Reichsregierung hat davon abgesehen, aus der fast unabsehbaren Reihe mehr oder minder unerträglicher Bedingungen die ein oder die andere noch abzuhandeln. Dieser Vertrag verliert seinen vernichtenden Charakter nicht durch Veränderungen von Einzelheiten. Die Äußerungen der Parteien der Nationalversammlung, welche über die Mehrheit der Stimmen verfügen, lassen kaum einen Zweifel, dass diejenigen in der Minderheit sind, welche die Zukunft unseres Volkes durch eine Annahme schwerer zu gefährden glauben als durch eine Ablehnung. Dem muss eine Regierung Rechnung tragen, die das Volk nicht nach 48 Stunden vor eine neue, vielleicht tödliche Krise stellen will. Denn die Ablehnung wäre keine Abwendung des Vertrages. Ein Nein wäre nur eine kurze Hinausschiebung des Ja! Unsere Widerstandskraft ist gebrochen; ein Mittel der Abwendung gibt es nicht. Wohl aber bietet der Vertrag selbst eine Handhabe, die wir uns nicht entreißen lassen können. Ich denke hier an die feierliche Zusage der Entente in ihrem Memorandum vom 16. Juni 1919, wonach eine Revision des heute vorliegenden Vertrages von Zeit zu Zeit eintreten und diesen neuen Ereignissen und neu eingetretenen Verhältnissen angepasst werden kann. Das ist eines der wenigen Worte in diesem Friedensvertrag, das wirklichen Friedensgeist atmet.

Zitiert nach: Herbert Michaelis und Ernst Schraepler (Hrsg.), Ursachen und Folgen. Vom deutschen Zusammenbruch 1918 und 1945 bis zur staatlichen Neuordnung Deutschlands in der Gegenwart, Bd. 3: Der Weg in die Weimarer Republik, Berlin 1958, S. 382 f.

Arbeitsvorschläge

32065-0290

1. Analysieren Sie die Position und Argumentation Scheidemanns und Bauers im Hinblick auf die Annahme bzw. Ablehnung des Versailler Vertrages. | F
2. Diskutieren Sie die Frage, ob der Versailler Vertrag einen annehmbaren Friedensvertrag darstellte. Berücksichtigen Sie dabei auch die Handlungsspielräume der politischen Akteure.

M 8 Q Ein Friedensgarant?

David Lloyd George über die Gefahren des Versailler Vertrages in einer Denkschrift vom März 1919:

Sie mögen Deutschland seiner Kolonien berauben, seine Rüstungen zu einer bloßen Polizeimacht und seine Flotte zu einer Macht fünften Grades herabsetzen. Es ist schließlich alles gleich; wenn es sich im Frieden von 1919 ungerecht behandelt fühlt, wird es Mittel finden, um an seinen Besiegern Rache zu nehmen […]. Unsere Bedingungen dürfen hart, sogar erbarmungslos sein, aber gleichzeitig können sie so gerecht sein, dass das Land, dem sie auferlegt werden, in seinem Herzen fühlen wird, dass es kein Recht zur Klage hat. Aber Ungerechtigkeit und Anmaßung, ausgespielt in der Stunde des Triumphes, werden nie vergessen und vergeben werden. Aus diesem Grunde bin ich auf das Schärfste dagegen, mehr Deutsche, als unerlässlich nötig ist, der deutschen Herrschaft zu entziehen, um sie einer anderen Nation zu unterstellen. Ich kann kaum eine stärkere Ursache für einen künftigen Krieg erblicken […].

Zitiert nach: Georg Soldan, Zeitgeschichte in Wort und Bild, Bd. 1, München 1931, S. 312 ff.

Arbeitsvorschläge

32065-0291

1. Untersuchen Sie, wie Lloyd George den Versailler Vertrag charakterisiert und welches Gefahrenpotenzial er in ihm sieht.
2. Nehmen Sie Stellung dazu, ob der Versailler Vertrag seiner Aufgabe als Friedensgarant gerecht werden konnte.

M 9 Q „Auch Sie haben noch ein Selbstbestimmungsrecht"

Karikatur von Thomas Theodor Heine (1867–1948) aus dem „Simplicissimus" vom 3. Juni 1919. Heine wurde nach 1933 wegen seiner jüdischen Herkunft verfolgt und emigrierte ins Ausland.

„Auch Sie haben noch ein Selbstbestimmungsrecht: Wünschen Sie, dass Ihnen die Taschen vor oder nach dem Tod ausgeleert werden?" Die drei in Schwarz dargestellten Figuren sind Woodrow Wilson, Georges Clemenceau und David Lloyd George.

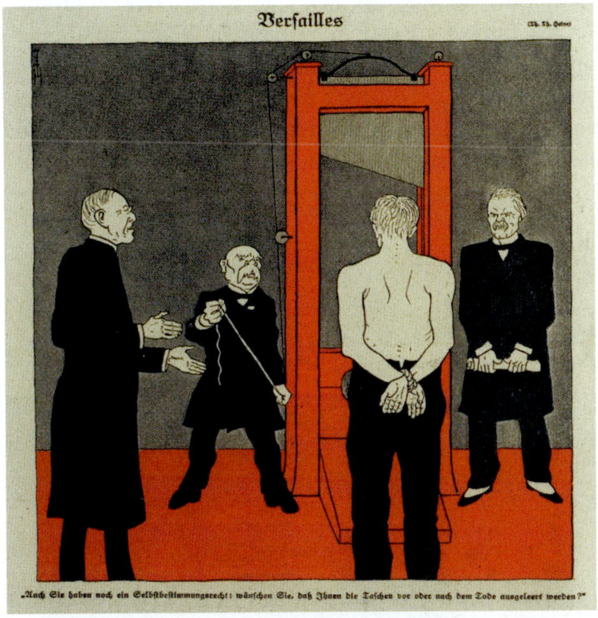

Arbeitsvorschlag

32065-0292

► Interpretieren Sie die vorliegende Karikatur im Hinblick auf den Versailler Vertag und die damit verbundenen Konsequenzen für Deutschland. | H

M 10 D „Objektives Recht ist das nicht"

a) Kurt Tucholsky setzt sich in seinem „Buch von der deutschen Schande" im Jahr 1921 kritisch mit dem Justizapparat der Weimarer Republik auseinander:

E.J. Gumbel hat die politischen Mordtaten der Jahre 1918 bis 1920 kühl und sachlich gesammelt, alle, die von rechts und die von links, und er hat gleichzeitig ihre gerichtliche Aburteilung aufgezeichnet. […] Das aktenmäßige Material Gumbels versetzt uns in die Lage, klipp und klar festzustellen: Wie da – in den Jahren 1918 bis 1921 – politische Morde von deutschen Richtern beurteilt worden sind, das hat mit Justiz überhaupt nichts zu tun. Das ist gar keine. Verschwendet ist jede differenzierte Kritik an einer Rechtsprechung, die Folgendes ausgesprochen hat: Für 314 Morde von rechts 31 Jahre 3 Monate Freiheitsstrafe sowie eine lebenslängliche Festungshaft. Für 13 Morde von links 8 Todesurteile, 176 Jahre 10 Monate Freiheitsstrafe. Das ist alles Mögliche. Justiz ist das nicht. Ganz klar wird das, wenn wir das Schicksal der beiden Umsturzversuche, Kapps und der Münchener Kommunisten, vergleichen, zweier Versuche, die sich juristisch in nichts unterscheiden: Die Kommunisten haben für ihren Hochverrat 519 Jahre 9 Monate Freiheitsstrafe erhalten. Eine Todesstrafe hat man vollstreckt. Die Kapp-Leute sind frei ausgegangen. Hier kann ich nicht kritisch folgen. Ich weise es von mir, mich mit Männern – Staatsanwälten und Richtern – ernsthaft auseinanderzusetzen, die das fertig bekommen haben. […] Was diese deutschen Richter künftig noch in politischen Prozessen für Recht erkennen, mag ihre subjektive einwandfrei begründete Meinung sein: Objektives Recht ist das nicht. […]"

Nach: Emil Gumbel, Vier Jahre politischer Mord, Heidelberg 1980, S. 81

b) Emil Gumbels Aufstellung über die verhängten Strafen bei politischen Morden:

	Pol. Morde begangen von		Gesamt
	Linksstehenden	Rechtsstehenden	
Gesamtzahl der Morde	22	354	376
– davon ungesühnt	4	326	330
– teilweise gesühnt	1	27	28
– gesühnt	17	1	18
Zahl der Verurteilten	38	24	62
Geständige Täter freigesprochen	–	23	23

Arbeitsvorschlag

32065-0293

- Untersuchen Sie M10 im Hinblick auf die Tendenz der Strafverfolgung bei politischen Straftaten.

M11 Q „Auf zum Generalstreik!"

Die KPD versucht zwischen 1919 und 1923 mehrfach, in Deutschland einen revolutionären Umsturz einzuleiten. Im Jahr 1920 will die KPD den Widerstand gegen den Kapp-Lüttwitz-Putsch nutzen, um ihre Pläne voranzutreiben. Dazu veröffentlicht sie am 13. März 1920 das nachfolgende Rundschreiben:

Werte Genossen!

Wie ihr wisst, ist die Regierung gestürzt. […] Was ist zu tun? Zunächst eins: Heraus aus den Betrieben! Auf zum Generalstreik über ganz Deutschland! Damit aber nicht genug. Das Proletariat muss sich seine Organe schaffen, mit denen es die volle Herrschaft übernehmen, halten und sichern kann. Darum gilt es als Zweites: Sofortige Versammlung in den Betrieben. Wahl revolutionärer Arbeiterräte, wobei unbedingt erzielt werden muss, dass sich in ihnen, in den Räten, nicht ein Verräter befindet. Kein Anhänger der sogenannten Mehrheitspartei, kein Vertreter der bürgerlichen Demokratie darf gewählt werden! Nur von Neuem würden diese Verräter ihr schurkisches Spiel aufnehmen. Gewählt darf nur werden, wer sich voll und ganz zur Diktatur des Proletariats bekennt und bereit ist, unter Opferung seiner ganzen Person diese Diktatur durchzuführen. Es kommen also nur infrage Mitglieder der Kommunistischen Partei und, falls sie sich verpflichten, den Losungen und Parolen des Kommunismus zu folgen, die Anhänger des linken Flügels der USPD. Die gewählten Arbeiterräte treten sofort zur Volksversammlung zusammen und bestimmen ihre Exekutive. Falls es gelingt, diese Maßnahmen einheitlich und möglichst über ganz Deutschland durchzuführen, werden die exekutiven Organe zur Landes- und Reichsexekutive zusammengefasst. Genossen! In allen größeren Orten Deutschlands sind die Arbeiter im Begriff, diese Maßnahmen durchzuführen.

Zitiert nach: Hans Spethmann, Zwölf Jahre Ruhrbergbau, Bd. 2, Berlin 1928, S. 80 f.

Arbeitsvorschlag

32065-0294

- Untersuchen Sie, welche Ziele die KPD mit ihrem Aufruf verfolgte und wie sie sich ein künftiges Deutschland vorstellte.

M12 Q Hitlers Vorstellung eines neuen Deutschland

Aus einer Rede Hitlers zum Putschversuch am 8. November 1923:

Das Kabinett […] ist abgesetzt. Eine bayerische Regierung wird gebildet aus einem Landesverweser und einem mit diktatorischen Vollmachten ausgestatteten Ministerpräsidenten. […] Die Regierung der Novemberverbrecher in Berlin wird für abgesetzt erklärt. Ebert wird für abgesetzt erklärt. Eine neue deutsche nationale Regierung wird in Bayern, hier in München, heute noch ernannt. Es wird eine deutsche nationale Armee sofort gebildet. Ich schlage daher vor: Bis zum Ende der Abrechnung mit den Verbrechern, die heute Deutschland tief zugrunde richten, übernehme die Leitung der provisorischen nationalen Regierung ich. Exzellenz Ludendorff übernimmt die Leitung der deutschen nationalen Armee. General Lussow wird deutscher Reichswehrminister, Oberst v. Seisser wird deutscher Reichspolizeiminister. Die Aufgabe der provisorischen deutschen nationalen Regierung ist, mit der ganzen Kraft dieses Landes und der herbeigezogenen Kraft aller deutschen Gaue, den Vormarsch anzutreten in das Sündenbabel Berlin, das deutsche Volk zu retten. Ich frage Sie nun: Draußen sind drei Männer, Kahr, Lossow, Seisser. Bitter schwer fiel ihnen der Entschluss. Sind Sie einverstanden mit dieser Lösung der deutschen Frage? Sie sehen, was uns führt, ist nicht Eigendünkel und Eigennutz, sondern den Kampf wollen wir aufnehmen in zwölfter Stunde für unser deutsches Vaterland.

Zitiert nach: Herbert Michaelis und Ernst Schraepler (Hrsg.), Ursachen und Folgen. Vom deutschen Zusammenbruch 1918 und 1945 bis zur staatlichen Neuordnung Deutschlands in der Gegenwart, Bd. 5: Die Weimarer Republik .Das kritische Jahr 1923, Berlin 1961, S. 433

Arbeitsvorschlag 32065-0295

▶ Analysieren Sie die Rede Hitlers im Hinblick auf die Darstellung der Republik und ihrer Politiker sowie seine Vorstellungen eines zukünftigen Deutschland. | F

M13 Q/D „Die Resignation zerreißt"

a) Ein Journalist schreibt nieder, was er im August 1923 aufgrund der Inflation beobachtet:

Das trommelt täglich auf den Nerven: der Zahlenwahnsinn, die ungewisse Zukunft, das über Nacht wieder fraglich gewordene Heute und Morgen. Epidemie der Angst, der nacktesten Not: Dem Blick längst entwöhnt gewesene Käuferschlangen stehen wieder vor den Läden, erst vor einem, dann vor allen. Keine Krankheit ist so ansteckend wie diese. Die Anstehschlangen haben etwas Suggestives: der Blick dieser Frauen, die ihre hastig angetanen Küchenkleider, ihre vergrämten, geduldigen Gesichter. Die Anstehschlangen sind immer wieder das gleiche Fanal: Die Stadt, die große steinerne Stadt ist wieder einmal leer gekauft. Reis, gestern noch das Pfund 80 000 Mark, kostet heute 160 000 Mark, morgen vielleicht das Doppelte, übermorgen zuckt der Mann hinterm Ladentisch die Achseln: „Reis ist alle." Also Nudeln! „Nudeln sind alle." Also Graupen, Grieß, Bohnen, Linsen, nur kaufen, kaufen, kaufen! Das Stück Papier, das funkelnagelneue Banknotenpapier, noch feucht vom Druck, heute früh als Wochenlohn ausgezahlt, schrumpft an Wert auf dem hastigen Weg zum Kaufmannsladen. [...] Mit dem Dollar steigt das: Hass, Verzweiflung, Not. [...] Mit dem Dollar steigt das: die Hast, das Stück Papier umzusetzen in etwas, das man hinunterschlingen kann, was satt macht. Die Wochenmärkte sind überfüllt. Schutzpolizei regelt den Verkauf. Die Schlange frisst die Stände leer. [...] Irgendwo explodiert die Geduld. Die Resignation zerreißt.

Zitiert nach: Peter Longerich (Hrsg.), Die Erste Republik. Dokumente zur Geschichte des Weimarer Staates, München 1992, S. 169

b) Preise in den Berliner Markthallen, 9. Juni 1923:

1 Pfund Rindfleisch	8500–12 000 Mark
1 Pfund Margarine	7600–9600 Mark
1 Pfund Kakao	7500–14 000 Mark
1 Pfund Neue Kartoffeln	2200–2500 Mark
1 Ei	800–810 Mark

Werte nach: Wolfgang Michalka und Gottfried Niedhard (Hrsg.), Die ungeliebte Republik. Dokumente zur Innen- und Außenpolitik Weimars 1918–1933, S. 117 f.

c) Preise für 1 kg Roggenbrot in Kiel:

März 1922	7,37 Mark
Juni 1922	8,42 Mark
September 1922	22 Mark
Dezember 1922	153 Mark
Februar 1923	1121 Mark
April 1923	1000 Mark
Juni 1923	2745 Mark
August 1923	161 000 Mark
Oktober 1923	1 128 000.000 Mark
November 1923	202 000 000 000 Mark

Zitiert nach: Quellen zur Geschichte Schleswig-Holsteins, Teil III: Von 1920 bis zur staatlichen Neuordnung nach dem Zweiten Weltkrieg, Kiel 1986, S. 19

Arbeitsvorschlag 32065-0296

▶ Erklären Sie, welche Folgen die Inflation für die Bevölkerung der Weimarer Republik hatte.

Leitfrage

Nehmen Sie Stellung:
Die frühen Krisen der Weimarer Republik – der Anfang vom Ende?

Außenpolitik zwischen Revision und Annäherung

M1 Q „Wählt meine Partei“
Wahlplakat der DVP, 1930

32065-0297

1. Beschreiben Sie das Wahlplakat der DVP.
2. Welche außenpolitische Haltung des abgebildeten Politikers Gustav Stresemann legt das Plakat nahe? Begründen Sie.

LEIT-FRAGE

Die Außenpolitik der Weimarer Republik – Annäherung oder Aggression?

Revisionistische Ziele

Vorrangiges außenpolitisches Ziel aller Regierungen der Weimarer Republik war die Revision des Versailler Friedensvertrages. Die Senkung der Reparationsforderungen, die Räumung der besetzten Gebiete links des Rheins und die Wiedergewinnung der verlorenen Gebiete standen dabei im Vordergrund.

Verhältnis zu Polen

In Polen und der neu gegründeten Tschechoslowakei lebten fast vier Millionen Deutsche als Minderheit. Wegen des westpreußischen Territoriums, das Deutschland an Polen abtreten musste, war Ostpreußen vom restlichen deutschen Staatsgebiet abgeschnitten. Den Aufbau guter Beziehungen erschwerte der Nationalismus in beiden Ländern. Im Zusammenhang mit der Oberschlesien-Frage, wo eine Volksabstimmung 1921 darüber entscheiden sollte, ob das Gebiet beim Deutschen Reich verbleiben oder Polen angegliedert werden soll, kam es zwischen 1919 und 1921 sogar zu bewaffneten Auseinandersetzungen zwischen polnischen Soldaten und deutschen Freikorps. Trotz Annäherungen in den wirtschaftlichen Beziehungen und beim Schutz der Minderheiten blieb das deutsch-polnische Verhältnis angespannt.

Annäherung an die Sowjetunion

Die Alliierten waren vorerst nicht bereit, Deutschland als gleichberechtigten Verhandlungspartner zu akzeptieren. Um wieder außenpolitischen Handlungsspielraum zu gewinnen, suchte das Deutsche Reich die Annäherung an die Russische Sozialistische Föderative Sowjetrepublik (RSFSR). Nach der bolschewistischen Oktoberrevolution 1917 unter der Führung von Wladimir Iljitsch Lenin war Russland zunächst ebenfalls außenpolitisch isoliert. Es drängte darauf, nicht für die aus zaristischer Zeit stammenden Kriegsfolgen haftbar gemacht zu werden. Am Rande der Weltwirtschaftskonferenz in Genua 1922 schloss Reichskanzler Joseph Wirth in Rapallo, einem Ort in der Nähe von Genua, ein Abkommen mit der Sowjetregierung. Dies geschah trotz der Vorbehalte von Außenminister Walther Rathenau, der die Verständigung mit Frankreich gefährdet sah. Beide Staaten verzichteten darin auf eine Entschädigung für Kriegskosten und Kriegsschäden und verpflichteten sich, diplomatische Beziehungen aufzunehmen. Deutschland stellte keine Ansprüche wegen der in Russland enteigneten Besitztümer und Vermögenswerte deutscher Staatsbürger. Der Vertrag erregte großes Aufsehen. „Rapallo“ wurde zum Synonym für die Furcht vor einer gemeinsamen deutsch-sowjetischen Politik gegen die damalige Friedensordnung. Vor allem Frankreich hegte großes Misstrauen. Dennoch vertieften Berlin und Moskau ihre politische und wirtschaftliche Zusammenarbeit in den folgenden Jahren. Im 1926 geschlossenen Berliner Vertrag sicherten sich beide Seiten Neutralität im Falle eines Krieges mit Dritten zu.

Reparationsfrage

Der Versailler Vertrag bestimmte, dass das Deutsche Reich Reparationen zu zahlen hatte, wies aber die Festlegung der genauen Höhe einer Kommission zu. Die europäischen Siegermächte benötigten die Reparationen, um die Kriegsfolgen in ihren eigenen Ländern zu beseitigen und um ihre während des Krieges aufgenommenen Schulden bei den USA zu tilgen. Frankreich sah zudem die Möglichkeit, Deutschland durch hohe Forderungen langfristig zu schwächen. Das Londoner Abkommen 1921 verfügte, dass Deutschland 132 Milliarden Goldmark in Form von Sach- oder Geldleistungen erbringen musste. Die deutsche Öffentlichkeit reagierte schockiert auf die Forderungen.

„Ruhrkampf“

Als die Reparationskommission im Dezember 1922 feststellte, dass Deutschland mit den Lieferungen von Holz und Kohle im Rückstand sei, ließ der nationalistische französische Ministerpräsident Raymond Poincaré am 11. Januar 1923 60 000 französische und belgische Soldaten ins Ruhrgebiet einmarschieren. Seinem Ziel, diese Wirtschaftsregion unter seine Kontrolle zu bringen, war er dadurch nähergekommen. Französische Beamte und Ingenieure sollten die deutsche Kohle- und Stahlproduktion kontrollieren und die Einhaltung der Lieferungen überwachen. Die Reichsregierung stellte sofort alle Reparationen ein, rief die Bevölkerung zum passiven Widerstand gegen die Besatzungsbehörden auf und unterstützte die streikenden Arbeiter mit Geld. Doch die damit verbundene massive Steigerung von Staatsverschuldung und Inflation sowie der Druck der Alliierten veranlassten die Reichsregierung zum Abbruch des „Ruhrkampfes“ am 26. September 1923.

Dawes-Plan und Young-Plan

Dagegen erreichte die deutsche Regierung 1923 bei den Siegermächten, dass ihre Zahlungsfähigkeit von neutraler Seite geprüft wurde. Im April 1924 legte ein Sachverständigenrat unter der Leitung des amerikanischen Bankiers Charles Dawes ein Gutachten zur Reparationsfrage, den sogenannten Dawes-Plan, vor. Die Annahme des Dawes-Plans durch die Siegermächte und die deutsche Regierung im Sommer 1924

M2 Q **„Hände weg vom Ruhrgebiet!“**
Propagandapostkarte, 1923

► Beschreiben Sie die Postkarte. Wie wird Frankreich dargestellt?

Bildinformation

31000-553

auf der Londoner Konferenz bedeutete für das Deutsche Reich eine deutlich geringere jährliche finanzielle Belastung. Zunächst musste es eine Milliarde Goldmark jährlich zahlen, ab 1928/29 jährlich 2,5 Milliarden Goldmark. Eine Gesamtsumme und eine zeitliche Begrenzung waren allerdings nicht festgelegt. 1930 wurde dann der Young-Plan angenommen, benannt nach dem Vorsitzenden des Sachverständigenrates, dem US-Amerikaner Owen D. Young. Der Plan legte für die deutschen Reparationen eine Gesamtsumme von 112 Milliarden Goldmark fest, die über einen Zeitraum von 59 Jahren zu zahlen war.

M3 Q Gustav Stresemann (1878–1929): Politiker der Nationalliberalen Partei (Kaiserzeit) und der DVP; 1923–1929 Außenminister; 1923 Reichskanzler

Verständigungspolitik unter Stresemann

Von 1923 bis 1929 prägte Gustav Stresemann als Außenminister in häufig wechselnden Kabinetten die Beziehungen zum Ausland. Er behielt zwar die revisionistischen Ziele deutscher Außenpolitik bei, handelte dabei jedoch pragmatisch und vertrauensbildend. Ihm war klar, dass deutsche Außenpolitik nur dann erfolgreich sein konnte, wenn sie das französische Sicherheitsbedürfnis berücksichtigte. Stresemann stand immer unter dem Druck nationalistischer Kreise, die konkrete Erfolge einforderten.

Verträge von Locarno

Im Oktober 1925 trafen sich auf einer Konferenz im schweizerischen Locarno führende europäische Politiker. Stresemann und sein französischer Amtskollege Aristide Briand hatten großes Interesse an einer Bereinigung des deutsch-französischen Gegensatzes. In den Verträgen von Locarno verpflichteten sich Deutschland, Frankreich und Belgien, keinen Krieg gegeneinander zu beginnen, und verzichteten auf eine Veränderung der bestehenden Grenzen zwischen ihren Staaten. Das Rheinland sollte nach dem Ende der Besatzung eine entmilitarisierte Zone bleiben. Bei Verletzung dieser Bestimmungen drohte ein Eingreifen der Garantiemächte Großbritannien und Italien. Eine Revision der Ostgrenze hingegen ließ Stresemann offen. Deshalb verzichtete er in einem Schiedsvertrag mit Polen lediglich auf eine gewaltsame Änderung der Grenzen. In Locarno wurde auch beschlossen, Deutschland in den Völkerbund aufzunehmen. Es trat ihm am 8. September 1926 schließlich bei.

Bildinformation

31000-66

Weitere Außenpolitik Stresemanns

Innenpolitisch waren die Verträge von Locarno umstritten. Die nationale Rechte verurteilte sie als „Verrat der Interessen Deutschlands". Durch das verstärkte internationale Engagement gelang es Stresemann, das Ansehen Deutschlands in der Weltöffentlichkeit beträchtlich zu steigern. Er war maßgeblich am Zustandekommen des Briand-Kellogg-Paktes beteiligt. Dieses Ankommen verpflichtete zur Ächtung des Krieges und zur rein friedlichen Klärung von Konflikten.

M4 Q „Locarno? Wählt deutschnational"
Plakat von Erwin Reusch (1889–1936) für die DNVP zur Reichstagswahl 1928

► Interpretieren Sie das Wahlplakat im Kontext der Informationen zu den Locarno-Verträgen. Beachten Sie, dass der dargestellte Fluss den Rhein abbilden soll.

Konfrontationskurs nach der Ära Stresemann

Der außenpolitische Kurs Stresemanns, im Einverständnis mit den Siegermächten des Ersten Weltkrieges eine Lockerung mit den harten Bestimmungen des Versailler Vertrages zu erreichen, wurde nach seinem Tod 1929 von einer aggressiven Außenpolitik abgelöst. Sie drängte darauf, das Deutsche Reich wieder als Großmacht zu etablieren. Der Kurswechsel in der deutschen Außenpolitik zeigte sich etwa darin, dass der Vorschlag des französischen Außenministers Briand zu einer europäischen Wirtschaftsunion harsch abgewiesen wurde. Im Gegenzug verhinderte Frankreich eine deutsch-österreichische Zollunion, indem es auf dem Anschlussverbot Österreichs an das Deutsche Reich gemäß Versailler Vertrag beharrte.

M5 Q Außenpolitische Gegensätze der Weimarer Zeit

a) Aus einer Denkschrift des konservativen und später nationalsozialistischen Oberstleutnant Otto von Stülpnagel über die außenpolitische Lage vom 20. Februar 1924:

Frankreich will und wird immer die endgültige Zerstörung Deutschlands als Machtstaat wollen. Hat Frankreich nach Zerstückelung Deutschlands die unbestrittene Vormachtstellung auf dem europäischen Festland, so wird es den offenen Kampf mit England nicht mehr scheuen. [...] Deutschland ist für beide nur Objekt. England will Deutschland unter seinem Einfluss „verösterreichern", Frankreich will Deutschland zerstören. [...] Düber hinaus ist es aber die Pflicht des Soldaten als Wächter des nationalen Gewissens, dafür zu sorgen, dass eine unter dem Einfluss wirtschaftlicher und pazifistischer Ideen stehende Regierung die nationale Zukunft nicht um ein Linsengericht der physischen Saturierung des Volkes verrät. Die gleichen Befürchtungen für Deutschlands nationale Zukunft erweckt der von demokratischer Seite heute propagierte Gedanke einer europäischen Korporation der Völker, das heißt eines föderativen Systems sämtlicher europäischer Staaten. Auch er kann die gesunde nationale Entwicklung und Wehrhaftmachung des deutschen Volkes hemmen. An jeder Stärkung der pazifistisch-demokratischen Ideologie muss Deutschland sterben! Versailles war ein auf Lügen aufgebautes Unrecht, dies muss einst durch Gewalt unter wehrhafter Zusammenfassung aller nationaler Kräfte beseitigt werden oder – Frankreich gibt vorher nach, schafft das Unrecht aus der Welt, trifft Vereinbarungen mit uns, die unsere nationale Entwicklung nicht hemmen. Das ist aber nicht zu erwarten und wäre wider den Sinn der deutsch-französischen Geschichte. Deutschland muss die auf Dauer unüberbrückbaren Gegensätze zwischen England und Frankreich ausnutzen, sie nicht durch Opferung eigener Interessen mildern, sondern im Gegenteil dadurch verschärfen, dass in der Welt der Eindruck entsteht, es ist nicht Deutschlands, sondern Frankreichs Schuld, wenn der englische Vorschlag auf Völkerbund, Abrüstung und wirtschaftliche Befriedung nicht zur Ausführung kommt. Gelingt dies, wird die Entwicklung dahin gehen, dass England sein Ziel gegenüber Frankreich nur noch durch Waffengewalt an der Seite Deutschlands erreichen kann. Dies anzustreben wäre die Pflicht der deutschen Diplomatie und ist die Aufgabe des Soldaten.

Zitiert nach: Wolfgang Michalka und Gottfried Niedhard (Hrsg.), Die ungeliebte Republik. Dokumente zur Innen- und Außenpolitik Weimars 1918–1933, München 1980, S. 148 f.

b) Gustav Stresemann über die außenpolitischen Handlungsspielräume Deutschlands am 14. Dezember 1925:

Die Wege der deutschen Außenpolitik waren bestimmt von der Erwägung, welche Mittel uns zur Verfügung ständen, um dieses Schicksal abzuwenden. Wenn ein Außenminister seine Aufgabe nicht dahin auffasst, die täglichen Eingänge zu erledigen, sondern sich fragt, ob es Ausblicke für eine andere Stellung seines Landes in der Welt gibt, dann muss er sich zunächst die Frage vorlegen, welche Mittel ihm zur Verfügung stehen, um seinem Lande wieder Geltung zu verschaffen. Das Hauptmittel ist die materielle Macht, Armee und Flotte. Dass wir sie nicht besitzen, ist Ihnen bekannt [...]. Dieses Mittel scheidet aus. Wir sind heute kaum in der Lage, unser Land zu verteidigen, geschweige denn auf unsere Macht zu pochen und dadurch zu versuchen, das Schicksal zu wenden. [...] Wir hätten ein zweites Mittel, eine Außenpolitik zu treiben, die zu Erfolgen führte, das wäre ein einheitlicher nationaler Wille des deutschen Volkes, der über alle Parteien hinaus das Volk einte und es in großen Fragen so zusammenführte [...]. [...] Meine Herren, von diesen beiden Dingen scheidet das erste aus. Das zweite ist nur partiell anwendbar. Eine dritte Frage für die deutsche Außenpolitik ist die, ob Deutschland noch irgendwo eine Großmacht wäre und als Großmacht sich wieder in das Konzert der Mächte einschalten könnte, und diese einzige große Waffe unserer Außenpolitik sehe ich in unserer wirtschaftlichen Stellung [...]. Ich glaube, man wird am weitesten kommen, wenn man irgendein Verhältnis zu anderen Nationen auf gleichlaufenden Interessen aufbaut. [...] Meine Herren, das waren Gesichtspunkte, die uns veranlassen mussten, an uns die Frage zu richten, ob es nicht für uns möglich sei, politische Fragen auf wirtschaftlichem Wege zu lösen und unter dem Gedanken dieser unserer Machtstellung zu versuchen, den Dingen seit Versailles eine andere Wendung zu geben. [...] Der wirtschaftlichen Verständigung musste eine politische Verständigung folgen. [...] Nun lassen Sie mich von den drei Fragenkomplexen sprechen, die Locarno im Speziellen betreffen. Der erste ist die Frage: Elsass-Lothringen und Eupen-Malmedy. In dem Artikel 1 und dem Artikel 2 des Vertrages ist gesagt worden, worauf die Mächte verzichten. Sie verzichten auf Krieg, Gewalt oder Einbruch. [...] Sinn der Verträge sei die ewige Aufrechterhaltung des status quo im Westen. [...] Gewiss bedeutet der Verzicht auf Krieg auch den Verzicht, auf kriegerischem Wege Elsass-Lothringen wiederzugewinnen. Meine Herren, einen anderen Weg sehe ich aber auch nicht. [...] Der andere Komplex der Fragen war der der Ostgrenzen. Meine Herren, ich denke auch in Bezug auf die Ostfragen, wo das Selbstbestimmungsrecht der Völker in unerhörter Weise vergewaltigt worden ist, nicht an kriegerische Auseinandersetzungen. […] Nun aber ein Wort über die Inkraftsetzung und über den Völkerbund […]: Ist es besser für Deutschland, draußen zu bleiben oder hineinzugehen? Der Völkerbund ist mir absolut nicht sympathisch. Seine Entstehung war gegen uns gerichtet. Seine Handlungen waren gegen uns. […] Aber ich frage mich auch hier: nicht ob mir die Menschen sympathisch sind oder nicht, sondern: nutzt oder schadet es? […]

Zitiert nach: Wolfgang Elz (Hrsg.), Gustav Stresemann. Reden, Mainz 2020, S. 476 ff.

Arbeitsvorschläge

32065-0298

1. a) Untersuchen Sie (arbeitsteilig), welche grundlegenden außenpolitischen Positionen Otto von Stülpnagel und Gustav Stresemann vertreten.
   b) Vergleichen Sie diese Positionen miteinander.
2. Diskutieren Sie, welche außenpolitische Zielsetzung Ihnen unter den gegebenen Bedingungen der Weimarer Republik am ehesten angemessen und praktikabel erscheint. | F

M6 Q Streit um die Locarno-Verträge

a) Der kommunistische Abgeordnete Wolfgang Bartels kommentiert die Locarno-Verträge am 30. Oktober 1925 im Preußischen Landtag:

Wenn man die einzelnen Verträge und ihre Paragrafen durchgeht, so sehen wir, dass Deutschland hinreichend Garantie gibt, aber dafür lediglich die Garantie erhält, dass es Kriegsbütteldienste leisten darf und andererseits Deutschland als Kriegsschauplatz ausliefern muss. Locarno bedeutet in Wirklichkeit […] die Auslieferung der Rheinlande, es bedeutet direkt ein Verschenken preußisch-deutschen Gebietes, es bedeutet die Garantie des Einmarsch- und Durchmarschrechts durch Deutschland, es bedeutet vor allem die Anerkennung der Aufrechterhaltung des Besatzungsregimes, und es bedeutet erneut das Bekenntnis zu dem Versailler Vertrag. Es bedeutet darüber hinaus verschärfte Ausbeutung, verschärfte Entrechtung, Unterdrückung, Elend, Übel, Not.

Zitiert nach: Herbert Michaelis und Ernst Schraepler (Hrsg.), Ursachen und Folgen. Vom deutschen Zusammenbruch 1918 und 1945 bis zur staatlichen Neuordnung Deutschlands in der Gegenwart Bd. 6., Berlin o. J., S. 396 f.

b) Der nationalsozialistische Abgeordnete Georg Straßer nimmt am 24. November 1925 im Reichstag Stellung:

Wir Nationalsozialisten, wir Frontsoldaten und wir Frontoffiziere […] verzichten nie und nimmer auf Elsass-Lothringen. Wir verzichten nie auf Eupen und Malmedy, auf die Saar und auf unsere Kolonien. Wir verzichten auf Nordschleswig so wenig wie auf Memel und Danzig, wie auf Westpreußen und Oberschlesien. Wir jungen Deutschen kennen unsere große großdeutsche Aufgabe, und wir speisen die Brüder in Österreich und in Sudeten-Deutschland nicht mit leeren Worten ab. […] Unser Staat, der […] ein in sich geschlossener geworden ist, wird einst die Verträge von Versailles, London und Locarno wie Papierfetzen zerreißen können, weil er sich stützt auf das, was Sie bewusst im deutschen Volke zerschlagen, wofür kein Opfer gebracht werden darf, nämlich die Bildung eines in sich geschlossenen Volkes.

Zitiert nach: Detlef Junker u. a. (Hrsg.), Deutsche Parlamentsdebatten II. 1919–1939, Frankfurt am Main 1971, S. 180 f.

Arbeitsvorschläge

32065-0299

1. Arbeiten Sie die Positionen heraus, die laut den Verfassern gegen die Locarno-Verträge sprechen. | F
2. Erläutern Sie die Motive der beiden Gegner.
3. Vergleichen Sie diese mit Stresemanns Argumentation in M5 b und bewerten Sie die Argumentationen im Hinblick auf ihre Überzeugungskraft.

M7 D Bilanz der Außenpolitik Stresemanns

Der Historiker Hagen Schulze versucht eine Gegenüberstellung der außenpolitischen Erfolge und Misserfolge Stresemanns:

Einige der Ziele Stresemanns wurden nach seinem Tode auf dem Weg, den er gewiesen hatte, noch erreicht: die endgültige Räumung des Rheinlandes fünf Jahre vor dem festgesetzten Zeitpunkt, die praktische Streichung der Reparationen auf der Konferenz von Lausanne im Juli 1932, die tatsächliche Anerkennung der militärischen Gleichberechtigung des Reiches mit den europäischen Nachbarn im November 1932 in Genf. Was aber nicht erreicht wurde, das war ein neues europäisches Konzert, eine friedliche Balance der europäischen Staaten in einer durch rationale und maßvolle Mittel gelenkte Welt, in der Deutschland eine führende Stellung eingenommen hätte. Dazu bedurfte es eines überlegenen, auch innenpolitisch starken Mannes, der Emotionen und Politik voneinander zu trennen wusste; dazu bedurfte es aber auch einer friedlichen und von einer prosperierenden Wirtschaft getragenen europäischen Gesamtlage. Stresemanns Traum einer vernünftigen Politik der europäischen Kabinette war in einem entscheidenden Punkt von Anbeginn an zum Scheitern verurteilt gewesen: Das europäische Konzert, das ihm vorschwebte, war die friedenstiftende Idee einer vordemokratischen Epoche. Aber schon Bismarcks Außenpolitik hatte ihre Grenzen im Nationalismus der Massen gefunden, und Stresemanns Pläne zerschellten an den ausgepeitschten Emotionen der Völker. Er starb zu einer Zeit, in der allen außenpolitischen Erfolgen zum Trotz der Nationalismus in Deutschland wie in ganz Europa wieder Auftrieb erhielt. Das gegenseitige Misstrauen der Nationen, verstärkt durch den Aufstieg des Nationalsozialismus in Deutschland, überwucherte zunehmend die Ansätze einer vernünftigen Kabinettspolitik, die ein halbes Jahrzehnt zuvor so vielversprechend begonnen hatte.

Hagen Schulze, Weimar. Deutschland 1917–1933, Berlin 1982, S. 286

Arbeitsvorschläge 32065-0300

1. Untersuchen Sie, welche Ziele Stresemanns nach Schulze erreicht wurden und welche scheiterten. Wie begründet Schulze das Scheitern?
2. Diskutieren Sie, ob Stresemanns Politik unter den gegebenen politischen und gesellschaftlichen Umständen eine Chance hatte.

M 8 Q Warum kommt Europa nicht voran?

Im Zeichen der Verständigungspolitik mit den Westmächten erreicht Außenminister Gustav Stresemann 1926, dass Deutschland Mitglied des Völkerbundes wird. In seiner letzten Rede vor diesem Gremium führt er am 9. September 1929 aus:

Ich komme zu der Frage, die in der Debatte dieser Tage erörtert worden ist. Das war die Neugestaltung der Staatenverhältnisse in Europa. […]
Es erscheint mir grotesk, dass die Entwicklung Europas nicht vorwärts, sondern rückwärts gegangen zu sein scheint. […] Durch den Versailler Vertrag ist eine große Anzahl neuer Staaten geschaffen worden. Ich diskutiere hier nicht über das Politische des Versailler Vertrags, […]. Aber das Wirtschaftliche möchte ich doch betonen und sagen, dass es unmöglich ist, dass Sie zwar eine große Anzahl neuer Staaten geschaffen, aber ihre Einbeziehung in das europäische Wirtschaftssystem vollkommen beiseite gelassen haben. […] Wo bleibt in Europa die europäische Münze, die europäische Briefmarke? Sind diese aus nationalem Prestige heraus geborenen Einzelheiten nicht sämtlich Dinge, die durch die Entwicklung der Zeit längst überholt wurden und diesem Erdteil einen außerordentlichen Nachteil zufügen, nicht nur im Verhältnis der Länder zueinander, nicht auch nur in dem Verhältnis zu den Weltteilen, draußen, sondern auch im Verhältnis anderer Weltteile, die sich oft viel schwerer in diese Dinge hineinversetzen können als ein Europäer, der es allmählich auch nicht mehr versteht?

Zitiert nach: Henry Bernhard (Hrsg.), Gustav Stresemann. Vermächtnis. Der Nachlass in drei Bänden, Bd. 3, Berlin 1933, S. 577 f.

Arbeitsvorschläge 32065-0301

1. Erläutern Sie, in welcher Hinsicht die Entwicklung Europas für Stresemann rückwärts gegangen ist.
2. Prüfen Sie, ob sich heutige Protagonisten der europäischen Einigung auf Stresemann und Briand berufen können. Begründen Sie Ihren Befund.

Leitfrage

Nehmen Sie Stellung:
Die Außenpolitik der Weimarer Republik – Annäherung oder Aggression?

Gesellschaft zwischen Revolution und Tradition

M1 Q „Großstadt“
Gemälde von Otto Dix, 1927–1928

1. Beschreiben Sie, wie die Gesellschaft der 1920er auf dem Bild dargestellt wird.
2. Erläutern Sie, inwiefern das Bild auf eine widersprüchliche Zeit schließen lässt.

32065-0302

LEIT-FRAGE

Die Goldenen Zwanziger – eine tatsächliche Blütezeit?

Wirtschaftsleben

Die Jahre zwischen der Sanierung der Währung und dem Beginn der späteren Weltwirtschaftskrise, die in der historischen Forschung als relativ stabil gelten, werden häufig als „Goldene Zwanziger“ bezeichnet. Deutschland hatte dank der vertrauensschaffenden Außenpolitik Stresemanns zu internationaler Reputation zurückgefunden. In der Folge gewährten ausländische Kapitalgeber, insbesondere aus den USA, Kredite in Milliardenhöhe, was das Reich in die Lage versetzte, die geforderten Reparationen zu finanzieren. Dieser finanzielle Aufschwung förderte die Investitions- und Innovationsbereitschaft der deutschen Industrie, die in einigen Bereichen wie dem Maschinenbau oder der Elektrobranche bald eine internationale Spitzenstellung einnahm.

Trotzdem gelang es nicht, die Republik dauerhaft zu stabilisieren. Die Löhne waren – zumeist durch staatliche Zwangsauflagen festgesetzt – seit Ende der Inflation wesentlich stärker gestiegen als der Produktivitätsfortschritt. Vergleichbares galt für die sich vervielfachenden Sozialleistungen. Die Unternehmen konnten deshalb nicht ausreichend investieren, Arbeitsproduktivität und Exportleistungen erreichten nicht einmal das Vorkriegsniveau. Entlassungen und hohe Arbeitslosenzahlen, die zwischen 1924 und 1929 im Jahresdurchschnitt nicht unter die Einmillionengrenze sanken, waren die Folge.

Mithilfe der im Ausland großzügig fließenden, aber teuren Kredite bemühte die ungeliebte Republik sich nach allen Seiten um die Gunst ihrer Wähler. Subventionen wurden reichlich verteilt, so an die Schwerindustrie und die Landwirtschaft, der Sozialstaat wurde ausgebaut und insbesondere die Städte und Gemeinden verschuldeten sich erheblich. Wie sehr das wirtschaftliche Wachstum künstlich forciert war und auf tönernen Füßen stand, wurde erst 1929 in der Weltwirtschaftskrise deutlich.

Neue Kunstströmungen

Wenn heute von den Goldenen Zwanzigern gesprochen wird, ist jedoch weniger der wirtschaftliche Aufschwung jener Jahre gemeint als vielmehr das freie, ungewöhnlich produktive, teilweise ungezügelte Kulturleben. Anknüpfend an die geistigen Strömungen im Kaiserreich, entfaltete sich in den deutschen Städten für mehr als ein Jahrzehnt eine einzigartige künstlerische und intellektuelle Blüte, vor allem in Berlin. Die Stadt, mit ihren rund vier Millionen Einwohnern zur europäischen Metropole aufgestiegen, wurde zum Inbegriff des Fortschritts und der Moderne. Schon in den 1920er-Jahren war sie eine Drehscheibe der Kulturen.

In der bildenden Kunst erlebte der Expressionismus, der sich zu Beginn des 20. Jahrhunderts entwickelt hatte, eine Blüte. In seinen Werken wurden durch die Verfremdung von Farben, Formen sowie durch das Spiel mit begrifflichen Gewohnheiten gesellschaftliche Missstände und persönliche Not ausgedrückt. Neben diese Kunstrichtung trat die Neue Sachlichkeit, zunächst im Bereich der Architektur und der bildenden Künste, dann auch in der Literatur. Ihre Vertreter versuchten in meist zeitkritischen Werken gesellschaftliche und politische Themen nüchtern-distanziert darzustellen.

Massenkultur?

In zunehmendem Maße brachten Künstler und Intellektuelle neue Medien zum Einsatz, um ein größeres Publikum zu erreichen. Es entstanden künstlerisch hochwertige Spiel- und Dokumentarfilme, Radioreportagen und Hörspiele. Die Zahl der Kinos verdoppelte sich zwischen 1918 und 1930 auf 5000. Die deutsche Filmindustrie produzierte europaweit die meisten Filme. Seit der ersten Radiosendung am 29. Oktober 1923 stieg die Zahl der Empfänger ständig an. Neun Jahre später besaß bereits jeder vierte Haushalt einen Rundfunkapparat. Die moderne Kunst wurde jedoch von der Gesellschaft nur am Rande wahrgenommen. Der Massengeschmack bevorzugte Unterhaltungsfilme, Groschenromane, Varietés und Sportveranstaltungen. Die Zeitung blieb in der Weimarer Republik das wichtigste Medium zur Information und Meinungsbildung. Meist hatten Zeitungen nur regionale Bedeutung und blieben auf bestimmte Sozialmilieus beschränkt. In den letzten Jahren der Weimarer Republik verloren freilich die demokratischen und liberalen Zeitungen immer mehr Leser. Zugleich kontrollierte der DNVP-Vorsitzende Alfred Hugenberg in seinen Medienkonzernen große Teile der regionalen und rechtskonservativen Blätter. Dadurch schuf er sich nicht nur wirtschaftliche Macht, sondern auch ein breites Forum für seine republikfeindlichen Positionen.

„Episches Theater“

Nur wenige Kulturschaffende identifizierten sich mit der Republik von Weimar. Wer nicht ohnehin für ein anderes politisches System eintrat, hielt sich von tagespolitischen Diskussionen fern. Viele Künstler und Intellektuelle zeigten sich unbeeindruckt von den politischen und sozialen Veränderungen ihrer Zeit. In gewisser Weise bildeten sie eine Parallelgesellschaft neben den übrigen Bevölkerungsschichten. Zu den wenigen politisch engagierten Künstlern im Deutschland der Zwanzigerjahre gehörte der Dichter und Dramatiker Bertolt Brecht. Das von ihm und dem Regisseur Erwin Piscator entwickelte Konzept des „epischen Theaters“ setzte einen Gegenakzent zum klassischen Drama. Die Darstellung auf der Bühne sollte nicht mehr zum Miterleben einladen, sondern verfremden und den Zuschauer zur Kritik an den tatsächlichen Verhältnissen anhalten.

Bedrohung der Tradition?

Neue kulturelle Entwicklungen stießen oft auf Ablehnung der konservativ und nationalistisch Denkenden. Sie brandmarkten Kunstformen, die das gewohnte Stilempfinden infrage stellten, auch ausländische Einflüsse wie beispielsweise den Jazz, als elitär und „entartet". Die wachsende Aggressivität gegen moderne Künstler wird deutlich am Schicksal des Bauhaus-Gründers Walter Gropius. Er wurde nicht nur von Handwerkern und traditionalistischen Architekten angegriffen, die durch die neue Bauweise ihre berufliche Existenz gefährdet sahen, sondern Rechtsnationalistische Kreise lehnten die avantgardistischen Prinzipien als „undeutsch" ab. Nach fortgesetzten Schikanen durch die rechtsgerichtete Regierung in Thüringen verlegte Gropius den Sitz des „Bauhauses" ins anhaltinische Dessau, bis er 1928 schließlich die Leitung abgab.

M2 Q „Her zu uns!"
Propagandaplakat der Hitler-Jugend aus dem Jahr 1933

- ► Beschreiben Sie das Propagandaplakat. Gehen Sie dabei besonders auf Ziel und Wirkung ein.
- ► Erläutern Sie, warum (radikale) Jugendbewegungen wie die Hitler-Jugend eine besondere Anziehungskraft auf die Jugendlichen der Weimarer Republik hatten.

Perspektivlosigkeit bei Jugendlichen

Der Krieg und die Krisen der Nachkriegszeit machten die Jugendlichen zu einer verlorenen Generation ohne Perspektive. Während des Krieges waren sie mit alltäglicher Gewalt und Not konfrontiert gewesen, nach dem Krieg nahmen ihnen Wirtschaftskrise, Inflation und Massenarbeitslosigkeit die Chance auf eine gesicherte Existenz. Viele mussten ohne ihre Väter, die sie im Krieg verloren hatten, aufwachsen. Soziale Not, Elend und Orientierungslosigkeit ließen die Jugendkriminalität ansteigen und machten die jungen Menschen anfällig für die Propaganda der radikalen Parteien.

Staatliche Maßnahmen

Der Staat versuchte, der hohen Kriminalitätsrate unter Jugendlichen gegenzusteuern. Die Reformpädagogik löste die bisherige auf Drill und „Paukschule" ausgerichtete Erziehung ab und wollte Jugendliche zu demokratischen und sozial denkenden Staatsbürgern erziehen. Dem Reichsjugendwohlfahrtsgesetz von 1922, durch das die ersten Jugendämter eingerichtet wurden, und dem 1923 eingeführten Jugendstrafrecht lag die Überzeugung zugrunde, dass Jugendliche anders zu behandeln seien als Erwachsene und Schutz und Hilfe benötigten. Zudem sollten halbstaatliche Jugendorganisationen, wie etwa Turn- und Sportvereine, die Jugendlichen unter geregelte Aufsicht bringen.

Radikalisierung der Jugendbewegung

Dennoch waren viele Jugendliche republikfeindlich eingestellt, traten kommunistischen oder nationalistischen Organisationen bei und beteiligten sich an antirepublikanischen Veranstaltungen und Krawallen. Ausgehend von der unpolitischen Wandervogelbewegung, die sich noch im Kaiserreich gebildet hatte, politisierte und radikalisierte sich die Jugendbewegung zunehmend. Auf der einen Seite stand die organisierte Arbeiterjugend. Auf der anderen Seite formierte sich die „bündische" Jugend, die nach und nach alle politisch und konfessionell unabhängigen Jugendverbände, so auch die Wandervögel und die Pfadfinderverbände, in sich aufnahm. Der wichtigste Verband war die 1926 gegründete Deutsche Freischar. Sie war stark militärisch und republikfeindlich ausgerichtet. Die jugendliche Gemeinschaft war für sie die Keimzelle der „Volksgemeinschaft". Gegen Ende der 1920er-Jahre verstärkten sich rassistische und antisemitische Tendenzen. 1933 trat die Mehrheit der bündischen Jugend der Hitler-Jugend bei. Allerdings hatten auch jugendliche Widerstandsgruppen wie die Edelweißpiraten und die Weiße Rose ihre Wurzeln in der bündischen Jugend.

Die Rolle der Frau – moderne Akzente und alte Abhängigkeiten

Auch für andere Gesellschaftsgruppen veränderte sich das Leben durch die Weimarer Republik. So entstand beispielsweise ein neuer Frauentypus, der berufstätig und finanziell unabhängig war. Das Auftreten dieser Frauen war äußerlich durch Bubikopf-Frisuren, Rauchen in der Öffentlichkeit und eigenständige Bar- und Restaurantbesuche erkennbar. Trotz dieser Entwicklungen war das Bild der emanzipierten Frau eines, das sich insbesondere auf die Großstadt beschränkte. Für die meisten Frauen blieb die eigenständige Stellung ein Übergangsstadium bis zur Heirat. Gerade auf dem Land und in konservativen Milieus bestand das Ideal der Hausfrau und Mutter fort. Für viele berufstätige Frauen verschlechterte sich die berufliche Situation außerdem durch das Überangebot an Arbeitskräften. Von ihnen wurde erwartet, dass sie ihre Berufstätigkeit zugunsten männlicher Kollegen aufgaben.

Jüdische Emanzipationstendenzen im Kaiserreich

Durch einen fortlaufenden Emanzipationsprozess im 19. Jahrhundert erlangte auch die jüdische Bevölkerung eine grundsätzliche staatsbürgerliche Gleichstellung im Deutschen Kaiserreich, die durch die Industrialisierung verstärkt einen besseren Zugang zu Bürgertum und Bildung bot. Trotzdem blieben Führungspositionen in der staatlichen Verwaltung, dem Offizierskorps, an Universitäten oder in der Justiz auch weiterhin eine Ausnahme.

Diffamierung der Juden im Ersten Weltkrieg

Im August 1914 zogen auch die deutschen Juden vorbehaltslos mit ihren nichtjüdischen Landsleuten Seite an Seite in den Krieg. Doch schon bald verbreiteten sich antisemitische Gerüchte, die den Juden vorwarfen, sich dem Fronteinsatz zu entziehen und den Krieg ausschließlich als Möglichkeit der eigenen finanziellen Bereicherung zu nutzen. Um diese Vorwürfe vermeintlich zu entkräften, ordnete das Kriegsministerium 1916 an, die Zahl aller an der Front eingesetzten Juden festzustellen. Das Ergebnis zeigte eine völlig angemessene Beteiligung der deutschen Juden am Kriegseinsatz des Deutschen Reiches. Da die Ergebnisse der sogenannten „Judenzählung“ jedoch nicht veröffentlicht wurden, verstärkten sich die Gerüchte und folglich auch die antisemitischen Tendenzen innerhalb der deutschen Bevölkerung. Heute ist bekannt, dass von den etwa 550 000 im Deutschen Reich lebenden Juden fast 100 000 im Ersten Weltkrieg kämpften und schätzungsweise 12 000 ihr Leben ließen.

Antisemitismus in den Anfangsjahren der Weimarer Republik

Der schon während des Krieges anklingende radikale Antisemitismus setzte sich in der Weimarer Republik fort. Obwohl die überwältigende Mehrheit der jüdischen Bevölkerung der Revolution zunächst distanziert gegenüberstand, tauchten alte Verschwörungstheorien und Vorurteile wieder auf. Links orientierte, jüdische Politiker wie Kurt Eisner oder Rosa Luxemburg wurden von ihren Gegnern als „Verräter am deutschen Volk“ diffamiert, die neue Demokratie als „Judenrepublik“ verunglimpft. Insgesamt begrüßten die meisten Juden schließlich die neue freiheitliche und demokratische Grundordnung der Weimarer Republik. Die Mehrheit der parteipolitisch engagierten Juden war im Lager der Deutschen Demokratischen Partei (DDP) zu finden.

Jüdische Künstler und Wissenschaftler

Auch das kulturelle Leben in der Weimarer Republik blieb von antisemitischen Vorurteilen nicht verschont. Ohne die herausragenden Leistungen jüdischer Künstler hätte jedoch die deutsche Kultur jener Zeit niemals ihre internationale Anerkennung gefunden. Auch in der Wissenschaft standen deutsche Juden mit an vorderster Stelle – darunter fünf Nobelpreisträger während der Weimarer Zeit: Albert Einstein (1921), James Franck (1925) und Gustav Hertz (1925) in Physik, Otto Meyerhof (1922) und Otto

M3 Q Julius Streicher (1885–1946): Gründer, Eigentümer und Herausgeber des Hetzblattes „Der Stürmer“ und Mitglied der NSDAP

M 4 Q „Der Tod und Ahasver"

Titelblatt der Zeitschrift „Deutsches Witzblatt", 13. November 1921

Witzblätter existierten bereits seit dem Kaiserreich in vielen verschiedenen Varianten. Sie spiegelten häufig gesellschaftlich und politisch relevante Themen.

Ahasver bezeichnet „den ewigen Juden".

▶ Interpretieren Sie die Karikatur im Hinblick auf die gesellschaftliche Wahrnehmung der jüdischen Bevölkerung in der Weimarer Republik. Nutzen Sie dazu auch den Darstellungstext.

Bildinformation

31000-954

H. Warburg (1931) für Medizin. Vereinzelte Versuche, den Antisemitismus zu bekämpfen, scheiterten, weil es in der deutschen Gesellschaft der Weimarer Republik an Solidarität für die jüdischen Mitbürger mangelte.

Zuwanderung osteuropäischer Juden

Doch die zunehmende Entfremdung der Deutschen von ihren jüdischen Landsleuten war nicht nur durch eine fehlende Solidarität gekennzeichnet, sondern durch ein grundsätzliches Misstrauen. Nach dem Ersten Weltkrieg war die jüdische Bevölkerung Osteuropas zu Tausenden vor Ausschreitungen ins Deutsche Reich geflüchtet. Ihre fremde kulturelle Prägung und Lebensart wurde bald zum Stereotyp für die gesamte jüdische Bevölkerung, die fortan zur Zielscheibe antisemitischer Vorurteile wurde. Viele der unfreiwillig zugewanderten Ostjuden emigrierten daher noch zur Zeit der Weimarer Republik in andere europäische Staaten oder die USA. Andere kehrten in ihre osteuropäische Heimat zurück. Etwa 60 000 blieben in Deutschland.

Radikalisierung des Antisemitismus

Insgesamt radikalisierte sich in der Weimarer Zeit vor allem der rassistische Antisemitismus. Bücher, Broschüren und weit über 500 antisemitische Zeitungen verbreiteten eine zunehmend hetzerische Propaganda. So beispielsweise die 1923 von Julius Streicher gegründete Wochenzeitschrift „Der Stürmer", die die jüdische Bevölkerung durch zahlreiche diffamierende Artikel zu „Untermenschen" stilisierte und ein gezieltes Feindbild erzeugte. Auch die sogenannten „Protokolle der Weisen von Zion" verfolgten ein ähnliches Ziel, indem sie vorgaben, eine jüdische Weltverschwörung zu entlarven. Neben die breite antisemitische Publizistik traten rund 400 völkische Organisationen wie der „Deutschvölkische Schutz- und Trutzbund", der ein Zentrum antisemitischer Kampagnen darstellte. In seinem Gründungsjahr 1919 zählte er etwa 5000 Mitglieder, 1922 waren es bereits fast 200 000, unter ihnen Bürger aus nahezu allen Bevölkerungsschichten: Angestellte, Beamte, Lehrer und Akademiker, Ärzte und Anwälte, aber auch Handwerker und Händler. Unter dem Motto „Deutschland den Deutschen" agitierte der Bund gegen die Demokratie, gegen linke Bewegungen und gegen Juden. Nach der Ermordung Walther Rathenaus im Juni 1922 wurde zwar seine Tätigkeit in den meisten Ländern des Deutschen Reiches verboten, dennoch unterstützte er weiterhin gewalttätige Aktionen, so die Attentate auf die republiktreuen Politiker Matthias Erzberger und Philipp Scheidemann.

M5 Q Erinnerungen an die Weimarer Kultur

a) Der Schriftsteller Klaus Mann (1906–1949) schreibt in seiner Autobiografie über die politische und kulturelle Szene zwischen 1928 und 1930 in Berlin:

Sonderbarerweise hat die Zeit von 1928 bis 1930 in meiner Erinnerung wenig mit Massenelend und politischer Spannung zu tun. Eher mit Wohlstand und kulturellem Hochbetrieb. Natürlich wusste ich, dass die Zahl der Arbeitslosen erschreckend stieg – waren es drei Millionen? Waren es schon fünf? Man konnte nur hoffen, dass die Regierung bald Abhilfe schaffen werde […]. Übrigens schienen die Geschäfte nicht ganz so schlecht zu gehen, trotz der „Krise", von der man so viel in der Zeitung las. Auf kulturellem Gebiet jedenfalls wurde gut verdient […]. Offenbar gab es doch noch einen starken Sektor des angeblich ruinierten Mittelstandes, der willens und fähig blieb, beträchtliche Summen für Theaterkarten, Bücher, Bilder und Zeitschriften und Grammophonplatten auszugeben.

Ein Gangster namens Frick[1] regierte irgendwo in der mitteldeutschen Provinz, aber in Berlin ging alles seinen gewohnten Gang. Der „Strich" auf der Tauentzienstraße florierte […], im „Haus Vaterland" gab es künstliche Gewitter und Sonnenuntergänge, die Nachtlokale waren überfüllt […].

Der Bürgerkrieg schien sich vorzubereiten, beide Parteien musterten ihre formidable Macht – der nationalsozialistische „Stahlhelm" gegen das sozialdemokratische Reichsbanner, die Nazis gegen die Kommunisten. Die Reichswehr inzwischen intrigierte und foppte das Publikum mit ihrer sphinxisch „neutralen", „unpolitischen" Haltung, während sie in Wahrheit die antirepublikanischen Kräfte heimlich stützte und ermutigte. Aber die Republik, mit unerschütterlichem Optimismus, vertraute auf Gott, den alten Hindenburg und die schlauen Manöver des Dr. Hjalmar Schacht[2].

Klaus Mann, Der Wendepunkt. Ein Lebensbericht, München 1989, S. 242 ff.

b) Der 1921 in Breslau geborene Historiker Walter Laqueur schreibt über die Verwurzelung der Hochkultur in der Bevölkerung:

[I]m Großen und Ganzen war alles, was die Menschen mit „Weimarer" Kultur und Denken assoziieren, in Berlin konzentriert. Das zeigt, wie einfach es ist, einige vielfach beschriebene oder besonders reizvolle Aspekte einer Gesellschaft herauszugreifen und das Phänomen einer Minderheit als den wichtigsten und sogar prägenden Aspekt jener Zeit darzustellen.

Das Leben in Breslau, damals eine Stadt mit etwa 600 000 Einwohnern, ging im Wesentlichen weiter wie zuvor. Es gab beachtliche Theateraufführungen und Konzerte, aber die Stadt war nicht die Wiege der Moderne. Im Grunde galt das auch für das übrige Deutschland. Alles war noch sehr provinziell, im guten wie im schlechten Sinne. […] Das Gesellschaftsleben, die Umgangsformen und Sitten waren seit den Tagen der Monarchie ein wenig freizügiger geworden, aber es hatte weder eine kulturelle noch eine gesellschaftliche Umwälzung gegeben, sondern lediglich graduelle Veränderungen auf wenigen Gebieten.

Weimar war sowohl auf politischer als auch auf kultureller Ebene ein elitäres Phänomen, das nie Wurzeln in der Bevölkerung schlug. Zugleich machte sich seine politische Elite all jene zum Feind, die immer noch der guten alten Zeit nachtrauerten.

Die Republik war eine Demokratie mit wenigen Demokraten und einer wachsenden Zahl an Extremisten. Das galt auch auf kultureller Ebene. Merkwürdigerweise waren viele, die der Avantgarde von Weimar angehörten, sich dessen gar nicht bewusst oder wollten in späteren Jahren vergessen, wie isoliert sie gewesen waren. […] Was wir heute „Weimarer Kultur" nennen, war in Wirklichkeit Teil der Szene und überwiegend nicht einmal der dominierende Trend.

Walter Laqueur, Mein 20. Jahrhundert. Stationen eines politischen Lebens, Berlin 2009, S. 21–24

[1] Wilhelm Frick (1877–1946): führender nationalsozialistischer Politiker, der 1930–1931 in Thüringen das Innen- und Volksbildungsministerium leitete

[2] Hjalmar Schacht (1877–1970): Bankier, setzte sich 1924–1930 als Reichsbankpräsident für die Senkung der staatlichen Kreditaufnahme ein, unterstützte Hitler und war 1933–1939 erneut Chef der Reichsbank

Arbeitsvorschläge

32065-0303

1. Arbeiten Sie kulturelle sowie politische Entwicklungen heraus, die Mann und Laqueur benennen. | F
2. Erklären Sie, inwiefern die Goldenen Zwanziger in den Darstellungen Manns als ambivalente Zeit wahrgenommen werden können.
3. Laut Laqueur war das Deutschland der 1920er-Jahre nicht „die Wiege der Moderne". Erläutern Sie, warum. | H

Leitfrage

Nehmen Sie Stellung:
Die Goldenen Zwanziger – eine tatsächliche Blütezeit?

Der Niedergang der Demokratie

M1 Q Arbeitslosenschlange in Hannover
Bild von 1930

32065-0304

1. Beschreiben Sie das Bild.
2. Diskutieren Sie einen möglichen Zusammenhang zwischen Arbeitslosigkeit und politischer Orientierung. | H

LEITFRAGE

Die Weimarer Republik – an den Umständen gescheitert oder bewusst zerstört?

Ursachen der amerikanischen Wirtschaftskrise

Der wirtschaftliche Aufschwung der Zwanzigerjahre hatte an der New Yorker Aktienbörse ein hektisches Spekulationsfieber ausgelöst. Viele Anleger kauften Wertpapiere auf Kredit, um sie nach einem Kursanstieg gewinnbringend zu veräußern. In wenigen Jahren vervierfachte sich der Wert vieler Aktien und übertraf damit den tatsächlichen Wert der Unternehmen bei Weitem.

Kursverfall an der Wall Street

Erste Anzeichen einer beginnenden Wirtschaftskrise (Überproduktion in der Industrie und in der Landwirtschaft) wollte man nicht wahrhaben. Am 24. Oktober 1929 und noch einmal am 29. Oktober stürzten die Aktienkurse ab, manche Papiere verloren bis zu 90 Prozent ihres Wertes. Durch Panikreaktionen von Anlegern gerieten die Banken in Zahlungsschwierigkeiten. Das gesamte amerikanische Wirtschaftssystem brach zusammen. In den folgenden Monaten mussten in den USA über 9000 Banken und mehr als 100 000 Betriebe Konkurs anmelden. 1932/33 waren rund 15 Millionen Menschen arbeitslos, das war ein Viertel der arbeitsfähigen Bevölkerung.

Auswirkungen auf Europa

Die Krise in den USA wirkte sich angesichts der internationalen Wirtschaftsverflechtungen und der wichtigen Stellung der USA in der Weltwirtschaft unmittelbar auch auf andere Länder aus. Um zahlungsfähig zu bleiben, zogen die amerikanischen Banken ihre kurzfristigen Kredite aus Europa ab. Außerdem erhöhte der amerikanische Präsident Herbert C. Hoover zum Schutz der eigenen Industrie drastisch die Importzölle. Die dadurch ausgelöste Drosselung des Welthandels sowie das in Europa fehlende Kapital für Neuinvestitionen entfachten einen Flächenbrand. Die Weltwirtschaftskrise, die daraus entstand, war der schwerste ökonomische Einbruch seit Beginn der Industriellen Revolution.

Auswirkungen der Weltwirtschaftskrise auf Deutschland

Im Deutschen Reich war die Konjunktur bereits seit Ende 1928 rückläufig, die Zahl der Arbeitslosen stieg auf 1,89 Millionen im Jahresdurchschnitt. Ein Jahr später griff die Weltwirtschaftskrise auf Deutschland über. Die Lage verschlechterte sich rapide. Steigende Arbeitslosenzahlen senkten die Kaufkraft der Bevölkerung und die Steuereinnahmen des Staates. Die geringere Nachfrage führte zur weiteren Drosselung der Produktion und zu neuen Entlassungen. So verschärfte die verhängnisvolle Spirale die Krise. Deutschland war wegen der Folgekosten des Ersten Weltkrieges in hohem Maße auf den Export und auf ausländische Kredite angewiesen. Deshalb traf die weltweite Depression das Deutsche Reich besonders heftig, als das Ausland 1931 verstärkt seine kurzfristigen Kredite zurückzog. Viele deutsche Banken, die längerfristige Investitionsprogramme der Industrie finanziert hatten, kamen in Zahlungsschwierigkeiten. Nach dem Zusammenbruch der zweitgrößten deutschen Bank, der Darmstädter und Nationalbank (Danat), zahlten alle Banken nur noch in begrenztem Umfang Geld aus.

M2 Q Arbeitsloser auf Arbeitssuche
Bild von 1929/33

▶ Erläutern Sie ausgehend von dem Bild die Auswirkungen der Weltwirtschaftskrise auf die deutsche Bevölkerung.

Höhepunkt der Krise

1932 erreichte die Krise ihren Höhepunkt. Die industrielle Produktion ging auf die Hälfte des Standes von 1928 zurück. Im Februar waren 6,128 Millionen Beschäftigte arbeitslos gemeldet. Wahrscheinlich lag die tatsächliche Zahl noch höher, sodass in Deutschland nahezu jede zweite Familie von der Weltwirtschaftskrise betroffen war. Viele kleine und mittlere Unternehmen verloren ihre Betriebe durch Konkurs. Angestellte und Arbeiter gerieten durch die Arbeitslosigkeit in große Not. Ein Gefühl der Unsicherheit machte sich breit, das über die unmittelbar Betroffenen hinaus die gesamte Bevölkerung erfasste. Die allgemeine Katastrophenstimmung schürte die Anfälligkeit für radikale Parolen von rechts und links.

Der Sozialstaat ...

Der Ausbau des Sozialstaates war in Artikel 151 der Weimarer Verfassung verankert: „Die Ordnung des Wirtschaftslebens muss den Grundsätzen der Gerechtigkeit mit dem Ziel der Gewährleistung eines menschenwürdigen Daseins für alle entsprechen." Auf der Grundlage der in der Kaiserzeit eingeführten Sozialversicherungen wurden die staatlichen Leistungen erweitert. 1918 führte der Rat der Volksbeauftragten den Rechtsanspruch auf Erwerbsfürsorge ein. Sie löste die auf karitativen Vorstellungen beruhende Armenfürsorge ab und erhöhte die Zuwendungen. Die Beiträge für die 1927 eingeführte Arbeitslosenversicherung legten den Grundstein zu unserem heutigen System. Sie wurden paritätisch von Arbeitgebern und Arbeitnehmern getragen und durch staatliche Zuschüsse gesichert.

... und die Grenzen

Mit der Massenarbeitslosigkeit der Weltwirtschaftskrise 1929 war der Staat jedoch überfordert. Da die Sozialausgaben stiegen und gleichzeitig die Steuereinnahmen sanken, wurde die Unterstützung für Arbeitslose gekürzt. Im Juni 1932 senkte die Regierung die Bezugsdauer für Leistungsempfänger, die ohnehin nur ein Existenzminimum bezogen, von 26 auf sechs Wochen. Bedürftige Arbeitslose bekamen anschließend für maximal ein Jahr die zum Teil noch geringeren Sätze der Krisenfürsorge. Sogenannte „Wohlfahrtserwerbslose" waren schließlich auf die Unterstützung durch Gemeinden angewiesen. 1932 erhielten nur noch 800 000 Menschen Arbeitslosenunterstützung, 1,4 Millionen waren in der Krisenfürsorge, 2,2 Millionen zählten zu den Wohlfahrtserwerbslosen und gut eine Million bekam überhaupt keine Leistungen mehr.

Versuch einer großen Koalition

Nach den Wahlen vom 20. Mai 1928, bei denen die Parteien der bürgerlichen Mitte zum Teil erhebliche Stimmanteile eingebüßt hatten, bildete die SPD als stärkste Fraktion mit Zentrum, DDP, DVP und Bayerischer Volkspartei eine Große Koalition. Die unterschiedlichen programmatischen Ziele dieser Parteien führten von Anfang an zu Spannungen. So wurde der Young-Plan[1], als er in Kraft treten sollte, von der rechten Opposition heftig bekämpft. DNVP, Stahlhelm[2] und NSDAP bezeichneten ihn als „Versklavung des deutschen Volkes" und initiierten ein Volksbegehren dagegen. Zwar scheiterten sie beim Volksentscheid Ende 1929, jedoch profitierten Adolf Hitler und die NSDAP von der monatelangen aggressiven Agitation und der Emotionalisierung der Bevölkerung, die damit einherging. Die bisherige Splitterpartei wurde dadurch einer breiten Öffentlichkeit bekannt.

Scheitern der großen Koalition

Außenminister Gustav Stresemann, eine integrative Persönlichkeit, hatte die Regierungskoalition zusammengehalten. Als er im Oktober 1929 starb, war deren Auseinanderbrechen nur eine Frage der Zeit. Insbesondere auf dem Gebiet der Wirtschafts- und Sozialpolitik ließen sich die Unterschiede zwischen SPD und DVP kaum mehr überbrücken. Die Parteien glaubten, eine „Politik schädlicher Kompromisse" vor den eigenen Anhängern nicht länger vertreten zu können. Die Große Koalition zerbrach letztlich an der Frage, wie die Arbeitslosenversicherung saniert werden könne. Eine Beitragserhöhung – wie von den Sozialdemokraten gefordert – lehnte die DVP ab, die den Unternehmern nahestand. Als die SPD-Reichstagsfraktion einen Kompromissvorschlag zurückwies, trat Reichskanzler Hermann Müller am 27. März 1930 zurück. Damit war in jedem Fall die Koalition, nach Meinung des Historikers Hans-Ulrich Wehler auch „die parlamentarische Republik gescheitert".

Regieren ohne Mehrheit

Für Reichspräsident Paul von Hindenburg, seinen antidemokratischen Beraterstab und die Reichsführung ergab sich nun die Gelegenheit, schon länger erwogene außerparlamentarische Lösungen zur Bewältigung der ständigen Krisen umzusetzen. Unterstützung fand dieser Plan in den rechten Kreisen des Bürgertums und bei den großen Interessenverbänden der Industrie und der Agrarwirtschaft. Das Parlament sollte entmachtet und die SPD, die mit Abstand stärkste Fraktion im Reichstag, aus den politischen Entscheidungsprozessen herausgehalten werden. Hindenburg wollte mit dieser Regierungsbildung neuen Stils die alten Eliten, also die Repräsentanten der konservativ-bürgerlichen Parteien, wieder an die Macht bringen.

Präsidialkabinett und Reichstagsauflösung

Einer der Repräsentanten dieses Kurses war General Kurt von Schleicher, Chef des Ministeramts im Reichswehrministerium. Er schlug Hindenburg eine Regierungsbildung neuen Stils vor. Eine rechts orientierte bürgerliche Regierung sollte – losgelöst vom Parlament – nur dem Reichspräsidenten verantwortlich sein (Präsidialkabinett). Ihre Handlungsfähigkeit garantierte der Präsident durch die Verfassungsartikel 48 (Notverordnungsrecht) und 25 (Reichstagsauflösung). Hindenburg stimmte zu und ernannte am 29. März 1930 den konservativ-nationalen Fraktionsvorsitzenden des Zentrums, Heinrich Brüning, zum Reichskanzler. Dieser nahm mit einer strengen Sparpolitik die anhaltend hohe Arbeitslosigkeit und das Elend verarmter Schichten

---

[1] Der Young-Plan war der letzte der Reparationspläne, die die Zahlungsverpflichtungen des Deutschen Reiches auf der Grundlage des Versailler Vertrages regelte.

[2] Auch: Bund der Frontsoldaten; Wehrverband der Weimarer Republik, der der demokratiefeindlichen DNVP nahestand.

in Kauf, um den Alliierten die Unerfüllbarkeit ihrer Reparationsforderungen vor Augen zu führen. Gehaltskürzungen im öffentlichen Dienst, Leistungsabbau im sozialen Bereich und Steuererhöhungen führten allerdings dazu, dass die Kaufkraft der Bevölkerung sank und die Einnahmen des Staates weiter zurückgingen. Als sich der Reichstag im Juli 1930 weigerte, einem Bündel einschneidender sozialpolitischer Maßnahmen zuzustimmen, löste der Reichspräsident das Parlament auf und setzte für den 14. September Neuwahlen fest. In der Zwischenzeit regierte Brüning mit Notverordnungen weiter.

Radikalisierung des Wahlkampfes

Die radikalen Parteien führten einen Wahlkampf, wie man ihn bisher in Deutschland noch nicht erlebt hatte. NSDAP und KPD schürten die Angst der Menschen vor einem sozialen Abstieg und versprachen „Arbeit und Brot". Die NSDAP verbreitete ihre nationalistisch-antisemitischen Parolen lautstark mit Wahlkampfmethoden wie organisierten Massenaufmärschen mit Uniformen, Marschmusik, Fahnen und Plakaten, Flugblättern und geschulten Rednern.

Aufstieg der NSDAP

Die Partei mobilisierte vor allem Bürgerinnen und Bürger, die zwei Jahre zuvor noch nicht gewählt hatten. Ihre Stimmenzahl wuchs von 800 000 (1928) auf nun 6,4 Millionen – ein in der Geschichte des deutschen Parlamentarismus beispielloser Aufschwung, der die NSDAP hinter der SPD zur zweitstärksten Fraktion im Reichstag machte. Der Verfall der bürgerlichen Mitte setzte sich rapide fort. In den Augen der Öffentlichkeit hatten Demokratie und Parlamentarismus versagt. Noch bedeutender für den Wahlerfolg war der Wählerzustrom von anderen Parteien. So wurden die Nationalsozialisten auch von Mitgliedern der sozialen Mittel- und Oberschicht gewählt, die bisher die DNVP oder die liberalen Parteien bevorzugt hatten. Die NSDAP konnte nun sogar gewerkschaftlich nicht organisierte SPD-Wähler für sich gewinnen.

Gründe für den Erfolg der NSDAP

Als sich die NSDAP 1920 ihr Programm gegeben hatte, war sie eine unter zahllosen radikalen Splitterparteien. Bis Januar 1933 wuchs die Zahl ihrer Mitglieder auf 849 000 an. Aber was machte die Partei so attraktiv? Nährboden für die Entwicklung der NSDAP zu einer Massenpartei war eine Gesellschaft, die seit Beginn der Republik und noch mehr nach dem Ausbruch der Weltwirtschaftskrise politisch, wirtschaftlich und weltanschaulich tief gespalten war. Der Schock der Kriegsniederlage, die Revolution mit ihren blutigen Auseinandersetzungen, der Versailler Vertrag und schließlich die negativen Folgen von Inflation und Massenarbeitslosigkeit ließen die radikalnationalistischen Parolen Adolf Hitlers auf fruchtbaren Boden stoßen. Mit seinen Parolen traf er den Nerv vieler Zeitgenossen. Sie wollten in ihm den starken Mann sehen, einen Führer und „Erlöser", der die Nation vor dem drohenden Untergang retten und sie wieder zu politischer Größe führen würde. Tatkraft und Durchsetzungsvermögen der NSDAP zogen Mitglieder und Wähler an, in protestantischen Regionen mehr als in katholischen, in Kleinstädten und ländlichen Regionen mehr

M4 Q Heinrich Brüning (1885–1970): Deutscher Politiker der Zentrumspartei und 1930–1932 Reichskanzler

M5 D Ergebnisse der Reichstagswahlen 1919–1933

- ► Beschreiben Sie die Entwicklung der Wahlergebnisse.
- ► Erklären Sie die Wahlerfolge der NSDAP in den letzten Jahren der Weimarer Republik. Nutzen Sie dazu auch den Darstellungstext.

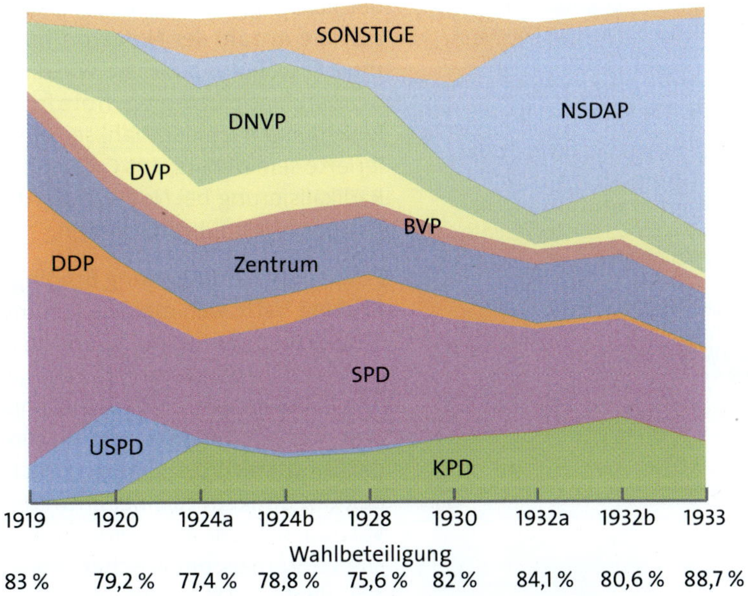

M5 Q „Mutter Germania ertrinkt"
Karikatur vom 1. Januar 1932
Bildunterschrift: Mutter Germania ertrinkt - während ihre Söhne sich darum streiten, wer ihr den Rettungsring zuwerfen soll.

- Interpretieren Sie die Karikatur im Hinblick auf die politische Zusammenarbeit in der Endphase der Weimarer Republik. Beziehen Sie dabei auch den Darstellungstext auf S. 234 mit ein.
- Diskutieren Sie, inwiefern die fehlende politische Zusammenarbeit ausschlaggebend für das Scheitern der Weimarer Republik war.

Bildinformation
31000-955

als in Großstädten. Emotionale Appelle an „Ehre, Größe, Heroismus, Opferbereitschaft, Hingabe", nicht wirtschaftliche Versprechungen führten der „Bewegung" ihre Wähler und Sympathisanten zu. Viele von ihnen wollten mit ihrem Wahlverhalten nur die Unzufriedenheit mit den gegenwärtigen Verhältnissen ausdrücken. Dies erklärt auch die starken Schwankungen der NSDAP zugunsten der Wähler.

Wählerschaft der NSDAP
Ursprünglich waren die Wählerinnen und Wähler der NSDAP vorwiegend Handwerker, Gewerbetreibende und Angestellte. Sie entstammten somit der unteren Mittelschicht. Gegen Ende der Zwanzigerjahre entstand bei vielen Zeitgenossen der Eindruck, Parlament und Parteien seien nicht mehr in der Lage, die Probleme zu lösen. Das war noch vor der Weltwirtschaftskrise. Nach deren Ausbruch ging das Vertrauen in die politischen Institutionen auch bei jenen Bürgern verloren, die die Republik bislang akzeptiert hatten. Die Furcht vor dem sozialen Abstieg, vor dem die etablierten Parteien nicht zu schützen schienen, einte Menschen ganz unterschiedlicher Herkunft. Sie waren auf der Suche nach einem „dritten Weg" zwischen Kapitalismus und Sozialismus. Dies gilt vor allem für Angehörige des Mittelstandes, die sich durch linke Bewegungen in ihrem Selbstverständnis bedroht sahen.

Mitglieder der NSDAP
Das Mitgliederprofil der NSDAP entsprach weitgehend dem anderer faschistischer Parteien in Europa. Der Anteil der Frauen war gering, denn die Partei, militaristisch, wie sie sich gab, glich eher einem „Männerbund". Auffallend war die Dominanz der jungen Generation. Viele Mitglieder hatten noch keine feste Anstellung.

Der Weg in die Diktatur
Nach den „Erbitterungswahlen" von 1930 war im Reichstag eine parlamentarische Mehrheitsbildung nahezu unmöglich geworden. Der Verfall des Parlamentarismus setzte sich rapide fort. Während der Reichstag 1930 immerhin noch 94 Sitzungen abhielt, sank die Zahl bis 1932 auf lediglich 13. Waren es 1930 noch 98 Gesetze, die der Reichstag verabschiedete, so blieben 1932 gerade fünf. Im Gegenzug steigerte sich die Anzahl der Notverordnungen von fünf (1930) auf 66 (1932). Der Reichstag musste tatenlos zusehen, wie die politische Macht in die Hände der Regierung und der Bürokratie überging. Trotz fehlender Mehrheit im Parlament konnte Reichskanzler Brüning nach der Wahl seine Notverordnungspraxis fortsetzen. Denn die SPD tolerierte seinen Kurs, aus Gründen der Staatsräson und aus Furcht vor einer weiteren Radikalisierung bei Neuwahlen, die zu einem Kabinett unter Beteiligung der Nationalsozialisten führen konnten.

Entlassung der Regierung Brüning
Brüning hatte sich mehrfach bemüht, die Nationalsozialisten in die Regierungsverantwortung einzubinden, um sie zu „zähmen" und ihre Unterstützung für die Wiederwahl Hindenburgs 1932 zu erlangen. Als die NSDAP jedoch mit Hitler einen eigenen Kandidaten für die Reichspräsidentenwahl stellte, war Hindenburg auf die Stimmen der Anhänger von SPD und Zentrum angewiesen. Er gab Brüning die Schuld dafür, dass sich die nationale Rechte nicht für ihn aussprach. Dies führte zwischen beiden Politikern zu einer Entfremdung. Brüning gelang es nicht mehr, Hindenburgs Vertrauen wiederzugewinnen. Als er Bauern auf überschuldeten landwirtschaftlichen Gütern ostpreußischer Großgrundbesitzer ansiedeln wollte, lief die ostelbische Agrarlobby bei Hindenburg Sturm gegen diesen „Agrarbolschewismus". Hindenburg stoppte das Vorhaben. Am 30. Mai entließ er Brüning und sein Kabinett.

„Preußenschlag“

Brünings Nachfolger wurde Franz von Papen. Am 20. Juli 1932 ließ der Reichskanzler verfassungswidrig die sozialdemokratische Regierung Preußens durch Verordnung des Reichspräsidenten absetzen („Preußenschlag“). Für die Rechte war die SPD-geführte Regierung in Preußen seit jeher ein Ärgernis gewesen. Damit war die bisher stabilste Stütze der Demokratie in Deutschland gefallen. Papen übernahm zusammen mit weiteren Reichskommissaren die Regierungsgeschäfte in Preußen.

NSDAP als stärkste Fraktion

Die Neuwahlen am 31. Juli 1932 brachten der NSDAP einen sensationellen Erfolg. Sie verdoppelte ihre Mandatszahl und wurde stärkste Fraktion. Nach diesem Erfolg forderte Hitler das Amt des Reichskanzlers. Hindenburg lehnte ab. Er sah in Hitler den Anführer einer sektiererischen Partei.

Entlassung der Regierung Papen

Gleich in der ersten Sitzung des neugewählten Parlaments sprach der Reichstag Papen jedoch mit einer großen Mehrheit am 30. August das Misstrauen aus (512 gegen 42). Trotzdem blieb er vorerst im Amt und löste das Parlament am 12. September auf. Am 6. November fanden abermals Neuwahlen statt. Die KPD konnte wiederum ihren Stimmanteil steigern, während die NSDAP überraschend zwei Millionen Wähler verlor. Die Partei steckte seit Wochen in einer schweren finanziellen Krise. Hitler sah, dass ihm nicht mehr viel Zeit blieb, sein Ziel zu erreichen, zumal vieles auf eine Verbesserung der Wirtschaftslage hindeutete. Papen beabsichtigte, zur Überwindung der parlamentarischen Blockade den Staatsnotstand auszurufen. Mit Zustimmung des Reichspräsidenten sollten dabei einige Bestimmungen der Verfassung, wie die sofortige Ausschreibung von Neuwahlen nach der Auflösung des Reichstages, außer Kraft gesetzt werden. Auf Druck der Reichswehrführung, die einen unkontrollierbaren Bürgerkrieg befürchtete, verweigerte Hindenburg diesen Plänen die Zustimmung und entließ Papen am 3. Dezember.

M 6 **Q** Franz von Papen
(1879–1969):
1932 Reichskanzler

Scheitern der Regierung Schleicher

Papens Nachfolger, General Kurt von Schleicher, scheiterte mit seinem Versuch, für seine Wirtschafts- und Beschäftigungspolitik einen Teil der NSDAP, die Gewerkschaften und die SPD zu gewinnen. Reichspräsident Hindenburg wurde von seinem engsten Beraterkreis, von führenden Unternehmern aus Wirtschaft und Industrie sowie vor allem durch Papen bedrängt, Hitler zum Reichskanzler zu ernennen. Papen sollte Vizekanzler werden. Zusammen mit anderen konservativen Ministern glaubte er, die drei Nationalsozialisten Adolf Hitler, Wilhelm Frick und Hermann Göring ausreichend unter Kontrolle zu haben. Am 28. Januar 1933 trat Schleicher zurück und der Reichspräsident ernannte Hitler am 30. Januar 1933 zum Reichskanzler.

M 7 **Q** „Na dann Prost, Herr Generaldirektor. Auf ein glückliches neues Spiel!“
Karikatur aus der SPD nahestehenden Zeitschrift „Der wahre Jacob“ vom 31. Dezember 1932
Hinweis: Links Reichskanzler Kurt von Schleicher, rechts ein Großindustrieller.

- ▶ Interpretieren Sie die Karikatur im Hinblick auf die Funktion, die Adolf Hitler in den Augen der Konservativen einnehmen sollte.
- ▶ Diskutieren Sie diese (Fehl-)Einschätzung.

M8 Q Arbeitslos – und dann?

Ein anonymer Betroffener beschreibt 1930 in der „Arbeiter-Illustrierten-Zeitung" seine persönliche Situation:

Du hast eines Tages den berühmten „blauen Brief" erhalten; man legt auf deine Arbeitskraft kein Gewicht mehr, und du kannst dich einreihen in die große „graue Masse" der toten Hände und überflüssigen Hirne, denn die Maschinen ersetzen dich, und jüngere Arbeitskräfte leisten für weniger Geld deine Arbeit. [...]
Was dir zunächst als persönliches Schicksal und individuelles Unglück erscheint auf dem Arbeitsnachweis, wo du dich zunächst melden musst, damit du später (nach der zufriedenstellenden Beantwortung von über 300 Fragen auf X Fragebögen) die Erwerbslosenfürsorge in Anspruch nehmen kannst, auf dem Arbeitsnachweis merkst du: Wie dir geht es Tausenden. [...] Hier beginnt dein Leidensweg. Man fragt dich aus, du musst deinen Lebenslauf schreiben, den Besuch der Schulen angeben, schreiben, warum du entlassen worden bist usw. [...]. Nach peinlicher Befragung erhältst du eine Stempelkarte und gehst damit los zur Erwerbslosenfürsorge. Und hier setzt man dir mit Fragen zu, bis du keinen trockenen Faden mehr am Leibe hast. Dass du lebst, glaubt man dir noch, aber wo du in den letzten drei Jahren gelebt hast, musst du aufgrund polizeilichen Stempels und amtlicher Unterschrift nachweisen. [...] Normalerweise hast du drei bis vier Tage zu tun, um alle Papiere beisammen zu haben, und dann kriegst du Unterstützung? So schnell geht das nicht! Erst wenn dein Antrag geprüft und von X Beamten unterschrieben ist, kannst du im günstigen Fall nach vierzehn Tagen dein erstes Geld holen.

Zitiert nach: Wochenschau für politische Erziehung, Sozial- und Gemeinschaftskunde, 48 (1997) 1, S. 33

Arbeitsvorschläge

32065-0305

1. Beschreiben Sie die Hindernisse, die Arbeitslose zu überwinden hatten, bevor sie staatliche Unterstützung erhielten. Finden Sie heraus, was Betroffene heute tun müssen.
2. Diskutieren Sie, welche Auswirkungen Arbeitslosigkeit im Hinblick auf die Akzeptanz der Republik und die politische Einstellung der Betroffenen haben konnte. | H

M9 Q „Unsere letzte Hoffnung: Hitler"

Dieses Wahlplakat erstellte der Grafiker Schweitzer (1901–1980) im Jahr 1932 für die NSDAP. Hans Herbert Schweitzer war seit 1926 Mitglied der NSDAP. Nach 1946 war er u. a. Zeichner in rechtsextremistischen Publikationen.

Arbeitsvorschläge

32065-0306

1. Beschreiben Sie das Wahlplakat. | F
2. Erläutern Sie seine Wirkung und Zielsetzung.

M10 Q Eine ordnungsgemäße Arbeit im Reichstag?

Der sozialdemokratische Reichstagspräsident Paul Löbe (1875–1967) berichtet in seinen Lebenserinnerungen vom Stil der parlamentarischen Arbeit nach den Reichstagswahlen von 1930:

Einige Jahre konnte der Reichstag wieder ordnungsgemäß arbeiten. Als aber 1930 das deutsche Volk 107 Nationalsozialisten neben 77 Kommunisten in den Wallout-Bau[1] entsandte und 40 deutschnationale Hugenbergianer[2] ihre schützende Hand über die Nazis hielten, brach der Sturm aufs Neue los. Äußerst Rechte und äußerst Linke warfen sich die Bälle zu, unterstützten gegenseitig ihre Obstruktionsanträge[3], begleiteten die jeweiligen Schimpfkonzerte ihrer Antipoden mit tosendem Beifall und versuchten durch unsinnige und demagogische Anträge, die Arbeit des Parlaments und der Regierung lahmzulegen.

Auch dort, wo es zu äußerlichen Störungen nicht kam, sorgte oft eine durchtriebene Unehrlichkeit dafür, die Volksvertretung zu diskreditieren. Bei einer Reichshaushaltsberatung stellten die Kommunisten eine Reihe von Anträgen, unsympathische Steuern und Abgaben aufzuheben oder herabzusetzen, sodass bei Annahme dieser Anträge die Reichseinnahmen von zehn Milliarden auf sechs vermindert worden wären. Bei dem Ausgabenetat kamen dann so viele populäre auf Rentenerhöhung, Wohnhausbauten, Erweiterung des Kreises der Versorgungsberechtigten, dass die Ausgaben des Etats von zehn auf 14 Milliarden steigen musste. Als ich den kommunistischen Wortführer fragte, woher die Mittel für eine solche Wirtschaft kommen, wie das Defizit von acht Milliarden gedeckt werden sollte, erwiderte er kaltschnäuzig, darüber könne sich die Regierung den Kopf zerbrechen, „es ist ja nicht unser Staat, sondern der eure".

Zitiert nach: Günter Schönbrunn (Bearb.), Weltkriege und Revolutionen (Geschichte in Quellen), München [5]1995, S. 249

Arbeitsvorschläge

32065-0307

1. Arbeiten Sie heraus, wie Paul Löbe die parlamentarische Arbeit nach den sogenannten Erbitterungswahlen 1930 charakterisiert.
2. Diskutieren Sie die Folgen der parlamentarischen „Zusammenarbeit" mit radikalen Parteien wie der KPD und der NSDAP.

M 11 Q Von Weimar zu Hitler – „auf verfassungsmäßigem Wege"?

a) Hitler vor dem Ulmer Reichswehrprozess, 25. September 1930:

„Die nationalsozialistische Bewegung wird in diesem Staate mit den verfassungsmäßigen Mitteln das Ziel zu erreichen suchen. Die Verfassung schreibt uns nur die Methoden vor, nicht aber das Ziel. Wir werden auf diesem verfassungsmäßigen Weg die ausschlaggebenden Mehrheiten in den gesetzgebenden Körperschaften zu erlangen versuchen, um in dem Augenblick, wo uns das gelingt, den Staat in die Form zu gießen, die unseren Ideen entspricht."

Der Vorsitzende fasste die Aussage Hitlers dahin zusammen, dass die Errichtung des Dritten Reichs auf verfassungsmäßigem Wege erstrebt werde.

Zitiert nach: Wolfgang Michalka und Gottfried Niedhard (Hrsg.), Die ungeliebte Republik. Dokumente zur Innen- und Außenpolitik Weimars 1918–1933, München 1980, S. 285

b) Joseph Goebbels Vorstellung von „Legalität", April/Mai 1928:

Wir gehen in den Reichstag hinein, um uns im Waffenarsenal der Demokratie mit deren eigenen Waffen zu versorgen. Wir werden Reichstagsabgeordnete, um die Weimarer Gesinnung mit ihrer eigenen Unterstützung lahmzulegen. Wenn die Demokratie so dumm ist, uns für diesen Bärendienst Freikarten und Diäten zu geben, so ist das ihre eigene Sache. […] Uns ist jedes gesetzliche Mittel recht, den Zustand von heute zu revolutionieren. Wenn es uns gelingt, bei diesen Wahlen [1928] sechzig bis siebzig Agitatoren unserer Partei in die verschiedenen Parlamente hineinzustecken, so wird der Staat selbst in Zukunft unseren Kampfapparat ausstatten und besolden.

Zitiert nach: Michalka Wolfgang und Gottfried Niedhard (Hrsg.), Die ungeliebte Republik. Dokumente zur Innen- und Außenpolitik Weimars 1918–1933, München 1980, S. 251

Arbeitsvorschläge

32065-0308

1. Fassen Sie zusammen, auf welchem Weg die Führung der NSDAP ihre Partei an die Macht bringen wollte.
2. Erläutern Sie, inwiefern die Rahmenbedingungen in der Endphase der Weimarer Republik diesen Weg ermöglichten. | F
3. Diskutieren Sie, inwiefern die Demokratie selbst zu ihrer Abschaffung beigetragen hat.

Leitfrage

Nehmen Sie Stellung:

Die Weimarer Republik – an den Umständen gescheitert oder bewusst zerstört?

[1] Gemeint ist der Reichstag, den der Architekt Paul Wallot (1841–1912) entwarf.
[2] Alfred Hugenberg (1865–1951) war Medienunternehmer, der mit seinen rechtsnationalen Produkten großen Einfluss auf die öffentliche Meinung in der Weimarer Republik ausübte.
[3] Obstruktion: Verhinderung, Verstopfung

LK Konkurrierende politische Ideen in der Gründungsphase der Weimarer Republik

M1 D Der „eigentliche Krebsschaden“

Der Historiker Hagen Schulze 1982:

Das ist der eigentliche Krebsschaden, der die organische Umwandlung des monarchisch-konstitutionellen in ein parlamentarisch-demokratisches System verhindert: Die selbstzerstörerische Eigenart der deutschen Parteien, die ihren eigentlichen Daseinszweck nicht in der parlamentarischen Mehrheits- und Regierungsbildung, sondern in Sinnstiftung und Wahrheitsverkündung sehen, sodass jede Politik, die sich mit der eigenen nicht deckt, ohne Weiteres feindlich ist.

Hagen Schulze, Weimar. Deutschland 1917–1933, Berlin 1982, S. 70

32065-0309

1. Geben Sie die Kernaussage des Zitats in eigenen Worten wieder.
2. Erläutern Sie, welche Verantwortung Historiker Hagen Schulze den Parteien in einer parlamentarischen Demokratie zuschreibt.

LEIT-FRAGE

Konkurrierende politische Ideen in der Gründungsphase – Differenzen mit (langfristigen) Folgen?

Kaiserreich und Erster Weltkrieg

Differenzen zwischen den politischen Parteien existierten bereits vor der ersten deutschen Republik. Durch das System der konstitutionellen Monarchie traten diese jedoch nicht so gewaltig zum Vorschein, da das Parlament hier noch keine alleinige Regierungsverantwortung trug und seine Entscheidungsgewalt letztlich begrenzt war. Und auch der Erste Weltkrieg und die damit verbundene anfängliche Kriegseuphorie führten dazu, dass politische Gegensätze zunächst in den Hintergrund rückten.

Dennoch traten innerhalb der Parteien noch während des Krieges Uneinigkeiten auf. Das zeigt sich am Beispiel der SPD, von der sich im Jahr 1917 die Unabhängige Sozialdemokratische Partei (USPD) abspaltete. Zu ihren Mitgliedern zählten vor allem linksradikale und sozialistische Intellektuelle wie die späteren Gründungsmitglieder der KPD Karl Liebknecht und Rosa Luxemburg.

Waffenstillstand und Übergangsregierung

Obwohl sich die Kriegsniederlage bereits im Sommer 1918 abzeichnete, bedeutete das Waffenstillstandsgesuch im Oktober für die Masse der Bevölkerung, aber auch für die Politiker, einen Schock. Dass gerade die konservative Militärführung eine parlamentarische Regierungsbildung forderte, überrascht bei der Betrachtung ihrer Motive nur wenig: Die neue Regierung sollte die Waffenstillstandsverhandlungen – und damit auch die Verantwortung für den Zusammenbruch – übernehmen. Die fehlende Verantwortungsbereitschaft der militärischen Führung in Bezug auf die Kriegsniederlage belastete die Republik von Beginn an schwer und bot gerade in den Anfangsjahren einen Nährboden für republikfeindliche Propaganda. Die Niederlage erschien der breiten Öffentlichkeit nicht als Folge einer militärischen Unterlegenheit, sondern als Resultat der Novemberrevolution.

Politische Differenzen während der Novemberrevolution

Nach der unfreiwilligen „Abdankung“ des Kaisers übertrug Reichskanzler Max von Baden sein Amt ohne verfassungsgemäße Legitimation dem SPD-Vorsitzenden Friedrich Ebert. Dieser vertrat im Gegensatz zu anderen revolutionären Politikern einen gemäßigten Kurs und drängte nicht auf die sofortige Errichtung einer Republik.

Vielmehr wollte er diese Entscheidung einer gewählten Nationalversammlung überlassen. Aus diesem Grund machte er seinem Parteigenossen Philipp Scheidemann schwere Vorwürfe, als dieser im Zuge der Revolutionswirren am 9. November um 14 Uhr eigenmächtig die Republik ausrief. Scheidemann wollte damit dem deutlich radikaleren Karl Liebknecht zuvorkommen, der in der Tat nur zwei Stunden später vor dem Berliner Schloss die sozialistische Republik Deutschland ausrief.

Das Rätesystem nach Lenin

Liebknecht strebte ein sozialistisches Rätesystem nach dem Vorbild Wladimir I. Lenins an. Seine Theorie forderte die Abschaffung des bestehenden Herrschaftsapparats aus Bürokratie, Polizei und Militär zugunsten einer Revolution des Proletariats. An die Stelle des alten Systems sollten von der Arbeiterschaft aufgestellte Räte treten und die Herrschaft ausüben. Vor allem die bisher unterprivilegierten Schichten wurden in der Theorie so direkt an politischen Entscheidungen beteiligt. Eine zu starke Machtkonzentration auf einzelne Akteure sollte durch eine Ämterrotation gewährleistet werden, Parteienpluralismus oder eine Gewaltenteilung, die in der Verfassung einer parlamentarischen Demokratie garantiert sind, lehnte das Rätesystem jedoch ab.

Rat der Volksbeauftragten und Versuch der Gegenrevolution

Bereits kurz nach dem Revolutionsgeschehen am 9. November sollte eine Übergangsregierung gebildet werden, die erste politische Geschäfte übernahm. Die linksradikalen Spartakisten strebten jedoch eine sozialistische Räterepublik an und setzten bereits für den 10. November Wahlen für Arbeiter- und Soldatenräte in den Berliner Betrieben an. Um die Kandidatur gemäßigter und parlamentarischer Politiker aus den Reihen der SPD zu verhindern, versuchten die Spartakisten, dieses Vorhaben in Eile und Heimlichkeit ablaufen zu lassen. Die SPD erlangte jedoch Kenntnis von diesen Plänen und konnte rechtzeitig eigene Bewerber aufstellen. Ebert gelang zudem eine Verständigung mit der USPD, mit der er gemeinsam den Rat der Volksbeauftragten gründete. Der Großteil der Delegierten der Berliner Arbeiter und Soldaten (meist aus SPD und der gemäßigten USPD) nahm diese Botschaft unter großem Beifall auf und bestätigte den Rat der Volksbeauftragten unter der Führung Eberts als provisorische Regierung. Dadurch war auch ein weiterer Versuch der Linksradikalen, ihre politischen Ziele mithilfe einer Gegenrevolution zu verwirklichen, gescheitert.

M 2 **Q** **„Die junge Republik"**
Titelblatt der Zeitschrift „Simplicissimus" vom 7. Januar 1919
Bildunterschrift: „Erstickt das Kind nicht in Revolutionen und Protesten!"

- Interpretieren Sie die Karikatur im Hinblick auf die politischen Aktionen der extremen Linken in der Anfangszeit der Republik. Nutzen Sie dazu auch den Darstellungstext.

Suche nach Stabilität

Ebert versuchte mit der Unterstützung von SPD und USPD, die Revolution so schnell wie möglich zu beenden, um die Regierungsgeschäfte ordnungsgemäß aufnehmen zu können. Dagegen versuchten die Linksradikalen erneut durch weitere Demonstrationen, die Massen zu radikalisieren und die Revolution weiterzuführen. Die Taktik des Straßenkampfes beeinflusste die Ereignisse der kommenden Monate entscheidend und führte zu einer harten Abwehrreaktion seitens der Übergangsregierung. Da dieser keine Truppen zur Aufrechterhaltung der inneren Sicherheit zur Verfügung standen, schloss Ebert ein Abkommen mit Wilhelm Groener: Ebert garantierte den Offizierskorps eine Machtposition in der neuen Republik und erhielt dafür militärische Hilfe im Kampf gegen den Bolschewismus. Zusätzliche Unterstützung fand die Regierung zudem durch sogenannte Freikorps, die keinen regulären Truppenverbänden angehörten. Die meisten dieser Verbände, deren Gründung Ebert ausdrücklich gefördert hatte, waren allerdings nicht nur antibolschewistisch, sondern auch antirepublikanisch eingestellt. Erst 1920 wurden die Freikorps auf Druck der Alliierten aufgelöst, existierten jedoch vielerorts als Unterorganisationen und Kampfbünde von Parteien weiterhin.

Demokratische oder sozialistische Republik?

Die Zeit vor den Wahlen zur ersten deutschen Nationalversammlung war von Unruhen geprägt. Bereits im Dezember kam es zu blutigen Auseinandersetzungen, in deren Folge die USPD aus dem Rat der Volksbeauftragten austrat. Die tieferen Ursachen hierfür lagen vor allem in Differenzen zwischen USPD und SPD über das Abkommen zwischen Ebert und Groener. Und auch im Januar setzten sich die gewalttätigen Ausschreitungen fort. Die äußerste Linke forderte unter der Führung des Spartakusbundes die sofortige Übernahme der Macht durch Arbeiter- und Soldatenräte sowie den Verzicht auf die Einberufung einer Nationalversammlung. Die Protestaktionen wurden zunächst von gewaltigen Arbeitermassen verfolgt, verliefen sich aber innerhalb weniger Tage. Übrig blieben ein paar Tausend Radikale, die der Revolution zum Sieg verhelfen wollten. Bei der Zerschlagung des sogenannten Spartakus-Aufstandes traten unter anderem die gebildeten Freikorps in Erscheinung, die äußerst gewaltsam gegen die Aufständischen vorgingen. Ihre Anführer Karl Liebknecht und Rosa Luxemburg wurden verhaftet und am 15. Januar von Offizieren ermordet. Auch in anderen Großstädten entfachten weitere Aufstände, die alle im Feuer der Freikorps zusammenbrachen. Das brutale und blutige Vorgehen rief in großen Teilen der Bevölkerung Abscheu und Entsetzen hervor.

Republik ohne Republikaner? – Nationalversammlung und Koalitionsbildung

Die Parteienvielfalt erschwerte in der Weimarer Zeit häufig die Bildung einer tragfähigen Mehrheit im Reichstag, zumal gerade die größeren Parteien kaum zu Kompromissen bereit waren. Das lag vor allem an der zersplitterten Gesellschaft und den vielfältigen Milieus. Die Parteien verstanden sich vor allem als politische Vertreter von spezifischen Gesellschaftsschichten, die untereinander nur wenig miteinander verwoben waren. Die Weimarer Koalition, bestehend aus Sozialdemokraten, Zentrum und der Deutschen Demokratischen Partei, musste in bürgerkriegsähnlichen Zuständen eine gemeinsame Linie finden, war jedoch nur von kurzer Dauer. Es folgten politisch schwache Minderheitsregierungen, teils aus republikfeindlichen Kräften. Neben die erschwerte Regierungsbildung und die fehlende Kompromissbereitschaft der demokratischen Parteien traten bereits zu Beginn der Republik Bedrohungen von links und rechts. Die oppositionellen Parteien aus der extremen Linken und Rechten strebten dabei jedoch nicht nach der Ablösung der Regierungskoalition und der Übernahme der Regierungsverantwortung im Rahmen des Verfassungssystems. Vielmehr lehnten sie die Demokratie grundsätzlich ab und kämpften für einen Systemwechsel – die Errichtung einer sozialistischen Herrschaft des Proletariats, die Wiederherstellung der vorrevolutionären Monarchie oder die Etablierung einer Diktatur. Laut dem Historiker Eberhard Kolb war der Staat von Weimar daher so, wie er 1919 aus seiner Gründungsphase hervorging: ein fragiles Gebilde.

M3 Q „Wer rettet Preußen vor dem Untergange?"
Wahlplakat der DNVP anlässlich der Wahlen zur Nationalversammlung 1919

- Analysieren Sie das vorliegende Plakat. Gehen Sie dabei besonders auf die Darstellung der Revolution und ihre vermeintlichen Folgen für Deutschland ein.
  Nutzen Sie für Ihr Vorgehen auch die Methode „Politische Plakate analysieren".

M4 Q Die doppelte Ausrufung der Republik

a) Der SPD-Abgeordnete Philipp Scheidemann ruft am 9. November 1918 gegen 14:00 Uhr die Republik aus.

Arbeiter und Soldaten! Das deutsche Volk hat auf der ganzen Linie gesiegt. Das alte Morsche ist zusammengebrochen; der Militarismus ist erledigt! Die Hohenzollern haben abgedankt. Es lebe die deutsche Republik! Der Abgeordnete Ebert ist zum Reichskanzler ausgerufen worden. Ebert ist damit beauftragt worden, eine neue Regierung zusammenzustellen. Dieser Regierung werden alle sozialistischen Parteien angehören. Jetzt besteht unsere Aufgabe darin, diesen glänzenden Sieg, diesen vollen Sieg des deutschen Volkes nicht beschmutzen zu lassen, und deshalb bitte ich Sie, sorgen Sie dafür, dass keine Störung der Sicherheit eintrete! [...] Ruhe, Ordnung und Sicherheit, das ist das, was wir jetzt brauchen!

Zitiert nach: Manfred Jessen-Klingenberg, Die Ausrufung der Republik durch Philipp Scheidemann am 9. November 1918, in: Geschichte in Wissenschaft und Unterricht, 11 (1968), S. 653

b) Zwei Stunden nach Scheidemann proklamiert Karl Liebknecht die freie sozialistische Republik.

Der Tag der Revolution ist gekommen. Wir haben den Frieden erzwungen. [...] Das Alte ist nicht mehr. Die Herrschaft der Hohenzollern [...] ist vorüber. [...] Parteigenossen, ich proklamiere die freie sozialistische Republik Deutschland, [...] in der es keine Knechte mehr geben wird, in der jeder ehrliche Arbeiter den ehrlichen Lohn seiner Arbeit finden wird. Die Herrschaft des Kapitalismus, der Europa in ein Leichenfeld verwandelt hat, ist gebrochen. [...] Wir müssen alle Kräfte anspannen, um die Regierung der Arbeiter und Soldaten aufzubauen und eine neue staatliche Ordnung des Friedens, des Glücks und der Freiheit unserer deutschen Brüder in der ganzen Welt. Wir reichen ihnen die Hände und rufen sie zur Vollendung der Weltrevolution auf.

Zitiert nach: Günter Schönbrunn, Weltkriege und Revolutionen 1914–1945 (Geschichte in Quellen), München 1961, S. 115

Arbeitsvorschläge

32065-0310

1. Arbeiten Sie die wesentlichen Aussagen der beiden Proklamationen heraus.
2. Vergleichen Sie die Proklamationen im Hinblick auf ihre unterschiedlichen politischen Ziele.
3. Erläutern Sie, welche möglichen Folgen die Proklamation zweier verschiedener Republik-Modelle für den Entstehungsprozess der Weimarer Republik haben konnte.

M5 Q „Gewalt kann nur mit Gewalt bekämpft werden“

Die Reichsregierung erlässt wegen der Unruhen durch die radikalen Linken in Berlin am 8. Januar 1919 folgenden Aufruf.

Mitbürger!
Spartakus kämpft jetzt um die ganze Macht. Die Regierung, die binnen 10 Tagen die freie Entscheidung des Volkes über sein eigenes Schicksal herbeiführen will, soll mit Gewalt gestürzt werden. Das Volk soll nicht sprechen dürfen. Seine Stimme soll unterdrückt werden. Die Erfolge habt ihr gesehen. Wo Spartakus herrscht, ist jede persönliche Freiheit und Sicherheit aufgehoben. Die Presse ist unterdrückt, der Verkehr lahmgelegt. Teile Berlins sind die Stätte blutiger Kämpfe. Andere sind schon ohne Wasser und Licht. Proviantämter werden gestürmt; die Ernährung der Soldaten und Zivilbevölkerung wird unterbunden.
Die Regierung trifft alle notwendigen Maßnahmen, um diese Schreckensherrschaft zu zertrümmern und ihre Wiederkehr ein für alle Mal zu verhindern. Entscheidende Handlungen werden nicht mehr lange auf sich warten lassen. Es muss aber gründliche Arbeit getan werden, und die bedarf der Vorbereitung. Habt nur noch kurze Zeit Geduld! Seid zuversichtlich, wie wir es sind, und nehmt euren Platz entschlossen bei denen, die euch Freiheit und Ordnung bringen werden.
Gewalt kann nur mit Gewalt bekämpft werden. Die organisierte Gewalt des Volkes wird der Unterdrückung und Anarchie ein Ende machen. Einzelerfolge der Feinde der Freiheit, die von ihnen in lächelnder Weise aufgebauscht werden, sind nur von vorübergehender Bedeutung. Die Stunde der Abrechnung naht.

Zitiert nach: Ernst Rudolf Huber (Hrsg.), Dokumente zur deutschen Verfassungsgeschichte, Bd. 3: Dokumente der Novemberrevolution und der Weimarer Republik, Stuttgart ²1966, S. 52

Arbeitsvorschläge

32065-0311

1. Beschreiben Sie, wie die Reichsregierung die Lage Deutschlands durch den Spartakus-Aufstand darstellt.
2. „Gewalt kann nur mit Gewalt bekämpft werden.“ Erörtern Sie die Problematik dieser Aussage. Berücksichtigen Sie dabei den Anspruch des Staates auf das Monopol der Gewaltausübung.

Leitfrage

Nehmen Sie Stellung:

Konkurrierende politische Ideen in der Gründungsphase – Differenzen mit (langfristigen) Folgen?

Politische Plakate analysieren

Plakate sind öffentliche Aushänge, die meist an stark frequentierten Standorten platziert werden, um möglichst viele Menschen zu erreichen. Plakate können informieren (sachlich), werben (tendenziös) oder zu Aktionen aufrufen (appellativ).
Ihr Ziel ist es immer, auf den ersten Blick zu wirken und in Erinnerung zu bleiben. Deshalb werden oft auffällig gestaltete Mittel, **wiederkehrende Symbole** und kurze **Slogans** verwendet. Eine Form des Plakates ist das politische Plakat, das es in Deutschland seit Anfang des 19. Jahrhunderts gibt. Verwendungszwecke des politischen Plakates sind unter anderem Bekanntmachungen der Regierung, Protest (z. B. soziale Missstände) oder (Anti-) Kriegspropaganda.
Seine Bedeutung als **Massenmedium** erreichte das Plakat erst in der Weimarer Republik mit der demokratischen Parteienvielfalt. In dem Maße, wie sich die politischen Auseinandersetzungen der Republik zuspitzten, wurden auch die Texte und Bilder der Parteien radikaler. Politische Gegner wurden diffamiert, Feindbilder aufgebaut und Bedrohungsszenarien heraufbeschworen. Hierbei wurden auch **Allegorien und Übertreibungen** eingesetzt.
Plakate geben keinerlei Auskunft über das Wahlverhalten einer gewissen Epoche, sehr wohl jedoch über die Auseinandersetzungen der Parteien, den Alltag der Menschen, die Probleme und die Grundhaltungen einer Zeit.

Arbeitsschritt	Leitfragen
1. beschreiben	• Um welche Art von Plakat handelt es sich? • Wer hat das Plakat in Auftrag gegeben? • Wann und wo ist es veröffentlicht worden? • Wen oder was zeigt das Plakat? • Was wird thematisiert?
2. erklären	• Auf welche Weise geschieht dies? (überdimensioniert, naturgetreu, welche Größenverhältnisse etc.) • Wie ist das Plakat aufgebaut? • Welche Gestaltungsmittel werden verwendet? (Verhältnis von Text und Bild, Perspektive, Farben, Haltung und Position der Figuren, Schriftgröße und -art, Symbole, Verwendung bestimmter Stilmittel) • Wie sind die Allegorien zu entschlüsseln? Wer steckt hinter den dargestellten Personen/Dingen? • Welche Hauptaussage wird demnach getroffen?
3. beurteilen	• Wie ist das Plakat in seinen historischen Kontext einzuordnen? • An wen wendet sich das Plakat? • Ist es gegen jemanden gerichtet? Werden Feindbilder dargestellt? • Welche Wirkung soll das Plakat beim zeitgenössischen Betrachter erzielen? • Welche Aussageabsichten werden verfolgt? • Inwiefern ist die Gestaltung des Plakates gelungen?

Beispiel für ein politisches Plakat

SA-Mann mit Schirmmütze und Hakenkreuz: personifizierter „Feind der Demokratie“ von rechts

Schriftzug: Verweis auf politische Gegner („Feinde der Demokratie!“) und eigenes demokratisches Selbstverständnis

Kommunist mit rotem Stern auf der Kappe: personifizierter „Feind der Demokratie“ von links, symbolisiert Gefahr des Bolschewismus

Farbgebung: Schwarz-Rot-Gold als Nationalfarben und Bekenntnis zur Demokratie

Totenkopf mit Reichswehrhelm: Allegorie auf Gefahr des Militarismus oder die Toten des Ersten Weltkrieges

Dolch: Symbol für Gewalt und Hinterhältigkeit, Verweis auf „Dolchstoßlegende“

Wahlaufruf: Ausschalten politischer Gegner (durch demokratische Mittel ≙ Wahl) als Ziel formuliert

Verweis auf Auftraggeber und Listenplatz

Rot als Farbe der Sozialdemokratie

Wahlplakat der SPD von 1930
Grafiker: Karl Geiss

Arbeitsvorschlg

32065-0496

- Analysieren Sie das Plakat mithilfe der Arbeitsschritte auf Seite 240.

Die Lösung zu dieser Seite finden Sie unter Mediencode **32065-0312**.

2.2 Basismodul: Nationalsozialistische Gewaltherrschaft

Laut einer Studie des rheingold Instituts zur Haltung der Gen Z zum Nationalsozialismus ist das generelle Interesse der Generation der 16- bis 25-Jährigen an der NS-Zeit mit 75 % deutlich höher als das der Elterngeneration mit 66 %. Die Ergebnisse der Studie wurden 2022 veröffentlicht und belegen sowohl eine „hohe Sensibilität" als auch eine „unheimliche Faszination" der Gen Z für die NS-Geschichte. Die Auseinandersetzung mit der Zeit des Nationalsozialismus sensibilisiert für gesellschaftliche-Probleme der Gegenwart, insbesondere für das Thema Rassismus. 48 % der befragten Jugendlichen und jungen Erwachsenen gaben an, Parallelen zwischen aktuellen politischen Entwicklungen und der NS-Geschichte zu sehen.

Gleichzeitig nimmt die Gen Z die Zeit des Nationalsozialismus aber auch als ein extremes Gegenbild zu ihrer eigenen Lebenswelt wahr. Die Grausamkeit und Andersartigkeit der NS-Zeit wird von jungen Menschen einerseits als anziehend und unheimlich, andererseits als abschreckend und ungeheuerlich empfunden. Für die Befragten hat dieser Abschnitt der Geschichte somit den Charakter von „True Crime", was Faszination und Angst zugleich auslöst. 64 % stimmten der Aussage zu, dass es eines gewissen Maßes an Mut bedarf, sich mit der NS-Geschichte zu befassen. Demgegenüber waren nur 58 % der befragten 40- bis 60-Jährigen dieser Meinung.

M1 D „Denkmal für die ermordeten Juden Europas" in Berlin

Foto von 2012

- ▶ Beschreiben Sie, wie das Denkmal auf Sie wirkt.
- ▶ Diskutieren Sie das Ergebnis der Studie des rheingold Instituts, demzufolge die Auseinandersetzung mit der NS-Geschichte an Mut bedarf, im Hinblick auf die Wirkung des Mahnmals.

Der Weg in die Diktatur: „Gleichschaltung“

1933 — Hitler wird am 30. Januar vom Reichspräsidenten zum Reichskanzler ernannt.

Die **Verordnung „Zum Schutz von Volk und Staat“** vom 28. Februar setzt die Grundrechte außer Kraft.

Durch das **„Ermächtigungsgesetz“** vom 23. März erhält die Regierung Hitler diktatorische Vollmacht.

Die Länder werden **„gleichgeschaltet“** (31. März – 7. April).

Ausgrenzung und Verfolgung: der totalitäre Staat

Am 1. April werden jüdische Unternehmen, Geschäfte und Praxen boykottiert.

Das **„Gesetz zur Wiederherstellung des Berufsbeamtentums“** vom 7. April schließt politische Gegner und Juden vom Staatsdienst aus.

Parteien, die sich nicht selbst auflösen, werden verboten (Juni/Juli).

1934 — Im Juni lässt Hitler mit dem „Röhm-Putsch“ die SA-Spitze ausschalten.

Nach dem Tod Hindenburgs (August) wird Hitler „Führer und Reichskanzler“.

1935 — Die **„Nürnberger Gesetze“** (15. September) entziehen den Juden ihre staatsbürgerlichen Rechte und verbieten „arisch“-jüdische Eheschließungen.

1938 — Österreich und das Sudetenland werden an das Deutsche Reich „angeschlossen“.

„Novemberpogrom“; jüdische Vermögen werden eingezogen.

Krieg und Holocaust

1939 — Im März besetzt Deutschland die „Rest-Tschechei“. Mit dem deutschen Angriff auf Polen am 1. September beginnt der **Zweite Weltkrieg**. Er wurde im Osten als **Vernichtungskrieg** geführt.

1941 — Die systematische Vernichtung der europäischen Juden setzt ein.

Im Dezember stockt der deutsche Vormarsch in der Sowjetunion.

Die USA treten nach dem Angriff Japans auf Pearl Harbor in den Krieg ein.

1942 — Auf der **„Wannsee-Konferenz“** am 20. Januar wird die begonnene „Endlösung der Judenfrage“ koordiniert und organisiert.

1943 — Die 6. Armee kapituliert in Stalingrad (31. Januar / 2. Februar).

1944 — Im Juni landet eine alliierte Invasionsarmee in der Normandie („D-Day“).

1945 — Am 27. Januar wird Auschwitz-Birkenau befreit (Holocaustgedenktag).

Vom 7. bis 9. Mai kapituliert das Deutsche Reich bedingungslos.

Ideologische Grundlagen des Nationalsozialismus

M1 Q „Hitler-Memes an Schulen"
Das Video der ARD thematisiert die Verbreitung von Nazi-Memes und antisemitischen Bildern in Klassenchats und sozialen Medien und untersucht mögliche Auswirkungen auf Jugendliche und Lehrkräfte. Im Mittelpunkt steht die Frage nach der Verharmlosung der NS-Ideologie.

32065-0467

1. Fassen Sie die wesentlichen Inhalte und Aussagen des Videos zusammen.
2. Diskutieren Sie die Frage, inwiefern die Verbreitung von Nazi-Memes und antisemitischen Inhalten zu einer Verharmlosung der NS-Ideologie beiträgt.
3. Erörtern Sie die Gefahren, die mit einer Relativierung des Zweiten Weltkrieges und des Holocaust einhergehen.

Internettipp:
Hitler-Memes an Schulen
32065-0447

LEIT-FRAGE

Die NS-Ideologie – Vorzeichen für Krieg und Terror?

Nationalismus

Die in der ersten Hälfte des 19. Jahrhunderts in Deutschland populär gewordene Idee des Nationalismus hatte hohe Erwartungen für die Zukunft geschaffen, die von der Politik nicht eingelöst werden konnten. 1871 war der deutsche Nationalstaat als kleindeutsches Reich entstanden, das viele Deutsche ausschloss. Durch die demografische und industrielle Entwicklung gewann das Deutsche Reich an Stärke und betrieb nach der Thronbesteigung Kaiser Wilhelms II. 1888 verstärkt Weltmachtpolitik. Nationalistische Forderungen wurden immer aggressiver vorgetragen und waren mit rassistischen Vorstellungen gepaart. Unter anderem der **Alldeutsche Verband** vertrat eine rücksichtslose Verfolgung deutscher Interessen. Der Verband griff antijüdische Ressentiments in Deutschland und Österreich auf und propagierte sie in den „Alldeutschen Blättern" (1894 – 1939). Im Ersten Weltkrieg setzte er sich vehement für überzogene Kriegsziele, vor allem für mehr „Lebensraum" für das „Herrenvolk" ein; diese Forderungen übernahm die NS-Bewegung. Europäische und koloniale Großmachtpläne waren nach 1918/19 durch die Gebietsabtretungen Deutschlands und die Auflösung der Donaumonarchie zerronnen. In den Nachbarstaaten der Weimarer Republik lebten nun deutschsprachige Minderheiten, die sich auch durch Zwangsmaßnahmen nicht integrieren ließen. Der Kriegsschuldartikel im Versailler Vertrag, die vermeintliche Härte der Friedensbedingungen und der Sturz der Monarchie gaben extrem nationalistischen Tendenzen zusätzlich Nahrung.

Alldeutscher Verband: 1891 gegründet, setzte sich die nationalistische Organisation für eine Stärkung und Verbreitung des Deutschtums ein und befürwortete eine imperialistische Politik.

Bildinformation

31000-68

M 2 Q „Am Anfang war das Wort“

Gemälde von Otto Hoyer (1893 – 1968) aus dem Jahr 1937
Der Künstler war Mitglied in der NSDAP und wurde nach 1945 als „Mitläufer“ eingestuft.

- Untersuchen Sie die Zusammensetzung der Zuhörer in Bezug auf deren sozialen Status und das Geschlecht.
- Beziehen Sie den Titel auf das Bild: Charakterisieren Sie das Verhältnis von Redner und Publikum.

Rassismus

An die Spitze der Republikgegner stellten sich die Nationalsozialisten. Ihrer Meinung nach sollten nicht so sehr gemeinsame Kultur und Geschichte das Band einer Nation sein, sondern die Rassengleichheit. Die biologische Substanz bestimme Menschen und Völker nicht nur körperlich, sondern auch geistig-seelisch. Von allen Rassen sei die „nordische“ oder „**arische**“ die wertvollste. Sie allein sei im eigentlichen Sinne kulturfähig. Adolf Hitler und seine Anhänger griffen dabei auch auf die Lehre des Sozialdarwinismus zurück. Unter Missachtung geistiger, sittlicher und religiöser Werte diente die Verfälschung der Darwin'schen Ideen einer menschenverachtenden Ideologie, die bald zur praktischen Politik wurde.

Arier: im ethnologisch-sprachwissenschaftlichen Sinne Völker der indogermanischen Sprachfamilie. Im 19. Jahrhundert wurde der Begriff in eine rassische Überlegenheit der „weißen“, dann der germanischen Rasse umgedeutet. In der NS-Rassenideologie bezeichnete „Arier“ die überlegene „Herrenrasse“.

Lebensraum

Demnach sollte es Aufgabe des Nationalsozialismus sein, der „arischen Herrenrasse“ in Mitteleuropa ein Machtzentrum zu schaffen. Ihr gebühre, so Hitler, wegen ihrer Bedeutung für die Weltgeschichte ein angemessener „Lebensraum“. Da dieser zurzeit nicht vorhanden sei, müsse er durch Krieg erobert und langfristig gesichert werden. Der angestrebte Lebensraum müsse zudem genügend Ressourcen umfassen, denn die Nation der Zukunft solle wirtschaftlich unabhängig sein und sich an einer bäuerlichen Lebensweise orientieren. Auch eine strategische Erwägung spielte eine wichtige Rolle: Eine Weltmacht der Zukunft brauchte in seinen Augen ein entsprechend großes Gebiet als Basis für Angriff und Verteidigung. Das Streben nach einem Großreich im Osten und die bedingungslose Befürwortung von Gewalt und Krieg unterschieden den Nationalismus Hitlers von den herkömmlichen nationalen Ideen des Bürgertums.

„Volksgemeinschaft“

Für die Nationalsozialisten bildete die Volksgemeinschaftsideologie ein Kernstück ihrer Weltanschauung. „Volksgemeinschaft“ war für sie in erster Linie durch gemeinsames „deutsches Blut“ und einen einheitlichen „Rassekern“ bestimmt. Diese zum Mythos erhobene deutsche „Bluts- und Schicksalsgemeinschaft“ führten die Nationalsozialisten bis auf die Germanen zurück, in deren Stammesgesellschaften es keine Klassen und sozialen Schranken gegeben habe. Seither sei die Geschichte des deutschen Volkes durch innere Kämpfe und Spaltungen geprägt gewesen. Daher galt

M3 Q Szene einer Reichstagssitzung
1935 nach einer Hitlerrede

► Der Volksmund nannte den Reichstag seit 1933 „Reichsgesangverein". Erläutern Sie, warum.

es, alle Klassen-, Gruppen- und Parteieninteressen zu beseitigen und die Einheit der Volksgenossen in einem „sozialen Volksstaat" herzustellen. In ihm sollten alle Unterschiede zum Wohl der Gemeinschaft eingeebnet werden.

Hierarchie

Damit war jedoch keine soziale Gleichheit gemeint. Im Gegenteil: Die Nationalsozialisten traten für eine klare Schichtung des Volkes in oben und unten, für politische, gesellschaftliche und geschlechtsspezifische Hierarchien ein. Vor allem aber stützten sich die Nationalsozialisten auf die Lehre von der angeblichen Ungleichheit der Rassen. Nur ein von „Minderwertigen", „Fremdrassigen" und „Gemeinschaftsfremden" gereinigtes Volk könne „Volksgemeinschaft" sein. Rassismus und Antisemitismus wurden damit zum Instrument der Ausgrenzung und Verfolgung von Minderheiten, zu denen besonders die Juden sowie die Sinti und Roma zählten. Damit die NSDAP ihre Ziele überhaupt erreichen konnte, sollte die nationalsozialistische „Volksgemeinschaft" auch eine Gesinnungsgemeinschaft sein, in der sich jeder Einzelne widerspruchslos zur nationalsozialistischen Weltanschauung bekannte. Wer sich abwartend verhielt, sollte durch Propaganda erzogen werden. Wer sich widersetzte, wer also den „rassischen", politischen oder moralischen Normen und den Leistungsanforderungen der Partei nicht genügte, wurde als „Volksschädling" oder „Gemeinschaftsfremder" ausgeschlossen und bekämpft. „Rassereinheit" und politisches Wohlverhalten bestimmten darüber, wer zur „Volksgemeinschaft" gehörte und wer nicht.

M4 Q Hitler beim Einüben von Rednerposen
Fotos von Heinrich Hoffmann, um 1927
Die in Hoffmanns Atelier aufgenommenen Fotos erschienen als Bildpostkartenserie.

► Diskutieren Sie, inwieweit heute Rhetorik und Körpersprache für eine Rede von Bedeutung sind.

„Führer" und Volk

Die „Volksgemeinschaft" bestand nicht aus freien Individuen, sondern war durch das Verhältnis von „Führer" und „Gefolgschaft" bestimmt. Der Einzelne hatte seine Interessen dem Gemeinwohl unterzuordnen. Was dem Gemeinwohl diente, darüber entschied allein Hitler. Herausragende Persönlichkeiten sollten, so Hitler, eine führende Rolle innerhalb der „Volksgemeinschaft" einnehmen. Die Auswahl wurde nicht auf demokratische Weise, sondern durch Berufung von oben vorgenommen.

„Autorität jedes Führers nach unten und Verantwortung nach oben" lautete die von Hitler aufgestellte Maxime. Das System gipfelte im „Führer" Adolf Hitler. Er sollte nur der von ihm häufig zitierten „Vorsehung" verantwortlich sein.

Emotional untermauerte die NSDAP das Ganze durch die Inszenierung eines Führerkults, der das italienische Vorbild nachahmte. Ein Führerbild hing später in allen Amts- und Schulräumen und sollte in jeder Wohnung einen Ehrenplatz erhalten. „Heil Hitler" war der offiziell geforderte „Deutsche Gruß" für jeden. Die Person Adolf Hitlers wurde zum Bindeglied zwischen Führerstaat und „Volksgemeinschaft" und zum Idealbild stilisiert. Hier flossen Ideen der obrigkeitsstaatlichen Ordnung des 18. und 19. Jahrhunderts ein, die Hitler zum verehrungswürdigen Ersatzmonarchen emporhoben und den Einzelnen in widerspruchslose Unterordnung zwangen.

M5 Q Die völkische Weltanschauung

Während seiner neunmonatigen Haftzeit in Landsberg verfasst Hitler 1924 den ersten Band seiner programmatischen Schrift „Mein Kampf". Er führt darin aus:

Die Sünde wider Blut und Rasse ist die Erbsünde dieser Welt und das Ende einer sich ihr ergebenden Menschheit. […]
Was wir heute an menschlicher Kultur, an Ergebnissen von Kunst, Wissenschaft und Technik vor uns sehen, ist nahezu ausschließlich schöpferisches Produkt des Ariers. Gerade diese Tatsache aber lässt den nicht unbegründeten Rückschluss zu, dass er allein der Begründer höheren Menschentums überhaupt war, mithin den Urtyp dessen darstellt, was wir unter dem Worte „Mensch" verstehen. […]
Der Arier ist nicht in seinen geistigen Eigenschaften an sich am größten, sondern im Ausmaße der Bereitwilligkeit, alle Fähigkeiten in den Dienst der Gemeinschaft zu stellen. Der Selbsterhaltungstrieb hat bei ihm die edelste Form erreicht, indem er das eigene Ich dem Leben der Gesamtheit willig unterordnet […].
Den gewaltigsten Gegensatz zum Arier bildet der Jude. […] Da nun der Jude – aus Gründen, die sich sofort ergeben werden – niemals im Besitze einer eigenen Kultur war, sind die Grundlagen seines geistigen Arbeitens immer von anderen gegeben worden. Sein Intellekt hat sich zu allen Zeiten an der ihn umgebenden Kulturwelt entwickelt. Niemals fand der umgekehrte Vorgang statt. Denn wenn auch der Selbsterhaltungstrieb des jüdischen Volkes nicht kleiner, sondern eher noch größer ist als der anderer Völker, wenn auch seine geistigen Fähigkeiten sehr leicht den Eindruck zu erwecken vermögen, dass sie der intellektuellen Veranlagung der übrigen Rassen ebenbürtig wären, so fehlt doch vollständig die allerwesentlichste Voraussetzung für ein Kulturwerk, die idealistische Gesinnung. […]
Demgegenüber erkennt die völkische Weltanschauung die Bedeutung der Menschheit in deren rassischen Urelementen. Sie sieht im Staat prinzipiell nur ein Mittel zum Zweck und fasst als seinen Zweck die Erhaltung des rassischen Daseins der Menschen auf. Sie glaubt somit keineswegs an eine Gleichheit der Rassen, sondern erkennt mit ihrer Verschiedenheit auch ihren höheren oder minderen Wert und fühlt sich durch diese Erkenntnis verpflichtet, gemäß dem ewigen Wollen, das dieses Universum beherrscht, den Sieg des Besseren, Stärkeren zu fördern, die Unterordnung des Schlechteren und Schwächeren zu verlangen. Sie huldigt damit prinzipiell dem aristokratischen Grundgedanken der Natur und glaubt an die Geltung dieses Gesetzes bis herab zum letzten Einzelwesen. […] Nein, es gibt nur ein heiligstes Menschenrecht […], nämlich: dafür zu sorgen, dass das Blut rein erhalten bleibt, um durch die Bewahrung des besten Menschentums die Möglichkeit einer edleren Entwicklung dieser Wesen zu geben. […] Ein völkischer Staat wird damit in erster Linie die Ehe aus dem Niveau einer dauernden Rassenschande herauszuheben haben, um ihr die Weihe jener Institution zu geben, die berufen ist, Ebenbilder des Herrn zu zeugen und nicht Missgeburten zwischen Mensch und Affe.

Adolf Hitler, Mein Kampf. Zwei Bände in einem Band, München [5]11933, S. 272, 420 f. und 444 f.

Arbeitsvorschläge

32065-0061

1. Erläutern Sie die Wertmaßstäbe, die Hitler an menschliches Dasein anlegt.
2. Erklären Sie den hier verwendeten Begriff „Rasse". | F
3. Analysieren Sie die Wendung „Ebenbilder des Herrn zu zeugen" (Zeile 55).

M6 Q „Volksgemeinschaft"

Aus der Rede Hitlers zum Erntedankfest im niedersächsischen Bückeberg am 1. Oktober 1933:

Der Nationalsozialismus hat weder im Individuum noch in der Menschheit den Ausgangspunkt seiner Betrachtungen, seiner Stellungnahmen und Entschlüsse. Er rückt bewusst in den Mittelpunkt seines ganzen Denkens das Volk. Dieses Volk ist für ihn eine blutmäßig bedingte Erscheinung, in der er einen von Gott geweihten Baustein der menschlichen Gesellschaft sieht.
Das einzelne Individuum ist vergänglich, das Volk ist bleibend. Wenn die liberale Weltanschauung in ihrer Vergötterung des einzelnen Individuums zur Zerstörung des Volkes führen muss, so wünscht dagegen der Nationalsozialismus das Volk zu schützen, wenn nötig, auf Kosten des Individuums. Es ist notwendig, dass der Einzelne sich langsam zur Erkenntnis durchringt, dass sein eigenes Ich unbedeutend ist, gemessen am Sein des ganzen Volkes […], dass vor allem die Geistes- und Willenseinheit einer Nation höher zu schätzen sind als die Geistes- und Willenseinheit des Einzelnen.

Zitiert nach: Johannes Hampel, Der Nationalsozialismus, Bd. 2: 1935 – 1939, hrsg. von der Bayerischen Landeszentrale für politische Bildung, München [2]1993, S. 271

Arbeitsvorschläge

32065-0062

1. Charakterisieren Sie Hitlers Vorstellung von Volksgemeinschaft und Individuum sowie deren Konsequenzen für den Einzelnen.
2. Bewerten Sie die Rede aus Sicht unseres heutigen Menschenbildes und heutiger Rechtsvorstellungen. | H

M7 Q Führerkult

a) Das Plakat nutzt ein bekanntes Propagandafoto von Adolf Hitler. Es wurde vermutlich zur Volksabstimmung vom 19. August 1934 über die Zusammenlegung des Reichspräsidenten- und des Reichskanzleramtes in der Person des „Führers und Reichskanzlers" Adolf Hitler hergestellt.

b) Hitler erklärt in „Mein Kampf":

Die Bewegung vertritt im Kleinsten wie im Größten den Grundsatz der unbedingten Führerautorität, gepaart mit höchster Verantwortung. Die praktischen Folgen dieses Grundsatzes in der Bewegung sind nachstehende: Der erste Vorsitzende einer Ortsgruppe wird durch den nächsthöheren Führer eingesetzt, er ist der verantwortliche Leiter der Ortsgruppe. Sämtliche Ausschüsse unterstehen ihm, und nicht er umgekehrt einem Ausschuss. Abstimmungs-Ausschüsse gibt es nicht, sondern nur Arbeits-Ausschüsse. Die Arbeit teilt der verantwortliche Leiter, der erste Vorsitzende, ein. Der gleiche Grundsatz gilt für die nächsthöhere Organisation, den Bezirk, den Kreis oder den Gau. Immer wird der Führer von oben eingesetzt und gleichzeitig mit unbeschränkter Vollmacht und Autorität bekleidet. Nur der Führer der Gesamtpartei wird aus vereinsgesetzlichen Gründen in der Generalmitgliederversammlung gewählt. Er ist aber der ausschließliche Führer der Bewegung. Sämtliche Ausschüsse unterstehen ihm und nicht er den Ausschüssen. Er bestimmt und trägt damit aber auch auf seinen Schultern die Verantwortung. Es steht den Anhängern der Bewegung frei, vor dem Forum einer neuen Wahl ihn zur Verantwortung zu ziehen, ihn seines Amtes zu entkleiden, insofern er gegen die Grundsätze der Bewegung verstoßen oder ihren Interessen schlecht gedient hat. An seine Stelle tritt dann der besser könnende, neue Mann, jedoch mit gleicher Autorität und gleicher Verantwortlichkeit. Es ist eine der obersten Aufgaben der Bewegung, dieses Prinzip zum bestimmenden nicht nur innerhalb ihrer eigenen Reihen, sondern auch für den gesamten Staat zu machen. Wer Führer sein will, trägt bei höchster unumschränkter Autorität auch die letzte und schwerste Verantwortung. Wer dazu nicht fähig oder für das Ertragen der Folgen seines Tuns zu feige ist, taugt nicht zum Führer. Nur der Held ist dazu berufen.

Adolf Hitler, Mein Kampf. Zwei Bände in einem Band, München [5]11933, S. 378 f.

Arbeitsvorschläge 32065-0063

1. Charakterisieren Sie das „Führerprinzip".
2. Vergleichen Sie den Auswahl- und Führungsprozess der „Führerpersönlichkeit" mit heutigen demokratischen Auswahl- und Führungsformen.

Leitfrage

Nehmen Sie Stellung:
Die NS-Ideologie – Vorzeichen für Krieg und Terror?

Ursachen, Errichtung und Durchsetzung der NS-Diktatur

Bildinformation
31000-956

M1 Q Wahlplakat der NSDAP von 1930

32065-0468

1. Beschreiben Sie das Plakat: Was zeigt es? Wie ist es aufgebaut? Welche Gestaltungsmittel werden verwendet?
2. Arbeiten Sie die Aussagen des Plakates heraus. Gehen Sie dabei auch auf die Bedeutung der Schlange ein.

Gründe für den Aufstieg der NSDAP

Als sich die NSDAP 1920 ihr Parteiprogramm gegeben hatte, war sie eine unter zahllosen radikalen Splitterparteien. Bis Januar 1933 wuchs die Zahl ihrer Mitglieder auf 849 000 an. Was machte die Partei für so viele Menschen attraktiv?

Nährboden für die Entwicklung von einer Splitter- zu einer Massenpartei war nicht nur die Wirtschaftskrise, sondern eine deutsche Gesellschaft, die seit Beginn der Republik wirtschaftlich und mental gespalten war. Der Schock der Kriegsniederlage mit dem als nationale Demütigung empfundenen Versailler Vertrag, die Revolution mit ihren blutigen Auseinandersetzungen sowie die negativen psychologischen Folgen von Massenarbeitslosigkeit, Inflation und Währungsreform ließen die radikalnationalistischen Parolen eines Adolf Hitler auf fruchtbaren Boden fallen. Seine antisemitische, antiliberale und antimarxistische, die Bolschewismusangst schürende Agitation traf bei großen Teilen der Bevölkerung den Nerv der Zeit. Viele von der Republik enttäuschte Bürger erhofften sich einen starken Mann, einen Führer und „Erlöser“, der die Nation vor dem drohenden Untergang retten und sie endlich wieder zu nationaler Größe führen würde.

LEIT-FRAGE

Machtübernahme und „Gleichschaltung“ – Wählerwille oder Zwang?

M2 Q „Tag von Potsdam“ Propagandapostkarte
Der neue Propagandaminister Joseph Goebbels gestaltete die erste Sitzung des neuen Reichstages nach der Ernennung Hitlers zum Reichskanzler in der Potsdamer Garnisonkirche als Schauspiel der „nationalen Wiedererweckung“. Am Grab Friedrichs des Großen gaben sich Hitler und Reichspräsident Hindenburg am 21. März 1933 feierlich die Hand. Während sich Hitler tatsächlich vor dem Reichspräsidenten verneigte, verfälscht die Propagandapostkarte seine Haltung.

- ▶ Interpretieren Sie die Postkarte und ordnen Sie sie in den zeitlichen Zusammenhang ein.

Bildinformation
31000-42

„Führer in ein neues Zeitalter“

Als Adolf Hitler am 30. Januar 1933 von Reichspräsident Hindenburg zum Reichskanzler ernannt wurde, schien sich rein äußerlich nichts Wesentliches an der politischen Situation im Deutschen Reich geändert zu haben. Hitler war Chef eines Präsidialkabinetts wie seine drei unmittelbaren Amtsvorgänger. Der „Führer“ und seine Partei feierten die Berufung in die Regierungsverantwortung jedoch als „Machtergreifung“. Die Fackelzüge, die am Abend des 30. Januar in Berlin und vielen Städten Deutschlands von der NSDAP unter Beteiligung konservativer Kräfte inszeniert wurden, huldigten nicht einem weiteren Kanzler der Republik, sondern dem „Führer in ein neues Zeitalter“.

Auflösung des Reichtages und Neuwahlen

Die neue Regierung besaß keine Mehrheit im Reichstag. Hitler ließ dennoch Koalitionsverhandlungen, die ihm eine Majorität gesichert hätten, bewusst scheitern. Stattdessen wurden der Reichstag aufgelöst und Wahlen für den 5. März anberaumt. Die parlamentsfreie Atempause wollte Hitler nutzen, um mithilfe von Notverordnungen vollendete Tatsachen zu schaffen und die Wähler massiv zu beeinflussen, denn das Erreichen der absoluten Mehrheit schien für die NSDAP in greifbare Nähe gerückt.

Der Reichstagsbrand

In den kommenden Wochen bauten die Nationalsozialisten die Republik in einen totalitären Staat um. Vor allem ein Ereignis spielte ihnen dabei in die Karten: Am 27. Februar 1933 brannte der Reichstag. Im brennenden Gebäude wurde der Niederländer Marinus van der Lubbe verhaftet, den neuere feuerwehrtechnische Erkenntnisse als Alleintäter belegen. Die Nationalsozialisten jedoch erklärten den Reichstagsbrand wahrheitswidrig zum Signal eines kommunistischen Umsturzes und nutzten die Situation für ihre Zwecke: Noch in der Nacht einigten sich Hitler, Hermann Göring, Joseph Goebbels und Franz von Papen auf eine Notverordnung (Reichstagsbrandverordnung). Sie trug zur Beseitigung des Rechtsstaates bei, setzte die Grundrechte der Weimarer Verfassung außer Kraft und war eine der wichtigsten Grundlagen der NS-Diktatur. Reichspräsident Hindenburg unterzeichnete die sogenannte „Verordnung zum Schutz von Volk und Staat“ auf Grundlage des Artikels 48 bereits am Folgetag.

Die Verordnung ermöglichte Freiheitsbeschränkungen und begrenzte die freie Meinungsäußerung und Pressefreiheit sowie das Vereins- und Versammlungsrecht, erlaubte Eingriffe in das Brief-, Post-, Telegrafen- und Fernsprechgeheimnis, Anordnungen von Hausdurchsuchungen und Beschlagnahmungen. Sie bot die juristische Grundlage für eine Verhaftungswelle: Wahlgegner wurden ebenso aus dem Weg geräumt wie unerwünschte Personen und Vereinigungen. Allein die preußische Polizei nahm in den nächsten Tagen rund 5000 Menschen – in erster Linie Kommunis-

M3 Q Hermann Göring
(1883 – 1946):
führender NS-Politiker; ab 1935 Oberbefehlshaber der Luftwaffe, ab 1936/37 Reichswirtschaftsminister. Er war maßgeblich an der „Gleichschaltung“ und Verfolgung der Opposition beteiligt, für die Gründung der Geheimen Staatspolizei (Gestapo) und der ersten Konzentrationslager ab 1933 verantwortlich und gab den Befehl zur Organisation des Völkermordes an den europäischen Juden. Er wurde in den Nürnberger Prozessen als einer von 24 Hauptkriegsverbrechern angeklagt und suizidierte sich.

ten und Sozialdemokraten – in „Schutzhaft“. Die Gefangenen wurden geschlagen, gefoltert und ermordet. Gewalt und totalitäre Stimmung im Staat machten einen antinazistischen Wahlkampf für die Reichstagswahlen unmöglich.

Die Reichstagswahlen, der „Tag von Potsdam“ und das Ermächtigungsgesetz

Zwar erreichten die Nationalsozialisten bei den Wahlen vom 5. März 1933 43,9 % der Stimmen, die erhoffte absolute Mehrheit hatten sie aber verfehlt. Mit den Deutschnationalen zusammen hätte Hitler durchaus eine Regierungskoalition bilden können, die sich im Reichstag auf eine Mehrheit hätte stützen können. Hitler jedoch wollte die alleinige Macht. Daher legte er dem neu gewählten Reichstag ein „Ermächtigungsgesetz“ vor. Es erlaubte der Regierung, Gesetze ohne Zustimmung des Reichstages zu erlassen. Sie konnten auch von der Verfassung abweichen, durften aber nicht die Institutionen des Reichstages, des Bundesrates und des Reichspräsidenten betreffen. Für die Annahme des Gesetzes war politisch die Zustimmung des Zentrums nötig. Dieses stimmte zu, um Hitler nicht in eine kirchenfeindliche Haltung zu drängen. Nur die Sozialdemokraten stimmten dagegen. So wurde das Ermächtigungsgesetz am 24. März 1933 erlassen – nur drei Tage nach der feierlichen Eröffnung des neuen Reichstages („Tag von Potsdam“). So entmachtete sich der Reichstag in einer Stimmung von Aufbruch, Naivität und vermeintlicher Alternativlosigkeit selbst. Die Nationalsozialisten, die bereits ab dem 8. März gewaltsam das öffentliche Leben in Deutschland übernommen hatten, besaßen nun auch eine rechtliche Grundlage für die Errichtung der Diktatur.

M4 Q Wahltag in Berlin
Foto vom deutschen Pressefotograf Georg Pahl (1900–1963) vom 5. März 1933
Ein SA-Mann als Hilfspolizist (rechts) auf Streife mit einem Berliner Schutzpolizist (Schupo) am Wahltag.

▶ Bewerten Sie den Einsatz von SA-Männern als Hilfspolizisten.

Deutschland wird „gleichgeschaltet“

Das Ermächtigungsgesetz gab Hitler den Freibrief, Staat und Gesellschaft „gleichzuschalten“. Partei und Regierung beseitigten schrittweise das föderalistische Eigenleben von Ländern und Gemeinden: Landtage, Bürgerschaften, Kreistage und Gemeinderäte wurden aufgelöst und neu besetzt – und zwar nach den Wahlergebnissen vom März im jeweiligen Bundesland, unter Ausschluss der auf die KPD entfallenen Stimmen. Tausende NSDAP-Mitglieder rückten auf die freigewordenen Posten vor allem von Juden, Kommunisten und Sozialdemokraten oder auch Liberalen nach. Hitler setzte Reichsstatthalter ein, die auf Weisung des Führers befugt waren, Regierungen zu bilden und zu entlassen. Maßgeblich zur Festigung des neuen Regimes trug die „Gleichschaltung“ des Verwaltungsapparates bei; schnelle „Säuberungen“ entfernten widerspenstige oder missliebige Beamte.

„Gleichschaltung“: Maßnahmen, mit denen Staat, Gesellschaft und Kultur von der NSDAP personell und ideologisch durchdrungen und der Einparteienstaat errichtet werden konnten

M5 Q Verordnung „Zum Schutz von Volk und Staat“ und „Ermächtigungsgesetz“

a) Am 28. Februar 1933, einen Tag nach dem Reichstagsbrand, erlässt Reichspräsident Hindenburg eine Verordnung „Zum Schutz von Volk und Staat“ („Reichstagsbrandverordnung“). Aufgrund des Artikels 48, Absatz 2 der Reichsverfassung wird „zur Abwehr kommunistischer staatsgefährdender Gewaltakte“ Folgendes verordnet:

§ 1 Die Artikel 114, 115, 117, 118, 123, 124 und 153 der Verfassung des Deutschen Reiches werden bis auf Weiteres außer Kraft gesetzt. Es sind daher Beschränkungen der persönlichen Freiheit, des Rechts der freien Meinungsäußerung einschließlich der Pressefreiheit, des Vereins- und Versammlungsrechts, Eingriffe in das Brief-, Post-, Telegrafen- und Fernsprechgeheimnis, Anordnungen von Haussuchungen und von Beschlagnahmen sowie Beschränkungen des Eigentums auch außerhalb der sonst hierfür bestimmten gesetzlichen Grenze zulässig.
§ 2 Werden in einem Lande die zur Wiederherstellung der öffentlichen Sicherheit und Ordnung nötigen Maßnahmen nicht getroffen, so kann die Reichsregierung insoweit die Befugnisse der obersten Landesbehörde vorübergehend wahrnehmen. […]

b) Das folgende „Gesetz zur Behebung der Not von Volk und Reich“ (das sogenannte Ermächtigungsgesetz) vom 23. März 1933 stellt zusammen mit der Verordnung „Zum Schutz von Volk und Staat“ die verfassungsrechtliche Grundlage des NS-Staates dar:

Art. 1: Reichsgesetze können außer in dem in der Reichsverfassung vorgesehenen Verfahren auch durch die Reichsregierung beschlossen werden. […]
Art. 2: Die von der Reichsregierung beschlossenen Reichsgesetze können von der Reichsverfassung abweichen, soweit sie nicht die Einrichtung des Reichstages und des Reichsrates als solche zum Gegenstand haben. Die Rechte des Reichspräsidenten bleiben unberührt.
Art. 3: Die von der Reichsregierung beschlossenen Reichsgesetze werden vom Reichskanzler ausgefertigt und im Reichsgesetzblatt verkündet. Sie treten, soweit sie nichts anderes bestimmen, mit dem auf die Verkündung folgenden Tag in Kraft. Die Artikel 68–77 der Reichsverfassung finden auf die von der Reichsregierung beschlossenen Gesetze keine Anwendung.[1]
Art. 4: Verträge des Reiches mit fremden Staaten, die sich auf Gegenstände der Reichsgesetzgebung beziehen, bedürfen für die Dauer der Geltung dieses Gesetzes nicht der Zustimmung der an der Gesetzgebung beteiligten Körperschaften. Die Reichsregierung erlässt die zur Durchführung dieser Verträge erforderlichen Vorschriften. […]

Zitiert nach: Walther Hofer (Hrsg.), Der Nationalsozialismus. Dokumente 1933–1945, Frankfurt am Main 1957, S. 53 und 57

[1] Geregelt war hier das übliche Verfahren der Gesetzgebung.

Arbeitsvorschläge

32065-0064

1. Erläutern Sie, welche Konsequenzen die Notverordnung „Zum Schutz von Volk und Staat“ und das „Ermächtigungsgesetz“ für den politischen Alltag haben mussten. | H
2. Diskutieren Sie, welche Möglichkeiten der Opposition und der Gewaltenkontrolle zu diesem Zeitpunkt noch gegeben waren. | H

M6 Q „Gleichschaltung“ im Alltag

Ernst Niekisch, der 1939 wegen „literarischen Hochverrats“ zu einer lebenslänglichen Zuchthausstrafe verurteilt wird, beschreibt und interpretiert um 1935 die tief greifenden Veränderungen in der Gesellschaft:

Ein Taumel der „Gleichschaltung“ erfasste das ganze Volk. Alle öffentlichen und privaten Einrichtungen, Organisationen und Korporationen, alle wirtschaftlichen Betriebe und kulturellen Gesellschaften, alle Verbände und Vereine „schalteten sich gleich“. Zweck der Gleichschaltung war die Herstellung der „Volksgemeinschaft“. Die „Volksgemeinschaft“ ist kein gesellschaftlicher Ordnungszustand höherer Art. Nirgends trügt der Schein mehr, als er hier es tut. [In] der „Volksgemeinschaft“ soll das ganze Volk auf die formlos chaotische Existenzweise menschlichen Abschaums heruntergebracht werden. Sinn und Inhalt der Volksgemeinschaft ist lediglich die Solidarität des lumpenproletarischen Gesindels.
Irgendwelche untergeordneten Organe oder Angestellte zogen plötzlich ihr nationalsozialistisches Mitgliedsbuch, das sie bisher sorgfältig verborgen gehabt hatten, aus der Tasche und trumpften damit auf; zuweilen war es der Portier, der sich überraschend als Vertrauensmann der nationalen Revolution entpuppte und sich über Nacht zum wichtigsten und ersten Mann emporschwang. […]
Der Punkt, an dem der Hebel ansetzt, welcher den Menschen gleichschaltet, ist die Existenzfrage. Wenn der Mann nicht richtig liegt, bekommt er kein Futter mehr. Unverhüllter wurde noch niemals auf den Magen gedrückt, um die richtige Gesinnung herauszupressen. Der Beamte zitterte um Gehalt und Versorgung: Das „Gesetz zur Wiederherstellung des Berufsbeamtentums“ brachte den festen Turm seiner „wohlerworbenen Rechte“ zum Einsturz. […] Die „Wiederherstellung des Berufsbeamtentums“ bestand darin, alle Ämter mit nationalsozialis-

tischen Parteibuchbeamten zu überschwemmen. Die bürokratische Gleichschaltung war eine groß angelegte Veranstaltung allgemeiner „Umbonzung". Angestellten und Arbeitern erging es nicht besser; sie verloren die Arbeitsplätze, wenn ihr Eifer der Gleichschaltung enttäuschte. Entzog sich ein Arbeiter dem anbefohlenen Aufmarsch, wurde er fristlos entlassen: Er war als „Staatsfeind" nicht würdig, wirtschaftlich geborgen zu sein. Der Organisationszwang, dem die Angehörigen der freien Berufe, Gewerbetreibenden, Handwerker, Kaufleute, Unternehmer unterlagen, bot Handhaben, sie zu maßregeln; wurden sie aus ihrer „Berufskammer" entfernt, war ihnen das Recht auf Berufsausübung genommen; sie waren brotlos und ins wirtschaftliche Nichts verstoßen.

Ernst Niekisch, Das Reich der niederen Dämonen, Hamburg 1953, S. 131–135

Arbeitsvorschläge 32065-0106

1. Skizzieren Sie, wie Niekisch den Begriff „Gleichschaltung" definiert. | F
2. Erläutern Sie die Gründe dafür, dass die „Gleichschaltung" nach Meinung des Autors so reibungslos verlief.
3. Analysieren Sie auf der Basis von Niekischs Erörterung Anspruch und Wirklichkeit der nationalsozialistischen „Volksgemeinschaft".

M7 D Wer wählte Hitler?

a) Die soziale Zusammensetzung der NSDAP-Wähler nach Berufsgruppen in Prozent, unabhängig von einer tatsächlichen Erwerbstätigkeit:

	1928	1930	1932	1932	1933	Alle
Selbstständige/ Mithelfer:innen	26	27	31	30	31	24
Angestellte/ Beamte	12	13	11	12	12	15
Arbeiter:innen	30	26	25	26	26	32
Berufslose	13	17	17	17	16	13
Hausfrauen etc.	17	17	16	16	16	17
Alle	98	100	100	100	101	101

Nach: Jürgen Falter, Hitlers Wähler, München 1991, S. 288

b) Die nationalsozialistischen Hochburgen

Die Zahlen (Anteil der Wähler in Prozent) ermöglichen einen Vergleich der Sozialstruktur jener Kreise, in denen die NSDAP bei der Reichstagswahl im November 1932 überdurchschnittlich viele Stimmen bekommen hat, mit der Sozialstruktur des Deutschen Reiches insgesamt:

	NSDAP-Hochburgen	Reich
Katholiken	9	32
Stadtbewohner:innen	22	54
in der Landwirtschaft tätig	51	31
Selbstständige, Mithelfer:innen	31	41
Beamte	3	4
Angestellte	5	12
Arbeiter:innen	26	27
arbeitslose Angestellte	1	2
arbeitslose Arbeiter:innen	9	13

Nach: Jürgen Falter, Hitlers Wähler, München 1991, S. 353

Arbeitsvorschläge 32065-0500

1. Analysieren Sie den Anteil der Bevölkerungsgruppen an der Gesamtstimmenzahl der NSDAP.
2. Erörtern Sie, was diese Menschen dazu bewogen haben könnte, die NSDAP zu wählen.
3. Erklären Sie die Unterschiede bei der Zustimmung zur NSDAP nach ausgewählten Gruppen.

Leitfrage

Nehmen Sie Stellung:

Machtübernahme und „Gleichschaltung" – Wählerwille oder Zwang?

Organisation der NS-Herrschaft und Gesellschaft zwischen Anspruch und Wirklichkeit

M1 Q Nationalsozialistische Idylle
Propagandafoto von 1939 oder 1940

M2 Q Begeisterte Anhänger am Obersalzberg
Propagandafoto von Heinrich Hoffmann, 1936
Hitlers Hauptquartier in Bayern wurde in der NS-Zeit zu einem Wallfahrtsort.

1. Beschreiben Sie die Bilder und ordnen Sie sie in ihren historischen Kontext ein.
2. Diskutieren Sie die Wirkung der beiden Propagandafotos im Hinblick auf die Darstellung der nationalsozialistischen Herrschaft und Gesellschaft.

32065-0469

LEIT-FRAGE

Deutschland im Nationalsozialismus – „Ein Volk, ein Reich, ein Führer“?

SS-Staat, Führerstaat, Doppelstaat

Im Rahmen der „Gleichschaltung“ übernahmen die Nationalsozialisten in den Ländern die Polizeigewalt. Neben den regulären Polizeiapparat stellten sie eine Hilfspolizei. Deren Truppen bestanden überwiegend aus Männern der militärisch organisierten Saalschutz- und Kampftruppe der NSDAP, der Sturmabteilung (SA), und Hitlers 1925 gegründeter „Leibgarde“, der Schutzstaffel (SS). Die SS unterstand bis 1934 der SA, stieg aber nach der Beseitigung der SA-Führung („Röhm-Putsch“) zur Kernorganisation für „Sicherheit“ auf. **Heinrich Himmler** als „Reichsführer SS“ wurde 1936 zum Chef der Deutschen Polizei ernannt. 1939 bildete er das Reichssicherheitshauptamt (RSHA) und fasste hier die politische Polizei Gestapo (Geheime Staatspolizei), die Kriminalpolizei und den Sicherheitsdienst der SS (SD) zusammen.

Die Gestapo hatte uneingeschränkte Macht: Sie konnte Personen, die als politisch gefährlich oder „für den Volkskörper schädlich“ eingeschätzt wurden, in ein Konzentrationslager (KZ) einweisen. Gestapo-Entscheidungen waren rechtlich unangreifbar. Die Polizei war nicht mehr an Recht und Gesetz gebunden, sondern zum Handlanger des „Führerwillens“ geworden.

SS-Angehörige saßen auf wichtigen Posten in den Massenorganisationen der Partei, der Verwaltung, in Hochschulen und dienten im Krieg als Eliteeinheit („Waffen-SS"). Forschungsabteilungen der SS sollten die Ideen Hitlers vom „nordischen" Menschen experimentell beweisen, auch durch Menschenversuche in KZs, in denen ab 1936 Juden, Sinti und Roma, politische Gegner, Homosexuelle und zahlreiche weitere Menschen systematisch zu Tode gequält wurden. Die von der SS geführten KZs wurden auch für wirtschaftliche Zwecke betrieben, eigene Holdings (z. B. „Deutsche Wirtschaftsbetriebe GmbH / DWB") erwirtschafteten hohe Gewinne und gewannen großen Einfluss.

Im totalitären Führerstaat gab es keine Pluralität, sondern nur noch eine Partei, eine Gewerkschaft, eine Jugendorganisation. Es galt, den Willen des „Führers" umzusetzen. Hitler setzte in allen Ländern außer Bayern und Preußen die Gauleiter (Partei-Struktur) als Reichsstatthalter (staatliche Struktur) ein. Die Verflechtung von Partei und Staat, Politik und Recht wird als „Doppelstaat" bezeichnet.

M3 Q Heinrich Himmler
(1900–1945):
„Reichsführer SS"; ab 1936 zudem Chef der Deutschen Polizei; einer der Hauptverantwortlichen für den Holocaust und die zahlreichen Verbrechen der Waffen-SS; 1945 Selbstmord

Monokratie oder Polykratie?

Auf den ersten Blick schien die Macht im Führerstaat zentral organisiert und vom Führerwillen gelenkt. Allerdings war die NSDAP als „Trägerin des deutschen Staatsgedankens" in Konkurrenz zu den staatlichen oder kommunalen Institutionen getreten. Die Folge war ein undurchsichtiger Wirrwarr von Kompetenzen. Während der Staat üblicherweise das öffentliche Leben auf der Basis von Gesetzen reglementiert und gestaltet, trafen jetzt Parteiorganisationen oder deren Repräsentanten neben der staatlichen Bürokratie Einzelentscheidungen. In Ressorts und Sonderbehörden versuchten sich Handlanger zu profilieren, indem sie den Führerwillen vorausahnten und umsetzten. Diese Herrschaftsverhältnisse bezeichnen Historikerinnen und Historiker auch als Polykratie (Vielherrschaft) im Gegensatz zum Begriff der Monokratie (Alleinherrschaft). Prinzipiell hatte jedoch Hitler im Konfliktfall stets das letzte und entscheidende Wort.

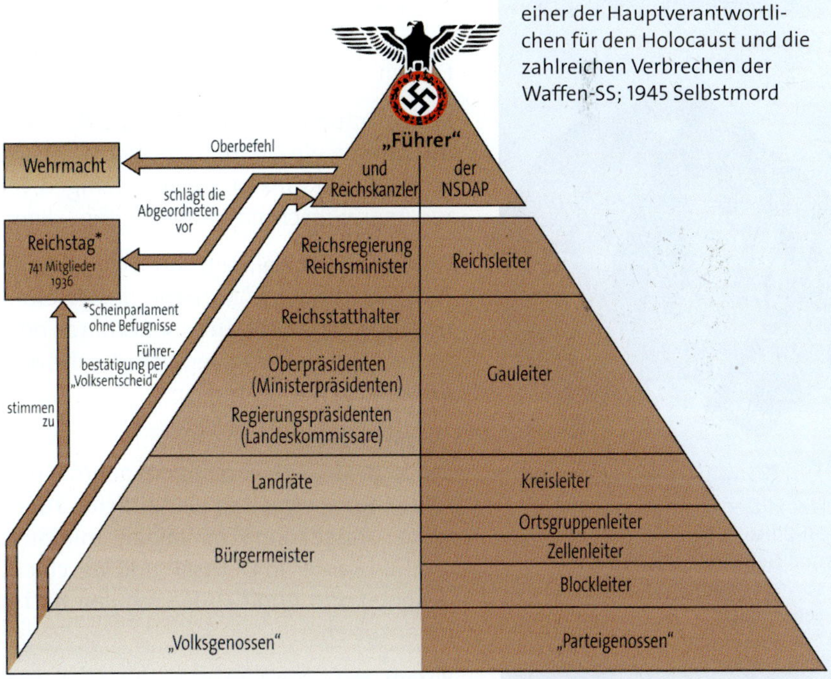

M4 D Staat und Partei im „Führerstaat"
Parteienhierarchie und Staatsämter überschnitten sich sowohl in ihren Kompetenzen als auch personell: Mit zwei Ausnahmen waren z. B. alle Reichsstatthalter zugleich auch Gauleiter in ihrem Amtsbereich.

- ▶ Beschreiben Sie den Aufbau des „Führerstaates".
- ▶ Erklären Sie die Kompetenzkonflikte anhand des Schaubildes.

Vielfach verschmolzen Partei- und Staatsorganisation miteinander. So hatten die Gauleiter der NSDAP häufig zugleich hohe Ämter in den „gleichgeschalteten" Ländern inne, oder die Ortsgruppenleiter der Partei übernahmen gleichzeitig das Bürgermeisteramt. Die Kontrolle des öffentlichen Lebens ließ die Parteibürokratie ständig anwachsen. So betrug die Zahl dieser Funktionäre 1937 bereits etwa 700 000 Personen.

Totale Organisation

„In Deutschland gibt es keine Privatsache mehr." Das sagte Robert Ley, der Leiter der Deutschen Arbeitsfront (DAF), welche die aufgelösten Gewerkschaften ersetzte. Menschen in Beruf oder Freizeit, Jugendliche und Greise, Frauen und Männer – sie alle sollte das parteigesteuerte Organisationsnetz des totalitären Staates erfassen.

Die Frauen waren ebenso sorgsam organisiert wie die männliche Bevölkerung. Zusätzlich zum Bund Deutscher Mädel (BDM) und der Nationalsozialistischen Frauenschaft (NSF) entstand im Oktober 1933 das Deutsche Frauenwerk (DFW) als Sammelbecken für die „gleichgeschaltete" bürgerliche Frauenbewegung. In diesen Organisationen trafen sich Millionen zum Meinungsaustausch, zu häuslichen Arbeiten, zu ideologischer Schulung und zu karitativer Tätigkeit.

Für viele Berufssparten entstanden gesonderte, der NSDAP untergeordnete Vereinigungen, z. B. der NS-Lehrerbund oder der NS-Ärztebund. Die „deutsche Bauernschaft" wurde vom Regime im „Reichsnährstand" organisiert und mit einer „Blut und Boden"-Propaganda geködert, die den Wert der Landbevölkerung ideologisch überhöhte und Ernten zu „Erzeugungsschlachten" ausrief.

Klare Rollen in der „Volksgemeinschaft"

Im NS-Regime wurde ein konservatives Gesellschaftsbild wiederhergestellt, das in der liberalen Weimarer Republik ins Wanken geraten war. Während dem Mann die Rolle des heroischen, starken Kämpfers und Ernährers zugewiesen wurde, sollte die Frau als treusorgende Gattin und Mutter zu Hause den „artgerechten" Fortbestand des Volkes gewährleisten. Dazu schuf das Regime einen Mutterkult: Ab 1939 wurden kinderreiche Mütter mit dem „Mutterkreuz" geehrt und am Muttertag gefeiert. Schon seit 1933 trug das „Gesetz zur Verminderung der Arbeitslosigkeit" dazu bei, Frauen immer stärker aus dem Berufsleben zu verdrängen.

Vielen Frauen erschien die klare Rolle durchaus attraktiv. Wie den Männern wurde auch ihnen ein Gemeinschaftsgefühl angeboten, dessen negative Seiten – der Ausschluss von Kranken, Gebärunfähigen, jüdischen Frauen, Homosexuellen und anderen unerwünschten Minderheiten – kam dabei nur wenigen zu Bewusstsein.

Die Nationalsozialisten boten für manche Frauen besonders ab 1939 auch ungeahnte Aufstiegschancen. Während des Zweiten Weltkrieges dienten Frauen z. B. als Fernmelderinnen, Luftwaffenhelferinnen oder Sanitäterinnen; nicht wenige waren auch an den Verbrechen in der Wehrmacht, der Gestapo oder SS beteiligt und als Aufsichtspersonal in Konzentrationslagern tätig.

„Staatsjugend"

Die Jugend sollte von Beginn an im Sinne der „Volksgemeinschaft" erzogen werden. Alle Schulen erhielten einheitliche, auf die NS-Weltanschauung ausgerichtete Lehrpläne: „Rassekunde" in Biologie, militärische Erfolge und heldenhafte Taten der „nordischen Rasse" in Deutsch und Geschichte. Nationalpolitische Erziehungsanstalten (Napola) und Adolf-Hitler-Schulen hatten die Aufgabe, eine gesinnungstreue Elite heranzuziehen.

Bereits mit dem Eintritt in die Grundschule sollten die Jugendorganisationen der NSDAP, Hitler-Jugend (HJ) und Bund Deutscher Mädel (BDM), möglichst alle Kinder erfassen. Freizeitangebote wie mehrtägige Fahrten und Zeltlager, Handwerksaktivitäten, Spiele und sportliche Wettbewerbe, sogar Reiten oder Segelfliegen begeisterten viele Kinder, insbesondere aus ärmeren Familien, und schienen soziale Unterschiede einzuebnen. Per Gesetz erhoben die Nationalsozialisten die HJ 1936 zur „Staatsjugend", die Mitgliedschaft wurde Pflicht, der man sich kaum entziehen konnte. Andere Jugendverbände wurden früher oder später in HJ und BDM überführt oder verboten.

Wirkung der Propaganda

Immer wieder wird in der Geschichtswissenschaft die Frage diskutiert, wie sich das Ausmaß an Zustimmung und Beteiligung der deutschen Bevölkerung an der NS-Dik-

M5 Q „Ehrenkreuz der Deutschen Mutter"
Ab 1938 wurde kinderreichen Müttern für ihre Verdienste im „Geburtenkrieg" diese Auszeichnung verliehen: für vier oder fünf Kinder in Bronze, bei sechs oder sieben in Silber und ab acht Kindern in Gold.

M6 Q Teile einer Uniform der Hitler-Jugend
HJ-Bluse mit Schulterklappen und Gebiets- und Gaudreieck sowie Armbinde, Tuch und Lederknoten.
Die Hitler-Jugend (HJ) wurde 1926 gegründet. Sie blieb während der Weimarer Republik eher unbedeutend. Nach der nationalsozialistischen Machtübernahme 1933 wandelte sich die HJ durch das Verbot konkurrierender Jugendverbände von einer Parteijugend zur Staatsjugend.

- ► Beschreiben Sie die HJ-Uniform.
- ► Erläutern Sie, welche Rolle eine Jugendorganisation wohl für die Erziehung spielte, wenn es keinerlei Alternativen gab.

tatur erklären lässt. Einerseits sicherlich durch staatlichen Zwang und Terror, auf der anderen Seite stimmten aber auch zahlreiche Deutsche trotz des Verzichts auf zentrale Grundrechte und die offene Ausgrenzung und Verfolgung von Minderheiten vielen Maßnahmen der Nationalsozialisten zu.

Teile der öffentlichen Zustimmung erreichte der Unterdrückungsapparat des Regimes vor allem mithilfe moderner Propaganda. Systematisch wurden alle damals zur Verfügung stehenden Mittel eingesetzt, um Weltanschauung, Maßnahmen und die angeblichen Erfolge des NS-Regimes in einem uneingeschränkt positiven Licht zu präsentieren.

M7 Q Reichsparteitag 1936 in Nürnberg
Die SS ist zum „Großen Appell" angetreten.
Fotograf: Heinrich Hoffmann (1885–1957)
Fotograf Adolf Hitlers, maßgeblich beteiligt an der NS-Propaganda; nach 1945 zu vier Jahren Haft verurteilt.

▶ Erläutern Sie, warum diese Fotografie ein Bild der NS-Propaganda ist.

Eine überwältigende Wirkung auf die Massen hatten vor allem die glanzvoll inszenierten Massenveranstaltungen, wie der jährliche Reichsparteitag in Nürnberg mit beeindruckenden Aufmärschen und sportlichen Wettkämpfen sowie die 1936 in Berlin ausgetragenen Olympischen Spiele. Sie sollten den Deutschen nationale Größe suggerieren und die Anerkennung des NS-Staates im In- und Ausland steigern. Die pseudokultisch begangenen National- und Parteigedenktage, wie der 9. November zur Erinnerung an die „Blutzeugen" des Hitler-Putsches 1923, erzeugten bei vielen das Gefühl, Teil einer religiösen Bewegung zu sein. Ein neuer Feierkultus entstand, selbst das traditionell christliche Weihnachtsfest wurde „germanisiert" und ideologisch umgedeutet („Julfest", „Wintersonnenwende").

„Volksaufklärung"

Unter dem von **Joseph Goebbels** seit 1933 geführten „Ministerium für Volksaufklärung und Propaganda" galt nun ein „neuer Begriff der Meinungs- und Pressefreiheit", der alle Berichterstattung an das „nationale und völkische Interesse" band. Bücher, Zeitschriften, Filme und auch die „Wochenschau" unterlagen der Zensur, freie oder oppositionelle Medien waren nicht mehr verfügbar. Journalisten, Schriftsteller und sonstige Kulturschaffende wurden über die „Reichskulturkammer" (RKK) eingebunden und überwacht. Jüdische Mitbürger, Marxisten und Pazifisten verbannte die Partei als „Zerstörer arischen Erbes" aus dem Kulturbetrieb. Dies entsprach einem Berufsverbot.

Wichtiges modernes Instrument der Propaganda war für Goebbels der „Volksempfänger". Das eigens von seinem Ministerium entwickelte und erschwingliche Rundfunkgerät stand bald in jedem zweiten Haushalt. Das Hören ausländischer Sendestationen war hingegen verboten und gegen Ende des Krieges sogar unter Todesstrafe gestellt

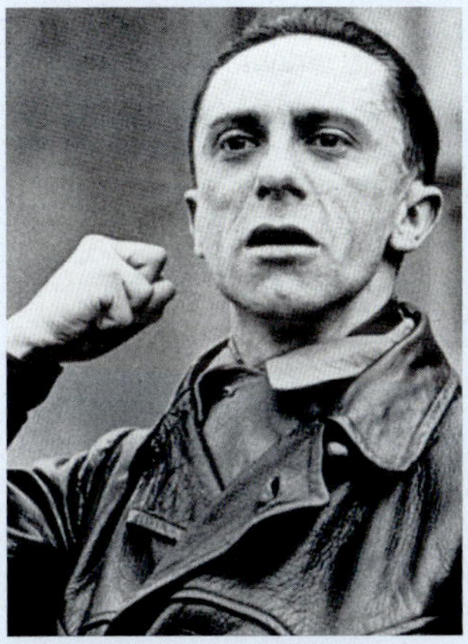

M8 Q Joseph Goebbels
(1897–1945):
Chef-Ideologe des Nationalsozialismus und einer der führenden Politiker des „Dritten Reiches"; 1933–1945 Reichsminister für Volksaufklärung und Propaganda und Präsident der Reichskulturkammer, beging am Kriegsende Suizid

M 9 D Der Begriff „Doppelstaat"

Ernst Fraenkel, Rechtsanwalt im „Dritten Reich", veröffentlicht nach seiner Emigration 1938 die Studie „Der Doppelstaat". Das Lexikon der soziologischen Werke von 2001 fasst die Grundthesen des Werkes zusammen:

Mit dem Begriff „Doppelstaat" bezeichnet Fraenkel den Sachverhalt, dass im nationalsozialistischen Deutschland zwei Herrschaftssysteme nebeneinander existieren, nämlich der „Maßnahmenstaat" und der „Normenstaat". Der Maßnahmenstaat ist ein Instrument der Organe der Diktatur. Er ist daher gekennzeichnet durch unbeschränkte Willkür und Gewalt. Er wird ausschließlich vom politischen Zweckmäßigkeitsdenken beherrscht. In ihm gibt es folglich keinerlei rechtliche Garantien. Der Normenstaat ist der herkömmliche Rechtsstaat mit seinem Prinzip der rechtlichen Bindung aller staatlichen Gewalt. Er wird repräsentiert von den traditionellen Instanzen der Verwaltung und der Justiz [...]. Inhaber der [...] Diktatur ist der Führer und Reichskanzler, der diese Gewalt entweder persönlich oder durch nachgeordnete Instanzen ausübt. [...] Nur sofern die politischen Instanzen von ihren Machtbefugnissen keinen Gebrauch machen, regelt sich das private und öffentliche Leben nach den Normen des Rechts. [...]

Joachim Detjen, Ernst Fraenkel: Der Doppelstaat, in: Georg W. Oesterdiekhoff (Hrsg.), Lexikon der Soziologischen Werke, Wiesbaden 2001, S. 201

Arbeitsvorschläge

32065-0501

1. Erläutern Sie, wie Fraenkel den Doppelstaat definiert.
2. Benennen Sie, wo rechtsstaatliche Prinzipien keine Gültigkeit mehr hatten.

M 10 D Rivalität

Der britische Historiker Ian Kershaw beschreibt 1998 in seiner Hitler-Biografie, wie Hitler seine Machtposition festigt:

Zusammenstöße in Fragen der Strategie, Streitereien unterschiedlicher Fraktionen und persönliche Rivalitäten traten in der NSDAP beinahe endemisch auf. Die endlosen Konflikte und Animositäten, die gewöhnlich persönliche oder taktische und keine ideologischen Ursachen hatten, machten notwendigerweise vor einem Angriff auf Hitler halt. Er griff so wenig wie möglich ein. Die Rivalität und der Wettstreit zeigten ihm nur, welcher unter seinen miteinander wetteifernden Untergebenen nach seinem eigenen sozialdarwinistischen Begriff der Stärkere sein würde. Auch unternahm er nichts, um die ideologischen Schattierungen innerhalb der Partei miteinander zu versöhnen, es sei denn, sie drohten kontraproduktive Wirkungen zu entfalten. Der Führerkult wurde akzeptiert, weil er allen Beteiligten als einziges Rezept galt. Die persönliche Treue gegenüber Hitler, ob nun aufrichtig empfunden oder einem Zwang folgend, war der Preis der Einheit. In manchen Fällen waren die NS-Führer ganz und gar von Hitlers „Größe" und „Mission" überzeugt. In anderen konnten sie den eigenen Ehrgeiz nur weiterhin befriedigen, indem sie dem obersten „Führer" nach dem Munde redeten. Auf diese Weise wuchs Hitlers Herrschaft über die „Bewegung" bis zu dem Punkt, wo er so gut wie unangreifbar geworden war.

Ian Kershaw, Hitler 1889 – 1936, Stuttgart 1998, S. 380 (Übersetzung: Jörg W. Rademacher)

Arbeitsvorschläge

32065-0502

1. Erläutern Sie, wie Hitler nach Meinung von Kershaw das Führerprinzip für sich nutzte.
2. Überprüfen und verbessern Sie ausgehend von Kershaw das Schaubild auf S. 259.
3. Diskutieren Sie Anspruch und Wirklichkeit des Führerprinzips vor dem Hintergrund der Rivalitäten innerhalb der NSDAP. | F

M 11 Q Die „deutsche Familie"

1939 wird beim Reichsparteitag eine Ausstellung „Frau und Mutter – Lebensquell des Volkes" gezeigt. In einem Begleittext zur Ausstellung heißt es:

Ein deutsches Wort nennt den Mann den Kopf der Familie. Er ist der sorgende Verstand der Seinen, den sein Beruf oftmals zur Härte gegen sich und andere zwingt. Die Frau wird in diesem Sprichwort das Herz der Familie genannt. Ihr wird der Mittelpunkt dieses lebendigen Organismus zugewiesen, von ihr nimmt das Familienleben seinen Ausgang. [...] Die Frau in der Familie ist ungleich mehr Gefährtin des Mannes, als es die ledige Frau sein kann, die im Beruf gleichberechtigt neben dem Manne steht. In einem geregelten deutschen Familienleben braucht sich diese Tatsache nicht einmal nach außen hin zu zeigen, allein sie wirkt sich aus im Schaffen und Handeln des Mannes. [...]

Die Frau in der Familie ist Mutter. Was wäre eine deutsche Familie ohne Kinder? Wie sich das Frauentum zu höchster Blüte entwickelt durch die Mutterschaft, so wird die Lebensgemeinschaft der Familie erst harmonisch durch die Kinder. [...]

Tatsächlich sind die kinderreichen Familien zumeist die glücklichsten. Es muss das wohl so sein, weil hier so viele Glieder beitragen zum Glücklichsein und Erleben der Familie. [...]

Der Nationalsozialismus wertet die Familie höher als jemals eine Weltanschauung vor ihm. Er erkennt die ausschlaggebende Bedeutung der Frau in der Familie und bemüht sich, durch immer neue Maßnahmen Frau und Familie zu schützen, ihre Lebensbedingungen zu erleichtern und die Bildung neuer Familien zu ermöglichen. Das Volk ist die große deutsche Familie, die sich nach dem Vorbild der kleinsten Zelle bemüht, einen jeden Angehörigen zu betreuen und durch Schaffen und Fröhlichsein der Freuden des Lebens und auch seines Ernstes teilhaftig werden zu lassen.

Zitiert nach: Ute Benz (Hrsg.), Frauen im Nationalsozialismus. Dokumente und Zeugnisse, München [2]1997, S. 105 f.

Arbeitsvorschläge

32065-0110

1. Erläutern Sie die Rollenzuweisungen im Text.
2. Untersuchen Sie den Text in Bezug auf seinen spezifisch nationalsozialistischen Gehalt.
3. Bewerten Sie die Idealisierung der „deutschen Familie" im Spannungsfeld zwischen gesellschaftlicher Utopie und Wirklichkeit.

M 12 D Wie erfolgreich war die Propaganda?

Der Historiker Bernd Jürgen Wendt untersucht die Wirkung der nationalsozialistischen Propaganda auf die Bevölkerung:

Dringend muss davor gewarnt werden, unkritisch aus den oft eindrucksvollen Produkten der nationalsozialistischen Propaganda etwa durch die unkommentierte Vorführung von Wochenschauen oder Propagandafilmen bereits auf ihre tatsächliche Wirkung zu schließen. Resistenz oder Anfälligkeit gegenüber nationalsozialistischer Propaganda und Indoktrination waren wesentlich abhängig von der politischen Einstellung, dem sozialen und politischen Milieu, in dem man aufgewachsen war und lebte, von Erziehung und Schulbildung, Wohnort und persönlichem Umfeld. Goebbels war stets bemüht, in einer taktischen „Variationstoleranz" (Bracher) propagandistische Indoktrination differenziert nach den Adressaten und schichtenspezifisch einzusetzen, auch gewisse Rücksichten auf kulturelles Erbe und bürgerliche Traditionspflege zu nehmen, sterile Uniformität zu vermeiden und dort, wo er es für angebracht hielt, etwa bei der Darbietung eines deutschen (!) Jazz, in der Schlagerkultur oder bei Hollywoodfilmen selbst noch mit der emigrierten Marlene Dietrich[1] die Zügel zu lockern. [...] Die Propagierung der Idee des Nationalsozialismus, so verschwommen und eklektisch[2] sie auch sein mochte, stieß dort auf eine zusätzliche Resonanz, wo sie offenkundig Erfolge aufweisen konnte. Denn das Leben damals verhieß vielen, die vorher davon nicht einmal zu träumen gewagt hatten, um den Preis der politischen Anpassung einen höheren Grad an Mobilität, freiere Lebensformen [...], materielle Vorteile wie einen Arbeitsplatz, die Chance individueller Bewährung, nichtakademische Karrieremuster, soziale Betreuung oder auch ein reiches Angebot für die Gestaltung der Freizeit mit KdF-Reisen[3], Kulturveranstaltungen usf.

Bernd Jürgen Wendt, Deutschland 1933 – 1945. Das Dritte Reich, Hannover 1995, S. 142 – 144

Arbeitsvorschläge

32065-0070

1. Erklären Sie in Anlehnung an den Text von Wendt, warum die NS-Propaganda nur zum Teil erfolgreich war.

[1] Marlene Dietrich war nach ihrem Welterfolg mit „Der blaue Engel" von 1930 die bekannteste deutsche Schauspielerin. Sie stellte sich gegen die Nationalsozialisten und ging in die USA.

[2] eklektisch: zusammengesucht, ohne eigenen Stil

[3] Kraft durch Freude: Unterorganisation der Deutschen Arbeitsfront (DAF)

Leitfrage

Nehmen Sie Stellung:

Deutschland im Nationalsozialismus – „Ein Volk, ein Reich, ein Führer"?

Aspekte der nationalsozialistischen Außen- und Wirtschaftspolitik

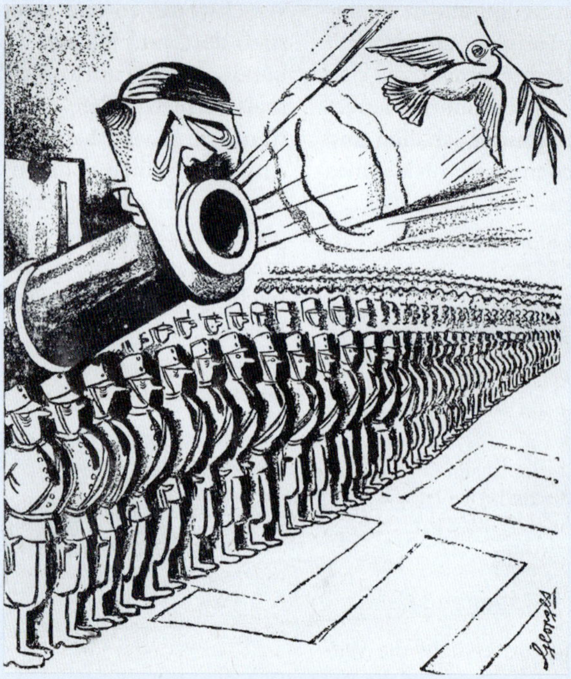

Bildinformation

31000-957

M1 Q Hitler schießt Friedenstauben
Karikatur aus der New Yorker Zeitschrift „The Nation“ vom Frühjahr 1933

32065-0470

1. Interpretieren Sie die Karikatur, die sich auf Hitlers Reichstagsrede vom 17. Mai 1933 bezieht.
2. Diskutieren Sie, wie Außen- und Wirtschaftspolitik des NS-Staates dargestellt werden.

LEIT-FRAGE

Außenpolitische Aggression und Aufrüstung – ein Land im Aufschwung?

Grundlagen der NS-Außenpolitik

Die Öffentlichkeit in den europäischen Staaten beobachtete mit Misstrauen die nationalsozialistische „Machtergreifung“. Um das Ausland zu beruhigen, vermittelte Hitler anfangs den Eindruck, an der Friedenssicherung interessiert zu sein und lediglich die bereits in Weimar begonnene Außenpolitik der Revision des Versailler Vertrages fortzuführen.

M2 Q „Sieg oder Bolschewismus“
Propagandaplakat, 1943

► Charakterisieren Sie die Darstellung des Bolschewismus in diesem Plakat.

Bildinformation

31000-204

Hitlers Pläne gingen jedoch viel weiter: Ziel seiner Außenpolitik war zusätzlich die Eroberung von „Lebensraum“ im Osten Europas mit der ideologischen Vorstellung einer Herrschaft der „arischen Rasse“.

Die Zerschlagung der kommunistischen UdSSR und zugleich des „jüdischen Bolschewismus“ insgesamt bildeten den Kern von Hitlers außenpolitischem Programm. Letztendlich sollte aber wohl die Beherrschung eines europäischen Imperiums als Ausgangspunkt dienen, um in einem Krieg der Kontinente gegen die USA die Weltherrschaft des Deutschen Reiches zu vollenden.

Aufrüstung und neue Bündnisse

Hitler betrieb eine zweigleisige Außenpolitik: Scheinbare Friedenssignale – „Friedensreden“ von Hitlers Regierungserklärung 1933 bis zu den Olympischen Spielen in Berlin 1936 – und die Versicherung, nur die „Revision von Versailles“ anzustreben, wechselten sich ab mit Provokationen wie dem Austritt aus dem Völkerbund 1933 oder der Wiedereinführung der Wehrpflicht 1935. Sie gehörte zu seinem Plan einer Wiederaufrüstung des Deutschen Reiches, die er zunächst im Geheimen, später jedoch immer offener und offensiver vorantrieb.

Zu diesem Plan gehörte auch die Annäherung des Deutschen Reiches an die Führer faschistischer Bewegungen in Italien und Spanien. 1936 hatte sich Italien unter Diktator Benito Mussolini auf ein Bündnis in der „Achse Berlin-Rom“ und ein Jahr später auf den **Antikominternpakt** eingelassen, in dem es sich als Bündnispartner dazu verpflichtete, die Sowjetunion außenpolitisch zu isolieren. 1939 schloss sich neben Japan und Ungarn schließlich auch Spanien unter General Francisco Franco an, den die Nationalsozialisten und die italienischen Faschisten im Bürgerkrieg seit 1936 unter anderem mit eigenen Luftwaffenverbänden (Legion Condor) massiv unterstützt hatten.

Geschichte In Clips:
NS-Außenpolitik: Der Weg in den Krieg (32065-0071)

Internettipp:
Die Etappen bis zum Zweiten Weltkrieg (32065-0072)

Antikominternpakt: Bündnis als Widerpart zur „Komintern“, der 1919 von Moskau aus gegründeten Vereinigung aller kommunistischen Parteien

Aggressivität und Expansion

England, Frankreich und die anderen demokratischen Staaten Europas reagierten auf Hitlers Außenpolitik nur mit halbherzigen Protesten. Sie hatten mit innenpolitischen Problemen und den Nachwirkungen der Weltwirtschaftskrise zu kämpfen und wollten unbedingt am Frieden festhalten. Ihre Staatsmänner, allen voran der britische Premierminister Arthur Neville Chamberlain, setzten auf eine Politik der Beschwichtigung: Appeasement. Nur so ist es zu erklären, dass das Deutsche Reich keinen ernsthaften Widerstand fand und ab 1938 die Aggressivität seiner Außenpolitik noch steigern konnte.

M3 Q Appeasement-Politik
Englische Karikatur von David Low, 1936
Die „Führer“ der europäischen Demokratien werden als „rückgratlos“ bezeichnet. Die ersten drei Stufen heißen“ Wiederbewaffnung“ („Rearmament“), „Einmarsch ins Rheinland“ („Rhineland Fortifiication“) und „Danzig“. Am Ende steht „Boss of the Universe“.

▶ Interpretieren Sie die Haltung des Zeichners gegenüber der englischen Politik.

Bildinformation (31000-958)

Die Appeasement-Politik überdauerte 1938 sogar die beiden ersten Schritte einer Erweiterung des Reichsgebietes nach Südosten: Den lange vorbereiteten „Anschluss Österreichs“ 1938 verurteilte das Ausland zwar, nahm ihn aber hin, obwohl er in der NS-Propaganda unverhohlen als Schritt hin zu einem „Großdeutschen Reich“ gefeiert wurde. Und als Hitler den diplomatischen Druck massiv erhöhte, gestattete man ihm im Münchener Abkommen – ohne Beteiligung der betroffenen Tschechoslowakei – die Annexion des Sudetenlandes, in dem überwiegend deutschsprachige Bevölkerung lebte. Erst als Hitler 1939 entgegen dem Münchener Abkommen auch die „Rest-Tschechei“ annektierte, endete die Appeasement-Politik. England und Frankreich sicherten Polen vertraglich militärische Unterstützung zu, das nun zunehmend zur Zielscheibe aggressiver deutscher Propaganda wurde.

Ermutigt sah sich Hitler darin durch ein für alle unerwartetes Bündnis mit dem ideologischen Hauptgegner der Nationalsozialisten, der „bolschewistischen“ UdSSR: einen deutsch-sowjetischen Nichtangriffsvertrag, den sogenannten Hitler-Stalin-Pakt. In einem geheimen Zusatzprotokoll wurde eine umfassende Neuverteilung Osteuropas, insbesondere die Teilung Polens, zwischen den beiden Großmächten vereinbart. Ferner sicherte die Sowjetunion dem Deutschen Reich Rohstoff- und Nahrungsmittellieferungen im Falle einer britischen Seeblockade zu. Der sowjetische Diktator

Josef W. Stalin konnte sich dabei aus allen Kampfhandlungen heraushalten und wusste seine Einflusssphäre in Osteuropa gesichert. Durch diesen Vertrag wurde ein deutscher Angriff auf Polen möglich.

M4 Q Josef Wissarionowitsch Dschugaschwili, gen. Stalin (1878 – 1953): 1924 – 1953 Generalsekretär der KPdSU und Staatschef der UdSSR, inszenierte als Diktator einen Personenkult

Umbau der Wirtschaft für den Krieg

Von Anfang an lenkten die Nationalsozialisten die Wirtschaft und förderten die rüstungsrelevante Industrie durch Subventionen, Steuererleichterungen und Staatsaufträge. Ende 1934 begann die Umstellung der wirtschaftlichen Produktion auf die Bedürfnisse der „Wehrhaftmachung". Bis 1939 gab der Staat etwa 60 Milliarden Reichsmark für die Rüstung aus, konnte dafür jedoch nur einen Teil aus Steuermitteln decken.

Verbunden mit der Aufrüstung war das Ziel, die deutsche Wirtschaft von ausländischen Gütern und Rohstoffen unabhängig zu machen, auch in der Landwirtschaft. Die Bauern wurden zu „Erzeugungsschlachten" aufgerufen. Trotz beeindruckender Erfolge ließen sich Versorgungsengpässe aber nicht vermeiden. Die Schulden sollten später durch sogenanntes „Sühnegeld" der Juden[1] sowie auch durch die Einnahmen aus besetzten Territorien beglichen werden. Insofern war der Eroberungskrieg von Anfang an in der Wirtschaftspolitik mit eingeplant. Für die Bevölkerung war dies nicht sichtbar, man hielt den insgesamt erreichten Rückgang der Arbeitslosigkeit für einen „Erfolg" Hitlers.

(K)ein Wirtschaftswunder?

Hitler war mit dem Versprechen angetreten, innerhalb von vier Jahren die wirtschaftlichen und sozialen Probleme zu überwinden und allen Deutschen „Arbeit und Brot" zu verschaffen. Davon ausgeschlossen waren die Juden und andere Minderheiten, die ab 1933 aus dem deutschen Wirtschaftsleben verdrängt wurden. Bis 1936 sank die Zahl der Arbeitslosen von über sechs auf unter zwei Millionen. Industrieproduktion und Sozialprodukt lagen über den Marken der „Goldenen Zwanzigerjahre". Wie hatte es zu diesem erstaunlichen Aufschwung kommen können?

- Genauere Untersuchungen haben gezeigt, dass die Nationalsozialisten die Arbeitslosenzahlen schönten, indem sie nicht alle Arbeitssuchenden in der offiziellen Statistik aufführten.
- Bereits vor der „Machtergreifung" hatten viele Wirtschaftsdaten einen positiven Trend signalisiert. Als Hitler die Regierung übernahm, war der Tiefpunkt der Weltwirtschaftskrise schon überwunden. Die ersten Arbeitsbeschaffungsmaßnahmen der Nationalsozialisten führten nur fort, was bereits von den vorigen Regierungen eingeleitet worden war.
- Ideologisch unterfütterte Arbeitsprogramme wie der Autobahnbau halfen zwar, die Arbeitslosigkeit zu senken, einen höheren Lebensstandard brachten sie für die Masse der Bevölkerung jedoch nicht. Ein nationalsozialistisches „Wirtschaftswunder" oder Vollbeschäftigung hat es daher nie gegeben. Zu keinem Zeitpunkt ging es der nationalsozialistischen Führung wirklich darum, den Arbeitslosen zu helfen und die Wirtschaft wieder in Schwung zu bringen, sondern allein um die Aufrüstung für den nächsten Krieg.

[1] Nach dem Novemberprogrom mussten die Juden eine willkürliche Strafsteuer entrichten.

M 5 Q Kampf gegen Versailles

Nur wenige Tage nach der „Machtergreifung", am 3. Februar 1933, führt Hitler vor den Befehlshabern von Heer und Marine seine außenpolitischen Vorstellungen aus. Die Rede wird von Generalleutnant Liebmann protokolliert:

Ziel der Gesamtpolitik allein: Wiedergewinnung der pol. Macht. Hierauf muss gesamte Staatsführung eingestellt werden (alle Ressorts!).
1. Im Innern. Völlige Umkehrung der gegenwärt. innenpol. Zustände in D. Keine Duldung der Betätigung irgendeiner Gesinnung, die dem Ziel entgegensteht (Pazifismus!). Wer sich nicht bekehren lässt, muss gebeugt werden. Ausrottung des Marxismus mit Stumpf und Stiel. Einstellung der Jugend u. des ganzen Volkes auf den Gedanken, dass nur d. Kampf uns retten kann u. diesem Gedanken gegenüber alles zurückzutreten hat. [...] Ertüchtigung der Jugend u. Stärkung des Wehrwillens mit allen Mitteln. Todesstrafe für Landes- u. Volksverrat. Straffste autoritäre Staatsführung. Beseitigung des Krebsschadens der Demokratie!
2. Nach außen. Kampf gegen Versailles. Gleichberechtigung in Genf aber zwecklos, wenn Volk nicht auf Wehrwillen eingestellt. Sorge für Bundesgenossen. [...]
4. Aufbau der Wehrmacht wichtigste Voraussetzung für Erreichung des Ziels: Wiedererringung der pol. Macht. Allg. Wehrpflicht muss wiederkommen. Zuvor aber muss Staatsführung dafür sorgen, dass die Wehrpflichtigen vor Eintritt nicht schon durch Pazif., Marxismus, Bolschewismus vergiftet werden oder nach Dienstzeit diesem Gifte verfallen. Wie soll pol. Macht, wenn sie gewonnen ist, gebraucht werden? Jetzt noch nicht zu sagen. Vielleicht Erkämpfung neuer Export-Mögl., vielleicht [...] Eroberung neuen Lebensraumes im Osten u. dessen rücksichtslose Germanisierung. [...]
– Gefährlichste Zeit ist die des Aufbaus der Wehrmacht. Da wird sich zeigen, ob Fr[ankreich] Staatsmänner hat; wenn ja, wird es uns Zeit nicht lassen, sondern über uns herfallen (vermutlich mit Ost-Trabanten).

Zitiert nach: Walther Hofer (Hrsg.), Der Nationalsozialismus. Dokumente 1933 – 1945, Frankfurt am Main [4]92004, S. 180 f.

Arbeitsvorschläge

32065-0073

1. Benennen Sie die Ziele der nationalsozialistischen Außenpolitik. | F
2. Arbeiten Sie heraus, welche Reaktionen Hitler von den europäischen Nachbarn auf seine Außenpolitik erwartet.
3. Charakterisieren Sie stilistische Besonderheiten der hier verwendeten Quellenform. Berücksichtigen Sie dabei, welche Position der Schreiber bei der Übermittlung der „Fakten" einnimmt.

M 6 Q Der Nichtangriffspakt mit der UdSSR

Im August 1939 wird der Öffentlichkeit ein Abkommen präsentiert, das der sowjetische Außenminister Wjatscheslaw M. Molotow mit dem deutschen Außenminister Joachim von Ribbentrop ausgehandelt hat:

Art. 1 Die beiden vertragschließenden Teile verpflichten sich, sich jeden Gewaltakts, jeder aggressiven Handlung und jedes Angriffs gegeneinander, und zwar sowohl einzeln als auch gemeinsam mit anderen Mächten, zu enthalten.
Art. 2 Falls einer der vertragschließenden Teile Gegenstand kriegerischer Handlungen seitens einer dritten Macht werden sollte, wird der andere vertragschließende Teil in keiner Form diese dritte Macht unterstützen. [...]
Art. 4 Keiner der beiden vertragschließenden Teile wird sich an irgendeiner Mächtegruppierung beteiligen, die sich mittelbar oder unmittelbar gegen den anderen Teil richtet.
Geheimes Zusatzprotokoll: Für den Fall einer territorialpolitischen Umgestaltung der zum polnischen Staate gehörenden Gebiete werden die Interessensphären Deutschlands und der UdSSR ungefähr durch die Linie der Flüsse Narew, Weichsel und San abgegrenzt.
Die Frage, ob die beiderseitigen Interessen die Erhaltung eines unabhängigen polnischen Staates erwünscht erscheinen lassen und wie dieser Staat abzugrenzen wäre, kann endgültig erst im Laufe der weiteren politischen Entwicklung geklärt werden. In jedem Falle werden beide Regierungen diese Frage im Wege einer freundschaftlichen Verständigung lösen.

Zitiert nach: OSTEUROPA. Zeitschrift für Gegenwartsfragen des Ostens, 39. Jg. (1989), S. 417 – 419

Arbeitsvorschläge

32065-0074

1. Erläutern Sie, was der Nichtangriffspakt über die außenpolitischen Planungen beider Länder aussagt.
2. Diskutieren Sie die Bedeutung des geheimen Zusatzprotokolls. | F

M7 D Kriegswirtschaft in Zahlen

a) Rüstungsausgaben und Volkseinkommen in Mrd. Reichsmark:

Haushaltsjahr	Rüstungsausgaben	Volkseinkommen	Rüstungsausgaben in % des Volkseinkommens
1932	0,6	45,2	1,3
1933	0,7	46,5	1,5
1934	4,1	52,8	7,8
1935	5,5	59,1	9,3
1936	10,3	65,8	15,7
1937	11,0	73,8	15,0
1938	17,2	82,1	21,0

Fritz Blaich, Wirtschaft und Rüstung im „Dritten Reich", Düsseldorf 1987, S. 83

b) Öffentliche Investitionen:

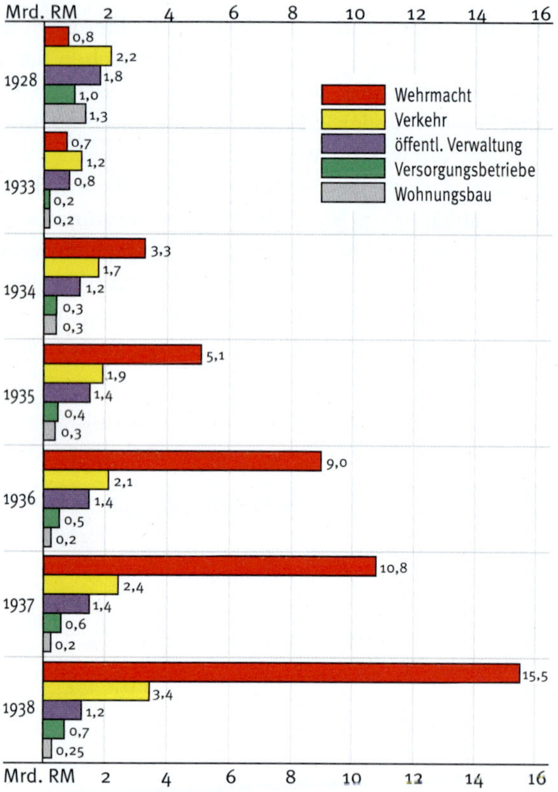

Nach: René Erbe, Die nationalsozialistische Wirtschaftspolitik. 1933–1939 im Lichte der modernen Theorie, Zürich 1958

Arbeitsvorschläge

32065-0075

1. Erläutern Sie die wirtschaftlichen Anstrengungen, die Deutschland zugunsten der Kriegsrüstung unternommen hat. | F

M8 Q „Hitlergläubige" Arbeiter?

Führende Mitglieder der verbotenen SPD sind ins Exil gegangen und haben versucht, Kontakte zur deutschen Arbeiterschaft aufrechtzuerhalten. Ein illegaler Bericht erörtert die Stimmung im Ruhrgebiet im Sommer 1934:

Die indifferente[1] Arbeiterschaft – und sie stellt gerade im Ruhrgebiet die Mehrheit dar – ist noch immer größtenteils hitlergläubig. Der Umstand, dass durch die „Arbeitsbeschaffung" Arbeitslose in wenn auch noch so schlecht bezahlte Arbeit gekommen sind, hat sie sehr beeindruckt. Sie trauen Hitlers „schneller Entschlusskraft" zu, dass er, wenn er „richtig informiert" wird, eines Tages das Steuer über Nacht zu ihren Gunsten herumwerfen wird. Als nach der „Abstimmung" vom 19. August neue Gesetze, die aus Führermund angekündigt waren, nicht herausgegeben wurden – Gesetze, von denen sie, ohne eine Ahnung ihres vermutlichen Inhaltes zu haben, annahmen, sie besserten ihre Lage –, da war die Enttäuschung wieder groß. Merkwürdigerweise setzt man in diesen indifferenten Arbeiterkreisen auch Hoffnungen auf Dr. Ley[2], der wegen diesem und jenem Kraftwort als ein vorläufig leider durch böse Mächte verhinderter Arbeiterbeglücker gehalten wird. Dabei wissen die Leute durchaus, dass diese Arbeitsfrontorganisationen keine Gewerkschaften im alten Sinne mehr sind, dass die Organisationen kaum noch einen Überblick über ihre wahre Mitgliederzahl haben und dass die Vertrauensräte feige Hunde sind, von denen kaum einer wagt, den „Betriebsführer" auch nur anzusprechen. Gewisse Auflehnungen kommen auch mal vor.

Zitiert nach: Hans Mommsen und Susanne Willems (Hrsg.), Herrschaftsalltag im Dritten Reich, Düsseldorf 1988, S. 165 f.

Arbeitsvorschläge

32065-0076

1. Erläutern Sie die Akzeptanz des NS-Regimes in der Arbeiterschaft.
2. Bewerten Sie die geschilderten Entwicklungen innerhalb der Arbeitswelt.

Leitfrage

Nehmen Sie Stellung:

Außenpolitische Aggression und Aufrüstung – ein Land im Aufschwung?

[1] indifferent: gleichgültig

[2] Robert Ley (1890 – 1945) war Leiter der Deutschen Arbeitsfront.

Entrechtung, Verfolgung und Vernichtung deutscher und europäischer Jüdinnen und Juden 1933–1945

M1 Q Am Pranger
Foto vom 27. Juli 1933 aus Cuxhaven
In Vorbereitung auf die 1935 erlassenen „Nürnberger Gesetze" organisierten die Nationalsozialisten eine umfangreiche Kampagne gegen jüdische Deutsche. In Cuxhaven wurden der jüdische Kino- und Ladenbesitzer Oskar Dankner und seine angebliche Geliebte Adele Edelmann gezwungen, sich Schilder mit diffamierenden Aufschriften umzuhängen und sich so auf der Straße der Öffentlichkeit zu zeigen. Das Foto – vermutlich von einem SA-Mann oder einem örtlichen Polizisten aufgenommen – ist heute weltbekannt und ein Symbol des NS-Rassewahns.

Internettipp:
32065-0077 Über die Geschichte des Fotos und das Schicksal von Oskar Dankner Edelmann

32065-0471

1. Beschreiben Sie die Wirkung des Fotos.
2. Bewerten Sie mithilfe des Mediencodes den Ablauf und die Inszenierung des Vorfalls als ein öffentliches Ereignis.

Diskriminierung und Entrechtung der jüdischen Bevölkerung

Die Entrechtung und Ausgrenzung der Juden hatte schon bald nach der „Machtergreifung" begonnen und wurde schrittweise radikaler. Bereits ab Februar 1933 setzte die gewaltsame Vertreibung jüdischer Richter und Staatsanwälte aus den Gerichten, der Boykott gegen jüdische Arztpraxen, Anwaltskanzleien, Geschäfte und Warenhäuser ein. SA-Leute postierten sich vor jüdischen Läden, pöbelten deren Inhaber an, versperrten Kunden den Eingang und beschmierten die Schaufenster mit judenfeindlichen Parolen. Das „Gesetz zur Wiederherstellung des Berufsbeamtentums" vom 7. April 1933 verlangte von allen Beamten den Nachweis „arischer" Abstammung. Ähnliche Gesetze traten später für andere Berufsgruppen in Kraft. Die „Nürnberger Gesetze" von 1935 machten die „arische" Abstammung zur Bedingung für die Anerkennung als Vollbürger. Sie definierten Menschen als „Voll-, Halb- oder Vierteljuden" und verboten Eheschließungen zwischen „Deutschblütigen" und Juden. Intime Beziehungen wurden als „Rassenschande" strafrechtlich verfolgt.

LEIT-FRAGE

Die Deutschen und der Holocaust – „Davon haben wir nichts gewusst"?

Kennort: Berlin
Kennummer: A 427 425
Gültig bis 15. März 1944
Name
Vornamen
Geburtstag 17. Mai 1898
Geburtsort Stettin
Beruf
Unveränderliche Kennzeichen
Veränderliche Kennzeichen
Bemerkungen:
Rechter Zeigefinger
Linker Zeigefinger
(Unterschrift des Kennkarteninhabers)
Berlin, den 15. März 1939
Der Polizeipräsident in Berlin
Abteilung II
(Ausstellende Behörde)
(Unterschrift des ausfertigenden Beamten)

M 2 Q Stigmatisiert: ein Ausweis, der Bürgerrechte nimmt
Pass von Susanne Blumenthal (* 1898 in Stettin), ausgestellt am 15. März 1939
Ab dem 1. Januar 1939 mussten Juden die Zwangsnamen „Sara“ oder „Israel“ als zweite Vornamen führen. Susanne Blumenthal wurde am 4. Mai 1944, zwei Wochen vor ihrem 46. Geburtstag nach Auschwitz deportiert.

► Beschreiben Sie die Elemente des Ausweises.

Geschichte In Clips:
32065-0078 Ausgrenzung und Verfolgung

Geschichte In Clips:
32065-0079 Novemberpogrome

Das „Gesetz gegen die Überfüllung der deutschen Schulen und Hochschulen“ begrenzte zudem die Zahl der Jüdinnen und Juden in den Bildungsanstalten. 1938 erfolgte der vollständige Ausschluss. Auch die etwa 30 000 auf Reichsgebiet lebenden Sinti und Roma wurden durch „Rassegesetze“ diskriminiert und entrechtet. Die Diskriminierung dieser Volksgruppe steigerte sich Mitte der 1930er-Jahre zur Verfolgung. Nach der Vorstellung der Nationalsozialisten galten die Sinti und Roma als „Volksschädlinge“ und „Untermenschen“. Juden sowie Sinti und Roma erhielten Ausgangsverbote, durften keine öffentlichen Schulen, Theater, Kinos oder Cafés mehr besuchen. Jüdischen Haushalten wurden Gas und Strom abgesperrt. Ab 1938 wurden die Pässe der Juden mit einem „J“ gestempelt, Sinti und Roma erhielten ab März 1939 besondere „Rasseausweise“. Die zunehmende Ausgrenzung aus dem sozialen und gesellschaftlichen Umfeld machte das Leben für die Betroffenen unerträglich.

Die Konzentrationslager

Gegen Ende des Ersten Weltkrieges, ab 1916, verhängten Justizbehörden im Deutschen Reich in Ausnahmefällen die sogenannte „Schutzhaft“ als streng begrenzte Vorbeugehaft. Im „Dritten Reich“ entwickelte sie sich jedoch zu einem planmäßig eingesetzten Instrument politischen Terrors, das keiner richterlichen Kontrolle unterlag. Die ersten Konzentrationslager, die zur Aufnahme von „Schutzhäftlingen“ gedacht waren, entstanden in Deutschland schon wenige Wochen nach der „Machtergreifung“, zuerst in Dachau nahe München und in Oranienburg bei Berlin. Seit Anfang März 1933 wurden vor allem Sympathisanten und Mitglieder der KPD und der SPD eingewiesen. Ende Juli verzeichnete die amtliche Statistik etwa 27 000 Häftlinge. Ab 1935 dienten die Lager nicht mehr ausschließlich der „Umerziehung“ oder Ausschaltung von politischen Gegnern, sondern als Ort für Personengruppen, die generell zu „Volksschädlingen“ erklärt worden waren. Dazu zählten „Gewohnheitsverbrecher“, zunehmend auch religiöse Minderheiten wie die „Bibelforscher“, nationale Randgruppen wie Polen oder Emigranten, ferner sozial gebrandmarkte Menschen wie „Arbeitsscheue“ oder Homosexuelle und vor allem seit 1938 Jüdinnen und Juden im Sinne der NS-Ideologie.

Gewalt von Anfang an

Nach dem 30. Januar 1933 nahmen die gewaltsamen Übergriffe auf Jüdinnen und Juden zu. Polizei und Behörden reagierten jedoch nicht. Das Attentat des 17-jährigen Juden Herschel Grynszpan auf den Diplomaten Ernst vom Rath in der deutschen Botschaft in Paris lieferte Propagandaminister Joseph Goebbels den willkommenen Anlass für das als „spontanen Sühneakt“ erklärte Pogrom vom 9. auf den 10. November 1938 („Novemberpogrom“ oder verharmlosend „Reichskristallnacht“). Reichsweit wurden Hunderte von Synagogen in Brand gesteckt, über 8000 jüdische Geschäfte und zahllose Wohnungen zerstört laut aktueller Forschung, etwa 1500 Juden getötet und rund 30 000 in Konzentrationslager verschleppt. Viele starben an den Folgen der Misshandlungen oder nahmen sich selbst das Leben. Für den „öffentlichen Schaden“ und die „Wiederherstellung des Straßenbildes“ mussten die Juden auch noch zahlen: Eine Verordnung legte die „Sühneleistung der Juden“ in Höhe von einer Milliarde Reichsmark fest.

Versicherungsleistungen wurden zugunsten des Reiches eingezogen. Zusammen mit der „Ausschaltung aus der Wirtschaft“ brachte dieses „Sühnegeld“ vielen Familien den Ruin.

Enteignung und Vertreibung

Viele Juden dachten, das „Novemberpogrom“ sei der Höhepunkt des Schreckens gewesen. Nach Diskriminierung und Entrechtung zielten die nun folgenden Maßnahmen jedoch darauf, den jüdischen Bürgern ihre Existenz zu rauben und ein Leben in Deutschland damit unmöglich zu machen.

M3 Q Jüdische Geschäfte in Berlin nach dem Novemberpogrom 1938
Berlin, Potsdamer Straße 2 am 10. November 1938, Fotograf: Karl H. Paulmann
Im Bild links in gebückter Haltung: Martha Jacobowitz (1883 – 1942), die mit ihrem Mann Isidor (1877 – 1940) und ihrem Sohn Erwin (1908 – 1991) das Geschäft „Schneiderkunst Herr und Dame“ betrieb. Sie wurde 1942 im Vernichtungslager Kulmhof ermordet. Ihre Kinder konnten emigrieren und überlebten. Isidor starb eines natürlichen Todes.

► Beschreiben Sie die Haltung der Passanten.

- Bereits im April 1933 hatte mit dem Boykottaufruf gegen jüdische Geschäfte der Ausschluss der Juden aus dem Wirtschaftsleben begonnen. Der Entzug öffentlicher Aufträge, ausbleibende Kundschaft und bürokratische Schikanen zwangen die jüdischen Gewerbetreibenden, ihre Geschäfte zu schließen oder zu Spottpreisen zu verkaufen. Diese Aufkäufe durch „Arier“, die die Notlage ihrer jüdischen Mitbürger ausnutzten, wurden als „Arisierung“ bezeichnet. Von 100 000 jüdischen Betrieben existierten im April 1938 noch knapp 40 000.
- Wenig später machten weitere Berufsverbote und die „Zwangsarisierung“ jüdischen Immobilienbesitzes dem jüdischen Geschäftsleben ein Ende. Die „Verordnung zur Ausschaltung der Juden aus dem deutschen Wirtschaftsleben“ vom 12. November 1938 vernichtete die noch verbliebenen Existenzen. Juden mussten Wertpapiere, Schmuck, Edelmetall und Kunstgegenstände weit unter Wert an den Staat verkaufen. Da für die Juden kein Mieterschutz mehr galt, wurde die Einweisung in „Judenhäuser“ vorbereitet, auch um die Überwachung zu erleichtern.
- Mit Beginn des Zweiten Weltkrieges radikalisierte sich die „Judenpolitik“. Die deutschen Juden wurden nun offiziell als „Reichsfeinde“ behandelt. Das NS-Regime richtete Sperrstunden ein, in denen sie ihre Wohnungen nicht verlassen durften. Rundfunkempfänger und Telefone wurden eingezogen. Juden erhielten keine Kleiderkarten mehr. Ihre Lebensmittelkarten waren mit einem „J“ markiert, einkaufen durften sie täglich erst nach 15:30 Uhr, wenn die meisten Regale in den Läden bereits leer waren.
- Seit dem 15. September 1941 mussten alle Juden vom sechsten Lebensjahr an einen gelben Stern auf der Kleidung tragen, der sie öffentlich stigmatisierte.
- Ab dem 1. Juli 1943 waren die Juden unter Polizeirecht gestellt und damit endgültig entrechtet. Zu diesem Zeitpunkt lebten jedoch nur noch wenige Juden in Deutschland. Wer es nicht geschafft hatte, das Reich zu verlassen oder in einem sicheren Versteck unterzutauchen, wurde mit Sammeltransporten in die besetzten Gebiete deportiert. Ziel der Deportationen waren dabei vor allem Ghettos in Polen (z. B. Litzmannstadt/Łodź im Warthegau, Ghettos im Generalgouvernement). Auch die Geschichte der **jüdischen Gemeinden in Brandenburg** fand so ein jähes Ende.

Jüdische Gemeinden in Brandenburg: 1932 gab es im Bereich der Provinz Brandenburg 51 jüdische Gemeinden. Die größten befanden sich in Frankfurt/Oder sowie in Landsberg/Warthe (800 bzw. 600 Mitglieder). Darüber hinaus existierten eine Reihe kleinerer Gemeinden mit etwa 200 Mitgliedern, so z. B. in Brandenburg/Havel, Cottbus, Potsdam, Forst/Lausitz, Guben und Prenzlau. Ein Großteil der Brandenburger Juden wurde ab Oktober 1941 von Berlin aus in die Konzentrations- und Vernichtungslager deportiert. Die erste nachgewiesene Deportation aus Brandenburg erfolgte am 13. Januar 1942.

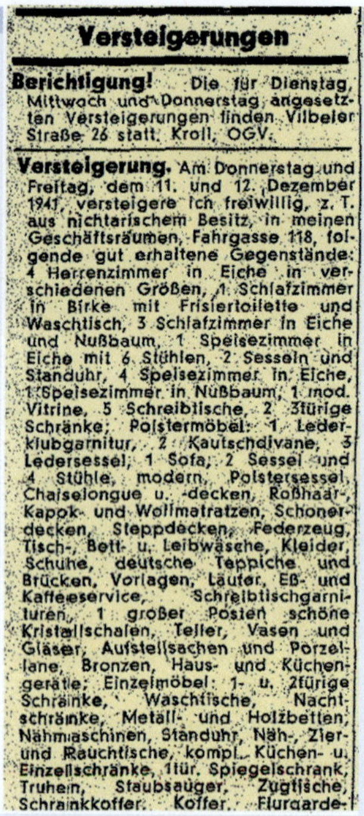

Versteigerungen

Berichtigung! Die für Dienstag, Mittwoch und Donnerstag angesetzten Versteigerungen finden Vilbeler Straße 26 statt. Kroll, OGV.

Versteigerung. Am Donnerstag und Freitag, dem 11. und 12. Dezember 1941, versteigere ich freiwillig, z. T. aus nichtarischem Besitz, in meinen Geschäftsräumen, Fahrgasse 118, folgende gut erhaltene Gegenstände: 4 Herrenzimmer in Eiche in verschiedenen Größen, 1 Schlafzimmer in Birke mit Frisiertoilette und Waschtisch, 3 Schlafzimmer in Eiche und Nußbaum, 1 Speisezimmer in Eiche mit 6 Stühlen, 2 Sesseln und Standuhr, 4 Speisezimmer in Eiche, 1 Speisezimmer in Nußbaum, 1 mod. Vitrine, 5 Schreibtische, 2 3türige Schränke; Polstermöbel: 1 Lederklubgarnitur, 2 Kautschdivane, 3 Ledersessel, 1 Sofa, 2 Sessel und 4 Stühle, modern, Polstersessel, Chaiselongue u. -decken, Roßhaar-, Kapok- und Wollmatratzen, Schonerdecken, Steppdecken, Federzeug, Tisch-, Bett- u. Leibwäsche, Kleider, Schuhe, deutsche Teppiche und Brücken, Vorlagen, Läufer, Eß- und Kaffeeservice, Schreibtischgarnituren, 1 großer Posten schöne Kristallschalen, Teller, Vasen und Gläser, Aufstellsachen und Porzellane, Bronzen, Haus- und Küchengeräte; Einzelmöbel: 1- u. 2türige Schränke, Waschtische, Nachtschränke, Metall- und Holzbetten, Nähmaschinen, Standuhr, Näh-, Zier- und Rauchtische, kompl. Küchen- u. Einzelschränke, 1tür. Spiegelschrank, Truhen, Staubsauger, Zugtische, Schrankkoffer, Koffer, Flurgarde-

M4 Q Versteigerungsanzeige von „nichtarischem" Besitz in der Frankfurter Zeitung 1941

In den Kriegsjahren fanden fast täglich Versteigerungen von jüdischem Besitz statt, der bei den Deportationen zurückgelassen werden musste. Nur wenige Deutsche empfanden bei den Käufen Skrupel.

Internettipp:

32065-0080 Spielfilm zur Wannsee-Konferenz

„Endlösung" – von der Vertreibung zum Völkermord

Nach der Ausgrenzung und Vertreibung der deutschen Juden begann mit dem Zweiten Weltkrieg die Vernichtung der europäischen Juden. Zwischen 1939 und 1941 wurden in den verschiedenen Ressorts des Auswärtigen Amtes und des RSHA Pläne für eine „territoriale Endlösung der Judenfrage" ausgearbeitet. Diese sahen vor, alle Juden aus dem deutschen Machtbereich in große Judenreservate in Osteuropa, auf die Insel Madagaskar („Madagaskar-Plan") oder andere entfernte Orte zu deportieren. Während diese Pläne wieder fallen gelassen wurden, begann sich ein Programm für eine „Endlösung" herauszubilden, die von Anfang an auf einen Völkermord (Genozid) zielte. Das bei den improvisierten Vertreibungs- und Tötungsaktionen erreichte Ausmaß von Gewalt und Terror stellte dafür die Weichen.

Die „Endlösung"

Spätestens im Sommer 1941 fiel im engsten Führungszirkel des Regimes die Entscheidung für den Völkermord an den europäischen Juden. Planung und Verwirklichung galten als „Geheime Reichssache". Einen schriftlichen Befehl Adolf Hitlers gab es nicht. Der „Wille des Führers" reichte den NS-Instanzen aus, um die Tötungsaktionen vorzubereiten und durchzuführen. Die Verwaltung der „Endlösung der Judenfrage" übernahm Reinhard Heydrich, die Organisation der Deportationen wurde Adolf Eichmann übertragen. Noch vor dem Überfall auf die Sowjetunion erhielten die Einsatzgruppen der SS und Polizeieinheiten Sondervollmachten, „in eigener Verantwortung gegenüber der Zivilbevölkerung Exekutivmaßnahmen zu treffen". Auch Angehörige der Wehrmacht, der Zivilverwaltung sowie Freiwilligenverbände aus den besetzten Gebieten beteiligten sich an den Massakern. In der UdSSR waren die einmarschierenden deutschen Truppen an manchen Orten als Befreier vom Bolschewismus begrüßt worden. Doch die Brutalität von Wehrmacht, SS und anderen „Sonderkommandos" ließ die Stimmung rasch umschlagen. Von Anfang an war der Feldzug gegen die Sowjetunion – wie der gegen Polen – ein Raub- und Vernichtungskrieg. In West-, vor allem aber Nordeuropa behandelten die Besatzer die Bevölkerung anders als in Osteuropa. Manche Regionen erhielten eine eigene Zivilverwaltung, oder alte Regierungen bestanden zeitweise weiter fort – so in Dänemark bis 1943. Die unterschiedliche Behandlung resultierte aus der verbrecherischen Rassenideologie des Nationalsozialismus, die „arische" Angelsachsen, „Wikinger" oder Franken für wertvoller hielt als Slawen oder Juden.

Die Wannsee-Konferenz

Am 20. Januar 1942 trafen sich hohe Verwaltungsbeamte, SS-Offiziere und Staatssekretäre aus dem Innen-, Justiz- und Außenministerium unter der Leitung von Heydrich in einer Villa am Berliner Wannsee, um die „praktische Durchführung" der bereits begonnenen „Endlösung der Judenfrage" zu koordinieren. Laut Konferenzprotokoll der nach ihrem Tagungsort benannten „Wannsee-Konferenz" sollten über elf Millionen europäische Juden ermordet werden. Die Massaker und Exekutionen im Osten mündeten nun in einen industriell betriebenen Massenmord. Bereits im Frühjahr 1940 war auf polnischem Boden das größte Konzentrations- und Vernichtungslager Auschwitz errichtet worden. Seit Herbst 1941 entstanden mit Belzec, Sobibor, Treblinka, Lublin-Majdanek und Chelmno weitere Vernichtungslager, das Lager Auschwitz wurde um mehrere Teillager erweitert. Die Menschen, die die Transporte in den Güter- und Viehwaggons überlebten, wurden nach ihrer Ankunft in den Vernichtungslagern meist sofort in Gaskammern durch das Blausäurepräparat Zyklon B ermordet oder durch Zwangsarbeit, Folter, medizinische Versuche und unmenschliche Lebensbedingungen getötet.

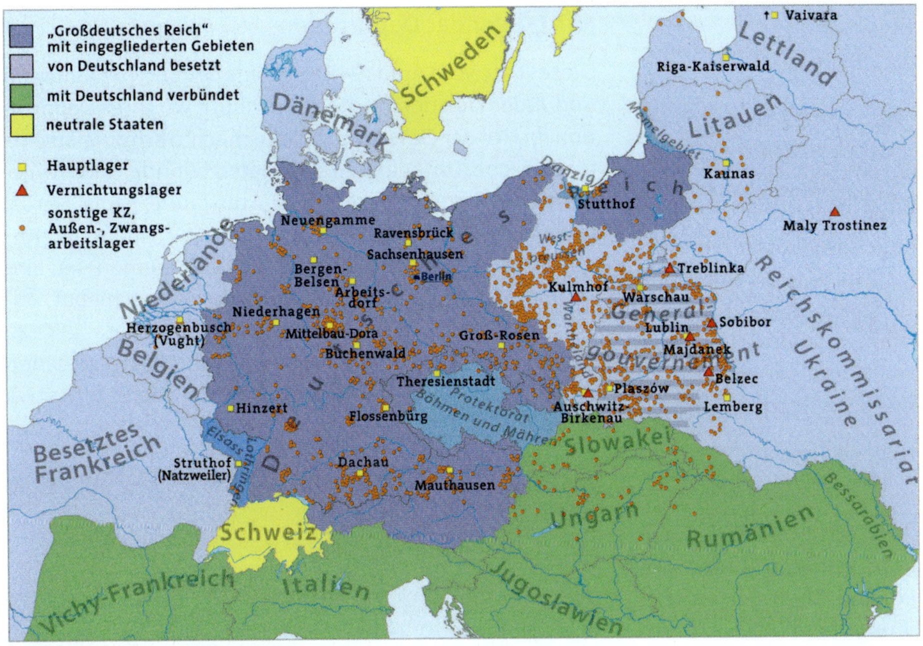

M5 D Orte des Terrors

Die Karte verzeichnet alle Vernichtungs- und Hauptlager, aber nur eine Auswahl der Außen- und Zwangsarbeitslager. Dem Holocaust fielen 165 000 Juden aus Deutschland, 65 000 aus Österreich, etwa 32 000 aus Frankreich und Belgien, mehr als 100 000 aus den Niederlanden, 60 000 aus Griechenland, ebenso viele aus Jugoslawien, über 140 000 aus der Tschechoslowakei, eine halbe Million aus Ungarn, 2,1 Millionen aus der Sowjetunion und 2,7 Millionen aus Polen zum Opfer. Auch Juden aus Albanien, Norwegen, Dänemark, Italien, Luxemburg und Bulgarien starben im Zeichen der nationalsozialistischen Rassenideologie. Diese Zahlen gelten als „gesicherte Minimalzahlen“ (Wolfgang Benz).

Opfer des Völkermordes

Nahezu eine Million jüdische Opfer sind für Auschwitz dokumentiert, ca. 900 000 wurden zwischen Juli 1942 und August 1943 in Treblinka ermordet, ca. 435 000 in Belzec, etwa 160 000 bis 200 000 in Sobibor, 152 000 in Chelmno, zwischen 80 000 und 110 000 in Lublin-Majdanek. Als seit 1944 die Ostfront näher rückte und die Vernichtungslager auf Befehl Himmlers geräumt wurden, kamen zudem unzählige KZ-Insassen auf den grausamen „Todesmärschen“ in den Westen durch Hunger, Kälte oder die Schüsse von SS-Männern ums Leben. Insgesamt fielen dem **Holocaust** mindestens 5,29 Millionen, wahrscheinlich aber knapp über sechs Millionen Jüdinnen und Juden aus ganz Europa zum Opfer, darunter mindestens 1,5 Millionen jüdische Kinder unter 14 Jahren. Auf ein Programm zur Ermordung sämtlicher Sinti und Roma legte sich das NS-Regime nie fest, jedoch erließ Heinrich Himmler Ende 1942 den Befehl, alle noch im Deutschen Reich lebenden „zigeunerischen Sippen“ und „**Zigeuner**-Mischlinge“ nach Auschwitz einzuweisen. Die Zahl der ermordeten Sinti und Roma ist schwer zu bestimmen. Hochrechnungen gehen von 200 000 bis 500 000 Opfern aus, die von den Einsatzgruppen hinter den Fronten in Osteuropa und in den Vernichtungslagern getötet wurden. Allein in Auschwitz starben etwa 23 000 Sinti und Roma aus elf Staaten. Darüber hinaus kostete der Vernichtungskrieg im Osten zehntausende Angehörige der slawischen Bevölkerungsgruppen, vor allem Polen und Russen, sowie der Sorben in der Lausitz, der Masuren in Ostpreußen und der Kaschuben in Westpreußen das Leben.

Geschichte In Clips:
Holocaust
32065-0081

Holocaust (griech. holócaustos: völlig verbrannt bzw. Brandopfer): wurde zunächst als Lehnwort ins Englische übernommen, gilt heute weltweit als Synonym für die systematische Ermordung von mindestens sechs Millionen europäischen Juden und anderen Opfergruppen. In der jüdischen Tradition wird für diesen Genozid der Begriff „Shoa“ (hebr. großes Unheil, Katastrophe) verwendet, der sich jedoch ausschließlich auf die Judenvernichtung bezieht.

„Zigeuner“: Mit diesem abwertenden Begriff wurden die Volksgruppen der Sinti und Roma bezeichnet.

M6 Q „Nürnberger Gesetze“

a) „Reichsbürgergesetz“, 15. September 1935:

§ 1 (1) Staatsangehöriger ist, wer dem Schutzverband des Deutschen Reiches angehört und ihm dafür besonders verpflichtet ist.
(2) Die Staatsangehörigkeit wird nach den Vorschriften des Reichs- und Staatsangehörigkeitsgesetzes erworben.

§ 2 (1) Reichsbürger ist nur der Staatsangehörige deutschen oder artverwandten Blutes, der durch sein Verhalten beweist, dass er gewillt und geeignet ist, in Treue dem deutschen Volk und Reich zu dienen. [...]

b) Gesetz zum Schutze des deutschen Blutes und der deutschen Ehre („Blutschutzgesetz“), 15. September 1935:

§ 1 (1) Eheschließungen zwischen Juden und Staatsangehörigen deutschen oder artverwandten Blutes sind verboten. Trotzdem geschlossene Ehen sind nichtig, auch wenn sie zur Umgehung dieses Gesetzes im Ausland geschlossen sind.
(2) Die Nichtigkeitsklage kann nur der Staatsanwalt erheben.

§ 2 Außerehelicher Verkehr zwischen Juden und Staatsangehörigen deutschen oder artverwandten Blutes ist verboten.

§ 3 Juden dürfen weibliche Staatsangehörige deutschen oder artverwandten Blutes unter 45 Jahren in ihrem Haushalt nicht beschäftigen.

§ 4 (1) Juden ist das Hissen der Reichs- und Nationalflagge und das Zeigen der Reichsfarben verboten.
(2) Dagegen ist ihnen das Zeigen der jüdischen Farben gestattet. Die Ausübung dieser Befugnis steht unter staatlichem Schutz.

Zitiert nach: Wolfgang Michalka (Hrsg.), Deutsche Geschichte 1933 – 1945, Frankfurt am Main 1993, S. 95 f.

Arbeitsvorschläge

32065-0082

1. Erläutern Sie die Auswirkungen des „Reichsbürgergesetzes“.
2. Arbeiten Sie die Folgen des Gesetzes „Zum Schutze des deutschen Blutes und der deutschen Ehre“ für das Zusammenleben der jüdischen und nichtjüdischen Bevölkerung heraus. | H

M7 Q Vor der Deportation

Dieses Foto vom April 1942 zeigt eine Gruppe von Jüdinnen und Juden aus der Stadt Brandenburg vor ihrer Deportation im Hof der Gestapo. Das Foto machte Kriminalinspektor Kriesche. Unter den Abgebildeten befinden sich Angehörige der Familie Bäckermus (Jakob, Taube, Paula, Gerda, Hilde) sowie Lotte Rosenau, Martha Seelig, Klara und Anton Milewski. Etwa 90 jüdische Einwohnerinnen und Einwohner wurden aus Brandenburg/Havel verschleppt, keiner von ihnen soll überlebt haben. Von den ca. 200 zu Beginn der NS-Zeit in Brandenburg wohnhaft gewesenen Jüdinnen und Juden überlebten in der Stadt nur etwa zehn.

Arbeitsvorschläge

32065-0083

32065-0506

1. Fassen Sie die unter dem Mediencode verfügbaren Informationen über die abgebildeten Personen zusammen.

M8 Q Protokoll der Wannsee-Konferenz

Am 20. Januar 1942 findet in einer Villa am Wannsee eine „Besprechung über die Endlösung der Judenfrage“ statt (vgl. S. 266). Im Protokoll dieser Konferenz heißt es:

Der Chef der Sicherheitspolizei und des SD gab sodann einen kurzen Rückblick über den bisher geführten Kampf gegen diesen Gegner [die jüdischen Bürgerinnen und Bürger]. Die wesentlichsten Momente bilden
a) die Zurückdrängung der Juden aus den einzelnen Lebensgebieten des deutschen Volkes,
b) die Zurückdrängung der Juden aus dem Lebensraum des deutschen Volkes.

[...] Inzwischen hat der Reichsführer und Chef der Deutschen Polizei im Hinblick auf die Gefahren einer Auswanderung im Kriege und im Hinblick auf die Möglichkeiten des Ostens die Auswanderung von Juden verboten.

Anstelle der Auswanderung ist nunmehr als weitere Lösungsmöglichkeit […] die Evakuierung der Juden nach dem Osten getreten. Diese Aktionen sind jedoch lediglich als Ausweichmöglichkeiten anzusprechen, doch werden hier bereits jene praktischen Erfahrungen gesammelt, die im Hinblick auf die kommende Endlösung der Judenfrage von wichtiger Bedeutung sind.
[…] Unter entsprechender Leitung sollen nun im Zuge dieser Endlösung die Juden in geeigneter Weise im Osten zum Arbeitseinsatz kommen. In großen Arbeitskolonnen, unter Trennung der Geschlechter, werden die arbeitsfähigen Juden straßenbauend in diese Gebiete geführt, wobei zweifellos ein Großteil durch natürliche Verminderung ausfallen wird. Der allfällig endlich verbleibende Restbestand wird, da es sich bei diesem zweifellos um den widerstandsfähigsten Teil handelt, entsprechend behandelt werden müssen, da dieser, eine natürliche Auslese darstellend, bei Freilassung als Keimzelle eines neuen jüdischen Aufbaues anzusprechen ist.
[…] Die evakuierten Juden werden zunächst Zug um Zug in sogenannte Durchgangsghettos verbracht, um von dort aus weiter nach Osten transportiert zu werden.
[…] Der Beginn der einzelnen größeren Evakuierungsaktionen wird weitgehend von der militärischen Entwicklung abhängig sein. […]
Abschließend wurden die verschiedenen Arten der Lösungsmöglichkeiten besprochen, wobei […] der Standpunkt vertreten wurde, gewisse vorbereitende Arbeiten im Zuge der Endlösung gleich in den betreffenden Gebieten selbst durchzuführen, wobei jedoch eine Beunruhigung der Bevölkerung vermieden werden müsse.

Besprechungsprotokoll, zitiert nach: Gedenk- und Bildungsstätte Haus der Wannsee-Konferenz, https://www.ghwk.de/fileadmin/Redaktion/PDF/Konferenz/protokoll-januar1942_barrierefrei.pdf [Zugriff: 12.11.2026].

Arbeitsvorschläge

32065-0084

1. Ordnen Sie die Maßnahmen gegen die jüdische Bevölkerung den einzelnen Abschnitten des Protokolls zu. | H
2. Während seines Prozesses in den 1960er-Jahren sagte Adolf Eichmann, einer der Teilnehmer der Wannsee-Konferenz, aus, dass mit den im letzten Absatz genannten Lösungsmöglichkeiten Tötungsarten gemeint seien, die man länger diskutiert habe. Begründen Sie die knappe Umschreibung dieser Diskussion im Protokoll.
3. Erörtern Sie die Bedeutung der Wannsee-Konferenz für den Massenmord an den europäischen Jüdinnen und Juden.

M9 Q Ankunft in Auschwitz-Birkenau

Éva Fahidi aus Debrecen (Ungarn) trifft nach mehrtägiger Fahrt in einem Viehwaggon in Auschwitz-Birkenau ein. Über ihre Ankunft schreibt sie:

Wir kommen früh am Morgen an, es wird gerade hell. Am Bahnhof ist keine Aufschrift. Wir haben keine Ahnung, wohin man uns gebracht hat. Die Waggontüren werden aufgerissen, und unter entsetzlichem Brüllen und Fluchen zerrt man uns aus dem Waggon. Wer nicht aussteigen kann, wird hinausgeworfen. Endlich haben wir Boden unter den Füßen. Wir können uns ausstrecken, die frische Morgenluft tut gut.
Undefinierbare Gestalten nehmen uns in Empfang, ich kann sie nicht einordnen. Sie tragen hässliche grau-schwarz gestreifte Pyjamas, auf dem Kopf eine eigenartige Seemannskappe aus demselben gestreiften Stoff. Sie schreien in einer seltsamen Sprache, die ans Deutsche erinnert, aber doch keines ist. Deutsche sehe ich gar nicht. Es scheint, als ob diese gestreiften Wesen hier die Herren wären. Jedenfalls treten sie so auf.
Die Gestreiften sagen, wir sollen uns nicht um unser Gepäck kümmern, das würde uns hinterher gebracht. Die kleinen Kinder nimmt man den Müttern weg und übergibt sie den Großmüttern. Sie sagen, wir sollen zu Fuß gehen. Wer zu schwach ist, der würde mit dem Bus nachkommen. Wir freuen uns, dass wir uns endlich bewegen, unsere versteiften Gliedmaßen strecken können. Diejenigen unter uns, die sehr jung wirken, werden gefragt, wie alt sie sind. Wenn jemand angibt, jünger als sechzehn zu sein, schreien sie ihn wütend an: „Du bist sechzehn, vergiss das nicht, wer immer Dich auch fragt, sag sechzehn, verstehst Du, sechzehn, merk Dir das gut, Du bist sechzehn Jahre alt!!!“
Wir bemerken nicht, dass wir in zwei Gruppen aufgeteilt worden sind, eine Frauen- und eine Männergruppe. […] Ich passe auf, neben meiner Mutter und Gilike zu bleiben, ich sehe nicht, wohin die Männer verschwinden. Wir sind mit Ferike beschäftigt, meine Mutter und Boci legen ihn auch jetzt oben auf den Korb und tragen jede einen Henkel, wie beim Einsteigen. Ein Gestreifter sagt ihnen, sie sollten Ferike meiner Tante Margit geben, aber sie antworten, er sei nicht schwer und sie trügen ihn gern. […]
Schließlich sehen wir auch die Deutschen, es sind wenige, Männer und Frauen durcheinander, sie stehen vor uns, wir müssen an ihnen vorbei. Als die Reihen bei ihnen ankommen, sprechen sie den einen oder anderen an, leise, fast könnte man sagen freundlich. Daraufhin geht der eine in diese, der andere in die andere Richtung. Wenn jemand mit dem, den man in die andere Richtung geschickt hat, zusammenbleiben will, beruhigen sie ihn

freundlich, die Kräftigen gingen zu Fuß, die etwas Erschöpfteren bringe man im Bus hinterher. In kurzer Zeit würden sie wieder zusammen sein. So beruhigt sich jeder. Natürlich.

Auch wir kommen zu der Gruppe der Deutschen. Boci ist, da sie stillt, etwas fülliger als sonst. Dass sie acht Jahre älter ist als ich, sieht man nicht, und wir haben viel Ähnlichkeit miteinander. Freundlich spricht uns ein deutscher Herr an und fragt:

– Seid ihr Zwillinge?

– Nein – antworten wir, und seine Handbewegung befolgend gehe ich in die eine Richtung.

Boci, der Korb, im Korb Ferike, auf der anderen Seite des Korbes meine Mutter, an der Hand meiner Mutter Gilike und Tante Margit

... gehen in die andere Richtung.

Schon ist die nächste Reihe vor die Deutschen gekommen, und die setzen ihre freundlichen Einweisungen fort – hierhin, dorthin.

Die größte Tragödie meines Lebens geschah so, dass ich sie nicht einmal bemerkte. Innerhalb einer Sekunde war ich allein, hatte meinen Vater, meine Mutter, meine Schwester, meine nächsten Verwandten verloren (Tanti überlebte). Mit einem Schlag war meine Kindheit vorbei, ich war erwachsen und völlig auf mich alleine gestellt. Das war mir damals noch nicht bewusst.

Éva Fahidi, Die Seele der Dinge, Berlin 2011, S. 161 – 163
(Übersetzung: Doris Fischer)

Arbeitsvorschläge

32065-0085

1. Analysieren Sie, wie Éva Fahidi die Ankunft im Lager beschreibt. Welchen Menschen begegnet sie und welche Funktion weist sie ihnen zu?

M 10 D Volksgemeinschaft als „Verbrechensgemeinschaft"?

Zur Haltung der nicht-jüdischen Deutschen gegenüber dem Holocaust schreibt die Historikerin Birthe Kundrus:

Der Holocaust wurde weder zu einer Zerreißprobe [des NS-Regimes] noch zu einem Moment der massenhaften Selbstmobilisierung. Die Reaktionen der Deutschen bewegten sich in einem Spektrum von Ablehnung bis Zustimmung und in einem weiten Feld von Ignoranz, Gleichgültigkeit, Abstumpfung und tastender Distanzierung – und häufig allem zugleich. [...] Ursächlich für die aktive Verantwortungsverweigerung [...] waren viele Gründe, am wichtigsten vermutlich die Androhung von Gewalt gegen die „Volksgenossen". Doch bröckelten auch die bis dato gültigen normativen Dämme gegen antijüdische Gewaltaktionen angesichts des Krieges als gedeutetem Ausnahmezustand.

Antijüdische Gewalt war vor 1939 häufig dann abgelehnt worden, wenn sie nicht „legal" wirkte, wenn „Volksgenossen" sie als Verstoß gegen traditionelle Rechts- und Ordnungsvorstellungen wahrnahmen. Das war nun anders. Der Krieg und die mit ihm einhergehende Veränderung der Lebenswelten erhöhten die Akzeptanz ausgedehnter Gewalträume. Denn mit dem Ausnahmezustand verbanden sich neue Legitimierungsstrategien, neue Selbstbeschwichtigungsformen für radikalisierte Gewalt – die vorgebliche Beseitigung des jüdischen Bolschewismus, die vorgebliche Partisanenbekämpfung, der vorgebliche Gewinn von Wohnraum etc. [...]

Nationalsozialistische Herrschaftstechnik bestand eben keineswegs ausschließlich in einem gewaltsamen Oktroyieren, nicht in einem ausschließlichen „Du musst", sondern häufig genug in einem „Du kannst", mitunter auch „Du darfst", in Angeboten zur Gewaltinitiative bzw. deren Akzeptanz oder deren Ignoranz. [...] Nur vereinzelt regten sich Opposition und Widerstand. [...]

Erst als sich die Gewalt der Kriegsgegner direkt gegen die „Volksgenossen" richtete, änderte sich die Argumentation, wurden die Kriegsverbrechen und vor allem der Massenmord an den Juden aus dem mentalen Abseits geholt und von vielen als dysfunktional, als Fehler des Regimes beurteilt. [...] Eine tatsächliche Zerreißprobe zwischen Regime und Bevölkerung blieb aus.

Birthe Kundrus, Der Holocaust. Die Volksgemeinschaft als „Verbrechensgemeinschaft", in: Hans-Ulrich Thamer und Simone Erpel (Hrsg.), Hitler und die Deutschen. Volksgemeinschaft und Verbrechen, Dresden 2010, S. 133 – 135

Arbeitsvorschläge

32065-0086

1. Beschreiben Sie die Haltung der nicht-jüdischen Deutschen und deren Veränderung gegenüber dem Verbrechen und dem Massenmord.
2. Nehmen Sie Stellung zum Verhalten der nicht-jüdischen Deutschen. | H

M 11 Q „Was haben wir gewusst?"

Der deutsche Sozialpsychologe und Psychoanalytiker Peter Brückner, Sohn einer englischen Konzertsängerin jüdischer Herkunft, besucht bis zu seinem Abitur 1941 ein Internat in Zwickau. In seinem autobiografischen Bericht über Kindheit und Jugend im NS-Staat setzt er sich mit der Frage auseinander, was er und die deutsche Bevölkerung insgesamt über die nationalsozialistischen Verbrechen und besonders über die Judenverfolgung wissen konnten und wollten:

Doch obwohl ich ein Internatsschüler war, eine Lage, die breitere Kommunikation erschwert hat, weil sie aus dem Alltag des NS-Staates ausschloss, erreichten mich auch 1936/37 zwei Gruppen von Informationen: Die erste bezog sich auf den Umstand, dass Leute verschwanden, von der Polizei oder der GESTAPO abgeholt, und ich verstand durchaus, dass es sich da nicht um jenen Typ von Verhaftung handelte, der unseren Hausmeister 1932 vor Gericht und ins Gefängnis gebracht hatte. Es gab neben der öffentlichen Gerichtsbarkeit eine zweite, terroristische „Justiz", die während der Nacht kam. […]

Die zweite Gruppe von Informationen war jedermann zugänglich, wie mir scheint. Sie betraf das Schicksal der Juden. Der langsame Prozess ihrer Entrechtung vollzog sich öffentlich. Aber dennoch hat es sehr lange gedauert, bis mir die eigentliche und furchtbare Bedeutung des praktizierten Antisemitismus aufging. Ich meine damit, dass ich keine zureichende Vorstellung, keine Fantasie über das Elend hatte, das die NS-Gesetzgebung über die Juden brachte […].

Nicht die „Kristallnacht", sondern die Emigration des Vaters meiner Halbbrüder brachte hier die Zäsur. Bis dahin, Herbst 1938, blieb das Schicksal der Juden für mich viel randständiger als das der Kommunisten oder der Homosexuellen. Dazu trug zweifellos bei, dass es zwar wenigstens Gerüchte über KZ-Lager, politische Verfolgung gab; auch über Erschlagene, Gefolterte, Erschossene, Verschwundene, aber keine Gerüchte über das Leben – oder das langsame Sterben – der Juden. Man sah sie ja auch nicht mehr, oder kaum. Und wenn man sie sah, hätte man sie nicht erkannt. Woran denn? […]

Es gab bei manchem sonst Hellhörigen eine spürbare Abwehr dagegen, gewisse Nachrichten über das Grauen im NS-Staat zur Kenntnis zu nehmen: Man erschrak, aber verstummte, wurde unwillig, vergaß. Ich wollte wissen, und das „Vergessen" erschien uns als unwürdig. Und doch erinnerte ich mich, dass ich gelegentlich den Impuls verspürte, mich zuzuschließen, wie ein indischer Affe nichts zu sehen und nichts zu hören. Warum? Doch nicht um mich der Einsicht in Struktur, Charakter und Zielsetzung des „Dritten Reiches" zu entziehen. Manchmal aus Scham: Es gab Verbrechen, denen gegenüber es fast unerträglich sein konnte, Zuhörer zu sein. Im Zugabteil reichten junge Soldaten Fotos herum – nicht die ihrer Bräute, sondern die aufgehängter Polen und Russen; der Soldat, grinsend, im Vorder- oder Hintergrund, je nachdem. Manchmal aus Angst: vor der Sühne. (War ich denn nicht unschuldig? Gibt es denn im geschichtlichen Kontext Unschuld?) Manchmal – aus Grauen. Ich wollte ja leben, und nicht nur überleben, das heißt aber: Ich wollte auch lachen, mich verlieben, mit Genuss meinen Tee trinken und Gedichte schreiben, und das – oder Ähnliches – wollten auch meine Freunde. Wie soll man das Leben nicht lieben? Und wie konnte man das – nur zu genau wissend, was im Machtbereich des NS-Staates und seiner Heere geschah? […]

Mir scheint, dass die so lückenhafte, ja manchmal ausgebliebene Gerüchtebildung über die „Endlösung" und über manche inländische KZs im Deutschland der Jahre vor 1945 etwas mit dem Umstand zu tun hat, dass es vielfach eine instinktive Abwehr gegen Nachrichten und facts gegeben hat, die niemand, der sie wirklich erfuhr (d. h. wahrnehmend nachvollzog), glaubte bewältigen zu können. Diese Abwehr funktionierte, wenn ich richtig sehe, besonders bei Menschen, die nicht ins Leben verliebt sind – ein Paradox, über das man nachdenken soll.

Und selbst bei Menschen von geringer Sensibilität wurde doch von der erahnten Wirklichkeit des Grauens mehr als ein vordem „gutes Gewissen" infrage gestellt. Die sich der Wirklichkeit annähernden Gerüchte, Erzählungen, Informationen gefährdeten jene verbreiteten Anpassungssysteme des Alltags, mit deren Hilfe Leute sich eben zurechtfinden können; was von der Gewalt des NS-Regimes infrage gestellt wurde, war die Normalität selbst.

Peter Brückner, Das Abseits als sicherer Ort. Kindheit und Jugend zwischen 1933 und 1945, Berlin [2]1982, S. 145-147 und 149

Arbeitsvorschläge

32065-0087

1. Stellen Sie die Informationen über die NS-Verbrechen zusammen, die Brückner hatte. Erläutern Sie seine „Gruppen von Informationen".
2. Analysieren Sie seine Position gegenüber der Frage, was „man wissen konnte". Wie erklärt er die Haltung anderer? | F
3. Nehmen Sie Stellung zu seiner Begründung des „Wegschauens" sowie zu seiner Erklärung der „Gerüchtebildung".

Leitfrage

Nehmen Sie Stellung:

Die Deutschen und der Holocaust – „Davon haben wir nichts gewusst"?

Der Zweite Weltkrieg als Expansions- und Vernichtungskrieg

M1 D Die Erweiterung des Deutschen Reiches zwischen 1933 und 1939

M2 D Europa zum Zeitpunkt der größten Ausdehnung des Deutschen Reiches sowie Orte des Terrors und der Vernichtung 1941 – 1945

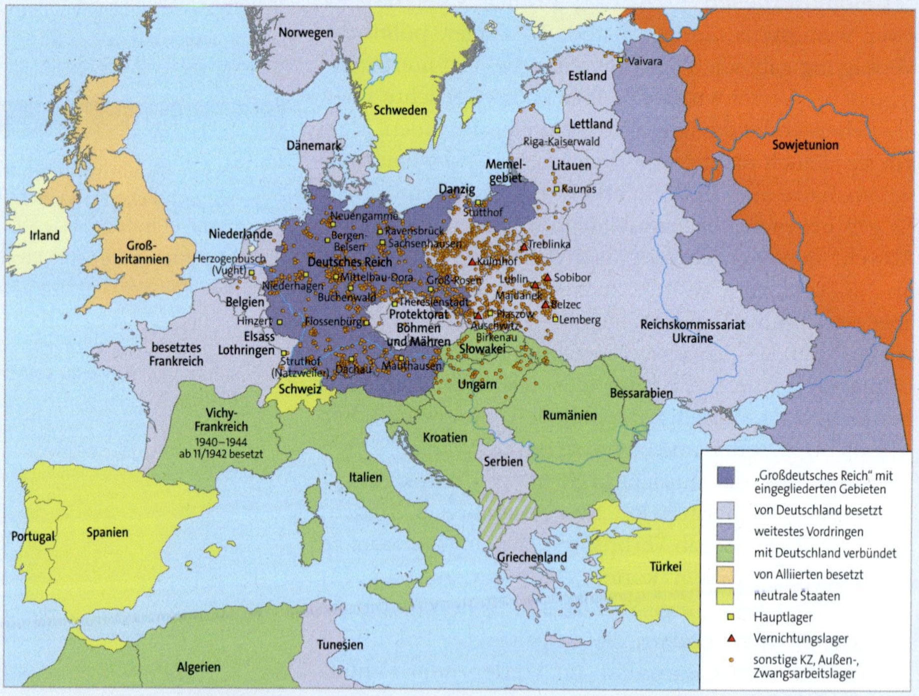

LEIT-FRAGE

Der Zweite Weltkrieg – Ideologie gipfelt im Zivilisationsbruch?

1. Erläutern Sie die Expansion des Deutschen Reiches anhand der beiden Karten.
2. Beurteilen Sie die Folgen der Expansionj des Deutschen Reiches.

32065-0472

Auftakt zum Vernichtungskrieg

Am 1. September 1939 griffen deutsche Truppen ohne Kriegserklärung Polen an. Nach Ablauf ihrer Ultimaten erklärten Frankreich und Großbritannien Deutschland am 3. September den Krieg. Allerdings hielten sich die Westmächte vorläufig in der Defensive, weil sie sich militärisch noch zu schwach fühlten. Daher war der erste „Blitzkrieg" der deutschen Wehrmacht erfolgreich. Bereits Ende September wurde Polen – wie im Zusatzprotokoll des „Hitler-Stalin-Paktes" vereinbart – zwischen Deutschland und der Sowjetunion aufgeteilt.

Als die englische Regierung auf deutsche Friedensangebote nicht reagierte, ließ Hitler im April 1940 Dänemark und Norwegen besetzen, einen Monat später Belgien, die Niederlande und Luxemburg. In Frankreich stießen deutsche Streitkräfte bis nach Calais vor, am 14. Juni zogen die Deutschen kampflos in Paris ein.

Krieg gegen Großbritannien

Die Briten – seit Mai 1940 unter dem konservativen Premierminister Winston Churchill – waren entschlossen, den Krieg gegen das Deutsche Reich unter allen Umständen durchzustehen. Daher strebten Hitler und sein Generalstab eine Invasion auf den Britischen Inseln an und forcierten ab Juli 1940 den Luft- und U-Boot-Krieg, um eine Landung vorzubereiten. Der Plan erwies sich aber als grobe Fehleinschätzung. Zum ersten Mal erreichte Hitler sein militärisches Ziel nicht. Im Gegenteil, die strategische Lage verschlechterte sich durch die immer deutlichere Parteinahme der USA für die Engländer.

Der Vernichtungskrieg gegen die Sowjetunion

Schon im Winter 1940 hatte Hitler den Befehl zur Vorbereitung des Angriffs auf die UdSSR gegeben. Er nahm einen Zweifrontenkrieg in Kauf, um sein Ziel – den Krieg gegen „Bolschewiken und Juden" um „Lebensraum" – zu erreichen. Mit einem Überraschungsangriff eröffnete Hitler am 22. Juni 1941 ohne Kriegserklärung den Kampf gegen die Sowjetunion („Unternehmen Barbarossa").

Von Anfang an war der Feldzug gegen die Sowjetunion – wie der gegen Polen – ein Rasse- und Vernichtungskrieg. Die Wehrmacht sollte aus dem Land selbst versorgt werden, sodass der Hungertod russischer Zivilisten und Soldaten von vornherein feststand. Seit Oktober 1941 wurden Juden, Sinti und Roma sowie andere Verfolgte im Reich und in den besetzten Ländern zudem systematisch in neu eingerichtete Vernichtungslager im Osten deportiert.

Die Wende bei Stalingrad

Die Weite des Landes und das raue Klima, auf das die Wehrmacht nur unzureichend vorbereitet war, stoppten den deutschen Vormarsch. Darüber hinaus war die Rote Armee unerwartet gut organisiert. Im Dezember 1941 konnte diese eine Gegenoffensive einleiten, der die Deutschen auf Dauer nicht gewachsen waren. In einer Kesselschlacht bei Stalingrad gelang der sowjetischen Armee Anfang 1943 ein überwältigender Sieg, dessen psychologische Wirkung für beide Seiten von großer Bedeutung war. Gegen die tiefe Niedergeschlagenheit in der Bevölkerung versuchte Propagandaminister Goebbels anzukämpfen, indem er zum „totalen Krieg" aufrief. Doch der Mythos, der den „Führer" umgeben hatte, war zerstört.

Zu den beschämenden Kapiteln der deutschen Kriegsführung gehört auch die Belagerung Leningrads 1941–1944 durch Truppen der Wehrmacht und ihrer Verbündeten. Die 882 Tage währende Blockade forcierte dabei den qualvollen Tod Hunderttausender.

M3 Q Winston Churchill (1874–1965): britischer Journalist, Offizier und Politiker; 1940–1945 und 1951–1955 Premierminister, 1940–1955 Führer der Konservativen. 1953 erhielt er den Nobelpreis für Literatur.

Vernichtungskrieg: Krieg, dessen Ziel die vollständige Vernichtung des Gegners durch die massenhafte Ermordung der Bevölkerung oder die Zerstörung ihrer Lebensgrundlage ist.

Vernichtungslager: Während in den Konzentrations- oder Arbeitslagern Gegner des Regimes und als minderwertig angesehene Menschen durch Arbeit ausgebeutet werden sollten, dienten die ab 1941 in den besetzten Gebieten Osteuropas aufgebauten Vernichtungslager der massenhaften, systematischen Ermordung von Menschen.

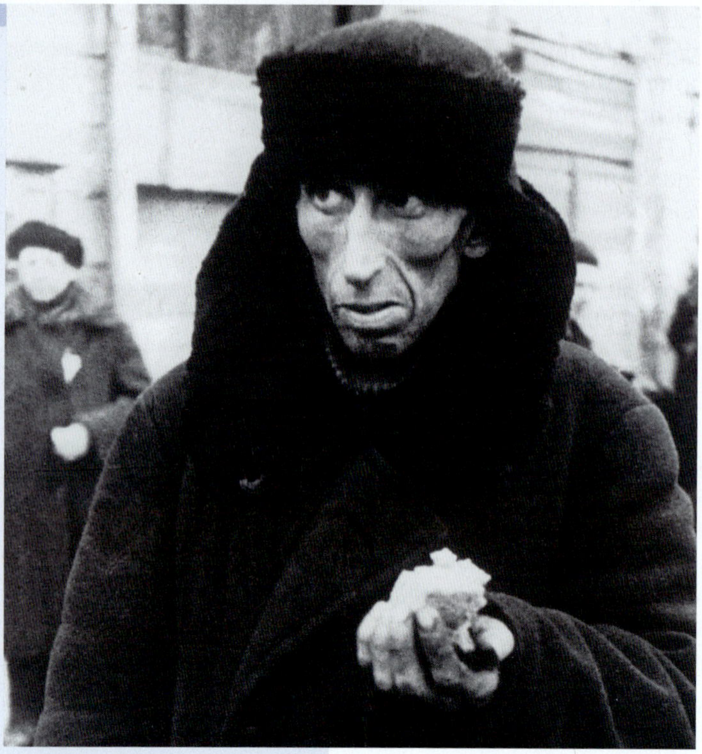

M4 Q Unterernährter Leningrader mit Brotration
Foto von 1941

Ausbeutung der besetzten Gebiete

Die NS-Machthaber waren bemüht, die Belastungen für die deutsche Bevölkerung in möglichst engen Grenzen zu halten und alle Kräfte für den Krieg zu bündeln. Niemand sollte Hunger leiden, denn Hitler fürchtete Streiks und innere Unruhen, wie er sie am Ende des Ersten Weltkrieges erlebt hatte. Nicht zuletzt infolge der enormen Gebietsgewinne gelang es, die Zufuhr an Rohstoffen und Lebensmitteln ins Deutsche Reich zu steigern. Rücksichtslos wurden Produktion und Ressourcen aller besetzten Länder für die deutschen Bedürfnisse ausgebeutet. Der private Besitz sollte möglichst nicht angetastet werden. Im Gegenteil, zum Urlaub heimkehrende Soldaten durften große Mengen an Lebensmitteln und Verbrauchsgütern in die Heimat mitnehmen.

Die Währungen der besetzten Länder wurden bedenkenlos an den Rand des Ruins getrieben, die Goldreserven, Devisen, Aktien und viele Depositen von der Reichsbank beschlagnahmt. Nur mit knapper Not konnte in einigen Staaten der Bankrott vermieden werden.

Zwangsarbeiter

Zu den Maßnahmen, mit denen die Leistung der deutschen Kriegswirtschaft gesteigert werden sollte, zählte auch der Einsatz ausländischer Gefangener und Zwangsarbeiter. Da 1,8 Millionen Kriegsgefangene den Ausfall der in die Wehrmacht eingezogenen Männer nicht ausgleichen konnten, wurden in den besetzten Gebieten systematisch arbeitsfähige Menschen gefangen genommen und nach Deutschland geschickt – rund sieben Millionen Frauen und Männer insgesamt. Fast drei Millionen „Fremdarbeiter" stammten aus der Sowjetunion, eine Million aus Polen. Massentransporte in Güterwaggons, schlechte Behandlung und Unterbringung, mangelhafte Ernährung sowie schwerste körperliche Arbeit gehörten zu den unmenschlichen Bedingungen, denen die Opfer in der Regel ausgesetzt waren. Sie wurden nicht nur wesentlich geringer entlohnt, sondern auch mit einem höheren Steuersatz belegt. Den Lohnanteil, der für die Angehörigen in der Heimat bestimmt war, kassierte die deutsche Finanzverwaltung.

Gleichzeitig nahm mit dem Krieg der politische Druck auf die Bevölkerung zu. Offene Kritik an Kriegshandlungen und Zweifel am Endsieg wurden hart bestraft, wobei die Nationalsozialisten sich nicht nur auf die Geheime Staatspolizei verlassen konnten, sondern auch auf ein Heer von Denunzianten.

Kriegseintritt der USA

Am 7. Dezember 1941 eröffnete Japan mit einem Luftangriff auf die amerikanische Pazifikflotte in Pearl Harbor die Kampfhandlungen gegen die USA. Deutschland und Italien erklärten daraufhin, ohne vertraglich gegenüber Japan verpflichtet zu sein, den Vereinigten Staaten den Krieg. Dagegen etablierte sich auf der anderen Seite die **Anti-Hitler-Koalition** einschließlich der UdSSR, die der britische Premierminister Winston Churchill – trotz weltanschaulicher Bedenken – förderte. Die großen Materialreserven, das Industriepotenzial und die frischen Truppen der USA verhalfen den Alliierten zu einer deutlichen Überlegenheit. Als den Amerikanern und Engländern

Geschichte In Clips:
32065-0088 Kriegsbeginn, -verlauf und Kapitulation

Internettipp:
32065-0089 Weitere Informationen zur Zwangsarbeit

Anti-Hitler-Koalition: die Gegner des nationalsozialistischen Deutschland mit den USA, Großbritannien und der Sowjetunion an der Spitze. Die „Großen Drei" legten gemeinsame Kriegsziele wie die bedingungslose Kapitulation Deutschlands, Japans und Italiens fest.

am 6. Juni 1944 die Landung an der Küste der Normandie gelang, war die deutsche Niederlage nur noch eine Frage der Zeit. Auch die Lufthoheit lag jetzt bei den Westmächten.

Kriegsende

Auf der Konferenz von Jalta (4.2.–11.2.1945) einigten sich die Regierungschefs von Großbritannien (Churchill), der UdSSR (Stalin) und der USA (Roosevelt) auf Regelungen für die künftige Besetzung Deutschlands, vor allem die Aufteilung in vier Besatzungszonen. Da die nationalsozialistische Führung verbissen den Widerstand aufrechterhielt, sanken die meisten deutschen Großstädte unter den alliierten Luftangriffen in Schutt und Asche. Erst als die Rote Armee vor Berlin stand, begingen Hitler und mehrere seiner Mitarbeiter Selbstmord. Im Mai 1945 unterzeichneten die Generäle Alfred Jodl und Wilhelm Keitel die deutsche Gesamtkapitulation.

Der Zweite Weltkrieg endete drei Monate später mit der bedingungslosen Kapitulation Japans, nachdem die USA über Hiroshima und Nagasaki erstmals Atombomben abgeworfen hatten. Diese Waffen waren mit einem riesigen Forschungsaufwand in den USA entwickelt worden. Der amerikanische Präsident Harry S. Truman, der nach dem Tode Roosevelts im April 1945 die Macht übernommen hatte, schob Bedenken gegen die gewaltige Zerstörungskraft der Atomwaffen u.a. mit dem Hinweis beiseite, dass man die Japaner nur auf diese Weise zur bedingungslosen Kapitulation zwingen könne. Über 200 000 Menschen starben bei den Bombenabwürfen sofort. Die Langzeitfolgen der radioaktiven Verseuchung wurden erst später deutlich: Zahllose Menschen starben an Leukämie und an anderen Folgekrankheiten.

Ein „Zivilisationsbruch“

Die menschenverachtende und zynische Kriegsführung des NS-Regimes in einem erbarmungslosen Vernichtungskrieg, die entgegen geltendem Völker- und Kriegsrecht auch den millionenfachen Tod von Zivilisten und Kriegsgefangenen billigend in Kauf nahm oder sogar plante, vor allem aber der geplante und systematische Völkermord an den europäischen Jüdinnen und Juden: all dies ließ bereits die Zeitgenossen den Zweiten Weltkrieg als einen Krieg wahrnehmen, wie es ihn noch nie zuvor gegeben hatte, und als eine scharfe Zäsur in der Geschichte der menschlichen Zivilisation.

Unausweichlich stand die Frage im Raum: Wie war das möglich? Wie ließen sich die ungeheure Eskalation der nationalsozialistischen Rassenpolitik und die mörderische Radikalität von Kriegsführung und Besatzungspolitik erklären? Wie wurden aus Frauen und Männern Täterinnen und Täter, aus Nachbarn und Mitbürgern Mitläufer, Zuschauer oder Wegseher?

Ebenso klar standen aber auch Fragen im Raum wie diese: Wie sollte man mit dem ungeheuerlichen Unrecht umgehen, das geschehen war? Wie ist mit den Tätern zu verfahren? Wie können die Überlebenden den Opfern „Gerechtigkeit“ widerfahren lassen?

Die große Zahl der Fragen, denen sich noch viele hinzufügen ließen, machten deutlich, dass es nach diesem Krieg nicht nur materielle Schäden zu beheben galt. Es ging auch nicht nur darum, in irgendeiner Weise Ruhe, Sicherheit und Ordnung in einem völlig aus den Fugen geratenen Kontinent zu schaffen. Vielen war klar, dass Frieden nur dann eintreten konnte, wenn Siegern und Besiegten auch die Fragen beantwortet würden, die auf den „Zivilisationsbruch“ zielten, den der Zweite Weltkrieg zweifellos darstellte. Die Auseinandersetzung mit diesen schwierigen und oft unbequemen Fragen und das Ringen um Antworten beschäftigt Politiker und Bürger, Überlebende und Hinterbliebene, Zeitgenossen wie Nachgeborene, aber auch Gesellschaftswissenschaftler und Historiker bis heute.

M5 Q Harry S. Truman
(1884–1972):
Als Vizepräsident wurde er nach dem Tod von Franklin D. Roosevelt im April 1945 US-Präsident. Seine Amtszeit dauerte bis 1953.

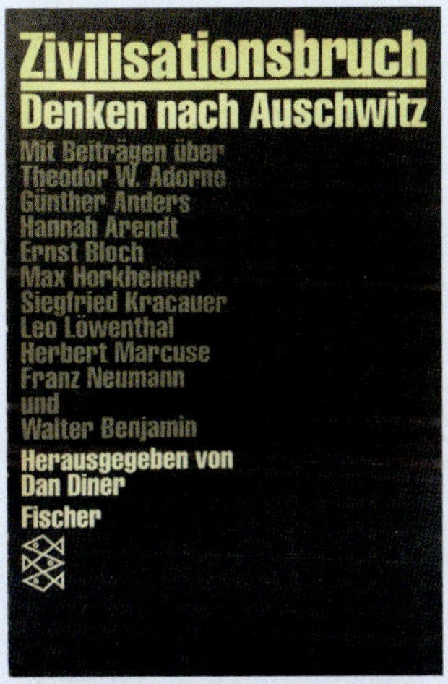

M6 D „Zivilisationsbruch. Denken nach Auschwitz“
1988 veröffentlichtes Buch von Dan Diner
Der deutsch-israelische Historiker prägte den Begriff des „Zivilisationsbruchs Auschwitz“, der fortan ins Zentrum der Forschung zum Nationalsozialismus und der transnationalen Gedenkkultur rückte.

M7 Q Vorgaben für die Kriegsführung

a) Aktennotiz über eine geheime Besprechung der Staatssekretäre zum wirtschaftlichen Vorgehen in der Sowjetunion vom 2. Mai 1941:

1. Der Krieg ist nur weiterzuführen, wenn die gesamte Wehrmacht im 3. Kriegsjahr aus Russland ernährt werden kann.
2. Hierbei werden zweifellos zig Millionen Menschen verhungern, wenn von uns das für uns Notwendige aus dem Lande herausgeholt wird.
3. Am wichtigsten ist die Bergung und der Abtransport von Ölsaaten, Ölkuchen, dann erst Getreide. Das vorhandene Fett und Fleisch wird voraussichtlich die Truppe verbrauchen.
4. Die Beschäftigung der Industrie darf nur auf Mangelgebieten wiederaufgenommen werden.

b) Eine Anweisung aus dem Reichssicherheitshauptamt (Zentrale in Berlin zur Steuerung des Holocaust und der Gewalt der SS) zu sowjetischen Kriegsgefangenen vom 17. Juli 1941:

Vor allem gilt es ausfindig zu machen: alle bedeutenden Funktionäre des Staates und der Partei, insbesondere: Berufsrevolutionäre, alle maßgebenden Funktionäre der KPdSU und ihrer Nebenorganisationen in den Zentralkomitees, den Gau- und Gebietskomitees, alle Volkskommissare und ihre Stellvertreter, alle ehemaligen Polit-Kommissare in der Roten Armee […], die sowjetischen Intelligenzler, alle Juden, alle Personen, die als fanatische Kommunisten festgestellt werden […]. Exekutionen dürfen nicht im Lager oder in unmittelbarer Umgebung des Lagers durchgeführt werden. Befinden sich die Lager im Generalgouvernement in unmittelbarer Nähe der Grenze, so sind die Gefangenen zur Sonderbehandlung möglichst auf ehemals sowjetrussisches Gebiet zu bringen. […]

c) Ein Befehl des Chefs des Oberkommandos der Wehrmacht (OKW) Generalfeldmarschall Wilhelm Keitel vom 16. September 1941:

1. Seit Beginn des Feldzuges gegen Sowjetrussland sind in den von Deutschland besetzten Gebieten allenthalben kommunistische Aufstandsbewegungen ausgebrochen. Die Formen des Vorgehens steigern sich von propagandistischen Maßnahmen und Anschlägen gegen einzelne Wehrmachtsangehörige bis zu offenem Aufruhr und verbreitetem Bandenkrieg. […] Der Führer hat nunmehr angeordnet, dass überall mit den schärfsten Mitteln einzugreifen ist, um die Bewegung in kürzester Zeit niederzuschlagen. […]
2. Hierbei ist nach folgenden Richtlinien zu verfahren:
   a. Bei jedem Vorfall der Auflehnung gegen die deutsche Besatzungsmacht, gleichgültig wie die Umstände im Einzelnen liegen mögen, muss auf kommunistische Ursprünge geschlossen werden.
   b. Um die Umtriebe im Keime zu ersticken, sind beim ersten Anlass unverzüglich die schärfsten Mittel anzuwenden, um die Autorität der Besatzungsmacht durchzusetzen und einem weiteren Umsichgreifen vorzubeugen. Dabei ist zu bedenken, dass ein Menschenleben in den betroffenen Ländern vielfach nichts gilt und eine abschreckende Wirkung nur durch ungewöhnliche Härte erreicht werden kann. Als Sühne für ein deutsches Soldatenleben muss in diesen Fällen im Allgemeinen die Todesstrafe für 50–100 Kommunisten als angemessen gelten. Die Art der Vollstreckung muss die abschreckende Wirkung noch erhöhen.

Zitiert nach: Wolfgang Michalka, Das Dritte Reich, dtv Dokumente, Bd. 2: Weltmachtanspruch und nationaler Zusammenbruch 1939 – 1945, München 1985, a) S. 174 f.; b) S. 182 f.; c) S. 184 f.

Arbeitsvorschläge

32065-0090

1. Arbeiten Sie aus den Quellen die Vorgaben für die Kriegsführung in der Sowjetunion heraus und charakterisieren Sie diesen Krieg.
2. Erörtern Sie, inwiefern diese Kriegsführung eine Umsetzung der nationalsozialistischen Rassenideologie war.
3. Informieren Sie sich über damalige und heutige Völkerrechtsvereinbarungen und beurteilen Sie, inwiefern die Deutschen dagegen verstoßen haben. | H

M8 Q Die Entscheidung für die „Endlösung“

a) Wann die Entscheidung gefallen ist, alle europäischen Juden zu ermorden, ist umstritten, weil es keinen schriftlichen Befehl dazu gibt. Adolf Hitler erklärt am 30. Januar 1939:

Wenn es dem internationalen Finanzjudentum inner- und außerhalb Europas gelingen sollte, die Völker noch einmal in einen Weltkrieg zu stürzen, dann wird das Ergebnis nicht die Bolschewisierung der Erde und damit der Sieg des Judentums sein, sondern die Vernichtung der jüdischen Rasse in Europa.

b) Zwei Jahre danach macht sich Joseph Goebbels Aufzeichnungen über eine Rede Hitlers vom 12. Dezember 1941 auf einer Tagung der Reichs- und Gauleiter der NSDAP:

Bezüglich der Judenfrage ist der Führer entschlossen, reinen Tisch zu machen. Er hat den Juden prophezeit, dass, wenn sie noch einmal einen Weltkrieg herbeiführen würden, sie dabei ihre Vernichtung erleben würden. Das ist keine Phrase gewesen. Der Weltkrieg ist da, die Vernichtung des Judentums muss die notwendige Folge sein. Diese Frage ist ohne jede Sentimentalität zu betrachten. Wir sind nicht dazu da, Mitleid mit den Juden, sondern nur Mitleid mit unserem deutschen Volk zu haben. Wenn das deutsche Volk jetzt wieder im Ostfeldzug an die 160 000 Tote geopfert hat, so werden die Urheber dieses blutigen Konflikts dafür mit ihrem Leben bezahlen müssen.

Zitiert nach: Christian Gerlach, Krieg, Ernährung, Völkermord. Forschungen zur deutschen Vernichtungspolitik im Zweiten Weltkrieg, Hamburg 1998, S. 123 f.

Arbeitsvorschläge 32065-0091

1. Erläutern Sie, mit welchen Absichten hier die „Vernichtung der jüdischen Rasse" gerechtfertigt wird.
2. Erörtern Sie, warum es keinen offiziellen Mord- oder Vernichtungsbefehl Hitlers gibt.

M9 Q Bericht über das „Krankensammellager" Blankenfelde

Das Gesundheitsamt Berlin betreibt von 1942 bis 1945 in Brandenburg (Mahlow) das größte Krankenhaus für Zwangsarbeiterinnen und Zwangsarbeiter der Stadt Berlin. Der Autor des am 14. August 1943 geschriebenen Berichts, Gotthold Starke (1896–1968), ist seit 1942 Mitglied der NSDAP und arbeitet nach dem Krieg im Außenministerium.

Dieses Lager ist für Arbeitsunfähige bestimmt, die wieder nach Osten abtransportiert werden müssen. Bad fehlt. Entlausungsanstalt fehlt. Keine Desinfektionsmöglichkeit. Keine Medikamente. Ernährung besteht aus 300 g Brot und 1 Portion Kohlrübenwassersuppe. Es gibt weder Betten noch Matratzen. Decken fehlen vollständig. Die Räume sind unzureichend und die Arbeiter schliefen bei schlechtem Wetter im Freien. Der letzte Abtransport erfolgte am 20. Oktober 1942. Die dort versammelten Kranken lebten in großer Zahl in diesem Lager den ganzen Winter durch. Als dort der Typhus ausbrach, wurden die Baracken geschlossen, und wenn es jemand wagte, sich zu zeigen, so wurde er ohne Warnung erschossen.

Frauen in anderen Umständen mussten ihre Kinder im besten Fall auf dem Fußboden, sonst aber auf der Erde zur Welt bringen.

Zitiert nach: Dokumentationszentrum NS-Zwangsarbeit (Hrsg.), Alltag Zwangsarbeit 1938 – 1945, S. 167

Arbeitsvorschläge 32065-0092

1. Charakterisieren Sie die Lebensumstände im „Krankensammellager" Mahlow.

M10 Q Weihnachten 1941

Der Illustrierte Beobachter hatte am 24. Dezember 1941 dieses Titelbild.

Die Bildunterschrift lautet: „Zuversicht [links] – Hoffnungslosigkeit [rechts]. Der eine weiß, wofür er kämpft, der andere weiß es nicht. Ein Soldat der Ostfront und ein Scherge Stalins."

Arbeitsvorschläge 32065-0093

1. Vergleichen Sie die beiden Bilder und ordnen Sie sie in ihren historischen Kontext ein. | H
2. Analysieren Sie das Titelblatt. Berücksichtigen Sie dabei das Erscheinungsdatum und die Bildunterschrift.

Leitfrage

Nehmen Sie Stellung:

Der Zweite Weltkrieg – Ideologie gipfelt im Zivilisationsbruch?

Widerstand

Internettipp:
Hintergründe des Fotos von 1936
32065-0094

M1 Q Nein zum Hitlergruß
Foto aus Hamburg vom 13. Juni 1936
Zu sehen sind Schaulustige und Arbeiter der Werft Blohm & Voss. Fast alle leisten im Anschluss an eine „Führerrede“ den Hitlergruß.

32065-0473

1. Beschreiben Sie das Bild. Fällt Ihnen etwas auf?
2. Ein Mann hat den Arm nicht erhoben. Diskutieren Sie, ob es sich bei diesem Verhalten um Widerstand handelt.
3. Benennen Sie Möglichkeiten zur Ablehnung des NS-Regimes, die die Deutschen in den 1930er-Jahren hatten.

LEIT-FRAGE

Widerstand gegen das NS-Regime – notwendig, aber aussichtslos?

Welche Arten von Widerstand gab es?

Eine breite Widerstandsbewegung gegen das NS-Regime hat es nicht gegeben. Hitlers Herrschaft wurde über viele Jahre von einer großen Mehrheit des deutschen Volkes akzeptiert. Selbst in Kreisen, die keine enge Identifikation mit den Zielen und Wertmaßstäben der Nationalsozialisten aufbrachten, verließen sich die meisten in obrigkeitstreuer Art auf die politische Führung.

Seit den 1980er-Jahren bemühen sich Historikerinnen und Historiker um eine genauere Definition von Widerstand. So werden verschiedene Stufen zwischen nonkonformem Verhalten („innere Emigration“ u. a.) und aktivem Widerstand unterschieden. Zwischen privaten Unmutsäußerungen im Freundeskreis, dem freiwilligen Rücktritt aus einem Amt oder der Planung und Durchführung eines Umsturzes gab es eine Vielzahl von Abstufungen. Neben einigen meist lose organisierten Widerstandskreisen gab es auch den Widerstand von Einzelpersonen. Trotz einiger Definitionsprobleme und Überschneidungen kristallisieren sich einige Gruppierungen des Widerstandes heraus.

Ziele und Formen

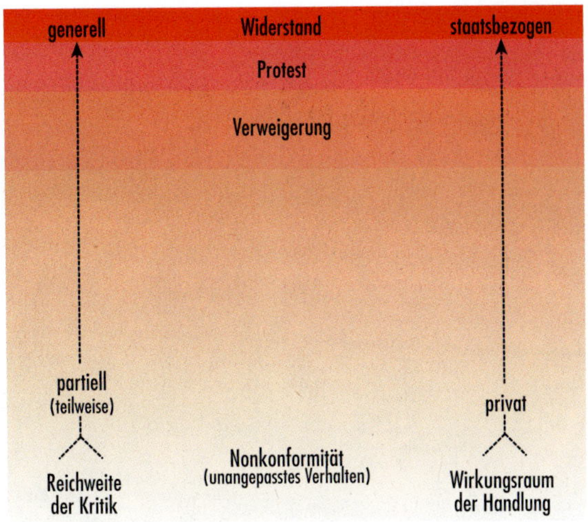

Die letzte Übersteigerung des NS-Regimes seit Beginn des Zweiten Weltkrieges hatte zwar viele von der Notwendigkeit der Gewalt gegen die Diktatur überzeugt, aber auf die Frage „Was dann?“ gab es keine eindeutige Antwort. Die Errichtung eines christlich-konservativen Nationalstaates, eine übernationale Ordnung Europas oder die Einführung der Diktatur des Proletariats als Übergang zur Weltrevolution waren Visionen der politischen Zukunft. Einzelpersonen, lose Gesprächskreise oder Verschwörergruppen arbeiteten auf sehr verschiedene Weise, meist ohne gegenseitige Kontakte wegen des hohen Risikos eines Verrates.

Es wurden Flugblätter verteilt, Gegenparolen an die Hauswände belebter Straßen geschrieben, ausländische Sender abgehört und regimefeindliche Nachrichten verbreitet. In Rüstungsbetrieben kam es zu Arbeitsniederlegungen und Sabotageakten.

Trotz umfangreicher Sicherheitsvorkehrungen sind mehrere Attentate auf Hitler zur Ausführung gekommen. **Georg Elser**, ein Tischler aus Württemberg, scheiterte aber am 8. November 1939 in München mit einem Bombenanschlag ebenso wie alle anderen, die Hitler mit Gewalt zu beseitigen versuchten. Vermutlich wurden über 10 000 Angehörige des Widerstandes von NS-Schergen getötet oder vom Volksgerichtshof zum Tode verurteilt. Dass die Erfolge des Widerstands bescheiden blieben, lag an der Heterogenität der Widerstandsgruppen und vor allem an der Brutalität, mit der die Nationalsozialisten jede Opposition im Keim zu ersticken suchten.

Politische Opposition

Schon vor 1933 hatten Kommunisten und Sozialdemokraten gegen die Nationalsozialisten gekämpft. Nach der Machtübernahme bekämpften sie das Regime im Untergrund oder vom Ausland aus, etwa durch das Verteilen von Flugblättern und Hilfe für Verfolgte in kleinen Netzwerken – diese sollten verhindern, dass der Gestapo größere Zugriffe gelangen. Mit diesen Untergrundkonzepten hatte die SPD schon ihre Unterdrückung im Kaiserreich[1] überlebt. Ein gemeinsames Vorgehen von KPD und SPD kam allerdings nicht zustande, da die politischen Gegensätze zu groß waren. Eine der politischen Widerstandsgruppen war die „Rote Kapelle“. Sie wurde wegen ihrer kommunistischen Orientierung von der Gestapo so bezeichnet. Ihre Mitglieder gaben Informationen an ausländische Regierungen, vor allem die Sowjetunion, weiter, um das Regime zu schwächen. 1942/43 wurde die Organisation enttarnt und brutal zerschlagen.

Jugendlicher Widerstand

Manche Jugendliche wollten ihr Leben individuell gestalten und verstießen gegen Normen. Dadurch leisteten sie passiven Widerstand, wie die nach ihrer Anstecknadel benannten „Edelweißpiraten“, die sich gegen Drill und Geschlechtertrennung der HJ wandten, oder die „Swing-Jugend“, die wegen ihres freien, modernen Lebensstils und

[1] Siehe zu den Sozialistengesetzen S. 310.

M2 D Abweichendes Verhalten oder Widerstand?
Der Historiker Detlev Peukert hat Formen abweichenden Verhaltens geordnet. Als Widerstand definiert er nur die Verhaltensformen, in „denen das NS-Regime als Ganzes abgelehnt wurde und Maßnahmen zur Vorbereitung des Sturzes des NS-Regimes im Rahmen der Handlungsmöglichkeiten des jeweils einzelnen Subjektes“ getroffen wurden.

► Diskutieren Sie Detlev Peukerts Definition von Widerstand.

M3 Q Georg Elser
(1903 – 1945):
Widerstandskämpfer. Elser stand den Nationalsozialisten von Anfang an ablehnend gegenüber und war Mitglied der KPD. Sein Sprengstoffattentat auf Hitler im Münchener Bürgerbräukeller war der Versuch eines Einzeltäters, die Diktatur zu beenden. Da Hitler nach seiner Rede zum Jahrestag des Hitler-Putsches den Tatort wenige Minuten früher als geplant verließ, entging er der Explosion. Elser wurde verhaftet, als „Sonderhäftling“ im KZ Sachsenhausen interniert und 1945 im KZ Dachau ermordet.

Geschichte In Clips:
Elser-Attentat
32065-0095

M 4 Q Die „Weiße Rose"
Foto vom 24. Juli 1942
Die Mitglieder der studentischen Widerstandsgruppe wurden am 18. Februar 1943 verraten, verhaftet und wenige Tage später hingerichtet. Im Bild zu sehen sind Hans und Sophie Scholl (links) mit Christoph Probst.

Internettipp:
32065-0096 Trailer zu Sophie Scholl – Die letzten Tage

ihrer Liebe zu angloamerikanischem Jazz vom NS-Regime verfolgt wurde. Die Nationalsozialisten reagierten zunehmend mit Härte und neuen Gesetzen wie den „Richtlinien zur Bekämpfung jugendlicher Cliquen" vom 25. Oktober 1944. So wurden unangepasste Jugendliche zu Staatsfeinden und Hochverrätern erklärt.

Die Verfolgung führte dazu, dass einige wenige Gruppen sogar zum aktiven Widerstand übergingen und durch Flugblätter zum Kampf gegen das NS-Regime aufriefen. Die wohl bekannteste jugendliche Widerstandsgruppe, die „Weiße Rose", zu der auch die Geschwister Sophie und Hans Scholl gehörten, verteilte zwischen 1942 und 1943 kritische Flugblätter. Sophie und Hans wurden dabei entdeckt, von der Gestapo verhaftet und mit weiteren Mitgliedern der Gruppe hingerichtet.

Die Rolle der Kirchen

Obwohl nationalsozialistische Weltanschauung und christliche Gebote unvereinbar waren, passten sich viele Protestanten und Katholiken dem NS-Staat an. Der Vatikan hatte sich im Juli 1933 durch einen Staatsvertrag (Konkordat) zu politischer Zurückhaltung der Kirche verpflichtet, um ihre Institutionen erhalten zu können. Auch später kritisierte die Kirchenführung die Entrechtung und Verfolgung der Juden nicht. Nur einzelne Priester und Gläubige fanden den Mut, die Judendiskriminierung und die Tötung behinderter Menschen offen anzuprangern oder verfolgten Menschen zu helfen, wie der Bischof Clemens August Graf von Galen oder die Jesuitenpater Rupert Mayer und Alfred Delp. Die evangelische Kirche war gespalten in die sogenannten „Deutschen Christen" (als eine Art „Reichskirche") und die „Bekennende Kirche" um die Theologen Martin Niemöller und Dietrich Bonhoeffer, die sich auch gegen die Ausgrenzung von Protestanten jüdischer Herkunft wandte. Oft blieben die Christen in Deutschland aber, wie der im Februar 1945 im KZ Flossenbürg ermordete Bonhoeffer schrieb, „stumme Zeugen böser Taten".

Kreisauer Kreis und militärischer Widerstand

Auf dem schlesischen Gut Kreisau von Helmuth James Graf von Moltke trafen sich seit Ende 1938 Männer verschiedener Anschauungen und Herkunft: Konservative, Sozialisten, ehemalige Gewerkschaftsvertreter, adlige Großgrundbesitzer, aber auch Militärs sowie protestantische und katholische Geistliche, darunter auch Pater Alfred

Delp. Der Kreisauer Kreis erarbeitete Grundsätze für einen Staats- und Gesellschaftsaufbau nach dem Sturz Hitlers, unterhielt Kontakte zu Widerstandsgruppen im In- und Ausland und zu einflussreichen Militärs, die sich wie Oberst Claus Schenk Graf von Stauffenberg von Befürwortern zu Gegnern des Nationalsozialismus entwickelt hatten. Viele Mitglieder des Kreisauer Kreises, darunter auch Moltke, wurden später hingerichtet.

Der einzige Machtfaktor im Hitlerstaat, der zur Durchführung eines Umsturzes in der Lage schien, war das Militär. Erste Umsturzpläne bestanden bereits 1938, aber erst nach der militärischen Wende Anfang 1943 erhielt die Verschwörung größeren Rückhalt. Die „Operation Walküre" sollte Hitlers Person und Herrschaft beseitigen. Am 20. Juli 1944 deponierte Stauffenberg, der direkten Zugang zu Hitler hatte, bei einer Besprechung im Führerhauptquartier Rastenburg eine Aktentasche voll Sprengstoff in Hitlers Nähe. Hitler überlebte und berief sich künftig auf die „Vorsehung", die ihn geschützt habe. Stauffenberg und seine engsten Mitarbeiter wurden noch in derselben Nacht erschossen. Die Gestapo verhaftete 7000 Personen, auch solche, die mit der Verschwörung nichts zu tun hatten. Himmlers Anordnung der „absoluten Sippenhaftung" bedeutete, dass Verwandte für die Tat mitverantwortlich waren und gleichfalls bestraft wurden.

Widerstandsbewegungen in den besetzten Ländern

In allen eroberten Gebieten rief die deutsche Besatzungspolitik Widerstand hervor. Angesichts des von den Deutschen im Osten grausam geführten Vernichtungskrieges wuchs er in der Sowjetunion, in Polen und auf dem Balkan zum Partisanenkrieg. In Polen entstand bereits 1939 eine eigene „Heimatarmee", die Aufstände organisierte und Partisanen mobilisierte. Die sowjetische Widerstandsbewegung hielt engen Kontakt zur politischen Führung und zur Roten Armee. Nirgends jedoch entwickelte der Widerstand eine solche Stärke wie auf dem Balkan, wo unter dem späteren jugoslawischen Staatspräsidenten Josip Broz, genannt Tito, eine riesige Partisanenarmee von anfangs 80000 und später 400000 Mann (im Winter 1944/45) gegen die Besatzer kämpfte.

In West- und Nordeuropa bestand der aktive Widerstand hauptsächlich in der Übermittlung von Nachrichten an Spione, der Verbreitung von Flugblättern und illegalen Zeitungen sowie der Hilfe für Kriegsgefangene, Juden und andere Verfolgungsopfer. In Frankreich verübte die aus verschiedenen Widerstandsgruppen bestehende Résistance gezielte Sabotageakte und Attentate. Von General Charles de Gaulle aus dem Londoner Exil organisiert, beteiligte sich der französische Widerstand nach der Landung der Alliierten in der Normandie an der Befreiung Frankreichs. In Großbritannien und den USA unterstützten zudem seit 1940 bzw. seit 1943 eigene staatliche Institutionen die Partisanen mit Waffenlieferungen, Informationen und Spezialagenten.

M5 D Ehrenmal im Hof des Bendlerblocks/Gedenkstätte Deutscher Widerstand in Berlin
An diesem Ort waren nach dem Umsturzversuch fünf Offiziere, darunter Stauffenberg, hingerichtet worden.

M 6 Q Das Elser-Attentat

Aus dem Verhörprotokoll:

Am dritten Tag nach der Festnahme, dem 21. November 1939, sagt Georg Elser aus:
Ferner steht die Arbeiterschaft nach meiner Ansicht seit der nationalen Revolution unter einem gewissen Zwang. Der Arbeiter kann z. B. seinen Arbeitsplatz nicht mehr wechseln wie er will, er ist heute durch die HJ nicht mehr Herr seiner Kinder und auch in religiöser Hinsicht kann er sich nicht mehr so frei betätigen. Ich denke hier insbesondere an die Tätigkeit der Deutschen Christen. Weitere Beispiele fallen mir augenblicklich nicht ein. […]
Im Herbst 1938 wurde nach meinen Feststellungen in der Arbeiterschaft allgemein mit einem Krieg gerechnet. Ich kann heute nicht mehr angeben, ob dies auf die politischen Ereignisse im Herbst vorigen Jahres allein oder auch auf andere Gründe zurückzuführen war. In der Arbeiterschaft herrschte deswegen große Unruhe. Auch ich vermutete, dass es wegen der Sudetenfrage „schief geht", d. h., dass es zu einem Krieg kommt. Nach der Münchener Besprechung kehrte in der Arbeiterschaft wieder Ruhe ein, der Krieg wurde als erledigt betrachtet. Ob weiterhin von einem Krieg unter der Arbeiterschaft gesprochen wurde, kann ich heute nicht mehr sagen. Ich war bereits voriges Jahr um diese Zeit der Überzeugung, dass es bei dem Münchener Abkommen nicht bleibt, dass Deutschland anderen Ländern gegenüber noch weitere Forderungen stellen und sich andere Länder einverleiben wird und dass deshalb ein Krieg unvermeidlich ist, d. h., ich hatte die Vermutung, dass es so kommen wird. Dies war meine eigene Auffassung. Ich kann mich nicht erinnern, dass Arbeitskameraden nach dem Abkommen von München 1938 noch von einer weiteren Kriegsgefahr sprachen. Ich gebe allerdings zu, dass ich in dieser Zeit ausländische Radiosendungen gehört habe.

Georg Elser, Berliner Verhörprotokoll. 3. Tag – Dienstag, 21. November 1939, Blatt 86 – 88, zitiert nach: Bundesarchiv Berlin, https://www.georg-elser-arbeitskreis.de/texts/ geverhoer3.htm#arbeiter [Zugriff: 13.01.2026]

Arbeitsvorschläge

32065-0097

1. Erklären Sie Georg Elsers Motive.
2. Elser erwähnt insbesondere das Münchner Abkommen. Arbeiten Sie heraus, warum dieses eine besondere Rolle für seine Entscheidung zum Attentat spielte. | F
3. Ordnen Sie das Elser-Attentat auf der Skala des Peukert-Modells (M2 D) ein.

M 7 Q „Aufruf an alle Deutsche!"

Dieses Flugblatt der „Weißen Rose" vom Januar 1943 ist das fünfte von insgesamt sechs Flugblättern der Widerstandsgruppe und wird in mehreren hundert Exemplaren in der Münchener Universität ausgelegt.

Flugblätter der Widerstandsbewegung in Deutschland.

A u f r u f a n a l l e D e u t s c h e !

Der Krieg geht seinem sicheren Ende entgegen. Wie im Jahre 1918 versucht die deutsche Regierung alle Aufmerksamkeit auf die wachsende U-Bootgefahr zu lenken, während im Osten die Armeen unaufhörlich zurückströmen, im Westen die Invasion erwartet wird. Die Rüstung Amerikas hat ihren Höhepunkt noch nicht erreicht, aber heute schon übertrifft sie alles in der Geschichte seither Dagewesene. Mit mathematischer Sicherheit führt Hitler das deutsche Volk in den Abgrund. H i t l e r k a n n d e n K r i e g n i c h t g e w i n n e n , n u r n o c h v e r l ä n g e r n ! Seine und seiner Helfer Schuld hat jedes Mass unendlich überschritten. Die gerechte Strafe rückt näher und näher !

Was aber tut das deutsche Volk? Es sieht nicht und es hört nicht. Blindlings folgt es seinen Verführern ins Verderben. Sieg um jeden Preis, haben sie auf ihre Fahne geschrieben. Ich kämpfe bis zum letzten Mann, sagt Hitler - indes ist der Krieg bereits verloren.

Deutsche! Wollt Ihr und Eure Kinder dasselbe Schicksal erleiden, das den Juden widerfahren ist? Wollt Ihr mit dem gleichen Masse gemessen werden, wie Eure Verführer? Sollen wir auf ewig das von aller Welt gehasste und ausgestossene Volk sein? Nein! Darum trennt Euch von dem nationalsozialistischen Untermenschentum! Beweist durch die Tat, dass Ihr anders denkt! Ein neuer Befreiungskrieg bricht an. Der bessere Teil des Volkes kämpft auf unserer Seite. Zerreisst den Mantel der Gleichgültigkeit, den Ihr um Euer Herz gelegt! Entscheidet Euch, e h ' e s z u s p ä t i s t !

Arbeitsvorschläge

32065-0098

1. Arbeiten Sie die Haltung der Autorinnen und Autoren gegenüber dem NS-Regime heraus.
2. Benennen Sie die Ziele der „Weißen Rose" und ordnen Sie diese politisch ein.
3. Beschreiben Sie mithilfe der unter dem Mediencode verfügbaren Informationen, wie sich der Gesinnungswandel der Mitglieder der „Weißen Rose" vollzog. 32065-0099
4. 2020 zog eine Demonstrantin gegen Corona-Maßnahmen eine Parallele zu Sophie Scholl. Eine Videosequenz finden Sie unter dem QR-Code. Nehmen Sie Stellung zu derartigen Vergleichen. 32065-0100

M8 Q Widerstand im Militär

a) Die Offiziere Henning von Tresckow (1901 – 1944, Selbstmord) und Claus Schenk Graf von Stauffenberg (1907 – 1944, hingerichtet) sind maßgeblich an einem Bombenanschlag auf Hitler am 20. Juli 1944 beteiligt. Tresckow hat sich seit 1934 innerlich vom Regime distanziert und sich an mehreren Attentaten auf Hitler beteiligt. Ein Weggefährte erinnert sich an ein Treffen mit ihm am 17. November 1942 beim Oberkommando der Heeresgruppe Mitte in Smolensk:

Hier griff Henning ein. Er müsse mir etwas Entscheidendes sagen. Unser Generalstab verdiene diesen Namen nicht mehr. Nur noch die Kragenspiegel und die karmesinroten Streifen an den Hosen ließen ihn noch als solchen erscheinen. Clausewitz und der alte Moltke seien nicht mehr gefragt. Hitler habe – mit seinen eigenen Worten – gefordert, der Generalstabsoffizier müsse sein wie ein „Bluthund, der gierig an der Leine zerre, um, losgelassen, sich auf den Feind zu stürzen und ihn zu zerfleischen". Eine Beleidigung des Generalstabs seien diese Worte des Führers gewesen. Hitler wolle nur noch „subalterne Erfüllungsgehilfen" im Generalstab haben. „Erfüllungsgehilfen im Dienste eines Kapitalverbrechers", rief er. Und er wiederholte die Worte. [...] Nach einer Pause fragte ich ihn, was an den Gerüchten von Übergriffen der SS gegen die Zivilbevölkerung in den rückwärtigen Gebieten sei. Diese Gerüchte träfen zu, antwortete er, allerdings mit der Ergänzung, dass es sich nicht um einzelne Übergriffe handele, sondern um planmäßige Ausrottungen von Menschen. Man habe bei der Heeresgruppe zuverlässige Informationen, dass der SD und die SS Spezialeinheiten gebildet hätten, die das sorgfältig organisiert betrieben, und zwar in einem Umfang, der jede Fantasie übersteige. Während wir, die Soldaten an der Front, uns vorne totschießen lassen dürften, betreibe die SS in unserem Rücken ein grauenvolles Geschäft. Er, Henning, sehe darin eine Schändung der Opferbereitschaft des Soldaten an der Front. Fassungslos hatte ich ihm zugehört. Es war ungeheuerlich, was er gesagt hatte. Dann sprach er davon, dass er auf den Tag hinarbeite, an dem dies alles zu Ende sei. Niemand könne heute sagen, wann dieser Tag komme, aber kommen werde er mit Sicherheit, und er werde schrecklich sein.

Zitiert nach Reinhard Rürup (Hrsg.), Der Krieg gegen die Sowjetunion. Eine Dokumentation, Berlin 1991, S. 193

b) Im Juni 1944 erklärt Tresckow gegenüber Freunden:

Das Attentat auf Hitler muss erfolgen, um jeden Preis. Sollte es nicht gelingen, so muss trotzdem der Staatsstreich versucht werden. Denn es kommt nicht mehr auf den praktischen Zweck an, sondern darauf, dass die deutsche Widerstandsbewegung vor der Welt und vor der Geschichte unter Einsatz des Lebens den entscheidenden Wurf gewagt hat. Alles andere ist daneben gleichgültig.

Zitiert nach Peter Steinbach und Johannes Tuchel (Hrsg.), Widerstand in Deutschland 1933 – 1945. Ein historisches Lesebuch, München [3]2000, S. 326

c) Kurz vor dem Attentat vom 20. Juli 1944, das Hitler überleben wird, sagt Stauffenberg zu einer Bekannten:

Es ist Zeit, dass jetzt etwas getan wird. Derjenige allerdings, der etwas zu tun wagt, muss sich bewusst sein, dass er wohl als Verräter in die deutsche Geschichte eingehen wird. Unterlässt er jedoch die Tat, dann wäre er ein Verräter vor seinem eigenen Gewissen.

Zitiert nach Peter Hoffmann, Claus Schenk Graf von Stauffenberg und seine Brüder, Stuttgart 1992, S. 395

Arbeitsvorschläge

32065-0101

1. Erörtern Sie die Motive des Widerstandes im Militär.
2. Erklären Sie, wie es möglich war, dass ein radikaler Regimegegner jahrelang höchste Funktionen innehatte. Welche Schlüsse lässt das auf die betroffene Person und die Stabilität des Regimes zu?
3. Diskutieren Sie, unter welchen Umständen in der Bundesrepublik ein Widerstandsrecht besteht. Berücksichtigen Sie dazu auch Artikel 20 des Grundgesetzes. | H

Leitfrage

Nehmen Sie Stellung:

Widerstand gegen das NS-Regime – notwendig aber aussichtslos?

Handlungsspielräume im Nationalsozialismus

M1 Q Übergriff auf einen jüdischen Studenten
Foto aus Marburg vom 24. August 1933
Die SA führt einen jüdischen Studenten vor. Ihm wurde seine Beziehung zu einer Deutschen vorgeworfen. Zwei Jahre später ahndeten die Nürnberger Rassengesetze Eheschließungen zwischen „arischen" und „nichtarischen" Bürgerinnen und Bürgern.

32065-0474

1. Beschreiben Sie die Fotografie und die Reaktionen der Menschen am Rand. Lassen sich verschiedene Verhaltensweisen erkennen?
2. Arbeiten Sie heraus, was die Reaktionen über Zustimmung und Akzeptanz der NS-Herrschaft aussagen.
3. Diskutieren Sie, welche Rollen den einzelnen Personen zugewiesen werden können.

LEIT-FRAGE

Die Deutschen im Nationalsozialismus – „ein Volk der Täter"?

„Täter – Opfer – Zuschauer"

Um die Zeit des Nationalsozialismus in Deutschland und die Geschichte des Holocaust in ihrer Komplexität zu erfassen und darzustellen, verfolgt die Geschichtswissenschaft einen multiperspektivischen Ansatz. Bei diesem werden die NS-Verbrechen nicht nur aus der Sicht der Opfer oder Täter betrachtet, sondern vielmehr die Handlungsspielräume verschiedener Akteure erforscht. Die inzwischen überholte Unterteilung der Gesellschaft in „Täter", „Opfer" und „Zuschauer" („Bystanders") geht auf den Historiker und Holocaustforscher Raul Hilberg zurück und verweist auf die verschiedenen Rollen und Handlungsmöglichkeiten, die eine Person im Nationalsozialismus hatte. Angesicht der Vielfalt gesellschaftlicher Verhaltensweisen, die sich nicht immer klar einer dieser drei Kategorien zuordnen lassen, greift eine solche Unterteilung allerdings zu kurz. Neben führenden Persönlichkeiten innerhalb der NS-Bewegung und überzeugten Anhängern des nationalsozialistischen Gedankenguts gab es eine Vielzahl agierender Täter. Zur Gruppe der sogenannten Zuschauer lassen sich ebenfalls verschiedene Teile der Bevölkerung zählen, die den Verbrechen des NS-Regimes auf unterschiedliche Art und Weise begegneten. Aber auch die Regierungen und die Bevölkerung anderer europäischer Länder waren mittelbar oder unmittelbar am Holocaust beteiligt. Zu den Opfern des Nationalsozialismus gehörten neben Jüdinnen und Juden weitere Minderheiten wie die Sinti und Roma, kranke Menschen und andere Gruppen, die als „minderwertig" erachtet wurden. Ebenso vielschichtig wie die Rollen Einzelner im Nationalsozialismus waren auch die damit einhergehenden Handlungsspielräume.

Handlungsspielräume – Ablehnung, Anpassung, Überzeugung

Trotz Terror und Diktatur lassen sich verschiedene Reaktionen der deutschen Bevölkerung auf die Verbrechen des NS-Regimes beobachten. Es gab jene, die den Nationalsozialismus ablehnten und Verfolgten halfen, sie versteckten oder auf andere Weise vor dem sicheren Tod zu bewahren versuchten. Es gab Menschen, die sich anpassten, es gab Gleichgültige, aber auch Opportunisten, Profiteure, Denunzianten und überzeugte Antisemiten oder Rassisten. Ab 1933 zeichnete sich insgesamt jedoch eine klare Tendenz ab: Der Anteil der Bevölkerung, der Diskriminierung, Ausgrenzung und Verfolgung von Minderheiten akzeptierte, stieg stetig. Vom 1. Januar bis zum 1. Mai traten rund 2,1 Millionen Deutsche aus freier Entscheidung der NSDAP bei („Märzgefallene“, „Maiveilchen“), darunter auch Arbeiter, insbesondere aber Beamte und Akademiker. Die wissenschaftliche Forschung geht heute davon aus, dass es zwischen 200 000 und 250 000 deutsche und österreichische Tatbeteiligte am Holocaust gab, die aus der Mitte der Gesellschaft stammten. In Umfragen gaben mehr als die Hälfte der Deutschen nach dem Ende des Zweiten Weltkrieges an, von den Morden im Zuge des Holocaust gewusst zu haben. Nur wenige Menschen konnten oder wollten jedoch Genaueres über die Verbrechen erfahren, viele verdrängten unbequeme Informationen. Darüber hinaus wird inzwischen immer wieder darauf hingewiesen, dass der Prozess der Ausgrenzung, Entrechtung und Vernichtung europäischer Jüdinnen und Juden ohne die Beteiligung einer Vielzahl gesellschaftlicher Akteure nicht möglich gewesen wäre. Obwohl die Verhaltensweisen der deutschen Bevölkerung in der Zeit des Holocaust unterschiedlich waren, können Täter und Gesellschaft somit nicht voneinander getrennt werden.

Handlungsspielräume in der Wehrmacht

Persönliche Handlungsspielräume waren nicht nur von gesellschaftlichen und politischen Machtverhältnissen, sondern auch von individuellen Entscheidungen abhängig. Die Rolle und das Verhalten einer Person konnten sich dabei im Laufe eines Lebens ändern. Der deutsche Wehrmachtsoffizier Wilm Hosenfeld hatte anfangs beispielsweise mit den Ideen der Nationalsozialisten sympathisiert und war sowohl Mitglied der SA als auch der NSDAP. Während der deutschen Besatzungszeit rettete er schließlich jedoch mehreren polnischen Bürgern, darunter auch einigen Juden, das Leben und wurde somit vom „Täter“ zum „Helfer“. Auch der österreichische Unternehmer Anton Schmid verhalf als Feldwebel der Wehrmacht einigen hundert Juden im Wilnaer Ghetto zur Flucht. Für seine Rettungsaktion wurde er 1942 vom Kriegsgericht zum Tode verurteilt. Obgleich die genannten Beispiele von Wilm Hosenfeld und Anton Schmid zeigen, dass auch NS-Täter kein geschlossenes Handlungskollektiv bildeten, dürfen diese Einzelfälle nicht über die aktive Rolle der Wehrmacht an der Vernichtung der jüdischen Bevölkerung hinwegtäuschen. So berichteten Soldaten regelmäßig in Feldpostbriefen an die Heimat oder während ihres Fronturlaubs von Massenerschießungen, an denen sie beteiligt gewesen waren oder die sie beobachtet hatten.

Handlungsspielräume im Alltag

Während der Großteil der nichtjüdischen Bevölkerung mit Gleichgültigkeit, Ignoranz, Anpassung oder Zustimmung auf die Verbrechen der Nationalsozialisten reagierte, gab es auch einzelne Personen, die trotz drohender Lebensgefahr und der Angst vor Denunziation den Anweisungen des Regimes keine Folge leisteten oder sich bewusst widersetzten. Ihr Beispiel zeigt, dass es zwar riskante, aber viele unterschiedliche Handlungsmöglichkeiten im Alltag gab. Der Einsatz des Berliner Ehepaars Hedwig und Otto Schrödter ist ein solches Beispiel. 1943 nahm das Ehepaar zwei jüdische Familien bei sich auf und hielt diese bis zum Ende des Krieges versteckt. Auch Otto Weidt, der eine Werkstatt für Blinde in Berlin gegründet hatte, setzte sich tatkräftig für das Schicksal seiner jüdischen Angestellten ein. Mithilfe geschickter Überzeugung und Bestechung bewahrte er diese vor der Deportation, verschaffte seiner jüdischen Angestellten Inge Deutschkron „arische“ Arbeitspapiere und bot einer geflüchteten Jüdin Unterschlupf. Neben den bekannten Beispielen für Widerstand im Nationalsozialismus waren es nicht zuletzt diese kleinen und großen Taten im Alltag,

M2 Q Wilm Hosenfeld (1895–1952):
Der Wehrmachtsoffizier geriet 1945 in Kriegsgefangenschaft und starb 1952 in einem sowjetischen Gefangenenlager. Seit 2008 nennt ihn die Holocaust-Gedenkstätte Yad Vashem „Gerechter unter den Völkern“.

M3 Q Anton Schmid (1900–1942):
Der Besitzer eines Geschäfts für technische und elektronische Bedarfsgegenstände in Wien wurde im Rahmen seines Militärdienstes 1941 in Litauen stationiert. Vor seiner Hinrichtung rettete er dort etlichen Juden das Leben.

Internettipp:
32065-0102
Weitere Berichte über nicht-jüdische Einzelpersonen, die sich im Zweiten Weltkrieg für Juden einsetzten.

M4 Q Jüdische Angestellte der Blindenwerkstatt Otto Weidt
Foto von 1941
Die Werkstatt befand sich in der Rosenthaler Straße in Berlin. Im Vordergrund in der Bildmitte sieht man die Jüdin Inge Deutschkron, die Weidt vor der Deportation bewahrte.

die über individuelle Schicksale entscheiden und eine nachhaltige Wirkung entfalten konnten.

Handlungsspielräume von Jüdinnen und Juden

Obwohl die Handlungsspielräume von Jüdinnen und Juden im Laufe der NS-Zeit immer geringer wurden, gab es zahlreiche Formen der jüdischen Selbsthilfe und Selbstbehauptung. Zu diesen zählte mitunter die 1933 gegründete „Reichsvertretung der deutschen Juden" unter der Leitung des Berliner Rabbiner Leo Baeck, die die Interessen der jüdischen Bevölkerung in Deutschland gegenüber den Regierungsbehörden vertrat. Darüber hinaus gab es aber auch eine Reihe persönlicher Handlungsspielräume, die Jüdinnen und Juden nutzten, um den Repressalien des NS-Regimes zu entgehen und sich ihr Überleben zu sichern. Neben jenen, die die Flucht ins Ausland ergriffen und emigrierten, gab es auch jene, die falsche Identitäten annahmen, in die Illegalität abtauchten oder aktiv um Hilfe bei der nicht-jüdischen Bevölkerung baten. Wieder andere leisteten als Partisanen, in der britischen oder amerikanischen Armee oder im Rahmen von Aufständen in jüdischen Ghettos Widerstand gegen den NS-Staat.

Im April 1943 organisierten Bewohner des Warschauer Ghettos einen bewaffneten Aufstand, der jedoch scheiterte. Auch in Vernichtungslagern wie Treblinka und Sobibor kam es zu Aufständen; einigen Häftlingen gelang dabei die Flucht aus Sobibor. Die Häftlinge des „Sonderkommandos" in Auschwitz, die in den Krematorien für die Verbrennung der zuvor vergasten Menschen zuständig waren, schafften es im Oktober 1944, eines der Krematorien mit Sprengsätzen zu zerstören. Trotz furchtbarer Lebensbedingungen und täglicher Todesangst in den Ghettos entwickelten die Bewohner Überlebensstrategien, errichteten notdürftige Behausungen, tauschten oder schmuggelten lebensnotwendige Güter und organisierten ihren Alltag. In Ghettos wie Riga, Minsk, Litzmannstadt und Warschau formierten sich lokale Judenräte, die versuchten, die Versorgung der Bewohner, Arbeitseinsätze und das Zusammenleben auf engstem Raum zu koordinieren. Die Bemühungen, dem Leben trotz widrigster Umstände auch im Ghetto einen gewissen Rahmen zu geben, zeigen den Überlebenswillen deportierter Jüdinnen und Juden.

M 5 D „Grauzonen von Verhalten“

a) Die Historiker und Holocaust-Forscher Frank Bajohr und Andrea Löw problematisieren die starre Kategorisierung gesellschaftlicher Verhaltensweisen während des Holocaust wie folgt:

In den letzten Jahren sind durch einen alltagsnahen, differenzierten Blick immer mehr mittelbar und unmittelbar Beteiligte des Holocaust in den Fokus der Forschung gerückt. Raul Hilberg hatte einst noch relativ statisch zwischen „Tätern“, „Opfern“ und „Bystanders“ des Holocaust unterschieden. Diese Kategorien sind prinzipiell nach wie vor sinnvoll – und sei es aus dem einfachen Grund, dass im Holocaust eine große Gruppe von Menschen eine noch größere Gruppe anderer Menschen ermordete und das Gros der damaligen Zeitgenossen weder zur einen noch zur anderen Kategorie zählte. Die Vielfalt gesellschaftlicher Verhaltensweisen lässt sich jedoch mit der Trias Täter-Opfer-Bystanders nicht erfassen. Letztere Kategorie wird im Deutschen oft mit „Zuschauer“ übersetzt, was Passivität und Unbeteiligtsein suggeriert. Dies vermittelt den Eindruck, die deutsche Bevölkerung, aber auch die der europäischen Länder, sei in keiner Weise in den Holocaust involviert gewesen. [...] Die neuere Forschung spricht stattdessen von gesellschaftlichen Akteuren, die sich durch multiple Rollen und dynamische Rollenveränderungen auszeichneten. Dies gilt auch für die Opfer, die keineswegs eine einheitliche passive Masse bildeten, sondern sich in ihren Strategien, Verhaltensweisen und Reaktionen auf die Verfolgung oft stark unterschieden. [...] Eine gesellschaftsgeschichtliche Perspektive auf den Holocaust hat daher hermetisch-abgrenzende Kategorien infrage gestellt und den Blick auf vielfältige Grauzonen von Verhalten, Beteiligung und Involvierung gerichtet. Vor allem zwischen Tätern und Bystanders sind die Übergänge fließend geworden.

Frank Bajohr und Andrea Löw, Tendenzen und Probleme der neueren Holocaust-Forschung: Eine Einführung, in: Dies. (Hrsg.), Der Holocaust. Ergebnisse und neue Fragen der Forschung, Frankfurt am Main 2015, S. 10 f.

b) Die Historikerin Mary Fulbrook untersucht den Begriff des „bystanders“, für den es im Deutschen keine adäquate Übersetzung gibt, und verweist darauf, dass es sich dabei um mehr als einen bloßen Zuschauer handelt:

Untätigkeit angesichts von Gewalt ist an sich schon eine Form des Handelns, da sie die Täter effektiv duldet oder sogar zu unterstützen scheint und die Gewalt keineswegs aufhält oder behindert. Sicherlich implizieren einige der verwendeten deutschen Begriffe wie Zuschauer, mehr noch Gaffer oder Schaulustiger, ein gewisses Maß an Faszination oder Vergnügen beim Betrachten eines Gewaltspektakels. Vielleicht ebenso häufig passiert es jedoch, dass man nicht so sehr auf die Gewalt hin-, sondern von ihr wegschaut (Wegschauer), indem man vorgibt, man hätte nichts gesehen und das Geschehen nicht wahrgenommen, um zu vermeiden, sich unwohl zu fühlen oder involviert zu werden. Es ist schlicht einfacher, von nichts gewusst zu haben, als sich der Schuldfrage für ein Ergebnis stellen zu müssen, das möglicherweise hätte verhindert werden können. Passivität wirft daher die Frage auf, ob auch „bystanders“ eine gewisse Verantwortung für den Ausgang von Gewalt tragen und ob es tatsächlich so etwas wie den sprichwörtlichen „innocent bystander“ [„unschuldiger Zuschauer“] geben kann.

Mary Fulbrook, Introduction. Bystanders and Collective Violence, in: Dies. (Hrsg.), Bystander Society. Conformity and Complicity in Nazi Germany and the Holocaust, New York 2023, S. 3 (Übersetzung: Sarah Zeitler)

Arbeitsvorschläge

32065-0111

1. Erläutern Sie, warum die von Raul Hilberg vorgenommene Unterteilung der Gesellschaft in „Täter“, „Opfer“ und „Bystanders“ bzw. „Zuschauer“ inzwischen überholt ist.
2. Diskutieren Sie das Bedeutungsspektrum des Begriffs „Bystanders“. Inwiefern müssen die Implikationen dieses Begriffs kritisch betrachtet werden?
3. Bewerten Sie die Aussage, die Übergänge zwischen „Tätern“ und „Bystanders“ seien fließend.

M 6 Q „Vollkommene Gleichgültigkeit“

Ursula von Kardorff ist in den Kriegsjahren Redakteurin bei der Berliner „Deutschen Allgemeinen Zeitung“. Am 3. März 1943 notiert sie in ihrem Tagebuch:

Frau Liebermann ist tot. Tatsächlich kamen sie noch mit einer Bahre, um die Fünfundachtzigjährige zum Transport nach Polen abzuholen. Sie nahm in dem Moment Veronal, starb einen Tag später im jüdischen Krankenhaus, ohne das Bewusstsein wiedererlangt zu haben. [...] Durch welche Veränderung ist es eigentlich möglich geworden, aus einem im Durchschnitt gutmütigen und herzlichen Menschenschlag solche Teufelsknechte zu formen? Das spielt sich in einem kaltbürokratischen Vorgang ab, bei dem der Einzelne schwer zu greifen ist, Zecken, die sich in den Volkskörper einsaugen und plötzlich ein Stück von ihm geworden sind.
Der Metteur[1] Büssy erzählt mir heute beim Umbruch, dass sich in seiner Gegend am Rosenthaler Platz die Arbeiterfrauen zusammengerottet und laut gegen die Judentransporte protestiert hätten. Bewaffnete SS mit

[1] Metteur: alte Bezeichnung für Schriftsetzer

aufgepflanztem Bajonett und Stahlhelm holte Elendsgestalten aus den Häusern heraus. Alte Frauen, Kinder, verängstigte Männer wurden auf Lastwagen geladen und fortgeschafft. „Lasst doch die alten Frauen in Ruhe!", rief die Menge. „Geht doch endlich an die Front, wo ihr hingehört." Schließlich kam ein neues Aufgebot SS und zerstreute die Protestierenden, denen sonst nichts weiter geschah.

In unserem Viertel sieht man so etwas nie. Hier werden die Juden des Nachts geholt. [...] Wie schnell haben wir uns alle an den Anblick des Judensterns gewöhnt. Die meisten reagieren mit vollkommener Gleichgültigkeit, so wie ein Volontär, der neulich zu mir sagte: „Was interessieren mich die Juden, ich denke nur an meinen Bruder bei Rshew, alles andere ist mir völlig gleichgültig." Ich glaube, das Volk verhält sich anständiger als die sogenannten Gebildeten oder Halbgebildeten. Typisch dafür ist die Geschichte von dem Arbeiter, der in einer Trambahn einer Jüdin mit dem Stern Platz machte: „Setz dir hin, olle Sternschnuppe", sagte er, und als ein PG[2] sich darüber beschwerte, fuhr er ihn an: „Üba meenen Arsch verfüge ick alleene."

Ursula von Kardorff, Berliner Aufzeichnungen. Aus den Jahren 1942 bis 1945, München 1962, S. 36 f.

Arbeitsvorschläge 32065-0103

1. Beschreiben Sie die hier geschilderten unterschiedlichen Reaktionen der nichtjüdischen Bevölkerung auf die Judenverfolgung. Welche Perspektiven und Handlungsspielräume werden genannt?
2. Kardorff versucht, ein „Täterprofil" zu erstellen. Erläutern Sie ihre Aussagen.

M7 D Rettungswiderstand

Der 1924 in Polen geborene deutsche Historiker, Schriftsteller und Publizist Arno Lustiger hat den Holocaust überlebt und sammelt seit vielen Jahren Materialien für die Judenrettung während der NS-Zeit. Sein Buch „Rettungswiderstand" versammelt Berichte über Judenretter aus rund 30 europäischen Ländern. Darunter findet sich auch die Geschichte des Feldwebels Anton Schmid.

Am 24. Juni 1941 marschierten die deutschen Truppen in Wilna ein. Die Verfolgung der Juden begann sofort. [...] Bis Ende 1941 waren 33 000 von den 57 000 Juden Wilnas ermordet worden, 12 000 „legale" Juden mit gelben Scheinen, Ausweis einer produktiven Tätigkeit, sollten zunächst am Leben bleiben. [...]

Auf diese tragische Situation stieß Feldwebel Anton Schmid, als er nach Wilna versetzt wurde. [...] Er hatte die Aufgabe, Soldaten, die die Verbindung zum Truppenteil verloren hatten, einzusammeln und an die Front zu schicken. Seine Dienststelle befand sich im Wilnaer Bahnhof und in einigen dazugehörigen Gebäuden. Innerhalb weniger Monate, zwischen Spätsommer 1941 und Januar 1942, vollbrachte er schier unglaubliche Heldentaten. Er transportierte mit seinem Wehrmachtslastwagen, mit Marschbefehlen, die er selbst ausstellte, über dreihundert Juden aus Wilna nach Woronowo, Grodno, Bialystok und Lida, denn die Juden Weißrusslands waren noch nicht so wie in Wilna von der Vernichtung bedroht. Schmid rettete ihnen damit zunächst das Leben. Je 20 bis 25 seiner Schützlinge mussten sich nach einem ausgeklügelten System in Schmids Werkstätten verstecken und dort übernachten, bis der Abfahrtstermin kam. Schmid beschäftigte in den seiner Sammelstelle angeschlossenen Werkstätten 140 Handwerker, die er mit „gelben Scheinen" ausstattete, was sie und ihre Familien vor Razzien schützte. Er versorgte sie auch mit Lebensmitteln. [...] Feldwebel Schmid war in dieser schrecklichen Zeit über das Geschehen in Wilna bestens informiert. Dieses Wissen bedeutete für ihn, keinen Befehl, keine Anweisung, kein Verbot seitens der Wehrmacht, SS, Gestapo oder Zivilverwaltung bezüglich der Juden zu beachten. Seine eigenen Beobachtungen und Gefühle konnte er mit keinem seiner Kameraden oder Vorgesetzten teilen. Als Teil der Besatzungsmacht hätte er, wie die meisten seiner Kameraden, fern von der Front, ein sorgenloses, angenehmes Leben führen können. Er entschied sich aber, der Stimme seines Gewissens zu folgen, und bezahlte das mit seinem Leben.

Arno Lustiger, Rettungswiderstand. Über die Judenretter in Europa während der NS-Zeit, Göttingen 2011, S. 96 f.

Arbeitsvorschläge 32065-0104

1. Erklären Sie den Begriff „Rettungswiderstand". | H
2. Nehmen Sie Stellung zu den Handlungsspielräumen deutscher Wehrmachtssoldaten.

[2] PG: Parteigenosse; Mitglied der NSDAP

M 8 D Hilfe für Verfolgte durch „Stille Helden“

Der Historiker Johannes Tuchel, ein Experte für die Geschichte des Widerstands gegen die Nationalsozialisten, beurteilt 2018 die Taten der Menschen, die trotz großer Gefahr für sich selbst jüdischen Verfolgten geholfen haben. Diese Helfer werden „Stille Helden“ genannt.

Nur eine Minderheit der Deutschen wagte in den Jahren 1933 bis 1945, politischen Widerstand gegen den Nationalsozialismus zu leisten. Und noch geringer war die Zahl der Menschen, die sich der nationalsozialistischen Judenverfolgung widersetzten. Die Hilfen für verfolgte Jüdinnen und Juden bedeuteten eine zentrale Herausforderung der nationalsozialistischen Diktatur. Die Judenverfolgung und der Völkermord an den Juden Europas standen im Zentrum der nationalsozialistischen Ideologie und des NS-Regimes. Die Nationalsozialisten wollten sämtliche Juden in ihrem Herrschaftsbereich ermorden – ohne jede Ausnahme. Wer nun einen Juden versteckte oder ihm auf irgendeine andere Art und Weise half, traf damit das System im ideologischen Kern. Wer einem Juden half, stellte das System radikal infrage. Unter dieser Voraussetzung ist die Hilfe für Verfolgte als eine extrem bedeutsame Widerstandshandlung anzusehen. […] Viele Deutsche empfanden nach 1945 Widerstand gegen den Nationalsozialismus immer noch als „Verrat“ und sahen in denjenigen, die sich dem NS-System widersetzt hatten, „Verräter“. Dieses negative Bild sollte sich erst langsam wandeln. Die Geringschätzung der Umwelt für die Helferinnen und Helfer korrespondierte außerdem mit einem anderen Phänomen: dem Schweigen der Helfer. Sie hatten ihre Umgebung in der NS-Zeit als feindlich erlebt und wahrgenommen – und viele von ihnen erlebten dies auch noch in der Zeit nach 1945. Sie setzten ihr Schweigen auch dann noch fort, als langsam die Vorbehalte gegen die Widerstandskämpfer im Allgemeinen etwas geringer wurden. Hinzu kam, dass viele über ihre Hilfe nicht sprachen, da sie diese Hilfe immer als selbstverständlich angesehen hatten.

Zitiert nach: Christoph Hamann und Beate Kosmala, flitzen verstecken überleben? Hilfe für jüdische Verfolgte 1941–1945, Berlin / Ludwigsfelde ^{2}2018, S. 8

Arbeitsvorschläge

1. Arbeiten Sie heraus, wie der Autor seine These begründet, die Hilfe für jüdische Verfolgte sei eine „extrem bedeutsame Widerstandshandlung“. Erläutern Sie diese These an einem Beispiel.
2. Diskutieren Sie den Begriff „Stille Helden“.
3. Vertiefen Sie Ihre Kenntnisse über Rettungsversuche an einem Beispiel auf der Internetseite der Gedenkstätte Stille Helden. | H

32065-0105

M 9 Q Leben im Ghetto

Im Mai 1945 schreibt die Jüdin Edith Blau mit Blick auf ihre Zeit im Ghetto in Riga:

Man lebt ganz großartig, im Ghetto gibt es Sachen zu kaufen, die es in der ganzen Stadt nicht ohne Karten gibt, aber wir sind tüchtig, und keiner lässt sich unterkriegen. Wein wird getrunken, Konzerte werden veranstaltet, Fußballmatches ausgetragen. Gerade mitten auf dem Galgenplatz, wo gestern noch jemand gehängt wurde, weil man bei ihm 1 Kilo Butter gefunden hatte (Wir mussten, als wir am Abend vom Kommando kamen, alle 3 Mal um diesen Galgen herumgehen). Es ist ein so wahnsinniges Leben, dieses Ghettoleben. Der Tod ist ständig unter uns, und man lacht und liebt sogar wie in einem Irrenhaus! Ich selbst habe meine große Liebe in diesem Rigaer Ghetto gefunden. Malkni, ein lettischer Jude, mit dem ich fast 2 Jahre innig befreundet war, und es ist heute mein erstes Unternehmen nachzuforschen, ob er noch lebt, dann hätte für mich das Leben wieder eine herrliche Bedeutung.

Zitiert nach: Andrea Löw, Deportiert. „Immer mit einem Fuß im Grab“. Erfahrungen deutscher Juden, Frankfurt am Main 2024, S. 194

Arbeitsvorschläge

32065-0112

1. Analysieren Sie, wie Edith Blau das Leben im Rigaer Ghetto beschreibt. | F
2. Diskutieren Sie Möglichkeiten und Grenzen der Handlungsspielräume von Jüdinnen und Juden in den Ghettos.

Leitfrage

Nehmen Sie Stellung:

Die Deutschen im Nationalsozialismus – „ein Volk der Täter“?

LK Exil, Emigration, Umsiedlung

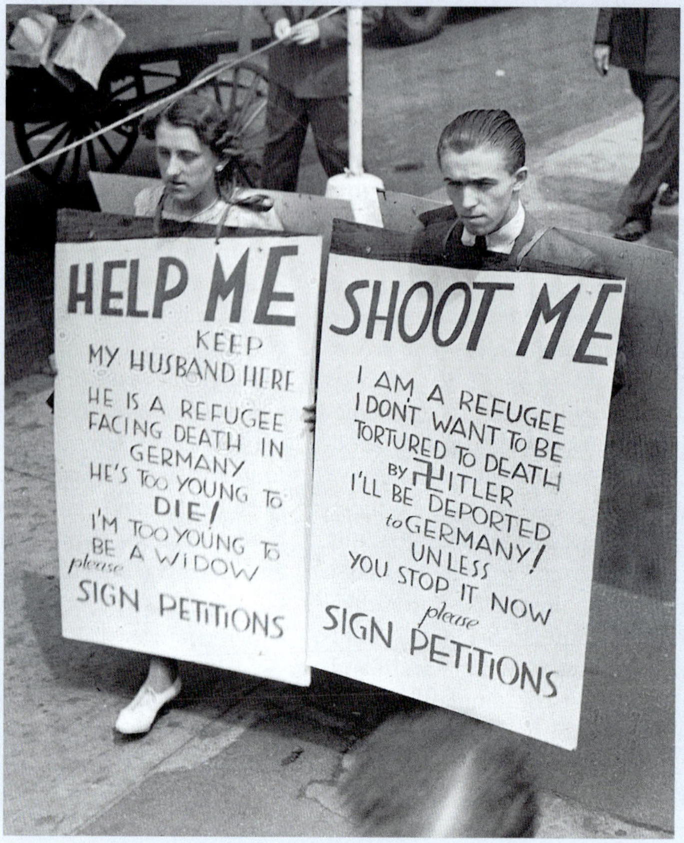

M1 Q Jüdische Emigranten protestieren in New York gegen die Abschiebung
Foto vom 12. Juni 1936
Das jüdische Ehepaar Richter protestiert auf der amerikanischen Einwandererinsel Ellis Island gegen die drohende Abschiebung zurück nach Deutschland, weil es keine gültigen Einreisepapiere besaß.

32065-0475

1. Beschreiben Sie das Bild und ordnen Sie es in den historischen Kontext ein.
2. Diskutieren Sie Gründe für eine Flucht aus Deutschland sowie mögliche Herausforderungen, mit denen sich Emigranten bei der Ausreise und in den Zielländern konfrontiert sahen.

LEIT-FRAGE

Vertreibung, Auswanderung, Flucht – der NS-Staat als Motor von Massenzwangswanderungen?

Emigration

Zwischen 1933 und 1945 ergriffen allein im deutschsprachigen Raum über eine halbe Millionen Menschen die Flucht ins Ausland, um dem wachsenden Terror des NS-Regimes zu entgehen. Über 90 Prozent waren jüdischer Herkunft; die übrigen Emigranten gehörten zu den politischen Gegnern des Nationalsozialismus, die von Verfolgung und KZ-Haft bedroht waren oder wie viele Künstler und Wissenschaftler keine Existenzmöglichkeiten mehr hatten.

„Innere Emigration"

Viele Künstler, Dichter und Gelehrte, die nach 1933 ins benachbarte Ausland oder später nach Übersee flohen, mussten Deutschland verlassen, weil ihr Leben gefährdet war oder um Verhaftungen zu entgehen. Einzelne verließen ihr Heimatland auch aus Protest gegen das neue Regime. Wer zurückblieb, da er nicht unmittelbar gefährdet war, musste mit Publikations- und Ausstellungsverbot rechnen. Einige Schriftsteller hüllten ihre Vorbehalte gegenüber dem Regime in historische Beispielgeschichten, die nicht ohne Weiteres aufzuschlüsseln waren, oder sie schrieben für die Zeit nach dem erhofften Zusammenbruch des „Dritten Reiches". Um diese Autoren zu charakterisieren, sprach man in den Nachkriegsjahren von der „Inneren Emigration". Dieser Begriff soll ausdrücken, dass nicht alle, die nicht zur „Äußeren Emigration" gezwungen worden waren, automatisch auf der Seite des nationalsozialistischen Regimes gestanden haben.

M 2 Q „Die geistige Emigration“
Ölgemälde (211 x 343 cm) von Arthur Kaufmann, begonnen um 1938, vollendet um 1965 (Ausstellungsort: Städtisches Museum Mülheim/Ruhr)
Zu sehen sind jüdische und nichtjüdische Emigranten. Unter den Abgebildeten sind auf dem linken Flügel unten (von links): George Grosz und Arnold Schönberg. Mittlerer Flügel unten: Albert Einstein, Erika Mann, dahinter (von links) Arnold Zweig, Klaus Mann, Thomas Mann und Ludwig Renn. Rechter Flügel unten (von links): Kurt Weill, Max Reinhardt, Helene Thimig und Ernst Toller.

▶ Beschreiben Sie das Gemälde und seine Wirkung.

▶ Informieren Sie sich mithilfe des Mediencodes über die Personen auf dem Gemälde. Benennen Sie individuelle Motive für eine Flucht und beschreiben Sie Probleme, die mit einem Leben im Exil einhergehen konnten.

Internettipp:
32065-0448 Informationen zu den abgebildeten Personen

Auswanderung von Jüdinnen und Juden

Die jüdische Emigration vollzog sich in Schüben und erreichte 1938 nach dem „Novemberpogrom“ ihren Höhepunkt. Bis zu diesem Zeitpunkt hatten etwa 130 000 Jüdinnen und Juden das Land verlassen; in den folgenden zwei Jahren flohen fast noch einmal so viele. Abgesehen davon, dass sie ihre Heimat nicht verlassen wollten, raubte ihnen der NS-Staat durch die Beschlagnahme von Besitz und Vermögen das notwendige Geld für die Auswanderung. Zusätzlich waren die Ausreisewilligen von den NS-Behörden systematischen Schikanen und Demütigungen im Kampf um die notwendigen Ausreisepapiere ausgesetzt: Sie mussten von Amt zu Amt laufen, stundenlang Schlange stehen, zermürbende Hinhaltetaktiken hinnehmen, hohe Auswanderungsabgaben entrichten und ein Visum des Ziellandes vorlegen, das nur über persönliche Kontakte vor Ort zu erhalten war. Mit Unterstützung ausländischer Hilfsorganisationen bemühten sich jüdische Hilfsvereine, die Ausreisewilligen zu beraten, Kontakte in alle Welt herzustellen und Mittel für die Auswanderung ins Exil zu beschaffen.

M 3 D Deutsch-jüdische Emigration während des Nationalsozialismus

Deutsch-jüdische Emigration 1933–1945 (Schätzungen)									
1933	1934	1935	1936	1937	1938	1939	1940	1941	1942–45
37 000	23 000	21 000	25 000	23 000	40 000	78 000	15 000	8000	8500

▶ Analysieren Sie die Entwicklung der deutsch-jüdischen Emigration vor dem Hintergrund der historischen Ereignisse.

M4 Q Versteigerung von Besitztümern deportierter Jüdinnen und Juden
Foto aus Lörrach, November 1940, Fotograf unbekannt
Die jüdische Bevölkerung der Stadt war kurz zuvor in ein Internierungslager im französischen Gurs verschleppt worden.

Reaktion des Auslandes

Angesichts der wachsenden Flüchtlingsströme verschärften jedoch immer mehr Länder ihre Aufnahmebedingungen, da sie soziale und wirtschaftliche Belastungen befürchteten. Daneben sorgten in einigen Ländern Fremdenfeindlichkeit und Antisemitismus für die Durchsetzung strikterer Einwanderungsgesetze. Auch eine im Sommer 1938 im französischen Evian-les-Bains einberufene Flüchtlingskonferenz änderte an der Haltung des Auslandes nichts. Erst nach dem „Novemberpogrom“ öffneten wieder Länder ihre Grenzen in größerem Umfang für Juden. Bis September 1939 retteten sich 75 000 Flüchtlinge – darunter 10 000 Kinder ohne ihre Eltern – nach Großbritannien.

Ausreiseverbot, Flucht, Deportation

Mit Beginn der systematischen Deportationen wurde Juden im Oktober 1941 offiziell die Ausreise verboten. Viele unternahmen verzweifelte Versuche, illegal über die Grenzen zu gelangen, oder blieben hilflos zurück, was den sicheren Tod bedeutete.

Ziel der Deportationen waren vor allem Ghettos in Polen (z. B. Litzmannstadt/Łódź im Warthegau). Auch im Reichskommissariat Ostland, das waren die beim Angriff auf die UdSSR ab Juni 1941 eroberten Gebiete des Baltikums und Weißrusslands, wurden Ghettos eingerichtet.

Von der größten deutsch-jüdischen Gemeinde, den etwa 160 000 Juden, die 1933 in Berlin gelebt hatten (3,8 Prozent der Gesamtbevölkerung), war rund 80 000 bis September 1939 die Flucht gelungen. Am 18. Oktober 1941 begannen die Deportationen der Berliner Juden mit einem Transport in das Ghetto Łódź. Anschließend fanden auch Transporte nach Riga und Kaunas/Kowno (Litauen) statt, sodass im Januar 1942 nur noch etwa 58 000 und im November nur noch gut 35 000 Juden in Berlin lebten. Von den 80 000 Personen, die 1941 mit Deportation bedroht gewesen waren, nahmen sich im Jahr 1942 außerdem bis zu 1000 aus Angst vor der „Evakuierung“ das Leben. Bis März 1943 verringerte sich die Zahl der Berliner Juden durch fortlaufende Transporte, die nicht nur in den Osten, sondern auch in das KZ Sachsenhausen oder nach Theresienstadt gingen, auf etwa 18 500, sodass zu diesem Zeitpunkt offiziell nur noch Juden, die in „Mischehen“ lebten, und sogenannte „Mischlinge“ zurückgeblieben waren.

Umsiedlungen und Vertreibungen im Osten

Bereits im Herbst 1939 zeigte sich, welch neuartige Dimension der von Hitler vom Zaun gebrochene Krieg erreichen sollte, der im Osten als „Kampf um Lebensraum“ geführt wurde. Ein Großteil des eroberten Landes, vor allem das annektierte Westpolen und Teile des Generalgouvernements, sollte ins Deutsche Reich eingegliedert und mithilfe von umgesiedelten Deutschen aus den baltischen Staaten und anderen osteuropäischen Gebieten gewaltsam „germanisiert“ werden (Generalplan Ost). Über eine Million Polen wurden aus ihrer Heimat vertrieben oder zur Zwangsarbeit ins Reich verschleppt. Wer nicht „germanisiert“ werden konnte – nach deutschen Schätzungen über 95 Prozent der polnischen Bevölkerung – sollte zu harter Zwangsarbeit herangezogen werden. Repräsentanten der polnischen Oberschicht, Intellektuelle, Geistliche, aber auch Arbeiter und Gewerkschafter wurden zu Tausenden ermordet oder in Konzentrationslager deportiert. Zwischen 1939 und 1944 wurden als

Nutznießer der Umsiedlungen eine Million Menschen deutscher Herkunft (sogenannte „Volksdeutsche“) aus ihren außerhalb der Reichsgrenzen gelegenen Siedlungsgebieten in Südost-, Ostmittel- und Osteuropa „heim ins Reich“ gelockt oder genötigt. Sie sollten in den von Polen und der Tschechoslowakei eroberten Gebieten angesiedelt werden, die dem Reich unmittelbar angegliedert worden waren.

M5 Q Massenvertreibung in Polen
Foto von 1939

► Beschreiben Sie ausgehend vom Foto und den Informationen im Text, wie die Vertreibung der Bevölkerung in besetzten Gebieten ablief.

„Volksdeutsche“: Angehörige deutscher Minderheiten in Ost-, Ostmittel- und Südosteuropa, die nicht über eine deutsche Staatsangehörigkeit verfügten

Die Umsiedlung dieser „Volksdeutschen“ begann 1939 mit 100 000 Menschen aus dem seit 1918 italienischen Südtirol, die vor allem im bis 1938 österreichischen, danach „großdeutschen“ Tirol, Vorarlberg und Kärnten angesiedelt wurden. 1940/41 betraf sie 130 000 „Volksdeutsche“ aus Estland und Lettland sowie 100 000 Bessarabien-Deutsche, die vor allem den dem Reich angegliederten Gebieten Polens („Reichsgau Danzig-Westpreußen“, „Reichsgau Posen“/„Warthegau“) zugewiesen wurden. Zuletzt ging es 1944 um 250 000 „Volksdeutsche“ aus Wolhynien, Galizien und Siebenbürgen, die ins Reichsgebiet kamen.

Vertreibung als Besatzungspolitik

Auch in anderen besetzten Staaten kam es zu massenhaften Vertreibungen und zur „Germanisierung“ bestimmter Gebiete. So wurden etwa Teile Sloweniens annektiert und Zehntausende von Einwohnern vertrieben. Zum Teil wurde diese Politik der Vertreibung mit Blick auf eine gewünschte Herstellung ethnisch homogener Räume auch von Staaten praktiziert, die mit dem Deutschen Reich kollaborierten, wie von Italien oder Ungarn, die ihrerseits Gebiete z. B. in Jugoslawien besetzt hielten bzw. annektiert hatten. Auch aus Elsass-Lothringen, das 1940 wieder an das Reich angeschlossen worden war, wurde ein Großteil der französischsprachigen Bevölkerung ins unbesetzte Frankreich abgeschoben. Vor allem in Gebieten in Süd- und Osteuropa, die von der Wehrmacht erobert und besetzt worden waren, wurde auch in Kauf genommen, die einheimische Bevölkerung auszuhungern, um die deutschen Truppen versorgen zu können. So hungerten viele Tausend Menschen in Polen, in Griechenland oder gegen Kriegsende auch in Nordholland. Die Mangelversorgung traf vor allem Kinder, Alte, Kranke oder Menschen, die in Heimen untergebracht waren.

Zwangsarbeit und Kriegsgefangenschaft

Die Verschleppung und massenhafte Ausbeutung der Bevölkerung besetzter Staaten für die NS-Kriegswirtschaft nahmen im Verlauf des Krieges enorme Ausmaße an: Im Oktober 1944 wurden fast acht Millionen ausländische Arbeitskräfte in Deutschland gezählt, darunter knapp sechs Millionen Zivilisten und rund zwei Millionen Kriegsgefangene. Sie stammten aus insgesamt 26 Ländern.

Die Gesamtzahl der Ausländer, die während des Krieges in Deutschland tätig gewesen waren, lag ohne Zweifel höher. Sie verringerte sich aber beispielsweise durch erfolgreiche Flucht, Todesfälle oder das Zurückschicken in die Heimat bei schweren Erkrankungen bzw. Invalidität. Schätzungen sprechen von zehn Millionen, wahrscheinlich waren es sogar eher zwölf bis 14 Millionen Menschen, von denen 80 bis 90 Prozent als Zwangsarbeiter gelten können.

M6 D Q Gehen oder bleiben?

a) Zur Frage, welche Motive Jüdinnen und Juden in Deutschland dazu bewogen, (nicht) zu emigrieren, schreibt die US-amerikanische Professorin für moderne jüdische Geschichte Marion A. Kaplan im Begleitband zur Ausstellung „Heimat und Exil" in Berlin 2006/07:

Manche setzten alles daran, in den von den Nazis immer enger gezogenen Grenzen ein „normales" Leben aufrechtzuerhalten. Manche wollten schlicht nicht wahrhaben, was sie mit eigenen Augen sahen. Viele verdrängten die Bedrohung aus dem Bedürfnis heraus, mit ihren Familien auch unter schwierigen Umständen weiter in ihrem Heimatland leben zu können. In den ersten Jahren der NS-Herrschaft schien es ab und an auch Zeichen der Hoffnung zu geben. Oft waren es Erfahrungen der Loyalität – der Freund, der demonstrativ zu Besuch kam, die alte Schulkameradin, die sich in einem überfüllten Geschäft den Weg zu einer jüdischen Frau bahnte, um sie zu begrüßen –, die die verfolgten Juden darin bestärkten auszuharren. Fast jeder kannte „einen anständigen Deutschen", und nicht wenige waren überzeugt, wie sich Else Gerstel erinnert, „die radikalen Nazi-Gesetze würden niemals angewandt werden, weil sie dem maßvollen Charakter der Deutschen nicht entsprachen". Von widersprüchlichen Erfahrungen berichtet auch Inge Deutschkron: 1933 verlor ihr Vater durch das „Gesetz zur Wiederherstellung des Berufsbeamtentums" seine Stellung, aber noch 1935 wurde er für seine Dienste im Ersten Weltkrieg ausgezeichnet. „Die Hoffnung, dass sich in nicht allzu ferner Zeit alles wieder zum Besseren wenden könnte, war keineswegs erloschen. Überdies galt auch für die Juden in Deutschland das Gesetz der Gewöhnung. Man gewöhnte sich an die Tatsache, als Jude diskriminiert zu werden."

Von den ersten antijüdischen Verordnungen und Boykotten bis zu den „Nürnberger Gesetzen" und der fortschreitenden „Arisierung" versuchten deutsche Juden sich an die jeweilige Lage anzupassen und hofften nach jedem neuen Schlag doch wieder zu einer Normalität zu finden. Ihr Alltagsleben ging – mit immer stärkeren Einschränkungen – weiter. Die Schlinge zog sich enger, aber langsam und regelmäßig. Dieses Spannungsfeld zwischen Normalität und Ausnahmezustand, Verdrängung und Angst ist von zentraler Bedeutung, wenn man verstehen will, warum manche Juden blieben, während andere Deutschland verließen.

Meist waren es die Frauen, die inmitten der verwirrenden Signale als erste die Gefahr erkannten und ihre Männer, Brüder oder Väter dazu drängten, Deutschland zu verlassen. […]

Neben der Geschlechtszugehörigkeit spielte das Alter eine entscheidende Rolle bei der Entscheidung, ob man fliehen oder bleiben sollte. Vor allem Jugendliche erkannten die Gefahr in ihrer Umgebung und drängten ihre Eltern zur Auswanderung. Der Zugang zu weiterführenden Schulen war ihnen größtenteils versperrt, sie hatten kaum Chancen auf einen aussichtsreichen Einstieg ins Berufsleben. So sahen sie in Deutschland keine Zukunft für sich, während ihre Eltern das Unbekannte fürchteten und sich an das klammerten, was sie noch hatten. […]

Marion A. Kaplan, Gehen oder bleiben?, in: Cilly Kugelmann und Signe Rossbach (Hrsg.), Heimat und Exil. Emigration der deutschen Juden nach 1933. Begleitbuch zur Ausstellung „Heimat und Exil" im Jüdischen Museum Berlin. Frankfurt am Main 2006, S. 31–33 (Übersetzung: Michael Ebmeyer)

b) Auszug aus dem Israelitischen Familienblatt vom 17. Februar 1938

Aufbruch der Jugend

Wenige Minuten noch, und alles liegt zurück: Das Elternhaus, die Schule, der Bund, der Spielplatz, — dann ist alles Vergangenheit und liebe Erinnerung. Dann fährt der Zug geradeaus, unaufhaltsam voran, in eine andere Welt, in einen Neubeginn. Jetzt stehen sie am Fenster, schauen noch einmal ihren Freunden in die Augen, tauschen einen letzten Händedruck. Freude und Schmerz kämpfen gegeneinander, Mut und Furcht, Trauer und Hoffnungsfreudigkeit. Die eine weint, die andere lacht. Hier ist der Schmerz der Trennung stärker, — dort überstrahlt das selbstgemalte Bild der neuen Zukunft alle Trauer des Abschieds. Nicht jedes Antlitz ist gleich beredt. Auf dem einen lesen wir Zuversicht und das Lächeln, das den Eltern gilt: „Nur keine Angst, ich werde es schon schaffen!" Und da ist das Lächeln, das den Sturm der Gefühle verdeckt. Das „mannhafte" Lächeln eines jungen Mädel. Ein Lächeln der Beherrschung und der Standhaftigkeit.

Jugend-Alija fährt ab. — Aufbruch der Jugend!

Arbeitsvorschläge

32065-0107

1. Erklären Sie, warum die Entscheidung zur Flucht oft (zu) spät getroffen wurde.
2. Begründen Sie, warum das Geschlecht und das Alter einen Einfluss auf die Flucht hatten.
3. Arbeiten Sie aus dem Zeitungsartikel die Belastungen für Kinder und Eltern heraus.

M7 Q Mit dem „Kindertransport" ins Exil

1939 wird der zehnjährige Felix Weil als eines unter etwa zehntausend jüdischen Kindern aus Deutschland und Österreich mit einem „Kindertransport" nach England evakuiert. In seinen Lebenserinnerungen beschreibt er die Zeit vor seiner Abreise:

Soweit ich von meiner Tante gehört habe, baten die beiden meine Eltern, so schnell wie möglich eine Nummer beim Konsulat zu beantragen. Meine Tante erzählte mir, dass mein Vater jedoch absolut kein Interesse daran hatte, Deutschland zu verlassen [...]. Mein Vater war der Ansicht, dass das Ganze bald vorbei sei, die Nazis die Macht wieder verlieren und die Dinge sich bald wieder normalisieren würden. Warum sollte er gehen? Er war Deutscher und fühlte sich mehr deutsch als jüdisch [...]. Er hatte das Eiserne Kreuz im Ersten Weltkrieg erworben, hatte für die Deutschen gekämpft und hatte keinerlei Angst davor, dass es ihn treffen könnte.

Natürlich war das alles eine Selbsttäuschung, die wahrscheinlich genährt wurde durch die Olympischen Spiele. Die Deutschen versuchten zu dieser Zeit, das Gesicht eines guten Weltbürgers aufzusetzen [...]. Alle Zeichen des Antisemitismus wie die Schilder „Juden nicht erlaubt" wurden entfernt. Für meinen Vater bestätigte dies seine Haltung. „Ihr seht, ich hatte Recht. Das ist bald vorüber." Leider war das eine Täuschung, und als er dann die Auswanderungsnummer beantragte, war es zu spät [...]. In der Zwischenzeit wurde ich in ein Heim in Frankfurt geschickt. Das war, glaube ich, Ende 1938. Dieses Heim nahm jüdische Kinder auf, die mit einem Kindertransport nach England geschickt werden sollten. [...]

Während des Sommers war ich zu Hause. Plötzlich bekamen wir, etwa im Juni 1939, einen Brief oder Telefonanruf von der Jüdischen Gemeinde oder einer ähnlichen Institution. Die Mitteilung besagte, dass ich für einen Kindertransport ausgewählt worden sei, der am 10. August 1939 Deutschland verlassen sollte, drei Wochen, bevor der Krieg mit Polen ausbrach. Für meine Eltern war diese Aufforderung eine ziemliche Überraschung und sie waren in heller Aufregung. Sie hatten sehr gemischte Gefühle.

Zitiert nach: Gottfried Kößler, Angelika Rieber und Feli Gürsching, „... dass wir nicht erwünscht waren". Novemberpogrom 1938 in Frankfurt am Main. Berichte und Dokumente, Frankfurt am Main 1993, S. 133 ff.

Arbeitsvorschläge

32065-0108

1. Ordnen Sie die zeitlichen Abschnitte des Berichts in den politischen Kontext ein. Wie sah das Leben der jüdischen Bevölkerung in den beschriebenen Jahren aus? Welchen Repressalien war sie jeweils ausgesetzt? | F
2. Erläutern Sie die Haltung, die Weils Vater gegenüber dem NS-Regime und dem Thema Emigration einnimmt. Erklären Sie, warum das Verhalten der Familie für viele andere deutsche Juden typisch gewesen sein könnte.

M8 D Ausländische Arbeitskräfte im Reich

	„Zivilarbeiter"	Kriegsgefangene
Im August 1944 befanden sich im Deutschen Reich aus:		
Belgien	203 262	50 386
Frankreich	654 782	599 967
Italien	158 099	427 238
Niederlande	270 304	–
Sowjetunion	2 126 753	631 559
Polen	1 659 764	28 316
Sonstige	648 919	193 521
Insgesamt	5 721 883	1 930 987

Nach: Ulrich Herbert, Geschichte der Ausländerpolitik in Deutschland, München 2001, S. 148 f.

Arbeitsvorschläge

32065-0109

1. Erklären Sie die Zahlen zur Zwangsarbeit im historischen Kontext.
2. Erarbeiten Sie in Form eines Gruppenpuzzles folgende Themenbereiche: Herkunft und Einsatzorte der Zwangsarbeiter, Arbeits- und Lebensbedingungen.

Leitfrage

Nehmen Sie Stellung:

Vertreibung, Auswanderung, Flucht – der NS-Staat als Motor von Massenzwangswanderungen?

Methode

Geschichtsspielfilme analysieren

Geschichtsspielfilme erscheinen vielen als angenehme Alternative zu eher trockenen, geschichtswissenschaftlichen Darstellungen, weil sie vermeintlich einen anschaulichen Blick „in die Vergangenheit" bieten, spannend sind. Um herauszufinden, inwiefern die „Geschichte" authentisch und triftig, und nicht etwa politisch manipulierend ist, sollten Filme einer grundlegenden Analyse unterzogen werden.

Den meisten Betrachtern dürfte die grundsätzliche Funktion der unterschiedlichen Bereiche (Kamera, Schnitt, Montage, Ton/Musik, Beleuchtung usw.) bekannt sein bzw. sie lässt sich intuitiv durch ihre Wirkung erschließen. Gleichwohl vermittelt ein Film auch auf unterschwelliger Ebene Botschaften, lenkt die Anti- bzw. Sympathien auf kaum merkliche Weise. Um sich in Distanz zur Machart und möglicherweise eigener Lenkung durch den Regisseur zu setzen, muss genau hingeschaut werden.

Arbeitsschritt	Leitfragen
1. beschreiben	• Wann und wo wurde der Film gezeigt? • Beruht der Film auf Vorlagen? • Welcher Gattung gehört die Erzählung an? An welchen Genres orientiert sie sich erzählerisch? • Was ist das Thema des Films? • Wie lässt sich die Handlung (grob) zusammenfassen? • In welcher Beziehung stehen die handelnden Figuren?
2. erklären	• Dargestellte Zeit: Welche Personen, Ereignisse etc. werden gezeigt? Welche sind historisch verbürgt, welche erfunden? Gibt es Abweichungen vom Forschungsstand? • Produktionszeit des Films: In welchem gesellschaftlichen oder politischen Kontext ist der Film entstanden? • Welche filmsprachlichen Mittel kommen mit welcher Intention zum Einsatz? • Welche weiteren Hinweise gibt es zur Aussageabsicht? (z. B. Interviews der Autoren, Regisseure, Kritiken)
3. beurteilen	• An wen richtet sich der Film (primäre Zielgruppe)? • Wie wirkt der Film auf mich und andere? • Was ist die Botschaft des Films? • Welche Sinnbildungsangebote macht der Film? • In welcher Hinsicht ist Authentizität/Triftigkeit gegeben? • Wofür kann ich den Film nutzen?

Beispiel für eine Filmanalyse

Film
32065-0463 Spielzeugland

M „Spielzeugland“

Der in Deutschland produzierte Kurzfilm „Spielzeugland“ von 2007 wurde vor allem im Ausland viel beachtet und gewann, nach mehreren nationalen und internationalen Preisen, 2009 den Oscar in der Kategorie „Kurzspielfilm“. Der Film spielt im Berlin des Jahres 1942. Thema ist die Deportation von Juden im Zuge der sogenannten „Endlösung“, die 1941 vom nationalsozialistischen Regime beschlossen worden war, und das Verhalten Einzelner.

Frau Meißner verlässt mit David den Bahnsteig. Die beiden werden eingerahmt von dem zur Abfahrt bereiten Zug mit Deportierten und bewaffneten Wachmännern. Sie befinden sich in akuter Gefahr, falls doch noch auffallen sollte, dass David nicht Heinrich ist, und gehen einer unsicheren und gefahrvollen Zukunft entgegen. Es besteht aber die Chance, dass die Rettung Davids gelingt.

Eintönige Farben, dunkle und düstere Atmosphäre: Bedrohlichkeit der Situation.

Kadrierung: Die übermächtigen Eisenbahnwaggons und die bewaffneten SS-Männer umschließen Frau Meißner und David, was immer noch Gefahr signalisiert.

Einstellungsgröße Totale: Frau Meißner und David wirken in der dominierenden Umgebung verloren.

Fluchtpunkt: Frau Meißner und David laufen auf den Dampf/Nebel zu, was zukünftige Gefahr symbolisiert. Gleichzeitig wird dahinter ein schmaler Durchschlupf als Ausweg erkennbar. Durch den Fluchtpunkt erhält die Szenerie Dynamik, die die positive Entwicklung möglich erscheinen lässt.

Leichte Vogelperspektive auf Frau Meißner und David zeigt die Gewaltigkeit des Systems gegenüber dem Einzelnen.

Schnee steht für Kälte (des Systems) und den (drohenden) Tod.

Nähe und Distanz: Frau Meißner hält Davids Hand, ihr Körper ist auch in der Vorwärtsbewegung David zugewandt. Beides symbolisiert Nähe und Schutz. Demgegenüber sind die SS-Leute nun distanziert. Sie lassen die beiden unbehelligt.

Die Lösung zu dieser Seite finden Sie unter Mediencode **32065-0462**.

Arbeitsvorschläge 32065-0497

1. Analysieren Sie den Film „Spielzeugland“.
2. Wählen Sie einen weiteren Still und untersuchen dessen filmische Mittel wie in der Beispielsequenz.
3. Bewerten Sie den Film und vergleichen mit den Begründungen der Jurys für die Auszeichnungen, die „Spielzeugland“ erhalten hat.

Sachsenhausen als historischer Lernort

Erinnern und Gedenken seit 1961

Die Erinnerung an die Konzentrationslager Oranienburg (1933–1934) und Sachsenhausen (1936–1945), an das sowjetische Speziallager (1945–1950) sowie an die Nationale Mahn- und Gedenkstätte Sachsenhausen in der Zeit der DDR (1961–1990) wird seit 1993 von der Gedenkstätte und Museum Sachsenhausen wachgehalten. Dazu gehört das Sammeln von Quellen, das Erforschen, Dokumentieren und Präsentieren der Lagergeschichte, das Trauern um die Toten sowie das Anbieten von Lerngelegenheiten für die historische Bildung.

Das Konzentrationslager Sachsenhausen 1936–1945

Im System der nationalsozialistischen Konzentrationslager nahm Sachsenhausen als Modell- und Schulungslager für die SS in der Nähe der Reichshauptstadt Berlin eine Sonderstellung ein. Dies zeigt sich auch darin, dass ab 1938 die „Inspektion der Konzentrationslager", die Verwaltungszentrale aller Konzentrationslager im deutschen Machtbereich, nach Sachsenhausen verlegt wurde. Zwischen 1936 und 1945 waren mehr als 200 000 Menschen im Lager Sachsenhausen und seinen rund 100 Außenlagern inhaftiert: politische Gegner, Juden, Sinti und Roma, Menschen aus den besetzten Ländern Europas sowie Homosexuelle, Geistliche und Zeugen Jehovas. Zehntausende kamen durch Hunger, Krankheit, Zwangsarbeit und Misshandlungen um oder wurden Opfer von systematischen Vernichtungsaktionen der SS. Nachdem die SS gegen Kriegsende mehr als 30 000 Häftlinge auf einen Todesmarsch geschickt hatte, wurden am 22. und 23. April 1945 noch etwa 3 000 Inhaftierte von sowjetischen und polnischen Soldaten befreit.

Das Sowjetische Speziallager 1945–1950

Der sowjetische Geheimdienst NKWD inhaftierte von 1945 bis 1950 rund 60 000 Menschen im Lager – NS-Belastete (zumeist unterer Ränge) und Unbelastete, politisch Missliebige, willkürlich Verhaftete und von sowjetischen Militärtribunalen Verurteilte. Nahezu 12 000 von diesen starben an Unterernährung und Krankheiten.

Vor dem Besuch

- Informieren Sie sich (im Internet, in der Bibliothek) über a) die Geschichte des Lagers Sachsenhausen, b) dort Inhaftierte, c) NS-Täter.
- Verständigen Sie sich darüber, ob und wie Sie vor Ort auch der Toten gedenken wollen.

Vor Ort

- Informieren Sie sich (arbeitsteilig) über eine der neun Dauerausstellungen auf dem Lagergelände.
- Notieren Sie Ihre Beobachtungen und Eindrücke auf dem Gelände, machen Sie Skizzen, fotografieren Sie.

Nach dem Besuch

- Berichten und diskutieren Sie im Plenum über die Geschichte der Lager, der Gedenkstätten und die unterschiedlichen Gestaltungen der Ausstellungen.
- Entwickeln Sie eine Präsentation (als Ausstellung in der Schule, für die Website, als Übung für eine Prüfung ...). Nutzen Sie dabei die gesammelten Informationen, Ihre persönlichen Eindrücke sowie Ihre Fotografien.
- Schlussstrich oder Erinnerung wachhalten? Diskutieren und beurteilen Sie, welchen Umgang mit der historischen Vergangenheit Sie für angemessen halten.

M1 Q Appell

Emil Ackermann, 1937 bis 1939 deutscher politischer Häftling in Sachsenhausen, erinnert sich an das alltägliche Ritual des Lagerappells:

Beim Lagerappell [...] kam es drauf an, dass die Sollzahl des Rapportführers mit der errechneten Istzahl des Lagerschreibers übereinstimmte. Fehlte ein Häftling oder stimmten beide Zahlen aus anderen Gründen nicht überein, heulten sofort die Alarmsirenen.

Aussage von Emil Ackermann (um 1980), in: Günter Morsch und Astrid Ley (Hrsg.), Das Konzentrationslager Sachsenhausen 1936–1945. Ereignisse und Entwicklungen, Berlin [3]2010, S. 83

Zählappell mit Maschinengewehr im Vordergrund.
SS-Propagandafoto, Februar 1941.

M2 Q Lageralltag

Auch Zdzisław Jasko aus Polen, der von 1940 bis 1945 als Häftling in Sachsenhausen ist, muss sich Tag für Tag und oft stundenlang in die Masse der Häftlinge einreihen:

Es war noch nicht Tag. Alles war noch grau. [...] Nach dem Waschen wurden wir auf die Lagerstraße getrieben, wo schon Leute standen. Auch wir mussten uns sofort aufstellen. Überall gingen die SS-Leute, die Blockältesten und Stubenältesten mit Knüppeln umher und brüllten: „Los, los“, natürlich unter Schlägen.

Aussage von Zdzisław Jaśko (2006), in: Günter Morsch und Astrid Ley (Hrsg.), a. a. O., S. 93

Arbeitsvorschläge

32065-0464

1. Beschreiben Sie das Bild und benennen Sie die dargestellte historische Situation. Beziehen Sie dabei auch die Informationen über die unterschiedlichen Hierarchiestufen der Häftlingsgesellschaft im KZ Sachsenhausen ein, die Sie aus M1 und M2, vor Ort oder über Recherche in Büchern oder im Internet erarbeiten können.
2. Nennen Sie den Standpunkt, von dem aus fotografiert wurde.
3. Erörtern Sie den Wert der Darstellung als Quelle und beurteilen Sie, mit welchem Ziel Sie sie in einer Ausstellung verwenden würden.

2.3 Vertiefungsmodul: Das Deutsche Kaiserreich 1871–1914

M1 D Nachwirkung des Deutschen Kaiserreiches

Im Kaiserreich stecken die Wurzeln der Demokratie, der Demokratie von Weimar, auch die Demokratie der Bundesrepublik drin. Aber andererseits eben auch die Wurzeln des Nationalsozialismus und das ist wahrscheinlich der entscheidende Grund, warum das Kaiserreich nach wie vor so umstritten ist.

Christoph Nonn im Gespräch mit Anja Reinhardt, Historiker: Kaiserreich wirkt bis heute nach, in: Deutschlandfunk vom 17.01.2021, https://www.deutschlandfunk.de/deutsche-reichsgruendung-vor-150-jahren-historiker-100.html [Zugriff: 09.02.2026]

M2 D „Aufbruch in die Moderne"

Buchcover, 2021

M3 D „Schatten des Kaiserreichs"

Buchcover, 2020

Internettipp:
32065-0370 Kontroverse um das Deutsche Kaiserreich

32065-0371

1. Arbeiten Sie aus M1 heraus, warum die Beurteilung des Kaiserreiches bis heute so umstritten ist.
2. Analysieren Sie Buchtitel und Covergestaltung von M2 und M3 und überlegen Sie, welche Sicht auf das Kaiserreich wohl jeweils vorgelegt wird.
3. Überprüfen Sie Ihre Überlegungen durch eine Kurzrecherche z. B. zu entsprechenden Buchrezensionen und setzen Sie Ihre Ergebnisse in Beziehung zu M1.

LEIT-FRAGE

Wie modern war das Kaiserreich?

Gründung und Gründungsmythos

Reichsgründung „von oben"

Drei Kriege gingen der „kleindeutschen" Reichsgründung voraus: der Krieg gegen Dänemark 1864, der deutsche „Bruderkrieg" zwischen Preußen und Österreich 1866 und schließlich der Krieg gegen Frankreich 1870/71, in den durch die französische Kriegserklärung an Preußen auch die süddeutschen Staaten aufgrund bestehender Beistandsverpflichtungen involviert waren. Treibende Kraft im Hintergrund war der preußische Ministerpräsident **Otto von Bismarck**. Er nutzte die patriotische Stimmung aus, um die anderen Fürsten und auch den preußischen König dazu zu bringen, der Gründung eines deutschen Nationalstaates zuzustimmen. Proklamiert wurde dieser neue Staat noch mitten im Krieg am 18. Januar 1871 im Spiegelsaal von Schloss Versailles, das den deutschen Truppen während der zeitgleichen Belagerung von Paris als Quartier und Lazarett diente.

Damit hatten sich die jahrzehntelangen Träume vieler national Gesinnter endlich erfüllt. Allerdings ist es nicht die Nationalstaatsgründung „von unten" geworden, die

die Revolutionäre von 1848/49 erstrebt haben, sondern die Nationalstaatsgründung „von oben", die von Bismarck gelenkt und orchestriert wurde. Dies ist aus heutiger Sicht zweifellos eine Belastung für den ersten deutschen Nationalstaat, der gleichwohl genug Potenzial gehabt hätte, sich in eine positive Richtung zu entwickeln. Das zwangsläufige Scheitern des Bismarckreiches impliziert die Gründung von oben nicht.

Gründungsmythos und Erinnerungskultur

Mit den drei siegreichen Kriegen, dem „strahlenden Übervater" Otto von Bismarck und der ikonischen Darstellung der Kaiserproklamation durch Anton von Werner, die sich tief in das Bildgedächtnis der Deutschen einprägte, hatte der junge Staat sogleich einen veritablen Gründungsmythos, der Einigkeit stiftete und patriotische Gefühle weckte. Nüchtern betrachtet, ist daran vieles falsch. Der Abfolge der Kriege wurde im Nachhinein eine Zwangsläufigkeit und Folgerichtigkeit zugeschrieben, die es zeitgenössisch so nicht gegeben hatte. Darüber hinaus war Bismarck auch nicht das Mastermind im Hintergrund, das alles von langer Hand geplant hatte, sondern ein gewiefter Taktiker und Improvisateur. Und auch die Kaiserproklamation war in Wirklichkeit ein wenig glanzvoller, kurzer Akt, der durch lange Verhandlungen im Hintergrund vorbereitet wurde und bis zuletzt auf der Kippe stand.

Dies hinderte den jungen Staat und patriotische Historiker jedoch nicht daran, den Beginn mit Bedeutung aufzuladen und die preußisch-deutsche Geschichte auf diesen Tag zulaufen zu lassen. Der Ruhm des „Kanzlers der Einheit" wuchs von Jahr zu Jahr, gerade nach seinem Rückzug aus der aktiven Politik und seinem Tod 1898, und Bismarcktürme und -denkmäler verbreiteten sich im ganzen Land. Der entscheidende militärische Sieg über den Rivalen Frankreich in der Schlacht von Sedan, bei der im September 1870 der französische Kaiser Napoleon III. in Gefangenschaft geriet, wurde als Nationalfeiertag in der Erinnerung präsent gehalten. Dabei geriet in Vergessenheit, dass der deutsch-französische Krieg nicht so unblutig gewesen war und bereits Vorboten der Schrecken eines industriellen Krieges enthalten hatte, die üblicherweise erst mit dem Ersten Weltkrieg in Verbindung gebracht werden.

Die Nationalstaatsgründung im europäischen Vergleich

In der Geschichtsschreibung der alten Bundesrepublik galt Deutschland lange Zeit als „verspätete Nation", und die historisch späte Nationalstaatsgründung, gemessen an Frankreich und Großbritannien, wurde in Verbindung gebracht mit Demokratiedefiziten, übersteigertem Chauvinismus und zwangsläufigem Scheitern im 20. Jahrhundert. Daran ist vieles problematisch. Am ehesten vergleichen lässt sich das deutsche Beispiel mit Italien, das sich 1861 „von oben" als monarchischer Nationalstaat formierte, nachdem mehrere republikanische Anläufe „von unten" gescheitert waren; Rom kam erst 1870 dazu. Bei näherem Hinsehen überwiegen aber vielleicht auch hier die Unterschiede, denn das Einheitsbewusstsein war aufgrund historischer Prägungen in Deutschland sehr viel stärker ausgeprägt als in Italien, dessen verschiedene Regionen teilweise jahrhundertelang unter Fremdherrschaft standen. Und schaut man auf der Landkarte weiter nach Osten, sieht man die zeitgenössische Dominanz der Vielvölkerreiche Österreich-Ungarn, des Russischen Zarenreiches und des Osmanischen Reiches. Erst der Zerfallsprozess dieser Gebilde am Ende des Ersten Weltkrieges führte zu einer Vielzahl von Staatsgründungen, die teilweise gleichwohl, wie etwa das Ende des 18. Jahrhunderts aufgeteilte Polen, auf eine lange eigenständige Geschichte zurückblicken können. Den „Normalweg" zum Nationalstaat gibt es in dieser Perspektive nicht, sehr wohl aber die wirkmächtige, im 19. Jahrhundert immer stärker werdende Idee, dass jedes Volk seinen eigenen Staat haben sollte.

M4 Q Otto von Bismarck (1815–1898): 1862–1890 preußischer Ministerpräsident; 1871–1890 deutscher Reichskanzler

Verfassung und Partizipationsmöglichkeiten

Verfassungstheorie

Wie schon die Verfassung des Norddeutschen Bundes war auch die des Kaiserreiches stark auf Bismarck und den preußischen König zugeschnitten. Preußen war nicht nur territorial der mit Abstand größte Einzelstaat, sondern besetzte auch die zentralen Machtpositionen im Kaiserreich. Formal kam dem Kaiser eine entscheidende Position zu, auch wenn das in den ersten beiden Jahrzehnten des neuen Staates nur wenig auffiel, da die zentralen Fäden der Macht bei Bismarck zusammenliefen. Er war als preußischer Ministerpräsident zugleich deutscher Reichskanzler und damit quasi der Regierungschef Deutschlands, der auch dem Bundesrat vorstand. In diesem Organ kamen die Vertreter der Einzelstaaten zusammen, deren Bund formal das Kaiserreich bildete, in dem wiederum Preußen das mit Abstand stärkste Gewicht hatte.

Allerdings befand sich der Reichskanzler in direkter Abhängigkeit vom Kaiser, der ihn nach Gutdünken ernennen und entlassen konnte. Dem Parlament, also dem Reichstag, war er keine Rechenschaft schuldig und wurde auch nicht von ihm gewählt, was sich als Belastung erweisen sollte. Trotz dieses Demokratiedefizits war der Reichstag die modernste Institution, die die Verfassung Bismarcks enthielt. Hier saßen Vertreter aus den verschiedenen Teilen Deutschlands, die von allen Männern ab 25 Jahren in direkter und geheimer Wahl gewählt wurden – ein für die Zeit erstaunlich modernes Wahlrecht. Viele Landesvertretungen hingegen, wie z. B. der preußische Landtag, wurden bis zum Ende des Kaiserreiches durch Wahlrechte besetzt, die den Besitzenden ein weitaus größeres Stimmgewicht zusprachen als den Besitzlosen.

Internettipp:
32065-0372 Ergebnisse der Reichstagswahlen im Deutschen Kaiserreich 1871–1912

Verfassungswirklichkeit

Gedacht war das Kaiserreich als freier Zusammenschluss der Fürsten mit dem Bundesrat als zentralem Organ, doch die Institutionen entwickelten sich anders als von Bismarck geplant. Schnell zeigte sich, dass der Reichstag zum entscheidenden Meinungsforum wurde, in dem offene politische Auseinandersetzungen geführt wurden und sich die Regierung vor den Augen der Öffentlichkeit der Kritik stellen musste. Dabei wurde auch deutlich, dass von der Regierung Kompromissbereitschaft und ein Zugehen auf einzelne Parteien gefragt war. Reichstagsdebatten wurden lebhaft in der Presse verfolgt, die Wahlbeteiligung stieg im Laufe der Zeit stark an. Der von Bismarck machtvoll gedachte Bundesrat führte hingegen eine Schattenexistenz. Ein Manko blieb aber, dass die Regierung zwar für ihre Gesetzesvorhaben eine jeweilige Mehrheit des Reichstages brauchte, diesem aber nicht verantwortlich war und auch nicht aus ihm hervorging.

Zentraler Partizipationsakt war die Wahl. Anfangs alle drei, später alle fünf Jahre war die männliche Bevölkerung ab 25 Jahren in 397 Stimmbezirken dazu aufgerufen, einen Kandidaten für den Reichstag zu bestimmen. Gewählt wurde nach dem Prinzip der absoluten Mehrheitswahl, was häufig Stichwahlen zwischen dem Erst- und Zweitplatzierten des ersten

M5 D Verfassung des Deutschen Kaiserreiches

- Analysieren Sie das Verfassungsschema.
- Beurteilen Sie die Stellung des Reichstages.

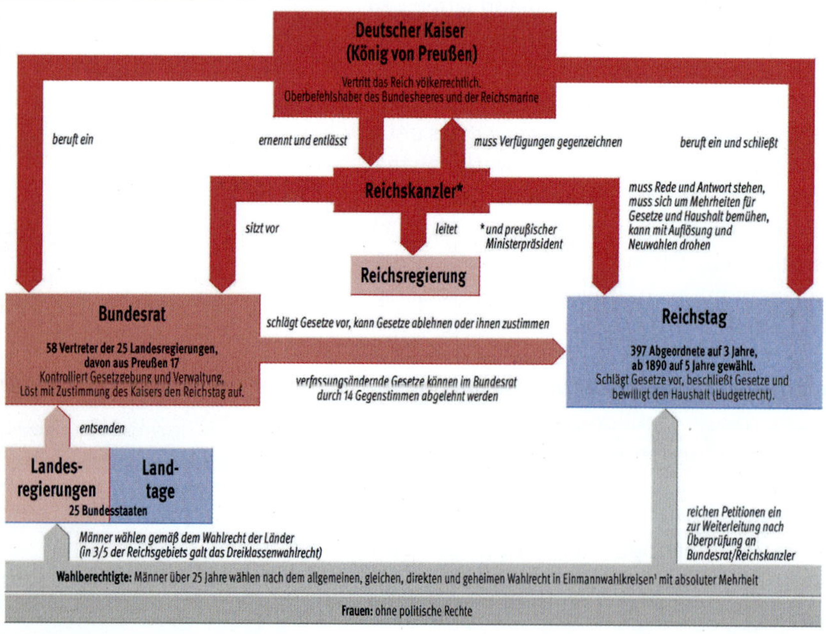

Wahlganges nötig machte. Auch wenn sich manche moderne Selbstverständlichkeit wie die Benutzung von Wahlkabinen erst allmählich durchsetzte, liefen die Wahlen insgesamt erstaunlich geordnet und fair ab. Sauber geführte Wählerverzeichnisse führten dazu, dass die Wahlwilligen ihr Wahlrecht auch wirklich ausüben konnten. Ungerecht war aber, dass trotz vieler Debatten die Einteilung der Wahlkreise und die Zahl der Reichstagsabgeordneten nie verändert wurde, was die schnell wachsenden städtischen Gebiete benachteiligte, weite Teile des ländlichen Raums aber im Reichstag überrepräsentierte.

Parteienlandschaft

Für die Fraktionsbildung im Reichstag, aber auch die Kandidatenauswahl vor Ort waren Parteien zentral. Zwar konnte theoretisch auch ein parteiloser Abgeordneter gewählt werden, aber deren Zahl nahm im Laufe der Zeit stark ab. Parteien sorgten für die Mobilisierung der Wähler und trugen, nicht zuletzt durch eigene Organe wie etwa Zeitungen, zur Prägung der öffentlichen Meinung bei. Da sie an bestimmten Weltbildern und sozialen Milieus orientiert waren, spricht man auch von Ideen- oder Weltanschauungsparteien. Dies schränkte ihre Zusammenarbeit sicherlich ein, wobei man aber auch den Pragmatismus nicht unterschätzen darf, der etwa bei Wahlempfehlungen und Absprachen mit anderen Parteien im Falle von Stichwahlen nötig war.

Im politischen Spektrum unterscheidet man vier Richtungen. Die Konservativen vertraten die Sicht der alten Eliten und der reichen Landbesitzer und waren vor allem in Preußen einflussreich. Die Liberalen affirmierten das Kaiserreich zunächst emphatisch und sahen sich als führende Kraft. Hier unterscheidet man zwischen der linksliberalen Fortschrittspartei und den Nationalliberalen. Das Zentrum, eine Besonderheit in der Parteienlandschaft, organisierte in konservativer Grundausrichtung die Interessen der katholischen Bevölkerung, die auf der Reichsebene in der Minderheit war. Bismarcks Versuch, das Zentrum im Zug des sogenannten Kulturkampfes als reichsfeindlich zu brandmarken, kann als gescheitert gelten. Schließlich gewann die Partei der Arbeiter, die ab 1890 unter dem Namen SPD auftrat, zunehmend an Gewicht. Ähnlich wie das Zentrum profitierte auch die SPD eher von den heftigen Attacken Bismarcks und den rigiden Sozialistengesetzen ab 1878, blieb dem neuen Staat gegenüber aber deutlich kritischer eingestellt. Die Reichskanzler, angefangen von Bismarck, bedienten sich wechselnder Mehrheiten bei der Durchsetzung ihrer Ziele, was zeitweise zu Konstellationen führte, die man als informelle Koalitionen bezeichnen könnte. Die Reichsverfassung brachte es aber mit sich, dass keine Partei als eigentliche Regierungspartei volle Verantwortung übernehmen musste – eine schwere Hypothek für die spätere Weimarer Republik.

Innenpolitische und außenpolitische Streitfragen

Personelle Prägungen und Binnenzäsuren

Das Kaiserreich war auf den ersten Blick betrachtet von großer Kontinuität geprägt. Als größte Binnenzäsur gilt die Entlassung Bismarcks als Reichskanzler 1890. Sie trennte die ersten beiden Jahrzehnte, die der Konsolidierung und Sicherung des Erreichten dienten, von den folgenden Jahrzehnten mit Weltmachtanspruch ab, die freilich auch von geänderten weltpolitischen Rahmenbedingungen beeinflusst waren. Verbunden, wenn auch nicht deckungsgleich, war diese Binnenzäsur mit dem Wechsel an der Staatsspitze. Auf den greisen, in der aktiven Politik zurückhaltenden und noch ganz in preußischer Tradition wurzelnden Kaiser Wilhelm I. folgte 1888 – nach einem Intermezzo von 99 Tagen durch Friedrich III., der schon bei Amtsantritt todkrank war – der jugendliche **Wilhelm II.** Forsch und selbstbewusst wollte er in einer Art „persönlichem Regiment" sehr viel stärker Einfluss auf die aktive Politik

M 6 **Q** **Kaiser Wilhelm II.**
Gemälde von Ludwig Noster, 1897/98
(1859–1941):
1888–1918 Deutscher Kaiser und König von Preußen

nehmen, als dies sein Großvater zu tun gepflegt hatte. Von Bismarcks Nachfolgern, die Wilhelm II. auswählte – auf Leo von Caprivi folgten Chlodwig zu Hohenlohe-Schillingsfürst, Bernhard von Bülow und schließlich Theobald von Bethmann Hollweg –, gewann keiner die Statur und Prägekraft des ersten Reichskanzlers. Der tatsächliche politische Einfluss Wilhelms II. wird in der Forschung unterschiedlich bewertet. Fakt ist, dass nach vielen unglücklichen öffentlichen Auftritten und heftiger Kritik in der Presse und im Reichstag seine politische Präsenz spätestens nach der Daily Telegraph Affäre 1908 deutlich eingeschränkt wurde. Dennoch erlaubte es ihm die Verfassung, im Hintergrund weiter maßgeblichen Einfluss zu nehmen.

Sozialpolitik und Sozialistengesetze

Eine der großen Streitfragen der Zeit war der Umgang mit der sogenannten Sozialen Frage, speziell mit der neuen Klasse der Arbeiter. Diese am stärksten wachsende Schicht lebte oft unter prekären Verhältnissen und stand dem Staat überwiegend skeptisch bis ablehnend gegenüber, da er in ihren Augen einseitig die Rechte der Wohlhabenden und Besitzenden schützte. Bismarck operierte in diesem Feld mit einer Doppelstrategie von „Zuckerbrot und Peitsche“. Einerseits dämonisierte er die SPD und die Arbeiterbewegung und versuchte, deren Aktivitäten durch die Sozialistengesetze extrem einzuschränken, andererseits war er der Schöpfer des Sozialversicherungssystems, wie es im Kern noch heute besteht. Am Anfang stand 1883 die Krankenversicherung, 1884 folgte die Unfallversicherung und 1889 die Invaliditäts- und Alterssicherung. Entworfen wurden sie in einem zähen Ringen zwischen Reichsregierung und Reichstag, bei dem letzterer entscheidenden Einfluss nahm. Schwebte Bismarck ein stark staatlich reglementiertes, durch Steuern finanziertes Versicherungswesen vor, so wurde in Wirklichkeit ein überwiegend beitragsfinanziertes System geschaffen, das von den Sozialpartnern kontrolliert und verwaltet wurde. Strukturell zählen die international beispiellosen Sozialversicherungen zu den modernsten Hinterlassenschaften des Kaiserreiches.

Bismarcks Hoffnung, die Arbeiter auf diese Weise der SPD abspenstig zu machen, erfüllte sich allerdings nicht, im Gegenteil, die SPD legte stetig zu. Diesen Trend konnte auch Wilhelm II. nicht brechen, der nach arbeiterfreundlichem Beginn schnell die ablehnende Haltung Bismarcks fortführte. Trotzdem wurde ab den 1890er-Jahren eine Reihe wichtiger, international gesehen fortschrittlicher Arbeiterschutzmaßnahmen erlassen. 1891/92 wurde die Sonntagsruhe staatlich festgelegt. Es folgten Regelungen zur Beschränkung der Arbeitszeit von Frauen und Jugendlichen und zum Verbot von Kinderarbeit, branchenspezifische Regelungen zum Gesundheitsschutz, die Ausweitung der staatlichen Fabrikinspektion zur Überprüfung der Zustände oder das Festlegen von Höchstarbeitszeiten. Insgesamt war die integrierende Kraft der Sozialreformen kaum zu überschätzen. Auch wenn die Versicherungsleistungen zunächst niedrig waren und die Lage vieler Arbeiter prekär blieb, waren nun immerhin elementare Risiken abgesichert und es bestand ein Rechtsanspruch auf Leistungen. Und auch die Reallöhne stiegen langsam, aber stetig, sodass auch die Arbeiter vom allgemeinen Wirtschaftswachstum profitierten. Die staatsablehnende Haltung vieler Arbeiter und weiter Teile der SPD änderte sich so im Laufe der Zeit zu kritischer Affirmation, wie sich nicht zuletzt bei Kriegsbeginn 1914 zeigte.

Bündnis- und Weltpolitik

Bismarcks Hauptsorge galt der Absicherung des Erreichten. Er erklärte Deutschland für saturiert und sorgte sich um den Zusammenhalt des neuen Staates. Eine schwere Hypothek war die erzwungene Abtretung Elsass-Lothringens durch Frankreich 1871, was Frankreich in Bismarcks Überlegungen zum ewigen Rivalen mit Revanchegelüsten machte. Seine gesamte Außenpolitik zielte deshalb darauf, mit komplizierten

Bündnisstrukturen Frankreich einerseits zu isolieren und Deutschland andererseits möglichst viele Bündnispartner zu bescheren, was aufgrund vielfach schwelender Konflikte zwischen manchen Großmächten zunehmend schwierig wurde. Kolonialpolitisch übte Bismarck Zurückhaltung, und trotzdem stellte das Kaiserreich noch in seiner Amtszeit 1884/85 diverse Gebiete in Afrika unter seinen Schutz. Als „ehrlicher Makler" bemühte er sich um Interessenausgleich und Konfliktvermeidung unter den europäischen Mächten, trug aus heutiger Sicht mit der Leitung der Kongo-Konferenz in Berlin 1884/85 aber auch Mitverantwortung für die Aufteilung der Welt unter den europäischen Mächten in der Phase des Hochimperialismus.

Mit der außenpolitischen Zurückhaltung war es unter Bismarcks Nachfolgern vorbei. Forsch formulierte Bernhard von Bülow den Anspruch Deutschlands, auch einen „Platz an der Sonne" haben zu wollen, und artikulierte damit das in führenden Schichten weit verbreitete Gefühl, bei der Aufteilung der Welt zu kurz gekommen zu sein. Den rhetorisch polternden Auftritten stand allerdings nur eine marginale Erwerbung neuer Kolonialgebiete gegenüber. Schwerer wog die fehlende Rücksichtnahme auf die Interessen der anderen Großmächte, sodass Bismarcks Bündnissystem rasch zerbrach und sich in Deutschland zunehmend Einkreisungsphobien verbreiteten, nachdem nur Österreich-Ungarn als verlässlicher Bündnispartner erhalten blieb. Den neuen weltpolitischen Anspruch verkörperte nicht zuletzt der Aufbau einer gewaltigen Handels- und Kriegsflotte seit 1898, durch den sich die führende Seemacht Großbritannien herausgefordert fühlte. Allerdings war der Flottenbau innenpolitisch nicht unpopulär und passte nicht nur zum Aufstieg Deutschlands zur führenden Wirtschaftsmacht Europas, sondern fügte sich auch in die Phase der Hochrüstung der europäischen Mächte um 1900 ein.

Gesellschaftliche Entwicklungen

Demografische Verschiebungen

Die Gesellschaft des Jahres 1914 hatte nur noch wenig mit der von 1871 zu tun. Zwei große Trends lassen sich ausmachen: Wachstum und Verstädterung. Die Bevölkerung Deutschlands stieg in diesen Jahren von 40 auf 65 Millionen Menschen. Die Geburtenrate war hoch, wenn sie auch allmählich sank, die Säuglingssterblichkeit nahm stark ab und die Lebenserwartung stieg. Anders als heute war die Bevölkerung im Schnitt auch sehr jung, über 40 % waren unter 20 Jahre alt. Eine starke Abwanderung vor allem in Richtung der USA milderte den Bevölkerungsdruck, knapp 3 Millionen Menschen verließen Deutschland in diesem Zeitraum. Allerdings gab es auch arbeitsbedingte Zuwanderung aus anderen Ländern, sodass Deutschland bereits vor 1914 von einem Auswanderungs- zu einem Einwanderungsland wurde.

Wichtiger war indes die Binnenmigration. Fast 30 Millionen Menschen verließen, meist auf der Suche nach Arbeit, ihren angestammten Wohnort, die Gesellschaft war also hochmobil. Die Wanderungsbewegung ging dabei weg vom ländlichen Raum hin zu den stark wachsenden Städten und tendenziell von Ost nach West. War die Gesellschaft 1871 noch eine überwiegend ländlich geprägte Agrargesellschaft gewesen, so war sie 1914 eine überwiegend städtisch geprägte Industriegesellschaft. Angestammte Identitäten verloren an Prägekraft, neue Identitäten bildeten sich aus. Was im Rückblick erstaunlich modern und volatil anmutet, wurde zeitgenössisch häufig kulturkritisch kommentiert.

Ausdifferenzierung und Organisationsformen

Die neuere Forschung betont den pluralen Charakter der Gesellschaft des Kaiserreiches, der so gar nicht zu den populären Verdikten „Untertanengesellschaft" und „Obrigkeitsstaat" passt. Natürlich war die Gesellschaft hierarchischer als heute strukturiert und die Milieus grenzten sich strikt voneinander ab, aber vieles war im Fluss. Der Adel, der ohnehin nur knapp 1 % der Bevölkerung ausmachte, verlor an Einfluss, auch wenn er nach wie vor viele Machtpositionen besetzte. Das Bürgertum gewann an Relevanz. Die am stärksten wachsende Bevölkerungsschicht der Arbeiter bildete ein starkes Klassenbewusstsein aus und organisierte sich in vielfältiger Weise selbst.

Überhaupt ist der hohe Organisationsgrad und die Ausdifferenzierung der Gesellschaft eines der auffälligsten Charakteristika des Kaiserreiches. Massenhafte Vereins- und Verbandsgründungen umfassten alle Milieus und versammelten die unterschiedlichsten Interessen, ob im Bereich der Arbeitswelt, der Weltanschauung oder des Freizeitbereichs. Dass durch die langsam sinkenden Arbeitszeiten und den Anstieg der Löhne überhaupt erst so etwas wie Freizeit entstand, war eine wichtige Voraussetzung dafür. Formen der Massenkultur, städtische Freizeiteinrichtungen und große Sportstätten, wie wir sie noch heute kennen, entstanden im Zuge dieser Entwicklung.

Emanzipationsbewegungen

Einzelne benachteiligte Gruppen waren Teil dieses Organisations- und Aufbruchsprozesses; ihnen gelangen entscheidende Emanzipationsschritte, die natürlich auch ihre Grenzen fanden. Einen besonders hohen Organisationsgrad wies die Frauenbewegung in Deutschland auf: Diverse Frauenvereine zählten um 1900 fast eine Million Mitglieder. Auch wenn die Gesellschaft patriarchalisch geprägt blieb, gab es am Ende des Kaiserreiches erstaunliche Reformschritte. So absolvierten 1896 die ersten Mädchen in Deutschland das Abitur; die Universität öffnete sich ihnen 1908. 1914 waren bereits 7 % der Studierenden weiblich. Und auch Parteien standen Frauen ab 1908 offen. Das Wahlrecht erreichten sie zwar erst 1919, es stand aber auch nicht im Mittelpunkt der zeitgenössischen Forderungen.

Mit der Verfassung des Kaiserreiches erhielten auch die deutschen Juden flächendeckend die volle rechtliche Gleichstellung, die sie zuvor nur in einigen Staaten erreicht hatten. Damit war ihre lange Emanzipationsgeschichte vorläufig abgeschlossen. Allerdings entsprach der Theorie nicht die völlige Gleichstellung in der Wirklichkeit, wie etwa behinderte jüdische Karrieren im Staatsdienst oder vor allem im Militär belegen. Und auch der jahrhundertealte Antisemitismus war nicht verschwunden, sondern wurde nun teilweise durch rassistisch-biologistische Erklärungsmuster unterfüttert und verschärft. Allerdings standen dem auch Selbstorganisationsformen auf jüdischer Seite gegenüber wie etwa die Gründung des Centralvereins deutscher Staatsbürger jüdischen Glaubens 1893. Es gab prominente zeitgenössische Stimmen, die Antisemitismus entschieden verurteilten. Im historischen Ländervergleich wird allerdings deutlich, dass Antisemitismus weit verbreitet und keineswegs ein besonderes Merkmal der Gesellschaft des Deutschen Kaiserreiches war.

Bildinformation

31000-959

M7 Q „Zukunftsbild der Infanterie“
Postkarte, nach 1905.
Derartige Postkarten mit Kritik an der Frauenbewegung waren zu Beginn des 20. Jahrhunderts vielfach im Umlauf.

- Analysieren Sie die Postkarte und geben Sie die dargestellte Kritik in Ihren eigenen Worten wieder.

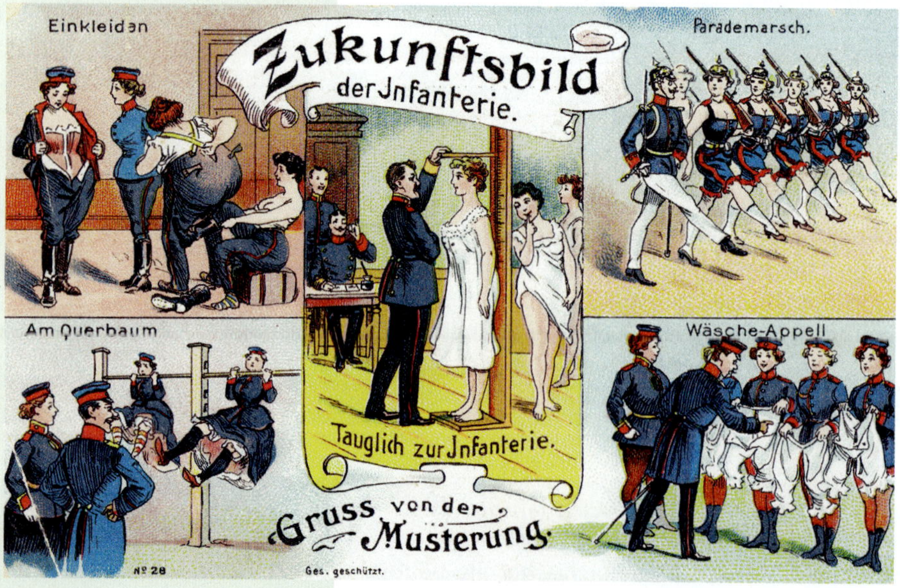

Gründung und Gründungsmythos

M8 D Ein Nationalfeiertag wie kein anderer

Der Journalist Sebastian Haffner schreibt über den Sedantag:

Der Sedantag war ein rundes halbes Jahrhundert lang der deutsche Nationalfeiertag, mit Paraden, Beflaggung, Schulfeiern, patriotischen Reden und allgemeinen Hochgefühlen. Und zwar war es, muss man wahrheitsgemäß und mit einiger Beschämung sagen, der einzige wirklich effektive Nationalfeiertag, den die Deutschen je gehabt haben. Was nachher an seine Stelle trat, der 11. August, Verfassungstag der Weimarer Republik, der 1. Mai der Nazis, der 17. Juni der Bundesrepublik, das war alles nicht Rechtes mehr: halt ein freier Tag und ein paar Weihestunden und Reden, die keinen sonderlich interessierten. Aber der 2. September, Sedantag, mein Gott, da war wirklich noch was los! Das war eine Stimmung – ich finde für die heutige Zeit keinen anderen Vergleich –, als ob die deutsche Nationalmannschaft die Fußballweltmeisterschaft gewonnen hätte, und zwar jedes Jahr aufs Neue.

Sebastian Haffner, Historische Variationen, Stuttgart/München 2001, S. 78

M9 D (K)eine verspätete Nation?

Der Historiker Dieter Langewiesche widerspricht dem Konzept der „verspäteten Nation“:

Deutschland war keine verspätete Nation. Die Überzeugung, einer gemeinsamen Nation anzugehören, ist im Alten Reich entstanden. Es war noch nicht die Idee der „Volksnation“, die auf die staatsbürgerliche Teilhabe aller zielt, doch auch die ständisch gegliederte Reichnation zeugte von dem Gefühl, zusammenzugehören. Man könnte also allenfalls von einem verspäteten Nationalstaat sprechen. Doch damit würde man den französischen und den britischen Weg zum zentralisierten Nationalstaat zum Normalweg erheben. Er war es nicht. Er garantierte auch keineswegs, wie man oft in verengter europäischer Perspektive gemeint hat, eine raschere Entwicklung in Richtung Demokratie. In Großbritannien und Frankreich entstanden Nationalstaaten, die früh zu kolonialen Imperien expandierten. Die Zentralisierung staatlicher Macht begünstigte koloniale Eroberungen. Demokratisierung und Parlamentarisierung im Innern und imperiale Herrschaft nach außen liefen im 19. Jahrhundert parallel. Die Berufung auf die Nation legitimierte beides. Wer dies übersieht und die französische oder britische Geschichte zur Norm eines westlichen Weges hin zum demokratischen Nationalstaat erhöht, denkt kleineuropäisch.

Dieter Langewiesche, Vom vielstaatlichen Reich zum föderativen Bundesstaat. Eine andere deutsche Geschichte, Stuttgart 2020, S. 12

Arbeitsvorschläge

32065-0373

1. Arbeiten Sie die Besonderheiten des Sedantages als Nationalfeiertag in der Sicht von Sebastian Haffner heraus (M8).
2. Vergleichen Sie damit, wie in der Bundesrepublik heute der 3. Oktober begangen wird. | F
3. Fassen Sie die Argumente von Dieter Langewiesche zusammen, warum Deutschland keine verspätete Nation sei (M10).
4. Arbeiten Sie heraus, welche negativen Entwicklungen er bezüglich der oft als vorbildlich geltenden Länder Großbritannien und Frankreich hervorhebt (M10).

Verfassung und Partizipationsmöglichkeiten

M10 Q Erste Wahlnachrichten

Holzstich nach einer Zeichnung von Carl Koch

Reichstagswahl am 27. Oktober 1881 – vor einer Berliner Zeitungsdruckerei werden die ersten Wahlergebnisse diskutiert.

M 11 D Macht oder Ohnmacht des Reichstages?

a) In einem Interview von 2020 äußert sich die Historikerin Hedwig Richter zum Einfluss des Reichstages:

SPIEGEL: Der Reichstag galt lange als schwaches Parlament.

Richter: Lange hielt sich sogar die Behauptung, der Reichstag habe weder das Recht zu Gesetzesinitiativen noch das Budgetrecht gehabt, aber er hatte beides. Die Regierung musste vom Parlament nicht bestätigt werden, das war ganz klar eine Schwäche. Doch keine Regierung konnte auf Dauer gegen das Parlament regieren. Im Verfassungsalltag hat es im Laufe der Zeit einen immer größeren Raum eingenommen.

SPIEGEL: Den Reichstag wählen durfte allerdings nicht einmal ein Viertel der Bevölkerung.

Richter: Das Kaiserreich hatte eines der modernsten Wahlrechte seiner Zeit: Für die Reichstagswahlen galt das allgemeine gleiche Wahlrecht für Männer ab 25 Jahren,immerhin 23 Prozent der Bevölkerung durften wählen. In Großbritannien, das wir ja immer als viel ältere Demokratie wahrnehmen, durften vor dem Ersten Weltkrieg gerade einmal 16 Prozent wählen. Auch die Wahlbeteiligung war in Deutschland vor dem Ersten Weltkrieg weit höher als in anderen Ländern.

Hedwig Richter im Gespräch mit Uwe Klußmann und Eva-Maria Schnurr, Frauen forderten das System heraus, in: Spiegel Geschichte 6 (2020), S. 35–41, hier S. 36 f.

b) Der Historiker Oliver Haardt:

Die zweite große strukturelle Veränderung des Verfassungsgefüges, die in den vier Parlamentsauflösungen der Kaiserzeit zutage trat, war dementsprechend ein Aufstieg des Reichstages. Das Parlament gewann von einer Auflösung zur nächsten kontinuierlich mehr Einfluss auf die Regierung und damit auf die Gestaltung der Reichspolitik. Erkennbar ist das vor allem an der Art und dem Verlauf der Konflikte, die zu den vier Auflösungen des Reichstages führten. Jede dieser Krisensituationen entstand, weil der jeweils amtierende Kanzler seine Projekte nicht gegen den Reichstag durchsetzen konnte. Die Reichsregierung war in der Gestaltung ihrer Politik also abhängig von der Kooperation der Parlamentsmehrheit. Das war in der Verfassung durch die dort festgeschriebene gleichberechtigte Beteiligung des Reichstages an der Gesetzgebung so vorgesehen. Im Verlauf der Jahre versuchten die jeweils tonangebenden Fraktionen diese Abhängigkeit aber zunehmend dafür zu nutzen, um die Reichsregierung zur Übernahme ihrer eigenen Vorstellungen zu zwingen […].

Oliver F. R. Haardt, Bismarcks ewiger Bund. Eine neue Geschichte des Deutschen Kaiserreiches, Darmstadt 2020, S. 515 f.

M 12 D Organisationsform des Kaiserreiches

Der Historiker Jens Jäger fasst die Organisationsform des Kaiserreiches wie folgt zusammen:

Die Organisationsform des Kaiserreiches war in der Praxis weder autokratisch noch eine „Kanzlerdiktatur" noch eine parlamentarische Monarchie. In der Forschung wird von einer Mischform gesprochen. Hans-Ulrich Wehler beschreibt sie als einen Typus, der „monarchisch-autoritäre Züge mit föderalistischen, parlamentarischen und parteienstaatlichen Elementen verband". Aber alle diese Kennzeichnungen müssen qualifiziert werden. Der Monarch war an das System gebunden wie alle anderen auch, selbst wenn er, wie etwa Wilhelm II., am liebsten als absolutistischer Herrscher geschaltet und gewaltet hätte. Er blieb vom Reichskanzler abhängig, aber auch von Parlament und Bundesrat. Selbst der Kaiser stand nicht über dem Gesetz.

Jens Jäger, Das vernetzte Kaiserreich. Die Anfänge von Modernisierung und Globalisierung in Deutschland, Stuttgart 2020, S. 41

Arbeitsvorschläge

32065-0374

1. Beschreiben Sie die abgebildete Stimmung am Tag der Reichstagswahl 1881 (M10). Wie wird das Ereignis dargestellt?
2. Arbeiten Sie die Position der Historikerin Hedwig Richter und des Historikers Oliver Haardt zur Bedeutung des Reichstages heraus (M11).
3. Geben Sie die Organisationsform des Kaiserreiches nach Jens Jäger in eigenen Worten wieder (M12). | F
4. Arbeiten Sie, auch mithilfe des Verfassungsschaubildes M5, stützende Aspekte für die einzelnen Begriffsvorschläge Jägers heraus (M13).
5. Beurteilen Sie, warum eine eindeutige Charakterisierung des Kaiserreiches so schwierig ist.

Innenpolitische und außenpolitische Streitfragen

M13 Q Leistungsübersicht der deutschen Sozialversicherung von 1885 bis 1913

Druck aus dem Jahr 1913

M14 Q Ziele der Sozialpolitik

Wegen Unwohlseins kann Kaiser Wilhelm I. am 17. November 1881 nicht, wie sonst üblich, den Reichstag eröffnen. Deshalb verliest Reichskanzler Bismarck an diesem Tag die von ihm selbst bearbeitete Botschaft des Kaisers:

Schon im Februar dieses Jahres haben Wir Unsere Überzeugung aussprechen lassen, dass die Heilung der sozialen Schäden nicht ausschließlich im Weg der Repression sozialdemokratischer Ausschreitungen, sondern gleichmäßig auf dem der positiven Förderung des Wohls der Arbeiter zu suchen sein werde. Wir halten es für Unsere Kaiserliche Pflicht, dem Reichstag diese Aufgabe von Neuem ans Herz zu legen, und würden Wir mit umso größerer Befriedigung auf alle Erfolge, mit denen Gott Unsere Regierung sichtlich gesegnet hat, zurückblicken, wenn es Uns gelänge, dereinst das Bewusstsein mitzunehmen, dem Vaterland neue und dauernde Bürgschaften seines inneren Friedens und den Hilfsbedürftigen größere Sicherheit und Ergiebigkeit des Beistandes, auf den sie Anspruch haben, zu hinterlassen. […] Für diese Fürsorge die rechten Mittel und Wege zu finden, ist eine schwierige, aber auch eine der höchsten Aufgaben jedes Gemeinwesens, welches auf den sittlichen Fundamenten des christlichen Volkslebens steht.

Zitiert nach: Stenographische Berichte über die Verhandlungen des Reichstages. V. Legislaturperiode. I. Session 1881/82, Berlin 1882, S. 1 f.

M15 D Wirkung der Sozialversicherungen

Die Historiker Gerhard A. Ritter und Klaus Tenfelde haben die Einführung der Sozialversicherungen auf deren lang- und kurzfristige Wirkung untersucht:

Man muss zwischen den kurz- und den langfristigen Wirkungen der Sozialpolitik unterscheiden. Nicht in Erfüllung gingen die Hoffnungen und Erwartungen Bismarcks und Wilhelms II., dass sich die Arbeiter aufgrund der in der Sozialversicherung und der Gesetzgebung des „Neuen Kurses“ bewiesenen Fürsorge des Staates von den sozialistischen Organisationen und ihren Führern abwenden würden. Langfristig hat die staatliche und kommunale Sozialpolitik Massenloyalität auch zum Staat, und sei es in verdeckter Weise, geschaffen und damit die Integration der Arbeiter in Staat und Gesellschaft wesentlich gefördert. Das bezog sich auch auf die gewerkschaftlichen und politischen Organisationen der Arbeiter, denen sich durch die Mitarbeit in den Einrichtungen der Sozialversicherung, in Gewerbegerichten, Einigungsämtern und kommunalen Arbeitsnachweisen ein neues, stets auf Reform des Bestehenden gerichtetes Arbeitsfeld eröffnete. Die dadurch geschaffenen Kontakte mit Vertretern der Arbeitgeber und vor allem den unteren Ebenen der staatlichen und kommunalen Bürokratie haben zum Abbau der Klassenspannungen und der politischen und gesellschaftlichen Isolation der Arbeiter beigetragen. Allerdings gab es darin erhebliche regionale Unterschiede. Man kann deshalb sagen, dass, langfristig gesehen, in einigen wichtigen Ansätzen das ursprüngliche Integrationsziel der Sozialpolitik sehr wohl erreicht wurde – freilich nicht gegen, sondern gerade über die Organisationen der Arbeiterbewegung.

Gerhard A. Ritter und Klaus Tenfelde, Arbeiter im Deutschen Kaiserreich 1871 bis 1914, Bonn 1992, S. 715

M16 Q Ein Platz an der Sonne

Am 6. Dezember 1897 hält der Staatssekretär Bernhard von Bülow eine Rede mit Blick auf die deutsche Kolonialpolitik:

Die Zeiten, wo der Deutsche dem einen seiner Nachbarn die Erde überließ, dem anderen das Meer und sich selbst den Himmel reservierte, wo die reine Doktrin thront (*Heiterkeit – Bravo!*) – diese Zeiten sind vorüber. Wir betrachten es als eine unserer vornehmsten Aufgaben, gerade in Ostasien die Interessen unserer Schifffahrt, unseres Handels und unserer Industrie zu fördern und zu pflegen. […] Wir müssen verlangen, dass der deutsche Missionar und der deutsche Unternehmer, die deutschen Waren, die deutsche Flagge und das deutsche Schiff in China geradeso geachtet werden, wie diejenigen anderer Mächte (*Lebhaftes Bravo.*) Wir sind endlich gerne bereit, in Ostasien den Interessen anderer Großmächte Rechnung zu tragen, in der sicheren Voraussicht, dass unsere eigenen Interessen gleichfalls die ihnen gebührende Würdigung finden. (*Bravo!*) Mit einem Worte: Wir wollen niemand in den Schatten stellen, aber wir verlangen auch unseren Platz an der Sonne. (*Bravo!*)

Zitiert nach: Nils Freytag, Das Wilhelminische Kaiserreich 1890–1914, Paderborn 2018, S. 223 f.

Arbeitsvorschläge

32065-0375

1. Entwickeln Sie eine These, wer eine Übersicht wie unter M13 mit welcher Absicht veröffentlicht haben könnte.
2. Diskutieren Sie, inwiefern die Sozialgesetzgebung das Deutsche Kaiserreich stabilisieren konnte.
3. Analysieren Sie Motive und Ziele der staatlichen Sozialgesetzgebung unter Bismarck (M14).
4. Erläutern Sie, wie die Historiker Gerhard A. Ritter und Klaus Tenfelde die Wirkung der Sozialversicherungen einschätzen (M15).
5. Nehmen Sie Stellung, inwieweit der heutige Staat Fürsorge für die Bürgerinnen und Bürger leisten sollte.
6. Arbeiten Sie heraus, welche Rolle Bernhard von Bülow für Deutschland beansprucht (M16). | F

Gesellschaftliche Entwicklungen

M17 D Über die Vereinsgründungen

Über die Vereinsgründungen im Deutschen Kaiserreich schreibt die Historikerin Hedwig Richter:

Denn neben den bereits erwähnten Parteien und neben den politischen und ökonomischen Verbänden gründeten Männer und Frauen in der Zeit des Kaiserreiches en masse weitere Vereine. Vereine für Gesundheit, Frauenrechte, besseres Wohnen und Jugendschutz; Vereine gegen Kinderarbeit, Tierversuche und schwarze Pädagogik; Vereine für und gegen Religion, Vereine für und gegen Antisemitismus; Vereinigungen von Ärztinnen, Lehrerinnen, Beamten; Kolonialvereine, Kleingartenvereine, Flottenvereine, Freidenkervereine; Landfrauenvereine, Hausfrauenvereine, Rechtsschutzvereine; den Verein der Dienstmädchen, Wasch- und Scheuerfrauen von Hamburg; deutsche Zweigvereine des Roten Kreuzes, Vereine gegen Prostitution und gegen Krieg. Vereine für das Frauenwahlrecht. Deutschland hatte eine hochpolitisierte Zivilgesellschaft. Das Kaiserreich als ständischen Staat zu bezeichnen, wie es immer wieder geschieht, ist schlicht abwegig.

Hedwig Richter, Aufbruch in die Moderne. Reform und Massenpolitisierung im Kaiserreich, Berlin 2021, S. 47 f.

M18 D Modernisierung im Kaiserreich

Der Historiker Christoph Nonn charakterisiert die Gesellschaft um 1918 wie folgt:

Der Strukturwandel Deutschlands von einer Agrar- zur Industriegesellschaft und die damit einhergehende Expansion des Bildungswesens eröffnete Frauen mit neuen Wirkungskreisen auch neues Selbstbewusstsein. Seit den 1890er-Jahren war die Zahl weiblicher Abiturientinnen steil angestiegen. Nach dem Vorpreschen süddeutscher Staaten ließ auch Preußen seit 1909 Frauen zum Hochschulstudium zu. [...] Die deutsche Gesellschaft war 1918 eine weniger patriarchalische Gesellschaft als die von 1871. Und das nicht nur mit Blick auf das Verhältnis von Männern und Frauen. Die Gesellschaft des Kaiserreiches war auch schon vor der Revolution von 1918 weniger autoritär, stärker demokratisch geprägt als noch 1871. Ihre Mitglieder waren im Durchschnitt weniger religiös, säkularer. Die Gesellschaft wurde von weniger sozialen Konflikten durchzogen. Und sie war national homogener.

Christoph Nonn, Das deutsche Kaiserreich. Von der Gründung bis zum Untergang, München [2]2021, S. 116 f.

M19 D Das Kaiserreich – ein Obrigkeitsstaat?

Dazu schreibt der kanadische Historiker James Retallack:

Der Begriff „Obrigkeitsstaat" wird immer noch verwendet, um das Wesen des kaiserlichen Deutschland im Ganzen zu beschreiben, obwohl er selbst so offensichtlich auf den Staat bezogen ist. Die größte Annäherung an eine „autoritäre Gesellschaft", die man in der Literatur findet, sind Verweise auf die „Untertanengesellschaft" oder den „Untertanengeist". Doch die Stoßrichtung der gesamten jüngeren Forschung zielt in die entgegengesetzte Richtung. Sie zeichnet das Bild einer pluralistischen bürgerlichen Gesellschaft, in der der „Staatsbürger" den „Untertanen" ersetzt hat, in der bürgerliche Freiheiten, die Rechte des Individuums und das Gesetz geschützt waren, in der professionelle, unternehmerische und intellektuelle Verdienste genau wie in anderen modernen Gesellschaften anerkannt wurden, und in der die Deutschen die Gelegenheit hatten, ihre Gesellschaft nicht nur zu „reformieren" und sie den neuen Umständen anzupassen, sondern sie fundamental zu „transformieren" – in einer Weise, wie der Obrigkeitsstaat und seine Institutionen nicht transformiert werden konnten.

James Retallack, Obrigkeitsstaat und politischer Massenmarkt, in: Sven Oliver Müller und Cornelius Torp, Das Deutsche Kaiserreich in der Kontroverse, Göttingen 2009, S. 121–135, hier S. 134

Arbeitsvorschläge

32065-0376

1. Erklären Sie, welche Schlussfolgerungen Hedwig Richter aus der Vielzahl von Vereinsgründungen im Deutschen Kaiserreich zieht (M17).
2. Beurteilen Sie die „Modernität" der Wandlungstrends, die es laut Christoph Nonn im Laufe des Kaiserreichs gab (M18). | F
3. Analysieren Sie, wie Retallack den Begriff „Obrigkeitsstaat" bewertet (M19).
4. Nehmen Sie Stellung zur Position Retallacks (M19).

Leitfrage

Nehmen Sie Stellung:
Wie modern war das Kaiserreich?

2.4 Vertiefungsmodul: Gesellschaftliche Entwicklungen in Kunst und Kultur, Erziehung und Bildung

M1 Q „Tanz in Baden-Baden"
Gemälde von Max Beckmann, um 1923

1. Interpretieren Sie die kritische Bildaussage. Für welche Entwicklungen der Zeit könnte die dargestellte Tanzszene symbolisch stehen? Für welchen Teil der Gesellschaft gilt diese Kritik?
2. Informieren Sie sich über die „Neue Sachlichkeit". Was waren die wichtigsten stilistischen Merkmale der Kunstrichtung? Was strebte die „Neue Sachlichkeit" an? Fassen Sie die wichtigsten Informationen zusammen.
3. Stellen Sie begründete Vermutungen an, weshalb das Werk unter den Nationalsozialisten als „entartete Kunst" bezeichnet wurde.

32065-0257

LEIT-FRAGE

Progressive Kulturentwicklungen aus der Weimarer Zeit – von den Nationalsozialisten vernichtet und verboten?

Progressive Kulturentwicklungen in der Weimarer Zeit

Wenn wir heute von den Goldenen Zwanzigern sprechen, so meinen wir weniger den wirtschaftlichen Aufschwung jener Jahre als vielmehr das freie, ungewöhnlich produktive und teilweise ungezügelte Kulturleben. Anknüpfend an die geistigen Strömungen im Kaiserreich entfaltete sich in den deutschen Städten, vor allem in Berlin, für mehr als ein Jahrzehnt eine einzigartige künstlerische und intellektuelle Blüte. Die Stadt, die mit ihren rund vier Millionen Einwohnern zur europäischen Metropole aufgestiegen war, wurde zum Inbegriff des Fortschritts und der Moderne. Schon in den 1920er-Jahren war sie eine Drehscheibe der Kulturen.

In der bildenden Kunst erlebte der Expressionismus, der sich zu Beginn des 20. Jahrhunderts entwickelt hatte, eine Blüte. In seinen Werken wurden durch die Verfremdung von Farben, Formen sowie durch das Spiel mit begrifflichen Gewohnheiten gesellschaftliche Missstände und persönliche Not ausgedrückt. Neben diese Kunstrichtung trat die Neue Sachlichkeit, zunächst im Bereich der Architektur und der bildenden Künste, dann auch in der Literatur. Ihre Vertreter versuchten in meist zeitkritischen Werken, gesellschaftliche und politische Themen nüchtern-distanziert darzustellen. Richtungsweisend für diese künstlerische Haltung der Weimarer Republik wurde die 1919 vom Architekten Walter Gropius in Weimar gegründete Kunstschule, das Staatliche Bauhaus. Seine Leitvorstellung war, dass Architekten handwerkliche Meisterschaft erlangen und mithilfe neuer technischer Möglichkeiten lichtdurchflutete, funktionale und preisgünstige Bauwerke ohne überflüssiges Dekor schaffen sollten.

Der moderne Großstadtroman „Berlin Alexanderplatz" des deutschen Schriftstellers Alfred Döblin, welcher 1929 veröffentlicht wurde und der „Neuen Sachlichkeit" zugeordnet wird, zählt heute zu den wichtigsten Werke der deutschen Literatur des 20. Jahrhunderts. Er zeichnet ein vielschichtiges Bild der Verhältnisse in Berlin während der Weimarer Republik und setzt sich kritisch mit den Herausforderungen des modernen urbanen Lebens auseinander.

In der Zeit der Weimarer Republik entstanden künstlerisch hochwertige Spiel- und Dokumentarfilme, Radioreportagen und Hörspiele. Die Zahl der Kinos verdoppelte sich zwischen 1918 und 1930 auf 5000. Die deutsche Filmindustrie produzierte europaweit die meisten Filme. Seit der ersten Radiosendung am 29. Oktober 1923 stieg die Zahl der Empfänger ständig an. Neun Jahre später besaß bereits jeder vierte Haushalt einen Rundfunkapparat. Der Massengeschmack bevorzugte Unterhaltungsfilme, Groschenromane, Varietés und Sportveranstaltungen. Die Zeitung und das Plakat blieben in der Weimarer Republik das wichtigste Medium zur Information und Meinungsbildung.

Viele Kulturschaffende standen der Weimarer Republik kritisch oder ambivalent gegenüber, während andere sie aktiv unterstützen. Teile der Kulturszene entwickelten eigene, oft urbane Milieus, die sich von den übrigen Bevölkerungsschichten abgrenzten. Zu den politisch engagierten Künstlern im Deutschland der 1920er-Jahre gehörte der Dichter und Dramatiker Bertolt Brecht mit seiner Entwicklung des „epischen Theaters". In der internationalen Jazz- und Charleston-Bewegung wurde auch ein Generationenkonflikt sichtbar. In expressiven tänzerischen Formen bewegte sich die junge Generation ausgelassen, dynamisch und frei. Die Kleidung, die man trug, bot Bewegungsfreiheit, sie war praktischer und weniger restriktiv. Frauen trugen ausdrucksstarkes Make-up und Fransenkleider, die die Tanzbewegungen unterstrichen. Die Outfits, die Tanzart sowie Rhythmus und Energie der Musik symbolisierten den Aufbruch in eine neue Ära. So lässt sich der Charleston-Tanz auch als ein Symbol der emanzipierten Frau lesen.

Jazz: Entstanden in den frühen 1900er-Jahren in den USA und von afroamerikanischen Musikern geprägt. Er zeichnete sich durch spontane Improvisation, komplexe Harmonien und rhythmische Flexibilität aus. Zu den typischen Instrumenten gehören das Klavier, die Trompete, das Saxophon, das Schlagzeug und der Kontrabass.

Charleston: Tanz, der in den „Roaring Twenties" besonders beliebt war. Er ist ein dynamischer und energiegeladener Tanzstil, der oft zu Jazz- und frühen Swing-Stücken getanzt wurde. Er verkörpert durch die charakteristischen, schnellen Fußbewegungen und die rhythmischen Drehungen den (vermeintlich) unbeschwerten Lebensstil junger Menschen.

Der Umgang mit progressiven Kulturentwicklungen zur Zeit des Nationalsozialismus

Als die Weltwirtschaftskrise auch Deutschland erreichte, endeten die Goldenen Zwanziger, und unter den Nationalsozialisten wurde vieles, was sie geprägt hatte, als „entartet" oder „undeutsch" definiert. Besonders bei den Konservativen und nationalistisch Denkenden stießen die progressiven Entwicklungen auf Ablehnung. Moderne Kunstströmungen wie Expressionismus, Dadaismus oder Surrealismus waren den Nationalsozialisten zuwider. In der Ausstellung „Entartete Kunst" wurden Werke moderner Kunst als „krankhaft", „unmoralisch" oder „anti-deutsch" präsentiert. Darunter Arbeiten von Künstlern wie Paul Klee, Wassily Kandinsky und Emil Nolde.

Auch der Jazz, den das gewohnte Stilempfinden infrage stellte und von der afroamerikanischen Szene in den USA geprägt war, bewertete man als „primitive“ Musik. Mit der Machtübernahme der Nationalsozialisten 1933 wurde die Kultur zunehmend „gleichgeschaltet“ und überwacht. Am 13. März 1933 wurde das „Reichsministerium für Volksaufklärung und Propaganda“ mit dem Ziel, Medien, Kultur und Kunst zu kontrollieren und die nationalsozialistische Ideologie zu verbreiten, unter die Leitung von Joseph Goebbels gestellt. Am 22. September wurde die „Reichskulturkammer“ gegründet. Mit der Vorgabe, dass nur Mitglieder der Kulturkammer, somit also keine Juden, künstlerisch tätig sein durften, wurde auch hier die Kontrolle und Überwachung aller Kultur- und Kunstbereiche zum Ziel. Die Gleichschaltung des Rundfunks setzte bereits 1933 ein. Am 16. Februar 1934 folgte das „Reichsfilmgesetz“ zur Kontrolle der Filmproduktion und am 10. Mai 1933 kam es in Berlin und weiteren deutschen Städten zu symbolischen Bücherverbrennungen zur „Vernichtung undeutschen Geistes“.

1937 wurden durch Beschlagnahmung, Vernichtung und Verkauf moderne Kunstwerke als „entartete Kunst“ herabgewürdigt. Ausgewählte Exponate wurden für „Bildungszwecke“ ausgestellt. Über die „Reichsmusikkammer“, eine Fachkammer der Reichskulturkammer, wurden musikalische Aktivitäten kontrolliert, „deutsche“ Musik gefördert und jüdische Musiker und Komponisten systematisch ausgeschlossen.

Liebhaber der Jazz- und **Swing**-Musik wurden im Gewaltregime der Nationalsozialisten wie Kriminelle beäugt. Neben der „falschen“ Abstammung und politischen Gesinnung wurde auch die Liebe zur „falschen“ Musik ein Risiko. Goebbels verlangte, dass keine Juden als Bandmitglieder eingestellt wurden oder diese, wenn sie bereits engagiert waren, hinten in der Band zu sitzen hatten. Die Mitglieder der NSDAP lobten Jazzmusiker und Bandleader, wenn sie „fremdländische Übertreibungen“ vermieden. Doch die Antijazzmaßnahmen der Nazis, ebenso wie deren diskriminierende Gesetzgebung, waren durchlässig und lückenhaft. In der Presse, auch während des Krieges, gab es Spalten darüber, wer welchen Jazz wo spielte, besonders in Berlin und in den besetzten westlichen Ländern, und Leser tauschten sich darüber aus, wo seltene und moderne amerikanische Platten zu erwerben seien. Für einige junge Deutsche war das verbotene oder zumindest verpönte Jazz-Hören und Swing-Tanzen Ausdruck eines inneren Widerstandes.

Swing: Entwickelte sich in den 1930er-Jahren aus dem Jazz und wurde vor allem von großen Orchestern oder Big Bands als Rhythmusgruppen gespielt. Er steht namentlich auch für die Tanzkultur der Zeit.

M2 Q Clärchens Ballhaus in der Auguststraße in Berlin-Mitte
Foto von 2008
Clärchens Ballhaus wurde 1913 eröffnet. Zwischen zwei Weltkriegen und während fünf unterschiedlicher politischer Systeme tanzten, speisten und tranken die Menschen hier. Das Ballhaus ist damit eine gegenständliche Geschichtsquelle für die Tanzkultur zu verschiedenen Zeiten.

Progressive Kulturentwicklungen in der Weimarer Zeit

M3 D Berlin wird zur Metropole der Avantgarde

Der Historiker Detlef Berghorn und der Soziologe Markus Hattstein beschäftigen sich in ihrem Buch mit den 1920er-Jahren. Über Berlin zu dieser Zeit schreiben sie:

In vielerlei Hinsicht wurde Berlin erst in den Zwanzigerjahren zu einer Weltstadt […] [und] löste mit über vier Millionen Einwohnern Paris als drittgrößte Stadt der Welt ab, hinter New York und London. Für das Bevölkerungswachstum waren nicht nur die Eingemeindungen verantwortlich, sondern auch der stetige Zuzug […]. *„Das Alte und Morsche, die Monarchie sei zusammengebrochen – es lebe das Neue"*, hatte der Sozialdemokrat Philipp Scheidemann bei der Ausrufung der Republik am 9. November 1918 in Berlin verkündet. Dies betraf auch Kunst, Kultur und Wissenschaft. Die Hauptstadt der Weimarer Republik wurde zu einem Experimentierfeld und Versuchslabor für alles Neue: die Filme von Fritz Lang, Friedrich Wilhelm Murnau und Lotte Reiniger, die Forschungen von Albert Einstein und Magnus Hirschfeld, die Literatur von Alfred Döblin, die Malerei und Grafik von George Grosz und Jeanne Mammen, die Musik von Kurt Weill, die Reportagen von Egon Erwin Kisch und Joseph Roth, das Theater von Bertolt Brecht und Max Reinhardt.

Auch in Architektur und Stadtplanung ging Berlin neue Wege. Das „Neue Bauen" strebte nach ökonomisch-zweckmäßigen und gleichzeitig ästhetischen Lösungen für das drängende Problem der Wohnungsnot. […] Die deutsche Hauptstadt sollte massentauglich werden und so einer republikanisch-demokratischen Gesellschaft Raum geben. […]

Im Rückblick waren die Zwanzigerjahre in Berlin von einer hektischen Betriebsamkeit geprägt, einer ungeheuren Lebensgier und Aufbruchstimmung, aber auch von Eskapismus und der Ahnung vom drohenden Ende.

Detlef Berghorn und Markus Hattstein, The Roaring Twenties. Die wilde Welt der 20er, Darmstadt 2019, S. 7–9

M4 D Die Angst vorm „Sittenverfall"

Der Germanist Cornelius Partsch beschäftigt sich mit dem Einfluss des Jazz auf die Kultur der Weimarer Republik. Über den Tanz schreibt er:

Auch während des [Ersten Welt-]Krieges hatten die Berliner das offizielle Tanzverbot meist außer Acht gelassen und weiterhin ihre Tangos und Schiebertänze aufs Parkett gebracht. Als das allgemeine Tanzverbot am ersten Silvestertag nach Kriegsende aufgehoben wurde, nahm die Tanzwut wahrhaft monumentale Ausmaße an. „Nie ist in Berlin so viel, so rasend getanzt worden", berichtete das Berliner Tageblatt. […] Eine um die Moral der Bevölkerung besorgte Regierung sah sich schon bald dazu veranlasst einzugreifen und kleisterte im Jahre 1919 ein Plakat mit der Aufschrift „Berlin, halt ein! Besinne Dich. Dein Tänzer ist der Tod" an die Berliner Litfaßsäulen.

Cornelius Partsch, Schräge Töne. Jazz und Unterhaltungsmusik in der Kultur der Weimarer Republik, Stuttgart/Weimar 2000, S. 64 f.

M5 D Erich Kästner: Fabian

Cover der Neuauflage anlässlich der Verfilmung aus dem Jahr 2021

Auch der Roman „Fabian. Die Geschichte eines Moralisten" von Erich Kästner aus dem Jahr 1931 kritisiert die moralische Verkommenheit der Gesellschaft zur Zeit der Weimarer Republik. Die Figuren in seinem Roman streben nach kurzfristigem Vergnügen und materiellem Erfolg. Nachtclubs, Bordelle und Orte exzessiven Vergnügens werden zu symbolischen Plätzen, welche die Oberflächlichkeit und den Mangel an tiefgründigen Werten der Menschen widerspiegeln. In dem Film mit Kästners Originaltitel „Fabian oder der Gang vor die Hunde" von Dominik Graf aus dem Jahr 2021 mit Tom Schilling in der Hauptrolle wird dies ausdrucksstark in Szene gesetzt.

Kästner kritisiert neben einem moralischen Verfall auch den Aufstieg extremistischer Bewegungen. In der Figur des Fabian ließe sich außerdem eine Kritik an einer Generation von Intellektuellen lesen, welche zwar die Missstände erkannte, letztlich aber handlungsunfähig blieb.

M 6 Q Der Charleston-Tanz als progressive tänzerische Ausdrucksform

Charleston-Tanzwettbewerb in St. Louis, 1925

M 7 D Der Jazz in der Weimarer Zeit – zwischen Annahme und Ablehnung

In der Weimarer Zeit wurde die Jazz-Musik von jungen Großstädtern gefeiert, von einem Teil der Intelligenz missbilligend mit der US-amerikanischen Konsumkultur gleichgesetzt und von Kreisen der Konservativen als Ausdruck eines „ekstatischen Selbstzerstörungstriebes" und damit als „entartete Musik" abgelehnt. In seinem Werk „Schräge Töne" zeigt Cornelius Partsch den ambivalenten Umgang mit dem Jazz auf:

Neben den fundamentalen demografischen und sozialen Umwälzungen, die die Auflösung der militärischen Fronten mit sich brachte, rüttelten kurzlebige doch vehemente revolutionäre Auseinandersetzungen an den Fundamenten der sozialdemokratischen Regierung, die sich nur durch eine verhängnisvolle Allianz mit der Reaktion zu helfen wusste. Durch die wirtschaftlichen Nachwirkungen der kaiserlichen Finanzpolitik und die Maßnahmen des Versailler Vertrages geriet die Republik schon bald unwiderruflich in einen inflationären Sog. Für den Mittelstand, der seine Ersparnisse in Luft aufgelöst und jeglichen verlässlichen Standard in den zauberhaft gigantischen Preisen für die alltäglichsten Gebrauchsgegenstände niedergehen sah, nahm die Inflation den Charakter eines wahnwitzigen Albtraums an. Große Teile der Arbeiterschicht, die mit der sprunghaft wachsenden Kluft zwischen realen Löhnen und Kosten zu kämpfen hatte, fielen von vornherein in das ohnehin überstrapazierte soziale Netz. Paradoxerweise begegnete das Bürgertum in den städtischen Zentren dem Absturz der Mark und der politischen Unsicherheit mit einer hektischen, fatalistischen Heiterkeit. […]

Während sich mancher beim ersten Hören der fremdartigen Jazzklänge oder im Angesicht der tanzenden und steppenden Mengen in Berliner Tanzlokalen und anderswo gefragt haben mag, wo „das Faszinierende, wo das Sujazztive", der afroamerikanischen Musik denn liege, hatten weite Teile der Intellektuellen- und Künstlerkreise den Jazz […] im Rahmen einer provokativen Amerikabegeisterung längst akzeptiert und mobilisiert. Man versprach sich gerade von der Nation, die aus dem Krieg unbestritten als Weltmacht hervorgegangen war, Impulse für die Modernisierung und die Demokratisierung des kulturellen Bereichs. Für eine jüngere Generation von modernen Künstlern signalisierten „Bildung" und „Kultur" halbfeudale Rückständigkeit und väterliche Oppression und waren unbrauchbar geworden. Brecht stellte zufrieden fest: „Meine ganze Jugend war mir jede Musik eine Qual, und jetzt, wo die Jazzbands endlich da sind, fühle ich mich wohl dabei." […] Für Brecht vermittelten die leichtlustigen Jazzklänge einen bodenständigen, zeitgemäßen Realismus und eigneten sich daher besonders für seine neue Konzeption des Theaters. […]

Für die deutsche Avantgarde stellte der Jazz als prominenteste Manifestation der amerikanischen Massenkultur eine Art moderne Volkskultur dar […]. Die […] [Befürworter] des Modernen inszenierten ihr kulturelles Krisenbewusstsein, indem sie sich von älteren Mustern lossagten und die simultane Geschäftigkeit und das rasende Tempo des polyphonen Großstadtlebens in ihren Texten durch weitgehende Auflösung der rhythmischen Strukturen ausdrückten. […] Im Rahmen der neuen Pluralität der Unterhaltungsmusik verlangten die geschäftstüchtigen Inhaber der Tanzstätten von ihren Musikern einen hohen Grad an musikalischer Vielseitigkeit. […]

Dass das Jazzerlebnis sich besonders unter Jugendlichen großer Beliebtheit erfreute, lag wohl vor allem daran, dass es einen klaren Bruch mit dem Alten und somit mit allem, was die ältere Generation in den Augen der Jugend falsch gemacht hatte, darstellte. Der Großstadtjugend bot die afroamerikanische Musik einen sozialen Raum, in dem sie eine Gruppenidentität formen konnte. Die oft jugendbetonten Texte Klaus Manns behandelten den intensiven Konflikt zwischen den Generationen und zeigten die lächerliche Figur, die die Väter beim Tanzen machten. […] Die wirbelnden und zuckenden Bewegungen, die in den Tanzpalästen Berlins zu beobachten waren, stellten einen krassen Gegensatz zur abgerundeten Körperbeherrschung des traditionellen Tanzens dar. […] Die neuen „Jazztänze" der Nachkriegszeit brachten eine unmissverständlich erotischere Körpersprache und eine als „amerikanisch" aufgefasste Einebnung der geschlechtlichen Differenzen zum Ausdruck. Frauen verzichteten mitunter auf männliche Begleitung zum Tanzabend und konnten sich jetzt auf der Tanzfläche in aller Öffentlichkeit sportlich betätigen. Das neue Schönheitsideal empfahl die androgyn-athletische Figur und den Bubikopf. […] Im Mediendiskurs der frühen 20er-Jahre wurden der Jazz und „seine" Tänze der Öffentlichkeit im Bereich der Geschlechterbeziehungen als höchstmodernes, demokratisches Phänomen mit uralten Wurzeln und primitiver Kraft vorgestellt. […]

Im Angesicht der „krankhaften" kollektiven Tollheiten suchten andere nach psychischen Erklärungen und beschrieben die allgemeine Vergnügungssucht als Verdrängungmechanismus der unmittelbaren Vergangenheit und der trostlosen republikanischen Gegenwart. […]

[Aber] wenn [der Jazz und seine Tänze] überhaupt revolutionäres Potenzial besaßen, so blieb es allenfalls bei einer innerbürgerlichen Rebellion gegen die bürgerlichen Werte des 19. Jahrhunderts, einer Rebellion der Söhne gegen die Väter. Für die ärmeren Bevölkerungsschichten stellten solche Aktivitäten noch einen unerreichbaren Luxus dar.

Cornelius Partsch, Schräge Töne. Jazz und Unterhaltungsmusik in der Kultur der Weimarer Republik, Stuttgart/Weimar 2000, S. 55–72

M8 Q Der Jazz als „Element einer nationalen Verdrängungsneurose"?

32065-0398 Text ohne sprachsensible Auslassungen

Der deutsch-amerikanische Schriftsteller und älteste Sohn von Thomas Mann, Klaus Mann, kritisiert in seiner Autobiografie 1952 aus der Retroperspektive den Kult um den Jazz in der Weimarer Republik scharf:

Millionen von unterernährten, korrumpierten, verzweifelt geilen, wütend vergnügungssüchtigen Männern und Frauen torkeln und taumeln dahin im Jazz-Delirium. Der Tanz wird zur Manie, zur idée fixe, zum Kult […]. Man tanzt Foxtrott, Shimmy, Tango, den altertümlichen Walzer und den schicken Veitstanz. Man tanzt Hunger und Hysterie, Angst und Gier, Panik und Entsetzen […], man imitiert I[…], Kongon […], Südseeinsulaner […]. Ein geschlagenes, verarmtes, demoralisiertes Volk sucht Vergessen im Tanz. Aus der Mode wird die Obsession; das Fieber greift um sich, unbezähmbar, wie gewisse Epidemien und mystische Zwangsvorstellungen des Mittelalters. Die Symptome der Jazz-Infektion [...] lassen sich im ganzen Lande bemerken.

Zitiert nach: Cornelius Partsch, Schräge Töne. Jazz und Unterhaltungsmusik in der Kultur der Weimarer Republik, Stuttgart/Weimar 2000, S. 74

M9 Q Expressiver Tanz in zeitgenössischer Kunst und Fotografie

a) „Mary Wigman's Dance"

Holzschnitt von Ernst Kirchner, 1933

Das Werk zeigt in expressiver Bewegung die Tänzerin Mary Wigman. Diese widmete sich dem rhythmisch-expressiven Ausdruckstanz, welcher in den Jahren zwischen 1920 und 1935 seine Blütezeit erlebte. Zur Zeit der Weimarer Republik war Wigman das Idol einer Bewegung, die den Tanz aus der Unterordnung unter die Musik lösen wollte. 1930 wirkte sie als Choreografin und Tänzerin bei dem Werk „Das Totenmal" zu Ehren der Toten des Ersten Weltkrieges mit. Nach der Machtübernahme der Nationalsozialisten wurde ihre Tanzschule in Dresden Mitglied im „Kampfbund für deutsche Kultur" und sie als Leiterin dem „Nationalsozialistischen Lehrerbund" eingegliedert. „Nicht-arische" Tanzschüler und -schülerinnen waren zur Migration gezwungen.

Das Werk Kirchners steht exemplarisch für seine späte Schaffensphase, in der er die körperliche Bewegung mit einer expressiven Bildsprache erforschte.

b) Foto von Mary Wigman, geborene Marie Wiegmann (1886–1973)

Arbeitsvorschläge 32065-0258

1. Charakterisieren Sie die Rolle, die Berlin für die „Goldenen Zwanziger" spielte (M3, M4).
2. Recherchieren Sie den Inhalt des Romans „Fabian" von Erich Kästner und beurteilen Sie, inwiefern er die „Goldenen Zwanziger" widerspiegelt (M5).
3. Benennen Sie Gemeinsamkeiten der neuen Kulturentwicklungen (M6 bis M8).
4. Arbeiten Sie die Bedeutung des Jazz für die unterschiedlichen sozialen Gruppierungen heraus (M6 bis M8).
5. a) Ordnen Sie M8 mithilfe von M7 in den historischen Kontext ein.

   b) Arbeiten Sie die Gründe für Manns Kritik heraus.
6. Beurteilen Sie, inwiefern das kulturelle Leben der 1920er-Jahre ein „Verdrängungsmechanismus der unmittelbaren Vergangenheit und der trostlosen republikanischen Gegenwart" (M7, Z. 86 ff.) war.
7. a) Interpretieren Sie M9a.

   b) Vergleichen Sie die beiden Bilder (M9).

Der Umgang mit progressiven Kulturentwicklungen zur Zeit des Nationalsozialismus

M10 Q „Erschütterung und Ekel"

Am 19. Juli 1937 eröffnet Adolf Ziegler, Präsident der Reichskammer der bildenden Künste, eine Ausstellung zeitgenössischer Kunst mit folgenden Worten:

Wir befinden uns in einer Schau, die aus ganz Deutschland nur einen Bruchteil dessen umfasst, was von einer großen Zahl von Museen für Spargroschen des deutschen Volkes gekauft und als Kunst ausgestellt worden war. Sie sehen um uns herum diese Ausgeburten des Wahnsinns, der Frechheit, des Nichtskönnertums und der Entartung. Uns allen verursacht das, was diese Schau bietet, Erschütterung und Ekel.

Zitiert nach: Stephanie Barron (Hrsg.), „Entartete Kunst". Das Schicksal der Avantgarde im Nazi-Detschland, München 1992, S. 45

M11 Q „Entartete Musik"

Werbeplakat und Titelblatt der Broschüre „Entartete Musik – Eine Abrechnung" von Staatsrat Dr. Hans Severus Ziegler, 1938 veröffentlicht, gestaltet von dem deutschen Illustrator und Designer Ludwig Tersch.

Bildinformation 31000-960

Die Darstellung erinnert an die Oper „Jonny spielt auf", welche von dem österreichischen Komponisten Ernst Krenek stammte und 1927 in Leipzig uraufgeführt wurde. Sie kann symbolisch für die musikalische Moderne der Weimarer Republik stehen, denn im Spannungsfeld zwischen den althergebrachten europäischen Werten und der aufstrebenden, technisierten Welt, symbolisiert durch den Jazz, spiegelt sie den Zeitgeist der 1920er-Jahre wider. In zwei Akten wird der Konflikt zwischen Tradition und Moderne anhand der Hauptfiguren thematisiert. Jonny, ein afroamerikanischer Jazzgeiger, steht für die moderne, lebendige und unkonventionelle Welt. Max, ein klassischer Geiger, verkörpert die traditionelle europäische Musikkultur. Nach einer Art Dreiecksbeziehung mit der Sängerin Anita, welche symbolisch für den Übergang von alten zu neuen Werten steht, triumphiert am Ende Jonny mit seiner Lebensfreude und seinem Jazz. Von den Nationalsozialisten wurde die Oper aufgrund der Jazz-Elemente und eines Afroamerikaners als Hauptfigur als „entartet" und als Bedrohung für die „deutsche Kultur" gewertet.

M12 D Die Ausstellung „Entartete Musik"

Der Historiker Michael Meyer schreibt über die Ausstellung „Entartete Musik":

Während die Reichsmusiktage [1938] das breite Spektrum deutscher Musik vorführten, wurde die Ausstellung „Entartete Musik" am 24. Mai für das Publikum eröffnet, um die Musiker und die Musik zu dokumentieren, die schon in den letzten fünf Jahren gesäubert und geschmäht worden waren, sei es in zahllosen Reden, einer umfangreichen Literatur, darunter angesehenen Lexika und Enzyklopädien [...].
Der visuelle Teil dieser Ausstellung wurde in Abschnitte eingeteilt, die von vertrauten Schlagwörtern verdeutlicht wurden. Dazu kamen selbstbelastende Zitate der geschmähten Musiker und ihrer Anhänger, verleumderische Charakterisierungen von Hitler und anderen Parteisprechern wie dem einflussreichen Musikjournalisten Fritz Stege, viele Fotos, Porträts und andere repräsentative Gemälde, bösartige Karikaturen und Plakate – wobei das am deutlichsten sensationsheischende Plakat das von Kreneks „Jonny spielt auf" war, auf dem ein schwarzer Saxophonist statt einer Nelke einen Davidstern im Knopfloch trug. [...]
Die Ausstellungsobjekte wurden von musikalischen Beispielen unterstützt, die auf Wunsch in Kabinen vorgespielt wurden – ein „Hexensabbath" in den Worten des Hauptredners Ziegler, der die Ziele, Hintergründe und den Umfang der Ausstellung darlegte. Die Öffentlichkeit würde schon wissen, welche Musik sie in Zukunft meiden sollte. Ziegler [...] kehrte den Triumph des Untermenschentums und der arroganten jüdischen „Überheblichkeit" um. Diese Negativ-Orgie wurde in Düsseldorf bis in den Juni hinein gezeigt und reiste dann durchs Reich, zusammen mit der Ausstellung „Entartete Kunst" [...].
Wegen des Krieges war das Treffen 1939 das letzte seiner Art, [...] für das 1121 Partituren eingeschickt wurden, darunter 36 Opern und 431 Symphonien. [...] und Goebbels sprach wieder zum versammelten Berufsstand. [...]

Michael Meyer, Eine musikalische Fassade für das Dritte Reich, in: Stephanie Barron (Hrsg.), „Entartete Kunst". Das Schicksal der Avantgarde im Nazi-Deutschland, München 1992, S. 180 und 182

M13 D „Entartete Kunst"

Neben der Ausstellung „Entartete Musik" hat es gleiches im Bereich der Kunst gegeben. Der Historiker Georg L. Mosse schreibt darüber:

Am 30. Juni 1937 erließ Goebbels ein Dekret, welches Ziegler und einen fünfköpfigen Ausschuss ermächtigte, alle größeren deutschen Museen aufzusuchen und Werke auszuwählen für eine Ausstellung der „entarteten Kunst", die in München gleichzeitig mit der „Großen Deutschen Kunstausstellung" stattfinden sollte.
„Aufgrund einer ausdrücklichen Vollmacht des Führers ermächtige ich hiermit den Präsidenten der Reichskammer der bildenden Künste, Herrn Professor Ziegler, München, die im deutschen Reichs-, Länder- und Kommunalbesitz befindlichen Werke deutscher Verfallskunst seit 1910 auf dem Gebiet der Malerei und der Bildhauerei zum Zwecke einer Ausstellung auszuwählen und sicherzustellen. Ich bitte, Herrn Professor Ziegler bei der Besichtigung und Auswahl der Werke weitestgehende Unterstützung zuteil werden zu lassen. gez. Dr. Goebbels."
Der Erlass definierte im weiteren Werke der „entarteten" Kunst als solche, die entweder *„das deutsche Gefühl beleidigen oder die natürliche Form zerstören oder verstümmeln oder sich durch fehlendes angemessenes handwerkliches oder künstlerisches Können auszeichnen"*. Die „Große Deutsche Kunstausstellung" und „Entartete Kunst" gleichzeitig zu veranstalten, sollte den Triumph der offiziellen Kunst über die „entartete" Kunst deutlich sichtbar machen. [...] Zieglers Ausschuss setzte sich aus Personen zusammen, die, als Kritiker des Modernismus, für ihre Aufgabe sehr geeignet waren. Unter ihnen befanden sich Graf Klaus von Baudissin, ein SS-Offizier, der [...] in Essen das Museum bereits von allen *„beleidigenden"* Beispielen der modernen Kunst gereinigt hatte, und Wolfgang Willrich, Verfasser der Schrift *„Säuberung des Kunsttempels"*, ein rassisches Pamphlet [...].
[Es] wurden in den ersten beiden Juli-Wochen etwa 700 Werke aus 32 Museen in 28 Städten nach München ge-

sandt. Die Museen [...] wurden von ihren Beständen des Expressionismus, des Futurismus, des Konstruktivismus, des Dada und der Neuen Sachlichkeit gesäubert. [...] Diese Plünderungen wurden bis 1938 fortgesetzt und schließlich [mithilfe eines Gesetzes vom 31. Mai 1938] rückwirkend *„legalisiert"* [...].
Die Werke, die nicht Teil der Ausstellung „Entartete Kunst" bildeten, und jene, die man in der zweiten Runde der Konfiskationen einzog, wurden nach Berlin gesandt [...]. Goebbels schuf eine weitere Kommission für die Beseitigung konfiszierter Werke „entarteter Kunst", die zu entscheiden hatte, welche Werke [ins Ausland] verkauft werden sollten und zu welchem Preis.

Georg L. Mosse, Schönheit ohne Sinnlichkeit. Die Ausstellung „Entartete Kunst", in: Stephanie Barron (Hrsg.), „Entartete Kunst". Das Schicksal der Avantgarde im Nazi-Deutschland, München 1992, S. 19 f.

M 14 Q Zeitzeugenbericht über die Ausstellung der „entarteten Kunst"

Der 17-jährige Peter Guenther bricht in großer Erwartung 1937 für drei Tage nach München zur „Großen Deutschen Kunstausstellung" auf. Aus der Retroperspektive berichtet er:

Einen Raum sehe ich noch sehr lebendig vor mir, in dem abstrakte Werke gezeigt wurden. Sie waren nicht betitelt, aber ich wusste, dass einige von Kandinsky stammten, weil mein Vater mit mir über die Abwesenheit erkennbarer Dinge bei ihm und in anderen modernen Werken gesprochen hatte. Ebenso habe ich noch die Reaktion der Leute um mich herum im Ohr: Sie betrachteten die Werke als *„dumm"*, eben weil keine Gegenstände zu sehen waren; auch fielen Bemerkungen wie *„Die Künstler machen sich über uns lustig"*. Besonders deutlich vor Augen habe ich den Teil der Ausstellung, der eine Wand mit Dada-Kunst zeigte. Über diese Bewegung war mir nichts bekannt, aber sie schien mir doch im guten Sinn Spaß zu treiben, sodass ich mich über die wütenden Reaktionen der Betrachter wunderte. [...]
Ein anderes bestürzendes Problem von Diffamierung zeigte sich an Bildern von Lovis Corinth, von denen ich vorher einige als Reproduktionen gesehen hatte [...]. Etiketten neben ihnen verspotteten die Werke, weil sie entstanden waren, nachdem der Maler einen Schlaganfall erlitten hatte. Ich konnte nicht begreifen, warum dies die Bilder „schlecht" machen sollte [...].
Mir wurde zunehmend klarer, dass der größte Teil des Publikums mit der Absicht gekommen war, alles und jedes abzulehnen – ein Ziel, das das Arrangement der Darbietung auf schlaue Weise unterstützte. Viele, die vielleicht nie vorher expressionistische Werke gesehen hatten, konnten nun öfter die Bemerkung fallen lassen, dass diese sogenannten Künstler weder zeichnen noch malen konnten, oder sogar den Schluss ziehen, dass es eine *„Konspiration"* von Kunsthändlern, Museumsdirektoren und Kritikern gegeben haben müsse, um das Publikum übers Ohr zu hauen. Die Organisatoren von „Entartete Kunst" konnten so der Idee Vorschub leisten, dass die Werke nicht nur schlecht ausgeführt und unverständlich, sondern auch ein Übel seien; dass sie der Öffentlichkeit angedreht worden seien von Leuten, die alles Anständige, Gute und Deutsche hassen wie etwa Werke von Albrecht Dürer oder denen, die in der „Großen Deutschen Kunstausstellung" zu sehen waren. [...]

Peter Guenther, Drei Tage in München, in: Stephanie Barron (Hrsg.), „Entartete Kunst". Das Schicksal der Avantgarde im Nazi-Detschland, München 1992, S. 38 und 40

M 15 D Die Legende vom vernichteten Jazz im Deutschen Reich nach 1933

Entgegen vieler Annahmen ist auch unter den Nationalsozialisten noch Jazz gespielt worden. Der Historiker Michael Hans Kater schreibt darüber:

Der Jazz im Dritten Reich erwies sich als eine unverwüstliche Kunst. Infolge der unvollkommenen Kontrollen, der verbesserten Bedingungen nach der Wirtschaftskrise und der zentralen Lage Berlins, das 1936 pompöse Gastgeberin der Olympischen Spiele war, bestand diese Musik nicht nur weiter, sondern gedieh sogar nach dem Januar 1933 in Deutschland prächtig – bis hin zum Kriegsausbruch. [...] *„Der Jazz blüht in den repräsentativsten Hotels, die gleichsam als Aushängeschild des Deutschen Reiches für den Ausländer sind, ebenso in den Bars, die ihre Tore erst öffnen, wenn das Sonnenlicht des Tages verschwunden ist"* [, so ein zeitgenössischer Bericht]. [...]
Die Carlton-Bar [war] eine jener erlauchten Stätten der Hauptstadt, wo Jazz oder Pseudojazz gespielt wurde; sowie in mehreren ähnlichen Lokalen zwischen 1933 und 1940 [...]. Livrierte Portiers scheuchten alle außer den sehr elegant und vornehm wirkenden Besuchern davon [...]. Internationale und deutsche Filmstars waren hier regelmäßig zu sehen, etwa Robert Taylor und Brigitte Horney [...]. Hoher und niedriger Adel sowie die vermögende Oberschicht fanden sich in diesem Milieu ein, dazu die Halbwelt, Industrielle und höhere Offiziere wie der Luftwaffenoberst Ernst Udet. [...] Im Gegensatz zu den erlesenen Hotels war das Publikum hier [in den nicht-elitären Einrichtungen] größer, jünger und kam überwiegend aus der Mittelschicht. [...] Für Männer oder Frauen, die einen möglichen Tanzpartner im Saal entdeckten, gab es 225 Tischtelefone mit Anweisungen in deutscher und englischer Sprache sowie eine Rohrpost, mit der man erotische Botschaften austauschen

konnte. […] Obwohl sich Jazz und vom Jazz inspirierte Tanzmusik hauptsächlich auf Berlin konzentrierten, fanden sie auch in [Leipzig, Hamburg, Düsseldorf, Münster und München] begrenzten Zuspruch […]. Im Sommer 1939 besuchte ein junger Fan, mit Unterstützung des „*Kraft durch Freude*“-Programms der NSDAP, den Ostseebadeort Warnemünde. […] Der Saal war mit Hakenkreuzfahnen geschmückt, und braun uniformierte Männer und ihre Frauen hatten offenkundig ihre Freude an den sprühenden Rhythmen von „*Tiger Rag*“, „*Dinah*“ und „*Sweet Georgia Brown*“. Der am höchsten dekorierte Nazi bedankte sich dann herzlich bei dem jungen Bandleader […].

Michael Hans Kater, Gewagtes Spiel. Jazz im Nationalsozialismus. Köln 1995, S. 119-140 (Übersetzung: Bernd Rullkötter)

M16 D „Der Jazz lebt noch!“

Michael Hans Kater schreibt weiter, welche Bedeutung der Jazz für die Bevölkerung, aber auch für die Nationalsozialisten gehabt hat:

Diese Nationalsozialisten beklagten eine Situation, die, ohne dass sie es geahnt hätten, Propagandaminister Goebbels’ eigenen Anweisungen vollkommen entsprach. Um des sozialen Friedens willen und zunächst auch, weil man den Krieg als ein kurzes Zwischenspiel geplant hatte, beschwor Goebbels einen Mythos der Kontinuität, des normalen Übergangs vom Frieden zum Krieg herauf. Um den Schock der Feindseligkeiten zu mildern, die bei der großen Mehrheit der Deutschen offenkundig nicht populär waren, musste man alles vermeiden, was dem Normalbürger die Störung seines üblichen Tagesablaufs allzu deutlich gemacht hätte. Indem man die Illusion friedlicher Bedingungen zu Hause und am Arbeitsplatz aufrechterhielt und das ungewohnte Bewusstsein der Belastung und des Schmerzes verdrängte, konnte man die Härten dieses neuen Krieges leichter legitimieren. Kulturelle Ereignisse, die sich nach Art und Inhalt kaum von denen der Vorkriegszeit unterschieden, dienten zur Unterstützung des Propagandaapparats, der auch in vielen anderen Bereichen des Lebens der Nation emsig tätig war. […]

Erst […] nachdem die Sowjetunion und die Vereinigten Staaten in den Krieg eingetreten waren, beschloss Goebbels, sein Vorgehen zu ändern. Die düster gewordene allgemeine Stimmung ließ ihn eingestehen, dass es unmöglich geworden war, „Frieden zu spielen“. […]

Doch wenigstens bis zu diesem Zeitpunkt wurden alle möglichen kulturellen Veranstaltungen gefördert […]. Im Frühjahr 1940 konnte sich das Regime rühmen, nicht weniger als dreihundert Theaterbühnen, achtzig Wandertheater und sechstausendsiebenhundert Kinos zu besitzen. Ein Jahr später führte der Minister demonstrativ besondere Veranstaltungen mit leichter Musik in mehreren Berliner Biergärten ein. […] Ein wesentlicher Bestandteil dieser Bemühungen war, dass Berliner Nachtclubs, in denen Jazz gespielt wurde, so lange wie möglich geöffnet blieben. […]

Michael Hans Kater, Gewagtes Spiel. Jazz im Nationalsozialismus. Köln 1995, S. 215-233 (Übersetzung: Bernd Rullkötter)

Arbeitsvorschläge

32065-0259

1. Ordnen Sie das Zitat in den zeitlichen Kontext ein (M10).
2. Interpretieren Sie das Plakat (M11).
3. Vergleichen Sie das Vorgehen der Nationalsozialisten in den Bereichen Kunst und Musik (M12, M13). | H
4. Fassen Sie Peter Guenthers Eindrücke über die Ausstellung zusammen (M14).
5. Arbeiten Sie heraus, wie der „Triumph der offiziellen Kunst über die ‚entartete‘ Kunst deutlich sichtbar“ gemacht wurde (M13, Z. 23 ff.; M13, M14). | F
6. Erklären Sie, warum die Jazz- und Swing-Musik sowie der Charleston-Tanz bei den Nationalsozialisten als „entartet“ galten. Beziehen Sie dabei auch Fachwissen über das Frauenbild mit ein, welches in der nationalsozialistischen Ideologie gewollt und propagiert wurde.
7. Begründen Sie, weshalb der Jazz im Nationalsozialismus weiterhin existierte und welche Rolle er dabei spielte (M15, M16).
8. Diskutieren Sie die symbolische Kraft von Musik und tänzerischen Ausdrucksformen anhand des Beispiels Jazz sowie im Vergleich zu weiteren historischen und/oder aktuellen Trends.
9. Recherchieren Sie für einen mediengestützten Kurzvortrag zu einer weiteren progressiven
   a) Musikrichtung (wie z. B. den elektronischen Klangexperimenten),
   b) Kunst- oder Architekturschule (wie z. B. dem Dadaismus oder dem „Bauhaus“),
   c) öffentlichen Kommunikationsform (wie z. B. dem Radio oder der Wochenschau) aus der Weimarer Zeit.
   Erörtern Sie den Umgang der Nationalsozialisten mit dieser Kulturentwicklung.

Leitfrage

Nehmen Sie Stellung:

Progressive Kulturentwicklungen aus der Weimarer Zeit – von den Nationalsozialisten vernichtet und verboten?

2.5 Vertiefungsmodul: Gesellschaftliche Emanzipationsbewegungen des 19. Jahrhunderts bis in die Weimarer Republik

M1 Q „Das Frauenrecht ist ein Hauptziel"
Wahlplakat der Deutschen Demokratischen Partei zur Weimarer Nationalversammlung im Jahr 1919

M2 Q „No future without feminism"
Demonstration anlässlich des Weltfrauentags am 8. März 2024 in Köln

32065-0391

1. Beschreiben Sie das Wahlplakat der DDP.
2. Erläutern Sie ausgehend von dem Plakat und unter Einbeziehung Ihres eigenen Vorwissens die gesellschaftliche Stellung der Frau bis 1919.
3. Stellen Sie Hypothesen über die Entwicklung der Frauenrolle in der Weimarer Republik auf. Begründen Sie Ihre Überlegungen mithilfe des Plakats M1.
4. Zwischen der Entstehung von M1 und M2 liegen über 100 Jahre. Beurteilen Sie, inwiefern der Einsatz für Frauenrechte auch heute noch ein relevantes Anliegen darstellt.

LEIT-FRAGE

Die Weimarer Republik – eine Zeit des Aufbruchs und der sexuellen Vielfalt?

Rollenbilder

... im Deutschen Kaiserreich und die Anfänge der Frauenbewegung

Im Kaiserreich entstanden erste Initiativen, die die starre Geschlechterordnung in Familie und Gesellschaft verändern wollten und für die Erweiterung der Frauenrechte eintraten. Durch die Gründung des Allgemeinen Deutschen Frauenvereins (ADF) im Jahr 1865 begann die Bewegung zum ersten Mal organisiert in Erscheinung zu treten und war dadurch durchsetzungsfähiger geworden als jene ersten Bewegungen, die sich zur Zeit der Märzrevolution 1848/49 noch nicht in dieser Form etablieren hatten können. Der ADF setzte sich vorrangig für einen verbesserten Bildungszugang für Frauen ein, die bisher nach der Höheren Töchterschule lediglich als Lehrerinnen tätig sein konnten. Die schulische Ausbildung von Frauen sollte folglich jener für Männer angeglichen und die Berufsfelder erweitert werden.

Durch den Anstieg von weiblichen Arbeitskräften in den Fabriken im weiteren Verlauf des Kaiserreiches setzten die Frauenbewegungen sich außerdem für eine Verbesserung der Arbeitsbedingungen sowie eine höhere Bezahlung der Frauen ein. Um 1900 sollte erstmalig auch die privatrechtliche Stellung der Frau verbessert werden, wobei die Ehe nach wie vor von Reformen ausgenommen blieb und weiterhin alle Rechte in der Hand des Mannes lagen. Andere Themen wie die Beseitigung des Abtreibungsparagrafen 218 führten innerhalb der unterschiedlichen Frauenvereine zu Uneinigkeiten. Dies betraf ebenso das Thema Gleichberechtigung, bei der sich der radikale Flügel der Bewegung letztlich durchsetzen konnte; er trat für die verfassungsgemäße Gleichstellung der Geschlechter ein.

„Grundsätzlich" gleichberechtigt – Männer und Frauen in der Verfassung

Mit der Einführung der ersten demokratischen Verfassung wurde eine wesentliche Forderung der Frauenbewegung erfüllt: Männern und Frauen wurde in Artikel 109 „grundsätzlich" dieselbe staatsbürgerliche Stellung zugesichert. Dass diese Gleichstellung in der Praxis häufig mit Einschränkungen verbunden war, zeigt sich durch den Begriff „grundsätzlich". Denn obwohl Frauen formal die gleiche rechtliche Stellung hatten wie Männer, befanden sich Frauen etwa in Ehe- und Familienangelegenheiten häufig in einer abhängigen Rolle. So war der Ehemann beispielsweise berechtigt, Arbeitsverträge der Frau zu kündigen, während diese sich vor allem der Familien- und Hausarbeit widmen sollte.

Der Erste Weltkrieg – „Antreiber" der Emanzipation?

Der Erste Weltkrieg führte dazu, dass mehr Frauen zwangsläufig in zuvor männerdominierten Berufsbereichen tätig werden mussten, und diente dadurch im Bereich der Frauenerwerbstätigkeit als entscheidende Antriebskraft. Während Frauen durch die Umstellung der Friedens- auf die Kriegswirtschaft in den ersten beiden Kriegsjahren noch Stellen in frauenüblichen Branchen wie der Textil- oder Bekleidungsindustrie einbüßen mussten, stieg ab 1916 die Nachfrage nach weiblichen Arbeitskräften, weil immer mehr Männer für den Krieg herangezogen wurden. Zielgerichtete Kampagnen sollten insbesondere auch verheiratete Frauen durch Anreize in Form von höheren Löhnen oder zusätzlichen Sachleistungen wie Lebensmitteln oder Kleidung für die Arbeit in kriegswichtigen Bereichen gewinnen.

M3 Q Frauenarbeit in der Statorwicklerei der Siemens-AG
Berlin-Siemensstadt, um 1914

- ▶ Beschreiben Sie das Bild.
- ▶ Erläutern Sie unter Berücksichtigung des Verfassertextes, welche Auswirkungen der Erste Weltkrieg auf die Erwerbstätigkeit der Frauen hatte.
- ▶ Beurteilen Sie, ob diese Entwicklungen tatsächlich als Modernisierung der Geschlechterverhältnisse verstanden werden können.

Der Erste Weltkrieg verstärkte insgesamt eine Entwicklung, die bereits gegen Ende des 19. Jahrhunderts eingesetzt hatte: Immer mehr Frauen gingen seit dieser Zeit einer bezahlten Tätigkeit nach. Obwohl sich diese Veränderung bereits vor Kriegsbeginn abgezeichnet hatte, wurde der Krieg als beschleunigender Entwicklungsfaktor wahrgenommen. Frauen waren bald in nahezu allen Arbeitsbereichen vertreten und die Unterscheidung zwischen typischen Männer- und Frauenberufen verschwand zunehmend. So stieg der Anteil weiblicher Arbeiterinnen in männerüblichen Industrien wie dem Maschinenbau von 7 Prozent im Jahr 1914 innerhalb von zwei Jahren auf 23 Prozent. Im Bereich der Elektroindustrie war eine noch drastischere Steigerung von 24 auf 55 Prozent zu verzeichnen. Mit dem Anstieg der Frauenerwerbstätigkeit verschlechterten sich jedoch in vielen Fällen die Arbeitsbedingungen der Arbeiterinnen. Schon zu Kriegsbeginn wurden viele bestehende Regelungen zum Arbeitsschutz außer Kraft gesetzt, was vielerorts längere Arbeitszeiten, Schichtdienste oder verringerte Schutzmaßnahmen für die erwerbstätigen Frauen, die nun vermehrt in der Industrie arbeiteten, zur Folge hatte. Da der Staat jedoch befürchtete, dass zu viele Frauen von diesen Bedingungen abgeschreckt werden würden, führten zahlreiche Firmen noch vor der Novemberrevolution 1918/19 den Acht-Stunden-Tag ein, der häufig auch für die männlichen Arbeitskräfte galt.

Die Rückkehr der Männer – das Aus für die Erwerbstätigkeit der Frau?

Auch wenn der Erste Weltkrieg durch den Mangel an männlichen Arbeitskräften zu einer zunehmenden Beteiligung von Frauen am Arbeitsleben geführt und damit eine Modernisierung der Geschlechterverhältnisse erwirkt hatte, sollte der Vorkriegszustand mit einem entsprechenden Abkommen 1918 wiederhergestellt werden. Das sogenannte „Zentralarbeitsabkommen“ (auch „Stinnes-Legien-Abkommen“) war ohne die aktive Einbeziehung der Frauenverbände beschlossen worden und sah ausdrücklich vor, den heimkehrenden Soldaten die Rückkehr an ihre ursprünglichen Arbeitsplätze zu sichern. In der Folge konnten Frauen unter dem Vorwand der familiären Verpflichtungen wieder aus ihren beruflichen Positionen verdrängt werden.

Frauen machen Politik

Neben der verfassungsgemäßen Gleichberechtigung von Mann und Frau bedeutete auch die Einführung des aktiven und passiven Wahlrechts im Jahr 1918 das Erreichen einer wichtigen Etappe in der Geschichte der deutschen Frauenbewegung. Bereits kurze Zeit später begann dadurch eine aktive Bemühung um die wertvollen Stimmen der Frauen – auch von Parteien, die das Frauenwahlrecht zuvor noch vehement abgelehnt hatten. So veröffentlichte beispielsweise die Zeitschrift „Die Woche“ 1919 die „Zehn Gebote zum Frauenwahlrecht“ und richtete sich gezielt an die neuen Wählerinnen, indem sie durch den Verweis auf die neuen staatsbürgerlichen Verpflichtungen aktiv zum Wahlgang aufrief. Und tatsächlich lag die Wahlbeteiligung bei den ersten demokratischen Wahlen für alle Bürgerinnen und Bürger bei fast 90 Prozent. Eine Zahl, die erst in den 1980er-Jahren der Bundesrepublik Deutschland erneut erreicht wurde.

Der Anteil weiblicher Abgeordneter lag bei 41 von 423, die in verschiedenen Parteien zu finden waren. Den größten Anteil weiblicher Abgeordneter verzeichnete jedoch die SPD mit 22 Frauen im Reichstag. Trotz ihrer formal gleichberechtigten Stellung im Reichstag waren sich die neuen weiblichen Abgeordneten ihres Geschlechts stets bewusst. So war eine der ersten Abgeordneten des Reichstages, **Marie Juchacz,** der Überzeugung, Frauen könnten ihr Geschlecht in politischen Fragen kaum verleugnen. Durch unterschiedliche Visionen und Erfahrungen könnten sie Facetten in die Politik einbringen, zu denen ihre männlichen Kollegen nicht in der Lage seien. Aus dieser Vorstellung heraus scheint es nachvollziehbar, dass Politikerinnen sich in erster Linie der Sozialpolitik mit den Themenfeldern der Fürsorge, des Schulwesens oder der Volksgesundheit befassten. Auf diesem Gebiet waren sie durchaus erfolgreich und maßgeblich an der Einführung des Jugendwohlfahrtsgesetzes oder des Jugendgerichtsgesetzes beteiligt, die jedoch vielerorts als „Frauengesetze“ abgetan wurden. Trotz ihrer aktiven politischen Mitgestaltung auf diesen Gebieten lagen die großen politischen und wirtschaftlichen Fragen jedoch weiterhin im Verantwortungsbereich ihrer männlichen Kollegen.

M4 Q Marie Juchacz
(1879–1954)
1920–1933 Abgeordnete des Reichstages für die SPD

Die Vorstellung der „neuen“ Frau

In der Weimarer Zeit stieg die Zahl an Unterhaltungs- und Vergnügungsmöglichkeiten rasant an und bot durch Kinos, Tanzlokale, Restaurants und Theater zahlreiche Möglichkeiten der Freizeitgestaltung. Gerade Großstädte symbolisierten durch das florierende Angebot das moderne Leben der „Goldenen Zwanziger“ und wurden für die Zeitgenossen zunehmend attraktiver. In diesem Umfeld entwickelte sich das Bild der sogenannten „neuen" Frau. Schon ihr äußeres Erscheinungsbild, das sich zunehmend von traditionellen weiblichen Vorstellungen abgrenzte, verleitete viele zeitgenössische Beobachter dazu, von einer neuen Ära weiblicher Unabhängigkeit zu sprechen. Ihr Auftreten zeichnete sich durch Attribute wie den Bubikopf (Kurzhaarfrisur), Zigaretten und einen androgynen Kleidungsstil aus. Die formale Gleichberechtigung der Frau schien durch das neue Erscheinungsbild auf den Straßen sichtbar zu werden. Die klassischen Geschlechtergrenzen lösten sich jedoch nicht nur optisch auf: Immer mehr Frauen erwarben durch einen Arbeitsplatz ihr eigenes Geld und sorgten selbstständig für ihren Lebensunterhalt – unabhängig von einem Mann. So gelang es den Frauen trotz der staatlichen Demobilmachungsmaßnahmen, sich neben den Männern auf dem Arbeitsmarkt zu etablieren.

M5 Q **Titelblatt der Zeitschrift „Die Woche", 4.5.1929**

- Untersuchen Sie, wie die „neue" Frau in der Öffentlichkeit dargestellt wurde.
- Vergleichen Sie die mediale Darstellung der Frau mit der Wirklichkeit.

… und ihre Wirklichkeit

Doch auch wenn der Typus der „neuen" Frau auf den ersten Blick modern und unabhängig schien, wurden Frauen in der beruflichen Realität häufig deutlich schlechter bezahlt als ihre männlichen Kollegen. Auch eine Betrachtung der beruflichen Tätigkeitsfelder und Qualifikationen zeigt, dass Rollenbilder von Mann und Frau weiterhin Bestand hatten. Während Männer im Büro häufig verantwortungsvolle Stellen wie die eines Sachbearbeiters oder Buchhalters bekleideten, übten Frauen meist einfache Tätigkeiten wie das Bedienen einer Schreibmaschine aus. In dieser Arbeitsteilung spiegeln sich die unterschiedlichen Qualifikationen, die jeweils für beide Geschlechter typisch waren. Während Frauen im kaufmännischen Bereich lediglich mit grundlegenden Kenntnissen wie dem Maschinenschreiben oder einfachen Büroabläufen vertraut gemacht wurden, durchliefen ihre männlichen Kollegen eine mehrjährige Ausbildung, in der sie verschiedene Bereiche des Berufsfeldes kennenlernten. Auch Frauen, die über eine bessere Qualifikation verfügten, konnten sich meist kaum gegen ihre männlichen Mitbewerber durchsetzen, da diese auf dem Arbeitsmarkt bevorzugt wurden. Positionen, die mit mehr Verantwortung verbunden waren, standen Frauen folglich ausschließlich in akuten Krisensituationen zur Verfügung.

Als solche galt beispielsweise der Erste Weltkrieg, der mit einem chronischen Mangel männlicher Arbeitskräfte verbunden war und dadurch auch Frauen einen Weg in komplexere Tätigkeitsfelder ebnete. Auch in der Bezahlung zeigten sich weiterhin Ungleichheiten. Begründet wurde die fehlende Gleichstellung mit der Behauptung, dass Frauen sich ihre Kleider im Gegensatz zu Männern nähen und ihr Essen selbst zubereiten könnten. Zudem blieb in der Weimarer Zeit – auch nach Ansicht der Frauenbewegungen – unumstritten, dass die höchste staatsbürgerliche Aufgabe der Frau keineswegs in der Ausübung einer selbstständigen Erwerbstätigkeit bestand, sondern vor allem in ihrer Rolle als Hausfrau und Mutter. Die Berufstätigkeit sollte folglich nur als Übergangsphase fungieren, bis die Frau den für sie angedachten Platz in einer Ehe einnehmen konnte. So waren beispielsweise die meisten Verkäuferinnen der Weimarer Republik alleinstehend, viele von ihnen unter 25 Jahre alt.

M6 Q **Schreibdamen an der Schreibmaschine, 1919**

- Beschreiben Sie das Foto.
- Erläutern Sie, inwiefern das Bild als prototypisch für die berufstätige Frau der Weimarer Zeit verstanden werden kann.

Mutterrolle und Erwerbstätigkeit – miteinander zu vereinbaren?

Vor allem Frauen, die auch in der Ehe einem Beruf nachgehen wollten, hatten es im Zuge der sogenannten „Doppelverdienerdebatte“ schwer. Besonders in Krisenzeiten wie beispielsweise der Weltwirtschaftskrise der 1930er-Jahre sollten Frauen nach Ansicht der konservativen und rechtsgerichteten Parteien ihre raren Arbeitsplätze räumen und Familienvätern ohne Anstellung überlassen. Bedeutungsvoller als der mögliche Verlust des Arbeitsplatzes war vor allem die symbolische Wirkung dieser Forderung: Frauen wurden auf dem Arbeitsmarkt nur so lange toleriert, bis sie einen Ehemann und Versorger gefunden hätten. Die Gegner der berufstätigen Ehefrauen fanden sich aber nicht nur im konservativen und rechten Lager, sondern unter den Frauen selbst. Der Krieg hatte die Suche nach einem Ehemann und Ernährer für viele Frauen erschwert oder manche von ihnen verwitwet zurückgelassen. Alleinstehende Frauen brauchten dadurch eine selbstständige Einkommensquelle, um sich oder gar ihre Kinder versorgen zu können, und empfanden verheiratete Frauen auf dem Arbeitsmarkt als Konkurrentinnen. Insgesamt arbeiteten die meisten Frauen – anders als der Schein der „modernen“ Frau suggerieren mag – nicht zuletzt aus einer finanziellen Not heraus.

Rollenbilder in der Bildung

Obwohl sich durch die Verfassung und den Ersten Weltkrieg gewaltige politische und wirtschaftliche Veränderung ereignet hatten, blieben die geschlechterspezifischen Rollenbilder relativ unverändert. Das zeigte sich besonders deutlich im Bereich der Erziehung. Die Mädchenbildung fokussierte sich vor allem auf die zukünftige Aufgabe als Hausfrau und Mutter, während die Jungen auf das Arbeits- und Berufsleben vorbereitet werden sollten. In der Volksschule konzentrierte sich die Schulbildung der Mädchen daher besonders auf den Haushaltungsunterricht. Und auch die Inhalte der höheren Schulbildung unterschieden sich geschlechterspezifisch. Während für die Jungenbildung mathematisch-naturwissenschaftliche Fähigkeiten sowie alte Sprachen bevorzugt wurden, setzten die Mädchenschulen vermehrt auf neue Sprachen, musisch-künstlerische Inhalte und Handarbeit.

Die meisten Mädchen schlossen ihre Schulbildung im Gegensatz zu den Jungen, die die Schule häufiger bis zum Abitur besuchten, nach der 10. Klasse ab. Da die Heirat und die Versorgung durch einen Ehemann nach den Denkmustern der Zeit den vorgezeichneten Lebensweg für Mädchen darstellten, galten eine höhere Bildung sowie eine komplexere berufliche Qualifikation für sie insgesamt als irrelevant. Fernab der Norm existierten jedoch trotzdem höher qualifizierte Frauen, die danach strebten, das traditionelle Rollenmuster zu überwinden und eine akademische Laufbahn einzuschlagen. Obwohl Frauen seit ihrer Zulassung zu Universitäten im Jahr 1908 die gleichen beruflichen Qualifikationsmöglichkeiten erhielten, blieben sie auf dem Arbeitsmarkt benachteiligt: Der Zugang zu einem höheren beruflichen Posten war für sie mit deutlich höheren Anstrengungen verbunden und nur durch den Nachweis herausragender Leistungen möglich.

Jugend und Freizeitbewegungen

Einen Wandel erfuhren die Geschlechterverhältnisse besonders innerhalb der jugendlichen Freizeitbewegungen. Vor allem die Übergangsphase zwischen schulischer Ausbildung und Ehe bot für Mädchen eine Zeit, die durch eine individuelle und autonome Lebensgestaltung geprägt war. Durch ihre Erwerbstätigkeit waren sie in der Lage, ihr eigenes Geld zu verdienen. Die meisten von ihnen engagierten sich zusätzlich in Turnvereinen, was als gesellschaftliches Idealbild für junge Frauen galt. Das zeigt sich auch in den Mitgliederzahlen der Deutschen Turnerschaft, die in der Weimarer Zeit knapp 400 000 weibliche Mitglieder verzeichnete.

Ebenso etablierte sich eine Freizeitbewegung, die Angebote für beide Geschlechter gleichermaßen aufwies. Obwohl die meisten Jugendbewegungen zunächst nur Jungen aufgenommen hatten, bekamen sie in der Weimarer Zeit zunehmend weiblichen Zuwachs. Jungen und Mädchen erhielten dadurch gleichermaßen die Möglichkeit, fernab von Elternhaus und Familie gemeinsam an Ausflügen und Fahrten teilzunehmen. Gerade für junge Mädchen bedeutete diese Erfahrung ein neues Freiheitsgefühl, in dem sie ihre Freizeit zunehmend eigenständig und unabhängig gestalten konnten. Trotz der Aufhebung von Geschlechterrollen in diesem Bereich, blieben viele Mädchen jedoch nach wie vor lieber unter sich.

Zurück zu Heim und Herd? – Das Frauenbild im Nationalsozialismus

Eine Auseinandersetzung mit der Geschichte der Frauen zeigt, dass die Weimarer Republik Geschlechtergrenzen stellenweise auflöste und Frauen so beispielsweise in beruflicher Hinsicht einen Zugang zu Tätigkeitsfeldern bot, die zuvor ausschließlich Männern vorbehalten waren. Trotz der verfassungsgemäßen Gleichstellung blieben die meisten geschlechtsspezifischen Rollenmuster jedoch erhalten und der Einfluss der Frauen auf gesellschaftlicher und politischer Ebene begrenzt. Vollständig durchbrochen wurde der Versuch der Emanzipation durch die Machtübernahme der Nationalsozialisten im Januar 1933. Die natürliche Lebensaufgabe der Frau sollte fortan darin bestehen, möglichst viele arische[1] Kinder zu gebären und dadurch die NS-Bevölkerungspolitik voranzutreiben.

M7 Q „Frauen! Rettet die deutsche Familie!“
Wahlplakat der NSDAP, 1932. Bildaufschrift: „Millionen Männer ohne Arbeit; Millionen Kinder ohne Zukunft. Frauen! Rettet die deutsche Familie; Wählt Adolf Hitler!“

- Analysieren Sie das Plakat und leiten Sie daraus das Frauenbild des Nationalsozialismus ab.
- Erläutern Sie, ob diese Vorstellung als Kontrast zum Frauenbild der Weimarer Zeit verstanden werden kann.

Homosexualität in der Gesetzgebung – §175

Das Kaiserreich brachte zwischen 1871 und 1918 verschiedene Bewegungen hervor, die sich mitunter auch für die Rechte der Frau, aber auch die homosexuelle[2] Emanzipation einsetzten. Während sich Frauenvereine für das Recht auf Abtreibung und den Schutz von ledigen Müttern einsetzten, warben bereits im Kaiserreich immer mehr Ärzte – vor allem Psychiater – für die Normalisierung gleichgeschlechtlicher Liebe. Trotz dieser ersten Emanzipationsbestrebungen kam es im Kaiserreich auch zu einem Rückschlag für die Homosexuellenszene, der sich in der Einführung von §175 im Reichsstrafgesetzbuch zeigte. Der 1872 eingesetzte Paragraf bestrafte die „widernatürliche Unzucht, welche zwischen Personen des männlichen Geschlechts“ ausgeübt werde, nicht nur mit Gefängnis, sondern auch mit dem Verlust der bürgerlichen Ehrenrechte sowie der akademischen Titel. Neben den strafrechtlichen Konsequenzen war die Einführung des Paragrafen darüber hinaus mit einer erheblichen gesellschaftlichen Ächtung verbunden, die bis zu seiner endgültigen Abschaffung im Jahr 1994 erhalten blieb. So wurden schwule Männer bis zu diesem Zeitpunkt häufig abschätzig als „175er“ betitelt.

Weil bereits das Gerücht über die eigene Homosexualität fatale juristische und gesellschaftliche Folgen nach sich ziehen konnte, wurde der Vorwurf der gleichge-

1 Im Rahmen der NS-Rassenideologie bezeichnete der Begriff eine „weiße, nicht-jüdische“ Person.
2 Anstelle des Begriffs „homosexuell“ ist heute der Begriff „queer“ gängiger, weil dieser als Sammelbegriff für alle Menschen gilt, die nicht heterosexuell oder cisgeschlechtlich sind. Da der Begriff jedoch erst seit den 1990er-Jahren von der Community als Selbstbezeichnung verwendet wird und weniger „trennscharf“ definiert ist, wird an dieser Stelle der Begriff der „Homosexualität“ verwendet, der ebenso in der Forschung nach wie vor gebräuchlich ist.

schlechtlichen Neigung häufig als Druckmittel eingesetzt. Das galt ebenso für lesbische Frauen, auch wenn diese keine unmittelbaren strafrechtlichen Konsequenzen fürchten mussten, da sich §175 ausschließlich auf Männer bezog. 1909 wurde zwar eine Ausweitung des Paragrafen auf Frauen angeregt und auch von Frauenverbänden unterstützt, die Forderung konnte sich jedoch nicht durchsetzen. Eine Debatte über die Liberalisierung der Homosexualität und die Abschaffung des §175 setzte erst gegen Ende der Weimarer Republik im Oktober 1929 ein und deutete einen Durchbruch der Homosexuellenbewegung an, die sich lange für die Entkriminalisierung der gleichgeschlechtlichen Liebe eingesetzt hatte. Die politische Handlungsunfähigkeit in der Endphase der Weimarer Republik verhinderte den Vorstoß letztlich. Obwohl sich ein Strafrechtsausschuss des Reichstages bereits für die Abschaffung des Paragrafen ausgesprochen hatte, konnte über den Antrag nicht mehr im Parlament abgestimmt werden.

M 8 Q Magnus Hirschfeld
(1868–1935)

(Homo)sexuelle Freizügigkeit in der Gesellschaft

Zu jener Bewegung des Kaiserreiches, die die gleichgeschlechtliche Liebe zu normalisieren versuchte, gehörte auch der deutsche Arzt und Sexualwissenschaftler **Magnus Hirschfeld**. Für ihn war Homosexualität weder widernatürlich noch unmoralisch, sondern eine normale sexuelle Präferenz wie jede andere. Aus diesem Grund hielt er eine Gefängnisstrafe für abwegig und setzte sich für die Akzeptanz von Homosexualität ein. Um das menschliche Liebes- und Sexualleben zu erforschen und Menschen auf dieser Ebene zu beraten und zu behandeln, gründete er im März 1919 das Institut für Sexualwissenschaften im Berliner Bezirk Tiergarten. Seine wissenschaftliche Arbeit fand jedoch mit der Machtübernahme der Nationalsozialisten im Jahr 1933 ein Ende. Das Institut wurde zerstört. Hirschfeld selbst konnte der Verfolgung durch die Nationalsozialisten entgehen, weil er sich zu diesem Zeitpunkt im Ausland aufhielt. Aufgrund seiner jüdischen Herkunft war er gezwungen, ins Exil zu gehen.

M 9 Q „Wie sag' ich's meinem Kinde"
Karikatur in der Zeitschrift „Simplicissimus", 29.09.1924
Bildunterschrift: „Du bist nun in dem Alter, Paula, wo man mit den Männern – – – " – „Lass' das, Mutter – ich bin pervers."

- Beschreiben Sie die Karikatur und erläutern Sie ihre Aussageabsicht im Hinblick auf den gesellschaftlichen Umgang mit Homosexualität in der Weimarer Republik. Nutzen Sie dazu auch den Verfassertext.

Neben dem zunehmenden Forschungsinteresse auf dem Gebiet der Homosexualität entwickelte sich in der Weimarer Zeit besonders in Großstädten wie Berlin eine breite Szenelandschaft. Der Damenclub Violetta eröffnete für lesbische Frauen in der Bülowstraße, und auch für Männer gab es ein breites Angebot an Freundschaftsvereinen, Bars oder Tanzlokalen. Die Weimarer Zeit schuf jedoch nicht nur diversere Orte für Menschen mit unterschiedlichen (sexuellen) Vorlieben, sondern bot auch durch die Abschaffung der Pressezensur eine literarische und mediale Öffentlichkeit für die gleichgeschlechtliche Liebe. So konnte zwischen 1918 und 1933 mit der Zeitschrift „Die Freundschaft" die erste homosexuelle Zeitung der Welt freiverkäuflich erworben werden. Das Erscheinen dieser ersten Zeitschrift war der Beginn einer breiten homosexuellen Publizistik in Berlin, die später mit bis zu 30 verschiedenen Titeln aufwartete.

Widerstand und Homophobie

Trotz der neu gewonnenen sexuellen und gleichgeschlechtlichen Vielfalt und der lebhaften politischen Bewegung, die für die Rechte homosexueller Menschen eintrat, gab es bereits seit dem Kaiserreich immer wieder Widerstände. Die sogenannte Sittlichkeitsbewegung formierte sich vor allem im kirchlichen Kontext und begründete ihre Forderungen nach einem moralischen Sexualverhalten mit christlichen Traditionswerten. Der Bewegung ging es aber nicht nur um eine Eindämmung der sexuellen Freizügigkeit, sondern insbesondere um den Erhalt traditioneller Geschlechterverhältnisse und Rollenbilder. Die Männer sollten im familiären Kontext Entscheidungen fällen und eine leitende Funktion übernehmen, während Frauen folgsam sein sollten. Besonders ablehnend standen die Vertreter der Sittlichkeit aber nicht nur der Homosexualität gegenüber, sondern auch dem außer- und vorehelichen Geschlechtsverkehr sowie der Abtreibung. Ihre Argumentation fußte vor allem auf dem Anliegen, junge Menschen vor Einflüssen zu bewahren, die in ihren Augen als sittlich gefährdend und moralisch verwerflich galten.

Homosexualität im Nationalsozialismus

Spätestens mit der Machtübertragung an die Nationalsozialisten setzte das Ende der sexuellen Vielfalt ein. 1934 wurde mit der Verfolgung und Verhaftung Homosexueller begonnen. Im Zuge dessen führte die Geheime Staatspolizei (Gestapo) Razzien gegen Homosexuelle durch, die häufig mit deren Verhaftung und Deportation in ein Konzentrationslager endeten. Einen Höhepunkt der Verfolgung bildete die 1936 gegründete „Reichszentrale zur Bekämpfung von Homosexualität und Abtreibung" unter der Leitung Heinrich Himmlers, die die Verfolgung institutionalisierte. Hitler sah in der Homosexualität ein „entartetes" Verhalten, das die Leistungsfähigkeit des Staates hemme und zudem die Geburtenrate gefährde. Aus diesem Grund wurde auch §175, der bereits seit dem Kaiserreich existierte, in der Zeit des Nationalsozialismus verschärft. Während zuvor nur sexuelle Handlungen bestraft worden waren, reichten fortan bereits „begehrliche Blicke", mit denen Erziehungsmaßnahmen, Deportationen und Zwangskastrationen gerechtfertigt werden sollten.

M 10 Q Homosexuelle im KZ Sachsenhausen, 1938
Die abgebildeten Häftlinge tragen einen „Rosa Winkel" an ihrer Häftlingskleidung.

- Beschreiben Sie ausgehend von dem Foto die Situation für Homosexuelle zur Zeit des Nationalsozialismus.

Um auch im Konzentrationslager als Homosexuelle erkennbar zu sein, waren die Inhaftierten gezwungen, einen „Rosa Winkel" als Erkennungszeichen zu tragen. Umstritten ist innerhalb der Forschung der Umgang mit lesbischen Frauen, da sich §175 rein auf Männer bezog. Frauen wurden dadurch zwar offiziell nicht aufgrund ihrer Homosexualität verfolgt, doch es gibt Forschungsergebnisse, die eine indirekte Verfolgung nahelegen. So wurden Frauen beispielsweise aufgrund von anderen vermeintlichen Straftatbeständen verfolgt, ihre Homosexualität jedoch trotzdem aufgenommen und in den Akten vermerkt.

M11 Q „Heraus mit dem Frauenwahlrecht"

Flugblatt zum Frauentag, 8. März 1914

M12 Q Geschlechterrollen im Deutschen Kaiserreich

Eduard Windhorst (1834–1914), linksliberaler Politiker und Rechtsanwalt sowie Mitglied des Deutschen Reichstages, äußert sich 1912 zur „Frauenfrage":

Aber all diese [...] Reformen halten sich innerhalb der Grenzen, die durch den Unterschied des Geschlechts gezogen sind. [...] Die Organisation ist eben beim Weibe anders geartet als beim Manne, und seine Kräfte reichen nicht aus, die schweren Arbeiten zu verrichten, die dem Manne obliegen und von seiner kräftigeren Natur leicht zu bewältigen sind. [...] Und wie gewaltig zeigt sich die Ungleichheit in der inneren Veranlagung, in der intellektuellen und moralischen Begabung! Die Männer sind die Vertreter der Kraft und zeichnen sich aus durch die darauf beruhenden aktiven Tugenden des Heldenmutes und der Standhaftigkeit, der Vaterlandsliebe und der Gerechtigkeit. Die Frauen sind die Vertreterinnen der Schönheit und der Liebe und ragen in unerreichbarer Überlegenheit über die Männer hinaus in den mehr passiven Tugenden der Demut und der Milde, der aufopfernden Hingebung und Barmherzigkeit. Die fast ausschließliche männliche Schöpfungskraft in Wissenschaft und Kunst wird ausgeglichen durch die unglaublich steigerungsfähige Empfänglichkeit der Frauen für die höchsten Ideale des Lebens. Der Mann wird in seinem Denken und Handeln bestimmt von seinem scharfen, alles durchdringenden Verstande, das Weib lässt sich leiten von der Regung des bei ihm schärfer entwickelten Gefühls. [...] Bei allen Erwägungen und Vorschlägen, die eine Verbesserung der Stellung der Frauen bezwecken, muss deshalb immer beachtet werden, dass die Frauen nach ihren geistigen und körperlichen Anlagen von der Natur dazu berufen sind, das höchste menschliche Glück, das Glück häuslichen und friedlichen Familienlebens, zu begründen und zu pflegen und sich den erhabenen sozialen Pflichten zu widmen, die ihnen durch die Herrschaft des Gemütslebens als besonderer Vorzug ihres Geschlechtes zugewiesen sind. Diese von der Natur selbst gezogenen Grenzen können ungestraft nicht überschritten werden. Alle Versuche, den Frauen auf Kosten und unter Verleugnung der weiblichen Natur eine andere Stellung zu verschaffen, werden sich an ihnen selbst bitter rächen müssen. Das aber ist der schwere Vorwurf, der gegen diejenigen Ausschreitungen der Frauenbewegung erhoben werden muss, die unter dem täuschenden Aushängeschilde der zu erstreitenden Frauenrechte ganz verwerfliche Zwecke verfolgen. Unzufrieden mit ihrem Frauenlose empfinden die Anhängerinnen dieser modernen Bewegung die ihnen auferlegten Schranken als eine länger nicht mehr zu ertragende Ungerechtigkeit und treten in Wort und Schrift mit größter Lebhaftigkeit für eine Änderung der bisherigen gesellschaftlichen staatlichen Ordnung [...] ein.

Eduard Windhorst, Lebenserfahrungen eines Idealisten, Bonn 1912, S. 461–469

M13 Q Die Frauenfrage – gelöst?

Am 19. Februar 1919 spricht mit Marie Juchacz (1879–1956), der sozialdemokratischen Vertreterin des Wahlkreises Potsdam, zum ersten Mal eine Frau in einem deutschen Parlament:

Meine Herren und Damen! (*Heiterkeit*)
Es ist das erste Mal, dass in Deutschland die Frau als freie und gleiche im Parlament zum Volke sprechen darf, und ich möchte hier feststellen, und zwar ganz objektiv, dass es die Revolution gewesen ist, die [...] die alten Vorurteile überwunden hat. [...] Die Frauen besitzen heute das ihnen zustehende Recht der Staatsbürgerinnen. [...]

Was die Regierung getan hat, das war eine Selbstverständlichkeit: Sie hat den Frauen gegeben, was ihnen bis dahin zu Unrecht vorenthalten worden ist. [...] Wollte eine Regierung eine demokratische Verfassung vorbereiten, dann gehörte zu dieser Vorbereitung das Volk, das ganze Volk in seiner Vertretung. Die Männer, die dem weiblichen Teil der deutschen Bevölkerung das bisher zu Unrecht vorenthaltene Staatsbürgerrecht gegeben haben, haben damit eine für jeden gerecht denkenden Menschen, für jeden Demokraten selbstverständliche Pflicht erfüllt. [...]

Durch die politische Gleichstellung ist nun meinem Geschlecht die Möglichkeit gegeben zur vollen Entfaltung seiner Kräfte. Mit Recht wird man erst jetzt von einem neuen Deutschland sprechen können und von der Souveränität des ganzen Volkes. [...] Ich möchte hier sagen, dass die Frauenfrage, so wie es jetzt ist in Deutschland, in ihrem alten Sinne nicht mehr besteht, [...] dass sie gelöst ist. Wir werden es nicht mehr nötig haben, mit Versammlungen, mit Revolutionen, mit Eingaben um unser Recht zu kämpfen. [...]

Aber damit begeben wir uns nun keineswegs des Rechts, anders geartete Menschen, weibliche Menschen zu sein. Es wird uns nicht einfallen, unser Frauentum zu verleugnen, weil wir in die politische Arena getreten sind und für die Rechte des Volkes mitkämpfen. [...] Die gesamte Sozialpolitik überhaupt einschließlich des Mutterschutzes, der Säuglings-, der Kinderfürsorge wird im weiteren Sinne Spezialgebiet der Frauen sein müssen. Die Wohnungsfrage, die Volksgesundheit, die Jugendpflege, die Arbeitslosenfürsorge sind Gebiete, an denen das weibliche Geschlecht ganz besonders interessiert ist und für welche das weibliche Geschlecht ganz besonders geeignet ist. [...]

Wir wissen, dass hier noch mit sehr vielen Dingen der Vergangenheit aufzuräumen ist, die nicht von heute auf morgen aus der Welt zu schaffen sind. Es wird hier anstrengender und zielbewusster Arbeit bedürfen, um den Frauen im staatsrechtlichen und wirtschaftlichen Leben zu der Stellung zu verhelfen, die ihnen zukommt. Zu all diesen Dingen, die wir uns vorstellen, hat die Umgestaltung unserer Staatsform zur Demokratie uns die Wege geöffnet. Jetzt heißt es, diese Wege zu beschreiten und das zu schaffen, was zum Glück unseres Volkes in der Zukunft notwendig ist. [...]

Verhandlungen der verfassungsgebenden Deutschen Nationalversammlung, Bd. 326: Stenographische Berichte. Von der 1. Sitzung am 6. Februar 1919 bis zur Sitzung am 12. März 1919, Berlin 1920, S. 177 f.

M14 Q Das Leben der „neuen Frau" – ein gesellschaftlich akzeptierter Lebenswandel?

Obwohl der erste Muttertag zur Zeit des Nationalsozialismus im Jahr 1934 erstmalig zelebriert wird, setzen sich bereits 1929 Kampagnen für die Begehung eines Muttertages ein:

Im Gedanken des Muttertages liegt in einer suchenden und irrenden Zeit wie der jetzigen eine starke aufbauende Kraft. Das kam in fast allen Ansprachen am Muttertag beredt zum Ausdruck.

Unter den mannigfaltigen Verfallserscheinungen der Gegenwart ist das Schwinden der Ehrfurcht [...] vor den Frauen und Müttern ein trauriges Zeichen. Eine der Hauptursachen hierfür ist die gelockerte häusliche Erziehung. Die Familienerziehung liegt vor allem in der Hand der Mutter. Sie ist die Seele des Hauses, und nach ihrer Grundeinstellung richtet sich bewusst und unbewusst die Hausgemeinschaft. Diese früher so selbstverständliche Stellung der Frau und Mutter ist ins Wanken geraten. Es gilt, sie wiederzugewinnen. Die Geringschätzung weiter Kreise unseres Volkes schon in der Vorkriegszeit vor der Hausfrau und Mutter muss schwinden. Unsere Mütter müssen wieder richtunggebend in unseren Familien sein. Es werden wieder starke Charaktere in dienstwilliger Hilfsbereitschaft und Ehrfurcht vor den Eltern aus solcher Erziehung erwachsen. –

[...] Wenn wir ins Leben der Gegenwart blicken, begegnen wir allenthalben Schund und Schmutz. Schon an unsere Kinder tritt er in widerlicher Weise auf Schritt und Tritt heran. Die Sinneslust treibt in weiten Kreisen traurige Blüten. Ein wüstes Sichausleben, ein Mangel an Pflichtgefühl und ernstem Verantwortungsbewusstsein macht sich weiterhin bemerkbar. Es sind in großem Ausmaß zerstörende Mächte am Werke, die weithin zu einer Auflösung des Familienlebens führen. Hier will der Muttertag einen Damm aufrichten, indem er hinweist auf die hohen Kulturgüter, die im Schoße unseres Familienlebens ruhen. Er will zur Besinnung auf die ehernen Grundpfeiler eines starken Volkstums, nämlich die kinderreichen Familien, hinweisen. Es ist nicht mehr selten, dass unsere jungen Frauen und Mütter aus Eitelkeit, Selbstsucht oder Bequemlichkeit keine Freude mehr an Kindern empfinden und deshalb keine Kinder haben wollen! Eine ernste Mahnung will der Muttertag an alle Frauen und Mütter zur gemeinsamen Bekämpfung der zersetzenden Einflüsse und zur Stärkung des deutschen Familienlebens richten. [...]

Der Tag der Mutter. Muttertag. Rückschau auf 1928 und Ausblick auf 1929, hrsg. vom Vorbereitenden Ausschuss für den Deutschen Muttertag, in: Peter Longerich (Hrsg.) Die erste Republik. Dokumente zur Geschichte des Weimarer Staates, München 1992, S. 226 f.

M15 Q Die neue „Femme Fatale“

Das „Bildnis der Tänzerin Anita Berber“ von Otto Dix entstand im Jahr 1925 in seinem Düsseldorfer Atelier. Dix' Werke befassten sich thematisch vor allem mit den verschiedenen Facetten der deutschen Nachkriegsgesellschaft der Weimarer Republik, die von großen sozialen Gegensätzen geprägt war. In den Fokus traten dabei vor allem die Schattenseiten der Gesellschaft, die Dix schonungslos abbildete. Nach der Machtübertragung an die Nationalsozialisten im Jahr 1933 wurde sein Werk als „entartete Kunst“ diffamiert und verboten.

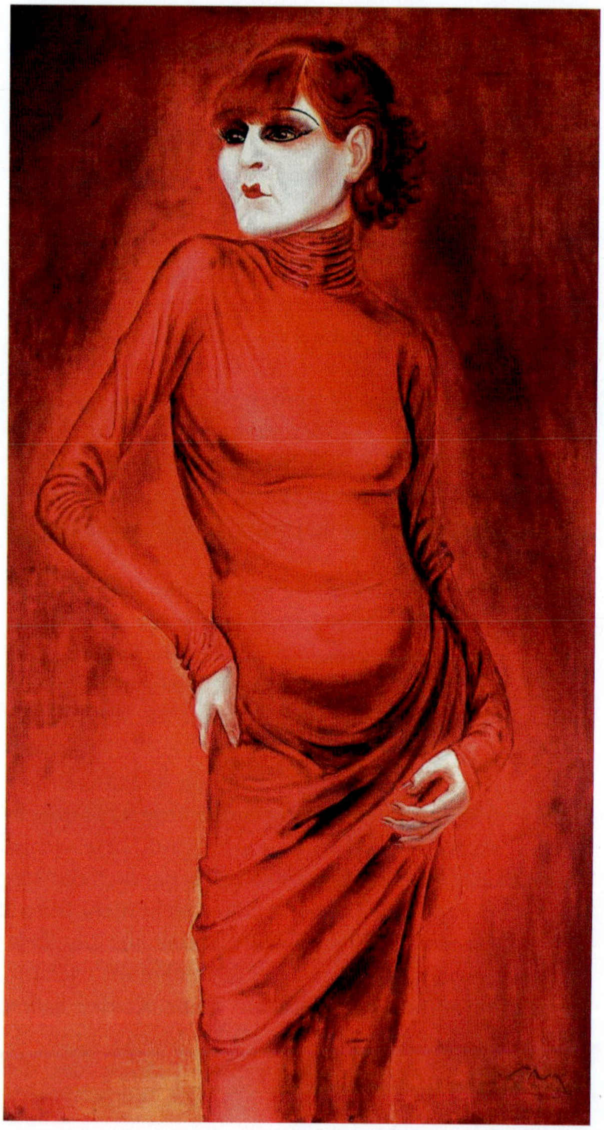

M16 Q „Ganz normal anders“

In seinem Buch „Ganz normal anders. Auskünfte schwuler Männer“ dokumentiert Jürgen Lemke 1989 das Leben von 14 homosexuellen Männern. Einer von ihnen, genannt „Erich“, spricht über sein Leben als Homosexueller im Berlin der Weimarer Republik und des Nationalsozialismus:

Es gab wohl keine Berufsgruppe in den zwanziger Jahren, die auf den berühmten Tuntenbällen[1] in den großen Berliner Ballsälen nicht vertreten war. Wir „einfachen Jungs“ kamen als Asta Nielsen und Henny Porten[2] und ließen uns Sekt von derben, fluchenden Taxifahrern und Zimmerleuten servieren. Dass die harten Zimmermänner und Taxifahrer am nächsten Tag ihre Kluft mit einer Richterrobe oder einem Arztkittel tauschten, gehörte zu den Verrücktheiten des Milieus. Es kam auch vor, dass irgendeine Asta eine Woche später wegen Ladendiebstahls von ihrem Zimmermann zu „Knast“ verdonnert wurde. [...] Diejenigen von uns, die ihre Veranlagung auslebten, fürchten schon immer Gewalt und Drangsalierung. Zur Ironie des Schicksals gehört offenbar, dass die Verklemmten und Heimlichtuer unter uns zur Gewalt drängen und sich ihr unterwerfen. Stiefel und Koppel machten sie endlich zum Vollmann, zum richtigen Kerl. Hatten sich vor 1933 schon viele zum Braunhemd geflüchtet, so waren nach 1933 noch mehr dazu bereit. Gegen uns ging es nach dem Röhm-Putsch[3] richtig los. Es hatte sich längst rumgesprochen, dass einige von uns verschwunden waren. Lange vor dem Putsch. Gerechnet habe ich damit auch. Nur, was hätte ich schon tun können? [...] Am 5. Juli 1935 holten sie mich ab. [...] Vom ersten Tag an herrschte Klarheit. Von allem, was die Nazis im Keller zusammengepfercht haben, waren wir das Letzte. Darüber wurden wir auch nicht fünf Minuten im Zweifel gelassen. Was Homo-Hass betraf, rannten die Nazis durch offene Türen. Mussten sie den Hass gegen Kommunisten und Juden mit einem riesigen Propagandaaufwand bei ihren Handlangern und Anhängern organisieren, so wurde ihnen Homo-Hass von den vorhergehenden christlichen Jahrhunderten frei Haus geliefert. Bevor sie uns schlugen, belegten sie uns mit den gleichen Worten, die ich in meinem Leben bis dahin schon oft gehört hatte. [...] Die Prozesse gegen uns Hundertfünf-

1 Der Begriff „Tunte“ wurde in hetero- und homosexuellen Kreisen lange als abwertende Bezeichnung für Homosexuelle verwendet.

2 Asta Nielsen und Henny Porten waren zur Zeit der Weimarer Republik berühmte Schauspielerinnen.

3 Der sogenannte „Röhm-Putsch“ bezeichnet eine gezielte Aktion der Nationalsozialisten, um politische Gegner oder Konkurrenten zu beseitigen. Ein Ziel dieser „Säuberungsaktion“ war auch SA-Chef Ernst Röhm, dessen Homosexualität der NSDAP und Hitler hinreichend bekannt war.

undsiebziger liefen [im Nationalsozialismus] alle gleich ab. Unzucht, Kuppelei, ab ins Konzentrationslager. Keiner sollte mehr Gelegenheit haben, die gesunde, heranwachsende deutsche Jugend zu verderben.

Jürgen Lemke, Ganz normal anders. Auskünfte schwuler Männer, Berlin/Weimar 1989, S. 17–19

M 17 Q „Das lila Lied“

„Das lila Lied“ von Arno Billing (alias Mischa Spoliansky) und Kurt Schwabach erscheint im Jahr 1920 und gilt als erste Hymne der Homosexuellenbewegung. Trotz des offiziellen Verbots gleichgeschlechtlicher Liebe erfreut sich das Lied in der Weimarer Zeit großer Beliebtheit. Es enthält die Widmung: „Dem unermüdlichen Forscher und Freund Herrn Sanitätsrat Dr. Magnus Hirschfeld zugeeignet.“

1.Was will man nur?
Ist das Kultur,
Dass jeder Mensch verpönt ist?
Der klug und gut,
Jedoch mit Blut
Von eigener Art durchströmt ist,
Dass g'rade die Kategorie
Vor dem Gesetz verbannt ist,
Die im Gefühl
Bei Lust und Spiel
Das sucht, was ihr verwandt ist.
Und dennoch sind die Meisten stolz,
Dass sie von ander'm Holz!

2.Wozu die Qual,
Uns die Moral
Der Andern aufzudrängen?
Wir, hört geschwind,
Sind wie wir sind,
Selbst wollte man uns hängen.
Wer aber denkt, dass man uns hängt,
Den müsste man beweinen,
Doch bald, gebt acht,
Wird über Nacht
Auch uns're Sonne scheinen.
Dann haben wir das gleiche Recht erstritten,
Wir leiden nicht mehr, sondern sind gelitten!

Refrain:
Wir sind nun einmal anders als die Andern,
Die nur im Gleichschritt der Moral geliebt,
Neugierig erst durch tausend Wunder wandern,
Und für die's doch nur das Banale gibt.
Wir aber wissen nicht, wie das Gefühl ist,
Denn wir sind Alle andrer Weiten Kind,
Wir lieben nur die lila Nacht, die schwül ist,
Weil wir ja anders als die Andern sind.

Kurt Schwabach, Das lila Lied, Berlin 1920

Arbeitsvorschläge

1. Beschreiben Sie das Plakat. Gehen Sie dabei besonders auf Anlass und Wirkung ein (M11).
2. Recherchieren Sie Ursprünge und Geschichte des Weltfrauentages.
3. Beurteilen Sie die heutige Relevanz des Weltfrauentages – knapp 110 Jahre nach der Entstehung des Plakats von 1914.
4. Arbeiten Sie die verschiedenen Rollen heraus, die Windhorst Männern und Frauen zuschreibt (M12).
5. Untersuchen Sie, welche Haltung er gegenüber der Frauenbewegung einnimmt und wie er diese begründet (M12).
6. Analysieren Sie die Rede im Hinblick auf die politische Aufgabe, die durch die Gleichberechtigung auf die Frauen zukomme (M13).
7. Marie Juchacz sagt in ihrer Rede, „dass die Frauenfrage [...] in ihrem alten Sinne nicht mehr besteht, [...] dass sie gelöst ist“. Nehmen Sie kritisch Stellung zu dieser Aussage (M13).
8. Arbeiten Sie die Gründe heraus, die die Kampagne für die Begehung eines Muttertages anführt (M14).
9. Analysieren Sie, welche Haltung die Initiatoren gegenüber der Rolle der („neuen“) Frau einnehmen (M14). | F
10. Interpretieren Sie das „Bildnis der Tänzerin Anita Berber“. Was lässt sich im Hinblick auf die gesellschaftliche Wahrnehmung der „neuen“ Frau ableiten (M15)?
11. Anita Berber gilt als Ikone ihrer Zeit. Erläutern Sie, warum. Nutzen Sie dazu auch die bereitgestellten Informationen über den QR-Code (M15).
12. Untersuchen Sie, wie „Erich“ das Leben für Homosexuelle zur Zeit der Weimarer Republik und des Nationalsozialismus darstellt (M16).
13. Interpretieren Sie „Das lila Lied“ im Hinblick auf das Selbstverständnis der Homosexuellenbewegung (M17). Nutzen Sie dazu auch den Verfassertext. | F
14. Diskutieren Sie ausgehend von den Schilderungen in M16 und M17 die Stellung queerer Personen in der heutigen Gesellschaft. An welchen Stellen sehen Sie Fortschritte und wo besteht in Ihren Augen noch Handlungsbedarf?

32065-0392

32065-0393

Leitfrage

Nehmen Sie Stellung:

Die Weimarer Republik – eine Zeit des Aufbruchs und der sexuellen Vielfalt?

2.6 Vertiefungsmodul: Kommunistische Diktatur in der Sowjetunion

M1 D Die Sowjetunion und Lenin

Während ihrer gesamten Existenz identifizierte sich die Sowjetunion mit ihrem Staatsgründer. Sie wurde weitgehend durch seine Persönlichkeit geprägt: heimlichtuerisch, misstrauisch, intolerant, asketisch, unbeherrscht. Die anständigen Seiten seines Charakters hielten keinen Einzug in die öffentliche Sphäre seiner Sowjetunion.

Victor Sebestyen, Lenin. Ein Leben, Berlin 2017 (Übersetzung: Norbert Juraschitz, Karin Schuler und Henning Thies)

32065-0206

1. Charakterisieren Sie den beschriebenen Staat.
2. Nehmen Sie Stellung zu diesem Zitat.

LEIT-FRAGE

Lenin – Schicksalsfigur Russlands in der ersten Hälfte des 20. Jahrhunderts?

Das Russische Reich bis 1917

Vielvölkerreich und Monarchie

Das Russische Zarenreich, ein Vielvölkerstaat mit der Hauptstadt **St. Petersburg**, umfasste im 19. Jahrhundert Gebiete wie Finnland, die baltischen Staaten, Teile Polens, Weißrussland, die Ukraine und Länder des Kaukasus. Der Zar regierte als unumschränkter Herrscher und das Land war stark von **autokratischen** Strukturen geprägt. Trotz der Offenheit einiger Adliger und Großbürger gegenüber der westeuropäischen Kultur, blieb ein Großteil der Oberschicht den alten Traditionen und dem autokratischen Regime treu.

Die industrielle Rückständigkeit Russlands wurde besonders im Krimkrieg deutlich, woraufhin Zar Alexander II. eine „Modernisierung von oben" einleitete. Diese umfasste Reformen wie die Abschaffung der Leibeigenschaft und die Förderung der Industrialisierung, insbesondere durch den Ausbau der Eisenbahninfrastruktur. Trotz dieser Bemühungen blieben Analphabetismus und Sterblichkeitsrate hoch und die Selbstverwaltung auf lokaler Ebene änderte nichts an der autokratischen Herrschaft des Zaren auf nationaler Ebene.

Die Revolution von 1905 und Reformen

Von 1905 bis April 1917 durchlebte Russland eine Phase tiefgreifender politischer, sozialer und wirtschaftlicher Umwälzungen, die schließlich zum Sturz der Zarenherrschaft führten. Die Revolution von 1905, ausgelöst durch die schlechten Lebensbedingungen und die Unzufriedenheit mit der autokratischen Regierung, markierte den Beginn dieser turbulenten Periode. Verschiedene Gruppen, darunter **sozialrevolutionäre** und sozialliberale Kräfte, forderten Reformen oder radikalere Veränderungen. Der „Blutsonntag" am 9. Januar 1905, bei dem Demonstrierende vor dem Winterpalast in St. Petersburg von der Armee beschossen wurden, führte zu landesweiten Protesten.

Der Zar sah sich gezwungen, eine Verfassung und bürgerliche Freiheiten zu versprechen, was jedoch die grundlegenden Probleme des Reiches nicht löste.

Unter dem Druck dieser Ereignisse führte der damalige Ministerpräsident Pjotr A. Stolypin wichtige Agrarreformen durch, die den Bauern erlaubten, eigene Betriebe zu gründen und staatliche Kredite sowie Schulungen in modernen Anbaumethoden

St. Petersburg: seit Zar Peter I. (1672–1725) Hauptstadt des russischen Reiches, 1915 in Petrograd, 1924 – 1991 in Leningrad umbenannt, heute wieder St. Petersburg

Autokratie (griech. Selbstherrschaft): unumschränkte Regierungsgewalt nach dem Vorbild der oströmischen Kaiser

Sozialrevolutionäre: russische Partei, 1901/02 gegründet. Ihr Ziel war eine Revolution aller Unterdrückten in Stadt und Land und eine entschädigungslose Enteignung aller Großgrundbesitzer. Die Größe ihrer Organisation und ihre blutigen Terrorakte machten die Sozialrevolutionäre zum gefährlichsten Gegner der Autokratie.

zu erhalten. Diese Maßnahmen zielten darauf ab, eine bäuerliche Mittelschicht zu schaffen, konnten jedoch ihre Wirkung nur langsam entfalten.

Die innere Krise verschärfte sich weiter durch die Beteiligung Russlands am Ersten Weltkrieg, was die wirtschaftliche und soziale Lage des Landes zusätzlich belastete. Die Regierung und die alten Eliten waren überfordert und überließen den liberalen Parteien der Duma faktisch die Organisation des öffentlichen Lebens. Die Kriegsanstrengungen führten zu hohen Menschenverlusten und einer angespannten Versorgungslage, was Ende 1916 zu ersten Streiks führte. Diese Streiks weiteten sich im Winter 1916/17 aus, als eine Hungersnot die Lebensbedingungen drastisch verschlechterte.

M 2 Q „Petersburger Blutsonntag“
Am 9. Januar 1905 schossen Truppen des Zaren vor dem Winterpalast in St. Petersburg auf unbewaffnete Arbeiter, die zuvor friedlich für soziale und politische Reformen demonstriert hatten.
Obwohl das Foto von der flüchtenden Menschenmenge eine große Verbreitung fand, ist seine Echtheit jedoch umstritten. Möglicherweise zeigt es auch eine Szene aus dem im Jahre 1925 entstandenen Film „Dewjatoe Janwarja“ (dt.: „Der neunte Januar“) des Regisseurs Wjatscheslaw Wiskowski.

Die Revolutionen von 1917

Die Februarrevolution 1917 und die Zeit der „Doppelherrschaft“

Die Februarrevolution von 1917 wurde durch spontane Demonstrationen hungernder Arbeiterinnen in Petrograd ausgelöst. Obwohl die revolutionären Parteien zunächst nicht aktiv wurden, weitete sich die Bewegung zu einem Generalstreik aus. Revolutionäre Räte (Sowjets) wurden im ganzen Land von Fabrikarbeitern, Soldaten und Bauern gewählt. Unter dem Eindruck der Unruhen traten die Minister des Zaren geschlossen zurück und schließlich sah sich auch Zar **Nikolaus II.** gezwungen abzudanken. Es bildete sich eine provisorische Regierung unter Fürst Georgi J. Lwow. Damit hatte Russland zwei Entscheidungszentren: die neue Regierung und das Exekutivkomitee der Sowjets.

Die Regierung versuchte, durch die Fortführung des Krieges und eine erfolglose Offensive die Kontrolle zu behalten, was jedoch nur den radikalen Kräften Auftrieb gab. Nach weiteren bewaffneten Demonstrationen übernahm ein Kabinett aus Sozialrevolutionären und gemäßigten **Menschewiki** unter Alexander F. Kerenskij die Regierung. Die **Bolschewiki**, die ein sofortiges Kriegsende gefordert hatten, gewannen zunehmend an Einfluss, insbesondere nach der Rückkehr ihres Anführers **Wladimir I. Lenin** aus dem Exil im April 1917.

Die Oktoberrevolution

Die Oktoberrevolution markierte einen entscheidenden Wendepunkt in der russischen Geschichte. Sie führte zum Sturz der provisorischen Regierung und zur Errichtung der Sowjetmacht unter der Führung der Bolschewiki. Lenin, der Führer der Bolschewiki, spielte eine zentrale Rolle in der Planung und Durchführung des Aufstandes. Zusammen mit **Leo D. Trotzkij** organisierte er am 25. Oktober (7. November) 1917 einen bewaffneten Aufstand, bei dem die Truppen unter Trotzkijs Kommando und mit Unterstützung der Roten Garden in einem Staatsstreich alle wichtigen Punkte in Petrograd besetzten.

Die Bolschewiki konnten die Macht ergreifen, weil sie die Unterstützung der Arbeiter, Soldaten und Bauern gewonnen hatten. Sie versprachen einen radikalen Neuanfang und eine gerechte Gesellschaftsordnung, was insbesondere den hungernden und kriegsmüden Massen Hoffnung gab. Zudem erklärten sie die entschädigungslose

Menschewiki und **Bolschewiki** (russ. Minderheitler, Mehrheitler): politische Parteien, die 1903 aus der Spaltung der Russischen Sozialdemokratischen Arbeiterpartei entstanden. Die Menschewiki hielten an der Lehre von Karl Marx fest, wonach eine sozialistische Gesellschaftsordnung erst nach einer bürgerlich-demokratischen Revolution zu verwirklichen sei. Dagegen setzte die Gruppe der Bolschewisten auf eine straff organisierte Kaderpartei von Berufsrevolutionären, die eine sozialistische Revolution ohne Umwege herbeiführen wollte.

M3 Q Nikolaus II. (1868–1918): seit 1894 letzter russischer Zar, 1918 auf Befehl der Bolschewiki zusammen mit seiner Familie hingerichtet

Enteignung der Großgrundbesitzer für rechtens, was ihnen die Unterstützung der Bauern sicherte.

Die provisorische Regierung hatte zunehmend an Rückhalt verloren, da sie weder die militärische Front noch die wirtschaftliche Lage stabilisieren konnte. Die Bolschewiki nutzten diese Schwäche aus und übernahmen die Kontrolle über das Militär in den Städten. Nachdem sie in den Sowjets die Mehrheit erlangt hatten, wurde Trotzkij zum neuen Vorsitzenden des Petrograder Sowjets ernannt.

Die Oktoberrevolution führte zur Auflösung der Verfassunggebenden Versammlung, die noch in der Zeit der Doppelherrschaft eingesetzt worden war. Obwohl die rechten Sozialrevolutionäre in dieser Versammlung die Mehrheit hatten, löste Lenin sie auf, nachdem ein Antrag der Bolschewiki abgelehnt wurde, alle Staatsgewalt den Sowjets zu übertragen. Dies festigte die Macht der Bolschewiki und markierte den endgültigen Sieg der bolschewistischen Revolution.

Die Sowjetunion unter Lenin

Der Frieden von Brest-Litowsk

Die Sowjetunion unter Lenin war geprägt von tiefgreifenden politischen und sozialen Umwälzungen, die auf den Lehren von Karl Marx und Friedrich Engels basierten, jedoch von Lenin an die spezifischen Bedingungen Russlands angepasst wurden. Diese Anpassungen führten zur Entwicklung des Marxismus-Leninismus, einer Ideologie, die eine klassenlose Gesellschaft durch den Kampf einer avantgardistischen Partei, der Bolschewiki, erreichen wollte. Für Lenin war es notwendig, dass diese Partei ein Machtmonopol innehatte, um die Weltrevolution voranzutreiben.

Nach der Machtübernahme durch die Bolschewiki im Jahr 1917 war eine der ersten Aktionen Lenins, Friedensverhandlungen mit den Mittelmächten zu beginnen, um den äußeren Frieden zu sichern und das Regime zu stabilisieren. Dies führte zum Frieden von Brest-Litowsk im März 1918, bei dem Russland erhebliche territoriale Verluste hinnehmen musste, was Lenin jedoch nutzte, um die Macht der Bolschewiki zu festigen.

Der Bürgerkrieg und die Gründung der Sowjetunion

Bereits seit Mai 1918 hatte sich innenpolitisch bewaffneter Widerstand gegen die Bolschewiki formiert. Nun brach ein Bürgerkrieg aus, der das Land in „Rote", die Anhänger der Sowjetrepublik, und vom zaristischen Militär geführte „Weiße", die vom Ausland unterstützt wurden, teilte. Die Kämpfe dauerten bis 1921, endeten mit einem Sieg der Sowjetregierung und warfen das Land noch weiter zurück als der Weltkrieg. Im Zuge des Bürgerkrieges wurden auch die Grenzziehungen von 1918 revidiert. Die Rote Armee besetzte vorübergehend die unabhängigen Staaten Armenien, Aserbaidschan und Georgien. Diese Länder, sowie Weißrussland und die Ukraine, wo bis 1919 ebenfalls Sowjets an die Macht kamen, vereinten sich im Dezember 1922 mit Russland zur Union der Sozialistischen Sowjetrepubliken (UdSSR).

Staat und Partei unter Lenin

Während seiner Regierungszeit konzentrierte Lenin die Staatsmacht in den Händen seiner engsten Vertrauten im Rat der Volkskommissare, der Legislative und Exekutive in einem Organ vereinigte. Die neue Verfassung der Russischen Sozialistischen Föderativen Sowjetrepublik im Jahr 1918 spiegelte diese Machtkonzentration wider. Lenin entledigte sich zudem seiner politischen Gegner. Das gleiche Wahlrecht, eine Errungenschaft des Jahres 1917, wurde wieder beseitigt. Es galt nicht mehr für selbstständige Unternehmer, Rentiers, Geistliche und ehemalige Polizisten. Die bürgerlichen Parteien mussten sich auflösen, Menschewiki und Sozialrevolutionäre wurden aus

M 4 Q Lenin proklamiert am 25. Oktober (7. November) 1917 die Sowjetmacht
Ölgemälde (210 × 270 cm) von Wladimir Alexandrowitsch Serow, 1947/48

► Beschreiben Sie, wie der Maler das Ereignis darstellt.

► Analysieren Sie die Haltung des Künstlers zum Geschehen.

dem Exekutivkomitee der Sowjets ausgeschlossen. Ebenfalls noch im Dezember 1917 wurde die Tscheka als eine Art geheime Staatspolizei gegründet. Sie ging gegen „Feinde der Arbeiterklasse" wie auch gegen Vertreter abweichender Meinungen im eigenen Lager vor und durfte seit dem Sommer 1918 auch Todesurteile fällen. Auch innerhalb der Kommunistischen Partei passte Lenin die Machtstrukturen an und führte mit dem Politbüro (für Grundsatzfragen der Politik), dem Orgbüro (für die organisatorische Durchführung der Entscheidungen des Politbüros) und dem Sekretariat (technische Ausführung unter Kontrolle des Orgbüros) neue Gremien ein.

Umgestaltung von Gesellschaft und Wirtschaft

Ohne Zögern nahm das Sowjetregime die Umgestaltung der Gesellschaft in Angriff. Innerhalb kürzester Zeit wurden europäische Entwicklungen des 19. Jahrhunderts nachgeholt: die Trennung von Staat und Kirche oder die Einführung der Zivilehe. In Manchem war man der Gesellschaft West- und Mitteleuropas gar voraus: Die Emanzipation der Frau wurde formalrechtlich vollzogen, und das Ausbildungswesen öffnete sich den Unterschichten. Am deutlichsten wurden die Eingriffe in der Wirtschaft: Nach der Enteignung der Großgrundbesitzer wurden alle Unternehmen verstaatlicht, nur Kleinbetriebe durften selbstständig bleiben.

Die Versorgungslage in Russland war jedoch Anfang der 1920er-Jahre völlig zerrüttet. Die Produktion war auf 15% des Vorkriegsniveaus gesunken. Die Verteilung von Waren und Rohstoffen unterstellte die Regierung einer staatlichen Kontrolle und die Bauern wurden von Militärkommandos gezwungen, ihre Ernte abzugeben, um die Ernährung der Städte sicherzustellen. Ergebnis dieses „Kriegskommunismus" waren verheerende Hungersnöte.

M 5 Q Wladimir Iljitsch Uljanow, gen. Lenin
(1870–1924):
Rechtsanwalt, sozialistischer Revolutionär, entwickelte während seines Exils in Westeuropa zwischen 1900 und 1917 eine eigene sozialistische Theorie, Gründer und erster Regierungschef der Sowjetunion

M 6 Q Leo Dawidowitsch Bronstein, gen. Trotzkij
(1879–1940):
gehörte während seiner Untergrundtätigkeit zum engsten Führungskreis um Lenin, floh 1929 in die Türkei und wurde 1940 in Mexiko von einem sowjetischen Agenten ermordet

M7 D Grenzverschiebungen zwischen 1917 und 1922

M8 Q Josef Wissarionowitsch Dschugaschwili, gen. Stalin (1878–1953): 1924–1953 Chef der KPdSU und Staatschef der UdSSR, inszenierte als Diktator einen Personenkult

Da Lenin wusste, dass die Sowjetmacht ohne die Allianz mit den Bauern nicht überlebensfähig war, vollzog er 1921 eine Korrektur der Wirtschaftspolitik. Er führte die Neue Ökonomische Politik (NEP) ein, die eine teilweise Rückkehr zu privaten Wirtschaftsformen darstellte, um die Wirtschaft des Landes zu stabilisieren. Freier Binnenhandel, Löhne nach Leistung und die Zulassung von privaten Kleinunternehmen waren nun möglich.

Lenin starb 1924 nach mehreren Schlaganfällen, und sein Tod löste einen Machtkampf aus, den letztlich **Josef Stalin** für sich entschied, obwohl Lenin sich in seinem politischen Testament gegen Stalin ausgesprochen hatte.

Die Sowjetunion unter Stalin

Planwirtschaft und Kollektivierung der Landwirtschaft

Nach Lenins Tod im Jahr 1924 setzte sich Stalin im Machtkampf gegen seine Rivalen durch und wurde der unangefochtene Führer der Sowjetunion. Unter seiner Führung wandelte sich das Sowjetregime von einer Einparteienherrschaft mit kollektiver Führungsriege zur persönlichen Diktatur Stalins. Die Wirtschaft, Gesellschaft und auch die politische Führung wurden entmündigt und „gleichgeschaltet". In Bildung, Wissenschaft und Kunst galt nur noch der Wille der Staatsspitze, und ein umfassender Unterdrückungsapparat ließ weder Opposition noch Kritik zu.

Stalin hielt zunächst an der NEP fest. 1928 änderte er jedoch den Kurs und führte eine staatlich gelenkte Planwirtschaft ein. Ein wesentlicher Aspekt war der erste Fünfjahresplan (1928–1932), der vorrangig den Aufbau der Schwerindustrie förderte. Dieser Plan führte zur Transformation der Sowjetunion von einem Agrar- zu einem Industriestaat. Parallel dazu wurde die Kollektivierung der Landwirtschaft vorangetrieben, bei der Millionen von Bauernhöfen in Kolchosen und Sowchosen umgewandelt wurden. Diese Maßnahmen waren eng mit der Verfolgung der Kulaken verbunden, der wohlhabenden Bauernschicht, die als Bedrohung für die kommunistischen Ziele gesehen wurden. Aufstände gegen die Zwangskollektivierung wurden rasch niedergeschlagen, trotzdem sank die Produktivität der Landwirtschaft. Zudem führte die Sowjetregierung durch unerfüllbar hohe Getreideabgaben 1932/33 gezielt eine Hungersnot herbei (Holodomor), der insgesamt sechs bis sieben Millionen Menschen zum Opfer fielen, davon etwa 3,5 Millionen in der Ukraine.

Der „Große Terror"

Der Große Terror von der Mitte der 1930er-Jahre bis 1938 war eine weitere dunkle Periode unter Stalins Herrschaft. Unter der Führung von Josef Stalin wurden massive Säuberungen durchgeführt, die darauf abzielten, jegliche Form von politischer Opposition oder vermeintlicher Bedrohung für Stalins Macht zu eliminieren. Millionen von Menschen wurden verhaftet, viele davon wurden ohne fairen Prozess hingerichtet oder in Arbeitslager (GULags) geschickt. Der Terror führte zu einem fast vollständigen Austausch der sowjetischen Eliten und hinterließ eine Atmosphäre der Angst und des Misstrauens, die das gesamte Land durchdrang. Selbst die Führung der Geheimpolizei, die den Terror organisiert hatte, wurde nicht verschont und fiel letztlich selbst den Säuberungen zum Opfer.

M 9 **Q** **Kulaken „demonstrieren"**
Zeitgenössisches Foto
Typisch für die Zwangsmaßnahmen in der Sowjetunion war, dass die Betroffenen der Unterdrückung offiziell zustimmen mussten. Die zweite Zeile auf dem vorderen Spruchband lautet übersetzt: „Liquidiert die Kulaken als ganze Klasse!"

Die Sowjetunion im Zweiten Weltkrieg

Der Hitler-Stalin-Pakt, offiziell als Nichtangriffspakt zwischen Deutschland und der Sowjetunion am 23. August 1939 unterzeichnet, markiert den Beginn einer ambivalenten Phase in den Beziehungen zwischen den beiden Mächten. Dieser Pakt teilte Ostmitteleuropa in deutsche und sowjetische Interessensphären auf und ermöglichte es Stalin, die Sowjetunion vorerst aus dem Krieg herauszuhalten, während er gleichzeitig Gebiete des ehemaligen Zarenreiches zurückgewann. Der deutsche Angriff auf die Sowjetunion am 22. Juni 1941, bekannt als Operation Barbarossa, kam für Stalin überraschend, obwohl er die Sowjetunion auf einen möglichen Konflikt vorbereitet hatte. Die anfänglichen Erfolge der deutschen Wehrmacht führten zu massiven sowjetischen Gebietsverlusten und dem Zusammenbruch zahlreicher sowjetischer Militäreinheiten. Die anfängliche Begrüßung der deutschen Truppen durch Teile der Bevölkerung in den besetzten Gebieten wandelte sich jedoch schnell, als die brutale Besatzungspolitik der Nazis deutlich wurde.

Die Wende im Krieg begann mit der Schlacht von Stalingrad von 1942 bis 1943, wo die Einkesselung der 6. deutschen Armee ein Symbol für den beginnenden sowjetischen Widerstand und das kommende Umdenken im Kriegsverlauf wurde. Trotz der harten Bedingungen unter dem stalinistischen Regime, das weiterhin durch Terror und Repressionen gekennzeichnet war, mobilisierte die sowjetische Führung die Bevölkerung durch patriotische Appelle.

Der Sieg der Roten Armee und die anschließende Rückeroberung der besetzten Gebiete waren von massiven Repressionen gegen vermeintliche Kollaborateure und ethnische Minderheiten begleitet, insbesondere auch gegen befreite sowjetische Kriegsgefangene, die als Deserteure verurteilt wurden.

M 10 **Q** **„Josef W. Stalin erstattet dem XVI. Kongress der Kommunistischen Partei der Sowjetunion Bericht"**
Gemälde von Alexander Michailowitsch Gerassimow, 1935

► Analysieren Sie das Historiengemälde.

Nachkriegszeit und Tod Stalins

Während des Krieges erlitt die Sowjetunion enorme Verluste mit schätzungsweise 27 Millionen Toten, darunter etwa 18 Millionen Zivilisten. Nach dem Krieg war das Land wirtschaftlich und infrastrukturell stark zerstört, was Stalin dazu veranlasste, die Wirtschaftspolitik der 1930er-Jahre wiederaufzunehmen und die Schwer- und Rüstungsindustrie zu bevorzugen. Auf dem Land wurden die Zugeständnisse an einen freien Markt rückgängig gemacht. Hungerkatastrophen brachen aus und es dauerte bis zur zweiten Hälfte der 1950er-Jahre, ehe die landwirtschaftliche Produktion erstmals seit der Revolution wieder das Niveau der Zarenzeit erreichte. Die Hoffnungen auf eine Liberalisierung in Wissenschaft und Kultur blieben unerfüllt, beides musste sich der Parteilehre unter-

ordnen. Erst mit dem Tod Stalins am 5. März 1953 setzte eine vorsichtige Abkehr vom Massenterror ein.

Stalin in der russischen Erinnerungskultur

Das Bild von Stalin in der Sowjetunion und in Russland hat sich seit seinem Tod im Jahr 1953 erheblich gewandelt. Nach Stalins Tod wurde seine Rolle unter Nikita Chruschtschow während der Entstalinisierung stark kritisiert. Es wurde behauptet, dass Stalin Militäroperationen unzureichend geplant habe, und ihm wurde eine zu große Vertrauensseligkeit gegenüber Hitler vorgeworfen. Diese Phase der Kritik und des Hinterfragens seiner Führungsrolle führte zu einer deutlichen Abnahme seiner Popularität und Ehre in der sowjetischen Gesellschaft.

Nach 1964, als Leonid Breschnew an die Macht kam, wurde Stalin allmählich rehabilitiert, die Aufarbeitung des Stalinismus wurde zum Tabuthema. Dies änderte sich, als Michail Gorbatschow 1985 Generalsekretär der KPdSU wurde. Unter ihm und später auch unter Präsident Boris Jelzin wurden die Jahre des Stalinismus öffentlich und zum ersten Mal auch wissenschaftlich aufgearbeitet. Eine wichtige Rolle spielte dabei die NGO Memorial, die einen Geschichtsdiskurs „von unten" förderte. In den letzten beiden Jahrzehnten, insbesondere unter der Herrschaft Wladimir Putins, wurden die „positiven Aspekte" der Herrschaft Stalins wieder stärker betont. Er erscheint als Patriot und Modernisierer, als derjenige, der die Sowjetunion zur Supermacht gemacht habe, weswegen die hohen Opferzahlen als unvermeidbar und hinnehmbar gelten.

Das Russische Reich bis 1917

M 11 Q Aus der Petition der Petersburger Arbeiter

Folgende Bittschrift, die von etwa 135 000 Arbeiterinnen und Arbeitern unterschrieben worden ist, wird dem Zaren am 9. Januar 1905 überreicht:

Herrscher!

Wir, die Arbeiter der Stadt Petersburg, unsere Frauen, Kinder und hilflosen greisen Eltern sind zu Dir, Herrscher, gekommen, Wahrheit und Schutz zu suchen. […] Wir haben geduldig alles ertragen, aber wir werden immer tiefer und tiefer in den Abgrund des Elends, der Rechtlosigkeit und Unwissenheit gestoßen; uns würgen Despotismus[1] und Willkür, und wir ersticken. Wir haben keine Kraft mehr, Herrscher. Die Geduld hat ihre Grenze erreicht. Für uns ist jener furchtbare Augenblick eingetreten, wo der Tod besser ist als die Fortsetzung der unerträglichen Leiden.

Und nun haben wir die Arbeit niedergelegt und unseren Unternehmern erklärt, dass wir nicht eher die Arbeit wieder aufnehmen werden, bis sie unsere Forderungen erfüllt haben. Wir haben nicht viel verlangt. Wir wollen etwas, ohne das das Leben kein Leben, sondern ein Zuchthaus, eine ewige Qual ist.

Unsere erste Bitte war, dass die Unternehmer zusammen mit uns unsere Nöte besprechen, aber auch das […] wurde abgelehnt, weil sie fanden, dass das Gesetz uns ein solches Recht nicht zuerkennt.

[…] Herrscher, wir sind hier mehr als 300 000, und sie alle sind nur dem Aussehen nach, nur ihrem Äußeren nach Menschen, in Wirklichkeit erkennt man uns kein menschliches Recht zu, wir dürfen nicht einmal sprechen, denken, uns versammeln, unsere Nöte besprechen, Maßnahmen zur Verbesserung unserer Lage ergreifen.

Jeden von uns, der es wagt, seine Stimme für die Verteidigung der Interessen der Arbeiterklasse zu erheben, wirft man ins Gefängnis, schickt man in die Verbannung […].

[…] Russland ist viel zu groß, seine Nöte sind viel zu mannigfach und zahlreich, als dass die Beamten allein es verwalten könnten. Es ist notwendig, dass das Volk selbst sich helfe – kennt es doch allein seine Nöte. Stoße seine Hilfe nicht von Dir: Nimm sie an, befiehl sofort, gleich, die Vertreter aller Klassen und Stände der russischen Erde einzuberufen. […] Das ist unsere Hauptbitte […].

[…] Notwendig sind auch noch andere Maßnahmen, und wir sprechen zu Dir, Herrscher, darüber fest und offen, wie zu einem Vater. Notwendig sind:

I. Maßnahmen gegen die Unwissenheit und Rechtlosigkeit des russischen Volkes:

1. Freiheit und Unantastbarkeit der Person, Redefreiheit, Presse- und Versammlungsfreiheit, Gewissensfreiheit in Angelegenheiten der Religion.
2. Allgemeine und obligatorische Volksbildung auf Kosten des Staates.
3. Verantwortlichkeit der Minister vor dem Volke und Garantien der Gesetzlichkeit der Verwaltung.
4. Gleichheit aller ohne Ausnahme vor dem Gesetz.
5. Sofortige Rückkehr aller, die für ihre Überzeugungen gelitten haben.

II. Maßnahmen gegen die Armut des Volkes:

1. Abschaffung der indirekten Steuern und ihre Ersetzung durch eine direkte progressive Einkommensteuer.
2. Abschaffung der Ablösungszahlen; billiger Kredit und allmähliche Übergabe des Grund und Bodens an das Volk.

III. Maßnahmen gegen den Druck des Kapitals über die Arbeit:

1. Schutz der Arbeit durch das Gesetz.
2. Freiheit der konsum- und produktivgenossenschaftlichen gewerkschaftlichen Verbände.
3. Achtstündiger Arbeitstag und Regelung der Überstunden.
4. Freiheit des Kampfes zwischen Arbeit und Kapital.
5. Mitwirkung der Arbeiter an der Ausarbeitung eines Gesetzentwurfes über die staatliche Versicherung der Arbeiter.
6. Mindestarbeitslohn.

Dies, Herrscher, sind unsere Hauptnöte, mit denen wir zu Dir gekommen sind. Befiehl und schwöre, sie zu erfüllen, und Du wirst Russland glücklich machen […]; befiehlst Du es aber nicht, so wollen wir hier auf diesem Platz vor Deinem Palais sterben. […] Wir haben nur zwei Wege: entweder zur Freiheit und zum Glück oder in das Grab.

Zitiert nach: Wladimir I. Lenin, Sämtliche Werke, Bd. 7, Wien/Berlin 1929, S. 557 ff.

Arbeitsvorschläge

32065-0207

1. Fassen Sie zusammen, welches Bild der Gesellschaft Russlands um 1905 in der Petition gezeichnet wird.
2. Analysieren Sie die Haltung der Bittsteller gegenüber dem Zaren.
3. Erläutern Sie, warum die Petition, die von Arbeitern stammt, auch Forderungen zugunsten der Landbevölkerung enthielt.

[1] Despotismus: Gewaltherrschaft, Rechtlosigkeit der Untertanen

Die Revolutionen von 1917

M12 D Ursachen der Revolution in Russland

Der Historiker Manfred Hildermeier (* 1948) zählt die wichtigsten internationalen und innerrussischen Faktoren für den Untergang des Zarenreiches auf:

Ohne die Zerreißprobe des Ersten Weltkrieges ist das Ende des Zarismus sicher nicht zu verstehen. Die Extremsituation brachte die Schwächen der Wirtschaft und staatlichen Verwaltung umso greller ans Licht. […]
Über Russland hinaus wies schließlich auch ein langfristiger Vorgang: der Aufbruch ins industrielle Zeitalter und die vielgestaltigen sozialen Verwerfungen, die er mit sich brachte. Nicht nur der Anstoß zu dieser kolossalen Anstrengung kam von außen – aus der Erkenntnis, dass andernfalls der Großmachtstatus des Reiches nicht zu sichern war. Der Staat fand auch die Mittel, deren er sich als treibender Kraft bediente, großenteils im Ausland: Kapital, technisch-administrative Fertigkeiten, unternehmerische Initiative und nicht zuletzt das mentale Kostüm, das es Russland anzupassen galt. Das Zarenreich bewegte sich seit der zweiten Hälfte des 19. Jahrhunderts bei allen bleibenden Eigenarten abermals mit stürmischem Anlauf auf Europa zu. […]
Zur unbestrittenen Erkenntnis gehört, dass, erstens, die Revolution als Gesamterscheinung von der Strukturkrise nicht zu trennen ist, die der agrarische Bereich in der zweiten Hälfte des 19. Jahrhunderts durchlief. […] Freilich gilt auch, dass die Empörung der Bauern kaum ausgereicht hätte, um die zaristische Herrschaft mit allem, was sie trug und symbolisierte, zu Fall zu bringen. […]
Eine weitere große Gefahr ging, zweitens, von der Entstehung der Arbeiterschaft aus. Gewiss blieb diese noch lange eine Insel im Meer der bäuerlichen Bevölkerung. […] Dennoch kam der städtisch-industriellen Unterschicht wachsendes Gewicht zu. Besser informiert, bald höher gebildet, aufgrund der Zusammenballung leichter organisierbar und näher am Puls des politischen Geschehens, beschleunigte sie den Prozess der sozialen Gärung im ausgehenden Zarenreich maßgeblich. […]
Ebenfalls als Produkt der neuen Zeit konnte, drittens, diejenige Schicht gelten, die den umfassenden Wandel von Staat und Gesellschaft ins öffentliche Bewusstsein hob und soziale wie politische Forderungen daraus ableitete: die Intelligenz. Kein Zweifel kann darüber bestehen, dass ihr unter den russischen Bedingungen eine besonders prominente Rolle im Modernisierungsprozess zufiel. Ausgestattet mit konkurrenzloser Einsichts- und Ausdrucksfähigkeit, zog sie die Debatte über Russlands Zukunft weitgehend an sich. […] Großenteils wurde sie dabei von einem Staat, der überängstlich an seinem Entscheidungsmonopol festhielt, in die Opposition gedrängt. Bei aller ideologischen Verschiedenheit fand sie sich in der Vorstellung zusammen, dass die zaristische Herrschaft in der tradierten Form nicht Teil der russischen Zukunft sein könne. Die Intelligenz wurde zum schärfsten Kritiker und, soweit sie die unzufriedenen Unterschichten in Stadt und Land um sich scharte, zum gefährlichsten Gegner der „Selbstherrschaft", der Autokratie. In dieser Rolle ersetzte sie in gewissem Maße das moderne Bürgertum, das im Zarenreich spät entstand und sich erst nach der Revolution von 1905 aus der politischen Vormundschaft des Staates zu befreien vermochte.

Manfred Hildermeier, Die Russische Revolution 1905–1921, Frankfurt am Main 1989, S. 8 ff.

M13 Q Aus Lenins „Aprilthesen"

In der „Prawda" („Wahrheit"), der Parteizeitung der Bolschewiki, veröffentlicht Lenin seine noch während des Exils entwickelten Ansichten gleich nach der Rückkehr nach Russland am 7. April 1917:

1. In unserer Stellung zum Krieg, der vonseiten Russlands auch unter der neuen Regierung Lwow und Konsorten[1] – infolge des kapitalistischen Charakters dieser Regierung – unbedingt ein räuberischer imperialistischer Krieg bleibt, sind auch die geringsten Zugeständnisse an die „revolutionäre Vaterlandsverteidigung" unzulässig. […]
2. Die Eigenart der gegenwärtigen Lage in Russland besteht im Übergang von der ersten Etappe der Revolution, die infolge des ungenügend entwickelten Klassenbewusstseins und der ungenügenden Organisiertheit des Proletariats der Bourgeoisie[2] die Macht gab, zur zweiten Etappe der Revolution, die die Macht in die Hände des Proletariats und der ärmsten Schichten der Bauernschaft legen muss. […]
3. Keinerlei Unterstützung der Provisorischen Regierung, Aufdeckung der ganzen Verlogenheit aller ihrer Versprechungen, insbesondere hinsichtlich des Verzichts auf Annexionen. […]
4. Anerkennung der Tatsache, dass unsere Partei in den meisten Sowjets der Arbeiterdeputierten in der Minderheit, vorläufig sogar in einer schwachen Minderheit ist […]. Solange wir in der Minderheit sind, besteht unsere Arbeit in der Kritik und Klarstellung der Fehler, wobei wir gleichzeitig die Notwendigkeit des Übergangs der gesamten Staatsmacht an die Sowjets der Arbeiterdepu-

[1] Konsorten: hier abschätzig für übrige Beteiligte

tierten propagieren, damit die Massen sich durch die Erfahrung von ihren Irrtümern befreien.

5. Keine parlamentarische Republik – von den Sowjets der Arbeiterdeputierten zu dieser zurückzukehren, wäre ein Schritt rückwärts –, sondern eine Republik der Sowjets der Arbeiter-, Landarbeiter- und Bauerndeputierten im ganzen Lande, von unten bis oben.

Wladimir I. Lenin, Ausgewählte Werke, Bd. 2, Berlin ^{7}1970, S. 39 ff.

Arbeitsvorschläge

32065-0208

1. Geben Sie in eigenen Worten wieder, welche Faktoren zur Oktoberrevolution 1917 beitrugen (M12). | F
2. Benennen Sie die Gründe, die Manfred Hildermeier als Voraussetzungen der russischen Revolutionen anführt (M12).
3. Erklären Sie, was mit dem „mentale[n] Kostüm, das es Russland anzupassen galt“ (Z. 14 f.), gemeint ist (M12).
4. Untersuchen Sie, welche Rolle der Faktor „Bildung“ für das Ende der zaristischen Herrschaft gespielt hat. Vergleichen Sie das Ergebnis mit anderen Revolutionen und politischen Umbrüchen (M12).
5. Arbeiten Sie heraus, welche neue politisch-gesellschaftliche Ordnung die bolschewistische Partei laut Lenin anzustreben hatte. Welche Haltung sollte sie zum Krieg und zur Provisorischen Regierung einnehmen (M13)?
6. Erklären Sie, worin der „kapitalistische Charakter“ der Provisorischen Regierung (Z. 3 f.) nach Ansicht ihrer Gegner bestand (M13).
7. Entwickeln Sie aus der Sicht eines gemäßigten Anhängers der Revolution eine Erwiderung auf Lenins Thesen (M13).

Die Sowjetunion unter Lenin

M14 Q Wer hilft dem Marxismus an die Macht?

Die programmatische Schrift „Was tun?“ verfasst Lenin bereits in den Jahren 1901/02 in seinem Exil in München. Die Grundsätze der Abhandlung prägen später den Aufbau der bolschewistischen Partei in Russland und der kommunistischen Parteien aller Länder. In der Schrift heißt es u. a.:

Wir haben gesagt, dass die Arbeiter ein sozialdemokratisches Bewusstsein *gar nicht haben konnten*. Dieses konnte ihnen nur von außen gebracht werden. Die Geschichte aller Länder zeugt davon, dass die Arbeiterklasse ausschließlich aus eigener Kraft nur ein trade-unionistisches[1] Bewusstsein hervorzubringen vermag, d. h. die Überzeugung von der Notwendigkeit, sich in Verbänden zusammenzuschließen, einen Kampf gegen die Unternehmer zu führen, der Regierung diese oder jene für die Arbeiter notwendigen Gesetze abzutrotzen u. a. m. […]

Der politische Kampf der Sozialdemokratie[2] ist viel umfassender und komplizierter als der ökonomische Kampf der Arbeiter gegen die Unternehmer und die Regierung. Genauso (und infolgedessen) muss die Organisation der revolutionären sozialdemokratischen Partei unvermeidlich *anderer* Art sein als die Organisation der Arbeiter für diesen Kampf. Die Organisation der Arbeiter muss erstens eine gewerkschaftliche sein; zweitens muss sie möglichst umfassend sein; drittens muss sie möglichst wenig konspirativ sein (ich spreche natürlich hier und weiter unten nur vom autokratischen Russland). Die Organisation der Revolutionäre dagegen muss vor allem und hauptsächlich Leute erfassen, deren Beruf die revolutionäre Tätigkeit ist (darum spreche ich auch von der Organisation der *Revolutionäre*, wobei ich die revolutionären Sozialdemokraten im Auge habe). Hinter dieses allgemeine Merkmal der Mitglieder einer solchen Organisation *muss jeder Unterschied zwischen Arbeitern und Intellektuellen*, von den beruflichen Unterschieden der einen wie der anderen ganz zu schweigen, *völlig zurücktreten*. Diese Organisation muss notwendigerweise nicht sehr umfassend und möglichst konspirativ sein. […]

Die Konzentrierung aller konspirativen Funktionen in den Händen einer möglichst geringen Zahl von Berufsrevolutionären bedeutet keineswegs, dass die Berufsrevolutionäre „für alle denken werden“, dass die Menge keinen tätigen Anteil an der Bewegung nehmen wird. Im Gegenteil, die Menge wird diese Berufsrevolutionäre in immer größerer Anzahl hervorbringen, denn die Menge wird dann wissen, dass es nicht genügt, wenn sich ein paar Studenten und Arbeiter, die einen ökonomischen Kampf führen, zusammentun, um ein „Komitee“ zu bilden, sondern dass es notwendig ist, sich durch jahrelange Arbeit zu einem Berufsrevolutionär auszubilden.

W. I. Lenin, Ausgewählte Werke, Bd. I, Berlin ^{7}1970, S. 166 f., 241 und 253

[1] Trade unions hießen die Gewerkschaften in England.

[2] Im Jahr 1902 umfasste der Begriff „Sozialdemokratie“ noch die gesamte marxistische Bewegung.

M15 Q Die NEP

Auf dem XI. Parteitag der Kommunistischen Partei verkündet Lenin am 27. März 1922 einen „Politischen Bericht“. Darin zieht er ein vorläufiges Resümee über die Neue Ökonomische Politik:

Die ganze Bedeutung der Neuen Ökonomischen Politik […] liegt darin und nur darin: den Zusammenschluss

zwischen der bäuerlichen Wirtschaft und der neuen Wirtschaft herzustellen, die wir mit ungeheurer Anstrengung schaffen. […]
Unser Ziel ist, den neuen Zusammenschluss herzustellen, dem Bauern durch Taten zu beweisen, dass wir mit dem beginnen, was ihm verständlich, vertraut und heute bei all seiner Armut erreichbar ist, nicht aber mit etwas, was vom Standpunkt des Bauern fern und fantastisch ist. Unser Ziel ist zu beweisen, dass wir ihm zu helfen verstehen, dass die Kommunisten dem verarmten, verelendeten, qualvoll hungernden Kleinbauern, der sich jetzt in einer schweren Lage befindet, sofort praktisch helfen. Entweder werden wir das beweisen, oder er wird uns zum Teufel jagen. Das ist völlig unausbleiblich. […]
Die zweite, speziellere Lehre ist die Überprüfung der staatlichen und der kapitalistischen Betriebe durch den Wettbewerb. […] Wir haben bisher Programme geschrieben und Versprechungen gemacht. Seinerzeit war das absolut notwendig. Ohne ein Programm und ohne Versprechungen kann man nicht mit der Weltrevolution kommen. […]
Was gebraucht wird, ist eine echte Prüfung. Nebenan ist der Kapitalist tätig, er handelt wie ein Räuber, er schindet Profite, aber er versteht seine Sache. Ihr aber – ihr probiert es auf neue Art: Profite gibt es bei euch nicht, die Grundsätze sind kommunistisch, die Ideale gut – mit einem Wort, ihr seid wahre Heilige, ihr solltet schon bei Lebzeiten in den Himmel kommen –, aber versteht ihr praktisch zu arbeiten? […]
Den Kommunisten wurde jeder mögliche Aufschub gewährt, es wurde ihnen so viel Kredit gegeben, wie keiner anderen Regierung gegeben worden ist. Natürlich haben die Kommunisten geholfen, die Kapitalisten, die Gutsbesitzer loszuwerden, die Bauernschaft schätzt das, und sie hat Kredit gegeben, Aufschub gewährt, aber alles bis zu einem gewissen Termin. Dann aber erfolgt schon die Prüfung: Versteht ihr es, nicht schlechter zu wirtschaften als die anderen? Der alte Kapitalist versteht es, ihr aber versteht es nicht. […]
Entweder werden wir im nächsten Jahr das Gegenteil beweisen, oder die Sowjetmacht kann nicht weiterexistieren. […]
Der Kommunist, der Revolutionär, der die größte Revolution der Welt vollbracht hat, auf den, wenn nicht vierzig Jahrhunderte von den Pyramiden, so doch vierzig europäische Länder mit der Hoffnung auf Erlösung vom Kapitalismus blicken – er muss von einem simplen Handlungsgehilfen lernen, der zehn Jahre in einer Mehlhandlung herumgelaufen ist, der das Geschäft versteht, während er, der verantwortliche Kommunist und ergebene Revolutionär, weit davon entfernt ist, es zu verstehen, nicht einmal versteht, dass er es nicht versteht.

W. I. Lenin, Ausgewählte Werke, Bd. 3, Berlin [7]1970, S. 770 ff.

Arbeitsvorschläge

32065-0209

1. Weisen Sie nach, mit welchen Aussagen Lenin in seiner Schrift „Was tun?“ über die bisherige Lehre des Marxismus hinausgeht (M14).
2. Lenin geht es offensichtlich nicht um die Mehrheit in einer demokratischen Wahl. Erklären Sie, von welchen Voraussetzungen seine Argumentation ausgeht (M14).
3. Arbeiten Sie heraus, welchen Problemen sich das Regime um 1922 gegenübersah (M15).
4. Für Lenin war die NEP „ein Brest-Litowsk der Bauern“. Erörtern Sie diese Aussage (M15).
5. Im Zuge der NEP lockerte das Regime seine harte Gangart auch in anderen Bereichen. Finden Sie dafür Beispiele aus der Mitte der 1920er-Jahre. Entwickeln Sie in einer politischen Ansprache Argumente, die diesen Kurswechsel unterstützen.

Die Sowjetunion unter Stalin

M16 Q Mit „bolschewistischem Tempo“

Am 4. Februar 1931 spricht Stalin vor Wirtschaftsfunktionären:

Das Tempo verlangsamen, das bedeutet zurückbleiben. Und Rückständige werden geschlagen. Wir aber wollen nicht die Geschlagenen sein. Nein, das wollen wir nicht! Die Geschichte des alten Russland bestand unter anderem darin, dass es wegen seiner Rückständigkeit fortwährend geschlagen wurde. […] Wegen seiner militärischen Rückständigkeit, seiner kulturellen Rückständigkeit, seiner staatlichen Rückständigkeit, seiner industriellen Rückständigkeit, seiner landwirtschaftlichen Rückständigkeit. […] Das Gesetz der Ausbeuter ist nun einmal so – die Rückständigen und Schwachen werden geschlagen. Das ist das Wolfsgesetz des Kapitalismus. Du bist rückständig, du bist schwach – also bist du im Unrecht, also kann man dich schlagen und unterjochen. Du bist mächtig – also hast du recht, also muss man sich vor dir hüten. Das ist der Grund, warum wir nicht länger zurückbleiben dürfen.
In der Vergangenheit hatten wir kein Vaterland und konnten keines haben. Jetzt aber, wo wir den Kapitalismus gestürzt haben und bei uns die Arbeiter an der Macht stehen, haben wir ein Vaterland und werden seine Unabhängigkeit verteidigen. Wollt ihr, dass unser sozialistisches Vaterland geschlagen wird und seine Unabhängigkeit verliert? Wenn ihr das nicht wollt, dann müsst ihr

in kürzester Frist seine Rückständigkeit beseitigen und ein wirkliches bolschewistisches Tempo im Aufbau einer sozialistischen Wirtschaft entwickeln. Andere Wege gibt es nicht. Darum sagte Lenin zur Zeit des Oktobers: „Entweder Tod oder die fortgeschrittenen kapitalistischen Länder einholen und überholen." Wir sind hinter den fortgeschrittenen Ländern um 50 bis 100 Jahre zurückgeblieben. Wir müssen diese Distanz in zehn Jahren durchlaufen. Entweder bringen wir das zustande oder wir werden zermalmt.

Zitiert nach: Günter Schönbrunn (Bearb.), Weltkriege und Revolutionen 1914–1945 (Geschichte in Quellen), München [3]1979, S. 142 f.

M17 Q „Feinde des Fünfjahresplans"

Plakat von Viktor Deni und Demjan Bednyi (Texte), um 1930
Der Titel der abgebildeten Zeitung lautet: Der Menschewiki-Bote.

Der Gutsbesitzer blickt wie ein böser Hofhund,
der Kulak[1] schnauft mit geschwollener Nase,
der Säufer trinkt vor Kummer ohne Unterbrechung,
der Pope[2] heult in zügellosem Heulen,

es faucht der käufliche Journalist,
es schärft seine Hauer der Kapitalist,
der Menschewik wird wütend mit aller Macht,
der weiße Haudegen flucht heftig –
die Hunde, die nicht im Käfig sitzen,
alle, die für das „Alte" stehen,
verfluchen als Übel den Fünfjahresplan
und erklären ihm den Krieg,
drohen ihm mit Sabotage, weil sie verstehen,
dass er ihr direkter Untergang ist.

(Übersetzung: Antje Brokoph)

Volkhard Knigge und Irina Scherbakowa, GULAG. Spuren und Zeugnisse. 1929–1956. Begleitband zur Ausstellung, Weimar 2012, S. 25

[1] Kulak: Bezeichnung für einen relativ wohlhabenden Bauern, seit der Oktoberrevolution abwertend gebraucht
[2] Pope: orthodoxer Priester

M18 D Der „Konveyer“ (das „Fließband“)

Der britische Historiker Robert Conquest (1917–2015) schildert auf der Basis sowjetischer Veröffentlichungen die Vernehmungsmethoden in der Stalinzeit:

Die hauptsächliche NKWD[1]-Methode, Geständnisse zu erzwingen und den Angeklagten zu brechen, war der „Konveyer“ – ununterbrochene Vernehmung durch einander ablösende Polizisten über Stunden und Tage hin. […]
Nach längerer Zeit wird er zu „einer unheimlichen Tortur“, die dazu führt, dass das Opfer nach zwei, drei Tagen tatsächlich durch Übermüdung vergiftet ist. Wir hören sogar, dass manche Häftlinge zwar Foltern widerstanden, dass aber der Konveyer immer zum Erfolg führte, wenn man ihn nur lange genug anwandte. Es wird berichtet, dass eine Woche genügte, um fast jeden zu brechen. […]
Schon bei kürzeren Konveyer-Fristen wird berichtet, dass die Häftlinge etwa alle zwanzig Minuten zusammenbrachen und mit kaltem Wasser oder mit Schlägen wieder zu sich gebracht werden mussten. Vierzehn Stunden lang auf einem Stuhl zu sitzen ist, wie ein Opfer schreibt, schmerzhafter als an der Wand zu stehen, wo man sein Gewicht wenigstens von einem Bein aufs andere verlegen kann. Die Leistengegend schwillt an, und heftige Schmerzen setzen ein. […]
Das Vernehmungssystem, das viele Häftlinge so zermürbte, dass sie ihre Geständnisse sogar im öffentlichen Prozess aufrechterhielten, beruhte auf anderen Grundsätzen. Es zielt auf eine allmähliche, aber vollständige Zerstörung des Widerstandswillens ab. Bei Intellektuellen und Politikern dauerte der Prozess oft lange – bei einigen (mit Unterbrechungen) bis zu zweieinhalb Jahren. Der Durchschnitt soll, wie man meint, bei vier bis fünf Monaten gelegen haben.
Während der ganzen Periode wurde der Häftling an ausreichendem Schlaf gehindert und in Zellen gehalten, die entweder zu heiß oder (was häufiger war) zu kalt waren, und bekam unzureichendes, wenn auch schmackhaft zubereitetes Essen. Der spanische Kommunistengeneral El Campesino spricht von 100 Gramm Schwarzbrot und Suppe, die „gut und schmackhaft“ zweimal am Tag ausgeteilt wurde, was oft Skorbut[2] zur Folge hatte, der offenbar eingeplant war.
Die Verhöre fanden gewöhnlich nachts statt. Dazu wurden die Häftlinge meist unmittelbar vorher geweckt – oft kaum eine Viertelstunde, nachdem sie eingeschlafen waren. Die grellen Lampen bei der Vernehmung hatten eine desorientierende Wirkung. Ständig wurde die völlige Ohnmacht des Opfers betont. Die Untersuchungsrichter konnten – jedenfalls schien es gewöhnlich so – endlos weitermachen. Deshalb glaubte der Beschuldigte den Kampf von vornherein verloren. Die ständige Wiederholung einer Reihe von Fragen rief, wie immer wieder berichtet wird, ebenfalls Verwirrung und Erschöpfung hervor und schien sowohl im Hinblick auf die Wortbedeutung als auch auf die Erinnerung oder Interpretation von Tatsachen desorientierend zu wirken. […]
Natürlich ergibt sich nicht nur die Frage, weshalb die Angeklagten die Geständnisse ablegten, sondern auch, weshalb die Staatsanwaltschaft sie wünschte. […]
Stalin wollte seine alten Gegner nicht nur ums Leben bringen, sondern sie überdies moralisch und politisch vernichten.

Robert Conquest, Am Anfang starb Genosse Kirow. Säuberungen unter Stalin, Düsseldorf 1970, S. 171 ff. und 180 f. (Übersetzung: Jutta und Theodor A. Knust)

[1] NKWD: Volkskommissariat für Innere Angelegenheiten
[2] Skorbut: Vitaminmangelkrankheit

M19 D Das Stalinbild im Wandel der Zeit

Zum 80. Jahrestag des deutschen Überfalls auf die Sowjetunion schreibt der russische Schriftsteller Viktor Jerofejew (*1947) in der Frankfurter Allgemeinen Zeitung:

Bis 1953 wurde in meinem kindlichen Bewusstsein der Krieg gegen den Faschismus unter der Losung „Für die Heimat! Für Stalin!“ geführt. Alles war einfach und klar: Jeder war bereit, für Stalin in den Tod zu gehen. Alle erinnerten sich daran, wie er sich mit dem Aufruf, die Faschisten zu schlagen, an das Volk gewandt hatte: „Teure Brüder und Schwestern!“ Das war eine Zeit der Kriegslegenden. Wir alle kannten die großen Taten unserer Helden. Der Sohn eines Helden, des Jagdfliegers Alexej Maressjew, ging auch in unsere Schule – eine Legende zum Anfassen.
Dann, als Stalin 1953 starb, wurde seine Rolle im Krieg mit jedem Jahr kleiner, bis zu der Behauptung, er habe Militäroperationen, wie Chruschtschow sich ausdrückte, „auf einem Globus“ geplant. Stalin war plötzlich an allem und jedem schuld. Er hatte Hitler vertraut und nicht den Berichten seines Geheimdienstes, der vor einem unvermeidlichen Krieg warnte. Er hatte die Faschisten mit allem Nötigen für ihren Sieg versorgt. Züge, vollgepackt mit strategischem Material, waren bis zum letzten Tag vor Kriegsbeginn nach Deutschland gerollt. An die Stelle von „Teure Brüder und Schwestern!“ traten in den ersten Kriegsmonaten ungeheuerliche Nachrichten von militärischen Niederlagen, von „Kesseln“, Tragödien von Millionen Kriegsgefangener, Vernichtung von Juden, von einer schnellen Offensive der deutschen Truppen auf Moskau. Es fehlte nicht viel, und wir hätten

von der Feigheit und Verzweiflung Stalins erfahren. In den ersten Kriegstagen floh er aus dem Kreml und ging auf seiner „nahe gelegenen Datscha" auf Tauchstation. […]

Jedenfalls wurde Stalin kleingemacht. Dafür erschienen nun an seiner Stelle die heldenhaften Verteidiger der Festung von Brest, die sich bis zum letzten Mann der Wehrmacht widersetzt, und die 28 „Panfilowzy", Infanteristen der Division Iwan Panfilows, die eine heldenhafte Rolle bei der Verteidigung Moskaus 1941 gespielt hatten. 1964 wurde Chruschtschow gestürzt, Breschnew trat an seinen Platz. Die Tragödie des Krieges verwandelte sich nach und nach in einen triumphalen Sieg, als hätte es den schrecklichen Beginn nie gegeben. Neue Lieder vom Sieg „mit Tränen in den Augen" beschworen sentimentale Erinnerungen an Vergangenes herauf. Ich weiß noch, dass auch meine Großmutter Anastassija Nikandrowna damit begann, ausführlicher von der Leningrader Blockade zu erzählen, die sie miterlebt hatte. Sie gelangte allmählich zu dem Schluss, dies seien die wichtigsten Jahre ihres Lebens gewesen. Mit der Zeit rehabilitierte Breschnew Stalin, der danach zwar nicht mehr den Krieg „auf einem Globus" geplant haben sollte, jedoch auch nicht wieder als der strahlende Held dastand. Endlich kam mit Gorbatschow die Freiheit der Perestroika[3], und da ging alles drunter und drüber. Populär war eine Zeitlang die Ansicht des Publizisten Viktor Suworow, Stalin habe seinerseits als Erster den Krieg beginnen wollen. Hitler sei ihm (so auch die Meinung einiger deutscher Wissenschaftler) mit einer präventiven Invasion lediglich zuvorgekommen. Diese Sichtweise teilen in Russland bis heute manche kämpferische Liberale, leidenschaftliche Antistalinisten, doch hat sie meiner Meinung nach keinerlei Grundlage außer Emotionen. Sehr viel seriöser sah dagegen die Hilfe der Vereinigten Staaten nach dem Lend-Lease Act aus, die in der Zeit des Kalten Krieges völlig in Vergessenheit geraten sollte. Die Amerikaner hatten uns nicht nur mit Lebensmitteln unterstützt, sondern auch mit Lieferungen von Lastwagen, Panzern und anderem kriegswichtigen Material im Wert von vielen Millionen Dollar, und uns so geholfen, den Feind zu besiegen. […]

In den letzten zwanzig Jahren, seit Putins Amtsantritt, setzte sich abermals Breschnews Siegesrhetorik durch. Dazu gesellte sich das Thema des allgemeinen russischen Patriotismus. Die 28 heldenhaften Panfilowzy, deren Existenz zuvor als von der Propaganda erfunden in Zweifel gezogen worden war, verwandelten sich wieder in reale Menschen. Bei Moskau sind inzwischen eine riesige militärische Gedenkstätte und eine große orthodoxe, in Tarnfarbe gestrichene Kirche zum Ruhme der siegreichen Helden entstanden. Die Rolle des Lend-Lease Act wird abermals geschmälert, dafür ist Stalin wieder populär.

Viktor Jerofejew, „Ich lebe im Schatten dieses Krieges", Übersetzung: Beate Rausch, in: Frankfurter Allgemeine Zeitung Nr. 140 vom 21.06.2021, S. 11

Arbeitsvorschläge

32065-0210

1. Skizzieren Sie, welche Haltung Stalin gegenüber dem Kapitalismus einnimmt. Vergleichen Sie diese Haltung mit der Lenins (M13, M16).
2. Stellen Sie die Zielsetzung Stalins für die sowjetische Wirtschaft in den Zusammenhang der internationalen Wirtschaftsentwicklung um 1930. Vergleichen Sie insbesondere mit den USA und Deutschland zu dieser Zeit (M16). | F
3. Arbeiten Sie heraus, welches Geschichtsbild Stalin hier entwarf und wie es dazu benutzt werden konnte, um staatliche Gewalt zu rechtfertigen (M16).
4. Analysieren Sie das Plakat. Untersuchen Sie dabei, mit welchen herabsetzenden Stereotypen gearbeitet wird (M17).
5. Erläutern Sie, warum diese Stereotype verwendet wurden und inwiefern sie den Absichten der Staatsführung entgegenstehen (M17).
6. Beschreiben Sie mit eigenen Worten die Vernehmungsmethoden der Stalinzeit (M18). | F
7. „Stalin wollte seine alten Gegner nicht nur ums Leben bringen, sondern sie überdies moralisch und politisch vernichten" (Z. 58–60). Erläutern Sie mögliche Gründe (M18).
8. Fassen Sie in eigenen Worten das Stalinbild im Wandel der Zeit zusammen (M19).
9. Ordnen Sie die Stalinbilder jeweils in ihren historischen Zusammenhang ein (M19).

Leitfrage

Nehmen Sie Stellung:

Lenin – Schicksalsfigur Russlands in der ersten Hälfte des 20. Jahrhunderts?

[3] Perestroika: in den Achtzigerjahren des letzten Jahrhunderts Strukturwandel von einer sturen Planwirtschaft zu mehr Freiraum und Selbstverantwortung für Unternehmen und verstärkte Mitspracherechte der Arbeitnehmer

2.7 Vertiefungsmodul: Europäische Staaten in der Zwischenkriegszeit – im Spannungsfeld zwischen Demokratie und Diktatur

M1 D Die Krise der europäischen Demokratie 1922–1938

1. Beschreiben Sie knapp die Verteilung und die Häufigkeit der politischen Systeme in Europa auf der Karte.
2. Welche Zeiträume fallen besonders häufig für die Errichtung einer Diktatur oder eines autoritären Regimes auf? Diskutieren Sie, welche regionalen oder internationalen Ereignisse mit diesen Jahren zusammenhängen könnten.

32065-0442

LEITFRAGE

Die Zwischenkriegszeit – ein „Siegeszug" für die Gegner der Demokratie?

Die Zwischenkriegszeit in Europa – Charakter der Epoche

Die politisch-gesellschaftliche Entwicklung der europäischen Staaten in den Jahren 1918 bis 1939, der sogenannten Zwischenkriegszeit, ist – trotz teils unterschiedlicher nationaler Entwicklungen – insgesamt von den Folgen des Ersten Weltkrieges geprägt. Dieser Krieg, der für Europa die „Urkatastrophe des 20. Jahrhunderts" darstellte und das Ende des europäischen Führungsanspruchs einleitete, hatte alle am Krieg beteiligten europäischen Staaten – auch diejenigen der „Siegerseite" – dauerhaft politisch, wirtschaftlich und psychisch beschädigt. So kämpften beispielsweise alle Staaten mit den Folgen der enormen, die eigene Leistungsfähigkeit übersteigenden Kriegskosten sowie strukturellen Problemen wie der Wiedereingliederung der Soldaten und der Versorgung der Hinterbliebenen. In der Folge kam es, wie der Historiker Walther L. Bernecker schreibt, dann „zum Kollaps der Werte und Institutionen der liberalen Zivilisation (Konstitutionalismus oder Parlamentarismus, Rechtsstaatlichkeit)". So geriet das System der liberalen Demokratie nach 1920 und noch stärker nach 1929 in den meisten europäischen Staaten in eine Krise. Während einige die Demokratie aufrechterhalten konnten, entwickelten sich andererseits viele zu autoritären oder sogar faschistischen Staaten. Am demokratisch stabilsten blieben die Länder, welche infolge des Ersten Weltkrieges keine revolutionären oder territorialen Veränderungen erfuhren wie die Beneluxstaaten, die skandinavischen Monarchien oder die verfassungsstaatlich weitgehend gefestigten Großmächte Großbritannien und Frankreich, wenngleich auch hier rechtsextreme Bewegungen entstanden.

Insbesondere in den Verliererstaaten des Ersten Weltkrieges und auch in Italien, das sich immer weniger als Siegermacht fühlte, gerieten die Demokratien jedoch zunehmend unter Druck und rechtsextreme sowie faschistische Bewegungen konnten die Macht an sich reißen. Ähnliches gilt für die Staaten Ostmittel- und Südosteuropas, in denen (mit Ausnahme der Tschechoslowakei) überall autoritäre Regime entstanden. Zwar hatten sich hier die Monarchien nach Ende des Ersten Weltkrieges zunächst in Demokratien gewandelt, am Ende der Zwischenkriegszeit waren diese jedoch in allen Staaten wieder zusammengebrochen. Um einen besseren Überblick über die allgemeinen Tendenzen der zwischenkriegszeitlichen Entwicklungen, aber auch nationalstaatlicher Besonderheiten zu gewinnen, sollen im Folgenden die Geschehnisse in Italien, Frankreich und der Tschechoslowakei exemplarisch näher betrachtet werden.

Italiens Weg in die faschistische Diktatur

Der Aufschwung des Faschismus

Italien war das erste europäische Land der Zwischenkriegszeit, in dem das liberale System durch die faschistische Machtübernahme 1922 einer Diktatur zum Opfer fiel. Die Ursachen hierfür liegen sowohl in strukturellen Problemen als auch in den Folgen des Ersten Weltkrieges.

Faschismus: eine antidemokratische und antikommunistische sowie extrem nationalistische Weltanschauung und Bewegung, die nach dem Ersten Weltkrieg in Italien entstand und in fast allen europäischen Ländern Anhänger fand. Im Deutschen Reich vertraten die Nationalsozialisten faschistische Vorstellungen.

So herrschte in Italien ein großer Gegensatz zwischen den industriell hoch entwickelten Regionen im Norden des Landes und unterentwickelten ländlichen Regionen in der Mitte und im Süden, dessen Ausgleich die Regierungen vor kaum überwindbare Herausforderungen stellte. Hinzu kamen in Folge des Krieges gänzlich zerstörte Landstriche, ein ruinierter Mittelstand, Inflation und hohe Arbeitslosigkeit sowie ein am Boden liegendes Wirtschaftssystem. Hierzu gesellten sich noch enttäuschte Hoffnungen bezüglich territorialer Gewinne im Zuge des Ersten Weltkrieges. Zwar zählte das Land zu den Siegermächten des Krieges und konnte mit Südtirol und Dalmatien auch Gebietsgewinne verzeichnen, jedoch blieben diese weit hinter den Hoffnungen auf deutlich größere Gebietszuwächse (u. a. Tunesien und die jugoslawische Adriaküste) zurück. Vielfach machte sich daher Enttäuschung über den (wie es von rechtsradikaler Seite propagiert wurde) „verstümmelten Sieg“ breit. Infolge dieser Probleme kam es vielerorts zu sozialen Unruhen, teilweise sogar offenem Aufruhr. Streiks, Fabrikbesetzungen, Bauernunruhen sowie lokale revolutionäre sozialistische Unruhen erschütterten das Land. Die wechselnden liberalen Regierungen, die vielfach nur mit Notverordnungen regieren konnten, bekamen diese Nachkriegsprobleme nicht in den Griff und verloren dementsprechend immer mehr an Autorität.

M 2 Q Benito Mussolini (1883–1945): Begründer des italienischen Faschismus, einer nationalistischen, antidemokratischen Bewegung. Nach einem „Marsch auf Rom“ übernahm er die Regierung. Seine Diktatur war lange Zeit Vorbild für die deutschen Nationalsozialisten.

Dieses Machtvakuum nutzten die 1919 vom Ex-Sozialisten Benito Mussolini gegründeten antiliberalen rechtsextremem Kampfbünde („Fasci di Combattimento“). Deren Mitglieder trugen schwarze Hemden und wurden deshalb zum Teil auch als „Schwarzhemden“ („Squadristi“) bezeichnet. Neben ehemaligen Soldaten und Offizieren erhielten sie auch Zulauf von Schülern und Studenten sowie von Angehörigen der Mittelschicht, die Angst vor einer sozialistischen Revolution hatten. Nachdem sich den Faschisten vermehrt auch bürgerliche Kreise angeschlossen hatten, womit der Durchbruch zur Massenbewegung gelang, erfolgte 1921 der Umbau der Bewegung zur „Nationalfaschistischen Partei (PNF – „Partito Nazionale Fascista“).

Der Versuch der Konservativen, die Faschisten in einen „Nationalen Block“ einzubinden und damit in Schach zu halten, erwies sich letztlich als kontraproduktiv, da Mussolinis Bewegung damit zwar gesellschaftlich aufgewertet wurde und ins Parlament einzog, sich jedoch umgekehrt dem Parlamentarismus in keiner Weise verpflichtet sah.

Anlässlich eines gescheiterten sozialistischen Generalstreiks befahl Mussolini seinen Schwarzhemden Ende Oktober einen „Marsch auf Rom" und forderte vom italienischen König Viktor Emanuel III. die Übertragung des Amts des Ministerpräsidenten. Dieser gab – vermutlich auch durch Überschätzung der Gefahr – der Drohung nach, verweigerte den Einsatz von Polizei und Militär sowie die Ausrufung des Belagerungszustands und beauftragte Mussolini mit der Bildung einer Regierung. Wie sich letztlich herausstellte, traf Mussolini mit nur 25 000 leicht bewaffneten Schwarzhemden in Rom ein, sodass die Demokratie durch ein entschiedenes militärisches Eingreifen leicht hätte verteidigt werden können.

Die faschistische Umgestaltung des Staates

Nach seiner Ernennung zum Ministerpräsidenten formte Mussolini das Land in eine durch Nationalismus, Antikommunismus, Antiliberalismus und später auch Antisemitismus geprägte faschistische Diktatur um, die bis zum Ende des Zweiten Weltkrieges bestehen blieb. Die parlamentarische Demokratie blieb dabei in ihren formalen Einrichtungen zunächst noch erhalten und der neuen Koalitionsregierung unter Mussolini als Ministerpräsident (sowie zeitweise zeitgleich auch als Innen- und Außenminister) gehörten auch Minister der Liberalen und der (katholischen) Volkspartei an. Auch die Monarchie blieb in Italien formal bestehen, wurde jedoch – ebenso wie der Parlamentarismus – de facto politisch komplett entmachtet zugunsten eines totalitären faschistischen Führerstaates.

Wahlgesetz: Gemäß dieses Gesetzes erhielt die stärkste Partei im Parlament zwei Drittel der Sitze, sofern sie mindestens 25 Prozent der Stimmen bekommen hatte.

Bereits im Juli 1923 ermöglichte ein geändertes **Wahlgesetz** es den Faschisten, das Parlament zu dominieren und sich dort eine Zweidrittelmehrheit zu sichern. Zugleich hielten rechter Terror und Gewalt gegen Linke und andere politische Gegner unvermindert an ohne nennenswerte Kritik aus bürgerlichen Kreisen. Selbst die von Schwarzhemden durchgeführte Ermordung des sozialistischen Politikers Giacomo Matteotti, die Mussolinis Ruf kurzzeitig stark anschlug, sorgte letztlich nicht für eine Schwächung der Faschisten. Im Gegenzug nutzte Mussolini die Situation sogar, um 1925 die Opposition infolge eines wenig wirksamen Protestes ihrerseits komplett zu entmachten.

Eine Reihe von Gesetzen unterwarf den Staat nun endgültig der faschistischen Partei: Es kam zur Aufhebung der Gewaltenteilung, und die Regierung konnte nun auch ohne Zustimmung des Parlaments Dekrete mit Gesetzeskraft erlassen. Die freie Tätigkeit der Parteien wurde unterbunden und die Autonomie der Gemeinden eingeschränkt. Für Wahlen gab es nur noch eine vom „Großen Faschistischen Rat" erstellte Einheitsliste. Außerdem wurden bürgerliche Freiheiten sowie die persönliche Freiheit und Pressefreiheit eingeschränkt. Gegner des Regimes wurden aus Parlament und Verwaltung entfernt, eine politische Polizei überwachte das gesamte Land, Emigranten verloren die italienische Staatsbürgerschaft, Gewerkschaften wurden verboten bzw. zusammen mit Arbeitgebern in Korporationen (Berufsverbänden) zwangsvereinigt. Zudem wurden alle Jugendorganisationen durch die faschistische „Opera Nazionale Balilla" ersetzt, in der seit 1931 alle Jugendlichen Mitglied sein mussten.

Das Land wandelte sich dadurch zunehmend in einen Polizeistaat, wenngleich es den Faschisten nie komplett gelungen ist, Militär, Kirche und Monarchie völlig „gleichzuschalten".

In den 1930er-Jahren konstatierte sich zudem ein zunehmender Rassismus und ab 1938 auch Antisemitismus. Inwieweit letzterer den italienischen Faschismus jedoch von Anfang an prägte oder eher infolge des Bündnisses mit NS-Deutschland propagiert wurde, ist historisch umstritten.

Ideologisch präsentierte sich der „Duce“ (Führer) Mussolini gern in der Tradition des römischen Kaisertums. Auch das Emblem der Faschisten (Rutenbündel mit Beil) griff bewusst auf die römische Symbolik zurück. Zudem propagierte Mussolini das Ideal eines neuen Menschentypus ohne spaltendes Klassenbewusstsein und versuchte die Arbeiterschaft durch sozialstaatliche Maßnahmen wie Kranken-, Renten- und Arbeitslosenversicherungen sowie Infrastrukturprojekte etwa im Straßen- und Eisenbahnbau auf seine Seite zu ziehen. Generell war der italienische Faschismus allerdings weitaus weniger systematisch ideologisch durchdrungen als es später der deutsche Nationalsozialismus sein sollte. Inwieweit der Faschismus dem Land einen wirtschaftlichen Modernisierungsschub gab oder doch eher konservative Strukturen stärkte, gilt unter Historikern als umstritten.

Außenpolitisch versuchte der Faschismus ebenfalls an römische Großmachtträume („mare nostrum“) und dementsprechend imperialistische Expansionen anzuknüpfen. Während auch andere Kolonialmächte nicht gewaltfrei vorgingen, erreichten die italienischen Aktivitäten jedoch ein – vom größten Teil der Weltgemeinschaft verurteiltes – neues Level an Brutalität, was sich insbesondere im Überfall auf das Königreich Abessinien (heute Äthiopien) zeigte. Italien setzte chemische Massenvernichtungswaffen ein und bombardierte in einem massiven Luftkrieg nicht nur gezielt die Zivilbevölkerung, sondern auch Lazarette des Roten Kreuzes. Unterstützung für Mussolini signalisierte hier jedoch das nationalsozialistische Deutschland, womit im Folgenden durch einen geheimen Freundschaftsvertrag im Jahr 1936 die „Achse Rom-Berlin“ begründet wurde, die bis zum Sturz Mussolinis 1943 andauern sollte.

Insgesamt kann gesagt werden, dass Italien als „Prototyp“ eines faschistischen Staates mit antiliberaler Stoßrichtung zum Vorbild für ähnliche Bewegungen u. a. in Deutschland, Spanien, Portugal, Griechenland, Ungarn und Polen wurde, wenngleich einzelne ideologische Elemente wie z. B. antisemitische oder völkisch-nationale Prägungen in den einzelnen Nationalstaaten jeweils unterschiedlich umgesetzt wurden.

M3 Q Emblem der Partito Nazionale Fascista
Zentrales Element ist ein Liktorenbündel (Fascio littorio), ein römisches Symbol für Macht und Autorität.

► Analysieren Sie das Emblem.

Die Krise der Demokratie in Frankreich

Situation nach dem Ersten Weltkrieg und in den 1920er-Jahren

Von den hier betrachteten Beispielstaaten weist Frankreich die größte verfassungsrechtliche Kontinuität auf. Seit 1871 war es eine Republik – fachsprachlich als sogenannte „Dritte Republik“ (gezählt seit der Revolution von 1789) bezeichnet. Diese Republik bestand faktisch über die gesamte Zwischenkriegszeit hinweg bis zur deutschen Besatzung 1940.

Zudem ging Frankreich als Sieger und damit scheinbar gestärkt aus dem Ersten Weltkrieg hervor. Allerdings stellte die Umstellung von der Kriegs- auf eine Friedenswirtschaft Frankreich vor große Herausforderungen. Hinzu kamen durch den Krieg zum Teil völlig zerstörte Gegenden im Norden und Osten des Landes sowie die Tatsache, dass der Sieg Frankreich, abgesehen von Elsass-Lothringen, keine wirklichen Gebietsgewinne gebracht hatte. Heftige Arbeiterunruhen erschütterten das Land und die Staatsverschuldung wurde stetig vorangetrieben. Erst ab 1924 stellte sich – auch im Zuge der internationalen Regelungen der Reparationszahlungen der Verliererstaaten – wieder eine gewisse wirtschaftliche Stabilität ein.

Politisch waren die 1920er-Jahre in Frankreich geprägt von häufig wechselnden Regierungen aus Mitte-Rechts-Koalitionen oder Koalitionen der Radikaldemokraten und Sozialisten. Radikale Oppositionsparteien dagegen blieben in dieser Zeit verhältnismäßig schwach.

Die Weltwirtschaftskrise und die Bedrohung der Demokratie

Dies änderte sich erst im Zuge der Folgen der Weltwirtschaftskrise in den 1930er-Jahren. Wie für viele andere europäische Staaten brachte diese Krise auch für Frankreich eine Phase wirtschaftlicher Bedrängnisse und politischer Instabilität mit sich, wenngleich die Auswirkungen in Frankreich später zutage traten und trotz allem moderater waren, als dies beispielsweise in Deutschland oder Großbritannien der Fall war. So war Frankreich anfangs noch kaum von der Wirtschaftskrise betroffen und erst zu Beginn der 1930er-Jahre wurden mit dem Abwerten ausländischer Währungen die Folgen der Krise vor allem in Form massiver Exporteinbrüche und steigender Arbeitslosigkeit auch in Frankreich bemerkbar. Zwar hielt die Krise in Frankreich länger an als in den meisten anderen Industrieländern, jedoch waren die Auswirkungen weniger massiv, wenngleich trotzdem deutlich spürbar. So stieg die französische Arbeitslosigkeit beispielsweise „nur“ auf maximal 16% (1935).

Während die sozialen Folgen der Weltwirtschaftskrise also verhältnismäßig moderat blieben, weitete sich jene aber rasch zu einer politischen Krise aus. Zunehmende gesellschaftliche Interessenkonflikte erschwerten Kompromissfindungen innerhalb des Parlaments immer mehr, was stabile Regierungsbildungen kaum möglich machte. So wurden zwischen Januar 1931 und Februar 1934 etwa zehn verschiedene Kabinette gebildet. Zwar war anders als in Deutschland überhaupt noch eine Regierungsbildung, die über parlamentarische Mehrheiten verfügte, möglich und die wechselnden Kabinette wiesen durch oftmals gleiche daran beteiligte Persönlichkeiten zumindest eine gewisse personale Konstanz auf, jedoch stärkten diese politischen Instabilitäten antiparlamentarische Strömungen, und die Unzufriedenheit der Bevölkerung führte zum massiven Zulauf rechtsextremer Gruppierungen. Diese bildeten sich zumeist aus ehemaligen Frontkämpferbünden, den Ligen, die für die Errichtung eines autoritär geführten Staates kämpften. Insbesondere der sogenannte Frontkämpferbund „Croix de Feu“ (Feuerkreuz) erlangte unter den Ligen große Bedeutung. Im Februar 1934 organisierten die rechtsextremen faschistischen Verbände dann eine Großdemonstration in Paris. Dabei marschierten etwa 30 000 Demonstrierende Richtung Parlament, wobei es zu gewaltsamen Zusammenstößen mit der Polizei, 15 Toten und über 1500 Verletzten kam.

Die Volksfront und die Rettung der Demokratie

Dieses Ereignis erschütterte die Republik tief, zumal niemand weiß, wie sich die Dynamik ohne das Stoppen des Demonstrationszugs durch die Polizei entwickelt hätte.

Angesichts dieser Ereignisse und geprägt durch die antisozialistischen Entwicklungen im NS-Deutschland kam es zu einer – zuvor aufgrund großer ideologischer Differenzen noch kaum für möglich gehaltenen – Annäherung zwischen Kommunisten und Sozialisten. Dieses als sogenannte „Volksfront“ bezeichnete Wahlbündnis der linken Parteien (Kommunisten, Sozialisten, Radikale) konnte bei den Parlamentswahlen 1936 einen zwar nicht überwältigenden, aber doch überraschenden Sieg verzeichnen. Die daraufhin unter dem Sozialisten **Léon Blum** gegründete Regierung setzte diverse Sozialreformen wie z. B. das Streikrecht, die Verstaatlichung der Rüstungsbetriebe, die Senkung der Wochenarbeitszeit auf 40 Stunden und Lohnerhöhungen um. Insbesondere aber verbot sie die rechtsextremen Ligen und sorgte damit für den Erhalt der demokratischen Stabilität. Die Reformpolitik geriet im Folgenden ins Stocken und Widerstände von rechts wegen der Passivität der Regierung bezüglich des Spanischen Bürgerkrieges und auch innerhalb der Linken formierten sich gegen die Volksfrontregierung. Blum wurde schließlich 1937 zum Rücktritt gezwungen und

M4 Q Die Krise der Demokratie in Frankreich
Emblem des Frontkämpferbundes „Croix de Feu“

- Charakterisieren Sie das Selbstverständnis von Frontkämpferbünden wie dem „Croix de Feu“.

M5 Q Léon Blum
(1872–1950): sozialistischer französischer Politiker, Jurist und Schriftsteller. Zwischen 1936 und 1947 dreimal für kurze Zeitspannen Ministerpräsident Frankreichs. Während der französischen Besatzung einer der Anführer des Widerstandes, nach seiner Auslieferung 1943–1945 im KZ Buchenwald interniert.

auch die Volksfrontregierungen an sich hielten sich nur noch bis Juni 1938, bevor eine neue Rechtsregierung versuchte, die Reformen wieder rückgängig zu machen. Es war jedoch das Verdienst genau dieser Volksfrontregierungen, zumindest temporär für ein Scheitern der extremen Rechten und den Erhalt der Demokratie in Frankreich gesorgt zu haben. Letztere endete erst im Zuge des Zweiten Weltkrieges durch die Besetzung Nordfrankreichs sowie den Einsatz einer von Deutschland kontrollierten extrem rechten Regierung im Süden Frankreichs („Vichy Regime" – benannt nach dem Regierungssitz in der Stadt Vichy) im Jahr 1940.

M 6 Q Polizeieinsatz auf der Place de la Concorde im Zuge der Unruhen
Foto vom 7. Februar 1934

▶ Untersuchen Sie, worin genau in Frankreich die größte Gefahr für die Stabilität der Demokratie in der Zwischenkriegszeit lag.

Die Tschechoslowakei und ihr Ringen um die Demokratie – innenpolitische Kämpfe und Angriffe von außen

Neugründung des Staates

Die neu gegründete Tschechoslowakische Republik, hervorgehend aus dem zerfallenden Vielvölkerstaat Österreich-Ungarn, wurde noch in den letzten Tagen des Ersten Weltkrieges am 28. Oktober 1918 ausgerufen. Angefacht durch einen schon seit der Revolution von 1848 entstandenen tschechischen Nationalismus, den unermüdlichen Einsatz tschechischer Exilpolitiker während des Ersten Weltkrieges sowie eine diesbezüglich wohlwollende Haltung der Alliierten – nicht zuletzt bedingt durch das Mitwirken tschechischer Soldaten auf deren Seite im Ersten Weltkrieg – kam es so zu einem neugegründeten demokratischen tschechisch-slowakischen Nationalstaat, dessen Territorium 1919 im Vertrag von St. Germain abgesichert wurde. Er umfasste die ehemals zu Österreich gehörenden Gebiete Böhmen, Mähren und Österreichisch-Schlesien, die vormals zu Ungarn gehörende Slowakei und die sogenannte „Karpatenukraine". Dies machte ein Staatsgebiet von 140 000 Quadratkilometern und eine West-Ost-Ausdehnung vom noch heute tschechischen Asch bis zur rumänischen Grenze aus. Erster Staatspräsident wurde durch noch im Oktober 1918 abgehaltene Wahlen der auf Ausgleich bedachte Philosoph und Politiker Tomáš Garrique Masaryk. Mit der Verfassung vom 29. Februar 1920 erhielt die neugegründete Demokratie dann ein parlamentarisches Regierungssystem nach französischem Vorbild mit zentralistischem Staatsaufbau, wodurch man hoffte, strukturelle Unterschiede der einzelnen Teilgebiete zu überwinden und eine „neue tschechoslowakische Staatsidee" (Joachim Bahlke) zu etablieren.

Strukturelle Ungleichheiten und Multiethnizität als Herausforderungen

Von Beginn an waren strukturelle Unterschiede zwischen den einzelnen Regionen und viel mehr noch die Nationalitätenfrage ein Problem, mit dem sich die neue Republik auseinandersetzen musste. Bedingt durch ihre einzelnen Teilgebiete – hervorgegangen aus dem Vielvölkerstaat Österreich-Ungarn – stand der neue Staat von Anfang an vor der Herausforderung, die in ihm lebenden, teilweise recht großen nationalen Minderheiten, u. a. Deutsche, Slowaken, Polen, Ungarn, Juden, Sinti und Roma, zu integrieren. Zusätzlich erschwert wurde dies durch die zum Teil recht starken nationalistischen Tendenzen innerhalb dieser Minderheiten.

Trotz des Bemühens der Regierung um Ausgleich und Kompromissfindungen prägten demzufolge auch permanente Nationalitätenkonflikte die Zeit der tschechoslowakischen Republik. Dies gilt insbesondere für das Verhältnis zwischen der tschechischen Mehrheitsbevölkerung und den beiden großen nationalen Minderheiten der Deutschen im Westen des Landes, etwa in Böhmen und Mähren, und der Slowaken im Osten. So gab es in beiden Gruppen bereits kurz nach Gründung der Republik Unabhängigkeits- und Abspaltungsbestrebungen. Insbesondere die Schul- und Sprachpolitik sowie der verfassungsrechtliche Gedanke eines einheitlichen Staatsvolkes stießen bei den Minderheiten auf Missfallen.

Mitte der 1920er-Jahre entspannte sich die Situation jedoch, sodass nun die Kooperation aller Seiten stärker im Mittelpunkt stand. Unter anderem deshalb wies die tschechoslowakische Republik – gerade im Vergleich zu anderen osteuropäischen Staaten – trotz ihrer strukturellen Probleme bis in die Mitte der 1930er-Jahre eine hohe demokratische Stabilität auf, was darüber hinaus auch an den bereits vor dem Ersten Weltkrieg gefestigten Strukturen der in den böhmischen Ländern entstandenen Parteienlandschaft lag sowie an der Tatsache, dass trotz divergierender Tendenzen die parteipolitischen Gemeinsamkeiten meist überwogen.

Konflikte im Zuge der Weltwirtschaftskrise

Zur Stabilisierung hatte auch die hohe Wirtschaftsleistung der hochindustrialisierten westlichen Staatshälfte beigetragen. Demzufolge stellte die Weltwirtschaftskrise eine tiefgreifende Zäsur sowohl für die wirtschaftliche als auch die politische Entwicklung des Landes dar. Von den Folgen besonders stark betroffen waren die industriellen Zentren im Norden und Westen des Landes mit überwiegend deutscher Bevölkerung, was zur Folge hatte, dass viele der dort lebenden Deutschen das Gefühl entwickelten, benachteiligt zu sein und national unterdrückt zu werden. Dies führte zu neuen, stärkeren Spannungen und einer politischen Radikalisierung vieler Deutscher, die sich schon seit den 1920er-Jahren nun zunehmend selbst als „Sudetendeutsche" bezeichneten und ein neues Gruppenbewusstsein entwickelt hatten.

Großen Einfluss erreichte im Folgenden die im Jahr 1933 von dem Turnlehrer Konrad Henlein gegründete „Sudetendeutsche Heimatbewegung", eine Sammelbewegung aller Sudetendeutschen, die sich wenig später zur Partei („Sudetendeutsche Partei", SDP) umorganisierte und bei den folgenden Parlamentswahlen im Jahr 1935 eine überwältigende Mehrheit gewann. Henlein, der sich zunächst noch distanziert zum Nationalsozialismus in Deutschland positioniert hatte, entwickelte sich bald zu einem „willfährigen Werkzeug der Politik Hitlers" (Bahlcke). Demzufolge entwickelte sich parallel dazu auch die SDP unter massiver Unterstützung des Deutschen Reiches rasch in eine klar nationalsozialistische Partei.

Durch die Erfolge der Sudetendeutschen angeregt, radikalisierte andererseits auch die erstarkende „Slowakische Volkspartei Hlinkas" ihre Forderungen und strebte nun einen slowakischen Nationalstaat mit voller Souveränität an.

Deutsche Annexionen und das Ende der Tschechoslowakei

Vor allem aber war es die aggressive nationalsozialistische Politik Deutschlands, die das Machtgefüge in ganz Ostmitteleuropa verändern sollte. Bereits Ende 1937 plante Hitler in Abstimmung mit der Wehrmachtführung die Zerschlagung des tschechoslowakischen Staates. Beflügelt durch den „Anschluss" Österreichs an das Deutsche Reich im März 1938 forderten auch die immer offensiver auftretenden Sudetendeutschen den Anschluss der „sudetendeutschen Gebiete" an das Deutsche Reich. Nachdem die tschechoslowakische Regierung daraufhin die Mobilmachung angeordnet hatte, beschäftigte diese sogenannte „Sudetenkrise" über Monate hinweg die europäische Politik.

Um einen großen Krieg zu vermeiden und die Krise zu begrenzen, einigte man sich schließlich auf der Münchener Konferenz am 30. September 1938 in einem Vier-Mächte-Abkommen zwischen Deutschland, Frankreich, Großbritannien und Italien auf die Abtretung der sudetendeutschen Gebiete an das Deutsche Reich. Dies geschah ohne

Beteiligung der tschechoslowakischen Regierung, die mit dem Beschluss, der von tschechoslowakischer Seite als „Diktat von München“ und „Verrat der Westmächte“ empfunden wurde, vor vollendete Tatsachen gestellt wurde. Bereits am nächsten Tag annektierte die Wehrmacht das sogenannte „Sudetenland“. Für die Tschechoslowakei folgten – bedingt durch Ultimaten aus Polen und Ungarn – weitere Gebietsabtretungen an diese Staaten, sodass die tschechoslowakische Republik nun insgesamt ein Drittel ihrer Gesamtbevölkerung und 41098 Quadratkilometer Land verloren hatte.

Im verbliebenen Staatsgebiet überschlugen sich daraufhin in den folgenden Monaten die Ereignisse: Staatspräsident Edvard Beneš trat zurück und bald darauf erklärte die zuvor schon autonom gewordene Slowakei durch massiven Druck Hitlers und unter Androhung einer militärischen Intervention Deutschlands am 14. März 1939 die Unabhängigkeit des slowakischen Staates. Nur einen Tag später besetzen deutsche Truppen auch den Rest des noch verbliebenen tschechoslowakischen Staates, der damit aufhörte zu existieren. An seiner Stelle errichtete die deutsche Regierung im Folgenden das „Protektorat Böhmen und Mähren“. Damit war nicht nur die tschechoslowakische Staatsidee, sondern auch die demokratische Entwicklung des Landes gescheitert. Dazu beigetragen hatten sicherlich die nur schwer zu lösenden Nationalitätenkonflikte innerhalb des Staates. Nichtsdestotrotz darf aber nicht vergessen werden, dass auch immer wieder Phasen des Ausgleichs und der Kooperation den Staat geprägt hatten und der Sturz der Demokratie letztlich – anders als in vielen anderen osteuropäischen Staaten – von außen herbeigeführt wurde.

M 7 D Sprachenkarte der Tschechoslowakei nach der Volkszählung von 1930

▶ Skizzieren Sie die Zusammensetzung der Nationalitäten in der tschechoslowakischen Republik der Zwischenkriegszeit.

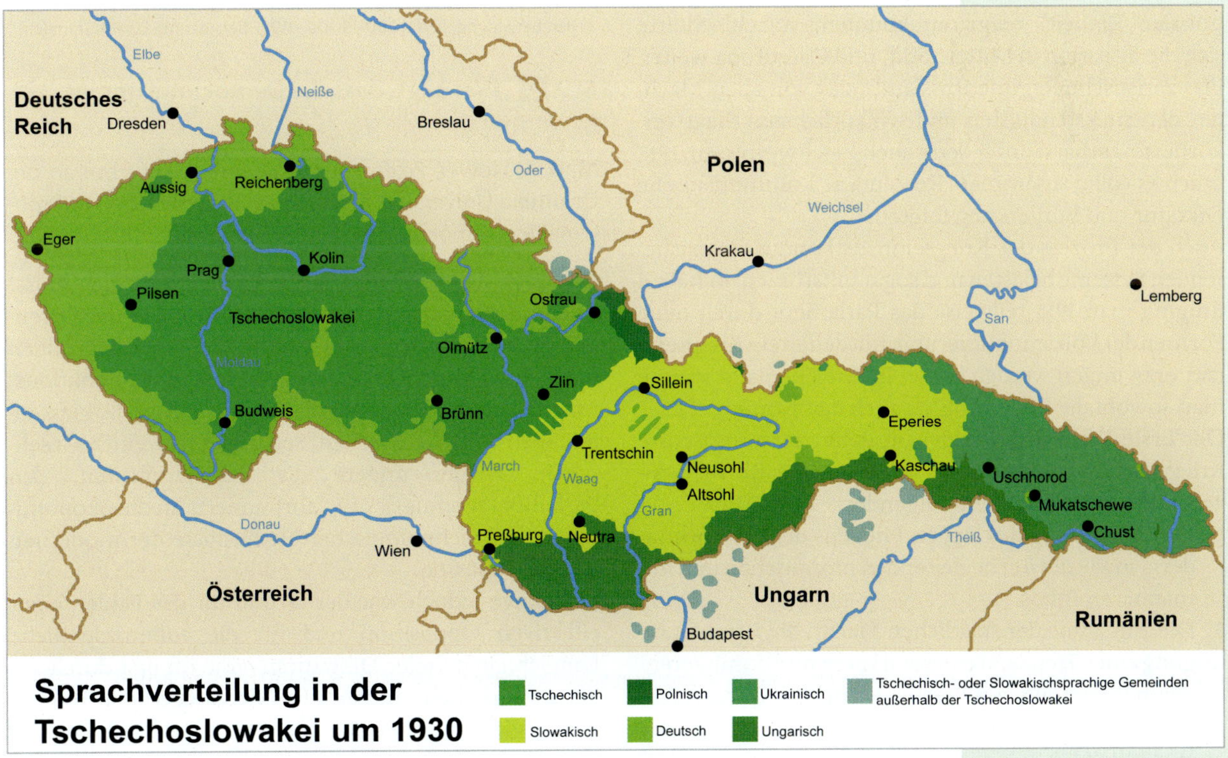

Die Zwischenkriegszeit – Charakter der Epoche

M 8 D Ursachen für den Erfolg des Faschismus nach dem Ersten Weltkrieg

Der amerikanische Historiker Stanley Payne schreibt zu den Ursachen für den Faschismus nach dem Ersten Weltkrieg (1995):

Dieser Krieg [der Erste Weltkrieg] kostete 10 Millionen Soldaten das Leben. Er fegte alle bedeutenden Regierungen und Dynastien Mittel- und Osteuropas hinweg und leitete die Ära des 20. Jahrhunderts ein, die durch massenhafte politische Gewalt und Revolutionen gekennzeichnet ist. Grundlegende Gewohnheiten der Politik änderten sich; der langanhaltende Trend zu liberaler Demokratie und einer repräsentativen Regierungsform wurde infrage gestellt und verkehrte sich in einigen Gebieten in sein Gegenteil. Das führte zu einer Brutalisierung des politischen Lebens, die politische Gewalt natürlich, ja normal erscheinen ließ. Ebenso tiefgreifend wurden die gesellschaftliche Kultur und Sozialpsychologie in Mitleidenschaft gezogen, da die Tendenz zu Optimismus und Fortschrittsglauben, die für die vergangenen Jahrhunderte charakteristisch gewesen war, zunehmend bezweifelt und häufig verworfen wurde […].

Der Krieg setzte die politischen Systeme aller Beteiligten einer erheblichen Belastung aus. Während die stabilen westeuropäischen demokratischen Ordnungen mit verschiedenen Formen von Koalitionsregierungen der „nationalen Einheit" reagieren konnten, verschlechterte sich die Situation in Mittel-, Süd- und Osteuropa weiter. Das zaristische Regime Russlands, das von allen Mächten den rückständigsten und willkürlichsten Staat verkörperte, zerbarst unter den neuen Erschwernissen. 1917 brach es völlig zusammen; Revolution, kommunistische Diktatur und Bürgerkrieg folgten. […]

Auch der Prozess des Kriegseintritts konnte die existierenden Systeme belasten und sogar umstürzen. In Italien umging man 1915 teilweise das Parlament durch neue Formen der Volksmobilisierung, mit denen ein Kriegseintritt erzwungen werden sollte. In Griechenland stürzte man sowohl die Regierung als auch den König. […]

Der Erste Weltkrieg war der bis dahin zerstörerischste Krieg der Geschichte. Seine wesentlichen Konsequenzen waren unter anderem folgende:

1. Die Zerstörung des langen Friedens des 19. Jahrhunderts sowie des ihn begleitenden moralischen und humanitären Ethos. […]
3. Die Zunahme der staatlichen Macht, die Beschleunigung eines Trends zu einer stärkeren und dominierenderen Regierung, mit Beschneidung von Bürgerrechten und zunehmender staatlicher Lenkung der Wirtschaft […].
7. Die Verschärfung eben des Militarismus und Nationalismus, der dazu beigetragen hatte, den Krieg auszulösen. […]
9. Die Brutalisierung des politischen Lebens in vielen Teilen Europas, begleitet von einer neuen Anerkennung der Gewalt" […].

In der grundlegend veränderten politischen und kulturellen Landschaft war es unmöglich, den relativen Frieden und die Stabilität der Vorkriegsära wieder herzustellen […]. Dies wurde durch eine unzulängliche Friedensordnung verschärft, die nicht alle Streitfragen des Krieges löste […].

Der Erste Weltkrieg hat jedoch nicht einfach den Faschismus „verursacht", denn die meisten Konzepte, aus denen der Faschismus hervorging, existierten bereits. Es lief darüber hinaus kein teleologischer, determinierender Prozess ab, der die Herrschaft des Faschismus in einem erheblichen Teil Europas zwingend herbeigeführt hätte. Entsprechende Entwicklungen waren Folgen der Nachkriegspolitik, nicht einfach des Krieges selbst. Gleichwohl brachte der Krieg eine neue Brutalisierung des öffentlichen Lebens, eine Routinalisierung von Gewalt und Autoritarismus sowie eine Verstärkung nationalistischer Konflikte und Ambitionen mit sich, ohne die der Faschismus in der folgenden Generation nicht hätte triumphieren können.

Stanley Payne, Geschichte des Faschismus. Aufstieg und Fall einer europäischen Bewegung, Berlin 2001, S. 100–110 (Übersetzung: Ewald Gramlich)

M 9 D „Wer sagt, dass die Demokratie immer gewinnen muss?"

Mark Mazower, Professor für Neuere Geschichte an der Columbia Universität in New York, schreibt über die Probleme der Demokratie in den 1930er-Jahren:

Wer sagt, dass die Demokratie immer gewinnen muss? In den 1930er-Jahren schien sie in Europa in der Defensive zu sein; dafür gab es eine Reihe von Erklärungen unter den Zeitgenossen. Einige betonten die Funktionsunfähigkeit der neuen Verfassungen, andere die klassenmäßigen oder ethnischen Spaltungen in einer Gesellschaft; wieder andere die Schwierigkeiten, den Parlamentarismus des 19. Jahrhunderts an die ökonomischen und technologischen Bedürfnisse der modernen Welt anzupassen.

Für einige jedoch war der Grund für das Fehlen einer effektiven Opposition und für die außerordentliche Langlebigkeit vieler Diktaturen – die oft erst durch äußeres Eingreifen, militärische Niederlage oder Tod endete – viel einfacher. Sie herrschten durch Terror; ihr entscheidendes Charakteristikum war die Einschränkung der Freiheit.

Mark Mazower, Der dunkle Kontinent – Europa und der Totalitarismus, in: Hans Joas und Klaus Wiegand (Hrsg.), Die kulturellen Werte Europas, Frankfurt am Main 2005, S. 380.

Arbeitsvorschläge

32065-0443

1. Untersuchen Sie, inwieweit der Historiker Stanley Payne den Ersten Weltkrieg verantwortlich für den nachfolgenden Erfolg des Faschismus in Europa sieht (M8).
2. Arbeiten Sie heraus, welche Ursachen der Historiker Mazower für die Bedrängnis der Demokratie in der Zwischenkriegszeit anführt (M9).
3. Beurteilen Sie mithilfe der Darstellungstexte arbeitsteilig anhand der Entwicklungen in Italien, Frankreich und der Tschechoslowakei, inwieweit Sie den Einschätzungen der Historiker aus M8 und M9 zustimmen würden. Begründen Sie Ihre Einschätzung mithilfe geeigneter historischer Beispiele.

Italiens Weg in die faschistische Diktatur

M10 D Definitionsversuche von Faschismus

Der Faschismus-Begriff wird diskutiert, seitdem es ihn gibt. Über eine passende Definition und über die Frage, ob ein allgemeiner Faschismusbegriff angesichts der verschiedenartigen Ideologien überhaupt möglich ist, sind sich die Historiker bis heute nicht einig. Einige Definitionsversuche werden im Folgenden vorgestellt.

a) Der Historiker Ernst Nolte prägt Anfang der 1960er-Jahre einen Gattungsbegriff des Faschismus, aus dem er in seinen späteren Werken eine Art „faschistisches Minimum" entwickelt. Er beschränkt den europäischen Faschismus auf wesentliche Elemente:

Weder der Antiparlamentarismus noch der Antisemitismus ist geeignet, das Kriterium des Begriffs Faschismus zu bilden. Ganz unpräzis wäre nicht minder eine Kennzeichnung als Antikommunismus, offenkundig irreführend aber wäre eine Definition, die dieses fundamentale Merkmal nicht genügend betonte oder gar ganz fortließe. Aber auch der identifizierenden Auffassung muss ihr Recht widerfahren. Daher liegt es nahe zu sagen: *Faschismus ist Antimarxismus, der den Gegner durch die Ausbildung einer radikal entgegengesetzten und doch benachbarten Ideologie und die Anwendung von nahezu identischen und doch charakteristisch umgeprägten Methoden zu vernichten trachtet, stets aber im undurchbrechbaren Rahmen nationaler Selbstbehauptung und Autonomie.*
Diese Wesensbestimmung impliziert: dass es ohne Marxismus keinen Faschismus gibt, dass der Faschismus dem Kommunismus zugleich ferner und näher ist als der liberale Antikommunismus, dass er notwendig mindestens die Tendenz zu einer radikalen Ideologie aufweist, dass überall da von Faschismus nicht gesprochen werden sollte, wo nicht wenigstens Ansätze zu einer der „marxistischen" vergleichbaren Organisation und Propaganda vorhanden sind.

b) Der Amerikaner Stanley Payne, einer der bedeutendsten Faschismusforscher unserer Zeit, hat sich in seiner Faschismusdefinition auf Nolte berufen und in seinem Werk „A History of Fascism 1914–45" Mitte der 1990er-Jahre folgende Kennzeichen herausgearbeitet:

A. Ideologie und Ziele:
[…]
Errichtung eines neuen nationalistisch autoritären Staates, der nicht auf traditionellen Prinzipien oder Modellen beruht; Organisierung einer neuen intensiv geregelten, sich auf mehrere Klassen stützenden, integrierten nationalen Wirtschaftsstruktur, […] positive Bewertung von Gewalt und Krieg sowie deren Einsatz oder die Bereitschaft dazu; Anstreben eines Kolonialreiches, einer Expansion oder eines radikalen Wandels in den Beziehungen der Nation zu anderen Mächten.

B. Die faschistischen Negationen:
Antiliberalismus;
Antikommunismus;
Antikonservatismus […].

C. Stil und Organisation:
Versuch einer Massenmobilisierung, zugleich Militarisierung der politischen Beziehungen und des politischen Stils, Ziel einer Parteimiliz als Massenorganisation; Betonung der ästhetischen Struktur von Versammlungen, Symbolen und politischer Liturgie […]; extreme Betonung des maskulinen Prinzips und männlicher Herrschaft […]; Verherrlichung der Jugend […], spezifische Neigung zu einem autoritären, charismatischen, persönlichen Stil der Befehlsgewalt, unabhängig davon, ob diese anfangs bis zu einem gewissen Grad auf Wahl beruht oder nicht.

c) Im Gegensatz zu Nolte und Payne plädiert der Historiker Wolfgang Wippermann im Jahr 2009 dafür, nicht weiter zu versuchen, einen faschistischen Idealtypus zu konstruieren, sondern vielmehr von einem Realtypus auszugehen, der vom italienischen Faschismus geprägt und repräsentiert wird:

Aufgrund dieser realtypischen Definition könnten solche Bewegungen und Regime als faschistisch bezeichnet werden, die wesentliche Gemeinsamkeiten mit dem namen- und stilbildenden italienischen Faschismus aufweisen. Dies gilt für das Erscheinungsbild der faschistischen Parteien und ihren politischen Stil sowie ihre Ideologie und die Form der Machtergreifung und Machtfestigung. Dies führte zu folgender Definition: Faschistische Parteien waren hierarchisch nach dem Führerprinzip gegliedert, verfügten über uniformierte und bewaffnete Abteilungen und wandten einen damals neuartigen und spezifischen politischen Stil an, wobei man auf Massenaufmärschen und -kundgebungen den jugendlichen und zugleich männlichen Charakter betonte und ihn mit pseudoreligiösen und gewaltbetonten Riten und Ritualen feierte. Im Mittelpunkt stand jedoch das Bekenntnis zur und die Ausübung von schrankenloser Gewalt gegen verschiedene und durchaus austauschbare „Feinde“. In der Regel waren dies Kommunisten und Sozialisten sowie Juden und andere rassistisch stigmatisierte Minderheiten.
Diese Gewaltausübung wurde mit dem Hinweis auf eine Ideologie begründet, die mehr war als bloß verschleiernde Propaganda, sondern einen programmatischen Charakter hatte. Die faschistische Ideologie setzte sich aus einem rassistischen Kern zusammen, um den sich weitere antisemitische, antimarxistische, antidemokratische, antifeministische und vor allem nationalistische Elemente gruppierten.
Zur Macht gelangten diese Parteien in der Situation eines politischen und sozialen Gleichgewichts durch einen Putsch oder ein Bündnis mit den konservativen Kräften, in dem sich die Faschisten aber gegenüber ihren konservativen Partnern durchsetzen und, gestützt auf ihre Parteiarmee und im Besitz der Exekutive, einen weitgehend totalen Staat errichten konnten.

a) Ernst Nolte, Der Faschismus in seiner Epoche. Die Action française, Der Italienische Faschismus, Der Nationalsozialismus, München 1963, Sonderausgabe [5]1979, S. 51 f.

b) Stanley Payne, Geschichte des Faschismus. Aufstieg und Fall einer europäischen Bewegung, München/Berlin 2001, S. 15 (Übersetzung: Ewald Gramlich)

c) Wolfgang Wippermann, Faschismus. Eine Weltgeschichte vom 19. Jahrhundert bis heute, Darmstadt 2009, S. 11 f.

M 11 Q Disziplin und die Anwendung von Gewalt

Aus einer Rede Mussolinis am 20. September 1922:

Wir kommen nun zu einer anderen Frage, der der Disziplin. Ich bin für straffeste Disziplin, und zwar müssen wir in erster Linie uns selbst in aller Strenge disziplinieren, sonst haben wir kein Recht, die Nation in Zucht und Ordnung zu halten [...].
Wir verwerfen die demokratische Lehre, wonach man immer nur mit Predigten und Unterweisungen in mehr oder minder milder Weise vorgehen soll. Zu gegebener Zeit muss Disziplin in Form eines Befehls oder eines Gewaltaktes an den Tag treten [...].
Das Recht zu befehlen kann einzig und allein durch Gehorsam erworben werden [...]
Ich komme nun zur Frage der Anwendung von Gewalt. Gewalt ist nicht unmoralisch, sie ist im Gegenteil manchmal moralisch. Unsere Gegner haben gar kein Recht, sich über unsere Gewaltmaßnahmen zu beklagen, denn verglichen mit den Terrorakten in den Unglücksjahren 1919 und 1920 und mit denen der Bolschewisten in Russland – wo zwei Millionen Menschen hingerichtet worden sind und weitere zwei Millionen noch im Gefängnis schmachten – sind unsere Maßnahmen ein Kinderspiel. Andererseits führt Gewalt zum Ziele [...]. Wenn daher Gewalt einen Seuchenherd beseitigt, dann ist sie moralisch, unantastbar und notwendig [...].

Zitiert nach: Hermann Meyer und Wilhelm Langenbeck, Von der Aufklärung bis zur Gegenwart. Quellenband II, Frankfurt am Main 1975, S. 215 f.

M 12 Q „Das Jahrhundert der Macht und des Ruhmes der Arbeit“

In einer Rede vor Industrie- und Landarbeitern in Mailand am 6. Oktober 1934 sagt Benito Mussollini:

Der Faschismus erklärt die wahrhaftige und grundlegender Gleichheit aller Individuen gegenüber der Arbeit und gegenüber der Nation. [...] Diese [höhere soziale Gerechtigkeit] bedeutet gesicherte Arbeit, gerechten Lohn, würdige Wohnung [...].
Wenn das vergangene Jahrhundert das Jahrhundert der Macht des Kapitals war, so ist dieses 20. Jahrhundert das der Macht und des Ruhmes der Arbeit. [...] [D]ie Wissenschaft muss, vom Willen des Staates überwacht und angestachelt, das andere Problem lösen: das Problem der Verteilung des Reichtums, sodass die unlogische, paradoxe und gleichzeitig grausame Erscheinung des Elends inmitten des Überfluss nicht mehr vorkomme. Für dieses große Werk ist alle Energie und aller Wille notwendig.

Benito Mussolini, Vom Kapitalismus zum kooperativen Staat. Reden und Gesetze, eingel., übertr. und erf. von Erwin von Beckenrath, Erich Röhrbein und Ernst Ed. Berger, Köln/Stuttgart 1936, S. 153 ff.

M13 Q Mussolini neben einer neuen Kopie einer antiken Kaiserstatue

Foto aus dem Jahr 1935

M15 Q Rede Mussolinis auf der überfüllten Piazza del Duomo in Mailand

Foto vom November 1936

M14 Q Propagandaplakat aus dem Jahr 1935

Die Worte im Hintergrund „Credere obbedire combattere" („Glauben, gehorchen, kämpfen") galten als Leitspruch der italienischen Faschisten unter Mussolini.

Arbeitsvorschläge

32065-0444

1. Vergleichen Sie die Faschismusdefinitionen und arbeiten Sie Gemeinsamkeiten und Unterschiede heraus (M10). | H
2. Prüfen Sie jeweils Vorzüge und Nachteile einer idealtypischen und einer realtypischen Begriffsdefinition.
3. Analysieren Sie die Fotografien und das Plakat M13 – M15 und arbeiten Sie heraus, wie sich Mussolini und der italienische Faschismus inszenieren.
4. Erarbeiten Sie mithilfe der Quellen M11 bis M15 und des Darstellungstextes Charakteristika des italienischen Faschismus und begründen Sie, worin dessen Anziehungskraft für viele Menschen lag.

Die Krise der Demokratie in Frankreich

M16 Q Die Volksfront

Léon Blum sagt in seiner Regierungserklärung am 6. Juni 1936 unter anderem:

Die Regierung steht vor Ihnen nach den allgemeinen Wahlen, da der Entscheid des allgemeinen Wahlrechts, unser aller Richter und Meister, sich kraftvoller und klarer ausgedrückt hat, als je zuvor in der Geschichte der Republik. Das französische Volk hat seinen unerschütterlichen Entscheid getroffen, die demokratischen Freiheiten, die sein Werk sind und sein Gut bleiben, vor allen gewalttätigen und hinterlistigen Angriffen zu schützen. Es hat seinen Willen bekräftigt, auf neuen Wegen die Mittel gegen die Krise zu suchen, die es niederdrückt, zur Erleichterung der Leiden und Ängste, deren Dauer sie immer grausamer machen, zur Rückkehr zu einem aktiven, gesunden und vertrauensvollen Leben. Schließlich hat es seinen Willen nach Frieden, der es ganz erfüllt, festgehalten.

Die Aufgabe der Regierung, die sich Ihnen vorstellt, steht also schon in der ersten Stunde ihres Bestehens fest. Sie braucht nicht ihre Mehrheit zu suchen oder sie zu sich zu rufen. Ihre Mehrheit besteht. Ihre Mehrheit ist vom Volk gewollt. Sie ist der Ausdruck dieser unter dem Zeichen der Volksfront vereinigten Mehrheit. Im Voraus besitzt sie Ihr Vertrauen, und das einzige Problem, das sich ihr stellt, ist es, dieses zu verdienen und zu erhalten. Sie braucht kein Programm aufzustellen. Ihr Programm ist das gemeinsame Programm, das alle Parteien unterzeichnet haben, die diese Mehrheit bilden, und das einzige Problem, das sich ihr stellt, ist, es in Taten umzusetzen. Diese Taten werden rasch aufeinander folgen, denn die Regierung erwartet von der Vereinigung ihrer Anstrengungen die moralische und materielle Veränderung, nach der das Volk ruft.

Während wir uns also bemühen, in voller Zusammenarbeit mit Ihnen, die französische Wirtschaft wiederzubeleben, die Arbeitslosigkeit zu überwinden, die Größe der verbrauchbaren Einkommen anzuheben, all jenen ein wenig Wohlgefühl und Sicherheit zu bieten, die durch ihre Arbeit den wahren Reichtum schaffen, werden wir das Land zu regieren haben. Wir regieren als Republikaner. Wir werden die republikanische Ordnung aufrechterhalten, wir werden in ruhiger Festigkeit die Gesetze der republikanischen Verteidigung anwenden. Wir werden zeigen, dass wir alle Behörden und öffentlichen Dienste mit dem republikanischen Geist zu beleben gedenken. Wenn die demokratischen Institutionen angegriffen werden sollten, werden wir deren unverletzbaren Respekt sicherstellen, mit einer Kraft, die den Bedrohungen und Widerständen angemessen ist.

Die Regierung täuscht sich weder über die Natur noch die Ernsthaftigkeit der zu erwartenden Schwierigkeiten. So wenig sie diese vor sich selber verbirgt, so wenig wird sie diese vor dem Land verbergen. Vor Ablauf weniger Tage wird sie öffentlich eine erste Bilanz der wirtschaftlichen und finanziellen Situation erstellen, so wie man sie zu Beginn der laufenden Legislatur erstellen kann. Sie weiß, dass man zu einem Land wie Frankreich, das gereift ist durch einen langen Gebrauch der politischen Freiheit, ohne Furcht die Sprache der Wahrheit sprechen kann, dass die Offenheit der Regierungen das notwendige Vertrauen der Nation in sich selbst festigt und es keineswegs mindert. Was uns betrifft, die Größe der Aufgabe, die uns obliegt, kann uns keineswegs entmutigen, sondern vergrößert unseren Eifer.

Zitiert nach: Georg Kreis, Geschichte Frankreichs in Quellen und Darstellung, Bd. 2: Von Napoleon bis zur Gegenwart, Stuttgart 2015, S. 51–53

Arbeitsvorschläge

32065-0445

1. Arbeiten Sie die Zielsetzungen der Regierung Léon Blums sowie deren Selbstverständnis aus seiner Regierungserklärung heraus.
2. Beurteilen Sie, inwieweit die Volksfrontregierung für das Scheitern der extremen Rechten in Frankreich verantwortlich war.

Die Tschechoslowakei und ihr Ringen um Demokratie – innenpolitische Kämpfe und Angriffe von außen

M17 Q „Wir wollen heim ins Reich“

Aus der Proklamation Konrad Henleins vom 15. September 1938:

Meine Volksgenossen!

Als Träger eures Vertrauens und im Bewusstsein meiner Verantwortung stelle ich vor der gesamten Weltöffentlichkeit fest, dass mit dem Einsatz von Maschinengewehren, Panzerwagen und Tanks gegen das wehrlose Sudetendeutschtum das Unterdrückungssystem des tschechischen Volkes seinen Höhepunkt erreicht. Dadurch hat das tschechische Volk aller Welt vor Augen geführt, dass ein Zusammenleben mit ihm in einem Staate endgültig unmöglich geworden ist.

Die Erfahrungen einer zwanzigjährigen Gewaltherrschaft […] erklären:

1. Im Jahre 1919 wurden wir bei Vorenthaltung des uns feierlichst zugesicherten Rechts auf Selbstbestimmung gegen unseren Willen in den tschechischen Staat gezwungen.
2. Ohne jemals auf das Selbstbestimmungsrecht verzichtet zu haben, haben wir unter schwersten Opfern alles versucht, im tschechischen Staat unser Dasein zu sichern.
3. Alle Bemühungen, das tschechische Volk und seine Verantwortungsträger zu einem ehrlichen und gerechten Ausgleich zu bewegen, sind an ihrem unversöhnlichen Vernichtungswillen gescheitert.

In dieser Stunde sudetendeutscher Not trete ich vor euch, das deutsche Volk und die gesamte zivilisierte Welt und erkläre: Wir wollen als freie deutsche Menschen leben! Wir wollen wieder Friede und Arbeit in unserer Heimat! Wir wollen heim ins Reich!
Gott segne uns und unseren Kampf!

Konrad Henlein, Heim ins Reich. Reden aus den Jahren 1937 und 1938, hrsg. von Ernst Tscherne, Karlsbad 1939, S. 129

M18 D Bevölkerung der Tschechoslowakei nach Nationalitäten bei der Volkszählung 1921 in Tausenden

	Gesamtbevölkerung	Staatsangehörige	Tschechen und Slowaken	Ukrainer	Polen	Deutsche	Magyaren	Juden	Sonstige	Staatsfremde
Böhmen	6671	6577	4383 (66,6%)	2	1	2173 (33,0%)	5	11	1	94
Mähren	2663	2616	2048 (78,3%)	1	2	548 (20,1%)	---	15	1	46
Schlesien	672	623	296 (47,6%)	---	71 (11,2%)	252 (40,5%)	---	4	---	50
Slowakei	3001	2959	2014 (68,1%)	86 (2,9%)	3	140 (4,7%)	637 (21,5%)	71 (2,4%)	9	42
Karpatho-Ruthenien	607	598	20 (3,3%)	373 (62,3%)	---	10 (1,7%)	104 (17,4%)	80 (13,3%)	11 (1,9%)	7
Insgesamt	13 613	13 372	8761 (65,5%)	461 (3,5%)	76 (0,6%)	3123 (23,4%)	747 (5,6%)	181 (1,4%)	22	238

Nach: Hugo Hassinger, Die Tschechoslowakei. Ein geographisches, politisches und wirtschaftliches Handbuch, Wien 1925, S. 146 f.

Arbeitsvorschläge

32065-0446

1. Skizzieren Sie anhand der der Tabelle M18 einen Überblick über die Zusammensetzung der Nationalitäten in der tschechoslowakischen Republik der Zwischenkriegszeit.
2. Erläutern Sie mithilfe der Materialien sowie des Darstellungstextes, inwiefern die Multiethnizität der Tschechoslowakei zum Problemfaktor für die Demokratie werden konnte (M17, M18).
3. a) Arbeiten Sie aus Henleins Proklamation heraus, wie dieser das Leben der Sudetendeutschen in der Tschechoslowakei darstellt.
   b) Beurteilen Sie mithilfe des Verfassertextes, ob diese Darstellung gerechtfertigt ist (M18).
4. Diskutieren Sie, inwieweit innere Probleme und strukturelle Schwächen oder vielmehr Bedrohungen von außen für das Ende der Demokratie in der Tschechoslowakei verantwortlich waren.

Leitfrage

Nehmen Sie Stellung:

Die Zwischenkriegszeit – ein „Siegeszug" für die Gegner der Demokratie?

2.8 Vertiefungsmodul: Globale Dimensionen der Weltkriege

M1 Q „Die Erben"
Karikatur von Fritz Behrendt in der niederländischen Tageszeitung Het Patrool, ohne Datum

Bildinformation 31000-961

32065-0267

1. Beschreiben und interpretieren Sie die Karikatur.
2. Arbeiten Sie ausgehend aus der Karikatur mögliche Probleme heraus.
3. Sammeln Sie in einer Wortwolke Ihr Vorwissen zu den Ursprüngen des Nahost-Konflikts sowie zur aktuellen Lage.
4. Entwickeln Sie mit Ihrem Wissen zu den Weltkriegen sowie der Zwischenkriegszeit Fragen zu möglichen Problemen und Ursachen des Nahost-Konflikts.

LEIT-FRAGE

Der Nahost-Konflikt 1914–1948 – wer trägt die Schuld?

Was ist der Nahost-Konflikt?

Der Nahost-Konflikt zählt zu den ältesten, relevantesten und immer noch ungelösten regionalen Konflikten weltweit. In den vergangenen Jahrzehnten bis in die Gegenwart hinein wechselte der Konflikt wiederholt zwischen unterschiedlichen Stufen der Konflikteskalation. Seit dem Anschlag der Hamas am 7. Oktober 2023 ist er erneut eskaliert.

Der Begriff Nahost-Konflikt wird in je nach Kontext unterschiedlich verwendet und ist von hoher Komplexität geprägt. Im Allgemeinen ist damit die militärische und politische Auseinandersetzung zwischen Israel und Palästina um Land und nationale Selbstbestimmung gemeint. Die Ursachen des Konflikts sind vielschichtig und umfassen neben ethnischen und religiösen auch geopolitische Interessen, wie den Zugang zu Wasser und Ressourcen, sowie unvereinbare Identitätskonstruktionen beider Seiten. Obgleich sich der Konflikt seit der Gründung Israels zuspitzte, war die Lage vor Ort bereits zuvor, insbesondere seit dem Ersten Weltkrieg, von Spannungen, Gewalt und einer globalen Einflussnahme geprägt.

Wurzeln des Konflikts

Die Frage, wer im Nahen Osten rechtmäßig herrscht und wem das Land zwischen dem Mittelmeer und dem Jordantal zusteht, war seit mehr als 2000 Jahren Gegenstand von Auseinandersetzungen. Das Land wechselte mehrmals die Besitzer: vom versprochenen Land Mose über die Besiedlung der Israeliten, der Eroberung der Babylonier 600 v. Chr. bis hin zur Eingliederung in das arabisch-islamische Kalifat 638 n. Chr. und das Osmanische Reich 1516. Spätestens mit dem Niedergang des Osmanischen Reiches im Ersten Weltkrieg wurde die Eigentümerfrage von den Großmächten jedoch wieder intensiv diskutiert.

In diesem Kontext stellte sich die Frage, ob Palästina ein eigenständiges Staatsgebiet darstelle oder Teil eines größeren Gebildes sei und beispielsweise zu Syrien gehöre.

Die Bestimmung der Grenzen, also die Frage, wie groß Palästina denn eigentlich sein sollte, war dabei immer wieder von entscheidender Bedeutung. Ansprüche wurden von drei Seiten geltend gemacht: von jüdisch-zionistischer, britischer und arabischer Seite.

Antisemitismus und Zionismus

Im Laufe des 19. Jahrhunderts hatten sich die Juden in Europa emanzipiert: Sie waren gleichberechtigte Staatsbürger geworden und zumindest in Westeuropa in der Mitte der Gesellschaft angekommen. Zum Ende des Jahrhunderts verschlechterte sich ihre Lage jedoch wieder, als der zuvor herrschende Liberalismus zunehmend durch den Nationalismus verdrängt wurde, mit dem ein rassistischer Antisemitismus einherging. Er zielte gegen fromme, getaufte und assimilierte Juden. Sie sollten ausgegrenzt und vertrieben werden. Besonders deutlich zeigte sich der Antisemitismus im Russischen Reich. Juden durften dort nur in bestimmten Gebieten wohnen und waren Sondersteuern und Berufsverboten ausgesetzt. Ziel der Politik war die zwangsweise Assimilation der Juden in die russische Gesellschaft und die Beraubung ihrer kulturellen und religiösen Identität. Als Zar Alexander II. 1881 einem Attentat zum Opfer fiel, kam es zu einer Welle von Pogromen und in deren Folge zu antijüdischen Gesetzen. Zahlreiche Jüdinnen und Juden wanderten nach Mittel- und Westeuropa sowie in die USA aus. In Frankreich sorgte die Dreyfus-Affäre für Aufsehen.

M 2 Q Drei Hauptvertreter des Zionismus
Glanz- oder Schmuckbild von 1906
Max Nordau (links) und Theodor Herzl (Mitte) waren Gründer der Zionistischen Weltorganisation (ZWO). Max Emmanuel Mandelstamm war mit Herzl befreundet und ein einflussreicher russisch-jüdischer Zionist. Um 1900 gab es etwa 200 000 Zionisten, davon etwa 20 000 im Deutschen Reich.

Aufgrund des wachsenden Antisemitismus erschien es einigen naheliegend, ins „Land der Väter“ und nach „Zion“ zurückzukehren. Seine Ausprägung zur politischen Nationalbewegung erfuhr der danach benannte „Zionismus“ durch den Wiener Theodor Herzl. In seiner Broschüre „Der Judenstaat – Versuch einer modernen Lösung der Judenfrage“ von 1896 stellte er fest, dass die bisherige rechtliche Gleichstellung der Juden den Antisemitismus nicht überwunden habe, und schlug vor, einen jüdischen Nationalstaat zu gründen. Dort sollten die Juden ohne Furcht ihre eigene Identität wahren können. Seine Vorstellungen waren innerhalb des Judentums umstritten. Viele Jüdinnen und Juden sahen die Lösung der Probleme weiterhin in einer besseren Integration, nicht in der Auswanderung.

Um seine Ideen weltweit bekannt zu machen, forderte Herzl eine internationale zionistische Konferenz. 1897 fand der erste Zionistische Weltkongress in Basel statt und Herzl wurde zum Präsidenten der von ihm initiierten Zionistischen Weltorganisation (ZWO) gewählt. Ziel der Zionisten war es, allen auf der Welt verstreut lebenden Jüdinnen und Juden eine Heimat zu geben. Man einigte sich auf Palästina und auf den folgenden Kongressen wurde die Auswanderung propagiert. Zahlreiche Vereine und Veröffentlichungen warben in der Folgezeit für die Ansiedlung von Juden in „Eretz Israel“, dem Land Israel der Bibel, um dort eine Heimat für alle Juden zu schaffen.

Um die vor Ort lebende Bevölkerung machte man sich dabei kaum Gedanken. Die Zionisten stellten sich Palästina als „ein Land ohne Volk“ vor, während Jüdinnen und Juden ein „Volk ohne Land“ seien. Andere gingen davon aus, dass die arabische Bevölkerung den zivilisatorischen Fortschritt, den die Zionisten mit ins Land brächten, freudig begrüßen würden, und übernahmen damit teilweise die in Europa verbreiteten kolonialen Diskurse, wonach sich Europäerinnen und Europäer außerhalb Europas niederlassen und diese Gebiete zivilisieren könnten. Und das Land, so die Vorstellung, warte nur darauf, von den neuen Einwanderinnen und Einwanderern fruchtbar gemacht und damit seiner eigentlichen Bestimmung zugeführt zu werden. Diese Erwartungshaltung enthielt die Utopie, dass die Unabhängigkeit im historischen Land Israel die Jüdinnen und Juden mit dem Land verbinden und beide verändern

M3 Q Die Sieger des Ersten Weltkrieges verhandeln in Paris
Foto von 1919
Bei den Verhandlungen ging es um die Einwanderungsbedingungen von Juden nach Palästina sowie um die Rechte der arabischen Bevölkerung. Hinter dem Emir (Fürst) Faisal I. (Mitte), der 1920 König von Syrien wurde und von 1921 bis 1933 irakischer König war, steht der Vertreter Frankreichs, Captain Rosario Pisani, rechts neben ihm (mit Kopftuch) der Brite Thomas Edward Lawrence („Lawrence von Arabien").

würde, sodass Land und Volk in einer nationalen Symbiose miteinander verschmelzen würden. Ein häufig gebrauchter Slogan war: „Eroberung der Arbeit und Erlösung des Bodens".

Nährboden der national-arabischen Bewegung

Das Osmanische Reich, das zu seiner Blütezeit nahezu alle Muslime Europas unter türkischer Herrschaft in einem Staat vereint hatte, befand sich Ende des 19. Jahrhunderts in zunehmendem Zerfall. Nach und nach waren Teile des Reiches an die christlichen Mächte Frankreich, Großbritannien und Italien gefallen. Die Ursachen sahen einige Muslime in der Politik der Türken, die sie beschuldigten, den Islam und das muslimische Heimatland an die Christen und den Westen verraten zu haben – Spannungen, die zum Ausbruch des Ersten Weltkrieges beitrugen.

Parallel zum Zionismus entwickelte sich ein arabischer Nationalismus. Obwohl die Idee immer häufiger vorgetragen wurde, hatte sie kaum Einfluss auf die Politik im späten Osmanischen Reich. Der Erste Weltkrieg sollte dies jedoch grundlegend ändern.

Aufteilungspläne

Der Erste Weltkrieg änderte die Herrschaftsverhältnisse im Nahen Osten grundlegend und schuf die Voraussetzungen für die Gründung neuer Staaten. Nachdem das Osmanische Reich sich mit dem Deutschen Reich verbündet hatte, wurde auch der Nahe Osten zum Kriegsgebiet. Diese Region grenzte im Süden an den Kernbereich des britischen Imperiums zwischen Ägypten und Indien, im Norden des Osmanischen Reiches gab es Interessenkonflikte mit Russland, und Frankreich spekulierte auf Syrien. Die Alliierten berieten ihre Kriegsziele und trafen Absprachen für eine Aufteilung des Osmanischen Reiches. Beispielhaft war das nach den Verhandlungspartnern benannte Sykes-Picot-Abkommen vom 16. Mai 1916, das den Nahen Osten in weiten Teilen als britisch-französisch-arabisches Gebiet vorsah.

Ägypten als Schlüsselrolle des britischen Empires

Eine zentrale Rolle in der britischen Nahostpolitik während des Ersten Weltkrieges übernahm Ägypten. Bereits seit dem Anglo-Ägyptischen Krieg 1882 war Ägypten unter militärischer Besatzung der Briten. Während bis 1914 die Vormacht der Briten als verschleiertes Protektorat galt, wurde nach dem Eintritt des Osmanischen Reiches in den Ersten Weltkrieg auch offiziell die Kontrolle Ägyptens vom Osmanischen Reich an die Briten übergeben. Als nun nicht mehr an das Osmanische Reich gebundene Nation wurde Ägypten für die Briten strategisch fundamental wichtig. Es diente ihnen als unverzichtbare Militärbasis im Nahen Osten und war darüber hinaus eklatant für den Schutz des Suezkanals – einer für die Europäer lebenswichtigen Wasserstraße, um effizient und sicher den fernen Osten zu erreichen. Gegen die Osmanen in Palästina und Syrien kämpften die Briten von Ägypten aus am Boden mit der Egyptian Expeditionary. Aufgrund der geopolitisch wichtigen Lage florierte Ägypten somit zu einem diplomatischen Zentrum im Nahen Osten. Ausgehend von Kairo fand hier beispielsweise der Schriftwechsel des britischen Hochkommissars Henry McMahon und den **Scherifen** Mekkas statt, welcher den Arabern ihre Souveränität im Nahen Osten zusicherte.

Scherif: religiöser Titel für die Nachfolger des Propheten Mohammed

Unklare britische Position während des Ersten Weltkrieges

Die Ziele Großbritanniens waren nicht eindeutig. Einerseits versprach man dem arabischen Scherifen Hussein von Mekka die Gründung eines arabischen Staates und unterstützte seinen Sohn Emir Faisal I. 1916 mit Geld und Militärberatern bei seinem Aufstand gegen den osmanischen Sultan. Andererseits war die britische Regierung grundsätzlich bereit, die Zionisten zu unterstützen. 1917 veröffentlichte der britische Außenminister Lord Arthur James Balfour eine vage Sympathieerklärung seiner Regierung für die „Errichtung einer nationalen Heimstätte für das jüdische Volk in Palästina". Diese widersprüchlichen Zusagen während des Ersten Weltkrieges legten den Grundstein für zukünftige Konflikte.

Einige jüdische Freiwillige bildeten auf Grundlage von hoffnungsvollen Zusagen die Jüdische Legion, die ab 1917 mit der britischen Armee gegen das Osmanische Reich kämpfte. Die britische Verpflichtung zur Schaffung einer „nationalen Heimstätte" für Juden wurde somit intensiviert.

Nach dem Ersten Weltkrieg ordneten die Siegermächte den Nahen Osten nach ihren Interessen neu. Das Gebiet wurde vom Völkerbund als Mandat an Frankreich und Großbritannien übertragen. Der Auftrag an die Briten enthielt die Aufforderung, die jüdische Ansiedlung und Staatsbürgerschaft in Palästina zu erleichtern und die Balfour-Deklaration umzusetzen.

M4 D Das Osmanische Reich im Nahen Osten
Die Karte zeigt die Entwicklung des Osmanischen Reiches im Nahen Osten bis zu dessen Ende im Jahr 1922. Rot sind die Grenzen derjenigen Staaten markiert, die nach dem Sykes-Picot-Abkommen 1916 neu geschaffen wurden.

▶ Beschreiben Sie den Rückzug des Osmanischen Reiches und die darauf folgende Neuordnung des Nahen Ostens.

Die arabische Haltung

Von einer staatlichen Souveränität waren die Bewohner Palästinas am Ende des Ersten Weltkrieges jedoch weit entfernt. Die Hoffnung vieler Araber auf einen Nationalstaat wurde nicht erfüllt. Zwar wurden sie vom Osmanischen Reich unabhängig, unterstanden aber immer noch den Mandatsmächten Frankreich und Großbritannien. Ein Sohn des Scherifen von Mekka wurde von der britischen Mandatsmacht zum Emir im Irak eingesetzt. Ein anderer Sohn erhielt den östlichen Teil des Mandatsgebietes Palästina als Emirat „Transjordanien". In Palästina wurde das Mandatsprinzip vollends problematisch, weil dort die Balfour-Erklärung mit in den Vertrag aufgenommen wurde: Die Einwanderung und der Anspruch auf eine jüdische Heimstätte wurden im Mandatsvertrag anerkannt, die Rechte der arabischen Seite wurden hingegen nicht explizit formuliert. Dies intensivierte die Entstehung eines arabischen Nationalismus auch in Palästina, ebenso wie die Tatsache, dass die traditionelle palästinensische Gesellschaft sich durch die Mandatsherrschaft schon bald mit Urbanisierung und dadurch entstehender Proletarisierung und Arbeitslosigkeit konfrontiert sah. Hinzu kamen zionistische Landkäufe, die im Laufe der Zeit einige tausend arabische Bauernfamilien um ihre Existenz brachten. Vor allem aber befürchtete die palästinensische Bevölkerung, von der sich abzeichnenden jüdischen Mehrheitsgesellschaft – deren Haltung nicht immer mit den Ansprüchen der Zionisten deckungsgleich war – aus ihrer Heimat verdrängt zu werden.

Bereits im ersten Jahrzehnt nach dem Ersten Weltkrieg gab es in Palästina über 360 Tote bei Auseinandersetzungen zwischen Arabern und Juden, die überwiegend von Protesten arabischer Palästinenser gegen die zionistische Einwanderung ausgingen. Die britische Mandatsmacht, die durch den Ersten Weltkrieg die Kontrolle über das Gebiet erlangt hatte, rückte immer mehr von der ursprünglich zugesicherten Förderung der jüdischen Einwanderung ab und bemühte sich, die angespannte Lage durch wechselnde Zugeständnisse an beide Seiten unter Kontrolle zu halten.

M5 D Die Bevölkerung Palästinas 1920 bis 1938

	Jüdische Bevölkerung	Arabische Bevölkerung
1920	61 000	542 000
1933	209 000	829 000
1938	411 000	957 000

M6 Q „Der Judenstaat"

Das 1896 in Wien erschienene Buch „Der Judenstaat. Versuch einer modernen Lösung der Judenfrage" von Theodor Herzl erscheint aus heutiger Sicht als Wegbereiter des Zionismus. Herzl stammt aus Budapest, lebt aber seit 1878 in Wien und Paris, wo er als Auslandskorrespondent arbeitet. Herzl ist als liberaler Jude aufgewachsen, d. h., in seiner Familie werden zwar die jüdischen Bräuche und Festtage geachtet, jedoch zugleich ein bürgerliches Leben geführt. Seit den 1880er-Jahren nimmt der Antisemitismus in Wien zu, nicht zuletzt durch den Zustrom von Ostjuden, die nach den Pogromen von 1881 aus Russland geflohen sind. Herzl denkt darüber nach, wie das Problem des Antisemitismus gelöst werden könnte:

Ich glaube den Antisemitismus, der eine vielfach komplizierte Bewegung ist, zu verstehen. Ich betrachte diese Bewegung als Jude, aber ohne Hass und Furcht. Ich glaube zu erkennen, was im Antisemitismus roher Scherz, gemeiner Brotneid, angeerbtes Vorurteil, religiöse Unduldsamkeit – aber auch, was darin vermeintliche Notwehr ist. Ich halte die Judenfrage weder für eine soziale noch für eine religiöse, wenn sie sich auch noch so und anders färbt. Sie ist eine nationale Frage, und um sie zu lösen, müssen wir sie vor allem zu einer politischen Weltfrage machen, die im Rate der Kulturvölker zu regeln sein wird.
Wir sind ein Volk, ein Volk.
Wir haben überall ehrlich versucht, in der uns umgebenden Volksgemeinschaft unterzugehen und nur den Glauben unserer Väter zu bewahren. Man lässt es nicht zu. Vergebens sind wir treue und an manchen Orten sogar überschwängliche Patrioten, vergebens bringen wir dieselben Opfer an Gut und Blut wie unsere Mitbürger, vergebens bemühen wir uns, den Ruhm unserer Vaterländer in Künsten und Wissenschaften, ihren Reichtum durch Handel und Verkehr zu erhöhen. In unseren Vaterländern, in denen wir ja auch schon seit Jahrhunderten wohnen, werden wir als Fremdlinge ausgeschrien; oft von solchen, deren Geschlechter noch nicht im Lande waren, als unsere Väter da schon seufzten. Wer der Fremde im Lande ist, das kann die Mehrheit entscheiden; es ist eine Machtfrage, wie alles im Völkerverkehre. Niemand ist stark oder reich genug, um ein Volk von einem Wohnort nach einem anderen zu versetzen. Das vermag nur eine Idee. Die Staatsidee hat wohl eine solche Gewalt. Die Juden haben die ganze Nacht ihrer Geschichte hindurch nicht aufgehört, diesen königlichen Traum zu träumen: „Übers Jahr in Jerusalem!" ist unser altes Wort. Nun handelt es sich darum zu zeigen, dass aus dem Traum tagheller Gedanke werden kann. [...] So werden dumpfe Gehirne zunächst meinen, dass die Wanderung aus der Kultur hinaus in die Wüste gehen müsse. Nicht wahr! Die Wanderung vollzieht sich mitten in der Kultur. Man kehrt nicht auf eine niedrigere Stufe zurück, sondern ersteigt eine höhere. Man bezieht keine Lehmhütten, sondern schönere, modernere Häuser, die man sich neu baut und ungefährdet besitzen darf. Man verliert nicht sein erworbenes Gut, sondern verwertet es. Man gibt sein gutes Recht nur auf gegen ein besseres. Man trennt sich nicht von seinen lieben Gewohnheiten, sondern findet sie wieder. Man verlässt das alte Haus nicht, bevor das neue fertig ist. Es ziehen immer nur diejenigen, die sicher sind, ihre Lage dadurch zu verbessern. Erst die Verzweifelten, dann die Armen, dann die Wohlhabenden, dann die Reichen. Die Vorangegangenen erheben sich in die höhere Schicht, bis diese zuletzt ihre Angehörigen nachschickt. Die Wanderung ist zugleich eine aufsteigende Klassenbewegung.
Und hinter den abziehenden Juden entstehen keine wirtschaftlichen Störungen, keine Krisen und Verfolgungen, sondern es beginnt eine Periode der Wohlfahrt für die verlassenen Länder. Es tritt eine innere Wanderung der christlichen Staatsbürger in die aufgegebenen Positionen der Juden ein. Der Abfluss ist ein allmählicher, ohne jede Erschütterung, und schon sein Beginn ist das Ende des Antisemitismus. Die Juden scheiden als geachtete Freunde, und wenn einzelne dann zurückkommen, wird man sie in den zivilisierten Ländern genauso wohlwollend aufnehmen und behandeln wie andere fremde Staatsangehörige. Diese Wanderung ist auch keine Flucht, sondern ein geordneter Zug unter der Kontrolle der öffentlichen Meinung. Die Bewegung ist nicht nur mit vollkommen gesetzlichen Mitteln einzuleiten, sie kann überhaupt nur durchgeführt werden unter freundlicher Mitwirkung der beteiligten Regierungen, die davon wesentliche Vorteile haben.

Theodor Herzl, Der Judenstaat. Text und Materialien von 1896 bis heute, hrsg. von Ernst Piper, Berlin/Wien 2004, S. 16 f. und 22 f.

M7 D Die religiöse Bedeutung des Territoriums für die Konfliktakteure

Eine Analyse des ideologischen Kontextes:

Die arabisch-palästinensische Perspektive
Die arabisch-palästinensische Bevölkerung in Israel und Palästina gehört überwiegend dem islamischen Glauben sunnitischer Prägung an. Ein dezidiert religiös begründeter Anspruch auf das Land wird allerdings nur von einem Drittel vertreten, stattdessen überwiegen nationalistische Begründungen bei den Palästinensern. Trotzdem gibt es auch eine religiöse Verbindung der Muslime mit dem Land. Nach islamischer Überlieferung ist der Prophet Mohammed von Jerusalem aus in den Himmel

aufgestiegen. An dieser Stelle auf dem Haram-al-Sharif jüdisch: Tempelberg) steht heute der Felsendom mit der goldenen Kuppel. Die benachbarte al-Aqsa-Moschee gilt nach Mekka und Medina als drittwichtigste Moschee im Islam (als „ferne Kultstätte" im Koran bezeichnet) und Jerusalem war die ursprüngliche Gebetsrichtung. Aufgrund seiner Nähe zu al-Aqsa kam in den 1930er-Jahren die Idee auf, dass Palästina insgesamt eine religiöse Stiftung (Waqf) sei und damit unveräußerlicher Besitz der Muslime. So darf aus der Perspektive dieses religiös-palästinensischen Nationalismus das Land nur von Muslimen regiert werden, jede nicht-muslimische Herrschaft ist zu beenden. Auf dem Territorium solle ein palästinensischer Staat nach den Gesetzen des Islam entstehen. Diese Weltanschauung ist eng mit der Muslimbruderschaft verbunden und findet sich heute in Bewegungen wie der Hamas wieder.

Die jüdisch-israelische Perspektive

Das Judentum versteht sich sowohl als Volks- als auch als Religionsgemeinschaft, wobei sich im heutigen Israel weniger als die Hälfte der Jüdinnen und Juden als religiös bezeichnen. Damit wird auch der Anspruch auf das Land nicht von allen Jüdinnen und Juden religiös begründet oder der Konflikt als religiöser Konflikt verstanden. Stark exponiert und überrepräsentiert findet sich der religiöse Aspekt bei den national-religiösen Siedlern. In deren religiös-zionistischer Perspektive erfüllt sich mit dem Staat Israel ein erster Schritt von Gottes Plan in dem das jüdische Volk in sein biblisches Heimatland zurückkehrt. Das Zentrum dieses Wunsches stellt Jerusalem als Hauptstadt des Königtums und Ort des zweiten Tempels dar. An der Westmauer (im Deutschen oft verzerrend als „Klagemauer" bezeichnet), einem Relikt des zweiten Tempels, sprechen die Jüdinnen und Juden heute ihre Gebete. Das Land ist gekennzeichnet durch viele weitere biblische Erinnerungsorte (z. B. das Grab von Abraham in Hebron), sodass die Anhänger eines religiösen Zionismus ihre Erlösung vorantreiben können, indem sie sich im gesamten biblischen Land Israel niederlassen, Siedlungen gründen und regieren.

Michael Sauer, Der Nahostkonflikt, Bamberg 2025, S. 16, basierend auf Ofer Zalzberg, Der israelisch-palästinensische Konflikt und seine Lösungsversuche. Eine Analyse des ideologischen Kontextes, in: israel& palästina – Zeitschrift für Dialog, Heft 2-3/2021 S.10 ff.

M8 Q Brief McMahons an Scherif Hussein

Am 24. Oktober 1915 schreibt Sir Henry McMahon an den Scherifen Hussein von Mekka:

Die beiden Distrikte von Mersina und Alexandretta sowie Teile Syriens, die westlich der Distrikte von Damaskus, Homs, Hama und Aleppo liegen, kann man nicht als rein arabisch bezeichnen. Daher sollten sie von den geforderten Staatsgrenzen ausgeschlossen werden.

[...]

Abgesehen von den genannten Änderungsvorschlägen ist Großbritannien bereit, die Unabhängigkeit der Araber in allen vom Scherifen von Mekka geforderten Gebieten anzuerkennen und zu unterstützen.

Ich bin davon überzeugt, dass diese Erklärung Sie zweifellos von der Sympathie überzeugt, die Großbritannien ihren arabischen Freunden entgegenbringt. Sie wird eine feste und dauerhafte Allianz begründen, deren sofortiges Ergebnis die Vertreibung der Türken aus arabischen Ländern und die Befreiung der arabischen Völker vom türkischen Joch sein wird, das so lange auf ihnen lastete.

Zitiert nach: Friedrich Schreiber und Michael Wolfssohn, Nahost. Geschichte und Struktur des Konflikts, Opladen [4]1996, S. 22

M9 D Alliierte Kriegsziele im Orient

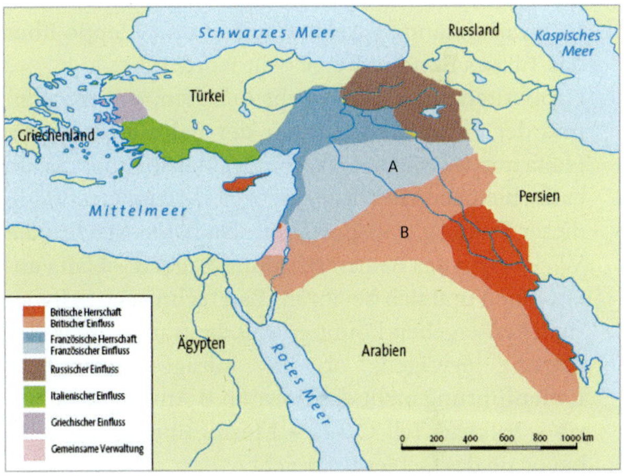

1915 beginnen Großbritannien und Frankreich mit geheimen Verhandlungen über ihre Interessen im Nahen Osten. Bis Mai 1916 einigt man sich im Sykes-Picot-Abkommen über die Verteilung von Territorien nach einem Sieg über das Osmanische Reich. Später treten auch Russland, Italien und Griechenland dem Abkommen bei.

1. Frankreich und Großbritannien sind bereit, innerhalb bestimmter Gebiete (die auf der beigegebenen Karte mit A und B bezeichnet wurden), einen unabhängigen arabischen Staat oder eine Konföderation arabischer Staaten anzuerkennen und zu schützen unter der Souveränität eines arabischen Oberhauptes. Frankreich habe in dem Gebiet A und Großbritannien in dem Gebiet B festgelegte Vorrechte.
2. Beiden Mächten soll es erlaubt sein, in diesen Gebieten direkte oder indirekte Verwaltung oder Kontrollen einzurichten, wie sie sie für notwendig halten in Zusammenhang mit den arabischen Staaten oder der arabischen Konföderation.

3. In dem auf der Karte braun eingetragenen Gebiet soll eine internationale Verwaltung eingerichtet werden, deren Art nach Verabredung mit Russland und den anderen Alliierten noch festgesetzt werden soll.
4. Großbritannien werden die Häfen von Haifa und Akre zugesprochen, und ihm die Wasserversorgung vom Tigris und Euphrat über Gebiet A in B garantiert. Ohne vorherige Verständigung mit der französischen Regierung wird Großbritannien mit keiner dritten Macht in Verhandlungen betr. Abtretung Zyperns eintreten.
5. Alexandretta soll für den Handel des Britischen Empire Freihafen werden, entsprechend Haifa für den Handel Frankreichs, dessen Herrschaften und Protektorate; gleiches gilt für den Transithandel auf den Eisenbahnen beider Städte.
6. Die Bagdad-Bahn soll in dem Gebiet A südl. Richtung Mossul und im Gebiet B nördl. gegen Samara erst dann weiter ausgebaut werden, wenn eine Eisenbahnverbindung zwischen Bagdad und Aleppo über das Tal des Euphrat hergestellt worden ist.
7. Großbritannien hat das Recht zu bauen, zu verwalten und der einzige Eigentümer der Bahn zu sein, die Haifa mit dem Gebiet B verbindet; darüber hinaus hat es das bleibende Recht, zu jeder Zeit Truppen entlang dieser Linie zu transportieren. Da beide Mächte die Wichtigkeit der Bahnverbindung Bagdad – Haifa anerkennen und sich bei ihrem Bau technische Schwierigkeiten ergeben könnten, soll die französische Regierung erwägen, ob die infrage kommende Linienführung nicht das Polygon B Anias – Keis Marib – Salkhad Tell Ötsda – Mesmi überqueren soll, bevor sie das Gebiet B erreicht.
8. Für die Dauer von weiteren 20 Jahren soll der bisherige türkische Tarif in Kraft bleiben, und zwar in den sog. blauen und roten Gebieten wie in denen von A und B. Zwischen diesen Gebieten sollen keine inneren Zollschranken errichtet werden.
9. Frankreich verspricht, zu keiner Zeit in Verhandlungen mit einer dritten Macht über die Abtretung von Rechten einzutreten und insbesondere keine derartigen Rechte an eine dritte Macht im blauen Gebiet abzutreten, es sei denn an die arabischen Staaten oder die Konföderation arabischer Staaten, ohne sich zuvor mit der britischen Regierung darüber verständigt zu haben, die ein entsprechendes Versprechen für die roten Gebiete gibt.
10. Die britische und die französische Regierung, als Schutzmächte der arabischen Staaten, stimmen darin überein, dass sie selbst keine territorialen Erwerbungen beabsichtigen und nicht zustimmen werden, dass eine dritte Macht auf der arabischen Halbinsel territoriale Besitzrechte erwirbt, noch Flottenbasen an der Küste oder auf den Inseln des Roten Meeres einrichtet. Eine Grenzberichtigung bei Aden ist davon ausgenommen.
11. Die Verhandlungen über die Grenzführung der arabischen Staaten oder der entsprechenden Konföderation sollen auf den bisherigen Wegen weiter fortgesetzt werden.
12. Maßnahmen zur Kontrolle der Waffeneinfuhr in die arabischen Territorien wollen beide Mächte in Erwägung ziehen. Um die Vereinbarung zu vervollständigen, soll der russischen Regierung vorgeschlagen werden, analoge Noten auszutauschen unter Bezugnahme auf den Notenwechsel vom 26. April.

Zitiert nach: Konferenzen und Verträge, Teil II, Bd. 4: Neueste Zeit 1914-1959, bearb. von Helmuth K. G. Rönnefarth und Heinrich Euler, Würzburg 1959, S. 15 f.

M10 Q Die Balfour-Deklaration

Der britische Außenminister Arthur James Balfour übermittelt Lord Walter Rothschild, Vizepräsident der britischen Vereinigung jüdischer Gemeinden, am 2. November 1917 folgende Erklärung, die als „Balfour-Deklaration" bekannt werden soll:

Mein lieber Lord Rothschild, zu meiner großen Genugtuung übermittle ich Ihnen namens S. M. [Seiner Majestät] Regierung folgende Sympathie-Erklärung für die jüdisch-nationalen Bestrebungen, die vom Kabinett geprüft und gebilligt worden sind. Seiner Majestät Regierung betrachtet die Schaffung einer nationalen Heimstätte in Palästina für das jüdische Volk [wörtlich: *a national home for the Jewish people*] mit Wohlwollen und wird die größten Anstrengungen machen, um die Erreichung dieses Ziels zu erleichtern, wobei klar verstanden wird, dass nichts getan werden soll, was die bürgerlichen und religiösen Rechte bestehender nichtjüdischer Gemeinschaften in Palästina oder die Rechte und die politische Stellung der Juden in irgendeinem anderen Lande beeinträchtigen könnte. Ich bitte Sie, diese Erklärung zur Kenntnis der zionistischen Föderation zu bringen.

Zitiert nach: Georg Heuberger (Hrsg.), Die Rothschilds. Beiträge zur Geschichte einer europäischen Familie, Frankfurt am Main 1994, S. 167

Arbeitsvorschläge

32065-0268

1. Erstellen Sie eine Concept-Map zum Nahost-Konflikt 1914–1948. Differenzieren Sie dabei die Informationen mithilfe ausgewählter Kriterien (z. B. territorial, ethno-nationalistisch, religiös). | H
2. Analysieren Sie das Vorgehen der verschiedenen Akteure im Nahost-Konflikt sowie die Motive, die sie zu ihrem Handeln veranlassten (Darstellungstext).
3. Erklären Sie den Titel „Der Judenstaat. Versuch einer modernen Lösung der Judenfrage“ (M6). | H
4. Analysieren Sie die Motive, die Herzl für seine Idee eines jüdischen Nationalstaates anführt (M6).
5. Untersuchen Sie, wie sich die Rhetorik Herzls erklären lässt und welche Adressaten er im Sinn hatte (M6).
6. Nehmen Sie Stellung zu der Auffassung, es sei eine Frage der Macht und Mehrheit, wie Bevölkerungsgruppen leben können (M6).
7. Fassen Sie die Perspektiven in einem Schaubild zusammen (M7).
8. Bewerten Sie vor dem Hintergrund von M7 sowie des Darstellungstextes folgendes Zitat: „Wir nehmen zur Kenntnis, dass zwei Völker Anspruch auf dasselbe Land erheben. Im Konflikt um Israel/Palästina steht nicht Recht gegen Unrecht, sondern Anspruch gegen Anspruch. [...] Der israelisch-palästinensische Konflikt ist Ausdruck der konkurrierenden Ansprüche zweier Völker.“
9. Nennen Sie die wesentlichen Zusagen und Einschränkungen, die McMahon im Brief an Scherif Hussein macht (M8).
10. Untersuchen Sie die diplomatische Sprache des Briefes. Welche Formulierungen lassen Interpretationsspielraum? Welche konkreten Zusagen werden gemacht (M8)?
11. Bewerten Sie die britische Politik der „doppelten Versprechungen“ vor dem Hintergrund der militärischen und politischen Situation im Jahr 1915.
12. Benennen Sie die konkreten Ziele der europäischen Großmächte (M9). | F
13. Erläutern Sie das Motiv für die Geheimhaltung des Abkommens (M9).
14. Vergleichen Sie diese Pläne (M9) mit den Zusagen der britischen Regierung an Araber und Juden (M10, M8).
15. Diskutieren Sie, inwiefern Araber und Juden mit dem Sykes-Picot-Abkommen unzufrieden sein konnten (M9).
16. Benennen Sie die zentrale Aussage der Balfour-Deklaration (M10).
17. Vergleichen Sie die Zusagen an Scherif Hussein von 1915 (M8) mit dem Inhalt der Balfour-Deklaration (M10).
18. Bewerten Sie die britische Haltung, die aus dem Wortlaut der beiden Briefe und ihrem inhaltlichen Verhältnis spricht (M10, M8).
19. Diskutieren Sie, inwiefern Großbritannien eine Mitschuld an dem Konflikt im Nahen Osten trägt (M10, M8).
20. Antworten Sie dem britischen Außenminister in einem Brief aus Sicht Rothschilds (M10).
21. Erläutern Sie den Einfluss des Ersten Weltkrieges auf den Verlauf des Nahost-Konflikts. Gehen Sie dabei auf folgende Punkte ein: Auflösung des Osmanischen Reiches, widersprüchliche Abkommen, Einflüsse europäischer Großmächte, Mandatssystem, Anspruch und Realität. | F
22. Nehmen Sie erneut Bezug zur Karikatur aus dem Einstieg, indem Sie diese mit Ihrem neuen Wissen einordnen. Beantworten Sie wenn möglich die von Ihnen gestellten Fragen.

Leitfrage

Nehmen Sie Stellung:

Der Nahost-Konflikt 1914–1948 – wer trägt die Schuld?

M1 D NS-Ideologie und die deutsche Volksgemeinschaft

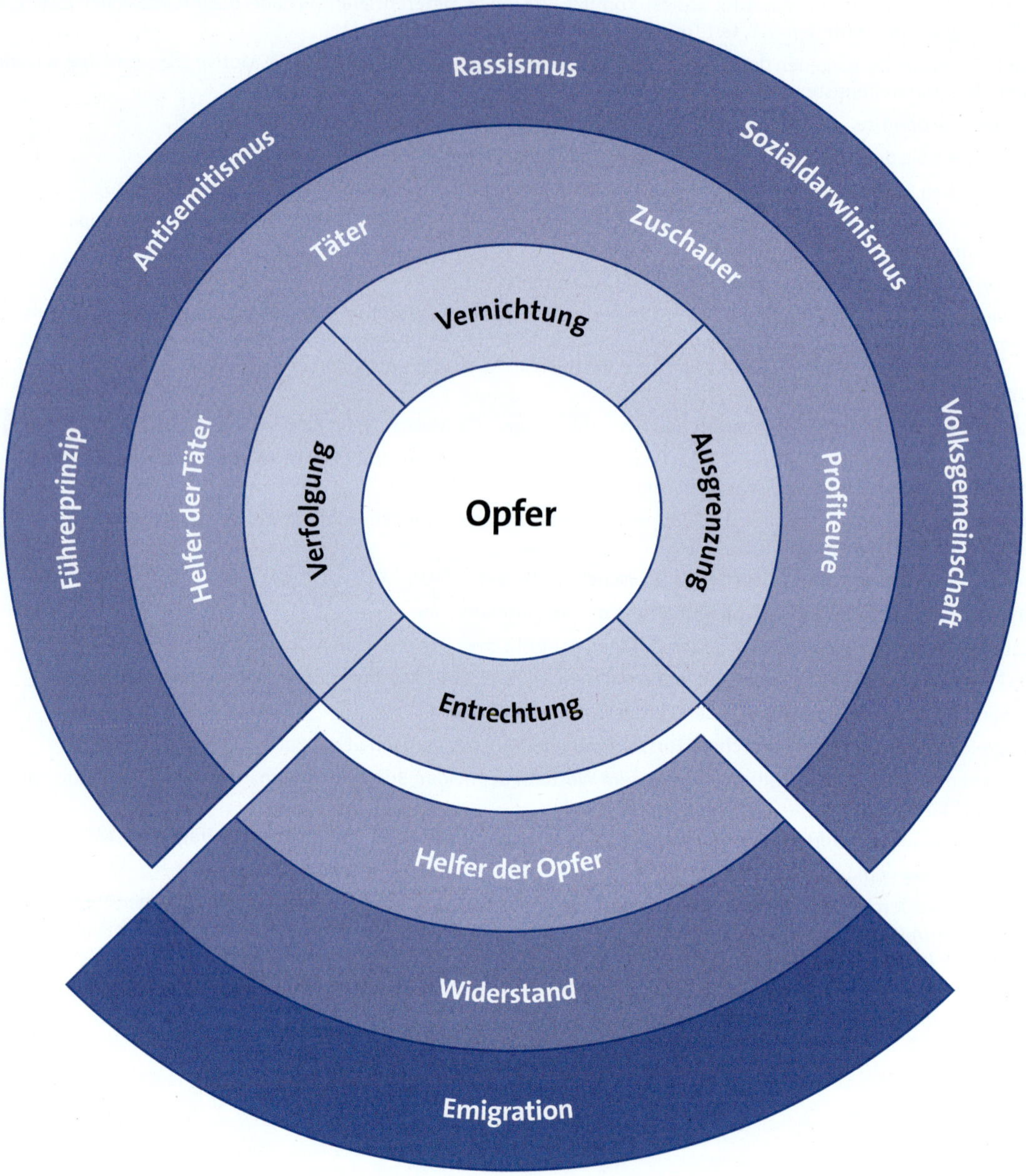

M2 D Die erste erfolgreiche Revolution in Deutschland

Die Historikerin Ulla Plener (*1933) fasst das Ergebnis einer Tagung von 2008 wie folgt zusammen:

Der herausragende Platz der Revolution 1918/1919 in der deutschen Geschichte erweist sich [...] mindestens in dreierlei Hinsicht:

1. Ihr *Hauptergebnis*: Sie beendete den Ersten Weltkrieg, brachte Deutschland den Frieden, stürzte das Kaisertum und etablierte die Republik mit allgemeinem Wahlrecht, auch für Frauen, der Trennung von Staat und Kirche u.a. demokratischen Maßnahmen sowie einigen nach jahrzehntelangem Kampf endlich gewährten sozialen Rechten für die Lohnarbeitenden.
2. Das erfolgte nicht aufgrund eines Parlamentsbeschlusses, sondern war das Resultat breiter, in erster Linie von der Arbeiterbewegung getragener *spontaner Massenaktionen*.

3. Deshalb war der demokratischen Revolution ein ausgeprägter sozialer und basisdemokratischer Grundzug eigen, was sich besonders in der Bildung und dem anfänglichen Wirken der Arbeiter- und Soldatenräte und in der Forderung nach Sozialisierung niedergeschlagen hatte.

Insgesamt ging es also um Frieden, demokratische Republik, individuelle staatsbürgerliche Freiheiten – und um die Lösung der Sozialen Frage, um kollektive soziale Rechte aller, die Eigentumsfrage eingeschlossen.
Mit der Annahme der Verfassung in Weimar im August 1919 wurde die bürgerlich-demokratische Staatsordnung in Deutschland etabliert, und sie bedeutete auch den Durchbruch zur Anerkennung wesentlicher Rechte der Lohnarbeitenden. Insofern war die Revolution 1918/1919 die *erste erfolgreiche Revolution in Deutschland* – und das wurde *maßgeblich von der Arbeiterbewegung erreicht*.

Ulla Plener, Zum Geleit, in: Dies. (Hrsg.), Die Novemberrevolution 1918/1919 in Deutschland. Für bürgerliche und sozialistische Demokratie, Berlin 2009, S. 7–10, hier S. 8 (Hervorhebungen im Original)

M3 Q Ratschläge zum Umgang mit Säugling und Kleinkind

In ihrem 1934 geschriebenen Buch „Die Deutsche Mutter und ihr erstes Kind", das während des Nationalsozialismus weitverbreitet war und in abgemilderter Form auch in der BRD noch verlegt worden ist, schreibt die Ärztin Johanna Haarer über den Umgang mit Kindern im ersten Lebensjahr:

Wie überall ist auch in der Erziehung das einfache immer das richtige! Es fehlt auch für die Erziehung des Säuglings und des Kleinkindes nicht an kompliziertesten psychologischen Theorien, die sich eine Zeitlang einer gewissen modischen Beliebtheit erfreuten. Sie sind viel mehr geeignet, den gesunden Blick für das richtige und nächstliegende zu verwirren, als dass die eine wirkliche Hilfe bei der Erziehung bedeuten könnten. Die vernünftige Mutter hat sie nicht nötig. […]
Wir haben das schon immer betont […], dass mit der Erziehung des Kindes nicht zu früh begonnen werden kann. Von Anfang an behandle man das Kind als vollwertigen Menschen […]. Es ist kein Zeichen besonderer Mutterliebe, wenn man sein Kind unablässig mit Zärtlichkeiten besonders vor Dritten überschüttet oder all seinen Wünschen und Regungen unbedenklich nachgibt. Solche Affenliebe verzieht das Kind wohl, erzieht es aber nicht.
Im Gegenteil. Wir haben schon darauf hingewiesen, dass es sehr oft schon frühzeitig zu förmlichen Kraftproben zwischen Mutter und Kind kommt. Sie in der richtigen Weise zu bestehen, ist das Geheimnis aller Erziehung. Auch wenn das Kind auf die Maßnahme der Mutter mit eigensinnigem Geschrei antwortet, ja gerade dann lässt sie sich nicht irremachen. Mit ruhiger Bestimmtheit setzt sie ihren Willen weiter durch, vermeidet aber alle Heftigkeit und erlaubt sich unter keinen Umständen einen Zornesausbruch. Auch das schreiende und widerstrebende Kind muss tun, was die Mutter für nötig hält, und wird, falls es sich weiterhin ungezogen aufführt, gewissermaßen „kaltgestellt", in einen Raum verbracht, wo es allein sein kann, und so lange nicht beachtet, bis es sein Verhalten ändert. […]
Dass man in der Beachtung des Kindes bei aller Liebe und Zärtlichkeit, die es braucht, nicht zu viel tut, ist ein weiterer Schlüssel zur Erziehung. Immer wieder haben wir darauf hingewiesen, dass das Kind bis zu einem gewissen Grade sich selbst überlassen bleiben soll und lernen muss, sich selbst zu beschäftigen. […] Nicht einmal aus etwaigen Äußerungen des Schmerzes mache man unnötig viel Wesens. […] Die Mutter, die hier vielleicht zweifelt, mache einmal den Versuch: Das Kind, das bei irgendeinem kleinen Schmerz nicht unnötig bedauert wird, schreit nur etwa halb so lang.

Johanna Haarer, Die Deutsche Mutter und ihr erstes Kind, München/Berlin 1941, S. 270 ff.

Arbeitsvorschläge

32065-0465

1. Diskutieren Sie anhand des Schaubildes (M1), inwiefern es gerechtfertigt ist, die Deutschen als „ein Volk von Tätern" (Daniel Goldhagen) zu bezeichnen.
2. Arbeiten Sie die Argumente heraus, derentwegen Ulla Plener die Revolution von 1918 als „erste erfolgreiche Revolution in Deutschland" bezeichnet (M2).
3. Beurteilen Sie, inwiefern die Argumente zutreffen (M2).
4. Erläutern Sie anhand eines selbstgewählten Beispiels die Handlungsspielräume von Menschen während der NS-Diktatur (M1).
5. Bewerten Sie die Werte, die im abgedruckten Ausschnitt des Erziehungsratgebers deutlich werden, und bringen Sie sie in Zusammenhang mit der NS-Ideologie (M3).

Propaganda der NSDAP

Die Propagandastrategien der NSDAP – maßgebliche Ursache für deren Aufstieg?

Aufgabenart: Darstellen historischer Sachverhalte in Form einer historischen Argumentation

Setzen Sie sich in Form einer historischen Argumentation mit der oben genannten Fragestellung auseinander, indem Sie

- die Propagandastrategien und Aktionsstile der NSDAP charakterisieren,
- unter Bezugnahme auf das vorliegende Zitat die Bedeutung der NS-Propaganda im historischen Kontext erörtern,
- ein begründetes Urteil formulieren, in welchem Sie diskutieren, ob der Aufstieg der NSDAP maßgeblich in der von ihr genutzten Propaganda begründet liegt.

M1 Q Zitat von Joseph Goebbels

In einer nationalsozialistischen Zeitschrift schreibt der damalige Gauleiter Joseph Goebbels zur öffentlichen Agitation der NSDAP am 15. Mai 1927:

Eines Morgens muss plötzlich die ganze Stadt unter dem Masseneindruck deiner Riesenplakate stehen […]. Wie unter einer Massensuggestion muss Freund und Feind von der Gewalt deiner Parole gefangen werden.

Joseph Goebbels, in: Nationalsozialistische Briefe 3, 15.05.1927, Halbmonatsschrift für nationalsozialistische Weltanschauung, Elberfeld 1927, S. 7 f.

Tipps zur Bearbeitung

- Erläutern Sie die Propaganda der NSDAP und deren Wirkung. Informationen dazu finden Sie auf S. 260ff.
- Leiten Sie dann zum Zitat über und erklären Sie dessen Aussage sowie die Position des Autors.
- Problematisieren Sie die zentralen Begriffe der Leitfrage: Welche sind das und was umfassen sie?
- Strukturieren Sie nun Ihre Argumente, um die Leitfrage zu diskutieren. Beachten Sie dabei Faktoren auf wirtschaftlicher, politischer und gesellschaftlicher Ebene, die für den Aufstieg der NSDAP eine Rolle spielten. Wägen Sie dann ab, welche Rolle die Propaganda jeweils hatte.
- Ziehen Sie entsprechend Ihrer Argumentation ein Fazit.

Die Lösung zu dieser Übungsklausur finden Sie unter Mediencode 32065-0507.

Gewusst wie: Lerntipps

Sie stehen kurz vor der Abiturprüfung und wissen nicht, wie Sie sich die ganze Stofffülle merken sollen? Typische Eselsbrücken aus dem Geschichtsunterricht wie „Sieben, fünf, drei – Rom schlüpft aus dem Ei" oder „Zehn, sieben, sieben – Heinrich muss nach Canossa schieben" helfen beim Abitur nur bedingt weiter. Daher wollen wir Ihnen auf dieser Seite ein paar ausgewählte Techniken und Hilfen vorstellen, mit denen Sie sich den Lernstoff besser aneignen können.

Was hat mein Stuhl mit der konstitutionellen Monarchie zu tun?

Lerntipp 1

Stellen Sie sich folgende Situation vor: Sie gehen durch Ihr Zimmer und legen gedanklich an bestimmten Orten jeweils eine Information zu den Hauptphasen der Französischen Revolution ab. Wie soll das funktionieren? Ganz einfach! Hier ein Beispiel: Stuhl – Konstitutionelle Monarchie, Schreibtisch – Republik und „Schreckensherrschaft", Regal – Direktorium. Ausgewählte Orte werden also mit verschiedenen Inhalten verbunden. Und nicht nur das. Sie sind zudem durch kleine Geschichten miteinander zu verknüpfen. Der Fantasie sind dabei keine Grenzen gesetzt. Am Beispiel des Stuhles kann das Ganze dann so aussehen: Eigentlich bräuchte ich dringend einen neuen Stuhl. Seine „Konstitution" ist nicht mehr gut. Lieber würde ich wie ein „Monarch" auf einem neuen Stuhl thronen (= Konstitutionelle Monarchie).

Zudem ist es wichtig, dass der von Ihnen festgelegte Weg in der richtigen Abfolge wiederholt wird, um sich die Begriffe dauerhaft merken zu können. Dabei müssen Sie Ihre Route im Zimmer nicht immer selbst abschreiten, sondern können diese auch in Gedanken durchlaufen.

Werden Sie kreativ und fertigen Sie Gedankenlandkarten an!

Lerntipp 2

Bei dieser Methode geht es darum, Ihre Gedanken zu einem Thema aufs Papier zu bringen. Die Gedankenlandkarten – auch Mindmaps genannt – helfen Ihnen, Ideen zu ordnen, übersichtlich darzustellen und Wissen zu verknüpfen.

Im Internet gibt es übrigens kostenlose Programme (z. B. Free Mind, FreePlane und Mindmapping), mit denen sich ganz einfach und schnell Mindmaps kreieren lassen.

Reden ist Silber, Schweigen ist Gold – stimmt das überhaupt?

Lerntipp 3

Das bekannte Sprichwort kann beim Lernen ignoriert werden. Hier ist es sogar ratsam, über das Gelernte zu sprechen. Erzählen Sie Ihrem Freundeskreis oder Ihrer Familie von dem Thema, mit dem Sie sich gerade beschäftigen. Ein guter Nebeneffekt ist, dass Sie sich damit auch testen, ob Sie alles verstanden haben. Sie können natürlich auch kleine Gruppen mit Ihren Mitschülerinnen und Mitschülern bilden und sich gegenseitig abfragen. Lernen Sie lieber alleine, hilft auch halblautes oder lautes Üben beim Einprägen neuer Informationen.

Merke: Wiederholung macht den Meister!

Lerntipp 4

Die Themenvielfalt, die Sie für das Abitur beherrschen sollen, ist nicht gerade gering. Daher sollten Sie es unbedingt vermeiden, sich zu überfordern und zu viel auf einmal zu lernen. Effizienter ist es, sich den Lernstoff vorab in überschaubare Einheiten einzuteilen und das angeeignete Wissen regelmäßig zu wiederholen. Nach nur einmaligem Lernen ist die Wahrscheinlichkeit nämlich hoch, in wenigen Tagen die Hälfte davon wieder zu vergessen. Erst durch häufige Wiederholungen prägen sich die Informationen auch dauerhaft ins Gedächtnis ein.

Der Versailler Vertrag und der Wahlerfolg der NSDAP

Der Versailler Vertrag – Ursprung für den Wahlerfolg der NSDAP im Jahr 1930?

Aufgabenart: Interpretieren von Quellen

Formulieren Sie ein begründetes Urteil zur Themenfrage, indem Sie

- die vorliegende Karikatur in Bezug auf die Themenfrage methodengerecht interpretieren, sie dabei in ihrer Bildaussage analysieren,
- diese mithilfe Ihres Kontextwissens erläutern und eine mögliche Wirkung(sabsicht) der Karikatur diskutieren sowie
- mithilfe Ihres Kontextwissens zum Sachgegenstand ein eigenes begründetes Urteil zur Themenfrage fällen.

M1 Q „The Source“

Karikatur von Daniel Fitzpatrick, erschienen am 19. Oktober 1930 in der US-amerikanischen Tageszeitung St. Louis Dispatch. Sie zeigt Hitler, welcher in Uniform und mit preußischer Pickelhaube aus einer riesigen Vertragsrolle mit der Aufschrift „Versailles Treaty“ kriecht. Auf der Pickelhaube steht „Hitler Party“. Der Versailler Vertrag wurde vom US-amerikanischen Senat nicht ratifiziert.

Am 14. September 1930 gewann die NSDAP bei den Reichtagswahlen 18,3 % der Wählerstimmen und konnte somit einen großen Wahlerfolg verbuchen. Noch zwei Jahre zuvor, am 20. Mai 1928, lag das Ergebnis bei nur 2,6 %.

M 2 D Wahlergebnisse der Reichstagswahlen vom 14. September 1930

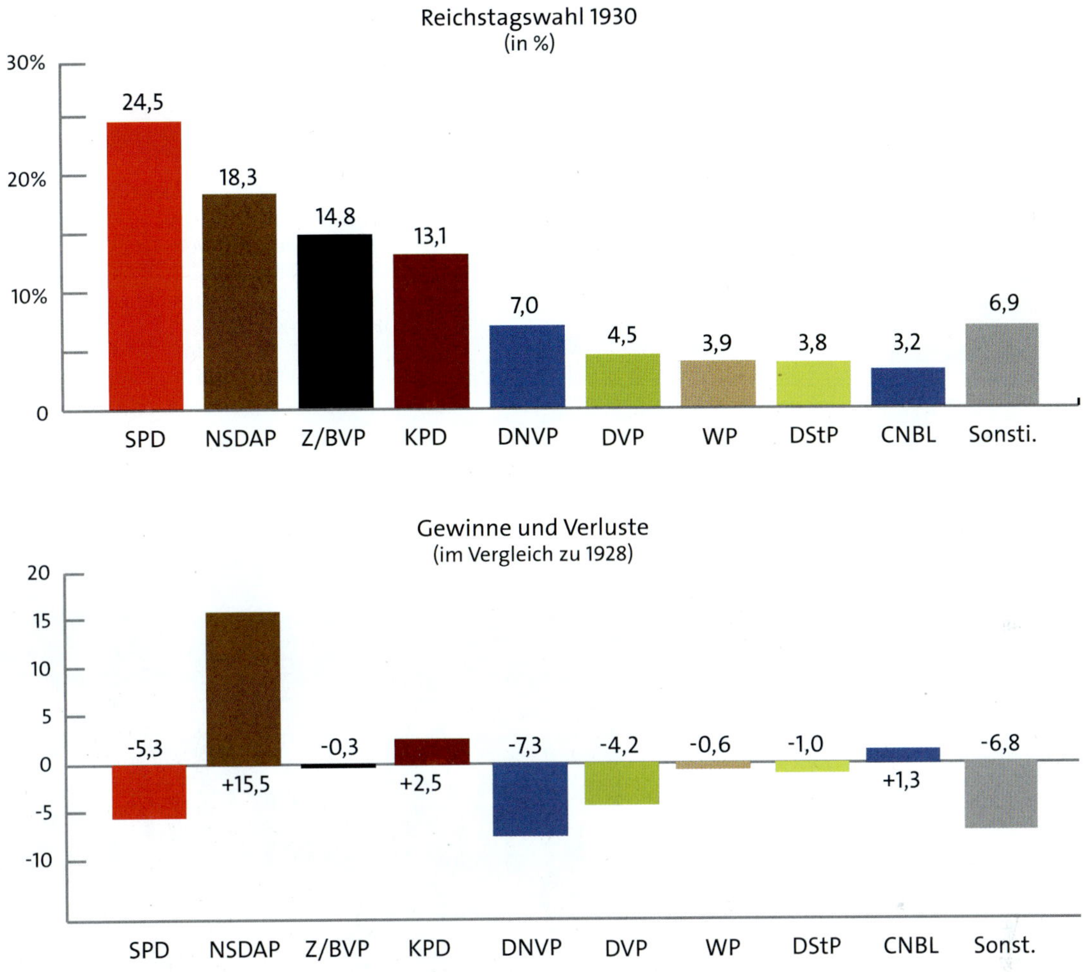

Tipps zur Bearbeitung

- Beschreiben und interpretieren Sie zunächst die Karikatur. Achten Sie dabei auf die Größe und die Form der dargestellten Objekte.
- Untermauern bzw. widerlegen Sie die Aussagen der Karikatur mit Ihrem Wissen zum Versailler Vertrag. Den Versailler Vertrag und seine Auswirkungen finden Sie auf S. 211ff.
- Erläutern Sie anschließend die Wahlergebnisse von 1930. Den gesellschaftlichen und politischen Kontext der Wahl von 1930 finden Sie auf S. 232ff.
- Schließen Sie auf Grundlage Ihrer bisherigen Ergebnisse auf die Position des Autors. Beachten Sie dabei seine Herkunft.
- Wägen Sie nun die Argumente für und gegen die anfangs genannte These ab.

Die Lösung zu dieser Übungsklausur finden Sie unter Mediencode 32065-453.

"All the News That's Fit to Print"

The New York Times.

LATE CITY EDITION

VOL. CXII . . No. 38,264. NEW YORK, MONDAY, OCTOBER 29, 1962. FIVE CENTS

U.S. AND SOVIET REACH ACCORD ON CUBA; KENNEDY ACCEPTS KHRUSHCHEV PLEDGE TO REMOVE MISSILES UNDER U.N. WATCH

DE GAULLE WINS 61% OF BALLOTS; ABSTENTIONS HIGH

46% of the Eligible Voters Support President's Plan on Choosing Successor

By ROBERT C. DOTY

DE GAULLE VOTES IN REFERENDUM: President de Gaulle casting ballot in Colombey-les-deux-Eglises.

Castro Asks Guantanamo; Strives to Repair Prestige

By TAD SZULC

THANT SETS VISIT

He Will Go to Havana Tomorrow to Seek Castro Consent

By THOMAS J. HAMILTON

RUSSIAN ACCEDES

Tells President Work on Bases Is Halted —Invites Talks

By SEYMOUR TOPPING

PRESIDENT ATTENDS MASS: Mr. Kennedy at St. Stephen's Roman Catholic Church in Washington yesterday before receiving Premier Khrushchev's message.

Plane Veers Over Soviet, Kennedy Voices Regrets

By ANTHONY LEWIS

CAPITAL HOPEFUL

Plans to End Blockade as Soon as Moscow Lives Up to Vow

By E. W. KENWORTHY

Basismodul: Vom „Kalten Krieg" zur polyzentrischen Welt

„USA und Sowjetunion einigen sich bezüglich Kuba"
Titelseite der „New York Times"
vom 29. Oktober 1962
Die Kubakrise war einer der kritischsten Punkte des Kalten Krieges.

Basismodul: Die beiden deutschen Staaten 1945/49 – 1990 und der Einigungsprozess

Mauerfall
Foto vom 9./10. November 1989
Berliner aus beiden Teilen der Stadt stürmen die Mauer am Brandenburger Tor, nachdem die DDR ihre Grenzen geöffnet hat.

Vertiefungsmodule

- Migration als Teil der deutsch-deutschen Geschichte
- Kollaps, Aufbruch und Konflikte: Transformation in den Staaten Mittelost- und Südosteuropas
- Regionale Konflikte im globalen Kontext
- Gefährdung ökologischer Lebensgrundlagen, Geschichte von Umwelt- und Artenschutz
- Zugänge über Biografien

Demonstration gegen das geplante Atomkraftwerk in Brokdorf
Foto vom 2. Mai 1977

3. Zeitgeschichte nach 1945

Der politische Gegensatz zwischen den Großmächten USA und Sowjetunion wurde während des Zweiten Weltkrieges durch die gemeinsame Frontstellung gegen das nationalsozialistische Deutsche Reich und dessen Verbündete überlagert. Schon wenige Jahre nach dem Sieg über Deutschland verschärfte sich die Rivalität der beiden Mächte. Die Welt schien in zwei gegnerische Lager zu zerfallen, in den Osten unter Führung der UdSSR und den Westen mit den USA als Vormacht. Als Reaktion auf die Sowjetisierung Ostmitteleuropas betrieben die Vereinigten Staaten eine Politik der Eindämmung des Kommunismus. Sie gewährten noch nicht kommunistischen Staaten wirtschaftliche, politische und militärische Unterstützung und betrieben die Gründung der NATO im Jahr 1949. Dagegen wurde eine direkte Konfrontation vermieden – nicht zuletzt wegen der atomaren Bewaffnung von USA und UdSSR. Stattdessen bekämpften sich die beiden Mächte politisch, weltanschaulich und wirtschaftlich sowie durch Stellvertreterkriege. Die Trennlinie zwischen Ost und West, der „Eiserne Vorhang", verlief dabei mitten durch Deutschland.

Kompetenzen

Am Ende dieses Kapitels sollten Sie Folgendes können:

... Verfahren des historischen Denkens nutzen und zur Analyse des Volksaufstands um den 17. Juni 1953 anwenden (Sachkompetent handeln)

... Verfahren der Informationsgewinnung zur Analyse der „Kubakrise" anwenden, in dem Sie die gewonnenen Informationen analysieren und anwenden (Analysieren)

... in einer eigenen Deutung der Lebensverhältnisse und des Alltags in der Bundesrepublik der 1950er-Jahre die eigene Zeit- und Standortgebundenheit reflektieren (Deuten)

... unter dem Kriterium der Akzeptanz durch die Bevölkerung die SED-Diktatur als Herrschaftsform beurteilen (Urteilen und Sich orientieren)

3.1 Basismodul: Vom „Kalten Krieg“ zur polyzentrischen Welt

Während des Zweiten Weltkrieges traten die politischen Spannungen zwischen den USA und der Sowjetunion beim Kampf gegen das nationalsozialistische Deutschland und dessen Verbündete vorübergehend in den Hintergrund. Nach dem Sieg brach der Gegensatz jedoch rasch wieder auf und verschärfte sich innerhalb weniger Jahre. Zunehmend entstand der Eindruck, die Welt ordne sich in zwei Machtblöcke: einen von der UdSSR geführten Osten und einen von den USA dominierten Westen. Auf die Ausweitung sowjetischen Einflusses in Ostmitteleuropa reagierten die Vereinigten Staaten mit einer Strategie, die die weitere Verbreitung des Kommunismus stoppen sollte. Dazu zählten Hilfen für nichtkommunistische Länder auf wirtschaftlicher, politischer und militärischer Ebene sowie die Gründung der NATO 1949. Ein offener Krieg zwischen den Supermächten blieb aus. Der Konflikt verlagerte sich auf Propaganda, Ideologie und Wirtschaftsfragen und wurde in verschiedenen Regionen indirekt durch Stellvertreterkriege ausgetragen. Die Trennlinie zwischen Ost und West, der „Eiserne Vorhang“, verlief dabei mitten durch Deutschland. Seit ihrer Einbindung in beide Machtblöcke standen sich auch Bundesrepublik und DDR feindlich gegenüber. 1961 wurde der Bau der Mauer quer durch Berlin zum Symbol des Kalten Krieges.

Nach dem Zerfall der Sowjetunion 1990/91 verblieben die USA als einzige Supermacht. Daneben bildeten sich im Verlauf der 2000er-Jahre zunehmend neue Großmächte aus: zum einen das wiedererstarkende Russland, das gestützt auf seine Rohstoffreichtümer erneut eine zentrale Rolle in der Weltpolitik einnimmt, zum anderen China, das zu einer weltweit führenden Wirtschafts- und Militärmacht avanciert.

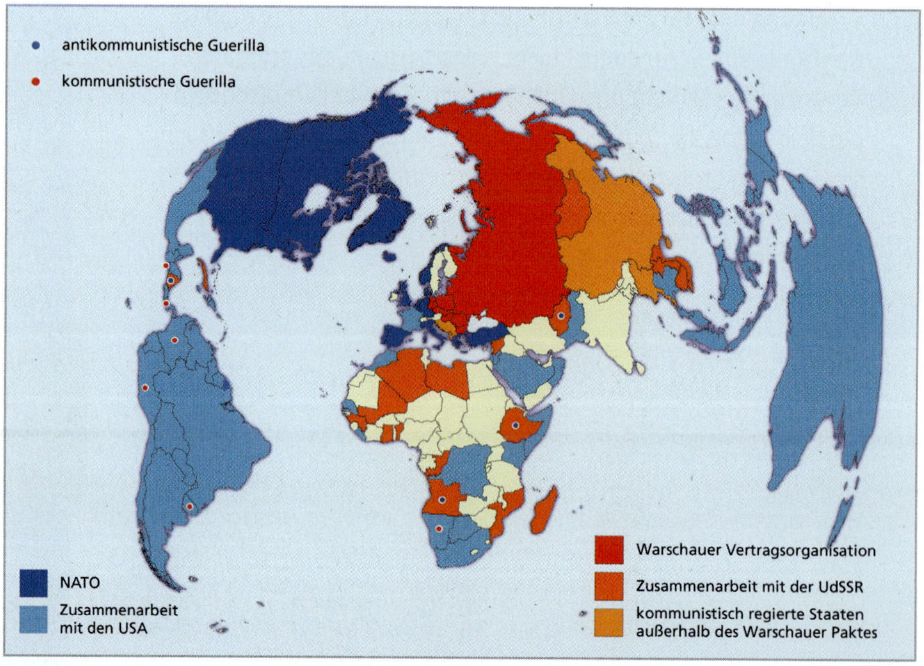

M1 D Kalter Krieg – weltweit 1960–1990

Animierte Karte:
Europa und der Kalte Krieg
32065-0167

Blockbildung und atomares Patt

1945 — Die USA werfen zwei Atombomben auf Japan ab. 1949 wird auch die Sowjetunion Atommacht.

1945–1948 — Sowjetisierung Ostmitteleuropas. Die USA verstärken ihr Engagement in Westeuropa.

1949 — Die USA, Kanada und zehn westeuropäische Staaten gründen die NATO.

1950–1953 — Der Korea-Krieg endet mit der Teilung des Landes in einen prowestlichen und einen kommunistischen Staat.

1955 — „Vertrag über Freundschaft, Zusammenarbeit und gegenseitigen Beistand" zwischen der Sowjetunion und ihren Satellitenstaaten (**„Warschauer Pakt"**)

1956 — Chruschtschow verkündet das Prinzip der „friedlichen Koexistenz".

Globale Rivalität

1958–1961 — Die **zweite Berlin-Krise** führt zur faktischen Anerkennung des sowjetischen Machtbereiches in Deutschland durch die Westmächte. Berlin wird durch eine Mauer geteilt.

1962 — Die **Kuba-Krise** bringt die Welt an den Rand eines Atomkrieges.

1965–1975 — Die US-Politik scheitert im **Vietnam-Krieg**, ganz Vietnam wird kommunistisch.

1968 — In der ČSSR wird der **„Prager Frühling"** niedergeschlagen.

Entspannung und neue „Eiszeit"

1968 — Der **Atomwaffensperrvertrag** soll die unkontrollierte Verbreitung von Kernwaffen verhindern.

1972 — Der **SALT-I-Vertrag** begrenzt das Wettrüsten zwischen den USA und der UdSSR.

1975 — Erste Konferenz über Sicherheit und Zusammenarbeit in Europa (**KSZE**)

1979 — **NATO-Doppelbeschluss** zur Nachrüstung von Mittelstreckenraketen in Europa. Die Sowjetunion marschiert in Afghanistan ein.

Zusammenbruch des Ostblocks, neue Weltordnung

1985 — Michail Gorbatschow wird Staats- und Parteichef der Sowjetunion und beginnt seine Reformpolitik aus **Glasnost und Perestroika**.

1986–1987 — Abschluss der INF-Verhandlungen in Genf: Abbau von Raketen beschlossen

1989/90 — **Fall der Berliner Mauer**, friedliche Revolutionen in Osteuropa

1991 — Die Sowjetunion und die Warschauer Vertragsorganisation lösen sich auf.

seit 1999 — Die meisten Staaten Ostmitteleuropas treten der NATO sowie der EU bei.

seit 2014 — Neue Konfliktfelder (Nord Stream 2, Wettrüsten und Ukraine-Konflikt) bestimmen das Verhältnis zwischen Russland und dem Westen.

Entstehung des Ost-West-Konflikts und Blockbildung nach dem Zweiten Weltkrieg

Bildinformation

31000-962

M1 Q „Time to Bridge That Gulch"
Karikatur von Bruce Russel in der „Los Angeles Times" vom 30. November 1945 Der Titel heißt übersetzt: Es ist an der „Zeit, diese Kluft zu überbrücken".
Die Aufschriften auf den beiden Blättern bedeuten: „unverantwortliche Äußerungen" und „sich vertiefendes Misstrauen".

32065-0476

1. Beschreiben Sie die Karikatur und ordnen Sie sie in den historischen Kontext ein.
2. Diskutieren Sie die Aussage der Karikatur im Hinblick auf die unterschiedliche Haltung der beiden Allegorien.

LEIT-FRAGE

Der Konflikt zwischen den USA und der UdSSR – Wettstreit der Visionen oder Kampf um Macht?

Wettstreit der Visionen

Der Ost-West-Konflikt im 20. Jahrhundert war die globale Auseinandersetzung zwischen zwei politischen Weltanschauungen: dem Modell einer liberal-demokratisch und marktwirtschaftlich bestimmten Gesellschaft einerseits und dem einer sozialistischen Staats- und Gesellschaftsordnung nach den Lehren des Marxismus-Leninismus andererseits.

Der Ursprung des Ost-West-Konflikts lag in der russischen Oktoberrevolution von 1917, als die kommunistische Partei unter Wladimir Iljitsch Lenin die Macht in Russland übernahm. An die Stelle des Zarenreiches trat die 1922 gegründete Union der Sozialistischen Sowjetrepubliken (UdSSR). Das Sowjetregime verkündete die Herrschaft der Arbeiterklasse im eigenen Land und ging davon aus, dass sich ihr Gesellschaftsmodell weltweit durchsetzen werde. Seither befürchteten viele Menschen in den westlichen Demokratien, die an der bisherigen Gesellschaftsordnung festhalten wollten oder um ihre Machtgrundlagen bangten, eine sozialistische Revolution.

Demgegenüber wurden vor allem die USA zum Vorreiter des westlich geprägten Demokratiemodells mit parlamentarischer Demokratie und marktwirtschaftlicher Ordnung. Dies waren die Antworten des „Westens“ auf die Probleme des internationalen Friedens und der Sozialen Frage im Innern der Staaten. Hatten sich die USA nach dem Ende des Ersten Weltkrieges aus der europäischen Politik wieder zurückgezogen, so zwang sie der Zweite Weltkrieg, ihre isolationistische Haltung endgültig aufzugeben. Zusammen mit Großbritannien und der Sowjetunion unter Josef Stalin bildeten die USA ein Kriegsbündnis (Anti-Hitler-Koalition) gegen ihre Angreifer, das Deutsche Reich und Japan.

Die Anti-Hitler-Koalition zerfällt

1945 war Europa vom Nationalsozialismus befreit und der Krieg in Ostasien beendet. Die UdSSR trat zwar 1945 den Vereinten Nationen (UNO) bei, die von den USA und Großbritannien zuvor als neue Weltfriedensorganisation gegründet worden war. Dennoch schufen die beiden Weltmächte USA und UdSSR – die übrigen Mächte waren bei Kriegsende entweder geschlagen oder allzu geschwächt – keine gemeinsame Weltfriedensordnung. Vielmehr führten sie die beiden entstehenden feindlichen Machtblöcke an und rangen weltweit um die Erweiterung ihres Einflussbereiches (Bipolarität). Sie bekämpften sich in den Jahrzehnten nach 1945 politisch, ideologisch und wirtschaftlich sowie durch Stellvertreterkriege, während eine direkte militärische Konfrontation unterblieb. Daher spricht man auch vom „Kalten Krieg“.

M 2 Q „Ja, der hat's gut, der lebt unter einem besseren Himmel“

Karikatur von Karl Holtz auf dem Titelblatt der Satirezeitschrift „Ulenspiegel“, 1946

- Analysieren Sie die Karikatur.
- Arbeiten Sie den Standpunkt des Zeichners heraus.

Bildinformation 31000-71

Angesichts ihrer unvereinbaren macht- und sicherheitspolitischen Interessen konnten sich die beiden Weltmächte nicht über die Probleme der Nachkriegszeit verständigen.

Kalter Krieg: Bezeichnung für den politischen, wirtschaftlichen und militärischen Konkurrenzkampf zwischen den Großmächten USA und UdSSR und ihren Bündnissen

Das Kriegsende in Europa und Ostasien wurde zu einem Wettlauf um die Einflusszonen der Siegermächte. Bereits auf der Konferenz der Alliierten in Jalta am Schwarzen Meer (Februar 1945) hatten die USA, Großbritannien und die UdSSR ihre Interessenbereiche gegeneinander abgrenzen müssen. Auf der Potsdamer Konferenz, die im Juli 1945 begann, wurde Deutschland in vier Besatzungszonen geteilt. Sowjetische Truppen standen in Berlin sowie im östlichen Teil Deutschlands, nachdem zuvor schon ganz Osteuropa von der Roten Armee besetzt worden war.

Im Fernen Osten versuchte Stalin erfolglos, nach der Kapitulation Japans (2. September 1945) Einfluss auf die Besetzung und Kontrolle des Landes zu gewinnen. In Korea kam es im Dezember 1945 zur Teilung in einen sowjetisch beherrschten Norden und einen von den Amerikanern kontrollierten Süden. In China, das die USA traditionell zu ihren Verbündeten zählten, flammte 1946 der Bürgerkrieg zwischen den Kommunisten unter Mao Zedong und der Nationalregierung unter Chiang Kai-shek wieder auf. Er endete mit der Proklamation der Volksrepublik China durch Mao (1. Oktober 1949).

In Vorderasien weigerte sich die Sowjetunion zunächst, ihre Truppen vereinbarungsgemäß aus dem Iran zurückzuziehen. Außerdem forderte sie Küstengebiete der Türkei sowie die türkischen Meerengen. Die USA antworteten mit der demonstrativen Entsendung ihrer Flotte ins Mittelmeer. Auch die britische Regierung sah ihre Sicherheitsinteressen bedroht: In Griechenland, Ägypten, in der gesamten arabischen Welt,

Animierte Karte: 32065-0168
Alliierte Entscheidungen nach dem Zweiten Weltkrieg

Geschichte In Clips: 32065-0169
Gründung der Volksrepublik China

in Indien und in den fernöstlichen Kolonien förderte die Sowjetunion „nationale Befreiungsbewegungen". Ebenso wurde die Unterstützung der kommunistischen Parteien in Frankreich und Italien als Beleg dafür gewertet, dass Stalin das Nachkriegschaos für seine Zwecke nutzen wollte.

M 3 Q Josip Broz, gen. Tito (1892–1980): Partisanenführer der jugoslawischen Kommunisten im Zweiten Weltkrieg; 1945 Ministerpräsident, 1953–1980 Staatspräsident Jugoslawiens

Eiserner Vorhang: seit 1945/46 politischer Kampfbegriff, der die Absperrung des sowjetisch kontrollierten Machtbereichs von den westlichen Ländern anprangerte; im weiteren Sinne Metapher für die Spaltung Europas und der Welt bis zum Ende der 1980er-Jahre

Die Sowjetisierung Ostmitteleuropas

Entscheidend für das immer schlechter werdende Verhältnis zwischen den Siegermächten war die Sowjetisierung der Staaten Ostmitteleuropas. Im Gegensatz zu den Abmachungen von Jalta ließ die Rote Armee in Polen, Rumänien, Ungarn und Bulgarien keine freie, demokratische Entwicklung zu. Durch Unterdrückung und Einschüchterung der Bevölkerung, durch Schauprozesse und Wahlterror sowie die Zwangsvereinigung der sozialdemokratischen mit den kommunistischen Parteien festigten die Kommunisten in diesen Ländern ihre Alleinherrschaft. Die Kollektivierung der Landwirtschaft sowie die Einbeziehung der zentral gesteuerten Volkswirtschaften in den sowjetischen Wirtschaftsbereich folgten auf dem Fuß. Stalins Gefolgsleute sorgten durch die systematische Entfernung nationaler „Abweichler" dafür, dass der Machtanspruch Moskaus nicht infrage gestellt wurde.

Nach 1945 entwickelten sich die kommunistischen Parteien in jenen Ländern zu Massenparteien in der Hand einer kleinen Gruppe von Aktivisten. Deren bedingungslose Unterordnung unter den Willen Stalins war die Voraussetzung für ihr politisches Überleben. Als letztes Land wurde im Frühjahr 1948 die Tschechoslowakei durch einen kommunistischen Staatsstreich mit sowjetischer Unterstützung in das politisch-ökonomische Herrschaftssystem der UdSSR einbezogen. Nur Jugoslawien unter **Tito** konnte sich der sowjetischen Kontrolle entziehen. Winston Churchill sah diese Entwicklung schon früh und prägte 1946 das Wort vom **„Eisernen Vorhang"**, der sich auf Europa herabsenke und den sowjetischen Machtbereich vom Rest der Welt abriegle.

M 4 D Ausdehnung des sowjetischen Herrschaftsbereichs in Europa

► Beschreiben Sie die Ausdehnung des sowjetischen Herrschaftsgebietes seit Beginn des Zweiten Weltkrieges.

Die USA reagieren: Eindämmung und Wiederaufbau

Die Vereinigten Staaten sahen sich gehalten, auf die Sowjetisierung zu antworten und die noch nicht unter kommunistischer Führung stehenden Länder wirtschaftlich, politisch und militärisch zu stabilisieren. US-Präsident Harry S. Truman erhob im März 1947 die „Eindämmung" (containment) des Kommunismus und der Sowjetunion zum Grundprinzip seiner Außenpolitik (Truman- Doktrin). Als Antwort darauf gründete Stalin Ende September 1947 das Kommunistische Informationsbüro (Kominform), das die weltweite Steuerung der kommunistischen Parteien unter Führung der Kommunistischen Partei der Sowjetunion (KPdSU) zur Aufgabe hatte. In diesem Zuge prägte der Parteisekretär der KPdSU, Andrei Schdanow, den Begriff der sogenannten „Zwei-Lager-Theorie", derzufolge sich die USA und die Sowjetunion mit ihren jeweiligen „Lagern" unversöhnlich gegenüberstünden.

Zur Stützung der nichtkommunistischen Länder in Europa rief die US-Regierung im Frühjahr 1948 das Europäische Wiederaufbauprogramm (European Recovery Program, ERP) ins Leben, nach seinem Initiator George Marshall auch Marshall-Plan genannt. Der Marshall-Plan bot den kriegszerstörten Ländern Europas wirtschaftliche Hilfe beim Wiederaufbau. Den Ländern in seinem Machtbereich verbot Stalin die Beteiligung an diesem Programm und bildete stattdessen den Rat für Gegenseitige Wirtschaftshilfe (RGW). Dieser leistete keine Aufbauhilfe in den Mitgliedstaaten.

Die Gründung der NATO

Wegen des großen militärischen Übergewichts der Sowjetunion an Landstreitkräften in Europa gaben die britische und französische Regierung den Anstoß zu einem längerfristigen militärischen Engagement der USA in Europa. Nur ein gemeinsames Verteidigungssystem unter Mitwirkung der USA schien Westeuropa gegen die Sowjetunion schützen zu können. Die Berlin-Blockade von 1948/49 verstärkte das Gefühl der Bedrohung im Westen noch weiter.

Am 4. April 1949 gründeten zehn europäische Staaten sowie die USA und Kanada die NATO. Ihre Hauptaufgabe sollte der Schutz sämtlicher Mitglieder gegen einen bewaffneten Angriff sein. Mit der Gründung der NATO gewährten die USA den Staaten Westeuropas dauerhaft militärischen Beistand.

Die Sowjetunion hatte dagegen schon seit 1945 bilaterale (zweiseitige) Abkommen über Freundschaft, Zusammenarbeit und gegenseitigen Beistand mit allen Staaten ihres Machtbereiches geschlossen.

Blockbildung in Ost und West

Die Teilung Europas, der „Eiserne Vorhang", verlief unterdessen mitten durch das besiegte Deutschland. 1948 waren die Besatzungszonen der USA, Großbritanniens und Frankreichs zu einem gemeinsamen Wirtschaftsraum (Trizone) verschmolzen. Im Mai 1949 wurde daraus die Bundesrepublik Deutschland als Staat mit eingeschränkter Souveränität. Im Oktober desselben Jahres erfolgte die Gründung der Deutschen Demokratischen Republik auf dem Boden der sowjetischen Besatzungszone im Osten Deutschlands. Die DDR wurde wie ihre östlichen Nachbarn ein von der Sowjetunion abhängiger Satellitenstaat.

Als die Bundesrepublik Deutschland 1955 der NATO beitrat, schuf die Sowjetunion den Warschauer Pakt als Äquivalent zur NATO. Damit war Europa endgültig in zwei Lager geteilt und die beiden deutschen Teilstaaten vollständig in das westliche bzw. östliche Bündnissystem integriert. War die deutsche Teilung durch den Kalten Krieg verursacht worden, so standen sich Bundesrepublik und DDR nun selbst als verfeindete Staaten gegenüber.

Zwei-Lager-Theorie: Beschreibung der Konstellation des Kalten Krieges, die auf einer politischen und ideologischen Spaltung der Welt in zwei „Lager" mit den USA auf der einen und der Sowjetunion auf der anderen Seite beruht

M5 Q George C. Marshall (1880–1959): General im Zweiten Weltkrieg; 1947–1951 US-Außenminister; erhielt 1953 den Friedensnobelpreis

NATO (North Atlantic Treaty Organization): 1949 gegründetes Militärbündnis. Die Mitglieder sichern sich gegenseitigen Beistand bei einem Angriff zu. Gründungsmitglieder waren die USA, Kanada, Belgien, Dänemark, Frankreich, Großbritannien, Island, Italien, Luxemburg, die Niederlande, Norwegen und Portugal. Die BRD trat dem Bündnis 1955 bei.

Animierte Karte:
32065-0170 Gründung von NATO und Warschauer Pakt

Warschauer Pakt (Vertrag über Freundschaft, Zusammenarbeit und gegenseitigen Beistand): 1955 gegründetes Militärbündnis, dem die UdSSR, Albanien, Bulgarien, die ČSSR, die DDR, Polen, Rumänien und Ungarn angehörten. Es ergänzte die zwischenstaat lichen Verträge der Sowjetunion mit den von ihr abhängigen Staaten.

M6 Q **Nikita Sergejewitsch Chruschtschow**
(1894–1971):
1958–1964 Regierungschef der Sowjetunion, schließlich vom Politbüro der KPdSU entmachtet

„Friedliche Koexistenz“ und atomares Gleichgewicht

Auf den Tod des Diktators Stalin im Jahr 1953 folgte eine neue Phase der Ost-West-Beziehungen. Der neue sowjetische Staats- und Parteichef **Nikita Chruschtschow** verkündete 1956 die Doktrin von der „friedlichen Koexistenz“. Die unterschiedlichen Gesellschaftssysteme in Ost und West sollten vorerst nebeneinander bestehen und auf einen Krieg verzichten.

Diese Forderung stand in der Tradition Lenins und Stalins, die ihre revolutionären Ziele nötigenfalls an die Realpolitik angeglichen hatten. Sie war desto dringender, als beide Seiten inzwischen über Nuklearwaffen verfügten. Die USA waren seit 1945 zunächst der einzige Staat gewesen, der Atomwaffen besaß. Im August 1949 war auch der Sowjetunion die Zündung einer Atombombe gelungen. 1955 hatte die Sowjetunion mit den USA bei der Herstellung einer Wasserstoffbombe gleichgezogen. Am 4. Oktober 1957 sandte die Sowjetunion den ersten künstlichen Satelliten („Sputnik“) in den Weltraum. Der „Sputnik-Schock“ führte der westlichen Öffentlichkeit schlagartig die Fortschritte des Ostblocks bei der Raketentechnik vor Augen. Bald darauf verfügte die Sowjetunion über Raketen, die direkt auf die USA zielen konnten. Die USA hatten ihre atomare Überlegenheit verloren und waren nun auf dem eigenen Territorium angreifbar. Zwischen den Weltmächten trat eine strategische Pattsituation ein.

Daily Mail

MAN WALKS ON THE MOON

THE MAN WHO MADE HISTORY TODAY

INSIDE YOUR MAIL TODAY

Trippers trapped

Kennedy charged

Fashions in Rome

LATE NEWS

MARATHON MAN RON HILL BEATS THE WORLD

Comment

Well met by moonlight

From ANGUS MACPHERSON, HOUSTON, Monday

THE FIRST man landed on the Moon last night, and just could not wait to get out of his spaceship for a walk. As he hinted broadly before he set out, Neil Armstrong, 38, refused to settle down for the planned four-hour cat-nap.

Russia is the space runner-up

TV GUIDE

Excited

Counting the cents

Unfair

Space age watches

AVIA ELECTRONIC

Eagle lands £10,000 bet

AVIA ELECTRONIC

M7 Q **Mondlandung**
Titelseite der „Daily Mail“ vom 22. Juli 1968

- Erklären Sie die Schlagzeile „Russia is the space runner-up“.
- Begründen Sie, weshalb der Wettlauf zum Mond für beide Seiten so wichtig war.

Die Entwicklung der Raketen als Trägersysteme wurde vor allem durch die Weltraumfahrt vorangetrieben. Der Wettlauf um die Vorherrschaft im Weltraum, der u. a. zur ersten bemannten Mondlandung der Amerikaner am 21. Juli 1969 führte, war ein weiteres Feld, auf dem der Kalte Krieg ausgetragen wurde. Dabei diente der technologische Vorsprung als Indiz für die Überlegenheit des jeweiligen Gesellschaftssystems. Unterdessen wuchs das Atomwaffenarsenal auf beiden Seiten stetig an. Mit den vorhandenen Sprengköpfen konnte die Menschheit mehrfach ausgelöscht werden („overkill capability“). Die Hochrüstung führte zu einem „Gleichgewicht des Schreckens“.

M8 Q „Drahtbericht aus Moskau“

Am 22. Februar 1946 schickt der Berater des US-Botschafters in Moskau, George F. Kennan, ein Telegramm nach Washington, das wesentliche Grundsätze der späteren amerikanischen Außenpolitik enthält:

Die UdSSR lebt immer noch inmitten feindseliger „kapitalistischer Einkreisung“, mit der es auf die Dauer keine friedliche Koexistenz geben kann. […] Die Erfordernisse ihrer eigenen vergangenen und gegenwärtigen Position sind es, die die sowjetische Führung dazu zwingen, ein Dogma zu verkünden, nach dem die Außenwelt böse, feindselig und drohend, aber zugleich von einer schleichenden Krankheit befallen und dazu verurteilt ist, von immer stärker werdenden inneren Kämpfen zerrissen zu werden, bis sie schließlich von einer erstarkenden Macht des Sozialismus den Gnadenstoß erhält und einer neuen und besseren Welt weicht. Diese These liefert den Vorwand für das Anwachsen von Militär und Polizei im russischen Staat, für die Isolierung der russischen Bevölkerung von der Außenwelt und für die ständigen Versuche, die russische Polizeigewalt noch weiter auszuweiten, alles Dinge, die seit je den natürlichen Instinkten russischer Herrscher entsprechen. […]
Wo es angezeigt und Erfolg versprechend scheint, wird man versuchen, die äußeren Grenzen der Sowjetmacht zu erweitern. […]
Gegenüber Kolonialgebieten und rückständigen oder abhängigen Völkern wird die sowjetische Politik sogar auf amtlicher Ebene das Ziel verfolgen, Macht, Einfluss und Kontakte der hoch entwickelten westlichen Nationen zu schwächen, und zwar unter dem Gesichtspunkt, dass bei einem Erfolg dieser Politik ein Vakuum entstünde, das sowjetisch-kommunistisches Eindringen erleichtern müsste […].
Alles in allem haben wir es mit einer politischen Kraft zu tun, die sich fanatisch zu dem Glauben bekennt, dass es mit Amerika keinen dauernden Modus Vivendi[1] geben kann, dass es wünschenswert und notwendig ist, die innere Harmonie unserer Gesellschaft, unsere traditionellen Lebensgewohnheiten und das internationale Ansehen unseres Staates zu zerstören, um der Sowjetmacht Sicherheit zu verschaffen […]. Sie [die Sowjetunion] arbeitet nicht nach festgelegten Plänen. Sie geht keine unnötigen Risiken ein. Der Logik der Vernunft unzugänglich, ist sie der Logik der Macht in hohem Maße zugänglich. Daher kann sie sich ohne Weiteres zurückziehen – und tut das im Allgemeinen –, wenn sie irgendwo auf starken Widerstand stößt. Wenn also dem Gegner genügend Hilfsmittel zur Verfügung stehen und er die Bereitschaft zu erkennen gibt, sie auch einzusetzen, wird er das selten tun müssen. Wenn die Situation richtig gehandhabt wird, braucht es zu keiner das Prestige verletzenden Kraftprobe kommen. […]
Ich bin überzeugt, dass es in unserem Lande heute viel weniger antisowjetische Hysterie gäbe, wenn unser Volk mit der Situation besser vertraut wäre. Nichts ist so gefährlich oder so schrecklich wie das Unbekannte […].
Viel hängt von der Gesundheit und Kraft unserer eigenen Gesellschaft ab. Der Weltkommunismus ist wie ein bösartiger Parasit, der sich nur von erkranktem Gewebe nährt. Das ist der Punkt, in dem Innen- und Außenpolitik einander begegnen.

George F. Kennan, Memoiren eines Diplomaten, Bd. 1, Stuttgart 1968, S. 553ff. (Übersetzung: Heidi von Alten)

[1] Modus Vivendi (lat.): Zustand erträglichen Zusammenlebens

Arbeitsvorschläge

32065-0171

1. Arbeiten Sie heraus, worin Kennan den Unterschied zwischen „Logik der Vernunft“ und „Logik der Macht“ sieht.
2. Vergleichen Sie die im Text skizzierten Bilder, die UdSSR und USA voneinander entwerfen.
3. Nennen Sie mögliche außenpolitische Konsequenzen der US-Regierung aus Kennans Analyse. | H

M9 Q Der „Eiserne Vorhang“ in Europa

In Gegenwart und nach Absprache mit US-Präsident Truman spricht der Oppositionsführer im britischen Unterhaus, Winston Churchill, am 5. März 1946 über die sowjetische Politik in Osteuropa:

Ein Schatten ist auf die Erde gefallen, die erst vor Kurzem durch den Sieg der Alliierten hell erleuchtet worden ist. Niemand weiß, was Sowjetrussland und die kommunistische internationale Organisation in der nächsten Zukunft zu tun gedenken oder was für Grenzen ihren expansionistischen und Bekehrungstendenzen gesetzt sind, wenn ihnen überhaupt Grenzen gesetzt sind. […]
Von Stettin an der Ostsee bis hinunter nach Triest an der Adria ist ein „Eiserner Vorhang“ über den Kontinent gezogen. […] Die kommunistischen Parteien, die in allen diesen östlichen Staaten Europas bisher sehr klein waren, sind überall großgezogen worden, sie sind zu unverhältnismäßig hoher Macht gelangt und suchen jetzt überall die totalitäre Kontrolle an sich zu reißen. […]
Welches auch die Schlussfolgerungen sind, die aus diesen Tatsachen gezogen werden können, eines steht fest, das ist sicher nicht das befreite Europa, für dessen Aufbau wir gekämpft haben. Es ist nicht ein Europa, das die unerlässlichen Elemente eines dauernden Friedens enthält.

Ich glaube nicht, dass Sowjetrussland den Krieg will. Was es will, das sind die Früchte des Krieges und die unbeschränkte Ausdehnung seiner Macht und die Verbreitung seiner Doktrin. Was wir aber heute, solange noch Zeit vorhanden ist, in Erwägung ziehen müssen, das sind die Mittel zur dauernden Verhütung des Krieges und zur Schaffung von Freiheit und Demokratie in allen Ländern.

Keesings Archiv der Gegenwart 1946, S. 669 f.

Arbeitsvorschläge 32065-0172

1. Skizzieren Sie, wie Churchill die internationale Lage bewertet. Welche Kurskorrekturen spricht er an?
2. Prüfen Sie, ob sich die Einschätzung Churchills mit derjenigen Kennans (M8) deckt.

M10 Q Die Truman- Doktrin

In seiner Rede vor dem amerikanischen Kongress am 12. März 1947 fordert Präsident Truman die Bereitstellung von 400 Millionen Dollar zur Unterstützung Griechenlands und der Türkei. Dadurch soll verhindert werden, dass kommunistische Kräfte im griechischen Bürgerkrieg die Macht an sich reißen. Truman führt aus:

Eins der ersten Ziele der Außenpolitik der Vereinigten Staaten ist es, Bedingungen zu schaffen, unter denen wir und andere Nationen uns ein Leben aufbauen können, das frei von Zwang ist. Das war ein grundlegender Faktor im Krieg gegen Deutschland und Japan. […]
In einer Anzahl von Ländern waren den Völkern kürzlich gegen ihren Willen totalitäre Regimes aufgezwungen worden. Die Regierung der Vereinigten Staaten hat mehrfach gegen Zwang und Einschüchterung bei der Verletzung des Jalta-Abkommens in Polen, Rumänien und Bulgarien protestiert. Und weiter muss ich feststellen, dass in einer Anzahl anderer Staaten ähnliche Entwicklungen stattgefunden haben. Im gegenwärtigen Abschnitt der Weltgeschichte muss fast jede Nation ihre Wahl in Bezug auf ihre Lebensweise treffen. Nur allzu oft ist es keine freie Wahl. Die eine Lebensweise gründet sich auf den Willen der Mehrheit und zeichnet sich durch freie Einrichtungen, freie Wahlen, Garantie der individuellen Freiheit, Rede- und Religionsfreiheit und Freiheit vor politischer Unterdrückung aus. Die zweite Lebensweise gründet sich auf den Willen einer Minderheit, der der Mehrheit aufgezwungen wird. Terror und Unterdrückung, kontrollierte Presse und Rundfunk, fingierte Wahlen und Unterdrückung der persönlichen Freiheiten sind ihre Kennzeichen.
Ich bin der Ansicht, dass es die Politik der Vereinigten Staaten sein muss, die freien Völker zu unterstützen, die sich der Unterwerfung durch bewaffnete Minderheiten oder durch Druck von außen widersetzen. Ich glaube, dass wir den freien Völkern helfen müssen, sich ihr eigenes Geschick nach ihrer eigenen Art zu gestalten. […]
Die Saat der totalitären Regimes gedeiht in Elend und Mangel. Sie verbreitet sich und wächst in dem schlechten Boden von Armut und Kampf. Sie wächst sich vollends aus, wenn in einem Volk die Hoffnung auf ein besseres Leben ganz erstirbt. Wir müssen diese Hoffnung am Leben erhalten. Die freien Völker der Erde blicken auf uns und erwarten, dass wir sie in der Erhaltung der Freiheit unterstützen.

Zitiert nach: Ernst Schräpler und Herbert Michaelis (Hrsg.), Ursachen und Folgen. Vom deutschen Zusammenbruch 1918 und 1945 bis zur staatlichen Neuordnung in der Gegenwart, Bd. 25, Berlin o. J., S. 148 ff.

Arbeitsvorschläge 32065-0173

1. Stellen Sie dar, inwiefern die Rede eine fundamentale Neuorientierung der US-Außenpolitik anzeigt.
2. Die USA müssten nach Truman den freien Völkern helfen, „sich ihr eigenes Geschick nach ihrer eigenen Art zu gestalten" (Zeile 30 f.).

   Erörtern Sie, inwieweit diese Verpflichtung über den Grundsatz des Selbstbestimmungsrechts der Völker hinausgeht, den die USA bis dahin vertraten.
3. Diskutieren Sie den Anspruch von Großmächten, sich in die Belange „freier Völker" einzumischen. | H

M11 Q Die Welt ist in zwei Lager geteilt

Bei der Gründung der Kominform am 30. September 1947 entwickelt der sowjetische Delegierte Andrei Schdanow auf Veranlassung Stalins die folgende Theorie:

Die Sowjetunion und die demokratischen Länder betrachteten als Hauptziele des Krieges die Wiederherstellung und Festigung der demokratischen Systeme in Europa, die Liquidierung des Faschismus, Verhütung der Möglichkeit einer neuen Aggression Deutschlands und allseitige dauernde Zusammenarbeit der Völker Europas. Die USA, und in Übereinstimmung mit ihnen Großbritannien, setzten sich im Krieg ein anderes Ziel: Beseitigung ihrer Konkurrenten auf dem Weltmarkt (Deutschland und Japan) und Festigung ihrer eigenen Vormachtstellung. Die Meinungsverschiedenheiten in der Zielsetzung des Krieges und der Aufgaben der Nachkriegsgestaltung haben sich in der Nachkriegszeit vertieft. Es bildeten sich zwei einander entgegengesetzte politische Richtungen heraus: auf dem einen Pol die Politik der UdSSR und der demokratischen Länder, die auf

Untergrabung des Imperialismus und Festigung der Demokratie gerichtet ist, auf dem anderen die Politik der USA und Großbritanniens, die auf Stärkung des Imperialismus und Drosselung der Demokratie abzielt. Da die UdSSR und die Länder der neuen Demokratie ein Hindernis bei der Durchführung der imperialistischen Pläne des Kampfes um die Weltherrschaft und der Zerschlagung der demokratischen Bewegung sind, wurde ein Kreuzzug gegen die UdSSR und die Länder der neuen Demokratie proklamiert, der auch durch Drohungen mit einem neuen Krieg vonseiten der besonders eifrigen imperialistischen Politiker der USA und Englands bestärkt wird. Auf diese Weise entstanden zwei Lager: das imperialistische, antidemokratische Lager, dessen Hauptziel die Weltherrschaft des amerikanischen Imperialismus und die Zerschlagung der Demokratie ist, und das antiimperialistische und demokratische Lager, dessen Hauptziel die Untergrabung des Imperialismus, die Festigung der Demokratie und die Liquidierung der Überreste des Faschismus ist.

Keesings Archiv der Gegenwart 1947, S. 1207 f.

Arbeitsvorschläge 32065-0174

1. Erklären Sie, inwiefern Schdanows Ausführungen eine Antwort auf Truman-Doktrin und Marshall-Plan sind.
2. Erläutern Sie den sowjetischen Demokratie-Begriff. | H
3. Beurteilen Sie die Bedeutung der sogenannten Zwei-Lager-Theorie für das Verhältnis zwischen Moskau und den kommunistischen Parteien Osteuropas.

M12 Q „Der neue Imperialismus"

Karikatur von D. R. Fitzpatrick von 1951

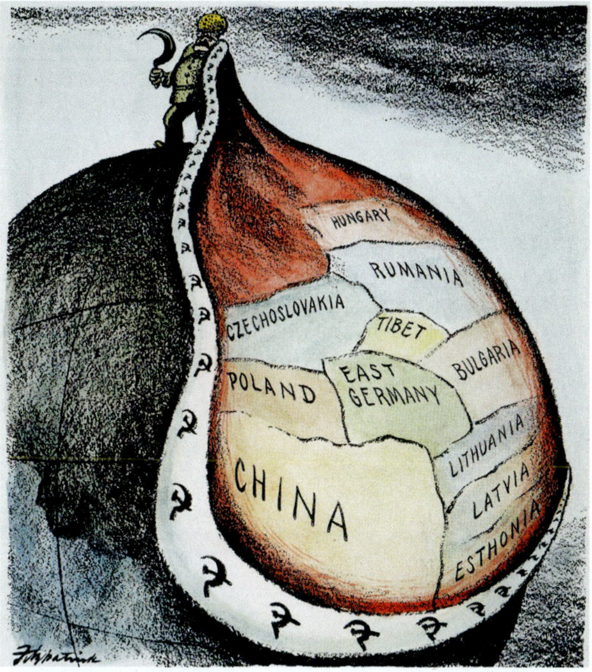

Arbeitsvorschläge 32065-0175

1. Interpretieren Sie die Karikatur.

Leitfrage

Nehmen Sie Stellung:

Der Konflikt zwischen den USA und der UdSSR – Wettstreit der Visionen oder Kampf um Macht?

Konflikte und Kriege in ihrer globalen Bedeutung

M1 Q „Zurück, wo alles begann"
Karikatur aus dem Daily Express vom 24. August 1953

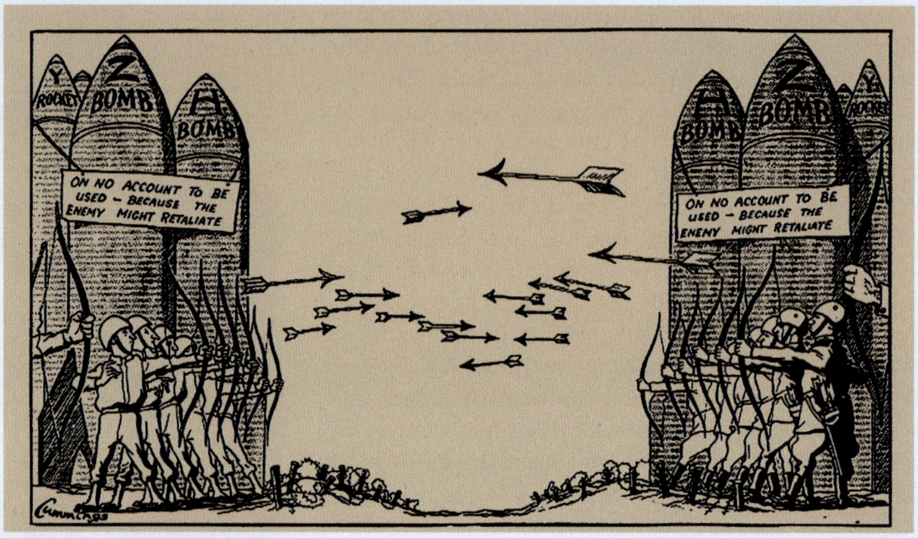

32065-0477

1. Analysieren Sie die Karikatur.
2. Erläutern Sie den Begriff „Gleichgewicht des Schreckens". Welche Konsequenzen ergeben sich daraus? Wie hängt der Begriff mit der Bezeichnung „Kalter Krieg" zusammen?

Bildinformation
31000-963

LEITFRAGE

Der Kalte Krieg – ein „kalter" Krieg?

Stellvertreterkrieg: Staaten führen einen militärischen Konflikt nicht unmittelbar gegeneinander, sondern tragen ihn auf externem Gebiet oder gegen eine dritte Macht aus.

Internettipp:
32065-0176 Informationen zum Korea-Krieg

Von Korea nach Berlin

Das militärische Gleichgewicht bewahrte die USA und die Sowjetunion davor, gegeneinander Krieg zu führen. Dennoch hielten zahlreiche Krisen und Konflikte in den 1950er- und 60er-Jahren den Ost-West-Gegensatz wach.

Mit dem Korea-Krieg fand der erste **Stellvertreterkrieg** zwischen den Großmächten statt. Nach der Kapitulation Japans im September 1945 hatten sowjetische und amerikanische Truppen Korea besetzt. Das Land war daraufhin in einen kommunistischen Norden und einen an Amerika angelehnten Süden geteilt worden. Als im Juni 1950 nordkoreanische Truppen mit Billigung Stalins Südkorea überfielen, beschloss der UN-Sicherheitsrat den Einsatz von Truppen unter amerikanischer Führung. Damit standen sich die beiden Blöcke in Korea erstmals in einem „heißen Krieg" gegenüber.

Zwischen 1950 und 1953 kämpften US-Truppen an der Seite Südkoreas gegen nordkoreanische Truppen, die mit Billigung Moskaus von China unterstützt wurden. Der Krieg endete mit einem Waffenstillstand, der die Teilung des Landes bestätigte und die Grenzen von 1945 wiederherstellte. Die Auseinandersetzungen hinterließen ein zerstörtes Land und Millionen von Kriegsopfern.

1953 wurde der Arbeiter- und Volksaufstand gegen das DDR-Regime mit dem Einsatz der in Ostdeutschland stationierten Roten Armee beendet. Die Westmächte griffen nicht ein, ebenso wenig wie 1956 beim Aufstand der Ungarn gegen das kommunistische Regime, der ebenfalls von den Sowjets niedergeschlagen wurde.

In der zweiten Berlin-Krise 1958–1961 drängte der sowjetische Staats- und Parteichef Chruschtschow auf eine Neuregelung des Status von Berlin. Dabei wollte er den Abzug der westlichen Alliierten erreichen. Zudem drohte er mit einem separaten Friedensvertrag zwischen der Sowjetunion und der DDR – ein Verstoß gegen die Vereinbarungen der Siegermächte. Zusätzlich belastet wurde das Verhältnis zwischen Washington und Moskau durch den Abschuss eines amerikanischen Spionageflugzeugs über dem Gebiet der Sowjetunion. Beide Seiten konnten sich nicht einigen, auch ein Gipfeltreffen im Juni 1961 blieb erfolglos. Die Welt befürchtete einen Atomkrieg angesichts des Streits um Berlin. Die USA unter Präsident John F. Kennedy lenkten schließlich ein, indem sie lediglich für West-Berlin eine Bestandsgarantie aussprachen. Damit erkannte der Westen auch offiziell die alleinige Vormacht der Sowjetunion über die DDR und Ost-Berlin an. Moskau gab daraufhin der DDR-Führung im August 1961 freie Hand für den Bau der Berliner Mauer. Sie wurde weltweit zum Symbol des Kalten Krieges.

Die Kuba-Krise

Das Zurückweichen der USA vor den sowjetischen Drohungen in der Berlin-Krise des Sommers 1961 veranlasste den sowjetischen Staats- und Parteichef Nikita Chruschtschow zur Fortsetzung seines Konfrontationskurses in unmittelbarer Nachbarschaft der amerikanischen Weltmacht. Nie wieder stand die Welt so nah am Rand eines dritten Weltkrieges wie in den dreizehn Tagen der Kuba-Krise vom 16. bis 28. Oktober 1962. Die Ereignisse fielen in den Beginn der Amtszeit von John F. Kennedy. Trotz der massiven Aufrüstung, die der US-Präsident nach seiner Wahl betrieb, war er überzeugt, den Kalten Krieg durch eine wirtschaftliche Stabilisierung der schwachen und für den Kommunismus anfälligen Länder gewinnen zu können. Für die unter amerikanischem Einfluss stehende Karibikinsel Kuba kam diese Politik allerdings zu spät.

Nach einem jahrelangen Guerillakrieg gegen das korrupte Regime des Diktators Batista hatte der kommunistische Revolutionär Fidel Castro die Macht in Havanna übernommen. Er erklärte Kuba zu einer sozialistischen Republik, führte eine Bodenreform durch und leitete die Verstaatlichung des gesamten US-Besitzes ein (Zucker- und Erdöl- Raffinerien, Banken, sonstige Unternehmen). Die USA reagierten darauf mit einem Handelsembargo und dem Abbruch der diplomatischen Beziehungen. Unter-

M3 Q Nikita Chruschtschow (rechts) und Fidel Castro bei dessen Moskau-Besuch im Mai 1963

Für Chruschtschow war Castro der Hoffnungsträger des Kommunismus der Zukunft. Castros Ziel war es, Kuba endgültig aus dem amerikanischen Machtkreis zu befreien. Er wurde zur weltweiten Symbolfigur des Antiamerikanismus und zum Feindbild für Washington. Dort befürchtete man nun, Kuba könne zum Einfallstor für die Ausdehnung des Kommunismus in Süd- und Mittelamerika werden. Ein US-Präsident nach dem anderen nahm sich vor, Castro zu stürzen; mehrfach versuchte der amerikanische Geheimdienst, ihn zu ermorden.

▶ Bewerten Sie die Bildsprache und deren Bedeutung für den Westen.

M2 Q John F. (Fitzgerald) Kennedy

(1917–1963): 1961–1963 US-Präsident (Demokratische Partei); fiel 1963 einem Attentat zum Opfer

Internettipp:
Informationen zu John F. Kennedy
32065-0177

Fidel Castro (1926–2016): kubanischer Revolutionsführer und kommunistischer Diktator; von 1959–2008 kubanischer Regierungs- und 1976–2008 zudem Staatspräsident

Animierte Karte:
Kuba-Krise
32065-0178

Bildinformation

31000-964

M4 Q „O.k., Mr. President, wir reden miteinander"

Karikatur aus der britischen Zeitung „Daily Mail" von 1962
Das „H" auf den Bomben ist das Zeichen für Wasserstoff. Links Chruschtschow, rechts Kennedy.

- Erläutern Sie, wie die Situation zwischen den USA und der UdSSR während der Kuba-Krise dargestellt wird.

stützung fand Castro bei Chruschtschow, der im Sommer 1960 ein Militärabkommen mit Kuba schloss. Der sowjetische Parteichef wollte die Gelegenheit nutzen, um sich in Lateinamerika eine Operationsbasis in der westlichen Hemisphäre zu schaffen. Im April 1961 scheiterte eine von US-Präsident John F. Kennedy geförderte Invasion von Exilkubanern zur Entmachtung Castros, dessen Position dadurch erheblich gestärkt wurde.

Zu diesem Zeitpunkt verfügten die USA und die Sowjetunion über atomare Mittelstreckenraketen, die Nuklearsprengköpfe in wenigen Minuten mehrere tausend Kilometer weit transportieren konnten. Die Vereinigten Staaten besaßen jedoch einen strategischen Vorteil, da sie solche Raketen 1959 in den NATO-Staaten Italien und der Türkei stationiert hatten, von wo aus der Süden der UdSSR ohne wesentliche Vorwarnzeit erreichbar war. Demgegenüber konnte die Sowjetunion das Gebiet der USA nur mit Bombern oder Interkontinentalraketen erreichen, die durch eine ungleich längere Vorwarnzeit Abwehrmaßnahmen zuließen. Chruschtschow wollte nun die Gelegenheit nutzen, um das militärische Gleichgewicht zugunsten der Sowjetunion zu verschieben. Zudem bildete Kuba eine Basis für die Ausbreitung des Kommunismus in Lateinamerika, die er sich sichern wollte. 1961 begann die UdSSR deshalb, heimlich Atomraketen auf Kuba zu stationieren.

Seit Mitte Oktober 1962 hatte die US-Regierung durch Luftaufnahmen ihres Geheimdienstes den Beweis in den Händen, dass auf Kuba sowjetische Mittelstreckenraketen in Stellung gebracht wurden. Die USA waren nun unmittelbar bedroht. Nach mehreren Krisensitzungen ordnete Kennedy eine Seeblockade an, außerdem forderte er Chruschtschow zum sofortigen Abzug der Waffen auf. In einer Fernsehansprache am 22. Oktober 1962 informierte er die Weltöffentlichkeit über die Existenz sowjetischer Raketen auf Kuba und über die Forderung seiner Regierung, diese wieder abzubauen. In einem geheimen Briefwechsel lenkten beide Staatschefs Ende Oktober 1962 schließlich ein. Chruschtschow befahl den Rücktransport der Raketen, während Kennedy auf alle Invasionspläne gegen Kuba verzichtete und die – wenngleich veralteten – US-Raketen in der Türkei abzog.

Krieg in Vietnam

Der Vietnam-Krieg war ein weiterer Stellvertreterkrieg im Rahmen des Ost-West-Konflikts. Er fiel in eine Phase, in der die Sowjetunion und die USA nach der Kuba-Krise bemüht waren, die militärische und scharfe machtpolitische Konfrontation abzubauen. Das globale Ringen um Einflusszonen aber hörte deshalb nicht auf.

Vietnam war 1954 auf einer internationalen Konferenz geteilt worden. Außerdem waren freie Wahlen beschlossen worden, die jedoch der diktatorisch regierende Präsident Südvietnams verhinderte. Die in Nordvietnam regierenden Kommunisten unterstützten die prokommunistischen Guerillakämpfer (**Vietcong**) in Südvietnam, die bis 1962 mit brutaler Gewalt einen Großteil der ländlichen Gebiete Südvietnams unter ihre Kontrolle brachten. In Washington fürchtete man, bei einem Sieg des Kommunismus in Südvietnam würden auch die übrigen Staaten Südostasiens einer nach dem anderen unter kommunistische Herrschaft geraten („**Domino-Theorie**"). Daher entsandte die US-Regierung zunächst Waffen und Militärberater, ehe sie im August 1964 unter Präsident Lyndon B. Johnson (1908–1973) offiziell in den Krieg eintrat. Der Krieg dauerte elf Jahre, kostete über 58 000 Amerikaner das Leben und konnte nur unter größtem Einsatz der US-Militärmacht beendet werden.

Die Vietcong verteidigten die Kontrolle über ländliche Gebiete Südvietnams und griffen amerikanische Militärstützpunkte an. Sie erhielten Nachschub an Waffen und Gerät, auch an bewaffneten Kämpfern und nordvietnamesischen Truppen über den nach dem nordvietnamesischen Präsidenten benannten Ho-Chi-Minh-Pfad, ein verzweigtes Netz von Dschungelwegen, das von Nordvietnam über Laos und Kambod-

M5 Q „Der Schuss von Saigon"
Foto des Pressefotografen Eddie T. Adams vom 1. Februar 1968
Die millionenfach abgedruckte Aufnahme wurde erstmals am 2. Februar 1968 in der „New York Times" veröffentlicht. Dabei wurde das Bild so beschnitten, dass die anwesenden Augenzeugen rechts und links nicht mehr zu sehen waren. Für die Aufnahme erhielt Adams 1969 den Pulitzer-Preis, einen US-amerikanischen Medienpreis für herausragende journalistische Beiträge.

- Für die Veröffentlichung wurde das Foto beschnitten (siehe Linien). Erläutern Sie, wie dadurch die Wirkung des Bildes verändert wurde.
- Erörtern Sie, ob es angemessen ist, die Wirkung von Nachrichtenbildern durch Ausschnitte zu verändern.

Vietcong: Untergrundorganisation aus verschiedenen politischen Gruppen, die 1960 den bewaffneten Kampf gegen die Regierung Südvietnams aufnahm

Domino-Theorie: Annahme der USA während des Kalten Krieges, dass mit einem Land unter kommunistischer Herrschaft auch die anderen Ländern in der Region kommunistisch werden könnten scha Südvietnam erreichte. Auf diese Nachschubwege konzentrierten sich zunächst die Luftangriffe der amerikanischen Truppen, die zunehmend auch in Bodenkämpfe verwickelt wurden. Obwohl die US-Regierung chemische Kampfstoffe, mehr Bomben als im Zweiten Weltkrieg und bald auch mit 543 000 Mann (1968) doppelt so viele Soldaten als Nordvietnam und der Vietcong einsetzte, gewann sie militärisch nicht die Überhand.

Die Zivilbevölkerung Südvietnams litt unsäglich unter dem Bomben- und Dschungelkrieg. Bilder toter und verstümmelter Menschen gingen um die Welt. Flächenbombardements und chemische Kampfstoffe verwüsteten weite Landstriche. Etwa drei Millionen Vietnamesen kamen um, darunter eine Million Soldaten. Die Berichte in den Medien steigerten die öffentliche Kritik und den Widerstand gegen den Krieg, vor allem in den USA selbst. Waffenstillstandsverhandlungen zogen sich jedoch in die Länge; obwohl bereits 1968 begonnen, wurden sie erst 1973 abgeschlossen. Die US-Truppen zogen sich daraufhin ganz zurück, sodass nordvietnamesische Truppen bis 1975 den Süden erobern konnten. 1976 folgte die Vereinigung zur Sozialistischen Republik Vietnam. Der Schaden für die US-Politik indes war enorm. Nach dem Rückzug kamen – wie erwartet – auch in Laos und Kambodscha kommunistische Regime an die Macht. Insofern bestätigte sich die Domino-Theorie der USA. Die amerikanische Bevölkerung war tief gespalten und traumatisiert angesichts der Verluste sowie der Kriegsgräuel, die in ihrem Namen verübt wurden. Auch büßten die USA viel Ansehen in der westlichen Öffentlichkeit ein.

Weltpolitisch bemerkenswert war, dass die Sowjetunion nicht als kämpfende Partei in den Vietnam-Krieg eingriff. Sie verlegte sich auf massive militärische und finanzielle Unterstützung des Vietcong. Außerdem versuchten die Sowjets, Einfluss auf die weltweit wachsende Anti-Vietnam-Krieg-Bewegung zu nehmen. Aus der Brandmarkung der amerikanischen Kriegsführung wollte man politisch Kapital schlagen. Schließlich war der sowjetischen Führung auch bewusst, dass die Amerikaner sich in Vietnam selbst schadeten.

Die gewaltsame Unterdrückung des „Prager Frühlings“

Auf der Gegenseite zeigte der Ostblock im „Prager Frühling“ von 1968 erste Risse. In der Tschechoslowakei (ČSSR) versuchte Alexander Dubček Anfang 1968, einen „Kommunismus mit menschlichem Antlitz“ einzuführen. So sollten unter anderem die Einparteiendiktatur über alle Bereiche des gesellschaftlichen Lebens aufgehoben und oppositionelle Parteien zugelassen werden. Der Reformkurs wurde von der Bevölkerung begeistert aufgenommen. Der sowjetische Parteichef **Leonid Breschnew** fürchtete allerdings Auswirkungen auf andere Staaten des Ostblocks und sah die absolute Vorherrschaft seines Landes in Gefahr. Als die tschechoslowakische Regierung trotz aller Einschüchterungsmaßnahmen ihre Demokratisierungspolitik fortsetzte, marschierten Truppen der Warschauer Vertragsorganisation am 20. August 1968 in die ČSSR ein. Die DDR unterstützte die Aktion propagandistisch. Die führenden Köpfe des „Prager Frühlings“ wurden verhaftet, die Abhängigkeit der „sozialistischen Bruderrepublik“ von Moskau wiederhergestellt. Breschnew rechtfertigte die Intervention im Nachhinein mit der sogenannten Breschnew-Doktrin. Danach sei die Sowjetunion berechtigt, Abweichungen vom „Weg des Sozialismus“ notfalls mit militärischer Gewalt zu unterdrücken. Wie schon beim Aufstand in Ungarn 1956 nahmen die USA und ihre europäischen Verbündeten das Vorgehen der Sowjets in deren Einflussbereich tatenlos hin.

M 6 Q Leonid Iljitsch Breschnew (1907–1982): Chef der KPdSU 1964–1982; sowjetischer Staatschef 1977–1982

Erneutes Wettrüsten und Krieg in Afghanistan

Nachdem sich die Beziehungen der beiden Großmächte im Anschluss an die Kuba-Krise sowie im Rahmen von Abrüstungsverhandlungen zunächst entspannt hatten,

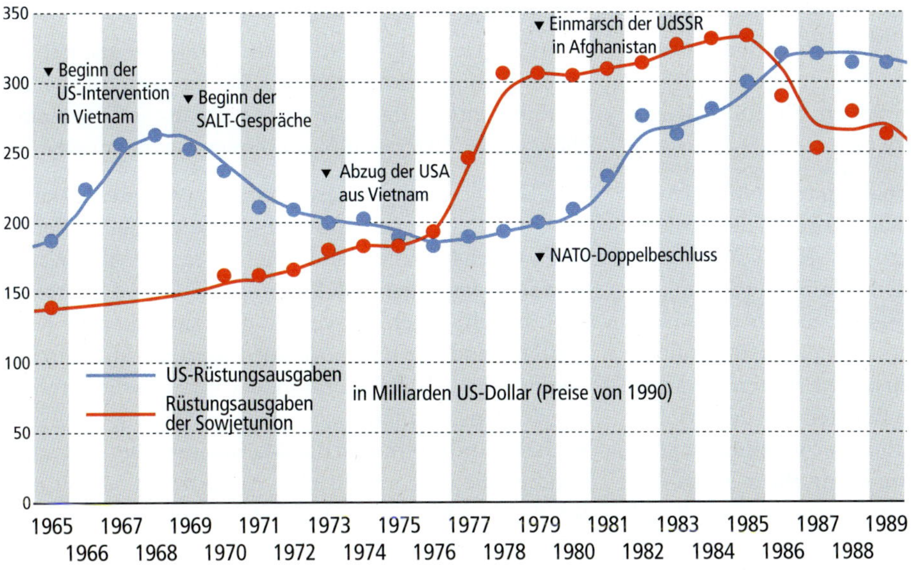

M7 D Militärausgaben der Supermächte

- Beschreiben Sie den Verlauf der beiden Kurven in den Jahren 1965 bis 1989.
- Zeigen Sie einen Zusammenhang zwischen der Entwicklung der Militärausgaben und den politischen Beziehungen der beiden Großmächte auf.

kam die Annäherung zwischen Ost und West Ende der Siebzigerjahre rasch an ihre Grenzen, als die UdSSR eine neue Phase massiver Aufrüstung einläutete. Mit einer aktuellen Generation von Interkontinentalraketen, zusätzlichen atomgetriebenen U-Booten und den neuen Mittelstreckenraketen SS-20 versuchte die Sowjetunion, ihre militärische Position, insbesondere in Europa, zu stärken. Auf Anraten des deutschen Bundeskanzlers Helmut Schmidt (1918–2015) einigte sich die NATO im Dezember 1979 auf den sogenannten „Nachrüstungsdoppelbeschluss" (NATO-Doppelbeschluss). Er sah die Aufrüstung im Bereich der Mittelstreckenraketen, zugleich aber Verhandlungen mit der Sowjetunion vor. In der amerikanischen Innenpolitik gewannen allerdings die Gegner der Entspannung wieder an Einfluss. Den SALT-II-Vertrag von 1979 über weitere Maßnahmen zur Rüstungskontrolle ließ der Senat scheitern, zudem kündigte US-Präsident Jimmy Carter die Erhöhung des Verteidigungshaushaltes ab 1981 an.

Am 27. Dezember 1979 marschierten sowjetische Truppen in Afghanistan ein. Dort sollte die prokommunistische Regierung gegen eine islamisch-fundamentalistische Oppositionsbewegung geschützt werden. Der Westen befürchtete, Moskau werde die Ölvorkommen am Persischen Golf unter seine Kontrolle bringen. Die US-Regierung reagierte mit einer Reihe von Sanktionen (Stopp von Weizenlieferungen und Gütern der Hochtechnologie, Landeverbot für sowjetische Flugzeuge in den USA, Boykott der Olympischen Spiele 1980 in Moskau).

Noch entschiedener setzte seit Anfang 1981 der neue US-Präsident Ronald Reagan (1911–2004) auf eine Politik der Stärke gegenüber der Sowjetunion, die er öffentlich als „Reich des Bösen" bezeichnete. Mit einem gigantischen Rüstungsprogramm wollte er die Sowjetunion zu Verhandlungen zwingen. Entwickelt werden sollte dabei auch ein weltraumgestütztes Raketenabwehrsystem (Strategic Defense Initiative, SDI), das bald den Spottnamen „Krieg-der-Sterne-Programm" erhielt. Der US-Verteidigungshaushalt wuchs bis 1985 um 60 Prozent auf knapp 287 Milliarden Dollar an. Dieser Kurs, der einen neuen Tiefstand der amerikanisch-sowjetischen Beziehungen markierte, fand die Zustimmung eines Großteils der Amerikaner, die Ronald Reagan im November 1984 ein zweites Mal zum Präsidenten wählten.

M 8 D Sowjetische Interessen auf Kuba

Die Historikerin Daniela Spenser fasst die Gründe zusammen, die den sowjetischen Regierungschef Nikita Chruschtschow dazu bewogen haben, ab 1961 Nuklearwaffen auf Kuba zu stationieren:

Als Chruschtschow die Entscheidung traf, Nuklearwaffen auf Kuba zu stationieren, hatte er nicht die Absicht, einen Weltkrieg zu entfesseln. In seinen Memoiren schreibt er: „Wir wollten, dass Kuba revolutionär und sozialistisch bleibt, und wir wussten, dass es dazu Hilfe benötigte […]. Um den Kubanern gegen die Bedrohung durch die US-Amerikaner beizustehen, hatten wir keine andere Möglichkeit, als unsere Raketen auf der Insel zu stationieren, die aggressiven Kräfte der Vereinigten Staaten vor ein Dilemma zu stellen: Wenn ihr in Kuba einmarschiert, müsst ihr mit einem atomaren Angriff auf eure Städte rechnen." […] Chruschtschow glaubte fest an die Überlegenheit der UdSSR über den Westen und den unaufhaltsamen Vormarsch des Kommunismus. Entspannungspolitik zur Stabilisierung der Ost-West-Beziehungen hielt er zwar für ebenso notwendig wie Aufrüstung, doch vor allem meinte er, dass der Sozialismus auf dem Weg sei, die USA militärisch, politisch und ökonomisch zu überholen […].
Darüber hinaus handelte Chruschtschow in dem Bewusstsein, dass die UdSSR zu einer nuklearen Supermacht geworden war und damit die USA auf militärischer Ebene offenbar eingeholt hätte. Diese veränderte Realität veranlasste ihn, Revolution, Sozialismus und internationale Beziehungen neu zu durchdenken. Wenn die Drohung mit Nuklearwaffen den USA zur Eindämmung des Kommunismus diente, warum sollte sie dann nicht umgekehrt der Sowjetunion dazu dienen, den US-Imperialismus einzudämmen […]. Mittels atomarer Aufrüstung wollte Chruschtschow erreichen, dass die USA die UdSSR als ebenbürtigen weltpolitischen Gegenspieler anerkannten; der nukleare Gleichstand sollte die Sowjetunion in den Stand versetzen, nationale Befreiungsbewegungen vor Interventionen der USA und der europäischen Kolonialmächte zu schützen.

Daniela Spenser, Die Kubakrise 1962 und ihre Folgen für das kubanisch-sowjetische Verhältnis, in: Bernd Greiner, Christian Th. Müller und Dierk Walter (Hrsg.), Krisen im Kalten Krieg. Studien zum Kalten Krieg, Bd. 2, Bonn 2009, S. 298 f.

Arbeitsvorschläge

32065-0179

1. Fassen Sie Chruschtschows Motive zusammen.
2. Bewerten Sie Chruschtschows Aussage im Gesamtkontext. Berücksichtigen Sie, dass es sich um persönliche Erinnerungen handelt. | H

M 9 Q Krisenmanagement um Kuba

a) Als die UdSSR ihre Mittelstreckenraketen auf Kuba in Stellung bringt, verhängen die USA eine Seeblockade. Daraufhin schreibt der sowjetische Staatschef Chruschtschow am 26. Oktober 1962 an US-Präsident Kennedy:

Wie können Sie […] diese völlig falsche Interpretation geben, die Sie jetzt verbreiten, dass einige Waffen in Kuba Offensivwaffen sind, wie Sie sagen? Alle Waffen dort – das versichere ich Ihnen – sind defensiver Art; sie sind ausschließlich zu Verteidigungszwecken in Kuba gedacht, und wir haben sie auf Bitten der kubanischen Regierung nach Kuba entsandt. Und Sie behaupten, es seien Offensivwaffen. […]
Sie haben nun piratenhafte Maßnahmen der Art angekündigt, die man im Mittelalter praktiziert hat, als man Schiffe überfiel, die internationale Gewässer befuhren; und Sie haben das eine „Quarantäne" um Kuba genannt. Unsere Schiffe werden wahrscheinlich bald die Zone erreichen, in der Ihre Kriegsmarine patrouilliert. Ich versichere Ihnen, dass die Schiffe, die gegenwärtig nach Kuba unterwegs sind, die harmlosesten, friedlichsten Ladungen an Bord haben. […]
Lassen Sie uns deshalb vernünftig sein, Herr Präsident. Ich versichere Ihnen, dass die Schiffe, die nach Kuba unterwegs sind, keinerlei Rüstungsgüter an Bord haben. Die Waffen, die zur Verteidigung Kubas notwendig sind, sind bereits dort. Ich will nicht behaupten, dass es überhaupt keine Waffenlieferungen gegeben hat. Nein, es hat solche Lieferungen gegeben. Aber nun hat Kuba die notwendigen Verteidigungswaffen bereits erhalten. […] Wenn der Präsident und die Regierung der Vereinigten Staaten zusichern würden, dass die Vereinigten Staaten sich selbst nicht an einem Angriff auf Kuba beteiligen werden und andere von einem solchen Vorgehen abhalten; wenn Sie Ihre Kriegsmarine zurückrufen würden – das würde sofort alles ändern. Ich spreche nicht für Fidel Castro, aber ich glaube, er und die Regierung Kubas würden vermutlich eine Demobilisierung verkünden und würden das kubanische Volk aufrufen, ihre friedliche Arbeit aufzunehmen. Dann würde sich auch die Frage der Waffen erübrigen; denn wo keine Bedrohung ist, stellen Waffen für jedes Volk nur eine Belastung dar. […]
Lassen Sie uns deshalb staatsmännische Klugheit beweisen. Ich schlage vor: Wir erklären unsererseits, dass unsere Schiffe mit Kurs auf Kuba keine Waffen an Bord haben. Sie erklären, dass die Vereinigten Staaten weder mit eigenen Truppen eine Invasion in Kuba durchführen werden noch andere Truppen unterstützen werden, die eine Invasion in Kuba planen könnten. Damit hätte sich die Präsenz unserer Militärexperten in Kuba erübrigt.

b) Kennedys Antwort vom 27. Oktober 1962:

Sehr geehrter Herr Vorsitzender,
ich […] begrüße Ihre Absichtserklärung, eine sofortige Lösung des Problems anzustreben. Was jedoch als Erstes getan werden muss, ist, die Arbeit an den offensiven Raketenstützpunkten in Kuba einzustellen und alle Waffensysteme in Kuba, die sich offensiv einsetzen lassen, zu entschärfen, und dies unter angemessenen Vorkehrungen der Vereinten Nationen.
[…] Wie ich Ihren Brief verstanden habe, enthalten Ihre Vorschläge […] folgende Schlüsselelemente:

1) Sie würden sich bereit erklären, diese Waffensysteme unter angemessener Beobachtung und Überwachung der Vereinten Nationen abzuziehen, und sich verpflichten, geeignete Sicherheitsvorkehrungen vorausgesetzt, die weitere Einfuhr solcher Waffensysteme nach Kuba zu unterbinden.
2) Wir unsererseits würden uns bereit erklären – nachdem die Vereinten Nationen geeignete Vorkehrungen getroffen haben, die Erfüllung und Einhaltung dieser Verpflichtungen sicherzustellen –,
   a) die Quarantäne-Anordnungen, die derzeit gelten, umgehend aufzuheben; und
   b) Garantien gegen eine Invasion Kubas zu geben. Ich bin zuversichtlich, dass andere Länder der westlichen Hemisphäre bereit wären, das Gleiche zu tun.

Wenn Sie Ihren Vertretern entsprechende Anweisungen erteilen, gibt es keinen Grund, weshalb wir nicht in der Lage sein sollten, diese Vereinbarungen innerhalb einiger Tage zustande zu bringen und sie der Welt bekannt zu geben. Die Wirkung, die eine solche Klärung für den Abbau der Spannungen in der Welt hätte, würde es uns ermöglichen, auf eine umfassendere Vereinbarung über „andere Rüstungen" hinzuarbeiten, wie Sie es in Ihrem zweiten Brief vorschlagen, den Sie veröffentlicht haben. Ich möchte noch einmal erklären, dass die Vereinigten Staaten sehr daran interessiert sind, die Spannungen abzubauen und den Rüstungswettlauf zu beenden; und sollte Ihr Brief signalisieren, dass Sie bereit sind, Gespräche über eine Entspannung bezüglich der NATO und des Warschauer Paktes zu führen, sind wir gerne bereit, mit unseren Verbündeten über jeden sachdienlichen Vorschlag nachzudenken. Doch der erste wesentliche Schritt – lassen Sie mich dies betonen – ist die Einstellung der Arbeiten an den Raketenstützpunkten in Kuba und das Einleiten von Maßnahmen, diese Waffen zu entschärfen, und zwar unter wirksamen internationalen Garantien.

Zitiert nach: Bernd Greiner, Kuba-Krise. 13 Tage im Oktober, Nördlingen 1988, S. 319 ff. und 382 f.

Arbeitsvorschläge 32065-0180

1. Nennen Sie die Formulierungen, mit denen die sowjetische Seite ein Nachgeben andeutet.
2. Beschreiben Sie, welche Strategien US-Präsident Kennedy verfolgt, um die Situation zu entschärfen. | F

M10 Q „Auf des Messers Schneide …"

Karikatur von Wolfgang Hicks, Bundesrepublik Deutschland aus dem Jahr 1962.

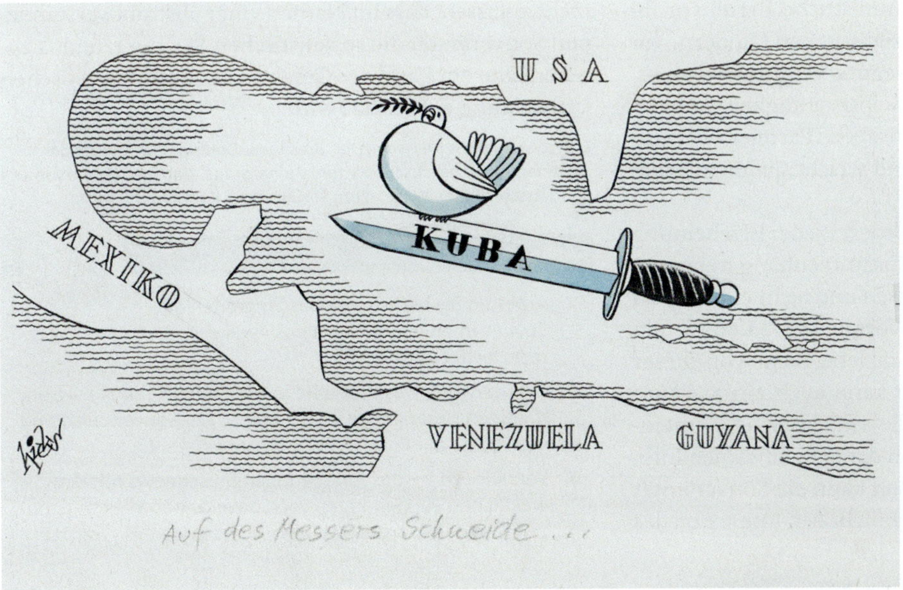

Bildinformation 31000-965

Arbeitsvorschläge 32065-0181

1. Analysieren Sie die Karikatur.
2. Ordnen Sie die Karikatur in den Zusammenhang des Kalten Krieges ein.
3. Erörtern Sie, ob der Titel der Karikatur zutreffend ist.

M11 Q Breschnew-Doktrin

Der sowjetische Parteichef Leonid Breschnew definiert nach der Beendigung des kommunistischen Reformkurses in der Tschechoslowakei („Prager Frühling“) durch sowjetische Truppen 1968 das Verhältnis der UdSSR zu den übrigen Staaten der Warschauer Vertragsorganisation. Die wesentlichen Inhalte sind am 26. September 1968 in der „Prawda“ (Parteizeitung der KPdSU) zusammengefasst:

Die von der Sowjetunion gemeinsam mit den anderen sozialistischen Ländern zum Schutz der sozialistischen Errungenschaften des tschechoslowakischen Volkes ergriffenen Maßnahmen haben für die Festigung der sozialistischen Gemeinschaft, die Haupterrungenschaft der internationalen Arbeiterklasse, eine große Bedeutung. Dabei kann man jedoch nicht die hier und da auftauchenden Behauptungen, dass die Aktionen der fünf sozialistischen Länder[1] angeblich dem marxistisch-leninistischen Prinzip der Souveränität und des Rechts der Völker auf Selbstbestimmung widersprächen, unbeachtet lassen.

Die Haltlosigkeit dieser Behauptungen besteht vor allem darin, dass sie auf einem abstrakten, nicht klassenmäßigen Herangehen an die Fragen der Souveränität und des Rechts der Völker auf Selbstbestimmung beruhen. Die Völker der sozialistischen Länder, die kommunistischen Parteien haben ihre uneingeschränkte Freiheit, und sie müssen sie haben, die Entwicklungswege ihres Landes zu bestimmen. Jedoch darf keine Entscheidung von ihrer Seite entweder dem Sozialismus in ihrem Land oder den Grundinteressen der anderen sozialistischen Länder, der ganzen internationalen Arbeiterbewegung, die den Kampf für den Sozialismus führt, Schaden zufügen. Das bedeutet, dass jede kommunistische Partei vor ihrem Volk und auch vor den sozialistischen Ländern, vor der ganzen sozialistischen Bewegung verantwortlich ist. Wer das vergisst, wer nur die Selbstständigkeit und Unabhängigkeit der kommunistischen Parteien hervorhebt, verfällt in Einseitigkeit und weicht seinen internationalen Pflichten aus.

Die marxistische Dialektik fordert, jede Erscheinung konkret, in ihrem allseitigen Zusammenhang mit anderen Erscheinungen und Prozessen und nicht einseitig zu betrachten. Wie, nach den Worten W. I. Lenins, ein Mensch, der in der Gesellschaft lebt, nicht von dieser Gesellschaft frei sein kann, so kann auch ein Staat im System anderer Staaten, die die sozialistische Gemeinschaft bilden, nicht frei sein von den gemeinsamen Interessen dieser Gemeinschaft. Man kann die Souveränität einzelner sozialistischer Länder nicht den Interessen des Weltsozialismus, der revolutionären Bewegung der Welt entgegenstellen. […]

Man muss unterstreichen, dass, selbst wenn ein sozialistisches Land danach strebt, eine „nichtblockgebundene“ Position einzunehmen, es allein dank der Stärke der sozialistischen Gemeinschaft und vor allem seiner Hauptkraft, der Sowjetunion, dank der Macht ihrer bewaffneten Kräfte, tatsächlich seine nationale Unabhängigkeit bewahren kann. […] Getreu ihrer internationalen Pflicht gegenüber den Brudervölkern der Tschechoslowakei und zum Schutz ihrer eigenen sozialistischen Errungenschaften sind die Sowjetunion und andere sozialistische Staaten entschieden gegen die antisozialistischen Kräfte in der Tschechoslowakei aufgetreten. […]

Die Kommunisten der Bruderländer konnten natürlich nicht zulassen, dass im Namen einer abstrakt verstandenen Souveränität die sozialistischen Staaten tatenlos zusehen, wie ein Land der Gefahr einer antisozialistischen Umwälzung ausgesetzt wird.

Zitiert nach: Boris Meissner, Die „Breshnew-Doktrin“. Das Prinzip des „proletarisch-sozialistischen Internationalismus“ und die Theorie von den „verschiedenen Wegen zum Sozialismus“, Köln 1969, S. 64 ff.

[1] Sowjetunion, Bulgarien, DDR, Polen und Ungarn

M12 Q Propaganda für den „großen Bruder“

Sonderbriefmarke anlässlich des 25-jährigen Bestehens der Deutsch-Sowjetischen Freundschaft (DSF), 1972. Links im Bild Leonid Breschnew, rechts Erich Honecker, seit 1971 Erster Sekretär des Zentralkomitees der SED.

Arbeitsvorschläge

32065-0182

1. Arbeiten Sie heraus, wie das Eingreifen der Sowjetunion in der Tschechoslowakei gerechtfertigt wird.
2. Erläutern Sie, was Breschnew unter einem „nicht klassenmäßigen Herangehen an die Fragen der Souveränität und des Rechts der Völker“ (Zeile 14–16) versteht. | F
3. Vergleichen Sie die Vorstellungen Breschnews mit den westlichen Vorstellungen von Souveränität. Welche Grenzen sind der Souveränität eines Landes jeweils gesetzt?

M13 Q Das NSC 68

Im April 1950 legt Außenminister Dean Acheson Präsident Truman ein geheimes Dossier vor. Das National Security Memorandum No. 68, das danach als das maßgebliche Grundlagenpapier der US-Außenpolitik gilt, kommt zu folgenden Empfehlungen:

19a. Die Reduzierung der Macht und des Einflusses der UdSSR auf ein Maß, welches keine weitere Bedrohung für Frieden, die nationale Unabhängigkeit und Stabilität der Weltfamilie darstellt.
20. Wir sollten uns darum bemühen, unsere Ziele […] ohne Krieg zu erreichen […]
21. Das Erreichen dieser Ziele erfordert, dass
a. die USA einen Status der militärischen Bereitschaft entwickeln, welcher solange aufrechterhalten werden kann, wie eine Abschreckung gegenüber der sowjetischen Aggression notwendig ist, als unverzichtbare Unterstützung unserer politischen Haltung gegenüber der UdSSR, als eine Quelle der Ermutigung gegenüber Nationen, die sich der sowjetischen politischen Aggression entgegenstellen und als eine geeignete Basis einer sofortigen militärischen Verantwortung und einer schnellen Mobilisierung im vermeintlichen Kriegsfalle.
b. Eine Absicherung der inneren Sicherheit der Vereinigten Staaten gegenüber Gefahren von Sabotage, Subversion und Spionage.
c. Steigerung unseres wirtschaftlichen Potenzials […].
Die Durchführung eines solchen Aufbaus erfordert jedoch ein Programm der USA, welches über ein bloßes defensives Programm gegenüber der sowjetischen Bedrohung hinausgeht. Dieses Programm muss den Weg zum Frieden und zur Ordnung unter den Nationen in einem System basierend auf Freiheit und Gerechtigkeit aufzeigen […]. Weiterhin muss es die politischen und wirtschaftlichen Maßnahmen vorsehen, mit denen und hinter deren Schild die freie Welt arbeiten kann, um den Kreml zu schwächen durch die Strategie des Kalten Krieges; denn jede Überlegung der Treue […] gebietet es, dass wir unsere Ziele durch die Strategie des Kalten Krieges erreichen, indem wir unsere militärische Stärke ausbauen, in der Hoffnung, sie möge nicht zum Einsatz kommen. Der einzig wahre Sieg liegt in der Schwächung des Kreml durch eine ständige Entwicklung der moralischen und materiellen Stärke der freien Welt und ihre Projektion in die sowjetische Welt, damit auf diese Weise ein interner Wandel im sowjetischen System vonstattengehen kann. […]
Dieses Programm sollte einen Verhandlungsplan mit der Sowjetunion enthalten, der, zusammen mit unseren Alliierten entwickelt und abgestimmt, mit unseren Zielen im Einklang steht. Die Vereinigten Staaten […] sollten immer darauf vorbereitet sein, mit der Sowjetunion unter Einhaltung unserer Zielsetzungen zu verhandeln. […] Der ganze Erfolg des vorgeschlagenen Programms hängt letztlich von der Erkenntnis dieser Regierung, des amerikanischen Volkes und aller freien Völker ab, dass der Kalte Krieg tatsächlich ein wirklicher Krieg ist, in welchem das Überleben der freien Welt auf dem Spiel steht.

Foreign Relations of the United States 1950, Bd. I, Washington 1977, S. 289 ff. (Übersetzung: Dorothee Hartmann-Vincken)

Arbeitsvorschläge 32065-0183

1. Arbeiten Sie heraus, wie sich die allgemein beschriebenen „Gegenmaßnahmen" der US-Politik konkret auswirken konnten. | F
2. Vergleichen Sie das Dokument mit der Breschnew-Doktrin von 1968 (M11). | F

M14 Q Ronald Reagan und die Politik der Stärke

US-Präsident Ronald Reagan rechtfertigt im Januar 1984 seine Politik in einer Fernsehansprache:

Die Geschichte lehrt uns, dass Kriege beginnen, wenn Regierungen glauben, dass der Preis einer Aggression niedrig ist. Um den Frieden zu erhalten, müssen wir und unsere Verbündeten stark genug sein, jeden potenziellen Aggressor überzeugen zu können, dass Krieg keinen Vorteil, sondern nur die Katastrophe bringen würde. […]
Die Abschreckung ist von entscheidender Bedeutung für die Erhaltung des Friedens und den Schutz unserer Lebensform, aber die Abschreckung ist nicht Anfang und Ende unserer Politik gegenüber der Sowjetunion. Wir müssen und werden die Sowjets in einen Dialog einbinden, der so ernsthaft und konstruktiv wie möglich ist und der der Förderung des Friedens in den Unruhegebieten der Welt dienen, den Stand der Rüstungen verringern und ein konstruktives Arbeitsverhältnis schaffen wird. […] Stärke und Dialog gehen Hand in Hand.

Zitiert nach: Europa-Archiv, 39. Jahrgang (1984), S. D 109 ff.

Arbeitsvorschläge 32065-0184

1. Untersuchen Sie, weshalb die außen- und militärpolitische Strategie Reagans unter den NATO-Mitgliedern umstritten war. | H

M 15 D Globale Konflikte im Überblick

Internationale Brennpunkte (Auswahl) und globale Machtblöcke vom Ende der 1940er- bis Ende der 1980er-Jahre.

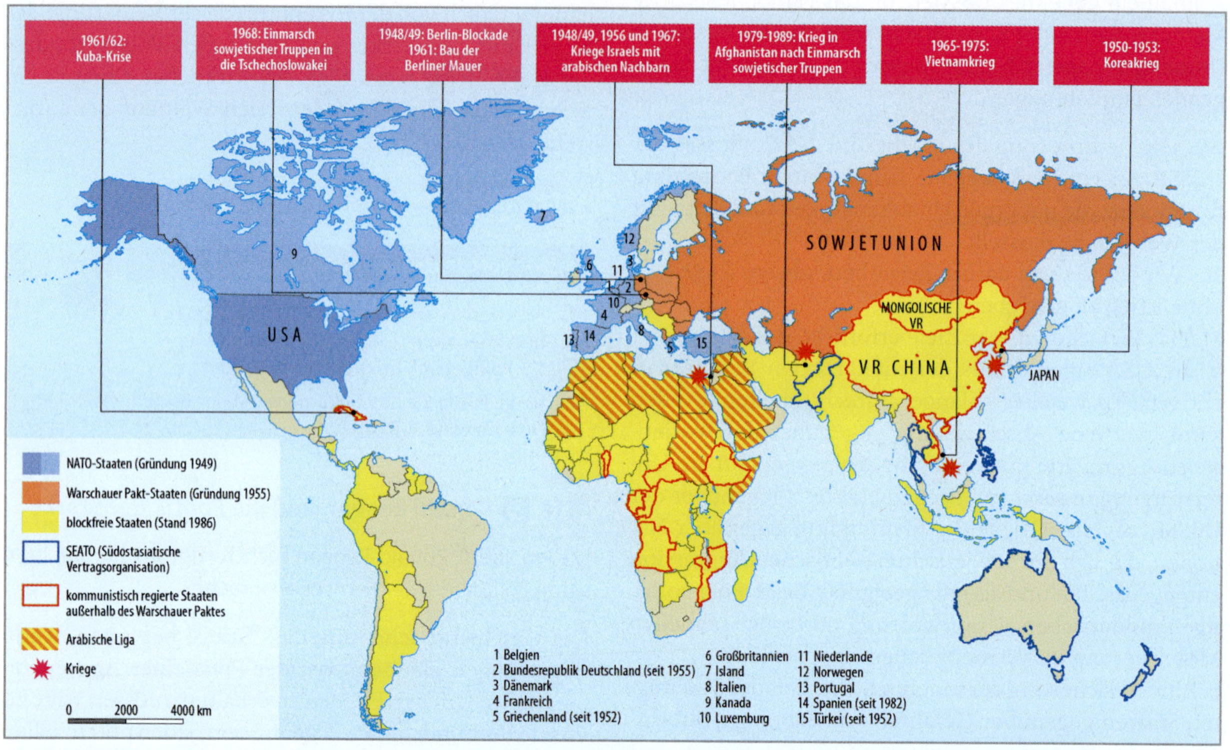

Arbeitsvorschläge

32065-0185

1. Recherchieren Sie zu den genannten Organisationen und stellen Sie ihre Rolle im Rahmen des Kalten Krieges dar.
2. Erörtern Sie anhand der Karte, inwieweit der Kalte Krieg für eine lange Übergangsphase vom Zweiten Weltkrieg zur Weltordnung der Gegenwart sorgte.

Leitfrage

Nehmen Sie Stellung:

Der Kalte Krieg – ein „kalter“ Krieg?

LK Entspannungspolitik und Abrüstungsbemühungen zwischen der UdSSR und den USA bis 1990

M1 D Test einer Atombombe
Foto vom 22. Mai 1970
Französischer Atombombentest auf Fangotaufa (Französisch-Polynesien)

1. Beschreiben Sie Ihren Eindruck des Fotos.
2. Bewerten Sie die Durchführung von Atombombentests in der Südsee.

32065-0478

Erste Schritte der Annäherung

Nach der Kuba-Krise 1962 blieb eines zurück: der Schock eines „Duells am Abgrund". Zum ersten Mal konnte man nennenswerte Fortschritte in der Entspannung verzeichnen. Konnte der Kalte Krieg nun schnell beendet werden?

Die beiden Supermächte zogen aus der Kuba-Krise übereinstimmend zwei Lehren: Es war höchste Zeit, Vereinbarungen über eine Rüstungskontrolle zu treffen und den Gesprächsfaden nie abreißen zu lassen. Ein erster Ansatz zur Entspannung zwischen Ost und West war daher im Mai 1963 die Einrichtung des „heißen Drahts", einer ständigen Fernschreibverbindung zwischen Moskau und Washington. Ziel war es, Missverständnisse im Fall einer neuen Krise zügig beseitigen zu können. Des Weiteren kam es zur Unterzeichnung eines ersten wirklichen Vertrages über den Teststopp atomarer Waffen. 1963 wurde das Atomteststoppabkommen unterzeichnet, das Kernwaffentests über der Erde, im Weltraum und unter Wasser untersagte, um Mensch und Umwelt vor radioaktiver Verseuchung zu schützen. 1968 einigten sich die USA, die Sowjetunion, Großbritannien, Frankreich und China auf die Nichtverbreitung von Kernwaffen (**Atomwaffensperrvertrag**). Auf allen anderen Bereichen der Waffentechnik ging das Wettrüsten jedoch weiter. Und zugleich verlagerte sich der Kalte Krieg in Form von Stellvertreterkriegen in den Nahen Osten, nach Asien, Afrika und Lateinamerika.

Mit der Ankündigung einer „Strategie des Friedens" unterstrich John F. Kennedy 1963 in einer Rede, dass man keinem Volk gegen dessen Willen das US-System aufzwingen wolle, aber gewillt sei, mit jedem anderen System in einen friedlichen Wettstreit zu treten. Damit betonte er den Vorrang politischer Lösungen und den Verzicht auf den atomaren Erstschlag. Nach der Ermordung Kennedys am 22. November 1963 bei ei-

LEIT-FRAGE

Entspannungspolitik und Abrüstungsbemühungen – das Ende der Bipolarität?

Atomwaffensperrvertrag: Der Vertrag wurde von den USA, der Sowjetunion und Großbritannien zwischen 1965 und 1968 ausgehandelt und trat 1970 in Kraft. Er akzeptiert die friedliche Nutzung der Kernenergie, verbietet aber die Verbreitung von Kernwaffen und verpflichtet die Mitglieder zur Abrüstung von Kernwaffen. Inzwischen haben ihn 191 Staaten (Stand 2024) angenommen.

nem Wahlkampfbesuch in Dallas (Texas) blieb er als Präsident in Erinnerung, der die Führungsrolle der USA in der westlichen Welt entschieden wahrgenommen und die Sowjetunion in ihre Schranken verwiesen hatte. Es war der „Kennedy-Impuls“, der nach seinem gewaltsamen Tod die **Entspannungspolitik** vor allem der bundesdeutschen Regierung antrieb.

Entspannungspolitik: Bemühungen der Westmächte nach der Kuba-Krise um bessere politische, wirtschaftliche und kulturelle Beziehungen zu der UdSSR und den mit ihr verbündeten Staaten; zudem Vereinbarungen zur Rüstungskontrolle und zum Gewaltverzicht

Abrüstungsverhandlungen

Zu Beginn der Siebzigerjahre, mit dem Amtsantritt von US-Präsident Richard Nixon (1914–1994), standen die Zeichen auf Entspannung. Die Sowjetunion suchte die Kooperation mit Amerika, um das kostspielige Wettrüsten einzuschränken und an der fortschrittlichen Technologie des Westens teilzuhaben. Nicht zuletzt war Bewegung in die Ost-West-Beziehungen geraten, seit sich die USA und China erstmals annäherten. Vor dem Hintergrund dieser Interessenlage schlossen Washington und Moskau eine Reihe von Verträgen zur Rüstungsbegrenzung und Rüstungskontrolle sowie zum wirtschaftlichen Austausch. Das Klima der Ost-West-Beziehungen schien sich zu bessern, insbesondere in Europa wuchs die Hoffnung auf einen gesicherten Frieden im Rahmen des Status quo.

SALT: Abkürzung für „Strategic Arms Limitation Talks“

Von besonderer Bedeutung war der 1972 abgeschlossene **SALT-I-Vertrag** über die Begrenzung der vorhandenen nuklearen Abwehr- und Angriffssysteme und über die Kontrolle des Rüstungswettlaufs. Der bizarren Logik der Rüstungsstrategen im Atomzeitalter folgend sollte sich aus der erstmals festgeschriebenen gegenseitigen Vergeltungsfähigkeit ein Zugewinn an globaler Sicherheit ergeben. Doch weder die Zahl noch die Zerstörungskraft der atomaren Sprengköpfe wurden festgelegt, und viele Bestimmungen waren bewusst vage gehalten. So war letztlich die Tatsache des Vertragsabschlusses wichtiger als dessen Inhalt. Auch der 1979 von US-Präsident Jimmy Carter (1924–2024) und Breschnew in Wien unterzeichnete SALT-II-Vertrag schrieb lediglich eine leicht abgesenkte Obergrenze für die Trägersysteme vor, ließ jedoch die Zahl der nuklearen Sprengköpfe und anderer Waffensystem (U-Boote) für beide Seiten offen.

M2 Q KSZE-Schlusskonferenz
Foto vom 1. August 1975

- ▶ Benennen Sie die Personen im Vordergrund.
- ▶ Erläutern Sie den Symbolgehalt des Fotos.

Die Helsinki-Schlussakte von 1975

Ein Höhepunkt der Ost-West-Entspannung war die Konferenz über Sicherheit und Zusammenarbeit in Europa (KSZE), zu der seit 1972 35 Länder zusammengefunden hatten und die am 1. August 1975 mit der Unterzeichnung der sogenannten Schlussakte von Helsinki vorläufig endete. Die Unterzeichnerstaaten (die USA, Kanada und alle europäischen Länder außer Albanien) gingen damit die politisch-moralische Verpflichtung ein, ihre Beziehungen auf friedlicher Basis unter Verzicht auf Gewaltandrohung, im Rahmen der gegebenen Grenzen und bei Respektierung der Menschenrechte im Innern zu entwickeln. Die Sowjetunion erhielt mit der Anerkennung der Grenzen in Europa ihren Hegemonialanspruch im Ostblock bestätigt, die Westmächte pochten vor allem auf verbesserte Freizügigkeit für die Menschen im sozialistischen Teil Europas. Seither mussten die kommunistischen Diktaturen Reiseerleichterungen und Familienzusammenführung gewähren und den Austausch von Informationen erleichtern. Auch wenn sie weiter an der Praxis der Verfolgung Andersdenkender festhielten, konnten sie nicht länger verhindern, dass sich in der Tschechoslowakei (**Charta 77**), in Polen (**Solidarność**) und später auch in der DDR Bürgerrechtler auf die Prinzipien von Helsinki beriefen. Bereits auf der ersten KSZE-Folgekonferenz in Belgrad (Oktober 1977/März 1978) kam es zum Streit zwischen der Sowjetunion und US-Präsident Carter über die Umsetzung der Menschenrechte – ein Signal für die Krise, in welche die Ost-West-Beziehungen mittlerweile wieder geraten waren.

Charta 77: Petition gegen Menschenrechtsverletzungen, veröffentlicht im Januar 1977; gleichzeitig der Name für die in den 1970er- und 80er-Jahren aktive Bürgerrechtsbewegung in der Tschechoslowakei, die zum Zentrum der Opposition gegen das kommunistische Regime wurde

Solidarność: dt. Solidarität; Bezeichnung für eine polnische Gewerkschaft, die 1980 entstand und großen Einfluss auf die politische Wende von 1989 hatte

M3 Q „Friedensrede"

In einer Grundsatzrede in der Universität Washington (1963) skizziert der US-amerikanische Präsident John F. Kennedy seine „Strategie des Friedens":

Ich habe daher diesen Zeitpunkt und diesen Ort gewählt, um ein Thema zu erörtern, über das zu oft Unwissenheit herrscht und bei dem die Wahrheit zu selten gesehen wird – und doch ist es eines der wichtigsten Themen auf Erden: der Weltfrieden.
Welche Art von Frieden meine ich? Nach welcher Art von Frieden streben wir? Nicht nach einer Pax Americana, die der Welt durch amerikanische Kriegswaffen aufgezwungen wird. […] Ich spreche hier von dem echten Frieden – jenem Frieden, der das Leben auf Erden lebenswert macht, […] nicht nur ein Friede für Amerikaner, sondern ein Friede für alle Menschen. […]
Ich spreche vom Frieden, weil der Krieg ein neues Gesicht bekommen hat. Ein totaler Krieg ist sinnlos in einem Zeitalter, in dem Großmächte umfassende und verhältnismäßig unverwundbare Atomstreitkräfte unterhalten können […]. Es ist heute, wenn der Friede gewahrt werden soll, unerlässlich, jedes Jahr Milliarden von Dollar für Waffen auszuwerfen, die lediglich zu dem Zweck geschaffen werden, sicherzustellen, dass wir sie niemals einzusetzen brauchen. Aber zweifellos ist die Anlage solcher unnützer Arsenale, die nur der Vernichtung und niemals dem Aufbau dienen können, nicht der einzige, geschweige denn der wirksamste Weg zur Gewährleistung des Friedens. […]
Manche sagen, es sei zwecklos, von Weltfrieden, internationalem Recht oder internationaler Abrüstung zu sprechen – und alles sei nutzlos, solange die Führer der Sowjetunion keine aufgeschlossenere Haltung einnehmen. Ich hoffe, sie werden dies tun. Ich glaube, wir können ihnen dabei helfen. Aber ich glaube auch, dass wir unsere eigene Haltung überprüfen müssen – als Einzelperson und als Nation –, denn unsere Einstellung ist genauso wichtig wie die ihre. […]
Lassen Sie uns zunächst unsere Haltung gegenüber dem Frieden selbst überprüfen. Zu viele von uns halten ihn für unmöglich. […]. Aber das ist ein gefährlicher […] Glaube. Er führt zu der Schlussfolgerung, dass der Krieg unvermeidlich ist, dass die Menschheit zum Untergang verurteilt ist […]. Wir brauchen diese Ansicht nicht zu akzeptieren. Unsere Probleme sind von Menschen geschaffen, deshalb können sie auch von Menschen gelöst werden. […]
Wir sollten uns […] auf einen praktischeren, erreichbareren Frieden konzentrieren, der […] auf einer Reihe von konkreten Maßnahmen und wirksamen Übereinkünften basiert, die im Interesse aller Betroffenen liegen. Für diesen Frieden gibt es keinen einfachen Schlüssel, keine großartige oder magische Formel, die sich eine oder zwei Mächte aneignen könnten. Der echte Friede muss das Produkt vieler Nationen sein, die Summe vieler Maßnahmen. Er muss dynamisch, nicht statisch sein, er muss flexibel sein, um den großen Aufgaben einer jeden Generation zu entsprechen. Denn der Friede ist ein Prozess – ein Weg, Probleme zu lösen.

Zitiert nach: Ernst-Otto Czempiel und Carl-Christoph Schweitzer, Weltpolitik der USA nach 1945, Schriftenreihe der Bundeszentrale für politische Bildung, Bonn 1987, S. 277 ff.

Arbeitsvorschläge

32065-0186

1. Arbeiten Sie aus der Rede von John F. Kennedy seine Position zu Krieg, Frieden und der Sowjetunion heraus.
2. Erläutern Sie die Gründe, warum Kennedy eine „Strategie des Friedens" entwickelt hat. | F

M4 Q KSZE-Schlussakte von Helsinki

Die Ergebnisse der Konferenz über Sicherheit und Zusammenarbeit in Europa werden am 1. August 1975 in einer gemeinsamen Schlussakte formuliert. Diese stellt ausdrücklich kein völkerrechtlich verbindliches Abkommen, sondern eine Absichtserklärung dar:

I. Souveräne Gleichheit, Achtung der der Souveränität innewohnenden Rechte
Die Teilnehmerstaaten werden gegenseitig ihre souveräne Gleichheit und Individualität sowie alle ihrer Souveränität innewohnenden und von ihr umschlossenen Rechte achten, einschließlich insbesondere des Rechts eines jeden Staates auf rechtliche Gleichheit, auf territoriale Integrität sowie auf Freiheit und politische Unabhängigkeit. Sie werden ebenfalls das Recht jedes anderen Teilnehmerstaates achten, sein politisches, soziales, wirtschaftliches und kulturelles System frei zu wählen und zu entwickeln sowie sein Recht, seine Gesetze und Verordnungen zu bestimmen. […]
II. Enthaltung von der Androhung oder Anwendung von Gewalt
Die Teilnehmerstaaten werden sich in ihren gegenseitigen Beziehungen sowie in ihren internationalen Beziehungen im Allgemeinen der Androhung oder Anwendung von Gewalt, die gegen die territoriale Integrität oder politische Unabhängigkeit irgendeines Staates gerichtet oder auf irgendeine andere Weise mit den Zielen der Vereinten Nationen und mit der vorliegenden Erklärung unvereinbar ist, enthalten. […]

III. Unverletzlichkeit der Grenzen

Die Teilnehmerstaaten betrachten gegenseitig alle ihre Grenzen sowie die Grenzen aller Staaten in Europa als unverletzlich und werden deshalb jetzt und in der Zukunft keinen Anschlag auf diese Grenzen verüben. […]

IV. Territoriale Integrität der Staaten

Die Teilnehmerstaaten werden die territoriale Integrität eines jeden Teilnehmerstaates achten. Dementsprechend werden sie sich jeder mit den Zielen und Grundsätzen der Charta der Vereinten Nationen unvereinbaren Handlung gegen die territoriale Integrität, politische Unabhängigkeit oder Einheit eines jeden Teilnehmerstaates enthalten, insbesondere jeder derartigen Handlung, die eine Androhung oder Anwendung von Gewalt darstellt. […]

V. Friedliche Regelung von Streitfällen

Die Teilnehmerstaaten werden Streitfälle zwischen ihnen mit friedlichen Mitteln auf solche Weise regeln, dass der internationale Frieden und die internationale Sicherheit sowie die Gerechtigkeit nicht gefährdet werden. […]

VI. Nichteinmischung in innere Angelegenheiten

Die Teilnehmerstaaten werden sich ungeachtet ihrer gegenseitigen Beziehungen jeder direkten oder indirekten, individuellen oder kollektiven Einmischung in die inneren oder äußeren Angelegenheiten enthalten, die in die innerstaatliche Zuständigkeit eines anderen Teilnehmerstaates fallen.

VII. Achtung der Menschenrechte und Grundfreiheiten

Die Teilnehmerstaaten werden die Menschenrechte und Grundfreiheiten, einschließlich der Gedanken-, Gewissens-, Religions- oder Überzeugungsfreiheit für alle ohne Unterschied der Rasse, des Geschlechts, der Sprache oder der Religion achten.

VIII. Zusammenarbeit zwischen den Staaten

Die Teilnehmerstaaten werden […] sich gleichermaßen bemühen, bei der Entwicklung ihrer Zusammenarbeit das Wohlergehen der Völker zu verbessern und zur Erfüllung ihrer Wünsche beizutragen, unter anderem durch die Vorteile, die sich aus größerer gegenseitiger Kenntnis sowie dem Fortschritt und den Leistungen im wirtschaftlichen, wissenschaftlichen, technischen, sozialen, kulturellen und humanitären Bereich ergeben.

Konferenz über Sicherheit und Zusammenarbeit in Europa, Schlussakte, Helsinki vom 01.08.1975, zitiert nach: OSCE (Organization for Security and Co-Operation in Europe), https://www.osce.org/sites/default/files/f/documents/6/e/39503.pdf [Zugriff: 15.01.2026]

Arbeitsvorschläge 32065-0187

1. Stellen Sie gegenüber: Welche Teile des Dokuments entsprechen vorwiegend den sowjetischen, welche den westlichen Interessen? | H
2. Begründen Sie, warum die KSZE-Schlussakte große Bedeutung für die Oppositionsbewegung in den osteuropäischen Staaten hatte.

M5 Q „Bin gespannt, was denen drüben nach Helsinki noch alles einfällt“

Karikatur von Walter Hanel aus dem Jahr 1975.

Arbeitsvorschläge 32065-0188

1. Analysieren Sie die Karikatur.
2. Bewerten Sie die Bedeutung der KSZE-Schlussakte für die ostdeutsche Bevölkerung.

M 6 D Fieberkurve der Ost-West-Beziehungen

Die Schärfe der Konfrontation und der Grad der Entspannung werden von dem Politikwissenschaftler Karl Dietrich Bracher in eine Skala von –10 bis +10 eingeteilt. Im Mittelpunkt seiner Wertungen stehen die amerikanisch-sowjetischen Beziehungen:

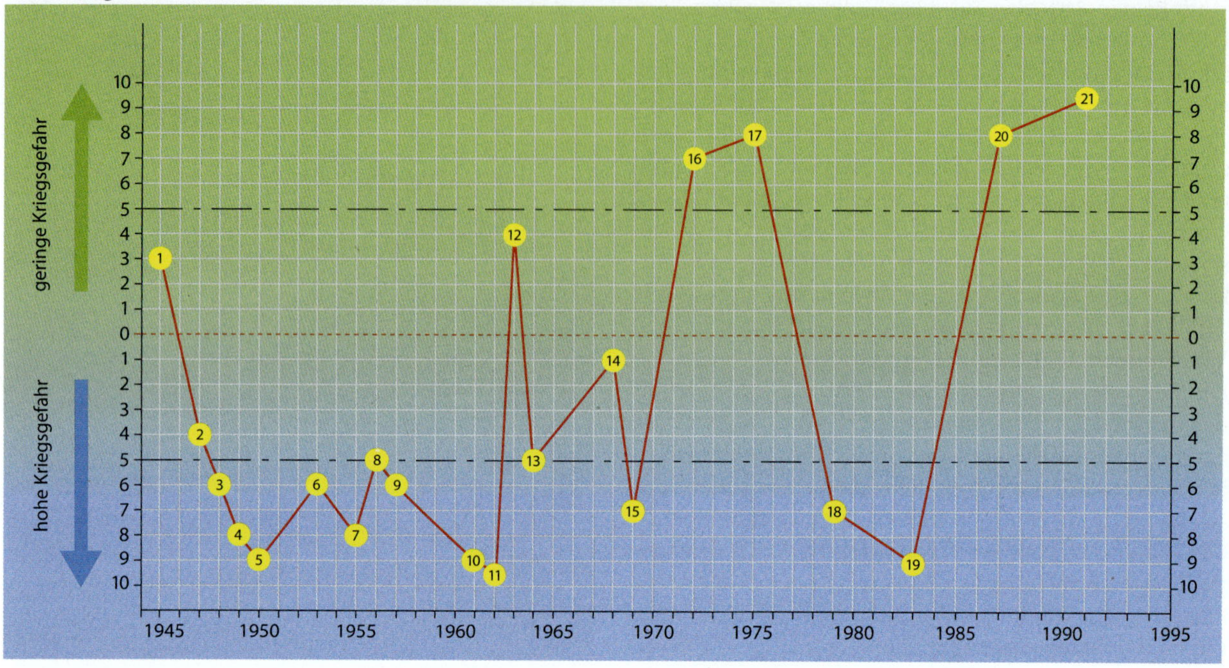

Grafik nach einer Idee von: Karl Dietrich Bracher, Die Krise Europas 1917 – 1975, Frankfurt am Main 1976, S. 443

1 1945 Zweiter Weltkrieg endet; Gründung der UNO
2 1947 Truman-Doktrin; Marshall-Plan; Zwei-Lager-Theorie
3 1948 Kommunistischer Umsturz in der Tschechoslowakei; Beginn der sowjetischen Blockade Berlins
4 1949 Gründung der NATO; kommunistische Staatsgründungen in China und der DDR
5 1950 Ausbruch des Korea-Krieges
6 1953 Tod Stalins; Volksaufstand in der DDR; Waffenstillstand in Korea
7 1955 Bundesrepublik wird NATO-Mitglied; Gründung der Warschauer Vertragsorganisation
8 1956 Aufstände in Polen und Ungarn; Suez-Krise
9 1957 „Sputnik“-Erfolg der Sowjetunion
10 1961 Bau der Berliner Mauer
11 1962 Kuba-Krise
12 1963 Vertrag über den Stopp von Atomtests; „Heißer Draht“ zwischen der amerikanischen und sowjetischen Führung
13 1964 Die USA erhöhen ihren militärischen Einsatz in Vietnam
14 1968 Kernwaffensperrvertrag; Ende des „Prager Frühlings“
15 1969 Mondlandung der Amerikaner
16 1972 SALT-I-Abkommen begrenzt die Zahl nuklearer Angriffswaffen zwischen den USA und der UdSSR
17 1975 Schlussakte der KSZE in Helsinki
18 1979 NATO-Doppelbeschluss; sowjetischer Einmarsch in Afghanistan
19 1983 Abbruch aller Rüstungskontrollverhandlungen

Arbeitsvorschläge

32065-0189

1. Überprüfen Sie, ob der Verlauf der „Kurve“ zutreffend ist.
2. Bewerten Sie, ob die dargestellten Ereignisse alle denselben Stellenwert haben sollten.

Leitfrage

Nehmen Sie Stellung:

Entspannungspolitik und Abrüstungsbemühungen – das Ende der Bipolarität?

Auflösung der Blöcke und Bemühungen um Entspannung und Abrüstung nach 1990

M1 Q Gipfeltreffen in Washington
Foto vom 8. Dezember 1987
US-Präsident Ronald Reagan (r.) und der sowjetische Generalsekretär Michail Gorbatschow (l.) unterzeichnen den INF-Vertrag im Weißen Haus. Der Vertrag stellte einen ersten maßgeblichen Erfolg im Hinblick auf die Abrüstungsverhandlungen zwischen den beiden Großmächten dar.

32065-0479

1. Ordnen Sie das Foto in den zeitlichen Verlauf des Kalten Krieges ein.
2. Bewerten Sie den symbolischen Gehalt der Aufnahme.

Wende in der Sowjetunion

Im Rüstungswettlauf mit der überlegenen amerikanischen Wirtschaftsmacht konnte die Sowjetunion nicht mithalten. Sie hatte stets wesentlich mehr Mittel in den Militärsektor gelenkt, als ihre Volkswirtschaft verkraften konnte. Eine schwere Schädigung der Leistungskraft und Innovationsfähigkeit der sowjetischen Volkswirtschaft war die Folge. Der Lebensstandard der Bevölkerung sank immer weiter ab – teilweise unter das Niveau der Zarenzeit. Nach Breschnews Tod 1982 gaben seine beiden nur kurz amtierenden Nachfolger Juri Andropow (1914–1984, Amtszeit 1982–1984) und Konstantin Tschernenko (1911–1985, Amtszeit 1984–1985) keine neuen Impulse.

Der Wendepunkt kam erst mit **Michail Gorbatschow**, dem neuen Generalsekretär der KPdSU seit März 1985. Mit einer Politik der „Offenheit" (**Glasnost**) und der „Umgestaltung" (**Perestroika**) versuchte er, der ökonomischen Krise seines Landes Herr zu werden. Gorbatschows Reformen im Innern wollten den Sozialismus keineswegs abschaffen, sondern ihn menschlicher und leistungsfähiger machen. Er ordnete Wahlen zum Kongress der Volksdeputierten an (März 1989). Erstmals seit 1917 konnten die Bürger zwischen mehreren Kandidaten frei und geheim entscheiden. Im März 1990 wurde Gorbatschow in das neu geschaffene Amt eines Präsidenten der UdSSR gewählt. Die Freiheit zur öffentlichen Kritik an den Missständen im Land und an der Kommunistischen Partei entwickelte nun eine Dynamik, die das Machtmonopol der KPdSU binnen Kurzem beendete.

Abkehr von der Weltmachtpolitik

Auch in der Außenpolitik verkündete Gorbatschow seit 1985 ein „neues Denken". Es führte zu einem völligen Bruch mit der bisherigen Militär- und Sicherheitspolitik der Sowjetunion. Zum ersten Mal gab die sowjetische Führung zu, dass die inneren Probleme des Landes wesentlich durch die Hochrüstungspolitik zur Demonstration des eigenen Weltmachtanspruchs verursacht worden waren. Gorbatschow machte eine Reihe von Vorschlägen zur Beendigung des Wettrüstens, betonte den Gedanken der

LEIT-FRAGE

Das Ende des Kalten Krieges – von der bipolaren zur unipolaren Weltordnung?

Michail Sergejewitsch Gorbatschow (1931–2022): studierter Jurist, ab 1978 Sekretär des Zentralkomitees für Landwirtschaft, 1985–1991 letzter sowjetischer Staats- und Parteichef, erhielt 1990 den Friedensnobelpreis

Glasnost und Perestroika: Die Begriffe „Glasnost" (dt.: Offenheit, Durchsichtigkeit) und „Perestroika" (dt.: Umbau, Umgestaltung) stehen für Michail Gorbatschows Reformpolitik in der UdSSR von 1985 bis 1991. Sie sollte die kommunistische Herrschaft stabilisieren, führte aber letztlich zum Gegenteil.

M2 Q Gorbatschow als Mann des Jahres
Titelblatt „Der Spiegel“ vom 12. Dezember 1988

- Erläutern Sie das Spiegel-Titelblatt im Hinblick auf die Politik Gorbatschows.

„gemeinsamen Sicherheit“ und forderte die einvernehmliche Ausgestaltung des „europäischen Hauses“. Um die gesellschaftliche und wirtschaftliche Erneuerung in die Wege zu leiten, betonte er den Wunsch nach enger wirtschaftlicher Zusammenarbeit mit den westlichen Industrieländern.

Innerhalb weniger Jahre wandelten sich die sowjetisch-amerikanischen Beziehungen tiefgreifend. Nach mehreren Gipfeltreffen Gorbatschows mit US-Präsident Reagan unterzeichneten beide in Washington am 8. Dezember 1987 den INF-Vertrag. Erstmals wurde ein wirklicher Abrüstungserfolg erzielt. Die Sowjetunion musste 1500, die USA 500 Systeme verschrotten. Moskau stellte zudem seine Unterstützung sozialistischer Regime in der Karibik, in Afrika und Asien ein (1986), zog seine Streitkräfte aus Afghanistan ab (1988/89) und kündigte vor der UNO einseitige Truppenverringerungen an (1989). Der wichtigste Schritt war jedoch die Anerkennung der nationalen Unabhängigkeit der bisherigen Ostblockstaaten (1987/88). Der neuen sowjetischen Führung war es ernst mit ihrem Wunsch, ihr Land politisch und wirtschaftlich in die Weltgemeinschaft zu integrieren.

Ende des Rüstungswettlaufs und Beilegung des Ost-West-Konflikts

Nach dem Sieg der Reformkräfte in den Staaten des Ostblocks waren die Hindernisse für die jahrzehntelang stagnierenden Gespräche über konventionelle Abrüstung weggefallen. Am 19. November 1990 unterzeichneten die NATO- und die Staaten der Warschauer Vertragsorganisation anlässlich der KSZE-Folgekonferenz in Paris den Vertrag über konventionelle Streitkräfte in Europa (KSE-Vertrag). Vereinbart wurden ein drastischer Waffenabbau sowie ein detailliertes Überprüfungssystem. Außerdem wurden für die einzelnen Regionen zwischen Atlantik und Ural verbindliche Rüstungsobergrenzen festgelegt.

Gleichzeitig erklärten die Staats- und Regierungschefs der KSZE-Konferenz am 21. November 1990 in der Charta von Paris für ein neues Europa die Feindschaft zwischen Ost und West und damit die Ära des Kalten Krieges für beendet.

Das Abrüsten geht weiter

Die Bemühungen um Entspannung und Abrüstung rissen auch in den folgenden Jahren nicht ab. Im Juli 1991 einigten sich die Sowjetunion und die USA nach neunjähriger Verhandlungszeit auf eine Reduzierung ihrer interkontinentalen Atomraketen um knapp 40 Prozent (Start-I-Vertrag). Einen weiteren Schritt zu gegenseitigem Vertrauen und Transparenz stellte der Vertrag über den Offenen Himmel (engl. Treaty on Open Skies) dar, der am 24. März 1992 zwischen 27 Staaten der NATO und des ehemaligen Warschauer Pakts geschlossen wurde und 2002 rechtlich in Kraft trat. In diesem verständigten sich die Vertragspartner darauf, jährlich eine bestimmte Anzahl an gegenseitigen Beobachtungsflügen über ihren jeweiligen Staatsgebieten zuzulassen. Einen einschneidenden Abbau der atomaren Vernichtungswaffen sollte zudem der im Januar 1993 unterzeichnete START-II-Vertrag bringen, der die Beseitigung von etwa zwei Dritteln aller Nuklearwaffen bis zum Jahr 2003 festschrieb. Damit wäre in etwa der Stand der späten Fünfzigerjahre wieder erreicht worden. Allerdings trat der Vertrag nicht in Kraft. 1995 wurde der Atomwaffensperrvertrag, bei dem sich die USA, die Sowjetunion und Großbritannien 1968 auf die Nichtverbreitung von Kernwaffen verständigt hatten, auf unbestimmte Zeit verlängert.

INF-Vertrag (Intermediate Range Nuclear Forces): Abkommen der Supermächte über die Beseitigung aller Mittelstreckenraketen mit einer Reichweite zwischen 500 und 5500 km

START: Abkürzung für „Strategic Arms Reduction Talks“

M3 Q In der Arena
Die Reformen Gorbatschows wurden auch im Ausland beobachtet und kommentiert. Am 8. Juli 1988 veröffentlicht die englische Tageszeitung „The Independent" diese Karikatur von Nicholas Garland.

- ▶ Analysieren Sie die Karikatur.
- ▶ Beurteilen Sie, inwiefern „Unrest" (Unruhe), „Riots" (Tumulte) und „Strikes" (Streiks) Bedrohungen für die Reformpolitik Gorbatschows darstellten.

Bildinformation
31000-966

Von der Sowjetunion zur Gemeinschaft Unabhängiger Staaten

In der Sowjetunion verstand es Gorbatschow zunächst virtuos, sich an die Spitze der inneren Demokratisierungsprozesse zu stellen und dafür auch den Beifall der gebannt zuschauenden westlichen Öffentlichkeit zu erhalten. Allerdings verfügte er über kein Konzept für den dringend notwendigen Umbau der sowjetischen Planwirtschaft. Die beharrenden Kräfte erwiesen sich stärker als das geforderte „neue Denken". Die Versorgungslage der Bevölkerung wurde immer schlechter, Streiks und Demonstrationen sorgten zunehmend für Unruhe im Land. Zur wirtschaftlichen Krise kamen die lang vernachlässigten Nationalitätenprobleme. Die Unionsrepubliken – allen voran die Balten und Kaukasier – strebten nach größerer Selbstständigkeit, die ihnen Gorbatschow auch einräumen wollte. Um dies zu verhindern, putschte eine Gruppe orthodox-kommunistischer Politiker, die strikt gegen Gorbatschows Reformen waren, im August 1991 gegen den amtierenden Staatschef. Unter Federführung des sowjetischen Geheimdienstes KGB setzten die Verschwörer den Präsidenten gefangen und verhängten den Ausnahmezustand über das Land. Doch schon nach zwei Tagen gaben die Putschisten auf. Der Widerstand der Bevölkerung wurde von Boris Jelzin (1931–2007) angeführt, dem kurz zuvor gewählten Präsidenten der Russischen Föderation, dem Kernland der Sowjetunion. Jelzin verbot nach dem misslungenen Staatsstreich die Kommunistische Partei in Russland und beschleunigte die Ansätze zur Auflösung der Sowjetunion.

Der Zerfall des Landes war nun nicht länger aufzuhalten. Zahlreiche Sowjetrepubliken, darunter die **baltischen Staaten**, die Ukraine und Moldawien, lösten sich von Moskau. Auch dort wurde die Kommunistische Partei verboten. Am 21. Dezember 1991 gründeten 15 nunmehr unabhängige Republiken die Gemeinschaft Unabhängiger Staaten (GUS) und erklärten die UdSSR für aufgelöst. Russland als bedeutendstes

Baltische Staaten: Estland, Lettland und Litauen, seit 1918 unabhängig, 1940 von der Sowjetunion annektiert. 1991 erklärten sie ihre Unabhängigkeit und traten aus dem Staatsverband der UdSSR aus.

M4 **Q** **Das Ende der Sowjetunion**
Titelbild „Der Spiegel“ vom 2. September 1991

- Analysieren Sie, wie das Ende der Sowjetunion dargestellt wird.

Animierte Karte:
Auflösung des Ostblocks
32065-0190

Mitglied der GUS übernahm deren Sitz in der UNO. Fünf Tage später trat Gorbatschow als Präsident der Sowjetunion zurück.

Der Ostblock löst sich auf

Die von Moskau ausgehenden Reformanstöße ab Mitte der 1980er-Jahre stärkten auch die oppositionellen Bürgerrechtsbewegungen in den Mitgliedstaaten der Warschauer Vertragsorganisation. Als die sowjetische Außenpolitik ab 1989 die Entwicklung wieder bremsen wollte, war es bereits zu spät: Das Ende der kommunistischen Parteidiktaturen war nicht mehr aufzuhalten. Vorreiter waren Polen und Ungarn, wo unter Mitwirkung kommunistischer Reformkräfte 1989 bzw. 1990 freie Wahlen stattfanden. Auch die DDR, die Tschechoslowakei, Bulgarien, Rumänien und Albanien befreiten sich meist friedlich von ihren kommunistischen Regierungen. Die DDR löste sich auf, und die aus ihr gebildeten fünf ostdeutschen Länder traten am 3. Oktober 1990 der Bundesrepublik Deutschland bei. Im Juni und Juli 1991 wurden der Rat für Gegenseitige Wirtschaftshilfe (RGW) und das Militärbündnis der Warschauer Vertragsorganisation aufgelöst. Seit 1999 sind Polen, Ungarn und die Tschechische Republik, seit 2004 die baltischen Staaten, Bulgarien, Rumänien, die Slowakei und Slowenien Mitglieder der NATO und seit 2004 bzw. 2007 auch Mitglieder der Europäischen Union. Sie und weitere Länder Ostmitteleuropas unternahmen in den 1990er-Jahren erhebliche Anstrengungen beim Aufbau von Rechtsstaat, Demokratie und Marktwirtschaft sowie der Schaffung einer sich in Parteien, freien Verbänden und Gewerkschaften organisierenden Bürgergesellschaft.

M5 Q „Charta von Paris für ein neues Europa“

Am 21. November 1990 unterzeichnen die Staats- und Regierungschefs der KSZE-Teilnehmerstaaten die „Charta von Paris für ein neues Europa“. Sie bestätigen die Vereinbarungen der Akte von Helsinki und erklären außerdem:

Das Zeitalter der Konfrontation und der Teilung Europas ist zu Ende gegangen. Wir erklären, dass sich unsere Beziehungen künftig auf Achtung und Zusammenarbeit gründen werden.

Europa befreit sich vom Erbe der Vergangenheit. Durch den Mut von Männern und Frauen, die Willensstärke der Völker und die Kraft der Ideen der Schlussakte von Helsinki bricht in Europa ein neues Zeitalter der Demokratie, des Friedens und der Einheit an. […]

Wir verpflichten uns, die Demokratie als die einzige Regierungsform unserer Nationen aufzubauen, zu festigen und zu stärken.

Demokratische Regierung gründet sich auf den Volkswillen, der seinen Ausdruck in regelmäßigen, freien und gerechten Wahlen findet. Demokratie beruht auf Achtung vor der menschlichen Person und Rechtsstaatlichkeit. Demokratie ist der beste Schutz für freie Meinungsäußerung, Toleranz gegenüber allen gesellschaftlichen Gruppen und Chancengleichheit für alle. […]

Die Gefahr von Konflikten in Europa hat abgenommen, doch es bedrohen andere Gefahren die Stabilität unserer Gesellschaften. Wir sind entschlossen, bei der Verteidigung der demokratischen Institutionen gegen Verletzungen der Unabhängigkeit, souveränen Gleichheit oder territorialen Integrität der Teilnehmerstaaten zusammenzuarbeiten. Dazu zählen illegale Aktivitäten unter Anwendung von äußerem Druck, Zwang und Subversion. In dem Bewusstsein, dass die friedliche Beilegung von Streitfällen eine wesentliche Vervollständigung der Pflicht der Staaten ist, sich der Androhung oder Anwendung von Gewalt zu enthalten, und dass beide wesentliche Faktoren für die Aufrechterhaltung und Festigung des Weltfriedens und der internationalen Sicherheit sind, werden wir nicht nur darum bemüht sein, nach wirksamen Verfahren zur Verhütung immer noch möglicher Konflikte durch politische Mittel zu suchen, sondern im Einklang mit dem Völkerrecht auch geeignete Mechanismen zur friedlichen Beilegung eventueller Streitfälle festzulegen.

Charta von Paris für ein neues Europa, Paris 1990, zitiert nach: Deutscher Bundestag, https://www.bundestag.de/resource/blob/189558/21543d-1184c1f627412a3426e86a97cd/charta-data.pdf [Zugriff: 15.01.2026]

Arbeitsvorschläge

32065-0191

1. Fassen Sie die zentralen Aussagen der Quelle zusammen.
2. Erklären Sie den historischen Zusammenhang, der die Charta 1990 möglich gemacht hat.
3. „Das Zeitalter der Konfrontation und der Teilung Europas ist zu Ende gegangen“ (vgl. Zeile 1 f.). Prüfen Sie, inwieweit Sie dieser Aussage angesichts der Entwicklungen seit 1990 zustimmen können. | H

M6 Q Die neue Freiheit der Bündnispartner

Karikatur von Nicholas Garland, The Independent vom 12. Mai 1989.

Bildinformation

31000-73

Arbeitsvorschläge

32065-0192

1. Interpretieren Sie die Karikatur mithilfe des Mediencodes.
2. Bewerten Sie die dargestellte Rolle Gorbatschows bei der Auflösung des Ostblocks.

M 7 Q Das Ende der Sowjetunion

Der Staatspräsident der untergehenden Sowjetunion, Michail Gorbatschow, tritt einen Tag nach seiner Abschiedsrede am 25. Dezember 1991 zurück. Darin heißt es:

Das Schicksal hat es so gefügt, dass es sich bereits bei meiner Amtsübernahme zeigte, dass es im Land Probleme gab. Gott hat uns viel geschenkt: Land, Erdöl, Gas und andere Naturreichtümer. Und auch viele talentierte und kluge Menschen. Und dabei leben unsere Menschen schlechter als in den anderen entwickelten Ländern. Wir bleiben sogar immer weiter hinter ihnen zurück. Der Grund dafür war schon zu sehen – die Gesellschaft befand sich in der Schlinge eines bürokratischen Kommandosystems. Die Gesellschaft musste der Ideologie dienen und dabei die furchtbare Last des Wettrüstens tragen. […] Alle Versuche von halbherzigen Reformen […] scheiterten nacheinander. Das Land verlor immer mehr an Perspektive. So konnte man nicht weiterleben. Es musste alles grundlegend verändert werden. […]

Mir war klar, dass die Einleitung von solchen großen Reformen in einer solchen Gesellschaft wie der unseren eine äußerst schwere und auch in bestimmter Hinsicht eine riskante Sache ist. Und auch heute bin ich noch von der historischen Richtigkeit der demokratischen Reformen überzeugt, die im Frühjahr 1985 eingeleitet wurden.

Der Prozess der Erneuerung des Landes und der grundlegenden Veränderungen in der Weltgemeinschaft hat sich komplizierter erwiesen, als man voraussagen konnte. Trotzdem muss man das Vollbrachte gebührend einschätzen. Die Gesellschaft wurde frei. Und das in politischer und geistiger Hinsicht. Und das ist die größte Errungenschaft. […] Es wurde ein totalitäres System beseitigt, das ein weiteres Aufblühen und Wohlergehen des Landes verhinderte. Es wurde ein Durchbruch zu demokratischen Veränderungen vollzogen. Freie Wahlen, eine freie Presse, Religionsfreiheit, wirkliche Machtorgane und ein Mehrparteiensystem wurden zur Realität. Die Menschenrechte wurden als oberstes Prinzip anerkannt. Es wurde mit dem Übergang zu einer vielseitigen Wirtschaft begonnen. Alle Formen des Eigentums werden als gleichberechtigt anerkannt, im Rahmen der Bodenreform ist die Bauernschaft wiedererstanden. Farmen wurden gegründet, Millionen Hektar Land werden an Land- und Stadtbewohner übergeben. Die wirtschaftliche Freiheit des Produzenten wurde gesetzlich verankert. Das Unternehmertum, die Gründung von Aktiengesellschaften und die Privatisierung gewannen immer mehr an Kraft. Es muss daran erinnert werden, dass der Übergang zur Marktwirtschaft im Interesse des Menschen erfolgt. […]

Wir leben in einer anderen Welt: Der „Kalte Krieg“ ist vorbei. Das Wettrüsten wurde gestoppt. Die wahnsinnige Militarisierung unseres Landes, die unsere Wirtschaft, das gesellschaftliche Bewusstsein und die Moral zugrunde richtete, wurde beendet. Die Gefahr eines Weltkrieges wurde beseitigt. […] Wir öffneten uns der Welt und verzichteten auf die Einmischung in fremde Angelegenheiten sowie auf den Einsatz von Truppen außerhalb unseres Landes. Und man antwortete uns mit Vertrauen, Solidarität und Respekt. Wir wurden zu einer der wichtigsten Stützen bei der Umgestaltung der modernen Zivilisation auf friedlicher und demokratischer Basis. Die Völker und Nationen haben die reale Freiheit erhalten, den Weg ihrer Entwicklung selbst zu bestimmen. Die Suche nach einer demokratischen Reformierung unseres Vielvölkerstaates führte uns an die Schwelle eines neuen Unionsvertrages.

Ich möchte von ganzem Herzen all jenen danken, die in all diesen Jahren mit mir für die gerechte und gute Sache eingetreten sind. Sicherlich war eine Reihe von Fehlern vermeidbar. Vieles hätte man besser machen können. Aber ich bin überzeugt, dass unsere Völker in einer aufblühenden und demokratischen Gesellschaft leben werden.

Zitiert nach: Die Sowjetunion 1953–1991, hrsg. von der Bundeszentrale für politische Bildung (Informationen zur politischen Bildung, Heft 236), Bonn 1992, S. 38

Arbeitsvorschläge

32065-0193

1. Arbeiten Sie heraus, welche schwierigen Bedingungen und Probleme in der Sowjetunion Gorbatschow nennt.
2. Fassen Sie die innen- und außenpolitischen Ziele und Grundsätze der Reformen Gorbatschows zusammen. | F
3. Prüfen Sie, ob sich aus dieser Bilanz neue politische Visionen ableiten lassen.

M8 Q „Wir sind nicht mehr länger Gegner"

Anfang 1992 unterzeichnen der amerikanische Präsident George Bush und der russische Präsident Boris Jelzin eine gemeinsame Erklärung:

Zum Abschluss dieses historischen Treffens zwischen einem amerikanischen Präsidenten und dem Präsidenten eines neuen und demokratischen Russland stimmen wir – die Führer von zwei großen Völkern und Nationen – überein, dass eine Reihe von Prinzipien die Beziehungen zwischen Russland und Amerika leiten sollten:

Erstens, dass Russland und die Vereinigten Staaten sich nicht länger als potenzielle Gegner betrachten. Von heute an wird ihre Beziehung durch Freundschaft und Partnerschaft charakterisiert sein, die auf gegenseitigem Vertrauen und Respekt und einer gemeinsamen Verpflichtung zu Demokratie und wirtschaftlicher Freiheit beruht.

Zweitens, dass wir daran arbeiten werden, irgendwelche Überreste von Kalter-Kriegs-Feindseligkeit zu beseitigen, eingeschlossen Schritte zur Verringerung unserer strategischen Arsenale.

Drittens, das wir alles in unserer Macht Stehende tun werden, um gegenseitiges Wohlbefinden unserer Völker zu fördern und die Bindungen so weit als möglich auszubauen, die unsere Völker jetzt vereinen. Offenheit und Toleranz sollten das Markenzeichen der Beziehungen zwischen unseren Völkern und Regierungen sein.

Viertens, dass wir aktiv freien Handel, Investitionen und wirtschaftliche Zusammenarbeit zwischen unseren beiden Ländern fördern.

Fünftens, dass wir jede Anstrengung unternehmen, die Förderung der von uns geteilten Werte der Demokratie, der Herrschaft des Rechts, der Respektierung der Menschenrechte einschließlich der Rechte von Minderheiten, der Respektierung von Grenzen und der friedlichen Veränderung weltweit zu unterstützen.

Sechstens, dass wir aktiv zusammenarbeiten, – die Ausbreitung von Massenvernichtungswaffen und dazugehöriger Technologie zu verhindern und die Ausbreitung von konventionellen Waffen auf der Grundlage von zu vereinbarenden Prinzipien zu beschränken; – regionale Konflikte friedlich beizulegen und – Terrorismus entgegenzutreten, Rauschgifthandel zu stoppen und der Umweltschädigung vorzubeugen.

Mit der Annahme dieser Prinzipien beginnen die Vereinigten Staaten und Russland heute eine neue Ära in ihren Beziehungen. In dieser neuen Ära streben wir nach Frieden, einem anhaltenden Frieden, der auf dauerhaften gemeinsamen Werten beruht. Dies kann ein Zeitalter von Frieden und Freundschaft sein, das nicht nur unseren Völkern, sondern Völkern in der ganzen Welt Hoffnung bringt. Denn während unser Konflikt die Welt für Generationen teilen half, können wir nun, in Zusammenarbeit mit anderen und zwischen uns, die Welt durch unsere Freundschaft vereinigen – eine neue Allianz von Partnern, die gegen die gemeinsamen Gefahren arbeitet, vor denen wir stehen.

Süddeutsche Zeitung vom 3. Februar 1992, S. 27

Arbeitsvorschläge

32065-0194

1. Nennen Sie die wichtigsten Gründe für das Ende des Kalten Krieges zwischen den beiden Weltmächten.
2. Erörtern Sie, welche ideologischen Vorstellungen sich in der Erklärung überwiegend wiederfinden.
3. Gegenwärtig bedrohen neue Konflikte den Frieden in Europa und in der Welt. Benennen Sie dafür die Ursachen. Beurteilen Sie, inwiefern die Folgen des Kalten Krieges bis heute Einfluss auf diese Konflikte haben.

Leitfrage

Nehmen Sie Stellung:
Das Ende des Kalten Krieges – von der biopolaren zur unipolaren Weltordnung?

Erneute und neue Spannungen unter dem Vorzeichen polyzentrischer Weltordnung

Bildinformation

31000-74

M1 Q „Wiederauferstehung“
Karikatur von Waldemar Mandzel aus dem Jahr 2017

32065-0480

1. Analysieren Sie die Karikatur.
2. Diskutieren Sie, inwiefern die Karikatur immer noch aktuell ist.

LEIT-FRAGE

Konflikte und Spannungen bis in die Gegenwart – Kalter Krieg 2.0?

Die USA nach 1990

Nach dem Ende des Kalten Krieges und dem Zerfall des Ostblocks sahen sich die USA als einzige verbliebene Weltmacht eines unipolaren Systems. Ihr Ziel war die weltweite Durchsetzung der westlichen Werte von Demokratie und Menschenrechten, auch mithilfe des Militärs. Dabei zeigten sich schnell die Probleme des neuen Selbstverständnisses. Zum einen war die Hilfe der USA bei den Betroffenen nicht immer willkommen und wurde mitunter als Einmischung in fremde Angelegenheiten empfunden, wie schon im Krieg gegen den Irak 1990/91 deutlich wurde. Zum anderen wurden die hohe finanzielle Belastung und die Risiken der Einsätze zum Problem. Die USA forderten daher ihre Verbündeten zu größerem Engagement auf und versuchten im Lauf der 1990er-Jahre zunehmend, ihre Ziele auf diplomatischem Weg zu erreichen. Sie behielten sich jedoch vor, präventiv anzugreifen, wenn sie ihr Land gefährdet sahen. Mehr und mehr stellten einige Staaten zudem die Vorherrschaft der USA infrage. Es zeigte sich, dass das Ende des Kalten Krieges keine unipolare, sondern eine polyzentrische Weltordnung hatte entstehen lassen.

Russland nach 1990

Trotz wirtschaftlicher Reformen geriet Russland unter Boris Jelzin in eine schwere wirtschaftliche Krise. Zudem hatte das Land weiterhin mit Unabhängigkeitsbestrebungen zu kämpfen, der von der Führung militärisch unterdrückt wurde. Außenpolitisch näherte sich Russland zunächst an den Westen an. Da jedoch einige der ehemaligen Mitglieder des Warschauer Paktes der NATO und der EU beitraten, weiteten sich diese beiden Organisationen immer weiter in den sowjetisch-russischen Einflussbereich aus. Dies betrachteten viele russische Politiker und national gesinnte Bevölkerungsgruppen als bedrohliche Missachtung der Interessen Russlands. So auch **Wladimir Putin**, der Boris Jelzin 2000 als Staatspräsident ablöste. Mithilfe von Verfassungsänderungen baute er die Macht des Präsidentenamts aus und schränkte demokratische Entwicklungen wieder ein. Sein zunehmend autokratischer Regierungsstil und die immer offener zutage tretende Missachtung der Grund- und Menschenrechte machten die Beziehungen zum Westen dabei immer problematischer.

Zu Beginn des neuen Jahrtausends nutzte Russland seinen Rohstoffreichtum, um durch die ständige Nachfrage nach Energie seinen politischen Einfluss auszubauen. Dabei nutzte Putin die Abhängigkeit vieler Staaten von russischer Energie als Druckmittel gegen aufsässige ehemalige Teilstaaten oder kritische westliche Länder. 2007 führte schließlich der Plan der USA, in Polen und Tschechien Raketenabwehrsysteme zu bauen, zu einem grundlegenden Wandel der russischen Außenpolitik. Als Großmacht strebt Russland mit Blick auf die ehemalige Sowjetunion territoriale Erweiterungen an, die sich beispielsweise gegen das Staatsgebiet der Ukraine und Georgiens richten. Dabei schreckt Russland auch nicht vor dem Einsatz militärischer Mittel zurück.

China als aufstrebende Weltmacht

Als die Volksrepublik China 1949 gegründet wurde, war sie ein reiner Agrarstaat. Daran änderten auch zahlreiche Umgestaltungsversuche Mao Zedongs zunächst nichts. Erst unter seinem Nachfolger Deng Xiaoping wurden ab 1978 umfassende Reformen umgesetzt. So wurde die zentralistische Planwirtschaft in eine staatlich kontrollierte Marktwirtschaft umgebaut. Im Zuge dessen wurden die Märkte für ausländische Investoren geöffnet und Universitäten und Forschungseinrichtungen gefördert. Außerdem wurde das Militär ausgebaut und aufgerüstet. All diese Maßnahmen bewirkten einen starken Wirtschaftsaufschwung. Forderungen nach politischen Reformen und demokratischer Mitsprache wurden und werden von der Kommunistischen Partei jedoch unterdrückt.

M2 Q Wladimir Wladimirowitsch Putin
(geb. 1952):
russischer Politiker; 1975–1991 Offizier des Geheimdienstes KGB, 2000–2008 und seit 2012 Präsident und 1999–2000 sowie 2008–2012 Ministerpräsident der Russischen Föderation

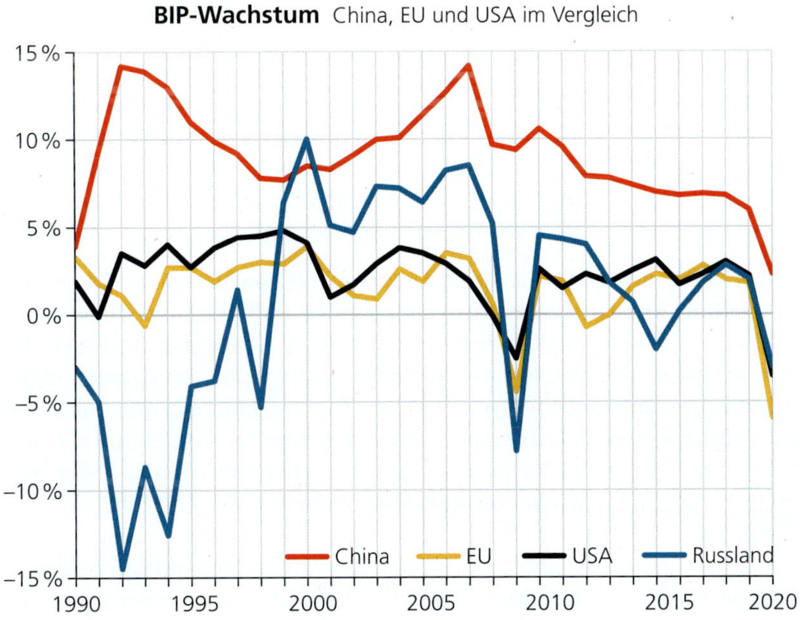

M3 D Die wirtschaftliche Entwicklung Chinas im Vergleich

- Vergleichen Sie die wirtschaftliche Entwicklung Chinas, der EU, der USA und Russlands nach dem Ende des Kalten Krieges.

M4 Q „Weltuntergangstag Amerika“
Titelblatt der britischen Zeitung „The Independent“ am 12. September 2001
Wie in vielen Medien weltweit dominierten Bilder und Schlagzeilen der Terroranschläge vom 11. September 2001 am darauffolgenden Tag auch die Titelseite des „The Independent“.

- ▶ Informieren Sie sich mithilfe des Mediencodes über die mediale Berichterstattung zu den Terroranschlägen auf die USA und erläutern Sie deren Bedeutung für die Welt.

internationaler Terrorismus: staatenübergreifend agierende Personen oder Gruppen, die gezielt Gewalt und Terror einsetzen, um politische, gesellschaftliche oder weltanschauliche Ziele zu erreichen

Internettipp:
32065-0196 Informationen zum 11. September und seinen Folgen

Seit dem Amtsantritt von Xi Jinping im Jahr 2012 ist China endgültig zu einer globalen Wirtschaftsmacht aufgestiegen und tritt damit zunehmend in Konkurrenz zu den USA. Damit einher ging eine Modernisierung und weitere Aufrüstung des Militärs. Bei vermeintlicher Einmischung ausländischer Mächte in innere Angelegenheiten, etwa durch Kritik an Menschenrechtsverletzungen oder der Forderung nach Minderheitenschutz, verweist China nachdrücklich auf die eigene nationale Souveränität.

Der 11. September und die Folgen

Obwohl al-Qaida bereits in den 1990er-Jahren Anschläge auf westliche Einrichtungen verübt hatte, sah die westliche Welt den **internationalen Terrorismus** religiös-fundamentalistischer Gruppen erst nach den Anschlägen vom 11. September 2001 (9/11) als starke Bedrohung an. Ziel al-Qaidas war ein islamischer Gottesstaat, der alle islamischen Länder und weitere Territorien umfassen sollte. Nach ihrem Anführer Osama bin Laden sollte dies durch Krieg gegen alle Feinde des Islam (vor allem westliche Staaten, insbesondere die USA) und die Vernichtung Israels erreicht werden. Am Morgen des 11. September 2001 entführten Terroristen vier Passagierflugzeuge, die sie auf das World Trade Center und das Pentagon lenkten. Der Anschlag löste eine weltweite Welle der Solidarität und Anteilnahme mit den USA aus. Auch Russland und China erklärten sich bereit, die USA im „Krieg gegen den Terror“ zu unterstützen. So marschierte im Oktober 2001 eine internationale Truppe mit UN-Mandat in Afghanistan ein. Das dortige Taliban-Regime hatte den al-Qaida-Führern Unterschlupf gewährt und ihre Aktivitäten unterstützt. Durch den Militäreinsatz wurden zwar die Taliban gestürzt, das Land konnte jedoch nicht dauerhaft befriedet werden und nach dem Truppenabzug 2021 übernahmen die Taliban erneut die Macht. Al-Qaida-Führer Osama bin Laden konnte nach der Besetzung Afghanistans lange untertauchen, bis er 2011 von den USA in Pakistan aufgespürt und getötet wurde.

Russland und der Westen heute – der Krieg in der Ukraine

1991 erklärte sich die Ukraine im Zuge der Auflösung des Ostblocks für unabhängig. Das Land verortete sich in der internationalen Politik zwischen Neutralität, westlicher Identitätsbildung und pragmatischen Beziehungen zu Russland. Wladimir Putin sah und sieht die Interessen und die Sicherheit Russlands durch die zunehmende Westintegration bedroht. Im Spätherbst 2013 verweigerte der damalige ukrainische Präsident unter russischem Einfluss die Unterzeichnung eines Assoziierungsabkommens mit der EU. Dies führte zu monatelangen Demonstrationen für einen pro-europäischen Kurs. Die eigentliche Ursache für die Proteste war vermutlich die Unzufriedenheit der Menschen mit dem korrupten und autoritären Regime.

Im Februar 2014 spitzten sich die Auseinandersetzungen gewaltsam zu – auch auf der ukrainischen Krim. Russland besetzte in der Folge die Halbinsel und gliederte sie anschließend ins russische Staatsgebiet ein. International wurde dies als Bruch des Völkerrechts angesehen. Als Folge verhängten die EU und die USA Sanktionen gegen Russland, während im Osten und Süden der Ukraine Zehntausende für den Anschluss an Russland demonstrierten. Im Osten der Ukraine, dem Donbass, wurden die „Volksrepubliken“ Donezk und Luhansk ausgerufen. Es kam zu kriegerischen Auseinandersetzungen zwischen der ukrainischen Armee und von Russland unterstützten Separatisten. Der Konflikt kam nicht zur Ruhe. Verschiedene Vermittlungsversuche und Friedenspläne hatten keinen nachhaltigen Erfolg, der Waffenstillstand wurde immer wieder gebrochen. Im Verlauf des Jahres 2021 spitzte sich die Lage immer weiter zu, als Russland seine Truppen an der Grenze zur Ostukraine verstärkte. Die NATO versetzte ihre Einsatzkräfte im Baltikum in erhöhte Alarmbereitschaft. Der russische Präsident Wladimir Putin forderte Sicherheitsgarantien von der NATO (u.a. Verzicht auf eine Osterweiterung) und im Folgenden den Abzug der NATO-Truppen aus Rumänien und Bulgarien. Die diplomatischen Bemühungen im Ukraine-Konflikt gingen weiter. Am 21. Februar 2022 erkannte Russland die Unabhängigkeit und Souveränität der Volksrepubliken Donezk und Luhansk an und brach damit die bisherigen Vereinbarungen. Am 24. Februar 2022 griff die russische Armee die Ukraine an. Bereits in den Wochen zuvor hatten die USA vor einem bevorstehenden Einmarsch Russlands in die Ukraine gewarnt. Die Ukrainerinnen und Ukrainer leisteten erbitterten Widerstand gegen die Angriffe aus der Luft und die russischen Bodentruppen.

Mehrere Millionen Ukrainer flohen vor den russischen Truppen innerhalb der Ukraine oder ins Ausland. Die westliche Welt reagierte geschlossen mit Sanktionen. Zudem unterstützte sie die Ukraine mit Waffen und humanitärer Hilfe, lehnte jedoch einen direkten Eingriff in den Krieg ab, z.B. mit der Schaffung einer Flugverbotszone. Russland hatte für den Fall eines direkten Eingreifens der NATO mit dem Einsatz von Kernwaffen gedroht. Kurz nach Kriegsbeginn unterzeichnete der Präsident der Ukraine, **Wolodymyr Selenskyj**, den offiziellen Antrag zur Aufnahme in die EU.

M 5 Q Wolodymyr Selenskyj (geb. 1978): ukrainischer Politiker, 1995–2000 Jurastudium mit anschließender Karriere als Schauspieler, seit 2019 Präsident der Ukraine

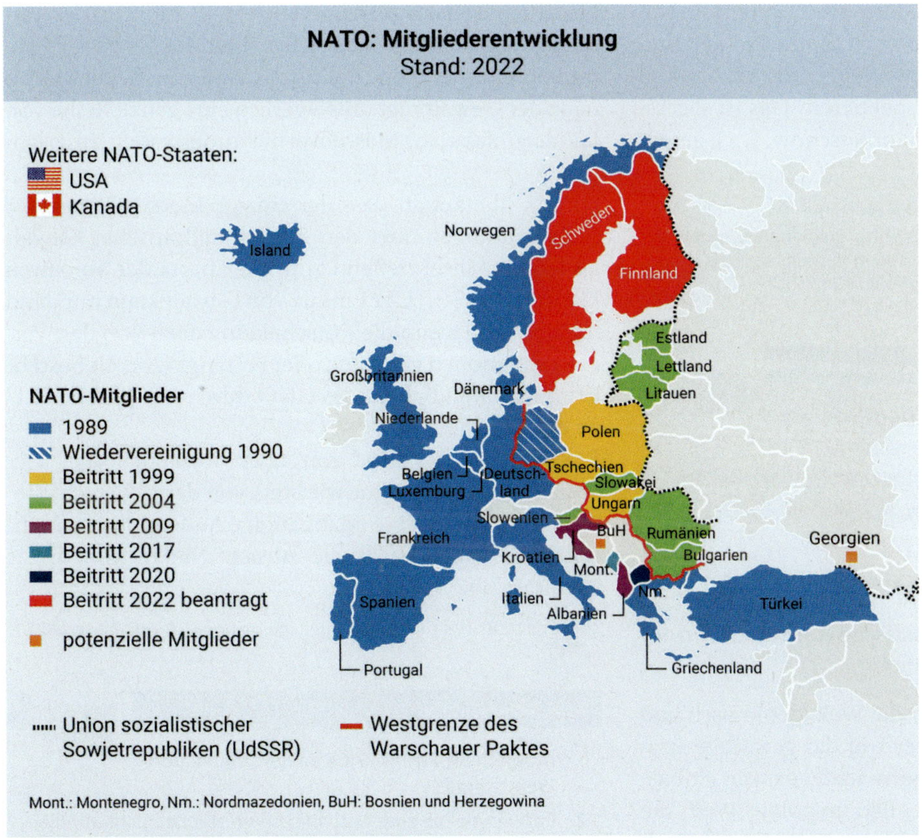

©C.C. Buchner Verlag, aktuelle Daten nach: NATO HQ, 2022

M 6 D Mitgliederentwicklung der NATO

▶ Erläutern Sie, wie sich das Gebiet der NATO-Staaten durch den Beitritt neuer Mitglieder seit 1989 entwickelt hat.

M7 Q Interessen der USA nach 1990

Anlässlich des Zweiten Golfkrieges hält Präsident George H. W. Bush am 11. September 1990 vor beiden Kammern des Kongresses eine Rede:

Wir stehen heute an einem einzigartigen und außergewöhnlichen Zeitpunkt. Die Krise am Persischen Golf, so schlimm sie ist, bietet uns gleichzeitig eine seltene Gelegenheit, in eine historische Periode der Zusammenarbeit voranzuschreiten. Aus diesen schwierigen Zeiten kann unser [...] Ziel – eine Neue Weltordnung – hervorgehen: eine neue Ära – freier von der Bedrohung durch Terror, stärker im Streben nach Gerechtigkeit und sicherer in der Suche nach Frieden. Eine Ära, in der die Nationen der Erde, im Osten und Westen, im Norden und Süden, in Wohlstand und Harmonie leben können. [...] Heute kämpft diese neue Welt um ihre Geburt, eine Welt, die völlig anders ist als die, die wir gekannt haben. Eine Welt, in der die Herrschaft des Rechts die Herrschaft des Dschungels ersetzt. Eine Welt, in der die Nationen die gemeinsame Verantwortung für Freiheit und Gerechtigkeit anerkennen. Eine Welt, in der die Starken die Rechte der Schwachen respektieren. Das ist die Vision, die ich mit Präsident Gorbatschow [...] geteilt habe.

Address Before a Joint Session of the Congress on the Persian Gulf Crisis and the Federal Budget Deficit, 11.09.1990, https://www.presidency.ucsb.edu/documents/address-before-joint-session-the-congress-the-persian-gulf-crisis-and-the-federal-budget [Zugriff: 15.01.2026] (Übersetzung: Philippe Larrat)

Arbeitsvorschläge

32065-0197

1. Ordnen Sie die Rede in den historischen Zusammenhang ein.
2. Arbeiten Sie die Interessen heraus, die George H. W. Bush vertritt. | H

M8 Q Außenpolitische Überlegungen

Am 10. Februar 2007 sagt der russische Präsident Putin auf der Münchener Sicherheitskonferenz:

Vor nun zwei Jahrzehnten war die Welt ideologisch und wirtschaftlich gespalten, und es war das gewaltige strategische Potenzial zweier Supermächte, das die globale Sicherheit gewährleistete. [...] Die unipolare Welt, die nach dem Kalten Krieg postuliert wurde, kam jedoch ebenfalls nicht zustande. [...]

Doch was ist das, eine unipolare Welt? In wie freundlichen Farben auch immer man diese ausmalen mag, am Ende bleibt doch immer, dass der Terminus sich auf eine ganz bestimmte Situation bezieht, nämlich ein einziges Zentrum der Staatsgewalt, ein Machtzentrum, ein Entscheidungszentrum. Das ist eine Welt, in der es einen Herrn gibt, einen Souverän. [...] Und mit Demokratie hat dies ganz gewiss nichts gemein. Denn Demokratie ist, wie Sie wissen, die Herrschaft der Mehrheit unter Berücksichtigung der Interessen und Meinungen der Minderheit. [...]

Ich bin der Auffassung, dass das unipolare Modell nicht nur inakzeptabel, sondern in der heutigen Welt auch unmöglich ist. [...]

Wir erleben mehr und mehr Abneigung gegen die Grundprinzipien des Völkerrechts. Und Rechtsnormen, die unabhängig sein sollten, nähern sich in Wirklichkeit zunehmend dem Rechtssystem eines einzelnen Staates an. Ein Staat – und dabei spreche ich natürlich zunächst und vor allem von den Vereinigten Staaten – hat seine nationalen Grenzen in jeder Hinsicht überschritten. Das zeigen die wirtschaftlichen, politischen, kulturellen und Bildungsstandards, die es anderen Nationen aufnötigt. [...]

Natürlich ist das äußerst gefährlich. Es führt zu der Tatsache, dass niemand sich sicher fühlt. [...] Natürlich stimuliert eine derartige Politik das Wettrüsten. Die Dominanz der Gewalt regt unweigerlich eine ganze Reihe von Ländern dazu an, Massenvernichtungswaffen zu erlangen. [...]

Ich bin überzeugt, dass der einzige Mechanismus, der Entscheidungen über den Einsatz militärischer Gewalt als letztes Mittel treffen kann, die Charta der Vereinten Nationen ist. [...] Der Einsatz von Gewalt kann nur dann legitim sein, wenn die Entscheidung dazu von den Vereinten Nationen getroffen oder bestätigt wird. Es besteht keine Notwendigkeit, die UNO durch NATO oder EU zu ersetzen. [...]

Russland ist ein Land mit über tausendjähriger Geschichte und hat so gut wie stets von dem Vorrecht Gebrauch gemacht, eine unabhängige Außenpolitik zu führen. Wir haben nicht die Absicht, heute von dieser Tradition abzugehen.

Zitiert nach: Blätter für deutsche und internationale Politik, 52. Jg. (2007), S. 374 f.

Arbeitsvorschläge

32065-0199

1. Arbeiten Sie Putins Kritik an der „unipolaren Welt“ heraus.
2. Entwickeln Sie eine Antwort aus westlicher Sicht auf die Rede Putins.

M 9 Q Chinas „großartiges Wiederaufleben“

Anlässlich des hundertjährigen Bestehens der Kommunistischen Partei Chinas wirft ihr Generalsekretär, der chinesische Staatspräsident Xi Jinping, am 1. Juli 2021 einen Blick in die Zukunft seines Landes:

Die Geschichte lehrt uns, um eine bessere Zukunft zu schaffen, müssen wir die Modernisierung von Landesverteidigung und Armee beschleunigen. Ein starkes Land braucht eine starke Armee, nur so lässt sich die nationale Sicherheit gewährleisten. […]
Wir werden auch weiterhin eine unabhängige und selbstständige Außenpolitik des Friedens verfolgen, konsequent den friedlichen Entwicklungsweg beschreiten sowie den Aufbau neuartiger internationaler Beziehungen fördern. […]
Die KP Chinas ist bereit, gemeinsam mit allen friedliebenden Ländern und Völkern der Welt auch in Zukunft die allgemein akzeptierten Werte der gesamten Menschheit, nämlich Frieden, Entwicklung, Fairness, Gerechtigkeit, Demokratie und Freiheit, zu verbreiten. Wir setzen nach wie vor auf Zusammenarbeit statt Konfrontation, Öffnung statt Abschottung, gegenseitigen Nutzen und gemeinsames Gewinnen statt Nullsummenspiele und stellen uns gegen Hegemonie und Machtpolitik, damit wir das Rad der Geschichte auf ein glänzendes Ziel zusteuern! […]
Die Lösung der Taiwan-Frage und die Verwirklichung der vollständigen Wiedervereinigung des Vaterlandes sind die unerschütterliche historische Mission der KP Chinas und auch der gemeinsame Wunsch aller Chinesen. Wir müssen am Ein-China-Prinzip […] festhalten und den Prozess der friedlichen Wiedervereinigung des Vaterlandes vorantreiben.

Xi Jinping, Rede auf der Feier zum 100. Gründungstag der Kommunistischen Partei Chinas, 01.07.2021, zitiert nach: Theorie Chinas, http://ge.theorychina.org/c/ 2021-07-09/1412634.shtml [Zugriff: 15.01.2026]

Arbeitsvorschläge 32065-0200

1. Fassen Sie die politischen Interessen Xis zusammen und prüfen Sie, inwiefern sich Konflikte mit dem Westen abzeichnen könnten. | H
2. Recherchieren Sie zur Taiwan-Frage und beurteilen Sie Xis Vorstellungen von Demokratie und Freiheit in diesem Zusammenhang. | F

M 10 Q Zeremonie auf dem Tian’anmen-Platz in Peking

Foto vom 1. Juli 2021

Im Rahmen der offiziellen Feierlichkeiten zum hundertjährigen Parteijubiläum der Kommunistischen Partei Chinas (KPCh) wird in der Hauptstadt Peking die Nationalflagge auf dem Tian’anmen-Platz gehisst.

Arbeitsvorschläge 32065-0201

1. Beschreiben Sie die Wirkung, die das Bild auf Sie hat.
2. Analysieren Sie die Inszenierung des Parteijubiläums.

M 11 Q Krieg gegen den Terror

US-Präsident George W. Bush erklärt am 20. September 2001 vor dem Kongress:

Die Amerikaner sollten sich nicht auf eine Schlacht, sondern auf einen lang andauernden Feldzug einstellen, wie wir ihn bislang noch nicht erlebt haben. Dazu können bedeutende militärische Schläge gehören, die im Fernsehen zu sehen sein werden, und verdeckte Operationen, die selbst bei Erfolg geheim bleiben werden. Wir werden die Finanzquellen der Terroristen austrocknen, sie gegeneinander ausspielen, sie von Ort zu Ort jagen, bis es keinen Ort der Zuflucht oder der Ruhe mehr für sie gibt.

Und wir werden Staaten verfolgen, die ihnen Hilfe oder Unterschlupf gewähren. Jede Nation in jeder Region muss nun eine Entscheidung treffen. Entweder sind sie auf unserer Seite oder auf der Seite der Terroristen.

Zitiert nach: Blätter für deutsche und internationale Politik, 46. Jg. (2001), Heft 11, S. 1400

Arbeitsvorschläge

32065-0202

1. Zeigen Sie auf, inwiefern die von George W. Bush angekündigten Operationen die Maßnahmen der USA nach dem 11. September 2001 bestimmten.
2. Analysieren Sie die Rede und beschreiben Sie ihre Wirkung in den USA und im Ausland. | F

M 12 Q „Fundamentale Bedrohungen"

Nach dem Angriff auf die Ukraine informiert der russische Präsident Wladimir Putin über seine Beweggründe:

Liebe Bürgerinnen und Bürger Russlands, liebe Freunde! Heute halte ich es für notwendig, auf die tragischen Ereignisse im Donbass und die Schlüsselfragen der Gewährleistung der Sicherheit Russlands selbst zurückzukommen. […] Ich spreche über etwas, was uns besonders am Herzen liegt, über die fundamentalen Bedrohungen, die Schritt für Schritt und Jahr für Jahr von unverantwortlichen Politikern im Westen unverhohlen und unnötig gegen unser Land eingesetzt werden. Ich beziehe mich auf die Ausdehnung des NATO-Blocks nach Osten und die Nähe seiner militärischen Infrastruktur zu den Grenzen Russlands. Es ist bekannt, dass wir seit 30 Jahren beharrlich und geduldig versuchen, mit den führenden NATO-Ländern eine Einigung über die Grundsätze der gleichen und unteilbaren Sicherheit in Europa zu erzielen. Als Antwort auf unsere Vorschläge sind wir immer wieder entweder auf zynische Täuschungen und Lügen oder auf Druck- und Erpressungsversuche gestoßen, während sich das Nordatlantische Bündnis trotz all unserer Proteste und Bedenken weiter ausdehnt. Die Kriegsmaschinerie ist in Bewegung, und, ich wiederhole, sie nähert sich unseren Grenzen. […]

Das Problem besteht darin, dass auf den an uns angrenzenden Gebieten – wohlgemerkt auf unseren eigenen historischen Gebieten – ein „Anti-Russland" entsteht, unter vollständige Kontrolle von außen gestellt, von den Streitkräften der NATO-Länder intensiv besiedelt und mit den modernsten Waffen vollgepumpt wird. […]

Es zeigt sich, dass die Kräfte, die 2014 in der Ukraine einen Staatsstreich durchführten, die Macht an sich rissen und sie mithilfe von im Wesentlichen dekorativen Wahlverfahren behielten, eine friedliche Lösung des Konflikts definitiv ablehnen. Acht Jahre lang, unendlich lange acht Jahre, haben wir alles getan, damit die Situation mit friedlichen politischen Mitteln gelöst wird. Alles umsonst. Wie ich bereits in meiner vorherigen Rede sagte, ist es unmöglich, die Geschehnisse dort ohne Mitgefühl zu betrachten. Es war einfach nicht mehr möglich, das zu tolerieren. Dieser Albtraum – der Völkermord an den dort lebenden Millionen von Menschen, die nur auf Russland hoffen, nur auf uns hoffen – musste sofort beendet werden. Diese Bestrebungen, die Gefühle und der Schmerz der Menschen waren der Hauptgrund für unsere Entscheidung, die Volksrepubliken des Donbass anzuerkennen. […]

Uns wurde einfach keine andere Möglichkeit als die, zu der wir heute gezwungen sind, gelassen. Wir müssen Russland und unser Volk verteidigen. Die Umstände verlangen von uns, dass wir entschlossen und sofort handeln. Die Volksrepubliken des Donbass haben Russland um Hilfe gebeten.

Begründung für die Invasion. Putins Kriegserklärung gegen die Ukraine im Wortlaut, zitiert nach: Tagesschau vom 24.02.2022, https://www.tagesspiegel.de/politik/begruen dung-fuer-die-invasion-putins-kriegserklaerung-gegen-dieukraine-im-wortlaut/28101090.html [Zugriff: 15.01.2026] (Übersetzung: Anastasia Klimovskaya)

Arbeitsvorschläge

32065-0203

1. Nennen und beurteilen Sie Putins Gründe, die für den Angriff auf die Ukraine. Berücksichtigen Sie dabei auch die in diesem Kapitel abgedruckten Karten.
2. Erläutern Sie, was Putin mit „unseren eigenen historischen Gebieten" (vgl. Zeile 24 f.) meint.

M 13 Q „Stop Putin“

Foto vom 13. März 2022

Nach der Invasion Russlands in der Ukraine nehmen tausende Menschen an einer Demonstration vor dem Brandenburger Tor in Berlin teil, um sich mit den Menschen in der Ukraine zu solidarisieren.

Arbeitsvorschläge 32065-0204

- Diskutieren Sie die Auswirkungen des russischen Angriffskrieges in der Ukraine auf die NATO- und EU-Staaten.

M 14 Q „Gemeinsam müssen wir die Ukraine retten“

Der ukrainischen Präsident Wolodymyr Selenskyj sagt nach dem Angriff Russlands in einer Videobotschaft an die ukrainischen Bürgerinnen und Bürger:

Heute hat Russland einen Einmarsch begonnen, Putin hat einen Krieg mit der Ukraine, mit der ganzen demokratischen Welt begonnen. Er will meinen Staat vernichten. Er will unseren Staat vernichten – alles, was wir aufgebaut haben, wofür wir leben. Ich wende mich an alle Ukrainer, vor allem an alle Militärs, die sich schon dem ersten Angriff des Feindes stellen mussten und ihn gebührend zurückweisen: Ihr seid mutig, ihr seid ungebrochen, denn ihr seid Ukrainer.

Ich wende mich an jeden Ukrainer, der sich jetzt auf unserem Boden aufhält: Wir sollen nicht in Panik geraten, wir sollen alles Nötige tun, um das Militär der Ukraine zu unterstützen. Ich wende mich an alle Ukrainer, die sich jetzt im Ausland aufhalten: Wir brauchen auch eure Unterstützung, ihr seid eine starke, vereinigte Kraft und ihr habt es auch schon mehrmals bewiesen, wir brauchen euch jetzt.

Ich habe mit Biden, Johnson, Charles Michel, Duda, Nauseda[1] gesprochen – wir beginnen eine Anti-Putin-Koalition zu bilden. Wir haben die Weltführer aufgerufen, alle möglichen Sanktionen gegen Putin zu betätigen, eine massive Verteidigungsunterstützung in die Wege zu leiten, den Luftraum über der Ukraine für den Aggressor zu schließen. Gemeinsam müssen wir die Ukraine retten, die demokratische Welt retten – und wir werden es tun. Ruhm der Ukraine!

© Wolodymyr Selenskyj, nach: ZEIT ONLINE, dpa, phb, https://www.zeit.de/politik/ausland/2022-02/ukraine-wolodymyr-selenskyj-russland-krieg-videobotschaften [Zugriff: 15.01.2026]

[1] Joe Biden: bis 2024 Präsident der USA; Boris Johnson: bis 2022 britischer Premierminister; Charles Michel: Präsident des Europäischen Rates; Andrzej Duda: Präsident Polens; Gitana Nauseda: Präsident von Litauen.

Arbeitsvorschläge 32065-0205

1. Arbeiten Sie heraus, an wen sich Selenskyj in seiner Ansprache richtet.
2. Begründen Sie, weshalb er sich von „Biden, Johnson, Charles Michel, Duda, Nauseda“ (vgl. Zeile 18 f.) Hilfe erhofft. | F
3. Die NATO lehnte die Einrichtung einer Flugverbotszone über der Ukraine ab. Beurteilen Sie diese Entscheidung. | H

Leitfrage

Nehmen Sie Stellung:
Konflikte und Spannungen bis in die Gegenwart – Kalter Krieg 2.0?

Politische Reden analysieren

Politische Reden sind Textquellen. Ihr Wortlaut ist in der Regel schriftlich überliefert, manchmal sind Reden auch als Video, auf Tonbändern oder Audiodateien verfügbar. Je nach Anlass und Zweck kann man **verschiedene Typen** von politischen Reden unterscheiden: Eine Parlamentsrede debattiert eine politische Entscheidung, eine Protestrede stellt Forderungen auf einer Kundgebung, eine Wahlkampfrede wirbt für ein Programm und kritisiert den politischen Gegner, eine Gedenkrede erinnert an bedeutende Personen oder Ereignisse der Vergangenheit. Oft treten diese Redetypen gemischt auf, etwa wenn eine Parlamentsrede auch dem Wahlkampf dient oder eine Gedenkrede auf aktuelle Fragen zu sprechen kommt.

Da eine Rede mündlich gehalten wird, ist nicht nur ihr Inhalt von Bedeutung, sondern auch die **vortragende Person**, ihr Amt und ihre Funktion, ihre Bekanntheit oder Beliebtheit. Bei der Untersuchung politischer Reden ist zu berücksichtigen, dass sie auf eine bestimmte Situation hin angelegt sind. In dieser Situation sollen die Zuhörer im gewünschten Sinne beeinflusst werden, etwa durch einprägsame Formulierungen, Zuspitzungen oder Appelle. Zentrale Aussagen einer Rede können dabei zum „geflügelten Wort“ werden, das weit über die Redesituation hinaus Verbreitung findet. Als Geschichtsquellen geben politische Reden Aufschluss darüber, welche drängenden Fragen in der Vergangenheit bestanden und wie versucht wurde, öffentlichkeitswirksam darauf zu reagieren.

Arbeitsschritt	Leitfragen
1. beschreiben	• Wer ist der Redner / die Rednerin und welche Funktion hat er/sie? • Was ist über die politische Haltung oder Weltanschauung des Redners / der Rednerin bekannt? • Wann, wo und in welchem Rahmen wurde die Rede gehalten (Art und Anlass der Veranstaltung, besonderer Redeort, Publikum, Übertragung durch Medien)? • Was behandelt die Rede (Thema, Inhalt)? • Welche Merkmale kennzeichnen die Rede (Aufbau, Länge, Argumentation, Umgangs- oder Hochsprache)? • Gibt es markante Passagen (Zitate, Aufrufe usw.)?
2. erklären	• In welchem Bezug steht der Redner / die Rednerin zum Thema? • An wen ist die Rede gerichtet? • Welche Absichten verfolgt die Rede? • Wie wurde die Rede von Zuhörern/Zeitgenossen aufgenommen?
3. beurteilen	• Wie lässt sich die Rede in den historischen Kontext einordnen? • Welchen Einfluss hatte die Rede auf die damalige Situation oder Entwicklung?

Beispiel für eine politische Rede

M Q John F. Kennedy: Amtsantrittsrede vom 20. Januar 1961 (Ausschnitte)

Meine Mitbürger,

wir feiern heute nicht den Sieg einer Partei, sondern wir begehen eine Feier der Freiheit – die sowohl ein Ende als auch einen Anfang symbolisiert, die sowohl eine Erneuerung als auch eine Veränderung bedeutet. […]

Und schließlich möchten wir an all jene Nationen, die sich selbst zu unserem Gegner erklären wollen, nicht ein Versprechen, sondern ein dringendes Ersuchen richten: dass beide Seiten erneut mit der Suche nach dem Frieden beginnen mögen, bevor die dunklen Mächte der Zerstörung, die von der Wissenschaft entfesselt worden sind, die ganze Menschheit in geplanter oder zufälliger Selbstvernichtung verschlingen.

Wir werden sie nicht durch Schwäche in Versuchung führen. Denn nur, wenn die Stärke unserer Waffen über jeden Zweifel erhaben ist, können wir ganz sicher ausschließen, dass sie jemals angewandt werden. […]

Lasst uns auf beiden Seiten zum ersten Mal ernsthafte und präzise Vorschläge für die Inspektion und Kontrolle der Rüstungen formulieren – und die absolute Macht, andere Nationen zu vernichten, unter die absolute Kontrolle anderer Nationen bringen.

Lasst uns von beiden Seiten zusammenkommen, um die Wunder der Wissenschaft anstatt ihre Schrecken zu erwecken. Lasst uns gemeinsam die Sterne erforschen, die Wüsten erobern, die Krankheiten ausrotten, die Tiefen des Ozeans ausmessen und die Künste und den Handel fördern. […]

Und wenn in dem Dschungel des Argwohns ein Brückenkopf der Zusammenarbeit errichtet werden kann, dann lasst uns von beiden Seiten zu der nächsten Aufgabe zusammenkommen: der Schaffung nicht eines neuen Gleichgewichts der Kräfte, sondern einer neuen Welt des Rechtes und des Gesetzes, in der die Starken gerecht und die Schwachen sicher sind und der Friede für immer erhalten bleibt. […]

In Ihren Händen, meine Mitbürger, wird noch viel mehr als in den meinigen der letztliche Erfolg oder Fehlschlag unseres Kurses liegen. Seit dieser Staat gegründet wurde, ist jede Generation aufgerufen gewesen, Zeugnis ihrer nationalen Loyalität abzulegen. Die Gräber junger Amerikaner, die diesem Ruf nachgekommen sind, sind auf dem ganzen Erdball verstreut. […]

Und so, meine amerikanischen Mitbürger: Fragt nicht, was euer Land für euch tun wird – fragt, was ihr für euer Land tun könnt.

Meine Mitbürger in der Welt: Fragt nicht, was Amerika für euch tun wird, sondern fragt, was wir zusammen für die Freiheit des Menschen tun können.

Und schließlich, ob ihr Bürger Amerikas oder der Welt seid, verlangt von uns das gleiche hohe Maß an Stärke und Opferbereitschaft, das wir von euch verlangen werden. Mit einem guten Gewissen als einzigen sicheren Lohn, mit der Geschichte als dem letztlichen Richter unserer Taten lasst uns die Aufgabe in Angriff nehmen, das Land zu führen, das wir lieben, um seinen Segen und um seine Hilfe bitten – in dem Wissen aber, dass hier auf der Erde unser Werk wahrhaft Gottes Werk sein muss.

Herbert Schambeck, Helmut Widder und Marcus Bergmann (Hrsg.), Dokumente zur Geschichte der Vereinigten Staaten von Amerika, Berlin 22007, S. 547–551

Anrede in Tradition früherer Amtsantrittsreden

Überhöhung des Redeanlasses; Signalwort „wir"

Anspielung auf atomares Wettrüsten; Appell/Dialogangebot an Sowjetunion

Politisches Ziel: Überwindung des „Missile Gap" durch atomaren Patt

Anapher „Lasst uns" als Appell an Solidarität und gemeinsame Verantwortung

Aufbruch in Weltraum

Vision einer neuen Weltordnung

Traditioneller, mit Pathos verbundener Appell an Nation und ihre Geschichte

Historischer, viel zitierter Satz: Aufruf zur Übernahme persönlicher Verantwortung für Bestehen der globalen Herausforderungen

Abschließender Appell für den Erfolg der amerikanischen „Mission" (Sendungsbewusstsein)

Arbeitsvorschlag

► Analysieren Sie die Rede mithilfe der Arbeitsschritte auf Seite 426.

Die Lösung zu dieser Seite finden Sie unter Mediencode **32065-0488**.

3.2 Basismodul: Die beiden deutschen Staaten 1945/49 – 1990 und der Einigungsprozess

Der „Berliner Mauerweg" erstreckt sich über rund 160 Kilometer und kennzeichnet den ehemaligen Verlauf der Mauer zwischen der DDR und West-Berlin. Er wurde in den Jahren 2002 bis 2006 realisiert und ist in 14 Einzelstrecken untergliedert. Etliche Informationsstelen entlang des Wegs erinnern an wichtige Ereignisse, politische Entwicklungen sowie die Opfer der Berliner Mauer und informieren über den Alltag in der ehemals geteilten Stadt. Ziel des Mauerweg-Projekts ist es, die Zeit der Teilung Deutschlands und damit einen zentralen Aspekt der deutschen Geschichte nach dem Zweiten Weltkrieg erfahrbar zu machen.

M1 Q Hinweisschilder „Berliner Mauerweg"
Foto von Oktober 2016
Der gesamte Streckenverlauf des „Berliner Mauerwegs" ist mit entsprechenden Schildern gekennzeichnet.

Diese war von ideologischen und politischen Auseinandersetzungen zwischen den deutschen Teilstaaten Bundesrepublik und DDR geprägt sowie maßgeblich von den Differenzen der Siegermächte im Zuge des Kalten Krieges beeinflusst. Mit der Gründung der beiden deutschen Teilstaaten im Jahr 1949 verlief die Trennlinie mitten durch Deutschland und ließ zwei politisch, wirtschaftlich und gesellschaftlich unterschiedliche Systeme entstehen. Es dauerte 20 Jahre, bis es im Rahmen der globalen Entspannungspolitik in den 1970er-Jahren zu einer Normalisierung der Beziehungen zwischen den beiden deutschen Staaten kam. Zu Beginn der 1980er-Jahre formierte sich in der DDR eine Oppositionsbewegung, deren Wirken in die friedliche Revolution von 1989, den Mauerfall, die Überwindung der SED-Diktatur und schließlich die Wiedervereinigung Deutschlands mündete.

Internettipp:
Weitere Informationen zum „Berliner Mauerweg"
32065-0011

M2 D Bundesrepublik und DDR
Die Karte zeigt die Gliederung der Bundesrepublik Deutschland in Bundesländer (seit 1949, das Land Baden-Württemberg wurde 1952 gegründet, das Saarland trat 1957 der Bundesrepublik bei) und die Gliederung der Deutschen Demokratischen Republik in Bezirke (seit 1952). Während die innerdeutsche Grenze zwischen den beiden deutschen Staaten verlief, trennte die Berliner Mauer West-Berlin vom Bereich der umliegenden DDR.

1945 —	Potsdamer Konferenz der alliierten Siegermächte über Deutschland	Zwischen Zusammenbruch und Neubeginn
1945–1948	Rund 14 Millionen Deutsche werden aus den ehemaligen Ostgebieten des Deutschen Reiches sowie aus Ost- und Südosteuropa vertrieben.	
1945–1950 —	Die Alliierten führen in ihren Besatzungszonen unterschiedliche Verfahren der Entnazifizierung durch.	
1945/46 —	Nürnberger Prozess gegen die Hauptkriegsverbrecher	
21./22.4.1946 —	In der Sowjetischen Besatzungszone schließen sich KPD und SPD zur SED zusammen.	
1947 —	Erstes deutsches Parlament nach dem Zweiten Weltkrieg: der Frankfurter Wirtschaftsrat	Die doppelte Staatsgründung
1948–1952 —	US-amerikanische Aufbauhilfe (Marshall-Plan) für die westeuropäischen Länder	
1948/49 —	Berlin-Blockade. Die Stadt wird geteilt und erhält getrennte Verwaltungen.	
1949 —	**Gründung der Bundesrepublik Deutschland und der DDR**	
1950 —	Gründung des Ministeriums für Staatssicherheit (MfS); die DDR wird Mitglied im Rat für Gegenseitige Wirtschaftshilfe (RGW).	Geteilte Geschichte: Bundesrepublik und DDR 1949–1989
17.6.1953 —	Landesweiter Arbeiteraufstand gegen das SED-Regime	
Mai 1955 —	Mit den Pariser Verträgen endet die Besatzungszeit im Westen. Die Bundesrepublik wird Mitglied der NATO.	
1957 —	Gründung der Europäischen Wirtschaftsgemeinschaft (EWG)	
13.8.1961 —	Die DDR-Regierung beginnt in Berlin mit dem Bau der Mauer.	
1972/73 —	Grundlagenvertrag zwischen Bundesrepublik und DDR	
1975	Die DDR unterzeichnet die KSZE-Schlussakte, in der Menschen- und Bürgerrechte nach westlichem Maßstab festgelegt sind.	
1985–1989 —	In der DDR entsteht eine Oppositionsbewegung.	Friedliche Revolution und Wiedervereinigung
4.9.1989 —	Erste „Montagsdemonstration" in Leipzig. Einen Monat später fordern über 500 000 Menschen in Berlin einen „eigenständigen Weg" der DDR.	
7./8.11.1989	Die DDR-Regierung und das Politbüro der SED treten zurück.	
9.11.1989	Die Grenzübergänge nach West-Berlin und in die Bundesrepublik werden geöffnet.	
18.3.1990 —	Erste freie Wahl zur Volkskammer in der DDR. Eine Mehrheit der Wählerinnen und Wähler spricht sich für eine schnelle deutsche Einheit aus.	
1.7.1990	Wirtschafts-, Währungs- und Sozialunion: Die D-Mark wird offizielle Währung in der DDR.	
23.8.1990	Die Volkskammer beschließt den Beitritt der DDR zur Bundesrepublik nach Art. 23 GG.	
3.10.1990	Wiedervereinigung Deutschlands	

Zwischen Zusammenbruch und Neubeginn – Deutschland in der Nachkriegszeit

M1 Q Einmarsch der Amerikaner
Foto von März 1945
Eine alte Dame blickt fassungslos auf die Trümmer im hessischen Bensheim an der Bergstraße, während amerikanische Soldaten in die Stadt einmarschieren. Aus den Fenstern der Gebäude hängen weiße Fahnen.

32065-0481

1. Ordnen Sie die Fotografie in den historischen Kontext ein.
2. Das Bild gehört zu einer der bekanntesten Fotografien der Nachkriegszeit. Diskutieren Sie, warum das Foto so bekannt wurde und inwiefern es als Sinnbild für die Bezeichnung des Endes des Zweiten Weltkrieges als „Stunde Null“ der deutschen Geschichte gelten kann.

LEIT-FRAGE

Der Zusammenbruch als „Stunde Null“?

Kriegsende

Das Deutsche Reich war im Mai 1945 vollkommen zusammengebrochen. Mit der bedingungslosen Kapitulation der Wehrmacht gab die Reichsleitung alle Regierungsgewalt in die Hände der Sieger. Die USA, Großbritannien und die Sowjetunion (im Juli 1945 wurde auch Frankreich in den Kreis der alliierten Siegermächte aufgenommen) trugen nun die Verantwortung für Deutschland. Es gab vorerst keinen Friedensvertrag mit Deutschland, sondern lediglich Abkommen der Siegermächte über die Regelung des öffentlichen Lebens.

Die Potsdamer Konferenz

Die politischen, territorialen und ökonomischen Probleme, die der Zweite Weltkrieg in Europa hinterlassen hatte, sollten auf einer Konferenz gelöst werden, zu der sich die „Großen Drei“ – Harry S. Truman, Winston Churchill (der nach seiner Wahlniederlage am 28. Juli von Clement R. Attlee abgelöst wurde) und Josef Stalin – mit ihren Beraterstäben vom 17. Juli bis zum 2. August 1945 im Schloss Cecilienhof bei Potsdam einfanden. Frankreich wurde an den Verhandlungen nicht beteiligt und fühlte sich deshalb an die Ergebnisse der Konferenz nicht gebunden.

Über die politischen Grundsätze der zukünftigen Behandlung Deutschlands bestand zwischen den Alliierten seit der Konferenz von Jalta (Februar 1945) äußerliche Einigkeit. Allerdings verbanden die Westmächte und die Sowjetunion mit den gefundenen „Formelkompromissen“ unterschiedliche Inhalte. Neben der Frage der polnischen Westgrenze stritt man im Verlauf der Konferenz am heftigsten über die Reparationen, die Deutschland leisten sollte. Schließlich kam man überein, dass jede Besatzungsmacht ihre Reparationsansprüche im Wesentlichen aus ihrer eigenen

Konferenz von Jalta: Treffen der „Großen Drei“ (Churchill, Roosevelt, Stalin), 4.–11. Februar 1945. Deutschland wurde auferlegt: Entwaffnung und Entmilitarisierung, Entnazifizierung, Demokratisierung des politischen Lebens, Dezentralisierung der staatlichen Ordnung und der Wirtschaft sowie Wiederaufbau der Selbstverwaltung „nach demokratischen Grundsätzen“.

Zone befriedigen sollte. Damit war das Land in vier Reparationsgebiete geteilt, obwohl man sich in der Abschlusserklärung darauf geeinigt hatte, Deutschland während der Besatzungszeit als eine „wirtschaftliche Einheit“ zu behandeln. In der polnischen Grenzfrage akzeptierten beide Westmächte die **Oder-Neiße-Linie** „bis zur endgültigen Festlegung“ durch einen Friedensvertrag. Polen musste nun Gebiete im Osten an die Sowjetunion abtreten und erhielt im Westen Gebiete des ehemaligen Deutschen Reiches (Westverschiebung). Ein Zusatzprotokoll hielt auch die „Umsiedlung“ der deutschen Bevölkerung aus allen sowjetisch und polnisch besetzten Gebieten sowie aus Ungarn und der Tschechoslowakei fest.

Zerstörung, Hunger, Not

Weite Teile Europas lagen in Trümmern. Not und Hunger gehörten zum Alltag der Überlebenden. Deutschland schien im Mai 1945 ein in Auflösung befindliches Land zu sein. Viele Städte waren nahezu entvölkert, weil die Menschen versucht hatten, sich durch die Flucht aufs Land vor den Luftangriffen zu schützen. So hausten in dem schwer getroffenen Köln bei Kriegsende von ursprünglich 770 000 Einwohnern noch ganze 40 000 in den Trümmern. Mehr als drei Viertel der Wohnungen waren vernichtet. In den Städten fehlte es für Millionen Menschen an Gas, Wasser, Strom. Post und Telefonverkehr waren zusammengebrochen.

Zahllose Familien waren zerrissen, Frauen suchten ihre Männer, Eltern ihre Kinder, Ausgebombte ein Dach über dem Kopf, Flüchtlinge und Vertriebene eine neue Heimat. Jeder zweite Deutsche war damals auf Wanderschaft. Hinzu kamen etwa neun bis zehn Millionen ausländische Kriegsgefangene und Zwangsarbeiter (Displaced Persons, „DP's“), von denen die meisten schnell in ihre Heimat zurückkehren wollten. Auf der anderen Seite befanden sich etwa elf Millionen deutsche Soldaten in alliierter Gefangenschaft. Die Westmächte entließen die meisten von ihnen bald nach Kriegsende, die letzten von ihnen 1948. Von den drei Millionen Gefangenen in sowjetischer Hand mussten die meisten jahrelang Schwerstarbeit unter harten äußeren Bedingungen leisten. Über eine Million verloren ihr Leben. Erst 1955 sagte die Regierung in Moskau die Entlassung der letzten Gefangenen aus den Straflagern zu.

Unter alliierter Besatzung

Bereits auf der Potsdamer Konferenz hatten sich die Siegermächte auf eine gemeinsame Verwaltung Deutschlands geeinigt. Dazu teilten sie das Gebiet in vier Besatzungszonen auf. Berlin erhielt einen Sonderstatus mit vier Sektoren unter gemeinsamer Verwaltung. Um die eigene Verwaltung zu entlasten, schufen die Alliierten nach und nach in ihren Zonen Länder mit eigenen Verfassungen.

Schon ab 1946 ließen die Alliierten in allen Besatzungszonen Parteien und Wahlen zu. Hier traten die Nachfolger der Parteien aus der Weimarer Republik an. Die CDU war das parteipolitische Novum der Nachkriegszeit. Vorsitzender der CDU in der britischen Zone wurde im März 1946 **Konrad Adenauer**. Die SPD knüpfte organisatorisch, programmatisch und personell an ihre Stellung in der Weimarer Republik an. Ende 1948 schlossen sich konservativ-liberale und liberal-demokratische Politiker unter ihrem ersten Vorsitzenden Theodor Heuss zur Freien Demokratischen Partei (FDP) zusammen.

In der sowjetischen Besatzungszone (SBZ) förderte die Besatzungsmacht hingegen schon bald einseitig die Kommunistische Partei (KPD), die wegen ihrer Nähe zur UdSSR in der Bevölkerung unbeliebt war. Deshalb suchte die KPD den Zusammenschluss mit der SPD, um damit ihren vermeintlich schärfsten Konkurrenten auszuschalten. Mithilfe der Druckausübung durch die Besatzungsmacht gelang es, den Zusammenschluss von SPD und KPD zur Sozialistischen Einheitspartei Deutschlands

Oder-Neiße-Linie: von den Alliierten verfügte Grenzlinie zwischen Polen und Deutschland entlang der Flüsse Oder und Neiße westlich von Stettin bis Görlitz; seit 1990 endgültige Staatsgrenze zwischen Deutschland und Polen

Animierte Karte:
32065-0012 Europa nach dem Krieg

M 2 Q Konrad Adenauer (1876–1976):
1917–1933 Oberbürgermeister von Köln, 1948 Vorsitzender des Parlamentarischen Rates, 1950–1966 Mitbegründer und Bundesvorsitzender der CDU, 1949–1963 Bundeskanzler, 1951–1955 zugleich Bundesaußenminister

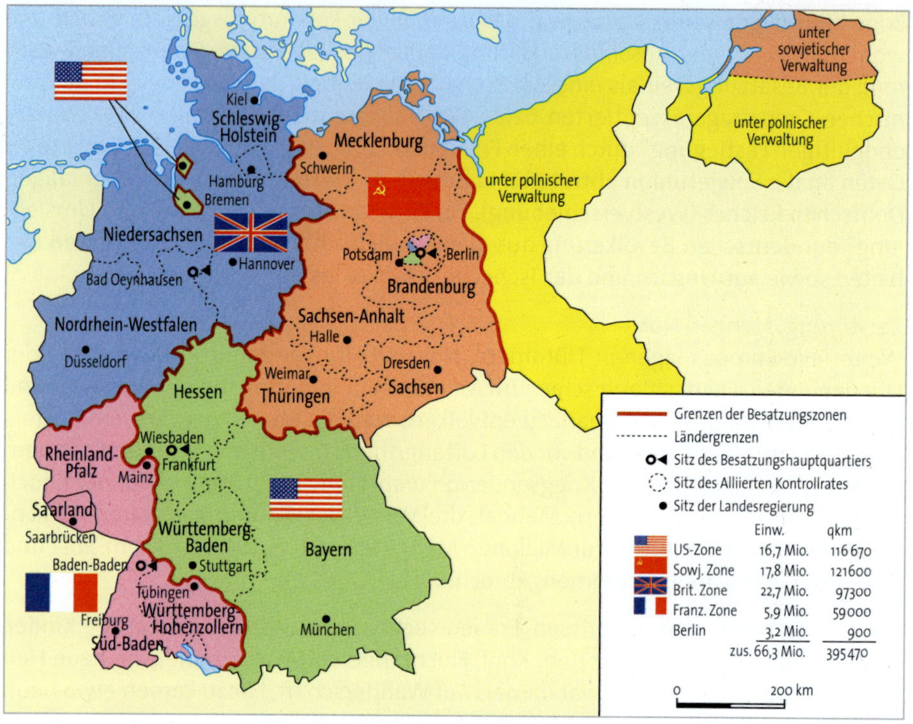

M3 D Die Besatzungszonen und die 1946/47 gebildeten Länder

► Beschreiben Sie Lage und Größe der vier Besatzungszonen und gehen Sie dabei auf die Sonderstellung Berlins ein.

M4 Q Walter Ulbricht
(1893–1973):
1950–1971 Generalsekretär der SED, 1960–1971 Staatsratsvorsitzender der DDR

Entnazifizierung: Maßnahmen zur Beseitigung des Nationalsozialismus

(SED) unter der Führung des überzeugten Kommunisten **Walter Ulbricht** zu erzwingen. Die SED wurde zu einer „Partei neuen Typus" nach stalinistischem Modell umgebildet und von oppositionellen Kräften „gesäubert".

Bestrafung der NS-Verbrechen durch die Besatzungsmächte

Neben der Aburteilung der Kriegsverbrecher im Nürnberger Prozess und weiteren zwischen 1945 und 1949 geführten Prozessen gegen mutmaßliche NS-Täter sollten auch ehemalige NS-Aktivisten aus Ämtern entfernt werden. Bei der **Entnazifizierung** gingen die Besatzer unterschiedlich vor. Anders als Briten und Franzosen, die für einen raschen Wiederaufbau viele Ausnahmen zuließen, strebten die Amerikaner mit großem bürokratischen Aufwand eine systematische politische Säuberung an. Insgesamt waren in den Westzonen über 500 000 Männer und Frauen von Entlassungen betroffen; mehr als 170 000 NS-Aktivisten wurden in Internierungslager gebracht („automatischer Arrest"), die meisten von ihnen aber bald wieder entlassen – die letzten 1948.

In der SBZ wurde über eine halbe Million Menschen aus dem beruflichen und öffentlichen Leben ausgeschaltet. Anders als im Westen wurde neben der personellen auch eine „strukturelle" Entnazifizierung zur „Ausrottung der Reste des Faschismus" durchgeführt. Die sowjetischen Besatzer gingen dabei gezielt gegen Gruppen vor, die ihnen beim gesellschaftlichen und wirtschaftlichen Umbau des Landes nach sowjetischem Vorbild im Weg standen. Dies betraf hauptsächlich Großgrundbesitzer und Industrielle. Sie wurden pauschal als Nazi-Täter verurteilt und enteignet. Schon ab Februar 1948 verzichtete man auf die Bestrafung der „kleinen" Parteigenossen, um die Masse der Bevölkerung für die neue Gesellschaftsordnung zu gewinnen.

Ab 1946/47 wurde die Entnazifizierung in den westlichen Besatzungszonen in deutsche Hände übertragen. Jeder Deutsche über 18 Jahre musste einen Fragebogen mit 131 Fragen über seine berufliche und politische Vergangenheit ausfüllen und wurde von Spruchkammern in eine von fünf Kategorien eingestuft. Straffrei sollten nur Ent-

M5 Q Anklagebank im Nürnberger Prozess
Foto von November 1945
Am 20. November 1945 begann vor dem Internationalen Militärgerichtshof in Nürnberg der Prozess gegen die Hauptkriegsverbrecher. Hinter der Absperrung sitzen in der ersten Reihe (von links): Hermann Göring (Reichsminister für Luftfahrt), Rudolf Heß (stellvertretender Parteiführer der NSDAP bis 1941), Joachim von Ribbentrop (Reichsminister des Auswärtigen), Wilhelm Keitel (Chef des Oberkommandos der Wehrmacht), Ernst Kaltenbrunner (ab 1943 Chef des Reichssicherheitshauptamtes), Alfred Rosenberg (ab 1941 Reichsminister für die besetzten Gebiete), Hans Frank (Generalgouverneur von Polen), Wilhelm Frick (1933–1943 Reichsinnenminister, ab 1943 Reichsprotektor in Böhmen und Mähren), Walter Funk (ab 1938 Reichswirtschaftsminister), Julius Streicher (1924–1940 Gauleiter in Franken und Herausgeber des „Stürmer") und Hjalmar Schacht (1935–1937 Reichswirtschaftsminister).

▸ Informieren Sie sich mithilfe des Mediencodes über die Nürnberger Prozesse und erläutern Sie deren Bedeutung.

Internettipp:
32065-0013 Informationen und Materialien zu den Nürnberger Prozessen

lastete und Mitläufer ausgehen, Minderbelasteten, Belasteten oder Hauptschuldigen drohten Geldstrafen, Berufsverbot oder Gefängnis.

Bei mehr als 13 Millionen Fragebögen in der US-Zone fielen 3,4 Millionen Personen unter die Entnazifizierung, zehn Prozent von ihnen wurden verurteilt, aber nur knapp ein Prozent tatsächlich bestraft. Es war die Zeit der „**Persilscheine**", die man sich wechselseitig ausstellte, aber auch der Denunziation und der Korruption.

Persilschein: im Volksmund Bestätigung, wonach jemand Gegner oder zumindest nicht Sympathisant des Nationalsozialismus war

M 6 Q Besatzungsziele der Siegermächte

Im sogenannten „Potsdamer Abkommen“ vom 2. August 1945 einigen sich die drei Siegermächte auf folgende Formulierungen zur Behandlung Deutschlands. Die endgültige Festlegung der Westgrenze Polens wird darin einer künftigen Friedenskonferenz vorbehalten:

III. Deutschland

[…] Es ist nicht die Absicht der Alliierten, das deutsche Volk zu vernichten oder zu versklaven. Die Alliierten wollen dem deutschen Volk die Möglichkeit geben, sich vorzubereiten, sein Leben auf einer neuen demokratischen und friedlichen Grundlage von Neuem wieder aufzubauen. […]

A. Politische Grundsätze […] 3. Die Ziele der Besetzung Deutschlands, durch welche der Kontrollrat sich leiten lassen soll, sind:

(I) Völlige Abrüstung und Entmilitarisierung Deutschlands und die Ausschaltung der gesamten deutschen Industrie, welche für eine Kriegsproduktion benutzt werden kann, oder deren Überwachung. […]

(II) Das deutsche Volk muss überzeugt werden, dass es eine totale militärische Niederlage erlitten hat und dass es sich nicht der Verantwortung entziehen kann für das, was es auf sich geladen hat, dass seine eigene mitleidlose Kriegsführung und der fanatische Widerstand der Nazis die deutsche Wirtschaft zerstört und Chaos und Elend unvermeidlich gemacht haben.

(III) Die nationalsozialistische Partei mit ihren angeschlossenen Gliederungen und Unterorganisationen ist zu vernichten […].

4. Alle nazistischen Gesetze […] müssen abgeschafft werden.

5. Kriegsverbrecher […] sind zu verhaften und dem Gericht zu übergeben. […]

6. Alle Mitglieder der nazistischen Partei, welche mehr als nominell an ihrer Tätigkeit teilgenommen haben, und alle anderen Personen, die den alliierten Zielen feindlich gegenüberstehen, sind aus den öffentlichen oder halböffentlichen Ämtern und von den verantwortlichen Posten in wichtigen Privatunternehmungen zu entfernen. […]

9. Die Verwaltung Deutschlands muss in Richtung auf eine Dezentralisation der politischen Struktur und der Entwicklung einer örtlichen Selbstverantwortung durchgeführt werden. Zu diesem Zwecke:

(II) In ganz Deutschland sind alle demokratischen politischen Parteien zu erlauben und zu fördern […].

(IV) Bis auf Weiteres wird keine zentrale deutsche Regierung errichtet werden. […]

10. Unter Berücksichtigung der Notwendigkeit zur Erhaltung der militärischen Sicherheit wird die Freiheit der Rede, der Presse und der Religion gewährt. Die religiösen Einrichtungen sollen respektiert werden. Die Schaffung freier Gewerkschaften, gleichfalls unter Berücksichtigung der Notwendigkeit zur Erhaltung der militärischen Sicherheit, wird gestattet werden.

B. Wirtschaftliche Grundsätze

11. Mit dem Ziel der Vernichtung des deutschen Kriegspotenzials ist die Produktion von Waffen, Kriegsausrüstung und Kriegsmitteln, ebenso die Herstellung aller Typen von Flugzeugen und Seeschiffen zu verbieten und zu unterbinden […].

12. In praktisch kürzester Frist ist das deutsche Wirtschaftsleben zu dezentralisieren mit dem Ziel der Vernichtung der bestehenden übermäßigen Konzentration der Wirtschaftskraft […].

Bei der Organisation des deutschen Wirtschaftslebens ist das Hauptgewicht auf die Entwicklung der Landwirtschaft und der Friedensindustrie für den inneren Bedarf (Verbrauch) zu richten. […]

14. Während der Besatzungszeit ist Deutschland als eine wirtschaftliche Einheit zu betrachten. […]

15. Es ist eine alliierte Kontrolle über das deutsche Wirtschaftsleben zu errichten, jedoch nur in den Grenzen, die notwendig sind […].

IV. Reparationen aus Deutschland

[…] 3. Die Reparationsansprüche der Vereinigten Staaten, des Vereinigten Königreiches und der anderen zu Reparationsforderungen berechtigten Länder werden aus den westlichen Zonen und den entsprechenden deutschen Auslandsguthaben befriedigt werden.

4. In Ergänzung der Reparationen, die die UdSSR aus ihrer eigenen Besatzungszone erhält, wird die UdSSR zusätzlich aus den westlichen Zonen erhalten:

a) 15 % [der westlichen Reparationsgüter] im Austausch für einen entsprechenden Wert an Nahrungsmitteln, Kohle, Kali, Pottasche, Zink, Holz, Tonprodukten, Petroleumprodukten und solchen anderen Waren, nach Vereinbarung,

b) 10 % [der westlichen Reparationsgüter] ohne Bezahlung oder Gegenleistungen irgendwelcher Art.

Zitiert nach: Herbert Michaelis u. a. (Hrsg.), Ursachen und Folgen. Vom deutschen Zusammenbruch 1918 und 1945 bis zur staatlichen Neuordnung in der Gegenwart, Bd. 24, Berlin o. J., S. 447 ff.

Arbeitsvorschläge

31000-0014

1. Fassen Sie die gemeinsamen Besatzungsziele der Siegermächte zusammen. | F
2. Weisen Sie nach, dass in manchen Formulierungen unterschiedliche Interpretationen und zukünftiger Streit angelegt sind.

M7 D Erste Landtagswahlen nach dem Krieg

In den Ländern der Westzonen treten 1946/47 die neu formierten Parteien zu Landtagswahlen an:

	Wahlbeteiligung in %	CDU/ CSU		SPD		KPD		FDP		Sonstige	
		Mandate	% d. gült. Stimmen	Mandate	% d. gült. Stimmen	Mandate	% d. gült. Stimmen	Mandate	% d. gült. Stimmen	Mandate	% d. gült. Stimmen
Baden 18.5.1947	67,8	34	55,9	13	22,4	4	14,3	9	7,4	–	–
Bayern 1.12.1946	75,7	104	52,3	54	28,6	–	6,1	9	5,6	13	7,4
Bremen 12.10.1947	67,8	24	22,0	46	41,7	10	8,8	17	19,4	3	13,6
Hamburg 13.10.1946	79,0	16	26,7	83	43,1	4	10,4	7	18,	–	1,6
Hessen 1.12.1946	73,2	28	30,9	38	42,7	10	10,7	14	15,7	–	–
Niedersachsen 20.4.1947	65,1	30	19,9	65	43,4	8	5,6	13	8,8	33	22,3
Nordrhein-Westfalen 20.4.1947	67,3	92	37,5	64	32,0	28	14,0	12	5,9	20	10,6
Rheinland-Pfalz 18.5.1947	77,9	48	47,2	34	34,3	8	8,7	11	9,8	–	–
Saarland 5.10.1947	95,7	–	–	17	,8	2	8,4	3	7,6	28	51,2
Schleswig-Holstein 20.4.1947	69,8	21	34,0	43	43,8	–	4,7	–	5,0	6	12,5
Württemberg-Baden 24.11.1946	71,7	39	38,4	32	31,9	10	10,2	19	19,5	–	–
Württ.-Hohenzollern 18.5.1947	66,4	32	54,2	12	20,8	5	7,3	11	17,7	–	–

Nach: Merith Niehuss und Ulrike Lindner (Hrsg.), Besatzungszeit, Bundesrepublik und DDR 1945–1969, Stuttgart 1998, S. 86 f.

Arbeitsvorschläge

1. Vergleichen Sie die nach 1945 entstehende Parteienlandschaft mit der in der Weimarer Republik. Welche Kontinuitäten und Brüche lassen sich dabei feststellen? Was sind die Gründe dafür?
2. Erklären Sie, warum CDU/CSU und SPD in jedem Land die beiden stärksten Parteien sind. | H

M8 D Mythos „Trümmerfrau"

Die Historikerin Marita Krauss setzt sich mit der Bedeutung der Fotografien aus den ersten Nachkriegsjahren auseinander, die sogenannte „Trümmerfrauen" bei Aufräumarbeiten zeigen:

Die Bilder von Trümmerstädten, oft im Geiste ästhetisierender Ruinenromantik inszeniert, liefern ein großes Panorama des deutschen Leidens aufgrund des Bombenkrieges der Alliierten. […] Solche Architekturfotos werden ergänzt durch ikonografisch[1] reduzierte Bilder des Kriegsbeschädigten, des ankommenden Flüchtlingstransports, des Schlangestehens vor Lebensmittelgeschäften, paradierender Besatzer in Uniform, manchmal Hand in Hand mit einem deutschen „Fraulein". Auch diese Bilder erzählen von deutschem Leiden. Sie sind die Gegenerzählung zu den Bildern aus den Konzentrati-

[1] Ikonografie: Geschichte der Bilder; Bildikonen sind Bilder, die symbolisch für historische Ereignisse stehen und in das kollektive Gedächtnis einer Gesellschaft eingegangen sind

M9 Q „Trümmerfrauen“ bergen Ziegelsteine im Berliner Stadtbezirk Prenzlauer Berg
Foto von 1945

onslagern, die das Schreckliche thematisieren, das die Deutschen anderen zufügten.
In diesem Spektrum nehmen die Bilder der Trümmerfrauen einen besonderen Platz ein. Sie sind Teil einer Hoffnungsikonografie. Die Fotos bilden keine düstere Trümmersituation ab, sie stehen vielmehr für den Neuanfang. […] Zeitlich liegt der Schwerpunkt der Bilder im Sommer 1945 und 1946 und geografisch in Berlin. Dieser geografische Schwerpunkt ist kein Zufall: Trümmerfrauen im engeren Sinn gab es vor allem in Berlin: Hier mussten sich die Frauen ab dem 1.6.1945 beim Arbeitsamt melden, sie wurden registriert und als „Hilfsarbeiterinnen im Baugewerbe“ dienstverpflichtet. […] In den meisten westdeutschen Städten wurde die Trümmerräumung jedoch von Anfang an anders organisiert: Sie lag in den Händen professioneller Baufirmen, die überwiegend Männer beschäftigten. Gut belegt ist dies beispielsweise für München oder für Heilbronn. […] Warum, so ist zu fragen, war es wichtig, dass die Rolle der Frauen bei der Trümmerräumung so betont wurde? Warum verschwanden vor allem die räumenden Männer in der Ikonografie des Trümmerfotos? Diese Betonung scheint nicht primär zeitgenössisch zu sein: In München wurde jedenfalls in dem Aufbaubericht „Aus Trümmern wächst das neue Leben“ von 1949 korrekt die Rolle der amerikanischen Besatzer, der deutschen und ungarischen Kriegsgefangenen, der NS-Belasteten und dann auch der Baufirmen genannt. Keine Trümmerfrau weit und breit. Doch ein Blick in die Frauenzeitschriften dieser Jahre mit den sprechenden Namen „Der Regenbogen“ und „Der Silberstreifen“ zeigt: Viele Frauen sahen sich selbst in der Rolle, die ihnen dann nachträglich zugewiesen wurde. So heißt es in einer Leserzuschrift des Jahres 1946: „Wenn man der Frau auch jetzt die Schippe in die Hand drückt, weil es um den Aufbau von Heimat, Existenz und Familie geht, wird sie mitarbeiten in der Hoffnung, dass diese Prüfungszeit Befreiung von überholten Vorurteilen bringen wird.“ (Der Regenbogen, 1946, H. 3) […] Frauen, so suggerieren diese Texte, waren nicht an der „Verwahrlosung“ während der NS-Zeit beteiligt, sie sind „anständig“ und „gerecht“ geblieben und bieten sich daher als Wegweiserinnen in die Nachkriegszeit an. Damit wird die aktive Rolle der Frauen während der NS-Zeit verleugnet […].
Ein Zweites kommt hinzu: Als die neue Frauenbewegung der 1970er-Jahre auf die Suche nach den Frauen in der Geschichte ging, war es naheliegend, den eigenen Müttern ein Denkmal zu setzen. In den Blick kamen damit die „starken Frauen“ der Nachkriegszeit, die in einer vaterlosen Gesellschaft die Kinder alleine großzogen, für Essen und das alltägliche Überleben sorgten. Da diese Alltagsarbeit, tatsächlich das millionenfache Schicksal der Nachkriegsfrauen, nicht spektakulär genug schien, trat die „Trümmerfrau“ im engeren Sinne in den Mittelpunkt, die mit schwerer Arbeit den Karren aus dem Dreck zog und „wie ein Mann“ anpackte.

Marita Krauss, Trümmerfrauen. Visuelles Konstrukt und Realität, in: Gerhard Paul (Hrsg.), Das Jahrhundert der Bilder, Bd. I: 1900 bis 1949, Göttingen 2009, S. 740 f. und 743 f.

Arbeitsvorschläge

32065-0016

1. Arbeiten Sie heraus, warum gerade Fotografien von „Trümmerfrauen“ in das kollektive Gedächtnis der Deutschen eingingen.
2. Stellen Sie dar, welche historischen Tatsachen über die Betonung der Aufbauarbeit der „Trümmerfrauen“ in Vergessenheit gerieten.

Leitfrage

Nehmen Sie Stellung:
Der Zusammenbruch als „Stunde Null“?

Die doppelte Staatsgründung

Bildinformation

M1 Q „Die deutsche Eiche" (1945 und 1955)
Karikatur aus der „Hannoverschen Allgemeinen Zeitung" vom 7. Mai 1955

1. Analysieren Sie die Karikatur.
2. Erörtern Sie, inwieweit der Prozess der doppelten Staatsgründung über die Köpfe der Deutschen hinwegging.

Verschiedene Vorstellungen

Schon bald zeigten sich die unterschiedlichen Interessen und die weltanschaulichen Gegensätze zwischen den Siegermächten. In der kommunistischen UdSSR waren alle Produktionsmittel verstaatlicht, die Wirtschaft wurde mit Fünfjahresplänen gelenkt. Die Kommunistische Partei der Sowjetunion (KPdSU) war als einzige Partei erlaubt und ihr Vorsitzender Josef Stalin regierte als uneingeschränkter Diktator mit Gewalt und Terror. Abweichende Meinungen waren verboten, Kritiker wurden verfolgt und vernichtet.

Dem stand die demokratische und republikanische Tradition der USA, Großbritanniens und Frankreichs gegenüber, in der eine liberale Demokratie, Grund- und Menschenrechte das Fundament der Werte- und Rechtsordnung bildeten. Die kapitalistische Wirtschaft funktionierte nach den Gesetzen der freien Marktwirtschaft. Beide Seiten hatten das Ziel, die eigene Weltanschauung und das eigene „System" weltweit zu verbreiten, also auch in ihren Besatzungszonen. Bereits 1946 konnten sie sich nicht mehr auf eine gemeinsame Deutschlandpolitik einigen.

LEIT-FRAGE

Die doppelte Staatsgründung – eine Spaltung, die keiner wollte?

Eine trennende Entwicklung: vom Marshall-Plan ...

Um die Not in Europa zu beseitigen und den Wiederaufbau voranzubringen, strebten die USA ein „vereinigtes Wirtschaftsgebiet“ an. Amerikaner und Briten bildeten zum 1. Januar 1947 eine gemeinsame Zone, die Bizone. Ein halbes Jahr später kündigte US-Außenminister George C. Marshall ein Wiederaufbauprogramm an: das European Recovery Program (ERP). Alle Länder, die unter den Kriegsfolgen litten – auch die Sowjetunion und die Staaten Ostmitteleuropas –, sollten Finanzhilfen für die Wirtschaft erhalten. Stalin lehnte den Marshall-Plan für das eigene Land sowie für alle unter dem Einfluss der Sowjetunion stehenden Staaten ab, also auch für die SBZ. Er fürchtete offensichtlich den amerikanischen Einfluss auf den sowjetischen Machtbereich. Stattdessen reagierte Stalin mit einem eigenen Abkommen, dem 1949 gegründeten Rat für Gegenseitige Wirtschaftshilfe (RGW). Darin lenkte die Sowjetunion die Volkswirtschaften der ostmitteleuropäischen Verbündeten auf ihre Bedürfnisse hin.

M 2 Q **„How to close the gap?“**
Karikatur von 1948

► Analysieren Sie die Karikatur.

Bildinformation
31000-75

Animierte Karte:
Berlin- Blockade
32065-0017

Als Frankreich am Marshall-Plan teilnahm, trat es im Frühjahr 1948 auch der Bizone bei, die sich damit zur Trizone erweiterte. Gleichzeitig entschlossen sich nun die drei Westmächte, die Errichtung eines westdeutschen Staates voranzutreiben und als Vorstufe ihre drei Besatzungszonen am Marshall-Plan zu beteiligen. In den Besatzungszonen gab es mit der wertlosen Reichsmark aber keine funktionierende Währung mehr. Daher wurde sie durch die Währungsreform am 20. Juni 1948 durch die Deutsche Mark ersetzt. Die Sowjetunion wusste über ihre Agenten längst Bescheid und hatte bereits Vorbereitungen für eine eigene Währungsreform getroffen, die am 23. Juni 1948 in der SBZ durchgeführt wurde.

... zur Berlin-Blockade

Nur einen Tag später blockierte die UdSSR alle Straßen, Bahnlinien und Wasserwege von Westdeutschland nach Berlin, die im Potsdamer Abkommen nicht ausdrücklich als Zugänge nach Berlin genannt worden waren. Auch Strom, Kohle, Gas und Lebensmittel konnten nicht mehr geliefert werden. 2,1 Millionen Menschen waren von jeglicher Versorgung abgeriegelt. Mit diesen Maßnahmen wollten die Sowjets den Abzug der Westalliierten aus Berlin erzwingen und die Gründung eines westdeutschen Staates verhindern. In einem ersten Kräftemessen zwischen den Sowjets und den Westalliierten beschlossen die amerikanische und britische Regierung, die Stadt über drei Luftbrücken mit allem Lebensnotwendigen zu versorgen. Fast elf Monate dauerte der Einsatz. Am 12. Mai 1949 hob Stalin die erfolglose Blockade West-Berlins auf.

Für die Sowjetunion erwies sich die Berlin-Blockade als Fehler: Stalin hatte keines seiner Ziele erreicht, stattdessen im In- und Ausland viel Ansehen verloren. Dagegen verstanden sich Deutsche und Westalliierte zum ersten Mal als Verbündete. Die Spaltung Europas in zwei Blöcke war offenkundig geworden.

Auch in Berlin hatte sich die Spaltung der Stadt während der Blockade verschärft. Der Ost- und der Westteil hatten eigene Oberbürgermeister sowie getrennte Verwaltungen eingesetzt.

M3 Q Die Mütter des Grundgesetzes
Foto von 1949
Vor allem dem Engagement dieser vier Frauen ist es zu verdanken, dass der Gleichberechtigungsartikel (Art. 3) in das Grundgesetz aufgenommen wurde, obwohl er zunächst im Parlamentarischen Rat mehrheitlich abgelehnt worden war. Das Bild zeigt von links: Helene Wessel (Zentrum), Helene Weber (CDU), Friederike Nadig (SPD) und Elisabeth Selbert (SPD).

- Informieren Sie sich über die Forderungen des Gleichberechtigungsartikels und diskutieren Sie, ob und inwiefern diese heute erreicht sind.

Gründung der Bundesrepublik

Wenige Tage später wurde die Bundesrepublik gegründet. Am 1. Juli 1948 erteilten die Westalliierten den westdeutschen Ministerpräsidenten in Form der „Frankfurter Dokumente“ den Auftrag, durch eine von der Bevölkerung gewählte Verfassunggebende Versammlung eine Verfassung für einen Staat nach dem Muster der westlichen Demokratien ausarbeiten zu lassen.

Da die Bürger der SBZ sich nicht an diesem Prozess beteiligen durften, bestanden die Ministerpräsidenten jedoch darauf, dass der entstehende westdeutsche Staat nur ein Provisorium sein könne und anstelle einer endgültigen „Verfassung“ ein vorläufiges „Grundgesetz“ bekommen solle. Ein Sachverständigenrat erstellte im August auf der Insel Herrenchiemsee einen Entwurf. Dieser wurde ab September in dem durch die Länderparlamente gewählten Parlamentarischen Rat unter dem Vorsitz von Konrad Adenauer diskutiert und genau vier Jahre nach der Kapitulation des Deutschen Reiches verabschiedet. Da die Militärgouverneure ihn genehmigten, wurde er am 23. Mai 1949 ohne eine vorausgehende Volksabstimmung verkündet. Aus den westlichen Besatzungszonen war damit ein Staat unter alliierter Aufsicht geworden. Er erhielt den Namen „Bundesrepublik Deutschland“. Zum ersten Bundeskanzler wurde Konrad Adenauer (CDU), zum ersten Bundespräsidenten Theodor Heuss (FDP) gewählt.

Die Gründung der DDR

Seit Ende 1947 propagierte die SED mit Rückendeckung Stalins die Einheit Deutschlands in Gestalt der sogenannten Volkskongressbewegung. In Wirklichkeit ging es ihren Spitzenfunktionären jedoch um die Schaffung eines kommunistischen Teilstaates. Bei den Wahlen zum Volkskongress im Mai 1949 sicherte sich die SED die Mehrheit der Mandate. Sie dominierte auch den daraus hervorgehenden Deutschen Volksrat.

Die sowjetische Regierung wartete mit der Staatsgründung in der eigenen Besatzungszone, bis die westdeutsche Bundesregierung sich konstituiert hatte. Erst nach einer erneuten Besprechung führender SED-Funktionäre mit Stalin Ende September

Grundgesetz: Die Verfassung der Bundesrepublik Deutschland schreibt Grundsätze wie Volkssouveränität, parlamentarische Demokratie, Rechtsstaatlichkeit, Bundesstaatlichkeit und Gewaltenteilung fest und garantiertebürgerliche Grundrechte.

Volkskongresse 1947 und 1948: Zu ihnen lud die SED-Führung; sie sollten ein gesamtdeutsches Vorparlament sein. Hieran nahmen Vertreter von Parteien und Massenorganisationen, Betriebsräte, Bauernverbände, Künstler und Wissenschaftler aus allen Besatzungszonen teil, die meisten jedoch aus der sowjetisch besetzten Zone.

Geschichte In Clips:
32065-0018 Gründung von SED und DDR

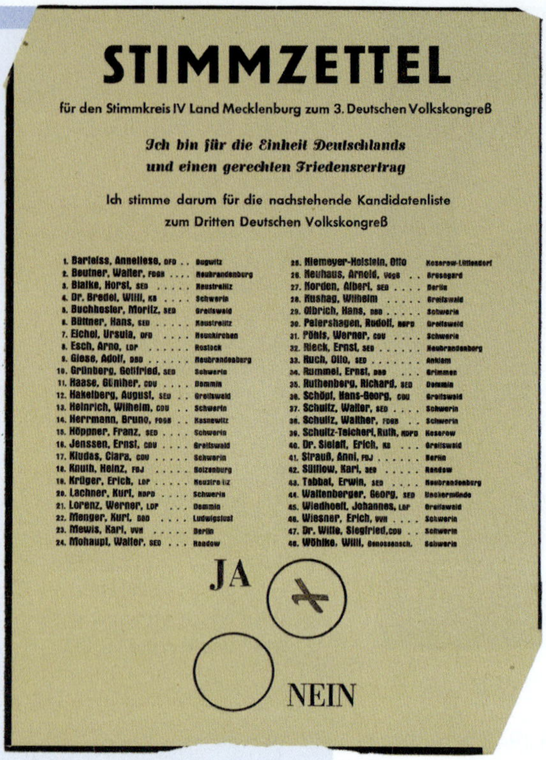

STIMMZETTEL

für den Stimmkreis IV Land Mecklenburg zum 3. Deutschen Volkskongreß

Ich bin für die Einheit Deutschlands und einen gerechten Friedensvertrag

Ich stimme darum für die nachstehende Kandidatenliste zum Dritten Deutschen Volkskongreß

1. Barteiss, Anneliese, DFD	Bugwitz	25. Niemeyer-Holstein, Otto	Koserow-Lüttendorf
2. Beutner, Walter, FDGB	Neubrandenburg	26. Neuhaus, Arnold, VdgB	Bresegard
3. Bialke, Horst, SED	Neustrelitz	27. Norden, Albert, SED	Berlin
4. Dr. Bredel, Willi, KB	Schwerin	28. Rushag, Wilhelm	Greifswald
5. Buchhester, Moritz, SED	Greifswald	29. Olbrich, Hans, DBD	Schwerin
6. Büttner, Hans, SED	Neustrelitz	30. Petershagen, Rudolf, NDPD	Greifswald
7. Eichel, Ursula, DFD	Neukirchen	31. Pöhls, Werner, CDU	Schwerin
8. Esch, Arno, LDP	Rostock	32. Rieck, Ernst, SED	Neubrandenburg
9. Giese, Adolf, DBD	Neubrandenburg	33. Ruch, Otto, SED	Anklam
10. Grünberg, Gottfried, SED	Schwerin	34. Rummel, Ernst, DBD	Grimmen
11. Haase, Günther, CDU	Demmin	35. Ruthenberg, Richard, SED	Demmin
12. Hakelberg, August, SED	Greifswald	36. Schöpf, Hans-Georg, CDU	Greifswald
13. Heinrich, Wilhelm, CDU	Schwerin	37. Schultz, Walter, SED	Schwerin
14. Herrmann, Bruno, FDGB	Kasnewitz	38. Schultz, Walther, FDGB	Schwerin
15. Höppner, Franz, SED	Schwerin	39. Schultz-Teichert, Ruth, NDPD	Koserow
16. Jenssen, Ernst, CDU	Greifswald	40. Dr. Sielaff, Erich, KB	Greifswald
17. Kludas, Clara, CDU	Schwerin	41. Strauß, Anni, FDJ	Berlin
18. Knuth, Heinz, FDJ	Boizenburg	42. Süllow, Karl, SED	Randow
19. Krüger, Erich, LDP	Neustrelitz	43. Tabbat, Erwin, SED	Neubrandenburg
20. Lachner, Kurt, NDPD	Schwerin	44. Waltenberger, Georg, SED	Ueckermünde
21. Lorenz, Werner, LDP	Demmin	45. Wiedhoeft, Johannes, LDP	Greifswald
22. Menger, Kurt, DBD	Ludwigslust	46. Wiesner, Erich, VVN	Schwerin
23. Mewis, Karl, VVN	Berlin	47. Dr. Wille, Siegfried, CDU	Schwerin
24. Mohaupt, Walter, SED	Randow	48. Wöhlke, Willi, Genossensch.	Schwerin

JA

NEIN

M4 **Q** Stimmzettel zum „3. Deutschen Volkskongress" vom Mai 1949

Zur Wahl standen Kandidaten aus Parteien, Massenorganisationen und Einzelpersonen. Auf dem Stimmzettel steht: „Ich bin für die Einheit Deutschlands und einen gerechten Friedensvertrag." Die Wähler konnten die gesamte Liste mit „Ja" oder „Nein" entweder bestätigen oder ablehnen.

- Beurteilen Sie die Wahlmöglichkeiten der Wählerinnen und Wähler.
- Bewerten Sie, inwieweit dieses Wahlverfahren Legitimität erzeugen kann.

1949 erklärte die sowjetische Regierung Anfang Oktober 1949 in einer Note an die drei Westmächte, dass mit der „Bildung der volksfeindlichen Separatregierung in Bonn [...] jetzt in Deutschland eine neue Lage entstanden" sei. Am 7. Oktober 1949 nahm der Deutsche Volksrat einen 1948 ausgearbeiteten Verfassungsentwurf an und erklärte sich selbst zur Provisorischen Volkskammer. Damit war die „Deutsche Demokratische Republik" (DDR) gegründet. Wenige Tage später wurde Otto Grotewohl (SED) zum Regierungschef, Wilhelm Pieck (SED) zum Präsidenten der DDR gewählt. Obwohl in der neuen Regierung alle Parteien vertreten waren, besetzte die SED die wichtigsten Ministerien.

Es bleibt festzuhalten, dass am Entstehungsprozess der DDR die demokratische Legitimation durch die Bevölkerung völlig fehlte. Vielmehr handelte es sich um einen durch die Sowjetunion und die SED gelenkten Prozess, der zur Gründung des ostdeutschen Staates führte. Stalin wollte seinen Teil Deutschlands dauerhaft unter sowjetischem Einfluss halten und durch sozialistische Strukturen organisieren.

Die Gründung zweier Staaten auf dem Boden des ehemaligen Deutschen Reiches bedeutete die Teilung des Landes. Die deutsche Teilung war damals von niemandem gewollt, aber auch von niemandem verhindert worden. Sie war das Ergebnis eines sich verschärfenden Gegensatzes der Siegermächte des Zweiten Weltkrieges, vor allem der USA und der Sowjetunion. Die Hoheit der Besatzungsmächte über Deutschland blieb nach der Gründung von Bundesrepublik und DDR bestehen. Über Deutschlands Zukunft entschieden im Grundsatz weiterhin die Siegermächte und ihre weltpolitischen Beziehungen. Innerhalb dieses Rahmens bestimmten jedoch nun auch die Regierungen in Bonn und Ost-Berlin über das Verhältnis beider Teile Deutschlands. Allerdings überwogen dabei zunächst Feindschaft und Misstrauen.

M5 D Das Grundgesetz der Bundesrepublik Deutschland

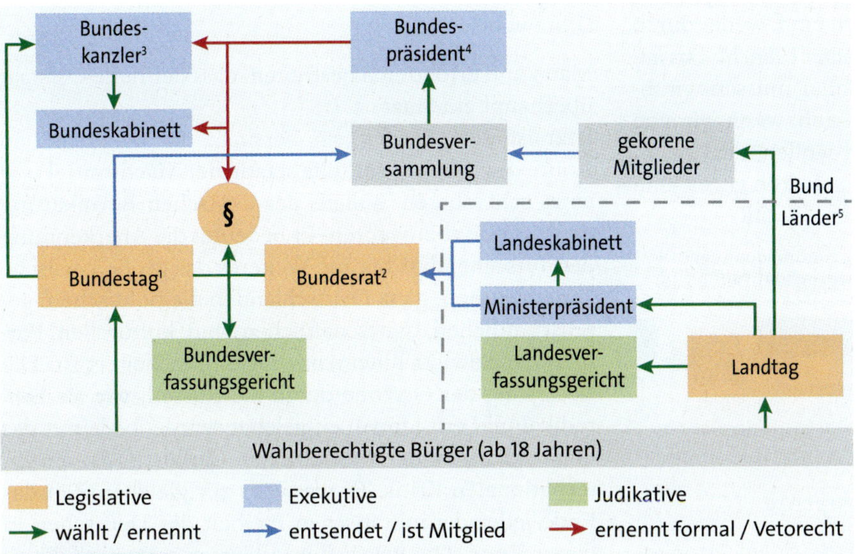

1 Alle vier Jahre Wahl von Direktmandaten und Parteien
2 Länderkammer, Sitzverteilung abhängig von Bevölkerungsgröße
3 Regierungschef mit Richtlinienkompetenz; wird vom Bundespräsidenten vorgeschlagen
4 Staatsoberhaupt; „Neutrale Gewalt" – nur im Notstand stärkere Kompetenzen
5 Landesebenen und Namen der einzelnen Organe unterscheiden sich von Land zu Land stark

Arbeitsvorschlag 32065-0019

▶ Stellen Sie die auf S. 439 genannten Grundprinzipien des Grundgesetzes dem Schaubild gegenüber. Werden die Prinzipien umgesetzt?

M6 Q Präambel des Grundgesetzes

In der feierlichen Einleitung des am 8. Mai 1949 beschlossenen und am 23. Mai 1949 verkündeten Grundgesetzes heißt es:

Im Bewusstsein seiner Verantwortung vor Gott und den Menschen, von dem Willen beseelt, seine nationale Einheit zu wahren und als gleichberechtigtes Glied in einem vereinten Europa dem Frieden der Welt zu dienen, hat sich das Deutsche Volk in den Ländern Baden, Bayern, Bremen, Hamburg, Hessen, Niedersachsen, Nordrhein-Westfalen, Rheinland-Pfalz, Schleswig-Holstein, Württemberg-Baden und Württemberg-Hohenzollern, um dem staatlichen Leben für eine Übergangszeit eine neue Ordnung zu geben, kraft seiner verfassungsgebenden Gewalt dieses Grundgesetz der Bundesrepublik Deutschland beschlossen.
Es hat auch für jene Deutschen gehandelt, denen mitzuwirken versagt war.
Das gesamte Deutsche Volk bleibt aufgefordert, in freier Selbstbestimmung die Einheit und Freiheit Deutschlands zu vollenden.

Zitiert nach: www.verfassungen.de/gg/index.htm [Zugriff: 15.01.2026]

Arbeitsvorschläge 32065-0020

1. Zeigen Sie anhand der Präambel, dass die neu gegründete Bundesrepublik von den „Vätern und Müttern des Grundgesetzes" als „Provisorium" gedacht war.
2. Vergleichen Sie die Präambel des Grundgesetzes mit dem Vorwort der DDR-Verfassung vom 7. Oktober 1949 in Bezug auf die Haltungen zum Thema „deutscher Staat" (siehe Mediencode). | H 32065-0021

M7 Q Die SED und die Macht

Das Protokoll der Sitzung des Parteivorstandes der SED vom 4. Oktober 1949, aus dem der folgende Auszug stammt, wird erst 1989 zugänglich. Der Berliner Propagandachef der SED-Führung, Gerhart Eisler, empfiehlt darin die Durchführung einer gewaltigen Kundgebung anlässlich der Bildung einer provisorischen Regierung und bemerkt:

So wird sich die provisorische Regierung weithin sichtbar in der ganzen Zone von vornherein auf eine ständig anschwellende Bewegung der Massen stützen. Das sollten wir diskutieren und dann durchführen; denn als Marxisten müssen wir wissen: Wenn wir eine Regierung gründen, geben wir sie niemals wieder auf, weder durch Wahlen noch andere Methoden. (*Walter Ulbricht: Das haben einige noch nicht verstanden!*) – Daher müssen wir ihnen zeigen, dass die Massen bei uns sind, wenn wir eine Regierung bilden, jene Massen, die wollen, dass sie an der Regierung sind, und die sehr ungehalten gegen jene Leute sind, die das verhindern wollen. (*Beifall*)

Zitiert nach: Siegfried Suckut, Die Entscheidung zur Gründung der DDR, in: Vierteljahreshefte für Zeitgeschichte, 39. Jahrgang 1991, Heft 1, S. 161

Arbeitsvorschlag

32065-0022

- Geben Sie mit eigenen Worten das Selbstverständnis und die Ziele der SED wieder. | F

M 8 Q Im Schlepptau der Siegermächte

a) Zur Gründung der DDR hält Ministerpräsident Otto Grotewohl am 12. Oktober 1949 eine Ansprache:

Der westdeutsche Sonderstaat ist nicht in Bonn, sondern in London entstanden. Bonn hat nur die Londoner Empfehlungen, die in Wahrheit Befehle der westlichen Alliierten waren, ausgeführt. […] Statt der im Potsdamer Abkommen vorgesehenen Demokratisierung, Entmilitarisierung und Entnazifizierung Deutschlands sind sie [die Westmächte] bestrebt, die von ihnen besetzten Teile Deutschlands in eine Kolonie zu verwandeln, die mit den traditionellen Methoden imperialistischer Kolonialherrschaft regiert und ausgebeutet wird. […] Die von Anfang an sorgfältig konservierten Kräfte der deutschen Reaktion […] haben mit aktiver Unterstützung der Besatzungsmächte die alten Machtpositionen wieder eingenommen. […] Wir wissen, dass wir in unserem Kampf um die Einheit Deutschlands […] nicht allein stehen. Wir haben das Glück, uns in diesem Kampf auf das große Lager des Friedens in der Welt stützen zu können, dessen ständig zunehmende Stärke die imperialistischen Kriegsinteressenten Schritt um Schritt zurückdrängt. Diese Kräfte des Friedens in der ganzen Welt werden geführt von der Sowjetunion, die eine andere Politik als die Politik des Friedens weder kennt noch kennen kann.

Otto Grotewohl, Im Kampf um die einige Deutsche Demokratische Republik. Reden und Aufsätze, Bd. 1, Berlin 1954, S. 516 ff.

b) Am 15. Oktober 1949 antwortet der SPD-Vorsitzende Kurt Schumacher im Deutschen Bundestag auf die Rede Grotewohls:

Man kann erfolgreich bestreiten, dass der neue Oststaat überhaupt ein Staat ist. […] Jetzt ist der Oststaat ein Versuch, die magnetischen Kräfte des Westens mithilfe staatlicher Machtmittel und eines scheinbaren Willens der deutschen Bevölkerung dieser Zone abzuwehren. Er bedeutet die Anerkennung der Tatsache, dass bis auf Weiteres das große russische Unternehmen, ganz Deutschland in die politischen, gesellschaftlichen, wirtschaftlichen und kulturellen Formen der Sowjets hineinzuzwingen, gescheitert ist. Die Loslösung der Ostzone durch die Russen, wie sie 1945 radikal und erfolgreich eingeleitet wurde, bedeutet das Hinausdrängen der westalliierten Einflüsse und der internationalen Kritik. Es war aber zur gleichen Zeit das Ende jeder demokratischen Freiheit der Deutschen in dieser Zone. Die westlichen Alliierten tragen an dieser Entwicklung viel Schuld. […] Das darf nicht darüber hinwegtäuschen, dass die Etablierung dieses sogenannten Oststaates eine Erschwerung der deutschen Einheit ist. Die Verhinderung dieser Einheit aber kann dieses Provisorium im Osten nicht bedeuten, weil das deutsche Volk und besonders die Bevölkerung der Ostzone Gebilde russischer Machtpolitik auf deutschem Boden ablehnt.

Zitiert nach Wolfgang Benz, Die Gründung der Bundesrepublik. Von der Bizone bis zum souveränen Staat, München 1984, S. 160 f.

Arbeitsvorschläge

32065-0023

1. Arbeiten Sie heraus, wie bestimmte Begriffe unterschiedliche inhaltliche Bedeutungen gewinnen, je nachdem, ob sie im Osten oder im Westen verwendet werden.
2. Stellen Sie dar, mit welchen Argumenten Grotewohl den deutschen Weststaat zu diskreditieren versucht.
3. Diskutieren Sie Schumachers Aussage über die „Schuld der Westmächte".

Leitfrage

Nehmen Sie Stellung:

Die doppelte Staatsgründung – eine Spaltung, die keiner wollte?

Die DDR 1949–1989 – Staat und Gesellschaft

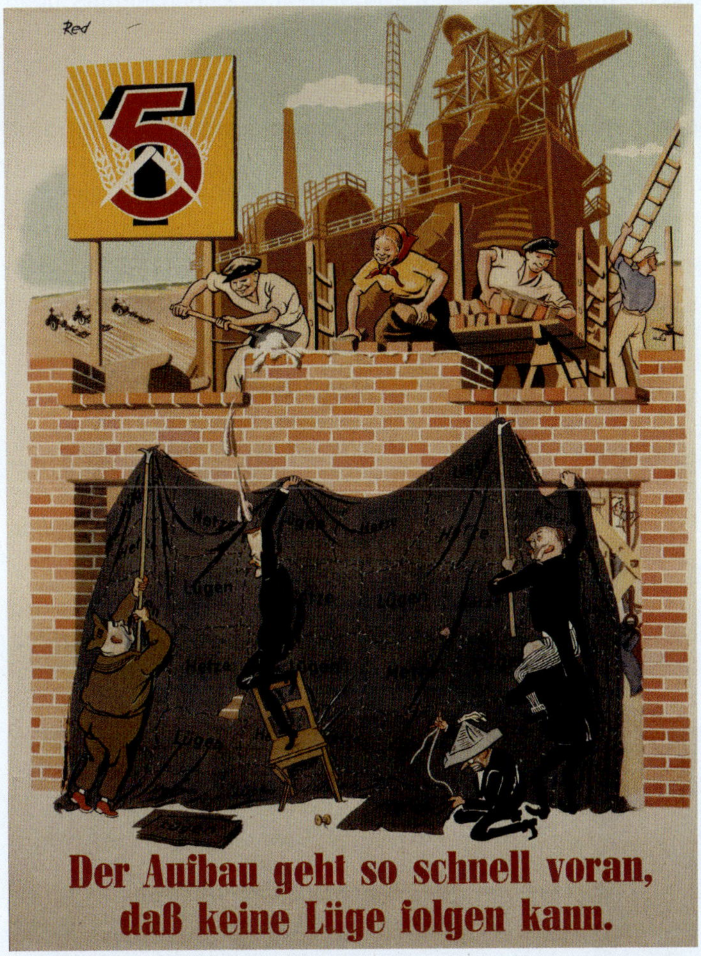

Bildinformation

31000-269

32065-0483

1. Analysieren Sie den propagandistischen Inhalt des Plakats.
2. Charakterisieren Sie das Bild, das von Staat und Gesellschaft gezeichnet wird.

M1 Q Erfolge des ersten Fünfjahresplans
Plakat (84 x 59,5 cm) von 1952
Mit dem ersten Fünfjahresplan von 1951 bis 1955 sollten die Industrieproduktion der DDR verdoppelt und die Folgen von Kriegszerstörung, Demontage und Reparationen beseitigt werden.

Der SED-Staat

Ganz ähnlich wie in den übrigen Staaten des sowjetischen Machtbereiches in Osteuropa entstand in der DDR eine Diktatur, deren Führung sich zu keinem Zeitpunkt auf die freiwillige Zustimmung einer Mehrheit der Bevölkerung berufen konnte. Die eigentliche Macht in der DDR hatten nicht Regierung und Ministerien, sondern die SED und ihre Parteigremien. Vorbild war die Kommunistische Partei der Sowjetunion (KPdSU). Der Generalsekretär der SED – zunächst Walter Ulbricht, ab 1971 Erich Honecker – war der faktische Herrscher über die DDR. Nach der Auffassung der SED war es ihre Aufgabe, die Herrschaft der Arbeiterklasse und damit den dauerhaften Sieg des Sozialismus zu sichern.

Die „bürgerlichen" Teile der Gesellschaft versuchte die SED zu erreichen, indem sie u.a. eine konservative Partei, die CDU, sowie die Liberal-Demokratische Partei Deutschlands (LDPD) zuließ. Auf diese Weise sollte Parteienvielfalt vorgetäuscht und

LEIT-FRAGE

Die DDR – ein Unrechtsstaat?

der faktische Einparteienstaat der SED verschleiert werden. Die sogenannten „Blockparteien“ waren aber nur ein verlängerter Arm der SED, und die Wahlen zum Parlament der DDR, der Volkskammer, hatten auf die Sitzverteilung keinen Einfluss, denn diese wurde bereits vorab festgelegt. Massenorganisationen wie der „Freie Deutsche Gewerkschaftsbund“ (FDGB) und die „Freie Deutsche Jugend“ (FDJ) gehorchten ohnehin den Weisungen der SED. Parteien und Organisationen waren seit 1949 in der „Nationalen Front des demokratischen Deutschland“ zusammengeschlossen. Da die maßgeblichen Stellen der Nationalen Front von SED-Funktionären eingenommen wurden, konnte die SED auf diesem Weg alle Parteien und Massenorganisationen steuern.

Geschichte In Clips:
32065-0024 Jugend in der DDR und Organisationen wie die FDJ

Sozialistischer Gegenentwurf zur Bundesrepublik

Von Anfang an grenzte sich die DDR gegenüber der Bundesrepublik ab und begriff sich als der „bessere“ der beiden deutschen Staaten. Die SED verstand die DDR als „antifaschistisches Bollwerk“, als Friedensstaat und als sozialistischen Staat, der damit in besonderem Maße als Wohlfahrtsstaat den Menschen diente. In der kommunistischen Weltanschauung galt der „Faschismus“ als letzte Stufe einer kranken kapitalistischen Gesellschaft. Das SED-Regime übernahm dieses Geschichtsbild. Der Sozialismus würde demnach den Kapitalismus und somit auch den Faschismus überwinden.

M 2 Q Gedenkrituale in der DDR
Foto vom 7. Mai 1985
Auch wenn ab 1967 der „Tag der Befreiung“ als arbeitsfreier Tag abgeschafft worden war, fanden bis zum Ende der DDR überall im Staat am 8./9. Mai offizielle Gedenkveranstaltungen statt. Hier veranstalten die Vertreter der Jugendorganisation der DDR einen Fackelzug am Ehrenmal für gefallene sowjetische Soldaten im Treptower Park.

- Erläutern Sie, inwiefern es sich bei der dargestellten Gedenkfeier um ein ritualisiertes Ereignis handelte.

Umgang mit der NS-Vergangenheit

Auf der Suche nach Legitimität stellte sich die Parteiführung der SED in die Nachfolge des kommunistischen Widerstandes gegen den Nationalsozialismus und machte diesen zum „Gründungsmythos“ der DDR. Gerade junge Menschen und Intellektuelle befürworteten den Staat, da sie so deutlich Abstand zur NS-Vergangenheit wahren konnten. Da die DDR mit der NS-Vergangenheit so klar gebrochen habe, lehnte sie jede Verantwortung für die NS-Verbrechen und Wiedergutmachungen an Israel ab. Der Nationalsozialismus, so erklärte die SED, sei im Zuge der Entnazifizierung in der sowjetischen Besatzungszone während der ersten Nachkriegsjahre beseitigt worden. Die Inszenierung der DDR als antifaschistischer Staat kennzeichnete in der Folge die Erinnerungskultur und fand darüber hinaus auch in der Denkmalarchitektur ihren Niederschlag. 1958 wurde das ehemalige KZ Buchenwald als nationale Gedenkstätte eröffnet und als zentraler Gedächtnisort des kommunistischen Widerstands propagiert. Auch kollektive und ritualisierte Gedenktage wie der 8. Mai („Tag der Befreiung“) waren Teil der am Antifaschismus ausgerichteten nationalen Identität der DDR. Obgleich mit der Änderung der Außenpolitik und der Annäherung an die USA und Israel in den 1980er-Jahren auch die Bereitschaft der DDR zur kritischen Auseinandersetzung mit der eigenen Erinnerungspolitik stieg, blieb diese doch von Politisierung und Ritualisierung gekennzeichnet.

„Volksdemokratie“ – Demokratie zum Schein

Die DDR enthielt ihren Bürgerinnen und Bürgern in der Verfassung garantierte Grundrechte wie Freizügigkeit und Freiheit der Berufswahl vor. Auch die Gleichberechtigung von Mann und Frau wurde trotz aller frauenfreundlichen Parolen nicht durchgesetzt. Der Staat ermöglichte zwar eine hohe Erwerbstätigkeit der Frauen durch sozialpolitische Maßnahmen wie kostenlose Kinderbetreuung. Trotzdem hat-

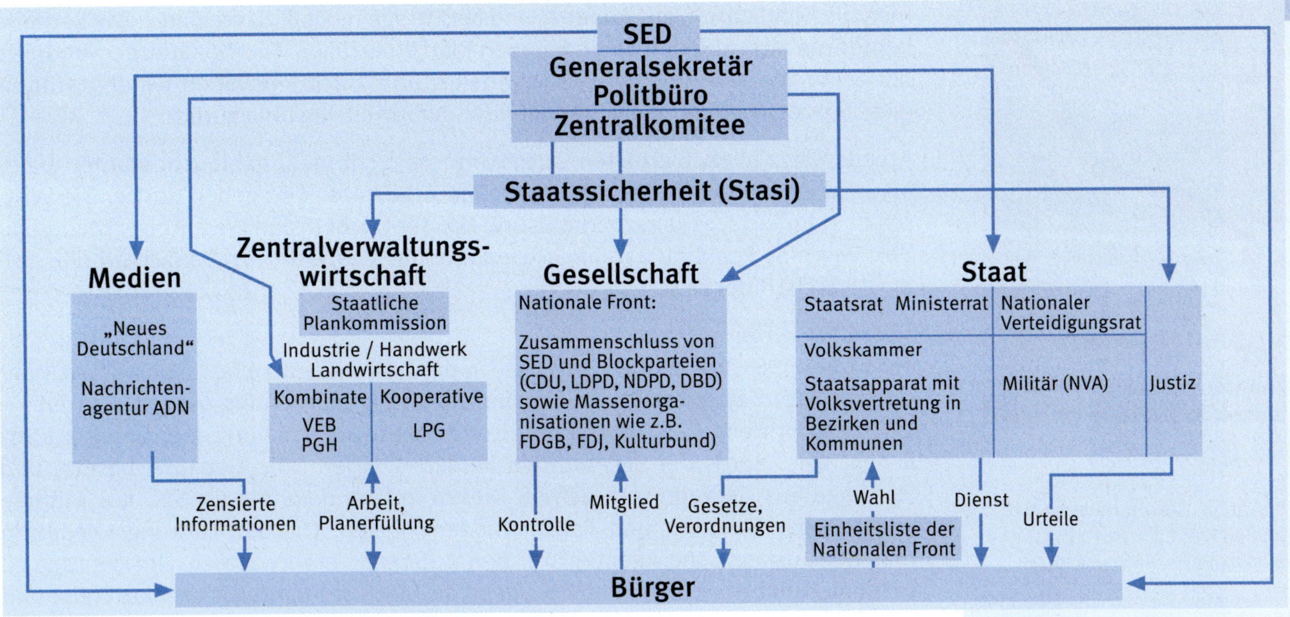

M3 D Die Verfassungswirklichkeit in der DDR
Grafik nach Eberhard Wilms

- Erklären Sie die Machtstrukturen in der DDR.
- Vergleichen Sie diese Machtstrukturen mit denen der Bundesrepublik (von heute).

ten Frauen schlechtere Ausbildungschancen, ihre Gehälter waren niedriger und ihre Pflichten im Haushalt trotz voller Berufstätigkeit größer als die der Männer. Der Einfluss der Kirchen wurde in der DDR, wo immer möglich, eingedämmt. Alle Medien wurden zentral gelenkt und standen im Dienst der Partei und ihrer sozialistischen Ideologie. Abweichende Meinungen konnten nicht legal veröffentlicht werden und standen sofort unter dem Verdacht der „staatsfeindlichen Hetze“.

Machtinstrumente der SED waren die Streitkräfte der DDR – die „Nationale Volksarmee“, eine von der SED abhängige Justiz, die willkürliche Verhaftungen duldete und Strafen verhängte, gegen die keine Rechtsmittel eingelegt werden konnten, vor allem aber das 1950 eingerichtete Ministerium für Staatssicherheit („Stasi“). Es verstand sich als „Schild und Schwert der Partei“. Ihm unterstand ein breites Netz an Agenten, Spitzeln und bis zu 200 000 „informellen Mitarbeitern“ mit deren Hilfe „auffällige“ Bürger bespitzelt wurden, um Oppositionelle und Regimekritiker aufzuspüren und zu überwachen. Die Mittel der Stasi waren vielfältig, von Beschattungen und Festnahmen bis zu psychischer Zersetzung, Verschleppungen und sogar Mord. Auch Bürgerinnen und Bürgern, die in den Westen geflohen waren („Republikflüchtlingen“), stellte sie nach, ließ sie in die DDR zurückbringen oder ermorden. Viele Menschen erfuhren erst nach dem Untergang der DDR von den staatlichen Bespitzelungen, teils aus dem engsten Freundes- und Familienkreis.

Internettipp:
32065-0025
Weitere Beispiele dafür, wie die „Stasi“ gegen Regimekritikerinnen und -kritiker vorging

Planwirtschaft

Die Bundesrepublik „überholen ohne einzuholen“, lautete die Parole der SED – das Modell sozialistischer **Planwirtschaft** sollte die Marktwirtschaft des Westens überbieten. Die von der sowjetischen Besatzungsmacht begonnene Verstaatlichung der Banken und privaten Industriebetriebe war bereits Anfang der 1950er- Jahre fast abgeschlossen. Parallel wurde die zwangsweise Kollektivierung der Landwirtschaft, d. h. die Enteignung der selbstständigen Bauern, und die Errichtung von Landwirtschaftlichen Produktionsgemeinschaften (LPG) vorangetrieben. Damit konnte die SED ihre Herrschaft auch auf die Wirtschaft ausdehnen.

Planwirtschaft: Wirtschaftsordnung, in der die Produktion von Gütern sowie deren Verteilung anders als in einer freien Marktwirtschaft nach staatlich festgelegten Plänen (z. B. Fünfjahrespläne) vorgenommen wird, die festlegen, welche Wirtschaftszweige was in welchen Mengen und zu welchen Bedingungen und Preisen produzieren. Sie kennzeichnete die Wirtschaftspolitik der UdSSR und der von ihr abhängigen Staaten.

Kollektivierung und Planwirtschaft führten jedoch immer wieder zu Versorgungsproblemen. Das Wirtschaftssystem der Planwirtschaft nahm den einzelnen Unterneh-

M4 Q **„Volkswirtschaftsplan“**
Plakat des Sekretariats der Nationalen Front zur Werbung für die Planwirtschaft, um 1950

► Arbeiten Sie mithilfe der Bildelemente Wesen und Ziele der Planwirtschaft heraus.

Internettipp:
32065-0026 Weitere Informationen und Materialien zum 17. Juni 1953

Geschichte In Clips:
32065-0027 Mauerbau

men die Möglichkeit, auf Angebot und Nachfrage flexibel zu reagieren. Die Betriebe bemühten sich nur, den vorgegebenen Plan zu erfüllen. Die Qualität der Produkte oder eine Verbesserung der Wirtschaftsleistung durch Innovation waren nachrangig. Sukzessive ging so die Produktivität der Arbeitsleistung zurück.

Arbeitsplätze blieben erhalten, auch wenn sie nicht mehr gebraucht wurden, da es im „real existierenden Sozialismus“ keine Arbeitslosigkeit geben durfte. Die Wirtschaft stagnierte, es kam zu Streiks und Massenflucht in den Westen. Der Mauerbau 1961 war eine Reaktion darauf. Er beendete die Massenflucht. Danach erholte sich die Wirtschaft der DDR.

Der Aufstand vom 17. Juni 1953

Am 17. Juni 1953 streikten an 242 Orten in der DDR mehr als eine halbe Million Menschen: Sie protestierten gegen eine im Mai erfolgte Erhöhung der geforderten Arbeitsleistung der Arbeiterschaft um zehn Prozent zur Erreichung der planwirtschaftlichen Ziele. Büros der SED wurden gestürmt, öffentliche Gebäude besetzt und Häftlinge aus Gefängnissen befreit. Diesen Aufstand konnte die SED nur mithilfe sowjetischer Soldaten und Panzer niederschlagen. Die SED-Führung wiederum machte „ausländische Agenten“ für den Aufstand verantwortlich. Um die Lage zu beruhigen, nahm sie aber stillschweigend die Maßnahmen zurück, senkte Preise und erhöhte Löhne und Renten. Zugleich wurde die „Stasi“ angewiesen, die Beobachtung der Bevölkerung zu intensivieren, um Abweichler frühzeitig aufspüren zu können.

Mauerbau und Grenzbefestigung

Allein zwischen 1953 und 1956 flohen etwa eine Million oftmals jüngere, gut ausgebildete Facharbeiterinnen und Facharbeiter oder Akademikerinnen und Akademiker aus der DDR, um der Unterdrückung durch die SED und den Zwängen der Planwirtschaft zu entkommen. Da dies die wirtschaftliche Überlebensfähigkeit des SED-Regimes gefährdete, riegelte die DDR-Führung die Grenze zur Bundesrepublik schon frühzeitig ab. Lediglich in Berlin, das unter Kontrolle der vier Besatzungsmächte stand, war der Grenzübergang noch beinahe problemfrei möglich. Ihn nutzten allein im Juli 1961 rund 150 000 Menschen zur Flucht in den Westen.

M5 Q **Sprung in die Freiheit**
Graffiti nach einem Foto von Peter Leibing vom 15. August 1961
Der 19-jährige Grenzsoldat Conrad Schumann flüchtet von Ost- nach West-Berlin, kurz bevor die Mauer geschlossen wird

► Bis heute wird das Foto immer wieder publiziert und gehört inzwischen zum Weltdokumentenerbe der UNESCO. Diskutieren Sie, mit welcher Botschaft das Foto in den Jahren nach dem Mauerbau verknüpft worden sein könnte.

Anfang August gab deshalb die Führung in Moskau dem Drängen der SED nach und bewilligte die Abriegelung der Grenze auch in Berlin. In der Nacht vom 12. auf den 13. August 1961 errichteten Soldaten Stacheldrahtzäune zwischen dem sowjetischen und den drei westalliierten Sektoren Berlins. In den folgenden Tagen und Monaten wurden die provisorischen Absperrungen durch eine stabile und streng bewachte Mauer und einen regelrechten „Todesstreifen" ersetzt.

Durch den **Mauerbau** war die Flucht aus der DDR weitgehend unmöglich geworden. Wer sie trotzdem wagte, riskierte sein Leben. Denn mehrfach hatten führende SED-Politiker und Militärs den Befehl gegeben, auf „Verräter und Grenzverletzer" zu schießen. Nach heutigen Erkenntnissen verloren beinahe 800 Menschen bei Fluchtversuchen ihr Leben, Tausende wurden verletzt.

Animierte Karte: Mauerbau

32065-0028

Mauerbau: Ab dem 13. August 1961 errichtete die DDR-Regierung nach Absprache mit der Sowjetunion eine 112 km lange Mauer entlang der Grenzen der westlichen Sektoren.

Zwischen Anpassung und Rebellion

Der SED gelang es nie, die Mehrheit der Bevölkerung für sich zu gewinnen. In der Öffentlichkeit und am Arbeitsplatz verhielten sich viele Bürgerinnen und Bürger angepasst und unauffällig, um den Repressionen des Machtapparats zu entgehen, und suchten sich eine „Nische" bei Freunden und im Privatleben, in die sie sich so oft wie möglich zurückzogen. Das Wochenendhaus, die „Datsche", wurde zum Symbol einer Nischengesellschaft im diktatorischen Obrigkeitsstaat.

M6 **Q** **Szene in einer Ost-Berliner U-Bahn**
Foto von Jörg Knöfel, 1986

- Beschreiben Sie, welche Wirkung das Bild auf Sie hat.
- Diskutieren Sie, welche Erfahrungen und Erwartungen hinsichtlich der DDR die beiden Personen jeweils haben könnten.

Seit den 1960er-Jahren rebellierten jedoch immer mehr Jugendliche gegen das „Spießertum" ihrer Eltern und gegen die geistige und räumliche Enge in der DDR. Die SED-Führung beäugte sie kritisch und reagierte mit Schulentlassung und Ausbildungsverboten, Reisebeschränkungen innerhalb der DDR, im Extremfall sogar mit Inhaftierung.

So war die Gesellschaft gespalten in überzeugte, linientreue Anhänger des SED-Staates, diejenigen, die dem Staat gleichgültig oder insgeheim ablehnend gegenüberstanden, sowie jenen, die sich nicht mit dem Regime arrangieren konnten und unter großen Gefahren versuchten zu fliehen.

Obwohl die Machthaber hart gegen Oppositionsbewegungen vorgingen, gab es Initiativen, die sich für die Gleichberechtigung von Frauen und für die Einhaltung von Bürger- und Menschenrechten einsetzten. Eine von der SED unabhängige Frauen- oder Studentenbewegung, wie es sie seit den 1960er-Jahren in den westlichen Staaten gab, war in der DDR zwar nicht denkbar. An vielen Orten der DDR zeigten seit den 70er-Jahren aber kleine Gruppen von Regimekritikerinnen und -kritikern Zivilcourage. Nicht wenige Unzufriedene hielten die DDR im Vergleich zur Bundesrepublik durchaus für den fortschrittlicheren Staat, waren aber davon überzeugt, dass es echten Sozialismus nur in Verbindung mit Demokratie geben könne. Damit stellten sie dem „realen Sozialismus" in der DDR die Utopie des „demokratischen Sozialismus" entgegen.

M7 Q „Warum gibt es in der DDR keine Opposition?"

Unter dieser Überschrift erscheint am 17. Mai 1957 in der Parteizeitung „Neues Deutschland" der folgende Artikel mit dem Zusatz „Wähler fragen – wir antworten". Viele Intellektuelle werden zu diesem Zeitpunkt verhaftet. Im Dezember 1957 erklärt die Volkskammer Tatbestände wie Staatsverrat, Spionage und Sammlung von Nachrichten zu Verbrechen. Auch die Verbindung zu jeder nichtkommunistischen Opposition wird ab sofort mit Gefängnis bis zu drei Jahren bestraft. In schweren Fällen droht die Todesstrafe.

Manche Bürger fragen, warum es bei uns keine Opposition gibt, und meinen, zu einer richtigen Demokratie gehöre doch auch eine Opposition. Demokratie herrscht aber nicht dort, wo verschiedene Parteien gegeneinander auftreten, wo die Kraft der Arbeiterklasse gespalten ist und eine Opposition besteht. Im Gegenteil, das Vorhandensein oppositioneller Kräfte in bürgerlich-kapitalistischen Staaten offenbart den immer schärfer hervortretenden Interessengegensatz zwischen den sich an der Macht befindlichen Monopolisten und Militaristen und der von der Macht ausgeschlossenen unterdrückten Bevölkerung. Opposition ist nur der Beweis dafür, dass die Volksmassen gegen die herrschende Klasse für ihr Recht kämpfen müssen.
Die Bourgeoisie kann die aus den unversöhnlichen Klassengegensätzen hervorwachsende Opposition nicht leugnen. Deshalb versucht sie, diese zu einem „Charakteristikum wahrer Demokratie" für jeden Staat umzufälschen. […]
Aus solchen Auffassungen wird dann die absurde Behauptung abgeleitet, dass unser sozialistischer Staat der Arbeiter und Bauern nicht demokratisch sei, weil es bei uns „keine Opposition gebe".
In unserer Deutschen Demokratischen Republik sind die Kriegsverbrecher, Monopolisten und Junker entmachtet. Hier gehören die Fabriken und Banken dem Volk. Die Armee, Polizei und Justiz – die Machtmittel des Staates – sind Instrumente der Werktätigen. Es gibt keinen Gegensatz zwischen der Politik unserer Regierung und den Interessen der gesamten Bevölkerung.
Eine Opposition in der DDR könnte doch nur gegen die Politik unserer Regierung gerichtet sein. Sie müsste sich also gegen die Einführung der 45-Stunden-Woche, gegen den Bau von zusätzlich hunderttausend Wohnungen, gegen unsere niedrigen Mieten, gegen die Stabilität unserer Preise, gegen die niedrigen MTS-Tarife[1], gegen die hohen Ausgaben für Wissenschaft und Kultur und gegen unsere Friedenspolitik richten. Sie müsste sich gegen die Einheit der Arbeiterklasse, gegen unseren Arbeiter-und-Bauern-Staat richten. Sie müsste für den Einsatz von Militaristen und Faschisten in hohe Machtpositionen, für den NATO-Kriegspakt und für die Vorbereitung eines Atomkrieges sein. Solch eine Opposition zu dulden, wäre verbrecherisch.

Neues Deutschland vom 17. Mai 1957, S. 3

[1] Über Maschinen-Traktor-Stationen (MTS) konnten die Bauern der LPGs (vgl. dazu S. 445) günstig landwirtschaftliche Geräte beziehen.

Arbeitsvorschläge

32065-0029

1. Erklären Sie den Begriff „Opposition". Stellen Sie die Definition dem Verständnis des Artikels aus dem „Neuen Deutschland" gegenüber.
2. Analysieren Sie die Folgen der Gleichsetzung von „Politik unserer Regierung" und „Interessen der gesamten Bevölkerung".
3. Beurteilen Sie, wie in einer bürgerlichen Demokratie die Interessen der Bevölkerung wahrgenommen werden.
4. Ordnen Sie die genannten Errungenschaften der DDR ein, die im Artikel hervorgehoben werden. | F

M8 Q Richtlinien für „Operative Vorgänge"

1976 werden im Ministerium für Staatssicherheit (MfS) folgende Richtlinien in Umlauf gebracht:

2.3.4 Das Herausbrechen von Personen […]
Das Herausbrechen ist darauf zu richten, Personen aus feindlichen Gruppen für eine inoffizielle Zusammenarbeit zu werben, um dadurch in die Konspiration der Gruppe einzudringen und Informationen und Beweise über geplante, vorbereitete oder durchgeführte Handlungen sowie Mittel und Methoden ihres Vorgehens zu erarbeiten, Anknüpfungspunkte und Voraussetzungen für eine notwendige Paralysierung und Einschränkung der feindlichen Handlungen bzw. zur Auflösung der Gruppen zu schaffen. […]
2.6.1 Zielstellung und Anwendungsbereiche […]
Maßnahmen der Zersetzung sind auf das Hervorrufen sowie die Ausnutzung und Verstärkung solcher Widersprüche bzw. Differenzen zwischen feindlich-negativen Kräften zu richten, durch die sie zersplittert, gelähmt, desorganisiert und isoliert und ihre Handlungen einschließlich deren Auswirkungen vorbeugend verhindert, wesentlich eingeschränkt oder gänzlich unterbunden werden. […]
2.6.2 Formen, Mittel und Methoden […]
Bewährte Formen sind:
- systematische Diskreditierung des öffentlichen Rufes, des Ansehens und des Prestiges […];

- systematische Organisierung beruflicher und gesellschaftlicher Misserfolge zur Untergrabung des Selbstvertrauens einzelner Personen;
- zielstrebige Untergrabung von Überzeugungen […];
- Erzeugen von Misstrauen und gegenseitigen Verdächtigungen innerhalb von Gruppen […].

Arbeitsvorschläge

1. Erläutern Sie die Wirkung dieser Maßnahmen. | H
2. Finden Sie Beispiele für von der Staatssicherheit verfolgte Personen oder Gruppen. Prüfen Sie, inwieweit die genannten Methoden angewandt wurden.

M9 Q Ein Augenzeuge über den 17. Juni 1953

Friedrich Schorn, 39-jähriger Rechnungsprüfer aus Halle, gehört zu den Sprechern der Arbeiter, die sich gegen die SED-Herrschaft erheben:

Während das Streikkomitee seine Beschlüsse fasste, setzte ich mich an die Spitze der 20 000 Betriebsangehörigen, und wir zogen nach Merseburg. Bauarbeiter, Straßenbahner, Fabrikarbeiter, Vopos[1], Hausfrauen und andere Zivilisten reihten sich noch ein. Voran ging eine Malerkolonne der Leuna-Werke, die in Blitzesschnelle die alten Parolen abriss und die Wände mit unseren Freiheitslosungen bestrich. Mehrfach wurden alle drei Strophen des Deutschlandliedes und Brüder zur Sonne zur Freiheit[2] gesungen. Als gerade die letzten Demonstranten der Buna-Werke den Uhlandplatz erreicht hatten, traf unser Zug mit seiner Spitze ein. Ein ungeheuerlicher Jubel setzte ein. Fremde Menschen, jung und alt, fielen einander in die Arme, und viele weinten. Es war ein Begrüßungstaumel, der nicht enden wollte. Wir hatten auf dem Uhlandplatz drei Lautsprecherwagen und konnten verständlich zur ganzen Menge sprechen. Es waren etwa 100 000 Menschen. Zunächst sprach ein Mann von den Buna-Werken gegen die SED-Tyrannei. Anschließend gaben wir unter großem Beifall unsere Freiheitslosungen bekannt. Doch rief ich gleichzeitig zur Disziplin auf und forderte auf, nichts zu unternehmen, wodurch die sowjetische Besatzungsmacht sich provoziert sehen könnte. Zahllose Bürger traten an uns heran und baten um „Einsätze". Sie sagten dem Sinne nach: Ich bin zu allem bereit, sei es noch so gefährlich und koste es, was es wolle. Der Buna-Streikleiter schickte 200 – teilweise ausgesuchte – Männer zur Papierfabrik Königs-Mühle mit dem Auftrag, dort die von Vopos bewachten Arbeiter zu befreien. Kommandos zur Besetzung der Stadt- und der Kreisverwaltung wurden fortgeschickt. Später wurde uns gemeldet, dass alles gelang. […]

Nun wurde mir gemeldet, dass sowjetische Truppen das Gefängnis, aus welchem wir die politischen Gefangenen befreit hatten, inzwischen besetzten und Neuverhaftete eingeliefert waren. […]

Ich fuhr voraus in die Leuna-Werke […]. Da kamen auch schon die ersten sowjetischen Lastwagen mit Fliegern in Infanterieausrüstung im Werk an. Die empörte Menge beschrie die Soldaten mit Pfuirufen. „Was wollt ihr hier, macht, dass ihr fortkommt!" „Nennt ihr das Demokratie?" Andere Betriebsangehörige riefen: „Lasst die armen Kerle, die wollen genauso frei sein wie wir. Was können die dafür, dass sie hier sein müssen." Die Soldaten waren zum Teil noch Kinder, waren ängstlich und eingeschüchtert. […] Ein Offizier schien die Situation jedoch besser zu durchschauen und sagte: „Gut so, weitermachen, in einem Jahr sind wir in Russland auch soweit."

Zitiert nach: Ilse Spittmann und Karl Wilhelm Fricke (Hrsg.), 17. Juni 1953. Arbeiteraufstand in der DDR, Köln ²1988, S. 141

Arbeitsvorschläge

1. Nennen Sie die Forderungen der Aufständischen.
2. Erklären Sie die Gründe, die die sowjetische Führung zur gewaltsamen Niederschlagung des Aufstandes bewogen haben dürften. | H

[1] Vopo: Volkspolizist
[2] Brüder zur Sonne zur Freiheit: deutsche Nachdichtung eines russischen Arbeiterliedes

M10 Q „Einwandfreies Schussfeld gewährleisten“

Auf einer Sitzung des Nationalen Verteidigungsrates vom 3. Mai 1974 äußert sich Erich Honecker zu den Maßnahmen der Grenzsicherung:

In der Aussprache […] legte Genosse Erich Honecker folgende Gesichtspunkte dar:

- die Unverletzlichkeit der Grenzen der DDR bleibt nach wie vor eine wichtige politische Frage,
- es müssen nach Möglichkeit alle Provokationen an der Staatsgrenze verhindert werden,
- es muss angestrebt werden, dass Grenzdurchbrüche überhaupt nicht zugelassen werden,
- jeder Grenzdurchbruch bringt Schaden für die DDR,
- die Grenzsicherungsanlagen müssen so angelegt werden, dass sie dem Ansehen der DDR nicht schaden, […]
- überall muss ein einwandfreies Schussfeld gewährleistet werden, […]
- nach wie vor muss bei Grenzdurchbruchsversuchen von der Schusswaffe rücksichtslos Gebrauch gemacht werden, und es sind die Genossen, die die Schusswaffe erfolgreich angewandt haben, zu belobigen […].

Erich Honecker auf der 45. Sitzung des Nationalen Verteidigungsrates vom 3. Mai 1974 zum Tagesordnungspunkt 4: Bericht über die Lage an der Staatsgrenze der DDR zur BRD, zu Westberlin und an der Seegrenze, © Bundesarchiv, BArch MZA, VA – 01/39 503

Arbeitsvorschläge

32065-0032

1. Im August 1997 erging im Berliner Landgericht das Urteil gegen drei frühere Mitglieder des Politbüros (Egon Krenz, Günter Schabowski, Günther Kleiber) wegen Totschlags an DDR-Flüchtlingen. Der Vorsitzende Richter Josef Hoch begründete die langjährigen Freiheitsstrafen für die Angeklagten mit der führenden Rolle des Politbüros innerhalb des Staates, dessen Mitglieder daher für das Grenzregime zur Verantwortung zu ziehen seien, denn wer die Herrschaft über Tötungen habe, sei als Täter dafür verantwortlich („Ohne die Politbürobeschlüsse hätte es diese Toten nicht gegeben“). Diskutieren Sie das Für und Wider der Gerichtsentscheidung.
2. Diskutieren Sie über die Angemessenheit der Strafen.

M11 D Übersiedler und Flüchtlinge zwischen DDR und Bundesrepublik

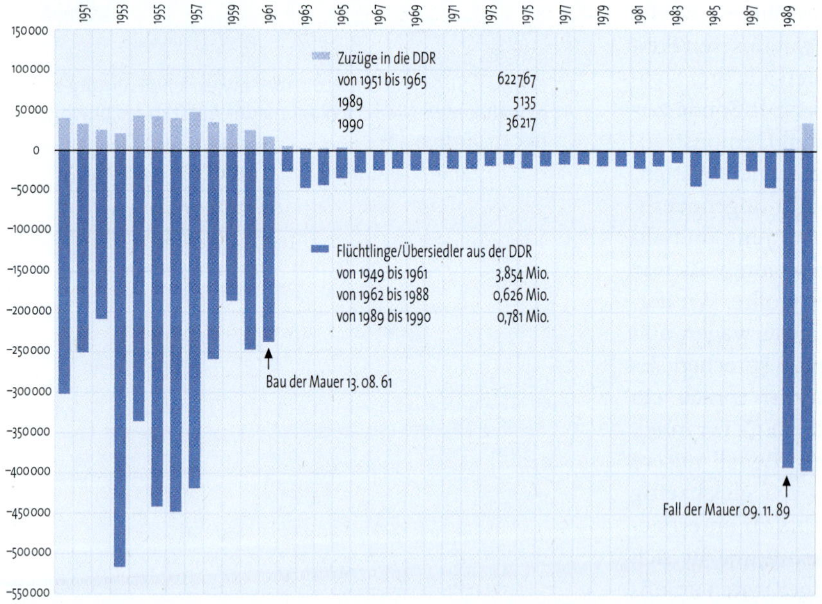

Nach: Hartmut Wendt, Wanderungen in Deutschland zwischen Ost und West […], in: Paul Ganz und Franz-Josef Kemper (Hrsg.), Mobilität und Migration in Deutschland, Erfurt 1995, S. 6 – 8, und Matthias Judt (Hrsg.), DDR-Geschichte in Dokumenten. Beschlüsse, Berichte, interne Materialien und Alltagszeugnisse, Berlin 1998, S. 545 f.

Arbeitsvorschläge

32065-0033

1. Nennen Sie Motive für die Migration zwischen den beiden deutschen Staaten. | H | F
2. In der Zentralkartei der DDR war die registrierte Zahl der Übersiedler immer doppelt so hoch wie von Behörden der Bundesrepublik angegeben. Nennen Sie Gründe, warum das Ausmaß von Flucht und Übersiedlung politisch stets sehr brisant war.
3. Erläutern Sie die Folgen der Fluchtbewegung für Staat, Gesellschaft und Wirtschaft der DDR.

M12 D Sozialpolitik und Legitimation der SED-Herrschaft

In einer Untersuchung über die Wirksamkeit der Sozialpolitik für die Akzeptanz des DDR-Regimes durch die Bürger heißt es:

Von der Sozialpolitik hatten sich die SED und die Staatsführung der DDR großen ökonomischen und politischen Nutzen erhofft. Voraussetzung und Ansporn wirtschaftlicher Leistung und Produktivitätssteigerung sollte sie sein und als Quelle von Legitimität dienen, um den grundlegenden Mangel an Anerkennung des SED-Regimes zu kompensieren. Ist dies erreicht worden?

Die sozialwissenschaftliche Forschung neigt zu der These, die Politik der sozialen Sicherung habe zur Stabilisierung des SED-Regimes beigetragen. Der paternalistische[1] Herrschaftsmechanismus der Sozialpolitik habe Wohlverhalten und konsumorientierte Anpassung hervorgerufen oder verstärkt, so wird die Stabilisierungsthese begründet. Zumindest zeitweise sei es gelungen, mit der Sozialpolitik eine Brücke zwischen den Herrschenden und den Beherrschten zu schlagen, so pflichten manche dieser Auffassung bei, meist unter Berufung auf die Aufwertung der Sozialpolitik in den 70er-Jahren. Allerdings betonen alle seriösen Untersuchungen die Grenzen der Legitimierung der DDR-Sozialpolitik und deren widersprüchlichen, teils Anerkennung stiftenden, teils Protest hervorrufenden Wirkungen. […]

Hockerts[2] zufolge sind die „sozialistischen Errungenschaften“ wie Vollbeschäftigung und Grundversorgung von der Bevölkerung insgesamt angenommen und genutzt worden. Aber als Herrschaftsstützen seien sie viel zu schwach, wenn nicht gar morsch gewesen. […]

Die Sozialpolitik fand nicht nur Zustimmung, sie rief auch Widerspruch hervor, zum Beispiel aufgrund offenkundiger Leistungsmängel, wie im Falle der mangelhaften Altenpflege, der verfallenden Bausubstanz in den Städten, der Ausstattungsmängel des Gesundheitswesens, und Unzufriedenheit ob der Vernachlässigung produktionsferner Lebenslagen und Risiken, wie bei vielen Rentnern. […]

Damit sind Kehrseiten der DDR-Sozialpolitik angesprochen, die kaum legitimierend wirken. Zu den Legitimierungsgrenzen ist ein Weiteres zu zählen: Die DDR-Sozialpolitik legte ihre Bürger viel stärker als die Sozialpolitik westlicher Prägung auf eine Politiknehmerrolle fest. Soweit dies den Politiknehmer der unbotmäßigen Eigeninitiative beraubte, konnte man darin eine system- und ideologiegerechte Konsequenz sehen. Doch der Politiknehmerstatus förderte Anspruchshaltung und Passivität. Überdies verhinderte er, was die DDR-Sozialpolitik der parteioffiziellen Ideologie zufolge eigentlich bewirken sollte: die Entwicklung von Qualifikation und Staatsbürgertugenden einer loyalen, produktiven und konstruktiv mitwirkenden „sozialistischen Persönlichkeit“. Doch von der war ebenso wenig zu sehen wie von der Steigerung der Produktivität, die man sich von der „Einheit von Wirtschafts- und Sozialpolitik“ erhoffte.

Eine noch gefährlichere Legitimierungsgrenze bestand für die Sozialpolitik der DDR in dem Ost-West-Vergleich, vor allem dem Vergleich mit der Bundesrepublik Deutschland. Hier stößt man auf die Achillesferse des DDR-Sozialismus. Im Ost-West-Vergleich erwiesen sich seine „sozialen Errungenschaften“ einschließlich der Sozialleistungen als mittelmäßig, nicht selten als unzulänglich, oft als unattraktiv. Das ergab sich aus den repressiven Strukturen des Staatswesens und dem niedrigeren Entwicklungsstand der DDR-Wirtschaft, der rückständigen Technologie, der geringen Qualität der Dienstleistungen, der niedrigeren Kaufkraft der Sozialeinkommen und Löhne und dem unzureichenden Angebot an Konsumgütern des gehobenen Bedarfs. Die nur mäßige Produktivität der DDR-Wirtschaft bedeutete einen großen Rückstand an volkswirtschaftlichem Wohlstand sowie an privatem und öffentlichem Konsumniveau gegenüber den fortgeschrittenen westlichen Industrieländern wie der Bundesrepublik Deutschland. Vor diesem Rückschritt schrumpften die „sozialen Errungenschaften“ des SED-Staates zu Wohltaten, welche die überwältigende Mehrheit der DDR-Bürger bei erster Gelegenheit gegen die volle Teilhabe an den Gütern der Sozialen Marktwirtschaft und des Sozialstaates der Bundesrepublik Deutschland eintauschte.

Ian Kershaw, Hitler 1889–1936, Stuttgart 1998, S. 380 (Übersetzung: Jürgen Peter Krause und Jörg W. Rademacher)

[1] paternalistisch: väterlich bevormundend

[2] Hans Günter Hockerts: deutscher Zeithistoriker (geb. 1944)

Arbeitsvorschläge

32065-0034

1. Listen Sie Vor- und Nachteile der „Einheit von Wirtschafts- und Sozialpolitik“ auf. Diskutieren Sie, ob man tatsächlich von einer „Einheit“ sprechen kann.
2. Beschreiben Sie den Einfluss des permanenten Vergleichs mit der Bundesrepublik auf die Mentalität der DDR-Bevölkerung.

Leitfrage

Nehmen Sie Stellung:
Die DDR – ein Unrechtsstaat?

Selbstverständnis und Entwicklung der Bundesrepublik

Bildinformation

31000-272

M1 Q Antrittsbesuch
Foto vom 21. September 1949
Bundeskanzler Adenauer stellt sein Kabinett den Vertretern der Westalliierten vor. Selbstbewusst tritt er dabei auf den Teppich, vor dem er eigentlich „in gemessenem Abstand haltmachen" sollte.

32065-0484

1. Beschreiben Sie Adenauers Auftritt gegenüber den Westalliierten. Was könnte ihn zu diesem Auftreten veranlasst haben?

LEIT-FRAGE

Stabilität und wirtschaftlicher Aufstieg der BRD – „Made in Germany"?

Souveränität durch Westbindung

Anders als die Weimarer Republik entwickelte sich die Bundesrepublik zu einem politisch stabilen Staat. Vor allem das „Wirtschaftswunder", der Aufbau des Sozialstaates und die Handlungsfähigkeit der Regierungen festigten die Bonner Demokratie. Während seiner langen Kanzlerschaft von 1949 bis 1963 konnte Konrad Adenauer eine Reihe von Erfolgen verbuchen: Durch eine konsequente **Westbindung** entspannte sich das Verhältnis zu den westlichen Siegermächten, sodass die Bundesrepublik als gleichberechtigtes Mitglied sowohl 1955 in das westliche Verteidigungsbündnis NATO (North Atlantic Treaty Organization) als auch 1957 in die Europäische Wirtschaftsgemeinschaft (EWG) aufgenommen und in eine weitgehende Souveränität entlassen wurde. Adenauer gelang auch die Aussöhnung mit Frankreich, die Voraussetzung für die europäische Integration war und 1963 in den deutsch-französischen Freundschaftsvertrag mündete.

Alleinvertretungsanspruch

Bereits im Oktober 1949 hatte Bundeskanzler Adenauer das Prinzip formuliert, das der Deutschlandpolitik aller Bundesregierungen bis 1969 zugrunde lag: „Die Bundesrepublik Deutschland ist allein befugt, für das deutsche Volk zu sprechen." Dieser von sämtlichen demokratischen Parteien geteilte Alleinvertretungsanspruch und die strikte Nichtanerkennung des nicht frei gewählten DDR-Regimes bestimmten und begrenzten die Beziehungen Bonns zu Ost-Berlin zwei Jahrzehnte lang.

Westbindung (Westintegration): politische, wirtschaftliche, militärische und kulturelle Einbindung der Bundesrepublik in die westliche Welt (USA, Kanada und westeuropäische Demokratien) ab 1945, besonders in die NATO und in Europa

Ihre Haltung fasste die Bundesregierung 1955 in den Grundsatz, die Bundesrepublik unterhalte keine Beziehungen zu Staaten, die die DDR durch Aufnahme diplomatischer Beziehungen anerkannten (**Hallstein-Doktrin**). Bis zum Ende der 1960er-Jahre konnte die Bundesregierung damit die internationale Anerkennung der DDR verhindern, zumal in den Ländern der „Dritten Welt", denen die Bundesrepublik andernfalls ihre Wirtschaftshilfe aufkündigte. Mit der Sowjetunion wurden 1955 dennoch diplomatische Beziehungen aufgenommmen. Im Gegenzug wurden die noch in der Sowjetunion festgehaltenen deutschen Kriegsgefangenen und Zivilpersonen freigelassen.

Eine stabile Demokratie

Materielle Kriegsschäden wurden behoben und Millionen neue Wohnungen gebaut, knapp zehn Millionen Invalide, Witwen und Waisen, Ausgebombte und Rückkehrer aus Kriegsgefangenschaft versorgt und 14 Millionen Flüchtlinge und Vertriebene aus den Ostgebieten des ehemaligen Deutschen Reiches integriert. Als wichtiger Stützpfeiler der jungen Demokratie erwies sich dabei die erfolgreiche, im Grundgesetz verankerte Sozialpolitik (Artikel 20, Absatz 1). Ohne sozialen Frieden im Land würde der politische und wirtschaftliche Wiederaufbau nicht gelingen – darin waren sich in Erinnerung an das Ende der Weimarer Republik alle einig.

Eine immer größere Mehrheit der Bürgerinnen und Bürger zeigte sich mit der neuen demokratischen Republik und mit dem Leben in einer pluralistischen Gesellschaft westlicher Prägung zufrieden. Noch 1950 wurden, als die Alliierten den Lizenzzwang für politische Parteien aufgehoben hatten, rund 30 neue, zumeist nationale und rechtsextremistische Parteien gegründet. Aber bei der Bundestagswahl 1953 zogen nur wenige Abgeordnete dieser Gruppierungen in den Bundestag ein. Anschließend ging deren Zahl stark zurück und die Wählerinnen und Wähler versammelten sich zum ganz überwiegenden Teil hinter CDU/CSU und SPD, die sich als für alle großen gesellschaftlichen Gruppen, Schichten und Milieus wählbare Volksparteien etablierten. Eine optimistische Grundstimmung und ein beinahe ungetrübter Fortschrittsglaube machten sich breit.

Soziale Marktwirtschaft und „Wirtschaftswunder"

Von besonderer Bedeutung für die Stabilisierung der Demokratie in der Bundesrepublik war der rasche wirtschaftliche Aufschwung in den 1950er-Jahren. Ursache hierfür war die Einführung einer „**Sozialen Marktwirtschaft**". Anders als in der reinen Marktwirtschaft, in der nur das Prinzip von Angebot und Nachfrage gilt, wurden wirtschaftliche Freiheit und sozialer Ausgleich zwischen den einzelnen Bevölkerungsgruppen miteinander verknüpft. Bundeswirtschaftsminister **Ludwig Erhard** gilt als einer der Väter der Sozialen Marktwirtschaft.

In der Zeit zwischen 1950 und 1973 konnte so die bundesdeutsche Wirtschaft mit Wachstumsraten von durchschnittlich 5,6 Prozent jährlich zulegen. Zugleich konnte der Staat schon 1953 beinahe 20 Prozent seiner Ausgaben für Sozialleistungen bereitstellen und damit zeigen, dass die Soziale Marktwirtschaft keine leere Versprechung war.

Der Aufschwung war kein „**Wirtschaftswunder**", obwohl er vielen so erschien. Gründe waren u. a. eine erhöhte Nachfrage nach Gütern und Dienstleistungen und der Wiederaufbau nach dem Zweiten Weltkrieg. Ebenso wichtig war aber auch der Wille der Überlebenden, „die Ärmel hochzukrempeln" und in einer Marktwirtschaft, die Leistung belohnte, neuen Wohlstand zu schaffen.

Hallstein-Doktrin: benannt nach Walter Hallstein (1901–1982), 1951–1957 Staatssekretar im Auswärtigen Amt, 1958–1967 Präsident der Kommission der Europäischen Wirtschaftsgemeinschaft (EWG) in Brüssel

M 2 Q Ludwig Erhard (1897–1977): 1949–1963 Bundesminister für Wirtschaft, 1963–1966 Bundeskanzler, 1966/67 Vorsitzender der CDU

Soziale Marktwirtschaft: Wirtschaftsordnung, die soziale Gerechtigkeit auf der Grundlage einer leistungsfähigen Wettbewerbswirtschaft ohne Ausbeutung und schlechte Arbeitsbedingungen vorsieht

Wirtschaftswunder: Bezeichnung für den raschen Aufstieg der Wirtschaft in Westdeutschland in den 1950er-Jahren, der gekennzeichnet war durch hohe Wachstumsraten des realen Sozialprodukts, wachsenden materiellen Wohlstand sowie den Abbau der Arbeitslosigkeit trotz hoher Flüchtlingszahlen

M3 Q Kniefall Willy Brandts am Mahnmal für die Opfer des Warschauer Ghettos

Foto vom 7. Dezember 1970
Mit dieser spontanen Geste während seines Staatsbesuches gedachte Brandt der polnischen Juden, die 1943 beim Aufstand im Warschauer Ghetto von Deutschen ermordet worden waren. Am selben Tag unterzeichnete Brandt den Warschauer Vertrag, in dem die Bundesrepublik die Oder-Neiße-Linie als Westgrenze Polens anerkannte.

- Das Nachrichtenmagazin „Der Spiegel" fragte in der Ausgabe vom 14. Dezember 1970: „Durfte Brandt knien?" Nehmen Sie dazu Stellung.

Bildinformation

31000-273

Aufarbeitung der NS-Zeit

Die systematische Erforschung und Verfolgung von NS-Gewaltverbrechen begann erst seit 1958 mit der Gründung der Zentralen Stelle der Landesjustizverwaltungen zur Aufklärung nationalsozialistischer Verbrechen in Ludwigsburg. Eine breite Öffentlichkeit nahm Anteil an Großverfahren wie dem ersten Auschwitz-Prozess in Frankfurt am Main (1963–1965) und dem Majdanek-Prozess[1] in Düsseldorf (1975–1981). Erst diese Prozesse machten den Deutschen das ganze Ausmaß des Holocaust deutlich und präzisierten die Vorstellungen von der Funktionsweise des nationalsozialistischen Regimes. Gleichzeitig spitzte sich in den 1960er- und frühen 70er-Jahren insbesondere in der heranwachsenden jungen Generation die Auseinandersetzung um die NS-Vergangenheit zu: Die Bundesregierung stellte Israel und anderen NS-Opfern zwar Entschädigungszahlungen in Aussicht. Der Wunsch nach einem „Schlussstrich" war in der Bevölkerung jedoch weit verbreitet. Zehntausende NS-Täter und Mitläufer hatten nach 1945 untertauchen und – auch dank staatlicher Amnestie- und Integrationsangebote – wieder in Schlüsselpositionen in Staat, Politik und Wirtschaft aufsteigen können. Dies führte oftmals zu einer pauschalen Verurteilung der Vätergeneration, die sich in einem Generationenkonflikt um die Schuldfrage an den NS-Verbrechen entzündete.

Protest ...

In den 1960er-Jahren wuchs nicht nur die Unzufriedenheit im Hinblick auf den Umgang mit der NS-Vergangenheit, sondern auch hinsichtlich politischer und gesellschaftlicher Strukturen generell.

Manche lehnten die Nutzung von Atomenergie, aber auch Wiederbewaffnung und NATO-Beitritt ab. Viele kritisierten angesichts der Kriegsführung der USA in Vietnam oder von Briten und Franzosen in ihren Kolonien begangener Verbrechen die einseitige Westorientierung. Beeinflusst von ähnlichen Bewegungen in den USA und anderen europäischen Ländern formierte sich eine Protestbewegung insbesondere aus Schülerinnen und Schülern, Studierenden, Journalistinnen und Journalisten, Kultur-

[1] Vorort von Lublin (Polen), bei dem die Nationalsozialisten ein Vernichtungslager einrichteten. Es existierte von Herbst 1941 bis Juli 1944; etwa 200 000 Menschen kamen in Majdanek zu Tode.

schaffenden und Gewerkschaftsvertreterinnen und -vertretern. Hier zeichnete sich ein Wertewandel ab – weg von Autorität, Gehorsam und Tradition hin zu Partizipation, Transparenz, Gleichberechtigung und Gerechtigkeit in Politik, Gesellschaft und Wirtschaft sowie individueller Freiheit.

Als 1966 CDU/CSU und SPD eine große Koalition mit Kurt-Georg Kiesinger als Bundeskanzler bildeten, der nur die FDP als Opposition gegenüberstand, befürchteten viele eine Gefahr für Demokratie und Freiheit durch dieses parteiliche Übergewicht. Sie sahen sich darin bestätigt, als die Koalition über den Erlass von Gesetzen diskutierte, mit denen im Falle eines Notstandes Grundrechte eingeschränkt werden konnten und die sie an den Notstandsartikel 48 der Weimarer Reichsverfassung und dessen Missbrauch erinnerte.

Internettipp: 32065-0035 Informationen zu APO und Studentenbewegung

Aus Protest formierte sich eine „Außerparlamentarische Opposition" (APO) aus Studierenden, Intellektuellen und Teilen der Gewerkschaften, die im Frühjahr 1968 auf die Straße ging und mit landesweiten Demonstrationen vergeblich versuchte, das Parlament von der Verabschiedung der Notstandsgesetze abzubringen sowie auf andere politische Themen aufmerksam zu machen. Seither nannte man die Protestbewegung oft pauschal „die 68er".

68er: linksorientierte Protestbewegung v. a. von Studierenden ab den späten 1960er-Jahren gegen die damaligen politischen, wirtschaftlichen und gesellschaftlichen Verhältnisse in der Bundesrepublik Deutschland, die eine stärkere Bürgerbeteiligung und Modernisierung der Gesellschaft anstieß

... und Reformen

Die ab 1969 amtierende Regierung aus SPD und FDP unter Bundeskanzler Willy Brandt nahm die Forderungen aus der Bevölkerung nach mehr Mitbestimmung, Gleichberechtigung und Modernisierung bewusst auf. Die Reformen der sozial-liberalen Koalition setzten z. B. im Strafvollzug auf Resozialisierung statt auf reine Bestrafung. Im Familienrecht trieben sie die Gleichberechtigung der Geschlechter voran. Bürgerinnen und Bürger erhielten mehr Mitspracherecht in Städten und Gemeinden bei Bau- und Sanierungsvorhaben. Es wurden Maßnahmen zum Umweltschutz auf den Weg gebracht und das Wahlalter von 21 auf 18 Jahre herabgesetzt. Das Betriebsverfassungsgesetz erweiterte 1972 die Rechte der Arbeitnehmerinnen und Arbeitnehmer, Betriebsräte und Gewerkschaften. Renten und Kindergeld wurden erhöht, die Leistungen der Krankenkassen verbessert. Und um Kindern aus der Mittel- und Unterschicht den Zugang zu höheren Bildungsabschlüssen zu ermöglichen, wurde eine finanzielle Unterstützung für Schülerinnen und Schüler sowie Studierende (BaföG) eingeführt. Die Kehrseite der Reformen war allerdings, dass der Staat dauerhaft mehr Geld ausgab als er einnahm und sich verschuldete.

M 4 Q Willy Brandt (vormals Ernst Karl Frahm) (1913–1992): Sozialdemokrat, 1933–1945 emigriert, 1957–1966 Regierender Bürgermeister von Berlin (West), 1964–1987 Vorsitzender der SPD, 1969–1974 Bundeskanzler; erhielt 1971 den Friedensnobelpreis

Terrorismus als Herausforderung

In den 1970er-Jahren radikalisierte sich eine kleine, gewaltbereite Minderheit der Protestbewegung, darunter die linksextremistische Rote-Armee-Fraktion (RAF) um Andreas Baader, Gudrun Ensslin und Ulrike Meinhoff. Diese Gruppe lehnte Demokratie und Marktwirtschaft ab und verübte – angeblich, um die Bevölkerung von „kapitalistischer Ausbeutung" zu „befreien" – Bombenanschläge auf Kasernen, Pressegebäude und staatliche Einrichtungen. In spektakulären Aktionen entführten und ermordeten RAF-Mitglieder Vertreter aus Politik, Justiz und Wirtschaft.

Am 5. September 1977 entführte ein Kommando der RAF den Arbeitgeberpräsidenten Hanns Martin Schleyer und – mit Beteiligung palästinensischer Luftpiraten – ein deutsches Verkehrsflugzeug. Damit wollte die RAF die Freilassung von elf inhaftierten Terroristen erzwingen. Eine Antiterroreinheit des Bundesgrenzschutzes befreite die 87 Geiseln in Mogadischu (Somalia). Daraufhin verübten drei inhaftierte RAF-Mitglieder Selbstmord. Die Polizei fand Schleyer am Tag darauf tot im Kofferraum eines Autos.

Internettipp: 32065-0036 Geschichte der RAF

Auch wenn dieser Linksterrorismus am Ende erfolglos blieb, da die Bundesregierung sich unter Führung von Bundeskanzler Helmut Schmidt nicht erpressen ließ und die Bürgerinnen und Bürger das Vertrauen in den Staat nicht verloren, fielen seinen Verbrechen doch mehrere Dutzend Menschen zum Opfer.

M5 Q Helmut Kohl (1930–2017): Politiker (CDU), 1969–1976 Ministerpräsident von Rheinland-Pfalz, 1973–1998 Bundesvorsitzender der CDU, 1982–1998 Bundeskanzler, 1998 Ehrenbürger Europas

Alte und neue Themen

Die „68er-Bewegung" hatte die Gesellschaft in bisher nicht gekannter Weise politisiert. Aus ihr entstanden weitere Bewegungen, die in den 1970er- und 80er-Jahren auch politisch an Einfluss gewannen: Die Umweltbewegung machte die unübersehbaren Folgen der ungehemmten Industrialisierung und Motorisierung für Natur und Umwelt zum Thema. Frauenbewegung und Homosexuellenbewegung forderten Gleichstellung der Frauen und Schutz von Verfolgten und gesellschaftlichen Minderheiten. Die Friedensbewegung kritisierte den weltweiten Rüstungswettlauf und warnte vor einem Atomkrieg.

Der anhaltende Zuzug von deutschstämmigen Aussiedlern aus der UdSSR und Osteuropa sowie die deutlich ansteigende Zahl der Asylsuchenden machten deutlich, dass die Bundesrepublik sich zum Einwanderungsland entwickelte, und löste teilweise hitzige Diskussionen darüber aus, wie eine ständig wachsende Zahl von Immigrantinnen und Immigranten integriert werden konnte. Die seit 1982 amtierende Koalitionsregierung aus FDP und CDU/CSU unter Helmut Kohl (CDU) kündigte zwar ein „Ausländergesetz" an, das aber erst 1991 in Kraft trat.

Das Ende der Wiederaufbauphase nach dem Zweiten Weltkrieg, Ölkrisen, neue Technologien, aber auch häufig überzogene Ansprüche an die Wirtschaftskraft in den Industriestaaten beendeten Mitte der Siebzigerjahre die Periode der Vollbeschäftigung auf dem Arbeitsmarkt. Weltweit stiegen Inflation und Arbeitslosigkeit. In der Bundesrepublik sank das jährliche Wachstum der Volkswirtschaft auf durchschnittlich knapp zwei Prozent, und die Arbeitslosenquote schnellte von 2,6 Prozent im Jahr 1974 auf 9,3 Prozent im Jahr 1985. Obwohl die Zahl der Arbeitsplätze seit den Achtzigerjahren wieder deutlich wuchs, blieb im Auf und Ab der Konjunktur eine immer größere Zahl von Arbeitslosen zurück (Sockelarbeitslosigkeit).

Da immer mehr Menschen damit unzufrieden waren, wie die etablierten Volksparteien diese Themen behandelten, engagierten sich nicht nur viele in Bürgerinitiativen, sondern gaben ihre Wählerstimmen neuen Gruppierungen. Von ihnen waren diejenigen am erfolgreichsten, aus denen sich schließlich die Partei „Die Grünen" bildete, die in die meisten Landesparlamente und 1983 erstmals in den Bundestag einzog.

Bei allem innenpolitischen Streit erwies sich das Institutionengefüge des Grundgesetzes aber als stabil und fand die freiheitlich-demokratische Grundordnung in der Bevölkerung breite Akzeptanz.

M6 Q Eine Bundestagsabgeordnete der Grünen auf ihrem „Dienstfahrrad"
Foto von 1983

M7 Q Plakat zur Europaparlamentswahl von 1979

► Beschreiben Sie anhand von M6 und M7, wie sich der Auftritt der Grünen von etablierten Parteien abhob.

M 8 Q „Die Bundesrepublik ist allein befugt …"

Nach der Gründung der DDR erklärt Bundeskanzler Adenauer am 21. Oktober 1949 vor dem Deutschen Bundestag:

Ich stelle Folgendes fest: In der Sowjetzone gibt es keinen freien Willen der deutschen Bevölkerung. Das, was jetzt dort geschieht, wird nicht von der Bevölkerung getragen und damit legitimiert. Die Bundesrepublik Deutschland stützt sich dagegen auf die Anerkennung durch den frei bekundeten Willen von rund 23 Millionen stimmberechtigter Deutscher. Die Bundesrepublik Deutschland ist somit bis zur Erreichung der deutschen Einheit insgesamt die alleinige legitimierte staatliche Organisation des deutschen Volkes. […] Die Bundesrepublik Deutschland fühlt sich auch verantwortlich für das Schicksal der 18 Millionen Deutschen, die in der Sowjetzone leben. Sie versichert sie ihrer Treue und ihrer Sorge. Die Bundesrepublik Deutschland ist allein befugt, für das deutsche Volk zu sprechen. Sie erkennt Erklärungen der Sowjetzone nicht als verbindlich für das deutsche Volk an.

Zitiert nach: Merith Niehuss und Ulrike Lindner (Hrsg.), Deutsche Geschichte in Quellen und Darstellung, Bd. 10: Besatzung, Bundesrepublik und DDR 1945–1969, Stuttgart 2007, S. 202–205

Arbeitsvorschläge

32065-0037

1. Arbeiten Sie heraus, wie Adenauer die höhere Legitimität der Bundesrepublik im Vergleich zur DDR begründet.
2. Diskutieren Sie die Probleme, die damit auf künftige Bundesregierungen zukamen. | H

M 9 D Integration durch Antikommunismus?

Der Politikwissenschaftler Dietrich Thränhardt schreibt dazu 1996 Folgendes:

Als Übergangsideologie für die Bundesrepublik, die in die westliche Gesellschaft hineinwuchs, war der Antikommunismus hervorragend geeignet. In ihm konnte man sich mit den ehemaligen Kriegsgegnern, mit der Demokratie, den „westlichen Werten", dem Christentum, dem „Abendland" identifizieren, die als positives Gegenbild fungierten. Auch wenn man während des „Dritten Reiches" unterschiedlichen politischen Lagern angehört hatte, war auf dieser ideologischen Grundlage eine Versöhnung möglich. […]
Die Eingliederung einer so großen Anzahl ehemaliger Nichtdemokraten, vorwiegend in bürgerlichen Kreisen und gesellschaftlich angesehenen Berufsgruppen (Ärzte, Lehrer, Verwaltungsbeamte, Richter), barg andererseits die Gefahr des Eindringens von undemokratischen Einflüssen. […]
Als die neuen Bundesministerien aufgebaut wurden, waren die Überprüfungen durch die Alliierten aufgegeben worden. Sozialdemokraten wurden wegen der harten innenpolitischen Frontstellung kaum eingestellt. Andererseits erhielten aber alle ehemaligen Beamten des „Dritten Reiches", mit Ausnahme der schwer belasteten, einen Rechtsanspruch auf Beschäftigung (Ausführungsgesetz zu Art. 131 GG). Alle Behörden hatten 20% der Stellen für diesen Zweck zu reservieren. Da die meisten früheren Spitzenbeamten von den Alliierten entlassen und sogar vorübergehend verhaftet worden waren, standen sie 1949/50 zur Verfügung. Innerhalb der Gruppe der Beamten hatten alte Verbindungen Bestand gehabt: Ein ehemaliger Beamter „zog" den anderen nach. Im Ergebnis kam es zur Wiederherstellung der alten Bürokratie, einschließlich ihrer NSDAP-Mitglieder. Im Auswärtigen Amt waren 1951 66% der leitenden Beamten ehemalige NSDAP-Mitglieder. Kritik daran wies Adenauer mit dem Appell zurück, „jetzt mit der Naziriecherei Schluss zu machen".

Dietrich Thränhardt, Geschichte der Bundesrepublik Deutschland, Frankfurt am Main 1996, S. 112 ff.

Arbeitsvorschläge

32065-0038

1. Fassen Sie die Aussagen Thränhardts mit eigenen Worten zusammen.
2. Bewerten Sie die geschilderten Strukturen im Hinblick auf den Umgang mit der NS-Zeit.
3. Erläutern Sie, inwiefern der Antikommunismus als „Integrationsideologie" wirkte.
4. Erörtern Sie, ob es in unserer heutigen Gesellschaft auch „Integrationsideologien" gibt.

M 10 D Außerparlamentarische Opposition

Am 2. Juni 1967 wird der Student Benno Ohnesorg, der an einer Demonstration gegen den Staatsbesuch des mit brutaler Gewalt regierenden Schah (Kaiser) von Persien in Berlin teilnimmt, von einem Polizisten erschossen (von dem man heute weiß, dass er als Spitzel für die Stasi gearbeitet hat). Der Professor für Politikwissenschaft an der Freien Universität Berlin, Kurt Sontheimer, schreibt 1967 über die politischen Folgen:

Über zwölf Tausend Menschen, Berliner Studenten aller Hochschulen, gaben […] Benno Ohnesorg das letzte Geleit. […] Nach dem 2. Juni 1967 ist die Studentenschaft nicht nur der Berliner Universität, sondern dank der Berliner Studenten die der gesamten Bundesrepublik zu einem Faktor der deutschen Innenpolitik geworden. Die Parteien des Bundestages beeilen sich plötzlich, mit den Vorsitzenden der Studentenausschüsse zu diskutieren. […]

Es ist sichtbar geworden, dass der Kern der aktiven Studentenschaft sich als eine außerparlamentarische Opposition versteht. Es handelt sich [...] um die Keimzellen einer neuen Opposition, die offen bekennt, dass sie die Gesellschaft verändern will. [...] Die Studenten [...] wollen die Demokratie auf den Prüfstand stellen, um zu ermitteln, ob die demokratischen Rechte und Freiheiten auch denen offenstehen, die nicht in den pluralistischen Konsensus unserer Ordnung einbezogen sind. [...] Sie haben offenkundig gemacht, dass unsere freiheitlich-rechtsstaatliche Ordnung noch keineswegs so stabilisiert ist, wie sie das von sich glaubt. Zwanzig Jahre versuchen wir es nun von Neuem mit der Demokratie und mochten uns rühmen, eine ihrer selbst sichere Ordnung geschaffen zu haben; doch ein beachtlicher Teil unserer Bevölkerung reagiert auf kritisches Infragestellen dieser Ordnung durch wenige tausend Studenten so, als habe man es nur mit Radaubrüdern und Krawallmachern zu tun.

Zitiert nach: Merith Niehuss und Ulrike Lindner (Hrsg.), Deutsche Geschichte in Quellen und Darstellung, Bd. 10: Besatzung, Bundesrepublik und DDR 1945–1969, Stuttgart 1998, S. 324–329

Arbeitsvorschläge

32065-0039

1. Erklären Sie den Begriff „außerparlamentarische Opposition" (Zeile 11 f.).
2. Benennen Sie Gründe für den Protest.

M11 Q „Mehr Demokratie wagen"

Am 28. Oktober 1969 tritt Bundeskanzler Willy Brandt mit seiner ersten Regierungserklärung vor den Deutschen Bundestag:

Wir wollen mehr Demokratie wagen. Wir werden unsere Arbeitsweise öffnen und dem kritischen Bedürfnis nach Information Genüge tun. Wir werden darauf hinwirken, dass durch Anhörungen im Bundestag, durch ständige Fühlungnahme mit den repräsentativen Gruppen unseres Volkes und durch eine umfassende Unterrichtung über die Regierungspolitik jeder Bürger die Möglichkeit erhält, an der Reform von Staat und Gesellschaft mitzuwirken. Wir wenden uns an die im Frieden nachgewachsenen Generationen, die nicht mit den Hypotheken der Älteren belastet sind und belastet werden dürfen; jene jungen Menschen, die uns beim Wort nehmen wollen – und sollen. Diese jungen Menschen müssen aber verstehen, dass auch sie gegenüber Staat und Gesellschaft Verpflichtungen haben. [...] Mitbestimmung, Mitverantwortung in den verschiedenen Bereichen unserer Gesellschaft wird eine bewegende Kraft der kommenden Jahre sein. Wir können nicht die perfekte Demokratie schaffen. Wir wollen eine Gesellschaft, die mehr Freiheit bietet und mehr Mitverantwortung fordert. Diese Regierung sucht das Gespräch, sie sucht kritische Partnerschaft mit allen, die Verantwortung tragen, sei es in den Kirchen, der Kunst, der Wissenschaft und der Wirtschaft oder in anderen Bereichen der Gesellschaft. [...]

Die Regierung kann in der Demokratie nur erfolgreich wirken, wenn sie getragen wird vom demokratischen Engagement der Bürger. Wir haben so wenig Bedarf an blinder Zustimmung, wie unser Volk Bedarf hat an gespreizter Würde und hoheitsvoller Distanz. Wir suchen keine Bewunderer; wir brauchen Menschen, die kritisch mitdenken, mitentscheiden und mitverantworten. Das Selbstbewusstsein dieser Regierung wird sich als Toleranz zu erkennen geben. Sie wird daher auch jene Solidarität zu schätzen wissen, die sich in Kritik äußert. Wir sind keine Erwählten; wir sind Gewählte. Deshalb suchen wir das Gespräch mit allen, die sich um diese Demokratie mühen. In den letzten Jahren haben manche in diesem Lande befürchtet, die zweite deutsche Demokratie werde den Weg der ersten gehen. Ich habe dies nie geglaubt. Ich glaube dies heute weniger denn je. Nein: Wir stehen nicht am Ende unserer Demokratie, wir fangen erst richtig an. Wir wollen ein Volk der guten Nachbarn werden im Innern und nach außen.

Zitiert nach: Klaus von Beyme, Die großen Regierungserklärungen der deutschen Bundeskanzler von Adenauer bis Schmidt, München/Wien 1979, S. 252 und 281

Arbeitsvorschläge

32065-0040

1. Arbeiten Sie die Begriffe und Formulierungen heraus, mit denen Willy Brandt den Beginn einer neuen Ära ankündigt.
2. Erläutern Sie, was Willy Brandt mit „kritische Partnerschaft" (Zeile 21 f.) meint.
3. Einige Passagen der Rede erregten Anstoß bei den Unionsparteien und bei der konservativen Presse. Arbeiten Sie diese Passagen heraus.
4. Fühlen Sie sich von der Rede angesprochen? Nehmen Sie Stellung. | F

M 12 D Wirtschaftswachstum und Arbeitslosigkeit in der Bundesrepublik 1950–1989

a) Wirtschaftswachstum:

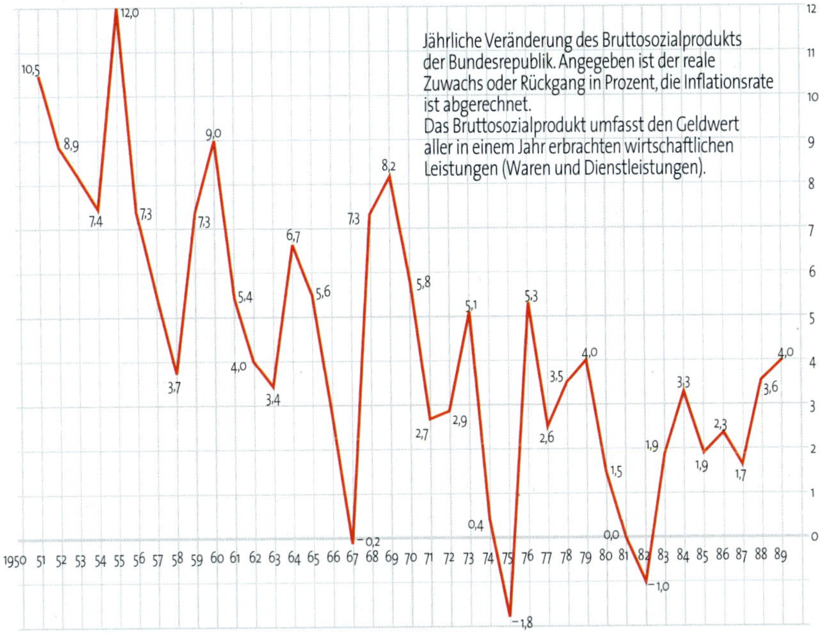

b) Zahl der Arbeitslosen:

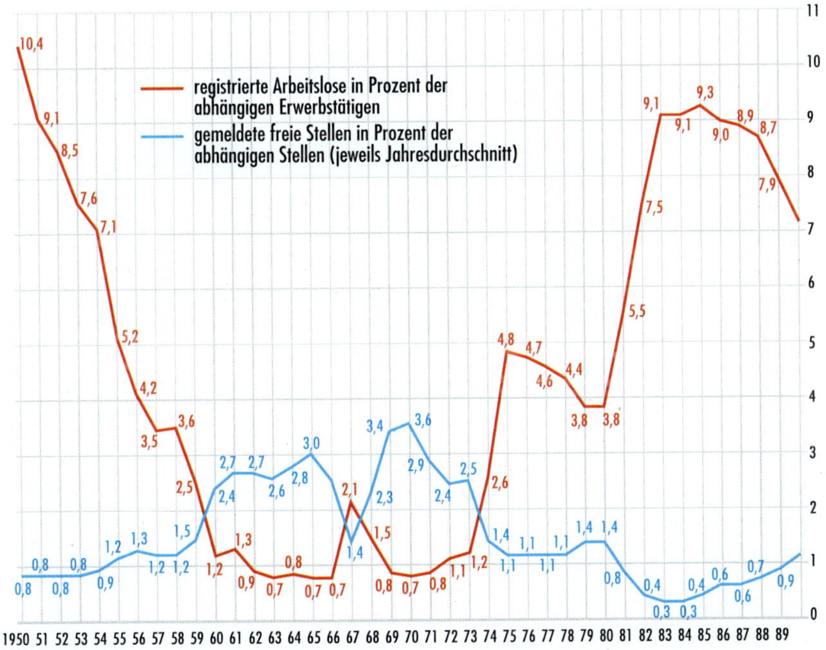

Daten nach: Bundesministerium für Wirtschaft (Hrsg.), Leistung in Zahlen bzw. Wirtschaft in Zahlen, verschiedene Jahrgänge

Arbeitsvorschlag

32065-0041

▶ Beschreiben Sie die Entwicklung des Wirtschaftswachstums und der Zahl der Arbeitslosen. Setzen Sie die beiden Entwicklungen in Beziehung.

M13 Q Für mehr Frauenrechte

In der Sitzung des Deutschen Bundestages am 5. Mai 1983 kurz nach Helmut Kohls Wahlsieg bei der Bundestagswahl und dem erstmaligen Einzug der Grünen ins Parlament, löst die grüne Abgeordnete Waltraud Schoppe mit ihrer Rede einen Skandal aus:

Wenn eine Frau ungewollt schwanger wird, muss sie selbst entscheiden können, ob sie ein Kind möchte oder nicht. Die Schwangerschaftsunterbrechung kann als eine Frage der moralischen Einstellung und der persönlichen Lebensumstände nicht Gegenstand juristischer Verfolgung sein. (*Beifall bei den GRÜNEN – Gerster [Mainz] [CDU/CSU]: Wie stehen Sie zur Euthanasie?*)

Auch bei der Legalisierung der Abtreibung bleiben ein ethischer Konflikt und eine moralische Frage, die ausgetragen werden müssen. Unsere durch und durch patriarchalisch strukturierte Gesellschaft ist in der Krise. In Krisenzeiten geben die Patriarchen ihr Wohlwollen auf und weisen die Unterdrückten auf ihre Plätze. Die ideologische Aufwertung der Kleinfamilie soll die Frauen mit sanfter Macht in die Familie zurückdrängen. Die Änderung des Scheidungsrechts soll sie dort belassen.[1] Dort sollen sie Haus- und Erziehungsarbeit leisten, die keiner Qualifizierung bedarf, nützlich ist und unbezahlt bleibt. Damit reduziert sich der Lebensinhalt von Frauen wieder auf die drei K's: Kinder, Küche, Kabelfernsehen.

(*Beifall bei den GRÜNEN und vereinzelt bei der SPD – Lachen bei der CDU/CSU und der FDP*)

Arbeitsplätze sind rar, und bei Erwerbslosigkeit ist die Ehe für die Frauen der einzige Garant für ökonomische und soziale Sicherheit. Frauen tauschen damit Autonomie gegen Abhängigkeit vom Mann, dessen Interessen und Wünschen sie sich unterordnen müssen. Das ist es, was Herr Kohl – er ist nicht da – meint, wenn er Familie anpreist. Zurück in die Familie, das ist der patriarchalisch-reaktionäre Versuch zur Überwindung der Erwerbslosigkeit. Es geht nicht darum, diejenigen zu denunzieren, die mit großer Anstrengung versuchen, ein Stück Glück auch in der Ehe zu finden. Nur, die Voraussetzungen dafür sind gleichberechtigte Partner, die sich beide an sinnvoller Arbeit in der Politik und bei der Kindererziehung beteiligen können.

(*Beifall bei den GRÜNEN – Bohl [CDU/CSU]: Das kann doch jeder machen, wie er will!*) […]

In dieser von Konsumgütern überschwemmten Gesellschaft fordern wir ökonomische Sicherheit für alle Frauen, unabhängig von der Versorgung in der Ehe. Wir fordern eine ausreichende Rente gerade für Frauen, auch wenn sie keine Lohnarbeit geleistet haben, weil es keine Lohnarbeit für sie gab.

(*Beifall bei den GRÜNEN*)

Wir fordern die Bestrafung bei Vergewaltigung in der Ehe. Wir fordern Sie auf, endlich zur Kenntnis zu nehmen, dass auch die Frauen ein Selbstbestimmungsrecht über ihren Körper und ihr Leben haben. Wir fordern Sie alle auf, den alltäglichen Sexismus hier im Parlament einzustellen. (*Beifall bei den GRÜNEN und bei Abgeordneten der SPD – Lachen und Zurufe von der CDU/CSU und der FDP – Zurufe von der CDU/CSU: Das Liebesparlament! Bastian-Kelly! – Weitere Zurufe und anhaltendes Lachen*)

Ich merke, dass ich das Richtige gesagt habe; Sie sind getroffen. (*Beifall bei den GRÜNEN und bei Abgeordneten der SPD – Erneute Zurufe von der CDU/CSU*)

Mit der Ausgrenzung der Frauen aus dem Bereich Arbeit, Politik und Kultur beraubt sich die Gesellschaft eines Moments von Kreativität. Wir, Herr Kanzler, betrachten Ihre Politik der Erneuerung mit Grausen. Wir fordern Maßnahmen, die es Frauen ermöglichen, selbst zu entscheiden, wie sie ihr Leben gestalten wollen.

Deutscher Bundestag – 10. Wahlperiode – 5. Sitzung. Bonn, Donnerstag, den 5. Mai 1983, S. 249, https://dserver.bundestag.de/btp/10/10005.pdf [Zugriff: 16.01.2026]

Arbeitsvorschläge

31000-0042

1. Arbeiten Sie heraus, was die Abgeordnete im Namen der Frauenbewegung kritisiert und was sie fordert.
2. Beschreiben und erklären Sie die Reaktionen aus den Fraktionen auf die Rede. | F

[1] Schoppe bezieht sich dabei auf Bestrebungen der Kohl-Regierung, das erst 1977 reformierte Scheidungsrecht wieder in Teilen zurückzunehmen. Bis 1977 galt bei Scheidungen das „Schuldprinzip": Wer „schuldig" war, bekam meist keine Unterhaltszahlungen oder das Sorgerecht für die Kinder. Das benachteiligte vor allem Frauen, die bis dahin nur mit Erlaubnis des Mannes arbeiten durften und damit finanziell abhängig waren („Hausfrauenehe").

Leitfrage

Nehmen Sie Stellung:

Stabilität und wirtschaftlicher Aufstieg der BRD – „Made in Germany"?

Von der friedlichen Revolution zur Wiedervereinigung

M1 Q Als die Mauer fiel
Foto vom 10. November 1989
Am Abend des 9. November werden die ersten Grenzübergänge von Ost- nach West-Berlin geöffnet. Menschen klettern auf die Berliner Mauer vor dem Brandenburger Tor, um dies zu feiern. In Berlin nutzen mehr als eine halbe Million Menschen die Grenzöffnung für einen Kurzbesuch im Westteil der Stadt.

32065-0485

1. Bewerten Sie die Bedeutung, die Fotos wie dieses im Hinblick auf ihren historischen Kontext haben.
2. Diskutieren Sie, inwiefern der Mauerfall als „Zeitenwende“ und als „Ende der Nachkriegszeit“ für Deutschland betrachtet werden kann.

LEIT-FRAGE

Mauerfall und Deutsche Einheit – Gunst der Stunde oder absehbar?

Systemkrise der DDR

Seit dem Ende der 1970er-Jahre war die Planwirtschaft nicht mehr in der Lage, auf die stark steigenden Rohstoffpreise und auf die beschleunigte technische Entwicklung z. B. im Bereich der Mikroelektronik zu reagieren. Es fehlte an Kapital, um veraltete Produktionsanlagen zu modernisieren und um in neue Anlagen zu investieren. 1983 und 1984 gewährte die Bundesrepublik zinslose Milliardenkredite zur Stützung der DDR, was allerdings nicht ausreichte, um die rasante Verschuldung aufzuhalten. Im Herbst 1989 stand die DDR vor dem Staatsbankrott.

Die Krise in der DDR entzündete sich jedoch nicht nur an der schlechten Wirtschaftslage. Den Boden für den Massenprotest des Jahres 1989 bereiteten oppositionelle Gruppierungen, die seit den frühen 1980er-Jahren mit wachsendem Selbstbewusstsein das Regime herausforderten. Aber auch viele einzelne Bürgerinnen und Bürger forderten ihre Menschenrechte ein und beriefen sich dabei auf die Schlussakte der Konferenz über Sicherheit und Zusammenarbeit in Europa (KSZE), die von der DDR 1975 unterschrieben worden war.

Wachsende Kritik von Friedens- und Umweltgruppen in der DDR

Anfangs waren es vor allem Friedens- und Umweltgruppen, die unter dem Schutz der Kirchen einen Freiraum von staatlicher Erziehung schufen und die ökologische

M 2 Q Aufnäher „Schwerter zu Pflugscharen“
Manche der meist jungen Friedensaktivisten trugen das Protestsymbol als Aufnäher an der Kleidung.

Krise, die offiziell ignoriert wurde, zur Sprache brachten. Zunächst entstanden diese informellen Zusammenschlüsse von aufbegehrenden DDR-Bürgerinnen und -Bürgern aus der Empörung über konkrete Maßnahmen des SED-Staates. Die Einführung des „Wehrunterrichts“ an allen Schulen seit 1978, die staatlich verordnete Militarisierung der Gesellschaft sowie die Aufrüstung in Ost und West stießen bei vielen Bürgerinnen und Bürgern zunehmend auf Kritik.

In Friedensseminaren und Friedenswerkstätten fanden sich zumeist jugendliche Teilnehmende aus der ganzen DDR zusammen. Ihr gemeinsames Protestsymbol war ein Aufnäher mit der Aufschrift „Schwerter zu Pflugscharen“. Die Staatsmacht reagierte mit Verhaftungen und Ausbürgerungen prominenter Oppositioneller und vor allem mit dem massiven Einsatz von Inoffiziellen Mitarbeitern der Staatssicherheit. Die beabsichtigte „Zersetzung“ oppositioneller Gruppierungen ging so weit, dass manche Friedenskreise von Stasi-Spitzeln regelrecht unterwandert wurden.

Eine Bürgerrechtsbewegung entsteht

1985 gründeten Bürgerrechtler in Ost-Berlin – darunter Bärbel Bohley, Ralph Hirsch, Gerd Poppe, Wolfgang Templin, Vera Wollenberger – die „Initiative Frieden und Menschenrechte“ (IFM). Die zunächst stark christlich-pazifistisch ausgerichtete Protestbewegung gewann eine neue Qualität. Erstmals erhoben ostdeutsche Oppositionelle Forderungen nach einer freiheitlichen Demokratie, wie sie die Bürgerrechtsbewegungen in Polen (Solidarność), Ungarn und der Tschechoslowakei (Charta 77) schon länger vertraten.

M 3 Q Bärbel Bohley (1945–2010):
Malerin, Friedensaktivistin und Politikerin, 1989 Mitbegründerin der Bürgerrechtsorganisation Neues Forum (NF)

Die Reformpolitik in der Sowjetunion unter Staats- und Parteichef Michail Gorbatschow machte den Oppositionellen Mut. Immer mehr Menschen solidarisierten sich mit jenen, die verhaftet, ausgebürgert oder auf andere Weise eingeschüchtert werden sollten. Zu den dauerhaft aktiven Regimegegnern zählten nur wenige hundert Personen, die jedoch viele tausend Sympathisanten gewinnen konnten. Allmählich entstand ein landesweites Netzwerk durch im Untergrund gedruckte Zeitschriften und Flugblätter, Treffen und Protestaktionen.

Landesweite Aufmerksamkeit und wachsende Anerkennung in der Bevölkerung erhielten die Bürgerrechtler im Zusammenhang mit den Kommunalwahlen vom 7. Mai 1989. In mehreren Städten der DDR beobachteten Vertreter dieser Gruppen die Auszählung der Stimmen und protestierten anschließend gegen die festgestellten Wahlfälschungen.

Flucht vor der Staatsmacht

Immer mehr Bürgerinnen und Bürger stellten einen Antrag auf Ausreise aus der DDR, obwohl sie in vielen Fällen deswegen jahrelang benachteiligt und schikaniert wurden. Im ersten Halbjahr 1989 gestattete die Regierung 46 343 Personen die Übersiedlung in die Bundesrepublik. Doch die Hoffnung der SED, auf diese Weise wieder Ruhe herstellen zu können, erfüllte sich nicht. Im Gegenteil: Im Sommer 1989 lagen bereits eine Viertelmillion weiterer Ausreiseanträge vor.

Nach und nach verloren die Drohgebärden der Machthaber ihre Wirkung, wenngleich niemand vorherzusagen wusste, wie die SED auf die wachsende Unruhe im Land reagieren würde. Immerhin wagten es die Bürgerrechtler im August/September 1989, sich in vier erstmals öffentlich auftretenden Vereinigungen (Neues Forum, Demokratie Jetzt, Demokratischer Aufbruch, Sozialdemokratische Partei) zusammenzuschließen und eine Reform der DDR an Haupt und Gliedern zu fordern.

Massenprotest und friedliche Revolution

Seit Anfang September 1989 demonstrierten in Leipzig an jedem Montag nach Friedensgebeten in der Nikolaikirche immer mehr Menschen für Reisefreiheit statt Massenflucht. Rief die Menge anfangs noch „Wir wollen raus!", so hieß es bald „Wir bleiben hier!". In Ost-Berlin, Leipzig und Potsdam hielten Bürgerrechtler Mahnwachen für politische Gefangene. Das alles geschah unter den Augen der Stasi, die die Protestwelle mit Verhaftungen auflösen wollte. In den ersten Oktobertagen spitzte sich in vielen Städten die Situation gefährlich zu. Während die Machthaber den 40. Jahrestag der DDR am 6. und 7. Oktober vor den Kameras des In- und Auslandes und im Beisein des sowjetischen Staats- und Parteichefs Gorbatschow mit Pomp, Militärparaden und Aufmärschen begingen, versuchten sie gleichzeitig, mit einem Riesenaufgebot bewaffneter Sicherheitskräfte die Demonstrierenden einzuschüchtern.

Honecker weigerte sich, Reformen einzuleiten, zu denen ihm Gorbatschow dringend geraten hatte („Wer zu spät kommt, den bestraft das Leben").

Die große Montagsdemonstration am 9. Oktober in Leipzig brachte den Umschwung. 70 000 Menschen demonstrierten friedlich, im klaren Bewusstsein, dass es dabei zu einem Blutbad kommen könne. Ähnliches geschah in Ost-Berlin, wo am 4. November 1989 fast 500 000 Menschen für Meinungs-, Presse- und Versammlungsfreiheit demonstrierten. Obgleich die bewaffneten Kräfte in höchste Alarmbereitschaft versetzt waren, blieb der Befehl zur Zerschlagung der Demonstrationen aus. Letztlich fand sich in der Führungsriege niemand, der die Verantwortung für ein Blutbad übernehmen wollte. Inzwischen begann sich auch in der SED eine Gruppe um Egon Krenz zu formieren, die dem Niedergang der DDR nicht weiter zusehen wollte. Sie setzte am 18. Oktober 1989 Honecker ab. Krenz übernahm Honeckers Ämter. Die politische Führung versuchte jetzt, durch Gesprächsangebote an die Bevölkerung die Situation wieder in den Griff zu bekommen. Doch die Menschen wollten sich nicht mehr mit kleinen Korrekturen der bisherigen Politik zufriedengeben. „Wir sind das Volk!", riefen sie selbstbewusst den Machthabern zu, und im November mischte sich darunter immer häufiger der Ruf „Wir sind ein Volk!". Zu den drängendsten Problemen zählte die Regelung der Reisemöglichkeiten für DDR-Bürgerinnen und -Bürger. Dazu hatte das Zentralkomitee der SED ein neues Reisegesetz angenommen, dessen Inhalt der Pressesprecher Günter Schabowski am Abend des 9. November 1989 auf einer Pressekonferenz bekanntgab. Auf die Nachfrage eines Journalisten, wann das Gesetz in Kraft trete, antwortete Schabowski fälschlicherweise mit „unverzüglich". Danach sammelten sich zahlreiche DDR-Bürgerinnen und -Bürger vor den Grenzübergangsstellen nach West-Berlin. Angesichts des Drucks der Wartenden öffneten die verantwortlichen Offiziere der Grenztruppen im Laufe des Abends und der Nacht auf eigene Entscheidung hin die Schranken. Somit war der Weg in den Westen frei und die Mauer offen.

Das Ende der SED-Diktatur

Die anhaltende Massenflucht und der zunehmende Massenprotest im ganzen Land untergruben innerhalb weniger Wochen das brüchige Machtfundament der SED. Die Annahme der SED-Führung, mit der von den Demonstrierenden geforderten Reisefreiheit das Regime noch in letzter Minute stabilisieren zu können, erwies sich als

M3 Q Umjubelter Grenzübertritt
Foto vom 9./10. November 1989
Nur wenige Stunden nach Bekanntgabe des neuen Reisegesetzes durch Günter Schabowski strömten Tausende DDR-Bürgerinnen und -Bürger in den Westen.

▶ Informieren Sie sich mithilfe des Mediencodes über die Ereignisse am Abend des 9. November 1989 und beschreiben Sie die Stimmung in jener Nacht.

Geschichte In Clips:
32065-0043 Fall der Berliner Mauer

M5 Q **Lothar de Maizière** (geb. 1940):
Mitglied der CDU (Ost), von April bis Oktober 1990 letzter Regierungschef der DDR, trat kurz nach der Wiedervereinigung als Bundesminister wegen Stasi-Vorwürfen zurück

Illusion. Unter dem Druck der Bevölkerung gab die SED ihre Vormachtstellung schrittweise auf. Im Dezember 1989 wurde ihre „führende Rolle" aus der Verfassung gestrichen, das Ministerium für Staatssicherheit aufgelöst, Politbüro und Zentralkomitee traten geschlossen zurück, Staats- und Parteichef Krenz legte seiner Ämter nieder. Die friedliche Revolution in der DDR hatte gesiegt, die SED-Diktatur war zusammengebrochen.

Anfang Dezember wurde ein „Runder Tisch" eingeführt, an dem die Vertreter der seit Mitte November 1989 amtierenden SED-Regierung unter Ministerpräsident Hans Modrow und die wichtigsten Bürgerrechtsgruppen zusammentraten. Diese stimmten Neuwahlen zur DDR-Volkskammer zu, die am 18. März 1990 stattfanden und aus denen das Parteienbündnis „Allianz für Deutschland" aus CDU (Ost), Demokratischem Aufbruch (DA) und der Deutschen Sozialen Union (DSU) als eindeutiger Sieger hervorging. Zusammen mit den anderen Parteien hatten sich über 80 % der Ostdeutschen für die Einheit ausgesprochen. Am 12. April 1990 wählte die Volkskammer **Lothar de Maizière** (Ost-CDU) zum Ministerpräsidenten und bestätigte sein Kabinett der Großen Koalition aus CDU, SPD, Liberalen, DA und DSU.

Auf dem Weg zur Einheit

Bundeskanzler Helmut Kohl hatte Ende November 1989 mit einem „Zehn-Punkte-Programm zur Überwindung der Teilung Deutschlands und Europas" die Initiative ergriffen. Der Plan basierte auf der Überlegung, dass die Bundesregierung mit einer demokratisch legitimierten DDR-Regierung in einer „Vertragsgemeinschaft" behutsam die Vereinigung der beiden Staaten vorantreiben sollte, um den Menschen in der DDR eine Perspektive zu geben. Einen Zeitplan gab es nicht, denn noch wusste niemand, wie die Sowjetunion auf den Zerfall des SED-Regimes reagieren würde.

Doch die politische und wirtschaftliche Situation der DDR setzte die Regierenden in Ost und West unter Zugzwang: Die Übersiedlerwelle der zumeist jungen und beruflich gut qualifizierten DDR-Bürgerinnen und -Bürger blieb im Januar 1990 mit 73 729 weiterhin hoch. Weil der wirtschaftliche Zusammenbruch der DDR offenkundig nicht mehr aufzuhalten war und gute Beziehungen zu Deutschland im sowjetischen Interesse lagen, bestätigte Michail Gorbatschow im Februar 1990, grundsätzlich der deutschen Vereinigung zuzustimmen.

M6 Q **„Deutsche Frage"**
Karikatur von Horst Haitzinger vom 15. November 1989
„Das warst du, Gorbi! Mit deinem hektischen Rumgetrampel!"

▶ Interpretieren Sie die Karikatur.

Bildinformation

31000-968

Der internationale Rahmen der Deutschen Einheit

Ohne die Zustimmung der vier Siegermächte des Zweiten Weltkrieges, die sich im Potsdamer Abkommen 1945 ihre Zuständigkeit für „Deutschland als Ganzes" vorbehalten hatten, konnte es keine Wiedervereinigung geben. Ebenso mussten die Interessen der übrigen europäischen Staaten, insbesondere Polens, berücksichtigt und mögliche Befürchtungen über ein größer und mächtiger werdendes Deutschland entkräftet werden.

Im Februar 1990 begannen die sogenannten „Zwei-plus-Vier-Gespräche". Dabei verhandelten die Regierungen Frankreichs, Großbritanniens, der Sowjetunion, der USA sowie der DDR und der Bundesrepublik Deutschland über die endgültigen Grenzen, die Bündniszugehörigkeit Deutschlands, die Höchststärke einer gesamtdeutschen Armee und die deutsche Souveränität. Moskau gestand im Juni 1990 Gesamtdeutschland die Mitgliedschaft in der NATO zu. Dafür versprach der Bundeskanzler, Deutschland werde seine Streitkräfte reduzieren und auf ABC-Waffen[1] verzichten. Darüber hinaus sagte er der Sowjetunion umfangreiche wirtschaftliche Unterstützung zu.

Mit dem Vertrag über die abschließende Regelung in Bezug auf Deutschland vom 12. September 1990 (Zwei-plus-Vier-Vertrag), der die Funktion eines Friedensvertrages hatte, erhielt das wiedervereinigte Deutschland die volle staatliche Souveränität zuerkannt und damit auch das Recht, seine Bündniszugehörigkeit frei zu wählen. In einem weiteren Vertrag zwischen Deutschland und der Sowjetunion vom 9. November 1990 vereinbarten beide Staaten ihre umfassende Zusammenarbeit. Den Abschluss bildete der deutsch-polnische Grenzvertrag vom 14. November 1990, worin das wiedervereinigte Deutschland die Grenze zu Polen definitiv anerkannte. 45 Jahre nach dem Ende des Zweiten Weltkrieges war damit die „Nachkriegszeit" für Deutschland und Europa abgeschlossen.

Internettipp:
32065-0044 Zwei-plus-Vier-Vertrag

Wirtschafts-, Währungs- und Sozialunion

Aufgrund der schlechten Finanzlage der DDR und um die Übersiedlerzahlen sowie den Einigungsprozess insgesamt unter Kontrolle zu bringen, beschloss die Bundesregierung schon im Februar 1990, die Wirtschafts- und Währungsunion so schnell wie möglich durchzuführen. Entgegen der Empfehlung der meisten Wirtschaftsexperten und Politiker wurde so, noch bevor die äußeren Voraussetzungen der staatlichen Vereinigung geklärt waren, durch die Einführung der Sozialen Marktwirtschaft und der D-Mark in der DDR die Einheit Deutschlands praktisch unumkehrbar gemacht.

Der Staatsvertrag zur Wirtschafts-, Währungs- und Sozialunion zwischen der Bundesrepublik und der DDR trat am 1. Juli 1990 in Kraft. Am Tag darauf wurde die D-Mark als offizielle Währung in der DDR eingeführt. Sozusagen über Nacht wurde die gesamte Wirtschaft der DDR dem internationalen Wettbewerb ausgesetzt, dem die meisten Betriebe nicht gewachsen waren. Ein gewaltiger Modernisierungsschock erfasste Wirtschaft und Gesellschaft.

Der Einigungsvertrag

Anfang Juli 1990 begannen in Ost-Berlin die Verhandlungen der beiden deutschen Regierungen über den zweiten Staatsvertrag zur deutschen Einheit (Einigungsvertrag) unter der Leitung von Bundesinnenminister **Wolfgang Schäuble** und DDR-Staatssekretär Günther Krause. Die Übernahme der bundesdeutschen Rechtsordnung in Ostdeutschland erforderte komplizierte Regelungen. Probleme bereitete nicht nur die Frage, wie die Einheit finanziert werden, sondern auch, welche Verfassung im wiedervereinigten Deutschland gelten sollte.

M7 Q Wolfgang Schäuble (1942–2023): deutscher Politiker, 1989–1991 sowie 2005–2009 Bundesminister des Innern, 1998–2000 CDU-Parteichef, 2009–2017 Bundesminister der Finanzen, 2017–2021 Bundestagspräsident

In einer Sondersitzung der DDR-Volkskammer wurde am 23. August 1990 der Beitritt nach Artikel 23 des Grundgesetzes beschlossen. Über zwei Drittel der Abgeordneten stimmten dafür, die PDS[2] als Nachfolgerin der SED sowie Bündnis 90 stimmten für die Ausarbeitung einer neuen Verfassung. Am 31. August 1990 wurde der Einigungsvertrag in Ost-Berlin unterzeichnet und am 20. September von beiden Parlamenten, Volkskammer und Bundestag, mit großer Mehrheit verabschiedet. Die im Juli von der Volkskammer wieder ins Leben gerufenen (seit 1952 aufgelösten) Länder Brandenburg, Mecklenburg-Vorpommern, Sachsen, Sachsen-Anhalt und Thüringen sollten

Internettipp:
32065-0045 Einigungsvertrag

[1] ABC-Waffen: Sammelbezeichnung für atomare, biologische und chemische Waffen
[2] PDS: Partei des Demokratischen Sozialismus, seit Dezember 1989 Rechtsnachfolgerin der SED.

M8 Q Oskar Lafontaine
(geb. 1943):
1985–1998 Ministerpräsident des Saarlandes, 1995–1999 Vorsitzender der SPD, 2007–2010 Vorsitzender der Linkspartei

am 3. Oktober 1990 der Bundesrepublik beitreten. Am 20. Juni 1991 entschied der Bundestag, dass Berlin nicht nur Hauptstadt, sondern auch Regierungs- und Parlamentssitz werden sollte.

Wiedervereinigung und gesamtdeutsche Wahlen

Die vielen historischen Ereignisse des Jahres 1989/90 mündeten am 3. Oktober 1990, um Mitternacht, in die Wiedervereinigung Deutschlands durch den Beitritt der fünf ostdeutschen Länder zur Bundesrepublik Deutschland. Die DDR- Bürgerrechtler hatten sich mit ihrer Forderung nach einem eigenständigen Weg der DDR nicht durchsetzen können. Sowohl die ersten Landtagswahlen in den neuen Bundesländern am 14. Oktober als auch die erste gesamtdeutsche Bundestagswahl am 2. Dezember bestätigten die regierenden Parteien CDU/CSU und FDP und wurden von Bundeskanzler Kohl als Volksabstimmung über seine Politik der Deutschen Einheit gewertet. In vier von fünf ostdeutschen Ländern stellte die CDU den Ministerpräsidenten, in Brandenburg die SPD. In der herrschenden Euphorie honorierten die Wählerinnen und Wähler, dass Kohl und der Vizekanzler Hans-Dietrich Genscher die Chance zur schnellen Herstellung der Einheit genutzt hatten. Insbesondere das Versprechen Kohls einer raschen Angleichung der Lebensverhältnisse im Osten an den Standard des Westens überzeugte die neuen Bundesbürger. Die Haltung der Sozialdemokraten zur Wiedervereinigung war gespalten: Während ein Teil der SPD um Willy Brandt die Einheit vorbehaltlos befürwortete, warnte der SPD-Kanzlerkandidat **Oskar Lafontaine** vor den Kosten und Problemen einer raschen Vereinigung.

M9 Q Feier zur deutschen Einheit in Berlin
Foto vom 3. Oktober 1990
Der 3. Oktober wird seither als nationaler Feiertag („Tag der Deutschen Einheit“) begangen.

- Diskutieren Sie die Bedeutung des 3. Oktober für die deutsche Geschichte nach dem Zweiten Weltkrieg.

M10 Q Unzufriedenheit in der Bevölkerung

Aus einem Bericht der Stasi-Bezirksverwaltung Magdeburg vom 9. August 1989:

In allen Bevölkerungsgruppen mehren sich Diskussionen, in denen eine gewisse Resignation und Unzufriedenheit zum Ausdruck kommt. Auch unter politisch aktiven Bürgern […] sind folgende Auffassungen verbreitet:

- „Als Funktionär darf man treu und brav seine Pflicht erfüllen, ansonsten hat man nur Nachteile gegenüber anderen Bürgern.“
- „Funktionäre müssen auf Reisen in die BRD verzichten, aber auch auf Kontakte in die BRD, also auf Geschenke wie hochwertige Gebrauchs- und Genussmittel.“
- „Wer gesellschaftlich aktiv ist, muss trotzdem jahrelang auf Pkw, Telefon oder Führerschein warten. Mit Westverbindungen schafft man das über Genex[1] in Wochen.“
- „Wer BRD-Währung besitzt, hat keine Sorgen mit Handwerkern und anderen Dienstleistungen.“

[…] Ein immer wieder diskutiertes Thema ist die Informationsbereitstellung durch unsere Medien. Von Angehörigen der unterschiedlichsten Bevölkerungsgruppen werden häufig Widersprüche zwischen Wort und Tat der Parteiführung konstruiert. Starke Zweifel bestehen an den Meldungen über erfüllte bzw. überbotene Pläne, weil sich das nicht im Warenangebot widerspiegele. Gleichfalls bemängelt wird das Verschweigen „heißer Eisen“ wie z. B. steigende Zahlen von ständigen Ausreisen und ungesetzlichen Grenzübertritten. Die Entwicklung könne – so u. a. Werktätige des Karl-Marx-Werkes, des G.-Dimitroff-Werkes und der Stahlgießerei Magdeburg – doch nur aus einer wachsenden Unzufriedenheit eines Teils der Bürger resultieren. […] Offenbar saisonbedingt konzentrieren sich Diskussionen zu Versorgungsfragen gegenwärtig auf

- die mangelnde Versorgung mit Frischfleisch (meist durch urlaubsbedingte Schließung der Geschäfte begründet),
- allgemein unzureichendes Gemüseangebot (zu wenig Sorten, schlechte Qualität, hoher Verschmutzungsgrad),
- immer kritischer werdende Bereitstellung von Kfz-Ersatzteilen (z. B. fehlen in Schönebeck Lada- und Wartburg-Ersatzteile völlig; Pkw-Besitzer führen Ersatzteile nach Möglichkeit aus anderen sozialistischen Ländern ein, um ihr Auto im Urlaub nutzen zu können).

[1] Genex: ostdeutsches Versandunternehmen („Geschenkdienst und Kleinexporte GmbH“), bei dem Bundesbürger seit 1957 Produkte aller Art für ihre Angehörigen in der DDR bestellen konnten

Arbeitsvorschläge

32065-0046

1. Ordnen Sie die Beschwerden der Bevölkerung nach bestimmten Kriterien, z. B. „Lebensstandard“, „politische Rechte“, „langfristige/kurzfristige Missstände“ etc.
2. Analysieren Sie die Haltung des Verfassers gegenüber den Missständen. Hält er die Klagen für begründet?
3. Diskutieren Sie den Kenntnisstand der DDR-Führung über die Situation kurz vor der Wende. | H

M11 Q Am Rande eines Bürgerkrieges

Ein Augenzeuge berichtet über die Montagsdemonstration vom 9. Oktober 1989 in Leipzig:

In Betrieben wurde davor gewarnt, nach 16 Uhr die Innenstadt zu betreten; Mütter sollten ihre Kinder bis 15 Uhr aus den Krippen und Kindergärten des Zentrums abholen; Schülern und Studenten wurde mit Relegation[2] für den Fall der Beteiligung an „Aktionen“ gedroht. Gerüchte schwirrten durch die Stadt. Man munkelte von MG-Nestern auf zentralen Gebäuden, befürchtete den Einsatz von Fallschirmjägern […]. In Krankenhäusern wurden Notbetten aufgestellt und vor allem die chirurgischen und Intensivstationen verstärkt besetzt. Tausende von zusätzlichen Blutkonserven standen bereit. […]

Leipzig glich an diesem Tag einem Heerlager. Nach späteren Aussagen von Bereitschaftspolizisten war ihnen vormittags mitgeteilt worden, dass ein friedlicher Ausgang der Demonstration wenig wahrscheinlich sei und sie vorbereitet sein müssten, möglichen Gewalttätigkeiten zu begegnen. Dementsprechend trugen sie Kampfausrüstung […]. Auf dem Hof der VP-Bezirksbehörde standen „aufmunitionierte“ Schützenpanzerwagen bereit, die tonnenschweren Stahlkolosse ausgerüstet mit Räumschilden, die Fahrer mit MPi und je sechzig Schuss Munition. Die Polizeitruppe zählte insgesamt dreitausend Mann, davon zwölfhundert zur Verstärkung aus den Bezirken Halle und Neubrandenburg herbeibeordert. Hinzu kamen noch fünf Hundertschaften von Betriebskampfgruppen sowie eine sicher vierstellige Anzahl von Einsatzkräften des Ministeriums für Staatssicherheit. […]

In der Nikolaikirche und in drei weiteren Gotteshäusern wurde während der Friedensgebete ein von sechs Per-

[2] Relegation: Verweis von der Schule bzw. Hochschule

sönlichkeiten der Stadt getragener Aufruf zur Besonnenheit verlesen: „Unsere gemeinsame Sorge und Verantwortung haben uns heute zusammengeführt. Wir sind von der Entwicklung in unserer Stadt betroffen und suchen nach einer Lösung. Wir alle brauchen einen freien Meinungsaustausch über die Weiterführung des Sozialismus in unserem Land. Deshalb versprechen die Genannten heute allen Bürgern, ihre ganze Kraft und Autorität dafür einzusetzen, dass dieser Dialog nicht nur im Bezirk Leipzig, sondern auch mit unserer Regierung geführt wird. Wir bitten Sie dringend um Besonnenheit, damit der friedliche Dialog möglich wird."
Dieser gemeinsame Appell des Kabarettisten Bernd-Lutz Lange, des Gewandhauskapellmeisters Kurt Masur und des Theologen Peter Zimmermann sowie der Sekretäre der SED-Bezirksleitung Kurt Meyer, Jochen Pommert und Roland Wötzel wurde um 18 Uhr auch vom Sender Leipzig und etwa eine Stunde später vom Stadtfunk ausgestrahlt. Die engagierte wie couragierte Wortmeldung hat unzweifelhaft beigetragen zum friedlichen Verlauf dieses Tages, ohne jedoch die voreilig bescheinigte entscheidende Rolle gespielt zu haben. Einzig die geballte Kraft der siebzigtausend angsterfüllten und dennoch nicht weichenden Menschen in der Innenstadt und auf dem Ring erzwang um 18:25 Uhr den endgültigen Rückzug der bewaffneten Einheiten. Jene Namenlosen meinte wohl Christoph Hein, als er vorschlug, Leipzig zur „Heldenstadt der DDR" zu ernennen.

Wolfgang Schneider, Leipziger Demontagebuch, Leipzig 1990, S. 71 f.

Arbeitsvorschläge 32065-0047

1. Vergleichen Sie die Situation am 9. Oktober 1989 in Leipzig mit der vom 17. Juni 1953.
2. Analysieren Sie verschiedene Gefahrenmomente im Verlauf des Tages. | H
3. Diskutieren Sie darüber, aus welchen Gründen die SED-Führung auf den Einsatz von Gewalt verzichtet hat.

M 12 Q „Für unser Land"

Bei einer Großkundgebung auf dem Berliner Alexanderplatz am 4. November 1989 rufen Schriftsteller und Künstler der DDR (u. a. Christa Wolf, Heiner Müller und Stefan Heym) zu einem eigenständigen Weg ihres Staates auf. Anschließend veröffentlichen sie am 26. November 1989 den Appell „Für unser Land":

Unser Land steckt in einer tiefen Krise. Wie wir bisher gelebt haben, können und wollen wir nicht mehr leben. Die Führung einer Partei hatte sich die Herrschaft über das Volk und seine Vertretungen angemaßt, vom Stalinismus geprägte Strukturen hatten alle Lebensbereiche durchdrungen. Gewaltfrei, durch Massendemonstrationen hat das Volk den Prozess der revolutionären Erneuerung erzwungen, der sich in atemberaubender Geschwindigkeit vollzieht. Uns bleibt nur wenig Zeit, auf die verschiedenen Möglichkeiten Einfluss zu nehmen, die sich als Auswege aus der Krise anbieten.
Entweder können wir auf der Eigenständigkeit der DDR bestehen und versuchen, mit allen unseren Kräften und in Zusammenarbeit mit denjenigen Staaten und Interessengruppen, die dazu bereit sind, in unserem Land eine solidarische Gesellschaft zu entwickeln, in der Frieden und soziale Gerechtigkeit, Freiheit des Einzelnen, Freizügigkeit aller und die Bewahrung der Umwelt gewährleistet sind.
Oder wir müssen dulden, dass, veranlasst durch starke ökonomische Zwänge und durch unzumutbare Bedingungen, an die einflussreiche Kreise aus Wirtschaft und Politik in der Bundesrepublik ihre Hilfe für die DDR knüpfen, ein Ausverkauf unserer materiellen und moralischen Werte beginnt und über kurz oder lang die Deutsche Demokratische Republik durch die Bundesrepublik vereinnahmt wird.
Lasst uns den ersten Weg gehen. Noch haben wir die Chance, in gleichberechtigter Nachbarschaft zu allen Staaten Europas eine sozialistische Alternative zur Bundesrepublik zu entwickeln. Noch können wir uns besinnen auf die antifaschistischen und humanistischen Ideale, von denen wir einst ausgegangen sind. Alle Bürgerinnen und Bürger, die unsere Hoffnung und unsere Sorge teilen, rufen wir auf, sich diesem Appell durch ihre Unterschrift anzuschließen.

Zitiert nach: Blätter für deutsche und internationale Politik, Januar 1990, S. 124 f.

Arbeitsvorschläge 32065-0048

1. Erläutern Sie die grundlegende Alternative der zukünftigen Politik, die die Verfasser sehen. | H
2. Diskutieren Sie die Einstellung zum alten System der DDR, die sich darin spiegelt.

M 13 Q „Mumifizierte Utopie"

Auf den Aufruf „Für unser Land" reagiert der Schriftsteller Günter Kunert. Er ist wegen seines Protests gegen die Ausbürgerung von Wolf Biermann 1977 aus der SED ausgeschlossen worden; 1979 kann er in die Bundesrepublik ausreisen. Kunert schreibt:

Der deutsche Intellektuelle nebst seinen Visionen vom Guten, Schönen und Humanen ist durch keine noch so massive Tatsachenfülle widerlegbar […]. Trotz überwältigender Kenntnis der trostlosen Lage und ihrer kaum minder trostlosen Ursachen wird die längst mumifizierte Utopie beschworen. Ob Christa Wolf auf dem Alexanderplatz in Berlin oder der aus seiner Versenkung auferstandene Rudolf Bahro im Fernsehen – entgegen jeder Erfahrung, auch ihrer eigenen, meinen sie ernsthaft, nun sei der Zeitpunkt gekommen, den „demokratischen Sozialismus" einzuläuten [...]. Blindlings fallen die großen, pathetischen Worte, denen man abgeschworen hatte, auf die Zuhörer nieder und gemahnen den etwas kritischeren unter ihnen an die Früchte des Tantalus. [...] Die nach vierzig Jahren Tristesse ungeduldige Mehrheit jedoch greift lieber nach dem Nächstliegenden, den Bananen bei „Aldi" [...].

Die gegenwärtig erhobene Forderung nach einer Erneuerung des Systems übertüchtiger Ruinenbaumeister [wirkt] wie ein später und deplatzierter Scherz. Nun endlich, heißt es, werde man auf den Trümmern des zusammengebrochenen ein wahrhaft bewohnbares Haus errichten. Ergo jene angestrebte Gesellschaft, die ihre Widersprüche und Gegensätze gewaltfrei und menschlich behandeln würde. Diese Hoffnung ist trügerisch. Denn sie ignoriert den ökonomischen und ökologischen Zustand des Landes, aber nicht nur diesen; sie missachtet vor allem die Kondition des Menschen, jenes Geschöpfes, das eine Idee nur zu realisieren vermag, indem es diese in ihr Gegenteil verkehrt [...].

[...] Nach vier Jahrzehnten einer am Grünen Tisch erdachten, der Bevölkerungsmajorität aufgenötigten Ordnung kann eine Modifikation dieser oder analoger Ordnungen keine Chance mehr haben.

Zitiert nach: Michael Naumann (Hrsg.), Die Geschichte ist offen, Reinbek 1990, S. 97 ff.

Arbeitsvorschläge

32065-0049

1. Vergleichen Sie die Haltung Kunerts mit derjenigen in M3.
2. Erklären Sie, was mit der Aussage gemeint ist, der Mensch könne eine Idee nur verwirklichen, indem er sie in ihr Gegenteil verkehrt (vgl. Zeile 28–30).
3. Diskutieren Sie die Frage, ob oder unter welchen Umständen 1989/90 in der DDR die Chance für eine selbstständige Entwicklung bestand. | F

M 14 Q Gorbatschow gibt grünes Licht

Bundeskanzler Helmut Kohl gibt am 10. Februar 1990 in Moskau eine Presseerklärung ab:

Meine Damen und Herren,
ich habe heute Abend an alle Deutschen eine einzige Botschaft zu übermitteln. Generalsekretär Gorbatschow und ich stimmen darin überein, dass es das alleinige Recht des deutschen Volkes ist, die Entscheidung zu treffen, ob es in einem Staat zusammenleben will. Generalsekretär Gorbatschow hat mir unmissverständlich zugesagt, dass die Sowjetunion die Entscheidung der Deutschen, in einem Staat zu leben, respektieren wird, und dass es Sache der Deutschen ist, den Zeitpunkt und den Weg der Einigung selbst zu bestimmen.

Generalsekretär Gorbatschow und ich waren uns ebenfalls einig, dass die deutsche Frage nur auf der Grundlage der Realitäten zu lösen ist: d. h., sie muss eingebettet sein in die gesamteuropäische Architektur und in den Gesamtprozess der West-Ost-Beziehungen. Wir müssen die berechtigten Interessen unserer Nachbarn und unserer Freunde und Partner in Europa und in der Welt berücksichtigen. Es liegt jetzt an uns Deutschen in der Bundesrepublik und in der DDR, dass wir diesen gemeinsamen Weg mit Augenmaß und Entschlossenheit gehen.

Generalsekretär Gorbatschow und ich haben ausführlich darüber gesprochen, dass auf dem Wege zur deutschen Einheit die Fragen der Sicherheit in Europa herausragende Bedeutung haben. Wir wollen die Frage der unterschiedlichen Bündniszugehörigkeit in enger Abstimmung auch mit unseren Freunden in Washington, Paris und London sorgfältig beraten und gemeinsam eine Lösung finden. Ich danke Generalsekretär Gorbatschow, dass er dieses historische Ergebnis ermöglicht hat. Wir haben vereinbart, im engsten persönlichen Kontakt zu bleiben.

Meine Damen und Herren, dies ist ein guter Tag für Deutschland und ein glücklicher Tag für mich persönlich.

Zitiert nach: Deutsche Einheit. Sonderedition aus den Akten des Bundeskanzleramtes 1989/90. Dokumente zur Deutschlandpolitik, hrsg. von Hanns Jürgen Küsters und Daniel Hofmann, München 1998, S. 812 f.

Arbeitsvorschläge

32065-0050

1. Charakterisieren Sie die Presseerklärung. Ordnen Sie die Aussagen in konkret und unspezifisch.
2. Arbeiten Sie die Zugeständnisse heraus, die die deutsche Bundesregierung der UdSSR macht.

Leitfrage

Nehmen Sie Stellung:
Mauerfall und Deutsche Einheit – Gunst der Stunde oder absehbar?

Transformationszeit und Einigungsprozess

M1 Q „Daran müssen wir noch arbeiten"
Karikatur von Rainer Schwalme, 1992

32065-0486

1. Interpretieren Sie die Karikatur. Auf welche Schwierigkeiten beim Einigungsprozess könnte der Künstler anspielen?

LEIT-FRAGE

Wiedervereint – aus zwei wird eins?

Wirtschaftlicher Umbau

Die Folgen der vierzigjährigen kommunistischen Herrschaft waren schwerer zu bewältigen und benötigten mehr Zeit, als Politiker und Experten ursprünglich vermutet hatten. Die Transformation der ostdeutschen Planwirtschaft in eine Wettbewerbswirtschaft war eine Aufgabe, für die es bis dahin kein Vorbild gab. So erwiesen sich die meisten ehemaligen Staatsbetriebe als völlig veraltet und unproduktiv, ihre Produkte und Dienstleistungen als nicht konkurrenzfähig, zumal die Ostdeutschen zunächst nur Westwaren kauften und 1991 die bisherigen Märkte in Osteuropa völlig wegbrachen.

Die Volkskammer der DDR gründete 1990 die Treuhandanstalt in Berlin. Deren Aufgabe war unter anderem, die ehemaligen staatseigenen Betriebe der DDR nach marktwirtschaftlichen Gesichtspunkten zu privatisieren oder abzuwickeln. Sie übernahm etwa 8 500 Unternehmen mit etwa 45 000 Einzelbetrieben und 4,1 Millionen Beschäftigten sowie rund 60 % der Fläche der DDR. Als sie im Winter 1994 ihre Tätigkeit beendete, hatte sie 3 700 Betriebe als nicht sanierungsfähig stillgelegt und über 15 000 Firmen mit 1,5 Millionen Arbeitsplätzen privatisiert. Die Folge war ein dramatischer Anstieg der Arbeitslosigkeit. Durch die Übernahme der Altschulden der früheren DDR-Betriebe und Finanzhilfen aller Art für private Investoren hinterließ die

Treuhandanstalt umgerechnet 140 Milliarden Euro Schulden, die den Bundeshaushalt seither jährlich mit etwa 8,7 Milliarden Euro belasten. Der Strukturwandel der ostdeutschen Wirtschaft ist vorangekommen, aber es bleibt noch viel zu tun.

Finanzielle Lasten

Der wirtschaftliche Umbau und die schrittweise Angleichung der Lebensverhältnisse an den westlichen Standard erforderten die Modernisierung der gesamten Infrastruktur in Ostdeutschland – Straßen, Autobahnen, Wohnungen und öffentliche Gebäude, Telekommunikation, Eisenbahn, Energieversorgung, Gesundheitswesen, Schulen, Hochschulen. Die dafür notwendigen Mittel wurden ganz überwiegend aus dem Bundeshaushalt aufgebracht.

An direkten Aufbauhilfen stellte zunächst der „Fonds Deutsche Einheit" von 1990 bis 1994 umgerechnet rund 82 Milliarden Euro für die ostdeutschen Länder und Kommunen zur Verfügung. Der „Solidarpakt I" von 1995 sorgte für die Aufnahme der neuen Bundesländer in den regulären Länderfinanzausgleich. Weiter erhielten die neuen Länder von 1995 bis 2001 Sonderleistungen des Bundes über umgerechnet 105 Milliarden Euro. Der „Solidarpakt II" sah bis 2019 nochmals Sonderzahlungen von 105 Milliarden Euro für Infrastruktur und Unternehmensförderung vor. Hinzu kommen 51 Milliarden Euro an Investitionshilfen des Bundes und der EU.

Schätzungen über die bisherigen Gesamtkosten der Einheit geben bis 2018 eine Höhe von ca. 1,6 Billionen Euro als Nettotransfersumme an. Hierbei wurden die Steuerzahlungen und Sozialbeiträge aus dem Osten abgezogen. Die Betrachtung der Kosten der Deutschen Einheit greift allerdings zu kurz. Rechnet man die teilungsbedingten Kosten bis 1990 dagegen und stellt den Nutzen aus der Deutschen Einheit gegenüber, fällt die Bilanz positiv aus.

Lebensgefühl im Umbruch

Für die neuen Bundesbürgerinnen und -bürger brachte die Übernahme der westdeutschen Gesellschaftsordnung eine gewaltige Umstellung des gesamten Alltagslebens mit sich. Vom Kindergarten bis zur Altersversorgung änderte sich alles. Viele Menschen im Osten fühlten sich deklassiert und von den „Wessis" überrollt. Auf der anderen Seite sahen sich zahlreiche Menschen in der alten Bundesrepublik durch die Erwartungen ihrer Landsleute im Osten überfordert. Die Unterschiede in der Lebenserfahrung und im Lebensgefühl zwischen den Deutschen in Ost und West gingen tiefer, als die Menschen in den Monaten der Euphorie 1989/90 angenommen hatten. Manche reagierten auf den extrem hohen Anpassungsdruck mit einer Verklärung der DDR-Vergangenheit, was in Westdeutschland oft Unverständnis hervorrief.

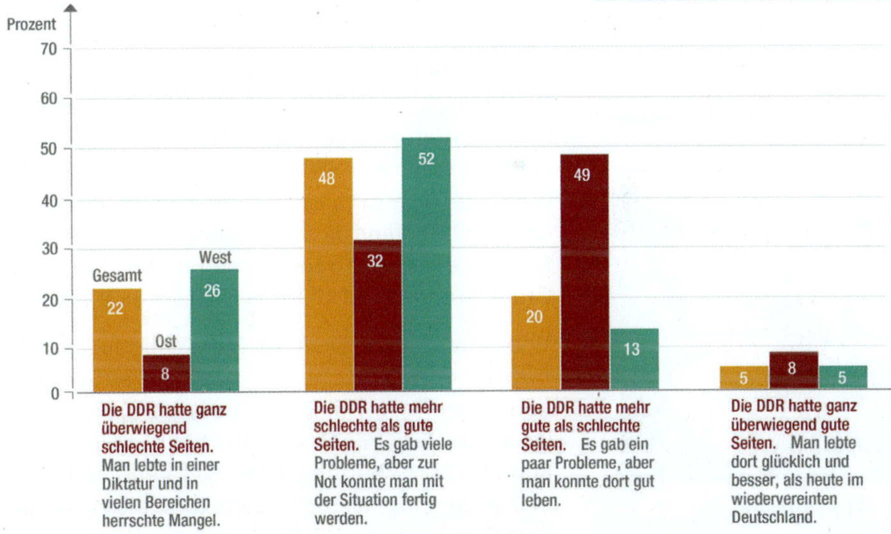

M2 D Beurteilung der Lebenssituation in der DDR

- Analysieren Sie die Grafik und arbeiten Sie die Unterschiede zwischen der ost- und westdeutschen Beurteilung heraus.
- Erklären Sie ausgehend von Ihren Ergebnissen den Begriff „Ostalgie".

Anstieg des Rechtsextremismus

Ein großes Problem des wiedervereinigten Deutschland war der bald einsetzende Anstieg rechtsextremistisch und rassistisch motivierter Straftaten. Traurige „Höhepunkte“ waren die Anschläge von Hoyerswerda (September 1991) und Rostock-Lichtenhagen (August 1992), bei denen Rechtsradikale unter dem Applaus der Anwohner Asylbewerber aus Mosambik, Vietnam und anderen Ländern angriffen. In Teilen Ostdeutschlands entstanden sogenannte „national befreite Zonen“, in denen Ausländer bis heute massiv bedroht werden.

Die Ursachen werden kontrovers diskutiert: Einige Kommentatoren wollten darin eine bereits zu DDR-Zeiten vorhandene allgemeine Ausländerfeindlichkeit sehen. Diese sei vor dem Hintergrund der Asyldebatte seit 1990 und den wirtschaftlichen und sozialen Problemen, die die Menschen in den neuen Bundesländern zu tragen haben, noch verstärkt worden. Tatsache ist aber, dass fremdenfeindliche Einstellungen nicht unmittelbar mit dem tatsächlichen Bevölkerungsanteil von Ausländern zusammenhängen, sondern eher damit, ob das Zusammenleben schon über lange Zeit erlebt und praktiziert wurde. Aber auch dies schließt rassistische Gewalttaten nicht aus, wie die Taten in Mölln (1992), Solingen (1993) und Hanau (2020) beweisen.

Dagegen lässt sich das Bild eines typischen rechtsextremen Gewalttäters zeichnen, der männlich, meist unter 30 Jahre alt ist, seine Taten – oft unter Alkoholeinfluss – in der Gruppe verübt und oft einen niedrigen Bildungsgrad aufweist.

Der Rechtsextremismus ist kein ostdeutsches Phänomen. Jedoch gab es gerade dort nur vereinzelt öffentliche Proteste. Bei vergleichbaren Anschlägen in den alten Bundesländern, z. B. im Mai 1993 in Solingen, als bei einem Brandanschlag auf das Haus einer türkischen Familie zwei Frauen und drei Mädchen ums Leben kamen, verurteilte eine große Mehrheit der Bevölkerung die Tat scharf. Allerdings wurden rechtsextreme und gewaltbereite Vereinigungen in den neuen Bundesländern meist mit dem Personal und dem Geld der bestehenden westdeutschen Organisationen aufgebaut.

Veränderte Parteienlandschaft

Die Deutsche Einheit führte auch zu einer Vereinigung von politischen Parteien. Bereits im August 1990 traten die liberalen Parteien der DDR den bundesdeutschen Freien Demokraten (FDP) bei. Die SDP, die im Oktober 1989 gegründet worden war, vereinigte sich mit den westdeutschen Sozialdemokraten im September 1990. Im Oktober 1990 fand die Vereinigung von CDU-Ost und -West statt. Die Grünen wurden 1993 zu einer gesamtdeutschen Partei „Bündnis 90/Die Grünen“, nachdem beide Gruppierungen seit 1990 gemeinsam zu Wahlen angetreten waren.

1998 unterlag die CDU/CSU- FDP-Koalition unter Bundeskanzler Kohl bei den Wahlen zum Bundestag. Der neue Bundeskanzler Gerhard Schröder (SPD) schloss eine Koalition seiner Partei mit Bündnis 90/Die Grünen. Bundesaußenminister und Vizekanzler wurde der Grünen-Politiker Joschka Fischer. Das rot-grüne Bündnis regierte im Bund bis 2005. Mit Angela Merkel, geboren in Hamburg, aufgewachsen in Templin in Brandenburg, wurde im Jahr 2000 erstmals eine Frau aus den neuen Bundesländern CDU-Vorsitzende. 2005 übernahm sie als erste Kanzlerin der Bundesrepublik die Regierung in einer Großen Koalition aus CDU/CSU und SPD. 2009 wurde sie wiedergewählt und bildete eine Koalition aus Unionsparteien und FDP. Nachdem die FDP 2013 ihren Wiedereinzug in den Bundestag verfehlte, regierte Merkel von 2013 bis 2021 ununterbrochen in einer großen Koalition mit der SPD.

M3 Q Gerhard Schröder (geb. 1944): 1990–1998 Ministerpräsident von Niedersachsen, 1998–2005 Bundeskanzler, 1999–2004 Vorsitzender der SPD

M4 Q Angela Merkel (geb. 1954): 1991–1994 Bundesministerin für Frauen und Jugend, 1994–1998 Bundesumweltministerin, 1998–2000 Generalsekretärin der CDU, 2000–2018 CDU-Vorsitzende, 2005–2021 Bundeskanzlerin

M5 Q „Rote Zahlen vom roten Sozialismus“

Der Wirtschaftswissenschaftler Karl-Hans Hartwig fasst zwei Monate nach der Schaffung der Wirtschafts-, Währungs- und Sozialunion die ökonomischen Probleme der DDR zusammen:

Die DDR-Wirtschaft befindet sich gegenwärtig in einer tiefen Krise […]. Auch die weiteren Aussichten sind zunächst düster. Arbeitslosenzahlen von 1,5 bis zwei Millionen oder 15 Prozent werden selbst von Optimisten nicht mehr als unrealistisch angesehen. […] Die Marktwirtschaft und der mit ihr notwendig verbundene freie Informationsfluss bringen diese Altlasten der planwirtschaftlichen Vergangenheit an den Tag. Sie machen deutlich, dass vom roten Sozialismus vorwiegend rote Zahlen bleiben. Experten ist nicht erst seit dem 9. November bekannt, dass etwa 30 bis 40 Prozent der DDR-Betriebe nicht konkurrenzfähig sind und in Wirtschaft und Verwaltung schon immer eine große Anzahl von Arbeitskräften mitgeschleppt wurde, die ökonomisch nicht gerechtfertigt war. Produktivitätsrückstände bis zu 60 Prozent gegenüber westlichen Betrieben kommen ja nicht von ungefähr. D. h. aber, dass von den vorhandenen 9,3 Millionen Arbeitsplätzen in den ersten Jahren nach Einführung der Marktwirtschaft mehr als drei Millionen wahrscheinlich sowieso nicht zu halten wären. Sie durch neue wettbewerbsfähige Arbeitsplätze zu ersetzen, ist die vordringliche Aufgabe, und nicht irgendwelche Beschäftigungsgarantien zu geben. Das in den Köpfen der Menschen noch immer verankerte Recht auf Arbeit hat es ja faktisch auch in der DDR nie gegeben. Praktiziert wurden vielmehr ein Recht auf Lohn und der Zwang zur Beschäftigung an den falschen Stellen.

Das Parlament, 14. September 1990

Arbeitsvorschläge

32065-0051

1. Arbeiten Sie die Probleme bei der Umwandlung der Planwirtschaft in eine Soziale Marktwirtschaft heraus.
2. Erläutern Sie, welche Aufgaben demokratisch gewählte Politikerinnen und Politiker in diesem Prozess haben.
3. Historikerinnen und Historiker sprechen angesichts der Vorgänge in der DDR seit Herbst 1989 von drei „Revolutionen“: einer „liberalen“, einer „nationalen“ und einer „sozialen“. Erörtern Sie, welche Gründe für eine solche Einteilung sprechen. | F

M6 D Trettmann: Grauer Beton (2017)

Eine Jugend in der DDR und die ersten Jahre nach der Wiedervereinigung – Stefan Richter, alias Trettmann, verarbeitet seine „Nachwende-Erfahrungen“ in seinem Song „Grauer Beton“ von 2017. Richter wächst in Chemnitz (damals Karl-Marx-Stadt) im Plattenbau auf. Anfang der 1980er-Jahre ist er Teil einer Hip-Hop-Szene, die durch Auftritte von Hip-Hop-Acts im Westfernsehen und dem damals stark gefeierten Film „Beat Street“ inspiriert worden ist.

Grauer Beton, rauer Jargon
Freiheit gewonnen, wieder zerronnen
Auf und davon, nicht noch eine Saison […]
Alte Schule, steile Kurve, immer Gegenwind
Folg' dem Wendekind dort hin, wo Ma noch Hände ringt
Unbeschwerte Jahre früh zu Ende sind
Dir niemand sagt, dass es'n gutes Ende nimmt
In meinem Hauseingang kaum Gutes los
Freunde werden stumpf, werden skrupellos
Lieber schnell leben, ruhelos
Statt Abstellgleis, kein Zielbahnhof […]
Ich denk' heut noch oft zurück an meine Straße
An die Alten und die Kids aus meiner Straße
Aus der Platte, die aus meiner Etage
Man hat uns vergessen dort, Anfang der Neunziger Jahre
[…]
Neue bunte Scheine sprechen eine eigene Sprache
Neue bunte Welt erstrahlt in der Leuchtreklame
Seelenfänger schleichen um den Block und
Machen Geschäft mit der Hoffnung
Fast hinter jeder Tür lauert'n Abgrund
Nur damit du weißt, wo ich herkomm'

Grauer Beton, (OT) Schettler, Nicole / Meyerholz, Christian Yun-Song / Erkes, Christoph / Trettmann © KitschKrieg Edition / BMG Rights Management GmbH, Berlin

Arbeitsvorschläge

32065-0052

1. Beschreiben Sie in eigenen Worten, wie Trettmann die Nachwendezeit erlebt hat.
2. Erläutern Sie die Aussage „Freiheit gewonnen, wieder zerronnen“ (Z. 2).
3. Diskutieren Sie, welche Faktoren im Leben einer oder eines Jugendlichen darüber entscheiden, ob sie oder er sich als Teil der Gesellschaft fühlt.

M7 D Die „innere Einheit" – ein Traum?

Der Journalist Jens Bisky zieht 15 Jahre nach der Wiedervereinigung eine negative Bilanz:

Der Irrglaube, dass es so etwas gäbe wie eine „innere Einheit", die alle Interessengegensätze und Konflikte überwölben könne, verhindert seit fünfzehn Jahren die freie Debatte über den richtigen Weg beim Aufbau Ost. Das patriotische Tabu hat der Einheit mehr geschadet als alles andere. Da über die Unterschiede und die substanziell verschiedenen Interessen in Ost und West nicht mit zivilisierter Gelassenheit gestritten wird, da man verbissen versucht, die Existenz von Gegensätzen überhaupt zu leugnen und Unterschiede als bald überwunden marginalisiert, beschert uns beinahe jede Saison einen kurzen Ausbruch innerdeutschen Gezänks.

[…] Die Wirtschaftskraft des Ostens erreicht etwa zwei Drittel des westdeutschen Niveaus. Die Wertschöpfung stagniert bei 63 Prozent des Westens, es fehlen etwa 3000 mittelständische Unternehmen und 700 000 Beschäftigte, die vorhandenen Unternehmen sind zu klein und leiden unter geringer Eigenkapitalausstattung. Das Umsatzvolumen der einhundert umsatzstärksten Unternehmen in den neuen Ländern ist etwa so groß wie das Umsatzvolumen von RWE oder Metro allein. Jede fünfte Erwerbsperson hat keinen regulären Arbeitsplatz, die Abwanderung dauert an. Jeder dritte Euro, der im Osten ausgegeben wird, wurde nicht in den neuen Ländern erwirtschaftet. Anzeichen für eine wirtschaftliche Aufholjagd gibt es kaum.

[…]

Nach der Wende hat sich eine eigene ostdeutsche Identität herausgebildet, ein deutliches Bekenntnis, nicht dazuzugehören, anders zu sein. Zu ihr bekennen sich seit Jahren unverändert mehr als 70 Prozent der Ostdeutschen. Dem antworten auf der anderen Seite Desinteresse, Ignoranz und Umerziehungsfantasien. Nach einer Allensbach-Umfrage stehen die Brüder und Schwestern im anderen Landesteil Ost- wie Westdeutschen ebenso nah oder fern wie Österreicher.

[…]

Das unerfüllbare Versprechen von der „Angleichung der Lebensverhältnisse" ist noch immer nicht aus der Welt, obwohl es in weiten Teilen der neuen Länder darum geht, eine Abwärtsentwicklung zu verhindern und den Teufelskreis aus wirtschaftlicher Schwäche, Arbeitslosigkeit, Abwanderung, Überalterung und Transferbedarf zu durchbrechen.

Ein Neuanfang würde eine ehrliche Bilanz voraussetzen. Eben deshalb fällt er so schwer. Die staatliche Vereinigung war 1990 politisch richtig und ist gelungen, aber sie muss nicht mit Angleichung und widerspruchsfreiem Einverständnis einhergehen. Eingestehen müsste man, dass der Aufbau Ost, das ehrgeizigste Unternehmen der vergangenen fünfzehn Jahre, in das die Deutschen einen Großteil ihrer Energie und ihrer Mittel investiert haben, gescheitert ist und dass auch Momente kultureller Fremdheit nicht weichen. […]

Ein radikaler Neuanfang fällt schwer, weil es eine gemeinsame Öffentlichkeit kaum gibt. Die stille Gesellschaft in den neuen Ländern verweigert sich überwiegend den überregionalen Medien. Nach der systematischen Entbürgerlichung in der DDR, nach der Ausschaltung der sozialistischen Funktionseliten und der anhaltenden Abwanderung fehlt es im Osten an einem Bürgertum, einem Mittelstand, an Eliten. Der soziale Raum zwischen Familie und Staat ist nur schwach besetzt. […]

Zuverlässig rechnen können wir mit einer starken innerostdeutschen Differenzierung in wenige städtische Zentren und unterentwickelte ländliche Regionen, mit weiterer Abwanderung und rascher Überalterung, mit bleibenden Unterschieden bei Einkommen und Vermögen, mit anhaltendem Transferbedarf und einer Tradierung ostdeutscher Besonderheiten. Der Verteilungskonflikt um die Transfergelder dürfte sich nicht mehr lange durch Solidaritätsbeschwörungen verdrängen lassen. So wird uns der Ost-West-Gegensatz noch Jahrzehnte begleiten. […] Wer mag, kann weiter von „innerer Einheit" träumen und auf die nächste Ossi-Wessi-Hysterie warten.

Vernünftig wäre konfliktbewusste Gelassenheit. Sie setzte eine Kultur der Ungleichheit und der Unterschiede voraus. Im Osten wie im Westen ist darauf kaum einer vorbereitet.

Jens Binsky, Ost gegen West, in: Süddeutsche Zeitung vom 25. August 2005

Arbeitsvorschläge

32065-0053

1. Arbeiten Sie heraus, welche Bedingungen für die innere Einheit Deutschlands laut Bisky erfüllt sein müssten. | F
2. Der Autor fordert „konfliktbewusste Gelassenheit" (Zeile 78). Nehmen Sie dazu Stellung.

Leitfrage

Nehmen Sie Stellung:
Wiedervereint – aus zwei wird eins?

LK Verflechtungen und gegenseitige Beeinflussung der beiden deutschen Staaten

M1 Q „1945–1955–1965"
Karikatur von Hanns Erich Köhler, 1949

1. Analysieren Sie die Karikatur. Welche Vorhersage trifft der Karikaturist für die Entwicklung der deutsch-deutschen Beziehungen?

32065-0487

LEIT-FRAGE

Zwei Staaten – eine Nation?

Im Schatten der Weltpolitik

Bundesrepublik und DDR gehörten nicht nur verschiedenen konkurrierenden Bündnissystemen an, die innerdeutsche Grenze war zugleich die Grenzlinie zwischen NATO und Warschauer Pakt. Das deutsch-deutsche Verhältnis war daher durch den Kalten Krieg und durch die direkte Konkurrenz um Einfluss auf der internationalen Bühne geprägt.

Die Bundesrepublik verstand sich als „Limes des Abendlandes" gegenüber einer als gefährlich eingeschätzten Sowjetunion. Der freie und ökonomisch attraktive westliche Teilstaat sollte eine Anziehungskraft auf die Deutschen im sowjetischen Herrschaftsbereich ausüben und langfristig die Wiedervereinigung zu einem demokratischen und westorientierten Gesamtdeutschland ermöglichen.

Sozialistisches Gesamtdeutschland oder Abgrenzung?

Während sich die Bundesrepublik als Rechtsnachfolgerin des Deutschen Reiches verstand und für sich in Anspruch nahm, als der allein demokratisch legitimierte Staat auf deutschem Boden das gesamte „Deutschland" in der Welt zu vertreten (Alleinvertretungsanspruch), proklamierte die SED, mit der DDR „die Grundlage eines neuen, unabhängigen und freien gesamtdeutschen Staates" nach sozialistischem Modell geschaffen zu haben. In der Praxis überwog allerdings das Ziel der Absicherung der eigenen Herrschaft durch Abgrenzung gegenüber der Bundesrepublik. Mit der Einführung einer DDR-Staatsbürgerschaft 1967 und der ein Jahr später in Kraft gesetzten neuen „sozialistischen Verfassung" betonte Walter Ulbricht seine Abgrenzungspolitik. Die DDR-Hymne von 1949 durfte wegen des Passus „Deutschland, einig Vaterland" in der ersten Strophe nicht mehr gesungen werden.

Neue Ostpolitik: von der SPD/FDP-Koalition unter Bundeskanzler Willy Brandt (SPD) ab 1969 praktizierte Entspannungspolitik, die zu Verträgen mit der Sowjetunion, Polen, der Tschechoslowakei und 1973 zum Grundlagenvertrag mit der DDR führte, in dem sich beide als gleichberechtigte Staaten ansahen und zu „gutnachbarschaftlichen Beziehungen" verpflichteten

Bis weit in die 1960er-Jahre gab es keine offiziellen Kontakte zwischen der Bundesrepublik und der DDR. Seit 1952 intensivierte die SED Sperrmaßnahmen und schikanierende Personenkontrollen an der innerdeutschen Grenze. Nur der innerdeutsche Handel überstand den Kalten Krieg. Für die Bundesregierung war er lange eine der letzten Klammern zwischen beiden Teilen Deutschlands und sicherte den freien Zugang nach Berlin. Für die DDR war der innerdeutsche Handel hingegen ökonomisch unverzichtbar.

Neue Ostpolitik

Anfang der 1960er-Jahre verlor die Deutschlandfrage ihre weltpolitische Bedeutung. Beide Supermächte legten sich nach einer letzten gefährlichen Konfrontation in der Kuba-Krise 1962 auf den Status quo in Europa und damit auch in Deutschland fest. In dieser Phase der internationalen Entspannung kam es nach dem Wechsel zur sozial-liberalen Koalition in Bonn unter Bundeskanzler Willy Brandt zu einer **Neuen Ostpolitik**. Langfristig sollte ein „Wandel durch Annäherung" zur Überwindung der deutschen und europäischen Teilung beitragen.

Bildinformation

31000-180

M 2 Q „Kraft seiner starken Wurzeln wird er alle Mauern sprengen"
Karikatur von Wolfgang Hicks, 1972
Bei den Personen handelt es sich um Willy Brandt (links) und seinen Mitarbeiter Egon Bahr.

- Erklären Sie die Wirkung, die sich Brandt vom Grundlagenvertrag erhofft.
- Prüfen Sie mithilfe des Darstellungstextes, inwiefern die Deutung des Karikaturisten gerechtfertigt ist.

In Verträgen mit der UdSSR (Moskauer Vertrag, 1970), Polen (Warschauer Vertrag, 1970) und der ČSSR (1973) verpflichteten sich die Vertragsparteien zum wechselseitigen Gewaltverzicht und auf die Unverletzlichkeit der Grenzen in Europa, einschließlich der innerdeutschen Grenze und der Oder-Neiße-Linie. In einem an die Sowjetregierung gerichteten „Brief zur Deutschen Einheit" betonte Willy Brandt jedoch – analog zur damaligen Präambel des Grundgesetzes – das Recht des deutschen Volkes, „in freier Selbstbestimmung seine Einheit" auf friedlichem Weg wiederzuerlangen.

Anerkennung der DDR im Rahmen besonderer Beziehungen

1972 wurde der Grundlagenvertrag zwischen der Bundesrepublik und der DDR unterzeichnet, wo 1971 der Machtwechsel von Walter Ulbricht hin zu Erich Honecker stattgefunden hatte. Darin erkannte die Bundesrepublik die DDR als gleichberechtigten Staat an. Die DDR wiederum stellte in Aussicht, „praktische und humanitäre Fragen zu regeln". Damit entsprach sie den Erwartungen der Bundesregierung, dass dieser grundlegenden Neugestaltung der innerdeutschen Beziehungen Erleichterungen für die Menschen in beiden Staaten folgen würden. Die SED-Führung erhoffte sich von der Abkehr der Bundesrepublik von der Hallstein-Doktrin eine Stärkung ihrer Legitimität sowohl international als auch gegenüber ihrer eigenen Bevölkerung.

Die Bundesregierung nahm dies in Kauf, die Einrichtung von „Ständigen Vertretungen" anstelle von Botschaften sollte die „besonderen Beziehungen" zwischen ihnen sowie die Ablehnung einer eigenen DDR-Staatsbürgerschaft deutlich machen. Für die Bundesregierung in Bonn gab es zwar zwei Staaten in Deutschland, aber nach wie vor nur eine deutsche Nation. Die DDR-Führung hingegen ging von zwei Staaten und von zwei Nationen aus und sah sich darin dadurch bestätigt, dass sowohl die Bundesrepublik als auch die DDR 1973 in die UNO aufgenommen wurden.

Öffnung nach außen, Abschottung nach innen

Die DDR nahm seit 1972 an der **Konferenz über Sicherheit und Zusammenarbeit in Europa (KSZE)** teil. Sie unterzeichnete am 1. August 1975 im finnischen Helsinki die KSZE-Schlussakte, in der die Teilnehmer ihre Gleichberechtigung, Souveränität und territoriale Unantastbarkeit anerkannten, auf Gewalt verzichteten und sich zur Achtung der Menschenrechte verpflichteten. Ost-Berlin feierte dies als weiteren Schritt zur internationalen Anerkennung. Die DDR-Regierung wollte sich vor allem als Exportnation dem Westen öffnen, die Bevölkerung sollte dagegen von den Einflüssen des Kapitalismus und der Demokratie abgeschirmt bleiben.

Unter Berufung auf die KSZE-Schlussakte forderten jedoch viele DDR-Bürgerinnen und -Bürger mehr Freiheitsrechte, vor allem Meinungs- und Pressefreiheit sowie Reiseerleichterungen. Zudem hatte die Bevölkerung der DDR täglich den Unterschied zur Bundesrepublik vor Augen, die zentraler Vergleichsmaßstab blieb. Das eigentlich verbotene Westfernsehen informierte sie dabei wahrheitsgetreuer als die DDR-Propaganda über die Zustände in Ostdeutschland. Ebenso hatten sie durch westliche Spielfilme und Serien einen umfassenden Einblick in das Leben im „kapitalistischen Ausland".

Das SED-Regime fühlte sich im Innern mehr und mehr bedroht, baute den Überwachungsapparat der Stasi weiter aus und verschärfte die Sicherungsmaßnahmen an den Grenzen. Prominente Oppositionelle wurden verhaftet und ausgebürgert. Doch je mehr die Repressionen zunahmen, desto mehr wuchs die Zahl der aktiven Regimegegner. Die SED strich 1974 alle gesamtdeutschen Bezüge aus der Verfassung. Die Verheißung, den Sozialismus eines Tages auf die Bundesrepublik zu übertragen, wich einer Politik, die eine strikte Zweistaatlichkeit sichern sollte.

Innerdeutscher Reiseverkehr

Immerhin erlebte der Reiseverkehr zwischen Bundesrepublik und DDR eine deutliche Belebung, zumindest von West nach Ost: Ab 1972 reisten jährlich rund 5 Millionen Bundesbürgerinnen und -bürger in die DDR. Umgekehrt waren es rund ein- bis eineinhalb Millionen Rentnerinnen und Rentner. Aber jährlich erhielten nur etwa 40 000 Reisende, die das Rentenalter noch nicht erreicht hatten, ab 1984 eine Reiseerlaubnis.

Daneben versuchte die SED-Führung, die angestaute Unzufriedenheit in der DDR-Bevölkerung dadurch zu bekämpfen und vermeintliche „Querulanten" loszuwerden, dass von Zeit zu Zeit DDR-Bürgerinnen und -Bürger in die Bundesrepublik ausreisen durften. Doch dies führte nur dazu, dass noch mehr Menschen als zuvor Anträge auf Ausreise in die Bundesrepublik stellten. Zwischen 1972 und 1988 stellten jährlich mehrere zehntausend Menschen einen Ausreiseantrag, von denen bis

Konferenz über Sicherheit und Zusammenarbeit in Europa (KSZE): 1973 von ost- und westeuropäischen Staaten, Kanada und der USA mit dem Ziel eröffnet, gemeinsame Projekte in Kultur, Wissenschaft, Wirtschaft, Umweltschutz und Abrüstung durchzuführen zur Durchsetzung der Menschenrechte in Europa. Seit 1995 heißt sie „Organisation für Sicherheit und Zusammenarbeit in Europa" (OSZE).

M3 D Verkehrsverbindungen nach West-Berlin
1972 willigte die DDR ein, den Straßenverkehr von und nach West-Berlin reibungsloser abzuwickeln. Für dieses „Transitabkommen" erhielt die DDR jährlich anfangs 230 Millionen DM, bis 1989 gesteigert auf 525 Millionen DM.

1983 pro Jahr nur durchschnittlich ca. 9000 bewilligt wurden. Wer einen Antrag stellte, konnte sicher sein, in der Bundesrepublik als deutscher Staatsbürger bzw. deutsche Staatsbürgerin problemlos einreisen zu können. In der DDR mussten Ausreisewillige jedoch oft lange auf die Ausreise warten und waren bis dahin massiven Diskriminierungen und Drohungen ausgesetzt. Ausreise galt als Verrat am Sozialismus.

Bilanz der Deutschlandpolitik bis 1989

Bis zum Ende der 1980er-Jahre verfolgte SED-Chef Honecker zwei Ziele: Zum einen sollten die letzten Anerkennungsvorbehalte der Bundesrepublik zurückgenommen werden, zum anderen sollten Fortschritte in den innerdeutschen Beziehungen von der Bundesregierung so teuer wie möglich bezahlt werden. So durften Gäste aus der Bundesrepublik in der DDR etwa nur mit DDR-Mark bezahlen, die sie zum Kurs 1:1 umtauschen mussten, obwohl der internationale Wechselkurs etwa 1:4 war.

Aufseiten der Bundesrepublik wahrten die Regierungen die Balance zwischen unvermeidlicher Anerkennung der DDR und einem Offenhalten der Wiedervereinigung. Da die DDR von westlichen finanziellen Hilfen und Krediten abhängig war, zeigte Honecker Entgegenkommen, etwa bei der Herabsetzung der Altersgrenze bei Ost-West-Reisen, der Familienzusammenführung oder beim Freikauf politischer Gefangener.

Geschichte In Clips:
32065-0054 Ära Honecker

Bis 1989 wurden 70 bilaterale Abkommen etwa auf den Gebieten der Familienzusammenführung, der Sport- und Jugendreisen sowie vor allem der Wirtschaft geschlossen. Sie eröffneten den DDR-Bürgerinnen und -Bürgern Freiräume und sorgten dafür, dass Bindungen über die Grenze hinweg nicht verloren gingen, sondern neu entstanden.

M4 Q Aus dem Grundlagenvertrag

Am 21. Dezember 1972 wird in Ost-Berlin der „Vertrag über die Grundlagen der Beziehungen zwischen der Bundesrepublik Deutschland und der Deutschen Demokratischen Republik“ abgeschlossen.

Artikel 1
[Sie] entwickeln normale gutnachbarschaftliche Beziehungen zueinander auf der Grundlage der Gleichberechtigung. […]

Artikel 3
[Sie] bekräftigen die Unverletzlichkeit der zwischen ihnen bestehenden Grenze jetzt und in der Zukunft und verpflichten sich zur uneingeschränkten Achtung ihrer territorialen Integrität.

Artikel 4
[Sie] gehen davon aus, dass keiner der beiden Staaten den anderen international vertreten oder in seinem Namen handeln kann. […]

Artikel 6
[Sie] respektieren die Unabhängigkeit und Selbstständigkeit jedes der beiden Staaten in seinen inneren und äußeren Angelegenheiten. […]

Artikel 7
[Sie] erklären ihre Bereitschaft, im Zuge der Normalisierung ihrer Beziehungen praktische und humanitäre Fragen zu regeln. Sie werden Abkommen schließen, um auf der Grundlage dieses Vertrages und zum beiderseitigen Vorteil die Zusammenarbeit auf dem Gebiet der Wirtschaft, der Wissenschaft und Technik, des Verkehrs, des Rechtsverkehrs, des Post- und Fernmeldewesens, des Gesundheitswesens, der Kultur, des Sports, des Umweltschutzes und auf anderen Gebieten zu entwickeln und zu fördern.

Zitiert nach: Dieter Blumenwitz, Denk ich an Deutschland – Antworten auf die Deutsche Frage. Dokumentenband, München 1989, S. 103 f.

Arbeitsvorschläge

32065-0055

1. Benennen Sie die Ziele, die beide Seiten mit dem Vertrag verfolgten.
2. Erläutern Sie, welche Vereinbarungen vor allem den Interessen der DDR und welche den Interessen der Bundesrepublik dienten.
3. Begründen Sie – auch mithilfe der Darstellung – dass der Grundlagenvertrag eine Wende in der Deutschlandpolitik der Bundesrepublik darstellte. | H

M5 D Daten zum deutsch-deutschen Verhältnis

1951	Ein gemeinsames Abkommen regelt den Handel zwischen Bundesrepublik und DDR.
1970	• Bundeskanzler Willy Brandt trifft den DDR-Ministerpräsidenten Willi Stoph in Erfurt. • Gegenbesuch von Stoph in Kassel
1971	Transitabkommen zum sicheren und zügigen Reiseverkehr von und nach Berlin (West)
1972	• Flüchtlinge aus der DDR verlieren die „DDR-Staatsbürgerschaft“. • Unterzeichnung des Grundlagenvertrages
1973	Korrespondenten von ARD und ZDF und einigen Zeitungen aus der Bundesrepublik werden in der DDR zugelassen.
1974	• Fahrzeuge der DDR tragen nicht mehr das Kennzeichen „D“, sondern „DDR“. • Ständige Vertretungen nehmen ihre Tätigkeit in Berlin-Ost und Bonn auf. • Abkommen über die Zusammenarbeit in Sport und Gesundheitswesen
1975	Übereinkunft über die Erneuerung der Autobahn zwischen Berlin und dem Grenzübergang Marienborn (heute in Sachsen-Anhalt)
1979	Besuch einer Delegation des Jugendrings in der DDR
1980	• seit 1964: Freikauf von 20 000 politischen Häftlingen aus der DDR; Reisegenehmigungen für 30 000 DDR-Bürgerinnen und -Bürger („Familienzusammenführung“) • Erich Honecker betont Abgrenzung und eigene Souveränität der DDR.
1982	• Ausreisegenehmigungen in die Bundesrepublik in dringenden Familienangelegenheiten auch für DDR-Bürgerinnen und -Bürger im arbeitsfähigen Alter • Deutscher Bundesjugendring und FDJ vereinbaren Jugendaustausch.
1983	• erstes Gespräch von Umweltexperten beider Regierungen • Bürgschaft der Bundesrepublik für einen Kredit an die DDR in Höhe von 1 Mrd. DM
1984	Abbau der Selbstschussanlagen an der innerdeutschen Grenze
1986	Kulturabkommen über Zusammenarbeit in Kunst, Bildung und Wissenschaft (Verhandlungen seit 1974)
1987	• Rahmenabkommen über die Zusammenarbeit im Umweltschutz • SED-Generalsekretär Erich Honecker auf Staatsbesuch in der Bundesrepublik

Zusammenstellung von Dieter Brückner

Arbeitsvorschlag

32065-0056

▶ Beurteilen Sie, inwiefern sich das deutsch-deutsche Verhältnis nach der Verabschiedung des Grundlagenvertrages verbessert oder verschlechtert hat.

M6 D Handel und Reiseverkehr zwischen Ost- und Westdeutschland

a) Entwicklung des innerdeutschen Handels 1950–1989:

Lieferungen und Bezüge der Bundesrepublik Deutschland				
Jahr	Lieferungen	Bezüge	Umsatz	Veränderung der Umsätze in % zum Vorjahr
	in Millionen VE			
1950	329	342	671	
1960	960	1122	2082	
1970	2416	1996	4412	+ 12,3
1980	5293	5580	10873	+ 16,8
1985	7901	7636	15537	+ 9,8
1987	7367	6647	14014	+ 2,0
1989	8101	7205	15306	+ 9,1

b) Innerdeutscher Reiseverkehr

Den in der Tabelle genannten Personen, die aus der DDR die Bundesrepublik besuchen dürfen, wird die entsprechende Erlaubnis nur „in dringenden Familienangelegenheiten" und stets wie eine Gnade oder wie ein Privileg gewährt. Ehepartner oder Kinder bleiben als Geisel zurück. Ab Ende der 1980er-Jahre wird diese Regelung gelockert.

	Reisen aus der DDR in die BRD (in 1000)		Reisen aus der BRD in die DDR und nach Ost-Berlin (in 1000)	
	Rentner	Personen unter dem Rentenalter	gesamt	davon West-Berliner
1957	2720	–	2700	–
1962	27	–	ca. 2000	–
1972	1079	11	6260	3320
1975	1370	40	7734	3210
1980	1594	40	6746	2600
1985	1666	66	5620	ca. 1900
1987	3800	1290	55006	ca. 1900
1988	6750	–	55529	1972

Dieter Grosser, Stephan Bierling und Beate Neuss (Hrsg.), Bundesrepublik und DDR 1969-1990, Stuttgart 1996, S. 282 f..

Arbeitsvorschlag

32065-0057

- Wandeln Sie die Tabellen in eine geeignete Diagrammform um und erläutern Sie, inwiefern sich wichtige Ereignisse in der DDR ablesen lassen.

M7 Q „Friedliche Koexistenz"

a) Am 5. Oktober 1980 formuliert Erich Honecker Grundsätze der Deutschlandpolitik der DDR vor Funktionären der SED, mit denen er eine neue Phase der Abgrenzung der DDR von der Bundesrepublik einleitet:

Natürlich kann man nicht übersehen, dass zwischen der DDR und der BRD weiterhin viele Probleme bestehen und wir von einer umfassenden Normalisierung noch ein beträchtliches Stück entfernt sind. Die Hauptursache dafür sind fortgesetzte Versuche der BRD, in den Beziehungen zur DDR, unter Verletzung des Grundlagenvertrages, entscheidende Prinzipien der Souveränität unseres Staates zu missachten. […]
Ganz wesentlich ist, dass das Prinzip der Nichteinmischung […] uneingeschränkt akzeptiert und eingehalten wird. […]
Wir halten es für notwendig, dass sich die BRD in der Frage der DDR-Staatsbürgerschaft endlich auf die Realitäten besinnt […]. Schluss gemacht werden muss mit der Ausstellung vorläufiger Reiseausweise der BRD für Bürger der DDR bei deren zeitweiligem Aufenthalt in der BRD, ebenso mit der Ausstellung von BRD-Pässen für DDR-Bürger durch Botschaften der BRD in dritten Staaten. Wir halten auch die Zeit für gekommen, auf diplomatischem Gebiet, so wie es den Beziehungen zwischen zwei souveränen, voneinander unabhängigen Staaten zukommt, Botschafter austauschen, das heißt die Ständigen Vertretungen der DDR und der BRD in das zu verwandeln, was dem Völkerrecht entspricht – in Botschaften. […]
Den Interessen des Friedens und der guten Nachbarschaft würde es dienen, möglichst bald eine Regelung des Grenzverlaufs auf der Elbe entsprechend dem internationalen Recht herbeizuführen, die bisher an unannehmbaren Standpunkten der BRD scheitert. […]
Für uns bleibt es beim Kurs der friedlichen Koexistenz, zu dem es keine annehmbare Alternative gibt.

b) Beim X. Parteitag der SED führt er in einer programmatischen Rede am 11. April 1981 aus:

[…] Das Volk der DDR hat im Einklang mit dem geschichtlichen Prozess des weltweiten Übergangs der Menschheit vom Kapitalismus zum Sozialismus unwiderruflich die Entscheidung für den Sozialismus getroffen. Unter Führung der Arbeiterklasse hat es sich zur sozialistischen deutschen Nation konstituiert. Niemand ist in der Lage, daran etwas zu ändern.
Dabei gilt es, bei der Entwicklung der Beziehungen zwischen der DDR und der BRD ohne jeden Vorbehalt von der Existenz zweier voneinander unabhängiger, souve-

räner Staaten mit unterschiedlicher Gesellschaftsordnung auszugehen. Zwischen ihnen kann es nur Beziehungen der friedlichen Koexistenz geben. Partei und Regierung der DDR bekennen sich […] zu den vereinbarten Zielen und Prinzipien, insbesondere der Souveränität der Staaten, der Achtung der Unabhängigkeit, Selbstständigkeit und territorialen Integrität, der Nichteinmischung, dem Selbstbestimmungsrecht, der Wahrung der Menschenrechte und der Nichtdiskriminierung. Bei voller Respektierung dessen ist es durchaus möglich, zu neuen, positiven Ergebnissen in der Entwicklung der Beziehungen zwischen DDR und BRD zu kommen. […]

Zitiert nach: Dieter Grosser, Stephan Bierling und Beate Neuss (Hrsg.), Bundesrepublik und DDR 1969–1990, Stuttgart 1996, S. 255–257

Arbeitsvorschläge 32065-0058

1. Fassen Sie die Grundsätze der Deutschlandpolitik Erich Honeckers in Thesenform zusammen.
2. Erklären Sie, was Honecker meint, wenn er von „der Entwicklung der Beziehungen zwischen der DDR und der BRD“ (Z. 40 f.) spricht.
3. Überprüfen Sie, ob Honecker sich bei diesen Grundsätzen auf den Grundlagenvertrag berufen konnte. | H

M8 Q „Einheit der Nation“

Beim Besuch Erich Honeckers 1987 in der Bundesrepublik hält Helmut Kohl eine Ansprache:

Dieser Arbeitsbesuch eröffnet vielfältige Möglichkeiten, die Beziehungen zwischen den beiden Staaten in Deutschland zum Wohle der Menschen weiterzuentwickeln. Unsere Gegensätze in Grundsatzfragen werden wir nicht überwinden, aber was uns an Grundsätzlichem trennt, sollte uns nicht an praktischer Zusammenarbeit hindern. […]

Die Bundesregierung hält fest an der Einheit der Nation, und wir wollen, dass alle Deutschen in gemeinsamer Freiheit zueinander finden können. […] [D]ie Teilung wollen wir auf friedlichem Weg durch einen Prozess der Verständigung überwinden. […]

Wir begrüßen die Zunahme des Reiseverkehrs, insbesondere die Vervielfachung der Reisen jüngerer Menschen aus der DDR. Wir streben aber letztlich einen freien Reiseverkehr an. […]

Wir wünschen einen verstärkten Austausch innerhalb der jüngeren Generation, einen Ausbau des Tourismus, weitere Städtepartnerschaften mit ihren vielfältigen Möglichkeiten für persönliche, sportliche und kulturelle Begegnungen. Ebenso sind beim Sportverkehr die Möglichkeiten noch nicht ausgeschöpft. Im Telefonverkehr werden dringend zusätzliche Leitungen benötigt. Generell muss die Kommunikation zwischen den Menschen in allen Bereichen verbessert werden. Wichtig ist gegenseitiges Kennenlernen und der Abbau von Vorurteilen. Auch die Arbeit der Journalisten […] sollte deshalb nicht behindert werden. Es geht uns immer und vor allem um die Menschen. Deshalb haben Menschenrechte und humanitäre Fragen in unseren Beziehungen eine herausragende Bedeutung. Wir konnten in der Vergangenheit vielfach Härtefälle lösen. Dies sollte auch weiter möglich bleiben.

[…] Daneben bleibt der Ausbau von Verkehrsverbindungen, insbesondere für den Berlin-Verkehr, wichtig.

Zitiert nach: Dieter Grosser, Stephan Bierling und Beate Neuss (Hrsg.), Bundesrepublik und DDR 1969–1990, Stuttgart 1996, S. 20–22

Arbeitsvorschläge 32065-0059

1. Fassen Sie die Grundsätze der Deutschlandpolitik Helmut Kohls zusammen.
2. Erklären Sie, was Helmut Kohl meint, wenn er davon spricht, „die Beziehungen […] weiterzuentwickeln“ (Z. 2–4).
3. Vergleichen Sie diese Auffassung mit Erich Honeckers Zielen bei „der Entwicklung der Beziehungen“ (M7). | H
4. Beurteilen Sie, ob Helmut Kohl mit seinen Grundsätzen die „Neue Ostpolitik“ der 1970er-Jahre fortsetzt.

Leitfrage

Nehmen Sie Stellung:
Zwei Staaten – eine Nation?

Methode

Fotografien als Quellen deuten

Fotografien haben eine sehr stark suggestive Kraft, weil sie scheinbar die Welt so wiedergeben, „wie sie ist". Sie vermitteln den Eindruck von Authentizität. Mit dem Druck auf den Auslöser wird aber kein „objektives" Bild der Wirklichkeit hergestellt. Fotos sind **Momentaufnahmen** und zeigen immer nur einen ausgewählten und bearbeiteten Ausschnitt aus der Realität. Bereits durch die Wahl des Motivs, des Bildausschnitts und der Perspektive stellt der Fotograf ein subjektives, **„komponiertes" Bild der Wirklichkeit** her. Retuschen, Montagen und andere Manipulationen, etwa das Wegschneiden oder Vergrößern bestimmter Bildteile, machen die Fotografie zu einer schwer zu beurteilenden Quelle.

Fotos müssen deshalb als Quelle besonders vorsichtig bewertet werden. Sie müssen unter bestimmten Fragestellungen interpretiert und in einen historischen Zusammenhang gebracht werden.

Manche Fotografien besitzen einen großen Bekanntheitsgrad. Solche Schlüsselbilder oder ikonische Fotografien sind nicht allein Quellen, sondern stehen symbolisch für historische Sachverhalte. Das Lagertor von Auschwitz-Birkenau oder der Junge im Warschauer Ghetto wurden zu Symbolbildern des Holocaust. Diese Bilder sind also nicht nur Zeugnisse der Vergangenheit, sondern stehen für den Blick der Gegenwart auf die Vergangenheit, die geschichtskulturelle Deutung der Vergangenheit. Bei der Analyse ikonischer Bilder ist somit auch ihre symbolische Funktion zu untersuchen.

Arbeitsschritt	Leitfragen
1. beschreiben	• Wer hat das Foto gemacht, in Auftrag gegeben und veröffentlicht? • Wann, wo und aus welchem Anlass ist das Foto gemacht bzw. veröffentlicht worden? • Wer oder was ist auf dem Foto abgebildet? Was wird thematisiert? • Welche Darstellungsmittel werden verwendet (Schwarz-weiß- oder Farbbild, Kameraperspektive, Aufbau, Schnappschuss oder gestellte Szene, Profi- oder Amateuraufnahme)? • Sind Hinweise auf Bildbearbeitung oder nachträgliche Veränderungen erkennbar (Retusche, Montage, Beschnitte bzw. Ausschnittvergrößerungen)?
2. erklären	• Wie lässt sich das Foto in den historischen Kontext einordnen? • Für wen und in welcher Absicht wurde das Foto gemacht bzw. veröffentlicht? • Welche Botschaft, welche Deutung vermittelt das Foto – beabsichtigt oder unbeabsichtigt? • Welche Wirkung soll beim Betrachter erzielt werden?
3. beurteilen	• Wie lässt sich das Foto insgesamt einordnen und bewerten? • Welche Auffassung vertreten Sie zu dem Bild?

Beispiel für eine Fotografieanalyse

Ort/Zeitpunkt: Berlin-Kreuzberg, Zimmerstraße, nahe Kontrollpunkt Checkpoint Charlie am 17.8.1962

Hauptmann Schäfer

Volkspolizeimeister Mularczyk

Peter Fechter

Oberfeldwebel Wursel

Gefreiter Lindenlaub

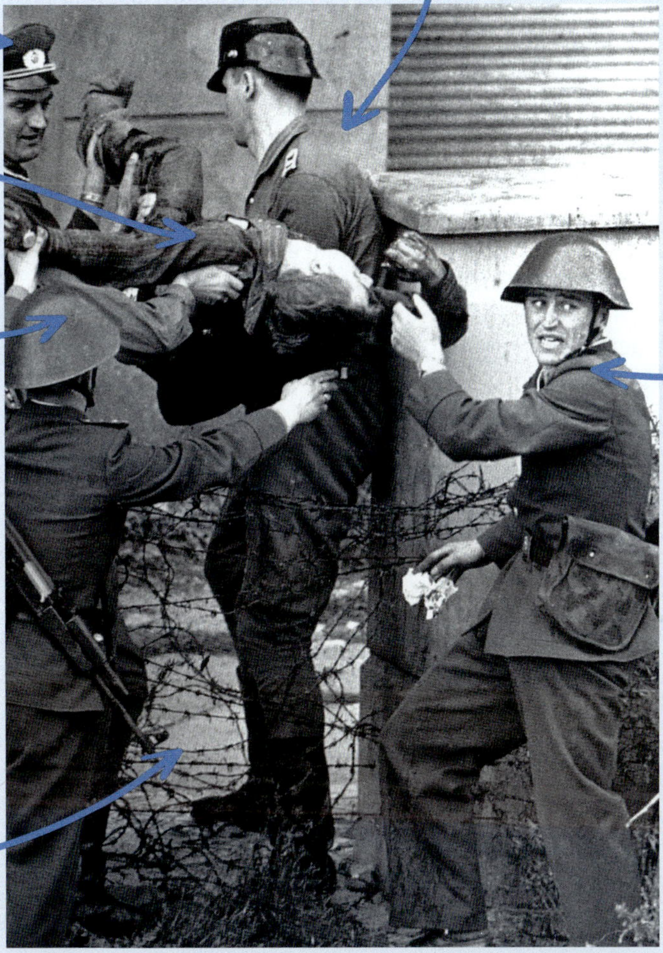

Der Tod von Peter Fechter.
Fotografie vom 17. August 1962.

Bildgeschichte: Die Bergung eines leblosen Körpers ist ein Symbol in der christlichen Ikonografie: Kreuzabnahme oder Grablegung von Jesus Christus

Stacheldraht: Symbol für Grenzen, (KZ-)Lager

Bildgestaltung: Zentrale Diagonale als Fluchtlinie von der Schirmmütze des Hauptmanns links oben bis zur Umhängetasche des Gefreiten Lindenlaub

Perspektive: Leichte Obersicht; halb-nahe Einstellung/Zoom
Empfinden der räumlichen Nähe und Dichte

Die Lösung zu dieser Seite finden Sie unter Mediencode **32065-0492**.

Arbeitsvorschlag

32065-0499

- Analysieren Sie die Fotografie mithilfe der Arbeitsschritte auf Seite 482.

Tatort Teilung: die Gedenkstätte Berliner Mauer als historischer Lernort

„Die Mauer muss weg!"
So lautete vor 1989 die politische Forderung. Und nach 1989 führte die Freude über die friedliche Revolution sowie über die Einheit Deutschlands zum Abriss der Grenzanlagen. Bürgerschaftlichem Engagement ist es zu danken, dass gegen viele Widerstände aus Politik und Gesellschaft in der Bernauer Straße mit der Gedenkstätte Berliner Mauer eine zentrale Stätte des Erinnerns und Gedenkens eingerichtet wurde. Diese erinnert an einem authentischen Ort exemplarisch an das Grenzregime der SED, an die Teilung der Stadt und Deutschlands, an die Toten der Berliner Mauer und an gelungene und gescheiterte Fluchten.

Gerade die Bernauer Straße war der Schauplatz dramatischer Ereignisse. Vier der zwölf Todesopfer der Berliner Mauer aus dem Jahr 1961 kamen allein hier bei Fluchtversuchen ums Leben. Um Fluchten zu verhindern, wurden auf der Ost-Berliner Straßenseite im August 1961 die Türen und Fenster der Wohnhäuser zugemauert, diese dann abgerissen und etwa 2000 Bewohner zwangsumgesiedelt, Gräber und ein Friedhof wurden zerstört und eine Kirche gesprengt.

Die Gedenkstätte erstreckt sich auf einen 1,4 Kilometer langen Grenzstreifen. Die baulichen Überreste der Grenzanlagen wurden als Spuren der Vergangenheit erhalten und in ihrer historischen Bedeutung deutlich gemacht. Ergänzt werden diese durch ein Denkmal (1998), durch eine Kapelle (2000) am Ort der 1985 gesprengten Versöhnungskirche und durch die Ausstellungen „Berlin, 13. August 1961" (2001) und „Grenz- und Geisterbahnhöfe im geteilten Berlin" (2009). Das „Fenster des Gedenkens" ermöglicht die Erinnerung an die Todesopfer der Mauer (2010).

Vor dem Besuch

- Informieren Sie sich (mithilfe der Internetadressen) entweder über a) den historischen Ort Bernauer Straße 1961–1989, b) eines der (mindestens 136) Todesopfer der Berliner Mauer, c) einen Zeitzeugenbericht.
- Verständigen Sie sich darüber, ob und wie Sie vor Ort auch der Toten gedenken wollen.

Vor Ort

- Beschreiben und analysieren Sie (arbeitsteilig) eine der Dauerausstellungen: a) Berlin, 13. August 1961 (Dokumentationszentrum); b) Grenz- und Geisterbahnhöfe im geteilten Berlin (Nordbahnhof).
- Erkunden Sie das Außengelände und fassen Sie zusammen, welche a) historischen Überreste/Quellen aus der Vergangenheit und b) rückblickenden Darstellungen über die Vergangenheit zu finden sind.
- Notieren Sie Ihre Beobachtungen und Eindrücke, machen Sie Skizzen, fotografieren Sie.

Nach dem Besuch

- Führen Sie eine Pro- und Kontra-Diskussion zu den Fragen: Soll die Grenzanlage in der Bernauer Straße zur Veranschaulichung originalgetreu wieder errichtet werden? Oder: Sollen die historischen Überreste so erhalten werden, wie wir sie heute auffinden?
- Entwerfen Sie eine Präsentation (als Ausstellung in der Schule, für die Website, als Übung für eine Prüfung etc.), in der Sie die Gedenkstätte Bernauer Straße darstellen.

M1 Q Ist jeder des Erinnerns würdig?

2009 beschäftigt sich der Journalist Thorsten Denkler mit der Frage, ob an die an der Mauer getöteten DDR-Grenzsoldaten ebenso erinnert werden sollte wie an die getöteten Flüchtlinge:

Offenbar ist nach dem Tod nicht jeder gleich, nicht jedes Opfer wie das andere Opfer – zumindest, wenn es um die Toten an der Berliner Mauer geht. Das […] „Biographische Handbuch" über die Todesopfer an der Berliner Mauer von 1961 bis 1989 weist 136 Todesopfer aus. Darunter […] auch die acht Grenzsoldaten, die in Erfüllung ihrer Dienstpflicht umkamen. Sie sind Opfer, das haben die Autoren des Handbuches geklärt. Und doch lautet die auch am heutigen Mauergedenktag schwierige Frage: Sind diese acht des Erinnerns unwürdige Opfer, während alle anderen des Erinnerns würdig sind?
Im Herbst soll in der Gedenkstätte Berliner Mauer an der Bernauer Straße in einem „Fenster der Erinnerung" den Opfern der Grenze mit Foto und Namen gedacht werden. Es wird der zentrale Gedenkort für die Maueropfer in der Bundesrepublik werden. Das erklärte Ziel der Initiatoren war, den Opfern ein Gesicht zu geben, eine Geschichte, sie zu lösen von Zahlen und Statistiken. Wer das biografische Handbuch liest, wird höchst unterschiedliche Menschen mit höchst unterschiedlichen Hintergründen kennenlernen. Das gilt sowohl für die erschossenen Flüchtlinge, wie für die, die nur zufällig an der Mauer den Tod fanden. Es ist das Verdienst der Autoren, diese Biografien sachlich und unideologisch aufbereitet zu haben. Wie die der acht getöteten Grenzsoldaten. Einer wurde versehentlich erschossen, weil er für einen Flüchtling gehalten wurde. Ein anderer wurde bei einem Schusswechsel mit der West-Berliner Polizei von einem Querschläger tödlich verletzt. Wieder ein anderer wurde von einem Flüchtenden aus nächster Nähe erschossen. Der Schütze kam später im Westen wegen Mordes ins Gefängnis. Die Geschichten der Grenzer sind so unterschiedlich wie die der 128 anderen Opfer. Diese acht aber werden nicht in das Fenster der Erinnerung aufgenommen, diesen acht dürfen ihre Angehörigen nicht an zentraler Stelle gedenken. So hat es der Beirat der Stiftung Berliner Mauer kürzlich nach intensiver und durchaus kontroverser Diskussion beschlossen. Es habe die Gefahr bestanden, dass die Öffentlichkeit das „Fenster der Erinnerung" als Ehrenmal wahrnehme, wurde argumentiert. Und dass sich Angehörige von getöteten Flüchtlingen davon verletzt fühlen könnten, wenn neben ihrem Kind, ihrem Bruder, ihrer Schwester diejenigen mit Bild und Namen zu sehen sind, die darauf trainiert waren, die Flucht aus der DDR zu verhindern.
Doch andererseits: Die Grenztruppe der DDR war keine Freiwilligeneinrichtung. Es gab Soldaten, die haben bewusst nicht oder daneben geschossen, es gab aber auch Soldaten, die haben ohne Rücksicht draufgehalten. Es gab auch Flüchtlinge, die Grenzsoldaten erschossen haben, die später im Westen wegen Mordes oder Totschlags verurteilt wurden. Es gab auch Flüchtlinge, die sich durch Flucht einer Strafverfolgung in der DDR entzogen haben.
Wer will da entscheiden, wer Täter, wer Opfer war? Es gibt hier kein ausschließlich gut und ausschließlich schlecht, es gibt kein schwarz, kein weiß, sondern – wie immer im Leben – viele Grautöne. Schon deshalb hätten die getöteten Grenzsoldaten mit in das „Fenster der Erinnerung" gehört. Es geht um Mahnung, nicht um Ehrung. Es geht um Erinnerung an ein unmenschliches System, das nicht nur seine Gegner, sondern auch seine Unterstützer zu Opfern gemacht hat. Die Chance, dies deutlich zu machen, wurde vertan. Vielleicht braucht es noch ein paar Jahre, bis nach dem Tod endlich alle Opfer gleich sein dürfen.

Thorsten Denkler, Des Erinnerns ist jeder würdig, in: Süddeutsche Zeitung vom 13. August 2009

Arbeitsvorschläge

32065-0493

1. Fassen Sie die Auffassungen über das Gedenken an die Maueropfer zusammen und nennen Sie die jeweiligen Argumente.
2. Fassen Sie die Informationen über die acht getöteten Grenzsoldaten zusammen (www.berliner-mauer-gedenkstaette.de/de/grenzsoldaten-456.html).
3. Nehmen Sie in einer Pro- und Kontra-Diskussion Stellung: Soll an getötete Grenzsoldaten ebenso erinnert werden wie an die Maueropfer?

3.3 Vertiefungsmodul: Migration als Teil der deutsch-deutschen Geschichte

M1 Q „Das Boot ist voll!"
Wahlplakat der rechtsextremen Partei „Die Republikaner" zur ersten gesamtdeutschen Bundestagswahl am 2. Dezember 1990. Die Partei erreichte ein Wahlergebnis von 2,1%.

M2 Q „Tatsachen über Deutschland"
Internetseite aus dem Jahr 2024, auf der sich Interessierte in mehreren Sprachen über das Leben und Arbeiten in Deutschland informieren können

32065-0001

1. Analysieren Sie das Wahlplakat im zeitlichen Kontext.
2. Betrachten Sie die Internetseite mithilfe des Mediencodes und charakterisieren Sie das Bild, das von Deutschland als Einwanderungsland entworfen wird.
3. Zwischen der Entstehung von M1 und M2 liegen über dreißig Jahre. Beurteilen Sie, inwiefern sich die Sicht auf Migrantinnen und Migranten seitdem verändert hat.

LEIT-FRAGE

Deutschland – schon immer ein Einwanderungsland?

Migration – Begriffsbestimmung

Emigration und Immigration

Migration (lat. migrare: wandern) ist die längerfristige oder dauerhafte Verlagerung des Lebensmittelpunktes von einem Ort zu einem anderen. Dabei ist es nicht von entscheidender Bedeutung, dass eine große Entfernung überbrückt wird. Wichtig ist vielmehr, dass eine politische, soziale, geografische oder kulturelle Grenze überschritten wird. Die Abwanderung aus der alten Heimat wird als Emigration, die dauerhafte Zuwanderung in die neue Heimat als Immigration bezeichnet.

Push- und Pull-Faktoren

Die Gründe für menschliche Wanderungsbewegungen sind vielfältig: Menschen wandern ab, weil sie von Armut, Hunger, Kriegen oder Naturkatastrophen bedroht sind. Oder sie werden aufgrund ihrer Abstammung, Religion, Nationalität, politischen Überzeugung oder sexuellen Orientierung benachteiligt und verfolgt. Die Motive, die Menschen dazu bewegen, abzuwandern, werden auch Push-Faktoren genannt. Als Pull-Faktoren werden die Gründe bezeichnet, aus denen Migranten in ein ganz bestimmtes Zielgebiet zuwandern, z.B. mehr Freiheit, bessere Lebensbedingungen, größere Karrierechancen. Eine wichtige Rolle für Migrationsprozesse spielen Wissen und Netzwerke der Migranten: Informationen über Zielregionen und Kontakte zu bereits dorthin Gewanderten bestimmen maßgeblich, ob, wohin und wie Menschen migrieren. Wenn Menschen gezwungen werden, räumlich mobil zu werden, spricht man von Zwangs- oder Gewaltmigration, z.B. bei Versklavung, Deportation, Vertreibung, Umsiedlung und Flucht.

Akkulturation und Integration

Mit Migration gehen immer auch Kulturkontakte und Neuorientierung einher. Aber auch Konflikte und Ängste können damit verbunden sein. Denn Migranten werden von der Kultur der Aufnahmegesellschaft, in die sie kommen, verändert und verändern diese ebenfalls (Akkulturation). Im Laufe der Geschichte waren es häufig Migranten, die neue Ideen und Technologien mitbrachten und so die Entwicklung ihrer neuen Heimat positiv vorantrieben. Die Eingliederung von Migranten gilt als gelungen, wenn sie keine soziale Sonderstellung in der Aufnahmegesellschaft einnehmen.

Zwangsmigration im Zusammenhang mit dem Zweiten Weltkrieg – online

32065-0002

Zuwanderung in die beiden deutschen Staaten: Gastarbeiterinnen und Gastarbeiter in der Bundesrepublik

Arbeitskräftemangel und Anwerbevereinbarungen

Im ersten Jahrzehnt nach dem Zweiten Weltkrieg hatte Deutschland die anfänglich hohe Arbeitslosigkeit überwunden und Ende der 1950er-Jahre bereits Vollbeschäftigung erreicht. Zunächst hatte noch die starke Zuwanderung aus der DDR den wachsenden Bedarf des westdeutschen Arbeitsmarktes gedeckt, doch mit dem Mauerbau 1961 endete diese Massenzuwanderung abrupt.

Die Arbeitskräfteknappheit stellte angesichts weiter steigender Nachfrage das größte Hemmnis für eine Ausweitung der Produktion bei stabilen Preisen dar. Aus Sicht der Arbeitgeber und der Bundesregierung lag es daher nahe, diesen Bedarf durch ausländische Arbeitnehmerinnen und Arbeitnehmer zu decken, um gleichzeitig die Unternehmensgewinne zu erhalten.

Der Nachfrage aus der Bundesrepublik stand ein entsprechendes Angebot südeuropäischer Staaten gegenüber. Von der Arbeitnehmerentsendung erhoffte man sich dort vielerorts eine Entlastung des eigenen Arbeitsmarktes, eine Kanalisierung der **Arbeitsmigration**, einen Import von Know-how und dringend benötigte Devisen. Auf deutscher Seite wurde die Gastarbeiterpolitik als eine Art Entwicklungshilfe und Beitrag zur europäischen Integration begriffen. Anwerbeabkommen schienen daher Verträge zu sein, die allen Seiten nur Vorteile boten.

Auf die 1955 mit Italien, 1960 mit Spanien und Griechenland abgeschlossenen ersten Anwerbevereinbarungen folgten Abkommen mit der Türkei (1961) und Marokko (1963), Portugal (1964) und Tunesien (1965) sowie 1968 mit Jugoslawien.

Die Arbeitsmigrantinnen und -migranten übernahmen in der Regel Tätigkeiten in der industriellen Produktion mit hoher körperlicher Beanspruchung, gesundheitlicher Belastung und Lohnbedingungen, die viele Einheimische nicht akzeptieren wollten. Männer unter den Arbeitswanderern arbeiteten vorwiegend im Maschinenbau und in der Automobilindustrie sowie im Baugewerbe. Frauen wurden insbesondere im verarbeitenden Gewerbe (Textil- und Bekleidungsindustrie) sowie in der Nahrungs- und Genussmittelindustrie eingesetzt. Etwa ein Drittel fand im Dienstleistungsgewerbe Beschäftigung.

Arbeitsmigration: Migration, deren Hauptantrieb das Finden einer Arbeitsstelle ist. Ein Großteil des Lohns wird dabei häufig an die im Heimatland verbliebene Verwandtschaft geschickt.

M3 Q Der einmillionste „Gastarbeiter“
Fotografie vom 10. September 1964
An diesem Tag erreichte ein Zug mit mehr als tausend „Gastarbeitern“ den Bahnhof Köln-Deutz. Unter ihnen wurde Armando Rodrigues de Sá, ein 38-jähriger Zimmermann aus Portugal, per Zufall zum einmillionsten „Gastarbeiter“ gewählt. Auf ihn warteten nicht nur Vertreter von Arbeitgeberverbänden und der Arbeitsverwaltung, sondern auch zahlreiche Medienvertreter. Bei einem feierlichen Festakt wurde ihm ein Moped überreicht.

▶ Beschreiben Sie die Fotografie und erörtern Sie, welche Bedeutung das Begrüßungszeremoniell hat. Welche Haltung gegenüber den „Gastarbeitern“ wird deutlich?

M4 Q „Gastarbeiter“ in ihrem Wohnheim in München
Foto von 1972

► Beschreiben Sie die Unterkunft und beurteilen Sie die Wohnbedingungen.

Anwerbestopp 1973

Rationalisierung und Automatisierung der Produktion und der Niedergang alter Industrien (Eisen- und Stahlindustrie, Textilindustrie, Bergbau) ließen in den 1970er- und 80er-Jahren die Nachfrage nach unqualifizierten Beschäftigten absinken. Die digitale Revolution seit den 1980er-Jahren beschleunigte diese Entwicklung.

Der Stopp der Anwerbung ausländischer Arbeitskräfte im Jahr 1973 war auch eine Folge dieses Strukturwandels. Hintergrund dieser Entscheidung war vor allem, dass sich die angeworbenen Arbeitnehmer zunehmend in Deutschland niederließen. Zudem mehrten sich die Stimmen, die vor einer unhaltbaren Belastung durch die Ausländerbeschäftigung warnten. Im Sommer 1973 wurde ein politischer Richtungswechsel vollzogen, der einen langsameren Anstieg der Ausländerbeschäftigung vorsah. Die Ölkrise im Herbst 1973 und die zunehmende Kritik der Gewerkschaften an der „ Gastarbeiter“-Anwerbung gaben schließlich den Anlass für den Anwerbestopp, wodurch die Vermittlung von Arbeitskräften aus den meisten Anwerbeländern bis auf Weiteres eingestellt, wenngleich nicht vollständig gestoppt wurde.

Die Bundesrepublik wird zur Heimat

Ein wichtiges Prinzip der „Gastarbeiter“-Migration, über das es in den ersten Jahren zwischen allen Beteiligten eine stillschweigende Übereinkunft gab, war die sogenannte „Rotation“ der Arbeitskräfte. Migrantinnen und Migranten sollten für einige Jahre in das Aufnahmeland kommen und dort arbeiten, um anschließend zurückzukehren und neuen Arbeitskräften Platz zu machen. Dieses System funktionierte auch lange Zeit: So kamen zwischen Ende der 1950er- und Anfang der 1970er-Jahre rund 14 Millionen ausländische Arbeitskräfte in die Bundesrepublik, während im gleichen Zeitraum etwa elf Millionen wieder zurückkehrten. Mit der Zeit verlängerten jedoch immer mehr Migrantinnen und Migranten ihren Aufenthalt und holten zunehmend auch ihre Familien nach. So kam es, dass die Zahl der ausländischen Erwerbstätigen zwar nach dem Ende der Anwerbephase sank – von 2,6 Millionen 1973 auf 1,6 Millionen 1989 –, die ausländische Wohnbevölkerung aber im selben Zeitraum von 3,97 Millionen auf 4,9 Millionen wuchs. Je länger der Aufenthalt der Arbeitsmigrantinnen und -migranten dauerte, desto gefestigter wurde ihr Aufenthaltsstatus. Langzeitaufenthalt bedeutete auch kulturelle Anpassung.

Schrittweise ließen sowohl die Wirtschaftspolitik des westdeutschen Staates wie die Lebensplanungen der Migrantinnen und Migranten aus „Gastarbeitern“ Einwanderer werden – denen aber dieser Status verweigert wurde. Ende der 1970er-Jahre konstatierte der erste Integrationsbeauftragte der BRD, Heinz Kühn, Deutschland sei „faktisch ein Einwanderungsland“, und schlug Maßnahmen zur **Integration** vor. Die Weigerung der Politik, das Kühn-Memorandum umzusetzen, und der noch in der Ära Kohl vertretene Standpunkt, Deutschland sei kein Einwanderungsland, bedeutete in der Praxis, dass die Politik auf diese Entwicklung nicht mit staatlichem Handeln in gesamtgesellschaftlicher Perspektive reagierte. Spätestens seit Beginn der 1980er-Jahre lebte die Mehrzahl der Arbeitsmigrantinnen und -migranten mit ihren Familien somit „in einer Einwanderungssituation ohne Einwanderungsland“ (Klaus J. Bade).

Integration: langwieriger Prozess der Eingliederung einer zuvor als fremd angesehenen Gruppe in eine andere

Vertragsarbeiterinnen und Vertragsarbeiter in der DDR

Abschluss von Anwerbeverträgen

Ab den 1960er-Jahren machte sich auch in der DDR der Arbeitskräftemangel bemerkbar. Vor allem durch die Abwanderung in die BRD fehlten zahlreiche Fachkräfte. 1963 schloss die DDR daher das erste Anwerbeabkommen mit Polen, bis 1986 folgten Verträge mit Ungarn, Algerien, Kuba, Mosambik, Vietnam, der Mongolei, Angola und China. Die Herkunftsländer konnten so den eigenen Arbeitsmarkt entlasten und von den Devisen profitieren, die die Vertragsarbeiterinnen und Vertragsarbeiter an ihre Familien schickten. Für die angeworbenen Arbeitskräfte stand der Verdienst und auch die in den Verträgen anfangs zugesicherte Weiterbildung im Vordergrund, auch Abenteuerlust spielte sicher bei einigen eine Rolle. Bei den meisten Angeworbenen handelte es sich um junge Männer. Wie hoch der Frauenanteil war, ist unklar, der Großteil der Frauen kam vermutlich aus Polen und Vietnam. Eingesetzt wurden sie vor allem in der Leicht- und Schwerindustrie, im Kohlebergbau und bei Fließbandarbeiten. Ihre Tätigkeiten waren oft mit Schichtdienst verbunden, monoton und körperlich anstrengend.

M5 Q Montage von Gefrierschränken
Foto vom April 1986
Facharbeiterin und vietnamesische Vertragsarbeiterin im VEB DKK Scharfenstein, wo Haushaltskühlschränke produziert werden.

▶ Analysieren Sie das Foto. Achten Sie auf die Haltung der Personen zueinander.

„Arbeitskräftekooperation" und „Gesellschaft ohne Rassismus"...

In der Propaganda der DDR wurden die Anwerbeabkommen als eine Art von Entwicklungshilfe gesehen. Offiziell war von einer „Arbeitskräftekooperation" die Rede, die den Vertragsarbeiterinnen und Vertragsarbeitern eine Berufsausbildung ermöglichen und sie auf den Aufbau des Sozialismus in ihrem Heimatland vorbereiten sollte. Damit wollte sich die DDR klar von der Bundesrepublik abgrenzen, deren Anwerbeabkommen sie als „Fremdarbeiterpolitik" bezeichnete und der sie damit die Fortsetzung der NS-Verbrechen unterstellte. Auch in einem weiteren Punkt wird deutlich, dass die DDR sich als antifaschistischen Staat verstand. So wurde eine Gesellschaft ohne Rassismus propagiert und ein sehr positives Bild vom Leben, Arbeiten und der guten Integration der Vertragsarbeiterinnen und Vertragsarbeiter in der DDR gezeichnet: Solidarität und Hilfsbereitschaft und allenfalls Anpassungsschwierigkeiten der ausländischen Arbeitskräfte wurden beschrieben. Probleme durfte es nicht geben.

... und die Realität

Dies entsprach nicht unbedingt der Realität. Eine nachhaltige Integration der Vertragsarbeiterinnen und Vertragsarbeiter in die Gesellschaft der DDR war von staatlicher Seite weder geplant noch erwünscht. Nach dem Rotationsprinzip war ihr Aufenthalt auf höchstens fünf Jahre begrenzt. Anschließend sollten sie in ihre Herkunftsländer zurückkehren. Die ausländischen Arbeitskräfte wurden von den Betrieben, für die sie arbeiteten, in Wohnheimen untergebracht. Diese waren nach Geschlechtern getrennt, hatten Mehrbettzimmer und An- und Abwesenheiten sowie Besuche wurden protokolliert. Als weiteres Integrationshindernis erwies sich die Sprache: Zwar gab es Deutschkurse, diese waren jedoch vor allem auf den Arbeitskontext ausgerichtet, weniger auf Alltagsvokabular. Trotz dieser Schwierigkeiten gab es jedoch auch deutliche Integrationsbemühungen. In den Betrieben gab es Dolmetscher aus dem Herkunftsland, die bei Problemen vermitteln sollten. Zudem waren die Vertragsarbeiterinnen und Vertragsarbeiter Teil der Arbeiterbrigaden und konnten wie ihre ostdeutschen Kolleginnen und Kollegen Preise und Auszeichnungen erhalten. Es entstanden Freundschaften und binationale Liebesbeziehungen, auch wenn diese von staatlicher Seite deutlich erschwert wurden. Eine Heirat musste von beiden Staaten genehmigt werden, und selbst wenn das geschah, bedeutete das nicht automatisch ein Bleiberecht für den ausländischen Partner. Zudem wurden schwangere Vertragsarbeiterinnen in der Regel vor die Wahl gestellt, das Kind entweder abzutreiben oder in ihr Herkunftsland zurückzukehren.

Migration und Migrationspolitik in den 1990er-Jahren im wiedervereinigten Deutschland

M 6 Q **„Die Politiker versagen“**

Titelbild der Zeitschrift „Der Spiegel“ vom 5. April 1992

Der „Spiegel“ forderte in dieser Ausgabe, dass Deutschland sich eingestehen müsse, ein Einwanderungsland zu sein.

▶ Analysieren Sie das Titelbild.

Rückblick auf die 1980er-Jahre

Die Migrationspolitik der frühen 1990er-Jahre ist ohne Blick auf die 1980er-Jahre nicht zu verstehen. Zu Beginn der 1980er-Jahre war die Zahl der Asylsuchenden angestiegen, was für eine Wende in der Migrationspolitik sorgte. Bereits die Regierung Schmidt hatte auf die Ziele hingearbeitet, die Bundeskanzler Helmut Kohl in seiner ersten Regierungserklärung 1982 nannte: keine weitere Einwanderung, Familiennachzug begrenzen, Rückkehr erleichtern; außerdem Integration: „ein möglichst spannungsfreies Zusammenleben von Deutschen und Ausländern“. Der Bundeskanzler wies auch darauf hin, dass alles zu tun sei, „um den Missbrauch des Asylrechts zu verhindern“, ein Schlagwort der damaligen Migrationsdebatte. De facto war die Bundesrepublik längst zum Einwanderungsland geworden, eine Anerkennung dieses Status und eine entsprechende Gesetzgebung sowie ausreichende Integrationsmaßnahmen blieben jedoch weitgehend aus. Gleichzeitig und als Folge daraus wuchs die Fremdenfeindlichkeit in der Bevölkerung, auch unterstützt von Parteien rechts der Mitte, die Angst vor „Überfremdung“ schürten.

„Asyldebatte“ und rechtsextreme Gewalt

Im wiedervereinigten Deutschland der 1990er-Jahre veränderte sich diese Situation zunächst nicht, auch wenn das 1990 erlassene Ausländergesetz den rechtlichen Status der Zugewanderten sicherte. Die Migrantinnen und Migranten der späten 1980er- und frühen 90er-Jahre lassen sich nach Klaus J. Bade in drei größere Gruppen gliedern. Die größte bildeten die ehemaligen Gastarbeiterinnen und Gastarbeiter sowie deren Nachkommen, die oft schon in dritter Generation in Deutschland lebten, vor dem Gesetz aber nach wie vor als „Ausländer“ galten. Die nächstgrößere Gruppe der Aussiedler aus Südost- und Osteuropa wanderte vor allem seit den späten 1980er-Jahren nach Deutschland ein und galt vor dem Gesetz als Deutsche. Asyl-

M7 Q Krawalle in Rostock-Lichtenhagen
Foto vom 27. August 1992
Vom 22. bis zum 26. August griffen bis zu 500 Gewalttäter, unter ihnen bekannte Neonazis, zwei Ausländerunterkünfte in Rostock-Lichtenhagen mit Steinen und Molotowcocktails an. Über 3000 Schaulustige feuerten die Täter an und leisteten den Rettungs- und Ordnungskräften Widerstand.

- Informieren Sie sich über die Ursachen, den Auslöser und den Verlauf der Ereignisse in Rostock-Lichtenhagen und fassen Sie Ihre Ergebnisse in einem Podcast zusammen.

suchende bildeten schließlich die drittgrößte Gruppe von Migrantinnen und Migranten, die jedoch gesellschaftlich am stärksten wahrgenommen wurde. Unterstützt von Medien und Politik entwickelte sich eine „Asyldebatte", die Anwesenheit der Asylbewerberinnen und -bewerber wurde zunehmend problematisiert. Ihre steigende Anzahl (ca. 440 000 Asylanträge im Jahr 1992, von denen 4,3 % anerkannt wurden) wurde von Teilen der Bevölkerung als Grund für die Zunahme rassistischer Anschläge, u. a. in Mölln und Rostock-Lichtenhagen, gesehen. In einem klassischen Fall von Täter-Opfer-Umkehr schien es notwendig, das Asylrecht einzuschränken, um der zunehmenden rechtsradikalen Gewalt zu begegnen. Eine Grundgesetzänderung durch CDU/CSU, SPD und FDP im Mai 1993 ermöglichte dies. Ab Juli 1993 trat das neue Gesetz in Kraft, das bei Einreise aus einem Drittland oder einem sicheren Herkunftsland kein Asylrecht mehr vorsah. Die eigentlichen Ursachen der rechtsextremen Radikalisierung, die nicht vorhandene Zuwanderungspolitik, die fehlende Integration der Migrantinnen und Migranten und teilweise auch die im Zusammenhang mit der Wiedervereinigung entstandenen Probleme der Bevölkerung fanden hingegen zu wenig Beachtung.

Der Weg zu einem Zuwanderungsgesetz

Mit der rot-grünen Koalition unter Bundeskanzler Gerhard Schröder kam es zu einer Wende in der Migrationspolitik und Deutschland begann sich nun auch selbst als Zuwanderungsland zu verstehen. Zunächst setzte die Koalition den Anwerbestopp außer Kraft, sodass 30 000 Fachkräfte für die IT-Branche Arbeitsvisa für Deutschland erhalten konnten. Zudem wurde eine Kommission unter Vorsitz von Rita Süssmuth beauftragt, die Vorschläge für ein Zuwanderungsgesetz vorlegte. 2005 trat das Gesetz nach einigen Rückschlägen schließlich in Kraft.

Migration – Begriffsbestimmung

M8 D Dimensionen von Migration

Die Sozialgeografin Felicitas Hillmann (*1964) stellt wichtige Dimensionen zur Beschreibung von Migration vor:

		Merkmal	Ausprägung
Kriterien	räumlich	Distanz	Nahwanderungen, Fernwanderungen, Binnenmigration grenzüberschreitend (international/interkontinental)
		Richtung (= Unterscheidung nach Herkunfts- und Zielregion)	Peripherie – Zentrum, Land – Stadt/Stadt – Land
	zeitlich	Permanent, dauerhaft	Langfristige Verlagerung des Lebensmittelpunktes (i. d. R. länger als ein Jahr)
		Kurzfristig	Zeitlich begrenzter Aufenthalt mit Verlagerung des Lebensmittelpunktes
		Langfristig, aber nicht-permanent	Saisonal (wiederkehrend, episodisch), Tourismus (ohne Veränderung des Lebensmittelpunktes)
Rechtlicher Status		Legal	Unterschiedliche Formen der Aufenthaltsberechtigung, Duldung (z. B. Familiennachzug, anerkannte Flüchtlinge, Asylsuchende, Gastarbeiter, Saisonarbeitnehmer, angeworbene Fachkräfte)
		Illegal	Einwanderer ohne registrierten und gültigen Aufenthaltsstatus/Visum
Motivation: Grad der Freiwilligkeit/ des Zwanges		Freiwilligkeit	z. B. Ruhesitzwanderung oder Bildungstourismus (Schüleraustausch, Praktika, Auslandsstudium)
		Unfreiwilligkeit	Gewaltmigration (z. B. Flucht, Vertreibung, Deportation)
Migrationsauslösende Faktoren (i. d. R. Motivbündel)		Ökonomische Faktoren	z. B. Einkommenseinbußen, Verarmung, Verschwinden lokaler und traditioneller Wirtschaftskreisläufe, Nahrungsunsicherheit
		Politische Faktoren	z. B. politische Unruhen, Konflikte, Umsiedlungsmaßnahmen
		Soziale Faktoren	Migrationsnetzwerke, soziale Konflikte
		Psychologische Faktoren	Migrationsmythen, Traum vom besseren Leben
		Kulturelle und religiöse Faktoren	z. B. Verfolgung von Minderheiten, Diskriminierung, Veränderung traditioneller Lebensformen
		Ökologische Faktoren	z. B. Landflucht, Umwelthavarien (z. B. Tschernobyl, Fukushima), Extremwetterlagen (z. B. Dürren, Überschwemmungen)
Umstände der Migranten		Individuelle Merkmale und Merkmale der Familie/ des Haushalts	Vermögen und Einkommen, Alter, Geschlecht und Familienstand, Bildung, soziale Vernetzung, Migrationserfahrungen (in der Familie), Gesundheit

Tabelle nach: Felicitas Hillmann, Migration. Eine Einführung aus sozialgeographischer Perspektive, Stuttgart 2016, S. 19

M9 D Integration

Der Historiker Jochem Oltmer schreibt über Integration:

In der historischen Lebenswirklichkeit war Integration weder für die Zuwanderer noch für die Mehrheitsbevölkerung ein Globalereignis der Anpassung an eine Gesellschaft. Integration bedeutet vielmehr das langwährende, durch Kooperation und Konflikt geprägte Aushandeln von Chancen der ökonomischen, politischen, religiösen oder rechtlichen Teilhabe. Sie wird von Individuen, Gruppen oder Organisationen in der Zuwanderer- wie in der Mehrheitsbevölkerung in ihren je verschiedenen Stadien unterschiedlich wahrgenommen und vermittelt. Die lange Dauer des Prozesses bedingt, dass er zugleich Teil eines mehr oder minder tief greifenden Wandels von Wirtschaft und Gesellschaft, Politik und Kultur im Ankunftsraum ist. Dabei verblassen als distinkt verstandene Unterschiede zwischen Einwanderern und länger Eingesessenen […] immer weiter: ethnische Zugehörigkeit, kulturelle Muster, nationale oder regionale Identitäten, Sprache. […] In den Zielländern werden Migranten nicht selten als Konkurrenten um begehrte Ressourcen […] wahrgenommen und müssen deshalb mit Ablehnung bis hin zu Hass rechnen. Außerdem gelten sie nicht selten als Gefahr für die innere und äußere Sicherheit und für gesellschaftliche Gewissheiten, wie beispielsweise Vorstellungen über die Homogenität von Bevölkerungen oder Kulturen.

Jochen Oltmer, Migration. Geschichte und Zukunft der Gegenwart, Darmstadt 2017, S. 18 – 40

Arbeitsvorschläge

1. Erläutern Sie an einem selbstgewählten Beispiel die Begriffe Emigration, Push- und Pull-Faktoren, Akkulturation und Integration (Verfassertext).
2. Fassen Sie die Dimensionen der Migration nach Felicitas Hillmann in eigenen Worten zusammen (M8).
3. Suchen und analysieren Sie Ihnen bekannte historische und aktuelle Migrationsprozesse mit den von Hillmann genannten Dimensionen (M8). | F
4. Analysieren Sie Oltmers Definition von Integration (M9). | F
5. Erörtern Sie Chancen und Herausforderungen von Migration für die Migrantinnen und Migranten und ihre Zielländer.

Zuwanderung in die beiden deutschen Staaten: Gastarbeiterinnen und Gastarbeiter in der Bundesrepublik

M10 D Ausländische Arbeitnehmerinnen und Arbeitnehmer in der Bundesrepublik

Hunderterstellen sind gerundet

	Insgesamt	Italien	Spanien	Griechenland	Türkei
1954	72 900	6 500	400	500	–
1955	79 600	7 500	500	600	–
1956	98 800	18 600	700	1 000	–
1957	108 200	19 100	1 000	1 800	–
1958	136 300	31 500	1 500	2 900	–
1959	166 800	48 800	2 200	4 100	–
1960	279 400	121 700	9 500	13 000	2 500
1961	507 400	218 000	51 000	43 900	5 200
1962	655 500	266 000	87 300	69 100	15 300

Nach: Johannes-Dieter Steinert, Migration und Politik. Westdeutschland – Europa – Übersee 1945-1961, Osnabrück 1995, S. 281

M11 Q Ohne Sprachkenntnisse im fremden Land

Der 30-jährige Ali Başar kommt 1961 als einer der ersten „Gastarbeiter" aus der Türkei ins Ruhrgebiet. Über seine Anfangszeit in Deutschland berichtet er:

In den Pausen saß ich meist alleine da, auf einem Stein. Ich fühlte mich so einsam wie nie zuvor. Ich konnte mit niemandem reden, die Deutschen haben mich nicht beachtet. Bis Lorenz kam, der war anders. Er setzte sich neben mich, sprach mit mir. „Ich: Lorenz, du:?" – „Ich: Ali." So begann unsere Freundschaft. Am nächsten Tag brachte Lorenz mir von der Trinkhalle eine Sinalco mit, die er von seinem eigenen Geld für mich gekauft hatte! Ich gab ihm von meinem Brot, machte Tee für ihn. Irgendwann luden er und seine Frau Edith mich auch zu sich nach Hause ein. Die beiden haben mich aus meiner Einsamkeit befreit, sie haben mir sehr geholfen, so liebe Menschen. Wenn ich sehr traurig war, hat Lorenz mir den Arm um die Schulter gelegt und mich aufgemuntert. In Dortmund gab es damals außer Ahmet, Sükrü und mir überhaupt keine Türken. […] In Deutschland lebten wir allerdings viele Jahre mit schlechtem Gewissen, weil es uns hier so gut ging, wir ein friedliches Leben führen konnten. Wir konnten unseren Verwandten zwar Geld und andere Dinge schicken, aber was ist das schon, wenn dort Bomben gelegt werden? Die Armut, die ich in der Türkei erlebt habe, hat mich zur Dankbarkeit erzogen. […] In Deutschland habe ich einen Beruf erlernt, Geld verdient, ein Auto gekauft, eine Familie gegründet. Das ist für mich ein großes Geschenk.

Ali Başar, 25.10.2011, in: Bundeszentrale für politische Bildung, https://www.bpb.de/themen/migration-integration/anwerbeabkommen/43193/ali-basar/ [Zugriff: 08.01.2026]

M12 Q Zurück in die Türkei oder in Deutschland bleiben?

Selahattin Biner ist ausgebildeter Modellschreiner, der in der Schule neben Englisch und Französisch auch Deutsch gelernt hat. 1964 ging er mit zwei Freunden als Gastarbeiter nach Deutschland:

Das war natürlich ein Abenteuer! […] Wir haben uns riesig gefreut […]. Ich wollte immer mehr vom Leben; Freunde haben, Sport treiben, meine neue Umgebung erobern. Ich war neugierig auf die deutsche Kultur, die deutsche Sprache, die deutsche Lebensart. Da war es ein Glück, dass ich sofort Kontakt bekommen habe. Im Lohnbüro habe ich den Franz kennengelernt. Wir haben uns gleich angefreundet. Er hat mir Deutsch beigebracht und ich ihm Türkisch. Wann immer wir Zeit hatten, sind der Franz und ich mit den Rädern los, den Rhein hinauf oder bis nach Belgien und Holland. Es war eine wunderbare Zeit; ich habe so viel Neues gesehen! […] An dem Tag, als Göknil in die erste Klasse kam, haben wir gesagt: Jetzt müssen wir entscheiden, was wir wollen: Nach Hause? Oder hierbleiben? Wir mochten ja die Türkei, keiner von uns hatte je daran gedacht, ein ganzes Leben hier zu verbringen. Aber plötzlich lagen die Dinge anders. Die Älteste kam zur Schule, die Jüngere war gerade geboren. Und als wir auf dem Sofa saßen und überlegten, wurden wir uns schnell einig, dass eine Rückkehr nicht mehr infrage kommt. Die schulische und pädagogische Ausbildung, die unseren Töchtern hier bevorstand, hätte ihnen die Türkei nie geboten, als Mädchen schon gar nicht. [...] Also haben wir entschieden: Wir bleiben. [...] Und wir haben es nie bereut.

Selahattin Biner, 25.10.2011, in: Bundeszentrale für politische Bildung, https://www.bpb.de/themen/migration-integration/anwerbeabkommen/43191/selahattin-biner/ [Zugriff: 08.01.2026]

M 13 Q Das „Kühn-Memorandum“

Heinz Kühn wird 1978 auf das neu eingerichtete Amt des „Ausländerbeauftragten“ berufen. In seinem 1979 veröffentlichten Bericht schlägt der SPD-Politiker eine Reihe integrationspolitischer Maßnahmen vor:

I. Leitlinien

[...] Die bisherige Entwicklung und die bisherigen Maßnahmen sind offenbar zu sehr von der Priorität arbeitsmarktpolitischer Gesichtspunkte geprägt worden, während die ebenso gewichtigen sozial- und gesellschaftspolitischen Postulate nachrangig erschienen.
Der vor dem Hintergrund der aktuellen und sich zunehmend verschärfenden Problematik der ausländischen Arbeitnehmer und ihrer Familien notwendige neue korrigierende Ansatz muss daher wesentlich stärker den gesellschaftspolitischen Gegebenheiten und Erfordernissen Rechnung tragen. Es muss anerkannt werden, dass hier eine nicht mehr umkehrbare Entwicklung eingetreten ist und die soziale Verantwortung gegenüber den heute [...] in Deutschland lebenden und einstmals [...] gezielt „angeworbenen“ Menschen und ihren Kindern nicht eine Variable der jeweiligen Arbeitsmarktlage sein kann. Den (vermutlich in großer Zahl) bleibewilligen Zuwanderern, namentlich der zweiten und dritten Generation, muss das Angebot zur vorbehaltlosen und dauerhaften Integration gemacht werden. [...]
Aufbauend auf dieser Beurteilung konzentrieren sich die Vorschläge des Memorandums auf eine konsequente Integrationspolitik mit folgenden Schwerpunkten:

- Anerkennung der faktischen Einwanderung [...],
- Erhebliche Intensivierung der integrativen Maßnahmen vor allem für die Kinder und Jugendlichen, d. h. im Bereich der Vorschule, Schule und beruflichen Bildung,
- Ablösung aller segregierenden Maßnahmen, im Schulsektor, z. B. der „Nationalklassen“ und ähnlicher Unterrichtsformen,
- Anspruch der Jugendlichen auf ungehinderten Zugang zu Arbeits- und Ausbildungsplätzen, [...]
- Verstärkung ihrer politischen Rechte durch Einräumung des kommunalen Wahlrechts nach längerem Aufenthalt [...].

Heinz Kühn, „Stand und Weiterentwicklung der Integration der ausländischen Arbeitnehmer und ihrer Familien in der Bundesrepublik Deutschland“. Memorandum des Beauftragten der Bundesregierung, Bonn 1979, zitiert nach: https://www.germanhistory-intersections.org/de/migration/ghis:document-125 [Zugriff: 08.01.2026]

Arbeitsvorschläge

32065-0004

1. Erklären Sie die in M10 dargestellte Entwicklung mithilfe des Verfassertextes.
2. Beurteilen Sie, inwiefern Deutschland in den 1960er-Jahren als Einwanderungsland gelten kann.
3. Fassen Sie die politischen Rahmenbedingungen für die Gastarbeiterinnen und Gastarbeiter zusammen (Verfassertext). | F
4. Vergleichen Sie, wie Ali Başar und Selahattin Biner ihre erste Zeit in Deutschland erlebten, und beschreiben Sie, ob und wie eine Integration gelang (M11, M12). | F
5. Arbeiten Sie aus M11 und M12 die Gründe heraus, weshalb Ali Başar und Selahattin Biner mit ihren Familien in Deutschland blieben.
6. Arbeiten Sie heraus, inwiefern Heinz Kühn mit seinem Memorandum seiner Zeit voraus war. Gehen Sie dabei besonders auf die Ziele ein, die er mit seinen Vorschlägen verfolgt (M13).
7. Erläutern Sie, welchen Stellenwert Kühn der Bildung beimisst (M13).
8. Im Sitzungsprotokoll des Bundeskabinetts vom 11. November 1981 findet sich folgender Beschluss: „Es besteht Einigkeit im Kabinett, dass die Bundesrepublik Deutschland kein Einwanderungsland ist und auch nicht werden soll.[1]“ Nehmen Sie Stellung.

[1] 52. Kabinettssitzung am Mittwoch, dem 11. November 1981, in: Die Kabinettsprotokolle der Bundesregierung, veröffentlicht durch das Bundesarchiv, Jahrgang 1981, https://www.kabinettsprotokolle.bundesarchiv.de/protokoll/f9ede19e-9ff6-4bed-83cb-4dfcbefbced [Zugriff: 08.01.2026]

Zuwanderung in die beiden deutschen Staaten: Vertragsarbeiterinnen und Vertragsarbeiter in der DDR

M14 D „Freunde aus dem Ausland"

Die Historikerin Ann-Judith Rabenschlag dekonstruiert in ihrem Artikel unter anderem die Darstellung der Integration der Vertragsarbeiterinnen und Vertragsarbeiter in der DDR-Propaganda. Sie schreibt:

Nach der Darstellung der DDR-Printmedien waren die ausländischen Vertragsarbeiter gut in die DDR-Gesellschaft integriert. Die Zugereisten, so der Tenor, hätten in der DDR eine „zweite Heimat" gefunden. Enge Bande zur einheimischen Bevölkerung seien geknüpft worden. In vielen Beiträgen werden Arbeitsmigranten schlicht als „Freunde" bezeichnet. Diese Darstellung entsprach dem Selbstverständnis der DDR als antifaschistischem Staat, der die braune Vergangenheit erfolgreich hinter sich gelassen hatte. […] Klassenbewusstsein, nicht Ethnizität sollte das entscheidende Kriterium für Abgrenzung und Identitätsstiftung sein. Rassistische und fremdenfeindliche Äußerungen waren tabu – was sprachlich nicht artikuliert wurde, so die dahinterstehende Hoffnung, würde auch in der sozialen Wirklichkeit keinen Raum einnehmen.
Ein näherer Blick auf die sprachliche Artikulierung dieses Wunschbildes zeigt jedoch, dass es hier nicht allein bei der Umsetzung in die Realität haperte. Eine Diskriminierung ausländischer Arbeitskräfte fand nicht nur im sozialpolitischen Umgang mit ihnen statt, sondern manifestierte sich bereits in den propagandistischen Thesen von Völkerfreundschaft und erfolgreicher Integration. Gleich auf mehreren Ebenen wird in der Berichterstattung der DDR-Presse über ausländische Arbeitskräfte ein Machtgefälle aufgebaut, das die Bürger der DDR als überlegen, die Zugewanderten als unterlegen darstellt. So werden DDR-Bürger in der Rolle des Helfenden, des Lehrers und Erwachsenen präsentiert, die Zugewanderten in der Rolle des Bedürftigen, des Schülers oder gar des Kindes. Die Infantilisierung der Arbeitsmigranten zeigt sich etwa in ihrer konsequenten Anrede mit Vornamen, während deutsche Arbeitskollegen mit Nachnamen genannt werden. Dieses Machtungleichgewicht wurde auch in anderen diskursiven Zusammenhängen reproduziert. So ist etwa in den Betriebsakten von der „Erziehung" der Arbeitsmigranten die Rede, die trotz ihres erwachsenen Alters als „Jungen" und „Mädchen" bezeichnet werden. Selbst DDR-Bürgerinnen, die in Eingaben um die Verlängerung des Aufenthaltsrechts ihres ausländischen Partners bitten, reproduzieren das Machtgefälle, so etwa eine Verfasserin, die betont, dass ihr Freund es ernst mit der Beziehung meine, „obwohl er ein Mosambikaner" sei. […] Fremdenfeindliche Vorkommnisse in der DDR können also nicht pauschal auf die mangelnde Durchsetzungskraft einer auf Gleichberechtigung ausgerichteten Staatsideologie zurückgeführt werden. Vielmehr war die Diskriminierung Nicht-Deutscher bereits in der sprachlichen Artikulation dieser Ideologie selbst verankert.

Ann-Judith Rabenschlag, Arbeiten im Bruderland. Arbeitsmigranten in der DDR und ihr Zusammenleben mit der deutschen Bevölkerung, in: Deutschland Archiv, 15.09.2016, https://www.bpb.de/themen/ deutschlandarchiv/233678/arbeiten-im-bruderland/ [Zugriff: 08.01.2026]

M15 D Weihnachtsvorbereitungen

Kubanische Arbeitskräfte backen im Dezember 1985 in der Werksküche des VEB Leipziger Buntgarnwerke Weihnachtsplätzchen.

M16 D „Madgermanes" – der Fall der Vertragsarbeiterinnen und Vertragsarbeiter aus Mosambik

David Macau arbeitet von 1979 bis 1991 als Vertragsarbeiter in der DDR. Ein Beitrag des MDR berichtet 2019 über die Erfahrungen, die der Mosambikaner dabei gemacht hat:

Es sei schön gewesen mit den deutschen Kollegen. „Ich habe mit Spaß gearbeitet", sagt Macau. Er war überwiegend in der Werkstatt Burghammer des BKW Welzow als Schlosser und Schweißer beschäftigt gewesen. Leider gibt es keine Bilder aus der Produktion, bedauert der Mann. Dort war nämlich Fotografieren streng verboten. Dafür zeigt der Mosambikaner Fotos einer Band, von Partys, einem Ausflug, von der Überreichung seines Facharbeiterbriefes, von der Fußballmannschaft. [...] Für die Fußballspieler sei sogar eine Turnhalle bereitgestellt worden, berichtet der Hoyerswerdaer Huldreich Stephan, ein ehemaliger Ausbilder im Gaskombinat Schwarze Pumpe. [...]
Während die Anwesenden gemeinsam schöne Zeiten in Berufsschule und Betrieb teilten, war die Freizeit für Macau nur im geschützten Raum seines Wohnheims unbeschwert. „Ich hatte Angst, allein auf die Straße zu gehen. Es gab ein paar deutsche Skinheads und die Jungs haben uns beleidigt." Diesen Rassismus habe es nicht erst zur Wende, sondern von Anfang an gegeben, so Macau. [...] Während des staatlichen Umbruchs 1990 verschärfte sich die Lage. Ausländerhass sei offener gezeigt worden. [...] Doch auch die Rückkehr in seine Heimat nahm für den Mosambikaner kein gutes Ende. Mehr als 20 000 seiner Landsleute hatten in der DDR-Industrie gearbeitet. 20 bis 60 Prozent ihres Lohnes wurden dabei einbehalten. Das Geld sollte auf die Konten der Arbeiter nach Mosambik transferiert werden. Doch das Geld kam nicht an. „Ich bin mit leeren Taschen nach Hause gekommen. Man hatte gesagt, mein Geld ist in Mosambik", so Macau. In seiner Heimat hieß es wiederum, das Geld sei in Deutschland geblieben. Es stellte sich schnell heraus, dass das Einkommen der Gastarbeiter mit den Staatsschulden von Mosambik an die DDR verrechnet wurde. [...]
Seit Anfang der 90er-Jahre demonstrieren die ehemaligen DDR-Gastarbeiter jeden Mittwoch in der Hauptstadt Maputo und anderen Orten und fordern den ihnen zustehenden Lohn.

Die Ungehörten: DDR-Gastarbeiter aus Mosambik über Lohnbetrug und Rassismus, 05.03.2019, in: MDR, https://www.mdr.de/nachrichten/sachsen/bautzen/ bautzen-hoyerswerda-kamenz/gastarbeiter-mosambik-kulturfabrik-100. html [Zugriff: 11.09.2024]

Arbeitsvorschläge

32065-0005

1. Arbeiten Sie die Argumentationsstruktur des Textes heraus (M14).
2. Diskutieren Sie die These, dass die „Diskriminierung Nicht-Deutscher bereits in der sprachlichen Artikulation dieser Ideologie selbst verankert" gewesen sei (M14, Z. 48 – 50).
3. Analysieren Sie das Foto (M15).
4. Fassen Sie die unterschiedlichen Erfahrungen zusammen, die David Macau im Zusammenhang mit seiner Zeit als Vertragsarbeiter in der DDR gemacht hat (M16). | F
5. Vergleichen Sie die Erfahrungen von David Macau (M16) mit den Informationen aus dem Verfassertext und mit den Aussagen von M11 und M12.
6. 2021 forderten Wissenschaftlerinnen und Wissenschaftler in einem offenen Brief von der Bundesrepublik finanzielle Entschädigungen für die ehemaligen Vertragsarbeiterinnen und Vertragsarbeiter aus Mosambik. Recherchieren Sie zu diesem Thema und nehmen Sie begründet Stellung zu dieser Forderung.

Migration und Migrationspolitik in den 1990er-Jahren im wiedervereinigten Deutschland

M17 Q Regierungserklärung: „Ausländerpolitik"

Bundeskanzler Helmut Kohl sagt in seiner Regierungserklärung vom 13. Oktober 1982 über die Migrationspolitik:

Die Bundesregierung lässt sich bei ihrer Politik für die Ausländer von drei Grundsätzen leiten:
Erstens: Die Integration der bei uns lebenden Ausländer ist ein wichtiges Ziel unserer Ausländerpolitik. Integration bedeutet nicht Verlust der eigenen Identität, sondern ein möglichst spannungsfreies Zusammenleben von Ausländern und Deutschen. Integration ist nur möglich, wenn die Zahl der bei uns lebenden Ausländer nicht weiter steigt. Vor allem gilt es hier, eine unbegrenzte und unkontrollierte Einwanderung zu verhindern.
Zweitens: Die Bundesregierung wird den Anwerbestopp beibehalten, den Familiennachzug begrenzen, gerade auch im Interesse der Kinder, die einen Anspruch auf eigene Familie haben. Sie wird darauf hinarbeiten, dass durch das Assoziierungsabkommen keine weitere Einwanderungswelle ausgelöst wird.
Drittens: Den Ausländern, die in ihre Heimat zurückkehren wollen, muss die Rückkehr erleichtert werden.

Jeder Mensch hat ein Recht, in seiner Heimat leben zu dürfen. Die Ausländer in Deutschland sollen frei entscheiden können, aber sie müssen sich auch entscheiden, ob sie in ihre Heimat zurückkehren oder ob sie bei uns bleiben und sich integrieren wollen.

Bulletin des Presse- und Informationsamtes der Bundesregierung Nr. 93 vom 14. Oktober 1982, S. 853 – 868, https://www.bundeskanzler-helmut-kohl. de/seite/erklaerungen-1/ [08.01.2026]

M18 Q „Eine Geschichte der überhörten Warnungen“

Vor dem Hintergrund der fremdenfeindlichen Anschläge Anfang der 1990er-Jahre verfassen 60 Wissenschaftlerinnen und Wissenschaftler gemeinsam ein Manifest zur Migration in Deutschland. Der Herausgeber Klaus J. Bade schreibt in seinem Beitrag:

Für die brisanten gesellschaftlichen Probleme von Migration, Integration und Minderheiten fehlt es Anfang der 1990er-Jahre in Deutschland nach wie vor an umfassenden und konsensfähigen Konzepten mit langfristigen Gestaltungsperspektiven. [...]. In der parteipolitischen Polemik, in der Wahlkampfagitation und in der Mediendiskussion wurden fremdenfeindliche Abwehrhaltungen, bewusst oder unbewusst, zum Teil geradezu produziert: Umfragen zu Wahlkampfzeiten berichten immer wieder von dem bemerkenswerten Phänomen, dass in der Einschätzung der Rangfolge politischer Probleme die „Ausländerfrage“ bzw. die „Asylfrage“ am Beginn von Wahlkämpfen einen eher mittleren Platz, auf dem Höhepunkte und am Ende aber einen Spitzenplatz einnahmen.

In dieser Hinsicht war die Geschichte der Migrationsforschung in der Bundesrepublik der 1980er-Jahre eine Geschichte der überhörten Warnungen an die Adresse der Politik, bis die innenpolitische Entwicklung in Deutschland nach neuen Zäsuren zu gliedern war, die da lauten: „vor und nach Hoyerswerda“, „Rostock“, „Mölln“ oder „Solingen“. „Wir warnen davor, das zentrale Politikfeld der Zuwanderung und der Eingliederung zugewanderter Minderheiten zu vernachlässigen“, hieß es noch wenige Wochen vor den Ereignissen von Hoyerswerda in einem öffentlichen Aufruf engagierter Professoren verschiedener Wissenschaften Ende August 1991. [...] Eine politische Antwort blieb abermals aus. Dann wurden die immer wieder vergeblich vorgetragenen und auf politischer Seite „dementierten“ Warnungen schlagartig furchtbare Wirklichkeit. Als die wachsende Angst von „unten“ auf die anhaltende Konzeptlosigkeit von „oben“ stieß, schlugen Irritationen, Frustrationen und soziale Ängste um: bei den einen in politische Apathie bzw. „Politikverdrossenheit“, bei anderen in gewaltbereite Fremdenfeindlichkeit bzw. fremdenfeindliche Gewaltakzeptanz. Das waren nicht etwa unvermeidbare Folgen von Einwanderung und Eingliederung, sondern vermeidbare Folgen ihrer mangelnden politischen Gestaltung. Pogromstimmung entlud sich in gewalttätigen Ausschreitungen: Von dem Überfall auf ein Ausländerwohnheim im sächsischen Hoyerswerda im September 1991 ausgehend, raste ein Inferno fremdenfeindlicher Gewalt wie ein Flächenbrand durch Deutschland. [...] Eine zweite Welle fremdenfeindlicher Gewalt ging aus von den Rostocker Terrornächten im August 1992. [...]

Erst der Schock, den die Wellen der ausländerfeindlichen Gewalt seit dem Herbst 1991 auslösten, gab nachhaltigere Anstöße zum politischen Umdenken. Bis dahin hatte sich die politische Diskussion einerseits konzentriert auf die rund ein Jahrzehnt lang folgenlos angekündigte, erst 1990 vollzogene Reform des Ausländerrechts und andererseits auf die in aller Regel mit scharfer Polemik geführte Asyldebatte, die fahrlässig Horror- und Panikvisionen von einer „Asylantenflut“ im „Sturm auf Europa“ hinterließ. Aus Panik geborene Wahnvorstellungen aber sind mit rationalen Argumenten schwer zu begrenzen.

Klaus J. Bade, Tabu Migration: Belastungen und Herausforderungen in Deutschland, München 1994, S. 79 – 81

Arbeitsvorschläge

32065-0006

1. Arbeiten Sie heraus, welche Haltung in der Migrationspolitik aus der Regierungserklärung von Helmut Kohl deutlich wird (M17). | F
2. Klaus J. Bade stellt die These auf, dass fremdenfeindliche Abwehrhaltungen in der parteipolitischen Polemik geradezu produziert worden seien (vgl. Z. 7–11). Erklären Sie, inwiefern Migrationspolitik als geeignetes Wahlkampfthema gesehen wurde (M18).
3. Die fremdenfeindlichen Ausschreitungen Anfang der 1990er-Jahre – eine Folge verpasster Integrationspolitik? Nehmen Sie Stellung.

Leitfrage

Nehmen Sie Stellung:
Deutschland – schon immer ein Einwanderungsland?

3.4 Vertiefungsmodul: Kollaps, Aufbruch und Konflikte: Transformationen in den Staaten Mittelost- und Südosteuropas

M1 Q „Blutsonntag von Vilnius“

Foto vom 13. Januar 1991

Nach der Unabhängigkeitserklärung Litauens forderte Michail Gorbatschow das Land auf, diese zurückzunehmen, und schickte, um seiner Forderung Nachdruck zu verleihen, Panzer und Spezialeinheiten in die drei Baltischen Staaten. Am nächsten Tag zogen die sowjetischen Truppen wieder ab, und der Weg für die Unabhängigkeit Litauens, aber auch Lettlands und Estlands war frei.

M2 Q „Ich wünsche Ihnen alles Gute“

Michail Gorbatschow sagt in seiner Ansprache zur Auflösung der Sowjetunion am 25. Dezember 1991:

Ich möchte von ganzem Herzen all jenen danken, die in all diesen Jahren mit mir für die gerechte und gute Sache eingetreten sind. Sicherlich war eine Reihe von Fehlern vermeidbar. Vieles hätte man besser machen können. Aber ich bin überzeugt: Früher oder später [...] werden unsere Völker in einer aufblühenden und demokratischen Gesellschaft leben. Ich wünsche Ihnen alles Gute.

Michail Gorbatschow, Ansprache an die Sowjetbürger vom 25. Dezember 1991, in: Europa-Archiv, 1992, Folge 8, S. 306 ff.

32065-0274

1. Beschreiben Sie M1.
2. Erläutern Sie auf Grundlage von M1 und M2 die verschiedenen Perspektiven auf das Ende der Sowjetunion und des Sozialismus in Osteuropa.

LEIT-FRAGE

Das Ende der Sowjetunion – Aufbruch und demokratischer Neubeginn oder Zerfall und (ethnische) Konflikte

Der Zerfall des sozialistischen Blocks

In den 1980er-Jahren geriet das sozialistische System in Mittel- und Osteuropa zunehmend in eine Krise. Die wirtschaftliche Stagnation, die Ineffizienz der Planwirtschaft und die wachsende Unzufriedenheit der Bevölkerung führten zu Reformbewegungen. Besonders in Polen, wo die Gewerkschaft „Solidarność“ unter **Lech Wałęsa** massiven Druck auf die Regierung ausübte, in der Tschechoslowakei unter der Reformpolitik von **Václav Havel** sowie in den baltischen Staaten, die eine Loslösung von der Sowjetunion forderten, wurde der Widerstand gegen die kommunistischen Regime immer stärker. Insbesondere Polen spielte eine entscheidende Rolle im Völkerfrühling Osteuropas und stand im Zentrum des Kampfes gegen die kommunistische Herrschaft. Die Gewerkschaftsbewegung Solidarność war dabei eine treibende Kraft für Veränderungen und eine Quelle der Inspiration auch für andere Länder in der Region.

Auch in der Tschechoslowakei (ČSSR) begann in den 1980er-Jahren der Widerstand gegen das kommunistische Regime zu wachsen. Dissidenten, Künstler, Intellektuelle und Studenten engagierten sich in oppositionellen Bewegungen und forderten die Wiederherstellung der Demokratie und der bürgerlichen Freiheiten. Der Wendepunkt kam im November 1989 mit der Samtenen Revolution, die den Weg für den

Sturz des kommunistischen Regimes ebnete. Die Revolution begann mit friedlichen Protesten in Prag und anderen Städten, bei denen die Menschen den Rücktritt der kommunistischen Führung und freie Wahlen forderten.

Der Begriff der „Singenden Revolution“ in Estland, Lettland und Litauen verdeutlicht heute die friedlichen Protestformen gegen die sowjetische Herrschaft. Volksbewegungen nutzten nationale (Chor-)Musik, historische Erinnerung und zivile Demonstrationen, um die nationale Identität zu bekräftigen. Ein herausragendes Beispiel war der „Baltische Weg“ im August 1989: Mehr als zwei Millionen Menschen bildeten eine Menschenkette von den drei Hauptstädten Tallinn über Riga bis Vilnius, um ihre Forderung nach Unabhängigkeit zu unterstreichen.

In allen drei Staaten entstanden in der Folgezeit sogenannte Volksfronten, die sich Gorbatschows Glasnost zunutze machten und sich mit Demonstrationen und Publikationen für die Unabhängigkeit Estlands, Lettlands und Litauens einsetzten. Zwischen dem 11. März 1990 und dem 4. Mai erklärte zuerst Litauen, dann auch Lettland die Wiederherstellung seiner Unabhängigkeit, die es 1940 infolge des Hitler-Stalin-Paktes und der damit einhergehenden sowjetischen Okkupation verloren hatte. Die sowjetische Führung unter Michail Gorbatschow in Moskau war aber zunächst nicht bereit, dies zu akzeptieren.

Der Januar 1991 brachte blutige Auseinandersetzungen, als sowjetische Truppen versuchten, die Unabhängigkeitsbestrebungen zu unterdrücken. Vor allem beim „Blutsonntag zu Vilnius“ am 13. Januar 1991 in Litauen, aber auch im lettischen Riga kam es dabei zu Gewalt und Todesopfern innerhalb der Zivilbevölkerungen. Doch der Druck aus dem Inland und die sich abzeichnende Auflösung der Sowjetunion machten diese Repressionsversuche letztlich wirkungslos.

Lech Wałęsa (geb. 1943): führender polnischer Gewerkschafter und Dissident, führte die Opposition gegen das kommunistische Regime an. Mitbegründer der unabhängigen Gewerkschaft „Solidarność“, spielte eine zentrale Rolle bei den Arbeiterprotesten in den 1980er-Jahren. Nach der Verhängung des Kriegsrechts 1981 inhaftiert, setzte aber später den friedlichen Widerstand fort. Seine Bewegung trug entscheidend zum Ende der kommunistischen Herrschaft in Polen bei. 1990 erster demokratisch gewählter Präsident Polens.

Václav Havel (1936–2011): tschechischer Schriftsteller, Bürgerrechtler und Politiker. Als führender Kopf der „Charta 77“ setzte er sich für Menschenrechte und politische Reformen in der Tschechoslowakei ein. Havel spielte eine Schlüsselrolle bei der Samtenen Revolution 1989, die das kommunistische Regime friedlich stürzte. Erster Präsident des demokratischen Tschechien und zentrale Figur bei der europäischen Integration des Landes.

M3 Q „Baltischer Weg“ am 23. August 1989 in Vilnius, der Hauptstadt der damaligen Litauischen Sozialistischen Sowjetrepubliken
Foto vom 23. August 1989
In den drei Baltischen Staaten bildeten zum 50. Jahrestag des Hitler-Stalin-Paktes etwa 2 Millionen Menschen aus Estland, Lettland und Litauen eine 650 Kilometer lange Menschenkette durch alle drei baltischen Länder, um gegen den Hitler-Stalin-Pakt und seine Folgen, für mehr Demokratie und die Unabhängigkeit Estlands, Lettlands und Litauens von der UdSSR zu demonstrieren. Es war die längste Menschenkette der Geschichte.

▶ Beschreiben Sie, welchen Eindruck das Bild auf Sie macht.

Die Auflösung der Sowjetunion und die Folgen

Mit dem gescheiterten Augustputsch 1991 in Moskau, angeführt von einer Gruppe hochrangiger sowjetischer Funktionäre und Militärs, die versuchten, die Reformpolitik von Michail Gorbatschow zu stoppen und die Sowjetunion zusammenzuhalten, war das Schicksal der Sowjetunion besiegelt. Am 8. Dezember 1991 unterzeichneten die Staatsoberhäupter der Sowjetrepubliken Russlands, der Ukraine und Weißrusslands die „Belawesch-Abkommen", die das Ende der UdSSR besiegelten. Bereits zuvor hatten viele ehemalige Sowjetrepubliken, darunter zuerst Litauen, Estland und Lettland, danach, Georgien und Moldau, ihre Unabhängigkeit von der UdSSR erklärt.

Mit dem Zusammenbruch der Sowjetunion entstanden 15 neue Staaten, die vor enormen Herausforderungen standen. Neben wirtschaftlichen Problemen und politischen Umbrüchen wurden ethnische Spannungen zu einem zentralen Problem. Insbesondere in Transnistrien (Moldau), Abchasien und Südossetien (Georgien) sowie Tschetschenien kam es vonseiten Russlands zu gewaltsamen Konflikten, die Russland stets mit den Rechten der dortigen russischsprachigen Minderheiten begründete. Auch in der Ukraine zeigte sich bereits früh, dass die territoriale Integrität des Landes nicht selbstverständlich war.

Die **NATO-Russland-Grundakte** von 1997 sollte ein Zeichen der Annäherung setzen. Das **Budapester Memorandum** von 1994 garantierte der Ukraine, Kasachstan und Weißrussland territoriale Integrität im Austausch für den Verzicht auf Atomwaffen. Diese Vereinbarungen wurden später durch Russlands Politik infrage gestellt, insbesondere durch die Besetzung der Krim 2014 und den Beginn des Krieges im Donbass.

Die Transformation Mittelosteuropas

Viele Staaten des ehemaligen Ostblocks orientierten sich nach Westen. Die baltischen Staaten, Polen, Tschechien, Ungarn und die Slowakei setzten wirtschaftliche Reformen durch und strebten EU- sowie NATO-Mitgliedschaften an. Die **Osterweiterung der EU** 2004 markierte einen Meilenstein dieser Integration. Auch die Ukraine versuchte, sich wirtschaftlich und politisch vom russischen Einfluss zu lösen, doch innenpolitische Spannungen und oligarchische Strukturen erschwerten diesen Prozess. Die Ukraine befand sich dabei in einer besonderen Position: Einerseits galt sie für viele Russen als Kernland der Sowjetunion mit engen wirtschaftlichen und kulturellen Verflechtungen zu Russland, andererseits strebte sie nach Souveränität und einer eigenständigen Identität. Die aggressive Minderheiten- und Sprachpolitik der Sowjetunion hatte in vielen ehemaligen Staaten der Sowjetunion, insbesondere in Estland und Lettland, aber auch in der Ukraine tiefe Spuren hinterlassen. Während die russischsprachige Bevölkerung vor allem im Osten und auf der Krim dominierte, wurde im Westen der Ukraine das nationale Bewusstsein durch den sowjetischen Anpassungsdruck noch verstärkt.

Gleichzeitig gab es Rückschläge: Die russische Regierung unter Wladimir Putin versuchte, Einfluss auf die ehemalige Sowjetzone auszuüben. Die Energieabhängigkeit vieler osteuropäischer Staaten von Russland spielte dabei eine zentrale Rolle. Besonders die Ukraine wurde aufgrund ihrer geopolitischen Lage zwischen Russland und der Europäischen Union und der Abhängigkeit von russischen Gaslieferungen ein Schauplatz der Auseinandersetzungen.

Der Zerfall Jugoslawiens

Im Gegensatz zu den weitgehend friedlichen Umbrüchen in Mittelosteuropa eskalierten die Konflikte in Jugoslawien. Nationalistische Spannungen zwischen Serben, Kroaten, Bosniaken und anderen Volksgruppen entluden sich in einer Serie von Kriegen (1991–1999). Die Unabhängigkeitserklärungen Sloweniens und Kroatiens führ-

NATO-Russland-Grundakte: am 27. Mai 1997 unterzeichnet; sollte eine langfristige Partnerschaft zwischen der NATO und Russland etablieren. Sie beinhaltete, dass die NATO keine dauerhafte Stationierung substanzieller Kampftruppen in den neuen Mitgliedstaaten des ehemaligen Ostblocks anstreben würde, während Russland die territoriale Integrität seiner Nachbarstaaten anerkennen sollte. Die Grundakte wurde jedoch zunehmend bedeutungslos, insbesondere nach Russlands Aggression gegen die Ukraine 2014.

Budapester Memorandum: am 5. Dezember 1994 zwischen der Ukraine, Russland, den USA und Großbritannien unterzeichnet. Es sicherte der Ukraine sowie Kasachstan und Weißrussland die Achtung ihrer territorialen Integrität und Souveränität zu, nachdem sie freiwillig auf die in ihrem Gebiet verbliebenen sowjetischen Atomwaffen verzichteten. Russland brach die Vereinbarung 2014 mit der Annexion der Krim und der Unterstützung separatistischer Kräfte im Donbass.

Osterweiterung der Europäischen Union: wichtiger Schritt zur Integration der ehemaligen sozialistischen Staaten in das westliche Bündnis. 2004 traten zehn Länder der EU bei, darunter Polen, Tschechien, Ungarn und die baltischen Staaten. Bulgarien und Rumänien folgten 2007, Kroatien 2013. Die Erweiterung stärkte Demokratie und Marktwirtschaft in der Region, führte aber auch zu Spannungen mit Russland, das den wachsenden Einfluss der EU kritisch betrachtete.

ten zu Militäroperationen. Besonders brutal verlief der Bosnienkrieg (1992–1995), der mit dem Massaker von Srebrenica seinen grausamsten Ausdruck fand. Der Kosovokrieg (1998–1999) führte zur NATO-Intervention und schließlich zur Unabhängigkeit des Kosovo 2008.

Diese Entwicklungen sind mit den Transformationsprozessen in der ehemaligen Sowjetunion verknüpft: Der Nationalismus als treibende Kraft der Unabhängigkeitsbewegungen zeigte sich nicht nur in Jugoslawien, sondern auch in den postsowjetischen Staaten. Während einige Staaten friedlich ihre Unabhängigkeit erlangten, mündeten andere Unabhängigkeitsbestrebungen in gewaltsame Konflikte, wie in Tschetschenien oder später im russischen Angriff auf die Ukraine.

M4 Q Demonstration von mehr als 100 000 Menschen in der Innenstadt von Kiew
Foto vom 1. Dezember 2013

Die Ukraine als Konfliktfeld

Die Ukraine spielte eine besondere Rolle in der postsowjetischen Transformation. Bereits in den 1990er-Jahren kam es zu politischen Machtkämpfen zwischen reformorientierten Kräften und postkommunistischen Eliten. Die Orangene Revolution 2004 zeigte das Bestreben nach Demokratie und Annäherung an den Westen. Der Euro-Maidan 2013/14 eskalierte in eine politische Krise, als Präsident Wiktor Janukowytsch sich Russland annäherte und das Assoziierungsabkommen mit der EU nicht unterzeichnete. Dies führte zu Massenprotesten, seinem Sturz und einer geopolitischen Krise.

Nach seiner Absetzung besetzte Russland 2014 die Krim und unterstützte separatistische Bewegungen im Donbass, was den Krieg in der Ostukraine auslöste. Die Eskalation erreichte mit dem russischen Angriffskrieg auf die gesamte Ukraine 2022 ihren bisherigen Höhepunkt. Diese Ereignisse verdeutlichen die langfristigen Spannungen, die bereits seit dem Zusammenbruch der Sowjetunion bestanden und durch geopolitische Interessen, nationale Identitätskonflikte und die Rolle Russlands weiter verschärft wurden. Für viele Russen ist die Ukraine bis heute ein integraler Bestandteil einer russischen Kultur ohne eigene Identität, die vermeintlich bis ins Mittelalter zurückreicht, während viele Ukrainer sich dem europäischen Westen stark verbunden fühlten und fühlen und politisch in Richtung EU und NATO streben.

Fazit

Insgesamt war die Annäherung vieler Staaten Mittelosteuropas und Südosteuropas an EU und NATO für diese ein bedeutender Schritt, während Russland versuchte, seinen Einfluss zu bewahren. Die Entwicklungen in der Ukraine zeigen, dass die Folgen des Zusammenbruchs der Sowjetunion bis heute spürbar sind. Gleichzeitig verdeutlichen sie die Zusammenhänge zwischen geopolitischen Interessen, nationaler Identitätsbildung und wirtschaftlichen Abhängigkeiten. Auch der Zerfall Jugoslawiens und der Krieg in der Ukraine ab 2014/2022 zeigen, dass der Übergang von der Diktatur zur Demokratie in vielen Fällen mit gewaltsamen Auseinandersetzungen verbunden war.

Euro-Maidan: Protestbewegung in der Ukraine, die Ende 2013 begann und sich gegen die prorussische Regierung unter Präsident Wiktor Janukowytsch richtete. Der Name leitet sich vom zentralen Unabhängigkeitsplatz (Maidan Nesaleschnosti) in Kiew ab, der zum Zentrum der Demonstrationen wurde. Die Bewegung entstand, nachdem Janukowytsch ein bereits ausgehandeltes Assoziierungsabkommen mit der Europäischen Union auf Druck Russlands nicht unterzeichnete. Die Proteste entwickelten sich rasch zu einer landesweiten Bewegung für Demokratie, Rechtsstaatlichkeit und eine Westintegration der Ukraine. Nach Monaten eskalierte die Lage im Februar 2014, als Sicherheitskräfte gewaltsam gegen Demonstranten vorgingen. Über 100 Menschen starben, die meisten durch Schüsse von Scharfschützen. Der Druck auf Janukowytsch wuchs, und am 22. Februar 2014 floh er nach Russland.
Der Sturz Janukowytschs führte unmittelbar zur Besetzung der Krim durch russische Truppen und zur Entstehung des Krieges im Donbass, bei dem von Russland unterstützte Separatisten gegen die ukrainische Regierung kämpften.

Der Zerfall des sozialistischen Blocks

M5 Q Danzig, 1989

Foto vom 26. August 1980

Lech Wałęsa bei einer Kundgebung seiner Gewerkschaft Solidarność vor Arbeitern einer Werft in Danzig

M6 Q Prag, 1989

Foto vom November 1989

Mehr als 500 000 Demonstranten versammeln sich während der Samtenen Revolution auf dem zentralen Wenzelsplatz in der tschechoslowakischen Hauptstadt Prag. Kurz darauf (29. Dezember 1989) wird Vaclav Havel demokratisch zum neuen Präsidenten der ČSSR (Tschechoslowakische Sozialistische Republik) gewählt.

M7 Q „Baltischer Weg" am 23. August 1989 in Tallinn, der Hauptstadt der estnischen Sowjetrepublik

In den drei Baltischen Staaten bildeten etwa 2 Millionen Menschen aus Estland, Lettland und Litauen eine 650 Kilometer lange Menschenkette durch alle drei baltischen Länder, um gegen den Hitler-Stalin-Pakt und seine Folgen, für mehr Demokratie und die Unabhängigkeit Estlands, Lettlands und Litauens von der UdSSR zu demonstrieren. Es war die längste Menschenkette der Geschichte.

Arbeitsvorschläge

32065-0275

1. Untersuchen Sie die Bildquellen M5, M6 und M7.
2. Beschreiben Sie die Stimmung der Menschen in den drei Bildquellen.
3. Wählen Sie eine Bildquelle aus und versetzen Sie sich in eine der Personen auf dem Bild. Charakterisieren Sie deren Gefühle und ihre jeweilige Sicht auf die Situation und das jeweilige Ereignis.
4. Formulieren Sie eine übergeordnete Leitfrage zu den auf den drei Bildquellen thematisierten historischen Entwicklungen in Osteuropa.

Die Auflösung der Sowjetunion und ihre Folgen

M 8 Q Michail Gorbatschow über die Zukunft der Sowjetunion (1987)

Der Generalsekretär der sowjetischen KPdSU, Michail Gorbatschow (1931–2022), in seiner Rede vor dem obersten Sowjet anlässlich des 70. Jahrestages der Oktoberrevolution am 2. November 1987:

Die im ganzen Lande eingeleitete Wirtschaftsreform verfolgt das Ziel, in den nächsten zwei bis drei Jahren den Übergang vom übermäßig zentralisierten und weisungsgebundenen Leistungssystem zu einem demokratischen System zu sichern, das vorwiegend auf ökonomischen Methoden, auf einem normalen Verhältnis von Zentralleitung und Selbstverwaltung beruht. Ein solches System setzt eine bedeutende Erweiterung der Selbstständigkeit von Vereinigungen und Betrieben, ihre Umstellung auf volle wirtschaftliche Rechnungsführung und Eigenfinanzierung sowie die Ausstattung der Arbeitskollektive mit den dazu nötigen Rechten voraus. […]

Jeder Mensch besitzt seine sozialen Erfahrungen, seinen Stand von Wissen und Bildung, seine Besonderheiten bei der Rezeption des Geschehens. Daher rührt das ungewöhnlich breite Spektrum der Meinungen. […] Wir sind für eine mannigfaltige öffentliche Meinung, für ein reiches geistiges Leben. Wir brauchen keine Angst davor zu haben, schwierige Probleme der gesellschaftlichen Entwicklung offen aufzuwerfen und zu lösen, Kritik zu üben und zu diskutieren. Gerade unter solchen Bedingungen setzt sich die Wahrheit durch, formen sich richtige Entscheidungen. […]

Der Marxismus-Leninismus als schöpferische Lehre ist keine Sammlung fertiger Rezepte und doktrinärer Vorschriften. Dem engstirnigen Dogmatismus abgeneigt, sichert die marxistisch-leninistische Lehre eine aktive Wechselwirkung der bahnbrechenden theoretischen Gedanken mit der Praxis […]. Die Umgestaltung ist nicht nur das Abschütteln von Stagnation und Konservatismus der vorausgehenden Perioden und die Ausbesserung zugelassener Fehler, sondern auch die Überwindung historisch begrenzter, überholter Züge der Gesellschaftsorganisation und der Arbeitsmethoden. […]

Genossen! Zu der Schlussfolgerung, dass eine Umgestaltung notwendig ist, führten uns die brennenden und unaufschiebbaren Erfordernisse. […]

Zwei Schlüsselprobleme der gesellschaftlichen Entwicklung bestimmen das Schicksal der Umgestaltung. Das sind die Demokratisierung des gesamten gesellschaftlichen Lebens und eine radikale Wirtschaftsreform. Unsere Hoffnung auf die revolutionäre Läuterung und Wiedergeburt besteht darin, die gewaltigen sozialen Ressourcen des Sozialismus durch Aktivierung der Persönlichkeit, des Faktors Mensch zu erschließen.

Bei der Umgestaltung unseres ökonomischen und politischen Systems haben wir die Pflicht, erstens einen zuverlässigen und flexiblen Mechanismus zur realen Einbeziehung aller Werktätigen in die Lösung der staatlichen und gesellschaftlichen Angelegenheiten zu schaffen, zweitens die Menschen praktisch das Leben in einer sich vertiefenden Demokratie zu lehren, die Menschenrechte zu erweitern und zu festigen und die derzeitige politische Kultur der Massen weiterzuentwickeln – anders gesagt, Demokratie zu lehren und zu lernen. […]

Die Kultur der Demokratie darf sich nicht nur auf den Bereich der Politik beschränken. Sie muss alle Sphären der menschlichen Beziehungen durchdringen. […] Wir sind für die Vielfalt der öffentlichen Meinung, für den Reichtum des geistigen Lebens. Wir dürfen uns nicht scheuen, die schwierigen Probleme der gesellschaftlichen Entwicklung offen zur Sprache zu bringen und zu lösen, Kritik zu üben und zu streiten. […]

Genossen! Eine solide Grundlage für ein schnelleres Vorankommen auf allen Gebieten kann nur durch tief greifende Veränderungen in der Wirtschaft geschaffen werden. […] Ziel der im Lande eingeleiteten radikalen Wirtschaftsreform ist, in den nächsten zwei bis drei Jahren den Übergang vom übermäßig zentralisierten, auf Weisungen beruhenden Leitungssystem zu einem demokratischen System der Leitung zu sichern, das überwiegend auf ökonomischen Methoden, auf einer optimalen Verbindung von Zentralismus und Selbstverwaltung begründet ist. Das setzt eine beträchtliche Erweiterung der Selbstständigkeit der Vereinigungen und Betriebe, deren Umstellung auf die volle wirtschaftliche Rechnungsführung und Eigenfinanzierung sowie die Ausstattung der Arbeitskollektive mit allen dafür notwendigen Rechten voraus. […]

Im Jahr 2017 begeht unser Volk, die gesamte fortschrittliche Menschheit, den 100. Jahrestag des Großen Oktober. […] Im Oktober 1917 haben wir die alte Welt unwiderruflich hinter uns gelassen. Wir gehen einer neuen Welt entgegen – der Welt des Kommunismus. Von diesem Weg werden wir niemals abweichen!

Michail Gorbatschow, Ausgewählte Reden und Aufsätze, Bd. 5: April 1987 – Dezember 1987, Berlin 1990, S. 380 ff. (Übersetzung: Heike Brendler)

M 9 Q Die NATO-Russland-Grundakte

1997 veröffentlichen die NATO und Russland eine gemeinsame Absichtserklärung:

Die [...] NATO und Russland [...] werden gemeinsam im euro-atlantischen Raum einen dauerhaften und umfassenden Frieden auf der Grundlage der Prinzipien der Demokratie und der kooperativen Sicherheit schaffen.
Die NATO und Russland betrachten einander nicht als Gegner. Sie verfolgen gemeinsam das Ziel, die Spuren der früheren Konfrontation und Konkurrenz zu beseitigen und das gegenseitige Vertrauen und die Zusammenarbeit zu stärken. Diese Akte bekräftigt die Entschlossenheit der NATO und Russlands, ihrer gemeinsamen Verpflichtung zum Bau eines stabilen, friedlichen und ungeteilten, geeinten und freien Europas zum Nutzen aller seiner Völker konkreten Ausdruck zu verleihen. Die Übernahme dieser Verpflichtung auf höchster politischer Ebene stellt den Beginn grundlegend neuer Beziehungen zwischen der NATO und Russland dar. [...]
Die NATO hat eine historische Umwandlung in Gang gesetzt – ein Prozess, der fortgesetzt wird. 1991 änderte das Bündnis seine strategische Doktrin, um dem neuen Sicherheitsumfeld in Europa Rechnung zu tragen. Im Einklang damit hat die NATO ihre konventionellen und nuklearen Streitkräfte drastisch reduziert und setzt deren Anpassung fort. [...]
Russland setzt den Aufbau einer demokratischen Gesellschaft und die politische und wirtschaftliche Transformation fort. [...]
Russland hat tiefe Einschnitte in seine Streitkräfte vorgenommen, in beispielloser Weise Truppen aus den Ländern Mittel- und Osteuropas sowie den baltischen Staaten abgezogen und alle seine Nuklearwaffen in sein eigenes Hoheitsgebiet zurückgeführt. Russland ist entschlossen, seine konventionellen und nuklearen Streitkräfte weiter zu reduzieren. [...]
Im Zuge der Stärkung der OSZE werden NATO und Russland zusammenarbeiten, um jede Möglichkeit einer Rückkehr zu einem Europa der Spaltung und Konfrontation oder der Isolierung irgendeines Staates auszuschließen. [...]
Die NATO und Russland gehen von der Voraussetzung aus, dass das gemeinsame Ziel der Stärkung von Sicherheit und Stabilität im euro-atlantischen Raum zum Nutzen aller Staaten eine Antwort auf neue Risiken und Herausforderungen erfordert, wie zum Beispiel aggressiven Nationalismus, die Verbreitung nuklearer, biologischer und chemischer Waffen, Terrorismus, die systemische Verletzung der Menschenrechte und der Rechte von Personen, die nationalen Minderheiten angehören, sowie ungelöste Gebietsstreitigkeiten, die eine Bedrohung für unser aller Frieden, Wohlstand und Stabilität darstellen. [...]
Zur Verwirklichung der Ziele dieser Akte verpflichten sich die NATO und Russland gemeinsam dazu, ihre Beziehungen an folgenden Grundsätzen auszurichten: [...]
Anerkennung der Schlüsselrolle, die Demokratie, politischer Pluralismus, Rechtsstaatlichkeit und die Achtung der Menschenrechte und bürgerlichen Freiheiten sowie die Entfaltung freier Marktwirtschaften für die Schaffung allgemeinen Wohlstands und umfassender Sicherheit spielen: [...]
Achtung der Souveränität, Unabhängigkeit und territorialen Unversehrtheit aller Staaten sowie ihres naturgegebenen Rechts, die Mittel zur Gewährleistung ihrer eigenen Sicherheit sowie der Unverletzlichkeit von Grenzen und des Selbstbestimmungsrechts der Völker [...] selbst zu wählen;
Verhütung von Konflikten und Beilegung von Streitigkeiten durch friedliche Mittel [...]:
Im Falle von Meinungsverschiedenheiten werden die NATO und Russland sich bemühen, diese auf der Grundlage des Prinzips des guten Willens und des gegenseitigen Respekts im Rahmen politischer Konsultationen beizulegen. [...]
Der Ständige Gemeinsame Rat wird das wichtigste Forum für Konsultationen zwischen der NATO und Russland in Krisenzeiten oder in Bezug auf jede andere Situation bilden, die den Frieden und die Stabilität berührt. Zusätzlich zu den ordentlichen Sitzungen finden außerordentliche Sitzungen des Rates statt, um in Notsituationen umgehende Konsultationen zu ermöglichen. [...]
Die Mitgliedstaaten der NATO wiederholen, dass sie nicht die Absicht, keine Pläne und auch keinen Anlass haben, nukleare Waffen im Hoheitsgebiet neuer Mitglieder zu stationieren [...].

Bundesregierung, Bulletin 43-97 vp, 03-06-1997, https://www.bundesregierung.de/breg-de/suche/grundakte-ueber-gegenseitige-beziehungen-zusammenarbeit-und-sicherheit-zwischen-der-nordatlantikvertrags-organisation-und-der-russischen-foederation-1--803640 mit freundlicher Genehmigung des Presse- und Informationsamtes der Bundesregierung (2024)

M 10 Q Budapester Memorandum

Auszug aus dem Budapester Memorandum vom 5. Dezember 1994 als Ergänzung der KSZE-Verträge. Die Ausführungen beinhalten die vertraglichen Vereinbarungen zum Umgang mit Nuklear- und Vernichtungswaffen:

MEMORANDUM ÜBER SICHERHEITSGARANTIEN IM RAHMEN DES BEITRITTS DER UKRAINE ZUM VERTRAG ÜBER DIE NICHTVERBREITUNG VON ATOMWAFFEN

Die Ukraine, die Russische Föderation, das Vereinigte Königreich von Großbritannien und Nordirland sowie die Vereinigten Staaten von Amerika,

- begrüßend den Beitritt der Ukraine zum Vertrag über die Nichtverbreitung von Atomwaffen als nicht-nuklearer Staat,
- in dem Bewusstsein, dass sich die Ukraine verpflichtet hat, alle Atomwaffen von ihrem Hoheitsgebiet innerhalb eines festgelegten Zeitrahmens zu beseitigen,
- unter Berücksichtigung der Veränderungen der globalen Sicherheitslage, insbesondere des Endes des Kalten Krieges, die die Voraussetzungen für eine erhebliche Reduzierung der Nuklearstreitkräfte geschaffen haben,

bestätigen Folgendes:

Die Russische Föderation, das Vereinigte Königreich und die USA bekräftigen ihr Engagement gegenüber der Ukraine, im Einklang mit den in der Schlussakte der Konferenz über Sicherheit und Zusammenarbeit in Europa festgelegten Grundsätzen, ihre Unabhängigkeit und Souveränität sowie ihre bestehenden Grenzen zu respektieren.

Sie bekräftigen ihre Verpflichtung, auf die Androhung oder Anwendung von Gewalt gegen die territoriale Integrität oder politische Unabhängigkeit der Ukraine zu verzichten; keine ihrer Waffen soll gegen die Ukraine eingesetzt werden – es sei denn in legitimer Selbstverteidigung oder gemäß der UN-Charta.

Sie bekräftigen, gemäß den in der Schlussakte der KSZE niedergelegten Prinzipien, ihr Engagement, auf wirtschaftliche Zwangsmittel zu verzichten, um das souveräne Recht der Ukraine zu beeinflussen.

Sie verpflichten sich, im Falle einer Aggression oder Androhung mit Atomwaffen gegen die Ukraine den UN-Sicherheitsrat unverzüglich um Hilfe zu ersuchen.

Sie bekräftigen, dass sie keine Atomwaffen gegen atomwaffenfreie Staaten des NPT einsetzen werden, außer im Fall eines Angriffs gegen sie selbst, ihr Territorium, ihre Streitkräfte oder Alliierte, der von einem solchen Staat oder dessen Verbündeten ausgeht.

Die Vertragsparteien – Ukraine, Russland, UK und USA – werden sich beraten, falls Fragen zu diesen Verpflichtungen aufkommen.

Das Memorandum tritt mit der Unterzeichnung in Kraft.

Ausgestellt in vier Exemplaren in ukrainischer, englischer und russischer Sprache.

Unterzeichnet in Budapest, am 5. Dezember 1994
Für die Ukraine: Leonid D. Kutschtschma
Für die Russische Föderation: Boris N. Jelzin
Für das Vereinigte Königreich: John Major
Für die USA: William J. Clinton

United Nations. Memorandum on Security Assurances in Connection with Ukraine's Accession to the Treaty on the Non-Proliferation of Nuclear Weapons (Budapest Memorandum), 05.12.1994, United Nations Treaty Series, vol. 3007, I-52241, S. 167–170, zitiert nach: https://treaties.un.org/doc/Publication/UNTS/Volume%203007/Part/volume-3007-I-52241.pdf [Zugriff: 16.02.2026] (Übersetzung: Alexander Kalniņš)

Arbeitsvorschläge

32065-0276

1. Analysieren Sie die vorliegende Rede von Michail Gorbatschow (M8).
2. Arbeiten Sie die Reformansätze der Politik Gorbatschows am Beispiel der vorliegenden Rede heraus (M8).
3. Vergleichen Sie die Rede Gorbatschows aus dem Jahre 1987 mit den historischen Entwicklungen in Osteuropa und beurteilen Sie, inwieweit die Politik Gorbatschows seinen Anspruch in der Wirklichkeit erfüllte.
4. Arbeiten Sie die zentralen Inhalte und die gemeinsamen Ziele aus der Absichtserklärung heraus (M9). | F
5. Erläutern Sie, inwieweit die NATO-Russland-Grundakte von 1997 einen Bruch mit dem bisherigen sicherheitspolitischen Denken des Kalten Krieges darstellte (M9).
6. Vergleichen Sie die sich aus den Formulierungen in der Grundakte (M9) abzuleitenden Erwartungen mit der Realisierung bis in unsere Gegenwart (auch unter Berücksichtigung des Krieges in der Ukraine seit 2014).
7. a) Beurteilen Sie aus zeitgenössischer Sicht die Chancen und Möglichkeiten, die sich aus der vorliegenden Absichtserklärung der NATO-Russland-Grundakte ergaben. | H

   b) Bewerten Sie, inwieweit sie aus heutiger Perspektive gescheitert ist oder noch realisierbar erscheint (M9).
8. Analysieren Sie M10 in Bezug auf die darin enthaltenen Bestimmungen sowie die äußeren Quellenmerkmale.
9. Bewerten Sie unter Berücksichtigung der historischen Entwicklung der Ukraine bis in unsere Gegenwart und unter Berücksichtigung des russischen Angriffes auf die Ukraine, ob die Ratifizierung des Budapester Memorandums aus ukrainischer Sicht eine politisch und moralisch richtige Entscheidung war (M10).

Die Transformation Mitteloststeuropas

M11 Q Bilanz Gorbatschows

Michail Gorbatschow anlässlich seines Rücktritts und zur Auflösung der Sowjetunion am 25. Dezember 1991:

Verehrte Landsleute! Mitbürger!
Angesichts der Situation, die nach der Gründung der Gemeinschaft Unabhängiger Staaten entstanden ist, beende ich meine Tätigkeit als Präsident der UdSSR. Diese Entscheidung treffe ich aufgrund meiner Prinzipien. Ich trat immer fest ein für die Selbstständigkeit und Unabhängigkeit der Völker, die Souveränität der Republiken. Aber gleichzeitig war ich auch für die Erhaltung des Unionsstaates und des ganzen Landes. Die Ereignisse haben sich in eine andere Richtung entwickelt.
Ich spreche zu Ihnen das letzte Mal als Präsident der UdSSR. Deshalb halte ich es für notwendig, meinen seit 1985 gegangenen Weg einzuschätzen. Und dies umso mehr, da es darüber nicht wenig oberflächliche, widersprüchliche und nicht objektive Wertungen gibt.
Das Schicksal hat es so gefügt, dass es sich bereits bei meiner Amtsübernahme zeigte, dass es im Land Probleme gab. [...] Der Prozess der Erneuerung des Landes und der grundlegenden Veränderungen in der Weltgemeinschaft hat sich komplizierter erwiesen, als man voraussagen konnte. Trotzdem muss man das Vollbrachte gebührend einschätzen. Die Gesellschaft wurde frei. Und das in politischer und geistiger Hinsicht. Und das ist die größte Errungenschaft. Sie wird bei uns jedoch noch nicht gebührend gewürdigt. Und wahrscheinlich deshalb, weil wir es immer noch nicht gelernt haben, die Freiheit richtig zu nutzen. Trotzdem wurde eine Arbeit von historischer Bedeutung geleistet. Es wurde ein totalitäres System beseitigt, das ein weiteres Aufblühen und Wohlergehen des Landes verhinderte. Es wurde der Durchbruch zu demokratischen Veränderungen vollzogen. Freie Wahlen, eine freie Presse, Religionsfreiheit, wirkliche Machtorgane und ein Mehrparteiensystem wurden zur Realität. Die Menschenrechte wurden als oberstes Prinzip anerkannt.
[...] Wir leben in einer anderen Welt: Der „Kalte Krieg" ist vorbei. Das Wettrüsten wurde gestoppt. Die wahnsinnige Militarisierung unseres Landes, die unsere Wirtschaft, das gesellschaftliche Bewusstsein und die Moral zugrunde richtete, wurde beendet. Die Gefahr eines Weltkrieges wurde beseitigt. Ich möchte noch einmal betonen, dass von meiner Seite in der Übergangsperiode alles für eine zuverlässige Kontrolle der Kernwaffen getan wurde. Wir öffneten uns der Welt und verzichteten auf die Einmischung in fremde Angelegenheiten sowie auf den Einsatz von Truppen außerhalb unseres Landes. Und man antwortete uns mit Vertrauen, Solidarität und Respekt. Wir wurden zu einer der wichtigsten Stützen bei der Umgestaltung der modernen Zivilisation auf friedlicher und demokratischer Basis. Die Völker und Nationen haben die reale Freiheit erhalten, den Weg ihrer Entwicklung selbst zu bestimmen. [...] Ich möchte von ganzem Herzen all jenen danken, die in all diesen Jahren mit mir für die gerechte und gute Sache eingetreten sind. Sicherlich war eine Reihe von Fehlern vermeidbar. Vieles hätte man besser machen können. Aber ich bin überzeugt, dass unsere Völker in einer aufblühenden und demokratischen Gesellschaft leben werden. Ich wünsche Ihnen alles Gute.

Michail Gorbatschow Fernsehansprache des Staatspräsidenten der UdSSR an die Sowjetbürger vom 25.12.1991, in: Europa-Archiv, 1992, Folge 8, S. 306 ff.

M12 Q „Secondhand-Zeit"

Swetlana Alexijewitschs „Secondhand-Zeit" (2013), für das sie 2015 den Nobelpreis gewonnen hat, ist ein bahnbrechendes Werk, das die Erfahrungen von Menschen in der ehemaligen Sowjetunion nach dem Zusammenbruch des Kommunismus im Sinne von „Oral History" einfängt. Das Buch besteht aus einer Sammlung von Interviews mit einer Vielzahl von Menschen aus Russland und Belarus mit verschiedenen sozialen, kulturellen und wirtschaftlichen Hintergründen. Durch ihre persönlichen Geschichten, Erfahrungen und Reflexionen vermittelt Alexijewitsch ein lebendiges Bild davon, wie die sowjetische Gesellschaft den dramatischen Wandel vom Kommunismus zur Post-Sowjet-Ära erlebt hat. Aus dem Vorwort:

Wir nehmen Abschied von der Sowjetzeit. Von unserem damaligen Leben. Ich versuche, alle Beteiligten am sozialistischen Drama, mit denen ich mich treffe, fair anzuhören ...
Der Kommunismus hatte einen aberwitzigen Plan – den „alten" Menschen umzumodeln, den alten Adam. Und das ist gelungen ... es ist vielleicht das Einzige, das gelungen ist. In den etwas über siebzig Jahren ist im Laboratorium des Marxismus-Leninismus ein neuer Menschentyp entstanden: der Homo sovieticus. Die einen betrachten ihn als tragische Gestalt, die anderen nennen ihn „Sowok[1]". Ich glaube, ich kenne diesen Menschen, er ist mir vertraut, ich habe viele Jahre Seite an Seite mit ihm gelebt. Er ist ich. Das sind meine Bekannten, meine Freunde, meine Eltern. Ich bin mehrere Jahre durch die ganze ehemalige Sowjetunion gereist, denn der Homo sovieticus,

[1] **Sowok**: verächtliches russisches Kurzwort für „Sowjetmensch"

das sind nicht nur Russen, das sind auch Weißrussen, Turkmenen, Ukrainer, Kasachen ... Heute leben wir in verschiedenen Staaten, sprechen verschiedene Sprachen, aber wir sind unverwechselbar. Man erkennt uns auf Anhieb! Wir alle, die Menschen aus dem Sozialismus, ähneln einander und sind anders als andere Menschen – wir haben unsere eigenen Begriffe, unsere eigenen Vorstellungen von Gut und Böse, von Helden und Märtyrern. Wir haben ein besonderes Verhältnis zum Tod. [...]

Es war Sozialismus, und es war einfach unser Leben. [...] Etwas anderes kannten wir nicht. Darauf ist unsere Psyche ausgerichtet, abtauchen ins Privatleben, sich zurückziehen, wie viele heute, da das Kleine zum Großen geworden ist. Die Menschen möchten einfach nur leben, ohne große Idee. So etwas hat es in der russischen Geschichte noch nie gegeben, so etwas kennt auch die russische Literatur nicht. Im Grunde sind wir Menschen des Krieges. Immer haben wir entweder gekämpft oder uns auf einen Krieg vorbereitet. Auch im friedlichen Leben war alles militärisch organisiert. Ein Trommelwirbel, die Fahne wird entrollt ... und das Herz hüpft in der Brust ... Die Menschen bemerkten ihre Sklaverei gar nicht, sie liebten sie sogar. [...] Wenn ich heute zurückschaue – waren das wirklich wir? War das ich? Zusammen mit den Helden meines Buches erinnerte ich mich. Einer von ihnen sagte: „Nur ein Sowjetmensch kann einen Sowjetmenschen verstehen." Wir waren Menschen mit dem gleichen kommunistischen Gedächtnis. Gefährten der Erinnerung.

Mein Vater erzählte oft, er habe nach dem Raumflug von Juri Gagarin[2] angefangen, an den Kommunismus zu glauben. Wir waren die Ersten! Wir können alles! So haben er und meine Mutter auch uns erzogen. Ich [...] war Pionierin und Komsomolzin[3]. Die Enttäuschung kam später.

Nach der Perestroika warteten alle auf die Öffnung der Archive. Sie wurden geöffnet. Und wir erfuhren vieles aus der Geschichte, das man vor uns geheim gehalten hatte ...

„Wir müssen neunzig der hundert Millionen, die Sowjetrussland bevölkern, für uns gewinnen. Mit den Übrigen ist nicht zu reden – sie müssen vernichtet werden." (Sinowjew, 1918)

„Mindestens 1000 notorische Kulaken[4] und Reiche aufhängen (unbedingt aufhängen, damit das Volk es sieht) ... ihnen alles Getreide wegnehmen, Geiseln bestimmen ... Dafür sorgen, dass das Volk im Umkreis von Hunderten Werst[5] das sieht und zittert ..." (Lenin, 1918) [...]

Die Menschen lasen das alles in Zeitungen und Zeitschriften und verstummten. Ein so unvorstellbares Grauen! Wie sollten sie damit leben? Viele nahmen die Wahrheit auf wie einen Feind. Und auch die Freiheit. „Wir kennen unser Land nicht. Wir wissen nicht, was die Mehrheit der Menschen denkt, wir sehen sie, begegnen ihnen jeden Tag, doch was sie denken, was sie wollen, das wissen wir nicht. Aber wir erdreisten uns, sie zu belehren. Bald werden wir alles erfahren und entsetzt sein", sagte ein Bekannter von mir, mit dem ich oft in meiner Küche saß. Ich stritt mit ihm. Das war 1991 ... Eine glückliche Zeit! Wir glaubten, morgen, buchstäblich morgen würde die Freiheit anbrechen. Aus dem Nichts, allein aus unseren Wünschen. [...]

Alle waren berauscht von der Freiheit, aber nicht bereit für die Freiheit. Wo war sie denn, die Freiheit? Nur in der Küche, wo nach alter Gewohnheit weiter auf die Regierenden geschimpft wurde. Auf Jelzin und auf Gorbatschow. Auf Jelzin, weil er Russland verändert hat. Und auf Gorbatschow? Auf Gorbatschow, weil er alles verändert hat. Das ganze 20. Jahrhundert. Nun würde bei uns alles so sein wie anderswo. Wie überall. Wir dachten, diesmal würde es gelingen.

Russland veränderte sich und hasste sich dafür, dass es sich veränderte. „Ein träger Mongole", schrieb Karl Marx über Russland. [...]

Ich habe mit meinem Vater selten offene Gespräche geführt. Er hatte Mitleid mit mir. Hatte ich Mitleid mit ihm? Die Antwort darauf fällt mir schwer... Wir waren hart gegen unsere Eltern. Wir dachten, Freiheit, das sei ganz einfach. Nun ist einige Zeit vergangen, und diese Bürde lastet schwer auf uns, denn niemand hat uns Freiheit gelehrt. [...]

Nur, wie man für die Freiheit stirbt.

Da ist sie – die Freiheit! Hatten wir sie uns so vorgestellt? Wir waren bereit, für unsere Ideale zu sterben. Dafür zu kämpfen. Doch dann begann ein Leben wie bei Tschechow. Ohne große Geschichte. Alle Werte zerstört, bis auf den Wert des Lebens. Des Lebens an sich. Neue Träume: ein Haus bauen, ein schönes Auto kaufen, Stachelbeeren pflanzen ... Die Freiheit entpuppte sich als Rehabilitierung des Kleinbürgertums, das im russischen Leben gewöhnlich unterdrückt wurde. [...] Jetzt aber wird die Kriegserfahrung nicht mehr gebraucht, wir mussten sie vergessen. Tausende neue Emotionen, Zustände, Reaktionen ... Irgendwie war plötzlich alles anders: die Plakate, die Dinge, das Geld, die Staatsflagge ...

[2] **Juri Gagarin** (1935–1968): 1961 erster Mensch im Weltall

[3] **Kosomol**: sowjetische Jugendorganisation, ähnlich der FDJ in der DDR

[4] **Kulaken:** vermeintlich reiche Großbauern, oft nur Bauern mit etwas größerem Landbesitz; Feindbild der kommunistischen, sowjetischen Ideologie.

[5] **Werst**: altrussische Längeneinheit. 1,068 Kilometer

Auch die Menschen selbst. Sie waren auf einmal farbiger, individueller, der Monolith war gesprengt, das Leben in einzelne Inseln, Atome, Zellen zerfallen. […] Niemand sprach mehr von einer Idee, alle redeten von Krediten, Prozenten und Wechseln, Geld wurde nicht verdient, sondern „gemacht“, „gewonnen“. […]
Wir fahren durch das Gebiet Smolensk. In einem Dorf halten wir vor einem Laden. Was für vertraute, schöne, gute Gesichter (ich bin selbst auf dem Land aufgewachsen) – und was für eine demütigende, bettelarme Existenz. Wir kommen ins Gespräch, reden über das Leben. „Nach der Freiheit fragen Sie? Gehen Sie in unseren Laden, da kriegen Sie jeden Wodka, den Sie wollen: Standard, Gorbatschow, Putinka, und jede Menge Wurst, Käse und Fisch. Sogar Bananen.
Was für eine Freiheit brauchen wir noch? Die reicht uns.“ […]
Zwanzig Jahre sind seitdem vergangen … „Mit dem Sozialismus macht ihr uns keine Angst“, sagen die Kinder zu ihren Eltern. […]
In der Gesellschaft gibt es ein neues Bedürfnis nach der Sowjetunion. Nach dem Stalin-Kult. Die Hälfte der jungen Menschen zwischen neunzehn und dreißig hält Stalin für einen „großartigen Politiker“. Ein neuer Stalin-Kult in dem Land, in dem Stalin nicht weniger Menschen vernichtet hat als Hitler? Sowjetisches ist wieder in Mode. […]
Auf der Straße habe ich junge Leute mit Hammer und Sichel und einem Lenin-Bild auf dem T-Shirt gesehen. Ob sie wissen, was Kommunismus bedeutet?

Swetlana Alexijewitsch, Secondhand-Zeit. Leben auf den Trümmern des Sozialismus, Berlin 2013, S. 9–18 (Übersetzung: Ganna-Maria Braungardt)

M 13 Q „… man muss bei Gorbatschow anfangen …“

Der ehemalige, anonyme (aus eigenem Wunsch) Kreml-Mitarbeiter „N“ im Interview mit Swetlana Alexijewisch in deren Werk „Secondhand-Zeit“:

… man muss bei Gorbatschow anfangen … Ohne ihn würden wir noch heute in der UdSSR leben. Jelzin wäre Erster Sekretär des Gebietskomitees der Partei in Swerdlowsk[1], und Jegor Gaidar würde in der Redaktion der Prawda Artikel zur Wirtschaft redigieren und an den Sozialismus glauben. Und Sobtschak würde an der Leningrader Universität Vorlesungen halten … (*Pause.*) Die UdSSR hätte noch lange gehalten. Ein Koloss auf tönernen Füßen? Blödsinn! Wir waren eine mächtige Supermacht, wir haben vielen Ländern unseren Willen diktiert. Selbst Amerika hatte Angst vor uns. Es fehlte an Damenstrumpfhosen und Jeans? Um einen Atomkrieg zu gewinnen, braucht man keine Strumpfhosen, sondern moderne Raketen und Bomber.
Die hatten wir. Erstklassige. In jedem Krieg hätten wir gesiegt. Der russische Soldat hat keine Angst vorm Sterben. Darin sind wir Asiaten … (*Pause.*) Stalin hat einen Staat geschaffen, den man von unten nicht zerschlagen konnte, da war er unangreifbar. Von oben aber, da war er verletzbar, ungeschützt. Niemand hätte gedacht, dass seine Zerstörung von oben beginnen würde, dass die oberste Führung des Landes den Weg des Verrats einschlagen würde. Diese Wendehälse! Der Generalsekretär[2] entpuppt sich als oberster Revolutionär, der sich im Kreml eingenistet hat. Von oben war dieser Staat leicht zu zerstören. Die strenge Disziplin und die Hierarchie der Partei haben sich gegen sie gekehrt. Ein einzigartiger Fall in der Geschichte …
Als ob … als wäre die Zerstörung des Römischen Reiches von Cäsar selbst ausgegangen … Nein, Gorbatschow war kein Pygmäe, auch kein Spielball der Umstände und kein Agent der CIA … Aber was war er?
„Totengräber des Kommunismus“ und „Vaterlandsverräter“, „Nobel-Triumphator“ und „Sowjetbankrotteur“, „führender Vertreter der ‚Sechziger‘“ und „besserer Deutscher“, „Prophet“ […] „großer Reformer“ und „großer Schauspieler“, „großer Gorbi“ und „Gorbatsch“, „Mann des Jahrhunderts“ und „Herostrat“ …
Alles in einer Person …

Swetlana Alexijewitsch, Secondhand-Zeit. Leben auf den Trümmern des Sozialismus, Berlin 2013, S. 9–18 (Übersetzung: Ganna-Maria Braungardt)

[1] **Swerdlowsk**: Kleinstadt im Osten der Ukraine, Oblast Luhansk, seit 2014 durch russische Seperatisten besetzt

[2] = Gorbatschow.

M 14 D Die Rolle Gorbatschows

Der britische Historiker Ian Kershaw (*1943) über Michail Gorbatschow:

Gorbatschows neue Einstellung zu den Beziehungen zwischen der Sowjetunion und den osteuropäischen Satellitenstaaten, der zufolge es nicht mehr von oberster Bedeutung war, jeden von ihnen unter allen Umständen zu halten, war entscheidend für die Schaffung einer Plattform für den friedlichen Übergang zu nationaler Unabhängigkeit und pluralistischer Demokratie. Als Gorbatschow im März 1985 zum Generalsekretär der KPdSU gewählt wurde, hätte niemand – nicht einmal Experten, die sich der strukturellen Krise der osteuropäischen Staaten weit stärker bewusst waren als die breite Öffentlichkeit – damit gerechnet, dass der gesamte Sowjetblock binnen fünf Jahren zusammenbrechen würde. […]

Das Ausmaß von Gorbatschows persönlichem Beitrag zu dem dramatischen Wandel nicht nur in der Sowjetunion selbst, sondern in ganz Osteuropa kann kaum übertrieben werden. Er war ein klassisches Beispiel für Karl Marx' Diktum, die Menschen würden ihre eigene Geschichte machen, aber „unter unmittelbar vorgefundenen, gegebenen und überlieferten Umständen" – und mit Folgen, könnte man hinzufügen, die sie nicht vorausgesehen hatten. Natürlich konnte Gorbatschow handeln, wie er es tat, weil die Strukturprobleme in Osteuropa derart schwerwiegend waren. Und natürlich gab es, wie in der Sowjetunion, in jedem osteuropäischen Land Reformer – in dem einen mehr, in dem anderen weniger – die seine Reformen unterstützten und bereit waren, auf radikalere Veränderungen zu drängen. Aber ohne Gorbatschows einzigartige Entschlossenheit, sie gegen alle Widerstände durchzusetzen, wäre die Geschichte anders verlaufen. In welchem Ausmaß, lässt sich nicht sagen. Wahrscheinlich wäre das System irgendwann implodiert. Aber bis dies, wenn überhaupt, geschehen wäre, wären möglicherweise noch Jahre vergangen, und dann wären die Umstände andere gewesen. Dass der Zusammenbruch so schnell kam, so endgültig war und mit so wenig Gewalt und Blutvergießen einherging, ist zu einem großen Teil Gorbatschow persönlich zu verdanken. […]

Gleichwohl war noch eine andere Kraft erforderlich, um die Revolution in Osteuropa in Gang zu setzen: die Macht des Volkes. Von den Vorgängen in der Sowjetunion ermutigt, rebellierten die Völker Osteuropas gegen ihre kommunistischen Herren, die sie über vierzig Jahre in Knechtschaft gehalten hatten. Einen Vorgeschmack hatten die Ereignisse im Jahr 1980 in Polen gegeben, als der Widerstand der Bevölkerung gegen die kommunistische Herrschaft zur Bildung der Solidarność-Bewegung geführt und das bestehende Regime im Mark erschüttert hatte […]. Weder in Polen noch anderswo rechnete indes irgendjemand damit, dass die kommunistische Herrschaft so schnell zusammenbrechen würde. Ende 1989 aber gingen die osteuropäischen Regime in einem mächtigen Strudel der Veränderung unter. In einem Land nach dem anderen forderte und gewann das Volk seine Freiheit. Als die Menschen erkannten, dass ihre Herrscher auf schwankendem Boden standen, verwandelte sich die von Gorbatschow eingeleitete Revolution von oben in eine Revolution von unten. Schließlich schwappte die Veränderung mit unaufhaltsamer Gewalt dorthin zurück, wo sie begonnen hatte: in die Sowjetunion. Und was seit fast siebzig Jahren scheinbar unbezwingbar gewesen war, wurde in zwei Jahren zerstört.

Ian Kershaw, Achterbahn. Europa 1950 bis heute, München 2023, S. 470–472, 495 f. (Übersetzung: Klaus-Dieter Schmidt)

Arbeitsvorschläge

32065-0277

1. Analysieren Sie die Rede Gorbatschows (M11).
2. Erläutern Sie Michail Gorbatschows Sicht auf die eigene Krisenpolitik und das Ende des Kalten Krieges (M11).
3. Beurteilen Sie, inwieweit Michail Gorbatschow in der vorliegenden Rede seine eigene Politik richtig einschätzt und inwieweit er einen realistischen Ausblick auf die Zukunft gibt (M11).
4. Nehmen Sie Stellung zu Wladimir Putins Aussage (2005), die Auflösung der Sowjetunion sei „die größte geopolitische Katastrophe des 20. Jahrhunderts" gewesen. Beziehen Sie sich dabei auch auf Gorbatschows Rede vom 25. Dezember 1991 (M11). | F
5. a) Analysieren Sie die vorliegende Darstellung Swetlana Alexijewitschs (M12).

   b) Ordnen Sie ihre Ausführungen in den historischen Kontext ein (M12).
6. Beurteilen Sie auf Grundlage von M12, inwieweit das historische Bewusstsein und die kollektive Erinnerung in Russland und Belarus sich von der in anderen europäischen Ländern (z. B. Deutschland) oder den USA unterscheiden.
7. Erläutern Sie die inneren Widersprüche, vor denen die Menschen in Russland und Belarus laut Swetlana Alexijewitsch standen, und die inneren Konflikte, die mit dem Ende der Sowjetunion laut der Autorin entstanden sind (M12).
8. Untersuchen Sie die Aussagen von „N" in Hinblick auf die darin enthaltenen Aussagen zur Sowjetunion und zu den Gründen ihres Untergangs (M13). | F
9. Charakterisieren Sie die Beschreibung Michail Gorbatschows und seiner historischen Rolle durch „N" (M13).
10. Arbeiten Sie die Gründe für das Scheitern und das Ende der Sowjetunion heraus, die Ian Kershaw in seiner Monografie „Achterbahn" nennt (M14).
11. Vergleichen Sie die Darstellung der Person und der Bedeutung der Rolle Michail Gorbatschows im Wendeprozess durch Ian Kershaw (M14) und durch den von Swetlana Alexijewitsch interviewten ehemaligen Kreml-Mitarbeiter „N" (M13) miteinander.
12. Verfassen Sie einen fiktiven Brief eines estnischen, lettischen oder litauischen Bürgers, der die Wendeereignisse 1989–1991 selbst miterlebt hat, an Ian Kershaw (M14), „N" (M13) oder Swetlana Alexijewitsch (M12).
13. Bewerten Sie abschließend die Politik Michail Gorbatschows in Bezug auf den Ablauf der Wende und der Transformation Osteuropas in den Jahren 1985 bis 1991 und berücksichtigen Sie darin auch die Folgen für unsere Gegenwart.

Leitfrage

Nehmen Sie Stellung:

Das Ende der Sowjetunion – Aufbruch und demokratischer Neubeginn oder Zerfall und (ethnische) Konflikte?

3.5 Vertiefungsmodul: Regionale Konflikte im globalen Kontext

M1 Q
Kontrolle des israelischen Militärs im Westjordanland, in der Nähe der Siedlung Ariel, 2019

M2 Q
Kämpfer des bewaffneten Arms der Hamas im Gazastreifen, 2020

M3 D Die Hintergründe der Gewalt

Am 21. Mai trat eine Waffenruhe zwischen Israel und militanten Palästinensern ein. In den vorangegangenen Tagen war es zu den schwersten Zusammenstößen seit Jahren gekommen. Auslöser waren aktuelle Ereignisse, aber auch Jahrzehnte zurückliegende spielen eine zentrale Rolle.

Deutschlandfunk: Die Hintergründe der Gewalt, in: Deutschlandfunk vom 21.05.2021, https://www.deutschlandfunk.de/eskalation-im-nahen-osten-die-hintergruende-der-gewalt-100.html [Zugriff: 13.04.2026]

32065-0381

1. Beschreiben Sie die beiden Bilder. Inwiefern zeigt sich hier der Aspekt der gegenseitigen Bedrohungswahrnehmung?
2. Formulieren Sie konkrete Fragen zum Zusammenhang zwischen aktueller Gewalt und vergangenen Ereignissen.

LEIT-FRAGE

Der Nahost-Konflikt – ein Konflikt ohne Ende?

Der Nahost-Konflikt nach dem Zweiten Weltkrieg: die Gründung Israels

Dringlichkeit vs. zunehmende Bedrohung

Während bereits Millionen Jüdinnen und Juden kurz vor dem Zweiten Weltkrieg entrechtet und unzählige gefangen genommen wurden, beschloss Großbritannien in der St.-James-Konferenz am 17. März 1939 eine Begrenzung der jüdischen Einwanderung in Palästina, Einschränkung des Landkaufrechts für Juden und eine schrittweise Einführung von Verwaltungsposten für die Araber. Das Ergebnis stellte zwar einen Wendepunkt der Mandantschaft dar, war für die Juden jedoch ein herber Rückschlag bei der Gründung eines souveränen Staates. Die palästinensische Seite wiederum sah sich von der zunehmenden jüdischen Einwanderung bedroht und fürchtete, in ihrer Heimat entrechtet (die Balfour-Deklaration erwähnte keine politischen Rechte für die Palästinenser) und zu einer Minderheit zu werden. Amin al-

M4 Q Treffen des Großmuftis mit Hitler
Foto von 1941

Husseini, ein einflussreicher palästinensischer Anführer und Mufti von Jerusalem, traf sich schon 1933 mit NS-Diplomaten, um einen jüdischen Staat in Palästina zu verhindern. Andere Palästinenser lehnten die NS-Politik kategorisch ab, erinnerten aber daran, dass der Holocaust nicht die Unterdrückung oder Vertreibung der Palästinenser rechtfertige.

UN-Teilungsplan von 1947

Der Zweite Weltkrieg veränderte auch die globalen Machtverhältnisse grundlegend. Großbritannien und Frankreich mussten ihre kolonialen Ambitionen im Nahen Osten deutlich beschränken bzw. aufgeben. Die USA und die Sowjetunion etablierten sich zunehmend als entscheidende Weltmächte und auch die Gründung der Vereinten Nationen (UNO) 1945 beeinflusste den Nahost-Konflikt nachhaltig.

Zwischen 1945 und 1947 bewegte sich der Konflikt in Palästina in einem Spannungsfeld zwischen friedlicher Koexistenz und wachsender Gewalt. Nach dem Zweiten Weltkrieg hatte sich der Druck auf Großbritannien verstärkt, jüdische Einwanderung nach Palästina zuzulassen, insbesondere angesichts der Verfolgung und Ermordung der europäischen Jüdinnen und Juden während des Holocaust. Während jüdische Organisationen illegale Einwanderungen organisierten, wuchs der Widerstand der arabischen Bevölkerung, deren Interessen nicht gehört wurden, gegen die zunehmende jüdische Präsenz. Als Mandatsmacht versuchten die Briten zu vermitteln – erfolglos. Es gab vereinzelte Dialogversuche zwischen gemäßigten Kräften beider Seiten, insgesamt nahmen die Spannungen jedoch zu.

Die Zwei-Staaten-Lösung galt vielen Beobachtern und politischen Entscheidern der Vereinten Nationen im israelisch-palästinensischen Konflikt als erstrebenswert, was nicht zuletzt intensiver zionistischer Lobbyarbeit in den USA zu verdanken war, sodass die UN-Generalversammlung 1947 einen solchen Plan, der zwei Staaten vorsah, mit Zwei-Drittel-Mehrheit annahm. Die jüdische Führung akzeptierte das Vorhaben, allerdings wurde es von den arabischen Staaten und der arabischen Bevölkerung in Palästina abgelehnt, die einen unabhängigen Staat unter arabischer Herrschaft forderten.

Hintergrund auf dem Weg zum Entscheidungsjahr 1947/48

Eine britische Kommission hatte bereits 1936 das Land bereist, um die Ursachen der Unruhen gegen die britische Mandatsmacht und zionistischen Siedler zu untersuchen. Sie war zu dem Ergebnis gekommen, der Konflikt sei nur durch die Teilung des Gebietes in zwei Staaten beizulegen. Die jüdische Seite stimmte diesem Plan mehrheitlich zu, die arabische lehnte ihn ab, vor allem auch, weil er die Umsiedlung von 225 000 Palästinensern vorsah, einem Viertel der Gesamtbevölkerung.

Während des Zweiten Weltkrieges hatte Großbritannien die Einwanderung von Juden nach Palästina eingeschränkt, obwohl zahlreiche jüdische Soldaten die britische Armee im Kampf gegen das NS-Regime unterstützt hatten. Nach Kriegsende revidierte es diese Politik auf Druck der USA und erlaubte vor allem die Einwanderung von Überlebenden der Konzentrationslager.

Zur selben Zeit begannen die Palästinenser – unterstützt von den arabischen Staaten – ihre Angriffe auf die Juden zu verstärken. Da ein

M5 Q Die „Exodus 47“ im Hafen von Jaffa
Foto vom 18. Juli 1947
Die zionistische Untergrundorganisation „Haganah“ (dt.: Verteidigung) unterlief die britischen Einwanderungsbestimmungen nach Palästina. Als die „Exodus 47“ am 18. Juli 1947 mit etwa 4400 Holocaust-Überlebenden in Haifa ankam, versperrten britische Soldaten den Passagieren den Weg an Land und schickten sie zurück in den französischen Ausgangshafen. Als sich die Flüchtlinge weigerten, in Frankreich von Bord zu gehen, fuhren die Schiffe weiter nach Hamburg. Von dort brachten britische Soldaten sie in Lager bei Lübeck. Der Fall „Exodus“ trug dazu bei, dass die UNO der Gründung Israels im Mai 1948 zustimmte und die Betroffenen nach Israel ausreisen konnten.

friedlicher Ausgleich nicht gelang, baten die Briten die Vereinten Nationen um Prüfung des Problems. Die Weltorganisation verabschiedete am 29. November 1947 eine Resolution, die das Ende der Mandatszeit, eine Teilung Palästinas in einen jüdischen und einen arabischen Staat und einen Sonderstatus Jerusalems vorsah. Während die jüdische Seite dieses Ergebnis durch erfolgreiche und nachhaltige Lobbyarbeit in den USA gefördert hatte, lehnten die Palästinenser – wie alle arabischen Staaten – den Plan ab und kündigten an, dass eine solche Zweiteilung Krieg bedeuten würde.

Da Großbritannien den Rückzug seiner Truppen für den 15. Mai 1948 angekündigt hatte, entschloss sich die jüdische Seite zum Alleingang: Am 14. Mai rief David Ben-Gurion, der die Unabhängigkeitskämpfer angeführt hatte, den Staat Israel aus. Das Mandat war zu Ende und der neue Staat wurde sofort von den USA und der Sowjetunion anerkannt.

Der Holocaust und der unabhängige jüdische Staat

Nach 1945 erschien vielen Überlebenden des Holocausts ein souveräner Staat als Notwendigkeit. Die zionistischen Organisationen vertraten diese Auffassung offensiv. So richtete die Haganah (dt.: Verteidigung), die Vorläufereinrichtung der israelischen Armee, nach 1945 in alliierten Sammellagern in Deutschland geheime Ausbildungsstätten ein, in denen sie Holocaust-Überlebende zu militärischen Führungskräften für einen kommenden Krieg in Palästina ausbildete. Aus Sicht der damaligen zionistischen Führungskräfte ließ sich so die Orientierungs- und Heimatlosigkeit der Holocaust-Überlebenden mit den Anliegen in Palästina verknüpfen.

Insgesamt rund 22 300 Holocaust-Überlebende – annähernd ein Drittel der anfänglichen Armee – kämpften 1948 für die Unabhängigkeit des Staates Israel. Ben-Gurion würdigte deren Einsatz bereits im Wortlaut der Unabhängigkeitserklärung: Gerade der versuchte Völkermord habe aufs Neue bewiesen, „dass das Problem der jüdischen Heimatlosigkeit durch die Wiederherstellung des jüdischen Staates im Lande Israel gelöst“ werden müsse.

Auch die durch das „Gesetz zur Erinnerung an Holocaust und Heldentum“ 1953 ins Leben gerufene Gedenkstätte Yad Vashem in Jerusalem betont bis heute die Legitimation Israels als Land der Rehabilitierung der Verfolgten der Shoa, deren Erinnerung in das kollektive israelische Gedächtnis eingegangen sei.

Arabische Reaktionen

Ein großer Teil der Palästinenser erkannte das Leid und das Unrecht, das die europäischen Jüdinnen und Juden im Holocaust erlitten hatten an. Sie stellten aber infrage, dass eine Wiedergutmachung auf ihre Kosten geschehen sollte. Die jüdische Einwanderung in das Land, das sie seit Jahrhunderten bewohnten, sahen sie als Landraub und den Zionismus als koloniale Bewegung. Zudem hatte der UN-Teilungsplan in ihren Augen fruchtbares Land und Felsland ungerecht verteilt. Unterstützt wurden die Palästinenser von der Arabischen Liga, bestehend aus Syrien, Transjordanien, dem Irak, Saudi-Arabien, dem Libanon, Ägypten und dem Jemen.

Der bereits nach der Verkündung des UN-Teilungsplans 1947 entstandene bürgerkriegsähnliche Kampf zwischen palästinensischen Gruppen und Kämpfern der Arabischen Liga auf

Jahr	jüdische Bevölkerung	arabische Bevölkerung	Gesamtzahl der Bewohner
1882	ca. 24 000	ca. 426 000	ca. 450 000
1914	ca. 85 000	ca. 600 000	ca. 685 000
1918	ca. 56 000	ca. 600 000	ca. 656 000
1922	84 000	668 000	752 000
1931	175 000	859 000	1 033 000
1935	355 000	953 000	1 308 000
1940	464 000	1 081 000	1 545 000
1945	554 000	1 256 000	1 810 000
1962	655 500	266 000	15 300

M 6 D Anteil der jüdischen und arabischen Bevölkerung Palästinas 1882–1962
Nach: Michael Wolffsohn, Israel. Geschichte, Politik, Gesellschaft, Wirtschaft, Wiesbaden [7]2007, S. 260

- Geben Sie an, wann die jüdische Einwanderung nach Palästina am stärksten war. Erläutern Sie die historischen Ursachen.

M 7 Q Palästinenser auf der Flucht
Foto von Oktober/November 1948
Im Arabisch-Israelischen Krieg wurden 1948 mehr als 700 000 Palästinenser vertrieben (schätzungsweise 80 % der arabischen, ansässigen Familien). Die Palästinenser nennen diese Vertreibung „Nakba“ (Katastrophe). Gleichzeitig wurden auf der anderen Seite ebenso viele Juden aus dem Irak, Syrien, Ägypten, dem Jemen und Libyen vertrieben.

der einen und jüdischen Selbstverteidigungseinheiten und Untergrundorganisationen auf der anderen Seite ging mit dem Einmarsch verbündeter Truppen aus Ägypten, Transjordanien, Syrien, dem Libanon und dem Irak nach Israel ab dem 15. Mai 1948 in den Arabisch-Israelischen Krieg über.

Dabei ergaben sich für die arabische und palästinensische Seite zwei prägende Erfahrungen: zum einen eine große Führungsschwäche und Uneinheitlichkeit in der Zielsetzung, zum anderen eine große Zahl von Opfern. So ging die militärische und politische Führung des palästinensischen Widerstandes gegen die Teilung und Errichtung des israelischen Staates rasch auf die Führungen der umliegenden arabischen Staaten über. Da diese aber ihrerseits um eine Vorherrschaft in Palästina konkurrierten, schwächten sie sich gegenseitig.

Zugleich reagierten jüdische Untergrundorganisationen sowie später die israelische Armee mit Gegenoffensiven. Sie sollten Gebietserweiterungen bzw. Sicherheitszonen erbringen. Dabei schreckten die Untergrundorganisationen nicht vor Terroranschlägen zurück.

Im Kontext des Bürgerkrieges, vor allem aber nach dem Einmarsch arabischer Armeen im neu gegründeten Staat Israel vertrieben die Konfliktparteien Menschen aus ihren Gebieten oder zwangen sie durch Gewaltandrohung zur Flucht. Schätzungen gehen davon aus, dass etwa 700 000 palästinensische Menschen das Staatsgebiet Israels verlassen mussten. Diese Zwangsmigration wird von ihnen als „Nakba“ (arab.: Katastrophe) bezeichnet. Dabei wurden viele palästinensische Dörfer zerstört oder von Jüdinnen und Juden neu besiedelt.

Die Menschen flohen vor allem in das von Jordanien besetzte Westjordanland, den von Ägypten kontrollierten Gazastreifen sowie den Libanon und Syrien. Bis heute ist es den Flüchtlingen nicht gestattet, zu ihren Wohnorten zurückzukehren. Sie leben oftmals immer noch in Flüchtlingslagern, die von der UNO unterhalten werden. Die Nakba ist deshalb bis heute ein zentrales Thema im Nahost-Konflikt und symbolisiert für arabische Menschen Verlust, Enteignung und anhaltendes Unrecht.

Aufgrund der Gründung des Staates Israel und der Spannungen im Nahost-Konflikt verließen in den folgenden Jahren auch mindestens 850 000 jüdische Menschen arabische und muslimische Staaten im Nahen und Mittleren Osten sowie in Nordafrika, in denen sie seit Jahrhunderten gelebt hatten. Viele von ihnen siedelten sich in Israel an. Sie flohen vor Diskriminierung, Gewalt, Enteignung und zunehmender Feindseligkeit. Teilweise wurden sie auch vertrieben.

Die Frage, warum Tausende Palästinenserinnen und Palästinenser aus ihrer Heimat geflohen sind, wurde lange Zeit von beiden Seiten einseitig und vereinfachend beantwortet: von palästinensischer Seite mit einer lang geplanten „ethnischen Säuberung“, von israelischer Seite mit freiwilliger Flucht und wenigen Vertreibungen aus Notwehr. Seit den 1980er-Jahren ist bekannt, dass es sowohl freiwillige Fluchtbewegungen (häufig aus Angst vor Gewalt) als auch Vertreibungen gab. Umstritten ist bis heute, inwieweit es einen „Masterplan“ für die Vertreibungen gab und was die Motive beider Seiten waren.

Die Kriegsfolgen aus israelischer Sicht

Auch die Israelis hatten viele Opfer zu beklagen. Dank US-amerikanischer und europäischer Waffenlieferungen konnte Israel aber sein Territorium am Ende sogar erweitern. Seine Soldaten eroberten das seither international als Staatsgebiet Israels anerkannte Territorium. Jordanien behielt die Kontrolle über das Westjordanland einschließlich Ost-Jerusalem. Ägypten besetzte den Gazastreifen und stellte ihn unter ägyptische Verwaltung. Syrien machte einige Geländegewinne an der Golanfront.

1949 schlossen Israel und seine Nachbarstaaten unter Vermittlung der UNO bilaterale Waffenstillstandsabkommen, die das militärische Ergebnis im Prinzip bestätigten. Ein Friedensschluss erfolgte nicht, da die arabischen Staaten direkte Verhandlungen mit Israel ablehnten. Das israelische Parlament, die Knesset (hebr.: Versammlung), erklärte am 23. Januar 1950 Jerusalem zur „Ewigen Hauptstadt Israels". Obwohl Frankreich, Großbritannien und die USA die neuen Grenzen im Nahen Osten garantierten, verweigerten die arabischen Staaten Israel das Existenzrecht.

Weiteres Konfliktpotenzial

Die Teilung Palästinas, die Gründung und Selbstbehauptung des Staates Israel sowie die hohe Zahl von Flüchtlingen in die arabischen Nachbarstaaten verstärkten die Wasserproblematik: Seit 1947 grenzen der Libanon, Syrien, Jordanien, das Westjordanland und der Staat Israel an den Jordan und sind damit Konkurrenten, aber auch gegenseitig Abhängige in der Nutzung des Flusses.

Insgesamt zeigte bereits die Situation im Frühsommer 1948, dass mit der Proklamation des Staates Israel zwar die Frage nach einem jüdischen Staat in Palästina, nicht aber die Palästina-Frage als solche gelöst war. Sie hatte weder alte Gegensätze beseitigt, noch konnte sie die Entstehung neuer Konflikte verhindern.

Der jüdische Staat im Kalten Krieg

Im Sog des Kalten Krieges

Schrittweise geriet der Konflikt zwischen Israel, den Palästinensern und der arabischen Welt in den Sog des Kalten Krieges, den die Westmächte unter Führung der USA und die Staaten des Ostblocks unter Führung der UdSSR von 1945 bis 1990 führten.

Bis Mitte der 1950er-Jahre hatten ägyptische, syrische und jordanische Führer noch versucht, mit der israelischen Regierung ins Gespräch zu kommen. Die Bemühungen waren aus innenpolitischen Gründen geheim geblieben. Die Regime fürchteten den Widerstand der arabischen Eliten, die jede Anerkennung Israels ablehnten. Die israelische Regierung lehnte angesichts der instabilen politischen Verhältnisse im Nahen Osten ab. Darüber hinaus wollte sie die Entschädigung oder Rückkehr palästinensischer Flüchtlinge sowie eine Festlegung der Grenzen Israels verhindern.

Während Israel den Rückhalt der Westmächte suchte, näherte sich Ägypten unter Präsident Gamal Abdel Nasser der Sowjetunion an. Beide Staaten wurden massiv aufgerüstet. Zugleich nahm von Ägypten aus der Zustrom guerilla-palästinensischer Flüchtlinge auf Israel zu. Als Nasser 1956 den Suez-Kanal verstaatlichte und den Golf von Akaba – Israels einzigen Zugang zum Roten Meer – für israelische Schiffe sperrte, besetzten israelische, britische und französische Truppen den Kanal und den Sinai. Der Feldzug verfehlte seine Ziele: Auf Druck der USA, die eine atomare Ausweitung des Konflikts befürchteten, wurden Großbritannien, Frankreich und Israel gezwungen, ihre Truppen wieder abzuziehen. Nasser triumphierte und stieg zur Führungsfigur in der arabischen Welt auf.

Der Sechstagekrieg

Anfang der 1960er-Jahre häuften sich arabische Anschläge gegen Israel und die israelischen Rückzugsräume in Jordanien, Syrien oder im Gazastreifen. Eine heftige Auseinandersetzung entzündete sich, als Israel 1964 einen Teil des **Jordanwassers für Bewässerungsprojekte abzuleiten** begann und arabische Politiker die Zerstörung Israels forderten.

Wasserumleitung aus dem Jordantal in das israelische Inland: Der Israeli Nation Water Carrier ist seit 1964 ein Inbegriff einer der ersten Konflikte um die Ressource Wasser. Mit der Wasserentnahme aus dem See Genezareth für die dringend benötigte Versorgung der inländischen und Küstenbevölkerung Israels werden Wasservorkommen für die palästinensische Bevölkerung im Jordantal / Westjordanland knapper. Der bereits komplizierte Konflikt erhält damit eine weitere Ebene.

Im Frühjahr 1967 verlegte Nasser ägyptische Truppen in den Sinai und sperrte erneut den Golf von Akaba. Er wollte damit den Vorwurf der arabischen Führer entkräften, sein Land bliebe Israel gegenüber untätig. Für Israel war die Blockade nicht hinnehmbar. Trotz der allgemeinen Kriegswarnung waren Syrien und Jordanien völlig überrascht, als die israelische Armee am 5. Juni angriff und in sechs Tagen den Gazastreifen und den Sinai, die syrischen Golanhöhen sowie die Westbank mit Ost-Jerusalem besetzte.

M8 Q Zwei bewaffnete Soldaten des israelischen Militärs im Westjordanland
Foto von 2012
Israel kontrolliert nach wie vor große Teile des Westjordanlandes.

Der Sechstagekrieg markierte gravierende Veränderungen: Israel wurde zur Besatzungsmacht und kontrollierte nun ein Gebiet, das mehr als dreimal so groß war wie sein bisheriges Territorium. Zudem waren damit etwa 800 000 Palästinenser im Westjordanland, im Gazastreifen und in Ost-Jerusalem unter israelische Herrschaft gelangt. Viele Orte, die in der jüdischen Tradition eine große Rolle spielten – wie zum Beispiel die Klagemauer in Jerusalem –, waren nun unter israelischer Kontrolle, und die Grenzen des kleinen Staates schienen sicher geworden zu sein. Vor allem für die religiösen Kreise begann mit der Expansion ein neues („messianisches") Zeitalter Israels.

Kein Friede – keine Anerkennung – keine Verhandlungen

Die arabischen Staatschefs sprachen im September 1967 auf einer Gipfelkonferenz im sudanesischen Khartum über die Kriegsfolgen. Dort erklärten sie, es werde „keinen Frieden mit Israel, keine Anerkennung Israels, keine Verhandlungen mit Israel" geben. Neben diesen „drei Neins" beschrieben sie aber auch eine neue Grundlage für ihre Politik: Sie wollten auf internationaler Ebene politisch darauf hinwirken, den „Abzug der israelischen Streitkräfte aus den im Juni-Krieg eroberten arabischen Gebieten durchzusetzen". In der offiziellen Politik Ägyptens, Jordaniens, mit einiger Verzögerung auch Syriens ging es künftig um die Wiedergewinnung der 1967 besetzten Gebiete, nicht mehr um die „Vernichtung Israels".

Die Weigerung der arabischen Staaten, mit Israel zu verhandeln, bestärkte Israel darin, die besetzten Gebiete fest in sein Staatsgebiet zu integrieren. Schon 1968 begann eine religiöse Siedlungsbewegung damit, im Westjordanland neue, rein jüdische Orte zu gründen. Realpolitiker wie Ben Gurion sahen darin eine Bedrohung für zukünftige Bemühungen um Frieden mit den arabischen Nachbarn. Nach 1967 verabschiedete der Weltsicherheitsrat die UN-Resolution 242. Sie stellte erstmals das Prinzip „Land gegen Frieden" auf: Rückgabe der besetzten Gebiete gegen die Anerkennung Israels in sicheren Grenzen. Die Resolution blieb erfolglos.

Jom-Kippur-Krieg – Ramadan-Krieg

Ägypten war nach dem Sechstagekrieg mehr als andere Staaten in der Region an einer Konfliktlösung mit Israel interessiert. Nur ein israelischer Rückzug konnte die ägyptischen Ölfelder auf dem Sinai zurückbringen und eine Wiedereröffnung des Suez-Kanals ermöglichen. Nachdem Ägyptens Präsident Anwar as-Sadat, der Nachfolger Nassers, die Hoffnungen auf internationale Vermittlung aufgegeben hatte, bereitete er gemeinsam mit Syrien einen begrenzten Krieg vor. Am 6. Oktober 1973, dem höchsten jüdischen Feiertag Jom Kippur, überquerten ägyptische Truppen den Suez-Kanal. Syrien griff auf dem Golan an und erzielte rasch territoriale Gewinne.

M9 Q Im Konflikt zerstörte Panzer
Südlich von Suez (Ägypten), 1973

Auch wenn die israelische Armee das Blatt schnell wendete, die Syrer vom Golan vertrieb und zum Ende der Kämpfe 60 Kilometer vor Damaskus und am Suez-Kanal

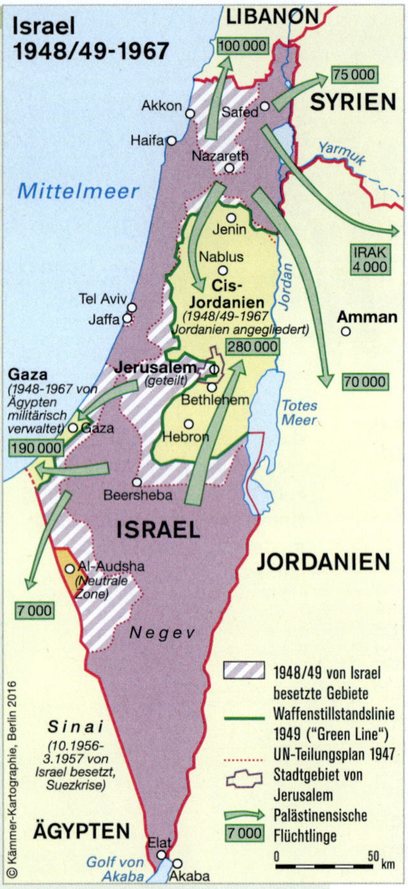

a) Israel 1948/49–1967

b) Israel 1967–1993

M10 D Israel 1948/49–1993

- ▶ Arbeiten Sie anhand der Karten die Folgen des ersten Arabisch-Israelischen Krieges und des Sechstage-Krieges heraus. Berücksichtigen Sie dabei die israelische, die palästinensische und die arabische Perspektive.
- ▶ Überprüfen Sie, inwieweit sich zentrale Konfliktfelder im israelisch-palästinensischen Konflikt in den Karten widerspiegeln.

stand, demonstrierte der Krieg, dass Israel militärisch nicht unbesiegbar war. Während die Israelis fortan vom erfolgreichen Jom-Kippur-Krieg sprachen, bezeichneten die Araber den militärischen Konflikt, der in den islamischen Fastenmonat fiel, als Ramadan-Krieg.

Der Friedensvertrag von 1979

Die Ägypter hatten im Ramadan-Krieg die „arabische Ehre“ wiederhergestellt und Israel fühlte sich seit dem Jom-Kippur-Krieg nicht mehr unbesiegbar. Diese Konsequenzen des Krieges machten einen ersten Friedensprozess möglich. 1974 erhielten Syrien und Ägypten unter US-amerikanischer Vermittlung Teile des 1967 besetzten Territoriums zurück. Gleichzeitig wurden an beiden Fronten Sicherheitsabkommen geschlossen. Sie galten ausdrücklich als Schritt zu einem späteren „gerechten und dauerhaften Frieden“.

Der ägyptische Staatspräsident Sadat brachte im November 1977 mit einer spektakulären Reise nach Jerusalem und einer Rede vor der Knesset erneut Bewegung in die Situation. Ein Jahr später verhandelten Sadat und Menachem Begin unter aktiver Beteiligung des US-Präsidenten Jimmy Carter auf dessen Landsitz in Camp David über einen Frieden. Die USA förderten die Verhandlungen, indem sie Israel weitere Wirtschafts- und Militärhilfen und Ägypten umfangreiche Finanzhilfen versprachen.

M11 Q Treffen von Camp David

Foto vom September 1978
Mit Handschlag besiegelten der ägyptische Präsident Anwar as-Sadat (rechts) und der israelische Ministerpräsident Menachem Begin (links) die Friedensvereinbarungen auf dem Landsitz Jimmy Carters, der von 1977 bis 1980 US-Präsident war.

- ▶ Analysieren Sie die Bildsprache. Vergleichen Sie dabei das Foto mit motivgleichen Fotos, etwa zur deutsch-französischen Aussöhnung.

Im März 1979 wurde dann der ägyptisch-israelische Friedensvertrag in Washington unterzeichnet – der erste Friedensvertrag zwischen Israel und einem arabischen Staat. Das Abkommen löste erstmals den Grundsatz „Land gegen Frieden“ ein: Israel gab den Sinai auf und gewann dafür Frieden mit seinem größten Nachbarn.

Die meisten arabischen Staaten lehnten den „Separatfrieden“ ab und schlossen Ägypten sogar für zehn Jahre aus der Arabischen Liga aus. Dennoch beendete das Camp-David-Abkommen die Phase der staatlichen Kriege gegen Israel. Israel konnte die Hegemonie in der Region behaupten und seine militärischen Kräfte nun im Osten und Norden konzentrieren.

Bilateraler Friede – kein Friede für die Region

Der Friedensschluss zwischen Israel und Ägypten war nur eine von zwei in Camp David ausgehandelten Vereinbarungen. Die andere, „A Framework for Peace in the Middle East“, war ungleich schwieriger umzusetzen, da sie das Problem der Palästinenser betraf. An seiner Lösung hatten neben Israel und Ägypten auch die Staaten Jordanien, Libanon und Syrien sowie die verschiedenen Organisationen der Palästinenser selbst Anteil, die jedoch in Camp David nicht mit am Verhandlungstisch saßen. Es wurde vereinbart, dass Israel das Westjordanland und den Gazastreifen räumt, nachdem die Palästinenser eine selbstverwaltete Behörde gewählt haben, die die israelische Militärverwaltung ablösen sollte. Die Bestimmungen waren sehr allgemein gehalten und der Status Jerusalems blieb ausgeklammert.

Um die Vereinbarungen umzusetzen, legten Israel und Ägypten unter US-Vermittlung im Januar 1980 zwei Autonomie-Modelle vor. Doch angesichts der Isolation Ägyptens und grundsätzlicher Differenzen brach der Friedensprozess ab. Eine dauerhafte Lösung des israelisch-arabischen Konfliktes gelang nicht.

Friedenshindernisse

Fortschritte bei der Lösung der Palästinenserfrage scheiterten an folgenden Faktoren:

- Jerusalem-Gesetz: Israel erklärte 1980 ganz Jerusalem zur Hauptstadt. Dies kam einer Annexion Ost-Jerusalems gleich.
- Golanhöhen: Auch die 1967 eroberte Hochebene wurde dem Staat eingegliedert.
- Siedlungsbau: Die Regierung Begin förderte den Bau jüdischer Siedlungen im besetzten Gebiet, um dessen jüdischen Bevölkerungsanteil zu erhöhen.
- Radikalisierung des arabischen Lagers: Radikale anti-israelische Kräfte, vor allem aus Syrien, gewannen an Stärke. Präsident Sadat wurde 1981 von solchen Fanatikern ermordet.
- Sturz des Schahs von Persien: Islamische Geistliche errichteten 1979 im Iran einen Gottesstaat und betrieben eine extrem israelfeindliche Rhetorik.
- Libanon-Invasion: Zur Abwehr palästinensischer Raketenangriffe marschierte Israel im Juni 1982 in den Libanon ein, besetzte den Süden des Landes als „Sicherheitszone“ und belagerte palästinensische Flüchtlingslager.

Situation der Palästinenser

Die Zahl der palästinensischen Flüchtlinge belief sich um 1980 auf etwa zwei Millionen, bis 2014 hatte sie sich mehr als verdoppelt. Die meisten Palästinenser waren vor der Flucht Kleinbauern. Sie hatten ihre Heimat ohne jede Habe verlassen. Zum Überleben waren sie von fremder Hilfe abhängig. Die Vereinten Nationen gründeten 1949 ein Hilfswerk für Palästina-Flüchtlinge im Nahen Osten. Es unterhält bis heute 58 Flüchtlingslager im Libanon, in Jordanien und Syrien sowie im israelisch besetzten Gazastreifen und im Westjordanland. Ursprünglich waren dies Zeltsiedlungen und Hüttendörfer. Heute leben fast alle

M 12 Q Israelische Sperrmauer bei Jerusalem

Foto vom Juli 2004

Vorgeblich zum Schutz vor Heckenschützen und Selbstmordattentaten baute Israel seit 2002 an einem fast 760 Kilometer langen „Anti-Terror-Zaun“. Er trennt Israel vom palästinensischen Westjordanland. Die Anlage besteht zum größten Teil aus einem elektronisch gesicherten Zaun mit einem Graben. In besiedelten Gebieten und an belebten Kreuzungen wurde eine bis zu neun Meter hohe Betonmauer errichtet. Die Sperranlage verläuft auf palästinensischem Gebiet und verkleinert so das Gebiet des Westjordanlands um 8 %. Sie behindert Hunderttausende auf dem Weg zu Arbeitsplätzen, Feldern, Krankenhäusern und Schulen. Im Juli 2004 erklärte der Internationale Gerichtshof in Den Haag die Sperranlage für völkerrechtswidrig. Unabhängig davon: Der palästinensische Terror ließ nach der Errichtung der Grenzanlage nach.

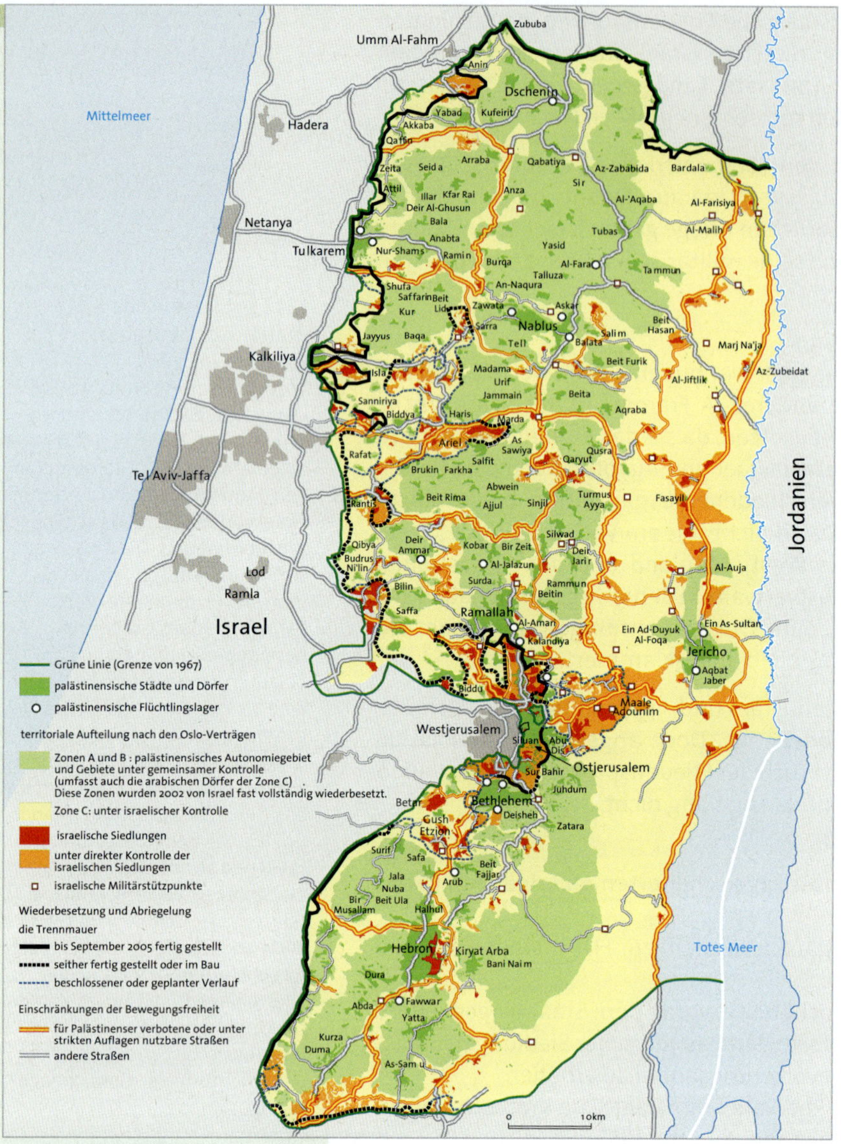

M13 D Das Westjordanland
Grafik von 2007

- Analysieren Sie die im Oslo-Prozess vorgeschlagenen Gebietsregelungen.
- Beurteilen Sie Chancen und Herausforderungen dieser Regelungen für einen künftigen palästinensischen Staat sowie für Israel.

Flüchtlinge in festen Häusern, aus den ehemaligen Lagern sind Orte mit meist 5000 bis 40 000 Einwohnern geworden. Doch ihr Leben ist von Normalität weit entfernt: Die Infrastruktur ist mangelhaft, es fehlen Betriebe und die Arbeitslosigkeit ist hoch.

Die Kosten für die Flüchtlinge werden zu 90 Prozent von arabischen Staaten finanziert, zehn Prozent machen die Hilfen der Vereinten Nationen aus, die vor allem in Bildung und Gesundheit fließen. Israel verweigert den Flüchtlingen die Rückkehr und zahlt keine Entschädigungen.

Das Elend der Palästinenser geht auch auf Maßnahmen der arabischen Gastländer zurück: Fast alle Staaten weigern sich, die Flüchtlinge in ihre Gesellschaft zu integrieren. Sie genießen keinen rechtlichen Schutz und keine Freizügigkeit, haben stark eingeschränkten Zugang zum Arbeitsmarkt und partizipieren nicht am Gesundheits- und Bildungssystem der Gastländer.

1968 begann Israel mit dem Bau jüdischer Siedlungen in den besetzten Gebieten. Zum einen, um strategisch wichtige Gebiete zu kontrollieren, zum anderen, um eine „Pufferzone" um das israelische Kernland zu schaffen. Die völkerrechtlich illegalen Siedlungen und die dazugehörige Infrastruktur zerschneiden jedoch die palästinensischen Gebiete. Zusätzlich wird die Bewegungsfreiheit der Palästinenser von den seit 2002 errichteten Sperranlagen im Westjordanland eingeschränkt, die offiziell zum Schutz Israels errichtet wurden, in der Realität jedoch israelische Siedlungen und palästinensische Gebiete im Westjordanland trennen.

Politische Organisation der Palästinenser

Den palästinensischen Widerstand organisierten vor allem zwei Gruppen: die von Jassir Arafat 1959 gegründete Fatah (arab.: Eroberung, Sieg; Abkürzung für Bewegung zur nationalen Befreiung Palästinas) und die 1967 entstandene Volksfront zur Befreiung Palästinas. Beide Organisationen begingen Sabotage- und Terroranschläge gegen Israel.

Auf Initiative der Arabischen Liga wurde 1964 die PLO (Palestine Liberation Organization) gegründet. Sie sollte die offizielle Vertretung aller Palästinenser sein und entwickelte sich zu einer Dachorganisation palästinensischer Gruppen. 1968 legte sie Ziele und Mittel in ihrer „Nationalcharta" dar: Ein unabhängiger palästinensischer Staat könne nur durch bewaffneten Kampf gegen Israel geschaffen werden.

Um der palästinensischen Sache Aufmerksamkeit zu sichern und Druck auf die Verbündeten Israels auszuüben, verübten Aktivisten der PLO Terroranschläge auch im Ausland und bildeten Terroristen in ihren „Camps“ aus, die den Terror in alle Welt tragen sollten. Beispiele hierfür sind das Attentat auf die israelische Mannschaft während der Olympischen Spiele in München 1972 oder die Entführung eines Flugzeugs der Lufthansa 1977, mit der die Freilassung von Terroristen der „Roten Armee Fraktion“ in der Bundesrepublik Deutschland erpresst werden sollte.

Im Jahr 1974 erreichte die PLO unter Arafat, der seit 1969 ihre Leitung übernommen hatte, einen ersten politischen Erfolg: Sie erhielt als einzige nichtstaatliche Organisation bei den Vereinten Nationen einen „Beobachterstatus“. Danach erlaubten über 100 Staaten der PLO die Einrichtung offizieller Vertretungen in ihren Hauptstädten. Trotzdem lehnten Israel und die PLO weiterhin Verhandlungen ab.

PLO im Wandel

Beim Einmarsch der israelischen Armee in den Libanon 1982 wurde die PLO aus ihrem Hauptquartier in Beirut vertrieben. Nach dieser Niederlage zeigte sich Arafat erstmals bereit, unter bestimmten Bedingungen das Existenzrecht Israels anzuerkennen. 1988 erklärte die PLO einen Staat Palästina in den besetzten Gebieten und 1993 erkannte Arafat das Existenzrecht Israels einschließlich der entsprechenden UN-Resolutionen an. Die Volksfront zur Befreiung Palästinas und die radikale libanesische Organisation Hisbollah (arab.: Partei Gottes) kündigten daraufhin Arafat die Gefolgschaft auf. Die PLO spaltete sich in einen gemäßigten und einen radikalen Flügel.

1987 wurde in Gaza die palästinensische Terrororganisation Hamas (arab.: religiöser Eifer; Abkürzung für „Bewegung des Islamischen Widerstandes“) gegen die israelische Besatzung gegründet. Sie wurde zum unversöhnlichen Rivalen der PLO.

„Krieg der Steine“ – die erste Intifada

Ein eigener Staat war in weite Ferne gerückt, aber die Palästinenser gaben ihren Widerstand nicht auf. Im Dezember 1987 begann im Gazastreifen und im Westjordanland eine Erhebung: die erste Intifada (wörtlich übersetzt: abschütteln). Der Aufstand war getragen von jungen Palästinensern, die nichts anderes erfahren hatten als Besatzung und Unterdrückung. Sie boykottierten israelische Waren, verweigerten Abgaben, streikten und zeigten die verbotene palästinensische Flagge. Darüber hinaus griffen sie israelische Einrichtungen mit Steinen und Brandsätzen an. Die Hamas schürte die Wut und reizte zu weiteren Anschlägen gegen israelische Soldaten. Israel reagierte mit voller Härte – und auf beiden Seiten starben viele Menschen.

M14 Q Bei einem Selbstmordattentat gesprengter Bus in Jerusalem
Foto von Juni 2002
Selbstmordattentate radikaler palästinensischer Organisationen gab es bereits in den 1990er-Jahren. Nie zuvor kam es jedoch zu so vielen Anschlägen wie während der zweiten Intifada.

Friedensverhandlungen

Der Friedensprozess von Oslo

Das Ende des Kalten Krieges beeinflusste auch den Nahost-Konflikt. Die Ost-West-Auseinandersetzungen um Einflusszonen im Nahen Osten schienen beendet zu sein.

1992 wurde Jitzhak Rabin Ministerpräsident. Seine Regierung stoppte den Großteil des jüdischen Siedlungsbaus in den Palästinensergebieten. Ein Jahr später erklärte die PLO, in Zukunft auf Terrorakte zu verzichten. In geheimen Verhandlungen in Oslo erreichten beide Seiten einen Kompromiss nach der Devise „Land gegen Frieden“: Israel würde sich etappenweise aus den 1967 besetzten Gebieten zurückziehen. Eine Palästinensische Autonomiebehörde (PA) würde dann die Gebiete verwalten.

Nach dem Austausch von klärenden Briefen unterzeichneten Rabin und Arafat 1993 in Washington das Oslo-I-Abkommen. Darin erkannte die PLO den Staat Israel und Israel die PLO als Vertretung der Palästinenser an. Im September 1995 wurde im Oslo-II-Abkommen das Westjordanland in drei Gebiete mit unterschiedlicher Kompetenz Israels und der PA unterteilt.

Widerstand und Gewalt

Auf israelischer Seite protestierten konservative Politiker und Siedler gegen die Vereinbarungen. Radikale religiös-orthodoxe Juden verübten Attentate auf Muslime. Am 4. November 1995 wurde Ministerpräsident Rabin von einem jüdischen Fundamentalisten und Extremisten während einer Friedenskundgebung in Tel Aviv erschossen.

Die erste Regierung Netanjahus

Die Wahlen im Jahr nach Rabins Ermordung standen unter dem Eindruck des Terrors. Der konservative Likud-Block gewann sie mit der Parole „Einen sicheren Frieden schaffen". Der neue Ministerpräsident Benjamin Netanjahu hatte Rabins Friedenspolitik scharf angegriffen. Unter ihm wurde nun der Ausbau der jüdischen Siedlungen in den Palästinensergebieten wieder aufgenommen. Er stellte sich damit hinter die zunehmende Zahl religiös-orthodoxer Kräfte, die so viel Land wie möglich in Besitz nehmen wollen. Von 1993 bis 2000 verdoppelte sich die Zahl der Siedler auf 200 000.

Netanjahus Parole erwies sich als ebenso falsch wie Arafats Versprechen, den radikalen Palästinensergruppen Einhalt zu gebieten. Die Selbstmordattentate nahmen kein Ende. 1999 entzogen die israelischen Wähler der Likud-Regierung das Vertrauen. Aber auch der folgenden Regierung gelang es nicht, die religiös-orthodoxen und säkularen Kräfte Israels zu versöhnen.

Die Verhandlungen von Camp David II und Taba

Als 1999 Ehud Barak von der Arbeiterpartei ins Amt des Ministerpräsidenten gewählt wurde, schien ein neuer Durchbruch möglich: Barak trat mit einem Programm an, das eine Verhandlungslösung mit den Palästinensern versprach sowie eine Zweistaatenlösung und damit eine Beilegung des Konflikts in Aussicht stellte. Die zentralen Streitpunkte im Friedensprozess waren:

1) Wo genau sollen die Grenzen zwischen Israel und einem palästinensischen Staat verlaufen? Wie viele Siedlungen sollen von Israel geräumt werden, welche werden in den Staat Israel überführt? In welchem Umfang soll es Landtausch geben für Siedlungen, die Israel behält?
2) Was soll der zukünftige Status von Jerusalem sein? Wie kann die Stadt geteilt werden, die beide Seiten als Hauptstadt fordern?
3) Welche Lösung kann für die palästinensischen Flüchtlinge und deren Nachkommen gefunden werden?
4) Wie können israelische Sicherheitsbedenken berücksichtigt werden?

Die Verhandlungen von Camp David II und im ägyptischen Taba stellen den Höhepunkt der Friedensbemühungen in den späten 1990er-Jahren dar. Nach langwierigen Vorbereitungen, die von Misstrauen und Kritik in den jeweils eigenen Reihen geprägt waren, wurde in Camp David das erste Mal über einen unabhängigen palästinensischen Staat verhandelt. Doch die Verhandlungen scheiterten.

Das Scheitern der Verhandlungen von Camp David II im Sommer 2000 führte zu Enttäuschung und Ernüchterung auf beiden Seiten, trotz der Fortschritte in einigen strittigen Punkten. Verkompliziert wurde die Lage erheblich, als im September die Zweite Intifada (2000–2005) ausbrach und die Fronten noch weiter verhärtete.

Die zweite Intifada

Die Lage der Palästinenser hatte sich nach Abschluss der Oslo-Abkommen weiter verschlechtert; fast jeder zweite war arbeitslos. Die von Arafats Anhängern dominierte Autonomiebehörde wurde großzügig durch ausländische Mittel finanziert. In der Bevölkerung verlor sie dagegen immer mehr Rückhalt, seit die Korruption vieler ihrer Vertreter bekannt wurde und weil der Weg einer diplomatischen Lösung gescheitert war.

Ansehen gewann dagegen die Hamas. Sie hatte ein soziales Netzwerk errichtet und unterstützte die Menschen im Alltag. Zugleich radikalisierte sie die Gesellschaft durch ihren unerbittlichen Hass auf Israel. Im September 2000 besuchte Oppositionsführer Ariel Scharon, der sich für die religiös-orthodoxe Siedlerbewegung einsetzte, den Tempelberg in der Jerusalemer Altstadt. Obwohl die Palästinenserbehörde den Besuch zuvor gebilligt hatte, verstanden die Palästinenser dies aufgrund des Verhaltens Scharons als Machtanspruch Israels auf ihr Heiligtum. In der Folge brachen zahlreiche Aufstände aus.

Anders als bei der ersten Intifada verübten die radikalen Kräfte nun auch Raketenangriffe, Entführungen von Soldaten und Zivilisten sowie Lynchmorde. Israel ging hart gegen Aufständische vor, zerstörte Häuser von Verdächtigen und griff palästinensische Einrichtungen militärisch an. Bis zum Ende der zweiten Intifada 2005 gab es mehrere Tausend Tote auf beiden Seiten – die meisten davon Zivilisten.

„Roadmap“ ins Ungewisse

Im Jahr 2002 schlossen sich die USA, Russland, die Europäische Union und die Vereinten Nationen zu einem Nahost-Quartett zusammen. Sie entwarfen eine friedliche Lösung der Palästinenserfrage in Form einer Roadmap. Das Dokument basierte wie der UN-Teilungsplan 1947 auf einer Zwei-Staaten-Lösung mit konkreten Phasen bis 2005.

Unter Ministerpräsident Scharon zog Israel 2005 überraschend sein Militär aus dem Gazastreifen zurück und räumte die 21 dortigen jüdischen Siedlungen. Allerdings behielt Israel die Kontrolle über die Land- und Seegrenzen sowie den Luftraum. Die Situation blieb jedoch angespannt – 2007 übernahm die Hamas nach gewonnenen Wahlen die Kontrolle über Gaza, während die Fatah im Westjordanland regierte. Das palästinensische Gebiet war nun nicht nur geografisch, sondern auch politisch gespalten.

Aktuelle Entwicklungen

Der 2009 wieder zum Ministerpräsidenten gewählte Netanjahu setzte den Siedlungsbau östlich von Jerusalem fort. Die Lage verschärfte sich 2014 durch Raketenangriffe aus Gaza und israelische Militäroperationen. Die Zwei-Staaten-Lösung scheint zunehmend gefährdet und von beiden Seiten auch immer weniger unterstützt: 2022 sprach sich nur noch jeweils ein Drittel in beiden Bevölkerungsgruppen für eine solche Lösung aus.

Deutsch-israelische Beziehungen

Deutschland und Israel im Nahost-Konflikt: Trägt Deutschland eine besondere Verantwortung?

Die Beziehungen zwischen Israel und der Bundesrepublik Deutschland gelten als einzigartig. Seit dem Wiedergutmachungsabkommen von 1952 und nach der Aufnahme diplomatischer Beziehungen zwischen den beiden Staaten im Jahre 1965 sind sie in-

M 15 Q Demonstration zur Unterstützung Israels
Foto vom 6. Juni 1967
Hans-Jochen Vogel (links), zu dieser Zeit Münchener Oberbürgermeister, ist Schirmherr der Demonstration in München, die Israel im Sechs-Tage-Krieg unterstützen will.

tensiver und freundschaftlicher geworden. Heute ist die Bundesrepublik nach China und den USA mit einem Handelsvolumen von über sieben Milliarden US-Dollar der bedeutendste wirtschaftliche Partner Israels.

Deutsche Regierungen unterstützen seit Langem die Arbeit von „Kulturmittlerorganisationen" wie dem Goethe-Institut oder dem Deutschen Akademischen Austauschdienst (DAAD). Parteien, Kirchen, Gewerkschaften und Sportverbände organisieren Austauschprogramme für verschiedene Zielgruppen. Über 80 Städtepartnerschaften und reger Tourismus tragen zu den freundschaftlichen Beziehungen bei.

Angesichts der anhaltenden Konflikte zwischen Israelis und Palästinensern stellen sich zwei zentrale Fragen:

- Inwiefern unterstützt Deutschland Ziele der israelischen Regierung im Nahost-Konflikt?
- Wie kann der palästinensischen Seite in Deutschland Raum gegeben werden?

Die politische Zusammenarbeit

Für die Bundesrepublik, die sich zur historischen Verantwortung für den Holocaust bekennt, ist die Sicherheit und das Existenzrecht Israels ein fester Bestandteil ihrer Außenpolitik. Deutsche Regierungen bemühen sich, zwischen den Konfliktparteien zu vermitteln und den Friedensprozess zu erhalten. Ihre Grundpositionen stimmen sie mit der Europäischen Union ab, pflegen aber seit 2008 auch bilaterale Beziehungen durch deutsch-israelische Regierungskonsultationen.

Waffenlieferungen

Die Existenz des 1948 gegründeten Staates Israel ist im Nahen Osten gefährdet. Um das israelische Sicherheitsbedürfnis zu unterstützen, wurden seit den 1950er-Jahren deutsche Rüstungsgüter an Israel geliefert – entgegen dem Grundsatz, keine Waffen in Spannungsgebiete zu liefern. Zu israelischen Protesten kam es, als die Bundesrepublik auch Waffenlieferungen nach Saudi-Arabien genehmigte und eine Ständige Vertretung in den Palästinensischen Autonomiegebieten einrichtete.

M 16 Q Bundeskanzler Olaf Scholz zu Gast in Israel beim israelischen Premierminister Benjamin Netanjahu
Foto von März 2024

Seit 2010 hält sich die Bundesregierung mit Waffenlieferungen in den Nahen Osten stärker zurück, um die Eskalation des Konflikts nicht zu forcieren. Angesichts des iranischen Atomprogramms wurden jedoch weitere U-Boote an Israel geliefert, die mit atomwaffenfähigen Marschflugkörpern bestückt werden können.

„Verbindende Vergangenheit – trennende Gegenwart"

Das deutsche Bekenntnis zur besonderen Verantwortung gegenüber Israel bleibt bestehen, gerade weil die Probleme in der Region größer geworden sind. Aktuelle Studien belegen jedoch, dass die jüngere Generation eine zunehmend kritische Haltung gegenüber Israel einnimmt. Als Gründe gelten die historische Distanz zum Holocaust, anhaltender Antisemitismus (bei 15–20 % der deutschen Bevölkerung) sowie die Kritik am Vorgehen der israelischen Regierung gegenüber den Palästinensern.

Der Nahost-Konflikt nach dem Zweiten Weltkrieg: die Gründung Israels

M17 D Teilungspläne im Vergleich

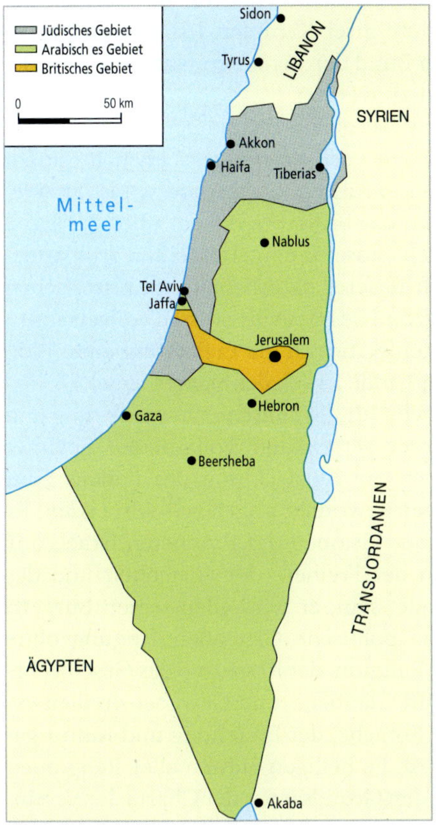

Teilungsplan der Peel-Kommission, Juli 1937

UN-Teilungsplan von 1947

Angelika Timm, 100 Dokumente aus 100 Jahren. Teilungspläne, Regelungsoptionen und Friedensinitiativen im israelisch-palästinensischen Konflikt (1917–2017), Berlin 2017, S. 108

M18 D Einschätzung und Bewertung des UN-Teilungsplans

Der UN-Teilungsplan von 1947 wurde im Lauf der Zeit unterschiedlich bewertet. Hier einige dieser Einschätzungen:

Der jüdische Staat kommt in den Besitz der ganzen Zitrus-Kulturen, die Palästinas größtes Exportgut darstellen: Der beste und ertragreichste Boden [... fällt] dem jüdischen Staat zu. Die Araber als primär landwirtschaftlich orientierte Bevölkerung verlieren ihre Hauptexistenzgrundlage [...]. Der vorgeschlagene arabische Staat könnte nur in Abhängigkeit vom jüdischen Staat und von internationaler Hilfe existieren.

Walter Hollstein, Kein Frieden um Israel, Frankfurt am Main 1972, S. 157 f.

Obwohl nur teilweise verwirklicht, gilt die UN-Resolution [...] nach wie vor als zentrales Gründungsdokument zweier Staaten, d. h. als völkerrechtliche Legitimation sowohl des Staates Israel als auch des palästinensischen Rechtsanspruchs auf einen eigenen Staat.

Die gesamte arabische Welt lehnte den Teilungsplan [...] ab, weil er das Recht der Palästinenser auf das ganze Land infrage stellte und einen unschätzbaren Verlust an Rechten, Eigentum sowie politischen und sozialen Einrichtungen bedeutete. Die Araber bewerteten die jüdischen Ansprüche auf Palästina als rechtswidrige Inbesitznahme [...], die der ursprünglichen Bevölkerung ihr Recht auf einen Nationalstaat absprach [...].

Ludwig Watzal, Friedensfeinde. Der Konflikt zwischen Israel und Palästina in Geschichte und Gegenwart, Berlin 1998, S. 23 f.

Der Palästina-Konflikt wäre vermeidbar gewesen, hätten die Araber den UN-Teilungsplan vom 29.11.1947 (Resolution 181) akzeptiert, und als Folge gäbe es „heute möglicherweise zwei florierende Länder im Nahen Osten, die im Genuss von gutnachbarschaftlichen Verhältnissen wären“. Diese Sicht einer Leserbriefschreiberin in der NZZ vom 14.10.2004 scheint des Übels Wurzel zu identifizieren wie auch nahezulegen, dass die Umsetzung der Resolution 181 den Streit beendet und rosige Aussichten eröffnet hätte. Die effektive Vorgeschichte und der Inhalt des Resolutionstextes lassen jedoch andere Kausalitäten erkennen […].

Der Palästina-Konflikt und die Geschichte des UNO-Teilungsplans von 1947, in: Neue Züricher Zeitung vom 06.02.2007, https://www.nzz.ch/articleeg3hx-ld.396230 [Zugriff: 21.04.2026]

M19 Q Israel wird proklamiert

David Ben-Gurion ruft am 14. Mai 1948 den Staat Israel mit folgenden Worten aus:

Im Lande Israel trat das jüdische Volk ins Leben, hier wurde sein geistiges, religiöses und politisches Antlitz geformt; hier führte es sein Leben in staatlicher Selbstständigkeit […].

Mit Gewalt aus seinem Lande vertrieben, hielt es ihm allenthalben in der Zerstreuung die Treue und hörte niemals auf, die Rückkehr in sein Land und die Wiederherstellung seiner politischen Freiheit in ihm zu erflehen und zu erhoffen.

In historischer und überlieferter Verbundenheit erstrebten die Juden aller Zeiten die Wiedergewinnung ihrer alten Heimat; in Scharen kehrten Pioniere, Wagemutige und Helden der letzten Generation heim in ihr Land. Sie brachten die Wüste zu neuem Leben, bauten Städte und Dörfer, schufen ein im Wachstum begriffenes Siedlungswerk mit eigener Wirtschaft und Kultur, friedliebend und wehrfähig, das allen Bewohnern des Landes die Segnungen des Fortschritts bringt und sich nach staatlicher Selbstständigkeit sehnt.

Im Jahre 1897 trat, dem Rufe Theodor Herzls, des Künders der Nationalstaatsidee, folgend, der Zionistenkongress zusammen und proklamierte das Recht des jüdischen Volkes auf nationale Wiedergeburt in seinem Heimatlande.

Dieses Recht wurde in der Balfour-Declaration vom 2. November 1917 anerkannt und im Völkerbundmandat, das der historischen Verbundenheit des jüdischen Volkes mit dem Lande Israel und dem Anspruch des jüdischen Volkes auf die Wiedererrichtung seines Nationalheimes internationale Geltung verschaffte.

Die Katastrophe, die in unseren Tagen über das jüdische Volk hereinbrach und der Millionen Juden in Europa zum Opfer fielen, bewies erneut und eindringlich, dass es unerlässlich ist, die Frage des heimat- und staatenlosen jüdischen Volkes durch Wiedererrichtung des jüdischen Staates im Lande Israel zu lösen, der seine Tore jedem Juden weit öffnen und dem jüdischen Volk die Stellung einer gleichberechtigten Nation unter den Völkern verleihen wird. […] Im Zweiten Weltkrieg leistete die jüdische Bevölkerung des Landes im Kampf der freiheits- und friedliebenden Nationen gegen die Kräfte der nationalsozialistischen Verbrecher ihr Teil und erwarb sich mit dem Blute ihrer Kämpfer den Anspruch, den Völkern, die den Bund der Vereinten Nationen gründeten, zugerechnet zu werden.

Das jüdische Volk hat gleich allen anderen Völkern das natürliche Recht, ein selbstständiges Leben in einem souveränen Staat zu führen. Daher sind wir […] heute, am Tage, an dem das britische Mandat über das Land Israel zu Ende geht, zusammengetreten und proklamieren hiermit kraft unseres natürlichen und historischen Rechts und aufgrund des Beschlusses der Vollversammlung der Vereinten Nationen die Errichtung eines jüdischen Staates im Lande Israel, des Staates Israel. […]

Der Staat Israel wird für die jüdische Einwanderung und die Sammlung der zerstreuten Volksglieder geöffnet sein; er wird sich die Entwicklung des Landes zum Wohle aller seiner Bewohner angelegen sein lassen. Er wird im Geiste der Visionen des Propheten Israels auf den Grundlagen der Freiheit, der Gleichheit und des Friedens gegründet sein; er wird allen seinen Bürgern volle soziale und politische Gleichberechtigung ohne Unterschied der Religion, der Rasse und des Geschlechts gewähren; er wird Glaubens- und Gewissensfreiheit sowie Freiheit der Sprache, der Erziehung und Kultur garantieren. Er wird die heiligen Stätten aller Religionen beschützen und den Grundsätzen der Charta der Vereinten Nationen Treue bewahren. […]

Wir bieten allen Nachbarstaaten und ihren Völkern die Hand zum Frieden und zu guter Nachbarschaft und rufen sie zur Zusammenarbeit mit dem jüdischen Volke, das in seinem Lande die Selbstständigkeit erlangte, und zu gegenseitiger Hilfe auf. Der Staat Israel ist bereit, seinen Beitrag zu den gemeinsamen Bemühungen für den Fortschritt des gesamten Mittleren Ostens zu leisten.

Zitiert nach: Elmar Krautkrämer, Krieg ohne Ende? Israel und die Palästinenser – Geschichte eines Konflikts, Darmstadt 2003, S. 160 f.

M20 Q Auseinandersetzungen um die Gründung des Staates Israel

Dir Jassin (auch Deir Jassin oder Dair Yasin) ist der Name eines ehemaligen arabischen Dorfes nordwestlich von Jerusalem und im palästinensischen Geschichtsbewusstsein beinahe zum Synonym für Heimatverlust und Ohnmacht gegenüber der israelischen Macht geworden. Am 9. April 1948 verüben dort zionistische Untergrundorganisationen ein Massaker, dem über 250 Araber zum Opfer fallen. Zentrale Aspekte der Ereignisse um Dir Jassin lassen sich durch jüdische und arabische Zeitzeugenberichte erarbeiten:

Erinnerung Yoseph Avidars, ehemaliger General des Haganah-Kommandos:

Wir waren gegen den Angriff auf Dir Jassin. Wir hatten andere Dinge zu tun, als Dir Jassin anzugreifen, das uns nicht angriff. Uns beschäftigten die arabischen Dörfer, die die Straße nach Jerusalem bedrohten. Wir waren insbesondere gegen das Massaker, das dort veranstaltet wurde. Das war nicht die Art und Weise, wie wir von der Haganah kämpften.

Erinnerung Menachem Begins, damals Oberkommandierender der Untergrundeinheit Etzel:

Am 9. April eroberten unsere Männer zusammen mit einer Lechi-Einheit das Dorf Dir Jassin ... Unsere Männer waren gezwungen, um jedes Haus zu kämpfen. Um den Feind zu überwinden, benutzten viele Handgranaten. Und die Zivilisten, die unsere Warnungen missachtet hatten, erlitten unvermeidliche Verluste.

Erinnerung Meir Peils, eines Haganah-Offiziers, der erst nach Ende der Kämpfe zu seiner Einheit gestoßen ist:

Dir Jassin lag überhaupt nicht an der Straße nach Jerusalem.

Seit Dezember 1947 gab es ein Friedensabkommen zwischen Dir Jassin und der jüdischen Nachbarsiedlung Givat Schaul.

Dort wurde nicht geschossen. Dort passierte nichts.

Sie griffen in der Morgendämmerung ohne Vorwarnung an.

Nach ein oder zwei Stunden stellten sie fest, dass sie das Ganze dort nicht erobern konnten, nur den Ostteil. Im Westteil schossen etwa zwölf bis 15 Araber – nur mit Gewehren, nicht mit automatischen Waffen.

Ungefähr um zehn Uhr vormittags griff ein Palmach-Trupp, der von einem Lechi um Hilfe gebeten wurde, Dir Jassin an und eroberte innerhalb von fünf Minuten den Westteil des Dorfes.

Nachdem der Palmach-Trupp Dir Jassin wieder verlassen hatte, gingen die Etzel- und Lechi-Leute von Haus zu Haus und schossen wahllos auf Frauen, Männer und Kinder. Wir haben das fotografiert. Ich versuchte, den Kommandeur zu überzeugen, das heißblütige Massaker zu beenden.

Das dauerte ungefähr drei oder vier Stunden. Es hörte erst auf, als einige Hundert [jüdische] Bürger von Givat Schaul nach Dir Jassin kamen und gegen dieses Massaker von Etzel und Lechi protestierten. Sie beschimpften sie als Mörder.

Etzel und Lechi verließen das Dorf. Junge Haganah-Leute, noch Schüler, haben die Opfer gezählt und beerdigt. Es waren 254 arabische Leichen, die meisten Frauen und Kinder, nur wenige alte Männer.

Erinnerung der damals achtjährigen Überlebenden von Dir Jassin, Mijam Akel:

Die Juden kamen um vier Uhr früh. Meine Mutter hob mich und meine Schwester aus dem Fenster. Dann flohen wir zu meiner Tante nach Ein Karem. Meine Mutter, mein Vater, meine zwei Brüder, mein Großvater und mein Onkel starben alle. Von unserer Familie starben 45 Personen. Das ist alles, was ich weiß.

Wir kamen nicht wieder in den Ort. Wir konnten nicht sehen, was sie mit den Leichen taten, ob sie sie in den Brunnen warfen, sie verbrannten oder Gräben aushuben und sie beerdigten. Allah weiß es.

Zitiert nach: Friedrich Schreiber und Michael Wolffsohn, Nahost. Geschichte und Struktur des Konflikts, Opladen [4]1996, S. 156 f.

Arbeitsvorschläge

32065-0382

1. Vergleichen Sie den Plan der Peel-Kommission 1937 mit dem UN-Teilungsplan von 1947. Berücksichtigen Sie dabei, dass der Plan der Peel-Kommission eine umfangreiche Umsiedlung der arabischen Bevölkerung beinhaltete (M17).
2. Halten Sie eine kurze Rede aus Sicht der arabisch-palästinensischen bzw. der jüdisch-israelischen Bevölkerung, in der Sie Ihre Ablehnung oder Anerkennung zum Teilungsplan erläutern (M18).
3. Bewerten Sie die Folgen des UN-Teilungsplans (M18).
4. Fassen Sie die Argumente zusammen, mit denen das Existenzrecht des Staates Israels begründet wird (M19).
5. Analysieren Sie Ben-Gurions Darstellung des jüdischen Volkes sowie die Ziele und das Selbstverständnis des Staates Israel (M19). | H
6. Arbeiten Sie aus den Zeitzeugenberichten die Ereignisse um Dir Jassin heraus (M20). Ordnen Sie das Geschehen in den zeitlichen Kontext ein.
7. Charakterisieren Sie die Strategien der Mitglieder der israelischen Untergrundorganisationen (M20). | H
8. Erläutern Sie, warum im arabischen Gedächtnis vor allem der Angriff auf Dir Jassin geblieben ist (M20).

Der jüdische Staat im Kalten Krieg

M 21 Q UN-Resolution zum Nahen Osten

Die UN-Resolution 242 vom 22. November 1967 besagt unter anderem:

Um einen gerechten und dauerhaften Frieden in Nahost herzustellen, sind folgende Grundsätze anzuwenden: (I) Rückzug der israelischen Streitkräfte aus den Gebieten, die während des jüngsten Konflikts besetzt wurden; (II) Einstellung aller Behauptungen oder Formen eines Kriegszustandes sowie die Beachtung und Anerkennung der Souveränität, der territorialen Unversehrtheit und der politischen Unabhängigkeit eines jeden Staates in diesem Gebiet und die seines Rechts, innerhalb sicherer und anerkannter Grenzen frei von Drohungen und Akten der Gewalt in Frieden zu leben.

Zitiert nach: Elmar Krautkrämer, Krieg ohne Ende? Israel und die Palästinenser – Geschichte eines Konflikts, Darmstadt 2003, S. 165 f.

M 22 D Die israelische Einnahme Jerusalems: Segen oder Fluch?

Der israelische Journalist Gil Yaron schreibt 2007 über die Einnahme Jerusalems durch das israelische Militär 1967:

Spielte die Klagemauer vor dem Sechstagekrieg im israelischen Alltag nur eine Nebenrolle, erfolgte 1967 ein tiefer Wandel. Am 7.6.1967 eroberten israelische Truppen Ost-Jerusalem. Der Verteidigungsminister Mosche Dajan ging mit den anderen Siegern [...] zur Klagemauer und erklärte feierlich: „Jerusalem ist befreit. Wir haben Jerusalem, die geteilte Hauptstadt Israels, vereint. Wir sind an unsere heiligen Plätze zurückgekehrt, um uns niemals wieder von ihnen zu trennen." In Israel brach eine begeisterte Stimmung aus. Die Dauer des Krieges wurde der biblischen Erschaffung der Welt gleichgestellt. Gläubige Juden sahen in dem erfolgreichen Feldzug ein Zeichen Gottes.

Nicht alle Israelis labten sich an dem berauschenden Sieg. Eine Anekdote besagt, dass der israelische Premier Levy Eschkol kurz nach der Eroberung Ost-Jerusalems von seinen Beratern zur Klagemauer gebracht wurde. Euphorisch betrat er die Altstadt. Doch an einem Weg zum jüdischen Heiligtum verdüsterte sich sein Gesichtsausdruck. Hunderte schweigende Araber säumten seinen Weg und betrachteten die israelischen Eroberer mit einer Mischung aus Angst und Hass. An der Klagemauer angekommen, begrüßten ihn die Israelis mit stürmischem Beifall.

Eschkol hob die linke Hand und machte mit zwei Fingern das „V"-Zeichen. Sein Berater fragte ihn: „Ist das ein V für ‚victory'?" „Nein", flüsterte Eschkol in Jiddisch zurück: „Das ist für ‚Wie kriechen wir hier wieder raus?'" So hatte Eschkol, der wie fast alle Akteure des Sechstagekrieges gegen seinen Willen aufgrund einer Reihe von Fehlern in den Krieg hineingezogen worden war, schon kurz danach trotz der hysterischen Euphorie um ihn herum die militärischen Sieg als politische Niederlage erkannt. Mit den eroberten Gebieten hatte Israel das Palästinenserproblem „geschluckt": Anstatt an ihren Grenzen befanden sich die Araber nun inmitten des jüdischen Staates. [...] Doch die Mehrheit reagierte ekstatisch auf die „Befreiung" ganz Jerusalems. Schon wenige Stunden nach der Eroberung ließ der neu gewählte Bürgermeister Teddy Kollek das Mughrabi-Viertel vor der Klagemauer planieren. Insgesamt 135 arabische Häuser wurden dem Erdboden gleichgemacht, 650 Palästinenser zwangsweise umgesiedelt. Vor der Klagemauer entstand der große Platz, an dem sich heute Tausende zum Gebet einfinden können.

Gil Yaron, Jerusalem. Ein historisch-politischer Stadtführer, München 2007, S. 160 f.

M 23 Q Betende Männer an der Klagemauer

Foto von 2010

Seit dem Sechstagekrieg ist es Juden wieder möglich, an der Klagemauer in Jerusalem zu beten.

M 24 Q Die Haupthindernisse zum Frieden

Aus der Rede des ägyptischen Präsidenten Anwar as-Sadat vor dem israelischen Parlament am 20. November 1977:

Die Antwort auf die Kardinalfrage über den Frieden ist weder schwierig noch unmöglich, trotz der vielen Jahre, die von Feindseligkeit und Hass geprägt worden sind. Die Beantwortung dieser Frage ist einfach, wenn wir einer geraden Linie der Wahrheit und des Glaubens folgen. Sie wollen mit uns in diesem Gebiet zusammenleben. Dazu sage ich ganz ehrlich: Wir heißen Sie willkommen. Alleine dies ist das Anzeichen eines historischen Wandels. Wir haben Sie in der Vergangenheit abgelehnt. Dazu hatten wir unsere Gründe und Argumente. [...] Heute sage ich Ihnen und der ganzen Welt aber, dass wir es akzeptieren, mit Ihnen in einem Zustand des gerechten und dauerhaften Friedens zusammenzuleben. [...]

Der Friede wird nicht gut fundiert sein, wenn er nicht auf Gerechtigkeit beruht, sondern auf der Besetzung von Gebieten anderer. Es darf nicht erlaubt sein, dass Sie etwas verlangen, was Sie anderen verweigern. Ich sage ganz offen, Sie müssen die Träume von morgen aufgeben wie auch die Überzeugung, dass die Gewalt das beste Mittel ist für Ihr Verhalten den Arabern gegenüber. Im Sinne unserer Begegnung müssen Sie begreifen, dass Ihnen die Expansion nichts nützt. Unser Land ist kein Gegenstand von Kompromissen und Diskussionen. Unser nationales Territorium ist heilig. [...] Keiner von uns kann oder will auf nur einen Fußbreit dieses Territoriums verzichten. [...]

Ich sage Ja zu der Logik, der zufolge Israel in diesem Gebiet in Frieden und Sicherheit leben kann. Dass es innerhalb seiner Grenzen vor jeder Aggression geschützt wird, auch hierzu sage ich Ja. Ich sage auch Ja zu der Forderung, dass Israel alle Garantien erhält, welche ihm die Verwirklichung dieser beiden Ziele ermöglichen, nämlich Frieden und Sicherheit. Wir erklären, dass wir alle internationalen Garantien, die sie fordern, akzeptieren, von welcher Seite auch immer. [...]

Um zu diesem Ziel zu gelangen, müssen wir gewissen Realitäten offen und mutig begegnen. Es gibt arabische Territorien, die von Israel mit Waffengewalt besetzt gehalten werden. Wir beharren auf dem vollen Rückzug aus diesen Territorien, das schließt das arabische Jerusalem mit ein. [...]

Der volle Rückzug aus den im Jahre 1967 besetzten Gebieten ist eine selbstverständliche Sache. Hierzu nehmen wir keine Argumente hin. Ohne diesen Schritt wären Gespräche über den dauerhaften und gerechten Frieden sinnlos. Ohne diesen Schritt wäre eine Absicherung unseres Zusammenlebens in Sicherheit und Frieden völlig sinnlos. [...] Was die palästinensische Frage anbelangt, so gibt es niemanden, der bestreitet, dass diese Frage der Kern des ganzen Problems ist. Niemand in der Welt kann heute die in Israel demonstrierten Slogans akzeptieren, mit denen die Existenz des palästinensischen Volkes ignoriert und gefragt wurde, wo es zu finden sei. Die Sache der Palästinenser und deren legitime Rechte können von niemandem mehr geleugnet oder ignoriert werden. [...] Solange dieses Problem ungelöst bleibt, verschärft sich der Streit und nimmt neue Dimensionen an. Ich sage Ihnen ganz ehrlich, dass ohne die Palästinenser der Friede unrealisierbar ist.

Zitiert nach: Rolf Tophoven (Hrsg.), Der israelisch-arabische Konflikt, Bonn [2]1990, S. 106 f.

M 25 Q Vorschläge zur Lösung der Palästinenserfrage

Im Abkommen von Camp David stimmen Israel und Ägypten überein, „den Bewohnern des Westjordanlandes und des Gazastreifens volle Autonomie zu gewähren". Beide Seiten erarbeiten dazu anschließend getrennte Vorschläge:

Das israelische Autonomie-Modell, 16.1.1980 (Auszüge):

Das Autonomie-Modell für die palästinensisch-arabischen Bewohner von Judäa, Samaria und dem Gazastreifen.

1. Der Verwaltungsrat soll aus einem Vorsitzenden und zehn weiteren Mitgliedern bestehen.
2. Der Verwaltungsrat wird folgende Vollmachten erhalten:

- Verordnungen zu erlassen
- den Haushalt und die Finanzierung des Verwaltungsrates zu beschließen
- Werkverträge zu schließen
- zu klagen und beklagt zu werden an örtlichen Gerichten
- Personal zu beschäftigen

Folgende Unterabteilungen sind als Verwaltungseinheiten vorgesehen: Landwirtschaft, Gesundheit, Religiöse Fragen, Arbeit und Soziales, Industrie und Handel, Finanzen, Verkehr, Erziehung, Recht, Kommunalpolitik.

Das ägyptische Autonomie-Modell, 29.1.1980 (Auszüge):

Die Autonomie-Körperschaft in Westjordanland und in Gaza ist sowohl für die Bewohner als auch für das Gebiet gleichermaßen zuständig.

Die israelischen Siedlungen im Westjordanland und in Gaza sind illegal und sind aufzugeben.

Die Autonomie-Körperschaft wird folgende Vollmachten erhalten:

- Verkündung von Gesetzen und Verordnungen
- Bestimmung, Durchführung und Überwachung politischer Entscheidungen
- Vorbereitung und Verabschiedung eines Haushalts
- Steuerbeschließungs- und -erhebungsrechte
- Ausgabe von Ausweisen und Reisedokumenten
- Kontrolle des Ein- und Ausgangs von Personen und Gütern in die und aus der Region

Die Körperschaft soll aus 80 bis 100 Mitgliedern bestehen, die vom palästinensischen Volk im Westjordanland und in Gaza frei gewählt werden.

Die Körperschaft soll aus einem Parlament und einer Exekutive bestehen.

Zitiert nach: Michael Wolffsohn, Israel. Geschichte, Politik, Gesellschaft, Wirtschaft, Wiesbaden 2007, S. 266

M 26 D Die Entwicklung des israelisch-arabischen Konflikts von 1948 bis 1995

Im Zentrum des Nahost-Konflikts stehen seit 1948 die Auseinandersetzungen um den Staat Israel. Die arabische Seite kämpft zunächst dafür, anstelle Israels für das gesamte Palästina eine arabische Herrschaft einzurichten. Dafür würden Ägypten wie auch Jordanien und Syrien als Vormacht bereitstehen. Erst 1974 akzeptiert die palästinensische Seite unter Jassir Arafat erstmals die Zwei-Staaten-Lösung und tritt fortan für einen palästinensischen Teilstaat ein. 1978 folgt die Anerkennung Israels durch Ägypten. Von entscheidender Bedeutung für die territoriale Entwicklung sind bis 1990 der UN-Teilungsplan von 1947, die Waffenstillstandsvereinbarung von 1949, die Waffenstillstandsvereinbarungen nach dem Sechstagekrieg 1967, die Neugliederungen des Sinai nach dem Friedensvertrag zwischen Israel und Ägypten 1978 sowie die Entstehung der palästinensischen Autonomiegebiete im Kontext der in Oslo geführten israelisch-palästinensischen Verhandlungen mit dem Gaza-Jericho-Abkommen (Oslo I) 1994 und dem Vertrag von Taba (Oslo II) über das Westjordanland im Jahr 1995.

a)

Israel - territoriale Entwicklung

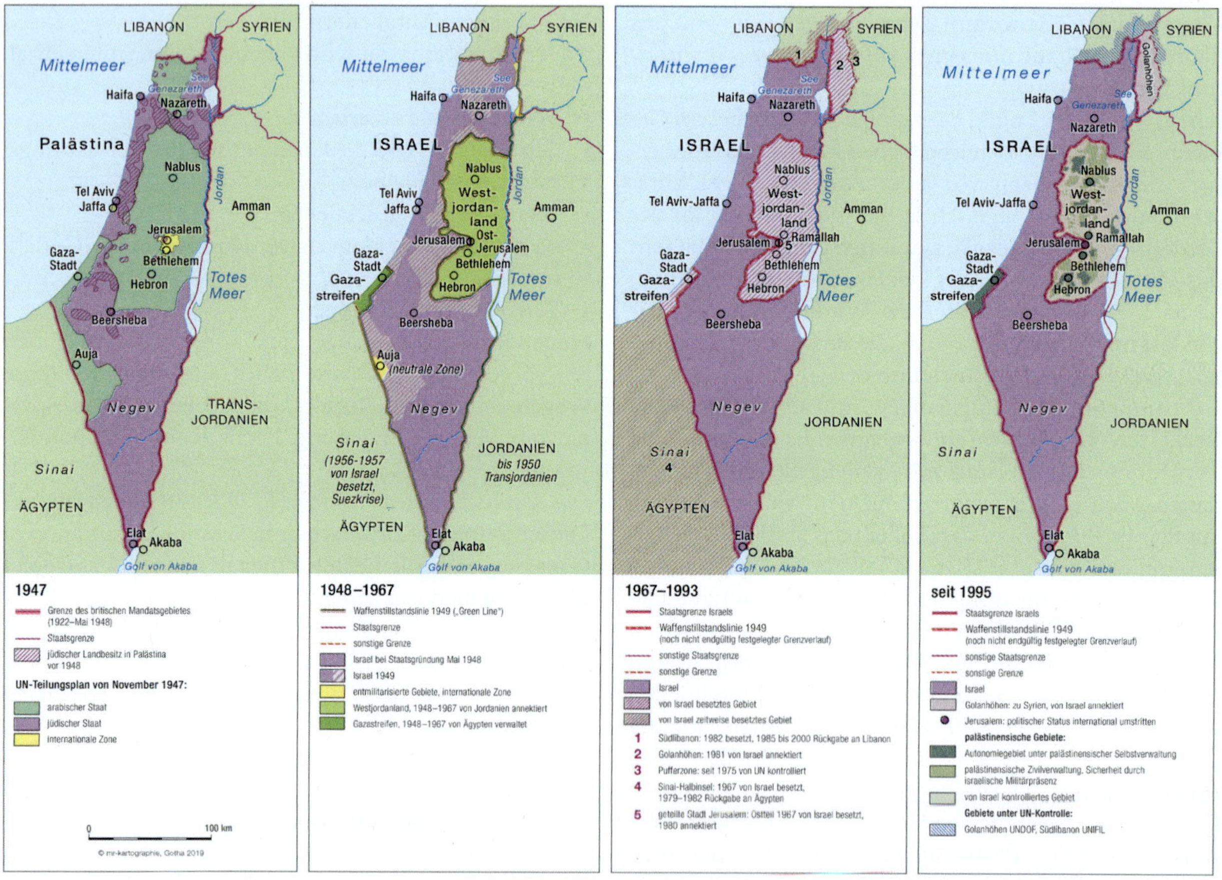

b)

Jahr	Juden (%)	Araber (%)	Summe (in 1000)
1882	5,33	94,66	450
1914	12,4	87,59	685
1918	8,53	91,46	656
1922	11,17	88,82	752
1931	16,94	83,15	1033
1935	27,14	72,85	1308
1940	30,03	69,96	1545
1945	30,6	69,39	1810
1948 (15.05.)	80,64	19,35	806

Jahr	Juden (%)	Araber (%)	Summe (in 1000)
1951	89,02	10,97	1577
1954	88,82	11,17	1718
1957	89,22	10,77	1976
1961	88,66	11,33	2179
1967	85,84	14,15	2777
1973	85,23	14,76	3338
1977	84,23	15,76	3653
1981	88,45	16,45	3978
1986	82,36	17,63	4310

Nach: Bundeszentrale für politische Bildung, Kontrovers. Der Israelisch-palästinensische Konflikt, Bonn 1991, S. 32

Arbeitsvorschläge

32065-0383

1. Nennen Sie die zwei Hauptforderungen, die für einen gerechten und dauerhaften Frieden in Nahost genannt werden, und ordnen Sie die Quelle in den historischen Kontext ein (M21).
2. Bewerten Sie die Realisierbarkeit der genannten Grundsätze vor dem Hintergrund der aktuellen Situation im Nahen Osten (M21).
3. Der Sechstagekrieg von 1967 wird aus israelischer Sicht oft als nationaler Triumph angesehen. Fassen Sie die Reaktionen der israelischen Akteure auf die Eroberung Ost-Jerusalems 1967 zusammen und nennen Sie Aspekte dieses „Triumphes" (M22).
4. Erläutern Sie die symbolische Bedeutung der Klagemauer für Israel. Gehen Sie dabei auf den von Yaron beschriebenen „tiefen Wandel" ein (M22).
5. Untersuchen Sie, worin die Doppeldeutigkeit des israelischen Sieges von 1967 liegt, und diskutieren Sie, welche Alternativen es von israelischer Seite im Umgang mit der Klagemauer gegeben hätte (M22).
6. Erörtern Sie am Beispiel der Klagemauer die Ansicht, dass Jerusalem der Schlüsselfaktor des Nahost-Konflikts wäre (M22). | H
7. Entwerfen Sie Handlungsstrategien der palästinensischen Seite nach dem Krieg von 1967 sowohl gegenüber den arabischen Ländern als auch gegenüber Israel.
8. Konzipieren Sie eine Gedenkveranstaltung zum 60. Jahrestag der Eroberung Ost-Jerusalems im Jahr 2027, die die Perspektiven beider Seiten – von Israelis und Palästinensern – einbezieht. Untermauern Sie Ihre Planung, indem Sie auf die in M22 beschriebenen Ereignisse und Reaktionen verweisen.
9. Arbeiten Sie heraus, mit welchen Argumenten Sadat 1977 für einen Frieden wirbt (M24).
10. Beurteilen Sie die Rede Sadats im Hinblick auf die Chancen eines Friedensvertrages mit Israel (M24).
11. Nehmen Sie Stellung zum Vorwurf der arabischen Regierung, Sadat habe in seiner Rede die Idee einer gesamtarabischen Nation aufgegeben (M24).
12. Diskutieren Sie, ob die „palästinensische Frage" der Kern des israelisch-arabischen Konflikts ist (M24).
13. Vergleichen Sie beide Modelle in Hinblick auf die Kompetenzen und den Status der Autonomiebehörde (M25).
14. In der Knesset sagte Regierungschef Begin im Dezember 1979: „Für die Schaffung von Frieden werden wir die Verwaltungsautonomie für die arabischen Bewohner Judäas, Samarias und des Gazastreifens vorschlagen." Erörtern Sie, inwieweit diese Aussage das israelische Autonomie-Modell präzisiert (M25).
15. Beurteilen Sie die Erfolgsaussichten beider Pläne (M25).
16. Erläutern Sie die Entwicklung der Staatsgrenzen sowie der Bevölkerung im Gebiet um Israel und im Westjordanland (M26).
17. Ordnen Sie die Entwicklung a) aus israelischer, b) aus arabischer und c) aus palästinensischer Sicht für das gesamte Konfliktgebiet sowie für Jerusalem ein (M26).
18. Analysieren Sie, ob die Lage in Palästina eine gleiche Ausgangsposition für eine Vereinnahmung durch die Supermächte bot, wie dies in Vietnam, Korea oder Deutschland der Fall war.
19. Beurteilen Sie die Möglichkeit für eine palästinensische Friedenslösung vor dem Hintergrund der außenpolitischen Grundsätze Israels.

Friedensverhandlungen

M 27 D Ein Jahr Intifada – Verluste und Chancen

Ein Jahr nach Ausbruch der Intifada zieht ein Korrespondent des Nachrichtenmagazins „Der Spiegel" im Dezember 1988 eine Zwischenbilanz:

Eine stark motivierte palästinensische Jugend erobert Führungsfunktionen in den besetzten Gebieten. Die „Kinder der Steine", Jugendliche unter 20 Jahren, machen fast die Hälfte der 1,5 Millionen Palästinenser auf dem Jordan-Westufer und im Gazastreifen aus. Sie proben eine autonome Verwaltung, um Israels Joch abzuschütteln. [...] Mindestens ein Dutzend Palästinenser, die als Kollaborateure der Israelis galten, wurden von Aktivisten erschossen, erdrosselt oder erstochen. Die Leiter des Aufruhrs sind in kleinen Ortszellen organisiert.
Alle zwei, drei Wochen treffen sie sich insgeheim, stimmen ihre Beschlüsse mit der PLO in Tunis ab. Von dort kommt regelmäßig die Anweisung: Keine scharfen Waffen einsetzen. Kampfslogans prangen überall: In schwarzer Farbe fordert die Fatah „Befreiung sofort!". In grüner Farbe verlangen islamische Fundamentalisten: „Haifa und Jaffa vor Jerusalem", in Rot propagiert die radikale PFLP „Israels Ende". Aus 200 Moscheen in Gaza [...] ertönt die Parole: „Mit Feuer und Blut werden wir Palästina erlösen." [...]
Der bescheidene Wohlstand der Palästinenser von einst ist dahin. Viele arabische Beamte, darunter die meisten Polizisten, haben ihren Dienst quittiert. Wochenlang fiel jeder Schulunterricht aus. Erst vergangene Woche kehrten 200 000 palästinensische Kinder in 62 Schulen im Westjordanland zurück. Ausgangssperren beeinträchtigen das Leben der zwangsverwalteten Bevölkerung. Tausende wagen nicht, zur Arbeit in den jüdischen Kernstaat zu fahren. Allnächtlich finden Razzien und Hausdurchsuchungen statt. Strom, Telefon, ja sogar die Wasserversorgung wird von den Israelis regelmäßig abgeschaltet. [...]
Gekauft wird nur noch das Lebensnotwendigste. Elektrische Geräte, Spielzeuge, Luxuswaren finden kaum Absatz. Wer plötzlich einen neuen Anzug trägt, gilt als verdächtig. [...] Die Israelis beziffern die Schäden, die ihnen durch den Aufstand zugefügt wurden, auf etwa 1,5 Milliarden Schekel [...]. Besonders betroffen war die Textilindustrie im Westjordanland; ihr Absatz ging um ein Drittel zurück. Wenn möglich meiden die Palästinenser israelische Waren. [...] Die verringerten Exporte bedeuten „25 000 verlorene Arbeitsplätze", sagt Dan Proper vom Industriellenverband. 14 000 Gastarbeiter wurden [...] geholt, um streikende arabische Arbeiter zu ersetzen. Die Kosten der Intifada würden das diesjährige Wirtschaftswachstum auffressen [...]. Wie lange kann Israels Wirtschaft diesen Aderlass noch aushalten? [...]
Bei vielen Israelis setzt sich allmählich die Einsicht durch, dass besetzte Gebiete mit Gewalt auf Dauer nicht zu halten sind. Auch wenn Wut und Trotz noch überwiegen, so wächst doch [...] die Bereitschaft, nach politischen Arrangements zu suchen. [...] Umgekehrt begreifen auch viele Palästinenser, dass sie den Israelis die Gebiete nicht mit Gewalt entreißen können.

„Feuer und Blut", in: Der Spiegel 50/1988 vom 11.12.1988, S. 147

M 28 Q Anerkennung und Friedensversprechen

In einem Briefwechsel zwischen Jassir Arafat und Jitzchak Rabin werden Probleme ausgeräumt, die der „Prinzipienerklärung über die vorübergehende Selbstverwaltung" („Oslo I") zwischen Israel und der PLO im Wege stehen.

Brief Jassir Arafats an Jitzchak Rabin vom 9.9.1993:
Herr Premierminister, die Unterzeichnung der Prinzipienerklärung markiert eine neue Ära in der Geschichte des Nahen Ostens. Davon fest überzeugt, möchte ich die folgenden Verpflichtungen der PLO bekräftigen:
Die PLO anerkennt das Recht des Staates Israel, in Frieden und Sicherheit zu existieren. [...]
Die PLO ist dem Nahost-Friedensprozess und einer friedlichen Lösung des Konflikts zwischen den beiden Seiten verpflichtet und erklärt, dass alle weiteren Fragen [...] durch Verhandlungen gelöst werden.
Die PLO [...] lehnt Terrorismus und andere Gewaltakte ab und wird die Verantwortung über alle Gruppen und das Personal der PLO übernehmen, um deren Zustimmung sicherzustellen, Gewalttätigkeiten zu verhindern und diejenigen zu disziplinieren, die Vereinbarungen brechen.
Mit Blick auf die Verheißung einer neuen Ära und die Unterzeichnung der Prinzipienerklärung [...] bekräftigt die PLO, dass jene Artikel der Palästinensischen Charta, die das Existenzrecht Israels bestreiten, und jene Klauseln der Charta, die nicht mit den Verpflichtungen dieses Briefes übereinstimmen, jetzt unwirksam und nicht länger gültig sind. Als Konsequenz daraus verpflichtet sich die PLO, dem Palästinensischen Nationalrat die notwendigen Änderungen mit Blick auf die Palästinensische Charta zur Zustimmung zu unterbreiten.

Brief von Jitzchak Rabin an Jassir Arafat vom 9.9.1993:
Herr Vorsitzender, in Beantwortung Ihres Briefes vom 9. September 1993 möchte ich Ihnen bestätigen, dass im Lichte der in Ihrem Brief enthaltenen Verpflichtungen der PLO die Regierung Israels beschlossen hat, die PLO

als Repräsentantin des palästinensischen Volkes anzuerkennen und Verhandlungen mit der PLO im Rahmen des Nahost-Friedensprozesses aufzunehmen.

Zitiert nach: Dokumente zum Friedensprozess im Nahen Osten, in: Blätter für deutsche und internationale Politik, Heft 10, 1993, S. 1280-1285

M 29 D Die „Roadmap" von 2002 – von Beginn an zum Scheitern verurteilt?

Die gewalttätigen Auseinandersetzungen im Nahost-Konflikt führen 2002 erneut zu internationalen Vermittlungsversuchen, bei denen sich die USA, Russland, die EU sowie die UNO zu einem „Führungsquartett" zusammenschließen. Ihre Hoffnungen gründen sie auf einen „Fahrplan" („Roadmap"), der in verbindlichen Zeitintervallen erfüllt werden und bis zum Jahr 2005 zu einem dauerhaften Frieden führen soll. Bereits am 18. September 2002, unmittelbar nach der Vorstellung der „Roadmap", äußern sich sowohl die palästinensische als auch die israelische Seite über ihre Inhalte. Der langjährige Nahost-Korrespondent Jörg Bremer berichtet am 19. September 2002 in der „Frankfurter Allgemeinen Zeitung":

Die Palästinenser haben am Mittwoch enttäuscht auf den Friedensplan reagiert, der in New York vom „Quartett" vorgestellt wurde, in dem in regelmäßiger Folge die Vereinigten Staaten, Russland, die Europäische Union und die Vereinten Nationen über den Nahen Osten beraten. Zurückhaltende Äußerungen kamen auch aus dem Amt des israelischen Ministerpräsidenten Scharon. Unterdessen hat es am Nachmittag in der Nähe der Stadt Umm el Fahm im Norden Israels den ersten Selbstmordanschlag seit sechs Wochen gegeben. Bei dem Attentat an einer Bushaltestelle kamen der Terrorist und eine weitere Person ums Leben, drei Personen wurden zum Teil schwer verletzt. Auch in anderen Orten im Krisengebiet kam es zu neuer Gewalt. Ministerpräsident Scharon forderte auf einer Kabinettssitzung noch vor dem Anschlag: „Für einen Fortschritt (zum Frieden) muss es ein absolutes Ende von Terror und Gewalt geben." Ein Sprecher des Außenministeriums sagte, wenn es dazu komme, könne gemeinsam eine neue Zukunft zum Besten beider Völker gebaut werden. In der Umgebung des israelischen Ministerpräsidenten gilt der beschlossene Drei-Phasen-Plan, mit dem bis 2005 ein Ende des Konflikts erreicht und ein Staat Palästina ausgerufen sein soll, als unrealistisch. Außenminister Peres, der wie die palästinensischen Minister Schaath und Erekat an dem Treffen in New York teilnahm, äußerte sich aber zufrieden. Er lehnte aber ein palästinensisches Angebot für eine teilweise Waffenruhe ab. In einer ersten Phase sollte danach die Gewalt gegen Zivilisten und erst in der zweiten Phase ein völliger Waffenstillstand vereinbart werden. Das sei für die erste Phase „eine Lizenz zum Töten", sagte Peres. Die Palästinenser kritisieren vor allem, dass sich das Quartett nicht für einen sofortigen Abzug der israelischen Truppen einsetze. „Die Erklärung bringt gar nichts", sagte Erekat. Die Palästinenser erwarteten ein Ende der „israelischen Aggression". Diese Position vertrat auch der Vorsitzende der palästinensischen Autonomiebehörde, Jassir Arafat. In Ramallah sagte er, der Abzug israelischer Truppen sei unerlässlich für die Verwirklichung von Reformen und für Schritte auf dem Weg zum Frieden. Er hoffe auf einen schnellen und sofortigen Abzug der israelischen Armee, damit die Palästinenser ihre Reformen beginnen könnten. Arafat hat für Januar Wahlen zum Autonomierat und zum Vorsitz der Autonomiebehörde angesetzt.

Nach dem Drei-Phasen-Plan des Quartetts sollen Israel und die Palästinenser noch vor den für Januar vorgesehenen Wahlen in den autonomen Gebieten Sicherheitsvereinbarungen treffen. Israel wurde aufgefordert, seine Truppen auf die Positionen zurückzuziehen, von denen aus sie gegen die zweite „Intifada" seit Ende September 2000 vorgerückt sind. Die Palästinenser sollen mit ihrem reformierten Polizeisystem selbst für Sicherheit sorgen. Die Bewegungsfreiheit soll wiederhergestellt werden.

In der zweiten Phase sollen 2003 die Grenzen für den künftigen Staat festgelegt und eine palästinensische Verfassung geschrieben werden. Zur dritten Phase gehören Verhandlungen über den Endstatus auf der Grundlage der Grenzlinie, die vor dem Sechstagekrieg 1967 bestand. Ein strenges Kontrollsystem soll die Einhaltung der Abkommen gewährleisten.

Der Plan beruht auf der vor Kurzem in der Krisenregion vorgestellten Initiative des dänischen Außenministers Möller, der derzeit EU-Ratsvorsitzender ist.

Am Treffen des Quartetts in New York nahmen zeitweise auch die Außenminister von Ägypten, Jordanien, Libanon, Syrien und Saudi-Arabien teil. UN-Generalsekretär Kofi Annan sprach nach den Beratungen von einem historischen Treffen, warnte aber vor zu großer Euphorie angesichts des seit über einem halben Jahrhundert andauernden Konflikts zwischen Israel und seinen arabischen Nachbarn.

Doch es kam wieder zu Gewalt im Krisengebiet. Am Rande von El Azariyeh, dem biblischen Bethanien, wurde am Morgen der Körper eines Israelis gefunden, der offenbar zuvor von Palästinensern ermordet worden war. Der Israeli aus der Siedlung Maale Adumim war mit seinen palästinensischen Arbeitern in ihren Heimatort mitgegangen. Was dann geschah, ist unklar. Jüdische Extremisten wollten offenbar unter arabischen Grundschülern in einem Dorf bei Hebron ein Blutbad anrichten. Nach Zeitungsberichten explodierte eine Bombe unter einem Trinkwasserbrunnen auf dem Schulhof, verletzte aber zum Glück nur fünf Kinder. Das Militär vermutet wie bei einigen anderen Fällen extremistische Israelis als Täter. Bei Dschenin im Norden des Westjordanlandes erschossen Soldaten ein 23 Jahre altes Mitglied der al-Aqsa-Brigaden, des militärischen Arms von Arafats Fatah-Bewegung. Nach Angaben der Armee eröffneten der Mann und sein Begleiter das Feuer auf die Soldaten, als diese ihren Wagen anhielten.

Das Oberste Gericht in Jerusalem wies die Berufung von Angehörigen zweier palästinensischer Attentäter aus Ost-Jerusalem zurück, die gegen die Zerstörung ihrer Wohnhäuser geklagt hatten. In der Nähe von Ramallah im Westjordanland zerstörte die Armee weitere 34 Sozialwohnungen, die illegal errichtet worden seien. Nach palästinensischen Angaben erteilt Israel zu selten Baugenehmigungen.

Jörg Bremer, Palästinenser enttäuscht über Friedensplan, in: Frankfurter Allgemeine Zeitung vom 19.09.2002, Nr. 218, S. 1 f.,

Arbeitsvorschläge

32065-0384

1. Beschreiben Sie die wirtschaftlichen, gesellschaftlichen und politischen Auswirkungen der ersten Intifada auf Israel und die Palästinensergebiete anhand von M27.
2. Analysieren Sie die Gemeinsamkeiten und Unterschiede im Anlass, Verlauf und Ergebnis der ersten und zweiten Intifada. Nutzen Sie dazu M27 sowie weitere Informationen aus dem bereitgestellten Material.
3. Bewerten Sie die Rolle der palästinensischen Jugend während der ersten Intifada. Diskutieren Sie, inwiefern ihre Aktionen langfristige politische Veränderungen bewirkt haben könnten.
4. Arbeiten Sie die Zugeständnisse heraus, die beide Seiten vor dem Abkommen machen. Beurteilen Sie, ob sie gleichwertig sind (M28).
5. Analysieren Sie die Bedeutung des Briefwechsels für den Friedensprozess im Nahen Osten. Berücksichtigen Sie dabei die historische Entwicklung des Konflikts (M28).
6. Erörtern Sie, inwiefern die in den Briefen gemachten Zugeständnisse als gleichwertig betrachtet werden können. Begründen Sie Ihre Einschätzung (M28). | H
7. Entwerfen Sie ein fiktives Communiqué für eine Pressekonferenz, in dem Arafat und Rabin gemeinsam die Bedeutung ihres Briefwechsels für den Friedensprozess erläutern (M28).
8. Beschreiben Sie die zentralen Inhalte der „Roadmap" und erläutern Sie, welche konkreten Maßnahmen in den drei Phasen vorgesehen waren (M29). | F
9. Analysieren Sie die unterschiedlichen Positionen Israels und der Palästinenser zur „Roadmap". Vergleichen Sie dabei ihre jeweiligen Forderungen und Kritikpunkte (M29).
10. Im Gegensatz zur israelischen und palästinensischen Seite fand die „Roadmap" etwa innerhalb der EU Anerkennung. Erläutern Sie mögliche Gründe für die unterschiedlichen Reaktionen (M29).
11. Bewerten Sie die Erfolgsaussichten der „Roadmap" vor dem Hintergrund der politischen und gesellschaftlichen Situation im Nahen Osten im Jahr 2002. Begründen Sie Ihre Einschätzung (M29).
12. Entwickeln Sie einen alternativen Friedensplan, der die historischen Konfliktlinien sowie die Grundpositionen beider Seiten berücksichtigt. Stellen Sie diesen Plan in Form einer Mindmap dar.

Deutsch-israelische Beziehungen

M 30 Q Die „Berliner Erklärung" – eine Grundposition im Nahost-Konflikt

Die europäischen Staaten bemühen sich seit den 1990er-Jahren um eine engere Abstimmung ihrer Positionen im Nahost-Konflikt. Unter dem Vorsitz der deutschen Bundesregierung unter Bundeskanzler Gerhard Schröder (SPD) und Außenminister Joschka Fischer (Grüne) tagten im März 1999 in Berlin die Staats- und Regierungschefs der Europäischen Union. Sie legen folgende Grundposition des Nahost-Friedensprozesses fest:

1. Die Staats- und Regierungschefs der Europäischen Union bekräftigen erneut ihre Unterstützung für eine Verhandlungslösung im Nahen Osten, mit der die Grundsätze von „Land für Frieden" widerspiegelt sowie die kollektive als auch die individuelle Sicherheit des israelischen und des palästinensischen Volkes gewährleistet werden. […]
2. Die Europäische Union fordert insbesondere eine baldige Wiederaufnahme der Verhandlungen über den endgültigen Status, die in den kommenden Monaten beschleunigt betrieben, zu einem zügigen Abschluss gebracht und nicht weiter verlängert werden sollten. […]
3. Die Europäische Union ruft beide Parteien nachdrücklich dazu auf, alle Handlungen zu unterlassen, die das Ergebnis der Verhandlungen über den endgültigen Status vorwegnehmen, und jede Handlung zu unterlassen, die gegen das Völkerrecht verstößt einschließlich jeder Siedlungstätigkeit, sowie gegen Aufwiegelung und Gewalt vorzugehen.
4. Die Europäische Union bekräftigt das dauerhafte und uneingeschränkte Recht der Palästinenser auf Selbstbestimmung einschließlich der Option für einen Staat und sieht einer baldigen Verwirklichung dieses Rechts erwartungsvoll entgegen. Sie ersucht beide Parteien, sich aufrichtig und unbeachtet dieses Rechts, das keinem von beiden zusteht, um eine Verhandlungslösung auf der Grundlage der bestehenden Vereinbarungen zu bemühen. Die Europäische Union ist überzeugt davon, dass die Schaffung eines demokratischen, existenzfähigen und friedlichen souveränen palästinensischen Staates auf der Grundlage bestehender Vereinbarungen und auf dem Verhandlungswege die beste Garantie für die Sicherheit Israels und für seine Anerkennung als gleichwertiger Partner in der Region ist. Die Europäische Union erklärt sich bereit, die Anerkennung eines palästinensischen Staates in Einklang mit den oben genannten Grundsätzen zu gegebener Zeit in Erwägung zu ziehen.

Europäischer Rat Berlin 24. und 25. März 1999. Schlussfolgerungen des Vorsitzes, © Europäisches Parlament, http://www.europarl.eu.int/summits/ber2_de.htm#partIV [Zugriff: 18.04.2005]

M 31 Q Die besondere Verantwortung Deutschlands

Nachdem Johannes Rau (SPD) im Februar 2000 als erster deutscher Bundespräsident vor den Abgeordneten des israelischen Parlaments (Knesset) sprechen durfte – was damals noch zu Protesten in Israel geführt hat –, bekommt Angela Merkel (CDU) anlässlich des 60. Jahrestages der Staatsgründung Israels am 18. März 2008 die Gelegenheit, vor den israelischen Abgeordneten der Knesset zu reden. Dabei betont sie:

Der Zivilisationsbruch durch die Shoa ist beispiellos. Er hat bis heute Wunden hinterlassen. Er schien Beziehungen zwischen Israel und Deutschland zunächst geradezu unmöglich zu machen. […]

Ich bin zutiefst davon überzeugt: Nur wenn sich Deutschland zu seiner immerwährenden Verantwortung für die moralische Katastrophe in der deutschen Geschichte bekennt, können wir die Zukunft menschlich gestalten. Oder anders gesagt: Menschlichkeit erwächst aus der Verantwortung für die Vergangenheit.

Wir sagen oft: Deutschland und Israel verbinden besondere, einzigartige Beziehungen. Was aber ist damit genau gemeint – einzigartige Beziehungen? Ist sich gerade mein Land dieser Worte bewusst – und zwar nicht nur in Reden und Festveranstaltungen, sondern dann, wenn es darauf ankommt? Wie gehen wir zum Beispiel ganz konkret damit um, wenn die Gräueltaten des Nationalsozialismus relativiert werden? Hierauf kann es nur eine Antwort geben: Jedem Versuch dazu muss im Ansatz entgegengetreten werden. […]

Oder wie gehen wir damit um, wenn in Umfragen eine deutliche Mehrheit der Befragten in Europa sagt, die größere Bedrohung für die Welt gehe von Israel aus und nicht etwa vom Iran? Schrecken wir Politiker in Europa dann aus Furcht vor dieser öffentlichen Meinung davor zurück, den Iran mit weiteren und schärferen Sanktionen zum Stopp seines Nuklearprogramms zu bewegen? Nein, wie unbequem es auch sein mag, genau das dürfen wir nicht. Denn täten wir das, dann hätten wir weder unsere historische Verantwortung verstanden noch ein Bewusstsein für die Herausforderungen unserer Zeit entwickelt. Beides wäre fatal. […]

Gerade an dieser Stelle sage ich ausdrücklich: Jede Bundesregierung und jeder Bundeskanzler vor mir waren der besonderen historischen Verantwortung Deutschlands für die Sicherheit Israels verpflichtet. Diese historische Verantwortung Deutschlands ist Teil der Staatsräson meines Landes. Das heißt, die Sicherheit Israels ist für mich als deutsche Bundeskanzlerin niemals verhandelbar. Und wenn das so ist, dann dürfen das in der Stunde der Bewährung keine leeren Worte bleiben.

Rede von Bundeskanzlerin Angela Merkel am 18. März 2008 vor der Knesset in Jerusalem, https://www.bundesregierung.de/breg-de/service/newsletter-und-abos/bulletin/rede-von-bundeskanzlerin-dr-angela-merkel-796170 [Zugriff: 21.04.2026]

M 32 D Die gegenseitige Wahrnehmung ändert sich

Der Historiker und ehemalige Botschafter Israels in der Bundesrepublik, Shimon Stein, analysiert anlässlich des 60. Jahrestages der deutsch-israelischen Beziehungen am 28. März 2008 den damaligen Stand der gegenseitigen Wahrnehmung:

Es ist vielleicht kein Zufall, dass der negative Trend [der Wahrnehmung Israels in der deutschen Öffentlichkeit] mit einem Prozess in der deutschen Gesellschaft zusammenfiel, der als „die neue Normalität" bezeichnet werden kann. Dieser Prozess hat unter anderem mit dem wachsenden zeitlichen Abstand zum Zweiten Weltkrieg zu tun, mit dem Abschied der Opfer und Täter bzw. mit dem Generationswechsel, mit dem Ende des Kalten Krieges und mit der sich verändernden Wahrnehmung und der Bereitschaft, unbefangener mit der eigenen Geschichte umzugehen.
Aus diesem Grund ist es kein Wunder, dass in einer Meinungsumfrage, die während des Besuches der Kanzlerin in Israel durchgeführt wurde, die Mehrheit der Befragten (52 Prozent) der Auffassung war, dass Deutschland sechzig Jahre nach der Staatsgründung Israels und 63 Jahre nach der Shoa keine besondere Verantwortung mehr gegenüber dem Staat Israel hätte. In diesem Zusammenhang, sollte man den aus meiner Sicht negativen Einfluss der Medien auf die öffentliche Meinung nicht unterschätzen. In vielen Fällen haben die Medien in unprofessioneller und unkorrekter Weise negativ über Israel Bericht erstattet.
Anhand der Meinungsumfragen in Israel ist festzustellen, dass die Wahrnehmung Deutschlands in der israelischen Öffentlichkeit differenzierter ist. Die Mehrheit der Israelis assoziiert Deutschland einerseits mit der Shoa, andererseits aber auch mit Tourismus, Fußball und Autos. Darüber hinaus betrachtet die Mehrheit der Israelis Deutschland als einen Freund.
Vor diesem Hintergrund stellt sich die Frage, wie sich die bilateralen Beziehungen in den kommenden Jahren entwickeln werden. Klar ist, dass die Säule der Erinnerung bzw. der Shoa nicht ausreichen wird, um die Besonderheit oder die – wie ich meine – Einzigartigkeit der Beziehungen aufrechtzuerhalten, geschweige denn, sie weiter auszubauen. Auch wenn die Shoa auch weiterhin Bestandteil der deutschen Identität bleiben wird.

Shimon Stein, Die israelische Perspektive, Bundeszentrale für politische Bildung vom 28.03.2008, www.bpb.de/internationales/asien/israel/45010/die-israelische-perspektive?p=all [Zugriff: 21.04.2026]

M 33 D Freibrief für Israel? – Schuld und Sühne

Der Politikwissenschaftler Michael Lüders ist Präsident der deutsch-arabischen Gesellschaft und als Berater für das Auswärtige Amt tätig. Er bewertet 2015 die Haltung der Bundesregierung wie folgt:

Die einseitige Parteinahme für Israel hat Folgen. Sie entwertet Begriffe wir Demokratie und Menschenrechte im Orient, die als Synonyme gelten für Heuchelei und Doppelmoral. [...] Wir mögen den seit Jahrzehnten gewährten Freibrief für Israel in Ordnung finden, andere tun das nicht. In Deutschland sind Begriffe wie „Staatsräson" oder „besondere historische Verantwortung" prägend, um die unkritische Haltung Berlins gegenüber Israel zu begründen. Eine öffentliche Debatte darüber, was mit solchen Wendungen konkret gemeint sein könnte, findet nicht statt, hat es auch nie gegeben. Sie wirken eher wie ein Mantra. Das Schuldgefühl aufgrund des von Deutschen zu verantwortenden Massenmordes an sechs Millionen Juden hat offenbar einen Mainstream geprägt, dem eine Glaubensgewissheit zugrunde liegt: Die richtige Lehre aus der jüngeren deutschen Geschichte ziehe, wer gegenüber Israel Nibelungentreue beweist. Wo dennoch verhaltene Kritik geübt wird, in der Politik wie auch in der Publizistik, bleibt sie meist an der Oberfläche oder flüchtet sich ins Menschlich-Tragische. Dann ist etwa die Rede vom „unversöhnlichen Hass" auf beiden Seiten, der israelischen wie der palästinensischen, oder einem „unlösbaren Konflikt", sofern er nicht gleich als „biblisch" gehandelt wird. Der eigentliche Kern bleibt in der Regel ungenannt. [...]
In der Tat drängt sich eine naheliegende Frage auf: Warum eigentlich sollte es nicht möglich sein, sich sowohl zur deutschen Verantwortung gegenüber der eigenen Geschichte und deren Opfern zu bekennen, als auch israelische Politik dort, wo die wissentlich und vorsätzlich rechtsstaatliche Grundsätze oder internationale Rechtsnormen missachtet, klar und deutlich anzuprangern? Ein wahrer Freund Israels, der dem Judentum mit Respekt und Sympathie begegnet, hat doch gar keine andere Wahl, als den ebenso zerstörerischen wie auch selbstzerstörerischen Weg, den die israelische Gesellschaft geht, beim Namen zu nennen. Auch Vertreter von Nichtregierungsorganisationen in Israel und der kaum noch vor-

handenen Friedensbewegung verlangen gerade von Deutschland, sich einzumischen. Israels Weg führt in die Ethnokratie, die Zwangsherrschaft einer jüdischen Minderheit über eine nichtjüdische Mehrheit zwischen Mittelmeer und Jordanfluss, und er verlagert den nationalen Konflikt zwischen Israelis und Palästinensern zunehmend auf die Ebene eines Religionskrieges, einer Auseinandersetzung zwischen Juden und Muslimen. Es gibt viele Methoden, Selbstmord zu begehen. Dieser Weg ist eine davon.

Michael Lüders, Wer den Wind sät. Was westliche Politik im Orient anrichtet, München 2015, S. 143 ff.

Arbeitsvorschläge

32065-0385

1. Nennen Sie die vier Hauptpunkte der „Berliner Erklärung" (M30).
2. Erläutern Sie den Grundsatz „Land für Frieden" im Kontext des Nahost-Konflikts (M30).
3. Beurteilen Sie die Realisierbarkeit der in der Erklärung formulierten Ziele aus heutiger Sicht (M30).
4. Recherchieren Sie den aktuellen Standes Friedensprozesses und vergleichen Sie ihn mit den Zielen der „Berliner Erklärung" (M30). | F
5. Geben Sie die Kernaussagen von Angela Merkels Rede wieder (M31).
6. Erklären Sie, was Angela Merkel und andere Politiker, wie Robert Habeck, mit der „Staatsräson" Deutschlands in Bezug auf Israel meinen (M31). | F
7. Diskutieren Sie kritisch, inwiefern die historische Verantwortung Deutschlands die aktuelle Außenpolitik beeinflussen sollte.
8. Entwerfen Sie ein Konzept, wie Deutschland seine besondere Verantwortung gegenüber Israel mit einer ausgewogenen Nahostpolitik vereinbaren könnte. | H | F
9. Fassen Sie die Hauptaussagen von Shimon Stein zur Wahrnehmung Deutschlands und Israels zusammen (M32).
10. Analysieren Sie die Gründe für den von Stein beschriebenen Wandel in der gegenseitigen Wahrnehmung (M32).
11. Erörtern Sie die Auswirkungen des Generationenwechsels auf die deutsch-israelischen Beziehungen (M32).
12. Stellen Sie Steins Aussagen (M32) den Äußerungen Merkels (M31) gegenüber und arbeiten Sie Gemeinsamkeiten und Unterschiede heraus.
13. Fassen Sie die Position Lüders thesenartig zusammen (M33).
14. Erläutern Sie Lüders Argumentation bezüglich der „einseitigen Parteinahme für Israel" (M33).
15. Nehmen Sie Stellung zu Lüders Forderung nach einer kritischeren Haltung gegenüber der israelischen Politik (M33).
16. Entwickeln Sie einen Kriterienkatalog, wie eine ausgewogene Berichterstattung über den Nahost-Konflikt in deutschen Medien aussehen könnte.

Leitfrage

Nehmen Sie Stellung:
Der Nahost-Konflikt – ein Konflikt ohne Ende?

3.6 Vertiefungsmodul: Gefährdung ökologischer Lebensgrundlagen, Geschichte von Umwelt- und Artenschutz

M1 Q Klimastreik von „Fridays for Future“ vor dem Konrad-Adenauer-Haus in Berlin

Foto von 2025

1. Beschreiben Sie den Begriff „Umwelt“ und die damit verbundenen Assoziationen.
2. Analysieren Sie das Bild und ordnen Sie die dahinterstehende Problematik ein.
3. Stellen Sie Thesen auf, inwiefern der Mensch in seiner Geschichte die Umwelt beeinflusst hat. Erstellen Sie einen Zeitstrahl und teilen Sie diesen in Etappen ein.

32065-0272

LEITFRAGE

Umweltschutz – (k)eine Erfolgsgeschichte?

Der Mensch und seine Umwelt

Seitdem der Mensch existiert, greift er auf verschiedenste Weise in die Natur ein. Wie jedes lebendige Wesen nutzt er seine Umwelt und formt sie, um Nahrung oder Schutz zu erhalten.

Die Welt, wie wir sie heute kennen, hat ihren Ursprung im Neolithikum vor etwa 10 000 bis 12 000 Jahren. In diesem Zeitraum begann der Mensch, Getreide und Hülsenfrüchte anzubauen und seine Umwelt damit deutlich stärker zu beeinflussen. Aus einer nomadischen Lebensweise in Kleingruppen entstanden im Laufe der nächsten Jahrtausende allmählich feste Siedlungen und landwirtschaftliche Anbaugebiete. Gemeinschaftliche Felder konnten nun erheblich mehr Menschen versorgen als das individuelle Jagen und Sammeln. Die Etablierung des Ackerbaus und der Viehzucht brachte jedoch auch Schwierigkeiten mit sich: Abfall, Übernutzung der Natur und Zerstörung der Humusschicht sowie gesellschaftliche Probleme, wie Mangelernährung und die erleichterte Weitergabe von Krankheiten.

Die starken Umweltveränderungen und die damit einhergehenden Probleme waren den Menschen bewusst. Schon in der Antike schrieben Gelehrte und Herrschende, wie sich die Umwelt in Attika und Rom während ihres Lebens verändert habe. Und auch im weiteren Verlauf ist die Geschichte des Menschen und seiner Umwelt über weite Strecken stärker von zunehmender Zerstörung als von Naturschutz geprägt. So reden wir heute vom Anthropozän – dem Zeitalter des Menschen.

Der Umweltbegriff

Wenn wir den Begriff „Umwelt" nutzen, ist er stets in Abhängigkeit von einer Gesellschaft zu verstehen: Ohne Umwelt gibt es keine Gesellschaft, ohne Gesellschaft aber auch keine Umwelt. Daraus folgt ebenso, dass alle Probleme der Umwelt zwangsläufig Folgen für die Gesellschaft mit sich ziehen und gesellschaftliche Entscheidungen die Umwelt beeinflussen. Ein Waldbrand, Vulkanausbruch oder eine Pandemie können unsere Umwelt maßgeblich umformen und zwingen die darin lebenden Menschen zur Umgestaltung ihres Lebens. Umgekehrt: Wenn wir uns dazu entscheiden, dass wir unseren Strom aus Braunkohle gewinnen wollen, reißen wir unweigerlich quadratkilometergroße Mondlandschaften in die Natur. Das hat wiederum erheblichen Einfluss auf die Lebensqualität der Bewohnerinnen und Bewohner vor Ort sowie auf den anthropogenen[1] Klimawandel.

Raubbau an der Umwelt im Mittelalter und der Frühen Neuzeit

Der mit Abstand wichtigste Rohstoff des Mittelalters und der Frühen Neuzeit war Holz als elementarer Bestandteil des Lebens: Beim Bau von Fachwerkhäusern, Dachstühlen, Karren, Booten sowie beim Heizen, Kochen und im Straßenbau war er unersetzlich. In Köhlereien stellten die Menschen zudem aus Holz Kohle her, die zur Weiterverarbeitung von Metallen gebraucht wurde. Die unverzichtbare und intensive Holznutzung in allen Lebensbereichen hatte immensen Einfluss auf die Umwelt. Massive Rodung führte in einigen Regionen Europas zu offenen Landschaften ohne Bäume – besonders zu sehen war dies dort, wo das Handwerk das Holz zur Verkohlung und zur Herstellung von Metallen und Glas brauchte. Die bewaldete Fläche in Mitteleuropa reduzierte sich von 70% um 900 dramatisch auf lediglich 25% um das Jahr 1900. Köhlereien und Bergbaugebiete belasteten zudem auch die Luft und den Boden. Dort wohnende oder arbeitende Menschen mussten, umgeben von verfärbten Flüssen und schwarzem Rauch, mit schweren körperlichen Folgen und einem kurzen Leben rechnen.

Der Schutz der Umwelt und der Wälder war jedoch auch in der mittelalterlichen Gesellschaft ein Anliegen – insbesondere angetrieben durch wirtschaftliche Interessen sowie durch einzelne Herrscher. Um die rapide wachsende Anzahl an Städten und Stadtbewohnern nachhaltig zu versorgen, achteten einige Großstädte darauf, bei Rodungen Samenbäume zu schonen, um den Forst später wieder wachsen zu lassen. Für das Vergnügen der Könige und Herzöge wurden darüber hinaus Bannforste erhalten, in denen die Mächtigen jagen konnten. So entstanden im Mittelalter erste Verordnungen und Gesetze zum Erhalt der Waldfläche.

Bevölkerung und Industrie ab dem 18. Jahrhundert

Mit der Verbreitung der Dampfmaschinen, Lokomotiven, der Steinkohle und der chemischen Industrie nahm die Entwicklung der Wirtschaft und Wirtschaftsräume rasant an Fahrt auf. Wo zuvor viele Bauern nur wenige Menschen versorgen konnten

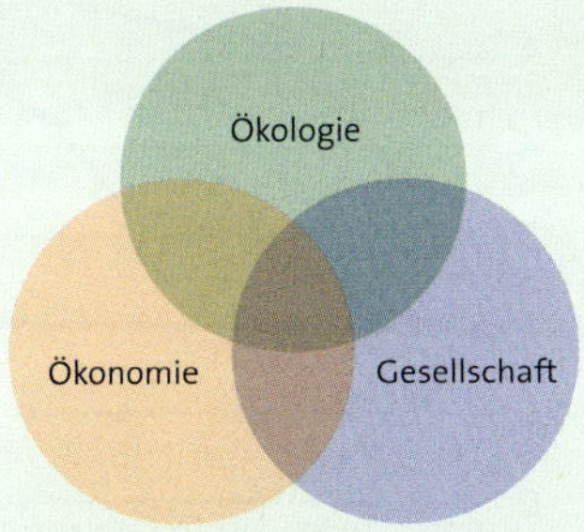

M2 D Schaubild zur Verflechtung von Ökologie, Ökonomie und Gesellschaft

▶ Ordnen Sie die Welchselbeziehung des Menschen und seiner Umwelt in den drei Dimensionen für eine Epoche Ihrer Wahl ein.

M3 Q Köhler
Zeichnung, 1871

▶ Beschreiben Sie den durch Köhlereien verursachten Eingriff in die Umwelt.

---

[1] anthropogen: menschengemacht

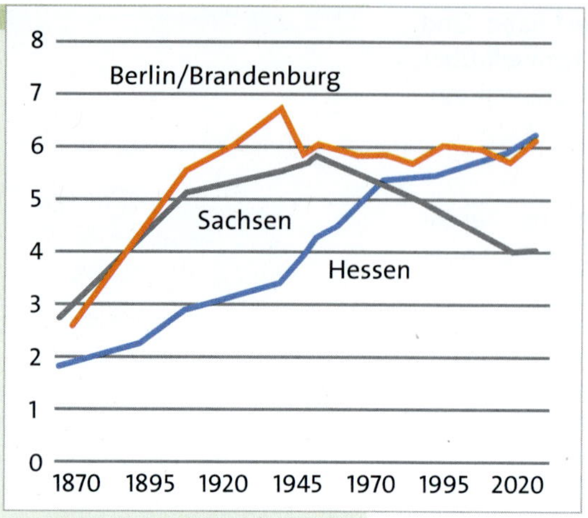

M4 D Einwohnerzahl Berlin/Brandenburgs in Mio.
Nach: F. Rösel/ T. Weishaupt, Städte quellen über, das Land dünnt sich aus: Anteil der Landbevölkerung auf dem niedrigsten Stand seit 1871, in: ifo berichtet 2/2020, S. 5, https://www.ifo.de/DocDL/ifoDD_20-02_04-06_Roesel.pdf [Zugriff: 16.03.2026]

► Erläutern Sie die Verstädterung Berlin/Brandenburgs.

und es entsprechend viele Landwirte gab, wurde der Mensch nun mit der Industrialisierung der Landwirtschaft zunehmend aus diesem Wirtschaftsbereich verdrängt. Parallel brauchte die verarbeitende Industrie zur Produktion von Investitionsgütern und Massenwaren Unmengen Arbeiterinnen und Arbeitern – der Mensch wurde zum wichtigsten Standortfaktor. Folge war ein in der Menschheitsgeschichte bisher nicht beobachtetes Städtewachstum, das bis in die 1920er-Jahre anhielt. Trotz prekärer Wohnverhältnisse verbesserte sich der Lebensstandard im Laufe der Industrialisierung, was dazu führte, dass die Städte noch schneller wuchsen: Die hohen urbanen Sterberaten wurden nun von der Zahl überlebender Kleinkinder übertroffen.

Mit diesem starken Bevölkerungswachstum veränderte sich auch der Umgang der Wirtschaft mit der Umwelt. Regionale, kleine Ressourcen- und Wasserkreisläufe konnten Großstädte bis zu Millionen Menschen nicht versorgen. Zwar wurde zunehmend auf Trinkwasseraufbereitung und Ableitung von Abwässern gesetzt, Kanäle und Flüsse wurden jedoch auch zu Kloaken. Frischwasser entzogen die Städte aus dem Umland, leiteten ihr Abwasser gleichzeitig aber auch dorthin ab. Die von Stadtbewohnern und Fabriken verursachten Abfälle flossen in die eigene und umliegende Natur. Zur Nahrungsversorgung der Städte setzten landwirtschaftliche Betriebe auf Monokulturen sowie auf neuartige Dünger und Pestizide. Wachsende Erträge führten damit zu einer Minimierung der Artenvielfalt und der natürlichen Bodenqualität. So veränderte sich neben den Flüssen und der Luft auch die Vegetation. Gase und Rauchpartikel führten zum Absterben vieler Pflanzen und Bäume. Der Energiehunger der Menschen und Fabriken musste ebenfalls gestillt werden. Obwohl bereits im 19. Jahrhundert auch über erneuerbare Energiequellen diskutiert wurde, entschied man sich für günstige fossile Energieträger wie Kohle. Wer sich um die Ökologie der Stadt sowie des Umlandes kümmern sollte, war lange Zeit ungeklärt. Im Deutschen Reich, das aus dutzenden Kleinstaaten hervorgegangen war, regelten diverse, parallel agierende Ämter aufkeimende Probleme gleichzeitig und äußerst ineffizient. Zudem fielen wichtige Umweltauflagen einem fehlenden ökologischen Bewusstsein zum Opfer oder wurden durch die Interessen der Industriellen blockiert. Der Zustand der Umwelt sowie dessen Folgen in Form von Epidemien und hohen Sterberaten führten aber auch dazu, dass sich an Universitäten neue Forschungsgebiete entwickelten. Chemiker, Mediziner und neuerdings auch Ökologen forschten zu den Auswirkungen der Industrialisierung auf den Menschen und die Umwelt.

M5 Q Der Beekbach (Nebenfluss der Emscher): Ein Fluss als Kloake der Industrialisierung
Foto vom Ende des 19. Jahrhunderts
Quelle: EGLV

► Recherchieren Sie Beispiele zum Umgang mit Flüssen und Kanälen in der Industrialisierung.

Ambivalenz des Umgangs mit der Umwelt ab 1950

In der zweiten Hälfte des 20. Jahrhunderts erreichte die Industrialisierung einen Höhepunkt. Umwelthistoriker sehen in den 1950er Jahren einen von zwei großen Umbrüchen. Während der erste große Umbruch von der Agrar- zur Industriegesellschaft im 19. Jahrhundert vollzogen wurde, prägte in den 1950er-Jahren der Wandel hin zu einer Konsumgesellschaft die Entwicklung. Umweltschädigungen begrenzten sich nun nicht mehr auf urbane Räume, sondern wurden zu Prozessen und Problemen globalen Ausmaßes. Automatisierung und Technisierung der Fabriken, Ausweitung chemischer Mittel, Mobilisierung und Vernetzung des Alltags und der Wirtschaft führten zusammen mit der anhaltenden Globalisierung zu einem stetig wachsenden Bedarf an Ressourcen und Energie. Aufgrund des exponentiellen Wachstums des

M 6 Q Dortmund, Hafen
Holzstich, 1899

▶ Beschreiben Sie die im Holzstich dargestellte Szenerie. Ordnen Sie diese in die Entwicklung der Stadt und Umwelt ein.

Energiebedarfs und der Produktion reden Historikerinnen und Historiker vom 1950er-Syndrom, das Anthropozän war eingeleitet. Gleichzeitig entwickelten sich nach dem Zweiten Weltkrieg immer stärkere Umweltbewegungen. So entsteht seit den 1950ern bis heute ein ambivalentes und paradoxes Verhältnis von Umweltzerstörung und Umweltschutz.

Die Intensität dieses neuen wirtschaftlichen und gesellschaftlichen Zeitalters wurde nicht nur durch industrielle Güter geprägt. In Europa und Nordamerika stieg der Lebensstandard ebenso exponentiell an. Die Konsumgesellschaft zeigt sich in einer hohen Nachfrage an Automobilen, elektrischen Haushaltsgeräten, Lebensmitteln aus Dosen, Einwegprodukten und einem steigenden Flächenbedarf für einzelne Personen und Familien während der Suburbanisierung. Massenkonsum und geplante Obsoleszenz führten zu enormem Energiebedarf und Müllströmen. Auch der Bedarf an Lebensmitteln wuchs: Durch die Etablierung hochertragreicher Pflanzen und des stark gestiegenen Einsatzes von Düngemitteln und Pestiziden konnten landwirtschaftliche Unternehmen ihre Erträge deutlich erhöhen und die Nachfrage decken. Durch intensiv genutzte Monokulturen reduzierte sich jedoch auch die Bodenqualität, was die genetische Vielfalt minderte, Lebensräume für Tiere und Insekten zerstörte und wiederum einen höheren Einsatz von Düngemitteln beanspruchte. Die Biodiversitätskrise hält seitdem bis heute an: Beispielsweise ging die Biomasse an Insekten in Krefeld um mehr als 75% zurück, in Bayern lassen sich von 117 Schmetterlingsarten (1840) nur noch 71 auffinden.

Doomsday

Um den Energiehunger der Konsumgesellschaft sowie der Industrie zu decken, expandierten Kohle- und Schwerölkraftwerke, ebenso wurden Heizungen in den eigenen vier Wänden noch lange mit Kohle betrieben. Die urbane und globale Atmosphäre wurde so weiter mit Schadstoffen und Gasen belastet. In Städten wie London kam es zu Smog-Glocken, in denen sich Schadstoffe akkumulierten. Gase wie Schwefel überschritten heutige Grenzwerte um ein Vielfaches. Die skizzierte Entwicklung aus den 1950er-Jahren setzte sich in den 60er- und 70er-Jahren fort und verschlimmerte die Lage, sodass unter dem Schlagwort „Doomsday Predictions" eine apokalyptische Weltuntergangsstimmung verbreitet wurde. Diese Stimmung wurde dahingehend verstärkt, dass sich die Weltbevölkerung von 1950 bis zum Ende der 1980er-Jahre mehr als verdoppelte. Fortschritte in der Medizin und Technik führten zuerst in Europa und Nordamerika und später auch in anderen Teilen der Erde zum demografischen Übergang mit hohen Geburten- und niedrigen Sterberaten. Die Ressourcennachfrage wurde so weiter angetrieben.

M 7 Q „Im Wohlstand ersticken"/ „Der Wald stirbt"
Spiegel Titelbilder 1973/1981

▶ Interpretieren Sie eines der beiden Titelbilder.

Baumsterben

Anfang der 1980er-Jahre bemerkten Forscher in Mitteleuropa, dass Wälder zunehmend erkrankten und sich lichteten. Bäume verloren ihre dichten Kronen, wuchsen langsamer, starben ab und die Biodiversität verminderte sich rapide. Wissenschaftler führten diese Entwicklung auf „sauren Regen" zurück. Die Industrie emittierte bis zu diesem Zeitpunkt so viel Schwefel und Stickstoff, dass sich Schwefel- und Salpetersäure bildeten und anreicherten. Der pH-Wert des Niederschlags veränderte sich maßgeblich und entzog dem Boden Nährstoffe. Das Wurzelsystem wurde nachhaltig gestört. Da sich die Entwicklung so schnell und tiefgreifend zeigte, war der gesellschaftliche und mediale Druck hoch. Bereits zu Beginn der 1980er nahm eine Arbeitsgruppe der Bundesregierung die Arbeit auf und forschte zum Thema. Einige Jahre später wurden durch den erhöhten gesellschaftlichen Druck zunehmend Entschwefelungsanlagen und strengere Emissionsgrenzen für Industrieanlagen etabliert – mit Erfolg. Bis zum Jahr 1993 konnten 58% der Schwefeldioxid-Emissionen reduziert werden. Bis zum Jahr 2005 waren es 90%.

Ozonloch

Die Reaktion auf das Baumsterben ist eines von wenigen positiven Beispielen, bei welchem politisches Handeln zur Verbesserung von Umweltschäden geführt hat. Ein weiteres Beispiel ist das Ozonloch: Im Mai 1985 beobachten britische Forscher, dass sich über der Antarktis bis hin nach Südamerika und Australien das für die Atmosphäre fundamentale Ozon zurückgebildet hatte. Folgen von fehlendem Ozon sind erhöhte UV-Strahlen, die beim Menschen die Haut schädigen und Karzinome (Hautkrebs) hervorrufen. Auch Ökosysteme werden dadurch geschädigt, die landwirtschaftliche Produktivität geht zurück. Für die betroffenen Landschaften war dies bereits eine Katastrophe und eine Erweiterung des Ozonloches war absehbar. Als Verursacher wurden Fluorchlorkohlenwasserstoffe (FCKW) identifiziert, die ab den 1930er-Jahren als Kühlmittel und als Lösungsmittel, z. B. in Sprühdosen, verwendet wurden. Mit dem Wiener Übereinkommen 1985 und dem Montreal-Protokoll 1987 wurden Maßnahmen zur schrittweisen Reduktion der FCKW beschlossen und in den 1990er-Jahren verschärft. Seit dem Jahr 2000 konnte ein Rückgang der FCKW-Werte sowie des Ozonloches gemessen werden. Die UNO schätzt eine Erholung der Ozonschicht von 1–3% im Jahr und eine komplette Wiederherstellung in den 2050er- bis 60er-Jahren.

Klima

Ähnliche Erfolge bleiben beim Klimawandel jedoch aus. Bereits im 19. Jahrhundert stellten Forschende fest, dass sich das in der Atmosphäre befindende CO2 durch das Verbrennen von Kohle, Öl und Gas deutlich erhöhte und den Treibhauseffekt verstärken könnte. 1896 warnte **Arrhenius**: Wenn sich die CO2-Konzentration verdoppelt, erhöhe sich die globale Temperatur um 5–6°C. Eine spürbare Temperaturerhöhung erwartete man damals jedoch erst in ein paar hundert Jahren, da man noch nicht mit einem exponentiellen Wachstum des Energiebedarfs und einem Wandel zu einer Konsumgesellschaft rechnete. Ernst genommen wurden diese Warnungen erst, als ab Ende der 1950er-Jahre verschiedene Studien eine Erhöhung der CO2-Konzentration unwiderlegbar bewiesen und eine potenzielle globale Erwärmung aufzeigten. Seitdem verändert sich das Klima tatsächlich mess- und spürbar. Das 2°C-Ziel zur Verhinderung möglicher, unumkehrbarer Dominoeffekte wurde regional bereits überschritten und die Entwicklung des CO2 sowie der globalen Erwärmung entspricht den pessimistischen Extremszenarien. Bisher stehen wirtschaftliche Interessen jedoch über dem Schutz der globalen Umwelt.

Svante August Arrhenius (1859–1927): Physiker und Chemiker, 1903 Nobelpreisträger für Physik. Neben wichtigen Entdeckungen in der Chemie veröffentlichte er 1896 eine Arbeit, die auf den Zusammenhang des CO2-Anstiegs und des anthropogenen Klimawandels hinwies.

Atomkraft

Die Nachkriegszeit war auch von der Etablierung von Atomkraftwerken geprägt. Die friedliche Nutzung der Kernenergie versprach eine hohe Menge an sicherer Energie, um den oben benannten Energiehunger zu stillen. Sie wurde zudem als saubere Alternative zu Kohle, Öl und Gas propagiert und dementsprechend ausgebaut. Erst die Unfälle in den Kernkraftwerken in Pennsylvania 1979 und Tschernobyl 1986 zeigten, dass die Nutzung der Kernenergie vulnerabel und anfällig für Fehler war. Eine Verkettung von Fehlern sowie Konstruktionsmängel führten in Tschernobyl zur Explosion des Reaktors und zur Freisetzung von radioaktiven Substanzen, die bis nach Deutschland transportiert wurden. In der Ukraine wurden hunderttausende Menschen evakuiert, die betroffene Region ist bis heute unbewohnbar. Neben der Vulnerabilität der Kraftwerke ist jedoch auch die Entsorgung der hoch radioaktiven Abfallstoffe prekär und vielerorts – wie auch in Deutschland – bis heute ungelöst. Bereits vor den atomaren Unfällen gab es weitreichende Proteste gegen Atomkraft, da die Risiken der Atomkraft bereits weitgehend bekannt waren und durch die Vorfälle lediglich stärker sichtbar gemacht wurden. Die Ölkrise 1973 und der damit von der Bundesregierung beschlossene Ausbau der Kernenergie mit bis zu 40 neuen Kraftwerken führte zu ersten Massenmobilisierungen. 1976 kam es dann zu bürgerkriegsähnlichen Zuständen, als Atomkraftgegner mit der Polizei aneinandergerieten. Auch in Gorleben formierten sich ab 1979 Demonstrationen, die eine Verhinderung der Aufbereitung und Endlagerung der Brennstäbe zum Ziel hatten.

Warnende Stimmen

Mit der Zuspitzung und Globalisierung der Umweltprobleme kamen auch zunehmend warnende Stimmen auf. Rachel Carson wies beispielsweise darauf hin, dass sich der zunehmende Einsatz von Pestiziden negativ auf die Umwelt und die Menschen auswirkte. Damit löste sie eine intensive Debatte aus, die nachhaltig ein kritisches Bewusstsein für die chemische Industrie in der Landwirtschaft entstehen ließ. Eine weitere Zäsur war die Formierung des Club of Rome, welcher mit „The Limits to Growth“ auf Basis von Computermodellen und wissenschaftlicher Daten auf einen ökologischen und ökonomischen Kollaps im 21. Jahrhundert hinwies. Daran angelehnt etablierte sich trotz anfänglicher Kritik an der Publikation nachhaltig die Vorstellung planetarer Grenzen. Bis heute sprechen wir beim „Earth Overshoot Day“ davon, zur Jahresmitte die uns zur Verfügung stehenden Ressourcen bereits aufgebraucht zu haben.

M 9 Q Demonstration gegen Atomkraft in Berlin
Foto von 2011

▸ Erläutern Sie die Hintergründe der Anti-Atomkraft-Demonstrationen. Seit den 1970er-Jahren versammeln sich Menschen, um gegen Atomkraft zu protestieren.

Umweltschutz in der DDR

In der DDR wurde der Schutz der Natur für das Wohlergehen des Bürgers sogar in der Verfassung festgeschrieben. 1970 entstand im Sinne des Umweltschutzes das Landeskulturgesetz, 1972 das Umweltministerium. Offiziell gab die DDR-Regierung bis zur Wiedervereinigung keine Umweltprobleme zu. Die Wahrheit war jedoch eine deutlich andere: Nach geheimen, regierungsinternen Papieren sowie Studien nach der Wiedervereinigung war das Baumsterben in der DDR der 1970er- und 80er-Jahre mehr als doppelt so stark als in der BRD, nur ca. 1/3 der Haushalte war an eine funktionierende Kanalisation angebunden, Chemikalien im Wasser sowie gesundheitsgefährdender Smog der Industrieanlagen über ostdeutschen Kommunen war erheblich stärker. Unter Honecker wurde Braunkohle in den

Haushalten und der Industrie intensiv genutzt und führte zu extremen Emissionen. Die in den Jahren 1954 und 1968 formulierten Naturschutzgesetze sowie das 1972 gegründete Umweltministerium brachten kaum Besserung der Lage. Es entstanden (oppositions)politische und zivilgesellschaftliche Gruppen zur Formung eines Umweltbewusstseins. Diese wurden von der Staatssicherheit jedoch vehement blockiert und beobachtet. 1986 entstand in der Berliner Zionskirche die Umweltbibliothek, in der sich Oppositionelle, Umweltschützer und Menschenrechtler trafen. Obwohl die Staatssicherheit teilnehmende Personen verhaftete, wurden die von hier publizierten Umweltblätter zu einem der wichtigsten Instrumente der Opposition. Autonom agierende, unter Repression leidende Umweltgruppen trugen so maßgebend zur friedlichen Revolution bei.

Gründung der Grünen

Auch der westdeutsche Staat griff das Thema Umwelt institutionell auf: In Bayern entstand 1970 das erste Umweltministerium, 1974 wurde das Umweltbundesamt als Fragment des Bundesministeriums des Innern gegründet und 1986 formierte sich aus der zuvor lediglich wissenschaftlich beratenden Behörde nun das politisch mitgestaltende Bundesumweltministerium. Das Waldsterben sowie die Katastrophe von Tschernobyl visualisierten die Relevanz einer mit eigenen Ressourcen ausgestatteten Institution. In der BRD hatten es Umweltströmungen im Vergleich zur DDR leichter: Neben zivilgesellschaftlichen Protesten formierte sich innerhalb des pluralistischen Systems sowie einer ausgeprägten Meinungsfreiheit eine neue Partei: die Grünen. Umweltthemen auf die Bundesagenda zu setzen, stellte in der BRD ab 1980 einen Paradigmenwechsel dar. Als Katalysator wirkten zentrale Bewegungen für Umwelt, Frieden und gegen Kernkraft. In nur wenigen Jahren schafften es die Grünen nicht nur, hunderttausende Menschen in Protesten zu versammeln, sondern auch in Kommunen, Landtagen sowie dem Bundestag vertreten zu sein.

NGOs und internationale Organisationen

Einen wesentlichen Beitrag zur Analyse der Umweltzerstörung sowie zum Aufzeigen möglicher Lösungsstrategien leisteten Nicht-Regierungsorganisationen (NGOs) sowie internationale Organisationen und Verträge. Da Umweltprobleme seit der Nachkriegszeit globale Ausmaße annehmen, ist eine interdisziplinäre und internationale Kooperation unumgänglich. Die 1972 stattgefundene Konferenz der Vereinten Nationen in Stockholm manifestierte dabei das erste Umweltprogramm der UNO. Das Programm setzte eine dauerhafte, wissenschaftliche Beobachtung des Zustands der Umwelt in Kraft. Das Ziel, Wissen und Aufmerksamkeit zu kanalisieren, wurde erreicht. Die vorgeschlagenen Maßnahmen waren jedoch nicht verpflichtend. Zudem wurde die Nord-Süd-Gerechtigkeit erst mit der Etablierung der Weltkommission für Umwelt und Entwicklung im Jahr 1983 berücksichtigt. Berichte dieses UN-Gremiums waren weitreichend und bildeten ein Fundament für z. B. die UN-Konferenz in Rio de Janeiro 1992 sowie die Agenda 21. Hinzu kam 1988 der IPCC, welcher zwischenstaatlich organisiert ist und global relevante, wissenschaftliche Erkenntnisse und Prognosen regelmäßig im Weltklimabericht zusammenführt. Seit der Etablierung der UN-Klimainstrumente und des IPCC wurden hunderte multilaterale Umweltabkommen verabschiedet, die jedoch heute ambivalente Ergebnisse zeigen. Obwohl sich die Länder der UNO 2009 auf das 2°C-Ziel festlegten und das Pariser Klima-Abkommen 2015 sogar eine maximale Erhöhung der globalen Temperatur auf 1,5° C festlegte, gehen aktuelle Prognosen von einer vielfach höheren Erwärmung aus.

M10 D Barack Obama auf der UN-Klimakonferenz
Foto von 2021

- Recherchieren Sie Ziele der Klimakonferenz und evaluieren Sie ihren Erfolg.

M 11 Q Die Veränderung Attikas durch den Abbau natürlicher Ressourcen (5./4. Jh. v. Chr.)

Der griechische Philosoph Platon (5./4. Jh. v. Chr.) ist in den frühen Jahren des Peloponnesischen Krieges geboren worden und hat die Auswirkungen der militärischen Auseinandersetzungen auf Athen am eigenen Leib erfahren. In einem seiner Werke lässt er den namensgebenden Athener Kritias im Dialog (unter anderem mit Sokrates) Attika beschreiben:

Damals aber war dieses Land noch unversehrt; die Berge, die es hatte, waren hohe, mit Erde bedeckte Hügel; die jetzt so genannten „Phelleus-Ebenen", die es besitzt, waren ein Gebiet voll üppigen Bodens; und es besaß auf seinen Bergen viel Wald, wovon sogar jetzt noch deutliche Anzeichen vorhanden sind: Von den Bergen nämlich bieten jetzt manche nur noch für Bienen Nahrung, die Zeit ist aber nicht allzu lange her, als dort Bäume, die sich für Deckenhölzer eigneten, für Bauten – und zwar sehr große – geschlagen wurden, und die (daraus gefertigten) Dächer sind immer noch intakt. Es gab viele weitere hochgewachsene Fruchtbäume, und (das Land) bot überwältigend reichen Weidegrund für Vieh. Ja, es konnte auch das jährlich vom Himmel fallende Regenwasser nutzbar machen, und nicht wie jetzt verlor es (dieses), da es von einem seines Bodens entblößten Land ins Meer fließt.

Platon, Kritias. Übersetzung und Kommentar von Heinz-Günther Nesselrath, Göttingen 2006, S. 16 f.

M 12 Q Umweltveränderung im Erzgebirge (1611–1688)

Als Pfarrer einer Gemeinde im Erzgebirge dokumentiert Christian Lehmann im 17. Jahrhundert seine Eindrücke der Natur. Dabei beschreibt er auch, wie der Mensch mit dem Bergbau, der Waldnutzung und der Betreibung von Köhlern seine Umwelt im Erzgebirge umformt und zerstört:

Vorzeiten / ehe so viel Hämmer und hohe Oefen aufkommen / mußten sich die Hammerschmiede zu ihren Renn-Feuern nur mit Kohlen von umgefallenen und zerbrochenen Holz auf den Schönburgischen Wäldern aufhalten und vergnügen / das stehende durffte niemand angreiffen : aber nachdem die Hämmer und Oefen sich vermehret / und das metalreiche Gebirge sich je mehr und mehr entdecket / sind die grossen hohen Wälder unglaublich niedergelegt / gelichtet und geräumet worden / also daß die hohen und starcken Tannen ziemlich selzam werden / und ist glaubwürdig zu befahren / es werde nach Verlauff 20 Jahre endlich an gebirgischem Feuer-Holtz mangeln / und manches grosse Hammers-Gut in ein gemein Land-Gütlein aus Ermangelung der Kohlen metamorphosiret werden. [...]
Es wäre zwar kein Wunder; es würde oft die Gebirgische Luft todt ungesund / wegen der gifftigen Dämpfe / Rauch und Dünste von Cobaldrösten / Schmelz- und Eisen-Hütten / Blech und Zinnhämmern / Hohen- und Krummen-Oefen / Farb-Mühlen / Gifft-Fängen / Floß-Sieden / ingleichen von bösen Wettern und arsenicalischen Dünsten / so aus den Berggruben / sonderlich da man mit Feuer sezet / auswittern : massen die Erfahrung giebet / daß dergleichen gifftige und hizige Dämpffe an manchen Orten umb Annaberg / Elterlein / Buchholz auf die Bäume und Kräuter gefallen / das alles verwelcket und versenget / kein Obst gedeyet / ja keine Biene lebendig bleibet / die Berge kahl und ohne Graß stehen: ja in Fronau hat die Pest im Grund und Wasser / darauff der Hüttenrauch gefallen / viel grössern Schaden gethan als oben im Dorff / wo der Wind die Lufft gereiniget. [...]
Nachdem aber die Forellen-Bäche durch den Schliech und Schlamm der Pochwercke / Berghallen und Ertzwaschung sehr verwüstet worden / hat man meistens die Forellen in Teichen gehalten. [...]

Christian Lehmanns Sen. weiland Pastoris zu Scheibenberg, Historischer Schauplatz derer natürlichen Merckwürdigkeiten in dem Meißnischen Ober-Ertzgebirge, Leipzig 1699, S. 83 f., 297 f. und 699 (Übertragung: Dennis Dornbrack)

M 13 Q Rachel Carlson: Der Stumme Frühling (1962)

Die US-Biologin Rachel Carson veröffentlicht 1962 das Buch Silent Spring. Als eine der ersten Wissenschaftlerinnen erläutert sie auf Grundlage von Fallstudien und peer-reviewter Forschung, wie die Landwirtschaft unsere Erde und Gesundheit mit Pestiziden bedroht. Für das Aufzeigen der Gefahren und die Konfrontation mit der Industrie erntet sie starke Kritik. Zugleich dient die Schrift als Ausgangspunkt für diverse Umweltbewegungen.

Die Geschichte des Lebens auf der Erde ist stets eine Geschichte der Wechselwirkung zwischen den Geschöpfen und ihrer Umgebung gewesen. [...]
Nur innerhalb des kurzen Augenblicks, den das jetzige Jahrhundert darstellt, hat eine Spezies – der Mensch – erhebliche Macht erlangt, die Natur ihrer Welt zu verändern.
Während des vergangenen Vierteljahrhunderts ist diese Macht nicht nur gewachsen und hat ein beängstigend großes Ausmaß erreicht, sie hat auch andere Formen angenommen. Der unheimlichste aller Angriffe des Menschen auf die Umwelt ist die Verunreinigung von Luft, Erde, Flüssen und Meer mit gefährlichen, ja sogar

tödlichen Stoffen. Dieser Schaden lässt sich größtenteils nicht wiedergutmachen. Nicht nur in der Welt, die alle Lebewesen ernähren muss, sondern auch im lebenden Gewebe löst die Verunreinigung eine Kette schlimmer Reaktionen aus, die nicht mehr umkehrbar sind. [...]
Strontium 90, das durch Kernexplosionen in die Luft abgegeben wird, fällt mit dem Regen zur Erde oder schwebt als radioaktiver Niederschlag herab, setzt sich im Boden fest, gelangt in das Gras, den Mais oder den Weizen, die dort angepflanzt werden, und lagert sich mit der Zeit in den Knochen eines menschlichen Wesens ab, um dort bis zu dessen Tode zu verbleiben. In ähnlicher Weise liegen chemische Mittel, die über Ackerland, Wälder oder Gärten gesprüht werden, lange im Boden und werden in lebende Organismen aufgenommen; von Vergiftung und Tod begleitet, gehen sie in der Nahrungskette von einem zum anderen über. Oder sie wandern geheimnisvoll in unterirdischen Wasserläufen, bis sie wieder zutage treten und durch Alchemie von Luft und Sonnenlicht neue Verbindungen bilden, die den Pflanzenwuchs vernichten, das Vieh krank machen und unbekannten Schaden bei denen anrichten, die aus den einst reinen Quellen trinken. [...]
Diese Spritz- und Sprühmittel, Pulver und sogenannte Aerosole — feinst verteilte Schwebstoffe als Rauch oder flüssig als Nebel — werden jetzt fast allgemein für Farmen, Gärten, Wälder und Wohnungen gebraucht. Es sind Chemikalien, die ohne Unterschied oder, wie man sagt, nicht selektiv wirken. Ihre Macht ist groß: Sie töten jedes Insekt, die „guten" wie die „schlechten", sie lassen den Gesang der Vögel verstummen und lähmen die munteren Sprünge der Fische in den Flüssen. Sie überziehen die Blätter mit einem tödlichen Belag und halten sich lange am Erdreich – all dies, obwohl das Ziel, das sie treffen sollen, vielleicht nur in ein wenig Unkraut oder ein paar Insekten besteht. Kann irgendjemand wirklich glauben, es wäre möglich, die Oberfläche der Erde einem solchen Sperrfeuer von Giften auszusetzen, ohne sie für alles Leben unbrauchbar zu machen? Man sollte die Stoffe nicht Insektizide, Insektenvertilgungsmittel, sondern „Biocide", Töter allen Lebens, nennen.
Das ganze Spritzverfahren scheint in einer endlosen Spirale gefangen zu sein. Seit DDT für den zivilen Gebrauch freigegeben wurde, mussten in einer stufenweisen Weiterentwicklung immer noch tödlichere Stoffe gefunden werden. Dies geschah, weil Insekten – in einer glänzenden Bestätigung des Darwin'schen Satzes vom Überleben der Tauglichsten – Super-Rassen entwickeln, die gegen das in ihrem Fall angewandte Insektizid immun waren. Man musste daher ein tödlicher wirkendes – und dann ein noch stärkeres entwickeln. Dazu kam es aber auch, weil [...] schädliche Insekten nach dem Spritzen oft plötzlich in größerer Zahl als vorher wieder auftauchten oder sich ausbreiteten. So ist der chemische Krieg niemals gewonnen, und in seinem heftigen Kreuzfeuer bleibt alles Leben auf der Strecke.
Neben der Möglichkeit, die Menschheit in einem Atomkrieg auszurotten, ist das Kernproblem unseres Zeitalters daher die Verunreinigung der gesamten Umwelt des Menschen geworden; es erfolgt mit Substanzen, denen eine unglaubliche und heimtückische Macht innewohnt, Schaden anzurichten: Diese Stoffe reichern sich in den Geweben von Pflanzen und Tieren an; sie dringen in die Keimzellen ein und zerstören oder verändern das Erbgut, von dem die Gestaltung der Zukunft abhängt. [...]
Doch ist unser eigentliches Problem nicht die Überproduktion? Man hat zu der Maßnahme gegriffen, Ackerland brachliegen zu lassen und die Farmer zu bezahlen, damit sie es nicht bebauten, und trotzdem haben unsere Farmer einen so schwindelerregenden Ernteüberschuss, dass der amerikanische Steuerzahler im Jahre 1962 über eine Milliarde Dollar an jährlichen Gesamtverwaltungskosten für das Programm der Einlagerung überschüssiger Nahrungsmittel ausgab. [...]
Noch ein anderer wesentlicher Umstand spielt beim heutigen Insektenproblem eine Rolle, und man muss bei ihm die geologische und menschliche Geschichte berücksichtigen, die den Hintergrund bildet: Tausende von unterschiedlichen Organismen haben sich ausgebreitet und sind von ihrer ursprünglichen Heimat in neue Landstriche vorgedrungen. [...] An der heutigen Verbreitung der Arten ist vor allem die Einfuhr von Pflanzen wesentlich beteiligt [...]. Die Einfuhrbehörde für Pflanzen in den Vereinigten Staaten hat allein zweihunderttausend Arten und Spielarten von Gewächsen aus aller Welt ins Land gebracht. Nahezu die Hälfte der rund hundertachtzig bedeutenderen Pflanzenfeinde unter den Insekten sind zufällig vom Ausland in die Vereinigten Staaten importiert worden, meist als „Mitreisend" auf Pflanzen.
In einer neuen Umwelt, dem Zugriff der natürlichen Feinde entzogen, die in ihrem Heimatland ihre Zahl niedrig hielten, können eine Pflanze oder ein Tier, die in ein Gebiet einfallen, ungeheuer überhandnehmen. Es ist daher kein Zufall, dass die lästigsten Insekten eingeschleppter Arten sind. [...]

Rachel Carson, Der stumme Frühling, München 1996, S. 18–24 (Übersetzung: Margaret Auer)

M 14 Q Bericht des Club of Rome: Grenzen des Wachstums (1972)

Der Club of Rome, eine internationale, gemeinnützige Organisation aus Wissenschaftlern, Politikern und Wirtschaftswissenschaftlern, ist gegründet worden, um die vom Menschen gemachten Probleme in der Umwelt tiefgehend zu analysieren und einer breiten Öffentlichkeit die Lage unserer Erde zugänglich zu machen. Die Publikationen sind wissenschaftlich fundierte Warnung und zeigen neben antizipierten Folgerungen für unsere Gesellschaft auch Alternativen auf, nach denen wir leben und wirtschaften können. Die Autoren folgern 1972:

1. Wenn die gegenwärtigen Wachstumstrends bei Weltbevölkerung, Industrialisierung, Umweltverschmutzung, Lebensmittelproduktion und Erschöpfung der Ressourcen unverändert anhalten, werden die Grenzen des Wachstums auf diesem Planeten irgendwann innerhalb der nächsten hundert Jahre erreicht. Das wahrscheinlichste Ergebnis wird ein ziemlich plötzlicher und unkontrollierbarer Rückgang sowohl der Bevölkerung als auch der industriellen Kapazität sein.
2. Es ist möglich, diese Wachstumstrends zu verändern und einen Zustand ökologischer und ökonomischer Stabilität herzustellen, welcher bis weit in die Zukunft nachhaltig ist. Der Zustand eines globalen Gleichgewichts könnte so gestaltet werden, dass die Grundbedürfnisse jedes Menschen auf der Erde erfüllt werden und jeder Mensch die gleiche Chance erhält, sein individuelles Potenzial zu verwirklichen.
3. Wenn die Menschen der Welt beschließen, sich auf dieses zweite Ergebnis statt auf das erste zu bemühen, gilt: Je früher sie beginnen, darauf hinzuarbeiten, desto größer sind ihre Erfolgschancen. […]

Die gesamte weltweite Verfügbarkeit an Ackerland beträgt etwa 3,2 Milliarden Hektar. […] [S]elbst unter der optimistischen Annahme, dass sämtliches mögliches Land genutzt wird, wird es noch vor dem Jahr 2000 eine verzweifelte Landknappheit geben, falls der Flächenbedarf pro Kopf und die Bevölkerungswachstumsraten so bleiben wie heute. […]

Jede Verdoppelung der Produktivität verschafft etwa 30 Jahre – oder weniger als eine Verdopplungszeit der Bevölkerung. […] Um eine Zunahme der weltweiten Nahrungsmittelproduktion um 34 Prozent zwischen 1951 und 1966 zu erreichen, erhöhten Agrarwirtschaften die jährlichen Ausgaben für Traktoren um 63 Prozent, die jährliche Investition in Nitratdünger um 146 Prozent und den jährlichen Einsatz von Pestiziden um 300 Prozent. […]

Die Wirkung exponentiellen Wachstums reduziert die wahrscheinliche Verfügbarkeitsdauer von Aluminium beispielsweise von 100 Jahren auf 31 Jahre (55 Jahre bei einer Verfünffachung der bekannten Reserven). […] Angesichts der heutigen Verbrauchsraten und der prognostizierten Zunahmen dieser Raten werden die große Mehrheit der derzeit wichtigen nicht erneuerbaren Ressourcen in einhundert Jahren äußerst kostspielig sein.

Donella H. Meadows, Dennis L. Meadows, Jørgen Randers und William Behrens III, The limits to growth: a report for the club of rome's project on the predicament of mankind, New York 1974, S. 23 f., 50–55, 62 und 66 (Übersetzung: Dennis Dornbrack)

M 15 Q Plakat der Badisch-Elsässischen Bürgerinitiativen gegen die wachsende Umweltverschmutzung

Bildinformation

31000-969

M 16 Q „In hohem Maße kritikwürdig"

Rede von Hans-Jochen Vogel (SPD) zur Havarie in Tschernobyl (1986):

Herr Präsident! Meine sehr verehrten Damen und Herren! Die Regierungserklärung, die wir soeben gehört haben, sollte ursprünglich der Unterrichtung des Deutschen Bundestages über den Weltwirtschaftsgipfel von Tokio dienen. In der Zwischenzeit hat ein anderes Ereignis, nämlich der Katastrophenfall im Kernkraftwerk Tschernobyl, das Interesse an dem Weltwirtschaftsgipfel in den Hintergrund treten lassen. [...]

Die zentrale Frage aber – darin stimme ich mit Ihnen überein – ist heute die nach den Auswirkungen des Katastrophenfalls im Kernkraftwerk Tschernobyl. Herr Bundeskanzler, Sie haben in diesem Zusammenhang die sowjetische Informationspolitik kritisiert. Diese Kritik ist berechtigt. Wir teilen sie. Wer gefahrdrohende Situa-

tionen für einen halben oder für einen ganzen Kontinent verursacht, der hat die Pflicht, die betroffenen Länder und ihre Regierungen unverzüglich und umfassend über die Ursachen, die Art und den Umfang einer solchen Katastrophe zu unterrichten. [...]
In hohem Maße kritikwürdig ist aber auch die Informationspolitik der Bundesregierung und die Art und Weise, wie sie sich gegenüber der Strahlen-Belastung seit dem 29. April dieses Jahres verhalten hat. Die Hilflosigkeit gegenüber der Krise, die Widersprüchlichkeit der Informationen, der Bewertungen und Empfehlungen waren in diesen Tagen geradezu erschreckend. Herr Bundeskanzler, Sie und Ihre Regierung haben dadurch die Sorge und die Angst der Menschen vermehrt, statt diese Sorge und die Angst zu mildern. [...] Sie haben dadurch eine Zeit lang sogar den Verdacht hervorgerufen, die Dinge seien in Wahrheit noch viel schlimmer, als man ohnehin vermutete. Die Menschen haben befürchtet, dass das der Hintergrund sein könnte. Die Dinge waren schlimm genug. [...] Einige der festgestellten radioaktiven Belastungen [...] können durchaus gravierende körperliche Schäden zur Folge haben. Selbst wenn jetzt – was wir alle hoffen – keine akute Gefahr mehr besteht: Wer weiß denn wirklich, welche Langzeitwirkungen die Cäsium- und Strontiumausschüttungen tatsächlich im Lauf der Jahre haben werden? Ich habe niemanden gefunden, der dies mit absoluter Sicherheit und Gewissheit beantworten kann.
In dieser Situation hat die Gesundheitsministerin eine Woche lang völlig geschwiegen. Der Forschungsminister dieser Regierung verstieg sich zu der Behauptung, unsere Reaktoren seien absolut sicher. Und der in erster Linie zuständige Innenminister, Herr Zimmermann, gab eher gelangweilt und lethargisch Belanglosigkeiten von sich, die alles enthielten, nur keine Information. [...]
Vieles deutet darauf hin, dass der Innenminister und andere Repräsentanten dieser Bundesregierung weniger die konkrete Gefahrenlage, sondern vielmehr die Sorge im Auge hatten und noch haben, ihre Kernkraftpolitik könne durch die Ereignisse an Akzeptanz verlieren, und dass sie ihr Verhalten daran orientiert haben und noch orientieren. Meine Damen und Herren, nur so werden auch die forschen Äußerungen verständlich, was in der Sowjetunion geschehen sei – so wörtlich –, könne bei uns nicht passieren; nicht die Nutzung der Kernenergie, sondern der Kommunismus sei das Problem, über das diskutiert werden müsse. Natürlich ist der Kommunismus ein Problem. Aber in diesem Zusammenhang ist Ihre Parole doch eine Vernebelungsparole, die vom Kern der Sache und der Problematik ablenken soll. Ganz abgesehen davon, dass auch westliche Experten, auch deutsche Experten, den Reaktor von Tschernobyl als sicher beurteilt haben, wissen wir natürlich, dass unsere Sicherheitsstandards strenger sind als die anderer Länder. Sie sind es übrigens nicht zuletzt deshalb, weil der Protest und der Widerstand vieler Bürger diese schärferen Sicherheitsbestimmungen erzwungen haben. Diesen Zusammenhang wollen wir doch nicht bestreiten. [...]
Wer hingegen nach dem Katastrophenfall im Kernkraftwerk Tschernobyl, nach dem Katastrophenfall im Kernkraftwerk Three Mile Island, wer nach der Challenger-Katastrophe noch immer behauptet, er könne ausschließen, dass sich bei uns ähnliche oder noch schlimmere Katastrophen ereignen, der hat nicht gelernt, bis zum heutigen Tage nicht gelernt! [...]
Ich glaube, Herr Bundeskanzler – und das unterscheidet uns – nach Tschernobyl ist nichts mehr so, wie es vorher war. Tschernobyl hat uns endgültig gezeigt: Die Katastrophen, die wir bisher kannten, waren und sind in ihren Auswirkungen räumlich und zeitlich beschränkt, auch die, die Sie heute aufgeführt haben. Atomare Katastrophen hingegen eröffnen ganz neue Dimensionen, sind von ganz anderer Qualität, weil sie ganze Kontinente in Mitleidenschaft ziehen und über lange, sehr lange Zeiträume in die Zukunft hinein fortwirken können. Die sowjetischen Experten, die ja jetzt allmählich mit Informationen an die Öffentlichkeit treten, haben erst gestern mitgeteilt, die Trümmer des Reaktors und seine Umgebung müssten für Jahrhunderte mit einer Betondecke versehen werden, um ein weiteres Austreten von radioaktiven Partikeln und Strahlungen zu verhindern. Nicht für Tage, Wochen oder Monate, nicht für Jahre, nein, für Jahrhunderte! Die Vorgänge haben auch deutlich gemacht, dass es gegen radioaktive Strahlungen, die bei Kernkraftkatastrophen auftreten, oberhalb gewisser, bisher ganz unzulänglich definierter Werte keinen wirklichen Schutz gibt. Es ist deshalb ein Gebot der Vernunft, die Energiepolitik, insbesondere die Kernenergiepolitik, in der Bundesrepublik, aber nicht nur in der Bundesrepublik, sondern in Europa und international, von Grund auf neu zu überdenken. [...]

Hans-Jochen Vede in der Debatte zur Regierungserklärung des Bundeskanzlers zum Reaktorunfall in der Sowjetunion, in: Plenarprotokoll 10/215, 215. Sitzung (1986), S. 16528 C–16534 B

M 17 Q „Tschernobyl wirkt überall“

Nach der Havarie des Kernreaktors in Tschernobyl bemüht sich die Staatssicherheit (Stasi), aufflammende Umwelt- und Anti-AKW-Bewegungen noch vehementer zu unterdrücken. Die SED befürchtet durch den Unfall, dass sowohl das Ansehen der Regierung sowie Absätze der in der DDR produzierten Produkte und Lebensmittel einbrechen könnten. Der folgende Appell der Friedens- und Umweltbewegung versetzt daher den Staat und die Staatssicherheit in Besorgnis:

Appell aus der unabhängigen Friedens- und Ökobewegung und anderer betroffener Bürger an die Regierung und Bevölkerung der DDR

Die Reaktorhavarie in Tschernobyl hat bei uns Unsicherheit und das Gefühl der Bedrohung ausgelöst. Unser Mitgefühl gilt allen Getöteten und gesundheitlich Geschädigten in der Sowjetunion. Es gibt Anlass zur Befürchtung, dass sich die Zahl der Opfer noch erhöhen wird und dass das tatsächliche Ausmaß der Schäden vielleicht auch außerhalb der sowjetischen Grenzen erst nach Jahren eingeschätzt werden kann. Doch nicht nur die Bedrohung durch havarierte Kernkraftwerke ist augenscheinlich geworden, sondern ebenso die Auswirkungen einer verantwortungslosen und gesellschaftsgefährdenden Informationspolitik in Ost und West. Hier wurde entmündigt, desinformiert und verunsichert – und dies nicht erst anlässlich von Tschernobyl, sondern schon vorher. Dies geschah keineswegs fahrlässig, sondern gezielt und aus benennbaren Gründen.

1. Zur Informationspolitik

a) Seit über 10 Jahren wiegelt eine Koalition aus KKW-Anlagenbauern, ihrer energiepolitischen Lobby und Regierenden einiger Betreiberländer von KKW in kap. Ländern Massenproteste gegen den Atomstrom zum Teil gewaltsam ab und verhält sich ignorant bzw. inkonsequent gegenüber kompetenten Warnungen bezüglich der Reaktorsicherheit.

b) Die realen Gefahren des Reaktorbetriebes wurden in soz. Ländern unterschätzt und insbesondere in der DDR auf beispiellose Weise publizistisch verharmlost und der öffentlichen Diskussion entzogen. Kritische Stimmen zum Atomstrom konnten sich kaum artikulieren; Skeptikern war es so gut wie unmöglich, sich hinreichend zu informieren. Kernkraftwerkshavarien im Westen und dortige Anti-KKW-Initiativen wurden nur insoweit thematisiert, als die Frage der Reaktorsicherheit und der Wirtschaftlichkeit von KKW in soz. Ländern dabei nicht aufgeworfen zu werden brauchte. [...]

e) In der BRD haben Regierungsverantwortliche und Mediengruppen die schwierige Balance zwischen antisowj. Propaganda, selbstgerechten Überlegenheitsposen auf kernkrafttechnologischem Gebiet [...], Abwiegelei der Warnungen vor Gefahren mit Rücksicht auf das eigene umstrittene Kernenergieprogramm und der Konjunktur des Sensationsjournalismus zum Atomstromrisiko zu halten versucht. Übertreiben der Gefahren für die Bevölkerung der BRD aus Verunsicherung bzw. im Gefolge tendenziösen Ausschlachtens von Zweifeln an sowjetischen Sicherheitsstandards oder ebenso tendenziösen Verharmlosungen haben die Ohnmacht der Betroffenen verstärkt.

f) In der Sowjetunion und in der DDR kulminierten die Praktiken verzögerter bzw. verharmlosender Information. Es waren publizistische Eigentore bzw. sachliche Ungereimtheiten alarmierenden Ausmaßes zu verzeichnen. Die sowjetische Berichterstattung hat politischen Tendenzjournalismus des westlichen Auslandes begünstigt. [...]

Verantwortliche in der UdSSR zogen es vor, nach Eintreten der Havarie darauf zu verzichten, sofort das Ausland zu informieren. [...] In den ersten Tagen nach dem Unglück berichtete die sowjetische Presse stolz, dass die Frühjahrsaussaat in der Region ungestört vorangehe, obwohl seit dem 6. Mai 1986 schon Entaktivierungs- und Evakuierungsmaßnahmen im Raum Tschernobyl und Pripjat (25 000 Einwohner) stattfanden. Neben dem hier von uns hinterfragten, offenbar nachlässig praktizierten regionalen Bevölkerungsschutz ist in der Sowjetunion selbst anscheinend auch der Katastrophenschutz am Ort des Geschehens bemängelt worden. Es war die Rede von Maßregelungen gegenüber Kraftwerksverantwortlichen wegen „unterlassener Hilfeleistung".

Entgegen anfänglicher Verlautbarungen stellte das Kommuniqué der Regierungskommission vom 6. Mai 1986 fest, „am Ort des Geschehens" sei „die Lage von Mitarbeitern des Kraftwerks nicht richtig eingeschätzt" worden. Dagegen erklärte der Generalsekretär der KPdSU, Gorbatschow, am 14 Mai 1986, der „Ernst der Lage war offensichtlich". Es sei sofort in angemessenem Umfang evakuiert worden. Insgesamt folgt daraus, dass entweder zu einem Zeitpunkt, zu dem in der Sowjetunion der Bedrohungsgrad so ernst eingeschätzt worden, dass tausende Menschen evakuiert werden mussten, der Bevölkerung und dem Ausland keine oder verharmlosende Informationen angeboten wurden, oder diese Evakuierungen verspätet erfolgten, weil der Bedrohungsgrad falsch eingeschätzt wurde und deshalb auch das Ausland uninformiert blieb. [...]

3. Gefahren der Betreibung von Kernkraftwerken

Der Unfall von Tschernobyl zeigt klar, dass die so oft vorgebrachten Zahlen über das vergleichbar geringe Risiko (Risiko = Eintrittswahrscheinlichkeit × Schadensumfang) eines KKW-Unfalls am Problem vorbeigehen.

© Bundesarchiv, „Tschernobyl wirkt überall!" Appell von Mitgliedern der Friedens- und Umweltbewegung in der DDR, 05.06.1986, BArch, MfS, Sekr. Neiber, Nr. 333, Bl. 20–22

M18 Q Parteiprogramm der Grünen (1981)

Im 1981 formulieren die Grünen in ihrem Parteiprogramm:

Wir sind die Alternative zu den herkömmlichen Parteien. [...]

Die in Bonn etablierten Parteien verhalten sich, als sei auf dem endlichen Planeten Erde eine unendliche industrielle Produktionssteigerung möglich. Dadurch führen sie uns nach eigener Aussage vor die ausweglose Entscheidung zwischen Atomstaat oder Atomkrieg, zwischen Harrisburg oder Hiroshima. Die ökologische Weltkrise verschärft sich von Tag zu Tag: Die Rohstoffe verknappen sich, Giftskandal reiht sich an Giftskandal, Tiergattungen werden ausgerottet, Pflanzenarten sterben aus, Flüsse und Weltmeere verwandeln sich in Kloaken, der Mensch droht inmitten einer späten Industrie- und Konsumgesellschaft geistig und seelisch zu verkümmern, wir bürden den nachfolgenden Generationen eine unheimliche Erbschaft auf.

Die Zerstörung der Lebens- und Arbeitsgrundlagen und der Abbau demokratischer Rechte haben ein so bedrohliches Ausmaß erreicht, dass es einer grundlegenden Alternative für Wirtschaft, Politik und Gesellschaft bedarf. Deshalb erhob sich spontan eine demokratische Bürgerbewegung. Es bildeten sich Tausende von Bürgerinitiativen, die in machtvollen Demonstrationen gegen den Bau von Atomkraftwerken antreten, weil deren Risiken nicht zu bewältigen sind und weil deren strahlende Abfälle nirgends deponiert werden können; sie stehen auf gegen die Verwüstung der Natur, gegen die Betonierung unserer Landschaft, gegen die Folgen und Ursachen einer Wegwerfgesellschaft, die lebensfeindlich geworden ist.

Ein völliger Umbruch unseres kurzfristig orientierten wirtschaftlichen Zweckdenkens ist notwendig. Wir halten es für einen Irrtum, dass die jetzige Verschwendungswirtschaft noch das Glück und die Lebenserfüllung fördere; im Gegenteil, die Menschen werden immer gehetzter und unfreier. Erst in dem Maße, wie wir uns von der Überschätzung des materiellen Lebensstandards freimachen, wie wir wieder die Selbstverwirklichung ermöglichen und uns wieder auf die Grenzen unserer Natur besinnen, werden auch die schöpferischen Kräfte frei werden für die Neugestaltung eines Lebens auf ökologischer Basis. [...]

Gegenüber der eindimensionalen Produktionssteigerungspolitik vertreten wir ein Gesamtkonzept. Unsere Politik wird von langfristigen Zukunftsaspekten geleitet und orientiert sich an vier Grundsätzen: Sie ist ökologisch, sozial, basisdemokratisch und gewaltfrei.

Ökologisch

Ausgehend von den Naturgesetzen und insbesondere von der Erkenntnis, dass in einem begrenzten System kein unbegrenztes Wachstum möglich ist, heißt ökologische Politik, uns selbst und unsere Umwelt als Teil der Natur zu begreifen [...].

Insbesondere stellt ökologische Politik eine umfassende Absage an eine Wirtschaft der Ausbeutung und des Raubbaus an Naturgütern und Rohstoffen sowie zerstörerische Eingriffe in die Kreisläufe des Naturhaushalts dar. Unsere Überzeugung ist, dass der Ausbeutung der Natur und des Menschen durch den Menschen entgegengetreten werden muss, um der akuten und ernsten Bedrohung des Lebens zu begegnen.

Unsere Politik ist eine Politik der aktiven Partnerschaft mit der Natur und dem Menschen. Sie gelingt am besten in selbstbestimmten und selbstversorgenden überschaubaren Wirtschafts- und Verwaltungseinheiten. [...] Diese gesellschaftlichen und wirtschaftlichen Veränderungen können nur demokratisch und mit Unterstützung der Bevölkerungsmehrheit erreicht werden.

Sozial

Eine zukünftige soziale Politik muss zum Ziele haben, ein stabiles Sozialsystem zu errichten, „Sozial" hat vor allem eine ökonomische Komponente.

Durch ständige Preissteigerungen und staatliche Steuer- und Subventionspolitik werden bereits ungleiche Einkommens- und Vermögensverhältnisse zwischen arm und reich noch verstärkt. Wir wenden uns gegen einen Arbeitsprozess, in dem die wirtschaftliche Macht regiert, und der dazu führt, dass einzelne wenige nicht nur über das Arbeitsergebnis, sondern faktisch über die Existenz vieler entscheiden können. Arbeitslosigkeit auf der einen und unmenschliche Arbeitsbedingungen auf der anderen Seite zeigen dies.

Die Vernichtung der Wohnumwelt, immer längere Wege zur Arbeit, die Kommerzialisierung des Naturgenusses und der Freiheit führen dazu, dass trotz steigender Einkommen eine reale Verarmung stattfindet, deren Opfer neben den Einkommensschwachen vor allem Kinder, Jugendliche, Alte und Behinderte sind. [...]

Offensichtlich wird dieser gesellschaftliche Zustand auch durch die Tatsache, dass die Frauen in fast allen gesellschaftlichen Bereichen benachteiligt und unterdrückt werden.

Basisdemokratisch

Basisdemokratische Politik bedeutet verstärkte Verwirklichung dezentraler, direkter Demokratie. Wir gehen davon aus, dass der Entscheidung der Basis prinzipiell Vorrang eingeräumt werden muss. Überschaubare, dezentrale Basiseinheiten (Ortsebene, Kreisebene) erhalten weitgehende Autonomie und Selbstverwaltungsrechte zugestanden. [...]

Unser inneres organisatorisches Leben und unser Verhältnis zu den Menschen, die uns unterstützen und wählen, ist das genaue Gegenbild zu den in Bonn etablierten Parteien. Diese sind unfähig und nicht willens, neue Ansätze und Gedanken und die Interessen der demokratischen Bewegung aufzunehmen. Wir sind deshalb entschlossen, uns eine Parteiorganisation neuen Typs zu schaffen, deren Grundstrukturen in basisdemokratischer und dezentraler Art verfasst sind, was nicht voneinander zu trennen ist. Denn eine Partei, die diese Struktur nicht besitzt, wäre niemals in der Lage, eine ökologische Politik im Rahmen der parlamentarischen Demokratie überzeugend zu betreiben. […]

Gewaltfrei

Wir streben eine gewaltfreie Gesellschaft an, in der die Unterdrückung von Menschen durch den Menschen und Gewalt von Menschen gegen Menschen aufgehoben ist. Unser oberster Grundsatz lautet: Humane Ziele können nicht mit inhumanen Mitteln erreicht werden. Gewaltfreiheit gilt uneingeschränkt und ohne Ausnahme zwischen allen Menschen, also ebenso innerhalb sozialer Gruppen und der Gesellschaft als Ganzem als auch zwischen Volksgruppen und Völkern.

Das Prinzip der Gewaltfreiheit berührt nicht das fundamentale Recht auf Notwehr und schließt sozialen Widerstand in seinen mannigfachen Varianten ein. Widerstand kann langfristig am wirksamsten auf soziale Weise geführt werden, wie das Beispiel der Anti-Atombewegung zeigt. Wir sind ebenso grundsätzlich gegen die Anwendung zwischenstaatlicher Gewalt durch Kriegshandlungen.

Deshalb treten wir in den internationalen Beziehungen für eine aktive Friedenspolitik ein. Aktive Friedenspolitik heißt auch, dass wir uns gegen die Besetzung von Staaten und die Unterdrückung von Volksgruppen wenden und für die Unabhängigkeit und Selbstbestimmung der Volksgruppen in allen Staaten eintreten. Frieden ist untrennbar mit der Unabhängigkeit der Staaten und dem Vorhandensein demokratischer Rechte in ihnen verbunden. Es muss weltweit abgerüstet werden. Weltweit müssen die Atom-, biologischen und chemischen Waffen vernichtet werden, fremde Truppen müssen von fremden Territorien abgezogen werden. […]

Die Grünen, Das Bundesprogramm (Grundsatzprogramm 1980), zitiert nach: https://www.boell.de/sites/default/files/assets/boell.de/images/download_de/publikationen/1980_001_Grundsatzprogramm_Die_Gruenen.pdf [Zugriff: 16.02.2026]

Leitfrage

Nehmen Sie Stellung:
Umweltschutz – (k)eine Erfolgsgeschichte?

M19 Q „Hier ruhen unsere Klimaziele"

Spiegel-Titelbild vom 13. August 2022

Arbeitsvorschläge

32065-0273

1. Stellen Sie in einem Schaubild die einzelnen Phasen der Umweltgeschichte dar. Heben Sie dabei besondere Umbrüche hervor.
2. Erläutern Sie, wie sich der Mensch in der Antike und der Frühen Neuzeit seine Umwelt aneignete (M11, M12).
3. Arbeiten Sie die Warnungen aus M13 und M14 heraus. Evaluieren Sie, warum diese erst deutlich später zu Maßnahmen führten.
4. Interpretieren Sie das Plakat M15.
5. Untersuchen Sie Unterschiede und Gemeinsamkeiten zum Umgang der DDR und der BRD mit der Havarie des Kernkraftwerks in Tschernobyl (M16, M17).
6. Halten Sie als Bundestagsmitglied der Grünen eine Rede zur Havarie des Kernkraftwerks Tschernobyl als Antwort zur Rede von Vogel. Berücksichtigen Sie das Parteiprogramm der Grünen (M16, M18).
7. Interpretieren Sie das Titelbild des Spiegels M19. Recherchieren Sie dazu den aktuellen Zustand der Umwelt sowie den Status der Klimaziele in Deutschland.
8. Führen Sie ein Streitgespräch, in welchem Sie den Sinn und die Effektivität von modernen Umweltprotesten wie Fridays for Future evaluieren.

3.7 Vertiefungsmodul: Zugänge über Biografien

M1 D Autobiografische Quellen – zwei Zitate

a) Der Soziologe Werner Fuchs-Heinritz schreibt 2005 über Autobiografien:

Über die Vorstellungen und Stimmungen, welche einzelne wichtige Vorkommnisse in ihm auslösen, [kann der Mensch] nicht irren. Keine andere schriftliche Urkunde gibt so getreu Weite und Enge, geistige Reife oder Kindlichkeit einer Zeit wieder, wie es die eigene Lebensgeschichte tut.

Werner Fuchs-Heinritz, Biographische Forschung. Eine Einführung in Praxis und Methoden, Wiesbaden ^{3}2005, S. 148

b) Der Historiker Günter Müller schreibt zum selben Thema 2006:

Die Wertung erfolgt später, unbeeinflusst von unserem Wollen. […] Es ist die Summe unserer bisherigen Erfahrungen. Ist es deshalb die Wahrheit – oder doch nicht?

Günter Müller „Vielleicht interessiert sich mal jemand…". Lebensgeschichtliches Schreiben als Medium familiärer und gesellschaftlicher Überlieferung, in: Peter Eigner et al. (Hrsg.), Briefe, Tagebücher, Autobiographien. Studien und Quellen für den Unterricht, Wien 2006, S. 83

32065-0213

1. Vergleichen Sie die beiden Zitate.
2. Diskutieren Sie, inwiefern autobiografische Quellen historisch aussagekräftig sein können.

LEIT-FRAGE

(Auto)biografisches Material – eine historische Quelle wie jede andere?

Historische Biografik: biografische Forschung in der Geschichtswissenschaft, die sich auf Interviews und schriftliche Quellen wie Tagebucheinträge oder Briefe stützt

(Auto)biografische Quellen als Grundlage für den historischen Erkenntnisgewinn

Biografische Forschung

In biografischen Quellen bündeln sich individuelle und gesellschaftliche Prozesse. Gleichzeitig müssen Grenzen und Herausforderungen bedacht werden. Die Anziehungs- und Ausstrahlungskraft von Biografien fiel im Bereich der Geschichtswissenschaft seit den 1970er- und 90er-Jahren zunehmend mit dem Interesse am Individuum und seinen alltäglichen Erfahrungswelten zusammen. Nahezu in allen Humanwissenschaften, wie der Soziologie, Pädagogik, Literaturwissenschaft, Psychologie und Psychoanalyse, wird eine biografische Forschung betrieben. In der Geschichtswissenschaft wird diese als **historische Biografik** bezeichnet. Bei der biografischen Forschung werden insbesondere Interviews in Textformen ausgearbeitet und geschriebene Lebenserinnerungen wie Tagebucheinträge, Briefsammlungen und Ähnliches untersucht. Die Nutzung von explizit mündlichen Erinnerungszeugnissen wie Zeitzeugeninterviews fällt unter den Begriff „Oral History". Da der Blickwinkel von demjenigen stammt, der sein Leben erzählt, lässt sich auch von autobiografischen Texten sprechen.

Herausforderungen biografischer Quellen

Das Vergangene wird beim Erzählen nachträglich interpretiert. Es liegt demnach eine spätere Rekonstruktion der Geschehnisse vor. Die Frage, die im Mittelpunkt einer Auseinandersetzung mit lebensgeschichtlichen Materialien steht, ist daher, inwiefern diese Informationen über vergangene Lebensführungen und Lebensauffassungen liefern. Eine hierauf sensibilisierte quellenkritische Untersuchung ist Historikerinnen und Historikern geläufig, schließlich ist letztendlich jede historische Quelle von einem konstruktiven Charakter geprägt.

M 2 D Zeitzeugenbefragung in einer Schulklasse
Foto von 2018

Bei den Interviews, die zur Gewinnung von biografischen Texten, durchgeführt werden, wird auf ein bestimmtes Schema der Interviewführung geachtet. Hier gibt es je nach Interessenausrichtung unterschiedliche Verfahren (wie das narrative oder das fokussierte Interview), die dazu führen sollen, dass der Erzähler die Dinge bestenfalls so erzählt, wie sie wirklich waren, und auch Unangenehmes nicht auslässt, über das er z. B. aus Schuld- und Schambewusstsein lieber schweigen würde. Eine Herausforderung beim Quellenstudium liegt in der Tatsache, dass Menschen und ihre Werte sich im Verlauf der Zeit verändern (können). Denn kaum ein Mensch weist über seine ganze Lebenszeit hinweg unveränderliche Deutungs- und Handlungsmuster auf. Es ist also oftmals nicht eindeutig, ob das in der biografischen Quelle transportierte Wertesystem tatsächlich das Wertesystem von damals oder vielmehr jenes von heute ist. Demnach schreibt der Autor/die Autorin seinem/ihrem alten, jüngeren Ich vielleicht Werte (wie Zivilcourage) zu, welche er/sie in der Form nie besessen hat. Hier stünde die biografische Selbstdarstellung im Dienste der aktuellen Identitätsherstellung. Bei biografischen Quellen müssen die aktuelle Persönlichkeit des Erzählers sowie Deutungsmuster, die gegenwärtig gesamtgesellschaftlich gültig und wirksam sind, also berücksichtigt werden. Beim biografischen Interview verbindet sich darüber hinaus das Interesse des Erzählers, retrospektiv seiner Lebensgeschichte einen Sinn zu geben, mit dem Interesse des Interviewers, eine „perfekte" Geschichte für sein Forschungsfeld zu gewinnen.

Ein biografischer Text ist demnach von mehreren Faktoren, wie dem Entstehungszusammenhang, das heißt z. B. der emotionalen Betroffenheit des Erzählers beim Schreiben, oder der Interaktionsbeziehung zwischen Interviewer und Interviewtem geprägt. Auch die biologische und neurologische Dimension spielt eine Rolle, schließlich ist das Wahrnehmen und Erinnern ein hochkomplexes Verfahren, weshalb es zu unrichtigen Auskünften kommen kann, auch wenn diese gar nicht intendiert sind. Es erscheint fast unmöglich, über ein Interview zu dem vorzudringen, „was wirklich war". Demnach kann das Zeitzeugeninterview insbesondere dafür genutzt werden, wie etwas von heute aus als vergangenes Ereignis wahrgenommen wird. Bei der Auseinandersetzung mit biografischen Texten ist also auch die Frage von Relevanz, wie wir das Vergangene lesen (wollen). Gleichzeitig ist das Sich-Erinnern ein uns alltäglich bekanntes Verfahren. Wichtig ist es daher, den Entstehungszeitpunkt des Interviews oder des Schreibmoments herauszufinden und in die Interpretation einzubringen. Leider fehlen diese Informationen oftmals und aus einer formalen Analyse geht nur hervor, wann der Text veröffentlicht wurde. Aber auch schon ein Bewusstsein über diese Lücke kann die kritische Auswertung anreichern.

Biografische Quellen in der Forschung

Die biografische Forschung versteht sich als qualitative Forschung, das heißt, dass bei ihr die Einzellfallanalyse zum Tragen kommt. Für die geschichtswissenschaftliche Erkenntnisgewinnung ist der Gegensatz zwischen „subjektiver" Erfahrung und „objektiver" (sozialer) Lage entscheidend. Um Muster, generelle Strukturen und Ähnliches aus autobiografischen Zeugnissen herauszuarbeiten, müssen sie anhand anderer Quellen einer Überprüfung unterzogen werden. Qualitative und quantitative

Zugänge werden in der Geschichtswissenschaft verbunden. So kann eine quantitative Analyse (von zum Beispiel Stasi-Akten zu Fluchtversuchen) die Analyse eines Erfahrungsberichtes (von einem geflüchteten Zeitzeugen) untermauern. Ebenso kann anders herum die Einzelfallstudie die quantitative Aktenauswertung mit persönlichen Aussagen anreichern. Bestenfalls findet ein Hin und Her statt, sodass man vom Einzelfall zur Verallgemeinerung und vom Allgemeinen zur Einordnung des Einzelfalls wechselt. Ziel der biografischen Forschung kann aber auch sein, aufzuzeigen, dass aus dem lebensgeschichtlichen Material kein vollständiges Bild gewonnen werden kann und dass es sich um einen besonderen Einzelfall handelt. Dann wäre der Erzähler bzw. die Erzählerin kein charakteristischer Vertreter für eine bestimmte Gruppe. Wenn das lebensgeschichtliche Material hingegen von jemandem stammt, der repräsentativ für eine bestimmte Gruppe ist, können aus ihm Schlüsse zu Einstellungen oder Handlungsweisen genau dieser Gruppe gezogen werden. Der individuelle Erfahrungshorizont hat dann eine kollektive Bedeutsamkeit. Eine Gruppe ließe sich zunächst anhand von Geschlecht, Wohnort, Ausbildungsgrad oder anderen Merkmalen definieren.

Potenzial autobiografischer Texte

Autobiografische Texte machen Geschichte über einen persönlichen Zugang erlebbar und bieten vielfältige Möglichkeiten der persönlichen Bezugnahme. Die Chance, welche ein Text bietet, hängt vor allem von dem Erkenntnisinteresse in der Fragestellung ab. Besondere Potenziale von lebensgeschichtlichen Aufzeichnungen sind nach Günther Müller:

1. Das autobiografische Schreiben kann für den Erzähler selbst eine innere Erleichterung bringen, indem er sein Leben erzählend rekapituliert. Das Schreiben wird somit zu einem Moment der Selbstvergewisserung und letztendlich auch zu einer Möglichkeit der lebensgeschichtlichen Neuorientierung.

   Dieser Prozess, sich z. B. bedrückenden Erlebnissen aus der eigenen Vergangenheit zu stellen, kann beim Lesen von autobiografischen Texten erspürt werden. Somit steckt in den Berichten auch das Potenzial, den Umgang mit der eigenen Lebensgeschichte zu reflektieren. Ein Lernziel kann also die Selbstreflexivität und Sensibilisierung für die Relevanz eigener lebensgeschichtlicher Erfahrungen sein.

2. Autobiografische Erzählungen offenbaren persönliche Erfahrungen und berichten von individuell erlebten Besonderheiten. Ihr Aussagegehalt ist besonders anschaulich. Die subjektive Relevanz des Zeitzeugen für bestimmte Ereignisse und Erfahrungen kann ausgemacht werden.

3. In Autobiografien verbinden sich singuläre Beobachtungen mit allgemeinmenschlichen Erfahrungen. Somit wird ein multiperspektivisches Denken und die Empathie gefördert.

4. Ein Potenzial liegt nicht zuletzt darin, eine kritische und aufmerksame Lektüre von Quellen zu schärfen.

5. Die Auseinandersetzung mit Historiografie kann die Wahrnehmung der eigenen Position in der Gesellschaft, welche sich kontinuierlich verändert, schärfen. Somit haben (auto)biografische Quellen ein demokratiepolitisches, emanzipatorisches Potenzial.

Kritische Auswertung biografischer Texte

Wie bei jeder Form der Quellenarbeit sollte zunächst das Untersuchungsinteresse festgelegt werden. Dies kann durch die Sammlung unterschiedlicher Leseeindrücke oder auch anhand aufgetretener Unklarheiten und Widersprüche geschehen.

Die Analyse des Textes beginnt mit den formalen Kriterien, die aus dem Text hervorgehen. Sie umfassen die Schreibmotivation des Autors bzw. der Autorin, die kommunikative Ausgangssituation, die angesprochenen Absichten und Interessen und den potenziellen Adressatenkreis. Auch die Hauptthemen, die die erzählte Geschichte prägen, werden an dieser Stelle bereits genannt und eine soziale Zuordnung der Akteure vorgenommen.

Es folgt die innere Analyse des Textes. Dazu wird zunächst der Inhalt in eigenen Worten unter Einbezug markanter Zitate wiedergegeben. Wichtig sind hier die Grundzüge der erzählten Geschichte, aber auch das beschriebene soziale Milieu und die Details des Alltagslebens. Bei der Arbeit mit dem Text werden Eigenschaften der erzählenden Person deutlich und auch, welche Aspekte ihrer Lebensgeschichte ihr besonders wichtig sind. Dieser Eindruck wird von einer Analyse der stilistisch-formalen Mittel unterstützt: Widersprüche, fehlende Zusammenhänge oder Ungewöhnliches können ebenso relevant sein, wie der Wechsel der Erzählperspektive von der Ich-Form in ein „Wir", ein unpersönliches „Man" oder Formulierungen im Passiv.

Schließlich ist es wichtig, die Erzählung in ihren historischen Kontext einzubetten. Zunächst ist dafür der historische Rahmen zu klären, insbesondere, wenn der Text Ereignisse der Zeitgeschichte erwähnt. Ist dieser hinreichend bekannt, gilt es, die Erzählung auf Übereinstimmungen und Abweichungen vom historischen Lehrbuchwissen zu untersuchen. Durch einen Vergleich mit Personen derselben Gruppe sowie anderen Quellenarten zum gleichen Untersuchungsgegenstand kann beurteilt werden, inwiefern der Ich-Erzähler ein charakteristischer Vertreter seiner Gruppe ist oder ob individuelle Orientierungen und persönliche Konstellationen eine entscheidende Rolle spielen.

Um den Gehalt der Quelle zu bewerten, ist es wichtig, was der Text an Neuem erzählt, aber auch, was eben nicht oder nur zwischen den Zeilen erzählt wird. Für die Interpretation des Textes ist zudem zu klären, inwiefern die Gegenwart, die aktuelle Situation des Autors oder der Autorin oder Erzählungen Dritter den Text beeinflusst haben.

Zuletzt werden bei jeder Auswertung von biografischen Texten Fragen offen oder nicht eindeutig zu beantworten bleiben. Diese sind der Ausgangspunkt für weitere Untersuchungen und Recherchen.

M3 Q „Warte nicht auf bessre Zeiten!"
Titelbild der Autobiografie von Wolf Biermann, 2017

Biographische Texte auswerten
32065-0214

(Auto)biografische Quellen als Grundlage für den historischen Erkenntnisgewinn

M4 D „Vielleicht interessiert sich mal jemand ..."

Günter Müller war bis 2024 Sammlungsleiter der „Dokumentation lebensgeschichtlicher Aufzeichnungen" an der Universität Wien. Über autobiografische Quellen schreibt er 2006:

a) Zwischen persönlichem Antrieb und appellativem Charakter – Merkmale von lebensgeschichtlichen Quellen

„Vielleicht interessiert sich mal jemand ..." – das so artikulierte Anliegen kann, eher zurückhaltend, mit einem impliziten Fragezeichen versehen sein; manchmal hat das persönliche Engagement bei der Niederschrift der eigenen Lebensgeschichte auch stärkeren Appellcharakter. Autobiografisches Schreiben ist jedenfalls mehr als ein schlichtes Festhalten von Erinnerungen; es ist immer auch ein Akt der Selbstbehauptung, egal, ob darin Aspekte der individuellen lebensgeschichtlichen Reflexion, der persönlichen Selbstdarstellung, der Dokumentation familiengeschichtlicher und anderer historischer Sachverhalte oder der Weitergabe von Lebenserfahrung an die Nachkommen dominieren. Im autobiografischen Schreiben bezieht eine Person Stellung zu den sich wandelnden gesellschaftlichen Verhältnissen und sucht sich darin zu verorten, ihre Identität neu zu begründen oder zu stabilisieren. Vielfach ist es auch ein Anschreiben gegen den Lauf der Geschichte bzw. gegen deren vorherrschende Deutungen in der gegenwärtigen Öffentlichkeit […].

Persönliche Antriebe, Werthaltungen, Denkweisen und Erzählmuster sind ebenso grundlegend in autobiografische Texte eingeschrieben wie die darin manifest wiedergegebenen Erinnerungen an historische Verhältnisse oder Ereignisse. Diese „subjektiven Momente" in erzählten Lebensgeschichten wurden lange Zeit als Hindernis für die wissenschaftliche Verwertbarkeit privater Aufzeichnungen gesehen – so lange, bis Mentalitäten, Wahrnehmungsweisen, Kommunikationsformen und nicht zuletzt wissenschaftliche Erkenntnisinteressen selbst in ihrer historisch-gesellschaftlichen Veränderlichkeit reflektiert und persönliche schriftliche Dokumente schließlich aus diesem veränderten Blickwinkel in verschiedenen Wissenschaftsdisziplinen sogar als besonders aufschlussreiche Quellen (an)erkannt wurden.

b) Zwischen wissenschaftlichem Erkenntniswert und pädagogischem Nutzen – Merkmale sowie Chancen und Grenzen von lebensgeschichtlichen Quellen

Retrospektiv verfasste lebensgeschichtliche Erzählungen sind also keinesfalls als „Augenzeugenberichte" zu verstehen; der sehr gebräuchliche Begriff des „Zeitzeugen" ist aus dieser Sicht leider irreführend. Sie enthalten persönliche Erinnerungen an längst Vergangenes, folgen aber auch bestimmten, später entwickelten Ordnungsprinzipien und Wertungen aus der Schreibgegenwart; Aspekte historischer Lebensverhältnisse spiegeln sich darin ebenso wie Diskurse aus der Medienwelt von heute.

[…] [Z]ugleich können Selbstverständlichkeiten von einst gänzlich aus dem Blickfeld entschwinden, wenn keinerlei Relevanzen für das aktuelle Erleben in der Schreibgegenwart mehr vorhanden sind.

Autobiografien und Erinnerungstexte geben also vor allem Aufschluss darüber, was eine Person in einem – meist fortgeschrittenen – Stadium ihres Lebens aus der selbst erlebten Vergangenheit für berichtenswert erachtet. Nur indirekt lässt sich aus dem Erzählten darauf schließen, was zu einem bestimmten historischen Zeitpunkt „tatsächlich" geschehen ist oder von Bedeutung war. Retrospektiv verfasste Texte eignen sich deshalb im Allgemeinen besser zur Erhellung sozialhistorischer, erfahrungsgeschichtlicher Themenstellungen rund um Kategorien wie Milieu, Geschlecht, Generation, Mentalität und Identität als zur Klärung ereignisgeschichtlicher Zusammenhänge. […]

c) Zwischen „Historischer Objektivität" und „subjektiver Wahrnehmung" – Chancen und Grenzen lebensgeschichtlicher Quellen

Selten sind sich Verfasser/innen lebensgeschichtlicher Aufzeichnungen der Subjektivität ihrer Erzählungen so bewusst […].

Weit häufiger sind freimütige Bekenntnisse, dass man „nichts als die reine Wahrheit" berichte oder sich zumindest nach bestem Wissen und Gewissen darum bemüht habe. […]

In der Gegenwart werden Selbstzeugnisse wegen ihres privaten, subjektiven und singulären Charakters kaum noch grundsätzlich als wissenschaftliche Quellen infrage gestellt. Nach heute verbreitetem Verständnis können solche Texte – unter der Voraussetzung einer entsprechend sorgfältigen Quellenkritik und eher in Verbindung mit anderen aussagekräftigen Materialien – durchaus geeignet sein, einzelne Aspekte historischer Lebenszusammenhänge zu erhellen oder historiografische Erkenntnisse zu differenzieren. […]

Eine biografisch orientierte Geschichts- und Sozialwissenschaft geht jedoch über diese Einschätzung hinaus und rückt einzelne Lebensgeschichten bzw. autobiogra-

fische Erzählungen in den Mittelpunkt ihres Forschungsinteresses. Reale Lebensgeschichten entwickeln sich unter ganz bestimmten historisch-gesellschaftlichen Rahmenbedingungen [...].
Geschichte wird aus dieser Perspektive nicht als eine externe, außerhalb der Individuen sich vollziehende Abfolge von Ereignissen gesehen, die erlebt, beobachtet und beschrieben werden können, sondern als ein Ensemble sozialer, wirtschaftlicher, politischer Entwicklungsprozesse, in welche Menschen als Handelnde grundsätzlich involviert sind. Daher ist nicht allein von Bedeutung, was jemand über historischen Wandel zu sagen hat oder wie zeitgeschichtliche Ereignisse sich in einer Biografie niederschlagen, sondern es geht darum, wie ein Individuum seine persönliche Entwicklungsgeschichte – in Abhängigkeit von und in Auseinandersetzung mit konkreten äußeren Lebensumständen – gestaltet bzw. in der Retrospektive erzählend ausgestaltet. [...]

- Frauen und Männer bewegen sich zum Teil in ganz verschiedenen Gesellschaftsbereichen, verinnerlichen und erinnern andere Aspekte ihrer sozialen Umwelt und setzen daher auch in ihren Autobiografien unterschiedliche Akzente.
- Söhne oder Töchter „aus gutem Hause" berichten vornehmlich andere Facetten des Familienalltags [...].
- Menschen, die das sozialräumliche Umfeld ihrer Kindheit verlassen haben, behalten tendenziell andere Ansichten davon in Erinnerung als Menschen, die ihr gesamtes Leben an ein und demselben Ort verbrachten [...].
- In einem Vergleich von persönlichen Lebensberichten könnte absehbar werden, wie Kinder oder Jugendliche in ganz anderer Weise von den politischen Umbrüchen und wirtschaftlichen Krisen der ersten Hälfte des 20. Jahrhunderts betroffen waren als Erwachsene. [...]

Lebensaufzeichnungen sind unter diesem Blickwinkel nicht bloß „Quellen", die geschichtliche Sachverhalte oder Entwicklungen belegen können, sondern als Äußerungen konkreter historischer Subjekte [...] tragen [sie] aber grundsätzlich eine – oft als „subjektive Wahrheit" bezeichnete – Aussage in sich. Ihre komplexen Relationen zur objektiven Wirklichkeit gilt es, im Einzelfall genauer zu durchleuchten. [...]

Müller, Günter, „Vielleicht interessiert sich mal jemand...". Lebensgeschichtliches Schreiben als Medium familiärer und gesellschaftlicher Überlieferung, in: Peter Eigner et al. (Hrsg.), Briefe, Tagebücher, Autobiographien. Studien und Quellen für den Unterricht, Wien 2006, S. 77, 78 und 83–87

Arbeitsvorschläge

32065-0215

1. Skizzieren Sie den Begriff der „exemplarisch-biografischen Historiografie" (M4, Darstellungstext).
2. Stellen Sie Chancen und Grenzen von autobiografischen Quellen für eine Auseinandersetzung mit einer geschichtswissenschaftlichen Fragestellung gegenüber (M4, Darstellungstext).
3. Erörtern Sie die Gründe für ein zunehmendes Interesse an einer exemplarisch-biografischen Herangehensweise.
4. Entwickeln Sie weitere Fragestellungen, die zur Auseinandersetzung mit persönlichen Lebensgeschichten herangezogen werden können. | F

Kritische Auswertung biografischer Texte
Jugendliche und junge Erwachsene in der DDR – aus politischer Überzeugung im Konflikt mit dem autokratischen System?

M5 Q Flucht als blinder Passagier in den Westen

In verschiedenen Episoden schildert Carl-Gerold Arnold Details aus der Familienbiografie.

Nach seinem Studium in Erlangen, das in der damaligen Bundesrepublik Deutschland liegt, promoviert er, baut ein Haus und gründet eine Familie. Seit 1971 ist er als außerordentlicher Professor an der Universität in Erlangen tätig. Seine Heimat Chemnitz besucht er 1990 wieder:

Im Jahre 1948 hatte ich als 20-Jähriger im westsächsischen Crimmitschau, in der damaligen sowjetischen Besatzungszone, das Abitur abgelegt. Die meisten meiner Mitschüler studierten mittlerweile jedoch nicht in der Ostzone, sondern an Universitäten im westlichen Besatzungsgebiet. Wie die Mehrheit der ostdeutschen Bevölkerung wollten sie unter demokratischen Verhältnissen leben.
Legal kam der Normalbürger zwar nicht ohne Weiteres über die Zonengrenze, aber es war noch möglich [...]. Als 1949 aus den westlichen Besatzungszonen die Bundesrepublik Deutschland und aus der Ostzone die Deutsche Demokratische Republik entstanden, hatte das auch für einen Großteil der Studentenschaft einschneidende juristische Konsequenzen [...]. Entscheidend für die Bewertung war der Zeitpunkt des Studienbeginns im Westen. Lag er vor dem 7. Oktober 1949, der offiziellen Gründung der DDR, so hatte das für den Studenten keine unangenehmen Folgen, selbst wenn er illegal über die Grenze gegangen war. In der Regel durfte man dann

später mit einem sogenannten Interzonenpass wieder in die DDR einreisen. Der Abiturjahrgang 1948 und somit auch ich hatten also Glück gehabt. [...]

Ich studierte in Erlangen Biologie und verbrachte die Semesterferien zu Hause bei Mutter und Bruder im sächsischen Crimmitschau. [...] Mein Kommilitone Lutz, der in Erlangen Physik studierte, beschloss eines Tages, seinen Freund Dohle, der aus irgendwelchen Gründen die Ostzone nicht rechtzeitig verlassen hatte, im Interzonenzug als blinden Passagier in den Westen zu schmuggeln. Zufällig fuhr ich in demselben Zug, war also unbeabsichtigt in die Angelegenheit verwickelt. Obwohl ich einen gültigen Interzonenpass besaß, bekam ich wegen der Gefahr, der wir uns aussetzten, Bauchschmerzen.

Da man im Osten Fahrkarten in den Westen nur unter Vorlage eines Interzonenpasses erhielt, hatte Dohle noch nicht einmal einen Fahrschein. Der Schmuggel begann also bereits beim Einsteigen in Crimmitschau. [...]

Bis zur Zonengrenze mussten wir für Dohle im Zug ein geeignetes Versteck gefunden haben. Einen Plan hatten wir nicht, was reiner jugendlicher Leichtsinn war. Mehrmals mussten wir der Fahrkartenkontrolle, später der Gepäckkontrolle ausweichen. Die Zöllner waren allerdings mehr mit dem Aufspüren von verbotenen Gütern wie Fotoapparaten, Porzellan oder westdeutschen Zeitungen beschäftigt.

Die Grenze nahte, und ein halbwegs sicheres Versteck für Dohle hatten wir noch immer nicht. Es war zum Verzweifeln. Doch dann fiel uns gerade noch rechtzeitig die Gepflogenheit der Volkspolizisten ein, vor der Kontrolle als erstes immer die Toilettentüren im Zug abzuschließen. Dohle und Lutz verzogen sich also aufs Örtchen und verriegelten von innen die Tür, nachdem ich die Beleuchtung im Toilettenraum außer Betrieb gesetzt hatte.

An der Grenzstation Probstzella verhielten sich die Volkspolizisten wie erwartet. Lauthals verlangten sie, die Toilettentür zu öffnen. Lutz gab ein gequältes: „Gleich!" von sich, nach ein paar Minuten kam er in aller Ruhe heraus. Die Polizisten kontrollierten ihn genauestens, er hatte aber nichts zu befürchten, denn seine Papiere waren in Ordnung. Danach verschloss ein Vopo die Toilettentür, ohne einen Blick in den Innenraum zu werfen. Dohle blieb eingesperrt. Kurz vor Abfahrt des Zuges, als die Kontrollen erledigt waren, wurde die Tür wieder aufgeschlossen, und die Polizisten stiegen aus. Die Fahrt ging weiter. Glück gehabt, Dohle war bald in Freiheit!

Uns dreien blieb kaum Zeit, den Erfolg zu feiern [...]. Da er weder eine Fahrkarte noch West-Geld besaß, musste Dohle hier aussteigen. Sicher ging er, wie so viele andere Ostdeutsche auch, den üblichen Weg über ein Flüchtlingslager. [...]

Zitiert nach: Jürgen Kleindienst (Hrsg.), Von hier nach drüben. Grenzgänge, Fluchten und Reisen im Kalten Krieg 1945–1961. 40 Geschichten und Berichte von Zeitzeugen, Berlin [3]2008, S. 143–145

M 6 Q Ausreise in den Westen

Margit Laue reist als junge Frau aus der DDR aus, ohne die Absicht, zurückzukehren:

„Was wird aus dir? Du musst einen Beruf erlernen", sagt Opa Karl jedes Mal zu mir, wenn wir uns begegnen. Schon während des letzten Schuljahres vor dem Abi bemerkte ich immer häufiger, wie sehr ihn diese Frage beschäftigte [...]. Aber ich gehe lachend darüber hinweg, denn ich weiß ja genau, was ich will. Ich werde Schauspielerin, Opa, das weißt du doch! Aber den braven, rechtschaffenen Großeltern darf ich mit der Schauspielerei nicht gut kommen. Dann heißt es gleich: „Warum muss es so etwas Verrücktes sein? Könntest du nicht lieber etwas Vernünftiges lernen, wie andere Leute auch?" Ja, aber was ist denn schon vernünftig? Verkäuferin vielleicht, wie Nachbars Inge, oder Kindergärtnerin, wie früher meine Mutter? [...] Soll ich vielleicht [...] irgendwelche Stoffe in ihre chemischen Bestandteile zerlegen, auf ihre Tauglichkeit für dieses oder jenes prüfen und sie in Hundertstelmilligramm messen und abwiegen? Oder soll ich in einem Büro von morgens bis abends in Akten und leblosen Statistiken herumwühlen und auf einer Schreibmaschine herumklappern? Freilich könnte ich noch Hebamme oder Krankenschwester werden. Viel mehr Auswahl gibt es nicht [...].

Ich wünsche mir, mich in meinem Beruf frei bewegen zu können, sprechen, lachen und weinen zu dürfen, vielleicht sogar noch zu singen und zu tanzen. [...] Die Aufnahmeprüfung an der Theaterhochschule in Leipzig will ich auf jeden Fall wagen, obwohl mir angst und bange wird, wenn ich von dem alljährlichen Ansturm der Bewerber höre.

[...] Als endlich der Prüfungstermin feststeht, reise ich voller Erwartung und Begeisterung nach Leipzig. [...] Die Nacht verbringe ich unruhig. [...] Der Prüfungshergang selbst stellt sich als ernüchternd und eine herbe Enttäuschung dar. [...] Es scheint um die Anwartschaft für einen ganz anderen Beruf zu gehen [...]. „Welchen Film haben Sie zuletzt gesehen und mit welcher Tendenz?" Tendenz scheint das Schlüsselwort für den politischen Fortschritt zu sein. Bücher, Filme, Theaterstücke, Hobbys und selbst sportliche Aktivitäten ohne politische Tendenz gelten als nutzlos und verpönt.

„Was lesen Sie zur Zeit und warum? Was heißt in Ihrem Zeugnis die Beurteilung, ‚in Ihrer staatspolitischen Tätigkeit lassen Sie sich noch immer von Ihren persönlichen Neigungen leiten'? Wie steht es mit Ihrer Verantwortung und Bereitschaft, etwas zu leisten, was für

unsere Republik wichtig und förderlich ist? ... Gerade in der Kunst brauchen wir Menschen, die hinter unserem Staat stehen und für ihn aktiv eintreten wollen ..."
Offenbar gelingt es mir nicht, einen entsprechenden Eindruck zu vermitteln. Kurz danach und später spreche ich von diesem Prüfungsgeschehen nur noch als reinen ideologischen Affentanz. [...] Mit meiner Mutter hat sich schon vor einiger Zeit ein ausführliches Gespräch ergeben, in dem wir beschlossen haben, im Falle meiner Studienablehnung beide in den Westen zu flüchten. Ich weiß, wie sehr sie sich wünscht, wieder in ihre alte Heimatstadt Hamburg zurückkehren zu können. [...]
Täglich warte ich auf eine Nachricht aus Leipzig. Ich will die Zwischenzeit nutzen und suche mir eine Beschäftigung, und zwar nun doch in der AGFA-Filmfabrik. [...] In der Frühstücks- und Mittagspause sitze ich in der Kantine allein an einem Tisch. Ich merke, wie man mich beobachtet, in kleinen Gruppen über mich redet, als käme ich von einem anderen Stern. Schmerzliches Kennenlernen der Empfindungen von Ausgegrenzt- und Anderssein. Aber auch Mitleid mit den Menschen, die auf Jahre unter diesen Umständen arbeiten müssen und vielleicht nie Gelegenheit bekommen werden, ein anderes Leben führen zu können. Meine Sehnsucht nach Veränderung wird beinahe unerträglich.
Genau in diese Zeit kommt die Absage aus Leipzig: Ich bin nicht zum Studium zugelassen. Aber ich bin unsagbar erleichtert, dass die Würfel endlich gefallen sind.
Eine Woche später beantrage ich in der AGFA meinen „Urlaub" nach Westdeutschland. Mein Ausweis wird einbehalten, der Angestellte hinter dem Schalter händigt mir ersatzweise eine Personalbescheinigung aus. Als ich damit den überfüllten Büroraum verlassen will, ruft er plötzlich in einer Sekunden währenden Anwandlung von Hellsichtigkeit lautstark hinter mir her: „Aber Sie kommen doch wieder?" Ich drehe mich um, und während ich schon durch die Tür gehe, sage ich lachend: „Aber natürlich!" [...]

Zitiert nach: Jürgen Kleindienst (Hrsg.), Von hier nach drüben. Grenzgänge, Fluchten und Reisen im Kalten Krieg 1945–1961. 40 Geschichten und Berichte von Zeitzeugen, Berlin [3]2008, S. 268–274

M7 Q „Achtung! Sie verlassen jetzt West-Berlin"

Innerdeutsche Grenze in Berlin. Am Brandenburger Tor werden westdeutsche Fotografen von Wassertrucks zurückgehalten. Aufgenommen im August 1961.

M8 Q Abiturverbot nach Kritik an der DDR

Meinungsfreiheit garantiert die DDR-Verfassung. Doch was auf dem Papier steht, gilt in der Realität nicht – das bekommt Kai Feller zu spüren: Weil er an der Ost-Berliner Carl-von-Ossietzky-Schule Unterschriften gegen die Militärparade am DDR-Nationalfeiertag gesammelt hat, fliegt er von der Schule. Das bedeutet landesweites Abiturverbot. In die sogenannte Ossietzky-Affäre an der Erweiterten Oberschule (EOS) sind auch andere Schüler involviert – drei von ihnen werden ebenfalls relegiert. Eine unerwartete Protestwoge schwappt über das Land. Doch erst am 9. November 1989, dem Tag des Mauerfalls, annulliert das Volksbildungsministerium die Strafen:

Mit dicken Filzstiften beschreibt Kai sein Plakat: „Im Zentrum Berlins werden riesige Geschosse aufgefahren, todbringende Waffen zur Schau gestellt." Er prophezeit, dass die „politische Schönwetter-Phase" von vertrauensbildenden Maßnahmen und gemeinsamer Sicherheit vielleicht historisch werden kann. Dem „internationalen Ansehen der DDR und dem gesamten Friedensprozess würde ein Verzicht auf die Militärparade am 7. Oktober guttun".
Im September fertigt der damals Sechzehnjährige seinen Text an, abends, in seiner Wohnung. Am nächsten Morgen hängt der Elftklässler sein Plakat in der Carl-von-Ossietzky-Schule auf. Natürlich habe er nicht damit gerechnet, dass die Militärparade aufgrund seines Protests abgeblasen werde, erläutert Kai Feller dreißig Jahre später im Interview für das vorliegende Buch. „Aber ich wollte, dass es auf jeden Fall eine Diskussion darüber gibt."
Die Eltern hatten ihm zwar beigebracht, was er in der Schule sagen durfte und was nicht. Aber Kai will jetzt nicht mehr schweigen. Ihn stört der Militarismus in der Gesellschaft, besonders an den Schulen. Er wohnt in der

Nähe eines Güterbahnhofs, hört, wie nachts Panzer und Raketenwerfer verladen werden. […]
Kai besuchte damals erst seit wenigen Tagen die Carl-von-Ossietzky-Schule, eine Erweiterte Oberschule in Ost-Berlin. […] [D]ie Carl-von-Ossietzky-Schule [gewährte] einen Freiraum für Meinungsäußerungen – mit ihrer staatlich genehmigten Speakers Corner. „Die dachten vielleicht, an dieser Pinnwand im Foyer könnten sich die Schüler über die dreckigen Klos aufregen“, erklärt Feller. „Aber mit einer Fundamentalkritik haben sie nicht gerechnet.“ Wer gegen die Militarisierung rebellierte, musste sich von den Oberen fragen lassen, ob er gegen den Frieden sei. Denn die Losung in der DDR lautete: „Der Frieden muss bewaffnet sein.“ Mit seiner Verbalattacke gegen die Militärparade trifft Kai die Herrschenden ins Mark. Auf sein Plakat, neben den Pfeil mit der Aufschrift „Eure Meinung?“ kritzeln Gleichgesinnte ihre Signaturen und Kommentare. Insgesamt kommen aus der Schüler- und Lehrerschaft sowohl positive als auch negative Reaktionen. Kai will weitere Anhänger zusammentrommeln, läuft mit einer Abschrift seines Artikels durchs Schulhaus und sammelt Unterschriften. „Euer Nachwuchs ist nicht damit einverstanden, was ihr da auffahren lasst“, das will er den Mächtigen unter die Nase reiben. 38 Schülerinnen und Schüler bekunden öffentlich ihre Kritik an der Militärparade. Auf seiner Seite sind noch mehr, davon ist Feller überzeugt: „Das ist ja das Normale in einer Diktatur, dass die meisten nicht sagen, was sie denken.“ […]
Obwohl es in der DDR verboten war, Unterschriften zu sammeln, duldet der Direktor die Aktion zunächst stillschweigend. Doch nach einer Woche kommt er aufgebracht ins Klassenzimmer […]. Der Schulleiter will die Liste einziehen. Doch unbegründet ist seine Angst, dass sie bei den Westmedien landen könnte. „Das wäre natürlich peinlich für die DDR gewesen, dass der Nachwuchs die Militärparade ablehnt; sie war ja das Herzstück ihrer Machtdemonstration, sozusagen eine religiöse Zeremonie“, legt Feller im Interview dar. […]
Der Direktor, Mitglied der Pankower Kreisleitung der Sozialistischen Einheitspartei Deutschlands, schickte seine Fallmeldung an die zuständige Stadtbezirksschulrätin. Zugleich ging das Papier an andere Stellen und landete auf dem Schreibtisch der Volksbildungsministerin Margot Honecker. Auch die zuständige Kreisdienststelle des Ministeriums für Staatssicherheit erhielt Kenntnis davon. Die Stasi hatte bereits einige Schüler verfolgt – wegen aufwieglerischer Aktionen. Jetzt schleuste das MfS eine Inoffizielle Mitarbeiterin in die Schule ein; sie gab die revoltierenden Texte weiter und spionierte die Lehrer aus.
Dreißig Jugendliche zogen ihre Unterschrift auf Kais Liste zurück – zuvor waren ihre Eltern zu Gesprächen einzeln in die Schule beordert worden. Acht blieben standhaft. In einem Verhör boten der Direktor und andere Verantwortliche Kai die Möglichkeit, seine Meinung öffentlich zu revidieren. Feller wiederholt im Interview seinen Vorsatz von damals: „Einzuknicken kam für mich nicht infrage.“ […]
Zwei Tage später ist es so weit: In der Aula muss sich die gesamte Schülerschaft versammeln. Hufeisenförmig, nach Klassen geordnet. Mit monotoner Stimme verliest der Direktor die Anklagepunkte – darunter „pazifistische Plattformbildung“ und „staatsfeindliche Aktivitäten“. Kai, zwei Mitschüler und eine Mitschülerin sind ab sofort beurlaubt, müssen die Schule verlassen, bekommen Hausverbot und die verbleibenden Schüler Kontaktverbot zu ihnen. Denn das Volksbildungsministerium unterstellt ihnen das Ziel, „durch Verbreiten gegnerischer Auffassungen eine Opposition zum Staat und zu seinen Beschlüssen innerhalb der Schülerschaft der EOS zu formieren“.
„[…] Man wollte Ruhe in den Laden bringen.“ Dennoch regt sich damals auch Widerstand: Einige setzen sich auf den Boden. Eine Schülerin bekennt weinend, sie schäme sich, für den FDJ-Ausschluss gestimmt zu haben. […]
Nachdenklich lässt der Endvierziger heute seine Gedanken von einst Revue passieren: „Das klingt vielleicht naiv. Ich habe mit einem Konflikt gerechnet, aber nicht mit dem Schulrauswurf. Somit war ich auf dem Abstellgleis gelandet.“

Zitiert nach: Aleksandra Majzlic, Mut zum Protest. Erfahrungen von DDR-Zeitzeugen, Springe 2019 S. 70–77

M9 Q Untersuchungshaft nach gescheiterter „Republikflucht“

Der damals 19-jährige Mario Röllig versucht über die ungarisch-jugoslawische Grenze zu fliehen, wird geschnappt und kommt für drei Monate in die zentrale Untersuchungshaftanstalt nach Hohenschönhausen in Ost-Berlin. Dann wird er von der Bundesrepublik freigekauft und gelangt 1988 in den Westen. Als Folge der psychischen Folter leidet er unter Panikattacken. Als er seinem Peiniger, einem ehemaligen Vernehmungsbeamten, begegnet, stellt er diesen zur Rede und verlangt eine Stellungnahme. Die Antwort ist kein Reuebekenntnis. Mario Röllig erleidet einen Nervenzusammenbruch und begeht einen Suizidversuch. Daraufhin empfiehlt der Chefarzt einer Klinik ihm, das Vergangene aufzuarbeiten. Seitdem führt Röllig Besuchergruppen durch die Gedenkstätte Berlin-Hohenschönhausen. Nun „hat er die Schlüssel in der Hand“, befindet er:

Es sind noch wenige hundert Meter auf ungarischem Boden, dann erreicht der Ost-Berliner die Grenze nach Jugoslawien. Es ist heiß an diesem Junitag 1987. Mario Röllig verschanzt sich im Gebüsch, immer wenn sich ein Grenzpolizist nähert. Dann macht er sich weiter auf den Weg. Er kommt an einen Bauernhof und fragt auf Englisch nach einem Glas Wasser; ein Ungar gibt es ihm. Mario läuft weiter, sieht die Grenztafeln. Plötzlich hört er „Stopp!", dreht sich um; es ist der Mann von soeben. Mario rennt, um seine Freiheit, um sein Leben. Ein zweiter Schrei: „Stopp!" Er hört einen Schuss, Kugeln knallen auf den Boden, eine links neben ihm, eine rechts; kurz vor dem Grenzschild rutscht der Gehetzte aus, bleibt liegen. Er muss dem Bauern gehorchen, aufstehen, sein Westgeld hergeben. Mario fleht seinen Verfolger an, ihn laufen zu lassen. [...]

Mario wollte aus dem System ausbrechen, dem er sich jahrelang untergeordnet hatte. Seine Eltern äußerten zwar Kritik an der DDR – aber nur hinter verschlossener Wohnungstür, gehörten sie doch der Sozialistischen Einheitspartei Deutschlands an. Ihrem Sohn brachten sie bei, sich anzupassen in Schule und Beruf. Er hielt sich daran, lebte sein Leben, ohne aufzufallen. Erst 1985 geriet er ins Visier des Ministeriums für Staatssicherheit. Weil er sich regelmäßig in Ost-Berlin mit einem West-Berliner Politiker traf, seiner Bekanntschaft aus dem Ungarn-Urlaub.

Die Stasiverfolger richteten Kameras auf die beiden Männer. Sie waren ihnen ein Ärgernis. Gleichgeschlechtliche Liebe galt in der DDR als „moralisch verwerflich" und „völlig suspekt", so Mario Rölligs Erfahrung. In den Ost-Berliner Clubs, Discos und Bars für Homosexuelle spionierte entweder der Türsteher, die Klofrau oder Nachtschwärmer für die Stasi, erzählt er im Interview [...].

Seinem Widerstand [, als Informeller Mitarbeiter zu arbeiten,] folgte der soziale Abstieg: Der ausgebildete Restaurantfachmann verlor seinen gut bezahlten Job [...]. Unbezwingbar war seine Lust auf ein neues Leben mit seinem Freund im Westen. Nur ein Gedanke setzte sich fest in seinem Kopf: „Ich halte es hier keinen Tag länger aus." Das Ungarn-Visum bekam er. Weder Familie noch Freunde wussten von seinem Plan.

Nach einer Woche im Budapester Knast bringen Stasimänner den Gefangenen in die MfS-Untersuchungshaftanstalt nach Hohenschönhausen. In seiner Einlieferungsanzeige ist »Homosexualität« als Kennzeichen nicht angekreuzt. Er kriegt aber spezielle Anstaltskleidung: rote statt blaue Shorts. Die Stasi wählt den zuständigen Vernehmer extra für Mario aus: Der Mann ähnelt seinem Westberliner Freund. Um die Liaison geht es nicht nur im Verhör mit dem Inhaftierten. Der Stasioffizier legt den Eltern bei einer Befragung Fotos vor – heimlich in einem Hotelzimmer aufgenommen. Sie zeigen Mario und seinen Freund. »Schauen Sie mal, das ist Ihr feiner Sohn. Wollen Sie nun ein paar Aussagen machen?« Das muss sich der Vater anhören. Er hatte keine Ahnung, dass Mario homosexuell ist. Aber er lässt sich nichts anmerken. Beteuert, er halte zu dem Jungen.

1987 ahndet die DDR den »ungesetzlichen Grenzübertritt« mit bis zu acht Jahren Gefängnis – gemäß Strafgesetzbuch Paragraf 213. Noch während Marios Haft beauftragt eine Freundin im Westen ein Anwaltsbüro, das über gute Kontakte zum innerdeutschen Ministerium verfügt. So gelangt Mario auf eine Freikaufliste. Beim Freikauf entlohnte die Bundesrepublik die DDR dafür, dass sie einen Gefangenen in den Westen ausreisen ließ. Nach drei Monaten kommt Mario frei. [...] Er schreibt einen Protestbrief – an Erich Honecker, den Staats- und Parteichef der DDR. Darin hieß es unter anderem: »Ich wollte aus Liebe zu meinem Freund in den Westen. Es ist schließlich keine Straftat, schwul zu sein.« Zudem sei er als gescheiterter Flüchtling stigmatisiert und finde nie wieder einen guten Job. Im Westen habe er hingegen Chancen, sich beruflich weiterzuentwickeln. Als sinnlos bezeichnet er das Leben in dem Staat.

Das Protestschreiben verfehlte seine Wirkung nicht. Mario durfte »das große Gefängnis DDR« verlassen. Für immer. Angekommen in Westberlin, eilte er zum Haus seines Freundes. Das Wiedersehen – ein Schock für ihn. Er erkannte: Der Politiker lebte mit Frau und Kindern. Kein Wort wechselten die Männer miteinander. [...]

Zitiert nach: Aleksandra Majzlic, Mut zum Protest. Erfahrungen von DDR-Zeitzeugen, Springe 2029, S. 45–50

M10 Q Punks als „negativ-dekadente Staatsfeinde" im Visier der Staatssicherheit

Die Journalistin Silke Wünsch schreibt über die Schwierigkeiten, denen Punks in der DDR ausgesetzt gewesen sind:

„Was ihr von mir wollt, kann ich nicht sein, in den grauen Beton pass ich nicht rein." (Wutanfall)

Bernd Stracke, genannt „Stracke", war Sänger bei der Leipziger Band Wutanfall: „Schon der Name war ein Auslöser für Ärger", erzählt er. Die Band stand schnell im Fokus der Stasi.

Strackes Bandkollege und Freund „Chaos" hat die Schikanen mit aller Härte zu spüren bekommen. Einschüchterung, wiederholte Vorladungen, Führerscheinentzug, Verlust der Wohnung bis hin zur Misshandlung. Manche jugendliche Punks zerbrachen unter dem Druck, nahmen sich sogar das Leben.

Stasi-Chef Mielke blieb bei seinem harten Kurs. Die Staatssicherheit ging nicht nur auf einzelne Protagonisten los; sie setzte eine perfide Taktik ein, um die Szene von innen zu „zersetzen". Um die jugendlichen Punks zu verunsichern, streute sie Gerüchte, dass sie Spitzel, „Inoffizielle Mitarbeiter", in der Szene habe. Was viele nicht ahnten: Die Gerüchte stimmten. Es waren schon längst IM in ihren Reihen. Sie gaben sich als Punks aus, waren Musiker in Bands. [...] Auch er selbst war angeworben worden: „Dann kannst du in der Szene bleiben und machen, was du willst", haben sie Stracke erzählt, im gleichen Atemzug jedoch: „Wir können aber auch anders. Wir können dir auch das Leben zur Hölle machen." Stracke wählte den unbequemen Weg. Und kam dafür zweimal ins Gefängnis. [...]
Als Stracke aus dem Gefängnis kam, waren viele seiner Freunde schon in den Westen abgeschoben worden. Und er bekam die Stasi-Zersetzungsmaßnahmen am eigenen Leib zu spüren. „Ich hab überall auf Granit gebissen, nichts ging mehr für mich." Aber er wollte dableiben. Weil er in der DDR etwas verändern wollte. Dann hat er mit seiner nächsten Band L'Attentat beschlossen: „Jetzt nehmen wir kein Blatt mehr vor den Mund. Nix mehr zwischen den Zeilen. Jetzt straight ahead." Die Folge: wieder Vorladungen, Verhöre, im DDR-Jargon „Klärung eines Sachverhalts" genannt. Schließlich fand man in Strackes Wohnung die Songtexte seiner Band und von ihm verfasste Berichte über den DDR-Untergrund, die in Westzeitungen veröffentlicht worden waren. Erneute Verhaftung wegen „Herabwürdigung der sozialistischen Ordnung" und „Verbreitung von Nachrichten im Ausland, die geeignet sind, den Interessen der DDR zu schaden". Stracke bekam ein Jahr und sieben Monate. Nachdem er wieder rauskam, verließ er die DDR – der Westen hatte ihn freigekauft.

Silke Wünsch, Angefeindet: Was es hieß, in der DDR Punk sein, in: Deutsche Welle vom 07.11.2019, https://www.dw.com/de/euch-sollte-man-vergasen-was-es-hie%C3%9F-in-der-ddr-punk-zu-sein/a-51141603 [Zugriff: 30.01.2026]

M 11 Q Zerrissenheit zwischen Linientreue und Kritik an den Missständen

Als Schülerin ist Waltraud Krüger Pionierin und weiß: „Als Pionierin habe ich die Pflicht, den Feinden des sozialistischen Staates die kalte Schulter zu zeigen. Wachsam gegen feindliche Hetze und Propaganda sollte ich auch sein. Nun gut, dachte ich mir, dann wirst du eben wachsamer Pionier!" Mit 18 ist sie Leiterin eines Kollektivs der sozialistischen Arbeit. Doch zunehmend kann sie als junge Mutter die „Ungereimtheiten im Sozialismus" nicht stillschweigend hinnehmen:

Der Kontakt zu der Familie meines Mannes wurde zusehends besser. So kamen wir nach Monaten des inneren Kampfes zu dem Ergebnis, doch in der DDR zu bleiben. Die Eltern und Geschwister meines Mannes lebten in Magdeburg, und wir dachten auch an die Zukunft unserer Tochter. Ein wichtiger Punkt war auch, wir konnten uns nichts unter einem Leben in der Bundesrepublik vorstellen. Wer weiß, was uns da erwarten würde! [...]
Natürlich arbeitete ich vorerst weiter in meiner Abteilung. Ich sah fast täglich neue Widersprüche. Egal, ob es um das Gesundheitswesen im Ganzen ging oder ob die Planerfüllung zur Debatte stand. Ja, auch bei der Bezirks-Hygiene gab es einen „Produktionsplan". [...]
So durfte keine verdorbene Ware angeboten werden. Das stand in unseren Bestimmungen, aber in Wirklichkeit sah es anders aus. [...] Oft stanken die Kartoffeln so, dass man schon beim Betreten des Ladens wusste, in welcher Ecke sie lagen.
Ich empfand, bedingt durch die Einblicke aus meiner Arbeit, immer mehr Ablehnung gegenüber dem Staat. Ich tat zwar meine Pflicht, sagte aber grundsätzlich jetzt offen meine Meinung. Das hatte Folgen. [...]
Wie überall, gab es auch hier im Betrieb die monatlichen Versammlungen. Bei einer solchen Versammlung sagte mein Mann: „Der Betrieb ist ein Ausbeuter." Da der Betrieb dem Staat gehörte, bezog er dies auch auf den Staat. Auf die Frage, warum er so etwas sage, erklärte er die Zustände, die zur Zeit im Betrieb herrschten: Was vor einem Jahr noch 30 Ofensetzer schaffen mussten, sollten jetzt 18 Ofensetzer bewerkstelligen.
Als der Bruder meines Mannes – er arbeitete in derselben Abteilung – uns zu Hause besuchte, erfuhren wir, ein Kollege habe meinen Mann beim Staatssicherheitsdienst angezeigt. So war es auch. Bereits wenige Tage nach dieser Versammlung musste mein Mann sich bei einem Herrn Fischer melden. Herr Fischer war ein Hauptmann des Staatssicherheitsdienstes, zuständig für den VEB (St) Baureparaturen. Mein Mann wurde vernommen und danach verwarnt. Erstmalig wieder seit dem Jahre 1962 wurde uns beiden mit einer Verhaftung gedroht.
Von diesem Tag an wussten wir, der Staatssicherheitsdienst hatte zwar über elf Jahre nichts gegen uns unternommen. Wir hatten auch versucht, so gut es ging, uns unterzuordnen. Aber nun ging es nicht mehr. Es war klar, jetzt würden wir auf der Schwarzen Liste stehen.
Im gemeinsamen Gespräch beschlossen wir, einen Antrag auf Aberkennung der Staatsbürgerschaft zu stellen. Gleichzeitig stellten wir den Antrag auf Ausreise aus der DDR. Diese Anträge richteten wir schriftlich an den Rat der Stadt Magdeburg, Abteilung Inneres. [...]

Waltraud Krüger, Ausreiseantrag. Sie nannten mich Nervensäge, Magdeburg 1990, S. 53, 66 und 77–79

Arbeitsvorschläge

32065-0216

Bearbeiten Sie die folgenden Arbeitsvorschläge in Arbeitsgruppen. Teilen Sie dazu die Materialien M5, M6 und M8 bis M11 untereinander auf und bearbeiten Sie die Arbeitsvorschläge 1 bis 7 jeweils für Ihr übernommenes Material.

1. Benennen Sie Gründe für die Ausreise, Flucht oder Antragstellung auf Ausbürgerung aus der DDR sowie für ein systemkritisches Verhalten, welche aus den Materialien hervorgehen.
2. Erläutern Sie das Bild, das von der DDR in den biografischen Geschichten sowie in den vorliegenden Quellen gegeben wird.
3. Interpretieren Sie die autobiografischen Materialien methodengerecht.

   Recherchieren Sie hierfür ggf.:

   a) Zahlen und weitere Gründe für Fluchtbewegungen aus Ostdeutschland

   b) Selbstverständnis, Strukturaufbau, Mitarbeiterzahlen, Methoden und Ziele der „Stasi"

   c) weitere Fakten und Aspekte zu der „Ossietzky-Affäre"
   und gleichen Sie die Erkenntnisse mit den Darstellungen in den Quellen ab.
4. Vergleichen Sie, wie sich die ausgewählten Zeitzeugen zu ihren Handlungen aus der Retroperspektive positionieren.
5. Diskutieren Sie auf Grundlage Ihrer Untersuchungsergebnisse sowie unter Einbeziehung Ihres Kontextwissens zu Gründen für ein systemkritisches Verhalten von jungen Menschen in der DDR die Themenfrage. | F
6. Revolutionärer Charakter oder jugendlicher Leichtsinn?

   „Das grundlegende Merkmal des ‚revolutionären Charakters' besteht darin, dass er unabhängig – dass er frei ist. [...] Der revolutionäre Charakter denkt und fühlt, so könnte man sagen, aus einer ‚kritischen Haltung' [...] heraus. [...] Der nichtrevolutionäre Charakter neigt in besonderem Maß dazu, daran zu glauben, was die Mehrheit verkündet. Der kritische Mensch wird genau entgegengesetzt reagieren [...]."

   Aus: Erich Fromm, Der revolutionäre Charakter. Gesamtausgabe, Bd. IX. Stuttgart, 1963, S. 344–353

   Diskutieren Sie, ob die vorgestellten Jugendlichen einem „revolutionären Charakter" (nach dem Psychoanalytiker und Sozialpsychologen Erich Fromm) zugeordnet werden können.

   Hinterfragen Sie dabei

   a) die von Fromm vorgenommene Kategorisierung in einen „autoritären" und in einen „revolutionären Charakter"

   b) welche (strukturellen etc.) Gegebenheiten oder (charakterliche etc.) Voraussetzung hinzukommen müssen, damit sich junge Menschen gegenüber einem bestehenden System kritisch verhalten.
7. Entwickeln Sie eigenständig eine interessengeleitete Fragestellung für eine oder zwei der vorliegenden Quellen.
8. Führen Sie (hinsichtlich eines wechselseitigen Erfahrungsaustausches) ein Zeitzeugen-Interview durch. Bringen Sie Ihre Ergebnisse in eine sinnhafte Form entsprechend Ihrer Themenfrage.

   Reflektieren Sie anschließend

   a) Widersprüche und unkonventionelle Standpunkte (auf Grundlage der Interview-Ergebnisse) sowie

   b) (wenn möglich) kontextbezogen eigene Wertmaßstäbe und gesellschaftliche Strukturen, Konventionen, o.Ä.

Leitfrage

Nehmen Sie Stellung:
(Auto)biografisches Material - eine historische Quelle wie jede andere?

Perspektive Abitur

M1 Q „Bekanntmachung"

Die Regierung der DDR ließ am 17. Juni 1953 diese Bekanntmachung veröffentlichen:

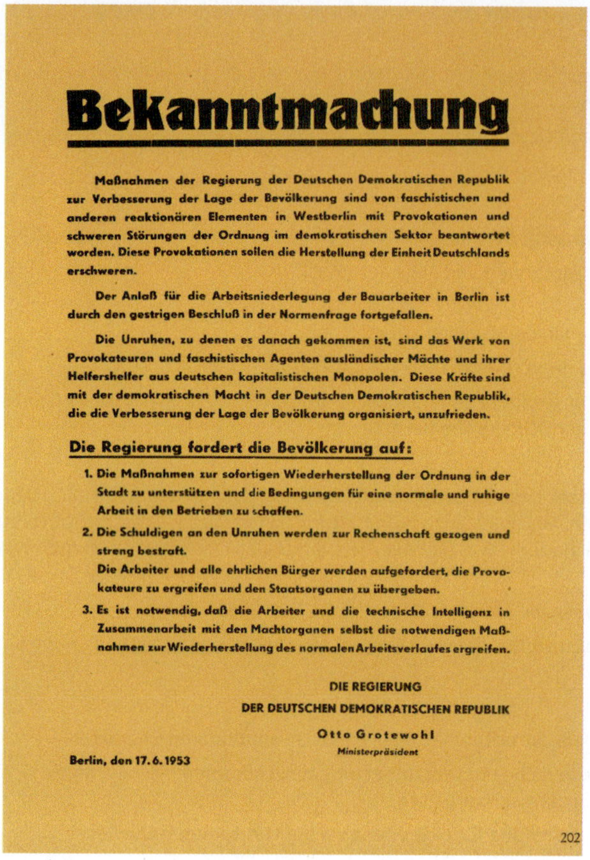

Bekanntmachung

Maßnahmen der Regierung der Deutschen Demokratischen Republik zur Verbesserung der Lage der Bevölkerung sind von faschistischen und anderen reaktionären Elementen in Westberlin mit Provokationen und schweren Störungen der Ordnung im demokratischen Sektor beantwortet worden. Diese Provokationen sollen die Herstellung der Einheit Deutschlands erschweren.

Der Anlaß für die Arbeitsniederlegung der Bauarbeiter in Berlin ist durch den gestrigen Beschluß in der Normenfrage fortgefallen.

Die Unruhen, zu denen es danach gekommen ist, sind das Werk von Provokateuren und faschistischen Agenten ausländischer Mächte und ihrer Helfershelfer aus deutschen kapitalistischen Monopolen. Diese Kräfte sind mit der demokratischen Macht in der Deutschen Demokratischen Republik, die die Verbesserung der Lage der Bevölkerung organisiert, unzufrieden.

Die Regierung fordert die Bevölkerung auf:

1. Die Maßnahmen zur sofortigen Wiederherstellung der Ordnung in der Stadt zu unterstützen und die Bedingungen für eine normale und ruhige Arbeit in den Betrieben zu schaffen.
2. Die Schuldigen an den Unruhen werden zur Rechenschaft gezogen und streng bestraft.
Die Arbeiter und alle ehrlichen Bürger werden aufgefordert, die Provokateure zu ergreifen und den Staatsorganen zu übergeben.
3. Es ist notwendig, daß die Arbeiter und die technische Intelligenz in Zusammenarbeit mit den Machtorganen selbst die notwendigen Maßnahmen zur Wiederherstellung des normalen Arbeitsverlaufes ergreifen.

DIE REGIERUNG
DER DEUTSCHEN DEMOKRATISCHEN REPUBLIK
Otto Grotewohl
Ministerpräsident

Berlin, den 17. 6. 1953

202

Text der Bekanntmachung:

32065-0491

M2 D Ausbildung in den 1950er-Jahren

Der Historiker Axel Schildt schreibt über Schulbildung und Jugend in den 1950er-Jahren in der BRD:

1950 besuchte lediglich ein Zehntel, 1960 dann ein Fünftel der 16-jährigen Jugendlichen noch eine allgemeinbildende Schule. Die grundlegende soziale Struktur der Gesellschaft bildete sich zu dieser Zeit im dreigliedrigen Schulwesen noch ebenso deutlich ab wie in den Zwanzigerjahren. Von den 13-jährigen – dem letzten Altersjahrgang ohne Berufstätigkeit – besuchten 1952 etwa 80 Prozent und 1960 etwa 70 Prozent Volksschulen (Grund- und Hauptschulen), sechs bzw. elf Prozent Realschulen, zwölf Prozent bzw. 15 Prozent Gymnasien. Die Abiturientenquote (des jeweiligen Geburtsjahrgangs) stagnierte zwischen vier und fünf Prozent (1950) und fünf bis sechs Prozent (1960). Charakteristisch war der relativ geringe Anteil von Mädchen, die in den Fünfzigerjahren nur ein Drittel der Schülerschaft in den gymnasialen Oberstufen stellten.

Stärker als die Verteilung schulischer Qualifikationen veränderte sich die Ausstattung der Schulen im ersten Jahrzehnt der Bundesrepublik. Extreme Raumnot angesichts kriegszerstörter Schulgebäude und Lehrermangel kennzeichneten die Situation um 1950. Ein Zwei-, Drei- oder sogar Vierschichtbetrieb war nicht selten. Durch großzügige Neubauprogramme und vermehrte Einstellungen von Lehrpersonen konnte die Situation rasch verbessert werden. 1950 kamen in den Volksschulen 49 Schülerinnen und Schüler auf eine Lehrkraft, 1956 nur noch 37. Allerdings blieb es dann für einige Jahre bei dieser Relation.

Eindrucksvoll war die Verbesserung beruflicher Qualifikation in den Fünfzigerjahren. Die Lehrlingsquote, das heißt die Zahl der Lehr- und Anlernlinge je 100 der Gleichaltrigen, stieg von 46 (1950) über 55 (1960) auf 64 (1966). Und von den Berufsschulen wurden 1949 zwei Drittel und 1952 nahezu alle männlichen Schulpflichtigen erfasst. Die Mädchen wurden Anfang der Fünfzigerjahre noch häufig wegen Überfüllung der Berufsschulen zurückgestellt – Ausdruck zeittypischer Benachteiligung. Bis zur Mitte des Jahrzehnts konnten auch sie weitgehend eingegliedert werden. […]

Die Steigerung der Bildung war allerdings nur ein Faktor der Auseinanderentwicklung von jung und alt. Ende der Fünfzigerjahre betrat eine Jugendgeneration die Bühne, die den Krieg nicht mehr miterlebt hatte und im Wiederaufbau aufgewachsen war. Die Arbeitszeitverkürzungen und die höheren Löhne und Einkommen hatten mittlerweile die Möglichkeiten zur Freizeit auch der berufstätigen Jugend, also der Mehrheit der Jugendlichen, vermehrt. Und massenkulturelle Angebote in Film, Musik und Mode – nicht zuletzt aus den USA – führten zu neuen Leitbildern.

Seit dem Ende der Fünfzigerjahre stießen überkommene und autoritäre Erziehungsstile und der Wunsch der Jugendlichen nach einem selbstbestimmten Raum, einer eigenen „Jugendteilkultur" (Friedrich Tenbruck) zusammen. Innerfamiliäre Kämpfe um für die Eltern provokative Frisuren, Kleidung und Musik gaben dem Ausdruck. Die alten Autoritäten, Eltern, Lehrer, Lehrherren und Geistliche verloren tendenziell die Kontrolle über die Jugendlichen, die ihre vorwiegend auf Konsum orientierten Leitbilder zunehmend aus Unterhaltungsindustrie und Massenmedien bezogen.

Axel Schildt, Deutschland in den 50er-Jahren. Gesellschaftliche Entwicklung, in: Informationen zur politischen Bildungg vom 23.12.2002, https://www.bpb.de/shop/zeitschriften/izpb/deutschland-in-den-50er-jahren-256/10124/gesellschaftliche-entwicklung/ [Zugriff: 23.03.2026]

M3 D Die DDR als Erziehungsdiktatur?

Der Historiker Thomas Lindenberger ordnet 1999 die DDR in einem Vortrag als Erziehungsdiktatur ein:

Es wird oftmals und zu recht von der DDR als einer „Erziehungsdiktatur" gesprochen. Diese Feststellung bezieht sich auf zwei Sachverhalte: Zum einen darauf, dass diese Diktatur nicht nur mit den Mitteln der unmittelbaren Repression und Bestrafung gegen Kritik und Abweichung vorgegangen ist. Sie arbeitete auch mit allen ihr zu Gebote stehenden Mitteln der Überzeugung, unter der Voraussetzung, dass sich die Bürger dieser Überzeugungsarbeit nicht entziehen durften. Zum zweiten bezeichnet Erziehungsdiktatur den bevorzugten Modus dieser Überzeugungsarbeit: Aus der gesicherten Position des Mächtigeren heraus aufgrund eines angemaßten Kompetenzvorsprungs den vorgefundenen Bürger zum sozialistischen Menschen zu formen, vorzugsweise durch angebotene oder aufgeherrschte Lernprozesse. Die Unschuld und die Unmündigkeit von Kindern war demnach die erste Staatsbürgertugend der DDR, elterliche Allwissenheit, Güte, aber auch Strenge hingegen das habituelle Rüstzeug staatssozialistischer Regierungskunst. Auch beim „Mitregieren" ganz unten ging es ums Erziehen und Erzogen-Werden. Allgemeiner lässt sich die These aufstellen: Staat-Bürger-Interaktionen waren – in den Grenzen der politischen Programmatik und Herrschaftssicherung – durchtränkt von den überkommenen Normen konventioneller Familienstrukturen: Die Gemeinschaft von Vati, Mutti und den Kindern war neben anderen unhinterfragbare Fixpunkte in diesem Sinn-Angebot. Ihre Regeln schrieben sich durch permanente Mimesis in die Staat-Bürger-Beziehungen ein, wurden zur zweiten Natur der SED-Herrschaft und feierten dann in der Honecker'schen „Einheit von Wirtschafts- und Sozialpolitik" ihre staatsmännische Apotheose: Mutter Partei und Vater Staat gaben ein streng-aber-gerechtes Elternpaar, das lieber Zuwendungen austeilte als strafte, aber prinzipienfest strafte, wenn es denn sein musste. Der unmündige Bürger wollte demnach erzogen sein, wo er ging und stand, und je nach Temperament ließ er die entsprechenden Prozeduren mehr oder weniger aufgeweckt und empfänglich oder verstockt bis aufsässig über sich ergehen – auf die materiellen Vorteile und ideellen Gewinne, die aus der Allgegenwart dieser Bemühungen gezogen werden konnten, verzichteten die wenigsten.

Thomas Lindenberger, Generationsspezifische Alltagserfahrungen in der DDR, in: Protokoll der 32. Sitzung der Enquete-Kommission „Überwindung der Folgen der SED-Diktatur im Prozeß der Deutschen Einheit, S. 29

Arbeitsvorschläge

32065-0489

1. Analysieren Sie M1 quellenkritisch.
2. Bewerten Sie den Umgang der DDR-Regierung mit dem Volksaufstand des 17. Juni 1953 (M1).
3. a) Erstellen Sie mithilfe einer KI einen Überblickstext mit ca. 2500 Zeichen zur Kuba-Krise. Formulieren Sie dazu einen geeigneten Prompt und überprüfen Sie den erzeugten Text anschließend mithilfe der Methodenseiten (S. 200–203).
   b) Entwickeln Sie aus dem Text ein Schaubild, das einen Überblick über die Kuba-Krise gibt.
4. Vergleichen Sie die Beschreibung M2 mit der heutigen Wirklichkeit. Recherchieren Sie dazu auch aktuelle Zahlen.
5. Diskutieren Sie, inwiefern sich der Entstehungskontext der „Jugendteilkultur" (Z. 57) bis heute gewandelt hat (M2).
6. a) Fassen Sie in eigenen Worten zusammen, was man unter einer Erziehungsdiktatur versteht (M3).
   b) Arbeiten Sie heraus, welche Rolle die Akzeptanz durch die Bevölkerung in diesem Konstrukt spielt (M3).
7. Beurteilen Sie, inwiefern es sich bei der DDR um eine Erziehungsdiktatur handelte.

Der Kalte Krieg

Der Kalte Krieg – ein „klassischer Machtkonflikt"?

Aufgabenart: Erörtern von Erklärungen historischer Sachverhalte aus Darstellungen

Erörtern Sie die Erklärungsversuche des Historikers Bernd Stöver für die Entstehung des Kalten Krieges. Bearbeiten Sie dabei folgende Teilaufgaben:

- Geben Sie die Erklärungsversuche zum Kalten Krieg von Bernd Stöver (M1) unter Verwendung prägnanter Zitate wieder und ordnen Sie diese in den historischen Zusammenhang ein.
- Erläutern Sie die Feststellung Stövers, die drei Interpretationen seien jeweils „zeitgebundene Teilerklärungen" (Zeile 73).
- Nehmen Sie Stellung zur These Stövers, der Kalte Krieg sei ein „klassischer Machtkonflikt" gewesen (Zeile 78 f.).

M1 D Erklärungsversuche zum Kalten Krieg

Der Historiker Bernd Stöver fasst Erklärungsversuche für die Entstehung des Kalten Krieges zusammen:

(1) Nach der *traditionellen Vorstellung*, der frühesten Erklärung, war aus westlicher Sicht für die Entstehung und Forcierung des Kalten Krieges die marxistisch-leninistische Ideologie mit ihrem Anspruch auf die Weltrevolution verantwortlich. Die habe die Sowjetunion prinzipiell auf einen aggressiven Kurs gegenüber dem Westen festgelegt. Pragmatische Annäherungen in Entspannungsphasen seien zwar möglich gewesen, nicht jedoch eine Abschwächung des Expansionsdrangs. [...]

(2) [*Revisionistische Erklärung*] [...] Als der erste Band der revisionistischen Schule, William A. Williams The Tragedy of American Diplomacy, 1959 erschien, befand sich die Welt nach der nur kurze Zeit zurückliegenden Doppelkrise um Ungarn und Suez[1] mit der Zweiten Berlin-Krise wieder auf Konfrontationskurs. Die Revisionisten [...] unterstrichen ausdrücklich die amerikanische Verantwortung für die Entstehung des Kalten Krieges. Die Sowjetunion sei aus dem Zweiten Weltkrieg geschwächt hervorgegangen und habe dem wirtschaftlich überlegenen Westen, insbesondere den USA und ihrer forcierten „Politik der Offenen Tür"[2], nahezu hilflos gegenübergestanden. Neben der ökonomischen Überlegenheit wurde hier ausdrücklich das amerikanische Atomwaffenmonopol der ersten Nachkriegsjahre als Argument für die amerikanische Verantwortung herangezogen. Stalins Politik sei weniger von imperialen Vorstellungen ausgegangen als von der Bewahrung und Sicherung des bestehenden Staates, der kontinuierlich gefährdet gewesen sei. [...]

(3) Beide Positionen näherten sich seit den Siebzigerjahren in der sogenannten *postrevisionistischen Interpretation* des Kalten Krieges an: Sie geht davon aus, dass gerade die angenommene Bedrohung durch die Gegenseite für die rasante Dynamik der

[1] Ungarn-Krise: 1956 führte in Ungarn ein Volksaufstand zur Abschaffung der kommunistischen Einparteiendiktatur. Die sowjetische Armee beseitigte die neue Regierung und stellte die alten politischen Verhältnisse wieder her. Suez-Krise: Ägypten hatte 1956 die Kontrolle über den Suezkanal übernommen, der bis dahin für die internationale Schifffahrt geöffnet war. Großbritannien und Frankreich griffen militärisch ein. Die USA und die Sowjetunion erreichten daraufhin den Rückzug der britischen und französischen Truppen.

[2] Politik der Offenen Tür: Sie zielt darauf, dass keinem Land der freie Handel mit einem anderen Land verwehrt werden darf. Geprägt wurde der Begriff Ende des 19. Jahrhunderts im Zeitalter des Imperialismus. Die USA befürchteten damals, beim Wettlauf mit anderen Mächten um Einflusssphären zu unterliegen.

Auseinandersetzung maßgeblich war. Kontinuierlich habe die verfehlte Wahrnehmung falsche Entscheidungen produziert. […] Tatsächlich können die Postrevisionisten für sich verbuchen, dass vieles, was man nach der Öffnung bisher verschlossener Archive in den Jahren nach 1991 zutage förderte, in die Richtung wies, dass der Verlauf des Kalten Krieges nicht zuletzt durch massive Kommunikationsprobleme gefördert wurde. Gerade sein Ende – etwa der Wandel des Gorbatschow-Bildes im Westen – zeigt deutlich, wie stark die Überwindung von eingefahrenen Perzeptionsmustern zur Beendigung des Kalten Krieges beitrug. Dennoch stießen auch diese Interpretationen auf Kritik. Tatsächlich muss man sich natürlich fragen, ob die Einschätzungen der Gegenseite wirklich so konsequent falsch waren wie unterstellt. Schloss nicht schon der Universalanspruch der beiden Ordnungsentwürfe den jeweils anderen kategorisch aus?

Wurde nicht trotz der Abrüstungsverhandlungen alles versucht, das gegnerische System weiter zu unterminieren, und zwar nicht nur im eigenen Machtbereich, sondern auch an den entlegensten Peripherien des Konflikts? Wo konnte es eine Fehlinterpretation der jeweiligen gegnerischen Vorstellungen bei der gigantischen nuklearen Aufrüstung geben, die schließlich militärisch sinnvoll nicht mehr eingesetzt werden konnte und in der Lage war, nicht nur die gesamte Erdbevölkerung mehrfach zu vernichten, sondern die Erde auf Dauer unbewohnbar zu machen?

Alle drei Antworten auf die Frage, warum dieser Konflikt begann und mit aller Härte und vollem Einsatz der Kräfte bis zum Ende geführt wurde, blieben zeitgebundene Teilerklärungen. So wie die traditionelle und revisionistische Erklärung jeweils einseitige Schuldzuweisungen unternahmen, schloss der kommunikationstheoretische Ansatz des Postrevisionismus weitgehend die Möglichkeit aus, dass der Kalte Krieg ein klassischer Machtkonflikt war, der nicht aus Versehen oder aufgrund von Verständigungsproblemen, sondern bewusst und kalkuliert in Eskalationen und Deeskalationen geführt wurde, weil er ausgefochten und siegreich beendet werden sollte. Gerade für diese Annahme sprach jedoch immer vieles.

Bernd Stöver, Der Kalte Krieg 1947 – 1991. Geschichte eines radikalen Zeitalters, München 2007, S. 16 – 19

Tipps zur Bearbeitung

- Informationen zum historischen Zusammenhang der drei Erklärungsversuche finden Sie auf S. 384 ff.
- Erklären Sie die Feststellung Stövers und führen Sie zusätzliche Informationen und Beispiele an.
- Definieren Sie zunächst den Begriff „klassischer Machtkonflikt".

Die Lösung zu dieser Übungsklausur finden Sie unter Mediencode **32065-0490**.

Der Aufstand des 17. Juni 1953

Der 17. Juni 1953 – ein gegen die DDR gerichteter Aufstand?

Aufgabenart: Erörtern von Erklärungen historischer Sachverhalte aus Darstellungen

Formulieren Sie ein begründetes Urteil zur Themenfrage, indem Sie

- die Positionen der jeweiligen Autoren in den vorliegenden Darstellungstexten zur Themenfrage herausarbeiten und diese unter Verwendung prägnanter Zitate vergleichend erörtern,
- die Thesen des Historikers und des ehemaligen Bundespräsidenten mithilfe Ihrer Kenntnisse zu den Ereignissen am 17. Juni 1953 kritisch prüfen und
- gestützt auf Ihre Ergebnisse sowie Ihr Kontextwissen diskutieren, ob die Proteste des 17. Juni als Opposition gegen das politische System der DDR zu werten sind.

M1 D „Eine nachhaltige Risikoerfahrung“

Der Historiker Christoph Kleßmann schreibt zu den Aufständen am 17. Juni Folgendes:

Zum einen ist die gewaltsame Niederschlagung einer spontanen Revolte eine nachhaltige Krisenerfahrung für die Bevölkerung gewesen. In künftigen Krisen sollte sich diese Erfahrung auf das politische Verhalten auswirken. […]
Zum anderen aber war der Aufstand der „führenden Klasse“ gegen ihre „Vorhut“ SED ein Schockerlebnis, das bis zum Ende des Arbeiter- und Bauernstaates nachwirkte […].
Die Angst der Machtelite vor der aufmüpfigen Basis aber blieb. Noch am 31. August 1989 fragte der DDR-Minister für Staatssicherheit, Erich Mielke, seine Untergebenen: „Ist es so, dass morgen der 17. Juni ausbricht?“

Christoph Kleßmann, Aufbau einer sozialistischen Staates, in: Informationen zur politischen Bildung vom 24.12.2002, https://www.bpb.de/shop/zeitschriften/izpb/deutschland-in-den-50er-jahren-256/10128/aufbau-eines-sozialistischen-staates/ [Zugriff: 23.03.2026]

M2 D Rede des Bundespräsidenten zum 50. Jahrestag des 17. Juni 1953

Anlässlich des 50. Jahrestages äußerte sich der ehemalige Bundespräsident Johannes Rau 2003 im Deutschen Bundestag bei der Gedenkveranstaltung zum 17. Juni wie folgt:

Der 17. Juni 1953: Das war ein Aufstand der Arbeiter und Bauern – aber auch der Angestellten, der Verkäuferinnen, der Jugendlichen und mancher Akademiker – und vereinzelt haben sich ihm Mitglieder der SED und sogar Angehörige der Sicherheitskräfte angeschlossen.
Es war ein Aufstand des ganzen Volkes. Er wurde ausgelöst durch die Erhöhung der Arbeitsnormen der Bauarbeiter. Das kam einer Senkung der Löhne gleich. Innerhalb weniger Stunden ist daraus eine landesweite Erhebung für Freiheit, Demokratie und Einheit geworden. […]

Im Juni 1953 entluden sich lang angestaute Unzufriedenheit und Ablehnung der herrschenden Zustände. Das hatte viele Ursachen: Schikanen und Bevormundung, politische Unterdrückung, religiöse Verfolgung und existenzielle Not – all das kam zusammen.
Wie so viele revolutionäre Bewegungen, so begann auch der Juni-Aufstand mit materiellen Forderungen, denen rasch der Ruf nach Freiheit und nach politischer Veränderung folgte. [...] 1989 wurde vollendet, was 1953 scheiterte: freie und demokratische Verhältnisse in einem geeinten Land [...].

Johannes Rau, Rede bei der Gedenkveranstaltung im Deutschen Bundestag anlässlich der fünfzigsten Wiederkehr des 17. Juni 1953, 17.05.2003, https://www.bundespraesident.de/SharedDocs/Reden/DE/Johannes-Rau/Reden/2003/06/20030617_Rede.html [Zugriff: 23.03.2026]

Tipps zur Bearbeitung

- Geben Sie den Inhalt der beiden Texte unter Verwendung prägnanter Zitate wieder: Welche Gemeinsamkeiten und Unterschiede bestehen bezüglich Träger, Ursache und Wirkung des Aufstandes?
- Überprüfen Sie die genannten Thesen. Informationen zum 17. Juni 1953 finden Sie auf S. 444 und 447f.
- Sammeln Sie nun Argumente, um die Leitfrage zu diskutieren. Sie können dabei beispielsweise die Forderungen der Aufständischen betrachten und inwiefern sie der DDR wirklich hätten gefährlich werden können oder auch die Reaktion der Regierung.

Die Lösung zu dieser Übungsklausur finden Sie unter Mediencode **32065-0455**.

Basismodul: Erinnern und Gedenken

Afrikanischer Würdenträger

Bronzeplastik aus dem ehemaligen Königreich Benin, 16./17. Jahrhundert
Die Benin-Bronzen wurden während der Kolonialzeit bei Plünderungen gestohlen und sind inzwischen in Museen weltweit zu finden, über eintausend davon in Deutschland. 2022 einigte sich Deutschland mit Nigeria auf die Rückgabe der Plastiken.

Vertiefungsmodule

- Geschichtskultur im internationalen Vergleich
- Historische Personen und Geschichtspolitik
- Darstellungen von Geschichte in Medien
- Antike und Mittelalter als Bezugspunkte in der Populärkultur

„Gladiator II“
Filmplakat von 2022

4. Geschichtskultur

Niemals zuvor war es so vielen Menschen möglich, sich derart umfassend über geschichtliche Ereignisse der Vergangenheit und Gegenwart zu informieren. Bücher und andere Medien, allen voran das Internet, sind dabei klassische Informationsträger. Zeitzeugen, Erinnerungsorte, Denkmäler und Gedenktage tragen ebenfalls dazu bei, dass uns das Wissen um die historischen Vorgänge erhalten bleibt. Dabei sind dies keinesfalls nur Eckpfeiler der Vergangenheit. Unsere Gegenwart bietet reichlich Stoff, um sich immer wieder mit Themen auseinanderzusetzen und diese zeitnah in diverse Erinnerungsformen zu gießen, um das Wissen für die Nachwelt zu erhalten und zu formen. Nur so lassen sich auch langwierige Entwicklungen als solche erkennen und verstehen. Alle Geschichtsdarstellungen müssen dabei im Kontext ihrer Entstehung gesehen und dekonstruiert werden. Besonders lohnend ist es, die Erinnerungskulturen bezüglich eines Ereignisses im Längsschnitt zu betrachten.

Kompetenzen

Am Ende dieses Kapitels sollten Sie Folgendes können:

... das Erinnern an die Opfer des Nationalsozialismus in regionalen und nationalen Perspektiven unterscheiden (Sachkompetent handeln)

... historische Deutungen zur kolonialen Vergangenheit Deutschlands hinsichtlich ihrer Triftigkeit und Perspektivität überprüfen (Analysieren)

... in einer eigenen Deutung zur kolonialen Vergangenheit Deutschlands die eigene Zeit- und Standortgebundenheit reflektieren (Deuten)

... auf Werte bezogene Beurteilungsmaßstäbe für Diktaturen entwickeln und auf geschichtskulturelle Deutungen zur SED-Diktatur anwenden (Urteilen und sich orientieren)

4.1 Basismodul: Erinnern und Gedenken

Kollektives Erinnern an vergangene Zeiträume und Ereignisse hat eine hohe politische Bedeutung. Darin kommt nämlich etwa auch das Selbstbild von Staaten zum Ausdruck. Bedeutsam ist dabei, in welcher Form und an welchen Orten sich diese kollektive Erinnerung ausdrückt. Egal, ob es sich um bewusste propagandistische Verzerrungen oder sorgfältig ausgewogene Darstellungen handelt – in jedem Fall sind es Konstruktionen, die kritisch untersucht werden müssen.

Jede Epoche und jede Gesellschaft vergewissert sich durch den Blick in ihre Vergangenheit, wie sie sich selbst sieht oder wie sie gesehen werden will. Ziel ist es, ihr Selbstbild zu konstruieren, zu stabilisieren oder zu vermitteln. Dazu greift sie auf historische Relikte verschiedenster Art wie Texte, Bilder und Traditionen, aber auch auf individuelle und kollektive Erinnerungen zurück und konstruiert sich in Form von wissenschaftlichen und nichtwissenschaftlichen „Erzählungen" über die Vergangenheit, aber auch in Form von Denkmälern, Gedenkorten, Straßennamen, Gedenkfeiern mit charakteristischen Ritualen usw. materielle und immaterielle Erinnerungsorte. Eine solche Erinnerungskultur dient dazu, eine kollektive Identität zu stiften, kann aber darüber hinaus dazu benutzt werden, das eigene Existenzrecht zu legitimieren oder um Überlegenheits- oder Machtansprüche zu rechtfertigen. Daher wird sie stets auch von staatlicher Geschichtspolitik beeinflusst. In Demokratien muss sie allerdings immer wieder zwischen Staat und Gesellschaft neu diskutiert werden und unterliegt deshalb dem Wandel. Staaten und Gesellschaften mit verschiedenen ideologisch-weltanschaulichen Grundlagen und politischen Systemen entwickeln unterschiedliche Erinnerungskulturen und erinnern dasselbe historische Ereignis in der Regel unterschiedlich.

M1 D Abbau des Lenin-Denkmals
Foto von 1991, Berlin
Arbeiter montieren das 18 Meter hohe Denkmal von Wladimir I. Lenin, russischer Revolutionär und Gründer der Sowjetunion, im Ost-Berliner Bezirk Friedrichshain ab.

Bildinformation
32065-138

Kolonialismus

1968 — Erfolgreicher „Denkmalsturz“ des Wissmann-Denkmals in Hamburg

1990 — Unabhängigkeit Namibias

2004 — Rede der deutschen Ministerin für Entwicklungshilfe Wieczorek-Zeul in Namibia

2015 — Offizielle Anerkennung des Völkermords durch das Auswärtige Amt

2021 — Eröffnung des Humboldt-Forums in Berlin

2021 — Deutschland erkennt Genozid an Herero und Nama an

2022 — Übergabe erster Benin-Objekte in Nigeria

2025 — Umbenennung der Berliner Mohrenstraße in Anton-Wilhelm-Amo-Straße

---

Nationalsozialismus

1951 — Erste offizielle Ehrenerklärung für Widerstandskämpfer durch die Bundesregierung

1952 — Wiedergutmachungsabkommen mit Israel (Luxemburger Abkommen)

1963–1968 — Frankfurter Auschwitzprozesse

1970 — Kniefall von Warschau durch Bundeskanzler Willy Brandt

1979 — Ausstrahlung der TV-Serie „Holocaust“

1985 — Rede von Bundespräsident Weizsäcker zum 8. Mai – Tag der Befreiung

1990er-Jahre — Erste Wehrmachtsausstellung bricht mit Mythos der „sauberen Wehrmacht“

1998 — Aufhebung aller NS-Urteile durch den Volksgerichtshof

2000 — Stiftung „Erinnerung, Verantwortung und Zukunft“ entschädigt Zwangsarbeiter

2013 — Kontroverse um TV-Serie „Unsere Mütter, unsere Väter“

SED-Diktatur

1953 — West-Berliner Senat benennt einen Abschnitt der Charlottenburger Chaussee in „Straße des 17. Juni“ um, später nationaler Feiertag in der BRD

1974 — Rede von Bundespräsident Gustav Heinemann: Anerkennung zweier deutscher Staaten

1991 — Stasi-Unterlagengesetz

1991 — Erster Mauerschützenprozess

1992 — Einrichtung/Start der BStU (Behörde für Stasi-Unterlagen)

1992 — Erstes SED-Unrechtsbereinigungsgesetz

1998 — Gründung der Bundesstiftung zur Aufarbeitung der SED-Diktatur

2007 — Beschluss einer Opferrente für ehemalige SED-Opfer

2019 — Der Bundestag stimmt der Gründung eines Forums für Opposition und Widerstand zu

2023 — Die Bücher von Katja Hoyer und Dirk Oschmann lösen nach dem Erscheinen eine neue Debatte um die Erinnerung an die SED-Diktatur aus

Gegenwärtiges Erinnern und Kontroversen der deutschen Kolonialgeschichte

M1 Q Marine-Denkmal in Swakopmund (Namibia)

Das Denkmal wurde 1908 errichtet. Es gedenkt der deutschen „Schutztruppen", die am Völkermord an den Herero und Nama teilgenommen haben. Auf der zentralen Tafel sind die Kämpfe der Soldaten aufgelistet. Die Einleitung lautet: „Mit Gott für Kaiser und Reich kämpften Angehörige des Marine-Expeditionskorps in folgenden Gefechten: [...]."

32065-0401

1. Beschreiben Sie das Marine-Denkmal in Swakopmund.
2. Erklären Sie, welches Bild das Denkmal von den deutschen Soldaten vermittelt.
3. Diskutieren Sie, inwiefern die Existenz von Denkmälern wie dem Marine-Denkmal den Prozess der Aufarbeitung der kolonialen Vergangenheit hemmt oder fördert. | F

LEIT-FRAGE

Ein Denkmal – eine angemessene Form des Erinnerns an die deutsche Kolonialvergangenheit?

Kolonialismus, Hochimperialismus und Postkolonialismus

Das Zeitalter des deutschen Kolonialismus (1884–1919) wird klassischerweise dem Hochimperialismus des ausgehenden 19. Jahrhunderts zugeordnet. Unter Kolonialismus wird die dauerhafte Inbesitznahme eines Gebietes und die Ausübung von Fremdherrschaft über die dort lebende Bevölkerung verstanden. Im Zusammenhang damit wird die Annahme vertreten, dass zwischen Kolonisten und Kolonialisierten ein unterschiedlicher Entwicklungsstand vorherrscht, wobei die Kolonialmacht als höher entwickelt gilt. Besonders seit den 1960er-Jahren mit dem Erlangen der Unabhängigkeit vieler ehemaliger Kolonien haben postkoloniale Perspektiven diesen Abschnitt der Geschichte neu bewertet. Der Begriff Postkolonialismus verweist dabei auf die andauernden Folgen kolonialer Herrschaft, die über das Ende der Kolonialzeit bis in unsere Gegenwart hineinreichen. Er kritisiert die Vorstellung, dass die koloniale Ära mit der erlangten Unabhängigkeit der Kolonien abgeschlossen sei, und macht auf fortbestehende wirtschaftliche und politische Abhängigkeiten und Beziehungen zwischen den ehemaligen Kolonien und ihren Mutterländern aufmerksam. Postkoloniale Theorien hinterfragen eurozentrische und westliche Denkweisen, etwa die Annahme europäischer Überlegenheit, und machen auf die andauernde Unterrepräsentation von Menschen aus dem globalen Süden zum Beispiel in den Bereichen Kunst und Kultur aufmerksam. Auch wird die wechselseitige Prägung von Kolonialmächten und Kolonisierten betont. Vertreter der Postcolonial Studies, die in den 1980er-Jahren unter anderem durch Edward Saids Buch „Orientalismus" (1978) inspiriert wurden, setzen sich dafür ein, die globale Geschichte als verflochtenen Prozess zu begreifen und koloniale sowie eurozentrische Positionen zu überwinden.

Deutsche Kolonialbestrebungen

Die deutsche Kolonialgeschichte begann mit frühen Versuchen überseeischer Expansion, etwa durch Handelsunternehmungen der Patrizierfamilie der Welser in Venezuela im 16. Jahrhundert oder durch die Errichtung von Stützpunkten wie „Groß-Friedrichsburg“ des Großen Kurfürsten Friedrich Wilhelm von Brandenburg an der westafrikanischen Küste Ende des 17. Jahrhunderts. Diese frühen Projekte waren jedoch von kurzer Dauer und dienten lediglich lokalen wirtschaftlichen Interessen, ohne eine wirkliche großkoloniale Dimension zu erreichen.

M 2 **Q** **„Theilung der Erde“**
Karikatur aus der satirischen Zeitschrift „Kladderadatsch“ vom 11. August 1878
„Zeus zu Germania: Wo warst du denn, als man die Welt getheilet?“

▸ Erläutern Sie anhand der Bildunterschrift die Aussage der Karikatur.

Bildinformation
31000-971

Angesichts der Furcht, bei der Aufteilung der Erde leer auszugehen, setzte spätestens mit der Reichseinigung 1871, die das Deutsche Kaiserreich begründete, eine verstärkte Diskussion um die Notwendigkeit einer Kolonialpolitik ein. Eine Vielzahl kleinerer und größerer Kolonialvereine sowie mächtige Interessenverbände propagierten den kolonialen Gedanken im ganzen Land und begannen damit, Druck auf die Regierung auszuüben, um die territoriale Expansion voranzutreiben.

Ursachen für den Konkurrenzkampf um kolonialen Besitz zwischen den europäischen Großmächten waren vor allem wirtschaftliche Gründe. Durch die voranschreitende Industrialisierung sowie die Suche nach Rohstoffen und neuen Absatzmärkten für Industriegüter entstanden zunehmend politische Spannungen. Zudem sollten die neu erschlossenen Gebiete als Siedlungsraum für die rasch wachsende Bevölkerung Europas dienen. Zum Hauptschauplatz der wetteifernden Großmächte wurde das aus europäischer Sicht weitgehend unerschlossene Afrika. Ein weiterer Schwerpunkt des Interesses lag in Ostasien, vor allem in China und im pazifischen Raum.

Ausdehnung und Ende des deutschen Kolonialreiches

Reichskanzler Otto von Bismarck stand dem Erwerb von Kolonien ablehnend gegenüber. Er scheute die finanziellen Belastungen und möglichen Konflikte mit den anderen Mächten. Seine Außenpolitik richtete sich vielmehr auf ein Gleichgewicht der Machtverhältnisse in Europa. Dass Bismarck schließlich seine Haltung änderte und das Deutsche Reich unter ihm in den Jahren 1884/85 seine ersten Kolonien erwarb, ist auf den zunehmenden innenpolitischen Druck und die günstige außenpolitische Lage zurückzuführen. 1884 gab er den Forderungen hanseatischer Kaufleute nach der Sicherung ihrer Erwerbungen und Handelsinteressen nach. Er unterstellte die von privaten Kaufleuten erworbenen Gebiete an der Südwestküste Afrikas (Deutsch-Südwestafrika, heute Namibia) unter deutschen Reichsschutz. Später folgten noch Togo und Kamerun sowie Deutsch-Ostafrika (heute Tansania, Burundi und Ruanda), Neuguinea sowie einige Südseeinseln und ein Küstenstreifen in China. Nach dem britischen, französischen und niederländischen war das Deutsche Reich das flächenmäßig viertgrößte Kolonialreich weltweit. Mit dem Ende des Ersten Weltkrieges und der Niederlage Deutschlands kam es 1919 im Zuge des Versailler Vertrages dazu, dass das Deutsche Kaiserreich seine Kolonien abtreten musste.

Koloniale Praktiken

Die Berliner Westafrika-Konferenz von 1884/85 legte die Rahmenbedingungen für die koloniale Aufteilung Afrikas unter den europäischen Großmächten fest. Diese konnten den afrikanischen Kontinent vor allem aufgrund ihrer militärischen Überlegenheit so schnell unter ihre Herrschaft bringen und unter sich aufteilen („Scramble for Africa"). Die Inbesitznahme der Gebiete erfolgte zumeist durch private Interessen und Aktionen der Akteure vor Ort („men on the spot"). Deutsch-Ostafrika wurde beispielsweise durch einen „Schutzbrief" einer privatwirtschaftlichen Gesellschaft unter Carl Peters in Besitz genommen. Durch solche schriftlichen Verträge, welche die lokalen Anführer nicht verstanden, traten die afrikanischen Stämme ihr Land und ihre Rechte ab. Dabei nutzten die Europäer die Unkenntnis der Bevölkerung aus, die die Abmachungen oft fälschlicherweise als Handels- und Bündnisverträge interpretierte. Allerdings muss betont werden, dass die Errichtung und Aufrechterhaltung der indirekten Herrschaft vor Ort ohne die Kollaboration einheimischer Führungsschichten nicht möglich gewesen wäre. Denn der Bevölkerung stand lediglich eine verschwindend kleine Anzahl Europäer gegenüber und die Clans hofften durch die Zusammenarbeit mit den Kolonialmächten andere Rivalen zu bekämpfen. Nichtsdestotrotz zeigen diese Praktiken aber, dass der Kolonialismus von Anfang an ein System darstellte, das auf Ausbeutung und Unterdrückung ausgelegt war. Dies führte immer wieder zu Konflikten.

Der Aufstand der Herero und Nama in Deutsch-Südwestafrika

Ein in mancher Hinsicht typisches, jedoch besonders folgenschweres Beispiel ist der Aufstand der Herero und Nama in der Kolonie Deutsch-Südwestafrika (heute Namibia) zwischen den Jahren 1904 und 1907. Die Herero waren durch Händler und Kolonialgesellschaften in wirtschaftliche Abhängigkeit gebracht worden und verloren durch Verschuldung Land und Vieh. Neben wirtschaftlicher Ausbeutung, Diskriminierung und Unterdrückung sah sich das Volk einer parteiischen Gerichtsbarkeit der Kolonialherren ausgeliefert, die Raub, Mord und Vergewaltigung ihrer Landsleute nicht ahndete. Im Januar 1904 überfielen die Herero einzelne Farmen, Handelsniederlassungen und Militärstützpunkte. 123 Europäer kamen um. Mithilfe massiver Truppenverstärkung besiegte der von der Reichsregierung beauftragte General Lothar von Trotha die Herero schließlich im August in der Schlacht am Waterberg. Von dort trieb Trotha, der sich von Anfang an die Ausrottung des Volkes zum Ziel gesetzt hatte, das flüchtende Volk in die abgeriegelte wasserlose Wüste, um es verdursten und die Rückkehrenden erschießen zu lassen. Durch Krieg und Gefangenschaft kamen 50 000 bis 70 000 Menschen um – möglicherweise drei Viertel der Bevölkerung. Auch die Nama erklärten den Deutschen den Krieg. In einem zweijährigen Guerillakrieg fielen ca. 10 000 Menschen, die Hälfte der Nama-Bevölkerung, den Deutschen zum Opfer. Die Überlebenden wurden einem Überwachungs- und Kontrollregime unterworfen und zu recht- und besitzlosen Lohnarbeitern degradiert. Das Vorgehen gegen die Herero und Nama wird als Völkermord (Genozid) betrachtet. Weitere bedeutende Aufstände waren der Maji-Maji-Aufstand in Deutsch-Ostafrika (heute Tansania, 1905–1907) sowie der sogenannte Boxeraufstand in China im Jahr 1900. In beiden Fällen wurden die Aufstände von deutschen und in China durch internationale Truppen brutal niedergeschlagen.

M3 Q Angehörige der „Schutztruppen" mit gefangenen Herero
Foto ohne Datum

► Analysieren Sie die Bildsprache.

Verstärkte Aufarbeitung seit den 1990er-Jahren

Seit der Wiedervereinigung und in den 1990er-Jahren hat sich die Auseinandersetzung mit der deutschen Kolonialgeschichte verstärkt, insbesondere vor dem Hintergrund der Globalisierung und veränderten gesellschaftlichen Dynamiken nach Ende des Kalten Krieges. Während die deutsche Erinnerungskultur bis dahin stark vom Holocaust und dem Zweiten Weltkrieg geprägt war und in der BRD beispielsweise die Westintegration im Vordergrund stand, treten heute zunehmend auch koloniale Themen in den Fokus.

Anfangs waren dies vor allem Diskussionen um koloniale Straßennamen und Denkmäler. Ein prominenter Fall ist die Berliner Petersallee im Afrikanischen Viertel im Wedding, benannt nach Carl Peters, der für seine Gewalttaten in Deutsch-Ostafrika bekannt ist. Nach Protesten wurde ein Teilstück der Straße 2024 offiziell in Maji-Maji-Straße umbenannt, um an den Aufstand in Deutsch-Ostafrika in den Jahren 1905 bis 1907 zu erinnern. Zudem steht seit der Unabhängigkeit Namibias im Jahr 1990 der Völkermord an den Herero und Nama verstärkt im Zentrum der Debatten. Zunehmend werden auch Verbindungen zur Erinnerung an den Nationalsozialismus und den Holocaust hergestellt. Ein breiter wissenschaftlicher Konsens besteht heute darüber, dass der deutsche Krieg gegen die Herero und Nama in der damaligen Kolonie Deutsch-Südwestafrika als Völkermord einzustufen ist – so wie es der Historiker Jürgen Zimmerer deutlich formuliert hat. Umstritten ist jedoch seine zweite These: Zimmerer sieht Kontinuitäten zwischen dem Kolonialkrieg und den Verbrechen des Nationalsozialismus. Er argumentiert, dass sich im Umgang mit Gewalt, in der Ideologie und in bestimmten Handlungsmustern erste Vorformen des späteren NS-Terrors erkennen lassen. Andere Historiker widersprechen dieser Verbindung und warnen davor, die Verbrechen der Kolonialzeit und des Holocaust vorschnell gleichzusetzen.

Umgang mit dem Genozid an den Herero und Nama

Bis heute sind die Folgen des Genozids Gegenstand politischer und rechtlicher Auseinandersetzungen. Erstmals reichten Vertreter der Herero und Nama 2001 in New York eine Sammelklage für Wiedergutmachung ein. 2004 bat die damalige deutsche Entwicklungsministerin Heidemarie Wieczorek-Zeul in Namibia um Vergebung für die Gräueltaten und bezeichnete diese als Völkermord – allerdings in persönlicher, nicht offizieller Funktion. 2017 wurde erneut eine Sammelklage der Herero und Nama in New York eingereicht, die 2019 abgelehnt wurde. Erst 2021 erkannte die Bundesregierung den Völkermord in einem Abkommen mit Namibia offiziell an, lehnte jedoch Entschädigungszahlungen ab, um keinen Präzedenzfall zu schaffen. Vielmehr möchte Deutschland über 30 Jahre hinweg mit einer Summe von 1,1 Milliarden Euro Entwicklungsarbeit in Siedlungsgebieten der Herero und Nama leisten. Gegen dieses Abkommen protestieren die Herero und Nama, da sie sich als Minderheit in Namibia nicht ausreichend durch die eigene Regierung repräsentiert fühlen und die bereitgestellten Leistungen als unangemessen ansehen. Die Ratifizierung des Abkommens steht bis heute aus.

Debatten um koloniale Raubkunst

Ein weiteres Beispiel für die anhaltende Debatte ist das Humboldt-Forum in Berlin, das 2021 eröffnet wurde. Das Museum soll globale Zusammenhänge beleuchten, wird aber scharf kritisiert, da viele der ausgestellten und gelagerten Objekte aus kolonialen Kontexten stammen und häufig gewaltsam nach Deutschland gebracht wurden. Ein Beispiel hierfür ist das „Luf-Boot", welches 1903 von deutschen Kolonialisten gewaltsam aus der damaligen Kolonie Deutsch-Neuguinea in der Südsee entwendet wurde und heute im Humboldt-Forum ausgestellt wird. Zudem werfen Kritiker dem Forum vor, die koloniale Gewaltgeschichte nicht ausreichend zu thematisieren und stattdessen eine „neutrale" Globalisierungsperspektive zu fördern. Die Rückgabe von Raubkunst wie der berühmten **Benin-Bronzen** im Jahr 2022 durch die damalige Außenministerin Annalena Baerbock steht im Zentrum einer breiten Debatte über den Umgang mit kolonialem Unrecht. Während die Rückgabe

Benin-Bronzen: Die Benin-Bronzen sind kunstvolle Reliefs und Skulpturen, die zwischen dem 13. und 15. Jahrhundert im Königreich Benin (heutiges Nigeria) entstanden. Sie wurden 1897 während einer britischen Strafexpedition geraubt und in europäische Museen, unter anderem auch nach Deutschland, gebracht. 2022 einigten sich Deutschland und Nigeria auf die Rückgabe zahlreicher Stücke.

menschlicher Gebeine – etwa von in der Kolonialzeit geraubten Schädeln und Skeletten – bereits in mehreren Fällen erfolgt ist und international weitgehend als moralisch notwendig gilt, ist der Umgang mit kulturellen Objekten oft komplizierter. Hier spielen Fragen der Eigentümerschaft, des kulturellen Wertes sowie politischer Interessen eine größere Rolle. Die Benin-Bronzen bilden dabei eine prominente Ausnahme und zeigen zugleich, wie umkämpft der Umgang mit kolonialem Erbe bis heute ist.

Erinnern in den ehemaligen Kolonien

In den ehemaligen deutschen Kolonien ist die Erinnerung an die Kolonialzeit ein zentraler Punkt des kulturellen Gedächtnisses. In Namibia beispielsweise steht der Völkermord an den Herero und Nama im Fokus. Gedenkfeiern wie ein jährlicher Marsch der Herero („Herero Tag") im August sind Ausdruck von Trauer und politischen Forderungen nach Entschädigungen sowie einer offiziellen Entschuldigung. Gleichzeitig führt die Konzentration auf diese Erinnerung zu Spannungen mit der staatlichen Regierung, die eine umfassendere Gedenkkultur für alle Opfer der Kolonialzeit und Befreiungskämpfe durch einen nationalen Feiertag am 28. Mai, den Heroe's Day, schaffen will. Hierbei zeigen sich auch innenpolitische Konflikte zwischen den Herero und anderen großen Volksgruppen um Deutungshoheit. Die umkämpfte Lage in Namibia zeigt sich auch daran, dass es bis 2003 Gedenkfeiern deutschsprachiger Minderheiten gab, die an die gefallenen Schutztruppensoldaten erinnerten. In Togo wird die deutsche Kolonialzeit hingegen teils als positiv empfunden, oft als Abgrenzung zu späteren Kolonialmächten. Ähnliche nostalgische Perspektiven finden sich in Samoa, wobei in beiden Fällen zu betonen ist, wie brutal die deutsche Kolonialherrschaft auch dort war. In China spielt die deutsche Präsenz in Kiautschou heute kaum eine Rolle im politischen Diskurs. Stattdessen wird die koloniale Vergangenheit touristisch zur Schau gestellt: Historische Gebäude bleiben erhalten und das bekannte Tsingtao-Bier wird als kulturelles Erbe vermarktet.

Internettipp:
32065-0402 Rede Macrons über Provenienzforschung und Rückgabe.

Zivilgesellschaftliches Engagement

Einen großen Anteil an der Aufarbeitung der Kolonialzeit haben zivilgesellschaftliche Initiativen, wie zum Beispiel „Berlin-Postkolonial" oder die „Initiative Schwarze Menschen in Deutschland". Sie setzen sich für die kritische Aufarbeitung der kolonialen Vergangenheit Deutschlands ein und beleuchten deren anhaltende Auswirkungen auf die Gegenwart. Die Initiativen zielen darauf ab, koloniale Strukturen in Erinnerungskulturen, Straßennamen und Denkmälern sichtbar zu machen und zur öffentlichen Diskussion zu stellen. Durch Bildungsarbeit, Stadtrundgänge und Veranstaltungen fördern sie ein Bewusstsein für postkoloniale Perspektiven und schaffen Raum für Stimmen der Nachkommen kolonialisierter Gemeinschaften. Ein wichtiges Ziel ist die Dekolonisierung des öffentlichen Raums sowie die Anerkennung kolonialer Verbrechen und Ungerechtigkeiten. Solche Initiativen gibt es mittlerweile in den meisten deutschen Großstädten, wie Köln, Hamburg oder München. Auch in kleineren Städten gibt es solche Bewegungen wie Postcolonial Potsdam. Diese Bewegungen spiegeln die wachsende Diversität der deutschen Gesellschaft wider und fordern eine breitere Reflexion über die deutsche Geschichte, die über den nationalen Kontext hinausgeht.

M4 Q Bronzefiguren aus Benin
Das Bronzerelief schmückte den Palast des Königreiches Benin im heutigen Nigeria.

► Betrachten Sie das Relief und nehmen Sie mithilfe des Darstellungstextes Stellung zum Umgang mit Raubkunst in Deutschland.

Straßenumbenennungen

Die Mohrenstraße im Zentrum Berlins trug über viele Jahrzehnte diesen Namen, der auf koloniale und rassistische Denkmuster aus der Zeit Brandenburg-Preußens und des Deutschen Kaiserreiches verweist. Während der DDR wurde sie nach Otto Grotewohl benannt, erhielt nach der Wiedervereinigung jedoch wieder ihren alten Namen. Seit den 1990er-Jahren wurde zunehmend über eine mögliche Umbenennung diskutiert, da zudem die lange verdrängte koloniale Vergangenheit Deutschlands stärker in den Blick geriet. Im August 2025 wurde die Straße schließlich in Anton-Wilhelm-Amo-Straße umbenannt, benannt nach einem Philosophen afrikanischer Herkunft aus dem 18. Jahrhundert. Die jahrelange Debatte zeigte, wie umstritten der Umgang mit kolonialen Begriffen und Erinnerungsorten ist. Während belastete Straßennamen aus der NS- und DDR-Zeit meist schneller entfernt wurden, erfolgte die Auseinandersetzung mit kolonialen Bezügen oft erst spät. Wichtige Impulse gingen dabei von zivilgesellschaftlichen Initiativen wie der Initiative Schwarze Menschen in Deutschland und Berlin-Postcolonial aus, die sich für die Straßenumbenennung einsetzten. Ein anderes Beispiel aus Erfurt belegt allerdings, dass Straßenumbenennungen nicht immer erfolgreich verlaufen. Dort wurde sich gegen die Umbenennung des Nettelbeckufers entschieden.

Der Umgang mit kolonialen Denkmälern

Im Zuge dessen ist auch die Debatte um den Umgang mit kolonialen Denkmälern neu entfacht. Hier schlägt der Geschichtsdidaktiker Marco Dräger verschiedene Formen vor, wie mit bestehenden Denkmälern umgegangen werden kann: Zum Beispiel kann man sie umgestalten, ergänzen oder gar ein Gegendenkmal entwickeln. Man solle sie auf keinen Fall abreißen, sondern kreativ und vor allem öffentlichkeitswirksam vorgehen, sodass sich mehr Menschen mit der Geschichte und mit dem Ereignis, für welches das Denkmal steht, beschäftigen. Allerdings bleibt zu resümieren, dass ein allgemeines Denkmal oder Museum, welches kritisch an die deutsche Kolonialzeit erinnert, bislang nicht verwirklicht worden ist.

M5 D Zwischen Verantwortung und Verweigerung

a) Der Historiker Jürgen Zimmerer fasst 2019 die deutsch-namibischen Beziehungen seit 1990 zusammen:

Namibia wurde am 21. März 1990 unabhängig von Südafrika, an das es nach dem Ersten Weltkrieg als Mandat des Völkerbunds übergeben worden war, sodass eine offene Debatte über Kolonialverbrechen erst spät möglich war. Dass Namibia einst eine deutsche Kolonie gewesen war und eine deutschsprachige [...] Minderheit existiert, bestimmte auch das Gefühl einer besonderen deutschen Verantwortung für Namibia, wie sie der Deutsche Bundestag in einer Resolution am Vorabend der namibischen Unabhängigkeit festhielt. Obwohl in den ursprünglichen Anträgen insbesondere der Grünen durchaus enthalten, findet sich über die Erwähnung der deutschsprachigen Minderheit hinaus im endgültigen Resolutionstext kein Hinweis auf die Kolonialvergangenheit oder den Völkermord an Herero und Nama. Aufgrund dieser „besonderen Verantwortung" erhielt Namibia in den folgenden drei Jahrzehnten besonders hohe Entwicklungshilfezahlungen aus Deutschland. Diese hatten aber im Ursprung nichts mit den kolonialen Verbrechen zu tun, sondern mit den deutschen „Landsleuten". Als solche begrüßte sie Bundeskanzler Helmut Kohl 1995 während seines Besuchs in Windhuk [...]. Zu einem Treffen mit den Opfergruppen des Völkermords kam es hingegen nicht. [...] Auch unter der rot-grünen Bundesregierung änderte sich an der Haltung zu den Fragen der Anerkennung und Wiedergutmachung für den Völkermord nichts. Bundesaußenminister Joschka Fischer fand zwar immer wieder wohltönende Worte [...], bezüglich des Genozids an Herero und Nama wollte er „eine entschädigungsrelevante Entschuldigung" aber nicht abgeben. Die Angst vor der Anerkennung des Völkermords und daraus folgender juristischer Konsequenzen, also vor allem Reparationszahlungen, gehört zu den Konstanten der deutschen Politik über alle Regierungswechsel hinweg. Einen Kontrapunkt zur offiziellen Position setzte lediglich Bundesentwicklungsministerin Heidemarie Wieczorek-Zeul, als sie im August 2004 bei den Gedenkfeierlichkeiten der Herero in Okakarara sagte: „Die damaligen Gräueltaten waren das, was heute als Völkermord bezeichnet würde – ein General von Trotha würde dafür heute vor Gericht gebracht und verurteilt." Auf Nachfrage bestätigte sie, dass es sich dabei um eine Entschuldigung handele. Ihre Äußerungen wurden jedoch als ihre Privatmeinung abgetan, die große Chance, die ihre Geste bot, von der Bundesregierung nicht genutzt. Die Tabuisierung des Genozid-Begriffs durch die deutsche Politik setzte sich fort. Neben offen kolonialapologetischen Positionen [...] vertraten Mitglieder der Bundesregierung und der sie tragenden Parteien noch 2012 das problematische Argument, der Begriff „Genozid" könne nicht auf Ereignisse vor dem Ersten Weltkrieg angewendet werden, da er erst 1948 mit der UN-Völkermordkonvention Teil des internationalen Völkerstrafrechts geworden sei. [...]

Jürgen Zimmerer, Schwierige (post-)koloniale Aussöhnung. Deutschland, Namibia und der Völkermord an den Herero und Nama, in: Aus Politik und Zeitgeschichte vom 27.09.2019, https://www.bpb.de/shop/zeitschriften/apuz/297597/schwierige-post-koloniale-aussoehnung/#footnote-target-1 [Zugriff: 09.04.2026]

b) Der Journalist Stephan Ueberbach fasst im Januar 2024 den aktuellen Stand der Verhandlungen zusammen:

Vor knapp drei Jahren haben sich die deutsche und die namibische Regierung nach langen Verhandlungen auf ein sogenanntes „Aussöhnungsabkommen" verständigt. Allerdings lehnen die Betroffenen die Vereinbarung kategorisch ab. Sie fühlen sich nicht ausreichend beteiligt und halten die Zusagen für völlig unzureichend. Der Menschenrechtsaktivist Ngamane Karuaihe-Upi gehört zur Volksgruppe der Herero und sagt: Für uns ist klar: Das Angebot der Deutschen ist lächerlich. Es nimmt uns nicht ernst. In der „Gemeinsamen Erklärung" erkennt Deutschland die Verbrechen in der früheren Kolonie als Völkermord an und verspricht, in den nächsten 30 Jahren mehr als eine Milliarde Euro für Entwicklungsprojekte in Namibia bereitzustellen, um den Nachfahren der Genozid-Opfer zu helfen. Ausdrücklich als „Geste der Anerkennung", und nicht als Reparationszahlung – um mögliche weitere Rechtsansprüche zu verhindern. Im Aussöhnungsprozess muss es um sehr viel mehr gehen als nur um Geld, sagt die namibische Psychologin Marcella Katjijova und verweist darauf, dass die erlittenen Traumata in den Opferfamilien von Generation zu Generation weitergegeben würden. Die Menschen bräuchten deshalb eine offene Diskussion darüber, wie eine echte Wiedergutmachung aussehen könnte. Es müsse Orte zum Trauern, Gedenkfeiern und Museen geben, in denen die deutsche Zeit, die Zeit des Genozids gezeigt und erklärt werde. Außerdem sollten spezielle Programme aufgelegt werden, damit namibische Kinder zum Lernen und zum Studieren nach Deutschland gehen könnten. Die Bundesregierung bezeichnet die „Gemeinsame Erklärung" als Meilenstein auf dem Weg der deutsch-namibischen Aussöhnung. Aus dem Auswärtigen Amt heißt es auf Anfrage der ARD in Johannesburg, derzeit liefen konstruktive Gespräche, um die Details des Abkommens in einem Anhang zu regeln. Zuletzt habe es Anfang Dezember ein Treffen in Berlin gegeben.

Dabei hätten – wie auch schon früher – Vertreter der betroffenen Gemeinschaften mit am Tisch gesessen.

Stephan Ueberbach, Der schwere Weg zur Aussöhnung, in: Tagesschau vom 12.01.2024, https://www.tagesschau.de/ausland/afrika/herero-namibia-aufstand-jahrestag-100.html [Zugriff: 09.04.2026]

Arbeitsvorschläge

32065-0403

1. Beschreiben Sie die Entwicklung der deutsch-namibischen Beziehungen seit 1990 anhand der Darstellungen.
2. Vergleichen Sie die dargestellten Positionen zur Aufarbeitung des Völkermords.
3. Entwickeln Sie basierend auf den Darstellungen Vorschläge für eine angemessene Erinnerungskultur, die die Perspektiven der Herero und Nama stärker berücksichtigt. | F

M 6 Q Mehr als Objekte

Die deutsche Außenministerin Annalena Baerbock (Bündnis 90/Die Grünen) hält am 20. Dezember 2022 anlässlich der Rückgabe der Benin-Bronzen an Nigeria eine Rede:

Kunst sagt etwas darüber aus, wer wir sind. Kunst prägt unsere Wahrnehmung von uns selbst und unsere Wahrnehmung von der Welt. Über die Kunst sehen wir unsere Vergangenheit und erfahren etwas über den Weg, den wir als Menschen – aber auch als eine Nation, als ein Volk – zurückgelegt haben. Daher geben wir Ihnen, dem nigerianischen Volk, heute nicht bloße Objekte zurück. Von Ihnen haben wir gelernt: Was wir zurückgeben, ist ein Teil Ihrer Geschichte, ein Teil dessen, wer Sie sind. Ich glaube, als Deutsche und Europäer sollten wir einen Moment innehalten und darüber nachdenken, was das eigentlich bedeutet. Was es bedeutet, einen wesentlichen Teil seiner Geschichte nicht bei sich zu haben, weil er einem weggenommen wurde. Was würde es für uns bedeuten, wenn wir auf unser kulturelles Erbe verzichten müssten? Nicht die Gutenberg-Bibel in Mainz bestaunen könnten? Nicht Luthers Schriften bewundern? Oder nicht vor einer Skulptur von Käthe Kollwitz in Berlin oder vor Goethes Schreibtisch in Weimar stehen könnten? Das löst ein Gefühl des Verlusts aus, das ich mir schwer vorstellen kann. Für Sie hier in Nigeria war dieser Verlust aber Ihre Realität. Heute sind wir hier, um die Benin-Bronzen denen zurückzugeben, denen sie gehören, dem nigerianischen Volk. Wir sind hier, um ein Unrecht wiedergutzumachen. Amtsträger aus meinem Land kauften einst die Bronzen, obwohl sie wussten, dass sie geraubt und gestohlen worden waren. Danach haben wir Nigerias Bitte um Rückgabe sehr lange Zeit ignoriert. Es war falsch, sie mitzunehmen. Aber es war auch falsch, sie zu behalten. Dies ist eine Geschichte des europäischen Kolonialismus. Es ist eine Geschichte, in der unser Land eine dunkle Rolle gespielt und in verschiedenen Teilen Afrikas enormes Leid verursacht hat. Die Rückgabe der Bronzen heute ist ein entscheidender Schritt in Richtung dahin, wie wir mit diesem Kapitel umgehen sollten: offen, aufrichtig, mit der Bereitschaft, die eigenen Handlungen kritisch zu bewerten. Und entscheidend dabei ist, dass wir aufmerksam den Anliegen derjenigen zuhören, die die Opfer kolonialer Grausamkeiten waren.

Rede von Außenministerin Annalena Baerbock anlässlich der Übergabe der Benin-Bronzen vom 20.12.2022, zitiert nach: https://www.auswaertiges-amt.de/de/newsroom/baerbock-uebergabe-benin-bronzen-an-nigeria/2570312 [Zugriff: 09.04.2026]

Arbeitsvorschläge

32065-0404

1. Erläutern Sie die zentralen Aussagen der Rede von Annalena Baerbock zur Rückgabe der Benin-Bronzen.
2. Erörtern Sie, ob die Rückgabe von Kulturgütern aus kolonialem Kontext zu einer gerechteren globalen Erinnerungskultur führen kann.

M 7 Q Ein rassistischer Begriff?

Auszug eines offenen Briefs des Zentralrates der afrikanischen Gemeinde bezüglich der Berliner M-Straße, 2015:

Der Begriff „Mohr“ war und ist eine Bezeichnung für Schwarze Menschen – und die Umbenennungsgegner bestreiten dies auch nicht. Dass die M-Straße zur Ehrung einer in Berlin empfangenen großen Delegation von Schwarzen im Jahr 1684 ihren Namen bekam, gehört zu den Legenden der beschönigenden weißen Geschichtsschreibung. Einerseits ist nur der Besuch von zwei Abgesandten aus dem heutigen Ghana, die sich in Berlin dem Kurfürsten unterwerfen sollten, historisch belegt. Andererseits ist auch sicher, dass Schwarze im Europa der Frühen Neuzeit alles andere als geehrt wurden. Hätten die als „Mohren“ bezeichneten Menschen damals Gleichberechtigung erfahren, wäre der erste afrikanische Gelehrte in Deutschland, Anton Wilhelm Amo, sicher nicht mit seiner Dissertation über die (fehlenden) Rechte von Schwarzen in Europa hervorgetreten. Hätten die sogenannten „Mohren“ hier gleiches Ansehen wie Weiße genossen, wäre es den Brandenburgern wohl kaum möglich gewesen, die Versklavung von ca. 20 000 afrikanischen Menschen und ihre Verschleppung über den Atlantik zu rechtfertigen. Auch die Zeit vor der direkten deutschen Kolonialherrschaft im 19. Jahrhundert war also schon geprägt von einer stark diskriminierenden, rassistischen Grundhaltung, die sich in entsprechenden Stereotypen und Fremdbezeichnungen für

Schwarze Menschen niederschlug. Selbst berühmte Philosophen wie Hegel und Kant haben – auch wenn dies in Deutschland bis heute gern ignoriert wird – in ihren Werken verbreitet, dass Schwarze Menschen als kulturlose Menschen zu betrachten wären.
Die sogenannten „Mohren" wurden in der Regel als Kinder versklavt und nach Berlin verschleppt: Sie mussten als Kammerdiener, Soldaten oder Musiker die Macht und den Einfluss der preußischen Herrscher repräsentieren. Der wegen breiter öffentlicher Kritik inzwischen umbenannte und abgewandelte Sarotti-M steht beispielgebend für dieses stereotype Gebilde „Mohr", das als Produkt kolonialherrschaftlicher Fantasien weißer Europäer betrachtet werden muss. Die deutsche Sprache ist, wie Sie sicher wissen, voll von Redewendungen, die mit dem Begriff „Mohr" neben Exotik auch Abwertung, Unterwürfigkeit, Dummheit und Infantilität verbinden. Der Begriff ist daher genau wie das N-Wort ganz ohne Zweifel eine rassistische und beleidigende Fremdbezeichnung für Schwarze Menschen. Sie gehört folglich ebenso wenig auf ein Straßenschild wie die Namen von Kolonialverbrechern wie Peters, Nachtigal, Lüderitz, Wissmann und Woermann, die trotz aller Proteste in Berlin noch immer mit Straßennamen geehrt werden.

Moctar Kamara, Offener Brief des Zentralrates der afrikanischen Gemeinde in Deutschland e.V. vom 26.01.2015, zitiert nach: http://decolonize-mitte.de/?p=163 [Zugriff: 09.04.2026]

Arbeitsvorschläge

32065-0505

1. Erläutern Sie, wie der Begriff „Mohr" im Material historisch und gesellschaftlich eingeordnet wird.
2. Bewerten Sie, welche Rolle solche offenen Briefe in gesellschaftlichen Auseinandersetzungen über Erinnerung spielen. | H

M 8 D Kontroverse um den Berliner „Hererostein"

Auf dem Friedhof am Columbiadamm in Berlin-Neukölln erinnert der sogenannte „Hererostein" an die deutschen Soldaten, die im Kampf gegen die Herero und Nama gefallen sind. Um diesen Stein gibt es allerdings Debatten:

Schon der Name sei falsch, sagt Israel Kaunatjike. „Das ist gar kein Hererostein. Das ist ein Stein, der die kaiserliche Schutztruppe ehrt." Kaunatjike ist Herero, seit 1970 lebt er in Berlin. Fast ebenso lang setzt er sich für ein würdiges Gedenken an jenen Krieg ein, mit dem das Deutsche Reich seine Bevölkerungsgruppe und die der Nama vernichten wollte. In der Hauptstadt erinnert einzig ein zentnerschwerer Findling an die deutsche Besatzung im heutigen Namibia: der sogenannte „Hererostein" auf dem Friedhof am Columbiadamm in Neukölln. Er ist sieben Freiwilligen gewidmet, die zwischen 1904 und 1907 in der Kolonie Deutsch-Südwestafrika gefallen sind. In dieser Zeit verübte die Schutztruppe, also der militärische Arm der Kolonialmacht, grausame Verbrechen. […] Seit Jahrzehnten gibt es Proteste von Bürgerinitiativen. Sie kritisieren, dass der Gedenkstein Täter als Helden bezeichnet und zu den Opfern schweigt. Statt koloniales Unrecht zu verdeutlichen, biete er einen Ort, an dem Nationalisten und Rechtsextreme Kränze niederlegen, so die Gegner. Mehrfach kippten Unbekannte rote Farbe auf den Granit. […] „Mir ist es wichtig, dass Neukölln der Verantwortung gerecht wird, die mit so einem Gedenkstein einhergeht, der bis zum heutigen Tag Täter des Völkermordes an den Herero und Nama ehrt." Tjado Stemmermann sitzt für Bündnis 90/Die Grünen in der Bezirksverordnetenversammlung (BVV). Auf seinen Antrag wurde vor einem Jahr beschlossen, dass die Stelle auf dem Friedhof umgestaltet werden soll. „Der Stein ist aus meiner Sicht da fehl am Platz und gehört eher ins Museum." Bereits 2009 hatte die Neuköllner BVV den Ort schon einmal umgestaltet, beziehungsweise „verschlimmbessert", sagt Stemmermann. Vor dem Stein liegt seitdem eine Marmorplatte mit dem Umriss Namibias. Es wird an die Opfer von Gewalt während des Bestehens der Kolonie gedacht, „insbesondere des Kolonialkrieges von 1904–1907". Aber weder Herero noch Nama werden erwähnt, auch von Unrecht oder Völkermord ist keine Rede. Stattdessen ein Zitat von Wilhelm von Humboldt. „Was hat Humboldt mit uns zu tun?", fragt Israel Kaunatjike. […] Berlin brauche ein Mahnmal, das sich mit den Verbrechen in den deutschen Kolonien auseinandersetzt, findet Israel Kaunatjike. „Wir haben keinen Gedenkort wie die Opfer des Nationalsozialismus, die Juden oder die Sinti und Roma", sagt Kaunatjike. „Dass an Kolonialismus, an die Kriege und den Sklavenhandel nicht erinnert wird, ist eigentlich ein

Der sogenannte Hererostein mit Namibia-Gedenkplatte, 2018

Skandal." „Ein zentraler Gedenk- und Informationsort für die Opfer des Kolonialismus auch in Deutschland wäre aus Sicht des Auswärtigen Amts zu begrüßen", heißt es auf Anfrage von rbb | 24. Kulturstaatsministerin Claudia Roth (Grüne) und die Berliner Landesregierung müssten dies realisieren. So lange ein solches Mahnmal nicht existiert, bleibt der Friedhof am Columbiadamm wohl der einzige Ort, der an den Krieg in Namibia erinnert.

Oliver Noffke, Wie geht es mit dem Neuköllner „Hererostein" weiter?, in: rbb24 vom 12.01.2024, https://www.rbb24.de/politik/beitrag/2024/01/friedhof-am-columbiadamm-kolonialzeit-gedenken-herero-nama.html [Zugriff: 09.04.2026]

Arbeitsvorschläge

32065-0406

1. Recherchieren Sie zum „Hererostein" sowie zum neuen Berliner Kolonialdenkmal „Earth-Nest" in Berlin-Neukölln und skizzieren Sie die Geschichte beider Denkmäler.
2. Bewerten Sie, ob beide Denkmäler (un)angemessen an die deutsche Kolonialgeschichte erinnern.
3. Vergleichen Sie beide Denkmäler mit dem Herero-Denkmal in Namibia anhand geeigneter Kriterien.
4. Entwickeln Sie Ideen für ein Denkmal, das die Erinnerung an die deutsche Kolonialvergangenheit in angemessener Form ermöglicht.

M9 D Keine Denkmäler

Die Vereinigung der Herero und Nama fordert 2020 zum Thema koloniale Symbole in Namibia:

Alle kolonialen Symbole in Namibia müssen entfernt werden. [...] Wir möchten seine Exzellenz den Präsidenten nun bereits zum wiederholten Mal bitten, er möge ausreichend Mut und Ehrenhaftigkeit aufbringen, das Marine Denkmal vor seiner Küstenresidenz, dem Swakopmund State House, zu entfernen. Diese Statue erweckt den Eindruck, dass der Präsident die bösen Taten dieser deutschen Soldaten, deren Auftrag es war, die Völker der Nama und Herero auszulöschen, stillschweigend dulde und damit glücklich sei. Wir möchten unser Parlament außerdem inständig bitten, [...] ein Gesetz zu erlassen, das alle beleidigenden und widerwärtigen kolonialen Symbole verbietet [...]. Dies würde eine rechtmäßige Fortsetzung unseres Kampfes für eine neue Dekolonialisierung bedeuten, durch die unser geliebtes Land von den Überresten des deutschen kolonialen Erbes gesäubert wird.

Joint Press Statement by the Nama Traditional Leaders Association and the Herero Traditional Authority in the Republic of Namibia, 20.06.2020, deutsch zitiert nach: Moritz Glaser, Verdrängen oder Erinnern? Der Umgang mit dem Genozid an Herero und Nama in Deutschland und Namibia, in: Geschichte Lernen 200, 2020, S. 20–25

Arbeitsvorschläge

32065-0407

1. Arbeiten Sie die Position der Vereinigung der Herero und Nama in Bezug auf das Marine Denkmal aus dem Einstieg heraus.
2. Diskutieren Sie die Forderungen der Herero und Nama, alle kolonialen Denkmäler zu entfernen, und ob dies zur Aufarbeitung des kolonialen Erbes beiträgt. | H

Leitfrage

Nehmen Sie Stellung:

Ein Denkmal – eine angemessene Form des Erinnerns an die deutsche Kolonialvergangenheit?

LK Erinnerung und Gedenken an die koloniale Vergangenheit Deutschlands im Wandel

M1 Q Versuchter Sturz des Wissmann-Denkmals in Hamburg
Foto aus dem Jahr 1967
Hamburger Studierende versuchten, das Denkmal zu Ehren von Hermann von Wissmann zu stürzen. Wissmann war als Kolonialoffizier maßgeblich an der gewaltvollen Durchsetzung der deutschen Kolonialherrschaft in Deutsch-Ostafrika beteiligt. Erst 1968 gelang der „Denkmalsturz" und das Denkmal wurde unter Verschluss eingelagert.

32065-0411

1. Beschreiben Sie das Foto und die dargestellte Situation. Gehen Sie dabei auf die beteiligten Personen, ihre Handlungen und die Atmosphäre ein.
2. Entwickeln Sie auf Grundlage des Fotos begründete Hypothesen zum Stand der Aufarbeitung der deutschen Kolonialgeschichte Ende der 1960er-Jahre.

LEIT-FRAGE

Deutschlands koloniale Vergangenheit bis 1990 – (un)angemessen aufgearbeitet?

Haltung zu den Kolonien im Kaiserreich

Im Deutschen Kaiserreich war die Kolonialpolitik nicht unumstritten. In der Bevölkerung überwog zwar insgesamt die Zustimmung gegenüber dem Besitz von Kolonien, doch sowohl in der Politik als auch in der Gesellschaft wurden unterschiedliche Positionen bezüglich der kolonialen Praktiken vertreten. Vor allem die Konservativen und Nationalliberalen im Reichstag befürworteten die koloniale Expansion. Kritik kam dagegen unter anderem von den Linksliberalen und der Sozialdemokratischen Partei (SPD), die Übergriffe und Gewalt in den Kolonien öffentlich anprangerten und die koloniale Ausbeutung im Zusammenhang mit kapitalistischer Unterdrückung sahen. Das katholische Zentrum äußerte sich teils kritisch, unterstützte die Kolonialpolitik aber häufig – etwa mit Verweis auf eine „christliche Verantwortung" zur Missionierung. Besondere politische Kontroversen entstanden während des Kolonialkrieges in Deutsch-Südwestafrika (1904–1907), als SPD und Zentrum gegen zusätzliche Mittel für den Kolonialetat stimmten. Auch das gewaltsame Vorgehen deutscher Truppen beim sogenannten Boxeraufstand in China (1900) stieß auf öffentliche Kritik. Allerdings richtete sich diese Kritik meist nicht grundsätzlich gegen den Kolonialismus, sondern gegen die Art und Weise seiner Umsetzung. Der Historiker Sebastian Conrad formulierte es so: Viele Kritiker forderten andere Formen der kolonialen Herrschaft – sie lehnten den Kolonialismus als solchen aber nicht ab.

Von Versailles bis Weimar: Kolonialdebatten in Deutschland und in den Kolonien

„Die Eingeborenen verlangen Selbstständigkeit und Gleichberechtigung, wie es jetzt in der neuen sozialen Republik in Deutschland eingeführt ist." Diese Forderung einer Gruppe in Deutschland lebender Afrikaner erreichte im Juni 1919 die in Weimar tagende Nationalversammlung. Gleichwohl in den Kolonien nach dem Ende des Ersten Weltkrieges die Hoffnung bestand – auch aufgrund einer Rede des US-Präsidenten Woodrow Wilson im Januar 1918 in Bezug auf das „Selbstbestimmungsrecht der Völker" – nun in die Freiheit entlassen zu werden, wurden die ehemaligen deutschen Kolonien als Mandate des neu gegründeten Völkerbundes den Siegermächten des Ersten Weltkrieges untergeordnet. In der Weimarer Republik prangerten vor allem die KPD und USPD die deutsche Kolonialherrschaft als imperialistisch an. Auch schwarze Aktivistinnen und Aktivisten und Friedensbewegungen wandten sich gegen die Rückgewinnung der deutschen Kolonien. Sie beriefen sich auf panafrikanische und antiimperialistische Bewegungen sowie Wilsons Forderung. Diesen Standpunkt bezüglich der Kolonien vertrat in der jungen Republik allerdings nur eine Minderheit. In den ehemaligen Kolonien war der Umgang mit den neuen Mandatsmächten unterschiedlich. Teils arrangierten sich die lokalen Eliten mit den neuen Herrschern, allerdings war partikulär auch die Hoffnung auf eine Rückkehr der Deutschen vorhanden. Immer stand allerdings die Erweiterung der eigenen Handlungsspielräume im Fokus in der Hoffnung auf eine baldige Entlassung in die Eigenständigkeit.

Kolonialrevisionismus in der Weimarer Republik

Großteilig wurde die Rückgabe der deutschen Kolonien gefordert. Vor allem die Verlautbarung im Versailler Vertrag, Deutschland habe bei der „kolonialen Zivilisation" angeblich versagt, stieß auf große Empörung. Viele sahen darin eine Herabstufung Deutschlands als Kulturnation. Diese Haltung wird als Kolonialrevisionismus bezeichnet. Eine Strategie der deutschen Außenpolitik unter Gustav Stresemann war es daher, durch den Eintritt in den Völkerbund 1926 wieder einen Teilzugriff auf die Mandatsstrukturen der ehemaligen Kolonien zu erhalten, sodass deutsche Firmen und Staatsbürger wieder in die Kolonien übersiedeln konnten und teils wieder Plantagen und Farmen übernahmen. In Deutschland selbst spielten koloniale und rassistische Vorstellungen aus der Kolonialzeit eine wichtige Rolle. Drastisch war dies bei der französischen Besetzung des Rheinlandes zu sehen, bei welcher auch Soldaten aus Afrika in Deutschland stationiert waren. In Kampagnen und auf Plakaten wurden rassistische Stereotype aufgegriffen, die bereits aus dem Kaiserreich bekannt waren. Selbst auf politischer Ebene spielte die Wiedergewinnung der Kolonien eine Rolle: Selten war der Reichstag so einig wie bei diesem Thema, und auch im Auswärtigen Amt existierte eine kolonialpolitische Abteilung, die mit Wirtschafts- und Kolonialverbänden zusammenarbeitete.

Trotz aller revisionistischer Forderungen blieb das Thema ein Randphänomen in der Weimarer Republik.

M 2 Q „Gebt Deutschland seine Kolonien wieder!"
Kolonialrevisionismus auf einer Briefmarke der Weimarer Republik, 1921

Mythen über die deutsche Kolonialherrschaft

In der Weimarer Republik wurde der Mythos der „wohlwollenden deutschen Herrschaft" in den Kolonien, welche die dortigen Gebiete „zivilisiert" hätte, durch populäre Medien wie Filme „Ich hatt' einen Kameraden" oder Romane wie „Heia Safari!"

M3 Q Deutsch-Ostafrika-Ehrenmal in Aumühle
Das Denkmal wurde 1955 eingeweiht und zeigt den General Paul von Lettow-Vorbeck flankiert von einem Soldaten der ostafrikanischen Hilfstruppen (links) sowie einen indigenen Träger (rechts).

► Erläutern Sie den kolonialrevisionistischen Charakter des Denkmals.

oder „Volk ohne Raum“ bestärkt. Auch wurden wieder vermehrt „Völkerschauen“ mit Menschen aus Kolonialgebieten in deutschen Zoos veranstaltet. Neben der Einweihung von Kolonialdenkmälern spielte auch die Glorifizierung des Generals Paul von Lettow-Vorbeck eine Rolle, der sich erst nach dem offiziellen Ende des Ersten Weltkrieges mit seinen „treuen Askari“ ergab und damit als unbesiegt galt. „Askari“ war hierbei die Bezeichnung für afrikanische Soldaten in der deutschen Armee in Deutsch-Ostafrika. Diese verfälschte Propaganda sollte suggerieren, dass die Afrikaner durch die deutschen Kolonialherren gut behandelt wurden.

Die koloniale Frage zur Zeit des Nationalsozialismus

Koloniale Bestrebungen spielten zur Zeit der nationalsozialistischen Herrschaft weiterhin eine Rolle, allerdings standen primär die Expansion und der Krieg in Osteuropa im Zentrum. Die vorhandenen Pläne, frühere Kolonien in Afrika zurückzugewinnen, wurden mit dem Fortschreiten des Krieges und der absehbaren Niederlage spätestens Ende 1943 aufgegeben. Zu propagandistischen Zwecken wurden allerdings Filme mit kolonialen Bezügen wie „Carl Peters“ und „Germanin“ produziert, um koloniale Erinnerungen wachzuhalten und die Moral der Soldaten und der Bevölkerung in der Heimat zu stärken.

Zwischen Verdrängung und Aufmerksamkeit: koloniale Erinnerung in der Bundesrepublik

Nach 1945 spielte die Kolonialgeschichte in der westdeutschen Öffentlichkeit zunächst kaum eine Rolle. Vorrangig waren der Wiederaufbau und in Teilen die Auseinandersetzung mit dem Nationalsozialismus. Die deutsche Kolonialzeit galt als abgeschlossen, da die Kolonien bereits 1919 abgetreten worden waren und man sich so der Verantwortung entzog. In der offiziellen Erinnerung dominierte weiterhin ein nostalgisches Bild – etwa durch Kranzniederlegungen für Paul von Lettow-Vorbeck in Hamburg bis in die 1970er-Jahre oder durch kolonial geprägte Werbefiguren wie den „Sarotti-Mohr“. Erst mit dem Aufkommen der Neuen Linken und den weltweiten Befreiungsbewegungen geriet die Kolonialvergangenheit in den Fokus kritischer Gruppen und der Wissenschaft. Besonders die Studierendenbewegung der 1960er-Jahre stellte die deutsche Kolonialpolitik infrage. 1968 stürzten Hamburger Studierende symbolisch das Denkmal für Kolonialoffizier Hermann von Wissmann als medienwirksamen Akt antikolonialer Kritik. In der Leistung von Entwicklungshilfe zeigte die BRD einen pragmatischen Umgang mit der kolonialen Vergangenheit. Ab den späten 1950er-Jahren förderte die Bundesrepublik gezielt Projekte in ehemaligen Kolonien wie zum Beispiel Togo oder Kamerun. Dabei spielte nicht nur historische Verantwortung, sondern auch die Systemkonkurrenz mit der DDR im Kontext des Kalten Krieges eine Rolle. Entwicklungshilfe wurde als Mittel genutzt, um politische Einflusszonen im Globalen Süden zu gewinnen. In den 1970er-Jahren begannen Historikerinnen und Historiker, verstärkt zur Kolonialzeit zu forschen – unter dem Einfluss afrikanischer Postcolonial Studies. Dabei rückten Themen wie Gewalt, Rassismus und wirtschaftliche Ausbeutung in den Mittelpunkt. Dennoch blieb die Kolonialgeschichte im Schulunterricht und im kollektiven Gedächtnis weiterhin randständig.

Antikolonialismus als ideologisches Selbstverständnis in der DDR

In der DDR war der Umgang mit der Kolonialgeschichte klar ideologisch geprägt. Kolonialismus galt als Ausdruck des kapitalistischen Imperialismus und wurde vollstän-

M4 Q Werbung für Sarotti-Schokolade
Plakat um 1959

► Erläutern Sie die Problematik des Werbeplakats.

dig dem „Klassenfeind“ BRD zugeschrieben. Da die DDR sich selbst als sozialistischen Arbeiter- und Bauernstaat verstand, sah sie sich nicht in kolonialer Verantwortung. Wissenschaftliche Auseinandersetzungen mit Kolonialismus fanden insbesondere im Kontext der marxistisch-leninistischen Gesellschaftsanalyse statt. Historiker der DDR forschten zur Ausbeutung in Afrika, stellten Verbindungen zwischen Kapitalismus und Kolonialherrschaft her und nutzten koloniale Themen gezielt zur Kritik an westlichen Staaten. Die These Hannah Arendts, die NS-Vernichtungspolitik habe Wurzeln in kolonialer Gewalt, wurde in der DDR früh aufgegriffen – jedoch fast ausschließlich als Beleg für die Kontinuität westdeutscher Verbrechen. Gleichzeitig inszenierte sich die DDR als „antirassistischer Staat“ und unterstützte aktiv antikoloniale Bewegungen, z.B. in Angola, Mosambik oder im Südjemen. Es bestanden Solidaritätspartnerschaften mit Befreiungsorganisationen wie der MPLA in Angola oder der SWAPO in Namibia. Diese Unterstützung war jedoch oft symbolisch und diente außenpolitischen Interessen. In der Realität klaffte eine Lücke zwischen Anspruch und Wirklichkeit. Vertragsarbeiterinnen und Vertragsarbeiter aus Vietnam, Mosambik oder Kuba erlebten im Alltag häufig Diskriminierung, Rassismus und Isolation. Ihre Unterbringung war häufig schlecht, ihre Bewegungsfreiheit eingeschränkt, und sie blieben gesellschaftlich marginalisiert.

M5 Q „Selbstständigkeit und Gleichberechtigung“

Die Gemeinschaft in Deutschland lebender Afrikaner richtet Ende Juni 1919 eine Eingabe an die in Weimar tagende Nationalversammlung:

Der berufene Vertreter der Eingeborenen aus Kamerun hat mit sämtlichen hier lebenden Landsleuten an die Nationalversammlung in Weimar ein Schreiben gerichtet, in welchem er erklärte:
Deutsche zu bleiben, unter Vorbehalt, dass die Wünsche derselben gehört und soweit als möglich von der Regierung erfüllt werden.
Als Bedingung werden folgende Punkte aufgestellt:
1. Die Eingeborenen verlangen Selbstständigkeit und Gleichberechtigung, wie es jetzt in der neuen sozialen Republik in Deutschland eingeführt ist.
2. Das Deutsche Bürgerliche Gesetzbuch wird, mit derselben Wirkung wie in Deutschland, in Afrika eingeführt; die besonderen Gesetze, die die kaiserliche Regierung bisher erlassen hat, sollen außer Kraft treten.
3. Die Prügelstrafe in den Kolonien wird abgeschafft; die Eingeborenen wurden erst durch dieselbe verbittert und gleichgültig. Eventuelle Bestrafung der Eingeborenen soll erfolgen nach den in den deutschen Gesetzen enthaltenen Strafvorschriften.
[...]
12. Die Sitten und Gebräuche der Eingeborenen müssen diesen erhalten bleiben. Sollte eine von den Eingeborenen angesetzte Veranstaltung stattfinden, so soll die zuständige Polizeibehörde davon in Kenntnis gesetzt werden.
[...]
18. Hat ein Weißer ein uneheliches Kind in Kamerun und kehrt er nach Deutschland zurück, so ist er verpflichtet, für das Kind bis zum vollendeten 16. Lebensjahr Unterhaltsbeiträge gemäß den ortsüblichen Sätzen seines jeweiligen Wohnorts zu zahlen oder die Frau zu heiraten. Sollte der Vater in Deutschland unauffindbar sein, so fallen die Erziehungskosten der Staatskasse in Kamerun zur Last. Vor der Ausreise eines Weißen muss er sich verpflichten, seinen jeweiligen Wohnort dem Gouverneur anzuzeigen, damit das Vormundschaftsgericht die Zahlung der Unterhaltsbeiträge kontrollieren kann.
19. Wir verlangen, da wir Deutsche sind, eine Gleichstellung mit denselben, denn im öffentlichen Verkehr werden wir stets als Ausländer bezeichnet. Dieses Missverständnis muss von der jetzigen Regierung durch öffentliche Bekanntmachung beseitigt werden. In den englischen Kolonien ist die Gleichberechtigung bereits eingeführt.
[...]
31. Wir fordern von der Regierung einen ständigen Vertreter unserer Rasse im Reichstage oder in der Nationalversammlung, welchem wir unsere Interessen und Wünsche voll und ganz anvertrauen können, welcher uns versteht und nach unserer Überzeugung das Wohl und Wehe unserer Heimat am besten zu schützen und zu handhaben versteht. Wir wählen hierzu unseren Dualamann Martin Dibobe, Berlin Danziger Str. 98, der uns als umsichtig und verständig bekannt ist.

Zitiert nach: Petitionen von Martin Dibobe et al. an das Reichskolonialministerium (1919). BArch R1001 7220, Bl. 130-1, 231, https://blackcentraleurope.com/sources/1914-1945/petitionen-an-die-deutschen-behorden-1919/ (Übersetzung nach: Robbie Aitken, CC BY-SA 4.0) [Zugriff: 09.04.2026]

Arbeitsvorschläge

32065-0408

1. Fassen Sie die zentralen Forderungen der afrikanischen Gemeinschaft in Deutschland zusammen. Gehen Sie dabei insbesondere auf die Forderungen nach Gleichberechtigung, Selbstständigkeit und gesellschaftlicher Anerkennung ein. | H
2. Erklären Sie, inwiefern diese Forderungen in den politischen und gesellschaftlichen Kontext des Jahres 1919 passen.
3. Die Weimarer Verfassung versprach Gleichheit und soziale Rechte für alle Bürger. Vergleichen Sie diese Ideale mit den Forderungen der Eingabe.

M6 Q Kolonialismus im Schulbuch

a) In einem Schulbuch von 1921 heißt es über den Verlust der deutschen Kolonien:

Und heute? Wir gehören nicht mehr zu den Kolonialvölkern. Der Weltkrieg kam über uns. Durch die feindliche Blockade wurden wir von der Welt da draußen abgeschnitten. Die ehemaligen Gegner drangen erobernd in unsere ehemaligen Kolonien ein und nahmen sie nach und nach infolge ihrer Übermacht in Besitz. Nur Ostafrika hielt sich tapfer bis zum Ende. Dann kam der Friedensvertrag, in dem wir auf alle überseeischen Besitzungen verzichten und zusehen mussten, wie die Verbandsmächte den Raub unter sich verteilten. Der Kolonialgedanke ist aber in unserem Volke nicht erstorben. Unsere Regierung hat gegen die Fortnahme der Kolonien Einspruch erhoben, freilich umsonst.

Hermann Nickol und Max Reiniger, Neues geschichtliches Lesebuch, Bd. 2, hrsg. von Wilhelm Ehlers, Langensalza [9]1931, S. 117

b) In einem Schulbuch aus dem Jahr 1953 aus der Bundesrepublik Deutschland heißt es über die Zeit des Kolonialismus:

Der Imperialismus des ausgehenden 19. und beginnenden 20. Jahrhunderts war eine allgemeine Bewegung der

Staatenwelt, der sich ein einzelnes Glied nur schwer entziehen konnte. Deutschland trat verhältnismäßig spät in ihn ein. Es konnte, gemessen an dem Kolonialbesitz anderer Mächte, nur verhältnismäßig bescheidene Erfolge erzielen [...]. Die kolonialen Erwerbungen Wilhelms II. sind unbedeutend im Vergleich zu jenen Bismarcks. Der Charakter der deutschen Politik aber wandelte sich grundsätzlich. Deutschland nimmt ebenfalls bewusst am Imperialismus der Zeit teil und fordert seinen „Platz an der Sonne". Der Kaiser, Bülow und nahezu die ganze um 1900 lebende Generation glauben, dass die endgültige „Teilung der Erde" sei und Deutschland nicht beiseitestehen dürfe. An die Stelle der streng begrenzten Kolonialpolitik Bismarcks tritt eine selbstbewusst und laut geführte Weltpolitik.
Kolonialerwerbungen: Deutschostafrika wird 1890 Kronkolonie [...]. – Mit Südwestafrika, wo ein Aufstand der Hereros (1904) jahrelange Kämpfe kostet, bleibt es die wichtigste Kolonie.

Hans Herzfeld, Grundriß der Geschichte, Stuttgart 1953, S. 7 f. und 16

Arbeitsvorschlag

32065-0409

▶ Vergleichen Sie die Schulbuchtexte von 1921 und 1953 hinsichtlich ihrer Darstellung des deutschen Kolonialismus und begründen Sie, wie Sprache und Entstehungszeit die Sichtweisen beeinflussen.

M7 Q Die „treuen Askari"

Paul von Lettow-Vorbeck schreibt im Vorwort seines Werkes „Heia Safari!" über den Mythos der „treuen Askari":

„Wir werden bei dir bleiben, bis wir fallen!" Klingt das nicht wie der Ausdruck unseres eigensten germanischen Wesens mit seiner schlichten, wortkargen Treue, mit seiner mannhaften Festigkeit, die die Zähne aufeinanderbeißt? Haben nicht [...] die Grenadiere des alten Fritz so empfunden und gehandelt? Und doch waren es einfache schwarze Soldaten, deutsche Askari, die so zu mir sprachen, noch im November 1918, nach mehr als vier Kriegsjahren gegen hundertfache Übermacht. Deutsches Soldatentum hatte ihnen einen Stempel aufgedrückt; Anhänglichkeiten an die deutschen Führer, Pflichtgefühl und unbändiger Soldatenstolz machten es ihnen unmöglich, in dem ungleichen Kampfe beizugeben. Kein materielles Lockmittel konnten wir ihnen geben; wir boten ihnen nur Kämpfe, Entbehrungen, Verluste, und doch hielten sie aus. Auch sie waren von Idealen getragen, und echte Ideale halten Stürmen stand; denn das Gute ist ewig. Werden da nicht in uns allen verwandte Saiten angeschlagen? 2000 Jahre heldenhafter deutscher Geschichte, und nicht zum geringsten die Taten des letzten großen Weltkrieges leben in unseren Herzen fort; war uns Deutschen auch der Erfolg versagt, die Leistungen bleiben gewaltig. Sie geben uns das Recht, an die Zukunft unseres Vaterlandes zu glauben. Auch Kolonien haben bisher zu den wertvollsten Gütern unseres Vaterlandes gehört. Schon ihr bisheriges kurzes Bestehen hat unsere Gabe zu kolonisieren erwiesen. Wir haben uns ehrlich bemüht, sie zu verteidigen. Lasst Euch erzählen, wie wir in Ostafrika während des ganzen Krieges die deutsche Fahne hochgehalten haben, und wie uns dazu Vaterlandsliebe, Pflichtgefühl und der unerschütterliche Glaube an unsere gute Sache die Kraft verlieh.

General Paul von Lettow-Vorbeck, Heia Safari! Deutschlands Kampf in Ostafrika, Leipzig 1920, ohne Seitenangabe

Arbeitsvorschläge

32065-0410

1. Analysieren Sie, wie Paul von Lettow-Vorbeck in seinem Vorwort aus dem Jahr 1920 den Mythos der „treuen Askari" konstruiert. | H
2. Beurteilen Sie, ob und inwiefern die Quelle geeignet ist, ein realistisches Bild des Kolonialkrieges in Deutsch-Ostafrika zu vermitteln.

Leitfrage

Nehmen Sie Stellung:

Deutschlands koloniale Vergangenheit bis 1990 – (un)angemessen aufgearbeitet?

KI

Methode

Recherche mit KI

KI kann ein mächtiges Werkzeug bei der historischen Recherche sein – wenn Sie es als solches bewusst verwenden. Digitale Recherche mithilfe generativer KI bedeutet mehr als nur das bloße Stellen einer Frage an eine KI, die daraufhin das Ergebnis liefert. Einerseits ist die Qualität der Ergebnisse abhängig von der Qualität der Anfrage (Prompt), andererseits müssen Sie auch scheinbar professionell wirkenden Output selbst überprüfen (Validierung). Im Folgenden lernen Sie eine Recherchestrategie kennen, bei der Sie als Mensch immer wieder eingreifen, um Schwächen der KI zu vermeiden und fachlich gesicherte Ergebnisse zu erhalten. Diese können Sie dann auf das gewählte Beispiel „(Aufarbeitung) des Genozids an den Ovaherero und Nama“ anwenden.

Interaktive KI-Lernmodule
Hier finden Sie unsere interaktiven KI-Lernmodule zum Verstehen, Anwenden und Reflektieren von KI

(Meta-)Prompting und Promptoptimierung

Einer der größten Vorteile generativer KI ist die Tatsache, dass wir in natürlicher Sprache mit ihr kommunizieren können und sie uns scheinbar versteht. Je präziser Sie Ihr Anliegen formulieren, desto besser wird die Antwort ausfallen. Die Tabelle M1 (Prompting) auf der rechten Seite bietet einen Überblick über wichtige Parameter, um präzise Prompts zu formulieren. Alternativ oder ergänzend dazu können Sie auch die KI selbst zur Optimierung Ihres Prompts einsetzen. Fragen Sie die KI selbst, wie der Prompt formuliert sein muss, damit er bestimmte Zwecke erfüllt. Diese Grundsätze des Promptings sind beim folgenden mehrstufigen Rechercheprozess zu beachten:

Leitfragen	Hinweise
1. Orientierungsrecherche	Zu Beginn des Rechercheprozesses kann die KI bei der ersten Orientierung behilflich sein. Hier geht es weniger um spezifische Fakten und Urteile, sondern um ein grobes Abstecken des historischen Feldes mit dem Ziel der Schärfung der Fragestellung. Widersprüche und Probleme können so identifiziert werden, sodass Sie eine problemorientierte Leitfrage für die eigene Arbeit ableiten können.
2. Materialsuche und Validierung	Sie nutzen die KI als Assistenten, um geeignetes Material aufzuspüren. Verlangen Sie sowohl nach Primärquellen als auch nach Sekundärliteratur. Dabei müssen Sie in einem Zwischenschritt die Ergebnisse überprüfen. Hier sind insbesondere die Schritte 1 (Existenz) und 2 (Autorität) aus **M2 Validierung** durchzuführen.
3. Gezielte Auswertung des Korpus (Retrieval Augmented Generation)	Aus dem Material, welches Sie nun validiert haben, stellen Sie einen gesicherten Textkorpus zusammen. Nach dem Prinzip „Retrieval Augmented Generation“ (RAG) analysiert die KI nun das von Ihnen verifizierte Material. In Schritt 4 (Anforderung) aus **M1 Prompting** sollten Sie dennoch verlangen, dass die KI alle Aussagen mit Belegen aus dem Material versieht. Wenn Sie diese Aussagen erneut validieren (insbesondere Schritt 4 in **M2** – Relevanz), stellen Sie sicher, dass die KI Inhalte nicht sinnentstellt oder unzulässig verkürzt.

M1 D Prompting

Schritt	Funktion	Beispiel für die Ovaherero-Thematik
1. Rolle	Festlegung der Expertise und Perspektive	„Du bist ein Fachhistoriker mit Schwerpunkt auf postkolonialer Theorie und deutscher Kolonialgeschichte."
2. Kontext	Einbettung in den historischen Rahmen und Hintergrund	„Thema ist der Völkermord an den Ovaherero und Nama (1904–1908) und die aktuelle Debatte um das Abkommen von 2021."
3. Aufgabe	Präzise Beschreibung des Ziels (Was soll die KI tun?)	„Analysiere die Hauptkritikpunkte der Opferverbände (OTA und NTLA) an der Weigerung Deutschlands, Reparationen zu zahlen."
4. Anforderungen	Qualitätsvorgaben, Stil und fachliche Standards	„Nutze Fachbegriffe, vermeide Euphemismen (Glättung) und stelle sicher, dass unterschiedliche Perspektiven gewahrt bleiben."
5. Anweisung	Formatvorgabe und Prozesssteuerung	„Erstelle eine tabellarische Gegenüberstellung. Erkläre deine Argumentation schrittweise (Chain-of-Thought)."

M2 D Validierung (Quellenüberprüfung)

Schritt	Funktion	Prüffragen
1. Existenz	Schutz vor Halluzinationen	Führt der Link zur behaupteten Quelle? Lassen sich Offlinequellen in Datenbanken verifizieren?
2. Autorität	Bewertung der Vertrauenswürdigkeit	Wird ein Urheber genannt und existiert ein Impressum der Webseite? Besteht eine institutionelle Anbindung (Universität, Museum)? Werden Belege seriös geführt?
3. Intention und Kontext	Prüfung der Angemessenheit	Ist die Darstellung sachlich-wissenschaftlich oder politisch-polemisch, einseitig oder multiperspektivisch?
4. Aktualität und Relevanz	Abgleich mit zu belegender Aussage und Forschungsstand	Stützt die genannte Quelle tatsächlich die Behauptung im KI-Output? Werden neue Erkenntnisse berücksichtigt?

Arbeitsvorschläge

32065-0509

1. Führen Sie eine KI-Recherche zum Thema „Genozid an den Ovaherero und Nama" durch. Entwickeln Sie selbstständig eine geeignete Fragestellung. Das Ergebnis der Recherche soll die Grundlage für ein Kurzreferat bilden. Erstellen Sie gleichzeitig eine Reflexion Ihres Arbeitsprozesses.
2. (optional:) Bilden Sie eine Kontrollgruppe, die „naiv" recherchiert. Diese Gruppe fragt die KI direkt nach Antworten auf die Fragestellung ohne Überprüfung der Quellen.

Die Lösung zu dieser Seite finden Sie unter Mediencode 32065-0510.

Erinnerung an die Opfer des Nationalsozialismus gestern und heute

M1 Q Instagram-Beitrag der Tagesschau
Januar 2025

M2 D „Wissen über den Holocaust schwindet“

Etwa sechs Millionen Jüdinnen und Juden wurden vom nationalsozialistischen Deutschland systematisch verfolgt und ermordet. Doch rund 80 Jahre nach dem Ende des Zweiten Weltkrieges schwindet das Wissen um den Holocaust und die Schoah zusehends – vor allem bei der jüngeren Generation. Zu diesem Schluss kommt eine Umfrage der Jewish Claims Conference. In der Altersgruppe der 18- bis 29-Jährigen gaben bei der Befragung in Deutschland etwa 40 Prozent an, nicht gewusst zu haben, dass etwa sechs Millionen Jüdinnen und Juden in der Zeit des Nationalsozialismus ermordet wurden. 15 Prozent glaubten, es seien weniger als zwei Millionen gewesen. Zwei Prozent aller in der Bundesrepublik befragten Bürgerinnen und Bürger waren der Auffassung, der Holocaust habe überhaupt nicht stattgefunden.

Viele junge Menschen wissen wenig über den Holocaust, in: Tagesschau vom 23.01.2025, https://www.tagesschau.de/ausland/amerika/holocaust-wissen-jewishclaimsconference-100.html [Zugriff: 09.04.2026]

32065-0412

1. Beschreiben Sie den Inhalt von M1/M2 in eigenen Worten.
2. Stellen Sie begründete Vermutungen darüber an, warum das Wissen über den Holocaust bei jüngeren Generationen schwindet.
3. Diskutieren Sie Möglichkeiten, wie die Erinnerungskultur in Deutschland 80 Jahre nach Kriegsende gestärkt werden kann.

LEIT-FRAGE

Die Aufarbeitung des Gedenkens an die Opfer des Nationalsozialismus – erfolgreich?

Verordnete „Aufarbeitung“ und frühe „Vergangenheitsbewältigung“

In den ersten Nachkriegsjahren war nur eine Minderheit der Deutschen an einer kritischen Auseinandersetzung mit der jüngsten Vergangenheit interessiert. Die beginnende Systemkonkurrenz der Siegermächte begünstigte die Verdrängung individueller Schuld und Verantwortung. Abgesehen davon, dass die schwersten Verbrechen, zum Beispiel in den Nürnberger Prozessen, juristisch verfolgt wurden, gehörte es zu der von den Siegermächten verordneten politischen Bewältigung des „Dritten Reiches“, dass alle Erwachsenen über ihre Funktion und Einstellung im NS-Regime Rechenschaft ablegen sollten. Doch als die „Entnazifizierungen“ 1950 abgeschlossen waren, wandelte sich die Bewertung der justiziellen Aufarbeitung in der Bevölkerung. Ein Großteil der Deutschen fand die Prozesse nicht gerecht, sah sich als „Opfer Hitlers“ und auch als „Opfer alliierter Siegerjustiz“.

Die Geschichtswissenschaft untermauerte dies zum Teil mit Deutungsversuchen zur Entlastung der Deutschen: Der Nationalsozialismus sei ein „Betriebsunfall“ in einer absoluten historischen Ausnahmesituation gewesen und Deutschland im Sinne der Totalitarismustheorie[1] Opfer eines verbrecherischen Führers und seiner Clique geworden, die das Not leidende Volk verführt und in einem totalen Zwangsstaat ins Verderben getrieben hätten. Der Historiker Markus Brechtken sieht zudem den für diesen Zeitraum gewählten Terminus der „Vergangenheitsbewältigung" kritisch, da er einen erreichbaren und finalisierenden Prozess suggeriert, den es nicht gegeben hat. Er plädiert vielmehr für den Begriff der „Vergangenheitsaufarbeitung" als einen fortwährenden Fortgang, der nicht abgeschlossen ist und immer noch anhält.

„Vergangenheitsbewältigung" in der jungen Bundesrepublik

Nach Gründung der Bundesrepublik ließen es Politik und Medien an eindeutigen Verurteilungen des NS-Regimes und seiner Verbrechen nicht fehlen. Bundespräsident Theodor Heuss kritisierte wiederholt alle Tendenzen zur Verdrängung der Vergangenheit und unterstrich immer wieder die Ehrenhaftigkeit der Widerstandskämpfer des 20. Juli 1944[2] und anderer Gegner des Nationalsozialismus. Dennoch blieb der Umgang mit der NS-Vergangenheit in der Adenauer-Ära zwiespältig. Es war gar ein „kommunikatives Beschweigen" erkennbar, da vielerorts die Menschen natürlich wussten, was ihre Nachbarn, Kollegen oder Freunde vor 1945 getan hatten. Dennoch standen die deutschen Kriegsopfer von Flucht, Vertreibung und Bombardierung im Vordergrund. 1951 trug das sogenannte 131er-Gesetz des Deutschen Bundestages dazu bei, dass zahlreiche ehemalige NS-Staatsbeamte in den öffentlichen Dienst der Bundesrepublik wiedereingegliedert wurden – und damit ihre Karrieren fortsetzen konnten, obwohl sie während der Zeit des Nationalsozialismus tätig gewesen und nach dem Zweiten Weltkrieg zunächst entlassen worden waren.

131er-Gesetz: Das Gesetz vom 11. Mai 1951 erlegte dem öffentlichen Dienst auf, mindestens 20 Prozent des Besoldungsaufwandes für jene Beamten und Berufssoldaten zu verwenden, die derzeit noch „ausgeschieden sind und bisher nicht oder nicht ihrer früheren Stellung entsprechend verwendet werden". Aus diesem Grund stellten die Behörden schon aus Budget-Gründen bevorzugt wieder diese Belasteten (Juristen, Gestapo-Leute, Berufssoldaten und Schreibtischtäter) ein.

Wiedergutmachungen und Entschädigungen

Allerdings verpflichtete sich die Bundesrepublik als Rechtsnachfolgerin des Deutschen Reiches zur Wiedergutmachung. Ende September 1951 bot die Bundesregierung dem 1948 in Palästina gegründeten Staat Israel Wiedergutmachungsverhandlungen an. Am 10. September 1952 wurde in Luxemburg mit Israel und jüdischen Organisationen ein Wiedergutmachungsabkommen geschlossen. Es stellte unter anderem drei Milliarden DM (1,53 Mrd. Euro) für die Eingliederung von etwa einer halben Million Holocaust-Überlebender in Aussicht. Im Bundestag konnte Adenauer die Ratifizierung des Vertrages nur mithilfe der Opposition durchsetzen, da er in den eigenen Reihen keine Mehrheit für das Abkommen fand. Auch anderen NS-Opfern stellte die Bundesrepublik Entschädigungen in Aussicht. Über zwei Millionen Anträge zur Wiedergutmachung wurden anerkannt. Allerdings waren die Leistungen für den Einzelnen eher bescheiden: Für einen Monat KZ-Haft gab es einen einmaligen Betrag von 150 DM, für nachgewiesene Gesundheitsschäden waren Renten vorgesehen. Andere Opfergruppen gingen lange Zeit leer aus, etwa die Zwangsarbeiterinnen und -arbeiter aus Osteuropa, die erst ab dem Jahr 2000 durch die Stiftung „Erinnerung, Verantwortung und Zukunft" entschädigt wurden.

[1] Die Totalitarismustheorie basiert auf den Vorstellungen von Hannah Arendt sowie den Politikwissenschaftlern Carl Joachim Friedrich und Zbigniew Brzeziński und beschreibt politische Systeme, in denen der Staat alle Bereiche des öffentlichen und privaten Lebens vollständig kontrolliert und keine oppositionellen Kräfte zulässt. Typische Merkmale sind eine Einheitspartei, ein Führerkult, umfassende Propaganda, Überwachung und die Unterdrückung von Freiheitsrechten.

[2] Der 20. Juli 1944 war der Tag des gescheiterten Attentats auf Adolf Hitler durch u. a. eine Gruppe von Offizieren um Claus Schenk Graf von Stauffenberg. Ziel des Attentats und des anschließenden Umsturzplans („Operation Walküre") war es, die nationalsozialistische Diktatur zu beenden und eine neue Regierung zu bilden – doch Hitler überlebte den Bombenanschlag, und der Umsturzversuch scheiterte noch am selben Tag.

M3 Q Wiedergutmachungsabkommen zwischen Israel und Deutschland
Bundeskanzler Konrad Adenauer und der israelische Außenminister Moshe Sharett unterzeichnen am 10. September 1952 im kleinen Empfangssaal des Luxemburger Stadthauses das deutsch-israelische Wiedergutmachungsabkommen.

▶ Ordnen Sie die Bedeutung des Abkommens in den historischen Kontext ein.

Aufarbeitung in den 1960er-Jahren

In den Sechzigerjahren zeigte im Zusammenhang mit den großen Frankfurter Auschwitz-Prozessen (1963–1968) eine Fülle von bis dahin nicht zugänglichem Aktenmaterial, wie weit die NS-Herrschaft in alle Bereiche von Staat und Wirtschaft hineinreichte und wie groß die Unterstützung war, die sie dort fand. Das Studium von Gestapo-Akten offenbarte, dass von einer totalen Durchdringung und Überwachung des Alltags keine Rede sein konnte und dass das NS-Regime auf ein weit höheres Maß an freiwilliger Gefolgschaft und Akzeptanz in der Bevölkerung hatte zurückgreifen können, als angenommen.

Die internationalen Medien sorgten unter anderem mit dem Eichmann-Prozess 1961 dafür, dass die Auseinandersetzung mit den Verbrechen auch in Deutschland zu einer öffentlichen Angelegenheit wurde, die ein geschichtskulturelles Umdenken bewirkte. Zudem führte der Bundestag Debatten, ob Verbrechen der Nationalsozialisten verjähren könnten. Allerdings beschloss der Bundestag erst 1979 die Aufhebung der Verjährung bei Mord. Auch wurden Orte des NS-Terrors, etwa frühere Konzentrationslager wie Dachau, in den 1960er-Jahren zu Gedenkstätten. Als an Heiligabend 1959 eine Synagoge mit Hakenkreuzen beschmiert wurde und es in den folgenden Wochen zu fast 700 ähnlichen Übergriffen kam, wurde auch breiteren Kreisen der bundesdeutschen Öffentlichkeit bewusst, dass die Gesellschaft ihr Verhältnis zur nationalsozialistischen Vergangenheit klären musste. Als eine Konsequenz daraus beschloss man, die Zeit des Nationalsozialismus pflichtmäßig und breitflächiger in den Lehrplänen der Schulen sowie in der politischen Bildung zu verankern.

Anfangszeit in der DDR

In der DDR rehabilitierte das am 9. November 1949 verabschiedete „Gesetz über die Gewährung von Straffreiheit" alle, die nur wegen ihrer NSDAP-Mitgliedschaft ihre Rechte verloren hatten. 1952 wurden auch geringfügig Belastete wieder integriert, jedoch ohne Zugang zu Justiz und Exekutive. Nach der offiziellen Verkündung des „Abschlusses der Entnazifizierung" sah die SED die Wurzeln des Nationalsozialismus als beseitigt. Die sowjetischen Internierungslager, die 1950 aufgelöst wurden, standen diesem Anspruch jedoch entgegen. 10 000 Internierte wurden entlassen, während 10 500 bereits Verurteilte und 3400 weitere Personen in den Waldheimer Prozessen abgeurteilt wurden.

Selektives Gedenken in der DDR

In der DDR besaß der Holocaust aus ideologischen Gründen eine geringere Bedeutung. Nicht der Antisemitismus, sondern der Kampf gegen „die Arbeiterklasse" und gegen die Sowjetunion sei das wesentliche Element des „Hitler-Faschismus" gewesen, lautete die Doktrin der SED-Führung, die ihren Staat nicht als „Nachfolgestaat von Tätern" sah. Da die Macht- und Kulturelite des Landes größtenteils aus einst Verfolgten und aus Kämpfern gegen den Nationalsozialismus bestand, konnte sie gegenüber der ostdeutschen Bevölkerung mit einer gewissen moralischen Überlegenheit auftreten. Die verordnete antifaschistische Geschichtsdeutung besagte, dass „der Aufbau des Sozialismus die einzig richtige Konsequenz aus dem Faschismus" sei, denn nur mit der Abschaffung des Kapitalismus sei auch die Grundlage für den Faschismus für immer beseitigt. Somit konnten sich alle, die sich mit dem Sozialismus identifizierten, auch als „Sieger der Geschichte" verstehen.

Im ideologischen Sinne wurden in der DDR zahlreiche Schulen, Straßen und Plätze nach kommunistischen Widerstandskämpfern benannt. Zudem versuchte sich die DDR mit ihrer antifaschistischen Staatsdoktrin auch außenpolitisch zu legitimieren. Beide Funktionen des Antifaschismus – die innenpolitische Selbstlegitimation durch moralische Überlegenheit und die außenpolitische Abgrenzung von der Bundesrepublik – illustrierte der Staatsakt, mit dem 1958 gemeinsam mit Gästen und ehemaligen Häftlingen aus vielen Ländern die nationale Mahn- und Gedenkstätte Buchenwald eingeweiht wurde. Schüler sowie Jungpioniere wurden regelmäßig zu Führungen durch die KZ-Gedenkstätte gebracht. Auch Soldaten der Nationalen Volksarmee wurden an diesem Ort vereidigt, um die ideologische Verknüpfung von DDR-Staatsidentität und antifaschistischer Erinnerung zu untermauern. Außerdem nutzte die DDR den Verweis auf die nationalsozialistische Vergangenheit aus, um den Konkurrenten im Westen, dessen Elite und Beamtenschaft eine kaum gebrochene personelle Kontinuität zum „Dritten Reich“ aufwies, als „braunes System“ darzustellen.

M4 Q Glockenturm und Figurengruppe in Buchenwald
Foto von 2018
Die Figurengruppe wurde von Fritz Cremer in Zusammenarbeit mit Bertolt Brecht zu Ehren des Widerstandskampfes im ehemaligen Konzentrationslager Buchenwald entworfen.

- Beschreiben Sie das Denkmal.
- Erläutern Sie, inwiefern das Denkmal das Selbstverständnis der DDR widerspiegelt.

Die jüdische Bevölkerung erfuhr in der DDR bis Ende der 1980er-Jahre keine besondere Anerkennung als Opfergruppe. Vergleichbare finanzielle Wiedergutmachungen wie in der Bundesrepublik leistete die DDR nicht. Entsprechende Forderungen Israels wies die SED-Führung rigoros zurück, zumal sie den Staat Israel als Teil des kapitalistischen Weltsystems begriff. Erst Ende der 1980er-Jahre rückte die politische Führung der DDR den Holocaust und die Opfer des Antisemitismus stärker in den Fokus. Den Feierlichkeiten zum Gedenken an den 50. Jahrestag der „Reichspogromnacht“ 1988 kam daher eine nie zuvor dagewesene Bedeutung zu.

Erinnerungskultureller Wandel in der Bundesrepublik

Ende der 1960er- und 70er-Jahre setzte in der Bundesrepublik eine neue Phase der Auseinandersetzung mit der NS-Vergangenheit ein. Die 68er-Bewegung forderte eine kritische Aufarbeitung der Verbrechen des Nationalsozialismus und wandte sich gegen das Schweigen der Elterngeneration sowie den Einfluss ehemaliger NS-Funktionäre. Ein symbolischer Wendepunkt war der „Kniefall von Warschau“ des westdeutschen Bundeskanzlers Willy Brandt vor dem Denkmal des Warschauer Ghettoaufstands 1970, der weltweit als Geste der Bitte um Vergebung und Verantwortung wahrgenommen wurde.

Mit der Ausstrahlung der US-Fernsehserie „Holocaust“ im Jahr 1979 rückte das Thema auch in der breiten Öffentlichkeit wieder in den Fokus. Sie zeigte am Schicksal der Berliner Arztfamilie Weiß die Ausgrenzung und schließlich Ermordung der jüdischen Bevölkerung, die Karriere eines Obersturmbannführers im Nationalsozialismus und illustrierte detailliert die verschiedenen Formen des Massenmordes. Die Serie führte zu einer intensiven gesellschaftlichen und wissenschaftlichen Beschäftigung mit der NS-Vergangenheit – nach einer Phase, die der Historiker Ulrich Herbert als „zweite Verdrängung“ bezeichnete.

In den 1980er-Jahren verlagerte sich der Blick zunehmend auf die Perspektiven der Opfer und Überlebenden, wobei auch weitere verfolgte Gruppen wie Sinti und Roma, Menschen mit Behinderung und Homosexuelle stärker berücksichtigt wurden. Zeitgleich prägten kontroverse Debatten – etwa der **Historikerstreit** – die Erinnerungskultur und förderten eine vertiefte Auseinandersetzung. Eine entscheidende Zäsur stellte Richard von Weizsäckers Rede von 1985 dar, in der er den 8. Mai 1945 als Tag

Historikerstreit: Debatte der Jahre 1986/87, in der Wissenschaftler die Frage nach der historischen Einzigartigkeit des Holocaust diskutierten sowie über die Funktion und Rolle der „Vergangenheitsbewältigung“, d.h., wie in der Bundesrepublik künftig in Politik und Gesellschaft mit dem Nationalsozialismus umzugehen sei.

der Befreiung interpretierte und damit das Bewusstsein für historische Verantwortung stärkte. Zugleich entstanden zahlreiche Geschichtswerkstätten, die durch lokales und zivilgesellschaftliches Engagement neue Formen der Erinnerung schufen.

Eine neue Gedenkkultur seit den 1990er-Jahren

In den 1990er-Jahren gab es eine weitere Zäsur im Umgang mit der NS-Zeit. Viele Zeitzeugen, die ihre persönlichen Erfahrungen und ihr Wissen an die Nachwelt weitergeben können, waren inzwischen verstorben. Daher gewannen Formen des öffentlichen Gedenkens immer mehr an Bedeutung, welche die individuelle durch eine gemeinsame Erinnerung, ein kollektives Gedächtnis, ersetzten. Eine Form der kollektiven Erinnerung sind Gedenktage. In Deutschland wird seit 1950 am 8. Mai dem Ende des Zweiten Weltkrieges gedacht. 1996 wurde der 27. Januar, der Tag der Befreiung des Vernichtungslagers Auschwitz-Birkenau, zum nationalen Gedenktag und 2005 durch die UNO zum Internationalen Holocaust-Gedenktag erklärt. Die Entwicklung des 27. Januar von einem nationalen Gedenktag der Deutschen zum „Internationalen Tag des Gedenkens an die Opfer des Holocaust“ verweist auf die Tatsache, dass der Holocaust heute Teil einer transnationalen Erinnerungskultur geworden ist. Dies zeigt sich heute vor allem in Museen wie dem United States Holocaust Memorial Museum in Washington, D. C., oder auch im Jüdischen Museum in Berlin.

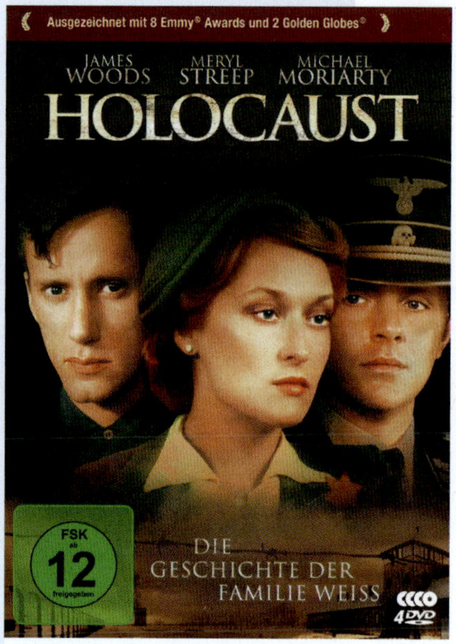

M5 Q Filmplakat zur TV-Serie „Holocaust“

- Ordnen Sie Handlung und Wirkung der Serie in den historischen Kontext ein.

Etwa seit dem Jahr 2000 hat das Thema Nationalsozialismus und Zweiter Weltkrieg auch in Kino-und TV-Produktionen Konjunktur. Eine neue Generation von Autoren und Regisseuren entwickelt hier eine eigene Sichtweise auf die Vergangenheit, welche in der Geschichtswissenschaft, aber auch in den Medien immer wieder kontrovers diskutiert wird. Beispiele hierfür sind die Filme „Der Untergang“ (2004), „Der Vorleser (2008), „Die Wannsee-Konferenz“ (2022) oder auch „The Zone of Interest“ (2023).

Des Weiteren gibt es heute in Deutschland eine Vielzahl von Gedenkstätten für Opfer und Widerstandskämpfer aus der Zeit des Nationalsozialismus, die vom Bund, den Ländern, Kommunen oder von bürgergesellschaftlichen Akteuren errichtet wurden und betrieben werden. Das Spektrum reicht von den KZ-Gedenkstätten bis hin zu jüngeren Gedenkorten.

Die heutige Erinnerungskultur in Deutschland ist geprägt von gesellschaftlichem Konsens über die Verantwortung für den Holocaust und die Notwendigkeit des Gedenkens. Wie sehr die Entscheidungen für ein angemessenes öffentliches Gedenken mit schwierigen und langwierigen Debatten verbunden sind, zeigen allerdings die Diskussionen um das Denkmal für die ermordeten Juden Europas in Berlin oder um die umstrittene Digitalisierung von Zeitzeugeninterviews. Zugleich sind weiterhin juristische Bemühungen zu beobachten, die letzten noch lebenden Täter strafrechtlich zu verfolgen. Da es sich hierbei um hochbetagte Personen handelt, wird dieser Prozess bald abgeschlossen sein. Damit verschiebt sich der Fokus der Erinnerung zunehmend: Heute geht es weniger um individuelle oder kollektive Schuld, sondern um die Übernahme gesellschaftlicher Verantwortung. Erinnerung bedeutet, der Opfer des Nationalsozialismus in ihrer Vielfalt zu gedenken und Diskriminierung, Antisemitismus und Rassismus in der Gegenwart entschieden entgegenzutreten.

Aktuelle Trends der Erinnerungskultur

Gleichzeitig zeigen aktuelle Ereignisse, dass die Auseinandersetzung mit der Vergangenheit nie abgeschlossen ist. Die NSU-Mordserie (ab 2011) führte zu neuen Diskussionen über institutionellen Rassismus und das Fortwirken gesellschaftlicher Ausgrenzungsmechanismen. Rechtspopulistische und rechtsextreme Strömungen versuchen weiterhin, die NS-Verbrechen zu leugnen, zu beschönigen oder zu verharmlosen. Auch der Umgang mit digitalen Medien verändert das Erinnern: Mit dem Verschwinden der Zeitzeugen rückt das Konzept des „Erinnerns ohne Zeitzeugen" in den Vordergrund. Projekte mit aufgezeichneten Interviews, Hologrammen oder digitalen Archiven sollen das Wissen bewahren, werfen aber zugleich Fragen nach Authentizität und Quellenkritik auf. In Zeiten von Social Media, Desinformation und Deepfakes wird kritisches historisches Denken zu einer Schlüsselkompetenz. Trotz dieser Herausforderungen ist die Erinnerungskultur in Deutschland heute geprägt von einem breiten gesellschaftlichen Konsens über die Verantwortung für den Holocaust und die Notwendigkeit, das Gedenken lebendig zu halten.

M 6 D „Schafft diesen Gedenktag wieder ab!"

Der Soziologe Y. Michal Bodemann verfasst am 26. Januar 1999 folgenden Kommentar in der Berliner Tageszeitung taz:

Der 27. Januar, der Tag der Befreiung von Auschwitz, ist seit 1995 der offizielle deutsche Gedenktag. Und niemand merkt es. Es könnte alles so schön werden: erst ein ordentlicher Gedenktag für die Opfer, dazu das für den ausländischen Besucher eindrucksvolle Eisenman-Mahnmal. [...] Er scheint als Gedenktag für alle Nazi-Opfer weniger kontrovers: Der 27. Januar erinnert an die Befreiung von Auschwitz durch die Rote Armee 1945. Doch zu diesem Zeitpunkt war das KZ nur noch ein Schatten. In den Wochen zuvor hatte sich die Mordmaschinerie verlangsamt, zehn Tage zuvor wurde Auschwitz evakuiert, über 130 000 Häftlinge wurden auf Transporte und Todesmärsche geschickt, und nur ein elendes Überbleibsel von knapp 8000 Insassen wurde am 27. Januar befreit. [...] Der 27. Januar ist ein fernes, konstruiertes Datum, ohne deutsche Erinnerung, in einem anderen Land und ohne deutsche Akteure, denn selbst die SS-Wachmannschaften waren damals bereits verschwunden. Für die Verfolgtenseite mag dieser Tag ein Symbol der Befreiung sein, es waren ihre Angehörigen, die nun das Ende dieses Schreckens vor sich sahen. In Deutschland stand hinter der Entscheidung für diesen Tag offenbar die wohlmeinende, doch naive und beschönigende Idee, in Solidarität mit der Opferseite an das Ende des Mordens zu erinnern. Dadurch, dass der Befreiung von Auschwitz statt seiner Errichtung gedacht wird, stellt sich Deutschland an die Seite der Opfer und der Siegermächte – ein Anspruch, der Deutschen nicht zusteht. Der 27. Januar suggeriert darüber hinaus ein „Ende gut, alles gut". Ein Tag der Erinnerung für Deutsche soll er sein, doch tatsächlich ist es ein Tag der Zubetonierung von Erinnerung, ein Tag, der den historischen Schlussstrich signalisiert.

Y. Michal Bodemann, Schafft diesen Gedenktag wieder ab!, in: taz vom 26.01.1999, https://taz.de/Schafft-diesen-Gedenktag-wieder-ab/%211305122/ [Zugriff: 09.04.2026]

Arbeitsvorschläge

32065-0413

1. Geben Sie zentrale Aussagen Bodemanns mit eigenen Worten wieder.
2. Verfassen Sie (auch mithilfe von KI) eine Rede zum 27. Januar, in der Sie Stellung zu den im Text genannten Vorbehalten gegen diesen Gedenktag nehmen.
3. Der Politikwissenschaftler Harald Schmid bezeichnet die Etablierungsgeschichte des 27. Januar – wie auch die des 3. Oktober – als ein Beispiel für etatistische, also vom Staat verordnete, Geschichtspolitik. Beurteilen Sie diese Aussage. | F

M 7 D Digitale Zeugnisse

Zeitzeuginnen und Zeitzeugen kommt besonders in der Erinnerung an die nationalsozialistischen Verbrechen eine besondere Bedeutung zu, weniger, um juristisch nachprüfbar die damaligen Ereignisse zu rekonstruieren – dafür hat sich die Erinnerung im Laufe der Jahre wahrscheinlich zu sehr verändert und wurde möglicherweise von Erinnerungen und Erzählungen anderer überlagert –, sondern um die menschliche Dimension historischer Ereignisse zu zeigen. Wichtig für den Akt des offiziellen Gedenkens ist es vielmehr, dass die Opfererzählungen den Kriterien der Triftigkeit verbunden bleiben, in ihrer Gesamtheit also „korrekt" sind. Da die meisten Zeitzeuginnen und Zeitzeugen der Zeit des Nationalsozialismus bereits verstorben oder hoch betagt sind, wird auf unterschiedliche Weise versucht, diese wichtigen Zeugnisse mit neuesten technischen Mitteln so „authentisch" wie möglich zu bewahren.

a) Hologramm des Zeitzeugen Abba Naor

b) Umstrittene Digitalisierung

Zur Digitalisierung des Holocaust-Gedenkens schreibt die Journalistin Leticia Witte am 20. Januar 2019 in der „Jüdischen Allgemeinen":

Besonders groß sind die Sammlungen von Zeitzeugeninterviews – weltweit gibt es nach Angaben der Berliner Historikerin Alina Bothe etwa 100 000.
[...] Und dann sind da die umstrittenen Hologramme. Im Internet gibt es Videos, in denen der Zeitzeuge Pinchas Gutter als virtuelle, dreidimensionale Aufnahme seiner

selbst in einem Sessel sitzend zu sehen ist, während ihm echte Menschen Fragen stellen. Bothe zufolge ist das Hologramm in Museen in den USA bereits im Einsatz. Gutter hat in realen, stundenlangen Gesprächen rund 2000 Antworten auf Fragen gegeben, die ihm gestellt werden könnten – zu seiner Biografie oder Erlebnissen im Zweiten Weltkrieg. Eine Software ordnet der realen Frage eines Menschen eine möglichst passende Antwort zu. „Das ist ein abgeschlossenes Projekt“, sagt Bothe. Von vornherein sei klar, dass der virtuelle Gutter sich nur im Rahmen der aufgenommenen Antworten äußern könne und nicht zu aktuellen Themen. Und der reale Gutter wisse, dass seine Äußerungen nur für dieses Projekt genutzt würden. Dagegen ist es bei Interviewaufnahmen mit Zeitzeugen mitunter so, dass diese Videos irgendwann auf YouTube stehen und nicht nur in einer speziellen Datenbank, wie Bothe betont. Das sei vielen Interviewten zum Zeitpunkt der Aufnahme nicht klar gewesen. Bei Beschwerden würden Videos durchaus entfernt. Die Gefahr der Manipulation von Videos ist gegeben. Allerdings dürfte wegen der sich schnell entwickelnden technischen Möglichkeiten auch nicht klar sein, was mit Äußerungen eines als Hologramm auftretenden Menschen künftig geschehen könnte. Die Gefahr der Manipulation von Interviews jedenfalls ist in Einzelfällen gegeben, wie Bothe betont: „Wir sehen, dass das Material neu zusammengesetzt wird“ – dabei durchaus sinnentfremdend. Hier müssten Interviews technisch besser vor Manipulationen geschützt werden, fordert Bothe. Im Fall von Verunglimpfungen und hasserfüllter Rede in Kommentarspalten zu Zeitzeugeninterviews, die im „großen Stil“ vorkämen, sieht sie Konzerne wie YouTube in der Pflicht, dies zu unterbinden. Das Manipulationsrisiko sowie damit verbundene ethische und technische Fragen seien große Herausforderungen beim Thema „Digitalisierung des Gedächtnisses“. Am besten wäre es ohnehin, wenn für Interviews etwa mithilfe von Gedenkstätten eine zentrale, internationale Datenbank auf die Beine gestellt würde, sagt Bothe. [...] In nicht allzu ferner Zukunft werden die letzten lebenden Zeitzeugen sterben – und es wird kaum eine andere Möglichkeit bleiben, als sich virtuell mit ihren Zeugnissen zu beschäftigen. Etwa in der Schule. Aber schon heute werde dem Digitalen ein „pädagogischer Wert“ beigemessen, so Bothe. Denn zahlreiche Menschen bekämen nie die Möglichkeit, zu einer Gedenkstätte zu reisen. Virtuell aber schon.

Leticia Witte, Für und Wider der Digitalisierung von Schoah-Zeugnissen. Der Zeitzeuge als Hologramm © KNA Katholische Nachrichtenagentur, in: Jüdische Allgemeine vom 20.01.2015

Arbeitsvorschläge 32065-0414

1. Erläutern Sie, was ein digitales Zeugnis ist und wie es entsteht.
2. Nutzen Sie die App LediZ (Lernen mit digitalen Zeugnissen) und stellen Sie dem Zeitzeugen Ihre Fragen. Mit der Aufforderung „Erzählen Sie mir Ihre Geschichte!“ bekommen Sie einen ersten Einblick in die Lebensgeschichte des Zeitzeugen.
3. Diskutieren Sie die Vor- und Nachteile des Einsatzes von digitalen Zeugnissen (z. B. in der Schule, im Alltag, im Museum).

M 8 D Leerstellen in der Erinnerungskultur

Die Historikerinnen Katja Makhotina und Franziska Davies weisen 2023 auf die Leerstellen der deutschen Erinnerungskultur in Osteuropa hin:

Das Lager Auschwitz steht in unserem Gedächtnis für den industriellen Massenmord an den europäischen Juden. Doch historisch gesehen ist es ein Ort, an dem sich alle Aspekte der Vernichtungspolitik überschneiden. Es ist ein Konzentrationslager, in dem der Partisanentätigkeit verdächtige Belarusen, Russen und Ukrainer als Arbeitssklaven ausgebeutet wurden. Es ist ein Todeslager für die Vernichtung der sowjetischen Kriegsgefangenen und der polnischen Intelligenz, eine Todesfabrik des Holocaust und ein Ort der Kriegsverbrechen an der zivilen Bevölkerung der besetzten Gebiete der Sowjetunion. Weniger präsent ist in Deutschland der „Holocaust vor Auschwitz“ – der Massenmord an sowjetischen Juden, die eben nicht durch die industriellen Tötungsfabriken ermordet, sondern massenhaft erschossen wurden. Die zahllosen Massaker, angefangen gleich nach dem deutschen Einmarsch in die Sowjetunion am 22. Juni 1941, sind ein Verbrechenskomplex, über den uns kaum Selbstzeugnisse zur Verfügung stehen.
Hier endete die Opferperspektive am Erschießungsgrab, Zeugnisse von Überlebenden gibt es kaum. Die Täter schwiegen nach 1945 oder schrieben die Geschichte um, stellten sich selbst eher als Opfer eines sinnlosen Krieges dar und nicht als Täter. In Westdeutschland wurde der Mythos der „sauberen Wehrmacht“ gepflegt, die Verstrickung vieler ihrer Soldaten in die Massenverbrechen dagegen nicht thematisiert. Die Selbstwahrnehmung Deutschlands als „Meister der Erinnerung“ steht im Widerspruch zu den vielen Wissenslücken über den Raub- und Versklavungskrieg im Osten. [...] Dafür ist nicht nur das „Zu-wenig-Wissen“ verantwortlich, sondern leider noch immer das Nicht-wissen-Wollen, vor allem auf der

Seite der Täter. Während das Fußvolk der Wehrmacht sich gerne darauf berief, dass man lediglich ein Werkzeug der Befehlshaber war, verwiesen die Generäle darauf, dass sie persönlich doch „keine Kinder erschossen hatten“. In diesem Zirkelschluss gab es für deutsche Verantwortung keinen Platz. Der Krieg im Osten wurde nicht zum Bestandteil des kulturellen Gedächtnisses auch wegen der sich fortsetzenden Vorstellung von der Fremdheit der Opfer. Die blieben weiterhin Gegner hinter dem Eisernen Vorhang, erinnerten sich in fremder Sprache und in fremden Bildern an den Krieg. Und sie forderten keine Entschädigung. Der Ausbau des bundesweiten Gedenkstättennetzes zur Erinnerung an die NS-Gewalt führte nicht zur Etablierung eines Gedenkortes explizit für die Opfer in Osteuropa. Bis heute bleibt das Museum Berlin-Karlshorst – ein historischer Ort, an dem die deutsche Kapitulation unterzeichnet wurde – das einzige Museum in Deutschland, das zumindest an die sowjetischen Opfer erinnert und diese in seiner Dauerausstellung thematisiert.

Franziska Davies und Katja Makhotina, Holocaust-Opfer in Osteuropa. Die Leerstellen in der Erinnerungskultur, in: Tagesspiegel vom 27.01.2023, https://www.tagesspiegel.de/internationales/holocaust-gedenktag-warum-deutschland-die-opfer-in-osteuropa-nicht-vergessen-darf-9243963.html [Zugriff: 09.04.2026]

Arbeitsvorschläge

32065-0415

1. Erläutern Sie, welche Opfergruppen im Text als in der deutschen Erinnerungskultur unterrepräsentiert beschrieben werden.
2. Analysieren Sie, warum die Erinnerung an den Krieg im Osten in Deutschland vernachlässigt wird.
3. Diskutieren Sie, inwiefern die Selbstwahrnehmung Deutschlands als „Meister der Erinnerung“ im Widerspruch zu den bestehenden Wissenslücken steht. | F

M 9 D Die Zukunft des Erinnerns?

Am 24. April 2025 erscheint auf der Webseite von Deutschlandfunk Kultur ein Beitrag über die Zukunft des Erinnerns an den Nationalsozialismus, welcher sowohl Chancen als auch Herausforderungen thematisiert.

Jahrzehnte nach Ende des Zweiten Weltkrieges wird es immer schwieriger, jungen Menschen zu vermitteln, wie die Nationalsozialisten einst die Macht ergreifen konnten und es zur Schoah kam. […] Scham, Betroffenheit, Verantwortung – aber auch Gleichgültigkeit bis hin zur Leugnung: Die Auseinandersetzung mit der nationalsozialistischen Diktatur in Deutschland steht in einem Spannungsverhältnis. In manchen Familien ist Aufarbeitung bis heute kaum oder gar nicht geschehen. 80 Jahre nach Ende des Zweiten Weltkrieges schwindet zudem die Zahl der Zeitzeugen und es wird immer herausfordernder, die Erinnerung aufrechtzuerhalten. […] Insgesamt gehen Forscher davon aus, dass das Interesse und die Bereitschaft bei jungen Menschen, mehr über die nationalsozialistische Vergangenheit zu lernen, groß ist. Doch es komme darauf an, die richtigen Zugänge zum Thema zu finden. 80 Jahre nach Ende des Zweiten Weltkrieges gibt es immer weniger Zeitzeugen. Es müssen also neue Ansätze gefunden werden, um die Geschichte des Nationalsozialismus an nachfolgende Generationen zu vermitteln. Neben dem Geschichtsunterricht besuchen Schulklassen Ausstellungen und KZ-Gedenkstätten, schauen sich Filme an und lesen Bücher über die NS-Diktatur und die Schoah. Doch auch Kunst kann Zugang zur Geschichte ermöglichen. Das NS-Dokumentationszentrum in München bietet etwa theaterpädagogische Workshops an oder erstellt mit Jugendlichen Graphic Novels. […] Die eindringlichen Erzählungen von Zeitzeugen lassen sich zwar nur schwer ersetzen. Der Verband der Geschichtslehrerinnen und -lehrer Deutschlands schlägt aber vor, mehr auf „Zweitzeugen“ zu setzen – also Kinder von Nazi-Funktionären oder Holocaust-Opfern an Schulen einzuladen. Darüber hinaus wächst die Zahl an Projekten, in denen etwa mittels künstlicher Intelligenz die Berichte von Zeitzeugen wachgehalten werden. Insbesondere die sozialen Medien stellen pädagogische Fachkräfte vor Herausforderungen. TikTok etwa wird von Jugendlichen intensiv konsumiert. Dominiert wird die Plattform von rechtsgerichteten Akteuren sowie unwissenschaftlichen und teilweise propagandistischen Kanälen, sagt die Historikerin Steffi de Jong, die an der Universität Trondheim in Norwegen lehrt. Bildungsakteure und klassische Medien seien dagegen auf TikTok viel zu wenig präsent. Auch Sarah Stemmler von der Bildungsstätte Anne Frank warnt vor der Videoplattform: „Gerade auf TikTok werden junge Menschen sehr viel mit Antisemitismus, mit Rassismus, mit anderen abwertenden Ideologien konfrontiert. Sie können diese nicht direkt so einordnen und reproduzieren dann eben auch viel Problematisches.“ […] In der Aufarbeitung des Nationalsozialismus habe im öffentlichen Raum lange Zeit die Perspektive der Opfer im Fokus gestanden, sagt Historiker Martin Cüppers. Das sei wichtig. Doch es führe auch zu einem verkürzten Verständnis davon, was den Nationalsozialismus erfolgreich gemacht habe und wie es zum Völkermord an den Juden kommen konnte. Historikern wie Steffi de Jong und Martin Cüppers zufolge sei unsere Erinnerungskultur dadurch etwas festgefahren. Oft reduziere sie sich auf Schlagworte und floskelhafte Aussagen wie „Nie wieder“. Stattdessen brauche es mehr Auseinandersetzung mit der Täterperspektive: Denn ohne Täter hätte der

Nationalsozialismus nicht funktioniert. Laut der Forschungsstelle Ludwigsburg waren mehrere Hunderttausend Täter unmittelbar oder mittelbar an den Verbrechen beteiligt. Gerade hier liegt bei vielen Deutschen aber eine verzerrte Perspektive vor: Einer Studie des Antisemitismusforschers Andreas Zick aus dem Jahr 2018 zufolge haben 69 Prozent der Befragten angegeben, dass ihre Vorfahren keine Täter während des Zweiten Weltkrieges waren. Eine persönliche Auseinandersetzung in den Familien habe meist bis heute nicht stattgefunden, sagt der Leiter des Hauses der Geschichte Harald Biermann. Das wirke sich bis in die vierte Generation aus. Junge Menschen dürften sich trauen, nachzuforschen, ob Großeltern oder Urgroßeltern in die Verbrechen involviert waren.

Wie lassen sich Holocaust und NS-Diktatur in Schulen vermitteln?, in: Deutschlandfunk Kultur vom 24.04.2025, https://www.deutschlandfunkkultur.de/achter-mai-ende-zweiter-weltkrieg-bildung-erinnerungskultur-100.html [Zugriff: 09.04.2026]

Arbeitsvorschläge

32065-0416

1. Arbeiten Sie die zentralen Aussagen der Zukunftsperspektiven des Erinnerns an den Nationalsozialismus heraus.
2. Diskutieren Sie, ob die derzeitigen Formen der deutschen Erinnerungskultur ausreichen, um junge Menschen nachhaltig zu erreichen.
3. Entwickeln Sie einen eigenen Vorschlag, wie das Erinnern an die NS-Vergangenheit im 21. Jahrhundert weitergedacht werden könnte.

Leitfrage

Nehmen Sie Stellung:

Die Aufarbeitung des Gedenkens an die Opfer des Nationalsozialismus – erfolgreich?

Würdigung des Widerstands gegen den Nationalsozialismus

M1 D Frauen im Widerstand

Die Gedenkstätte Deutscher Widerstand zeigt 2024 anlässlich des Umsturzversuches vom 20. Juli 1944 eine Ausstellung zum Widerstand von Frauen gegen den Nationalsozialismus. In einem Informationstext auf der Internetseite „Der Freitag“ vom 25. September 2024 heißt es hierzu:

Der Widerstand von Frauen gegen die nationalsozialistische Diktatur war vielfältig, risikoreich und mutig. Dennoch ist er nach 1945 über Jahrzehnte in der deutschen Öffentlichkeit nicht oder nur unzureichend beachtet worden. Der Deutsche Bundestag hat darum 2019 „den Mut und die Leistungen der Frauen im Widerstand gegen die nationalsozialistische Diktatur“ ausdrücklich anerkannt und gewürdigt. Er beschloss, ein Projekt der Stiftung Gedenkstätte Deutscher Widerstand zur weiteren Erforschung des Themas und eine Ausstellung zu fördern.

Frauen im Widerstand, derFreitag vom 25.09.2024, https://www.freitag.de/produkt-der-woche/ausstellung/frauen-im-widerstand-gegen-den-nationalsozialismus/frauen-im-widerstand [Zugriff: 27.04.2026]

In der Ausstellung: eine bebilderte Übersicht über verschiedene Frauen im Widerstand gegen den Nationalsozialismus

32065-0417

1. Fassen Sie zusammen, welche Aussagen M1 über den Widerstand von Frauen gegen den Nationalsozialismus und dessen öffentliche Wahrnehmung nach 1945 trifft.
2. Stellen Sie begründete Hypothesen auf, warum der Widerstand von Frauen nach 1945 in der öffentlichen Wahrnehmung unzureichend gewürdigt wurde.

LEIT-FRAGE

Die Vielfalt des Widerstands – über die letzten 80 Jahre angemessen widergespiegelt?

Umstrittene Erinnerung in der Nachkriegszeit

Der Widerstand gegen den Nationalsozialismus war vielgestaltig, doch seine Anerkennung in der Nachkriegszeit erfolgte nur zögerlich und oft selektiv. Unmittelbar nach Kriegsende stand die deutsche Gesellschaft den Widerstandskämpfern meist skeptisch gegenüber. Viele betrachteten sie als Verräter und ihre Familien blieben häufig gesellschaftlich ausgegrenzt. Öffentliche Gedenkveranstaltungen fanden nur vereinzelt statt – meist auf Initiative der Hinterbliebenen, da staatliche Anerkennung zunächst ausblieb. Auch eine Ehrenerklärung der Bundesregierung von 1951, welche die Widerstandskämpfer von Verratsvorwürfen freisprach, änderte an dieser ablehnenden Haltung wenig. In West-Berlin entstanden ab den 1950er-Jahren erste Formen öffentlichen Gedenkens: Am Ort des Umsturzversuchs vom 20. Juli wurde eine Gedenktafel errichtet, später ein Mahnmal und schließlich eine Ausstellung, die 1989 in der Gründung der heutigen Gedenkstätte Deutscher Widerstand mündete.

Kontroversen in der Bundesrepublik

Generell kam es in der Bundesrepublik immer wieder zu Kontroversen – insbesondere über die Rolle kommunistischer Gruppen wie der „Roten Kapelle“ oder des Nationalkomitees „Freies Deutschland“. Manche Kritiker bestritten, dass diese Gruppen eigenständige politische Motive besaßen, und warfen ihnen eine zu starke Abhängigkeit vom Ostblock vor. Diese Debatten spiegeln die Tatsache wider, dass die Widerstandsforschung im Klima des Kalten Krieges und der Systemkonkurrenz betrieben wurde. In diesem Zusammenhang lässt sich auch der Versuch des Regierenden Bürgermeisters von West-Berlin, Ernst Reuter, im Jahr 1953 deuten, der den 20. Juli 1944 in Beziehung zum Volksaufstand in der DDR am 17. Juni setzte und den Widerstand damit politisch im Sinne der Systemgegensätze interpretierte.

M2 Q Gedenkstätte Deutscher Widerstand
Foto vom 20. Juli 1952
Das Foto zeigt die Witwe des am 20. Juli 1944 von den Nationalsozialisten erschossenen Generals Friedrich Olbricht bei der Grundsteinlegung des Ehrenmals in Berlin am Ort der Hinrichtung im Hof des sogenannten Bendler-Blocks.

► Recherchieren und skizzieren Sie die Geschichte der Gedenkstätte Deutscher Widerstand.

Bundespräsident Theodor Heuss betonte ab Mitte der 1950er-Jahre zunehmend die moralische Bedeutung des Widerstands für die junge Bundesrepublik und verband sie mit der Forderung nach Aufarbeitung der nationalsozialistischen Vergangenheit. In der Bevölkerung überwog jedoch lange Zurückhaltung: Umfragen aus den 1950er- und 70er-Jahren zeigen, dass nur eine Minderheit den Umsturzversuch vom 20. Juli positiv bewertete.

Erst im Zuge der 68er-Bewegung rückten vielfältigere Formen des Widerstands – etwa das Attentat von Georg Elser oder die Flugblattaktionen der „Weißen Rose“ – stärker in das öffentliche Bewusstsein. Gleichzeitig blieb die Bewertung einzelner Gruppen umstritten: Während der militärisch-konservative Widerstand um Stauffenberg und Goerdeler zunehmend Anerkennung fand, stießen kommunistische und sozialistische Regimegegner weiterhin auf Vorbehalte. Erst Bundespräsidenten wie Heinrich Lübke (1964) und Gustav Heinemann (1969) plädierten für eine umfassendere Würdigung aller Widerstandsformen, was jedoch neue Debatten auslöste.

Selektive Erinnerung an den Widerstand in der DDR

In der DDR nutzte die Regierung den Antifaschismus als staatstragenden Gründungsmythos. Der kommunistische Widerstand wurde dabei als vorbildlich dargestellt, während bürgerliche oder kirchliche Initiativen kaum Beachtung fanden. Später bezeichnete die offizielle Propaganda den 20. Juli abwertend als „Putsch konservativer Offiziere“. Erst in den 1980er-Jahren setzte eine vorsichtige Neubewertung ein, ohne dass das Geschichtsbild der DDR von der alleinigen Führungsrolle der kommunistischen Partei abgerückt wäre.

Gegenwärtige Trends der Aufarbeitung

Seit den 1990er-Jahren setzte sich zunehmend die Erkenntnis durch, dass ein vollständiges Bild des Widerstands nur entstehen kann, wenn alle Strömungen – von militärischen und bürgerlichen über kirchliche bis hin zu kommunistischen Initiativen – berücksichtigt werden. Eine wichtige Rolle spielte dabei die Wehrmachtsausstellung, die neue Diskussionen darüber auslöste, in welchen Formen auch

M3 Q Briefmarken zum Jahrestag des Deutschen Widerstands
Die Briefmarken-Gedenkausgabe entstand anlässlich des 20. Jahrestages des Attentats auf Adolf Hitler am 20. Juli 1944.

► Diskutieren Sie die Auswahl der auf den Sonderbriefmarken dargestellten Personen.

Angehörige der Wehrmacht Widerstand leisteten – von passiver Verweigerung bis hin zu aktiver Sabotage.

Zugleich verlor die Widerstandsforschung im Vergleich zur zunehmend breiten Erforschung der verschiedenen Opfergruppen an Aufmerksamkeit. Bis heute sind daher viele Fragen offen, etwa inwiefern unterschiedliche Häftlingsgruppen in den Konzentrationslagern trotz sprachlicher Barrieren zusammenarbeiteten.

Dennoch gilt der Widerstand gegen den Nationalsozialismus inzwischen als fester Bestandteil der deutschen Erinnerungskultur und wird in Gedenkstätten, durch Straßennamen und jährliche Gedenkfeiern gewürdigt. Neuere Forschungstrends befassen sich verstärkt mit transnationalen und jüdischen Formen des Widerstands, mit europäischen Bewegungen während der Besatzungsherrschaft sowie mit dem widerständigen Handeln von Frauen. Zunehmend nutzen allerdings auch Rechtsradikale und Populisten ausgewählte Widerstandskämpfer, um diese als Vorbilder im Kampf gegen die rechtsstaatliche Ordnung zu missbrauchen. Auch sollte darauf geachtet werden, inwiefern SED-Geschichtsbilder vom antifaschistischen Widerstand in heutigen antiwestlichen Narrativen fortwirken.

Anerkennung und wissenschaftlich-kulturelle Aufarbeitung

In der frühen Bundesrepublik blieb die rechtliche und materielle Anerkennung des Widerstands lange begrenzt. Der Begriff des „politisch Verfolgten“ wurde eng gefasst, sodass viele Beteiligte – etwa Kommunisten, bürgerliche Regimegegner oder Menschen, die Jüdinnen und Juden geholfen hatten – keine Entschädigung erhielten. Zugleich wurden NS-Justizverbrechen nur unzureichend aufgearbeitet; zahlreiche Täter blieben unbehelligt. Erst 1998 hob der Bundestag alle Urteile des nationalsozialistischen Volksgerichtshofs auf – mehr als fünfzig Jahre nach Kriegsende.

Die wissenschaftliche Auseinandersetzung mit dem Widerstand begann in den 1950er-Jahren vor allem mit biografischen Darstellungen einzelner Akteure, die deren Handeln aus der Perspektive moralischer Verantwortung erklärten. Erste Studien erschienen im Ausland, da in Deutschland und bei den Alliierten zunächst wenig Interesse bestand.

In den 1960er- und 70er-Jahren wurde der Blick breiter: Forschungen zum Arbeiterwiderstand, zur Hilfe für Verfolgte und zu unterschiedlichen Formen individueller Opposition rückten in den Vordergrund. Parallel dazu prägten Filme und Dokumentationen das öffentliche Bewusstsein. Werke wie „Der 20. Juli“ (1955), „Operation Walküre“ (1971), „Schindlers Liste“ (1993), „Unbeugsam“ (2008), „Inglourious Basterds“ (2009) sowie „Son of Saul“ (2016) machten deutlich, dass Widerstand kein kollektives Phänomen war, sondern das Ergebnis individuellen Mutes einzelner Menschen, die unter hohem persönlichen Risiko handelten. Gleichzeitig spiegelten diese Filme aber auch die zunehmende Öffnung und Thematisierung verschiedener Widerstandsgruppen im Laufe der Zeit wider.

M4 Q Inglourious Basterds
Filmplakat aus dem Jahr 2009
Der Film erzählt die fiktive Geschichte einer jüdischen Kinobetreiberin in Paris, die ein Attentat auf die gesamte NS-Spitze während der Premiere eines Propagandafilms plant.

- ▶ Informieren Sie sich über Handlung und Aussage des Films und nehmen Sie Stellung zu fiktiven Erzählungen im Kontext des Nationalsozialismus.

M5 Q Zwischen Tyrannei und Tragik

a) Bundespräsident Gustav Heinemann erinnert am 19. Juli 1969 in der Gedenkstätte Plötzensee an den Widerstand gegen den Nationalsozialismus im Allgemeinen und an das missglückte Attentat vom 20. Juli 1944 im Besonderen:

Wir sind hier zusammengekommen, um derer zu gedenken, die an diesem Ort hingerichtet wurden, weil sie vor 25 Jahren unser Land von Hitler und seinem System durch den Anschlag auf das Leben des Tyrannen zu befreien versuchten. [...]
Welchen Sinn hat es, in Sonderheit des missglückten Anschlages von 1944 und derer zu gedenken, die ihn unternahmen? Solches Gedenken ist, zumal an dieser Stelle, schon oft geschehen. Aber es darf nicht leere Form werden. Tradition heißt nach einem Wort des 1914 ermordeten Kriegsgegners, des Franzosen Jean Jaurés, nicht Asche verwahren, sondern eine Flamme am Brennen halten. Um dieses Wachhalten geht es. Der 20. Juli 1944 war ein gesamtdeutscher Tag und muss es bleiben, wenn das Wort Nation trotz der Spaltung Deutschlands für uns einen Sinn behalten soll. In diesem Datum verzahnen sich die schlechtesten und die besten Überlieferungen unserer Geschichte in ihren vollen Gewichten miteinander. Sie rufen uns immer wieder auf, ihre dramatische Verknotung zu lösen.
Wie war es möglich – so müssen wir uns auch heute wiederum fragen –, dass Menschen unseres Volkes sich im sogenannten Dritten Reich in Selbstüberhebung, in Rassenwahn und Eroberungssucht verloren? Wie war es möglich, dass bürgerliche Freiheit, Menschenwürde und Selbstbestimmung so barbarisch missachtet werden konnten? Aus dieser Frage dürfen wir uns nicht davonstehlen, wenn wir mit uns selber zurechtkommen wollen. Eine Antwort auf diese Frage muss tief in die allgemeine Geschichte Europas und in die besondere deutsche Geschichte zurückgreifen. Auch viele andere Völker stehen vor einer solchen Aufgabe. [...]
Der 20. Juli 1944 steht aber auch für unseren Anteil an den besten abendländischen Überlieferungen und an den großen europäischen Zeugnissen des Ringens um Menschenrecht und Menschenwürde. [...] Werden wir die freiheitliche Demokratie jetzt bewahren, zur sozialen Demokratie weiterentwickeln und zu unserem Lebenselement machen? Das ist eine der Fragen, die uns der 20. Juli 1944 stellt. Die Widerstandskämpfer der Hitlerzeit waren freilich von unterschiedlichen politischen und sozialen Zielsetzungen erfüllt. Einig aber waren sie darin, dass Unfreiheit und Krieg ein Ende haben sollten. Die äußere Erfolglosigkeit ihrer Tat kann den hohen Rang ihres Vorbildes in keiner Weise schmälern. Sie alle wussten um die besondere Schwere ihres Handelns und wagten es dennoch. Sie alle mussten Zwiespalt und Zweifel durchstehen, ob es recht und ob es richtig sei, ihre Hand gegen den Mann zu erheben, dem so viele aus unserem Volke zujubelten.

Gustav Heinemann, Eid und Entscheidung, zitiert nach: Stiftung 20. Juli 1944, https://www.stiftung-20-juli-1944.de/reden/eid-und-entscheidung-dr-dr-gustav-heinemann-19071969 [Zugriff: 27.04.2026]

b) In dem 1969 von einem Autorenkollektiv der Deutschen Akademie der Wissenschaften in Ost-Berlin veröffentlichten „Lehrbuch der Deutschen Geschichte" heißt es über den 20. Juli 1944:

Die Verschwörung vom 20. Juli scheiterte, weil die antinationale Konzeption der Goerdeler-Gruppe gegen die Interessen des Volkes gerichtet war und weil diese Gruppe alles getan hatte, um die Arbeiterklasse und die KPD auszuschalten. Der Putsch misslang, weil er dilettantisch und ohne Verbindung mit der antifaschistischen Widerstandsbewegung vorbereitet war. Statt einer Volksrevolution hatten die reaktionären Verschwörer auf eine Palastrevolution gedrängt. Sie wollten „nicht Deutschland und das deutsche Volk, sondern den deutschen Imperialismus retten". Deshalb blieben die Verschwörer isoliert. Darin bestand die entscheidende Ursache für das Misslingen ihrer Pläne. In der westdeutschen Geschichtsschreibung werden diese Zusammenhänge bewusst ignoriert, um den antifaschistischen Widerstandskampf unter Führung der Kommunisten zu verleumden: Dieser Kampf, so heroisch er gewesen sein möge, wäre zur Wirkungslosigkeit verurteilt gewesen, denn die Chance, Hitler zu stürzen, hätten nur Kräfte gehabt, die in Schlüsselpositionen gesessen hätten. Damit wird nicht nur die Notwendigkeit und Wirksamkeit des antifaschistischen Widerstandskampfes überhaupt infrage gestellt, sondern gleichzeitig werden die reaktionären Ziele der Goerdeler-Gruppe und ihre Staatsstreichpläne als allein mögliche Alternative für das deutsche Volk erklärt. Auf diese Weise wird versucht, die Politik der imperialistischen und militärischen Kräfte in Westdeutschland, die sich als Erben Goerdelers fühlen, historisch zu rechtfertigen. [...] Die Tragik der Kräfte um Stauffenberg bestand darin, dass sie sich nicht völlig von der reaktionären Mehrheit der Verschwörung zu lösen vermochten und nicht rechtzeitig den Weg zur Bewegung „Freies Deutschland!" fanden und ihn daher nicht zu Ende gehen konnten. [...] Das Schicksal der Verschwörung beweist, dass die Bourgeoisie in der Periode des Imperialismus außerstande ist, die nationalen Grundprobleme zu lösen. Sie beweist aber auch schlüssig den am Schicksal des deutschen Volkes ehrlich interessierten

Kräften, dass sie ihre Ideale und Ziele nur im Bündnis mit und unter der Führung der Arbeiterklasse und ihrer revolutionären Partei verwirklichen können.

Zitiert nach: Wolfgang Bleyer u. a. (Bearb.), Deutschland von 1939 bis 1945 (Deutschland während des Zweiten Weltkrieges), Berlin 1969, S. 365 f.

Arbeitsvorschlag

32065-0418

▶ Vergleichen Sie M5a und M5b in Hinblick auf a) die Bedeutung des Attentats, b) politische Narrative, c) die Deutung des Gedenkens. | F

M 6 Q Der 20. Juli – ein angemessener Gedenktag?

Die Brandenburger Landeszentrale für politische Bildung veröffentlicht 2024 einen Diskussionsbeitrag zum 20. Juli:

Der 20. Juli ist in der deutschen Erinnerungskultur vor allem mit dem Jahr 1944 verbunden. Heute gilt er in der öffentlichen Wahrnehmung als Symbol des militärischen Widerstands gegen den Nationalsozialismus. Am 20. Juli 1944 hatte eine Gruppe hoher Offiziere um Claus Schenk Graf von Stauffenberg das letzte dokumentierte Attentat auf Adolf Hitler verübt. Dieser überlebte, die Verschwörer wurden als Vaterlandsverräter hingerichtet. Lange Zeit hat sich die deutsche Öffentlichkeit schwergetan mit den Männern und Frauen, die gegen die Nationalsozialisten Widerstand geleistet haben. Die Todesurteile gegen die Akteure des 20. Juli 1944 wurden vom Deutschen Bundestag 1998 aufgehoben, die gegen andere Widerstandsgruppen, zum Beispiel die der „Roten Kapelle“, erst 2009. Die Erinnerung an den 20. Juli entwickelte sich in mehreren Etappen. Nach dem Krieg galt die nationalsozialistische Propaganda zunächst weiter, wonach die Gruppe aus Ehrgeizlingen bestand, die einen Eidbruch begangen und das Vaterland verraten hätten. Diese hatte sich in den Köpfen vieler Menschen festgesetzt und hatte unmittelbare Auswirkungen auf die Gesellschaft. So wurden die Kinder von hingerichteten Widerstandskämpfern noch viele Jahre als „Verräterkinder“ verunglimpft. Lange mussten viele Angehörige der Widerstandskämpfer für Waisenrenten und eine Haftentschädigung kämpfen. In den 1960er-Jahren begann, angestoßen durch zeithistorische Forschungen, ein Umdenken in der Bundesrepublik. Dennoch warnen Forschende bis in die Gegenwart davor, die Männer des 20. Juli in die demokratische Tradition der Bundesrepublik zu stellen. Die gesellschaftlichen Vorstellungen der Gruppe seien vage und unterschiedlich gewesen. Es ging ihren Mitgliedern um die Herstellung von Recht und Freiheit, wobei eine Rückkehr zur Weimarer Republik ausgeschlossen wurde. […] In der DDR, die vor allem den kommunistischen Widerstand hervorhob, wurden die Attentäter unter den Kriterien des Klassenkampfes bewertet und deshalb als reaktionäre Junker bezeichnet. Erst in den 1980er-Jahren wurden auch sie als Teil des Widerstands beachtet, spielten jedoch immer eine untergeordnete Rolle im Vergleich zu kommunistischen Widerstandskämpferinnen und -kämpfern. Eine neue Qualität in den politischen Debatten um das Gedenken an den Widerstand gegen den Nationalsozialismus ist in den letzten Jahren im deutschen Parteienspektrum insbesondere seitens der Alternative für Deutschland (AfD) festzustellen. Historiker wie Peter Steinbach, wissenschaftlicher Leiter der Gedenkstätte Deutscher Widerstand in Berlin, befürwortete 2018 ausdrücklich eine andauernde Neubewertung und kritische Auseinandersetzung mit der Zeitgeschichte, wandte sich dabei aber vehement gegen eine Instrumentalisierung für politische Zwecke und symbolträchtige Inszenierungen. […] Ähnlich auch 2024 der Direktor der Stiftung Gedenkstätten Buchenwald und Mittelbau-Dora, Jens-Christian Wagner: Er warnt vor einer Instrumentalisierung des Gedenktages durch Rechtsextreme. Die Szene habe überwiegend einen positiven Bezug zur Widerstandsgruppe vom 20. Juli. Dies müsse man jedoch als „Instrumentalisierung und Geschichtsklitterung“ bezeichnen. Er erklärte, Rechtsextreme würden heute teilweise ihre eigene Rolle in der Opposition gegen die Regierung mit dem Widerstand des Stauffenberg-Kreises gegen den Nationalsozialismus vergleichen. Allein das sei eine Anmaßung, so Wagner. Niemand müsse schließlich heute befürchten, zum Tode verurteilt zu werden. Für die Bundeswehr ist der 20. Juli seit 1999 ein fester Termin zur Vereidigung von Rekruten in Berlin. Bis in die Gegenwart aber gibt es kritische Stimmen. Sie schlagen für das öffentliche Gelöbnis der Bundeswehr den 22. Februar 1943 vor. An diesem Tag wurden die Geschwister Sophie und Hans Scholl als Mitglieder der christlichen Widerstandgruppe „Weiße Rose“ hingerichtet.

Gedenktag: 20. Juli, in: Brandenburgische Landeszentrale für politische Bildung, Lexikon, https://www.politische-bildung-brandenburg.de/lexikon/gedenktag-20-juli#:~:text=Der%2020.%20Juli%20ist%20in,militC3%A4rischen%20Widerstands%20gegen%20den%20Nationalsozialismus [Zugriff: 09.04.2026]

Arbeitsvorschlag

32065-0419

▶ Verfassen Sie einen Essay, in dem Sie kritisch bewerten, ob der 20. Juli als Gedenktag ein angemessenes Symbol für den militärischen Widerstand gegen den Nationalsozialismus darstellt.

M7 D Frauen als Symbol des Widerstands

Sara Rahnenführer schreibt am 30. Juli 2024 in der Süddeutschen Zeitung einen Artikel über Frauen im Widerstand gegen den Nationalsozialismus:

Karl Freller, der Direktor der Stiftung Bayerische Gedenkstätten, […] schlägt vor, künftig neue Straßen auch nach Widerstandskämpferinnen zu benennen. […] So sollen auch Frauen Aufmerksamkeit bekommen, die in kleinen Gemeinden im Hintergrund agierten und bislang nicht mal in den Orten selbst bekannt sind. Es habe viele Fälle gegeben in denen Frauen denunziert wurden, weil sie etwa den Hitlergruß verweigerten oder Häftlingen auf den Todesmärschen Essen gereicht hätten. […] Gerade jetzt in einer Phase des erstarkenden Rechtsextremismus seien nach Widerstandskämpferinnen benannte Straßen eine Chance, das Thema in die breite Gesellschaft zu tragen. Dazu sollen nicht nur die Namen auf den Schildern stehen, sondern auch eine Notiz zum Leben der Frauen. […] Besonders wichtig sei die lokale Auseinandersetzung auch, damit die Menschen in den Gemeinden einen persönlicheren Bezug zum Widerstand herstellen könnten. „Symbolkraft entfalten die Widerstandskämpferinnen ja vor allem in den Orten, in denen sie Widerstand geleistet haben“, sagt Jascha März, Historiker bei der Stiftung Bayerische Gedenkstätten. Dass viele der Widerstandskämpferinnen bislang nicht bekannt sind, hänge auch mit dem chauvinistischen Blick von damals bis zur Gegenwart zusammen, sagt er. Wenn Männer wegen Flugblättern von der Gestapo verhaftet worden seien, hätten diese häufig ihre Frauen in Schutz genommen, auch wenn diese daran beteiligt waren. „Die Gestapo hat den Frauen den Widerstand auch gar nicht zugetraut, selbst wenn sie Beweise gefunden haben, die dafür sprachen“, sagt März. In der Nachkriegszeit sei die Geschichtswissenschaft noch von diesem Blick geprägt gewesen, der Frauen den Widerstand nicht zutraute.

Sara Rahnenführer, Straßennamen für Widerstandskämpferinnen, in: Süddeutsche Zeitung vom 30.07.2024, https://www.sueddeutsche.de/bayern/strassennamen-bayernwiderstandskaempferinnen-freller-lux.4kKb3xGB3Kq2i5fAxreVNc [Zugriff: 27.04.2026]

Arbeitsvorschlag

32065-0420

- Erklären Sie, was mit den „chauvinistischen Blick von damals bis zur Gegenwart“ (Z. 23 f.) gemeint ist.

Leitfrage

Nehmen Sie Stellung:
Die Vielfalt des Widerstands – über die letzten 80 Jahre angemessen widergespiegelt?

LK Kontroverse Erinnerungsformen im Kontext des Nationalsozialismus

M1 Q Denkmal für die ermordeten Juden Europas, Berlin
Foto von 2017
Besucher springen über die Stelen des Denkmals.

M2 Q Stolpersteine
Foto von 2018
Der Künstler Gunter Demnig verlegt einen neuen Stolperstein zum Gedenken an ein Opfer des Holocaust.

32065-0421

1. Beschreiben Sie die beiden Bilder (Ort, Geschehen, Verhalten) und wie diese auf Sie wirken.
2. Stellen Sie anschließend eine begründete Hypothese auf, ob und warum dieses Verhalten als angemessenes oder unangemessenes Gedenken an den Nationalsozialismus wahrgenommen werden kann.

LEIT-FRAGE

Gegenwärtiges Gedenken an den Nationalsozialismus – (un)angemessen?

Die heute weit verbreitete Erinnerung an die NS-Zeit in Schulen, Gedenkstätten und Museen kann den Eindruck entstehen lassen, dass frühere Auseinandersetzungen über den richtigen Umgang mit dem nationalsozialistischen Erbe inzwischen abgeschlossen seien. Allerdings reißen Kontroversen und „Deutungskämpfe" nicht ab. Vielmehr besteht die Gefahr, dass eine zunehmend ritualisierte Form des Gedenkens bei nachfolgenden Generationen zu einem nachlassenden Interesse an der Bedeutung der deutschen Geschichte zwischen 1933 und 1945 führen könnte.

Deutungskämpfe in den 1990er-Jahren

1996 führte die sogenannte „Goldhagen-Debatte" um das Buch des US-amerikanischen Politologen Daniel Jonah Goldstein „Hitlers willige Vollstrecker" zu Diskussionen. Darin wird die These vertreten, dass die Nationalsozialisten den Mord an den europäischen Juden mit dem Wissen und der Billigung fast aller Deutschen begangen hätten. Auch die erste Wehrmachtsausstellung des Hamburger Instituts für Sozialforschung führte zu einer intensiven Debatte über die Beteiligung der Wehrmacht und breiteren Schichten an Kriegsverbrechen in Osteuropa. Die Wanderausstellung besuchten zwischen 1995 und 1999 über 800 000 Menschen in Deutschland und Österreich. Mithilfe vieler Ausstellungsstücke, vor allem Fotos, sollte dargelegt werden, dass die Wehrmacht eine aktive Rolle bei der Vernichtung der europäischen Juden sowie der Verbrechen in Osteuropa gespielt hat. Insgesamt löste die Ausstellung ein großes Medienecho aus, da sie auf der einen Seite gelobt, aber andererseits auch heftig kritisiert wurde. Ein Hauptpunkt der Kritik lag darin begründet, dass der Mythos der „sauberen Wehrmacht" noch fest im kollektiven Gedächtnis verankert war und vielfach die Diffamierung von Vätern, Onkeln oder Großvätern als Kriegsverbrecher befürchtet wurde. Auch aus wissenschaftlicher Sicht gab es Kritik, da die erste Ausstellung auf einer zu kleinen Quellenbasis das Thema eindimensional darstellte. Auch mangelte es teilweise an einer sauberen Quellenkritik, sodass einige Fotos falsch datiert wurden. 2001 wurde die Ausstellung mit einem überarbeiteten Konzept wiedereröffnet. Der Grundtenor blieb allerdings: Die Wehrmacht war aktiv an den Verbrechen und dem Holocaust in Osteuropa beteiligt.

Stolpersteine

Im Jahr 2000 wurde mit der „Stolperstein"-Initiative des Künstlers Gunter Demnig eine neue geschichtskulturelle Qualität erreicht. Die Aktion liefert den Rahmen für das Engagement bürgergesellschaftlicher Akteure, die in ihrem lokalen Umfeld an das Schicksal von Opfern des Nationalsozialismus erinnern wollen, indem sie die Patenschaft für die Verlegung eines Stolpersteins beantragen. Der Stolperstein wird vor dem letzten selbstgewählten Wohnsitz des Opfers ins Pflaster eingelassen und enthält knapp gehaltene Angaben zur Person. Inzwischen dienen 90 000 Stolpersteine in 1265 deutschen Kommunen und 21 europäischen Ländern dazu, das Gedenken an die Opfer im lokalen Kontext wachzuhalten und die Beschäftigung mit dem Nationalsozialismus anzuregen. Gleichzeitig ist die „Stolperstein"-Initiative nicht unumstritten und wird bis heute kontrovers diskutiert. Kritikerinnen und Kritiker bemängeln vor allem, dass Fußgänger auf die im Boden eingelassenen Steine treten können und damit die Würde der Opfer verletzt werde. Insbesondere Vertreter jüdischer Gemeinden empfinden diese Form des Gedenkens teilweise als respektlos, da Namen und Lebensdaten im Straßenpflaster „mit Füßen getreten" würden. Zudem wird kritisiert, dass das Gedenken stark individualisiert sei und strukturelle Ursachen von Verfolgung und Vernichtung in den Hintergrund treten könnten. Ebenso führen Unterschiede in der kommunalen Umsetzung mitunter zu Konflikten, da nicht alle Städte die Verlegung erlauben.

Deutungskämpfe an Gedenkorten

Auch historische Museen, Gedenkorte und Dokumentationszentren sind Orte, die einen Beitrag zur kollektiven Erinnerung leisten. Im alltäglichen Umfeld halten Gedenktafeln, Mahnmale oder Straßennamen die Erinnerung an die Opfer und die Gegner des NS-Regimes wach. Wie schwierig es ist, die unterschiedlichen Vorstellungen über angemessene Formen des öffentlichen Gedenkens übereinzubringen, davon zeugte beispielsweise die in Politik und Presse ausgetragene Debatte über die Errichtung eines nationalen Denkmals für die ermordeten Juden Europas in Berlin. Insbesondere in den ehemaligen Stätten des Terrors gilt es bei aller Trauer und Erschütterung, die Achtung der Opfer zu wahren und der Gefahr von Sensationslust und Missbrauch durch rechtsextreme Gruppen vorzubeugen. Dabei ist zum Beispiel die Gedenkstätte Sachsenhausen ein Beispiel für einen Ort doppelter Vergangenheit. Das ehemalige Konzentrationslager wurde während der nationalsozialistischen Herrschaft als Haft- und Terrorort genutzt und nach 1945 von der sowjetischen Besatzungsmacht als Speziallager weitergeführt. In beiden Systemen waren Menschen aus politischen und gesellschaftlichen Gründen inhaftiert. In der DDR stand in Sachsenhausen vor allem das Gedenken an kommunistische Widerstandskämpfer im Mittelpunkt, während andere Opfergruppen wenig Beachtung fanden. Die Darstellung der NS-Verbrechen wurde dabei politisch instrumentalisiert. Nach 1990 wurde die Gedenkstätte neu gestaltet, um eine differenzierte Auseinandersetzung mit beiden Diktaturen zu ermöglichen. Orientierung bot die Faulenbach-Formel, nach der weder die nationalsozialistischen Verbrechen relativiert noch das Unrecht der SED-Diktatur verharmlost werden dürfen. Dennoch kam es zu Konflikten, etwa durch die räumliche Trennung der Ausstellungen zum NS-Lager und zum Speziallager, die von der Opfergruppe des sowjetischen Speziallagers als problematisch empfunden wurde, da sie sich marginalisiert fühlte.

Kontroverse um die Singularität des Holocaust

Die heutige Erinnerungskultur ist von einer Vielzahl gesellschaftlicher, politischer und wissenschaftlicher Debatten geprägt. Zu den zentralen Themen zählen die Restitution von NS-Raubkunst sowie der sogenannte „Historikerstreit 2.0“ über mögliche Verbindungslinien zwischen der deutschen Kolonialherrschaft und der nationalsozialistischen Vernichtungspolitik und die Internationalisierung der Holocaust-Erinnerung. Dabei rückt zunehmend die Frage in den Vordergrund, inwiefern der Holocaust mit anderen historischen Großverbrechen vergleichbar ist. Ein solcher Vergleich ist jedoch problematisch, da die Shoah durch ihren einzigartigen Charakter der industriell organisierten Massenvernichtung singulär bleibt. Gerade aus jüdischer Perspektive ist diese Singularität von zentraler Bedeutung, weil sie sowohl für das historische Verständnis des Holocaust als auch für das Selbstverständnis und Existenzrecht Israels eine grundlegende Rolle spielt. Dagegen steht das Prinzip der „multidirektionalen Erinnerung“ nach Michael Rothberg, der dafür plädiert, den Holocaust, Kolonialverbrechen sowie weitere genozidähnliche Massenverbrechen nicht in Konkurrenz zueinander zu sehen. Vielmehr betont er, dass unterschiedliche Erinnerungen sich gegenseitig ergänzen und vertiefen können. Erinnerung ist für ihn kein Nullsummenspiel, sondern ein offener Prozess, in dem verschiedene Erfahrungen von Gewalt und Unrecht miteinander verbunden werden.

Schlussstrichdebatte

Der Umgang mit der nationalsozialistischen Vergangenheit bleibt in Deutschland bis heute Gegenstand gesellschaftlicher und politischer Debatten. Immer wieder wird gerade von rechten Parteien und Strömungen kritisiert, dass sich die Erinnerungskultur zu stark auf die NS-Zeit konzentriere und andere Epochen der deutschen Geschichte in den Hintergrund dränge. Befürworter dieser Position fordern eine stärkere Betonung „positiver“ nationaler Traditionen, um Identität und Zusammenhalt zu fördern. Kritiker sehen darin die Gefahr einer Relativierung der NS-Verbrechen. Besonders durch öffentliche Äußerungen einzelner Akteure werden diese Auseinandersetzungen immer wieder zugespitzt. Die Diskussion um einen möglichen „Schlussstrich“ zeigt, dass Fragen von Verantwortung, Schuld und Erinnerung weiterhin umkämpft sind.

Gleichwohl fordern unsere europäischen Nachbarn sowie die Opfer und Hinterbliebenen einen besonders kritischen Umgang mit der Geschichte. Auch wenn das Deutschland der Nachkriegszeit einen überwiegend positiven Beitrag zum friedlichen Zusammenleben der Völker leisten konnte, wird es doch noch lange am Umgang mit den dunklen Seiten seiner Vergangenheit gemessen werden.

M3 Q Stolpersteine – (k)eine angemessene Form des Erinnerns?

a) Charlotte Knobloch, Präsidentin der Israelitischen Kultusgemeinde München und Oberbayern, schreibt in der Jüdischen Allgemeinen am 8. September 2014:

Sprichwörtlich werden die Steine mit Füßen getreten und mit ihnen das Andenken an die im Holocaust ermordeten Menschen – unschuldige Opfer hemmungsloser Unmenschlichkeit, die Verfolgung und Entwürdigung erleben mussten, ehe man sie grausam ermordete. Es ist inakzeptabel und unbedingt zu vermeiden, dass diese Opfer in der Gegenwart und Zukunft ein weiteres Mal entwürdigt werden.

Zitiert nach: Thyra Veyder-Malberg, Spur der Stolperstein, in: Jüdische Allgemeine vom 08.09.2014, https://www.juedische-allgemeine.de/gemeinden/spur-der-stolpersteine-2/ [Zugriff: 09.04.2026]

b) Gunter Demnig, der Künstler und Initiator der Stolpersteine, äußert sich ebenfalls in der Jüdischen Allgemeinen am 8. September 2014:

„Ich halte dieses Argument, man trampelt auf den Menschen herum, wie die Nazis damals auf den Menschen herumtrampelten, für eine Verhöhnung der Opfer und für eine Verharmlosung. Denn wenn die Nazis sich damit begnügt hätten, dann hätten die Menschen blaue Flecke bekommen, aber würden noch leben. Die Nazis hatten aber ein Vernichtungsprogramm", argumentiert Demnig. Außerdem: Die meisten laufen ja gar nicht auf den Steinen herum, deshalb bleiben sie auch nicht blank.

Zitiert nach: Thyra Veyder-Malberg, Spur der Stolperstein, in: Jüdische Allgemeine vom 08.09.2014, https://www.juedische-allgemeine.de/gemeinden/spur-der-stolpersteine-2/ [Zugriff: 09.04.2026]

c) Auf der Webseite der Stolpersteine wird die Idee von Demnig folgendermaßen erläutert:

Ursprünglich hatte Gunter Demnig überlegt, die Plaketten an den Hauswänden anzubringen. Er hat jedoch Abstand von dieser Idee genommen, da er dann die Genehmigung der HauseigentümerInnen benötigt hätte und er nach fachkundiger Beratung einsehen musste, dass vermutlich nur die wenigsten dem zugestimmt hätten. Bei einer Verlegung im Gehweg brauche er hingegen nur die Genehmigung der Stadt und könne die Steine gut sichtbar in das Stadtbild integrieren. Sie können nun im Vorbeigehen entdeckt werden, dominieren aber nicht die städtische Landschaft.

Gunter Demnig hatte sich zudem bewusst für Messing entschieden, da dies durch die Reibung, zum Beispiel mit Schuhsohlen, poliert werden kann. In der Praxis treten allerdings die wenigsten Menschen auf die Steine, sodass sich mittlerweile vielerorts Putzpatenschaften gegründet haben, die die Stolpersteine regelmäßig wieder zum Glänzen bringen. Die Stolpersteine sind keine Grabsteine. Das können sie auch nicht sein, da ja dort keine echten Gebeine darunterliegen. Deshalb kann man theoretisch bedenkenlos darüberlaufen. Gunter erinnerte sich, dass er früher mit seiner Schulklasse mal völlig gedankenlos durch den Petersdom gelaufen ist, über richtige Grabplatten, worunter noch die echten Gebeine begraben wurden. Im Museum für Sepulkralkultur in Kassel erfuhr er auf Nachfrage, dass dies sogar eine besondere Ehre ist. Je mehr Menschen über die Grabplatten laufen, umso höher ist die Anerkennung desjenigen, der dort begraben liegt.

Warum liegen die Stolpersteine auf dem Boden?, https://www.stolpersteine.eu/wissenwertes/haufige-fragen [Zugriff: 09.04.2026]

Arbeitsvorschläge 32065-0432

1. Recherchieren Sie zu den Fragen, was Stolpersteine sind und welches Ziel sie verfolgen, wer das Projekt initiierte und welche ursprüngliche Idee dahinterstand sowie welche Kritik oder Kontroversen zum Konzept geäußert wurden.
2. Vergleichen Sie anschließend, wie Charlotte Knobloch und Gunter Demnig den Umgang mit den Stolpersteinen bewerten (Argumente, Perspektiven). | H
3. Diskutieren Sie abschließend, auch unter Bezugnahme zu M3c, welche der beiden Perspektiven Sie nachvollziehbarer finden, und begründen Sie Ihre Meinung.

M4 Q Das Denkmal für die ermordeten Juden Europas – eine angemessene Form des Erinnerns?

Das Holocaust-Mahnmal, offiziell „Denkmal für die ermordeten Juden Europas", gilt seit seiner Eröffnung im Mai 2005 als zentrale Holocaustgedenkstätte in Deutschland und wird immer wieder kontrovers rezipiert.

a) In der Süddeutschen Zeitung erscheint 2010 ein Artikel über die Rezeption des Denkmals:

„Es ist mir eine Ehre, das Denkmal dem deutschen Volk zu übergeben", sagte der amerikanische Architekt Peter Eisenman vor 1000 Ehrengästen. Dazu gehörten Überlebende des Holocaust, Bundespräsident Horst Köhler und Bundeskanzler Gerhard Schröder. Das Mahnmal wurde am Nachmittag nach 17 Jahren teils sehr kontroverser Debatte eröffnet. Es liegt in unmittelbarer Nähe des Brandenburger Tores und besteht aus einem 19 000 Quadratmeter großen Stelenfeld und einem unterirdischen „Ort der Information". Dort werden die Besucher über Verfolgung und millionenfache Ermordung der Juden unterrichtet. Der Präsident des Zentralrats der Juden in Deutschland, Paul Spiegel, äußerte bei der Eröffnung des Holocaust-Denkmals deutliche Kritik: Das Mahnmal entziehe sich der Frage nach dem „Warum“ und enthalte sich jeder Aussage über die Schuldigen. Gleichwohl äußerte er seine Wertschätzung für das Projekt „insgesamt“, das „Solidarität mit der jüdischen Gemeinschaft“ zum Ausdruck bringe. Das Holocaust-Mahnmal soll nach Worten des Architekten Eisenman ein „dauerhaftes Gedächtnis“ an die ermordeten Juden Europas schaffen. Er habe mit dem von ihm entworfenen Stelenfeld nicht provozieren wollen, sagte der Amerikaner. Er habe etwas vermitteln wollen von dem Leid der verfolgten und ermordeten Juden. „Diese Einfachheit ist es vielleicht, die es zur Provokation macht“, sagte er. […] Israel hat die Einweihung des Holocaust-Mahnmals als „positiven Schritt“ gewürdigt. „Wir begrüßen dieses Projekt und sehen die deutsche Regierung als Verbündete im Kampf gegen den weltweiten Antisemitismus“, sagte der Sprecher des israelischen Außenministeriums, Mark Regev. Israel sei „all den Menschen in Deutschland dankbar, die sich für die Einrichtung des Mahnmals eingesetzt haben“. Es sei auch symbolhaft für die Beziehungen zwischen Israel und dem neuen Deutschland.

Fragezeichen statt eines Schlusspunkts, in: Süddeutsche Zeitung vom 19.05.2010, https://www.sueddeutsche.de/politik/holocaust-denkmal-fragezeichen-statt-eines-schlusspunkts-1.886701 [Zugriff: 09.04.2026]

b) Der Architekturjournalist Ulf Meyer äußert sich 2014 bezüglich des Denkmals:

Das Berliner Holocaust-Denkmal hat kein Namensschild, keine Grusel-Zutaten und keine Opfer-Darstellungen. Es ist reine Architektur. Das ist seine Schwäche und Stärke zugleich. Dass Besucher, die ignorant, ungebildet, unreif oder gedankenverloren sind, es als Sitzbank, Raucherecke, Abenteuerspielplatz oder Hüpfburg betrachten, ist bedauerlich, aber Peter Eisenmans Entwurf ist stark genug, dies zu ertragen. Der Architekt betont, dass sein Denkmal nicht „fool-proof“ („idiotensicher“) sein kann – und will. Recht hat er. Das Denkmal ist offen: Jeder kann hinein – ohne Vorwarnung, ohne Eintrittskarte, ohne ein Tor zu passieren. Es saugt Menschen hinein und kommt ohne Kitsch, ohne schnell verblassende Bilder, ohne Rhetorik, sogar ohne Narration aus – und ist dennoch ein Denkmal, das schon Hunderttausende beeindruckt, räumlich gefangen genommen und mitunter auch zum Denken und Fühlen angeregt hat – beim Spaziergang vom Potsdamer Platz zum Stadtrundfahrtbus am Brandenburger Tor. Diese Offenheit, dieses „en passant“, hat seinen Preis – aber den zahlt der Entwurf aus der Portokasse. Das Denkmal ist populär im besten Sinne. Es gehört zum Zentrum des Neuen Berlin – ein jüdischer Friedhof für Millionen Tote mitten im Herzen der Stadt. Das Denkmal ist kein „würdevoller Ort“ und eignet sich nicht für Kranzniederlegungen von Politikern oder als Ort für große Reden. Stattdessen kann man sich nicht sattsehen am weiten Feld aus Stelen. Es nutzt sich nicht ab wie ein Bild. Das Shoa-Gedenken wird immer abstrakter, weil die letzten Zeitzeugen sterben. Die Ära des „Post-Zeitzeugen-Gedenkens“ läutet das Mahnmal gekonnt ein. Es wird auch in vielen Jahren noch Menschen beeindrucken, egal ob jung oder alt, intelligent oder dumm.

Ulf Meyer, Stelen ohne Schutz (Contra), in: Jüdische Allgemeine vom 14.01.2014, https://www.juedische-allgemeine.de/politik/stelen-ohne-schutz/ [Zugriff: 09.04.2026]

Arbeitsvorschläge

32065-0423

1. Beschreiben Sie, welche unterschiedlichen Reaktionen und Bewertungen in den beiden Artikeln geäußert werden.
2. Analysieren Sie, inwiefern das Denkmal laut Ulf Meyer den Übergang zu einer neuen Phase des Gedenkens („Post-Zeitzeugen-Gedenken“, vgl. Z. 65) markiert.
3. Entwerfen Sie in Kleingruppen eine kurze Audio-Guided-Tour für Besucher des Denkmals mit Fokus auf der Bedeutung von Offenheit und Abstraktion.

M5 Q Gegen eine Schlussstrichdebatte

Am 4. Mai 2025 hält der deutsche Bundespräsident Frank-Walter Steinmeier eine Rede zu Ehren der Holocaust-Überlebenden Margot Friedländer (1921–2025), die den Sonderpreis des Westfälischen Friedens erhalten hat. Dabei geht er auch auf die sogenannte „Schlussstrichdebatte“ ein:

Es ist die Anziehungskraft des Guten, des Zugewandten und des Versöhnlichen; es ist der Glaube an das Gute im Menschen, wie Sie sagen, wenn Sie um ein menschliches Miteinander werben. Es ist dieser Glaube, Ihre Haltung, die so anziehend und so ansteckend wirkt auf Menschen, denen Sie begegnen. Sie ist es, die Herzen berührt, den Verstand erreicht und uns im Innersten bewegt: Zurückhaltend, aber entschieden; nicht bestimmend, aber anstiftend; nicht aufdringlich, sondern werbend; nicht überredend, sondern überzeugend; nicht belehrend, sondern erzählend. So und nicht anders engagieren Sie sich gegen das Vergessen, für Menschlichkeit und Toleranz, für Frieden und Demokratie. Und das alles mit einer unendlichen Beharrlichkeit, einer scheinbar unerschöpflichen Energie und einer – trotz allem – nie versiegenden Zuversicht. Mit allerhöchstem Respekt und in Demut verneigen wir uns vor Ihrem Engagement, mit dem Sie unablässig für das Zusammenleben der Verschiedenen in unserem Gemeinwesen werben, Vorurteilen und Ressentiments entgegentreten. […] Dabei haben Sie selber in Ihrem Leben die bittersten Erfahrungen gemacht. Sie sind als junge jüdische Frau mit knapper Not dem Vernichtungsfuror der Nationalsozialisten entronnen. Ihre Mutter und Ihr Bruder, viele Angehörige und Freunde wurden ermordet. […] Aber: Sie haben überlebt. Lange lebten Sie dann nach dem Krieg in Amerika, bis Sie, im hohen Alter schon, in Ihre deutsche Heimat, und das heißt vor allem: in Ihre geliebte Heimatstadt Berlin zurückgekehrt sind. Seitdem sprechen Sie als Zeitzeugin, vor allem in Begegnungen mit Kindern und Jugendlichen, über Ihre Erfahrungen der Diskriminierung und der Verfolgung im ideologischen Wahn der Nazis, über Angst, über Mut und Hoffnung. […] Sie helfen nicht nur, uns zu erinnern. Sie klären auf, was Deutschland vor 1933 in Richtung Abgrund geführt hat. Und unermüdlich – auch jenseits der hundert – gehen Sie in Schulen, reden mit Jugendlichen, sind täglich unterwegs für Ihre Mission des „Nie wieder!“ Dafür und für alles, liebe Frau Friedländer, unser aller Dank und unsere ganz große Hochachtung! […] Was Margot Friedländer in ihrem vorbildlichen Engagement im Kleinen unternimmt, das müssen die, die bei uns politische Verantwortung tragen – und das müssen wir alle in allen gesellschaftlichen Bereichen tun – zeigen, dass das, was für uns alle allzu selbstverständlich geworden ist, tatsächlich ein attraktives und überzeugendes Zukunftsmodell für das Zusammenleben in einer Gesellschaft mit unterschiedlichen Interessen, Vorlieben, Herkünften, Träumen und Traumata ist. Ein Modell, das sich aber eben keineswegs von selber versteht und in die Zukunft verlängert, sondern Tag für Tag bewahrt, gestaltet und lebendig erhalten, vor allen Dingen verteidigt werden muss. […] Liebe Margot, wir versprechen, denen zu widersprechen, die immer lauter einen Schlussstrich fordern. Verantwortung kennt keinen Schlussstrich. Das sehen wir gerade heute, wo die Demokratie so sehr angefochten ist, wie vielleicht seit achtzig Jahren nicht. Und gerade weil wir um das wissen, wovon Sie, Margot Friedländer, lebendiges Zeugnis ablegen, werden wir die Demokratie und die Freiheit verteidigen gegen ihre Verächter und ihre Feinde.

Frank Walter Steinmeier, Verleihung des Sonderpreises des Westfälischen Friedens an Margot Friedländer bei der Westfälischen Friedenskonferenz 2025, zitiert nach: https://www.bundespraesident.de/SharedDocs/Reden/DE/Frank-Walter-Steinmeier/Reden/2025/04/250404-Sonderpreis-Friedlaender.html [Zugriff: 09.04.2026]

Arbeitsvorschläge

32065-0424

1. Arbeiten Sie heraus, wie Frank-Walter Steinmeier in seiner Rede das Engagement von Margot Friedländer würdigt und mit der Ablehnung eines „Schlussstrichs“ verbindet.
2. Beurteilen Sie, inwiefern Steinmeiers Position zur „Schlussstrichdebatte“ für den heutigen Umgang mit der nationalsozialistischen Vergangenheit überzeugend ist. | H

Leitfrage

Nehmen Sie Stellung:

Gegenwärtiges Gedenken an den Nationalsozialismus – (un)angemessen?

Öffentliche Formen des Erinnerns an die SED-Diktatur und ihre Funktionen

M1 Q Duckshop Berlin
Foto von 2025
Plastikenten mit Logo und Symbol der DDR und Uniform in einem Geschäft für Touristen.

M2 Q Gedenktafel für die Opfer des Kommunismus
Foto von 2021
Gedenktafel für die Opfer politischer Verfolgung in der DDR in der Gedenkstätte Moritzplatz in Magdeburg.

32065-0425

1. Vergleichen Sie die beiden Materialien.
2. Erläutern Sie anhand von Beispielen, inwiefern man der SED-Diktatur „doppelt“ erinnern kann.
3. Stellen Sie Hypothesen auf, ob es ein „richtiges“ Erinnern an die SED-Diktatur gibt.

LEIT-FRAGE

Die Aufarbeitung der SED-Diktatur – gibt es ein „richtiges Erinnern“?

Umkämpftes Erinnern an die SED-Diktatur

Die Auseinandersetzung mit der Geschichte der DDR stellt für die heutige Erinnerungskultur eine besondere Herausforderung dar, da die Zeit der SED-Diktatur historisch noch nicht weit zurückliegt und der Übergang vom kommunikativen zum kulturellen Gedächtnis noch nicht vollzogen ist. Die Aufarbeitung der SED-Diktatur wurde in den 1990er-/2000er-Jahren maßgeblich von ehemaligen Bürgerrechtlern sowie Opferverbänden geprägt, deren historische Perspektive wesentlich zur Erinnerungskultur beitrug. Beispiele hierfür sind Persönlichkeiten wie Joachim Gauck, Marianne Birthler oder Rainer Eppelmann. Heutzutage gibt es eine breitere gesellschaftliche Erinnerungskultur, gleichzeitig besteht die Herausforderung, die Vielfalt der Lebensrealitäten in der DDR differenziert zu berücksichtigen. Der Historiker Martin Sabrow unterscheidet drei konkurrierende Gedächtnistypen: Das Diktaturgedächtnis betont die Unterdrückung durch das SED-Regime und dominiert den öffentlichen Erinnerungsraum mit dem Ziel, Demokratie und Freiheit zu schützen. Demgegenüber steht das Arrangementgedächtnis, das von vielen ehemaligen DDR-Bürgerinnen und -Bürgern gestützt wird und den DDR-Alltag als individuelle Lebensleistung unter Zwängen begreift – teils mit Stolz auf das Erreichte. Das selten gewordene Fortschrittsgedächtnis verklärt die DDR als gesellschaftliches Gegenmodell zum Kapitalismus und zeigt sich etwa in Debatten um Ost-Infrastruktur oder soziale Sicherheit.

Die Erinnerung an die DDR-Geschichte gleicht einem umkämpften Spielfeld, auf dem das offizielle historische Narrativ der SED-Diktatur mit vielfältigen gesellschaftlichen und persönlichen Sichtweisen konkurriert. Zwar ist das Bild von Repression, Leid, politischer Verfolgung und Opposition historisch gut dokumentiert – doch in weiten Teilen der Gesellschaft fand diese Perspektive wenig Anklang. Sie wurde nicht als Teil der eigenen Geschichte verstanden. Mehr noch: Für viele war es gerade nicht ihre Geschichte – sie fühlten sich von der Deutung ausgeschlossen oder gar verurteilt. Diese Distanz in Bezug auf die Erinnerung an die DDR spiegelt sich noch heute in öffentlichen Debatten wider. Dies unterscheidet das Erinnern an die DDR zudem von der NS-Zeit, welche zunächst verschwiegen wurde. Hiervon kann bei der zweiten deutschen Diktatur im 20. Jahrhundert keine Rede sein.

Erinnerungskultur in der DDR/BRD bis 1989

Die Erinnerungskultur in der DDR war staatlich gelenkt, diente der Legitimation der Herrschaft der SED und basierte auf einem antifaschistischen Gründungsmythos. Die Geschichte der DDR wurde als eine durchweg positive Entwicklung dargestellt und durch staatlich organisierte Gedenktage wie den Republikgeburtstag am 7. Oktober inszeniert. Im Mittelpunkt des offiziellen Gedenkens standen vor allem kommunistische Opfer und Widerstandskämpfer der nationalsozialistischen Diktatur. Erinnerungen an politisch Verfolgte nach 1945, an oppositionelle Bewegungen oder an die Repressionen in der sowjetischen Besatzungszeit wurden dagegen durch Zensur, politische Indoktrination und Repression unterdrückt. Ereignisse wie der Volksaufstand vom 17. Juni 1953, die Zwangskollektivierung oder der Bau der Berliner Mauer fanden im staatlichen Traditionsgedächtnis keine Erwähnung. Die Mauertoten wurden nicht öffentlich anerkannt; die Mauer selbst wurde als „antifaschistischer Schutzwall" bezeichnet und zur „Verteidigung des Friedens" und der DDR legitimiert.

In der Bundesrepublik entwickelte sich hingegen seit den 1950er-Jahren eine eigenständige Gedenkkultur in Bezug auf die DDR, in der die deutsche Teilung, der Volksaufstand von 1953 sowie die Opfer der Berliner Mauer zentrale Themen waren. Bereits 1951 wurden entsprechende Mahnmale und Gedenkstätten errichtet. Der 17. Juni wurde bis 1989 als nationaler Feiertag begangen und erinnerte an den Aufstand in der DDR. Insgesamt lassen sich zwei Phasen der Erinnerung in der Bundesrepublik unterscheiden: In den 1950er-Jahren war das Bild der DDR stark durch Empörung über deren repressiven Charakter geprägt – auch im Rahmen des Kalten Krieges und des systemischen Gegensatzes. Ab den 1960er-Jahren nach dem Mauerbau setzte jedoch eine allmähliche Normalisierung ein. Die DDR wurde zunehmend als politisch fremder Parallelstaat mit eigener Identität und begrenzten Gemeinsamkeiten wahrgenommen. Aus einem „Empörungsgedächtnis" entwickelte sich ein „Akzeptanzgedächtnis". Ein Ausdruck dieses Wandels war etwa die Rede des Bundespräsidenten Gustav Heinemann im Jahr 1974, in der er feststellte, man habe zur Kenntnis genommen, dass auf absehbare Zeit zwei deutsche Staaten bestehen würden. Bis kurz vor dem Mauerfall glaubten nur wenige an ein baldiges Ende der DDR.

Formen und Konflikte der Aufarbeitung nach 1990

Seit der Deutschen Einheit 1990 hat sich die Bundesrepublik einer „doppelten Vergangenheit" zu stellen. Die Fehler, die bei

M3 Q Die Straße des 17. Juni
Foto von 1953
Am 22. Juni 1953 beschloss der Senat von Berlin (West), einen Abschnitt der Charlottenburger Chaussee in „Straße des 17. Juni" umzubenennen.

- ▶ Recherchieren Sie Informationen zum Volksaufstand des 17. Juni und skizzieren Sie dessen Ursachen, Ziele und Ausgang.
- ▶ Recherchieren Sie die Bedeutung des 17. Juni in der Bundesrepublik sowie im wiedervereinten Deutschland.

der ersten „Diktaturbewältigung“ gemacht wurden – vor allem bei der strafrechtlichen Verfolgung der NS-Verbrechen – sollten sich bei der zweiten nicht wiederholen. Das vereinte Deutschland wandte sich, anders als nach 1945, unverzüglich der Aufarbeitung der Vergangenheit zu. Die Verbrechen der DDR-Diktatur wurden öffentlich gemacht, den Opfern wurde materiell und symbolisch Genugtuung verschafft, die Täter wurden bestraft. Für die Geschichtswissenschaft gilt das Thema DDR inzwischen als „überforscht“. Geschichtskulturell hat das Thema aber weiterhin Konjunktur.

Der Umgang mit dem Ministerium für Staatssicherheit

Nach dem Mauerfall 1989 und in den 1990er-Jahren standen das Ministerium für Staatssicherheit (MfS) und die Mauer im Zentrum der Aufarbeitung und des öffentlichen Interesses. Die SED blieb weitestgehend unbehelligt und konnte sich in Teilen ihrer Schuld entziehen. Die MfS-Zentralen wurden von Bürgerinnen und Bürgern der DDR gestürmt und die Akten vor der Vernichtung gerettet, so unter anderem am 15. Januar 1990 in der MfS-Zentrale in Berlin-Lichtenberg. In den folgenden Jahren konnten erste allgemeine Akten-Editionen veröffentlicht werden. Viele DDR-Bürgerinnen und -Bürger wünschten sich Aufklärungen über die Machenschaften des MfS und nutzten die Möglichkeit ihre eigenen Akten einzusehen. Dies ermöglichte das Stasi-Unterlagengesetz (StuG) 1991. Bei der Akteneinsicht wurden die Dokumente anonymisiert. Die Auseinandersetzung mit dem Wirken der Staatssicherheit in Form der 1992 geschaffenen Behörde des Bundesbeauftragten für die Unterlagen des Staatssicherheitsdienstes der ehemaligen DDR (BStU) gilt als ein international beachtetes Modell der Aufarbeitung diktatorischer Herrschaft. Erster Bundesbeauftragter wurde der spätere Bundespräsident Joachim Gauck.

Ebenfalls herausfordernd war es, das Ministerium für Staatssicherheit abzuwickeln. Von den 91 000 Mitarbeitenden im Jahr 1989 waren über 90 Prozent unter 50 Jahre und die Hälfte war nicht einmal 30 Jahre alt. Dies zeigt, dass ein Großteil der ehemaligen Stasi-Mitarbeitenden noch immer berufstätigen Arbeiten nachgeht. Einige sind bei der Polizei oder in anderen Staatsdiensten untergekommen, über viele gibt es allerdings keine Angaben.

M4 Q Sturm auf die Zentrale des MfS

Foto vom 15. Januar 1990
Demonstrierende dringen in die Zentrale des MfS in der Normannenstraße in Ost-Berlin ein.

► Ordnen Sie den Sturm auf die Geheimdienstzentrale in den historischen Kontext ein.

Insgesamt hat die BstU über 1,7 Millionen Anfragen zur Überprüfung von Mitarbeitenden aus dem Öffentlichen Dienst erhalten. Über 1,5 Millionen Menschen haben privat einen Antrag auf Akteneinsicht gestellt. Der Trend ist allerdings rückläufig und pegelte sich die letzten Jahre bei ca. 100 000 Anträgen pro Jahr ein. Interessanterweise stellen viele Menschen ihre Anträge erst 15 bis 20 Jahre später. Die Hemmschwelle scheint aus vielerlei Gründen immer noch hoch zu sein.

Gründung neuer Forschungseinrichtungen

Neben der Gründung der BstU wurden weitere Forschungseinrichtungen geschaffen, welche die Geschichte der SED-Diktatur wissenschaftlich erforschen und aufbereiten sollten. Neben dem Zentrum für Zeithistorische Forschung in Potsdam wurden an vielen Universitäten Forschungsbereiche geschaffen sowie eine Bildungsabteilung bei der BstU. Auch die durch den Bundestag eingesetzten Enquete-Kommissionen in den 1990er-Jahren leisteten einen wichtigen Beitrag, da sie Politikempfehlungen für den zukünftigen Umgang mit der SED-Diktatur erarbeiteten. So wurde auf ihre Empfehlung hin 1998 die Bundesstiftung zur Aufarbeitung der SED-Diktatur geschaffen. Neben der akademischen Aufarbeitung wurden zudem private und öffentliche Gedenkstätten und Museen zur DDR-Geschichte gegründet. 2021 wurde die BstU aufgelöst und die Stasi-Unterlagen dem Bundesarchiv übergeben. Es verbleiben allerdings die regionalen Außenstellen mit den knapp 111 Regalkilometern Akten.

Juristische Aufarbeitung

Auf juristischer Ebene wurde die Aufarbeitung vor allem auf der Grundlage vieler Ermittlungsverfahren im Zusammenhang mit den Toten an der innerdeutschen Grenze geführt. Es kam aber, auch aufgrund des rechtsstaatlichen Prinzips des „Rückwirkungsverbots“, zu wenigen Verurteilungen. Demnach konnten Personen nur für schwere Menschenrechtsverletzungen verurteilt werden, die bereits in der DDR strafbar waren. Zudem wurde die juristische Aufarbeitung sowohl von Tätern als „Siegerjustiz“ sowie von Opfern als „zu milde“ kritisiert. Die Oppositionelle Bärbel Bohley äußerte sich dementsprechend: „Wir wollten Gerechtigkeit und bekamen den Rechtsstaat.“ Am bekanntesten wurde der Prozess um den ehemaligen Minister für Staatssicherheit Erich Mielke: Er konnte nicht für seine Taten während seiner Amtszeit belangt werden, sondern für einen Mord aus dem Jahr 1931. Dafür wurde er 1993 zu 6 Jahren Haft verurteilt, kam allerdings 1995 frei. Insgesamt blieb die Aufarbeitung durch die Justiz hinter ihren hoch gesteckten Erwartungen zurück. Heute ist die strafrechtliche Aufarbeitung der SED-Diktatur umfänglich abgeschlossen. Vereinzelt tauchen zum Beispiel in Postenbesetzungsverfahren in den Nachrichten noch Berichte über ehemalige SED-Parteimitglieder auf, welche die Debatte erneut anheizen, vielmehr aber auf einer moralisch-emotionalen Ebene. Beispielhaft wäre an dieser Stelle der Fall um den Sozialwissenschaftler Andrej Holm.

Kulturelle Aufarbeitung

Spielfilme und Serien tragen ebenfalls zur Aufarbeitung der DDR bei und speisen bei vielen Menschen das kulturelle Gedächtnis. Erfolgreiche Beispiele in West wie in Ost sind „Das Leben der Anderen“, „Weissensee“, „Kleo“, „Sam ein Sachse“ oder „Sonnenallee“, wobei insbesondere bei Ersterem Kritiker bemängeln, dass der Film trotz seines Erfolgs nicht umfänglich den historischen Tatsachen entspricht. Andererseits waren „Der Turm“ und „Good Bye, Lenin!“ ebenfalls kommerziell erfolgreich, stießen aber im Osten vermehrt auf Ablehnung. Vermutlich ist hierfür das Arrangementgedächtnis vieler ehemaliger DDR-Bürgerinnen und -Bürger verantwortlich.

Kritik am Prozess der Aufarbeitung

Aufgrund der starken Fokussierung des Diktaturgedächtnisses fanden sich viele DDR-Bürgerinnen und -Bürger im Prozess der Aufarbeitung nicht wieder. Zudem wurde von vielen Ostdeutschen der Prozess der Aufarbeitung und das Sichten von Stasi-Akten als westdeutscher Aktionismus angesehen. Das ist unter anderem damit zu erklären, dass nach der Deutschen Einheit die meisten Spitzenfunktionen in der öffentlichen Verwaltung, der Wissenschaft und Wirtschaft mit ehemals Westdeutschen besetzt wurden – man spricht von einem Elitentransfer. Bis heute bleiben Personen aus der ehemaligen DDR in Spitzenpositionen unterrepräsentiert. Zudem bestehen nach Ilko-Sascha Kowalczuk die Schwierigkeiten der Aufarbeitung der DDR-Geschichte seit den 1990er-Jahren vor allem darin, dass sich in Ostdeutschland über Jahrzehnte keine demokratische Tradition oder Zivilgesellschaft entwickeln konnte. Die Mehrheit der Bevölkerung hatte keinerlei persönliche Erfahrung mit parlamentarischer Demokratie, sodass es an gesellschaftlichen Anknüpfungspunkten fehlte. Der radikale Umbruch nach 1990 traf nahezu alle Menschen im Osten und führte zu tiefgreifenden biografischen Brüchen. Gleichzeitig

M5 Q Filmszene aus „Good Bye, Lenin!“
Film von 2003
Der Film dreht sich um die Hauptfigur Alex Kerner (gespielt von Daniel Brühl), der seiner Mutter, die während des Falls der Berliner Mauer im Koma lag, das Ende der DDR aufgrund ihrer angeschlagenen Gesundheit verheimlichen möchte.

- Informieren Sie sich über die Handlung des Films und diskutieren Sie, warum der Film von ehemaligen DDR-Bürgerinnen und -Bürgern oftmals abgelehnt wurde.

wurde der gesellschaftliche Umgang mit den individuellen DDR-Vergangenheiten oft als starr und verurteilend empfunden.

Erinnern an die SED-Diktatur im öffentlichen Raum

Neben dem Erinnern an die NS-Vergangenheit ist das Gedenken an die SED-Diktatur im Gedenkstättenkonzept des Bundes von 2008 festgeschrieben worden. Dieses besagt nach dem Historiker Bernd Faulenbach, dass „jede Erinnerung an die Diktaturvergangenheit in Deutschland davon auszugehen hat, dass weder die nationalsozialistischen Verbrechen relativiert werden dürfen noch das von der SED-Diktatur verübte Unrecht bagatellisiert werden darf“. Die Erinnerung an die deutsche Teilung, insbesondere an die innerdeutsche Grenze und die Berliner Mauer, nimmt heute einen zentralen Stellenwert in der Gedenkkultur an die Opfer der SED-Diktatur ein. Entlang der ehemaligen Grenze finden sich inzwischen mehr als 300 Gedenkstätten, Museen und Mahnmale. In Berlin macht unter anderem eine im Straßenpflaster eingelassene Linie den Verlauf der früheren Mauer sichtbar und erinnert so im Alltag von Menschen, die zu Fuß, mit dem Rad oder Auto unterwegs sind, an die einstige Teilung der Stadt. Auch das sogenannte „Grüne Band“, ein naturschutzrechtlich geschützter Streifen entlang der früheren innerdeutschen Grenze, fungiert als symbolischer Erinnerungsraum.

Neben geglückten und gescheiterten Fluchtversuchen wird in der Erinnerungskultur auch an die Zwangsumsiedlungen in der Frühphase der DDR erinnert. Ebenso gehören die Ereignisse der Friedlichen Revolution von 1989 und die Öffnung der Grenze zu den zentralen Bezugspunkten des Gedenkens, etwa an Orten wie der Bornholmer Brücke in Berlin. Darüber hinaus spielen Orte politischer Verfolgung in der DDR und in der Zeit der sowjetischen Besatzung eine wichtige Rolle, insbesondere ehemalige Gefängnisse und Dienststellen des Ministeriums für Staatssicherheit, wie die frühere Untersuchungshaftanstalt in Berlin-Hohenschönhausen oder der ehemalige MfS-Hauptsitz in der Normannenstraße.

Besonders komplex gestaltet sich der Umgang mit sogenannten „Gedenkstätten mit doppelter Vergangenheit“. Dazu zählen unter anderem ehemalige nationalsozialistische Konzentrationslager wie Buchenwald oder Sachsenhausen, die nach 1945 als sowjetische Speziallager weitergenutzt wurden. Die gleichzeitige Erinnerung an NS-Verbrechen und an die politische Verfolgung in der SBZ führte in den 1990er-Jahren zu intensiven und teils kontrovers geführten Debatten über angemessene Formen des Gedenkens. Insgesamt existieren in Deutschland heute über 900 Erinnerungsorte, die an Verfolgung, Unrecht und Widerstand in der Zeit der sowjetischen Besatzung und der SED-Herrschaft erinnern. In Berlin ist zudem die Errichtung eines zentralen Denkmals zur Erinnerung an die Opfer der kommunistischen Diktatur in Deutschland geplant.

M 6 Q Spuren des ehemaligen Mauerverlaufs
Foto von 2011
Eine Gedenktafel und Pflastersteine nahe des Brandenburger Tors markieren den ehemaligen Verlauf der Berliner Mauer.

► Erläutern Sie, warum der Berliner Mauerstreifen ein zentraler Erinnerungsort der deutschen Geschichte ist.

M7 D Drei Formen von Gedächtnis

Der Historiker Martin Sabrow stellt fest, dass heute auf ganz unterschiedliche Art und Weise an die DDR erinnert wird:

Im Zentrum vor allem des öffentlichen Gedenkens steht das Diktaturgedächtnis, das auf den Unterdrückungscharakter der SED-Herrschaft und ihre mutige Überwindung in der friedlich gebliebenen Revolution von 1989/90 abhebt. Die diktaturzentrierte Erinnerung widmet ihre Aufmerksamkeit vorrangig dem Macht- und Repressionsapparat des kommunistischen Regimes, und sie pocht darauf, dass zum Verständnis der DDR die Stasi wichtiger sei als die Kinderkrippe. In diesem Erinnerungsmodus wird den fundamentalen Unterschieden zwischen politischer Freiheit und politischer Unterwerfung ein entschieden höherer Wert für die Würde des menschlichen Lebens zugemessen als den sozialen und wirtschaftlichen Gratifikationen [...]. Das Diktaturgedächtnis ist auf den Täter-Opfer-Gegensatz fokussiert. Es räumt Verbrechen, Verrat und Versagen unter der SED-Herrschaft hohen Stellenwert ein und sieht in der Erinnerung an Leid, Opfer und Widerstand die wichtigste Aufgabe einer Vergangenheitsbesinnung, die im Dienst der Gegenwart Lehren aus der Geschichte ermöglichen und so vor historischer Wiederholung schützen soll. [...]. Während dieses staatlich approbierte DDR-Bild den Raum der öffentlichen Erinnerung beherrscht, wirkt ein zweites Organisationsmuster der DDR-Erinnerung stärker in die gesellschaftliche Tiefe und pocht hier mit stillem Trotz und dort mit lauter Vehemenz auf sein Eigenrecht. Dies ist ein in Ostdeutschland bis heute vielfach dominantes Arrangementgedächtnis, das vom richtigen Leben im falschen weiß und die Mühe des Auskommens mit einer mehrheitlich vielleicht nicht gewollten, aber doch als unabänderlich anerkannten oder für selbstverständliche Normalität gehaltenen Parteiherrschaft in der Erinnerung hält. Das Arrangementgedächtnis verknüpft Machtsphäre und Lebenswelt. Es erzählt von alltäglicher Selbstbehauptung unter widrigen Umständen, aber auch von eingeforderter oder williger Mitmachbereitschaft und vom Stolz auf das in der DDR Erreichte – kurz, es verweigert sich der säuberlichen Trennung von Biografie und Herrschaftssystem, die das Diktaturgedächtnis anbietet [...]. Noch stärker im Schatten der öffentlichen Wahrnehmung existiert schließlich ein weiteres Erinnerungsmuster, das an der Idee einer legitimen Alternative zur kapitalistischen Gesellschaftsordnung festhält. Dieses Fortschrittsgedächtnis denkt die DDR vor allem von ihrem Anfang her. Es baut seine Erinnerungen auf der vermeintlichen moralischen und politischen Gleichrangigkeit der beiden deutschen Staaten auf, die zu friedlicher Koexistenz und gegenseitiger Anerkennung geführt hätten [...]. Die Rückbesinnung auf die vermeintlich zu Unrecht verkannten Vorzüge des DDR-Bildungssystems, die hässlichen Gesichtszüge eines aus den Fugen geratenen Weltfinanzsystems, die rückblickende Vorstellung von einer geordneten DDR-Welt, in der der Mensch keine Ware war und für die Gleichstellung der Frau gesorgt war – solcher Art sind die Anknüpfungspunkte, aus denen das Fortschrittsgedächtnis seine Stabilität gewinnt. In diesem tripolaren Kräftefeld zwischen Diktaturgedächtnis, Arrangementgedächtnis und Fortschrittsgedächtnis wird die DDR-Vergangenheit täglich neu verhandelt.

Martin Sabrow, Die DDR erinnern, in: Ders. (Hrsg.), Erinnerungsorte der DDR, München 2009, S. 18–20

Arbeitsvorschläge

32065-0426

1. Arbeiten Sie heraus, welche Themen für das Diktaturgedächtnis, das Arrangementgedächtnis und das Fortschrittsgedächtnis jeweils bedeutsam sind.
2. Diskutieren Sie, welche Akteure als Vertreter der einen oder anderen Gedächtnisform infrage kommen.
3. Beurteilen Sie, welche der Gedächtnisformen am wirkungsmächtigsten ist und daher am ehesten im kollektiven Gedächtnis der Deutschen überdauern wird. | H

M8 Q „Konterrevolutionäre Aktivitäten"

In der DDR wird der Volksaufstand vom 17. Juni 1953 wie folgt gedeutet:

Die „gefassten Beschlüsse für ein schnelleres Wachstumstempo der Volkswirtschaft" brachten eine Verschlechterung der Lebenslage der Werktätigen mit sich und erwiesen sich als fehlerhaft. [...] Diese undurchdachten Maßnahmen [...] stießen bei zahlreichen Arbeitern und anderen Werktätigen auf Unverständnis und riefen Unzufriedenheit hervor. [...] Das erleichterte es dem Gegner, Verwirrung zu stiften, die er für seine konterrevolutionären Aktivitäten ausnutzte. [...] Am 17. Juni 1953 kam es in Berlin und einigen anderen Städten der DDR zu Arbeitsniederlegungen und Demonstrationen. Die Feinde des Sozialismus im Innern der DDR nutzten die Unzufriedenheit und Missstimmung von Werktätigen für ihren konterrevolutionären Putschversuch aus; sie erhielten operative Anleitung durch in West-Berlin und der BRD stationierte imperialistische Geheimdienste und Agentenzentralen sowie Sender der USA. Von West-Berlin wurden Provokateure in die Hauptstadt und die Bezirke der DDR eingeschleust. Aber zu dem vom imperialistischen Feind mit allen Mitteln angestrebten

„Generalstreik", der Ausgangspunkt weiterer konterrevolutionärer Aktivitäten sein sollte, kam es nicht. Viele der Streikenden und Demonstranten distanzierten sich von den konterrevolutionären Provokateuren, die wie die Faschisten hausten. Die Provokateure zerfetzten und verbrannten Fahnen und andere Symbole der Arbeiterbewegung, verwüsteten Einrichtungen der Sozialistischen Einheitspartei Deutschlands, staatliche Dienststellen und Büros demokratischer Organisationen, plünderten und brandschatzten Warenhäuser, Buchhandlungen und Kioske. Brutal misshandelten und ermordeten sie klassenbewusste Arbeiter und andere Werktätige, die ihnen mutig entgegentraten.

Geschichte der Sozialistischen Einheitspartei Deutschlands. Abriss, von einem Autorenkollektiv u. d. Leitung von Ernst Diehl und Gerhard Roßmann, Berlin 1978, S. 292–294

Arbeitsvorschläge

32065-0427

1. Beschreiben Sie, wer von den Autoren für den Aufstand vom 17. Juni verantwortlich gemacht wird.
2. Analysieren Sie, wie der Verweis auf die nationalsozialistische Vergangenheit zur Erklärung des Volksaufstandes genutzt wird.

M 9 D Revolutionäre Konkurrenz?

Der Historiker Ilko-Sascha Kowalczuk schreibt im Jahr 2013 in seinem Buch zum 17. Juni über die Konkurrenz zwischen „den 1953ern" und „den 1989ern":

In den osteuropäischen kommunistischen Staaten gehörte die Wiederaneignung der eigenen Geschichte zu den Ausgangspunkten der systemstürzenden Reformen und Revolution von 1989. Der „17. Juni" nahm eine Sonderrolle ein. Wer seine politische und historische Rehabilitierung erwartet hatte, sah sich getäuscht. Er hatte nicht nur überhaupt keine Bedeutung, er verlor auch noch die, die er bis dahin formal in der Bundesrepublik besessen hatte (Abschaffung des Feiertages). Aus der DDR bzw. den neuen Bundesländern gab es dagegen keine Proteste. Das zeigt ein verbreitetes, auf den Staat orientiertes Geschichtsverständnis. Der 3. Oktober steht für staatliches Handeln. Die Geschichte der Macht wird häufig genug mit Geschichte überhaupt verwechselt. Der Volksaufstand zählt zu den wenigen revolutionären Massenbewegungen in der deutschen Geschichte, die – die Mainzer Republik einmal außen vor gelassen – von 1848 über 1918/19 bis zu 1989 reichen. Das waren Ereignisse mit ganz unterschiedlichen Zielen, Formen und Erfolgen. Das Jahr 1953 reiht sich in diese Aufzählung ein. Es unterscheidet sich von seinen Vorgängerereignissen dadurch, dass es mit dem Jahr 1989 eine unverhoffte Vollendung fand. Es geht dabei nicht einmal so sehr vordergründig um einen historischen Vergleich zwischen den einzelnen Revolutionen, auch zwischen 1953 und 1989 überwogen die Unterschiede und Gemeinsamkeiten. Aber beide Ereignisse spielten sich im selben System unter sehr ähnlichen Rahmenbedingungen ab; auch die prinzipiellen Ziele ähnelten einander. 1989 aber spielten nationale Überlegungen bis zum Fall der Mauer am 9. November öffentlich aus guten Gründen fast keine Rolle. Da aber die Sowjetunion ihr bröckelndes Imperium in Europa nicht mehr zusammenhalten konnte, transformierte sich die Demokratiebewegung wie von selbst in einen nationalen Aufbruch. Erst in diesem Moment, so könnte man idealtypisch formulieren, trafen sich auf den Straßen die Akteure von 1989 und 1953. Dabei ist ebenso idealtypisch festzuhalten, dass „die 1989er" ihre Vorgänger, „die 1953er", gar nicht erkannten, weil sie über deren Existenz überwiegend nichts wussten. Umgekehrt sahen viele 1953er in den 1989ern keine wirklichen Gesinnungsgenossen. Die gegenseitige Annäherung dauerte nach der Revolution von 1989 über ein Jahrzehnt – aber auch nach 2003 dominierten in der öffentlichen Wahrnehmung die erfolgreichen Revolutionäre von 1989, was nicht selten Verdruss bei den weitaus mehr Risiken und Opfer erbracht habenden, gescheiterten Revolutionären von 1953 aufkommen ließ.

Ilko-Sascha Kowalczuk, 17. Juni 1953, München 2013, S. 120 f.

Arbeitsvorschläge

32065-0428

1. Untersuchen Sie, wie der Autor die Beziehung zwischen den „1953ern" und den „1989ern" beschreibt.
2. Erklären Sie, warum der Autor von einer „unverhofften Vollendung" des Jahres 1953 im Jahr 1989 spricht.

M 10 D Unrecht ohne Strafe?

Der Historiker Jens Gieseke analysiert 2011 die strafrechtliche Aufarbeitung des Stasi-Unrechts:

Als weitgehend erfolglos hat sich hingegen zumindest in quantitativer Hinsicht die strafrechtliche Verfolgung von Stasi-Unrecht erwiesen. Anders als im Fall der Schießbefehlprozesse gegen Grenzsoldaten und deren Befehlshaber scheiterten die meisten der mehreren tausend Ermittlungsverfahren gegen MfS-Offiziere an Beweismängeln, Prozessunfähigkeit der oft betagten Angeklagten oder Lücken in der Strafbarkeit. Selbst Erich Mielke wurde nicht für seine Befehle als Minister für Staatssicherheit zur Verantwortung gezogen, sondern wegen eines Mordes an zwei Polizisten 1931. Er bekam dafür sechs Jahre Gefängnis. Härter traf es die westdeutschen

Agenten der Staatssicherheit, wie den NATO-Spion Rainer Rupp, der zu einer Haftstrafe von zwölf Jahren verurteilt wurde. (Nach acht Jahren Haft kam er auf Bewährung frei.) Seine Ost-Berliner Vorgesetzten, wie Spionagechef Markus Wolf, erhielten durch das Bundesverfassungsgericht 1995 einen Persilschein für ihre Spionagetätigkeit. Allerdings wurde Wolf wegen Nötigung und Freiheitsberaubung in einem Entführungsfall trotzdem verurteilt. Doch die Folter der Fünfzigerjahre und die Mordanschläge gegen Fluchthelfer blieben in den meisten Fällen ungesühnt. Gleichwohl hatte die Strafverfolgung unter qualitativen Gesichtspunkten durchaus eine gewisse Bedeutung, brachten sie doch eine Fülle von Schilderungen und Erkenntnissen etwa zu Motivlagen hervor, die einen wichtigen Fundus jenseits des breiten Stroms der Aktenüberlieferung darstellten. Eine weitere nicht gelöste, vielleicht auch gar nicht nachträglich zu lösende Aufgabe blieb Unterstützung von ehemals Verfolgten. Verlorene Lebenschancen kann kein Gesetz zurückgeben. Was blieb, waren Rehabilitierung, Haftentschädigung und eine nach hinhaltendem Widerstand diverser Bundesregierungen erst 2007 beschlossene Opferrente für „bedürftige" ehemalige politische Häftlinge von bis zu 250 Euro. Die Konzentration der öffentlichen Aufmerksamkeit auf die IM [Inoffiziellen Mitarbeiter des MfS] und auf die Massenüberwachung der allgemeinen Bevölkerung brachte es mit sich, dass gerade diese schweren Schicksale immer wieder in den Hintergrund rutschen. Nicht zuletzt, weil sich viele ehemalige Häftlinge noch heute mit Beruf und Alltagsleben schwer tun.

Jens Gieseke, Die Stasi 1945–1990, München 2011, S. 286 f.

Arbeitsvorschläge

32065-0429

1. Erläutern Sie, welche „qualitative Bedeutung" die Strafverfolgung trotz geringer Verurteilungen hatte.
2. Nehmen Sie begründet Stellung zu der Frage, ob die Aufarbeitung des Stasi-Unrechts insgesamt als gerecht bezeichnet werden kann. | H

M 11 D „Richtige" DDR-Erinnerung?

Der Historiker Stefan Wolle sagt 2022 in einem Interview zum „richtigen" Erinnern an die SED-Diktatur:

Die Zeit ist vorbei, dass die DDR in den Medien und in der wissenschaftlichen Rezeption aufs Negative reduziert wird. Das war gleich nach der Wende der Fall, wo diese negativen Aspekte sehr hervorgekehrt wurden – aber nicht durch die westlichen Medien, wie heute viele behaupten, sondern durch die Bevölkerung selbst. Die Menschen wollten endlich wissen, was bei der Stasi lief. Sie wollten ihre Akten sehen, sie wollten in gewisser Weise auch eine Abrechnung mit den Stasi-Leuten und den Parteifunktionären. Das ist also nicht vom Westen her hineingetragen worden. Das hat sich aber längst relativiert. Für meine Begriffe werden inzwischen sogar die positiven Aspekte und das normale, alltägliche Leben ein wenig überbewertet – darüber gibt es viel Forschung inzwischen. Und es gibt auch Bücher, wo versucht wird, diese dialektische Einheit der Gegensätze darzustellen, das heißt wie ein Leben in der Anpassung und mit der Repression durchaus auch glücklich gewesen sein kann. Diesem Widerspruch muss man sich einfach aussetzen. Er hat das DDR-Leben geprägt. Auf der einen Seite war ja hier die Welt mit Stacheldraht und Mauer abgeriegelt, auf der anderen Seite hat man dazwischen ganz normal sein Leben geführt und sich um seine Dinge gekümmert, sein berufliches Fortkommen, seine Familie, seine Freunde usw.

Glückliche Kindheit oder Diktatur? Streit um die „richtige" DDR-Erinnerung, in: MDR.de vom 19.05.2022, https://www.mdr.de/geschichte/ddr/alltag/streit-um-erinnerungen-kindheit-in-der-ddr-100.html [Zugriff: 28.04.2026]

Arbeitsvorschläge

32065-0430

1. Erklären Sie, warum sich viele Menschen nach 1990 besonders für die Arbeit der Staatssicherheit interessierten.
2. Entwickeln Sie Vorschläge, wie die Erinnerung an die DDR künftig gestaltet werden sollte, um verschiedenen Perspektiven gerecht zu werden.

Leitfrage

Nehmen Sie Stellung:
Die Aufarbeitung der SED-Diktatur – gibt es ein „richtiges Erinnern"?

Erinnerung an die Opfer der SED-Diktatur und an Opposition

M1 Q Gedenkstätte Berliner Mauer

Foto von 2014
Eine Frau betrachtet Fotos der Opfer von Fluchtversuchen über die Berliner Mauer in der Gedenkstätte Berliner Mauer an der Bernauer Straße.

32065-0431

1. Analysieren Sie die Installation (Gestaltung, Wirkung, Form des Gedenkens).
2. Informieren Sie sich über einen der Fluchtversuche und geben Sie diesen in eigenen Worten wieder.
3. Stellen Sie begründete Hypothesen auf, ob durch diese Form des Gedenkens bestimmte Opfergruppen begünstigt werden.

LEIT-FRAGE

Die Opfer der SED-Diktatur und Opposition – differenziertes Gedenken und gerechter Umgang (un)möglich?

Aufarbeitung und Mauerschützenprozesse

Mit dem Fall der Berliner Mauer im November 1989 begann die juristische Aufarbeitung der Todesfälle an der innerdeutschen Grenze. Über 140 Menschen waren bei Fluchtversuchen erschossen oder tödlich verletzt worden. In den 1990er-Jahren leitete die Justiz zahlreiche Verfahren ein – gegen Grenzsoldaten und führende DDR-Politiker.

Der erste Mauerschützenprozess begann 1991 und betraf die Tötung des letzten Opfers: Chris Gueffroy. Die Urteile fielen unterschiedlich aus: Während der Todesschütze zunächst zu einer Haftstrafe verurteilt wurde, erhielten Mitangeklagte Bewährungsstrafen. Später wurde das Strafmaß für den Hauptangeklagten vom Bundesverfassungsgericht gemildert – mit Hinweis auf seine niedere Stellung und den Befehlsnotstand.

Grundsätzlich stellte das Berliner Landgericht in mehreren Urteilen fest, dass die Tötung unbewaffneter Flüchtlinge schwere Menschenrechtsverletzungen darstellte.

Auch wenn sich viele Täter auf Befehle beriefen, zeigte sich, dass es Handlungsspielräume gegeben hatte. Menschenrechte stehen über staatlichen Befehlen – so urteilten auch der Bundesgerichtshof und der Europäische Gerichtshof für Menschenrechte.

Auch gegen hochrangige Verantwortliche wie Erich Honecker und Heinz Kessler wurden Prozesse geführt. Honeckers Verfahren wurde wegen Krankheit eingestellt, andere Mitglieder des Nationalen Verteidigungsrates erhielten mehrjährige Haftstrafen. Insgesamt kam es zwischen 1992 und 2004 zu über 130 Verfahren mit 277 Angeklagten – meist endeten sie mit Bewährungsstrafen.

Die juristische Aufarbeitung war rechtlich und gesellschaftlich hoch kontrovers. Erst 1992 tauchten Belege auf, die Honeckers Zustimmung zum Schusswaffengebrauch belegten. Der Fall des Stasi-Chefs Erich Mielke zeigt exemplarisch die Grenzen: Er wurde nur für Verbrechen aus der Weimarer Republik verurteilt, nicht aber für sein Wirken in der DDR.

Erinnern an die „Mauertoten"

Neben der juristischen Aufarbeitung entwickelte sich ein öffentlicher Diskurs über angemessenes Gedenken. Anfangs dominierte nach dem Mauerfall der Wunsch, die Grenzanlagen so schnell wie möglich aus dem Stadtbild zu entfernen. Der Abriss wurde sogar durch ehemalige DDR-Grenztruppen unterstützt. Erst nach und nach setzte sich die Erkenntnis durch, dass Spuren der Mauer erhalten bleiben sollten – als Mahnung und als Teil des kollektiven Gedächtnisses. Erste Denkmäler für Peter Fechter und Chris Gueffroy wurden errichtet. Zentrale Erinnerungsorte wie die Gedenkstätte Berliner Mauer an der Bernauer Straße entstanden jedoch erst nach langen Diskussionen und mit Unterstützung von Politik und Zivilgesellschaft. Debatten wurden teilweise darum geführt, ob auch im Dienst erschossene Grenzsoldaten in das offizielle Gedenken aufgenommen und somit mit Flüchtlingen und Opfern gleichgesetzt werden. Schlussendlich erhielten die getöteten Grenzer einen separaten Ort des Gedenkens in der Gedenkstätte Berliner Mauer. Heute gibt es in Berlin zahlreiche Orte des Erinnerns an die Mauer, Fluchtversuche und ihre Opfer: Von der East Side Gallery, das Notaufnahmelager Marienfelde über das „Parlament der Bäume" bis hin zu Gedenktafeln, Kreuzanlagen und erhaltenen Wachtürmen. Auch mobile Angebote wie Apps oder Informationstafeln entlang des ehemaligen Mauerverlaufs machen die Geschichte der Teilung erfahrbar.

Rehabilitierung und Entschädigung der Opfer

In den 1990er-Jahren verabschiedete der Bundestag zwei sogenannte „SED-Unrechtsbereinigungsgesetze", um Menschen zu rehabilitieren, die in der DDR politisch verfolgt und inhaftiert worden waren.

Das erste Gesetz trat 1992 in Kraft und regelte vor allem die strafrechtliche Rehabilitierung: Wer aus politischen Gründen zu Unrecht verurteilt und inhaftiert wurde, kann eine einmalige Entschädigung pro Haftmonat sowie unter bestimmten Bedingungen eine monatliche Sonderzahlung – die sogenannte Opferrente – beantragen.

Das zweite Gesetz folgte 1994 und ergänzte die Regelungen:

M 2 Q Kreuz für Chris Gueffroy
Foto von 2022
Das Kreuz ist Teil des Gedenkorts „Weiße Kreuze" am Spreeufer nahe dem Reichstagsgebäude.

- ▶ Informieren Sie sich über den Fluchtversuch von Chris Gueffroy und geben Sie diesen in eigenen Worten wieder.
- ▶ Erläutern Sie die Wahl des Standorts der Gedenkstätte „Weiße Kreuze".

M 3 Q East Side Gallery
Foto von 2012

- ▶ „Die East Side Gallery – Kunstwerk oder Denkmal?" Diskutieren Sie.

Zum einen schützt es Menschen, deren beruflicher Werdegang oder Ausbildung durch politische Repression verhindert oder erschwert wurde. Zum anderen gewährt es Opfern staatlicher Willkür – etwa durch Zwangsunterbringungen in Heimen oder psychiatrischen Einrichtungen – die Möglichkeit zur Rehabilitierung und zum Erhalt sozialer Ausgleichsleistungen. Auch ehemalige DDR-Heimkinder, die aus politischen Gründen untergebracht wurden, haben Anspruch auf Entschädigung. Für sie wurden zusätzlich Hilfsfonds eingerichtet. Seit 2021 gibt es zudem eine Bundesbeauftragte für die Opfer der SED-Diktatur, die als Vermittlerin zwischen Politik und Betroffenen fungiert.

Anhaltende Debatten über Gerechtigkeit und Anerkennung

Trotz dieser gesetzlichen Regelungen wird bis heute darüber diskutiert, wie gerecht und umfassend die Entschädigungen tatsächlich sind.

Viele ehemalige Häftlinge leiden bis heute unter körperlichen und seelischen Folgeschäden, die oft schwer nachweisbar sind. Deshalb fordern Opferverbände eine sogenannte Schuldumkehr: Nicht mehr die Betroffenen sollen beweisen müssen, dass sie gefoltert oder misshandelt wurden, sondern der Staat soll im Zweifelsfall zugunsten der Opfer entscheiden. Ein weiterer Kritikpunkt betrifft westdeutsche Unternehmen, die in der DDR Produkte durch politisch Inhaftierte fertigen ließen. Opferverbände fordern, dass sich auch diese Unternehmen an den Ausgleichszahlungen beteiligen.

Wenig erforschte Opfergruppen

Mehrere Opfergruppen der DDR-Diktatur wurden bislang kaum beachtet oder entschädigt. Dazu zählen Schülerinnen und Schüler, denen aus politischen Gründen der Zugang zu Bildung verweigert wurde, Christen, Punks und andere Subkulturen, die als „unangepasst“ galten, sowie Opfer des DDR-Staatsdopings. Viele von ihnen vermissen bis heute öffentliche Anerkennung. Weitere bisher wenig berücksichtigte Gruppen sind Zwangsausgesiedelte, Hinterbliebene politisch Verfolgter, Opfer sexualisierter Gewalt sowie Frauen, die wegen familiärer Loyalität verfolgt wurden. Auch Häftlinge im Frauenzuchthaus Hoheneck und Jugendliche in Spezialheimen fordern stärkere gesellschaftliche Aufmerksamkeit und gerechte Entschädigung. Inwiefern auch Vertragsarbeiterinnen und -arbeiter aufgrund ihrer rassistischen Erfahrungen als Opfer der SED-Diktatur gelten, steht ebenfalls zur Debatte.

Die Friedliche Revolution von 1989/90

Im Herbst 1989 geriet das SED-Regime zunehmend unter Druck: In zahlreichen Städten, vor allem in Leipzig, Dresden und Ost-Berlin, demonstrierten Hunderttausende friedlich für politische Reformen, Meinungsfreiheit und demokratische Mitbestimmung. Unterstützt wurden diese Proteste von Bürgerrechtsgruppen, kirchlichen Initiativen und unabhängigen Friedens- und Umweltbewegungen. Der Protest blieb gewaltfrei und die DDR-Opposition spielte eine zentrale Rolle bei der Organisation und politischen Artikulation dieser Bewegung.

Die organisierte Opposition forderte freie und geheime Wahlen, die Einführung von Grundrechten und eine demokratische Verfassungsreform. An den sogenannten Runden Tischen war sie maßgeblich beteiligt, um gemeinsam mit Vertretern des alten Regimes den Übergang zur Demokratie zu gestalten. Doch trotz ihres Engagements verlor die DDR-Opposition in der Phase der Wiedervereinigung rasch an politischem Einfluss. Viele Bürger wünschten sich eine schnelle deutsche Einheit, während Teile der Opposition auf einen eigenständigen Reformprozess innerhalb der DDR setzten. Bei den ersten freien Volkskammerwahlen im März 1990 erhielten oppositionelle Bündnisse wie das „Bündnis 90“ nur geringe Stimmenanteile.

Erinnern an die DDR-Opposition

Während der gesamten Existenz der DDR gab es Menschen, die sich dem politischen System widersetzten. Sie protestierten gegen Unfreiheit, Zensur, Bespitzelung und die Einparteienherrschaft der SED. Viele handelten aus christlicher Überzeugung, humanistischem Idealismus oder aus dem Wunsch nach politischer Selbstbestimmung. Oft nahmen sie dabei erhebliche persönliche Risiken in Kauf: Berufsverbote, Haftstrafen, Ausbürgerung oder Überwachung durch die Staatssicherheit gehörten zur Realität vieler Oppositioneller. Trotz ihres Mutes und ihrer Bedeutung für die Friedliche Revolution von 1989 spielt die DDR-Opposition in der öffentlichen Erinnerung bis heute nur eine untergeordnete Rolle. Während viele Gedenkstätten an das Unrecht und die Opfer der Diktatur erinnern, fehlt bislang ein zentraler Ort, der die vielfältigen Formen des Widerstands und der Opposition sichtbar macht.

M4 Q Demonstration in Leipzig 1989

Foto vom 4. September 1989
Hunderte DDR-Bürgerinnen und -Bürger demonstrieren in der Innenstadt von Leipzig für Reisefreiheit und Reformen.

▶ Diskutieren Sie mithilfe des Darstellungstexts die Bedeutung der „friedlichen Demonstration" im Kontext der Erinnerung an die Opfer der SED-Diktatur und Opposition.

Die Schaffung eines „Forums für Opposition und Widerstand" war bereits eine Forderung der Enquete-Kommission zur Aufarbeitung der SED-Diktatur 1998. 2019 wurde die Einrichtung beschlossen und eine Machbarkeitsstudie in Auftrag gegeben. Entstehen soll dieses Forum auf dem Gelände des ehemaligen MfS in Berlin-Lichtenberg im Rahmen eines „Campus für Demokratie". Dieser soll ein zentraler Ort für die Aufarbeitung der SED-Diktatur werden. Allerdings gibt es hiergegen auch kritische Stimmen, welche die Auswahl des Ortes aufgrund seiner historischen Bedeutung für unangemessen halten.

Zukünftiges Erinnern an die DDR-Opposition

Zukünftiges Erinnern an Widerstand und Opposition gegen die kommunistische Diktatur in der DDR muss sichtbar machen, dass es in allen Phasen der SBZ und DDR – von 1945 bis 1989 – mutige Menschen gab, die sich gegen Unfreiheit, Repression und politische Gleichschaltung stellten. Für eine differenzierte Erinnerungskultur ist es entscheidend, dass Protest und Opposition nicht auf wenige bekannte Ereignisse oder Persönlichkeiten reduziert werden. Die Themen, die ein zukünftiger Erinnerungsort aufgreifen sollte, sind vielfältig: Vom studentischen Protest der Nachkriegszeit über den Widerstand gegen die Zwangsvereinigung von SPD und KPD, den Volksaufstand vom 17. Juni 1953, den ländlichen Protest gegen die Kollektivierung und die Ablehnung der Wehrpflicht bis hin zu Fluchtversuchen und Ausreiseanträgen. Auch kritische Künstler, Schriftsteller und Intellektuelle spielten eine wichtige Rolle – etwa beim Protest gegen die Ausbürgerung von Wolf Biermann oder durch regimekritische Literatur und Kunst im sogenannten Samisdat. Besondere Bedeutung kommt den kirchlichen Friedens-, Umwelt- und Menschenrechtsgruppen der 1980er-Jahre zu, die vielerorts zu Keimzellen der späteren Friedlichen Revolution wurden. Die Opposition war dabei nicht auf einzelne Regionen beschränkt, sondern erstreckte sich über das gesamte Gebiet der DDR – in ländlichen wie in städtischen Räumen, in Ost-Berlin ebenso wie in Sachsen, Thüringen oder Mecklenburg. Eine moderne Erinnerungskultur muss auch die Einbindung in europäische Zusammenhänge sichtbar machen: Die Aufstände in Ungarn (1956), der Prager Frühling (1968), die Solidarność-Bewegung in Polen (ab 1980) oder Gorbatschows Reformpolitik in der Sowjetunion hatten großen Einfluss auf das politische Denken und Handeln in der DDR-Opposition. Die Friedliche Revolution war damit Teil eines gesamteuropäischen Umbruchs. Zukünftige Gedenk- und Bildungsorte sollten die Vielfalt des Widerstands zeigen und dabei nicht nur Erfolge, sondern auch Widersprüche, Unsicherheiten und begrenzte Handlungsspielräume thematisieren.

M5 D Ist jeder des Erinnerns würdig?

a) 2009 beschäftigt sich der Journalist Thomas Denkler mit der Frage, ob an die an der Mauer getöteten DDR-Grenzsoldaten ebenso erinnert werden sollte wie an die getöteten Flüchtlinge:

Offenbar ist nach dem Tod nicht jeder gleich, nicht jedes Opfer wie das andere Opfer – zumindest, wenn es um die Toten an der Berliner Mauer geht.
Das „Biographische Handbuch“ über die Todesopfer an der Berliner Mauer von 1961 bis 1989 weist 136 Todesopfer aus. Darunter auch die acht Grenzsoldaten, die in Erfüllung ihrer Dienstpflicht umkamen. Sie sind Opfer, das haben die Autoren des Handbuchs geklärt. Und doch lautet die – auch am heutigen Mauergedenktag – schwierige Frage: Sind diese acht des Erinnerns unwürdige Opfer, während alle anderen des Erinnerns würdig sind?
Im Herbst soll in der Gedenkstätte Berliner Mauer an der Bernauer Straße in einem „Fenster der Erinnerung“ der Opfer der Grenze mit Foto und Namen gedacht werden. [...] Wer das Biographische Handbuch liest, wird höchst unterschiedliche Menschen mit höchst unterschiedlichen Hintergründen kennenlernen. Das gilt sowohl für die erschossenen Flüchtlinge als auch für jene, die nur zufällig an der Mauer den Tod fanden. Es ist das Verdienst der Autoren, diese Biografien sachlich und unideologisch aufbereitet zu haben – wie die der acht getöteten Grenzsoldaten. Einer wurde versehentlich erschossen, weil er für einen Flüchtling gehalten wurde. Ein anderer wurde bei einem Schusswechsel mit der West-Berliner Polizei von einem Querschläger tödlich verletzt. Wieder ein anderer wurde von einem Flüchtenden aus nächster Nähe erschossen – der Schütze kam später im Westen wegen Mordes ins Gefängnis. Die Geschichten der Grenzer sind so unterschiedlich wie die der 128 anderen Opfer.
Diese acht aber werden nicht in das Fenster der Erinnerung aufgenommen.
Diesen acht dürfen ihre Angehörigen nicht an zentraler Stelle gedenken. So hat es der Beirat der Stiftung Berliner Mauer kürzlich nach intensiver und durchaus kontroverser Diskussion beschlossen. Es habe die Gefahr bestanden, dass die Öffentlichkeit das „Fenster der Erinnerung“ als Ehrenmal wahrnehme, wurde argumentiert – und dass sich Angehörige von getöteten Flüchtlingen davon verletzt fühlen könnten [...].
Doch andererseits: Die Grenztruppe der DDR war keine Freiwilligeneinrichtung. Es gab Soldaten, die bewusst nicht oder daneben geschossen haben, aber auch solche, die ohne Rücksicht draufgehalten haben. Es gab auch Flüchtlinge, die Grenzsoldaten erschossen haben, die später im Westen wegen Mordes oder Totschlags verurteilt wurden. Es gab auch Flüchtlinge, die sich durch Flucht einer Strafverfolgung in der DDR entzogen haben.
Wer will da entscheiden, wer Täter, wer Opfer war?
Es gibt hier kein ausschließlich Gut und ausschließlich Schlecht, kein Schwarz und kein Weiß – sondern, wie immer im Leben, viele Grautöne. [...]
Es geht um Mahnung, nicht um Ehrung. Es geht um Erinnerung an ein unmenschliches System, das nicht nur seine Gegner, sondern auch seine Unterstützer zu Opfern gemacht hat.

Thorsten Denkler, Des Erinnerns ist jeder würdig, in: Süddeutsche Zeitung vom 17.05.2010, urspr. 13.08.2009, https://www.sueddeutsche.de/politik/maueropfer-des-erinnerns-ist-jeder-wuerdig-1.162406 [Zugriff: 09.04.2026]

b) Die Journalistin Katrin Aue fasst 2009 verschiedene Aussagen zum Thema zusammen:

Edith Fiedler, Stasiopfer Selbsthilfe
Ganz grausam. Ich könnte niemals an dieses Fenster gehen, wenn da auch noch Schützen ... wie auch immer.
Carl-Wolfgang Holzapfel, Vereinigung 17. Juni 1953
Wenn man sagt: Die da unten waren ja eigentlich gar nicht Schuld, sondern die da oben. Also es gab schon die Möglichkeiten, sich selbst einzubringen, und man macht es sich zu einfach, wenn man sagt: Ihr wart ja nur Rädchen im großen System.
Helmut Ebel, IG Zwangsausgesiedelter Mecklenburg-Vorpommern
Man kann ihrer gedenken, auch des Missbrauchs dieser Menschen gedenken, aber nicht in der gleichen Gedenkstätte.
Ilona Jahnke, Schwester eines von einem fliehenden Kameraden erschossenen Grenzsoldaten
Er war immer so: Hoffentlich schnell wieder nach Hause. Eher ängstlich. Er hat nicht umsonst immer gesagt: Du weißt nie, mit wem Du da stehst, ist das dein Freund, oder ist das dein Feind? [...] Die haben doch alle ihre Waffenausbildung gehabt. Ich kann auch einen Menschen ins Bein schießen oder ihm eine rüberziehen. Ich muss den Menschen nicht töten. Bloß, damit ich frei sein kann? Ich kann doch nicht meine Freiheit über das Leben eines anderen stellen. [...] Wenn eine Mutter ihren Sohn verliert, weil sie wusste, der wollte fliehen und hat es nicht geschafft, ist das schwer. Aber eine Mutter, die ihren Sohn verliert, weil der an der Grenze seinen Dienst getan hat, ist das genauso schwer. Ich kann da, ich kann dieses Trennen nicht verstehen.
Karl Hafen, Internationale Gesellschaft für Menschenrechte
Ich würde am Anfang gleich sagen: Kein Hass über den Tod hinaus. Deswegen bin ich dafür, dass wenn dort Tote aufgelistet werden, alle aufgelistet werden.

Karin Gueffroy, Mutter eines erschossenen Flüchtlings
Ich bin da selber zerrissen, ich kann Ihnen da gar keine richtige Antwort geben. Das ist so schwer, hier hängt mein Sohn und da hängt jemand in Uniform, der geschossen hat. Der aber dann auch irgendwann zu Tode gekommen ist. [...] Je mehr ich darüber nachdenke, dass die ja auch alle Familie hatten, Eltern, Geschwister, vielleicht sogar Kinder schon, dass die hier auch irgendwo einen Platz haben, wo die Familie vielleicht eine Kerze hinstellt oder eine Blume hinlegt. Ich kann nichts dagegen haben.

Katrin Aue, Neuer Streit um Mauergedenkstätte – Wer ist Opfer, wer ist Täter?, in: Klartext vom 17.06.2009, https://www.rbb-online.de/klartext/ueber_den_tag_hinaus/diktaturen/neuer_streit_um_mauergedenkstaette.html [Zugriff: 09.04.2026]

Arbeitsvorschläge

32055-0432

1. Fassen Sie in eigenen Worten die unterschiedlichen Auffassungen über das Gedenken an die Maueropfer zusammen und nennen Sie die jeweiligen Argumente. | F
2. Informieren Sie sich (arbeitsteilig) mithilfe des Mediencodes über die acht getöteten Grenzsoldaten. Nehmen Sie in einer Pro- und Kontra-Diskussion Stellung: Soll an getötete Grenzsoldaten ebenso erinnert werden wie an die Maueropfer?

32065-0433

M 6 D Leerstellen in der Erinnerung?

Der Journalist Peter Wensierski äußert sich 2021 über die Potenziale eines zentralen Erinnerungsortes für die DDR-Opposition:

Bloß – wo ist der Ort, an dem Widerstand und Opposition, Mut und Unerschrockenheit im Zentrum der Darstellung stehen? Wo sind die positiven Erinnerungen, auf die wir alle gemeinsam stolz sein könnten? Es gibt diesen Ort nicht. Manche Originalorte, wie die legendäre Umweltbibliothek bei der Zionskirche, wurden ohne Not aufgegeben, in Immobiliengold verwandelt. Das „Haus der Demokratie" in der Friedrichstraße ist verschwunden, Robert Havemanns Haus, ein zentraler Treffpunkt der Opposition, wurde aufgegeben, die legendäre Biermann-Wohnung, Chausseestraße 131, die er und Eva-Maria wie Nina Hagen 1976 zurücklassen mussten, ist eine private Mietwohnung und nur noch eine Erinnerung auf dem gleichnamigen Plattencover, das letzte zentrale Grundstück am Checkpoint Charlie in öffentlicher Hand wurde an einen Großinvestor vergeben, die Chance vertan, an einem Berlin-Besucher-Hotspot einen würdigen Erinnerungsort zu schaffen.
Dabei könnten von einem Ort, der die Erinnerung an die DDR anders als bisher präsentiert, wesentliche Impulse für das Zusammenwachsen und den Zusammenhalt unserer Gesellschaft ausgehen. Es gab nicht nur 1989/90, sondern schon lange Jahre davor wertvolle Initiativen, Gedanken und Aktivisten in der DDR, die es lohnt, endlich wahrzunehmen. Jenseits der Nostalgie bieder-spießiger DDR-Museen und auch jenseits der Schreckensdarstellung. [...] Im Herbst 1989 knüpften die Forderungen der Demonstranten sozusagen an die demokratische Revolution von 1848 an, die Friedliche Revolution ist deshalb ein bedeutender Teil unserer deutschen Demokratiegeschichte. Um diese Erinnerung vor Missbrauch zu schützen, um sie überhaupt für alle Menschen wachzuhalten, könnte ein zentraler Ort, wie ihn der Bundespräsident eingefordert hat und für den auch der Bundestag im September 2019 grundsätzlich Zustimmung gegeben hat, einige Legenden über '89 und die Friedliche Revolution zurechtrücken.

Peter Wensierski, Friedliche Revolution von 1989: Wo sind die positiven Erinnerungen?, in: Deutschland Archiv vom 05.01.2021, https://www.bpb.de/themen/deutschlandarchiv/325082/friedliche-revolution-von-1989-wo-sind-die-positiven-erinnerungen/ [Zugriff: 09.04.2026]

Arbeitsvorschläge

32065-0434

1. Arbeiten Sie heraus, welches Problem Peter Wensierski im Umgang mit der Erinnerung an die DDR-Opposition beschreibt.
2. Beurteilen Sie, ob ein zentraler Erinnerungsort für die DDR-Opposition notwendig und sinnvoll ist.

Leitfrage

Nehmen Sie Stellung:
Die Opfer der SED-Diktatur und Opposition – differenziertes Gedenken und gerechter Umgang (un)möglich?

LK Darstellung der DDR-Geschichte und „Deutungskämpfe“

M1 Q Ernst-Thälmann-Denkmal in Berlin
Foto von 2009
Der deutsche Politiker und ehemalige Vorsitzende der KPD Ernst Thälmann (1886–1944) gilt als historisch ambivalente Figur. Als Widerstandskämpfer gegen den Faschismus wurde er in der DDR verehrt. Seit 1986 erinnert ein Denkmal an der Greifswalder Straße im Berliner Bezirk Prenzlauer Berg an die Person Thälmanns. Laut der Historikerin Annette Leo sei das Denkmal für einige Symbol der untergegangenen SED-Diktatur und für andere ein Zeugnis unserer Geschichte, das bewahrt werden sollte.

32065-0435

1. Beschreiben Sie das Denkmal in seinen Einzelheiten.
2. Recherchieren Sie zur Biografie Ernst Thälmanns und zur Errichtung des Denkmals.
3. Nehmen Sie Stellung zur Aussage der Historikerin Annette Leo.

LEIT-FRAGE

Die DDR-Geschichte in der gegenwärtigen Erinnerungskultur – (un)angemessen dargestellt?

Deutungskontroversen über die DDR-Geschichte

Die Aufarbeitung der DDR-Geschichte steht gegenwärtig vor neuen Herausforderungen. An der Grenze vom kommunikativen zum kollektiven Gedächtnis haben die meisten junge Menschen keine persönlichen Erfahrungen mit dem SED-Staat, weshalb Repressionen und Alltagsbeschränkungen, etwa Reiseverbote oder Zensur, zunehmend schwer nachvollziehbar erscheinen. Gleichzeitig hat sich das DDR-Bild in Teilen in der Öffentlichkeit gewandelt: Wurden in den 1990er-Jahren fast ausschließlich die diktatorischen Seiten der DDR vermittelt, besteht seit den 2010er-Jahren zunehmend der Trend, dass Alltagserfahrungen der Menschen vielfach ohne die Elemente der SED-Diktatur, wie der Mauer oder des MfS, dominieren. Diese Form der Erinnerung wurde seit Anfang der 2000er-Jahre durch eine „Ostalgie-Welle“ bestärkt, bei der durch den Rückgriff auf bekannte Alltags- und Konsumerfahrungen ein positives Bild der DDR gezeichnet werden sollte. Beispiele hierfür sind Mottopartys zum Thema DDR, bekannte Produkte und Marken wie Club-Cola, Spreewälder Gurken, Rondo-Kaffee, das Sandmännchen oder der Trabi. Auch durch die sozialen Medien zeigen sich politisch gefährliche Verschiebungen: Rechtspopulistische Gruppen knüpfen durch die Instrumentalisierung in ihrem Sinne symbolisch an die Friedliche Revolution an und versuchen sie für ihre Zwecke zu missbrauchen, während im linken Spektrum die DDR verklärt, teils verharmlost und als sozial gerechtere Alternative dargestellt wird.

Dass über die DDR immer noch heftig debattiert wird, zeigen die sogenannte Pollack-Kowalczuk-Kontroverse sowie die Diskussion um neuere Publikationen der DDR-Geschichte von Katja Hoyer und Dirk Oschmann. Geht es bei der ersten Kontroverse um die Frage, ob die Opposition oder die Massendemonstrationen schlussendlich für den Erfolg der Friedlichen Revolution verantwortlich waren, wird in der zweiten Debatte um Deutungshoheit und Standpunkte gerungen. In Dirk Oschmanns

Buch „Der Osten: Eine westdeutsche Erfindung“ wird Ostdeutschland in der Öffentlichkeit häufig als „anders“ oder „problematisch“ dargestellt. Dieses sogenannte „Othering“ dient dazu, den Westen als Normalfall erscheinen zu lassen. Dadurch fühlen sich viele Ostdeutsche bis heute benachteiligt. Oschmann kritisiert, dass diese Sichtweise historische Ungleichheiten festschreibt und den Osten dauerhaft als defizitär erscheinen lässt. Dieses Deutungsmuster ist in Teilen der ostdeutschen Bevölkerung verbreitet. Katja Hoyer hingegen wird mit ihrem Buch „Diesseits der Mauer“ vorgeworfen, dass sie die DDR-Geschichte zu unkritisch erzählt und repressive Aspekte des SED-Regimes verharmlost oder ausblendet.

Gedenkstätte Berlin-Hohenschönhausen

Auch als umstritten galt das pädagogische Konzept der Gedenkstätte Hohenschönhausen, das auf emotionale Überwältigung setzte, indem u. a. teilweise ehemalige politische Häftlinge die Besuchergruppen durch das ehemalige Stasi-Gefängnis führten. Kritiker sahen hierbei den Konsens der Pluralität verletzt. Mit dem Wechsel der Gedenkstätten-Leitung 2019 ging auch eine konzeptionelle Neuorientierung einher.

M 2 Q Zellen der Gedenkstätte Berlin-Hohenschönhausen
Foto von 2013

- Diskutieren Sie Chancen und Gefahren der emotionalen Darstellung von historischen Ereignissen. 2017 wurde ein VR-Video über die Haftanstalt Berlin-Hohenschönhausen mit dem Titel „Was wollten Sie in Berlin?“ produziert.
- Schauen Sie sich das Video an beurteilen Sie, wie realistisch die gezeigten Szenen sind. Recherchieren Sie ggf. zu den Haftbedingungen.

Deutungskontroverse um die Friedliche Revolution

Das geplante Freiheits- und Einheitsdenkmal in Berlin, auch „Einheitswippe“ genannt, ist ebenfalls seit Jahren Gegenstand kontroverser Debatten. Kritisiert wurden sowohl der symbolische Entwurf als auch der Standort vor dem Humboldt Forum; zudem kam es zu Konflikten um Denkmalschutz und Ausschreibungsverfahren. Die Umsetzung verzögerte sich mehrfach. Trotz bereits gezahlter Millionenbeträge ist derzeit unklar, wie es weitergeht. Eine Fertigstellung vor 2027 gilt als unwahrscheinlich.

Die Diskussion um den „Tag der Deutschen Einheit“ zeigt außerdem, dass die bundesdeutsche Erinnerungskultur weiterhin im Wandel ist. Der aktuell am 3. Oktober begangene Feiertag steht symbolisch für die formale Wiedervereinigung, gilt jedoch vielen als wenig emotional aufgeladen. Alternativvorschläge wie der 9. November – historisch bedeutsam, aber durch die Reichspogromnacht schwer belastet – oder der 17. Juni, der an den gescheiterten DDR-Aufstand von 1953 erinnert, stoßen auf erinnerungspolitische Bedenken. Immer mehr Stimmen plädieren daher für ein neues Datum, das die Friedliche Revolution und den Mut der ostdeutschen Zivilgesellschaft würdigt, etwa den 9. Oktober 1989, als Zehntausende in Leipzig demonstrierten.

Zukünftiges Erinnern an die SED-Diktatur

Die kontroversen Deutungen zeigen, dass eine Vereinfachung auf die Kategorien „Täter“ und „Opfer“ zu kurz kommt. Vielmehr sollten vor allem die vielfältigen Perspektiven der ostdeutschen Bevölkerung einbezogen werden. Auch die Transformationszeit der 1990er-Jahre sowie die Rolle der Treuhandanstalt sind noch zu wenig erforscht worden. Digitale Zeitzeugen-Archive und Angebote eröffnen Jugendlichen persönliche Zugänge. Auch Alltagsgeschichte bietet einen leichteren Zugang und zeigt, wie eng Diktatur und Lebenswelt verflochten waren. Die Friedliche Revolution sollte als „Lernort der Demokratie“ stärker gewürdigt werden. Dabei sollte in Zukunft auch die Diskussion um die vertane Chance einer neuen Verfassung nach Artikel 146 GG im Anschluss an die Friedliche Revolution 1989/90 in den Blick genommen werden. Zudem sollte die DDR verstärkt in die Geschichte des Kommunismus und osteuropäischer Geschichte eingebettet werden, um Zusammenhänge, Verflechtungen und Unterschiede herauszuarbeiten.

M3 D „Die Neuerfindung der DDR-Geschichte“

a) Die Historikerin Katja Hoyer plädiert 2023 in der Einleitung ihres Buchs „Diesseits der Mauer“, einen neuen Blick auf die DDR zu wagen:

In jeder Phase der DDR-Geschichte überwachte die Stasi das Leben der Menschen und griff auch häufig in dieses ein, aber sie machte die ostdeutsche Bevölkerung nicht handlungsunfähig. Ebenso war der Staat selbst, obwohl er vom guten Willen Moskaus abhängig war, nie ein passiver sowjetischer Satellit. Die Ostdeutschen lebten und gestalteten ein eindeutig deutsches Experiment, das sich über einen Großteil der zweiten Hälfte des 20. Jahrhunderts erstreckte. Die politischen, wirtschaftlichen, sozialen und kulturellen Eigenheiten der DDR verdienen eine historische Bewertung, die sie nicht nur als ummauertes „Stasiland“ behandelt, sondern ihr einen angemessenen Platz in der deutschen Geschichte einräumt. [...] Vielleicht waren die Wunden der Trennung, der verlorenen und gewonnenen Identitäten, unmittelbar nach der Wiedervereinigung noch zu frisch, um untersucht zu werden, weshalb man es vorzog, sie verkrusten zu lassen. Jetzt ist es endlich an der Zeit, einen neuen Blick auf die DDR zu wagen. Wer dies mit offenen Augen tut, wird eine bunte Welt entdecken, keine schwarz-weiße. Es gab Unterdrückung und Brutalität, ja, aber auch Chancen und Zugehörigkeit. In den meisten ostdeutschen Gemeinden haben die Menschen sowohl das eine als auch das andere erlebt. Es gab Tränen und Wut, und es gab Lachen und Stolz. Die Bürger der DDR lebten, liebten, arbeiteten und wurden alt. Sie fuhren in den Urlaub, machten Witze über die Politiker und zogen ihre Kinder auf. Ihr Schicksal verdient einen Platz in der gesamtdeutschen Geschichte. Es ist Zeit, einen ernsthaften Blick auf das Deutschland diesseits der Mauer zu werfen.

Katja Hoyer, Diesseits der Mauer. Eine neue Geschichte der DDR. 1949–1989, Hamburg 2023, S. 22 f.

b) Der Historiker Ilko-Sascha Kowalczuk äußert sich bezüglich Hoyers Buch:

Auch Hoyers Buch fand sich augenblicklich auf der Bestsellerliste wieder. Ihr Buch war nicht zornig, aber es kam ebenfalls dem Leserpublikum im Osten sehr entgegen. Hoyer zeichnet eine DDR, die aus einem ungemütlichen Staat und einer davon weitgehend autonomen Gesellschaft bestand. Das kommt vielen Ostdeutschen entgegen. Hat aber mit der historischen Realität nur wenig zu tun. Das Wesen einer Diktatur besteht auch darin, den Alltag nicht zu verschonen, der Gesellschaft Verhaltensweisen abzuverlangen, die irgendwann nur noch als lästig, aber „normal“ angesehen werden, obwohl sie das nicht sind, sondern die Persönlichkeit beschädigen und letztlich die Diktatur stabilisieren. Hoyers Buch ist nichts weniger als ein Revisionismusversuch, der die DDR als zwar „anders“, aber selbst in demokratischer Perspektive nicht als weniger legitim hinstellen möchte als die repräsentative Demokratie, wie sie in der Bundesrepublik herrscht. Die in London lebende Historikerin preist den SED-Sozialismus als gesellschaftspolitische Alternative, von der es viel zu lernen gäbe. Mit anderen Worten: In der Zeitgeschichtsschreibung und in Europa ist doch noch nicht entschieden, wie „1989“ und das Ziel der offenen Gesellschaft ausgehen wird. Nicht nur in der Ukraine durch Russland, sondern auch in Deutschland durch die AfD oder linke geschichtspolitische Revisionismusversuche bleibt „1989“ aktuell und heftig umkämpft.

Ilko-Sascha Kowalczuk, Der Kampf um die Zukunft: Die DDR-Geschichte im Widerstreit der Interessen, in: Jürgen Zimmerer (Hrsg.), Erinnerungskämpfe. Neues deutsches Geschichtsbewusstsein, Ditzingen 2023, S. 355–374

Arbeitsvorschläge

32065-0436

1. Erläutern Sie, wie sich a) und b) in aktuelle Debatten über die DDR-Erinnerungskultur einordnen lassen. | F
2. Beurteilen Sie, inwiefern Hoyers Darstellung zu einer ausgewogenen Erinnerung an die DDR beiträgt oder problematische Verkürzungen enthält.
3. Entwickeln Sie auf Grundlage beider Texte eine eigene Position zur Frage, wie die DDR heute historisch dargestellt werden sollte.

M4 D „Es fehlt ein geeigneter Feiertag“

Der Journalist Jonas Waack äußert sich 2025 zu einem neuen möglichen bundesdeutschen Feiertag:

Immer wieder fordern Politiker:innen, den 17. Juni zum Feiertag zu machen. Besser wäre es, die Mutigen von 1989 zu ehren. Jahrzehntelang war in Westdeutschland der 17. Juni ein Feiertag: der Tag der Deutschen Einheit. Erstmals 1954 gedachte die Bundesrepublik des Aufstands Hunderttausender in der DDR, die ein Jahr zuvor gegen noch längere Arbeitszeiten und später für freie Wahlen auf die Straße gegangen waren, bis die SED-Regierung zusammen mit sowjetischen Truppen die Proteste niederschlug. Seit der Wiedervereinigung ist der 3. Oktober der Tag der Deutschen Einheit. Seitdem werden immer wieder Stimmen laut, den 17. Juni wieder zum Feiertag zu machen [...]. Doch bevor der niedergeschlagene Aufstand zum Feiertag gemacht wird, sollte viel dringender der erstaunlichen Leistung der Friedlichen Revolution gedacht werden. Der 3. Oktober kann das nicht: Die Wiedervereinigung in diesem Tempo ist das zweifelhafte Verdienst von Helmut Kohl. Hier feiern wir die Elite der alten BRD dafür, wie fein sie Deutschland wieder ganz gemacht hat. Der 17. Juni wiederum würde feiern, wie die Ostdeutschen den Kampf um ihre demokratischen Rechte verloren haben. Hier lässt sich eine schöne Geschichte über das Martyrium der armen, unterdrückten Ostdeutschen erzählen.

Was fehlt, ist ein Feiertag zu Ehren der Mutigen, die in den 1980ern die Grundlage für die Friedliche Revolution legten und als Erste montags auf die Straße gingen. Viele von ihnen waren gegen die überstürzte Wiedervereinigung und fühlten sich immer unwohler, als die demokratischen „Wir sind das Volk“-Rufe zum nationalistischen „Wir sind ein Volk“ mutierten. Der 20. September bietet sich an, an dem 1983 das erste Friedensgebet stattfand, oder der 9. Oktober, an dem 1989 erstmals montags Zehntausende demonstrierten. Damit würde nicht wie am 3. Oktober der Politiker oder am 17. Juni einer ostdeutschen Niederlage gedacht werden, sondern einer der größten demokratischen Sternstunden der deutschen Geschichte: des friedlichen, von der ostdeutschen Zivilgesellschaft erwirkten Sturzes der SED-Diktatur.

Jonas Waack, Es fehlt uns ein Feiertag, in: taz vom 17.06.2025, https://taz.de/Debatte-um-den-17-Juni/!6091367/ [Zugriff: 09.04.2026]

Arbeitsvorschläge

32065-0437

1. Erläutern Sie die Bedeutung des 17. Juni und des 3. Oktober für die deutsche Geschichte.
2. Beurteilen Sie, ob der 20. September oder der 9. Oktober als nationaler Feiertag geeignet wären. Beziehen Sie historische und gesellschaftliche Argumente ein. | H

M5 D Die Zukunft der DDR-Erinnerung?

Der Historiker Ilko-Sascha Kowalczuk äußert sich 2019 zu möglichen Perspektiven zur Erforschung der DDR-Geschichte:

Die Zukunft der DDR-Geschichte ist offen. Aufarbeitung kann Integrations- und Identifikationsangebote unterbreiten. Sie ist kein Allheilmittel. Aufarbeitung muss die Menschen dort abholen, wo sie stehen; nicht wo die Aufarbeiter stehen. „Täter“ und „Opfer“ sind keine geeigneten Kategorien, um eine Gesellschaft zu erklären; noch weniger aber, um eine historische Gesellschaft Nachgeborenen zu erklären, nahezubringen. Die DDR-Aufarbeitung könnte nun, dreißig Jahre nach dem Mauerfall, beginnen, die ganze Palette der DDR-Gesellschaft und der Transformationsgeschichte miteinander verknüpft zu erzählen. Die Aufarbeitung der 1990er-Jahre muss überhaupt beginnen. [...] Wir brauchen eine kritische Auseinandersetzung mit den sozialen, wirtschaftlichen und kulturellen Ursache und Folgen der Transformation. In dieser Aufarbeitung müssen alle Erfahrungsräume Platz finden. Das Leben der Menschen vor und nach 1989 ist bei den meisten viel stärker miteinander verknüpft, als historische Epochenzäsuren vorgeben. Ostdeutschlands Gegenwart ist nicht zu erklären als Ergebnis eines linearen Prozesses. Historische Entwicklungen seit dem 19. Jahrhundert, Prägungen durch den Nationalsozialismus und den SED-Kommunismus, die fehlende Aufarbeitung von Kolonialismus, Rassismus und Antisemitismus und der Transformationsprozess seit 1990 gehören in die Analyse zusammen und werden nicht ohne die Berücksichtigung der globalen Herausforderungen, der bundesdeutschen Versäumnisse in der Aufarbeitung (Rassismus, Kolonialismus) und der westdeutschen Vereinigungsmentalität, denen sich Ostdeutschland stellen musste, befriedigend ausfallen. In vielen Parametern kam es nur zu einer nachholenden Modernisierung, in anderen war Ostdeutschland auch Modellfall globaler Entwicklungen.

[...] Bundesdeutsche und DDR-Geschichte, deutsche und europäische, europäische und globale Geschichte gehören zusammen, mehr als es den damals Verantwortlichen lieb und den Zeitzeuge bewusst war. Nicht als platte Kontrastgeschichte, sondern als eine miteinander verzahnte Geschichte sollte die deutsch-deutsche Geschichte erzählt werden. Und die DDR eben auch als eine Gesellschaftsgeschichte in der Parteidiktatur, in der vielmehr möglich war, als nur „Täter“ oder „Opfer“ gewesen zu sein. Die meisten waren weder das eine noch das andere, ganz viele aber beides. Das könnte gelingen. Voraussetzung wäre aber wahrscheinlich, dass nun alle jene an den Schaltstellen der Aufarbeitungsmacht und Wissenschaftsdeutung, die sich so verdient gemacht haben in den letzten Jahren, Platz machen für die 30- bis 40-jährigen Visionäre, für jene, die Aufarbeitung und Wissenschaft endlich zusammenbringen können, ohne sich des Verdachts auszusetzen, irgendetwas verharmlosen zu wollen.

Ilko-Sascha Kowalczuk, Die Übernahme. Wie Ostdeutschland Teil der Bundesrepublik Deutschland wurde, München 2019, S. 213 f.

Arbeitsvorschlag

32065-0438

► Entwickeln Sie auf Grundlage des Materials ein eigenes Konzept, wie DDR-Geschichte künftig im Unterricht oder in der Öffentlichkeit vermittelt werden sollte.

Leitfrage

Nehmen Sie Stellung:

Die DDR-Geschichte in der gegenwärtigen Erinnerungskultur – (un)angemessen dargestellt?

4.2 Vertiefungsmodul: Geschichtskultur im internationalen Vergleich

M1 Q Kolumbus-Statue in Barcelona, Spanien
Foto von 2020
Die Kolumbus-Statue in der zweitgrößten Stadt Spaniens steht zentral auf einem belebten Platz. Kolumbus segelte 1492 nach Amerika und sorgte damit für eine große Ausweitung des spanischen Besitzes und Reichtums.

M2 Q Demonstration in Minnesota, USA
Foto von 2020
Demonstrierende treten auf ein gestürztes Denkmal für Christoph Kolumbus ein. Sie monieren, dass mit Kolumbus Unterdrückung und Ausbeutung nach Amerika gekommen seien.

1. Beschreiben Sie Denkmal und Stimmung auf beiden Bildern. Benennen Sie, wie Kolumbus jeweils gesehen wird. 32065-0269
2. Fassen Sie die Problematik um den „Kolumbus-Tag" zusammen, der seit 1918 spanischer Nationalfeiertag ist (Mediencode). 32065-0441
3. Nennen Sie Kriterien, die ein angemessener Nationalfeiertag für ein Land erfüllen sollte, und gewichten Sie diese.

LEIT-FRAGE

Nationalfeiertage – gibt es „richtiges" Erinnern?

Anlässe für Nationalfeiertage

„Kolumbus-Tag"

Seit 1918 ist der „Kolumbus-Tag" spanischer Nationalfeiertag. Er wird oft auch „Tag der Hispanität" genannt, was eine Einheit der spanischsprachigen Welt betonen soll, die sich seit den Fahrten des Kolumbus vom Mutterland aus über die Erde ausbreitete. Da eine solche Sichtweise einen sehr europäischen Blick zeigt und die eigenen Entdeckungsfahrten und Eroberungen feiert, während das Leid der dadurch Unterdrückten und deren zerstörte Kultur in den zuvor den Europäern unbekannten Gebieten vergessen werden, ist sie vor allem in den lateinamerikanischen Ländern umstritten. Dennoch bleibt ein solcher Feiertag prägend für ein Land, zumal er häufig auch ein Feiertag für die jeweilige Bevölkerung ist.

Feiern von Ereignissen

Der „Kolumbus-Tag" ist ein Muster für einen Gedenk- und Feiertag, der mit einem bestimmten Ereignis verknüpft ist. Hierfür gibt es weitere Beispiele: In Frankreich beispielsweise feiert man am 14. Juli den „Sturm auf die Bastille". Die Bastille war ein

Staatsgefängnis, in dem sich nur wenige Häftlinge befanden, während stattdessen die Pariser Vorräte an Schießpulver dort gelagert waren. Zudem wurde die Bastille nicht erstürmt, sondern nach einer Kapitulation eingenommen. Trotzdem gilt der „Sturm auf die Bastille" als Auftakt der Französischen Revolution, die zum Sturz der absolutistischen Monarchie führte.

In Australien hingegen feiert man den 26. Januar im Gedenken an das Jahr 1788. An diesem Tag landeten erstmals Briten auf dem Kontinent. Entsprechend ist dieser „Australia Day" inzwischen ähnlich umstritten wie der „Kolumbus-Tag", weil er nur einen Teil der Bevölkerung feiert, welcher die indigenen Bewohnerinnen und Bewohner unterdrückte.

Die erste demokratische Wahl für alle Personen feiert man in Südafrika: Sie wurde am 27. April 1994 abgehalten, nachdem das Land vorher in der sogenannten „Apartheid" eine strikte Trennung zwischen regierenden und bestimmenden Menschen mit weißer Hautfarbe sowie politisch und sozial unterdrückten People of Color vorgenommen hatte. Mit zunehmendem Widerstand aus dem In- und Ausland war die Apartheid Anfang der 1990er-Jahre nicht länger haltbar und wurde in einer Übergangsphase bis 1994 ganz aufgehoben. In diesem Jahr fanden erstmals freie Wahlen für alle Staatsbürgerinnen und Staatsbürger statt, deren Datum heute als „Freedom Day" gefeiert wird.

Feiern der Unabhängigkeit

Der häufigste Anlass eines Nationalfeiertages ist weltweit die Unabhängigkeit des eigenen Landes. Hierfür gibt es zahlreiche Beispiele. Das bekannteste ist wohl der in den USA gefeierte „Independence Day" am 4. Juli, der an das Jahr 1776 erinnert. An diesem Tag versammelten sich dreizehn britische Kolonien in einem „Kontinentalkongress" und erklärten gegenüber England, dass man gemeinsam unabhängig sein wolle. Nach dem sogenannten Unabhängigkeitskrieg wurde das auch durchgesetzt. Es entstanden die „Vereinigten Staaten", die später mehrfach erweitert wurden und heute aus 50 Bundesstaaten bestehen.

Nach einem ähnlichen Prinzip wurden auch die Nationalfeiertage in Georgien (seit 26. Mai 1918 unabhängig von Russland) und Nordmazedonien (seit 8. September 1991 unabhängig von Jugoslawien) festgelegt.

Gerade für ehemalige Kolonien ist der Tag, an dem diese von den europäischen Mächten unabhängig wurden oder sich unabhängig erklärten, fast immer auch der Nationalfeiertag. Das gilt beispielsweise für Brasilien (7. September 1822 von Portugal), Indien (15. August 1947 von Großbritannien), Kambodscha (9. November 1953 von Frankreich) oder Nicaragua (15. September 1821 von Spanien), aber auch für viele Staaten im Pazifik wie beispielsweise Samoa.

Feiern der Staatsgründung

Beim Feiern der Unabhängigkeit gibt es viele Überschneidungen zu einem Nationalfeiertag als Erinnerung an die Staatsgründung. Diese kann allerdings auch ohne Unabhängigkeitserklärung erfolgen. Deutschland ist hier ein Beispiel: Gefeiert wird die Wiedervereinigung des nach dem Zweiten Weltkrieg

M3 Q Feier zum Unabhängigkeitstag auf Samoa
Foto von 2012
Auf Samoa im Pazifik wird die im Jahr 1962 erreichte Unabhängigkeit von Neuseeland jährlich am 1. Juni unter anderem mit traditionellen Tänzen gefeiert.

- Beschreiben Sie das Foto und dessen Wirkung auf Sie.
- Beurteilen Sie, inwieweit hier eine gemeinsame Kultur der Samoaner deutlich wird.

M4 Q Parade am St. Patrick's Day
Foto von 2016
Eine Frau feiert mit den typischen Insignien den irischen St. Patrick's Day.

► Beschreiben Sie die Person und nennen Sie herausgehobene Insignien für den St. Patrick's Day.

geteilten Landes zum heutigen Staat am 3. Oktober 1990 als Tag der Deutschen Einheit.

Nach einem ähnlichen Prinzip wird in der Türkei der 29. Oktober gefeiert, der an das Gründungsdatum des modernen Staates im Jahre 1923 erinnert. Zwar gab es zuvor das Osmanische Reich, das aber eine vollkommen andere Staatsform, Verfassung und auch in Teilen deutlich andere Grenzen hatte.

Feiern von Personen

Eine weitere Möglichkeit, einen Nationalfeiertag festzulegen, sind Bezüge zu wichtigen Personen. Besonders deutlich wird das am katholischen Kirchenstaat, dem Vatikan: Dort ist der Nationalfeiertag stets der Tag, an dem der amtierende Papst gewählt wurde, sodass der Tag mit jeder Papstwahl wechselt.

Ebenso kann der Geburtstag des amtierenden Regenten ein Nationalfeiertag sein, wie im Oman der Geburtstag des Sultans. Portugal hingegen erinnert an den Todestag des als Nationaldichters wahrgenommenen Luís de Camões, der am 10. Juni 1579 oder 1580 starb. Irland schließlich feiert als Nationalfeiertag den Heiligen St. Patrick, der im fünften Jahrhundert gelebt haben und an einem 17. März gestorben sein soll. Er brachte das Christentum nach Irland und soll die Dreifaltigkeit aus Vater (Gott), Sohn (Jesus) und Heiligem Geist anhand eines Kleeblatts erklärt haben, das bis heute ein Nationalsymbol Irlands geblieben ist.

Nationalfeiertage – Funktionen und Vergleich

Funktionen von Nationalfeiertagen

Nationalfeiertage sind Momente, in denen im besten Fall alle Bürgerinnen und Bürger eines Staates zusammenkommen und ihre Nation feiern sollen. Während „Nation“ und „Staat“ eigentlich unterschiedliche Konzepte waren, werden sie für diese Feiertage gleichgesetzt.

Nationalfeiertage sollen außerdem Identifikation schaffen: Es soll eine positive Einstellung zum eigenen Land vermittelt werden. So sollen das Zusammenleben und das Zusammengehörigkeitsgefühl gestärkt werden. Wie die bereits betrachteten Feiertage zeigen, bleiben diese Absichten jedoch oft Ideale. Ist der Anlass des Nationalfeiertages nur für einen Teil der Bürgerinnen und Bürger positiv besetzt, kann dies die Spaltung der Bevölkerung verstärken anstatt die Zusammengehörigkeit zu fördern. Auf der anderen Seite wird der Anlass eines Feiertages oft nicht wahrgenommen, sodass die Identifikation mit dem Staat zugunsten eines Urlaubstages ausbleibt.

Änderungen der Nationalfeiertage

Im Zuge der Geschichte verändern sich Nationalfeiertage, etwa wenn die Interpretation historischer Ereignisse sich ändert oder wenn die Umstände drastisch wechseln. In Deutschland ist der „Tag der Deutschen Einheit“ erst seit 1990 der nationale Feiertag, vorher war es im Westen der 17. Juni (als Erinnerung an die Ereignisse in der DDR 1953) und im Osten der 7. Oktober (als „Tag der Republik“). Im Kaiserreich am Ende des 19. Jahrhunderts hingegen wurde der „Sedantag“ mit großen Militärparaden gefeiert – am 2. September 1870 hatten die vereinigten Armeen von Preußen, Bayern,

M 5 Q Illuminiertes Brandenburger Tor
Foto vom 2. September 1895
Zum 25. Jahrestag der Schlacht bei Sedan wurde das Brandenburger Tor mit einem Zitat Kaiser Wilhelms I. („Welch eine Wendung durch Gottes Führung“) illuminiert.

- ▶ Beschreiben Sie die auf dem Foto ausgedrückte Stimmung.
- ▶ Beurteilen Sie, warum man den Sedantag nach dem Ersten Weltkrieg nicht mehr feierte.

Sachsen und Württemberg nahe der französischen Stadt Sedan die Franzosen besiegt und so die Gründung Deutschlands ermöglicht. Nach dem Ersten Weltkrieg verlor dieser Feiertag massiv an Bedeutung, wurde nicht mehr groß begangen und ist heute kaum noch bekannt. Ähnliches ist auch im internationalen Vergleich zu bemerken.

Vergleich von Nationalfeiertagen

Auch wenn sich die Funktion der Nationalfeiertage weltweit ähnelt, werden sie mit unterschiedlichen Ritualen begangen. Das reicht von traditionellen Tänzen beim Nationalfeiertag auf Samoa über Feuerwerk beim Independence Day in den USA bis zu Paraden am St. Patrick's Day in Irland. Ein Vergleich ist daher nur auf abstrakter Ebene möglich und sinnvoll: Gefeiert wird häufig ein für das Land wichtiges Ereignis oder eine wichtige Person. Damit verbunden sind oft bestimmte Traditionen und Bräuche, die von Land zu Land unterschiedlich ausfallen, in jedem Fall aber das Zusammengehörigkeitsgefühl und das Gefühl der Zugehörigkeit zum Staat stärken sollen. Ob das gelingt, hängt auch davon ab, wie sehr die Menschen sich mit dem Anlass des Nationalfeiertages identifizieren können: Betrifft er nur einen Teil der Bevölkerung, kann das zu einer Spaltung beitragen.

Anlässe für Nationalfeiertage

M 6 Q Paraden am Nationalfeiertag

Die Menschen in den USA feiern den 4. Juli als Unabhängigkeitstag, die Franzosen hingegen den 14. Juli, beide häufig mit Paraden. Hier sind Bilder von solchen Paraden, einmal aus einer US-amerikanischen Kleinstadt, einmal aus Paris mit dem Eingang des Louvre:

a)

b)

M 7 Q Kolumbus und die USA

In einer Erklärung von George Bush (1924–2018), dem 41. Präsidenten der Vereinigten Staaten von Amerika, heißt es am 10. Oktober 1991 zum bevorstehenden „Kolumbus-Tag“:

Wir feiern jedes Jahr am Kolumbus-Tag all das, was dieser meisterliche Seemann für unsere Nation bedeutet. Für viele Generationen verkörperte Kolumbus den Forscher- und Entdeckergeist – und den Anfang von Amerika.
Als Kolumbus seine transatlantische Reise begann, vertrat er eine Theorie und suchte seine Chance. Die Reise bedeutete ein Risiko und versprach eine Belohnung. Kolumbus und seine Mannschaft mussten viel Mut und Selbstbewusstsein haben. Diese Eigenschaften hat praktisch jeder große Pionier besessen. So erinnert uns die Geschichte von Christoph Kolumbus daran, dass jede erfolgreiche Forschung und Entdeckung mit dem Willen beginnt, seine Ziele höher zu stecken, neue Horizonte zu suchen und dorthin zu gehen, wohin einen die eigenen Vorstellungen und Erfahrungen führen. Sie erinnert uns auch daran, dass Fleiß und Arbeit die Grundlagen für Lernen und Fortschritt sind.
Am Kolumbus-Tag feiern wir aber nicht nur den Geist des Lernens, sondern auch die Geschichte unserer Nation. Die Begegnung von Kulturen, die Christoph Kolumbus ermöglichte, markierte den Beginn eines neuen Kapitels in der Geschichte. Der darauf folgende Austausch von Wissen, Ressourcen und Ideen zwischen der Alten und der Neuen Welt führte zur Entwicklung zweier Kontinente und zur Geburt einer Nation, die für Freiheit und Möglichkeiten steht.
Der Kolumbus-Tag war lange Zeit etwas Besonderes für Italo-Amerikaner und Amerikaner spanischer Abstammung. Aber wenn wir an den mutigen Sohn Genuas denken, der mit der Hilfe der spanischen Monarchen Ferdinand V. und Isabella I. zwei Hemisphären verband, dann wissen wir, dass dieser Tag für uns alle Bedeutung hat. Es ist der Moment, an die vielen Pioniere zu denken, die wie Kolumbus die Herausforderung des Unbekannten gesucht haben und die Menschheit auf dem Weg des Fortschritts vorangebracht haben. Es ist der Moment, das reiche Erbe der eingeborenen Völker Amerikas und unsere Stärke als eine Nation von Einwanderern zu feiern. An diesem Tag feiern wir auch die engen Bande, die uns mit unseren Nachbarn in Mittel- und Südamerika und in der Karibik verbinden, da wir gemeinsame Erben der Kolumbus-Reise sind. […] Das Wichtigste am Kolumbus-Tag ist vielleicht, dass er ein Moment ist, an dem wir uns selbst erforschen können, um die Vergangenheit zu studieren und von ihr zu lernen. Dies ermöglicht es uns, den Segen besser zu erkennen, den die Freiheit und die Prinzipien, die alle Amerikaner verbinden, für uns bedeuten.

George Bush, Proclamation 6354—Columbus Day, 10.10.1991, https://www.presidency.ucsb.edu/documents/proclamation-6354-columbus-day-1991#axzz1W3UfK4O [Zugriff: 09.02.2026] (Übersetzung: Ulrich Mücke)

M8 Q Proteste

Den 12. Oktober 1992 nehmen Organisationen der indigenen Bevölkerung zum Anlass, um gegen die Unterdrückung und Ausbeutung der Eingeborenen zu protestieren. Am 21. Juli 1990 verabschieden sie nach einem ersten Treffen der indigenen Völker in Quito (Ecuador) folgende Deklaration[1]:

1. Wir beschließen die völlige Ablehnung der Feierlichkeiten zum fünfhundertsten Jahrestag. Wir verpflichten uns, dieses Datum in eine Gelegenheit zu verwandeln, unsere Einheit und den kontinentalen Kampf für unsere Freiheit zu verstärken.
2. Wir halten an unserem nicht verhandelbaren Projekt der Selbstbestimmung und der Eroberung unserer Autonomie im Rahmen der Nationalstaaten und innerhalb einer neuen Ordnung fest. Wir respektieren, dass jedes Volk selbst bestimmt, wie es seine Kämpfe führt und seine politischen Projekte entwickelt.
3. Wir beteuern unsere Entschlossenheit, unsere Kultur, unsere Bildung und Religion als Grundlagen unserer Identität als Volk zu verteidigen, wodurch wir unsere eigenen Formen des spirituellen Lebens und des kommunalen Zusammenlebens in enger Verbindung zu unserer Mutter Natur behalten und wiedergewinnen. [...]
8. Wir klagen an, dass die indianischen Völker Opfer von Gewalt und Verfolgung sind, was eine offene Verletzung der Menschenrechte bedeutet. Wir fordern daher, unser Recht auf Leben, auf Land und auf die freie Organisation und die freie Umsetzung unserer Kultur zu respektieren. Wir verlangen zugleich die Freilassung unserer politischen Anführer, das Ende der Unterdrückung und die Entschädigung für die verursachten Schäden. [...]
Die kontinentale Kampagne „500 Jahre Widerstand der Indigenen und der Völker" muss verstärkt werden durch die Teilnahme aller unserer Organisationen, damit wir eine alternative Kraft bilden. Die Antwort auf 1992 muss die Einheit und der Einsatz sein.
Unsere Kampagne muss dem Prinzip der Solidarität mit allen Befreiungskämpfen der Völker gehorchen mit dem Ziel, multilateral Beziehungen auf internationaler Ebene zu erreichen.

„Quinto Centenario". Stimmen aus Lateinamerika – ein Presserückblick, Hamburg 1993, S. 61 (Übersetzung: von Ulrich Mücke)

[1] Später wurden diese Zusammenkünfte ausgedehnt und hießen Treffen „der Eingeborenen, der Schwarzen und der Völker".

Arbeitsvorschläge

32065-0270

1. Beschreiben Sie die Stimmung auf beiden Bildern. Nennen Sie auch Unterschiede (M6).
2. a) Nennen Sie sichtbare Symbole auf den Fotos (M6).
   b) Erklären Sie die Bedeutung der Symbole.
   c) Nehmen Sie Stellung, inwieweit diese Symbole angemessen verwendet werden.
3. Fassen Sie zusammen, wie Bush und die Deklaration auf den Jahrestag des 12. Oktober blicken (M7, M8).
4. a) Arbeiten Sie Gemeinsamkeiten und Unterschiede beider Perspektiven heraus (M7, M8).
   b) Stellen Sie sich vor, Sie müssten sich für eine Sichtweise entscheiden: Welche nehmen Sie? Begründen Sie Ihre Meinung.
   c) Entwickeln Sie Ideen, wie beide Perspektiven miteinander verbunden und versöhnt werden könnten.
5. Nehmen Sie Stellung: Ist der 12. Oktober für die USA / für Europa ein Grund zum Feiern? | F

Nationalfeiertage – Funktionen und Vergleich

M9 D Was ist die Nation, die man feiern soll oder möchte?

Der Politikwissenschaftler Karl-Rudolf Körte schreibt bereits 1993, also kurz nach der deutschen Wiedervereinigung 1990, was seiner Meinung nach eine Nation ausmache. Er definiert sie so:

Wenn die Anziehungskraft der Nation und des Nationalstaates wieder gewachsen ist, dann bleibt die Frage offen, was die Menschen eigentlich darunter verstehen und welche Funktionen sie ihnen zuschreiben. In der wissenschaftlichen Diskussion besteht keineswegs Einigkeit darüber, was die Nation ausmacht. Als vorgestellte Gemeinschaften sind Nationen keine festen, eindeutig bestimmbaren Größen. Sie variieren je nach Intensität und Ausdehnung der Gemeinsamkeiten. Voraussetzung ist, dass sich die Menschen ihres politisch-kulturellen Eigenwertes bewusst werden und gefühlsmäßig ihre Existenz als selbstständige konkrete Ganzheit bejahen. Ein Volk wird danach zur Nation durch einen Akt des Selbstbewusstseins und des Willens.
Im Rahmen einer sozialpsychologischen Dimension definiert ein gemeinsames Grundverständnis die Nation als eine Form kollektiver Identifikation, die sich auf das Zusammenleben einer Gemeinschaft insgesamt bezieht. Die Nation ist eine Variante kollektiver Identität, eine Form von Gemeinschaftserfahrung.

Die Verbindung von Nation und Staat im Begriff des Nationalstaates ist historisch betrachtet relativ spät eingetreten. Im klassischen Zeitalter der Nationalstaaten zwischen 1648 und 1914 tendierten Volk, Nation, Staat idealtypisch gesehen zueinander. Gerade der historische Rekurs zeigt jedoch, dass der Nationalstaat mit einer einheitlichen Staatsnation selbst in der modernen Geschichte Europas immer nur theoretischer Entwurf oder Fiktion war: Nationale Homogenität wurde nie erreicht, anderssprachige Bevölkerungsteile wurden in der Regel in seine staatlichen Grenzen miteingeschlossen.

Der Staat hat drei klassische Aufgaben: die Sicherung der territorialen Integrität, den Schutz seiner Angehörigen nach außen und die Schaffung günstiger Bedingungen für Wirtschaft und Handel. Anders ausgedrückt: Es geht um die Sicherung der Daseinsvorsorge und die Garantie der sozialen Sicherheit. Der Nationalstaat ist die politische Einheit einer Gemeinschaft von Menschen, die in einem bestimmten Gebiet unter einer Staatsgewalt organisiert sind. Der Nations- und Nationalstaatsbegriff zielt somit auch auf die politische Struktur eines Gemeinwesens. Der demokratisch konstituierte Nationalstaat bildet den Rahmen, in dem in verlässlicher Form die Rechte der Bürger garantiert sind. Wer ihn aufgibt, der verliert die bisher einzige effektive Garantie seiner Grundrechte.

Karl-Rudolf Körte, Das Dilemma des Nationalstaates in Westeuropa: Zur Identitätsproblematik der europäischen Integration, in: Aus Politik und Zeitgeschichte 14/1993 vom 02.04.1993, https://www.bpb.de/shop/zeitschriften/apuz/archiv/536462/das-dilemma-des-nationalstaates-in-westeuropa-zur-identitaetsproblematik-der-europaeischen-integration/ [Zugriff: 09.02.2026]

M 10 D Theoriebaustein: Kommunikatives und kulturelles Gedächtnis

a) Die Kulturwissenschaftler Aleida und Jan Assmann haben in den 1980er-Jahren die Theorie des kulturellen Gedächtnisses entwickelt. Es ist neben dem kommunikativen Gedächtnis Teil des kollektiven Gedächtnisses, das die Gedächtnisleistung einer Gruppe von Menschen beschreibt. Die Kulturwissenschaftlerin Astrid Erll fasst die Theorien des Assman'schen Konzeptes in einem Handbuch zusammen:

- Das *kommunikative Gedächtnis* entsteht durch Alltagsinteraktion, hat die Geschichtserfahrungen der Zeitgenossen zum Inhalt und bezieht sich daher immer nur auf einen begrenzten, „mitwandernden" Zeithorizont von ca. 80 bis 100 Jahren. Die Inhalte des kommunikativen Gedächtnisses sind veränderlich und erfahren keine feste Bedeutungszuschreibung. Jeder gilt hier als gleich kompetent, die gemeinsame Vergangenheit zu erinnern und zu deuten. Das kommunikative Gedächtnis gehört laut Jan Assmann zum Gegenstandsbereich der Oral History. Es dient Jan und Aleida Assmann als Oppositionsbegriff und Abgrenzungsfolie zum kulturellen Gedächtnis, welches den eigentlichen Fokus ihrer Forschung darstellt.
- Bei dem *kulturellen Gedächtnis* handelt es sich hingegen um eine an feste Objektivationen gebundene, hochgradig gestiftete und zeremonialisierte, v. a. in der kulturellen Zeitdimension des Festes vergegenwärtigte Erinnerung. Das kulturelle Gedächtnis transportiert einen festen Bestand an Inhalten und Sinnstiftungen, zu deren Kontinuierung und Interpretation Spezialisten ausgebildet werden (z. B. Priester, Schamanen oder Archivare). Sein Gegenstand sind mythische, als die Gemeinschaft fundierend interpretierte Ereignisse einer fernen Vergangenheit (wie etwa der Auszug aus Ägypten oder der Kampf um Troja). Zwischen der im Rahmen des kommunikativen und der im Rahmen des kulturellen Gedächtnisses erinnerten Zeit klafft also eine Lücke – oder in den Worten des Ethnologen Jan Vansina: ein mitwanderndes floating gap[1].

In dem 1988 erschienenen Aufsatz „Kollektives Gedächtnis und kulturelle Identität" prägt Jan Assmann den Begriff „kulturelles Gedächtnis" und definiert ihn wie folgt:

„Unter dem Begriff kulturelles Gedächtnis fassen wir den jeder Gesellschaft und jeder Epoche eigentümlichen Bestand an Wiedergebrauchs-Texten, -Bildern und -Riten zusammen, in deren ‚Pflege' sie ihr Selbstbild stabilisiert und vermittelt, ein kollektiv geteiltes Wissen vorzugsweise (aber nicht ausschließlich) über die Vergangenheit, auf das eine Gruppe ihr Bewusstsein von Einheit und Eigenart stützt."

Astrid Erll, Kollektives Gedächtnis und Erinnerungskulturen. Eine Einführung, Stuttgart ²2011, S. 30 f.

[1] **floating gap**: fließende Lücke

b)

	Kollektives Gedächtnis - erzeugt und reproduziert ausgewählte identitätsstiftende und gemeinschaftsbildende Erinnerungen einer Gruppe - schafft Mythen und Legenden mit Überzeugungskraft für spätere Zeiten - bleibt bestehen, bis etwas Neues an seine Stelle tritt - ist stets auf einen bestimmten Personenkreis begrenzt (Familie, Stamm, Nation, Klasse, Religion, Schicksalsgemeinschaft etc.)	
	kommunikatives Gedächtnis	*kulturelles Gedächtnis*
Inhalt	alltagsnah, Geschichtserfahrungen im Rahmen individueller Biografien	alltagsfern, mythische Urgeschichte
Formen	informell, wenig geformt, naturwüchsig, entstehend durch Interaktion, Alltag	gestiftet, hoher Grad an Geformtheit, zeremonielle Kommunikation, Fest
Medien der Kommunikation	mündliche Erzählung, Erfahrungen und Hörensagen	Schriften, Objekte, Feiertage, Denkmäler, Musik, Sammlungen und Museen, Rituale/Inszenierung in Wort, Bild, Tanz usw.
Reichweite	reicht etwa 80 Jahre zurück	reicht weit in die Vergangenheit zurück
Dauer	mitwandernder Zeithorizont von 3 - 4 Generationen, Gedächtnis stirbt mit seinen Trägern, danach setzt „strukturelle Amnesie" ein	absolute Vergangenheit einer mythischen Urzeit, lebt als kultureller Besitz der Gemeinschaft weiter
Träger	unspezifisch, Zeitzeugen einer Erinnerungsgemeinschaft, gebunden an die drei gemeinsam lebenden Generationen	spezialisierte Traditionsträger, nicht an Zeitzeugen gebunden, benötigt „Expertenwissen" (Lehrer, Priester, Schamanen, Künstler etc.)
Erschließung	Methode der „oral history"	traditionelle historische Quellenarbeit

Erstellt auf der Grundlage von: Jan Assmann, Das kulturelle Gedächtnis. Schrift Erinnerung und politische Identität in frühen Hochkulturen, München 1999, S. 56

M11 D „Neun Fakten über Beethovens Neunte"

Europa hat keinen Nationalfeiertag, den haben nur die Nationen, die Europa konstituieren. Es gibt aber eine Hymne, nämlich den Schlusschor aus Ludwig van Beethovens neunter Symphonie. Der Journalist Dominic Konrad beschreibt 2024, wie Beethovens Neunte zur Europahymne geworden ist:

1. Ein solches Werk wurde von Beethoven nicht erwartet.
Als Beethoven seine 9. Sinfonie am 7. Mai im Wiener Theater am Kärntnertor zur Uraufführung bringt, scheint es eigentlich so, als habe der Komponist seinen Zenit bereits überschritten. Zudem befindet sich Wien in den 1820er-Jahren im Bann der spielerischen Opern von Gioachino Rossini. In den vergangenen Jahren ist Beethoven vollkommen taub geworden […]. Dennoch – oder vielleicht sogar deshalb – gelingt ihm mit seiner letzten vollendeten Sinfonie ein Werk, das die sinfonische Komposition völlig neu prägen wird. Mit rund 70 Minuten Aufführungszeit ist die Neunte deutlich länger als damals für sinfonische Werke üblich. Außerdem ist Beethoven der Erste, der im Finalsatz einer Sinfonie mit Solistinnen und Solisten und vierstimmigem Chor arbeitet. Die abendfüllenden Sinfonien Bruckners und Mahlers stehen klar in der Tradition von Ludwig van Beethovens Neunter.

2. Eigentlich ein britischer Auftrag
Ist Beethovens Neunte ein österreichisches Werk? Vielleicht sogar ein deutsches? Wenn man nach dem Auftraggeber geht, ist die Antwort ein klares Nein. Denn dieser kommt 1817 von der Royal Philharmonic Society in London. Dennoch findet die Uraufführung in Wien statt. Sie wird zu einer Veranstaltung von nationalem Interesse erklärt, Beethoven plant sie als Akademie-Konzert mit anderen aktuellen Werken. Das Publikum nimmt die neue Beethoven-Sinfonie begeistert und mit frenetischem Applaus auf. Sie ist so beliebt, dass das Konzert drei Wochen später in der Hofburg wiederholt wird. […]

3. Schillers „Ode an die Freude" war ein Trinklied
Der Text zu den Solo- und Chorpartien im Finalsatz der Neunten stammt bekanntermaßen von niemand geringerem als Friedrich Schiller. Mitten in der Aufbruchstimmung des Sturm und Drang schreibt der 26-jährige Dichter und Dramatiker im Sommer 1875 im Leipziger Exil seine „Ode an die Freude". Schiller schreibt das Gedicht als poetische Freundschaftserklärung an seinen Leipziger Gönner Christian Gottfried Körner, seines Zeichens überzeugter Freimaurer. Als Lied wird es unter Studenten äußerst populär, nicht zuletzt auch, da es inhaltlich

reichlich feuchtfröhlich daherkommt. [...] Beethoven spielt über 30 Jahre mit dem Gedanken, das Schiller-Gedicht zu vertonen. Als er sich entscheidet, den Chor in seine 9. Sinfonie einzusetzen, schnitzt er sich aus Schillers Zeilen ein Kondensat zusammen, das zu seinem Programm republikanischer Ideale passt. Die weinseligen Passagen lässt er dabei außen vor.

4. Ein internationales Schlüsselwerk

Es ist wohl kaum untertrieben, Beethovens Neunte als Schlüsselwerk der westlichen Kultur zu bezeichnen. In ihrer kulturellen Bedeutung steht die Neunte auf einer Stufe mit der „Mona Lisa“, der Akropolis und der Luther-Bibel. Weltweit wurde und wird die Sinfonie heute gespielt: von den Vereinigten Staaten bis nach Russland, von Afrika bis Australien. [...]

5. Die Neunte und die Nazis

In den Umsturzjahren der Deutschen Revolution steigt Richard Wagner noch zu Beethovens Klängen auf die Barrikaden. Dann verliert die Neunte im Lauf des 19. Jahrhunderts ihren subversiv-revolutionären Charakter. Ihr ursprünglich aufrührerisches Gedankengut wird in den 1920er-Jahren von der Arbeiterbewegung wiederentdeckt. Schließlich bedienen sich auch die Nationalsozia listen der Neunten Sinfonie für ihre Ideologie. Beethoven wird neben Mozart und Wagner zum Titan der deutschen Musiktradition überhöht, der gerade in der 9. Sinfonie das Unmögliche geschafft habe, indem er seine Taubheit überwand. Beethovens Werke werden entsprechend im Ausland für deutsche Propaganda-Zwecke eingesetzt. Star-Dirigenten wie Furtwängler und Karajan tragen im Auftrag der Nazis Beethovens Werke in die Konzertsäle weltweit. Wilhelm Furtwängler dirigiert 1937 die Neunte auch erstmals zu Ehren von Hitler, an dessen Geburtstag. Diese Tradition wird bis in die Weltkriegsjahre fortgeführt.

6. Heimliche deutsche Nationalhymne

Nach dem Sieg der Alliierten wird Beethoven erneut im Sinne der Siegermächte neu gelesen. [...] Der Schlusschor der Neunten avanciert in dieser neuen Umbruchzeit zum Ersatz für Deutschlands Nationalhymne. Bis 1952 wird sie für die Bundesrepublik statt des immer noch dreistrophigen „Deutschlandlieds“ gespielt. Auch bei den Olympischen Spielen, bei denen bis 1964 eine gesamtdeutsche Mannschaft antritt, wird die „Ode an die Freude“ zum Ersatz für die Hymnen der beiden deutschen Republiken. Schließlich wird die Neunte auch zum Symbolwerk der Wiedervereinigung. Leonard Bernstein dirigiert sie an Weihnachten 1989 anlässlich des Mauerfalls in Berlin mit Musikerinnen und Musikern aus München, Dresden, Paris, London, New York und Sankt Petersburg. Im Text lässt er dabei das Wort „Freude“ durch „Freiheit“ ersetzen. [...]

7. Was die Neunte mit der Länge der CD zu tun hat

Auf eine CD passen klassischerweise 74 Minuten Musik. Auch das, man denkt es sich schon fast, soll auf die Neunte von Beethoven zurückgehen. Der studierte Dirigent und Opernsänger Norio Oga war ab Mitte der 1970er-Jahre Vize-Präsident der Technikfirma Sony. Gemäß einer bekannten Anekdote wollte er im Zuge der Entwicklung der CD seiner Frau den Wunsch erfüllen, die 9. Sinfonie komplett auf einer Scheibe hören zu können. [...]

8. Musikalisches Erbe und Dokumentenerbe

Nach Beethovens Tod am 26. März 1827 geht die handgeschriebene Originalpartitur der Neunten in den Besitz von Beethovens Biograf Anton Schindler über. 1846 verkauft dieser seine Beethoven-Sammlung an die Alte Bibliothek Berlin. [...] Um die herausragende Bedeutung der Sinfonie zu unterstreichen, nimmt die UNESCO das Berliner Autograph 2001 ins Weltdokumentenerbe auf.

9. Hymne des vereinigten Europas

[...] Schon in den 1950er-Jahren gibt es Stimmen, die Beethovens Neunte als europäische Hymne ins Gespräch bringen. 1972 wird die Melodie des Schlusschores zur offiziellen Hymne des Europarates – aufgrund der Vielsprachigkeit des Bundes ohne Text. Im Auftrag des Rates arrangiert Herbert von Karajan drei Fassungen der Hymne für Klavier, Bläsergruppe und volles Orchester. Diese Karajan-Fassung wird auch 1985 offiziell zur Hymne der Europäischen Gemeinschaft, der Vorgängerorganisation der heutigen Europäischen Union. Bei aller Liebe zu Beethoven gibt es heute auch kritische Stimmen zum Werk – zu stark historisch aufgeladen, zu wenig divers. Gerade auch aufgrund von Karajans Rolle im Künstlersystem der Nationalsozialisten häuft sich die Kritik daran, dass ausgerechnet Karajans Fassung bis in unsere Tage Bestand hat. Trotz alledem: Die Neunte ist der Soundtrack der Europäischen Union und damit der Idee eines Bundes, der auf der Gleichberechtigung der Nationen fußt. Ganz im Sinne des Komponisten: „Alle Menschen werden Brüder, wo dein sanfter Flügel weilt.“

Dominic Konrad, Freude schöner Götterfunken. Neun Fakten über Beethovens Neunte: Vom Überraschungserfolg zur Europahymne, in: SWR Kultur vom 07.05.2024, https://www.swr.de/kultur/musik/200-jahre-beethovens-neunte-sinfonie-neun-fakten-ueberraschungserfolg-europahymne-100.html [Zugriff: 09.02.2026]

M 12 Q Europas Fahne

Arbeitsvorschläge

32065-0271

1. a) Fassen Sie zusammen, wie Körte eine Nation definiert und welche Aufgaben er einem Staat zuspricht (M9).

   b) Diskutieren Sie, inwieweit Sie dieser Definition zustimmen. Ergänzen Sie diese gegebenenfalls durch eigene Kriterien.
2. Bewerten Sie, inwieweit Sie das Konzept der Nation heutzutage noch für bedeutend halten. Leiten Sie daraus Kriterien ab, was ein Nationalfeiertag in den Mittelpunkt stellen sollte (M9).
3. Vergleichen Sie Ihre Ergebnisse mit denen aus den USA und Frankreich. Liegt den Nationalfeiertagen dieser Länder das gleiche Verständnis zugrunde? | H
4. Geben Sie das Konzept des kommunikativen und kulturellen Gedächtnisses wieder (M10). | F
5. Charakterisieren Sie die Theorien des kommunikativen und kulturellen Gedächtnisses an Beispielen (M10).
6. Ordnen Sie das Konzept der Nationalfeiertage in diese Theorie ein (M10).
7. Nehmen Sie Stellung, ob das kulturelle oder das kommunikative Gedächtnis im Leben einer einzelnen Person mehr Bedeutung besitzt (M10). | F
8. Beurteilen Sie, was für den einzelnen Bürger, den Staat als Gebilde und die Geschichte als Konstruktion jeweils ausschlaggebend für einen Nationalfeiertag ist und sein sollte.
9. Nehmen Sie Stellung, inwieweit für das kollektive Gedächtnis Nationalfeiertage benötigt werden (M10). | F
10. Nennen Sie Werte, die Konrad zufolge mit Europas Hymne verbunden werden (M11).
11. Entwickeln Sie Argumente, die gegen diese Hymne als Symbol für ganz Europa sprechen (M11).
12. Begründen Sie, warum es eine europäische Hymne, aber keinen europäischen Nationalfeiertag gibt.
13. Nehmen Sie Stellung, ob es einen europäischen Nationalfeiertag geben sollte. Entwickeln Sie gegebenenfalls Ideen, wie dieser aussehen oder gestaltet werden könnte.
14. Beschreiben Sie die Fahne und erklären Sie die Bedeutung der Elemente. Recherchieren Sie diese gegebenenfalls (M12).
15. Bewerten Sie, inwieweit die europäische Fahne die europäischen Werte angemessen widerspiegelt (M12).
16. Nehmen Sie Stellung, inwieweit Sie sich mit der Fahne identifizieren können (M12).

Leitfrage

Nehmen Sie Stellung:

Nationalfeiertage – gibt es „richtiges" Erinnern?

4.3 Vertiefungsmodul: Historische Personen und Geschichtspolitik

M1 Q Kaiserproklamation im Spiegelsaal des Versailler Schlosses
Ölgemälde von Anton von Werner, 1885 (Ausschnitt)
Auf dem Podium steht Kaiser Wilhelm I., links der Kronprinz (der spätere Kaiser Friedrich III.). Vor dem Podium sind Otto von Bismarck sowie der Chef des Generalstabs Helmuth von Moltke abgebildet.

Bildinformation
31000-118

32065-0449

1. Beschreiben Sie das Gemälde hinsichtlich Aufbau und Gestaltung.
2. Arbeiten Sie heraus, wie der Künstler Otto von Bismarck darstellt.

LEIT-FRAGE

Die Bewertung historischer Persönlichkeiten – eine never ending story?

Historische Persönlichkeiten in der Geschichte

Menschen und Geschichte

Alles frühere Geschehene ist für uns „Vergangenheit". Doch „Vergangenheit" ist nie wieder vollständig rekonstruierbar. Kein Mensch erinnert sich an alles, was er in seinem Leben erlebt hat, und Verwandte und Freunde haben vielleicht sogar ganz andere Erinnerungen an ein und dasselbe Ereignis.

Aus dem Bemühen, „Vergangenheit" möglichst richtig und verlässlich darzustellen, entsteht „Geschichte". „Geschichte" wird also im Rückblick auf all das geschrieben, was die Vergangenheit uns hinterlassen hat: Erzählungen, Akten und (Ton-)Dokumente, Bilder und Filme sowie Bauwerke und Kunstgegenstände sind nur einige der Spuren der Vergangenheit. Historikerinnen und Historiker arbeiten daher wie Detektive, um die Beweise aus der Vergangenheit zu einem möglichst schlüssigen Puzzle zusammenzusetzen. Dabei wissen sie, dass sie keine absoluten Wahrheiten beanspruchen können, sondern ihre „Geschichte" immer nur ein der Wahrheit möglichst nahekommendes Konstrukt sein kann.

Geschichte ist auch nichts, was von alleine geschieht. Nur Menschen sind in der Lage, sie – im Guten wie im Schlechten – zu gestalten, sie voranzutreiben oder zu bremsen. Von historischen Persönlichkeiten sprechen wir, wenn Männer oder Frauen maßgeblich Einfluss genommen haben auf Entwicklungen und Veränderungen in unserer Welt. Dies müssen nicht immer Politiker oder Staatsoberhäupter sein. Genauso grundlegend für die Menschheitsgeschichte waren beispielsweise Forscher, Künstler oder Religionsstifter.

Neubewertung von historischen Persönlichkeiten

Nicht selten kommt es vor, dass das Bild, das die Nachwelt von bedeutenden Vorfahren zeichnet, sich im Laufe der Zeit wandelt. Die englische Stadt Bristol hatte dem Kaufmann Edward Colston (1636–1721), einem philanthropisch[1] gesonnenen, überaus großzügigen Wohltäter der Stadt, im 19. Jahrhundert ein Denkmal errichtet. Allerdings hatte Colston seinen Reichtum zum Teil im Sklavenhandel erworben. 2020 stürzten Demonstrierende der britischen Black Lives Matter-Bewegung[2] seine Statue vom Sockel und versenkten sie im Hafenbecken. Vor Gericht wurden die Aktivisten freigesprochen. Nachdem in der Folge auch Skulpturen des siegreichen Kriegspremierministers Winston Churchill mit Farbe übergossen worden waren, entzündete sich in intellektuellen Kreisen Großbritanniens ein „Kulturkampf“ über den Umgang mit der Kolonialzeit des Empire.

M 2 Q Demonstrierende versenken Colston-Statue im Fluss
Foto vom 7. Juni 2020

► Beschreiben Sie die Stimmung auf dem Foto.

Fallbeispiel: Otto von Bismarck (1815–1898)

Zur Person

Die mit Sicherheit wirkungsmächtigste historische Persönlichkeit der deutschen Geschichte im 19. Jahrhundert war Otto von Bismarck. Ursprünglich aus einer märkischen Gutsbesitzerfamilie stammend, strebte er eine Karriere im preußischen Staatsdienst an. Bereits 1848 profilierte er sich als redegewandter Vertreter einer königstreuen, gegenrevolutionären Politik; seiner Einstellung blieb er ein Leben lang treu. Nach der Revolution wurde Bismarck preußischer Gesandter beim Bundestag in Frankfurt, in St. Petersburg, schließlich in Paris. In diesen Jahren entwickelte er die Grundzüge seiner politischen Anschauungen: Nicht Ideen, sondern Interessen steuern die Politik – und das Interesse Preußens blieb stets maßgebliche Richtschnur seiner Realpolitik.

Der preußische Ministerpräsident

Im September 1862 wurde Bismarck preußischer Ministerpräsident in einer besonders heiklen Situation. Bereits seit zwei Jahren zog sich ein Konflikt zwischen König Wilhelm I. und dem Abgeordnetenhaus hin. Letztlich ging es um die Frage, ob Entscheidungen über die Armee allein der Kommandogewalt der Krone unterlägen oder ob das Budgetrecht (jährliche Bewilligung des Staatshaushalts) des Parlaments diesem auch ein Mitspracherecht in Militärangelegenheiten einräume. In der preußischen Verfassung war festgelegt, dass ein Gesetz nur bei Übereinstimmung zwi-

[1] Philanthrop: ein Menschenfreund, der gerne Gutes für andere tut
[2] Die Black Lives Matter-Bewegung ist eine antirassistische Bewegung, die 2013 in den Vereinigten Staaten ins Leben gerufen wurde und sich gegen Gewalt gegen People of Color einsetzt.

M3 Q „Preußische Politik“
Karikatur aus der Satirezeitschrift „Figaro“ von September 1863
Die Karikatur zeigt die zwei Gesichter der preußischen Politik in jenen Jahren:
„Nach Außen. Das große preußische Volk, an dessen Spitze ich stehe, wird nicht zugeben, dass u.s.w., u.s.w.“
„Nach Innen. Ich werde das Pack denn doch noch zu Paaren treiben.“

▸ Erläutern Sie die Aussage der Karikatur.

Bildinformation

31000-972

Indemnitätsvorlage: Die Indemnitätsvorlage war ein 1866 in Preußen durch das Parlament verabschiedetes Gesetz, das Otto von Bismarck rückwirkend Straffreiheit gewährte (Indemnität = lat. Schadlosigkeit).

schen König und den beiden Kammern des Parlaments zustande kommen konnte; für den Fall einer Kontroverse enthielt die Verfassung keinen Hinweis. Bismarck stellte deshalb eine Verfassungslücke fest: In dieser Situation falle dem König als Souverän und Verfassungsgeber die letztliche Entscheidung zu.

Die Mehrheit im Abgeordnetenhaus, mit der liberalen Fortschrittspartei an der Spitze, ging daraufhin auf Konfrontationskurs mit dem Ziel, die Entlassung Bismarcks durchzusetzen. Ebenso war die bürgerliche Presse bereit, jegliche (angebliche) Fehlleistung der Regierung mit Häme zu überziehen. Die überwältigende Mehrheit der Zeitungen unterstützte die Opposition. Bismarck reagierte mit einer Einschränkung der Pressefreiheit, was der zeitgenössische Historiker Heinrich von Treitschke als „Angriff auf das Allerheiligste unseres Volkstums“ bezeichnete. Ohne Rückhalt in der Öffentlichkeit war der höchst unpopuläre Ministerpräsident allein auf das Wohlwollen seines Königs angewiesen.

Der Reichsgründer

Ungeachtet aller Probleme trachtete Bismarck außenpolitisch danach, in Deutschland die Hegemonie Preußens gegenüber Österreich durchzusetzen. Nach zwei erfolgreichen Kriegen in Schleswig-Holstein (1864) und gegen die Habsburger Monarchie (1866) war er am Ziel. Sein Ansehen im Bürgertum war damit wiederhergestellt. In der Auseinandersetzung mit dem preußischen Abgeordnetenhaus erkannte Bismarck mit einer **Indemnitätsvorlage** nachträglich das Budgetbewilligungsrecht des Parlaments auch in Fragen des Militärs an. Im Gegenzug wurde ihm bescheinigt, dass er in dieser Ausnahmesituation nicht anders hatte handeln können. An der Indemnitätsvorlage spalteten sich die Liberalen: Die Fortschrittspartei hielt an ihrer bisherigen Ablehnung fest, während die Nationalliberale Partei ihren alten Traum einer kleindeutschen Reichsgründung nun an der Seite Bismarcks durchsetzen wollte. Nach dem siegreichen deutsch-französischen Krieg 1870/71 war es soweit, und der Jubel im Lager des liberalen Bürgertums nahm kein Ende. Der Historiker Heinrich von Sybel schrieb damals: „Wodurch hat man die Gnade Gottes verdient, so große und mächtige Dinge erleben zu dürfen? [...] Was zwanzig Jahre der Inhalt allen Wünschens und Strebens gewesen, das ist nun in so unendlich herrlicher Weise erfüllt!“ Und Bismarck war der allseits begeistert gefeierte Reichsgründer.

Der Reichskanzler

Am 21. März 1871 wurde Bismarck von Kaiser Wilhelm I. zum Reichskanzler des Deutschen Reiches ernannt. In seiner neuen Funktion benötigte Bismarck die Zustimmung des Parlaments in erster Linie, um neue Gesetze verabschieden und den Haushalt der Reichsregierung bestätigen zu lassen. In den ersten Jahren unterstützten vor allem die liberalen Parteien den Reichskanzler bei der Schaffung eines am Freihandel orientierten Wirtschaftssystems.

Außerdem war man sich einig in der Ablehnung der neuen konservativ-katholischen Partei des Zentrums mit breitem Rückhalt in der Bevölkerung. Pius IX. (Papst von 1846 bis 1878) hatte 1870 das Dogma der päpstlichen Unfehlbarkeit verkündet. Liberale in ganz Europa fürchteten nun, dass die katholische Kirche Fortschritte der modernen

Kultur in Staat, Wirtschaft und Gesellschaft rückgängig machen wollte. In der Folge wurden im Reich eine Reihe von Gesetzen erlassen, die heute noch Bestand haben: die Einführung der Zivilehe oder die Schulaufsicht durch den Staat (und nicht mehr durch die Kirche). Andere Gesetze aus der Zeit des sogenannten **„Kulturkampfes“**, die beispielsweise Geistliche unter staatliche Kontrolle stellten, wurden später wieder zurückgenommen. Der Grund: Nachdem die liberalen Parteien die verstärkte Schutzzollpolitik der Reichsregierung nicht mittragen wollten, war die Aussöhnung mit dem Zentrum für Bismarck nunmehr ein Akt tagespolitischer Notwendigkeit.

„Kulturkampf“: Bezeichnung für die Konflikte zwischen der Regierung, der katholischen Zentrumspartei und der katholischen Kirche im Deutschen Kaiserreich von etwa 1871 bis 1887

Bildinformation

31000-973

In strikter Opposition zu Bismarck stand die Sozialistische Arbeiterpartei Deutschlands (SAP), die neben einer Verbesserung der Lebensbedingungen der Arbeiterklasse in ihrem Programm auch eine revolutionäre Neuordnung der Gesellschaft forderte. Für den Kanzler waren die Sozialdemokraten Reichsfeinde, die er ab 1878 mit dem „Gesetz gegen die gemeingefährlichen Bestrebungen der Sozialdemokratie“ verfolgte. Einerseits wurden Vereine, Versammlungen und Zeitungen verboten, andererseits konnte die Partei weiterhin für den Reichstag kandidieren, wo sie nach und nach zur stärksten Fraktion anwuchs. Gleichzeitig zur Kampagne gegen die Sozialdemokraten ließ Bismarck aber auch Gesetze zur sozialen Absicherung der Arbeitnehmer beschließen, die in Europa vorbildlich waren: dazu zählten eine Kranken- und Unfallversicherung sowie Altersversorgung.

M4 Q Über das Ziel hinaus?
Karikatur aus dem „Kladderadatsch“ von 1878
„Der Pfeil ist auf die Socialdemokraten gerichtet; wie aber, wenn er über das Ziel hinausfliegt?“

► Analysieren Sie die Karikatur.

In der Außenpolitik erklärte Bismarck das Reich für „saturiert“[3]. Diese Selbstbeschränkung erschien vielen Zeitgenossen nach den Erfolgen der Vergangenheit unnötig vorsichtig und perspektivlos. Insgesamt empfanden viele in den letzten zehn Jahren von Bismarcks Kanzlerschaft ein Gefühl lähmender Stagnation. Als der junge Kaiser Wilhelm II. ihn 1890 entließ, erhob eine weniger bescheiden denkende Generation den Einstieg Deutschlands in die Weltpolitik zum Programm.

Der Mythos

Im Blick zurück setzte aber bald ein Umschwung in der öffentlichen Meinung ein. Die vorgebliche Versöhnung mit dem Kaiser (1894) und noch mehr Bismarcks 80. Geburtstag ein Jahr später lösten im national gesinnten Bürgertum Begeisterungsstürme aus. Im Reichstag allerdings verweigerte die Mehrheit aus Sozialdemokaten, Zentrum und Linksliberalen dem „eisernen Kanzler“ den Glückwunsch zum Geburtstag.

Noch einmal eine Steigerung erfuhr der Bismarckkult nach seinem Tod (1898). Posthum erschienen seine „Gedanken und Erinnerungen“ in zwei Bänden, in denen der „Reichsgründer“ seine Sicht der Geschichte niedergeschrieben hatte. Doch schon sein Co-Autor Lothar Bucher hatte geklagt: „Bei nichts, was misslungen ist, will er beteiligt gewesen sein, und niemand lässt er neben sich gelten.“ Dem Verkaufserfolg

[3] „befriedigt“

der Memoiren tat dies keinen Abbruch: Schon nach wenigen Wochen waren 300 000 Exemplare verkauft. Und die Schwärmerei kannte keine Grenzen. Rund 500 Denkmäler wurden Bismarck gewidmet, in nahezu allen Städten wurden Straßen nach ihm benannt, Gemälde, Gedichte und Lieder verklärten seine Leistungen.

Der Mythos im 20. Jahrhundert

Nach dem verlorenen Ersten Weltkrieg wurde Bismarck zum Leitbild all derer, die dem Kaiserreich und dem eingebüßten Großmachtstatus nachtrauerten. Daraus erwuchs der Ruf nach einem „zweiten Bismarck", der anders als seine schwachen Nachfolger Deutschland wieder zu einer hervorragenden Stellung in der Welt verhelfen würde. Von dieser Sehnsucht profitierte Adolf Hitler, der Führer der NSDAP. Doch benutzte er den Mythos nur in der Zeit seines Aufstiegs, um sich in die preußische Tradition zu stellen und die Weimarer Republik abzuwerten. Nach der Regierungsübernahme durch die Nationalsozialisten benötigte Hitler den Rückgriff auf Bismarck nicht mehr. Seine Rassenideologie, der Ruf nach „Lebensraum im Osten" und die Dynamik einer jungen politischen Bewegung ließen sich mit preußischen Vorbildern nicht mehr in Einklang bringen.

Nach dem Zweiten Weltkrieg beschäftigte Historikerinnen und Historiker zunächst die Frage, inwieweit Kontinuitäten zwischen der Politik Bismarcks und der Politik Hitlers bestanden haben. Über diese Problematik ist die Zeit hinweggegangen: Bismarck wird heute in unterschiedlichen Deutungen ohne mythische Überhöhung als wirkungsmächtiger Staatsmann mit seinen Leistungen und Grenzen beschrieben. Aber eine Frage bleibt und wird auch künftige Diskussionen beherrschen: Wie sehr kann eine historisch wichtige Figur für die Folgen ihres Tuns nach ihrem Tod verantwortlich gemacht werden?

M 5 Q Bismarck-Denkmal in Hamburg
Foto von 2011

▶ Beschreiben Sie, wie das Denkmal auf Sie wirkt.

Historische Persönlichkeiten in der Geschichte

M 6 D Freispruch für Statuensturz

Die Journalistin Gina Thomas schreibt 2022 über den Freispruch der vier Aktivisten, die das Colston-Denkmal in Bristol gestürzt haben:

Ein Geschworenengericht in Bristol hat vier Aktivisten freigesprochen, die wegen ihrer Beteiligung am Sturz des seit Jahrzehnten umstrittenen Denkmals für den Skavenhändler und Mäzen Edward Colston (1636 bis 1721) im Juni 2020 der Sachbeschädigung angeklagt waren. Das kalauernd als „monumental" bezeichnete Urteil schlägt hohe Wellen, weil manche darin einen Ansporn für Bilderstümer sehen. Kritiker bemängeln zudem, dass die Grenzen zwischen Recht und persönlichen Sympathien verwischt worden seien.

Man hätte gemeint, der Sturz eines Denkmals durch einen Mob sei ein klarer Fall, zumal sich die vier Angeklagten zur Tat bekannten. Sie bestritten jedoch, Sachschaden angerichtet zu haben, weil ihre Handlungen gerechtfertigt gewesen seien. Drei von ihnen behaupteten sogar, der Wert der Statue sei gestiegen, nachdem diese aus dem Hafenbecken geborgen und im Museum aufgestellt worden sei.

Die Verteidigung beruhte im Wesentlichen auf den moralischen Motiven der vier Aktivisten, die, wie einer von ihnen erklärte, aus Liebe zu ihren Mitmenschen gehandelt hätten. Das Denkmal für den als Rassist und Mörder bezeichneten Kaufmann des siebzehnten und achtzehnten Jahrhunderts komme in seiner Anstößigkeit einem Hassverbrechen gleich. Durch den Abriss des „Denkmals für den Rassismus" habe er ein Verbrechen an den Bürgern von Bristol verhindert, rechtfertigte sich ein Angeklagter, der meinte, das Colston-Monument sei einer Hitler-Statue vergleichbar, die einem Holocaust-Überlebenden vor die Nase gestellt würde. Den Geschworenen wurde auch zu bedenken gegeben, dass eine Verurteilung gegen die Artikel des britischen Menschenrechtsgesetzes zum Schutz von Gedankenfreiheit, Gewissensfreiheit, Religionsfreiheit und Versammlungsfreiheit verstoßen würden.

Das Verfahren hätte von einem Amtsgericht verhandelt werden können, bei dem ein Richter über den Ausgang entscheidet. Die Angeklagten zogen ein Geschworenengericht vor und setzten auf das Vermögen ihrer Verteidiger, die zwölf Männer und Frauen auf der Geschworenenbank von der Rechtmäßigkeit ihres Protestes zu überzeugen. Dafür rückten die Anwälte die Erfahrungen von schwarzen Bürgern mit dem Rassismus in Großbritannien und die Geschichte Edward Colstons in den Vordergrund. In dem politisierten Verfahren war es, als hätten die Geschichte und der Gewinnler des Sklavenhandels postum unter Anklage gestanden für Untaten, die nach damaligen Maßstäben nicht als solche galten. Als sachverständiger Zeuge erläuterte der Historiker David Olusoga dem Gericht denn auch unter Benennung von Tausenden von Afrikanern, die in der Zeit von Colstons Beteiligung an der Royal Africa Society den Transport über den Atlantik nicht überlebten, die Schrecken des Menschenhandels.

Nach dem Freispruch bekundete Olusoga seine Genugtuung über den Befund einer englischen Jury, dass das „eigentliche Verbrechen" darin gelegen habe, ein Denkmal für einen Massenmörder 125 Jahre lang stehen zu lassen. Einer der Angeklagten jubelte, dass die Geschichte korrigiert worden sei.

Jonathan Sumption, einst Richter des Obersten Gerichtes, ist nicht der einzige, der den Anspruch der Aktivisten ablehnt, notfalls mit Gewalt direkt zu handeln, um ihre moralischen Werte geltend zu machen. Sumption verurteilte die Handlungen der Freigesprochenen, die in Anspielung an die Opfer diverser Justizirrtümer im Zusammenhang mit Terroranschlägen der IRA als die „Colston Vier" bezeichnet werden, als bloße Selbstbefriedigung. Die Aktivisten hätten die Stärke ihres Gefühls zur Schau gestellt. Als historisches Phänomen sei die Sklaverei bedeutsam, argumentiert Sumption, die Stärke des Gefühls darüber jedoch nicht. In der Debatte um Colston kommt der Verstand freilich schwer gegen die Macht des Gefühls an, das sich über Jahrzehnte aufgestaut hat, weil Bristol ungeachtet der modernen Sensibilitäten darauf bestand, ihrem Wohltäter wie einst die Viktorianer als „einem der tugendhaftesten und weisesten Söhne ihrer Stadt" zu huldigen.

Gina Thomas, So anstößig wie eine Hitler-Statue, in: Frankfurter Allgemeine vom 09.01.2022, https://www.faz.net/aktuell/feuilleton/colston-denkmal-freispruch-fuer-statuensturz-in-bristol-17723555.html [Zugriff: 20.04.2026]

Arbeitsvorschläge

32065-0494

1. Fassen Sie die Argumentation der Aktivisten zusammen. | F
2. Arbeiten Sie die Haltung heraus, die die Autorin zum Sturz der Statue einnimmt. | H
3. Diskutieren Sie, inwiefern die Handlungsweise der Aktivisten berechtigt war. Unterscheiden Sie dabei zwischen dem Zweifel an der Angemessenheit der Statue und der Umsetzung dieser Zweifel.
4. Nehmen Sie Stellung, inwiefern es sinnvoll und angebracht ist, historische Persönlichkeiten sowie ihr Handeln und Wirken aus gegenwärtiger Sicht immer wieder neu zu bewerten. | F

Fallbeispiel: Otto von Bismarck

M7 D Stationen im Leben des Politikers Otto von Bismarck

	Politische Station	Öffentliche Wirkung
1862	Der preußische König Wilhelm I. ernennt Otto von Bismarck zum Ministerpräsidenten.	Die liberale Mehrheit im preußischen Abgeordnetenhaus lehnt Bismarck als konservativen Reaktionär ab.
1862–1866	Bismarck regiert ohne parlamentarisch genehmigten Haushalt.	Der Konflikt weitet sich zu einer offenen Konfrontation aus.
1866	Nach dem Sieg über Österreich ist Preußen die vorherrschende Macht im Deutschen Bund.	Die Mehrheit der Liberalen unterstützt von nun an die Politik des Ministerpräsidenten.
1871	Nach dem Sieg über Frankreich wird Bismarck Kanzler des Deutschen Reiches – seine Popularität erreicht einen Höhepunkt.	Im neu gegründeten Reichstag setzt sich die Zusammenarbeit mit der Nationalliberalen Partei fort.
1872–1890	Der Nimbus des „Reichsgründers" verblasst im Verlauf von (innenpolitischen) Auseinandersetzungen.	Wechselnde Mehrheiten im Parlament machen eine „Schaukelpolitik" des Kanzlers notwendig.
1890	Kaiser Wilhelm II. entlässt Bismarck.	Weite Kreise der Öffentlichkeit sind erleichtert.
1898	Bismarck stirbt. Seine „Gedanken und Erinnerungen" erscheinen posthum in zwei Bänden.	Schon bald nach Bismarcks Entlassung – und noch gesteigert nach seinem Tod – entwickelt sich ein regelrechter Kult um seine Person.

M8 Q Bismarck als Lexikonartikel

Seit Mitte des 19. Jahrhunderts gehörten Lexika zum festen Bestandteil eines (bildungs)bürgerlichen Haushalts. In Deutschland konkurrierten vor allem das „Conversations-Lexikon" von Friedrich Arnold Brockhaus (seit 1809) und das „Große Conversations-Lexikon für die gebildeten Stände" von Joseph Meyer um die Gunst des Publikums. Die große Zeit der Lexika endet, als ab 2001 die Wikipedia Foundation, eine Non-Profit-Organisation, von freiwilligen Autoren ohne Honoraransprüche Inhalte in ständiger Überarbeitung für das Internet bereitstellen lässt.

Nach dem deutsch-französischen Kriege beschäftigte B. vornehmlich der sogen. Kulturkampf […], den er mit der ganzen ihm eigentümlichen Kraft ausfocht, sobald die Zentrumspartei ihn durch Mobilmachung aller reichsfeindlichen Elemente unter klerikaler Fahne eröffnet hatte. In den ersten Jahren trat er im Landtag mit mehreren bedeutenden Reden für die Sicherung des Staates gegen die päpstliche Anmaßung ein und zog sich dadurch die heftigsten Angriffe seitens der Ultramontanen zu […].
An die neue Zollgesetzgebung, welche die Einnahmen des Reiches steigerte und manche Zweige der Industrie hob, schlossen sich soziale Reformen, die den Arbeiterstand durch die Befriedigung seiner berechtigt erscheinenden Forderungen vor dem Einfluss der Sozialdemokratie bewahren sollten. Hierbei stieß B. auf den Widerstand der Liberalen, förderte nun deren Schwächung und Spaltung, konnte aber keine konservative Mehrheit im Reichstage zustande bringen und musste sich wegen der schroff oppositionellen Haltung der Fortschrittspartei auf das Zentrum stützen und diesem manche Zugeständnisse machen. Nur mit Mühe und nach langen Verhandlungen wurden das Krankenkassen-, das Unfallversicherungs- und das Alters- und Invalidenversicherungsgesetz im Reichstag angenommen […]
In der auswärtigen Politik bildete sein Ziel die Erhaltung des Friedens […]. Bismarcks 80. Geburtstag veranlasste wieder lebhafte Kundgebungen, welche die von der Reichstagsmehrheit am 23. März verweigerte Beglückwünschung noch steigerte; am 26. März brachte der Kaiser, der über den Beschluss des Reichstages seine tiefste Entrüstung aussprach, seine Glückwünsche persönlich dar.

Meyers Großes Konversations-Lexikon, Zweiter Band, Leipzig / Wien, [6]1903, S. 910 f.

In der auf die Person B.s zugeschnittenen Schlüsselstellung des Reichskanzlers, der als einziger Minister nur dem Monarchen verantwortlich war, lag einer der Grundfehler der preußisch-dt. konstitutionellen Monarchie. Die „Revolution von oben" […] wurde im Wesentlichen abgeschlossen durch die wirtschafts- und sozialpolit. Wende des Jahres 1879. Sie bedeutete den Übergang vom Freihandel zum Schutzzoll zugunsten der heim. Schwerindustrie und der Großagrarier. In ihrer Folge steht das sozialpolit. Reformwerk von 1881–89, das die Arbeiterschaft in die bestehende Staats- und Gesellschaftsordnung integrieren sollte, diese Wirkung aber wegen der parallel gegen sie laufenden Unterdrückungsmaßnahmen (Sozialistengesetz) verfehlte. Verhängnisvoll für die gesellschaftl. Konsolidierung (innere Reichsgründung) wirkte sich der bald nach der Reichsgründung einsetzende Kulturkampf aus, der auch die kath. Volkskreise dem neuen Reich entfremdete, obwohl er angesichts seines Fehlschlags nach 1878 abgebaut wurde. Gegenüber diesen von B. nicht unverschuldeten innenpolit. Dauerkrisen war seine Außenpolitik 1871 bis 1890 defensiv und freidliebend. Grundprinzipien waren Hervorkehrung der Saturiertheit des Reiches (trotz der Episode der Kolonialpolitik 1884/85), Isolierung Frankreichs, Verhinderung von Mächtekoalitionen gegen die europ. Mitte und Ablenkung der europ. Gegensätze in Randzonen.

Brockhaus Enzyklopädie, Dritter Band, Mannheim, 19., völlig neu bearbeitete Auflage 1987, S. 370

Arbeitsvorschläge 32065-0450

1. Stellen Sie die politischen Stationen Bismarcks ihrer jeweiligen Wirkung in der Öffentlichkeit gegenüber (M7).
2. Erläutern Sie, wie sich die öffentliche Wahrnehmung Bismarcks im Laufe seines Lebens veränderte. Berücksichtigen Sie auch den Darstellungstext.
3. Die Artikel zu Bismarck stammen aus den Jahren 1903 und 1987. Vergleichen Sie sie in Bezug auf Sprache und Inhalt (M8).
4. Lexikonartikel sind zu einer sachlich-neutralen Darstellung verpflichtet. Erklären Sie, wieso die Akzente dennoch unterschiedlich gesetzt sind.

M 9 D Bismarck-Mythos gegen Kaiserkult

Neueste Literatur aus der Feder von Historikern bemüht sich, Kaiser Wilhelm I. aus dem Schatten seines Kanzlers herauszuholen. Eckart Conze schreibt zu diesen Veröffentlichungen in der Frankfurter Allgemeinen.

Es sei nicht leicht, unter Bismarck Kaiser zu sein. Das Wilhelm I. zugeschriebene und von dem Reichstagsabgeordneten Ludwig Bamberger[1] in den 1890er-Jahren kolportierte Diktum steht für den Beginn der posthumen Dominanz Bismarcks über seinen König und Kaiser. Diese Dominanz entwickelte sich aus einer Konkurrenz der Bismarck- und Kaiser-Wilhelm-Mythen, die unmittelbar nach dem Tod des Monarchen und nach Bismarcks Entlassung begann. In ganzen Serien von Denkmälern spiegelte sie sich, erst recht nach Bismarcks Tod 1898. Hinter dem Wilhelm-Mythos stand nicht zuletzt Wilhelm II., der nur zu genau wusste, dass der Bismarck-Mythos und die Heroisierung des Kanzlers stets eine kritische Wendung gegen ihn selbst hatten. Der junge Kaiser versuchte dem zu begegnen, bis hin zu der nicht sonderlich erfolgreichen Idee, seinen Großvater als Wilhelm den Großen in der öffentlichen Erinnerung zu verankern. […] Hoch politisch war auch der Bismarck-Mythos. Dieser ging zunächst vor allem auf Bismarck selbst zurück, der nach seinem Sturz 1890 im Sachsenwald an ihm arbeitete, nicht zuletzt in seinen „Gedanken und Erinnerungen". Das verband sich rasch mit der gerade in konservativen, nationalen Kreisen wachsenden Kritik an Wilhelm II., dem aber nicht sein Großvater entgegengestellt wurde, sondern das politische Genie Bismarck als eine Art „Anti-Wilhelm II.". […] „Bismarckquellen erzählen Bismarckgeschichte", betont Jan Markert[2] zu Recht, sie marginalisierten den Monarchen. Das demonstriert er an verschiedenen Beispielen, bis hin zu der berühmten Septemberkrise 1862, dem Höhepunkt des preußischen Verfassungskonflikts, als Bismarck zum Ministerpräsidenten ernannt wurde und sogleich, so die etablierte Lesart, das Heft des Handelns in die Hand nahm. So erzählten es die Bismarck-Biografen […], von denen keiner den umfangreichen archivalischen Nachlass Wilhelms ausgewertet hat, um womöglich das Bismarck-Narrativ zu überprüfen, das so immer wieder fortgeschrieben und nicht mehr hinterfragt wurde. […] Das auf den September 1862 zurückgehende Verhältnis in der Machtausübung der beiden Protagonisten war komplex; es ging aber in einer Konstellation von Über- und Unterordnung nicht auf, sondern war immer wieder – und weit über 1870 hinaus – von einer weitgehenden Übereinstimmung charakterisiert. Sonst wäre Bismarck nicht Ministerpräsident geworden – und geblieben. Man brauchte einander.

Eckart Conze, Korrekturen am Bild des Patriarchen, in: Frankfurter Allgemeine Zeitung vom 14.03.2025, S. 12

[1] Ludwig Bamberger (1823–1899), Bankier und liberaler Reichstagsabgeordneter

Arbeitsvorschläge 32065-0451

1. Arbeiten Sie das Verhältnis zwischen dem „Bismarck-" und dem „Wilhelm-Mythos" heraus.
2. Unter Historikern lautet ein Bonmot: „Wer glaubt, dass man die Vergangenheit nicht mehr ändern kann, hat noch keine Memoiren geschrieben." Diskutieren Sie die Richtigkeit und die Grenzen dieser Aussage. | H

[2] Jan Markert, Historiker, der die Rolle Wilhelms I. betont.

Leitfrage

Nehmen Sie Stellung:
Die Bewertung historischer Persönlichkeiten – eine never ending story?

4.4 Vertiefungsmodul: Darstellung von Geschichte in (sozialen) Medien

M1 Q Gladiator
Filmplakat und Szene aus dem Film Gladiator von 2000

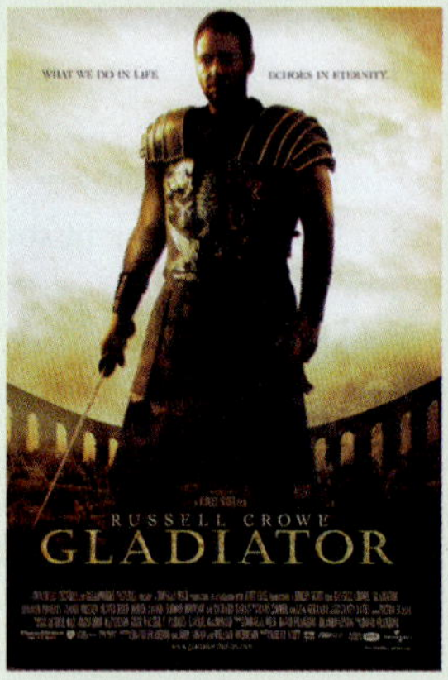

1. Beschreiben Sie die Plakate und Szenen.
2. Analysieren Sie ihre Wirkung.
3. Überlegen Sie, welche Geschichtsdarstellungen im Film Sie zuletzt gesehen haben, und fassen Sie diese kurz zusammen.
4. Diskutieren Sie Erwartungen und Ansprüche, die Sie an Darstellungen von Geschichte in Filmen haben.
5. Überprüfen Sie, ob diese Ansprüche vom letzten Film, den Sie gesehen haben, erfüllt wurden.

32065-0394

M2 Q Sophie Scholl
Filmplakat und Szene aus dem Film Sophie Scholl von 2005

LEIT-FRAGE

Geschichte und Medien – eine unverzichtbare Verbindung?

Historische Darstellungen in Medien prüfen

Geschichte im Alltag

Geschichte wird nicht nur durch Schulbücher oder Museen vermittelt, sondern findet sich zunehmend in unserem Alltag wieder – von Filmen über digitale Spiele bis hin zu Social Media. Häufig werden wir zuerst in populären Medien mit historischen Ereignissen konfrontiert, sei es durch Serien, YouTube-Videos oder TikTok-Clips. Geschichte bildet dabei den Hintergrund für Unterhaltung. Doch wie viel davon ist realistisch? Um das herauszufinden, ist die kritische Auseinandersetzung mit der Darstellung von Geschichte in den Medien von zentraler Bedeutung. Sie fördert nicht nur historische Kenntnisse, sondern auch Medienkompetenz und die Fähigkeit, Informationen kritisch zu hinterfragen.

Historische Triftigkeit – ein Prüfstein für die Darstellung

Damit historische Darstellungen in Medien als glaubwürdig gelten können, müssen sie historisch triftig sein. Historische Triftigkeit bezeichnet nach Jörn Rüsen die verlässliche und begründete Darstellung von Geschichte und gliedert sich in drei Teilaspekte:

1. Empirische Triftigkeit: Eine Darstellung ist empirisch triftig, wenn sie anhand von historischen Quellen und belegbaren Fakten nachvollziehbar ist. Beispiel: Ein Dokumentarfilm über den Zweiten Weltkrieg, der Archivmaterial und Zeitzeugenberichte nutzt, ist empirisch triftig.

2. Normative Triftigkeit: Diese Form der Triftigkeit prüft, ob die Darstellung wertneutral oder ethisch vertretbar erfolgt. Historische Inhalte dürfen nicht verfälscht, verklärt oder instrumentalisiert werden, etwa um ein bestimmtes politisches oder ideologisches Narrativ zu stützen.

3. Narrative Triftigkeit: Sie betrifft die logische und kohärente Darstellung historischer Ereignisse. Eine Geschichte sollte nachvollziehbar erzählt werden, Ursachen und Folgen werden korrekt dargestellt, und ein innerer Zusammenhang der Ereignisse ist erkennbar.

Beispiel: Eine TV-Serie über die Französische Revolution kann visuell beeindruckend sein, ist aber nur dann historisch triftig, wenn sie die politischen Hintergründe und gesellschaftlichen Spannungen korrekt zeigt (empirisch), die Ereignisse nicht verzerrt oder verharmlost darstellt (normativ) und eine verständliche Handlungslinie bietet (narrativ).

Darstellung von Geschichte in Filmen und Serien

Filmformate und ihre Besonderheiten

Filme und Serien sind heute zentrale Medien der Geschichtsdarstellung und gehören für viele Jugendliche zu den wichtigsten Zugängen zur Vergangenheit. Historische Ereignisse, Epochen und Personen werden nicht mehr ausschließlich über Schulbücher, Museen oder wissenschaftliche Texte wahrgenommen, sondern zunehmend über Kino, Streamingplattformen, Fernsehdokumentationen oder kurze Onlinevideos. Dadurch prägen Filme und Serien in hohem Maße die individuellen und kollektiven Geschichtsbilder der Gesellschaft.

Das Medium Film besitzt dabei besondere Eigenschaften: Durch bewegte Bilder, Musik, Schauspiel und Dramaturgie können historische Ereignisse emotionalisiert und anschaulich dargestellt werden. Komplexe historische Prozesse werden häufig personalisiert, indem sie mithilfe einzelner Figuren oder Schicksale erzählt werden. Diese mediale Inszenierung kann das Verständnis von Geschichte erleichtern, birgt jedoch zugleich die Gefahr von Vereinfachung, Dramatisierung oder Verzerrung historischer Zusammenhänge.

Die verschiedenen Genres verfolgen zudem unterschiedliche Ziele. Während einige Produktionen den Anspruch erheben, Geschichte möglichst faktengetreu darzustellen, steht bei anderen der Unterhaltungswert im Vordergrund. Zwischen wissenschaftlicher Dokumentation, populärem Histotainment und fiktionalem Spielfilm bestehen erhebliche Unterschiede im Umgang mit historischen Quellen, mit Werturteilen und mit der erzählerischen Gestaltung der Vergangenheit. Für eine tiefgreifende Analyse ist es deshalb entscheidend, sich diese Unterschiede bewusst zu machen und kritisch zu reflektieren. Dafür ist die Prüfung der historischen Triftigkeit ein zentrales Analyseinstrument.

Filme und Serien zeigen somit nicht „die Vergangenheit, wie sie wirklich war", sondern immer eine medial konstruierte Deutung von Geschichte. Sie ermöglichen dadurch besonders gut die Analyse verschiedener Geschichtsbilder, das Hinterfragen von historischen Narrativen und die Stärkung der eigenen Medienkompetenz. Im Folgenden werden verschiedene Filmformate unterschieden und exemplarisch analysiert, um die jeweiligen Chancen, Grenzen und Triftigkeitsprobleme der filmischen Darstellung sichtbar zu machen.

Der Dokumentarfilm: Anspruch auf historische Genauigkeit

Der historische Dokumentarfilm verfolgt das Ziel, vergangene Ereignisse möglichst wirklichkeitsnah darzustellen. Dabei stützt er sich auf historische Quellen wie Archivmaterial, Fotografien, Zeitzeugeninterviews oder Aussagen von Historikerinnen und Historikern. Die erzählerische Gestaltung tritt im Vergleich zu anderen Filmformaten in den Hintergrund, da der Anspruch auf empirische Triftigkeit im Mittelpunkt steht. Dennoch sind auch Dokumentarfilme keine neutralen Abbilder der Vergangenheit, sondern interpretierende Darstellungen, da Auswahl, Montage und Kommentierung der Quellen immer eine bestimmte Perspektive widerspiegeln.

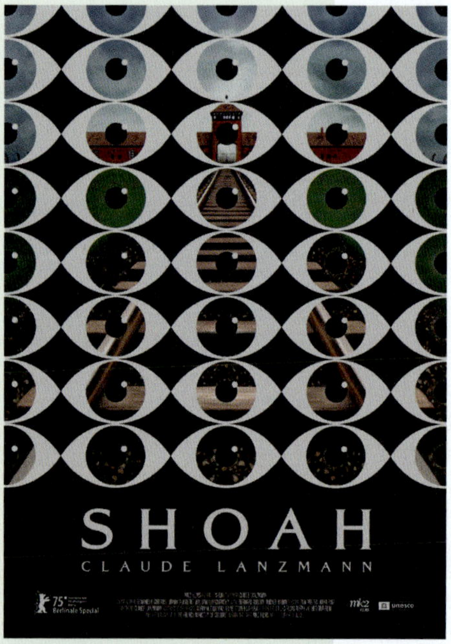

M3 Q Plakat zum Dokumentarfilm „Shoah“ (1985) von Claude Lanzmann

▶ Beschreiben Sie, wie das Plakat Inhalt und Art des Films widerspiegelt.

Internettipp:
32065-0395 Doku-Reihe „Die Deutschen“

Ein besonders eindrückliches Beispiel ist der Dokumentarfilm „Shoah“ von Claude Lanzmann aus dem Jahr 1985, der sich mit dem Holocaust und der nationalsozialistischen Vernichtungspolitik beschäftigt. Lanzmann verzichtet vollständig auf nachgestellte Szenen oder historisches Filmmaterial und lässt ausschließlich Überlebende, Täter und Zeitzeugen zu Wort kommen. Dadurch entsteht eine sehr hohe empirische Triftigkeit, da die Aussagen direkt aus der historischen Erfahrung stammen. Zugleich ist die normative Triftigkeit deutlich ausgeprägt: Die Verbrechen des Nationalsozialismus werden klar verurteilt, ohne sie zu dramatisieren oder zu emotionalisieren. Die narrative Triftigkeit zeigt sich weniger in einer linearen Chronologie als in einer thematischen Struktur, die für Zuschauer anspruchsvoll, aber historisch sinnvoll ist.

Auch modernere Fernsehdokumentationen wie die ZDF-Reihe „Die Deutschen“ aus den Jahren 2008 bis 2014 greifen auf wissenschaftliche Forschung und die Beratung durch Historikerinnen und Historiker zurück, welche in den einzelnen Folgen auch zu Wort kommen (empirische Triftigkeit). Der Quellenbezug und die Erzählung historischer Ereignisse wird in diesem Beispiel jedoch mit Spielszenen kombiniert. Dadurch wird die Darstellung zugänglicher, zugleich aber stärker narrativ gestaltet (narrative Triftigkeit). Die Personalisierung historischer Prozesse kann zwar das Verständnis fördern, birgt jedoch die Gefahr, komplexe Entwicklungen zu stark auf einzelne – vermeintlich große – Persönlichkeiten zu reduzieren (normative Triftigkeit).

Dokumentarfilme sind besonders geeignet, historisches Wissen zu vertiefen, verlangen jedoch immer eine aktive Auseinandersetzung und Kontextualisierung.

Historische Spielfilme: Emotionale Annäherung an die Vergangenheit

Historische Spielfilme nutzen vergangene Ereignisse und reale Figuren als Grundlage für fiktionale Erzählungen, in denen Spannung, Identifikation und emotionale Wirkung im Vordergrund stehen. Historische Fakten bilden dabei oft den Rahmen, werden jedoch zugunsten einer dramatischen Handlung verändert oder vereinfacht. Dafür werden Dialoge, Szenen und Handlungsverläufe teils erfunden oder zumindest verdichtet, um Spannung zu erzeugen und emotionale Identifikation mit den Figuren zu ermöglichen. Die narrative Triftigkeit ist in diesem Format meist besonders ausgeprägt, während die empirische und normative Triftigkeit eingeschränkt sein können.

Ein häufig diskutiertes Beispiel ist der Film „Der Untergang“ aus dem Jahr 2004, der die letzten Tage des NS-Regimes im Berliner Führerbunker zeigt. Der Film basiert auf historischen Quellen, unter anderem auf den Erinnerungen von Hitlers Sekretärin Traudl Junge, und weist daher eine relativ hohe empirische Triftigkeit auf. Zugleich wurde er kontrovers diskutiert, da Adolf Hitler als emotionaler, teilweise menschlich wirkender Charakter dargestellt wird. Diese Darstellung wirft Fragen nach der normativen Triftigkeit auf, da sie die Gefahr birgt, historische Schuld zu relativieren. Die erzählerische Struktur des Films ist jedoch chronologisch und nachvollziehbar, wodurch die narrative Triftigkeit hoch ist.

M4 Q Szene aus „Der Untergang" (2004)
Adolf Hitler (gespielt von Bruno Ganz) zeichnet im Hof der Reichskanzlei Jungen der Hitler-Jugend aus, die zusätzlich in den Krieg und die Verteidigung Berlins geschickt wurden.

▶ Beschreiben Sie die dargestellte Szene.

Demgegenüber steht der Film „Braveheart" (1995), der den schottischen Freiheitskampf im Mittelalter thematisiert. Obwohl der Film ein starkes und emotional wirksames Narrativ entwickelt, ist die empirische Triftigkeit sehr gering. Historische Fakten, Kleidung und Ereignisse sind stark verfälscht, wodurch der Film zwar unterhält, aber ein verzerrtes Geschichtsbild vermittelt. Der Film stellt einen klaren Gegensatz von „gut" und „böse" heraus. Durch die Emotionalität ist es schwer, sich als zuschauende Person davon zu lösen (normative Triftigkeit). Dieses Beispiel zeigt deutlich, dass eine überzeugende und wirkungsvolle Erzählweise (narrative Triftigkeit) historische Genauigkeit nicht ersetzen kann.

Historische Spielfilme können somit Geschichte emotional erfahrbar machen, erfordern jedoch eine kritische Reflexion, um zwischen filmischer Dramatisierung und „historischer Realität" zu unterscheiden.

M5 Q Szene aus „Braveheart" (1995)
Mel Gibson (dritte Person von links) reitet als William Wallace mit seinen Verbündeten. In der Darstellung führt er eine Armee vorwiegend schottischer Bauern gegen König Edward I. und sein gut ausgerüstetes Heer in den Freiheitskampf.

▶ Analysieren Sie die Wirkung der Szene.

Internettipp:
32065-0396 Infos zum schottischen Freiheitskampf

Histotainment: zwischen Unterhaltung und Geschichtsvermittlung

Histotainment-Formate verbinden historische Inhalte bewusst mit Elementen populärer Unterhaltung. Serien und Filme, die diesem Format zuzuordnen sind, versuchen, Geschichte spannend und emotional zugänglich zu machen, indem sie fiktionale Handlungsstränge in reale historische Kontexte einbetten. Dadurch entsteht eine hohe narrative Triftigkeit, während empirische Genauigkeit sehr variabel bleibt.

Die Serie „Babylon Berlin" (seit 2017) spielt in der Zeit der Weimarer Republik und verknüpft eine fiktive Kriminalhandlung mit realen historischen Entwicklungen wie politischer Radikalisierung, sozialer Ungleichheit und kultureller Blüte (narrative Triftigkeit). Das Drehbuch basiert in Teilen auf den Kriminalromanen von Volker Kutscher. Obwohl die Hauptfiguren erfunden sind, wird die historische Atmosphäre Berlins in den späten 1920er-Jahren sehr detailreich und forschungsbasiert dargestellt. Die Serie erreicht dadurch eine vergleichsweise hohe empirische Triftigkeit im Hinblick auf den gesellschaftlichen Kontext und wahrt zugleich eine differenzierte normative Perspektive, indem sie politische Extreme kritisch zeigt.

Andere Serien wie „Die Tudors" aus den Jahren 2007 bis 2010 setzen stärker auf Skandalisierung und Personalisierung – im Mittelpunkt steht die Herrschaft Heinrichs VIII. in England (1509–1547). Politische Prozesse werden hier häufig vereinfacht oder zugunsten von Dramaturgie und des starken Fokus auf Skandalen und Sexualität in

M 6 Q Szene aus der Serie „Die Tudors“
Henry VIII. (gespielt von Jonathan Rhys Meyers) ist hier in der zweiten Staffel zu sehen mit seiner Frau Anne Boleyn (Natalie Dormer). Sie war die zweite der insgesamt sechs Ehefrauen und wurde wegen angeblichen Ehebruchs und Hochverrats hingerichtet. Die gemeinsame Tochter Elisabeth I. zählte später zu den wichtigsten Monarchen Englands.

► Informieren Sie sich über die Herrschaft Heinrichs VIII. und begründen Sie die Wahl als Hintergrund für eine Histotainment-Serie.

seiner Herrschaft verzerrt. Dadurch wird Geschichte zwar unterhaltsam präsentiert, aber stärker als Kulisse genutzt, was eine kritische Triftigkeitsprüfung notwendig macht.

Histotainment kann Interesse für Geschichte wecken, birgt jedoch die Gefahr, dass fiktionale Elemente von Zuschauerinnen und Zuschauern als historisch verbürgt wahrgenommen werden.

Erklärvideos: Reduktion und Strukturierung historischer Inhalte

Erklärvideos, insbesondere auf digitalen Plattformen, verfolgen das Ziel, historische Inhalte in kurzer Zeit verständlich darzustellen. Sie arbeiten mit Animationen, Grafiken und klar strukturierten Narrationen, um Themen zu vereinfachen. Die narrative Triftigkeit ist in der Regel hoch, da Ursache-Wirkung-Zusammenhänge deutlich herausgestellt werden. Gleichzeitig ist die empirische Triftigkeit abhängig von der Qualität der Recherche und der Transparenz der Quellen. Besonders auf Plattformen wie YouTube werden solche Videos häufig genutzt.

Formate wie „MrWissen2go Geschichte“ greifen zentrale historische Themen wie den Nationalsozialismus oder den Kalten Krieg auf und vermitteln grundlegende Zusammenhänge. Die empirische Triftigkeit ist bei diesem Kanal gegeben, da die Inhalte wissenschaftlich fundiert sind und in den Kommentaren eine Literaturliste hinterlegt wird. Aufgrund der Kürze der Videos ist die narrative Triftigkeit jedoch meist auf eine vereinfachte Darstellung angewiesen, wodurch Differenzierungen und Kontroversen teilweise ausgeblendet werden – oft gibt es aber zusätzliche Videos, die einzelne Aspekte vertiefen, um dem entgegenzuwirken. Die normative Triftigkeit hängt immer stark von der Wortwahl und der Kontextualisierung ab, wobei der Kanal sich sehr um eine reflektierte Haltung bemüht. Andere Formate wie Simple History setzen stärker auf Unterhaltung und visuelle Reize, wodurch die Gefahr der Banalisierung – insbesondere bei den Themen Gewalt und Konflikte – bestehen kann.

Erklärvideos eignen sich gut als Einstieg in die Beschäftigung mit einem historischen Thema oder zur Wiederholung, ersetzen jedoch keine vertiefte Auseinandersetzung mit historischen Quellen.

Werbeclips und Imagevideos: Geschichte als Inszenierung

In Werbeclips oder Imagevideos wird Geschichte häufig nicht als Erkenntnisgegenstand, sondern als symbolische Kulisse genutzt. Historische Motive dienen dazu, Emotionen zu erzeugen oder Authentizität zu suggerieren. Der historische Kontext tritt dabei meist in den Hintergrund.

Ein Beispiel sind Imagefilme staatlicher Institutionen, die historische Bilder nutzen, um Tradition oder Leistungsfähigkeit zu betonen. Die empirische Triftigkeit spielt hier eine untergeordnete Rolle, da historische Elemente selektiv und ohne Kontext eingesetzt werden. Auch die normative Triftigkeit ist kritisch zu prüfen, da Geschichte instrumentalisiert werden kann, um politische oder wirtschaftliche Interessen zu unterstützen. Eine echte narrative Triftigkeit fehlt meist, da keine kohärente historische Erzählung entwickelt wird.

Solche Formate zeigen besonders deutlich, wie Geschichte funktionalisiert und entpolitisiert werden kann.

Digitale Rekonstruktion und Histopads: räumliche Zugänge zur Vergangenheit

Digitale Rekonstruktionen, etwa in Museen, ermöglichen es, historische Räume visuell zu erleben. Histopads zeigen rekonstruierte Gebäude oder Stadtbilder und vermitteln dadurch ein anschauliches Bild vergangener Lebenswelten. Diese Rekonstruktionen basieren auf archäologischen und historischen Forschungen, enthalten jedoch immer auch Annahmen.

Die empirische Triftigkeit ist grundsätzlich gegeben, wird jedoch durch hypothetische Ergänzungen eingeschränkt. Normative Bewertungen bleiben häufig aus, da der Fokus auf visueller Darstellung liegt. Die narrative Triftigkeit ist räumlich, nicht zeitlich organisiert, was historische Entwicklungen nur eingeschränkt sichtbar macht.

Chancen und Grenzen der Film- und Serienformate

Filme und Serien sind sicher die Formate, die unser Geschichtsbild am meisten beeinflussen. Das liegt nicht zuletzt an ihrem emotional ergreifenden Inhalt, der komplexe Zusammenhänge leicht verstehbar macht. Allerdings liegt gerade darin auch ihre Gefahr: Je dramatischer und ergreifender ein Film ist, desto mehr haben Produzent und Regisseur oft die empirische Triftigkeit zugunsten der Handlung außer Acht gelassen. Zudem werden historische Ereignisse oft verkürzt, in der Reihenfolge verändert oder weggelassen, wenn es so besser in den Erzählfluss passt – ein Verstoß gegen die narrative Triftigkeit.

Einen Sonderfall stellt das Histotainment dar. Insbesondere hier besteht die Gefahr, dass Zuschauerinnen und Zuschauer fiktionale Elemente als Fakt interpretieren. Die systematische Prüfung von historischer Triftigkeit ist bei allen Formaten notwendig und sorgt für eine kritische Auseinandersetzung mit der Darstellung von Geschichte in Filmen und Serien.

Darstellung von Geschichte in Filmen und Serien

M7 D Authentizität in filmischen Erzählungen

Eva Pirker und Mark Rüdiger beschäftigen sich in der Einleitung ihres Sammelbandes zur populären Geschichtskultur mit Aspekten der Authentizität in filmischen Erzählungen:

Authentizität ist ein Schlüsselbegriff im Umgang mit Geschichte. Das Authentizitätsversprechen, also die Wiedergabe einer in der Vergangenheit tatsächlich so geschehenen Wirklichkeit, ist Charakteristikum vieler geschichtlicher Darstellungen. Authentizität scheint geradezu konstitutiv für Geschichtspräsentationen zu sein; unser Geschichtsbewusstsein, so Hans-Jürgen Pandel, stelle ständig Authentizitätsansprüche, denn „es will wissen, ob etwas tatsächlich der Fall gewesen ist oder nicht“. Der Authentizitätsanspruch scheint also eng mit jeglicher Beschäftigung mit Geschichte verwoben zu sein. [...]

[Es] sind zwei dominante Modi innerhalb der Zuschreibungsfelder für das Authentische identifizierbar: derjenige des authentischen Zeugnisses und derjenige des authentischen Erlebens. Zum Zeugnis gehören die Objektgruppen der Quellen, der Zeitzeugen [und der Originalfilme bzw. Filmdokumente; Ergänzung durch den Verfasser], kurz die Suggestion eines Originalen, eines Relikts aus der Vergangenheit, das durch seine historische Echtheit selbst zu wirken scheint. Zum Erlebensmodus gehören Repliken, Kopien, das Nachspielen und Reenactment, das Evozieren[1] eines „authentischen“ Gefühls, Zeitstimmung oder -atmosphäre durch Annäherung an das Original oder Erzeugung einer plausiblen bzw. typischen Vergangenheit mit Mitteln der Gegenwart. [...] Während im Zeugnismodus das Objekt als Repräsentant von Vergangenem im Mittelpunkt steht, ist im Erlebensmodus das Subjekt und dessen Gefühls- und Lebenswelt zentral. [...]

[A]uch in populären Geschichtsdarstellungen in Film und Fernsehen gehört die Suggestion von Authentizität zu den Vermarktungsstrategien, die auf die Betonung des „Geschichtsträchtigen“ der jeweiligen Produkte abzielen. Nicht zufällig scheint hier bereits die Wahl von Genres wie dem „Dokudrama“ oder der „Historischen Dokusoap“ das Eindringen in authentische vergangene Realitäten zu versprechen. [...] Dabei erzeugen und versprechen die verschiedenen Formen und Elemente unterschiedliche Authentizitätseffekte: Die traditionell historische Dokumentation verwendet vor allem vermeintliche „Originalaufnahmen“ und Fragmente aus Zeitzeugenaussagen, um eine Objektauthentizität zu erzeugen. Dagegen setzen Dokudramen auf detailgenaue Kulissen und glaubwürdige oder plausible Geschichten, um die Zuschauer Geschichte erleben zu lassen, also auf die Subjektauthentizität: „Die Dialoge hätten sich so abspielen können“, ist der Grundtenor der Authentizitätsversprechen der Produzenten. Allerdings ist innerhalb dieser formal klar getrennten Genres eine zunehmende Vermischung [...] zu beobachten. Ein Beispiel hierfür ist die verstärkte Verwendung von Reenactment-Szenen in historischen Dokumentationen, deutlich sichtbar in der sehr erfolgreichen [...] Dokumentationsreihe Die Deutschen.

Die verschiedenen Formen nutzen somit unterschiedliche Authentifizierungsstrategien, um das Authentizitätsversprechen bei Produzenten und Rezipienten einzulösen und ihre Darstellung als „historisch“ zu kennzeichnen. [...] Ein wichtiger Aspekt [...] ist die Verknüpfung mit „Vor-Wissen“ und „Vor-Bildern“, welche die Rezipienten aus der populären Geschichtskultur kennen. Hierzu gehören beispielsweise die Bildikonen des kollektiven Gedächtnisses oder nationale Meistererzählungen. Werden bekannte Bilder und Narrative reproduziert, so erfüllen sie eine Erwartungshaltung der Zuschauer nach Anknüpfungspunkten, und das Gesehene wird folglich als „authentisch“ rezipiert. Die Produkte der populären Geschichtskultur und die Geschichtsbilder, die sie präsentieren, aktualisieren kollektive Gedächtnisse und prägen die Authentizitätserwartungen der Rezipienten ebenso wie die der Produzenten

Eva Ulrike Pirker und Mark Rüdiger, Authentizitätsfiktionen in populären Geschichtskulturen. Annäherungen, in: Dies. u. a. (Hrsg.), Echte Geschichte. Authentizitätsfiktionen in populären Geschichtskulturen, Bielefeld 2010, S. 11–30, hier S. 12–21

[1] evozieren: hervorrufen

M 8 D Authentifizierungsstrategien in Filmen

Strategie	Funktion/Effekt	Probleme
detaillierte (Re-)Konstruktion des Settings (Landschaft, Gebäude, Kleidung etc., zunehmend durch 3-D-Computergrafik (CGI: computer generated images))	schafft die Illusion einer fotorealistischen Darstellung von Vergangenheit und somit Glaubwürdigkeit; als Grundlage dienen Foto- und Filmquellen	häufig Abweichungen von den Quellen, z. B. um den Seherwartungen des Publikums zu entsprechen, daher Orientierung an aktuellen Schönheitsidealen und Moden; Kosteneinsparung durch Wiederverwendung von Requisiten aus anderen Filmen
„Auftreten" verbürgter historischer Personen	siehe oben	siehe oben
Casting / Maske	visuelle Angleichung des Darstellers mit der historischen Figur (Grundlage: bildliche und audio-visuelle Quellen)	siehe oben
Dreh am Originalschauplatz	siehe oben	häufig zerstört oder überbaut; heutige Nutzung abweichend von der früheren
Integration von Text-, Bild- und Filmquellen, Original-Tönen	erlaubt den Vergleich von filmischer Rekonstruktion/Inszenierung und vergangener „Realität", belegt die Korrektheit der Handlung und zeigt Wissenschaftsorientierung, schafft ein zeitgenössisches „Ambiente", knüpft an „Vor-Wissen" an und erhält dadurch Glaubwürdigkeit/Authentizität	Quellen werden entkontextualisiert, das heißt aus dem Zusammenhang gerissen, teilweise verändert, unkritisch als Spiegelung vergangener Realität benutzt, zudem im Spielfilm häufig nur eingesetzt, um ein Zeitambiente zu schaffen
konkrete Angaben zu Ort, Zeit und Personen	führt die Darstellung auf reale Ereignisse und Personen zurück; erlaubt (theoretisch) ein „Überprüfen"; suggeriert Faktenauthentizität	sind in der Regel „korrekt", verschleiern aber, dass der Film notwendig zeitlich verdichtet und personal reduziert erzählt
wissenschaftlicher Beirat/Experten	in (teil)fiktionalen Angeboten im Abspann erwähnt, v. a. aber in der crossmedialen Begleitung herausgestellt; in dokumentarischen Angeboten sind sie integraler Bestandteil der Erzählung, „bürgen" für die Wissenschaftlichkeit des Angebotes	problematisches Verhältnis von Regisseur und Experte, Sachrichtigkeit wird inszenatorischen und dramaturgischen Überlegungen nachgeordnet, auch missachtet
crossmediale Verwertung/Begleitung	v. a. Bücher zur Sendung, Specials auf der DVD-Ausgabe, aber auch viele Beiträge auf den begleitenden Internetseiten betonen Wissenschaftlichkeit und integrieren hier Experten/Angaben zum Forschungsstand	sind meistens eine bloß unkritische Reproduktion des Inhalts der Sendung; zur Funktion der Experten siehe oben
Zeitzeugen	können als Rahmung von Geschichtsspielfilmen (v. a. Doku-Drama) dienen, belegen die Korrektheit der Darstellung, genießen große Glaubwürdigkeit, die sogenannte Autorität des Dabeigewesenen	die notwendige kritische Auseinandersetzung mit der geschichtswissenschaftlich fragwürdigen „Quelle Zeitzeuge" findet nicht statt; Erinnerung wird mit Realität gleichgesetzt, Perspektivität des Zeugen nicht beachtet – außer bei Tätererzählungen zum „Dritten Reich"
Sepia-Tönung oder Schwarz/Weiß der Bildspur	dient der „Historisierung" des Films als solchem; Angleichung an die kanonisierten Film-/Bildquellen	z. B. in „Schindlers Liste" (USA 1993) und teilweise auch in „Thirteen Days" (USA 2000), verschleiert den Unterschied von deutender Erzählung und Quelle; Studien zeigen, dass derartige Filmbilder stärker für tatsächliche vergangene Realität genommen werden
Zitate	verbürgen die Wissenschaftlichkeit/Korrektheit der Darstellung bis in die Dialoge hinein	verschleiern, dass die übrigen Teile der Dialoge frei erfunden sind, zudem beruhen manche „Zitate" nur auf dem Hörensagen, sind also nicht verbürgt, wie beispielsweise die „lakonischen Sprüche" der Spartaner in „300" (USA 2006) oder der angebliche Ausspruch Luthers „Hier stehe ich, ich kann nicht anders, Gott helfe mir" in „Luther" (D 2003)
verwenden zeitgenössischer Sprache (alte Regiolekte/Dialekte, altertümelnde Sprache oder „Alt-Maya")	siehe oben	ein eher fragwürdiges Konzept, weil sich die „alten Sprachen" als gesprochene Sprache nicht mehr rekonstruieren lassen, zudem werden sie meistens falsch umgesetzt (z. B. „Passion Christi", USA 2004; „Apocalypto", USA 2006; „Die Himmelsleiter", D 2017)

Tabelle erstellt von Oliver Näpel

M9 D Analyseaspekte für Dokumentationen

Bausteine von Dokumentationen	Analyseaspekte
Zeitzeugen	• Aufnahmeort/-zeitpunkt • Zeitspanne zwischen Ereignis und Bericht, Nähe des Zeugen zum Ereignis • Rolle des Zeitzeugen im Berichtszeitraum • Exemplarität der Erfahrung/Erlebnisse • Erinnerung als trügerische Quelle • Art der Befragung (Transparenz) • Deutung durch Kürzung/Kontextualisierung
Experten	• Renommee (= Ruf, Ansehen)/Expertise (= wissenschaftliche Qualifikation) • Einflussmöglichkeiten auf die Darstellung • Belege/Begründungen/Wertungen • Pluralität/Kontroversität
Kommentar (/Moderator)	• Casting • On-/Off-Screen (= der Moderator wird im Bild gezeigt bzw. es ist nur seine Stimme zu hören)
Quellen: abgefilmte Dokumente, O-Töne, Originalfilme (Originalaufnahmen/ Filmdokumente)	• Grad der Veränderung (Transparenz) • Erläuterung/Kontextualisierung/Beleg
nachgestellte Szenen	• Authentizitätsgrade (nach Pandel)
Bilderteppich	• historisiert/unverändert/Perspektive • Quellen als Bilderteppich?
Musik	• Emotionalisierung/Manipulation
Begleitmaterial	• Bildungsverständnis/didaktische Zielsetzung (Inhaltswiedergabe/-bestätigung oder kritische Auseinandersetzung)
Gesamterzählung (Dramaturgie, Plot, Botschaft)	• Korrektheit der Darstellung (Authentizitätsbereiche) • Triftigkeit der Deutung

Tabelle erstellt von Oliver Näpel

M10 D „Die Deutschen" (ZDF)

a) Der Geschichtsdidaktiker Oliver Näpel äußert sich 2012 kritisch zur Serie:

[…] Die inhaltliche Kritik an der Serie muss hier nicht differenziert erörtert werden, es reicht wohl der Hinweis auf die schnell offenkundige fragwürdige Traditionserfindung, die hier bemüht wird, um „Geschichte" der „deutschen Zielgruppe" als relevant erscheinen zu lassen. Das wäre als Aufmacher durchaus noch vertretbar, wenn wenigstens in Ansätzen die Grenzen (und die in der Vergangenheit damit verbundenen Ideologisierungen) einer solchen Traditionskonstruktion aufgezeigt oder transparent gemacht würden.

Nachdenklich stimmt die fast amüsante Erzählung von beteiligten Historikerinnen und Historikern, dass sie, nachdem sie Einwände gegenüber einzelnen Szenen vorgebracht hätten, systematisch von weiterem Einfluss auf den Inhalt der Folgen ausgeschlossen worden seien. Ganz offensichtlich hat hier die telegene Aufbereitung von „Geschichte" Primat über geschichtswissenschaftliche Mindeststandards von Triftigkeit und Belegbarkeit errungen oder einfach nur sich deutlicher artikuliert, als es bei anderen Sendungen dem Verfasser nachweisbar ist.

Aber nicht nur die Traditionslinie als solche ist insgesamt fragwürdig, auch das der Sendereihe zugrunde liegende Geschichtsverständnis von Menschheitsgeschichte, oder wenigstens der Geschichte der „Deutschen", als Fortschrittsgeschichte, die in der Einigung 1990 ihre vorgesehene Erfüllung finden musste, wird in der Geschichtswissenschaft nicht geteilt, wie auch die Vorstellung, dass Geschichte ein weitgehend von „wichtigen Männern" gestalteter Prozess ist, als längst überholt angesehen wird. Dass diese „Erfolgsgeschichte" der Deutschen mit Beginn des Ersten Weltkrieges abbricht, wäre ebenfalls zu kritisieren. Muss man nicht vielmehr auf die in der Serie, wenn auch nur pro forma aufgeworfene Frage, wer wir seien, antworten, dass erst die Erfahrung des Zweiten Weltkrieges, des von außen bezwungenen Nationalsozialismus, der von vielen Deutschen verübten Verbrechen und der mangelhaften Aufarbeitung und Sühne der Beteiligten sowie der zunehmenden Multikulturalisierung (mit leichtem Fragezeichen) seit den 1960er-Jahren und der friedlichen Überwindung der ostdeutschen Diktatur „uns" zu dem gemacht haben, was wir heute sind? – Sofern sich das überhaupt beantworten lässt. Die inhaltliche und auch filmsprachliche Auseinandersetzung hat folgerichtig zu keiner positiven Resonanz geführt.

Oliver Näpel, Film und Geschichte. „Histotainment" im Geschichtsunterricht, in: Michele Barricelli und Martin Lücke (Hrsg.), Handbuch Praxis des Geschichtsunterrichts, Bd. 2, Schwalbach/Ts. 2012, S. 146–171 und 162

b) Bernd Gäbler, ein Journalist und Medienwissenschaftler, äußert sich wie folgt zur Dokumentation:

Die Idee, große Namen und grob bekannte Ereignisse zu verkoppeln und in nahezu lexikalische Teilchen zu portionieren, ist […] keineswegs illegitim. […] Dennoch gibt es zwei gravierende Einwände gegen die Bastelarbeiten aus der ZDF-Geschichtswerkstatt: Es geht um die Machart und um die ideologische Sicht auf tausend Jahre „deutsche" Geschichte. […]

Die Serienmacher mischen munter Animationen von Landschaften, Städten und Gebäuden, […] historische Dokumente und museale Gegenstände mit so genanntem Re-Enactment, also dem Nachspielen historischer oder auch frei erfundener Szenen. Als seien diese Zeitzeugen werden die Statements bedeutender Historiker eingewoben. Das Problem: Nie ist deutlich, was denn nun was ist. Freie Erfindung und Dokument, Interpretation und Dialog purzeln wild durcheinander. Darüber gegossen werden […] eine matschige Sound-Soße, die irgendwie erhaben klingen soll und ein autoritativer Kommentar, der stets behauptet: So und nicht anders ist es gewesen. Die Animationen sind dabei in etwa auf dem technischen Niveau der Zeiten, als Charlton Heston noch als „Moses" das Rote Meer teilte. […] Noch fürchterlicher aber ist das Re-Enactment. Als gehörten sie zur Ausstattung der Xantener Freiluftbühne stapfen Männer mit angeklebten Bärten und Ritterkostümen durch eine Wiese, stellen sich vor eine „green screen", auf die eine Landschaft mit Rauch oder Wolken […] projiziert ist und gucken angestrengt in die Ferne. Für Massenszenen reicht das Personal leider nicht aus. So werden gigantische Schlachten „heruntergebrochen" auf ungefähr drei Nahkämpfe bis ein Geschlagener theatralisch samt Fahne ins Gras sinkt. […] Fast ebenso problematisch wie die Darstellung ist auch der Inhalt jener „Vorgeschichte". Schon in diesem Begriff steckt das Problem. Guido Knopp schaut zurück auf die Geschichte, als sei sie ein Gemälde in Zentralperspektive. Alle Linien laufen zu auf das Hier und Jetzt, so wie es ist, vernünftig und vollendet. Ein Begriffspaar ist es besonders, unter das er sämtliche Geschichtsbetrachtung stellt: Freiheit und Einheit. Kompliziert und auf Umwegen, sicher unter Kämpfen und mit Rückschlägen, aber am Ende eben doch, setzen diese sich durch. Die Gegenwart ist das Ziel. Sie ist vernünftig und alles Frühere dafür nur der Aufgalopp. Das ist der fundamentale Geschichtsirrtum, die einlullende Geschichtsideologie, die das ZDF den Deutschen mit dieser Serie einpflanzt. […] Wegen dieser Behauptung wirken die Texte so apodiktisch. Es kann nie anders gewesen sein. Nicht „Personalisierung" ist Guido Knopp vorzuwerfen, denn Geschichte entsteht nun einmal durch handelnde Personen. Nein, ihm ist vorzuwerfen, dass er systematisch mögliche Alternativen historischen Handelns ausblendet.

Bernd Gäbler, Guido Knopp, der ZDF-Weihnachtsmann, in Stern vom 10.11.2008, https://www.stern.de/kultur/tv/die-medienkolumne-guido-knopp--der-zdf-weihnachtsmann-3740090.html [Zugriff: 20.04.2026]

Arbeitsvorschläge

32065-0297

1. Erläutern Sie den Unterschied zwischen Subjekt- und Objektauthentizität anhand eines selbstgewählten Filmbeispiels (M7, M8).
2. Nehmen Sie Stellung, inwiefern die Erwartungshaltung der Rezipientinnen und Rezipienten wichtig für die „Authentizität" einer filmischen Darstellung ist. Beziehen Sie dabei auch Ihren eigenen Umgang mit filmischen Geschichtsdarstellungen ein (M7).
3. Analysieren Sie eine Dokumentation mithilfe der genannten Analyseaspekte (M9). | F
4. a) Arbeiten Sie arbeitsteilig die beiden Meinungen zu der Serie „Die Deutschen" vom ZDF heraus und stellen Sie diese gegenüber (M10).
   b) Überprüfen Sie die gesammelten Aussagen anhand von einer Folge und unter Nutzung der Aspekte der historischen Triftigkeit.
5. Analysieren Sie eine selbstgewählte filmische Darstellung von Geschichte. Nutzen Sie dafür die Aspekte der historischen Triftigkeit und der Authentizität. Präsentieren Sie Ihre Ergebnisse in Form einer Wandzeitung.

Leitfrage

Nehmen Sie Stellung:
Geschichte und Medien – eine unverzichtbare Verbindung?

4.5 Vertiefungsmodul: Antike und Mittelalter als Bezugspunkte in der Populärkultur

M1 Q Screenshot aus dem Computerspiel „Assassin's Creed: Odyssey"
Zwei Figuren aus der griechischen Antike unterhalten sich in Athen. Im Spiel selbst kann man sowohl einfach die Schauplätze erkunden als auch den eigentlichen Kern spielen, also Aufträge erfüllen und aktionsreich in den Kulissen agieren.

M2 Q Werbeplakat für „Königreich der Himmel"
Ridley Scotts Film „Königreich der Himmel" von 2005 mit Orlando Bloom in der Hauptrolle, hier ein Werbeplakat, stellt einen Ausschnitt aus den sogenannten Kreuzzügen im 12. Jahrhundert als Monumentalepos dar. Das historische mittelalterliche Geschehen in Jerusalem wird aus Sicht eines Schmieds dargestellt, der sich in eine verheiratete und andersgläubige Prinzessin verliebt.

32065-0260

1. Beschreiben Sie die Stimmung auf beiden Bildern und wie jeweils mit der Vergangenheit umgegangen wird.
2. Informieren Sie sich kurz über das antike Athen sowie das Geschehen in Jerusalem im 12. Jahrhundert.
3. Nehmen Sie verallgemeinernd Stellung, inwieweit Ihnen die Darstellungen in der Populärkultur als angemessen erscheinen.

LEIT-FRAGE

Geschichte in der Populärkultur – angemessene Verarbeitung oder unpassende Kulisse?

Geschichte in der Populärkultur

Populärkultur

Geschichte wird heutzutage in der Unterhaltungsindustrie häufig genutzt und begegnet uns an vielen Stellen. Das kann als Kulisse sein, als Handlungsort oder als irgendwie noch in der Gegend vorhandenes Überbleibsel. Sie kann bewusst genutzt werden oder unbewusst eine Rolle spielen. Das gilt erst recht auch in der Populärkultur. Das Filmlexikon der Universität Kiel definiert diese als „kommerzialisierter, gesellschaftlicher Bereich, der Themen industriell produziert, massenmedial vermittelt und von vielen Menschen genutzt wird". Es geht also erstens um Kommerz: Mit dem Produkt soll Geld verdient werden. Zweitens geht es um Masse: Ein Produkt soll vielfach rezipiert werden. Es geht nicht um Nischenbereiche, sondern um weite Verbreitung, die Nutzung durch viele Menschen, mindestens in einem Gebiet, eher weltweit. Schließlich spielen die Massenmedien eine Rolle: Es geht hier um eine mediale Vermittlung, die auf Anschaulichkeit und Wirksamkeit setzt, weniger Differenzierung.

Diese Prinzipien sind auch beim Einstiegsmaterial sichtbar: Es handelt sich um Ausschnitte aus einem kommerziellen Computerspiel und einem Film, Massenmedien, die von möglichst vielen Menschen konsumiert werden sollen.

Geschichte in der Populärkultur

Menschen sind schon sehr lange von Geschichte fasziniert. Bereits aus der Antike kennen wir Schriftsteller, die für wichtig gehaltene Ereignisse oder Charakteristika von Personen überlieferten. Deshalb bietet sich Geschichte für eine Populärkultur geradezu an, zumal es in ihr unzählige einschneidende Ereignisse, Begebenheiten und Personen gibt, die man medial und kommerzialisiert aufbereiten kann. Zugleich setzt eine solche Massenwirksamkeit voraus, dass vereinfacht und zugespitzt wird, damit in überschaubarer Zeit eine Wirkung beim Rezipienten erzielt werden kann. Es geht in der Populärkultur also gerade nicht um Differenzierung, häufig nicht einmal um Genauigkeit, sondern um ein Bild, das vermittelt und vom Publikum erkannt und angenommen wird. In diesem Sinne werden möglicherweise einzelne Seiten ausgeblendet oder andere überbetont, um diese Erzählung aufrechterhalten zu können.

Geschichte als Projektionsfläche für Sehnsüchte

Die inszenierte geschichtliche Welt ist in der Populärkultur häufig stark vereinfacht. Komplexe Entscheidungsprozesse lassen sich viel weniger gut aufbereiten – besser ist es, wenn ein strahlender Held einsam eine als richtig dargestellte Entscheidung trifft und durchsetzt. So wird etwa Christoph Kolumbus im Film häufig als Entdecker dargestellt, der mutig entgegen der damaligen Konventionen eine Reise antritt und eine neue Welt entdeckt. Tatsächlich war auch Kolumbus abhängig von Geldgebern (die sich Gewinn erhofften) und seiner Mannschaft (ohne die er nicht segeln konnte). Er strebte nach Reichtum und Ansehen und war bereit, die indigene Bevölkerung Amerikas dafür auszubeuten. Dieser wiederum brachte die Ankunft der Europäer viele Probleme und zerstörte ihre eigenen Strukturen bis hin zur Ermordung. Diese Differenzierungen würde ein Film aber eher nicht darstellen, weil der heldenhaft ge-

M3 Q Screenshot aus Ridley Scotts Film „1492 – Die Eroberung des Paradieses" von 1992
Kolumbus ist soeben in Amerika angekommen.

► Beschreiben Sie die Stimmung des Bildes und benennen Sie, welche Sehnsüchte es bedient.

M4 Q Screenshot aus dem Computerspiel „Ritter und Prinzessinnen"

Das Spiel „Ritter und Prinzessinnen" wird über den Computer-Browser aufgerufen. Der Spieler wählt Name und Geschlecht einer adligen Person, die in einem fiktiven Mittelalter zum 16. Geburtstag ein großes Stück Land erhält und es aufbauen und gegen Feinde verteidigen muss.

- Beschreiben Sie die durch den Screenshot vermittelte Szenerie des Mittelalters. Bestimmen Sie dabei, welche mittelalterlichen historischen Elemente aufgenommen worden sind – und welche fehlen.

gen alle Widerstände nach Westen segelnde Kolumbus massenmedial wirksamer ist und Rezipienten sich auch eher mit diesen Sehnsüchten identifizieren können: Einmal etwas Weltbewegendes schaffen! Sich mutig gegen alle Widerstände durchsetzen! Erfolg haben!

Geschichte als Ablehnung der Gegenwart

Zugleich bietet die Verwendung von Geschichte in der Populärkultur auch Möglichkeiten, die Gegenwart abzulehnen und in alternative Welten abzutauchen. Häufig finden sich beispielsweise positive Königs- oder Ritterfiguren. Ihre auf Ausbeutung der Bauern beruhenden autoritären Regime werden als Heldengeschichte und vollkommen übertrieben und entgegen der Faktenlage dargestellt. So kämpfen beispielsweise einsame Ritter gegen alle Widerstände für eine Prinzessin, die sie am Ende auch heiraten, obwohl eine Hochzeit im Mittelalter arrangiert wurde und nicht auf Liebe beruhte, und ein einzelner Mann nicht erfolgreich gegen ein ganzes gegnerisches Heer kämpfen konnte. Diese Wunschvorstellungen können häufig auch als Widerstand gegen die komplexe Gegenwart gedeutet werden, in der es nicht so einfach ist wie in der fiktiven Welt: Sie stellen den Wunsch dar, es möge doch unkomplizierter und übersichtlicher sein, oder auch eine Flucht in eine aus verschiedenen Gründen als „besser" angenommene historische Epoche.

Geschichtliche Inszenierung als Wirklichkeitsflucht

Geschichte wird häufig auch genutzt, um den Hintergrund für eine Fantasiewelt zu bieten. Diese kann historisch möglichst genau sein oder auch einfach nur Anklänge von Geschichte bieten. Möglichst originalgetreu versuchen Darsteller in sogenannten „Reenactments", bestimmte Szenerien wieder aufleben zu lassen, etwa einen mittelalterlichen Schwertkampf. Etwas weniger genau nehmen es Mittelaltermärkte, die Elemente der vergangenen Epoche aufnehmen (etwa die Musik), aber mit deutlich modernem Hintergrund (etwa beim Speisenangebot und der Hygiene). Schließlich gibt es auch Rollenspiele: Hier schlüpfen Menschen in eine andere Figur, sei es komplett und mit Kostüm (in einem LARP) oder auch nur im eigenen Wohnzimmer (etwa bei Pen & Paper-Spielen). In allen diesen Bereichen dient Geschichte als Folie und wird inszeniert. Dabei steht nicht die historische Genauigkeit, sondern der Spaß im Vordergrund – und die Möglichkeit, eine andere Wirklichkeit als die tatsächliche Gegenwart zu betreten.

M5 Q LARP-Kostüm „mittelalterlicher Bogenschütze"

Foto von 2016

- Beschreiben Sie die sichtbaren Bestandteile des Kostüms und welches Mittelalterbild mit ihnen vermittelt wird.

Vereinnahmung von Geschichte in der Populärkultur

Geschichte kann vereinnahmt werden, um bestimmte Werte zu transportieren. So wurden und werden antike oder mittelalterliche germanische Mythen gerne genutzt, um bestimmte (häufig rassistische) Vorurteile aufleben zu lassen. Dass das historisch größtenteils falsch ist, spielt keine Rolle, weil es um die Aussage geht und eben nicht um Differenzierung. Ebenso werden gerne die Kreuzzüge genutzt, um den Kampf „heldenhafter“ christlich-europäischer Männer gegen arabische Muslime zu zeigen und so ein bestimmtes Narrativ zu bedienen und zu verstärken. Mit der historischen Realität, in der die Kreuzfahrer raubten, plünderten und zahllose Unschludige ermordeten, hat das wenig zu tun.

Geschichte als unpolitische Kulisse

Schließlich wird Geschichte oft einfach als Kulisse ohne weitere ideologische Hintergründe verwendet. Das ist mitunter in Computerspielen der Fall, beispielsweise als Setting für ein Kriegsspiel. Wenn eine Schlacht gespielt werden soll, ist es häufig irrelevant, wer „gut“ oder „böse“ ist, es können teilweise sogar beide Seiten gespielt werden. Es geht dann um das Erlebnis des Gefechts, nicht um die dahinterstehende Ideologie oder die Folgen des Krieges. Auch Wirtschaftssimulationen bedienen sich oft einer historischen Kulisse, etwa der Hanse, die aber für das Spielerlebnis an sich keine Rolle spielt.

M 6 Q Kinoplakat zur Verfilmung des ersten „Percy Jackson“-Romans
Foto von 2010

► Benennen Sie Elemente der Antike und der Gegenwart, die das Filmplakat aufnimmt. Nehmen Sie dann Stellung, welche Zielgruppe wohl angesprochen werden soll.

Ähnlich funktionieren Romane, in denen sich Personen ineinander verlieben, die aus unterschiedlichen sozialen Schichten kommen. Hier ist historisch sehr klar, dass beispielsweise ein mittelalterlicher Herzog niemals eine Bauerstochter heiraten würde, aber für entsprechende Texte dient die Geschichte nur als Kulisse, um allgemeingültige Themen wie die Liebe und dazugehörige Schwierigkeiten zu behandeln, die zu einem für den Roman befriedigenden glücklichen Ende führen, das historisch nicht plausibel ist. Hier geht es dann nicht um eine Kritik am Ständesystem, sondern um menschliche Gefühle in einem bestimmten Setting.

Schließlich wird in der Populärkultur eine Epoche gelegentlich noch magisch aufgeladen. Die Romane um „Percy Jackson“ spielen in der Antike, Protagonist ist hier der Sohn eines Gottes. Auch für das Mittelalter gibt es entsprechende Texte etwa mit Feen oder Drachen. Hier ist die historische Genauigkeit dann nicht einmal mehr vorgegeben – es geht um die Kulisse des Buchs, Films oder Spiels, nicht um Vermittlung oder Abbildung der Geschichte.

M7 D Raubkunst oder Archäologie? Ein antikes Tor aus dem Nahen Osten mitten in Berlin

Das sogenannte „Ishtar-Tor“ aus dem 6. Jahrhundert vor Christus stammt aus Babylon im Nahen Osten und steht heute im Pergamon-Museum auf der Museumsinsel Berlin. Foto von 2023

M8 Q Moderne Belletristik: England im Mittelalter?

Cover des Romans „Drachenbanner“ von Rebecca Gablé

Die Bestseller-Autorin Rebecca Gablé hat den Roman „Drachenbanner“ geschrieben, der 2022 veröffentlicht wird. Die Handlung spielt im England des 13. Jahrhunderts. Das Buch wird mit folgendem Klappentext beworben:

England 1238: Die junge [Adlige] Adela of Waringham und Bedric, Sohn einer leibeigenen Bauernfamilie, sind zusammen aufgewachsen. Doch während Adela als Hofdame zur Schwester des Königs geschickt und später mit einem Ritter verheiratet wird, schuftet Bedric auf den Feldern von Waringham – dem Elend der Leibeigenschaft und der Willkür von Adelas Bruder ausgeliefert. Schließlich gelingt ihm die Flucht, und in London begegnet er Simon de Montfort, dem Schwager des Königs, der eine Rebellion und den Bruch mit der Krone riskiert, um politische Reformen durchzusetzen. Als 1258 Seuchen und Missernten über das Land ziehen, bricht ein Krieg aus, der eine neue Zeit einläutet. Doch Bedric und Adela haben einander nie vergessen ...

M9 Q Volksfest und Inszenierung: Mittelalter live?

Die Stadt Bernau in Brandenburg nahe Berlin richtet seit vielen Jahren das sogenannte „Hussitenfest“ aus. Für 2025 bewirbt man es mit dem folgenden Text:

Rittersleute, Mittelaltermarkt, Hexerei und Minnesang – vom 13. bis zum 15. Juni 2025 zeigt sich Bernau wieder von seiner mittelalterlichen Seite und lädt zum 32. Hussitenfest ein. An drei Tagen können die Bernauer und ihre Gäste fast 900 Jahre Stadtgeschichte erleben. An diesen drei Tagen werden kämpfende Ritter, Gaukler, Tänzerinnen und Hexen die gesamte Stadt auf eine Zeitreise ins Mittelalter schicken.

Reiter auf dem Hussitenfest in Bernau
Foto vom 1. Juni 2024

M10 D Einseitige Computerspiele?

Jean Coert ist Historiker und lehrt alte Geschichte. Er beschäftigt sich mit der Problematik der Verwendung der Geschichte in Computerspielen und schreibt 2022:

Obwohl diverse Formen von Gewalt in vielen Videospielen auf beiden Seiten Anwendung finden, sind vor allem damit verbundene Erzählungen entscheidend für die Kategorisierung dieser Taten als „gut“ und „böse“. Oft führt die „gute“ Partei ihren Kampf unter nobel geltenden Idealen. Hierzu zählen Ziele wie Freiheit, Gerechtigkeit, Schutz der Heimat oder manchmal auch einfach Rache. Sie alle legitimieren, dass die Spielerinnen und Spieler in Strategiespielen kaltblütig taktieren oder in Rollenspielen durch Waffengewalt ihre Ziele vorantreiben. Verfeindeten Personen, deren Handlungen sich von denen der Helden oft kaum unterscheiden, verleiht man hingegen niederträchtige Ambitionen. Sie sind von Herrschsucht, Gier, Grausamkeit, Ungerechtigkeit und andersartigen Moral- und Wertvorstellungen geprägt, die häufig mit unseren heutigen westlichen Vorstellungen unvereinbar sind. Ihre Bekämpfung wird somit legitim und die Spielerinnen und Spieler empfinden kein

Unbehagen, wie es bei der Tötung unschuldiger Zivilisten der Fall sein würde. Diese Schablone wird mehrfach in Computerspielen angewandt.
Damit man stets die passenden Vorlagen für diese Narrative nutzen kann, wird immer wieder auf die gleichen historischen Fraktionen zurückgegriffen. In der antiken Welt nimmt man meist die Rolle der Römer und Hellenen ein und agiert gegen sogenannte Barbaren, wie Perser oder keltische und germanische Stämme. Im Mittelalter sind es in der Regel die christlichen Königreiche und Fürstentümer West- und Mitteleuropas, mit denen sich Spielerinnen und Spieler identifizieren sollen. Als Feindbild müssen oftmals die muslimische Staatenwelt des Orients sowie die einfallenden Mongolen herhalten. [...] Einige Computerspiele versuchen, diese Dualismen der Historie zu überwinden, indem sie die Spielerinnen und Spieler auch mal in die Rolle der feindlichen Macht schlüpfen lassen. Dies geht jedoch fast immer mit Schwierigkeiten einher, wie das Beispiel der NS-Vergangenheit Deutschlands verdeutlicht. Mit den Ideen und Ambitionen des NS-Regimes werden sich zum Glück die wenigsten identifizieren können. [...] Relativierungen sind aber nicht die Norm, sondern Einzelfälle. Vielmehr prägt eine Schwarz-Weiß-Malerei viele historische Identitäten im Computerkosmos. [...] Die Spielerinnen und Spieler kämpfen meist für die richtige Seite, der auch die richtigen Werte und positive Eigenschaften zugeschrieben werden. Ihre Feinde werden mit Lastern und negativen Attributen belegt. Auch einzelne Charaktere aus Geschichten sind von dieser Zweiteilung geprägt. Heldengestalten sowie Personen mit Idealen und einem guten Herz werden oft zu Begleitern und Freunden und selten zu Feinden. Antagonisten werden hingegen gerne als Sadisten, Fanatiker, Rassisten, Egoisten, korrupte Politiker, grausame Despoten oder Wahnsinnige dargestellt. Wohlgesonnene Spielcharaktere bleiben in der Regel von solchen Attributen verschont. Manche Gruppen werden somit zu dem, was Orks im „Herr der Ringe"-Universum oder Zombies im Horrorgenre repräsentieren – eine uniforme böse Masse. Derlei Charaktereigenschaften verstärken die ohnehin einseitige Auswahl historischer Gruppen. Als Konsequenz bleibt den Spielerinnen und Spielern nur, motiviert gegen ihre perfiden Widersacher vorzugehen und zugleich die tadellosen Verbündeten zu unterstützen.
Diese Dualismen sind auch durch das gesellschaftliche Umfeld der Produktionsorte geprägt. Viele Videospiele mit historischen Inhalten stammen aus der Hand von nordamerikanischen, west- und mitteleuropäischen Entwicklerstudios. Die jeweiligen Geschichtstraditionen, die lokalen Identifikationen mit historischen Kollektiven und vorherrschende Perspektiven auf andere Kulturen übertragen sich auf die virtuellen Welten. Ihre Bilder entstehen durch die Rezeption der Geschichte in der lokalen Medienkultur sowie insbesondere durch die einprägsame Vermittlung der Vergangenheit im sozialen Umfeld und den Bildungsinstitutionen. Das Konzept Demokratie wird am Beispiel Athen, die Aufklärung und die Gleichberechtigung werden am revolutionären Frankreich erklärt. [...]

Jean Coert, Historische Identitäts- und Feindbilder, 28.03.2022, https://www.bpb.de/themen/kultur/digitale-spiele/504989/historische-identitaets-und-feindbilder [Zugriff: 30.01.2026]

Arbeitsvorschläge

32065-0261

1. Recherchieren Sie Herkunft und Bedeutung des „Ishtar-Tores" und wie es nach Berlin kam (M7).
2. Museen sollen nach einem Leitsatz erinnern, bewahren und bilden. Nehmen Sie Stellung, inwieweit dies für das „Ishtar-Tor" zutrifft (M7).
3. Nehmen Sie Stellung, inwieweit es aus Ihrer Sicht richtig ist, dass diese fremde Vergangenheit in Deutschland sichtbar gemacht wird. Nennen Sie Alternativen (M7).
4. Benennen Sie, was vom Klappentext vermutlich historisch und was wohl ausgedacht ist (M8).
5. Recherchieren Sie die historischen Begebenheiten in England 1258, insbesondere auch zum englischen König Heinrich III. und dem „Zweiten Krieg der Barone" (M8).
6. Nehmen Sie Stellung, inwieweit hier Geschichte als Kulisse oder ernsthafter politischer Hintergrund genutzt wird (M8).
7. Benennen Sie in Text und Bild sowohl Elemente, die historisch mittelalterlich sind, als auch solche, die aus der Moderne stammen (M9).
8. Recherchieren Sie, wer die für das Fest namensgebenden „Hussiten" gewesen sind (M9).
9. Arbeiten Sie die Funktion des Mittelalters für das Bernauer Stadtfest heraus. (M9).
10. Nehmen Sie Stellung, inwieweit man beim „Hussitenfest" von einer historischen Veranstaltung sprechen kann (M9).
11. Bewerten Sie, inwieweit die Benennung „Hussitenfest" angemessen ist (M9).
12. Fassen Sie Coerts Thesen bezüglich der in Computerspielen verwendeten Narrative zusammen (M10).
13. Vergleichen Sie mit eigenen Erfahrungen: Inwieweit können Sie seine Thesen bestätigen oder widerlegen (M10)?
14. Nehmen Sie Stellung, inwieweit Sie ein anderes Setting für ein Computerspiel akzeptieren würden, beispielsweise ein in Afrika angesiedeltes Spiel oder die Thematisierung historisch für Sie vollkommen unbekannter Ereignisse (M10).
15. Beurteilen Sie, inwieweit Coerts und Ihre Ergebnisse auch für Filme gelten (M10).
16. Bewerten Sie, inwieweit Sie Ihre Ergebnisse für problematisch halten (M10).

M11 Q Populäre Browser-Games: Ritter und Prinzessinnen

Für das Browser-Spiel, das oben bereits vorgestellt worden ist, werden auf der offiziellen Seite folgende Tipps veröffentlicht, um erfolgreich heiraten zu können:

Als Prinzessin
Eine Möglichkeit, deinen Verehrern zu imponieren, ist es, für sie zu kochen. Natürlich musst du danach auch den Abwasch erledigen. Auf den Ritter warten schließlich glorreiche Schlachten! Die Küchenfront müssen da eben die Damen übernehmen. Außerdem kannst du Verehrern regelmäßig Geschenke zuschicken, um dein Ansehen zu erhöhen. Du kannst auch die dunklen Lavasteine, die immer wieder in Gebäuden auftauchen, von Rittern säubern lassen. Als Prinzessin müsstest du dafür zehn Energiepunkte aufbringen, ein wahrhaft starker Ritter kann das hingegen, ohne Ressourcen zu verbrauchen.

Als Ritter
Als Ritter hast du mehrere Möglichkeiten, um den Damen zu imponieren. Gern gesehen sind Ritter, die siegreich aus Kämpfen hervortreten. Immer wieder werden die Ländereien der hilflosen Prinzessinnen von Monstergruppen heimgesucht. Solltest du diese vertreiben können, steigert das dein Ansehen.

Stephan Keller vom 06.06.2019, in: https://www.sat1spiele.de/ritter-und-prinzessinnen/tipps-zum-verehrer-system [Zugriff: 07.11.2025]

Screenshot der Burg am Beginn des Spieles

M12 D Problematische Spiele? Rassismus und Klischees in den Figuren bei Computerspielen

Jean Coert hat sich auch mit der Darstellung der jeweiligen Akteure beschäftigt und Folgendes festgestellt:

In Videospielen ist es gängig, dass Feinde und Freunde leicht erkennbar sind, damit Spielende schnell genug auf sie reagieren können. Viele historische Staaten und Gruppen bieten hierfür ein breites Arsenal an typischen Symbolen, Flaggen, Farben und Uniformen. Sie werden häufig im Übermaß in die Spielwelt und Charaktergestaltung integriert, um Gebieten und Figuren eindeutige Identitäten zuzuweisen. Die blau-weiß-rote Trikolore offenbart dem Spieler/der Spielerin sofort die französische Identität seines/ihres Verbündeten, während bei mittelalterlichen Rittern die Freund-Feind-Unterscheidung durch Wappen erfolgt.
Neben diesen Elementen, die zur Bestimmung von Nationalitäten und Zugehörigkeiten genutzt werden, finden Klischees Eingang in die Gestaltung historischer Identitäten. Ein verwilderter, bärtiger Kelte hebt sich von einem gepflegten Legionär ab und lässt sich ohne Probleme verorten. Ein Kopftuch oder ein Turban signalisiert dem Betrachter oder der Betrachterin unmittelbar, dass die Trägerin oder der Träger der Kopfbedeckung wahrscheinlich aus dem Nahen Osten stammt. Daher werden diese Kleidungsstücke in Videospielen gleichermaßen für antike Perser, für mittelalterliche, muslimische Glaubenskämpfer und moderne Terroristen verwendet. Nicht selten werden derlei Gestaltungselemente auf eine große Anzahl – manchmal auf alle – Figuren einer Fraktion angewandt, um die Identitätsverhältnisse klar zu markieren. Tendenziell erfahren der eigene Avatar und seine Kameraden eher Individualisierung als seine Feinde. Dies kann zu Zerr- und Irrbildern der Geschichte führen, denn gewiss trugen nicht immer alle Angehörigen eines Kulturkreises die gleichen Kleidungsstücke oder waren mit den gleichen Emblemen geschmückt.
Auch prominente archäologische Objekte oder berühmte Monumente aus vergangenen Zeiten sind häufig Bestandteil der modellierten Welten. Sie bieten einen Wiedererkennungswert für historische Kulturen und Orte. So sorgt die Bekanntheit des Kolosseums dafür, dass kaum ein Videospiel im Kontext des Römischen Reiches ohne eine Darstellung einer vergleichbaren Kampfarena auskommt. Ähnlich verhält es sich mit den Pyramiden im antiken Ägypten, der Pagodenarchitektur bei Abbildungen des alten Chinas oder Japans oder gotischen Kirchen wie der Notre-Dame, die eine mittelalterliche Atmosphäre kreieren. Oft ist es sogar ein Wunsch und großer Reiz für Spielerinnen und Spieler, bildgewaltige und historische Schauplätze touristisch erkunden zu können. […]
Ein wichtiges Element zur Charakterisierung von virtuellen Identitäten ist auch deren akustische Darstellung. Mit bestimmten Völkern, Kulturen und Nationen verbinden wir bestimmte Sprachen und typische Musik- und Geräuschkulissen. Für Entwicklungsstudios ist die Einarbeitung dieser intuitiven Assoziationen in ihre Spiele eine besondere Herausforderung. Die Problema-

tik lässt sich schnell an einem Gedankenexperiment erklären: Angenommen ein Entwicklerstudio möchte ein Spiel zu Caesars Feldzügen gegen die Germanen in der Rheinregion entwerfen. In diesem Szenario müsste man für die Römer auf Latein als gesprochene Sprache zurückgreifen, welche wahrscheinlich nur eine kleine Gruppe von Spielern und Spielerinnen überhaupt verstehen würde. Die Germanen sprechen Germanisch – eine Sprache, die selbst Sprachwissenschaftler kaum noch rekonstruieren können. Wollte man dies noch mit Musik untermalen, käme das nächste Problem auf: Die heutigen Kenntnisse über das antike Musizieren sind sehr bescheiden und es ist äußerst fraglich, ob das heutige Spielpublikum die Rekonstruktionen durch Musikarchäologen überhaupt mit dem Altertum in Verbindung bringen würde. Die akkurate Wiedergabe solch eines Schauplatzes würde für das Entwicklerstudio erhebliche Gestaltungsschwierigkeiten bedeuten und für Verständnisprobleme oder Verwirrung sorgen. […]
Zur Lösung dieser Problematik hat die Spielebranche einige Strategien entwickelt. Meistens sprechen alle Personen und Gruppen innerhalb der Spielwelten grundlegend die gleiche Sprache, die auch der Nutzer/die Nutzerin spricht. Entscheidend für die identitätsstiftende Zuordnung ist hier die Qualität der Sprache. Der eigene Charakter und die positiv besetzte Fraktion des Spielers/der Spielerin sprechen meist tadelloses Hochdeutsch oder vergleichbare Äquivalente in anderen Sprachversionen. Instinktiv wird der Spieler/die Spielerin sich eher mit den Personen identifizieren, die einwandfrei seine/ihre Muttersprache beherrschen und jene als anders empfinden, die nur mangelhaft oder unzureichend seine/ihre Muttersprache sprechen. Daher sprechen die Feinde meist mit Akzent, Dialekt oder haben offensichtliche Sprachdefizite, die ihren Fremdheitscharakter signalisieren sollen. Dies betrifft auch das Vokabular. Während die eigene Fraktion sich meist eloquent auszudrücken weiß, besitzen die Gegenspieler häufig einen mangelhaften Wortschatz und nur einfache oder falsche Grammatikkenntnisse. In fast allen Videospielen mit antiker Kulisse beherrschen die Römer unsere Sprache. Sie müssen mit Germanen und anderen sogenannten Barbaren interagieren, denen man deutlich anmerkt, dass für sie unsere Sprache eine Fremdsprache ist. […]

Jean Coert, Historische Identitäts- und Feindbilder, 28.03.2022, https://www.bpb.de/themen/kultur/digitale-spiele/504989/historische-identitaets-und-feindbilder [Zugriff: 30.01.2026]

Arbeitsvorschläge

32065-0262

1. Analysieren Sie die Geschlechterbilder im Text (M11).
2. Recherchieren Sie zu Liebesbeziehungen und Ehen adliger Menschen im Mittelalter (M11).
3. Beschreiben Sie, inwieweit die Grafik des Spiels Geschlechterverhältnisse widerspiegelt (M11).
4. Bewerten Sie, inwieweit für „Ritter und Prinzessinnen" Geschlechterbilder des historischen Mittelalters eine tatsächliche Rolle spielen und welche aktuellen Vorstellungen von Geschlechterbildern aufgenommen werden (M11).
5. Nehmen Sie Stellung, inwieweit Sie Ihrem kleinen Geschwisterkind das Spiel empfehlen würden (M11).
6. Fassen Sie zusammen, welche Probleme in Computerspielen laut Coert in der Figurendarstellung auftauchen. Clustern Sie nach verschiedenen Bereichen, etwa Aussehen, Kleidung, Verhalten, Sprache (M12).
7. Vergleichen Sie, ob diese Befunde in den unterschiedlichen Bereichen identisch sind. Stellen Sie Unterschiede heraus (M12).
8. Beziehen Sie diese Ergebnisse auf eigene Erfahrungen mit Computerspielen und erläutern Sie, ob Sie Coerts Thesen bestätigen können (M12).
9. Bewerten Sie: Sind Computerspiele in der geschichtlichen Darstellung klischeebelastet und rassistisch? Und wie schlimm empfinden Sie das im Spielkontext (M12)? | H
10. Entwickeln Sie alternative Darstellungen, wie ein Computerspiel diese Probleme entschärfen oder umgehen könnte. Bewerten Sie anschließend, wie realistisch Ihnen das scheint (M12).
11. Vergleichen Sie, inwieweit Ihre Befunde auch Filme betreffen (M12).

Leitfrage

Nehmen Sie Stellung:

Geschichte in der Populärkultur – angemessene Verarbeitung oder unpassende Kulisse?

M1 Q Kolonialausstellung

Das kolonialwirtschaftliche Komitee schreibt in einem Brief über seine Beteiligung an der Kolonialausstellung 1933/34 in Berlin, die im Rahmen der Landwirtschaftsausstellung stattfinden soll:

Auf dieser Ausstellung bietet sich eine auf absehbare Sicht nicht wiederkehrende Gelegenheit, eine – wenn auch kleine – so doch wirksame Kolonial-Ausstellung einzugliedern und mit dieser eine koloniale Propaganda erster Ordnung zu machen und Kreise für die koloniale Sache zu interessieren, die bisher von kolonialen Vereinen und Verbänden größtenteils nicht erfasst werden konnten. […] Wenn auch eine solche Ausstellung in erster Linien kolonial-landwirtschaftlicher Art sein muss, ist es natürlich möglich und erwünscht, dass auch diejenigen Gebiete, die zur landwirtschaftlichen Bewegung in näherer Beziehung stehen, mitberücksichtigt werden. Wir können ja zurzeit leider nicht zeigen, was an landwirtschaftlichen Produkten aus deutschen Kolonien erzeugt wird, sondern nur, was wir erzeugen könnten und erhalten würden, um die heimische Landwirtschaft zu ergänzen und um die deutsche Volkswirtschaft ohne Devisen zu versorgen, wenn wir wieder eigenen Kolonialbesitz hätten. Diese Ausstellung soll ferner beweisen, dass wir auch im Interesse der deutschen Landwirtschaft und des gesamten deutschen Wirtschaftslebens unter allen Umständen wieder eigenen Kolonialbesitz haben müssen. – Wir wollen hiermit ferner dartun, dass wir gar nicht daran denken, unsere kolonialen Rechtsansprüche aufzugeben, und dass wir uns zielbewusst über alle kolonialwissenschaftlichen und wirtschaftlichen Fragen auf dem Laufenden gehalten haben. […] Die Koloniale Reichsarbeitsgemeinschaft hat den Beschluss gefasst, sich an dieser Ausstellung zu beteiligen […].

Zitiert nach: Bundesarchiv, BArch R 1001/6396

M2 D Positionierung des Auswärtigen Amtes zur kolonialen Vergangenheit Deutschlands

Auf der Homepage des Auswärtigen Amtes ist zum Thema „Aufarbeitung der deutschen Kolonialvergangenheit“ zu lesen:

Nur wer seine Vergangenheit kennt und reflektiert, kann Lehren für die Zukunft ziehen und starke globale Partnerschaften gestalten. Nicht nur deshalb ist die umfassende Aufarbeitung der deutschen Kolonialvergangenheit wichtiges Thema für die Bundesregierung und das Auswärtige Amt.

Dazu hat das Auswärtige Amt die Arbeiten eines internationalen Forschungsteams unterstützt. Gemeinsam haben sie die Rolle des Auswärtigen Amts betrachtet, dessen damalige Kolonialabteilung in den Jahren 1890 bis 1907 unmittelbar zuständig für die deutsche Kolonialherrschaft in Afrika, Asien und Ozeanien war. Aus ihr ging 1907 das Reichskolonialamt hervor. Die Untersuchung der deutschen Kolonialpolitik sowie die Folgen für die Außenpolitik der anschließenden Jahrzehnte ist nun im Sammelband „Das Auswärtige Amt und die Kolonien. Geschichte, Erinnerung, Erbe“ veröffentlicht worden.

Die Forschenden stellen klar: Das Auswärtige Amt trägt als Institution eine Mitverantwortung für Gewalt und Verbrechen in den deutschen Kolonien.

Zur Überwindung kolonialer Kontinuitäten ist es wichtig, miteinander zu sprechen und einander zuzuhören, auch, um nicht-eurozentrische Perspektiven zu gewinnen. Dieser Dialog muss in jedem Kontext neu bestimmt werden und braucht unterschiedlich viel Raum und Zeit, denn auch die kolonialen Erfahrungen sind in den verschiedenen Gesellschaften und Bevölkerungsgruppen unterschiedlich.

Der Dialog mit Ländern, die von deutschem kolonialem Handeln betroffen waren, befindet sich in vielen Fällen erst am Anfang. Diese Prozesse können nur gemeinsam gestaltet werden. Sie umfassen sowohl betroffene Zivilgesellschaften als auch Vertreterinnen und Vertreter aus Diaspora und Wissenschaft sowie staatliche Partnerinnen und Partner.

Zu einem ehrlichen und offenen Umgang mit der Vergangenheit gehört, begangenes Unrecht zu benennen und anzuerkennen: Während seiner Reise nach Tansania im November 2023 hat Bundespräsident Steinmeier um Verzeihung für deutsche Kolonialverbrechen im ehemaligen „Deutsch-Ostafrika“ gebeten. Die damalige Staatsministerin Katja Keul hat diese Bitte um Verzeihung auf ihrer Reise nach Tansania im März 2024 anlässlich einer Gedenkveranstaltung in Moschi bekräftigt. Sie hat zudem im November 2022 bei einer Rede in Douala die Hinrichtungen von König Rudolf Douala Manga Bell und Adolf Ngoso Din in der damaligen deutschen Kolonie „Kamerun“ als koloniales Unrecht benannt. Die im Jahr 2021 paraphierte Gemeinsame Erklärung ist ein wichtiges Element auf dem Weg zur Aussöhnung mit Namibia nach den im damaligen „Deutsch-Südwestafrika“ begangenen Gräueltaten, die in dem Völkermord an den Herero und Nama mündeten. Bundespräsident Steinmeier hat bei seiner Rede anlässlich des Staatsbegräbnisses für den ehemaligen namibischen Staatspräsidenten Hage Geingob im Februar 2024 deutlich gemacht, dass Deutschland der historischen Aufarbeitung dieser Verbrechen verpflichtet bleibt. Zahlreiche Akteure auf Bundes-, Länder- und Kommunalebene engagieren sich in der Aufarbeitung der deutschen Kolonialvergangenheit.

Auswärtiges Amt, Aufarbeitung der deutschen Kolonialvergangenheit, zitiert nach: https://www.auswaertiges-amt.de/de/aamt/geschichte-des-auswaertigen-amts/2660906-2660906 [Zugriff: 06.03.2026]

M3 D „Ostalgie-Welle"

Tobias Hollitzer (*1966), Leiter der Leipziger Gedenkstätte Museum in der „Runden Ecke", äußert sich 2004 über die „Ostalgiewelle":

Viele Menschen glorifizieren angesichts aktueller Probleme die DDR in ihrer Erinnerung. Daraus entsteht ein trotziges Ost-Gefühl, das absurde Blüten treibt: Jugendliche tragen die Symbole der Unterdrückung tausendfach auf T-Shirts und Jacken. Im Versandhandel, in Souvenirläden und selbst im Shop des Deutschen Historischen Museums sind sie erhältlich. Das Signet des MfS auf Zollstöcken, als Schlüsselanhänger oder Wandschmuck; das Emblem der SED auf Feuerzeugen; die Lieder von FDJ und Staatssicherheit auf CD gepresst: Woher kommt dieser unreflektierte, unkritische Umgang? Offenbar wird in der Schule zu wenig vermittelt, wird in den Elternhäusern zu vieles verklärt. Ein Übriges taten „Ostalgie-Shows", die 2003 auf fast allen Fernsehkanälen liefen. Doch „Ost" ist nicht „Kult" – wie beispielsweise das ZDF meinte –, sondern „Ost" steht für fast 40 Jahre SED-Diktatur. Die Shows würden nur den Alltag darstellen, hieß es aus den Redaktionen und von den Moderatoren. Gemeint war, dass nur der auf den ersten Blick unpolitische Teil der DDR gezeigt werden solle. Es ist jedoch gerade ein Merkmal von Diktaturen, dass es in ihnen keinen unpolitischen Alltag gibt. In den Sendungen traten fast nur Prominente auf, die schon zu DDR-Zeiten privilegiert waren und deren Alltag mit der DDR-Realität wenig zu tun hatte. „Diplomaten im Trainingsanzug" nahmen ihre Funktion noch einmal wahr und schwärmten von der Überlegenheit des DDR-Sports, ohne ein Wort über das staatliche organisierte Doping zu verlieren. „Unsere Fernsehlieblinge" traten auf, ohne die Zensur sämtlicher Medien auch nur mit einem Wort zu erwähnen. Und wenn es sich doch einmal nicht vermeiden ließ, die Kehrseite des schönen Scheins anzusprechen, brach der Moderator ab oder zog die Bemerkung als Anekdote ins Lächerliche. Die sogenannten DDR-Shows hätten zu wenigstens 80 Prozent anstandslos die SED-Zensur der Achtzigerjahre passiert. Erich Honecker und sein Politbüro hätten ihre Freude an einer solchen Vielzahl von Agitationssendungen für den „Sozialismus in den Farben der DDR" im (west)deutschen Fernsehen gehabt.

Die Shows glichen Kuriositätenkabinetten, die nichts, aber auch gar nichts zur Verständigung zwischen Ost und West beitrugen. Für die mentale Wiedervereinigung brauchen wir eine aufrichtige und von gegenseitiger Akzeptanz geprägte Neugier auf den anderen. Nicht das in der DDR gelebte Leben steht zur Disposition, sondern die kommunistische Diktatur. […] Ostalgie-Shows verharmlosen die Gefahren, die der Demokratie durch totalitäre Ideologien drohen, und sind eine Verhöhnung der Opfer. Dass sich die Diktatur der Nationalsozialisten nicht auf Autobahnbau und geringe Arbeitslosigkeit reduzieren lässt, haben wir gelernt. Muss betont werden, dass sich das Alltagsleben in der DDR nicht auf Schulmilch und billige Mieten beschränkte? Nostalgie-Shows, die das Leben im „Dritten Reich" auf den vermeintlich unpolitischen Alltag reduzieren, sind zum Glück undenkbar. Eine Ostalgie-Welle zieht über das Land. Das klingt wie eine ansteckende Krankheit. Tatsächlich scheint es eine Krankheit zu sein, immer nur Facetten zur Kenntnis nehmen zu wollen. Doch wir müssen uns auch dem Leben in der zweiten deutschen Diktatur offen und ehrlich und vor allem in all seinen Facetten stellen. Nur dann werden wir den Wert heutiger Freiheit und Demokratie zu schätzen und ihn zu verteidigen wissen. Gerade die Beschäftigung mit dem Alltag in totalitären Regimen verdeutlicht, wie sich der Einzelne in solchen Systemen verhält und welchen Zwängen und Versuchungen er ausgesetzt ist.

Tobias Hollitzer, 15 Jahre Friedliche Revolution, in: Aus Politik und Zeitgeschichte, B 41 – 42/2004, S. 3 – 6, hier S. 4 f.

Arbeitsvorschläge

32065-0495

1. Erläutern Sie anhand der Stolpersteine und des Holocaust-Gedenktages, wie sich die regionale und die nationale Perspektive des Erinnerns an den Holocaust unterscheiden. Finden Sie weitere Beispiele.
2. a) Ordnen Sie M1 in den historischen Kontext ein.
   b) Bewerten Sie die Perspektive auf die Kolonialzeit, die in M1 deutlich wird.
3. a) Arbeiten Sie die Haltung zur kolonialen Vergangenheit Deutschlands heraus, die in M2 deutlich wird.
   b) Entwickeln Sie daraus einen eigenen Standpunkt.
4. a) Charakterisieren Sie den Begriff „Ostalgie" (M3).
   b) Bewerten Sie die Aussage Hollitzers, dass „nicht das in der DDR gelebte Leben zur Disposition" stehe, sondern die Diktatur (vgl. M3, Z. 44 - 46).

Der 9. November

Der 9. November 1989 – eine verpasste Chance für einen gesamtdeutschen Gründungsmythos?

Aufgabenart: Erörtern von Erklärungen historischer Sachverhalte aus Darstellungen

Formulieren Sie ein begründetes Urteil zur Themenfrage, indem Sie

- die Position des Autors hinsichtlich eines möglichen Gründungsmythos erörtern,
- die Thesen des Autors mithilfe Ihrer Kenntnisse zur Erinnerungskultur kritisch prüfen und
- gestützt auf Ihre Analyseergebnisse und Ihr Kontextwissen bewerten, inwiefern der 9. November als gesamtdeutscher Gründungsmythos geeignet ist.

M1 D Eine vergebene Chance?

Der Politikwissenschaftler Herfried Münkler äußert sich zum 9. November als möglichem Nationalfeiertag für Deutschland:

Aus der Perspektive der politischen Mythengeschichte Deutschlands […] hätte man damit rechnen dürfen, dass der 9. November 1989 zu einem neuen Gründungsmythos der Deutschen, zumindest aber einem Additionsmythos geworden wäre, der den alten bundesrepublikanischen Gründungsmythos ergänzt: Im Anschluss an eine Pressekonferenz des SED-Politbüromitglieds Günter Schabowski kam es in den Abendstunden zu einem Ansturm der Ost-Berliner auf die Grenzübergänge nach West-Berlin, und innerhalb weniger Stunden brach ein Grenzregime zusammen, das die Welt mehrmals in Atem gehalten und an den Rand eines Krieges gebracht hatte. […] Am 9. November 1989 wurde in Berlin einmal mehr Weltgeschichte gemacht, dieses Mal jedoch nicht von den Herrschenden, die über das Volk verfügten, sondern von der Bevölkerung selbst, und das in einer kurz zuvor noch unvorstellbaren Form der Selbstermächtigung. Der Stoff, aus dem politische Mythen geformt werden, war somit im Übermaße vorhanden und ebenso die Bilder, die dieser dramatischen Wende Anschaulichkeit verliehen. […] Was jahrzehntelang Angst und Schrecken verbreitet hatte, wurde zum Schauplatz ausgelassener Feiern. […] Hier wurde die deutsche Teilung überwunden und die nationale Einheit wiederhergestellt, und erstmals in der deutschen Geschichte nahm eine Revolution einen glücklichen und bis zum Ende erfolgreichen Verlauf.

Die damit eröffnete Chance einer gründungsmythischen Neufundierung der Republik ist aus vielerlei Ursachen nicht wahrgenommen worden. […] Dagegen sprach zunächst das Datum des 9. November, das unerwünschte und politisch gefährliche Erinnerungen an Ereignisse des 20. Jahrhunderts wachrief […]. Das Problem einer gründungsmythischen Aufbereitung des 9. November 1989 war aber nicht nur das Datum, sondern auch der politisch-geografische Raum, der damit herausgehoben worden wäre: Das Gründungsgeschehen der neuen und größeren Bundesrepublik hätte sich dann ausnahmslos auf dem Territorium der DDR abgespielt, und der Deutsche Bundestag in Bonn hätte lediglich insofern mitgewirkt, als sich die Abgeordneten, als die ersten Nachrichten aus Berlin eintrafen, von ihren Stühlen erhoben und die dritte Strophe des Deutschlandlieds sangen. Die westdeutsche Bevölkerung war am 9. November bloß Zuschauer eines Geschehens, zu dem sie nichts beitragen konnte. Die bundesdeutsche Politik kam erst anschließend ins Spiel, wobei sie in innerdeutschen wie internationalen Verhandlungen Einfluss auf einen politischen Prozess gewann und diesen schließlich zu kontrollieren und zu steuern vermochte, sodass er am 3. Oktober 1990 mit der Zeremonie vor dem Reichstag erfolgreich abgeschlossen werden konnte.

Herfried Münkler, Die Deutschen und ihre Mythen, Berlin 2009, S. 477 – 479

Tipps zur Bearbeitung

- Fassen Sie die Position des Autors thesenartig zusammen. Beachten Sie die Verwendung des Begriffes Mythos.
- Hinterfragen Sie die Thesen des Autors. Informationen zur Friedlichen Revolution und zur Wiedervereinigung finden Sie auf S. 461 f., zur Erinnerungskultur auf S. 620 f.
- Erläutern Sie weitere Ereignisse in der deutschen Geschichte, die an einem 9. November stattfanden (1918, 1923, 1938).
- Wägen Sie unter Berücksichtigung Ihrer bisherigen Ergebnisse ab, ob der 9. November als deutscher Nationalfeiertag infrage kommt.

Die Lösung zu dieser Übungsklausur finden Sie unter Mediencode **32065-0456**.

Umgang mit Abiturklausuren – wie gehe ich vor?

Beispiel siehe S. 566/567

Aufgabenformat: Erörtern von Erklärungen historischer Sachurteile aus Darstellungen

1. Hinführung

Formulieren Sie eine inhaltliche Hinführung, die die Themenfrage aufwirft. Einsteigen können Sie z. B. über

- eine Relevanz für die Geschichtswissenschaft, z. B. aufgrund einer Forschungskontroverse
  - ▶ *In der Forschung wird der Aufstand des 17. Juni 1953 unterschiedlich bewertet: in der Bewertung als Volksaufstand wird er als Protest gegen die SED-Diktatur gelesen, während er als Arbeiteraufstand nicht als revolutionärer Umsturzversuch verstanden wird, sondern als Protestbewegung gegen wirtschaftliche Belastungen und konkrete politische Entscheidungen.*
- die Bedeutung von Erinnerungskultur, z. B. hinsichtlich bestimmter historischer Gedenk- und Feiertage
  - ▶ *z. B. kurze Erläuterung der besonderen Bedeutung für das kollektive Gedächtnis an den Widerstand gegen die SED-Diktatur; anschließend mögliche knappe Reflexion darüber, welche Ereignisse hierzu zählen*

2. Erörterung

- Geben Sie den Text in eigenen Worten strukturiert wieder. Setzen Sie Zitate ein und formulieren Sie den Text im Konjunktiv.
  - ▶ *Christoph Kleßmann charakterisiert die Proteste des 17. Juni als „spontane Revolte“ (Z. XX). Er führt an, dass die „gewaltsame Niederschlagung“ (Z. XX) eine „nachhaltige Risikoerfahrung“ für die Bevölkerung gewesen sei, die sich auf das politische Verhalten ausgewirkt habe (vgl. Z. XX). ...*
- Analysieren Sie die Thesen des Autors/ der Autorin. Hier kommt es darauf an, sprachliche Mittel zu erkennen und zu analysieren, die für die inhaltliche Aussage des Textes relevant sind. Werden zwei Darstellungen betrachtet, steht an dieser Stelle der Vergleich der Texte.
  - ▶ *Besonders auffällig ist, dass Johannes Rau den Aufstand als einen „Aufstand des ganzen Volkes“ charakterisiert, während der Historiker im vorliegenden Textausschnitt betont, dass es eine „spontane Revolte“ der Arbeiterinnen und Arbeiter gewesen sei. Im Kontext der Wiedervereinigung und einer Gedenkfeier betont Johannes Rau bewusst das angebliche Motiv der Protestierenden, den DDR-Staat zu überwinden. ...*
- Erörtern Sie die Thesen des Autors/der Autorin, d.h. widerlegen oder belegen Sie diese. Sie können diesen Teil Ihres Textes chronologisch strukturiert oder nach inhaltlichen Schwerpunkten gliedern.
  - ▶ *Die Protestbewegungen begannen zwar als ein wirtschaftlich motivierter Streik der Bauarbeiter, der unideologisch, ungeplant und unorganisiert war, die Aufständischen nahmen aber schnell Stellung gegen das SED-Regime ein und forderten freie Wahlen und ein Ende der deutschen Teilung. Somit liegt der Historiker mit dem Aspekt richtig.../Dies entspricht der Darstellung von...*

- Erläutern Sie die Position des Autors/der Autorin und leiten Sie zur Urteilsbildung über. Hier beantworten Sie die Themenfrage aus der Sicht des Autors/der Autorin.
  - ▶ *Christoph Kleßmann analysiert, der 17. Juni sei ein gegen die DDR gerichteter Aufstand gewesen und zwar aus der Sicht der damaligen Machtelite. Johannes Rau urteilt, der 17. Juni sei...*

3. Urteilsbildung

- Beantworten Sie die Themenfrage, indem Sie Pro- und Kontra-Argumente strukturiert gegeneinander abwägen. Dabei ist es in der Regel sinnvoll, einen inhaltlichen Fokus zu setzen.
  - ▶ *Die Protestbewegungen begannen zwar als ein wirtschaftlich motivierter Streik der Bauarbeiter, der unideologisch, ungeplant und unorganisiert war; die Aufständischen nahmen aber schnell Stellung gegen das SED-Regime ein und forderten freie Wahlen und ein Ende der deutschen Teilung. ...*
- Formulieren Sie ein Sachurteil, indem Sie die Themenfrage in einem Fazit beantworten und dabei verschiedene Perspektiven/Betrachtungsebenen berücksichtigen.
  - ▶ *Die Ereignisse waren im Sinne ihres Auslösers Proteste in erster Linie gegen die Normerhöhung und insofern gegen den politischen Kurs der Regierung. Forderungen wie freie Wahlen und ein vereintes Deutschland wurden ebenfalls laut, entwickelten sich aber von einigen aus der Dynamik heraus. Der 17. Juni 1953 ist daher...*
- Formulieren Sie ein Werturteil. Hier können weiterreichende Auswirkungen und/oder andere geschichtliche Ereignisse mit einbezogen werden oder Parallelen zu ähnlichen geschichtlichen und/oder aktuellen Ereignissen gezogen werden sowie weiterführende wertende Fragen gestellt werden. Sie gehen dabei von Ihrer eigenen Werthaltung aus. Eine persönliche Positionierung zum Gegenstand kann vorgenommen werden bzw. ist erwünscht.
  - ▶ *Hier kann ein Rückbezug zum Einstieg stehen, z. B. die Erläuterung der unterschiedlichen Auslegungen des 17. Juni 1953 je nach Intention.*

4. Darlegung des Erkenntnisgewinns und/oder ggf. Formulierung weiterführender Fragestellungen

- Formulieren Sie kurz, welche Erkenntnisse Ihre Arbeit gebracht hat.
- Formulieren Sie weiterführende Fragestellungen, die nach der Untersuchung noch offenbleiben oder sich aufgrund Ihrer eigenen Sozialisierung oder Werte ergeben.
  - ▶ *Fraglich bleibt z. B. inwiefern Reden, wie die des ehemaligen Bundespräsidenten, zu einer weitverbreiteten Lesart des 17. Juni als einen Volksaufstand, der gegen die DDR gerichtet war, beigetragen haben.*

Beispiel siehe S. 378

Aufgabenformat: Historische Argumentation aufbauend auf einem Zitat

1. Hinführung

Formulieren Sie eine inhaltliche Hinführung, die die Themenfrage aufwirft.
Einsteigen können Sie z. B. über

- eine Relevanz für die Geschichtswissenschaft, z. B. aufgrund einer Forschungskontroverse
- einen Aktualitäts-/Gegenwartsbezug, bei dem die Leitfrage in einen übergeordneten Kontext gestellt wird
  - ▶ *Auch heute werden gezielt Strategien über Massenmedien, wie Videos auf TikTok, genutzt, um Wählerstimmen für die eigene politische Sache zu gewinnen. Inwiefern es sich dabei um Propaganda handelt, ist im Einzelfall zu untersuchen. Parteien, die ihren Wahlkampf mit solchen Strategien untermauern, gehen auf jeden Fall von ihrer Wirkungsmacht aus. ...*

2. Argumentation

- Einleitung in die Argumentation
  Definieren Sie Begriffe und problematisieren Sie sie gegebenenfalls: Welche Begriffe müssen für eine differenzierte Beantwortung der Themenfrage zunächst geklärt oder genauer beleuchtet werden? Auf welche unterschiedlichen Ebenen oder Perspektiven muss bei einer Definition eines bestimmten Begriffes hingewiesen werden? Lassen sich Kriterien zur Beantwortung der Themenfrage festlegen?
  - ▶ *Unter einer maßgeblichen Ursache ist ein Faktor zu verstehen, der entscheidend oder wesentlich zum Aufstieg der NSDAP beigetragen hat. ... Es gibt verschiedene Möglichkeiten, den Aufstieg der NSDAP zeitlich festzumachen.*
- Geben Sie Ihre Kenntnisse zu Ereignissen, Strukturen und Prozessen themenbezogen wieder: Welche Ereignisse, Strukturen und Prozesse sind in Bezug auf die Themenfrage zu erläutern? Welche Strukturierung bietet sich hierfür an (inhaltliche oder chronologische)? Welche Ereignisse können besser nur angerissen, aber sollten nicht vertieft werden? Welche Überleitung ließe sich zur Autoren-Position formulieren?
  - ▶ *Die Propagandastrategien und Aktionsstile der NSDAP bis 1932/33 zeichneten sich durch eine geschickte Verbindung aus der Nutzung von neuen Massenmedien und einer aggressiven Rhetorik mit einer vereinfachenden Symbolsprache aus. Als neue Partei stellte sie radikale Forderungen. In dem stürmischen Auftreten und den gewaltbereiten Aktionsstilen verbreitete die NSDAP Angst und verkörperte...*
- Analysieren Sie die Autorenposition unter Verwendung markanter Zitate: Was sagt der Autor aus? Welche markanten Schlüsselaussagen/ -begriffe sollten als Zitat angeführt werden? Welche Absicht verfolgt der Autor mit seiner Aussage/ seiner Untersuchung? Wen spricht er an? Stellt er historische Bezüge/Parallele her?
  - ▶ *Joseph Goebbels erläutert den Parteimitgliedern der NSDAP über eine Zeitschrift die Wichtigkeit von Propaganda für den politischen Erfolg und führt an, dass im Wahlkampf Riesenplakate eingesetzt werden müssten, um eine Massenbeeinflussung der Menschen zu erreichen. Dabei müssten...*

- Formulieren Sie eine strukturierte und differenzierte Pro- und Kontra-Argumentation im Sinne der Themenfrage: Welche Pro- und Kontra-Argumente lassen sich anführen? Zu welchem Fazit tendiere ich? Wie lassen sich die Argumente hinsichtlich meines Fazits strukturieren?
  - ▶ *Zur Beantwortung dieser Frage sind die wirtschaftliche, die politische sowie die gesellschaftliche Ebene zu betrachten.*
  - ▶ *Deutschland war aufgrund der Kriegskredite und Reparationszahlungen während der Weimarer Republik wirtschaftlich instabil. Die NSDAP konnte insbesondere nach der Hyperinflation 1923 und nach der Weltwirtschaftskrise Wahlsiege erzielen, was vermutlich auf wirksame, emotionalisierende Propaganda zurückzuführen ist. ... Allerdings sanken die Wählerstimmen im zweiten Wahlgang im November 1932 um 4%, sodass zu fragen ist, ob die Zustimmung zur Partei wieder gesunken wäre. Trotzdem wurde der Druck auf Hindenburg, Hitler Regierungsverantwortung zu geben auch aufgrund politischer Krisen, immer größer. ...*
- Formulieren Sie ein begründetes Urteil: Auf Grundlage der angeführten Argumente, stimmen ich der Themenfrage zu oder lehne ich sie ab? Welches Fazit lässt sich auf der historischen Sachebene formulieren? Aus welcher Perspektive lässt sich der Themenfrage zustimmen? In Bezug auf welche Ebene und welche Kriterien kann der Themenfrage zugestimmt werden? Muss ich unter Berücksichtigung historischer Parallelen/ aktueller Bezüge/ meiner eigenen Werte ein anderes Urteil fällen (Werturteil)?
  - ▶ *Die NSDAP konnte mittels ihrer Propagandastrategien nur so erfolgreich sein, weil die Weimarer Republik von Krisen geplagt war und die NSDAP es verstand, diese für sich zu instrumentalisieren. Es bleibt spekulativ, ob Propagandastrategien oder die politische Ausrichtung der Partei ausschlaggebend für die Wählerinnen und Wähler der NSDAP waren. ...*
- Formulieren Sie einen Rückbezug zur Autoren-Position bzw. zum Zitat: Stimme ich der Autoren-Aussage zu oder lehne ich sie ab? Welche mir bekannten Positionen von Historikern gibt es noch zu dem Thema? Werden z. B. von anderen Historikern andere Aspekte stärker in den Fokus genommen, die eine abweichende Beurteilung ergeben? Haben im Zitat angeführte Aspekte im Verlauf der Geschichte an Relevanz gewonnen? (Nur bei Zitaten aus der Sekundärliteratur relevant.)
  - ▶ *Tatsächlich waren auch zur Zeit des Kalten Krieges einfache Freund- und Feind-Darstellungen, wie Goebbels sie verlangt, kalkuliert eingesetzte Propagandastrategien. ...*

3. Formulierung weiterführender Fragestellungen

- Formulieren Sie weiterführende Fragestellungen, die nach der Untersuchung noch offenbleiben oder sich aufgrund Ihrer eigenen Sozialisierung oder Werte ergeben.
  - ▶ *Es bleibt die Frage, wie wirkungsmächtig Propaganda insbesondere über massenwirksame Kanäle ist. Kann eine politische Bildung und eine kritische Medienkompetenz der Manipulierbarkeit entgegenwirken? ...*

Beispiel siehe S. 380/381

Aufgabenformat: Interpretieren von Quellen

1. Hinführung

Formulieren Sie eine inhaltliche Hinführung, die die Themenfrage aufwirft. Einsteigen können Sie z. B. über

- eine kurze historische Einordnung, gegebenenfalls unter Einbezug zentraler Begriffe aus der Leitfrage
  - ▶ *Der Versailler Vertrag wurde in der deutschen Bevölkerung parteiübergreifend als „Schandfrieden" und „Diktat der Siegermächte" wahrgenommen. Rechtskonservative Kreise forderten vehement, dass der Vertrag revidiert werden müsse. Der enorme Wahlerfolg der NSDAP im Jahr 1930 ...*
- besondere Gattungsmerkmale des Quellenformats
- einen Aktualitäts-/Gegenwartsbezug, bei dem die Leitfrage in einen übergeordneten Kontext gestellt wird

2. Interpretation des Materials

- Beginnen Sie mit der formalen Analyse: Wann wurde die Quelle von wem wozu erstellt?
  - ▶ *Die Karikatur „The Source" wurde von Daniel Fitzpatrick gezeichnet und am 19. Oktober 1930 in der US-amerikanischen Tageszeitung St. Louis-Dispatch veröffentlicht. Von den Adressaten wird Kenntnis über politische Entwicklungen in Deutschland vorausgesetzt. Die Zeichnung zeigt...*
- Beschreiben Sie die wichtigsten Bildelemente, die in der Analyse aufgegriffen werden und für die Interpretation entscheidend sind. Bei Textquellen: Fassen Sie den Text in eigenen Worten zusammen.
  - ▶ *Auffällig ist die besonders große Vertragsrolle, die drei Unterschriften, aber nur zwei Siegel trägt. Hitler kriecht aus dieser Vertragsrolle wie aus einem Kokon oder einem Kanonenrohr. Er wirkt gefährlich und schaut grimmig, trägt eine preußische Pickelhaube und einen dunklen Anzug. Seine Bewegungen wirken entschlossen. ...*
- Analysieren und erörtern Sie die beschriebenen Bildelemente/Textstellen mithilfe Ihres Kontextwissens: Was ist warum so dargestellt und was bedeutet es bzw. was folgt daraus?
  - ▶ *Die Größe der Vertragsrolle könnte auf die enormen Forderungen, aber auch auf die Länge des Vertragswerkes selbst anspielen. Die zwei Siegel könnten darauf hinweisen, dass der US-amerikanische Senat den Vertrag nicht ratifiziert hat. ...*
- Erörtern Sie die Quelle im historischen Kontext, d. h. betten Sie sie in den konkreten historischen Kontext ein. Unterscheiden Sie dabei zwischen dem historischen Gegenstand (hier das Zustandekommen des Versailler Vertrages, Jan.-Mai 1919) und dem historischen Kontext (hier Zeitgeschehen bei der Veröffentlichung der Karikatur, Okt. 1930).
  - ▶ *Der Versailler Vertrag enthält die folgenden Bestimmungen ... Die Interessen der Siegermächte waren dabei ...*
- Interpretieren Sie die Quelle hinsichtlich ihrer Wirkungsabsicht. Zeigen Sie damit die Relevanz der Quelle für heute auf und äußern Sie außerdem begründete Vermutungen, welche Wirkung die Quelle auf ihren zeitgenössischen Betrachter/Leser hatte.

  - *Die Quelle ist für uns heute ein Zeugnis dafür, wie Beobachter im Ausland Hitler um 1930 einordneten. Nämlich...*
  - *Es ist zu vermuten, dass die Darstellung Hitlers als... zeitgenössische Betrachter dazu angeregt hat...*
- Beantworten Sie die Themenfrage in Bezug auf die Quelle.
  - *Nach dem Karikaturisten Daniel Fitzpatrick liegt der Ursprung des Wahlerfolges der NSDAP im Versailler Vertrag. Vermutlich hatte er darüber Kenntnis, welche Auswirkungen der Versailler Vertrag insbesondere auf die wirtschaftliche Lage Deutschlands und den Stolz der Nation hatte. ...* Möglicherweise intendiert der Karikaturist mit seiner Darstellung, von der US-amerikanischen Mitverantwortung für die wirtschaftliche Misere Deutschlands um 1930 abzulenken. Er möchte vermutlich mit dem Malen zweier Siegel untermauern, dass der US-amerikanische Senat den Versailler Vertrag nicht ratifizierte. ...
- Beantworten Sie die Themenfrage, indem Sie Pro- und Kontra-Argumente strukturiert gegeneinander abwägen.
  - *Hitlers Wahlerfolg im Jahr 1930 ist insbesondere auf die wirtschaftliche Krise zurückzuführen, die durch den Versailler Vertrag maßgeblich bestimmt wurde. ... Hitlers Wahlerfolg fußte auch darauf, dass ein Teil der deutschen Bevölkerung der Republik feindlich gegenüberstand. ...*
- Formulieren Sie ein Sachurteil, indem Sie die Themenfrage in einem Fazit beantworten.
  - *Auch wenn Hitlers Wahlerfolg mit ca. 18,3% der Wählerstimmen im Jahr 1930 insbesondere auf die Auswirkungen der Weltwirtschaftskrise zurückzuführen ist, so wirkte sich diese auf Deutschland enorm aus, da Deutschland durch Kredite an die USA gebunden war, um die Reparationskosten an Frankreich und an Großbritannien zahlen zu können. Die wirtschaftliche Krise im Jahr 1930 hing insofern auch mit dem Versailler Vertrag zusammen.*

    ...
- Formulieren Sie ein Werturteil. Hier können weiterreichende Auswirkungen und/oder andere geschichtliche Ereignisse mit einbezogen werden oder Parallelen zu ähnlichen geschichtlichen und/oder aktuellen Ereignissen gezogen werden sowie weiterführende wertende Fragen gestellt werden. Sie gehen dabei von Ihrer eigenen Werthaltung aus. Eine persönliche Positionierung zum Gegenstand kann vorgenommen werden bzw. ist erwünscht.
  - *Mögliche Abwägung, ob einerseits die NSDAP ohne die Weltwirtschaftskrise an die Macht gekommen wäre, dass aber andererseits die Faschisten in Italien schon vor der Weltwirtschaftskrise die Macht übernommen hatten*
  - *damit Reflexion über „den Faschismus“ als europäisches Phänomen in der Zwischenkriegszeit*

3. Formulierung weiterführender Fragestellungen

- Formulieren Sie kurz, welche Erkenntnisse Ihre Arbeit gebracht hat.
- Formulieren Sie weiterführende Fragestellungen, die nach der Untersuchung noch offenbleiben oder sich aufgrund Ihrer eigenen Sozialisierung oder Werte ergeben.
  - *z. B. Frage dazu, welchen Einfluss (wirtschaftliche) Krisen auf das Wahlverhalten nehmen und inwiefern bestimmte Parteien davon besonders profitieren*

Hilfen zum richtigen Umgang mit den Operatoren

Anforderungsbereich I (Reproduktion)

Operator	Was ist zu beachten?	Wie ist vorzugehen?
nennen, benennen	Dieser Operator wird häufig für eine erste Annäherung an eine Quelle verwendet. Hier sollen Sie das Augenmerk auf **bestimmte Aspekte** eines Textes oder **Gestaltungsmittel** einer Bildquelle richten und diese **zusammentragen**. Wirkungen, Bewertungen oder erläuternde Kommentare sind noch nicht hinzuzufügen. Dies erfolgt erst im nächsten Schritt bei einer Erläuterung, Analyse oder Überprüfung.	Bei **Textquellen** empfiehlt es sich, Schlüsselpassagen oder -wörter, die zu dem gesuchten Aspekt passen, zu unterstreichen. Passende Elemente einer **Bildquelle** können eingekreist oder anderweitig markiert werden. Die **Ergebnisse** können in Stichpunkten aufgelistet oder in einem kurzen Text aneinandergereiht wiedergegeben bzw. zusammengefasst werden.
aufzählen	Genau wie bei den Operatoren „nennen/benennen" geht es hier um die Vorarbeit für eine Quellenanalyse. Hinzu kommt, dass bereits eine **sinnvolle Anordnung der Informationen** erfolgen soll, sodass Sie einen **ersten Überblick** über den Informationsgehalt des vorliegenden Materials gewinnen können.	Zunächst sollten Sie genauso wie bei den Operatoren „nennen/benennen" vorgehen. In einem weiteren Schritt sind die aus den Materialien gewonnenen Informationen passend zu sortieren. Hier können Sie mit **Oberbegriffen** arbeiten, denen Sie die Informationen in Form einer **Mindmap/Tabelle** zuordnen, oder Sie wählen die **zeitliche Abfolge** der zu betrachtenden **Aspekte** der Materialien zur Strukturierung. Auch hier können die **Ergebnisse** in Form eines Textes wiedergegeben bzw. zusammengefasst werden.
skizzieren	Dieser Operator wird dazu genutzt, einen groben **Überblick** über historische Sachverhalte, Probleme oder Aussagen zu geben. Dabei werden z. B. die für den **Ablauf** zentralen historischen Ereignisse zeitlich richtig und vollständig aneinandergereiht benannt oder ein **Zustand** in seinen vielen Kennzeichen beschrieben. Diese Skizze stellt dann die **Vorlage** für eine spätere Erläuterung oder Analyse des historischen Sachverhalts dar, in der die einzelnen Ereignisse und Kennzeichen in ihren Hintergründen und Zusammenhängen dann vertieft betrachtet und erklärt werden.	Erstellen Sie für die Skizzierung eines historischen Sachverhalts zunächst einen **Zeitstrahl** oder ein **Flussdiagramm**, in denen die wesentlichen Ereignisse in der richtigen zeitlichen Abfolge dargestellt werden. Für die Skizzierung eines Zustandes bietet sich eine **Mindmap** oder ein **Cluster** an, in dem alle Kennzeichen oder Eigenheiten des Zustandes passend geordnet werden. Fassen Sie anschließend die jeweilige bildliche Darstellung in geeignete Worte.
beschreiben, aufzeigen	Die Operatoren werden häufig sowohl bei Bildquellen wie Gemälden, Karikaturen oder Fotografien als auch bei Statistiken verwendet. Als Vorbereitung für eine anschließende Analyse soll das Material in **nachvollziehbarer und strukturierter Form** in seinen **Einzelheiten** (in der Regel Bildelemente und deren Beziehungen zueinander) vorgestellt werden. Eine Analyse oder Erklärung ist hier noch nicht vorzunehmen, also was z. B. die einzelnen Elemente einer Bildquelle oder Statistik im historischen Kontext für eine Bedeutung haben oder wie die Darstellung zu beurteilen ist. **Klar identifizierbare Personen** dürfen aber bereits als solche benannt werden.	Kreisen Sie das Ihnen wesentlich erscheinende Element des Materials ein und verfassen Sie ausgehend davon eine Beschreibung. Das zentrale Element ist z. B. bei einer **Bildquelle** daran zu erkennen, dass es oft in klarer Beziehung zu den anderen Bildelementen steht. Davon ausgehend können Sie dann die übrigen Bestandteile des Materials und die Bildebenen (Vordergrund, Hintergrund) in ihrem Inhalt beschreiben. Bei **Statistiken** empfiehlt es sich, auf die dort oft dargestellte Entwicklung einzugehen. Dies gilt auch für dynamische **Karten** (z. B. eine Karte, die die Expansion Roms oder die „Entdeckungsfahrten" der Frühen Neuzeit zeigt).

Operator	Was ist zu beachten?	Wie ist vorzugehen?
zusammenfassen	Der Operator ist oft in der ersten Aufgabe bei schriftlichen Arbeiten anzutreffen. Hier sollen Sie zeigen, dass Sie den **Inhalt** eines Textes **verstanden** haben und damit in der Lage sind, diesen **gekürzt und in eigenen Worten** wiederzugeben. Zu beachten ist dabei, dass Sie den Text auf die **wichtigsten Aussagen** reduzieren und diese dann anführen. Die Inhalte des zu untersuchenden Textes sollen weder von Ihnen erläutert noch bewertet werden. Sie schreiben Ihre Zusammenfassung wie ein **distanzierter Beobachter**.	Teilen Sie den Text, der zusammengefasst werden soll, im Vorfeld in **Sinnabschnitte** ein. Schreiben Sie an den Rand des jeweiligen Sinnabschnitts eine **Überschrift** oder einen **Satz**, der den Inhalt des Abschnitts auf den Punkt bringt. Um die sprachliche Distanz zu unterstreichen, verwenden Sie bei der anschließenden Formulierung der Zusammenfassung den **Konjunktiv**.
wiedergeben	Ähnlich wie beim Operator „zusammenfassen" geht es hier darum, zu zeigen, dass Sie den **Inhalt** eines vorgegebenen Textes **verstanden** haben. Allerdings sollen die Inhalte dabei nicht reduziert, sondern **strukturiert** in ihrer Gänze wiedergegeben werden. Meist wird dieser Operator bei Texten verwendet, die einen hohen Informationsgehalt und wenige Wiederholungen aufweisen, oft auch sprachlich anspruchsvoller sind und quasi „**übersetzt**" werden müssen. Dies kann z. B. für Quellen gelten, die aus einer weiter zurückliegenden Epoche stammen. Auch hier soll der Inhalt des vorliegenden Textes weder von Ihnen erläutert noch bewertet werden. Sie verfassen Ihre Textwiedergabe also wie ein **distanzierter Beobachter**.	Teilen Sie den Text, der wiedergegeben werden soll, in **Sinnabschnitte** ein. Notieren Sie an den Rand des jeweiligen Sinnabschnitts einen Satz, der die Inhalte des Abschnitts in die **moderne Fachsprache** „übersetzt". Um die sprachliche Distanz zum Ausdruck zu bringen, verwenden Sie bei der anschließenden Formulierung der Wiedergabe den **Konjunktiv**.

Anforderungsbereich II (Reorganisation und Transfer)

Operator	Was ist zu beachten?	Wie ist vorzugehen?
analysieren, untersuchen	Mithilfe dieser Operatoren soll ein Material in Hinblick auf bestimmte spezielle Aspekte untersucht werden, um seine **inhaltliche Aussagekraft** thematisch **zielgerichtet zu erfassen**. Die Aspekte sind in der Regel direkt aus dem Material zu ersehen. Bei manchen vielschichtigen Materialien bietet es sich auch an, diese in Hinblick auf mehrere Aspekte zu analysieren und dann zu einem Gesamtbild zusammenzufügen. Wichtig ist es, die Untersuchungsergebnisse anschließend zu **ordnen** und **strukturiert darzustellen**. Außerdem muss – zum Beispiel durch ein Zitat mit Zeilenangabe bzw. ein Bildelement oder einen Zahlenwert – das Ergebnis der Untersuchung am Material **belegt** und damit das Analyseergebnis **begründet** werden. Genau wie bei „charakterisieren" und „herausarbeiten" werden die Operatoren „analysieren/untersuchen" zur **inhaltlichen Erschließung** eines Materials genutzt. Damit werden diese Operatoren seltener in normalen schriftlichen Arbeiten eingesetzt. ▶ nächste Seite	Gehen Sie das Material durch, indem Sie Ihre „**Analysebrille**" aufsetzen und die Elemente (Textpassagen, Bildelemente oder Zahlenwerte) markieren, in denen Aussagen zu ihrem Untersuchungsaspekt auftauchen. Fügen Sie diese Elemente zusammen und wählen Sie eine **geeignete Struktur**, mit der Sie Ihre Ergebnisse geordnet darstellen wollen.

Operator	Was ist zu beachten?	Wie ist vorzugehen?
analysieren, untersuchen	Allerdings können sie in umfangreicheren schriftlichen Arbeiten (z. B. im Abitur) als **Vorbereitung**, **Nachbereitung** oder **Verbindung** zu einer anderen weiteren Aufgabe aus dem Anforderungsbereich II (wie „erläutern“) genutzt werden. So kann z. B. eine inhaltliche Erläuterung der jeweils erschlossenen Aspekte gefordert sein oder eine Untersuchung eines Materials in Bezug auf zuvor in einer anderen Aufgabe erläuterte Inhalte.	◄ vorherige Seite
begründen, nachweisen	Hier geht es darum, in einem Material (Darstellungen, Text- und Bildquellen etc.) vorhandene **Thesen**, **Urteile** oder **Wertungen** zu finden und begründet aufzuzeigen, an welcher Stelle im Material die gesuchten Aspekte stehen. Anders als bei dem Operator „überprüfen“ können Sie bei den Operatoren „begründen/nachweisen“ bereits davon ausgehen, dass die nachzuweisenden Aspekte im vorliegenden Material auch zu finden sind.	Vergewissern Sie sich zunächst, welche **Aspekte** die These, das Urteil oder die Wertung, die nachgewiesen werden sollen, ausmachen. Notieren Sie sich diese und untersuchen Sie das Material daraufhin, ob der Aspekt direkt oder indirekt angesprochen wird. Formulieren Sie dann den Nachweis und nennen Sie die **Belegstelle**. Erläutern Sie im Anschluss warum Sie diese Stelle gewählt haben.
charakterisieren	Ähnlich wie beim Operator „analysieren“ soll auch hier **ein Aspekt** in einem Material **zielgerichtet untersucht** werden. Während bei einer Analyse eher sachorientiert vorzugehen ist, stehen bei der Charakterisierung **Eigenarten und Merkmale** im Vordergrund, die sich häufig auf einer Werteebene bewegen. Die untersuchten Eigenschaften lassen sich häufig mit **Adjektiven** belegen, die die Eigenarten beschreiben und sich im Endergebnis zu einem „Gesamtbild“ bzw. einer Gesamtwirkung zusammenfügen. Dazu ist es wichtig, die Untersuchungsergebnisse zu **ordnen** und **strukturiert** darzustellen und auch ein **Fazit** zu ziehen. Dabei kann eine **erste Bewertung** der Ergebnisse erfolgen. Außerdem ist – zum Beispiel durch ein Zitat mit Zeilenangabe – das Ergebnis der Untersuchung auf Basis des Materials zu **belegen**.	Betrachten Sie das Material durch Ihre „**Analysebrille**“ und **markieren** Sie die Elemente (Textpassagen), in denen Aussagen zu Ihrem Untersuchungsaspekt auftauchen. **Belegen** Sie die Aussagen auch mit passenden Adjektiven, die sich z. B. aus der Bewertung des Autors/der Autorin oder Ihrem eigenen Eindruck ergeben. Fügen Sie anschließend diese Elemente zusammen und wählen Sie eine **Struktur**, in der Sie Ihre Ergebnisse geordnet darstellen wollen. Wichtig ist dabei auch die **Gesamtwirkung** zu erfassen, die der Sachverhalt nach der Untersuchung entfaltet.
einordnen	Dieser Operator ist verwandt mit dem Operator „erläutern“, aber von der Aufgabenstellung her enger gefasst. Es geht darum, **Einzelaspekte** in einen größeren **historischen Zusammenhang** zu stellen. Durch eine Erläuterung dieser Zusammenhänge, in den der Aspekt eingeordnet wird, zeigen Sie dann, dass Sie **wissen** und **begründen** können, warum der Aspekt in diesen Zusammenhang passt. Daher wird dieser Operator auch gern für schriftliche Arbeiten gewählt.	Es bietet sich zunächst an, eine **Mindmap** zu erstellen. Gehen Sie dabei von einem Einzelaspekt aus, der sich z. B. in einem vorgegebenen Material findet, und suchen Sie weitere Aspekte, die mit ihm in Beziehung stehen. Oft geht es dabei um historische Ereignisse und Prozesse, die als Ursache des Sachverhalts zeitlich vorher abliefen oder als Wirkungen und Folgen zeitlich danach stattfanden. So ergibt sich der **Gesamtzusammenhang**, den Sie dann umfassend in Ursachen und Folgen erläutern. Hierbei ist es wichtig zu berücksichtigen, welcher **Zeitraum** für die Einordnung in den historischen Kontext passend bzw. von der Aufgabenstellung her verlangt ist.

Operator	Was ist zu beachten?	Wie ist vorzugehen?
erklären	Der Operator ist eine **Vorstufe des Erläuterns**, daher sind im Prinzip dieselben Aspekte zu beachten. Allerdings steht der Materialbezug hier etwas weniger im Vordergrund. Gleichwohl geht es aber auch darum, **Wissen gezielt anzuwenden**. Ein Sachverhalt ist so darzustellen, dass seine Voraussetzungen, Ursachen und Folgen verständlich werden. Sie sollen also die **Gründe** oder die **Zusammenhänge** von etwas **aufzeigen**.	Grundsätzlich gelten hier dieselben Anregungen wie beim Operator „erläutern". Allerdings können die Sachverhalte abgekoppelt von konkreten Materialbezügen dargestellt werden. So kann z. B. die **Gesamtaussage eines Materials** Ausgangspunkt einer Erklärung sein.
erläutern	Der Operator taucht häufig in schriftlichen Arbeiten auf. Dabei sollen Sachverhalte, die in Textquellen, aber auch in Materialien wie Statistiken oder Bildern angesprochen werden, in ihren **Hintergründen erklärt** werden. Das eigene Sachwissen ist zu nutzen, um zielgerichtet z. B. einzelne relevante Textpassagen, Bild-elemente oder Daten in ihrer **tieferen Bedeutung** umfassend darzustellen. Hier zeigen Sie also, dass Sie Ihre **Kenntnisse kompetent anwenden** können. Der Operator beinhaltet zwar auch den Operator „erklären", geht jedoch über ihn hinaus. So sollen nicht nur **Theorien** (wie z. B. Theorien zu Krisen oder Revolutionen), sondern auch **historische Beispiele** herangezogen werden, um die entsprechenden Sachverhalte zu veranschaulichen.	Bei diesem Operator ist es wichtig, *nicht* nur einfach **Wissen** unstrukturiert und aneinandergereiht wiederzugeben. Sie sollen zeigen, dass Sie Ihr Wissen, das zur Bearbeitung der Aufgabe benötigt wird, abrufen können, um dann **zielgerichtet** die Sachverhalte zu erläutern. In einem ersten Schritt ist das vorgegebene Material daraufhin zu untersuchen, zu welchen Textpassagen, Bildelementen oder Daten Sie **Hintergründe** erläutern könnten. Zur **Vorstrukturierung** bietet es sich an, z. B. eine Mindmap zu erstellen und den gewählten Passagen schlagwortartig Sachinhalte zuzuordnen. Diesen Sachinhalten können noch weitere passende Inhalte zugeordnet werden, sodass sich ein umfassendes Beziehungsgeflecht ergibt. Als **Faustregel** können Sie sich merken: Für das Erfassen des vollständigen Hintergrundes können jeweils Aspekte wie Ursache, Zielsetzung, Ausgestaltung oder Wirkung des betrachteten Inhalts ermittelt und anschließend eingebracht werden. Nach einer von Ihnen gewählten Reihenfolge kann dann ausgehend vom Material die Erläuterung strukturiert formuliert werden.
herausarbeiten	Während bei dem Operator „analysieren" die Aspekte, die aus einem Material erschlossen werden sollen, direkt zu erkennen sind, muss beim Operator „herausarbeiten" erst **„zwischen den Zeilen"** gelesen werden, um die Aussage des Materials zu erfassen. Genauso wie bei dem Operator „analysieren" werden einem dabei **bestimmte Kriterien** an die Hand gegeben, anhand derer die Untersuchung erfolgen soll.	Wie bei den Operatoren „analysieren" und „charakterisieren" ist es auch bei dem Operator „herausarbeiten" hilfreich, sich das **Untersuchungskriterium**, das in der Aufgabenstellung genannt wird, klar zu machen. Achten Sie bei der Bearbeitung des Textes auf **Andeutungen** oder **subtile Bewertungen**, die der Autor/die Autorin vornimmt, und ziehen Sie daraus Ihre Erkenntnisse.
gegenüberstellen	Dieser Operator ist eine **Vorstufe zum Operator „vergleichen"**. Hier geht es aber ausschließlich darum, die **Unterschiede und Gegensätze** zweier Sachverhalte oder Materialien anhand **bestimmter Kriterien** herauszustellen.	Es empfiehlt sich, zunächst eine **Tabelle** anzulegen. Eine Spalte sollte sich auf den ersten Sachverhalt bzw. das erste Material und die andere auf den zweiten Sachverhalt bzw. das zweite Material beziehen. Anhand des in der Aufgabe formulierten **Kriteriums** werden nun beide Sachverhalte bzw. Materialien auf die gegensätzlichen Aspekte hin untersucht und diese jeweils in den entsprechenden Sichtweisen – am besten mit den **Belegstellen** aus dem Material – stichpunktartig in die Tabelle eingetragen. Mithilfe dieser Vorstrukturierung können Sie dann die Gegenüberstellung ausformulieren.

Operator	Was ist zu beachten?	Wie ist vorzugehen?
widerlegen	Dieser Operator baut auf den Operatoren „begründen/nachweisen“ auf. Sie sollen hier bestimmte, in dem vorliegenden Material (Darstellungen, Text- und Bildquellen etc.) nachgewiesene und belegte **Thesen**, **Wertungen** oder **Behauptungen** anhand Ihres Sachwissens **durch Gegenargumente entkräften**. Hierbei ist bewusst *keine* ergebnisoffene Erörterung oder anderweitige Beurteilung verlangt, allerdings können diese durch den Operator vorbereitet werden.	Untersuchen Sie das Material zunächst auf jegliche Wertungen, Behauptungen und Thesen und – so weit vorhanden – die jeweils zugehörigen Begründungen. Halten Sie diese mit der **Belegstelle** als Ausgangspunkt einer Mindmap fest und ordnen Sie diese schlagwortartig **Gegenargumente**, **Gegenbeispiele** etc. zu. Verfassen Sie dann ausgehend von der Vorstrukturierung Ihren Text.

Anforderungsbereich III (Reflexion und Problemlösung)

Operator	Was ist zu beachten?	Wie ist vorzugehen?
beurteilen, urteilen	Es soll zu einem historischen Sachverhalt oder Prozess ein **begründetes Sachurteil** formuliert werden. Ein persönlicher Wertebezug wird *nicht* verlangt. Der Fokus ist in der Regel auf die Vergangenheit gerichtet. Es wird geprüft, ob der Sachverhalt bzw. Prozess in der betrachteten Zeit in der Gesellschaft gerechtfertigt (legitim) bzw. stimmig oder nützlich (effizient) war, z. B. in Bezug auf wirtschaftliche oder politische Vorgänge. Wichtig ist es, aus der **Perspektive der Zeit** zu urteilen, in der der Gegenstand, der beurteilt werden soll, in Erscheinung tritt. Entscheidend sind vor allem die **Argumente** bei der Beurteilung. Anhand **bestimmter Kriterien** wie beispielsweise Effizienz, Stimmigkeit oder Legitimität sollen historische Fakten und Beispiele angeführt werden und als Begründungen für das Urteil dienen. Je deutlicher erläutert wird, warum das Beispiel oder der Sachverhalt das eigene Urteil unterstützt, umso besser. Es können übrigens sowohl Argumente für als auch gegen die eigene Position in die Bearbeitung einfließen. Anders als bei „erörtern“ muss dies aber nicht zwingend sein.	Wählen Sie – falls es nicht schon vorgegeben ist – ein für die Beurteilung sinnvoll erscheinendes **Sachkriterium** (z. B.: Effizienz, Stimmigkeit oder Legitimität) aus. Es sollte dann bei der späteren Formulierung der Beurteilung auch explizit genannt werden. Überprüfen Sie, in welcher Ausprägung die Kriterien bei dem zu untersuchenden Gegenstand vorliegen, und überlegen Sie anschließend, welche **Position** Sie vertreten wollen. Sammeln Sie im Anschluss daran Ihre Argumente stichpunktartig und achten Sie darauf, **historische Sachverhalte und Beispiele** anzuführen. Generell müssen Sie (insbesondere in schriftlichen Arbeiten) auch das Material, zu dem die Aufgabe gestellt ist, zur Unterstützung Ihrer Argumentation oder als Ausgangspunkt für die Beurteilung einbeziehen. Beim Verfassen der Beurteilung sollten Sie daher mit **Zitaten** aus oder **Bezügen** zum Material (Zeilenangaben) arbeiten. Am Ende der Bearbeitung sollte ein **Fazit** stehen, das die zentralen Argumente noch einmal prägnant zusammenfasst und die eigene Position auf den Punkt bringt. Als **Faustregel** gilt: Nicht das Urteil an sich entscheidet darüber, ob die Bearbeitung gelungen ist, sondern die Qualität und Nachvollziehbarkeit der Argumente, anhand derer das eigene Urteil begründet wird.

Operator	Was ist zu beachten?	Wie ist vorzugehen?
bewerten, Stellung nehmen	Die Operatoren gehen über ein **begründetes Sachurteil** hinaus, da hier zusätzlich ein **Werturteil** gefordert wird. Eine Stellungnahme besteht also im Grunde genommen aus zwei Teilen: Im ersten Teil geht es um die Aspekte, die schon unter dem Operator „beurteilen" erklärt sind. Im zweiten Teil ist ein Werturteil zu formulieren, bei dem eine Beurteilung aus **heutiger Perspektive** und anhand von **heutigen Wertmaßstäben** (z. B.: Freiheit, Sicherheit, Recht und Gerechtigkeit, Gleichberechtigung, politische Teilhabe, Solidarität) verlangt wird. Entscheidend beim Werturteil sind auch hier die **Argumente**. Je überzeugender diese sind, umso besser.	Zu beachten ist, dass dem Werturteil ein Sachurteil vorgeschaltet ist. Daher gelten hier die gleichen Hinweise wie bei dem Operator „beurteilen." Im Prinzip kann für das Werturteil das Vorgehen genauso erfolgen, nur dass **heutige Wertmaßstäbe** als Kriterien dienen, die in der Stellungnahme auch benannt werden sollten. **Faustregel**: Nicht das Sach- und anschließende Werturteil an sich entscheiden darüber, ob die Bearbeitung gelungen ist, sondern die Qualität und Nachvollziehbarkeit der jeweiligen Argumente, anhand derer die eigenen Urteile begründet werden.
entwickeln	Anders als bei den anderen Operatoren im Anforderungsbereich III verbleibt der Operator „entwickeln" nicht nur bei einer **Beurteilung** eines Sachverhalts oder einer Problemstellung. Darüber hinaus sind Sie hier aufgefordert, eine **eigene Einschätzung** des Sachverhalts darzulegen und ggf. sogar ein **Lösungsmodell** für die vorliegende Problemstellung zu konstruieren. Oft ist hier das Einnehmen einer **Gegenposition** hilfreich, um aus dieser eine Alternative zu dem vorgelegten Problem oder dem Sachverhalt zu gewinnen. Formate wie die Gegenrede oder der Leserbrief bieten sich hier als Rahmen zur Ausformulierung der Ergebnisse an.	Machen Sie sich zunächst die **Sachverhalte**, die **Problemstellungen** und **Wertungen** klar, die sich aus dem Material, das Sie bearbeiten, ergeben (z. B. durch die Analyse eines Textes oder einer Karikatur). Überlegen Sie nun jeweils Möglichkeiten, die Aspekte anders zu sehen bzw. anders mit ihnen umzugehen. Finden Sie **Argumente** dafür, dass diese Alternativen eine tragfähigere Strategie darstellen, das vorliegende Problem zu lösen. Gehen Sie dabei auf prägnante Punkte im vorliegenden Material ein, und stellen Sie daraufhin Ihre **Alternative** begründet vor. Im abschließenden **Fazit** bringen Sie Ihr Lösungsmodell dann noch einmal auf den Punkt.
sich auseinandersetzen, diskutieren	Bei diesen Operatoren steht es Ihnen frei, ob Sie ein **Sach- oder Werturteil** bilden. Anders als bei den Operatoren „bewerten/Stellung nehmen" ist es für das Verfassen eines Werturteils also nicht erforderlich, zuvor noch ein Sachurteil zu formulieren. Oft lässt sich bereits schon aus der Aufgabenstellung ablesen, welche Art von Urteil verlangt wird.	Es sind die gleichen Anregungen und Hilfen wie bei den Operatoren „beurteilen/urteilen" und „bewerten/Stellung nehmen" zu beachten. Bei einem **Sachurteil** würden dann jeweils Sachkriterien wie z. B. Legitimität, Stimmigkeit oder Effizienz gelten, während bei einem **Werturteil** Maßstäbe wie Freiheit, Gerechtigkeit etc. herangezogen werden könnten. Wie bereits weiter oben erwähnt, ist auch hier nicht das Urteil entscheidend darüber, ob es sich um eine gelungene Bearbeitung handelt, sondern die **schlüssige Argumentation** anhand derer das **eigene Urteil** begründet wird.

Operator	Was ist zu beachten?	Wie ist vorzugehen?
prüfen, überprüfen	Hier soll ein Sachverhalt daraufhin untersucht werden, ob er die Voraussetzungen für die **Gültigkeit einer Hypothese** erfüllt. Oft wird anhand von Materialien überprüft, ob historische Theorien und Modelle einen Prozess passend beschreiben – z. B. ob ein Sachverhalt als Krise oder Revolution einzuschätzen ist. Anders als beim Operator „begründen/nachweisen" oder „widerlegen" ist nicht sicher, dass sich die Hypothese am Ende wirklich bestätigen oder widerlegen lässt bzw. der Prozess nachweisbar ist. Die Überprüfung ist also **offen** und muss auch nicht zu einem eindeutigen Ergebnis führen. Umso wichtiger ist es hier, die Erkenntnisse, die Sie bei der Überprüfung gewonnen haben, durch eine **Erläuterung** zu begründen. Je präziser erläutert wird, warum das Beispiel oder der Sachverhalt die zu überprüfende Hypothese unterstützt oder entkräftet, umso besser.	Formulieren Sie **zentrale Kriterien**, die erfüllt sein müssen, damit die zu überprüfende These Gültigkeit besitzt. Bearbeiten Sie den Sachverhalt bzw. das Material daraufhin, inwieweit diese Kriterien nachweisbar sind. Erfolgt die Überprüfung anhand eines Materials, sollten Sie **relevante Textpassagen** oder **Zahlenwerte** vermerken, die Sie später zitieren können. Formulieren Sie dann strukturiert ihr **„Prüfgutachten"**, indem Sie ausgehend vom Sachverhalt bzw. dem Material darlegen, inwieweit die Hypothese erfüllt ist. Begründen Sie Ihre Einschätzung durch Beispiele bzw. Sachwissen.
vergleichen	Bei einem Vergleich ist es wichtig, **Unterschiede**, **Ähnlichkeiten** und **Gemeinsamkeiten** zwischen zwei Sachverhalten bzw. Materialien anhand **bestimmter Kriterien** darzustellen. Oft bleibt die Bearbeitung unvollständig, da z. B. nur auf die Unterschiede Bezug genommen wird. Zudem ist es von Bedeutung, dass **differenziert begründet** wird, wie der Vergleich im Gesamtbild von Gemeinsamkeiten und klaren Unterschieden zu beurteilen ist.	Erstellen Sie eine **Tabelle** mit den Spalten „Gemeinsamkeiten", „Ähnlichkeiten" und „Unterschiede". Untersuchen Sie nun die Sachverhalte bzw. Materialien anhand des **Vergleichskriteriums** und tragen Sie Ihre Ergebnisse stichpunktartig – am besten mit den **Belegstellen** aus dem Material und einer passenden **Begründung** – in die Tabelle ein. Im Anschluss können Sie anhand dieser Vorstrukturierung den Vergleich ausformulieren.

Operatoren, die Leistungen in allen drei Anforderungsbereichen verlangen:

Operator	Was ist zu beachten?	Wie ist vorzugehen?
interpretieren	Der Operator erfordert **Leistungen aus allen drei Anforderungsbereichen**. Zuerst ist nachzuweisen, dass das Material verstanden worden ist. Das bedeutet, dass zu **Beginn** der Bearbeitung eine Beschreibung, Zusammenfassung oder Wiedergabe der Inhalte des Materials in eigenen Worten erfolgt. Danach soll anhand von bestimmten **Kriterien** das Material auf seine Inhalte hin analysiert und diese mithilfe des eigenen Fachwissens erläutert werden. Die Kriterien können in der Aufgabenstellung vorgegeben sein oder müssen selbst festgelegt werden. Zum **Schluss** sind die Aussagen, die sich aus dem Material ergeben, zu beurteilen. Dabei soll immer ein Sachurteil erfolgen, das noch um ein Werturteil ergänzt werden kann, aber nicht muss.	Es empfiehlt sich, **schrittweise vorzugehen** und die jeweiligen **Teile der Bearbeitung auszuformulieren**. Beginnen Sie mit der Zusammenfassung, Beschreibung oder Textwiedergabe, anschließend folgen die Analyse und Erläuterung bezogen auf ein Untersuchungskriterium. Zuletzt ist die Beurteilung oder Stellungnahme in Bezug auf das zuvor Untersuchte vorzunehmen. **Hilfen** zur jeweiligen Vorstrukturierung befinden sich bei den entsprechenden Operatoren.

Operator	Was ist zu beachten?	Wie ist vorzugehen?
erörtern	Eine Erörterung erfolgt zu einer vorgegebenen Problemstellung, die meist als eine **These/Position** vorgegeben ist. Wie bei den Operatoren „sich auseinandersetzen/diskutieren" steht es einem offen, ob man ein **Sach- oder Werturteil** verfassen möchte, es sei denn, die Aufgabenstellung gibt dies bereits vor. Anders als bei den Operatoren „beurteilen/urteilen", „bewerten/Stellung nehmen" oder „sich auseinandersetzen/diskutieren" ist es hier zwingend erforderlich, eine **abwägende Auseinandersetzung/Beurteilung** zu gestalten. Bevor die eigene Position im abschließenden **Fazit** auf den Punkt gebracht wird, müssen also sowohl Argumente für als auch gegen die vorgegebene These/Position gesammelt, gewichtet und begründet werden.	Wählen Sie – falls es nicht schon vorgegeben ist – ein Ihnen für die Aufgabe sinnvoll erscheinendes **Sach- oder Wertekriterium** für die Beurteilung aus (z. B. Effizienz, Stimmigkeit oder Legitimität bzw. Freiheit, Solidarität etc.). Es sollte später bei der Formulierung der Erörterung auch genannt werden. Überprüfen Sie anhand des ausgewählten Kriteriums, welche Argumente für und welche gegen die formulierte These oder die problemorientierte Fragestellung sprechen. Listen Sie die **Pro- und Kontra-Argumente** stichpunktartig mithilfe einer Tabelle auf. Achten Sie auch darauf, historische Sachverhalte *und* Beispiele anzuführen und das zur Erörterung vorgegebene Material – wie bei den Operatoren „beurteilen/urteilen", „bewerten/Stellung nehmen" oder „sich auseinandersetzen/diskutieren" – einzubeziehen. Überlegen Sie anschließend, welche **Position** Sie vertreten wollen. Gewichten Sie die gesammelten Pro- und Kontra-Argumente – beginnend mit dem schwächsten Argument (für die eigene Position) bzw. stärksten Argument (gegen die eigene Position). In dieser Reihenfolge formulieren Sie dann Ihre Erörterung nach dem sogenannten **„Sanduhrprinzip"**. Am Ende der Bearbeitung sollte ein **Fazit** stehen, das die zentralen Argumente noch einmal prägnant zusammenfasst und die eigene Position auf den Punkt bringt. Generell gilt als **Faustregel** auch hier: Nicht das Urteil an sich entscheidet darüber, ob die Bearbeitung gelungen ist, sondern die schlüssige Argumentation, anhand derer das eigene Urteil begründet wird.
darstellen	Wenn von Ihnen verlangt wird, beispielsweise einen historischen Essay zu schreiben, wird dieser Operator eingesetzt. Ihre Aufgabe ist es dann, einen Leser in Ihrer Rolle als **Experte** in einen historischen Sachverhalt einzuführen, indem Sie diesen **beschreiben**, seine Besonderheiten und wichtigen Merkmale in Form einer **Analyse** herausstellen und abschließend eine eigene fundierte **Beurteilung** des Sachverhalts abgeben. Auch die Betrachtung einer zentralen Quelle kann Ausgangspunkt für eine Darstellung sein, geht aber anders als beim Operator „interpretieren" über die Betrachtung der Quelle an sich hinaus.	Erstellen Sie zunächst eine **Übersicht** (z. B. in Form einer Mindmap), die die Aspekte und Sachverhalte zu dem Thema Ihrer Darstellung enthält. Markieren Sie anschließend die Aspekte, die besonders hervorgehoben und erklärt werden sollen, damit die relevanten Merkmale, die für das Verständnis des Themas wichtig sind, vom Leser erfasst werden. Anschließend machen Sie sich Gedanken dazu, wie Sie selbst zu dem Thema stehen, und entwickeln eine **begründete Beurteilung oder Stellungnahme**. Hilfen hierzu finden sich bei den entsprechenden Operatoren. Abschließend verfassen Sie Ihre Darstellung auf Basis der Vorstrukturierung in der Reihenfolge: **„beschreiben" – „erklären" – „beurteilen"**.

Personenregister

Sachwortregister

Bildquellenverzeichnis

© 2009 Mephisto Film GmbH / Jochen A. Freydank – S. 303; © 2018 Rocky Cotard – S. 10, 51 (2); AdobeStock / ArTo – S. 626; – / caifas – S. 93; – / Oleg Znamenskiy – S. 572; akg-images – S. 87, 95 (2), 147, 190, 270, 331, 345, 405, 452; – / Walter Ballhause – S. 232; – / Erich Lessing // © VG Bild-Kunst, Bonn 2026 – S. 197; – / Mondadori Portfolio, Mario De Biasi – S. 515; – / Stefan Trappe – S. 541; – / © VG Bild-Kunst, Bonn 2026 – S. 190, 226, 297; – / George (Jürgen) Wittenstein – S. 286; Alamy Stock Photo / Ancient Art and Architecture – S. 126; – / Archive PL – S. 285; – / ART Collection – S. 130; – / Art Collection 4 – S. 163; – / Bildagentur-online/Joko – S. 627; – / CalimaX – S. 164; – / CBW – S. 299; – / Cinematic – S. 651; – / Classic Image – S. 110; – / CPA Media Pte Ltd – S. 141, 269; – / CTK – S. 662; – / Ian Dagnall – S. 37; – / Danvis Collection – S. 213; – / Kathy deWitt – S. 420; – / Adam Eastland – S. 576; – / Claudia Evans – S. 660; – / Robert Fried – S. 171; – / GL Archive – S. 46, 281; – / GRANGER – S. 179; – / GRANGER, Historical Picture Archive – S. 254; – / Granger Historical Picture Archive – S. 19, 32, 393, 431, 438; – / Gibson Green – S. 516; – / Chris Hellier – S. 127; – / Heritage Image Partnership Ltd – S. 143, 323, 324, 351; – / History_docu_photo – S. 109; – / Hum Images – S. 190; – / imageBROKER.com – S. 320; – / Rastislav Kolesar – S. 632; – / Salvatore Leanza – S. 662; – / Lebrecht Music & Arts – S. 195; – / Niday Picture Library – S. 640; – / NurPhoto SRL – S. 641; – / PA Images – S. 196, 389; – / Painters – S. 167; – / Photo 12 – S. 220, 245, 261, 345, 658; – / photo-fox – S. 322; – / Pictorial Press Ltd – S. 109, 131, 161, 196, 659; – / PictureLux, The Hollywood Archive – S. 651; – / piemags – S. 215; / RGR Collection – S. 648 (2), 661; – / Guido Schiefer – S. 328; – / Science History Images – S. 16; – / Silver-Screen – S. 648; – / Smith Archive – S. 222; – / Some Wonderful Old Things – S. 390; – / The Granger Collection – S. 52; – / The Picture Art Collection – S. 39, 71, 78, 83, 307, 583; – / The Print Collector – S. 537; – / Zhanna Tretiakova – S. 79; – / Universal Art Archive – S. 142; – / UPI – S. 522; – / VTR – S. 242; – / WHPics – S. 168; Erich Kästner, Fabian oder der Gang vor die Hunde / © Atrium Verlag AG, Zürich, und Thomas Kästner, 2013, Umschlagmotiv: © DCM, Lupa Film / Foto: Hanno Lentz / Artwork: Die Goldkinder GmbH – S. 321; Baaske Cartoons / Fritz Behrendt – S. 368; © Bastei Lübbe AG – S. 662; bpk-Bildagentur – S. 195, 206, 230, 313, 315; – / Georg Buxenstein Co. – S. 83; – / Deutsches Historisches Museum, Sebastian Ahlers – S. 54, 328, 443; – / Deutsches Historisches Museum, Indra Desnica – S. 54; – / Deutsches Historisches Museum, Arne Psille – S. 260; / Deutsches Historisches Museum, © The Heartfield Community of Heirs // VG Bild-Kunst, Bonn 2026 – S. 207; – / Herbert Hensky – S. 436; – / Kunstbibliothek, SMB, Dietmar Katz – S. 211, 334; – / Karl H. Paulmann – S. 271; – / Staatsbibliothek zu Berlin – S. 214; – / Staatsbibliothek zu Berlin, Ruth Schacht – S. 55; Bridgeman Images / Fratelli Alinari Museum Collections-Favrod Collection, Florence – S. 365; – / Lebrecht Music Arts – S. 324; – / Tallandier – S. 115; British Cartoon Archive, Universität von Kent: NG3674, Nicholas Garland, The Independent, 08. Juli 1988 – S. 413: - / Universität von Kent: NG3935, Nicholas Garland, The Independent, 12. Mai 1989 – S. 415; Bundesarchiv / Barch, R 3018/18431 – S. 288; Bundeszentrale für politische Bildung, 2020 / www.bpb.de, CC BY-NC-ND/3.0/de/ – S. 471; Dreamstime / Liorpt – S. 526; Doreen Eschinger, Berlin – S. 287; EGLV / Emschergenossenschaft/Lippeverband, Essen – S. 538; © Fazit Communication GmbH / Tatsachen über Deutschland – S. 486; S. Fischer Verlag, Frankfurt am Main – S. 281; © Focus online / ARD Mediathek, Y-Kollektiv, Radio Bremen – S. 248; Frankfurter Rundschau / Felix Mussil – S. 437 (2); Friedrich-Ebert-Stiftung e. V., Bonn / AdsD/FES, 6/FOTB002872, © Harry Walter, Krefeld – S. 613; Gedenkstätte Deutscher Widerstand – S. 292, 601; © Gedenkstätte Deutscher Widerstand / Foto: Georg Engels, Braun Engels Gestaltung (Ulm) – S. 600; Getty Images Plus / iStock Editorial, krasman – S. 644; – / iStock Editorial, Thomas Nuehnen – S. 630; – / iStockphoto, AndreasWeber – S. 616; – / iStockphoto, A-Tom – S. 144; – / iStockphoto, vojtechvlk – S. 639; Horst Haitzinger, München – S. 464; Walter Hanel (Künstler) / Stiftung Haus der Geschichte – S. 409; Wolfgang Hicks (Künstler) / Stiftung Haus der Geschichte – S. 401, 476; © ifo institut – S. 538; imago images / Georg Ulrich Dostmann – S. 551; – / GRANGER Historisches Bildarchiv – S. 359; – / KHARBINE-TAPABOR – S. 217; – / Panoramic by PsnewZ – S. 634; – / United Archives International – S. 335; – / ZUMA/Keystone – S. 365; © Instagram / tagesschau – S. 590; Interfoto / Fine Art Images – S. 386, 394; – / Foto Wilhelm – S. 250; – / Sammlung Rauch – S. 642; © Kartographie Kämmer, Berlin / www.kartographie-kaemmer.de – S. 371, 516 (2); LediZ (Lernen mit digitalen Zeitzeugnissen) LMU München – S. 596; Library of Congress – S. 172; Courtesy of the Leo Baeck Institute – S. 300; © courtesy Loock Galerie Berlin / Nachlass York der Knoefel // VG Bild-Kunst, Bonn 2026 – S. 447; Waldemar Mandzel, Bochum-Wattenscheid – S. 418; Mauritius Images / Alamy Stock Photo, A7A collection, Photo 12 – S. 648; – / Alamy Stock Photo, Allstar Picture Library – S. 472; – / Alamy Stock Photo, Allstar Picture Library Ltd – S. 465; – / Alamy Stock Photo, Archive Collection – S. 341; – / Alamy Stock Photo, Archive PL – S. 568; – / Alamy Stock Photo, ARCHIVIO GBB – S. 334; – / Alamy Stock

Photo, ART Collection – S. 45; – / Alamy Stock Photo, Art Collection 3 – S. 65; – / Alamy Stock Photo, Artepics // © VG Bild-Kunst, Bonn 2026 – S. 338; – / Alamy Stock Photo, Artokoloro – S. 18; – / Alamy Stock Photo, Artokoloro Quint Lox Limited – S. 19; – / Alamy Stock Photo, Bildagentur-online – S. 621; – / Alamy Stock Photo, Joerg Boethling – S. 584; – / Alamy Stock Photo, Capital Pictures, Capital Pictures – S. 650; – / Alamy Stock Photo, Sunny Celeste – S. 63; – / Alamy Stock Photo, David Cole – S. 279, 343; – / Alamy Stock Photo, Ian G Dagnall – S. 27; – / Alamy Stock Photo, Edpics – S. 621; – / Alamy Stock Photo, EU/SRM – S. 10; – / Alamy Stock Photo, GL Archive – S. 358; – / Alamy Stock Photo, BRIAN HARRIS – S. 502; – / Alamy Stock Photo, Hi-Story – S. 26, 261; – / Alamy Stock Photo, Historic Collection – S. 174, 511; – / Alamy Stock Photo, Historical Picture Archive – S. 382; – / Alamy Stock Photo, History and Art Collection – S. 291; – / Alamy Stock Photo, History Collection – S. 64; – / Alamy Stock Photo, Peter Horree – S. 96; – / Alamy Stock Photo, Ian Dagnall Computing – S. 27 (2), 131, 175; – / Alamy Stock Photo, Keystone Press – S. 259, 398, 456; – / Alamy Stock Photo, KGPA Ltd – S. 355; – / Alamy Stock Photo, Kpa Publicity Stills, United Archives GmbH – S. 615; – / Alamy Stock Photo, Michael Major // © VG Bild-Kunst, Bonn 2026 – S. 593; – / Alamy Stock Photo, Iain Masterton – S. 542, 620; – / Alamy Stock Photo, Military Collection – S. 32; – / Alamy Stock Photo, Niday Picture Library – S. 70; – / Alamy Stock Photo, Painters – S. 66; – / Alamy Stock Photo, Panther Media GmbH – S. 63, 466; – / Alamy Stock Photo, Penta Springs, Penta Springs Limited – S. 162; – / Alamy Stock Photo, Peregrine – S. 34; – / Alamy Stock Photo, Photo 12 – S. 38; – / Alamy Stock Photo, Photo12, Ann Ronan Picture Library – S. 365; – / Alamy Stock Photo, Photo12, Archives Snark, Photo 12 – S. 510; – / Alamy Stock Photo, Pictorial Press Ltd – S. 390, 433; – / Alamy Stock Photo, Pictorial Press, Pictorial Press Ltd – S. 633; – / Alamy Stock Photo, Piemags – S. 264; – / Alamy Stock Photo, PjrStamps – S. 402; – / Alamy Stock Photo, Mike Robinson – S. 631; – / Alamy Stock Photo, Kevin Schafer – S. 634; – / Alamy Stock Photo, Juergen Schwarz – S. 428; – / Alamy Stock Photo, Shawshots – S. 229, 252, 333, 601; – / Alamy Stock Photo, Showtime, Photo 12 – S. 652; – / Alamy Stock Photo, SOPA Images, SOPA Images Limited – S. 160; – / Alamy Stock Photo, Andreas Stroh – S. 421; – / Alamy Stock Photo, TCD/Prod.DB – S. 602; – / Alamy Stock Photo, The History Collection – S. 15, 357; – / Alamy Stock Photo, The Picture Art Collection – S. 42, 64, 336; – / Alamy Stock Photo, The Protected Art Archive – S. 369; – / Alamy Stock Photo, Tribune Content Agency LLC – S. 630; – / Alamy Stock Photo, Michael Ventura – S. 30; – / Alamy Stock Photo, Visions of America, LLC – S. 22; – / Alamy Stock Photo, VM/BT – S. 62; – / Alamy Stock Photo, Andrew Wells – S. 20; – / Alamy Stock Photo, World History Archive – S. 411; – / Alamy Stock Photo, World of Triss – S. 254; – / Alamy Stock Photo, Zoonar GmbH – S. 23, 43; – / Alamy Stock Photo, ZUMA Press, Inc. – S. 453; – / Cinema Legacy Collection, Paramount – S. 568; – / imageBROKER, Axel Kammerer – S. 612; – / imageBROKER, Pictures From History – S. 512; – / SuperStock, Fine Art Images – S. 90; – / TopFoto – S. 235, 370, 388, 395; – / TopFoto, Between the wars – S. 265; – / TopFoto, SCRSS – S. 343; – / TopFoto // © VG Bild-Kunst, Bonn 2026 – S. 343; – / United Archives – S. 266, 344; – / United Archives, TopFoto – S. 124; – / Steve Vidler – S. 318; – / World Book Inc. – S. 76, 102, 152, 155, 237, 238, 395; © mr-kartographie, Gotha Erstveröffentlichung: Informationen zur politischen Bildung, Nr. 336, 1/2018, Israel, Bundeszentrale für politische Bildung/bpb, Bonn – S. 528; © Peter Palm, Berlin – S. 120, 139, 523; picture-alliance – S. 430, 462; – / akg-images – S. 10, 12, 85, 90, 154, 182, 192, 194, 212, 221, 228, 237, 250 (2), 280, 329, 331, 406, 432, 446, 456, 539, 562, 574, 584, 643; – / AP, Reportagebild – S. 502; – / AP Photo, Sergei Grits – S. 501; – / ASSOCIATED PRESS, Eddie Adams – S. 397; – / Bildarchiv, Wolfgang Kumm – S. 570; – / Bildarchiv, Egon Steiner – S. 456; – / Cornelia Bisagno – S. 382; – / Jörg Carstensen – S. 425; – / ddrbildarchiv, Prof. Herbert Sandberg – S. 387; – / dpa – S. 592; – / dpa, afp – S. 498; – / dpa, akg-images – S. 212; – / dpa, Wolfgang Bera – S. 483; – / dpa, dpa-Zentralbild, Annette Riedl – S. 446; – / dpa, epa afp Gali Tibbon – S. 519; – / dpa, Giehr – S. 557; – / dpa, Lehtikuva – S. 382; – / dpa, Ossinger – S. 487; – / dpa, Lehtikuva Oy – S. 502; – / dpa, A. Sabaliauskas – S. 499; – / dpa, Bernd Settnik – S. 309; – / dpa, Friedhelm von Estorff – S. 582; – / dpa-infografik – S. 122; – / dpa-Team – S. 463; – / dpaweb, Fotoreport, EPA, Jim Hollander – S. 517; – / Heritage Images, The Print Collector – S. 258; – / IMAGNO, Schostal Archiv – S. 330; – / Ipon, Stefan Boness – S. 612; – / Wolfgang Kumm – S. 466, 623; – / Mary Evans Picture Library – S. 249, 253; – / Photo12 – S. 222; – / REUTERS, IBRAHEEM ABU MUSTAFA – S. 510; – / Sanden – S. 455; – / SOLO Syndication, Leslie Illingworth – S. 396; – / Süddeutsche Zeitung Photo, Alfons Kasper – S. 260; – / SZ Photo – S. 236, 255, 380; – / SZ Photo, Fotoarchiv Otfried Schmidt – S. 488; – / SZ Photo, Jose Giribas – S. 515; – / SZ Photo, Christian Mang – S. 536; – / SZ Photo, Florian Peljak – S. 606; – / SZ Photo, Scherl – S. 284, 296; – / SZ Photo, Hans-Peter Stiebing – S. 614; – / SZ Photo, Werek – S. 522; – / ullstein bild (s/w Aufnahme 1928; umcoloriert: C.C. Buchner Verlag) – Cover; – / ullstein bild, Archiv Gerstenberg – S. 264; – / Xinhua News Agency, Shen Hong – S. 423; – / zb, Paul Glaser – S. 461, 486; – / ZB,

Waltraud Grubitzsch – S. 495; – / ZB, Jens Kalaene – S. 491, 606; – / ZB, Reinhard Kaufhold – S. 444; – / ZB, Stefan Sauer – S. 312; – / ZB, Wolfgang Thieme – S. 489; – / Zentralbild, Klaus Franke – S. 462; – / ZUMAPRESS.com, Wisam Hashlamoun – S. 510; © polyband.de / Holocaust, Die Geschichte der Familie Weiß, DVD erhältlich bei polyband – S. 594; Umschlaggestaltung: Rothfos & Gabler, Hamburg – S. 306; Schulthess Juristische Medien AG / Polygraphischer Verlag AG, René Erbe, Die nationalsozialistische Wirtschaftspolitik 1933-1939 im Lichte er modernen Theorie, Zürich 1958 – S. 268; Rainer Schwalme, Lübbenau – S. 470; Shutterstock / 360b – S. 464; – / Everett Collection – S. 342; – / Matthias Roehe – S. 472; – / Anton Veselov –S. 419; DER SPIEGEL 2/1973, Hamburg – S. 539; DER SPIEGEL 47/1981 – S. 539; © DER SPIEGEL 50/1988 – S. 412; © DER SPIEGEL 36/1991 – S. 414; DER SPIEGEL 15/1992, Hamburg – S. 490; DER SPIEGEL 22/2022 – S. 549; Staatsbibliothek Bamberg / RB.H.bell.f.1, Fotos: Gerald Raab – S. 163; Staatsbibliothek zu Berlin / Preußischer Kulturbesitz, Signatur: Ac 8456 – S. 283; © Stadtarchiv Brandenburg an der Havel / StABRB L.1.-61/7 – S. 274; © Stadtarchiv Lörrach / StaLö2.43.7 – S. 298; Stadtarchiv Marburg / S. 3/4, 156 – S. 290; Stiftung Haus der Geschichte – S. 440, 545; © Suhrkamp Verlag, Berlin – S. 306; taz Verlags- und Vertriebs GmbH / Le Monde diplomatique (Hrsg.), Atlas der Globalisierung, Die neuen Daten und Fakten zur Lage der Welt, Berlin 2007 – S. 518; © Ubisoft Entertainment. All rights reserved / Assassin's Creed, Ubisoft and the Ubisoft logo are registered or unregistered trademarks of Ubisoft Entertainment in the U.S. and/or other countries – S. 658; ullstein bild – S. 95, 258, 305, 439; – / Archiv Gerstenberg – S. 233; – / CARO, Andreas Muhs – S. 246; – / Sven Simon – S. 454; Wolf Biermann: Warte nicht auf bessre Zeiten! Die Autobiografie © 2016 Ullstein Buchverlage GmbH, Berlin – S. 553; Universitätsbibliothek Heidelberg / Der wahre Jacob, Nr. 138 – S. 98; – / Kladderadatsch, Hefte 35-39, August 1878 – S. 573; Universitätsbibliothek RWTH Aachen – S. 241; © VIZOR / Knights and Brides – S. 660, 664; © Wilhelm-Busch-Gesellschaft e. V., Hannover – S. 475; Eberhard Detlef Wilms, Stuttgart – S. 445; World Trade Organization / https://www.wto.org/english/blogs_e/data_blog_e/blog_dta_24apr24_e.htm – S. 138; www.wikimedia.org – S. 358; – / Aschroet – S. 580; Yad Vashem Photo Archive, Jerusalem. 1495/9 – S. 291; Quelle: David Eltis und David Richardson / Atlas of the Transatlantic Slave Trade (New Haven, 2010), reproduziert mit Genehmigung der Yale University Press – S. 118.

Mediencodes

picture-alliance / akg-images – S. 12 (31000-769);
Mauritius Images / Alamy Stock Photo, Artokoloro – S. 18 (31000-770);
Mauritius Images / Alamy Stock Photo, Photo 12 – S. 38 (31000-800);
bpk-Bildagentur / Staatsbibliothek zu Berlin, Ruth Schacht – S. 55 (31000-771);
Mauritius Images / Alamy Stock Photo, VM/BT – S. 62 (31000-64);
Mauritius Images / Alamy Stock Photo, Niday Picture Library – S. 70(31000-212);
Alamy Stock Photo / The Picture Art Collection – S. 71 (31000-772);
Alamy Stock Photo / The Picture Art Collection – S. 78 (31000-773);
Alamy Stock Photo / The Picture Art Collection – S. 83 (31000-774);
bpk-Bildagentur / Georg Buxenstein Co. – S. 83 (31000-775);
picture-alliance / akg-images – S. 90 (31000-886);
Mauritius Images / SuperStock, Fine Art Images – S. 90 (31000-887);
Mauritius Images / Alamy Stock Photo, Peter Horree – S. 96 (31000-195);
Alamy Stock Photo / Classic Image – S. 110 (31000-944);
Bridgeman Images / Tallandier – S. 115 (31000-945);
Mauritus Images / United Archives, Top Foto - S. 124 (31000-59)
Mauritius Images / World Book Inc. – S. 152 (31000-213);
Library of Congress – S. 172 (31000-946);
Mauritius Images / Alamy Stock Photo, Historic Collection – S. 174 (31000-947);
Alamy Stock Photo / GRANGER – S. 179 (31000-948);
picture-alliance / akg-images – S. 192 (31000-949);
bpk-Bildagentur – S. 206 (31000-950);
picture-alliance / dpa, akg-images – S. 212 (31000-65);
Alamy Stock Photo / Danvis Collection – S. 213 (31000-951);
bpk-Bildagentur / Staatsbibliothek zu Berlin – S. 214 (31000-952);
picture-alliance / akg-images S. 221 (31000-953);
picture-alliance / Photo12 – S. 222 (31000-66);
bpk-Bildagentur – S. 230 (31000-954);
picture-alliance / SZ Photo – S. 236 (31000-955);
picture-alliance / Mary Evans Picture Library – S. 249 (31000-68);
picture-alliance / Mary Evans Picture Library – S. 253 (31000-956);
picture-alliance / ullstein bild, Archiv Gerstenberg – S. 264 (31000-957);
Mauritius Images / Alamy Stock Photo, Piemags – S. 264 (31000-204);
Mauritius Images / TopFoto, Between the wars – S. 265 (31000-958);
picture-alliance / ZB, Stefan Sauer – S. 312 (31000-959);
Alamy Stock Photo / Heritage Image Partnership Ltd – S. 324 (31000-960);
Baaske Cartoons / Fritz Behrendt – S. 368 (31000-961);
Interfoto / Fine Art Images – S. 386 (31000-962);
picture-alliance / ddrbildarchiv, Prof. Herbert Sandberg – S. 387 (31000-71);
INTERFOTO / fine art images – S. 394 (31000-963);
picture-alliance / SOLO Syndication, Leslie Illingworth – S. 396 (31000-964);
Wolfgang Hicks (Künstler) / Stiftung Haus der Geschichte – S. 401 (31000-965);
British Cartoon Archive, Universität von Kent: NG3674, Nicholas Garland, The Independent, 08. Juli 1988 – S. 413 (31000-966);
British Cartoon Archive / Universität von Kent: NG3935, Nicholas Garland, The Independent, 12. Mai 1989 – S. 415 (31000-73);
Waldemar Mandzel, Bochum-Wattenscheid – S. 418 (31000-74);
Frankfurter Rundschau / Felix Mussil – S. 437 (31000-179);
bpk-Bildagentur / Deutsches Historisches Museum, Sebastian Ahlers - S. 443 (31000-269)

Alamy Stock Photo / Granger Historical Picture Archive – S. 438 (31000-75);
ullstein bild / Sven Simon – S. 454 (31000-273);
Horst Haitzinger, München – S. 464 (31000-968);
Wolfgang Hicks (Künstler) / Stiftung Haus der Geschichte – S. 476 (31000-180);
ullstein bild; picture-alliance / SZ Photo, Scherl; picture-alliance / ullstein bild; bpk-Bildagentur / Deutsches Historisches Museum, Sebastian Ahlers; www.wikimedia.org; Haus der Heimat des Landes Baden-Württemberg – S. 487 (32065-002);
Plakat, Tannen, Waldsterben – S. 545 (31000-969);
picture-alliance / Bildarchiv, Wolfgang Kumm – S. 570 (31000-138);
Universitätsbibliothek Heidelberg / Kladderadatsch, Hefte 35-39, August 1878 – S. 573 (31000-971);
Alamy Stock Photo / Niday Picture Library – S. 640 (31000-118);
INTERFOTO / Sammlung Rauch – S. 642 (31000-972);
picture-alliance / akg-images – S. 643 (31000-973).